DIE VOLX BIBEL

Altes Testament

BAND EINS

frei übersetzt von
Martin Dreyer

**Die alten Verträge
zwischen Gott und den Menschen**

Pattloch

Bibliografische Information: Deutsche Nationalbibliothek
Die Deutsche Nationalbibliothek verzeichnet diese Publikation in der Deutschen Nationalbibliografie; detaillierte bibliografische Daten sind im Internet über http://dnb.d-nb.de abrufbar.

Umschlaggestaltung: ZERO Werbeagentur, München
Satz: Vornehm, München
Druck und Bindung: CPI – Clausen & Bosse, Leck
Printed in Germany

ISBN 978-3-629-01101-5

Bitte besuchen Sie uns im Internet:
www.pattloch.de

5 4 3 2 1

Widmung

Ich widme dieses Buch den Jesusfreaks Hamburg. Ihr wart für mich die erste Gemeinde, die bereit war, wirklich etwas für Gott zu wagen. Jesus hat bei euch offene Herzen für ein leidenschaftliches Jesusleben gefunden. Danke, dass ihr für meine „Verrücktheiten" lange Zeit einen so fruchtbaren Boden gebildet habt. Ohne euch würden vermutlich in den meisten Jugendgottesdiensten in Deutschland noch heute mit Bongos und verstimmter Konzertgitarre Lieder aus einem blauen Buch gesungen werden. Ohne euch gäbe es kein Freakstock, keine Jesusfreakbewegung und auch keine Volxbibel. Danke, für alles, was ihr für mich getragen und durch mich ertragen habt.

Inhalt

Vorwort

Da ist er also, der erste Band zu „den alten Verträgen", oder auch dem „Alten Testament", der Volxbibel!
Dieses Buch ist heftig, nicht nur weil es die Grundlage für die drei größten und einflussreichsten Religionen der Welt liefert: den Islam, das Judentum und das Christentum.
Hauptdarsteller ist Gott, oder wie ihn die Juden damals genannt haben JHWE, was so viel bedeutet wie „Der Gott, der da ist und immer schon da war". Dieser Gott war für sie so besonders, so abgefahren, einzigartig, heilig, dass man sich noch nicht mal getraut hat, seinen Namen ganz auszuschreiben. Nebenfiguren sind seine Menschen, die – angefangen bei Adam und Eva über Noah, Mose bis zu David und Nehemia – ihr Leben mit ihm auf die Reihe gekriegt haben. Ihre Geschichten werden erzählt, ihre Siege gefeiert, ihre Fehler beweint. Die alten Verträge, das Alte Testament, lässt nichts aus. Es geht um Liebe und Leidenschaft, Sex und Gewalt, Betrug und Treue, Depression und Freude, Krieg und Frieden. Man kann sehen, wie Gott um seine Leute, seit Bestehen der Welt, immer gekämpft hat, wie er sie umworben hat, ihnen immer wieder eine neue Chance gab. Man kann aber auch sehen, wie oft die Menschen ihn wieder beschissen, betrogen und angelogen haben, wie sie mit Plastikgöttern fremdgegangen sind, anstatt das zu tun, was er von ihnen wollte. Beim Lesen kann man sich manchmal echt an den Kopf fassen, es scheint so hoffnungslos zu sein: der Mensch, ein hoffnungsloser Fall?
Wenn man in ein Kino geht, aber die ganze Geschichte und das Ende schon vorher irgendwo gelesen hat, geht die Spannung dabei flöten. Nun kennen wir ja auch von diesem Buch schon das Ende der Geschichte, so scheint es. Wir wissen von den neuen Verträgen, von Jesus und was er für die Menschen Geniales gebracht hat. Das Happy End steht schon seit 2000 Jahren! Und doch stelle ich fest, dass die ganze Geschichte von Jesus jetzt noch mehr Tiefe und Sinn bekommt, wenn man die Vorgeschichte gelesen und kapiert hat. Es ist so, wie wenn man im TV nur die letzten zehn Minuten von einem genialen Film mitkriegen konnte. Du schaltest die Glotze aus und willst unbedingt wissen, was alles vorher passiert ist. So ging es mir zumindest, als ich das Neue Testament, die neuen Verträge der Volxbibel, geschrieben hatte. Jetzt ist also der erste große Schritt getan, um das ganze Ding komplett zu machen.
Mein geistlicher Vater und Pastor hat immer zu mir gesagt, dass man die alten Verträge nur aus dem Licht der neuen Verträge wirklich verstehen kann.

Darum empfehle ich dir, bei den vielen schrägen Stellen, die man in diesem Buch findet, diese Aussage immer im Hinterkopf zu behalten. Gott geht mit den Menschen einen Weg. Die Zeit war damals anders, die Menschen waren anders, aber Gott war der gleiche. Ich kann überall seine Liebe finden und hab ihn beim Arbeiten an diesen Texten ganz neu kennengelernt. Er ist ein Gott, der sich wirklich um seine Leute kümmert, der besorgt ist, der liebt, der traurig und auch wütend sein kann, wenn man ihn betrügt. Wäre ich Gott, ich hätte die Menschheit schon im Paradies wieder in die Tonne gedrückt. Aber Gott ist nicht so, er liebt die Menschen, er gibt die zweite und auch die zehnte Chance, er wirbt um uns, wie ein verliebter Junge um die Zuneigung der schönsten Braut aus der Klasse 9a.
Lass dich auf diesen Gott ein, rede mit ihm! Jesus ist nicht in Timbuktu, er ist in der Nähe, er steht gerade neben dir!

In diesem Sinne wünsche ich dir viel Spaß beim Lesen!

Köln im Januar 2009, Martin Dreyer

1. Buch Mose

1

Wie Gott die Erde gemacht hat
1 Alles fing damit an, dass Gott das ganze Universum gemacht hat. Er bas-
telte das riesige Weltall zusammen und mittendrin die Erde. 2 Auf der Erde
war noch nichts los. Überall war totales Chaos. Es war stockdunkel, alles
stand unter Wasser, und es gab noch kein Licht. Aber Gottes Geist, seine
besondere Kraft, war da und schwebte über dem Wasser. 3 Und dann machte
Gott eine Ansage: „Jetzt soll erst mal Licht angehen!“ Und „bang“, es pas-
sierte sofort! Plötzlich war es überall hell! 4 Und Gott fand das Licht total
cool! Dann beschloss er, das Licht mal von dem Dunkeln zu trennen. Es
sollte ab jetzt die halbe Zeit hell sein und die andere Zeit dunkel. 5 Gott
nannte die helle Zeit „Tag“ und die dunkle Zeit „Nacht“. Es wurde zum ers-
ten Mal auf der Erde dunkel und wieder hell, und damit war der erste Tag,
den es jemals gegeben hatte, auch schon vorbei. 6 Als Nächstes sagte Gott:
„Das Wasser soll sich zerteilen, es soll Wasser nach oben und nach unten
gehen!“ 7 Und das passierte auch sofort. Jetzt gab es oben und unten Was-
ser, oben in den Wolken und unten auf der Erde. 8 Den oberen Teil nannte
Gott „Himmel“. Und dann war der zweite Tag auch schon wieder vorbei.
9 Die nächste Ansage von Gott war: „Das Wasser auf der Erde soll sich
jetzt mal an bestimmten Orten sammeln. Ich will, dass man was Trockenes
dazwischen sehen kann!“ Und auch das passierte sofort. 10 Gott gab dem
trockenen Boden den Namen „Land“, und das ganze Wasser nannte er
„Meer“. Und Gott sah es noch mal an und fand es hammergut! 11 Dann
sagte Gott: „Aus dem Boden sollen jetzt Pflanzen wachsen! Es soll grün wer-
den, Bäume sollen entstehen, an denen Äpfel und so wachsen! Und überall
sollen Samen drin sein, damit sich die einzelnen Arten auch weiter vermeh-
ren können!“ Und das passierte auch sofort. 12 Auf dem Boden wuchsen so
Sachen wie Rasen, Kräuter und Bäume, alles ganz unterschiedlich. Und die
Pflanzen hatten Samen in ihren Früchten, ganz unterschiedliche Samen, auf
die Art, wie sie eben gemacht waren. Und Gott sah es noch mal an und fand
es total krass! 13 Dann ging die Sonne unter und wieder auf. Jetzt war der
dritte Tag vorbei. 14 Gott meinte jetzt: „Am Himmel sollen Sterne sein. Die
sind dafür da, dass man merkt, ob es Tag oder Nacht ist. Und man soll
durch die Sterne abchecken können, ob wir gerade Winter oder Sommer
haben. Und das Datum soll man an denen auch ablesen können. 15 Sie sol-
len wie kleine Lampen sein, damit es auf der Erde nachts ein bisschen heller
wird.“ Und das passierte sofort. 16 Als Nächstes machte Gott die Sonne und

den Mond klar. Die Sonne sollte es am Tag ganz hell werden lassen und der
Mond nachts. [17] Gott pinnte beide oben in den Himmel, damit sie von da
gut auf die Erde leuchten konnten. [18] Sonne und Mond organisierten ab
sofort, ob es hell oder dunkel wurde. Und Gott sah es noch mal an und fand
es richtig gut! [19] Und dann war es auch schon wieder dunkel und wieder hell,
und der vierte Tag war zu Ende. [20] Jetzt machte Gott folgende Ansage: „Ich
will, dass es im Wasser nur so von Leben wimmelt! Total viele Tiere sollen da
jetzt rumschwimmen! Und über der Erde sollen jede Menge Vögel im Him-
mel rumfliegen!“ [21] Und jetzt ging Gott richtig ab. Er machte riesengroße
Walfische, aber auch alle möglichen kleinen Tiere, Krabben, Aale, Forellen,
eben alles, was so im Wasser leben konnte. Und er fing an, die ganzen
Vögel zu stylen, in unterschiedlichsten Formen und Farben. Und Gott merkte
gleich, dass das total genial wurde! [22] Dann wünschte Gott ihnen alles Gute
und segnete sie. Er sagte zu ihnen: „Jetzt macht mal los! Habt Spaß mit-
einander und vermehrt euch! Ihr könnt das ganze Meer haben, wenn ihr
wollt! Und den Vögeln sag ich das auch: Habt mal ordentlich Sex und ver-
mehrt euch auf der Erde!“ [23] Und es wurde dunkel, und wieder hell. Damit
war der fünfte Tag vorbei. [24] Jetzt sagte Gott: „Auf der Erde soll es viele
unterschiedliche Tierarten geben. Jedes Tier soll ganz besondere Eigenschaf-
ten haben. Löwen, Schlangen, Schildkröten und so was, das soll es ab jetzt
geben.“ Und es passierte genau so, wie Gott es gesagt hatte. [25] Gott stylte
dabei ganz verschiedene Tiere. Wilde und zahme, Tiere, die auf dem Boden
lebten, und Tiere die im Boden lebten, und alles in unterschiedlichen For-
men und Farben. Und Gott sah es noch einmal an und fand alles total cool!
[26] Jetzt sagte Gott: „Okay, nun wollen wir auch mal Menschen basteln. Die
sollen mir ähnlich sein. Und die sollen ab sofort das Sagen haben über die
ganzen Fische, die im Meer sind, und auch über die Vögel, die in der Luft
fliegen, und auch über die ganzen anderen Tiere auf der Erde. Die Menschen
sollen über alles bestimmen, was es auf der Erde so gibt.“ [27] Also baute Gott
einen Menschen. Dieser Mensch war ihm irgendwie ähnlich, er sollte nach
demselben Muster gestrickt sein wie Gott. Er machte dabei gleich zwei
Exemplare, einen Mann und eine Frau. [28] Und Gott gab ihnen Kraft zu leben
und segnete sie. Er sagte zu ihnen: „Jetzt habt Spaß miteinander! Schlaft
miteinander und bekommt sehr viele Babys! Ihr sollt ab jetzt das Sagen
haben über alles, über die Fische, die im Meer sind, und auch über alle
Vögel, die rumfliegen. Und auch über die ganzen anderen Tiere, die auf der
Erde leben, sollt ihr ab sofort bestimmen können!“ [29] Schließlich meinte
Gott noch: „Hey, ich habe euch hier ganz viele Sachen gegeben, die man
anpflanzen kann und die dann von selbst wachsen! Und auch Bäume hab
ich für euch gemacht, und da wachsen auch viele leckere Früchte dran! Die
könnt ihr dann essen, wenn ihr wollt. [30] Das ganze Grünzeug hab ich für die

Vögel und die anderen Tiere gemacht, damit die das alles essen und davon
leben können.“ Und es passierte alles genau so, wie Gott es gesagt hatte.
31 Gott sah sich dann das Ganze, was er gerade gemacht hatte, noch einmal
in Ruhe an. Und er war voll begeistert, es war alles spitzenmäßig geworden!
Dann wurde es dunkel, der sechste Tag war vorbei, und am nächsten Mor-
gen fing der siebte Tag an.

2

Der siebte Tag zum Entspannen

1 So ist also das ganze Weltall entstanden, der Himmel und die Erde. 2 Am
siebten Tag war alles perfekt, was Gott gemacht hatte. An diesem siebten
Tag machte Gott erst mal ne Pause und ruhte sich aus. 3 Und Gott legte
seine Kraft auf diesen siebten Tag, er segnete ihn. Er machte, dass dieser Tag
ganz, ganz besonders war. Denn an diesem Tag entspannte er sich von der
Arbeit, die er getan hatte.

Gott baut den Garten Eden, einen Mann und eine Frau: ein zweiter Bericht

4 Das ist also die Entstehungsgeschichte vom Weltall, vom ganzen Univer-
sum und auch von der Erde. Am Anfang, als alles losging, hat Gott das
Ganze gebastelt. 5 Bis jetzt konnte aber noch nichts so richtig wachsen. Das
Gras auf der Wiese oder die Bäume konnten noch nicht richtig loslegen,
weil sie ja noch kein Wasser hatten. Außerdem gab es ja auch noch keine
Menschen, die auf den Feldern was anpflanzen konnten. 6 Es gab da aber
schon so einen Nebel auf der Erde, der für etwas Feuchtigkeit sorgte. 7 Jetzt
bastelte Gott einen Menschen. Er nahm dafür das Material, was er auf der
Erde schon rumliegen hatte, nämlich Ton. Als er fertig war, blies er dem
Menschen einmal in seine Nase. Und zwar war das Gottes eigene Lebens-
luft, sein eigener Geist, was er da reinpustete. Und das Abgefahrenste pas-
sierte: Der Mensch bekam plötzlich eine Seele und fing an zu leben! 8 Und
Gott, der Chef von allem, baute einen ganz besonderen Garten für seinen
ersten Menschen. Die Gegend hatte den Namen „Eden“ bekommen, wo er
den Garten hinbaute, und die lag im Osten. Diesen Garten hatte er extra
für die Menschen gemacht, damit sie da wohnen können. Man nannte den
auch „das Paradies“. 9 Dann ließ Gott dort aus dem Boden unterschiedliche
Bäume wachsen. Die sahen alle richtig schön aus. Und sie hatten auch alle
voll leckere Früchte, die man gut essen konnte. Mitten in diesen Garten
pflanzte Gott jetzt noch zwei ganz besondere Bäume. Der eine war der
„Baum des Lebens“. Wer davon eine Frucht isst, würde nie mehr sterben, er
könnte ab dann für immer leben. Der andere hieß „Baum der Erkenntnis“.
Wer von dem eine Frucht isst, hätte ab dann eine Peilung davon, was gut
ist und was schlecht. 10 Mitten in Eden war eine Quelle, wo ein Bach draus

wurde. Aus diesem Bach kam das Wasser für den ganzen Garten Eden. Die-
ser Bach wurde dann zu einem fetten Fluss, der sich wiederum in vier neue
Flüsse aufteilte. 11 Der erste Fluss hatte den Namen Pison. Der fließt in das
Land Hawila, und in ihm kann man auch viel Gold finden. 12 Das Gold hat
eine echt gute Quali. Dazu kann man da drin auch wertvollen Bernstein fin-
den und krasse Diamanten. 13 Der zweite Fluss heißt Gihon. Der Gihon fließt
um das ganze Land Kusch rum. 14 Und der Name vom dritten Fluss war
Hiddekel. Der kam aus dem Land östlich von Assyrien. Und der vierte Fluss
hieß Euphrat. 15 Gott nahm jetzt den Menschen an die Hand und brachte ihn
in den Garten Eden. Dort sollte der jetzt mal Sachen anpflanzen und sich
um den Garten kümmern. 16 Und Gott sagte zu ihm: „Hey, du kannst dir von
allen Pflanzen nehmen, was du willst, klar? Du kannst von den Früchten,
die auf den Bäumen wachsen, so viel essen, bist du platzt. All you can eat!
17 Aber lass die Finger vom ‚Baum der Erkenntnis‘! Der ist gefährlich! Wenn
du davon mal was isst, wirst du sterben! Hundertpro!“ 18 Dann meinte Gott:
„Ist irgendwie keine gute Idee, wenn der Mensch hier alleine rumhängt. Ich
will ihm noch eine Braut machen, die ihm hilft und ihn respektiert. Und sie
sollte auch irgendwie zu ihm passen!“ 19 Also nahm Gott noch mal etwas
Boden und formte zuerst mal weitere Tiere daraus. Tiere, die draußen leben,
Vögel und so. Und die brachte er dann zu dem Menschen, damit der ihnen
Namen geben konnte. Und der Name, den der Mensch einem Tier dann
gab, der war dann auch gesetzt. 20 Also gab der Mensch den unterschied-
lichen Tieren unterschiedliche Namen. Aber da war jetzt nichts dabei, wor-
auf er so richtig Bock hatte. Nichts passte zu ihm. 21 Jetzt setzte Gott den
Menschen unter Vollnarkose. Und dann nahm er ein Stück von seiner Rippe
raus und ließ die Stelle schnell wieder zuwachsen. 22 Aus dieser Rippe baute
Gott dann eine voll schöne Frau. Die brachte er dann zu dem Mann. 23 Der
Mann war echt begeistert. „YES! Die passt doch total gut zu mir! Sie kommt
ja sogar aus meinem Köper raus, ist genau das gleiche Material! Ich finde,
sie soll jetzt ‚Frau‘ heißen.“ 24 Darum ist das jetzt so, dass ein Mann irgend-
wann seinen Vater und seine Mutter verlässt und mit einer Frau zusammen-
zieht. Die beiden werden dann ganz fest zusammenwachsen, sie werden wie
ein Mensch sein. 25 Beide hatten aber noch keine Klamotten an, sie waren
splitternackt. Das machte denen aber null was aus, es war ihnen überhaupt
nicht peinlich.

3

Der Mensch fliegt aus dem Paradies raus

1 Im Garten Eden gab es ein Tier, das schlauer war als alle anderen. Dieses
Tier war die Schlange. Die Schlange konnte die Sprache von den Menschen
sprechen. Eines Tages kam sie mal bei der Frau an und meinte zu ihr: „Hat

Gott echt gesagt, dass ihr von keinem einzigen Baum im Garten Früchte
essen dürft?“ 2 „Hm“, sagte die Frau, „wir dürfen von allen Bäumen so viel
essen, bis wir platzen. 3 Nur von einem Baum sollen wir die Finger lassen.
Da hat Gott ne klare Ansage gemacht. ‚Fasst den bloß nicht an! Sonst müsst
ihr sterben‘, meinte er zu uns.“ 4 Die Schlange zischelte aber weiter: „Totaler
Schwachsinn! Ihr werdet nie und nimmer sterben, wenn ihr davon esst!
5 Gott hat nur Angst, weil er genau weiß: Wenn ihr davon esst, dann wärt ihr
wie Gott. Ihr könntet dann nämlich unterscheiden, was gut ist und was
schlecht.“ 6 Jetzt sah die Frau sich den Baum mal genauer an. Und sie wurde
plötzlich richtig gierig. Der Baum und seine Früchte sahen einfach lecker
aus, und es wäre doch eine tolle Idee, wenn man gut und schlecht unter-
scheiden könnte. Schließlich nahm sie sich eine Frucht und biss einmal
davon ab. Ihrem Mann, der gerade vorbeikam, gab sie auch was ab. 7 Sofort
wurden sie beide innerlich voll geflashed! Sie sahen sich an und merkten auf
einmal, dass sie ja völlig nackt waren! Schnell bastelten sie sich ein paar Kla-
motten aus Blättern von einer Eiche, die da in der Nähe rumstand. 8 Plötz-
lich hörten sie die Stimme von Gott, der gerade im Garten spazieren ging.
Es war mittlerweile auch schon Abend geworden. Die beiden bekamen voll
Schiss und versteckten sich vor Gott zwischen den Bäumen. 9 Gott rief ihnen
zu: „Hey, wo seid ihr?“ 10 „Ähh, ich hab gerade deine Stimme gehört und hab
mich voll erschrocken, weil ich irgendwie so nackt bin. Das war mir peinlich,
darum hab ich mich erst mal versteckt!“, antwortete der Mann. 11 „Wer hat
dir das denn erzählt? Dass du nackt bist und so?“, fragte ihn Gott. „Du
hast doch nicht etwa was von dem Baum gegessen, wo ich dir ausdrücklich
gesagt hab, dass du davon nicht essen sollst?“ 12 „Ähh, die Frau, ich meine,
die hast du mir ja an die Seite gestellt, also, ähh, die hat mir das einfach
angedreht!“, stammelte Adam. 13 Gott sagte zu der Frau: „O nein, was hast
du nur getan?!“ – „Ähh, die Schlange hat mich voll abgezogen, Gott, die
hat mich reingelegt!“, antwortete sie. 14 Also ging Gott zu der Schlange und
meinte zu ihr: „Weil du das getan hast, wirst du für immer verschwinden, ich
werde dich verstoßen! Du sollst im Gegensatz zu den anderen Tieren keine
Beine haben, du sollst nur noch rumkriechen und Staub fressen, solange
du lebst! 15 Ich werde ab jetzt dafür sorgen, dass du und die Frau, dass ihr
euch nicht abkönnt. Die Frau wird Kinder und Enkel haben, die werden dei-
nen Kindern den Kopf zertreten, während du ihnen in den Fuß beißen wirst.“
16 Dann ging Gott zur Frau und sagte zu der: „Ich werde dafür sorgen, dass
es für dich voll schwer wird, wenn du Kinder kriegst. Es wird dir irre weh
tun. Und du wirst immer Lust auf einen Mann haben, aber er wird dein Chef
sein.“ 17 Dann ging Gott zum Mann und sagte zu ihm: „Weil du auf deine
Frau gehört hast und das, was sie dir gesagt hat, wohl wichtiger war als das,
was ich dir gesagt hatte, wird Folgendes mit dir passieren: Das Feld, auf dem

die Dinge wachsen, von denen du leben willst, das soll verflucht sein. Es
soll voll schwer für dich werden, Obst und Gemüse zu ernten. 18 Auf dem
Feld werden Dornen wachsen und Brennnesseln und Disteln. Du wirst dein
ganzes Leben hart arbeiten müssen, um dich davon zu ernähren. 19 Du wirst
total viel ins Schwitzen kommen. Nur durch harte Arbeit wirst du Brot und
andere Sachen zum Essen kriegen können. Und das wird immer so sein, bis
zum Schluss, wenn du tot bist. Und wenn du stirbst, wirst du vergammeln
und dich in den gleichen Stoff verwandeln, aus dem du mal gemacht wur-
dest: Erde."

Der Mann gibt der Frau auch einen Namen

20 Der Mensch, der jetzt Adam hieß, gab seiner Frau den Namen Eva. Der
Name bedeutet so viel wie „Leben", denn Eva wurde jetzt zur absolut ersten
Mutter von allen Menschen auf der Welt. Er fand den Namen einfach sehr
nett. 21 Gott nähte den beiden dann echt anständige Klamotten, damit sie
was zum Anziehen hatten. 22 Später sagte er dann mal zu sich selbst: „Hm,
der Mensch ist mir jetzt echt ähnlich geworden, weil er unterscheiden kann,
was gut ist und was schlecht. Was jetzt nicht so gut wäre, wenn er auch
noch von dem „Baum des Lebens" essen würde. Dann würde er ja außer-
dem noch ewig leben können, das geht einfach gar nicht!" 23 Also schmiss
Gott den Adam aus seinem Garten raus und erteilte ihm Hausverbot. Er
sollte jetzt besser als Bauer arbeiten, die Erde umpflügen, da drauf Pflanzen
aussäen und so. Da kam er ja ursprünglich her, er war mal aus Erde gemacht
worden. 24 Gott feuerte Adam aus dem Paradies raus, aber er gab ihm
ein Stück Land, was im Osten von seinem Garten lag. Um den Baum des
Lebens zu beschützen, stellte Gott einen extra Türsteherengel davor. Der war
gut bewaffnet mit einem Schwert, was aus Feuer war, wie so ein riesen Flam-
menwerfer. Mit diesem Schwert fuchtelte er immer hin und her, damit der
Weg zum Baum hundertpro gesichert wurde.

4

Die beiden Brüder haben Zoff miteinander

1 Adam und Eva hatten dann Sex, und Eva wurde schwanger. Sie bekam
ein Baby, dem die beiden den Namen Kain gaben. Kain bedeutet so viel
wie „Hauptgewinn". Eva war voll happy und sagte: „Ich hab einen Jungen
bekommen! Da hat Gott mir bei geholfen!" 2 Dann kamen noch weitere
Kinder. Als Erstes ein Bruder für Kain, den sie Abel nannten. Als die beiden
groß waren, nahmen sie unterschiedliche Berufe an. Kain machte ne Aus-
bildung zum Bauern und Abel wollte ein Hirte werden, der sich um die
Schafe und Kühe kümmert. 3 Irgendwann hatte Kain die Idee, etwas von den
Sachen, die er als Bauer geerntet hatte, an Gott abzugeben. So als „Danke-

schöngeschenk". 4 Abel hatte wohl denselben Gedanken und gab einige von
den ersten Schafen, die geboren worden waren, an Gott ab. Er schlachtete
sie, und die besten Steaks verbrannte er in einem Feuer für Gott. Man nannte
das ab dann ein „Opfer" bringen. Gott fand das Opfer von Abel echt cool.
5 Aber das Opfer von Kain fand Gott nicht so prall, er beachtete es gar nicht.
Da drüber wurde Kain echt stinkig. Er war richtig frustriert und zog ne Fresse
bis zum Boden. 6 Gott sagte zu Kain: „Was is los, mein Junge? Warum ziehst
du so ein Gesicht? Warum bist du sauer? 7 Wenn es dir gutgeht, dann siehst
du anders aus! Hey, wenn du mies drauf bist und üble Gedanken in dir rum-
spuken, dann bist du kurz davor, Sachen zu tun, die total daneben sind und
die ich nicht gut finde. Diese Gedanken werden immer größer und überneh-
men irgendwann die Kontrolle über dich! Du musst sie aber kontrollieren!"
8 Kain ging zu seinem Bruder, um sich mit ihm auszuquatschen. Aber als sie
zusammen auf dem Feld spazieren gingen, kriegten sie sich in die Wolle.
Kain war richtig aggro, er fing an zu boxen und kickte einmal voll zu. Abel
sank zu Boden und war tot. 9 Einige Zeit später kam Gott bei Kain vorbei. Er
fragte ihn: „Sag mal, Kain, wo ist denn dein Bruder geblieben?" „Äh, keine
Ahnung, Gott! Ist mir auch pupsegal, wo der ist, ich bin ja schließlich nicht
sein Kindermädchen!" 10 Gott sagte zu ihm: „O Mann, Kain, was hast du
bloß für ne Scheiße angestellt? Was ist los? Ich kann das Blut von deinem
Bruder nach Rache schreien hören. 11 Ich muss mich von dir zurückziehen,
ich kann dir nichts Gutes mehr tun! Verschwinde von hier! Dieses Land hat
das Blut von deinem Bruder aufgesogen, weil du ihn hier getötet hast! 12 Ab
jetzt wird es für dich voll schwer werden, als Bauer zu arbeiten. Der Boden
wird dir nicht alles geben, was normal gehen würde. Und du wirst dich nir-
gendwo richtig zu Hause fühlen, du wirst immer auf der Flucht sein." 13 Kain
war echt fertig, als er das hörte. „Das ist zu heftig, Gott, diese Strafe kann
ich nicht ertragen! 14 Mann, du hast mich heute rausgeschmissen und vor
die Tür gesetzt. Ich werde mich immer vor dir schämen müssen. Ich werde
wohl nie ein richtiges Zuhause haben, ich bin nur noch auf der Flucht. Und
ich habe niemanden, der mich beschützt, wenn mich jemand killen will,
kann er das einfach tun. Er wird ja noch nicht mal eine Bestrafung dafür
befürchten müssen." 15 Aber Gott war da anderer Meinung: „Nein, das ist
gesetzt: Wer Kain tötet, der soll es siebenmal heftiger zurückbekommen!"
Gott drückte Kain ein Zeichen auf die Stirn, so einen Code, der ihn beschüt-
zen sollte. 16 Kain verschwand also aus der Gegend, er ging Gottes Gegen-
wart ab sofort aus dem Weg. Er nahm sich eine Bude in dem Land Nod, das
lag östlich von Eden. 17 Kain hatte Sex mit seiner Frau, und die wurde dann
schwanger. Ihr Baby bekam den Namen „Henoch". Kain gründete eine Stadt,
extra für seinen Sohn, die er dann auch nach ihm benannte. 18 Als Henoch
groß war, heiratete er auch und bekam einen Sohn, den er Irad nannte. Irad

bekam dann später einen Sohn, den er Mehujael nannte. Mejuhael bekam,
als er erwachsen war, auch einen Sohn, den nannte er Methusael. Methusael
bekam dann, als er groß war, auch einen Sohn. Der hieß Lamech. 19 Lamech
heiratet gleich zwei Frauen. Die eine hieß Ada und die andere Zilla. 20 Ada
wurde dann schwanger und bekam Jabel. Von Jabels Familie kommen dann
übrigens die ganzen Leute, die als Wanderhirten arbeiten und in Zelten
wohnen. 21 Der Bruder von Jabel hieß Jubal. Dieser Jubal war der erste Profi-
musiker, den es je gab. Er lebte davon, mit seiner Gitarre und einer Flöte
Musik zu machen. Er ist sozusagen der Urvater aller Musiker. 22 Zilla bekam
aber auch Kinder. Sie kriegte einen Sohn, den sie Tubal-Kain nannte. Der
wurde der erste Meister im Bearbeiten von Stahl und Metall. Tubal-Kain
bekam dann auch noch eine Schwester, die den Namen Naama hatte.
23 Lamech sagte dann mal zu seinen Frauen: „Hey, ihr beiden! Ada und Zilla,
hört mal genau zu, ich will euch was sagen! Ich bin der absolute Bringer,
keiner ist so stark wie ich! Wenn mich jemand nur verwundet, dann bring ich
ihn sofort um! Und auch wenn mir jemand nur mal eine reinhaut, töte ich
ihn! 24 Wenn Gott die Ansage gemacht hat: ‚Wer Kain tötet, bei dem müssen
sieben Leute dafür ins Gras beißen‘, dann gilt für mich: ‚Wer den Lamech
tötet, bei dem müssen siebenundsiebzig Leute ins Gras beißen!‘“

Seth wird geboren

25 Adam machte dann seine Eva wieder schwanger, und sie kriegten einen
Sohn. Der sollte dann Seth heißen. Eva sagte damals: „Gott wollte mit Seth
einen neuen Anfang machen. Er hat mir mit Seth den Abel ersetzt, den Kain
getötet hatte. 26 Seth bekam, als er erwachsen war, auch wieder einen Sohn.
Den nannte er Enos. In der Zeit fingen die Menschen übrigens erst an zu
Gott zu beten und ihm zu sagen, wie gut er ist.

5

Die Kinder und Enkelkinder von Seth

1 Schließlich wurden die Menschen immer mehr, und sie breiteten sich
überall auf der Erde aus. In diesem Kapitel soll darüber berichtet werden,
wie das passiert ist. Gott hatte ja den Menschen so krass gemacht, wie er
selbst auch war. 2 Und er hatte zwei unterschiedliche Modelle von Mensch
gemacht, eine Frau und einen Mann. Beide bekamen von ihm den Namen
„Mensch“. Der wurde ihnen an dem Tag verpasst, wo er sie gemacht hatte.
3 Adam wurde voll alt, und noch mit 130 konnte er Kinder machen. In dem
Alter bekam Eva noch einen Sohn, den sie Seth nannten. Dieser Sohn war
Adam sehr ähnlich. 4 Insgesamt lebte er über achthundert Jahre lang auf der
Erde! In dieser Zeit bekam er sehr viele Kinder. 5 Als Adam dann das Gras
von unten sah, war er 930 Jahre alt! 6 Sein Sohn Seth wurde auch richtig alt.

Mit 105 Jahren bekam Seth einen Sohn, den er Enos nannte. 7 Seth wurde
auch sehr alt und starb erst 807 Jahre, nachdem er Enos bekommen hatte.
Dazwischen bekam er noch viele Kinder. 8 Insgesamt wurde Seth 912 Jahre
alt. 9 Enos war auch nicht schlecht dabei. Er bekam mit 90 seinen Sohn
Kenan. 10 Nachdem er Kenan gezeugt hatte, lebte er noch weitere 815 Jahre.
In dieser Zeit kriegte er auch noch viele Kinder. 11 Insgesamt wurde Enos
905. Erst dann starb er. 12 Sein Sohn Kenan bekam mit 70 seinen Sohn
Mahalalel. 13 Kenan lebte, nachdem er Mahalalel bekommen hatte, noch
840 Jahre. Er bekam auch noch viele weitere Kinder. 14 Insgesamt wurde
Kenan 910 Jahre alt. Erst dann starb er. 15 Der Mahalalel bekam seinen Sohn
Jered, als er 65 war. 16 Mahalalel lebte, nachdem er seinen Sohn Jered
bekommen hatte, noch 830 Jahre. In der Zeit bekam er noch viele Kinder.
17 Wenn man alle Tage zusammenzählt, wurde Mahalalel 895 Jahre alt, bis er
tot war. 18 Jered bekam seinen Sohn Henoch mit 162. 19 Danach lebte Jered
noch 800 Jahre. In seinem Leben bekam er noch viele andere Söhne und
Töchter. 20 Insgesamt wurde Jered 962 Jahre alt. Dann starb er. 21 Henoch
wiederum bekam im Alter von 65 seinen Sohn Methusalah. 22 Henoch war
nach dieser Geburt noch 300 Jahre mit Gott unterwegs. Er bekam in der Zeit
viele Kinder. 23 Alles in allem wurde Henoch 365 Jahre alt. 24 Henoch war sehr
gottmäßig drauf. Gott beamte ihn irgendwann plötzlich zu sich, er war wie
vom Erdboden verschwunden, keiner hat ihn mehr gesehen. 25 Methusalah
bekam mit 187 seinen Sohn Lamech. 26 Anschließend lebte er noch weitere
782 Jahre, in denen er noch viele Kinder bekam. 27 Methusalah starb mit
969 Jahren. 28 Bei Lamech war das so, dass er mit 182 seinen ersten Sohn
bekam. 29 Diesen Sohn nannte er Noah. Den Namen gab er ihm, weil das so
viel bedeutet wie „Sich mal entspannen“. Er sagte: „Dieser Junge wird uns
über den ganzen Stress trösten, den wir mit unserer Arbeit haben. Diesen
Stress haben wir ja durch den krassen Fluch von Gott am Hals, deswegen
müssen wir den ganzen Tag Sachen anbauen und ernten.“ 30 Lamech lebte,
nachdem er Noah geboren hatte, noch 590 Jahre. In der Zeit bekam er auch
noch andere Kinder. 31 Wenn man die ganze Zeit zusammenrechnet, wurde
Lamech 772 Jahre alt. 32 Noah bekam mit 500 Jahren drei Söhne, den Sem
und den Ham und den Japhet.

6

Gott muss mal dazwischenhauen

1 Die Menschen bekamen immer mehr Kinder und vermehrten sich wie blöd.
2 In der Zeit verknallten sich einige Engel aus dem Himmel in die Frauen
der Menschen, weil die so wunderschön und sexy aussahen. Die, die sie am
besten fanden, heirateten sie sogar. 3 Gott fand das nicht so toll. Er meinte:
„Ist wohl keine so gute Idee gewesen, den Menschen so lange leben zu las-

sen. Menschen sind einfach zu schwach, sie ziehen mein Ding nicht lange
durch, man kann sie zu leicht verführen. Länger als 120 Jahre sollten sie ab
jetzt nicht mehr leben.“ 4 In dieser Zeit gab es riesige Menschen auf der Er-
de. Diese Riesen waren die Kinder von den Pärchen, wo ein Engel mit einer
Frau zusammen war und die beiden Sex hatten. Die wurden dann später
total berühmt, man feierte die Riesen als große Helden. 5 Gott kriegte aber
schnell mit, dass die Menschen oft link drauf waren, dass sie immer üble
Sachen im Kopf hatten, dass sie nicht gut waren. 6 Er hatte das Gefühl, es
sei keine so gute Idee gewesen, dass er die Menschen überhaupt mal
gemacht hatte. Gott bekam richtig Herzschmerzen und bereute das. 7 Des-
wegen sagte er: „Ich hab keinen Bock mehr auf die Menschen. Ich hab die
zwar mal gemacht, aber es ist wohl besser, ich vernichte sie wieder. Und den
ganzen anderen Kram gleich mit, die Vögel, die Tiere bis hin zu den Regen-
würmern. War wohl alles nicht so der Hit.“

Die Sache mit Noah

8 Zum Glück gab es da aber einen Mann, den Gott sehr mochte, und der
hieß Noah. 9 Im Folgenden soll seine Geschichte erzählt werden. Noah war
in seiner Zeit gottmäßig voll drauf. Er lebte sehr korrekt, und sein ganzes
Leben war so, wie Gott es cool findet. 10 Noah hatte drei Söhne, den Sem,
den Ham und den Japhet. 11 Auf der Welt war aus Gottes Sicht das totale
Chaos am Start. Die Leute stachen sich gegenseitig ab, alles ging drunter
und drüber. 12 Für Gott war das richtig übel, was auf der Erde so abging. Den
Menschen war es dabei egal, was Gott dachte, sagte und wollte. 13 Er ging
dann zu Noah und meinte zu ihm: „Ich kann mir das nicht länger ansehen,
Noah. Ich werde das Kapitel Mensch jetzt beenden und sie mitsamt der gan-
zen Erde in die Tonne hauen. Wo man hinsieht, überall findet man die üblen
Sachen, die sie ständig tun. 14 Bau dir mal ein riesen Schiff aus Holz. Dann
nimm dir Teer und dichte die ganzen Bretter anständig ab, damit das Teil
auch wasserdicht wird. In dem Schiff sollten viele große Zimmer sein.
15 Sagen wir mal 150 Meter lang, 25 Meter breit und 15 Meter hoch, okay?
16 Oben im Dach soll ein Fenster rein, so ungefähr einen halben Meter groß,
von oben gemessen. An die Seite soll auf jeden Fall eine Tür rein. Das ganze
Teil soll dabei drei Stockwerke haben. 17 Pass auf: Ich werde eine fette Flut
über die ganze Erde organisieren. Ich will, dass alles, was auf der Erde lebt,
dabei umkommt – und mit alles mein ich alles. 18 Aber mit dir will ich weiter-
machen. Ich will mit dir einen Vertrag abschließen. Darum schnapp dir mal
deine Kinder mit ihren Familien und auch deine Frau und schließt euch dann
in den ‚Kasten‘ ein. 19 Vorher will ich aber, dass ihr von jedem Tier, das ihr in
die Finger bekommt, ein Pärchen mitnehmt, klar? Jeweils ein Männchen und
ein Weibchen. 20 Und zwar von jeder Vogelsorte ein Pärchen und auch von

jeder Tiersorte ein Pärchen. Die sollen weiterleben und gerettet werden.
21 Nehmt auch genug Essen mit, Noah! Alles, was man so essen kann, soll-
test du einpacken." 22 Noah machte alles exakt so, wie Gott es ihm gesagt
hatte.

7

Das Wasser kommt

1 Irgendwann meinte Gott dann zu Noah: „So, jetzt geh mal mit deinen
ganzen Leuten in den ‚Kasten' rein. Ich hab mitgekriegt, dass du okay lebst.
2 Nimm in das Schiff von den essbaren Tieren sieben Paar mit. Von den
anderen Tieren reicht ein Paar, also immer ein Weibchen und ein Männchen,
okay? 3 Genauso machst du es mit den Vögeln, bitte, jeweils sieben Paar,
damit dieses Leben nicht für immer kaputtgeht auf der Erde. 4 In sieben
Tagen werde ich es nämlich so krass regnen lassen, dass die ganze Erde
unter Wasser steht. Alles, was lebt, muss dann ersaufen." 5 Noah befolgte
die Ansage, die Gott gemacht hatte. 6 Er war zu dem Zeitpunkt, als diese
fette Flut über die Erde kam, schon 600 Jahre alt. 7 Um vor dem Wasser
geschützt zu werden, ging Noah mit seiner Frau, allen seinen Kindern und
deren Frauen in den „Kasten" rein. 8 Von den ganzen essbaren Tieren und
von den nicht essbaren, auch von den Vögeln und den Insekten, einfach von
allem, was auf der Erde rumkroch, nahm er welche mit. 9 Immer paarweise,
ein Männchen und ein Weibchen waren am Start, genau so, wie Gott es ihm
gesagt hatte. 10 Und das Heftige passierte: Nach sieben Tagen kam plötzlich
Wasser ohne Ende, eine riesen Flut, über die ganze Erde. 11 Und wie gesagt,
das ging ab, als Noah schon 600 Jahre alt war. Und zwar an einem 17. Mai
war es so, als würde der Wasserhahn im Himmel voll aufgedreht werden,
und auch aus den Quellen in der Erde sprudelte fett Wasser raus. 12 Der
Regen dauerte vierzig Tage, also fast sechs Wochen lang! 13 Noah hing aber
mit seiner Familie im „Kasten" rum. Seine Söhne Sem, Ham, Japhet, seine
Frau und die Frauen seiner Söhne waren auch in dem Schiff. 14 Dazu die gan-
zen Tierarten, Insekten, Vögel, alles, was so auf der Erde rumfliegt und lebt.
15 Sie waren bei Noah im „Kasten" immer zu zweit, wie gesagt. Alles, was
lebt, war da vertreten. 16 Gott hatte es so bestimmt, und so wurde es auch
durchgezogen. Gott machte am Ende nur noch die Tür hinter ihnen zu. 17 Es
schüttete wie aus Eimern, vierzig Tage! Das Wasser stieg immer mehr, bis
der „Kasten" anfing zu schwimmen. 18 Diese Flut stieg weiter, bis sie so hoch
war, dass der „Kasten" locker auf dem Wasser schwimmen konnte und weg-
trieb. 19 Das Wasser wurde sogar so heftig, dass auch die großen Berge über-
flutet wurden! 20 Und selbst als die Berge schon unter Wasser standen, stieg
die Flut noch fast 7 Meter weiter an. 21 So ersoff das ganze Leben, was es auf
der Erde bis dahin gab. Vögel, Tiere und auch alle Menschen mussten ster-

ben. [22] Wirklich, allem, was atmen konnte und auf dem Land lebte, ging jetzt die Luft aus. [23] Alles wurde vernichtet. Jeder Mensch, jedes Tier, jedes Insekt, nur Noah war übrig und alles, was mit ihm in dem Kasten war. [24] Diese Flut blieb über 150 Tage auf der Erde.

8

Die Flut ist zu Ende

[1] Gott hatte aber den Noah nicht vergessen. Und auch die ganzen Tiere, die in dem Kasten steckten, hatte er im Blick. Er organisierte einen warmen Wind, der die ganzen Wolken wegblies, so dass das ganze Wasser langsam verdunsten konnte. [2] Die ganzen Brunnen auf der Erde wurden von ihm wieder zugemacht. Und auch die ganzen Regenwolken hörten auf zu schütten. [3] Nach immerhin 150 Tagen versickerte das Wasser mehr und mehr im Boden. [4] Etwa am 17. Oktober setzte die Arche plötzlich auf dem Boden auf. Das war in einem Gebirge, was man Ararat nannte. [5] Das Wasser ging in den nächsten Monaten immer weiter zurück, so dass etwa am 1. Dezember plötzlich die Bergspitzen überall zu sehen waren. [6] Nach weiteren vierzig Tagen wollte Noah mal checken, was draußen los ist, und öffnete das Fenster vom „Kasten". Dann nahm er einen der Raben und ließ ihn aus dem Fenster fliegen. [7] Der Rabe sollte so lange rumfliegen, bis das Wasser auf der Erde weggetrocknet war. [8] Als der nicht zurückkam, nahm er eine Taube, um zu sehen, ob das Wasser noch weniger geworden war. [9] Aber die Taube kam zurück. Sie hatte anscheinend keinen Platz gefunden, wo sie sonst hätte landen können. Noah streckte seinen Arm aus dem Fenster, die Taube landete drauf, und er holte sie wieder zurück in den „Kasten". [10] Also wartete er noch mal eine Woche. Dann ließ er die Taube wieder fliegen. [11] Die Taube kam leider wieder zurück. Aber diesmal hatte sie einen grünen Baumzweig in ihrem Schnabel! Noah peilte sofort, dass das Wasser jetzt sehr viel weniger auf der Erde geworden war. [12] Eine Woche später schickte er die Taube noch mal los. Diesmal kam sie nicht wieder zurück. [13] Als Noah 601 Jahre alt war, am 1. April, war das Wasser endlich ganz weg! Noah baute irgendwann das Dach vom „Kasten" ab, und dann konnte er es überall sehen: Die ganze Erde war wieder trocken! [14] Genau ein Jahr nach Beginn der Überflutung war die ganze Erde wieder völlig trocken, an genau demselben Tag, dem 17. Mai. [15] Jetzt sagte Gott zu Noah: [16] „Verlass die Arche mal wieder, Noah! Und nimm deine Frau und auch deine Kinder mit ihren Ehepartnern gleich mit! [17] Die ganzen Tiere, die bei dir im ‚Kasten' sind, kannst du auch gleich freilassen. Und mit ‚alle' mein ich alle, die Vögel, die Kühe, das ganze Kriechzeugs, einfach alle. Die sollen jetzt auf der Erde leben und sich ordentlich vermehren." [18] Noah verließ dann mit seiner ganzen Familie den „Kasten". [19] Und auch die ganzen Tiere gingen mit ihm mit. [20] Noah baute erst mal für

Gott so einen Opfertisch, einen Altar, aus Steinen. Auf diesem Tisch
schenkte er Gott einige Tiere, indem er sie dort verbrannte, um ihm für die
coole Rettung zu danken. 21 Und Gott fand das sehr cool. Er sagte zu sich
selbst: „So eine fiese Flut will ich nie wieder auf die Erde schicken. Auch
wenn die Menschen schon von klein auf in ihrem Herz link drauf sind, will
ich so was nicht noch einmal tun. Ich will auch nie wieder alles, was lebt, so
mal eben kaputt machen. 22 Ich beschließe hiermit Folgendes: Solange es die
Erde gibt, wird der Kreislauf nie mehr unterbrochen werden. Es wird immer
wieder Tag und Nacht geben, Winter und Sommer, Frost und Hitze, Saat
und Ernte."

9

Gott macht mit den Menschen einen Friedensvertrag

1 Gott gab Noah und seinen Söhnen volle Kraft, indem er sie segnete. Dann
sagte er zu ihnen: „Also, jetzt geht mal richtig ab! Nehmt eure Frauen und
macht mit ihnen ordentlich Babys! Verbreitet euch auf der Erde, so weit es
geht! 2 Ihr werdet allen Tieren Angst einjagen. Alles, was auf der Erde rum-
krabbelt und kriecht, und alles, was fliegen kann, wird Respekt vor euch
haben. Auch über alle Fische, die im Wasser rumschwimmen, sollt ihr ab
jetzt bestimmen können. 3 Und ernähren könnt ihr euch von allem, was lebt,
genauso wie von dem ganzen Grünzeug. Lasst es euch gut schmecken!
4 Ich will nur nicht, dass ihr von Tieren esst, die noch lebendig sind. Darum
sollen die Teile erst mal ausbluten, bevor ihr sie verspachtelt, okay? 5 Euer
eigenes Blut darf auf keinen Fall vergossen werden! Ihr sollt euch nicht
gegenseitig töten, und Tiere dürfen euch auch nicht umbringen! Da werde
ich drauf aufpassen und werde es hart bestrafen, wenn das doch mal pas-
siert. 6 Wer einen Menschen tötet, muss selbst auch durch einen Menschen
getötet werden. Weil Gott den Menschen nach seinem Modell gebaut hat
und dieses Modell eine Kopie von Gott selbst ist, ist der Mensch ihm sehr
ähnlich. 7 Also seht zu, dass ihr euch ordentlich vermehrt! Ich möchte, dass
ihr euch auf der ganzen Erde verteilt." 8 Gott sagte dann zu Noah und seinen
Söhnen: 9 „Passt mal auf, Leute, ich will mit euch einen Vertrag machen!
Dieser Vertrag soll für euch gelten und auch für die Kinder eurer Kinder.
10 Dieser Vertrag stimmt auch für alle Tiere, die es gibt, alle Vögel, Kühe und
so. Alles, was durch ‚den Kasten' gerettet wurde, alle Tiere, die jetzt noch auf
der Erde leben, sind da mit einbezogen. 11 Bestandteil dieses Vertrages ist,
dass ich euch hiermit verspreche, nie mehr alles Leben mit so einer Flut zu
töten. Es soll nie mehr so lange regnen und überall Wasser sein, um alles zu
töten, was lebt. Versprochen, für immer!" 12 Gott meinte dann zu Noah: „Ich
will euch diesen Vertrag auch unterschreiben. Ihr sollt sehen, dass ich es
ernst meine, und dieser Vertrag gilt, zwischen mir und allem, was lebt, für

immer. 13 Das mach ich, indem ich dafür sorge, dass ab und zu ein Regen-
bogen am Himmel zu sehen ist. Dieser Bogen soll ein Beweis dafür sein,
dass es einen Vertrag gibt zwischen mir und der Erde. 14 Das wird passieren,
wenn ich ein paar Regenwolken über die Erde schicke. Dann wird man diesen
Bogen sehen können. 15 Ich werde mich dann immer daran erinnern, dass ich
euch dieses Versprechen gegeben habe. Wir haben einen Vertrag, dass ich
nie mehr so viel Wasser auf der Erde zulassen werde, dass jedes Tier und
jeder Mensch getötet wird. 16 Darum will ich diesen Regenbogen in den Wol-
ken installieren. Immer wenn ich den sehe, muss ich an unseren Vertrag den-
ken, den ich mit allem, was lebt, auf ewig geschlossen habe. 17 Der Regenbo-
gen ist wie so eine Unterschrift unter dem Vertrag." 18 Die drei Söhne vom
Noah, die im „Kasten" überlebt hatten, waren Sem, Ham und Japhet. Ham
wurde übrigens der Vater von allen Menschen, die aus Kanaan kommen.
19 Von diesen drei Söhnen vom Noah stammen alle späteren Menschen ab.
20 Noah wurde der erste Weinbauer, den es gab. Er legte an einem Berg einen
Acker an und pflanzte da Wein. 21 Als der Wein fertig war, gönnte er sich erst
mal einen Schluck. Irgendwann war Noah total besoffen. Er zog sich im brei-
ten Zustand die Klamotten aus und legte sich nackt in seine Bude. 22 Ham
kam zufällig ins Zimmer rein, als sein Vater dort lag, und sah seinen Vater so
peinlich nackt da rumliegen. Er ging sofort zu seinen Brüdern und verpetzte
das. 23 Sem und Japhet schnappten sich einen Mantel und legten den auf ihre
Schultern. Dann gingen sie rückwärts in die Bude vom Noah und deckten
den Vater mit dem Mantel zu. Das machten sie, damit sie den Penis von
ihrem Vater nicht sahen. 24 Als Noah am nächsten Morgen mit einem fetten
Kater aufwachte, erfuhr er von dem Ding, was am Abend davor passiert war.
25 Er war stocksauer. Er schrie: „Ich wünsch dir die Krätze an den Hals,
Kanaan! Ich verfluche dich! Du sollst der letzte Bauer sein, der unterste
Schwachmat, du musst deinen ganzen Brüdern ab sofort dienen." 26 Und
außerdem sagte er: „Gott ist der Größte, er ist genial, ich danke ihm. Er hat
Kanaan zu einem Angestellten für Sem gemacht! 27 Und Gott soll dafür sor-
gen, dass Japhet sich überall ausbreiten kann, mit seiner Familie. Er soll in
den Häusern von Sem wohnen. Und Kanaan soll sein Angestellter werden."

Das Ende von Noah

28 Noah lebte noch voll lange. Er lebte nach der Zeit, wo die fette Flut war,
noch 350 Jahre weiter! 29 Insgesamt wurde Noah 950 Jahre alt. Dann starb er.

10

Der Stammbaum der Familie vom Noah

1 Jetzt kommt der Stammbaum von der Familie vom Noah. Sem, Ham und
Japhet waren die ersten Söhne. Als die Flut vorbei war, bekamen die alle Kin-

der. 2 Die Söhne von Japhet bekamen folgende Namen: Gomer, Magog,
Madai, Javan, Tubal, Mesech und Tiras. 3 Gomer hatte dann auch Kinder.
Seine Söhne hießen: Aschkenas, Riphat und Togarma. 4 Und Javan hatte
auch Söhne bekommen, die folgende Namen hatten: Elischa, Tarsis, Kittim
und Rodanim. 5 Die verteilten sich alle auf die Inseln und Küstengebiete. So
weit die Söhne Japhets, von denen ganze Völker mit unterschiedlichen Spra-
chen in verschiedenen Ländern abstammen. 6 Die Söhne vom Ham hatten
die Namen Kusch, Mizraim, Put und Kanaan. 7 Kuschs Söhne hatten fol-
gende Namen: Seba, Chavila, Sabta, Raema, Sabteka und Dedan. 8 Kusch
kriegte auch noch den Nimrod als Sohn. Nimrod war sehr krass unterwegs.
Er schaffte es, mit Gewalt andere Völker im Krieg zu besiegen. 9 Nimrod war
auch ein voll guter Jäger. Daher kommt auch der Spruch, den man manch-
mal hört: „Voll der Nimrodjäger“. 10 Zuerst besiegte er so Städte wie Babel,
Erech, Akkad, Kalne, die alle in dem Land Sinear liegen. 11 Als er da fertig war,
zog er weiter. Er baute dann in dem Land Assur die Städte Ninive, Kelach,
Rechobot-Ir 12 sowie Resen auf. Das liegt übrigens zwischen Ninive und
Kalach. Ninive war eine echt fette Stadt. 13 Von Mizraim stammen die folgen-
den Völker ab: Die Luditer, Anamiter, Lehabiter und Naphtuchiter. 14 Auch
die Patrusiter und Kasluchiter stammen von dem ab. Aus diesen Familien
sind dann die Philister und Kaphoriter entstanden. 15 Bei Noahs Enkel
Kanaan war es so, dass er als Erstes den Zidon bekam. Danach hat er dann
Het bekommen. Von ihm stammen übrigens auch noch die Jebusiter, Amori-
ter, Girgasiter, 17 die Heviter, Arkiter und Seniter ab. 18 Dazu kommen noch
die Arvaditer, Zemariter und Chamatiter. Die Familien von Kanaan breiteten
sich so stark auf der Erde aus, dass 19 sich das Gebiet, wo sie lebten, von
Zidon bis an die Grenze von Gerar nach Gaza ausstreckte. Dazu noch von
Osten gesehen bis nach Sodom und Gomorra über Adama und Zeboim bis
nach Lascha. 20 Wir reden hier über die ganze Familie mit ihren ganzen
Nachfahren von Ham. Sie wurden zu Völkern, die ihre eigene Sprache hat-
ten, jedes in seinem eigenen Gebiet, wo sie nach Familien geordnet lebten.
21 Auch Sem, der ältere Bruder von Japhet, bekam viele Söhne. Er wurde zum
Urvater der Ebers. 22 Sems Söhne hießen: Elam, Assur, Arpachschad, Lud
und Aram. 23 Arams Söhne bekamen die Namen Zu, Chul, Geter und Masch.
24 Arpachschad bekam dann Schelach. Und Schelach bekam Eber als Sohn.
25 Eber hatte zwei Söhne. Peleg (das bedeute so viel wie Teilung) bekam sei-
nen Namen, weil in dieser Zeit die Menschen sich über die ganze Erde ver-
teilten. Sein Bruder hieß Joktan. 26 Joktan bekam Almodad, Scheleph, Hazar-
maweth, Jerach, 27 Hadoram, Usal, Dikla, 28 Obal, Abimael, Scheba, 29 Ophir,
Hawila und Jobab als Söhne. Das waren sie also, alle Söhne von Joktan.
30 Ihr Wohnsitz lag im Gebiet von Meschar und ging über Sephar bis zum
Gebirge, was ganz im Osten ist. 31 Das waren jetzt die Kinder vom Sem,

unterteilt in ihre Familien, Sprachen, Völker und Länder. 32 So passierte
das also mit den Familien, die aus den Söhnen von Noah entstanden sind,
unterteilt in ihre Abstammung. Sie waren die Leute, aus denen dann die
ganze Menschheit entstanden ist. Alle Menschen, die es bis heute gibt,
nachdem diese fiese Flut auf der Erde war, stammen irgendwie aus der Fami-
lie von Noah ab. Krass, oder?

11

Die Menschen machen den Lauten

1 Zu der Zeit, um die es jetzt geht, gab es nur eine einzige Sprache auf der
Erde. Man brauchte überhaupt keine Übersetzung, weil alle dieselben Wörter
benutzten. 2 Die Menschen zogen immer mehr Richtung Osten und lande-
ten irgendwann im Land Sinear. Dort bauten sie dann Häuser und lebten
dort. 3 Irgendwann hatte einer die Idee: „Lass uns mal Ziegel brennen, um
damit Häuser zu bauen!“ Sie wollten die Ziegel als Bausteine verwenden,
dazu nahmen sie Lehm als so eine Art Mörtel. 4 „Okay, jetzt lass uns auch
eine Stadt bauen“, meinten sie. „Und in die Mitte der Stadt wollen wir einen
so irre hohen Turm bauen, dass seine Spitze über die Wolken geht. Dann
werden wir mega berühmt! Und dieses Bauwerk wird uns als Gemeinschaft
zusammenschweißen! Dann werden wir nicht über die ganze Erde verstreut
werden, weil wir uns durch den Turm miteinander verbunden fühlen.“ 5 Gott
kam aus dem Himmel vorbei und sah, wie seine Kinder da am Turmbauen
waren. 6 Als er das sah, meinte er: „Jetzt sind meine Leute sich so einig, sie
haben eine Sprache und sind jetzt sogar in der Lage, so einen krassen Turm-
bau klarzukriegen. Wenn das drin ist, kann man mit allem rechnen! Wenn
sie sich ab jetzt irgendwas in den Kopf setzen, dann ziehen sie das auch
gnadenlos durch. 7 Okay, lass uns mal dafür sorgen, dass sie sich da unten
nicht mehr so leicht verständigen können. Sie sollen ab jetzt so viele Spra-
chen sprechen, dass der Eine den Anderen nicht verstehen kann.“ 8 So
sorgte Gott dafür, dass sich die Menschen voneinander trennten. Jede
Gruppe von Menschen, die nur eine Sprache sprechen konnten, wanderte
in ein anderes Land. Jetzt konnten sie diese Stadt auch nicht mehr weiter-
bauen. 9 Darum gab man der Stadt den Namen Babel, was so viel wie
„Verwirrung“ bedeutet. Gott selbst hatte dafür gesorgt, dass die Leute total
verwirrt waren, weil er die Sprache der Menschen verändert hatte. Von da
ab wurden sie alle über die ganze Welt verstreut.

Die Familie, die von Abraham abstammt

10 Jetzt kommt der Stammbaum von Sem bis Abram, den man später auch
Abraham nannte: Als Sem 100 Jahre alt war, machte er noch ein Kind, den
Arpachschad. Das war zwei Jahre nach der fiesen Flut. 11 Danach lebte er

noch fünfhundert Jahre weiter und bekam auch noch Söhne und Töchter.
12 Arpachschad bekam mit 35 den Schelach als Sohn. 13 Dann lebte er noch
weitere 403 Jahre und bekam in der Zeit viele Söhne und Töchter. 14 Bei
Schelach war das so, dass er mit 30 einen Sohn bekam, den er Eber nannte.
15 Danach lebte er noch 403 Jahre und bekam auch noch andere Söhne und
Töchter. 16 Eber wurde dann erwachsen, und als er 34 Jahre alt war, bekam
er den Sohn Peleg. 17 Danach lebte er noch 430 Jahre und bekam in der Zeit
auch viele andere Söhne und Töchter. 18 Der Peleg bekam mit 30 seinen
ersten Sohn, den er Regu nannte. 19 Danach lebte er noch 209 Jahre weiter.
In der Zeit bekam er noch andere Söhne und Töchter. 20 Regu bekam dann
mit 32 seinen ersten Sohn, den Serug. 21 Nach der Geburt lebte er noch
207 Jahre weiter. In seinem Leben bekam er auch noch andere Töchter und
Söhne. 22 Serug war 30 Jahre alt, als er seinen ersten Sohn bekam, den
Nahor. 23 Nach der Geburt lebte Serug noch 200 Jahre. In seinem Leben
bekam Serug auch noch andere Töchter und Söhne. 24 Nahor bekam mit
29 seinen ersten Sohn, den er Terach nannte. 25 Danach lebte Nahor noch
119 Jahre weiter, und er bekam auch noch andere Töchter und Söhne.
26 Terach bekam zusammen mit seiner Frau mit 77 Jahren drei Söhne, den
Abram, den Nahor und den Haran. 27 Jetzt kommt noch mal die Liste vom
Stammbaum vom Terach: Terach bekam die Söhne Abram, Nahor und
Haran. Haran bekam den Sohn Lot. 28 Haran starb voll früh in seiner Hei-
matstadt Ur in Chaldäa, sogar noch vor seinem Vater. 29 Abram und Nahor
suchten sich dann auch Frauen, um zu heiraten. Abram heiratete Sarai.
Die Frau von Nahor hieß Milka. Milka war die Tochter aus der Ehe von sei-
nem Bruder Haran und Jiska. 30 Sarai konnte aber irgendwie keine Kinder
kriegen, sie war unfruchtbar. 31 Terach zog dann aus der Stadt Ur weg, weil
er lieber in Kanaan wohnen wollte. Er nahm seinen Sohn Abram, seinen
Enkel Lot und seine Schwiegertochter Sarai einfach mit. In der Stadt Haran
machten sie einen längeren Zwischenstopp. 32 Dort starb dann Terach mit
205 Jahren.

12

Die Geschichte mit Abram, den man später auch Abraham nannte
Irgendwann meinte Gott mal zu Abram: „Hey du! Lass mal das Land hinter
dir, in dem du geboren worden bist! Zieh bei deinen Eltern aus und verab-
schiede dich auch von deinen Freunden. Ich will dich woanders hinführen, in
ein neues Land. 2 Ich hab was Großes mit dir vor. Mein Plan ist, aus deiner
Familie eine richtige Nation zu machen, ein ganz eigenes Volk. Ich will ganz
krass bei dir sein, ich bin für dich! Alle werden später mal deinen Namen
kennen. Und du sollst vielen Leuten helfen und für sie eine totale Ermuti-
gung sein. 3 Und alle Leute, die für dich sind und dir helfen, für die werde ich

auch sein und ihnen helfen. Aber die Leute, die gegen dich sind, gegen die bin ich auch. Alle Nationen auf der Erde, die gut zu dir sind und sich korrekt verhalten, denen wird es richtig gut gehen!“ 4 Abram zog dann los. Er machte das, weil Gott es ihm gesagt hatte. Lot ging mit ihm mit. Abram war 75 Jahre alt, als er diesen Umzug organisierte. 5 Dazu packte er seine Frau mit ein, die Sarai. Wie gesagt war Lot, der ja ein Sohn seines Bruder war, auch mit am Start. Ihre ganzen Klamotten, die sie bis dahin zusammengekauft hatten, waren mit im Gepäck. Dazu die Leute, die sie in Haran für den Betrieb eingestellt hatten. Sie starteten also alle Richtung Kanaan. 6 Als sie dort ankamen, zogen sie einmal quer durch das Land, bis sie an dem Ort Sichem waren, wo dieser besondere Baum stand, den man „die Eiche von More“ nannte. Zu der Zeit wohnte dort der Familienstamm der Kanaaniter. 7 Plötzlich hatte Abram ein Treffen mit Gott. Der kam bei ihm an und sagte: „Hey du! Deiner Familie will ich dieses Land schenken!“ Abram war voll happy, darum baute er gleich so einen Spezialtisch für Gott aus Steinen, einen Altar, weil er ihn da getroffen hatte. 8 Er machte sich dann auf die Socken und ging weiter auf das Gebirge zu, das östlich von Bethel lag. Dort stellte er dann sein Zelt auf, und zwar genau zwischen Bethel (was im Westen lag) und Ai (was im Osten lag). An der Stelle baute er dann auch wieder so einen Steintisch, um mit Gott zu quatschen und zu ihm zu beten.

9 Schließlich packte er seine Klamotten wieder zusammen und zog weiter, immer Richtung Süden. 10 In der Gegend, in der er jetzt gelandet war, gab es zu der Zeit eine derbe Wirtschaftskrise. Darum düste er weiter nach Ägypten, um dort sein Lager aufzuschlagen. Denn die Krise war echt schlimm, viele Leute hatten nichts zu essen und mussten hungern. 11 Als sie kurz vor der ägyptischen Grenze waren, nahm Abram seine Frau Sarai beiseite und meinte zu ihr: „Hey, pass mal auf. Ich weiß, dass du einfach supergeil aussiehst, 12 und wenn die Ägypter dich sehen, werden sie alle voll scharf auf dich sein. Wenn sie wissen, dass ich dein Ehemann bin, werden sie mich dann bestimmt töten, nur um dich haben zu können. 13 Darum lass uns mal Folgendes abmachen: Sag den Leuten einfach, du bist meine Schwester! Dann werden sie mir nicht ans Leder gehen wegen dir, sie werden mich am Leben lassen und mich sogar gut behandeln. Okay?“ 14 Als Abram dann in Ägypten ankam, waren die Ägypter gleich voll gierig auf seine Frau, weil sie sehr sexy aussah. 15 Und als dann die Angestellten vom Regierungschef die Frau mal zufällig sahen, schnappten sie sich die gleich und brachten sie zu dem. Diesen Regierungschef nannte man dort auch Pharao. 16 Abrams Rechnung ging auf. Der Typ behandelte ihn ab dann bevorzugt, er bekam Schafe, Rinder, Esel, Kamele, und man stellte ihm auch viele der Angestellten vom Pharao kostenlos zur Verfügung! 17 Aber bei Gott kam das gar nicht gut an. Er bestrafte den Pharao und seine ganze Familie mit heftigen Sachen, Krank-

heiten und so, weil der Typ dem Abram seine Frau ausgespannt hatte.
18 Irgendwann ließ dieser Pharao Abram bei sich antreten. Er sagte zu ihm:
„Warum haben Sie mich hier abgezogen? Was sollte das? Warum haben
Sie mir nicht erzählt, dass Sarai Ihre Braut ist? 19 Warum haben Sie mir
nicht die Wahrheit erzählt, sondern behauptet, sie sei nur Ihre Schwester?
Darum hab ich sie doch überhaupt erst geheiratet! Jetzt nehmen Sie sie bloß
mit, Mann, und hauen Sie endlich ab!“ 20 Um sicherzugehen, dass den
beiden nichts passierte, orderte der Pharao ein paar Leute von seinem
Sicherheitspersonal. Die sollten auf sie aufpassen, damit sie sicher über
Grenze kamen.

13

Abram und Lot gehen getrennte Wege

1 Also zog Abram mit seiner ganzen Familie und all seinen Klamotten wie-
der los und verließ Ägypten. Lot war auch dabei. Sie beschlossen, Richtung
Süden weiterzuziehen. 2 Abram war zu der Zeit echt reich. Er hatte sauviele
Rinder und auch Geld ohne Ende. 3 Er zog dann von Campingplatz zu Cam-
pingplatz, immer weiter Richtung Bethel. Dann kam er genau an den Ort,
der zwischen Bethel und Ai lag, an dem er das erste Mal sein Zelt aufgebaut
hatte. 4 Hier hatte er auch so einen Steintisch, einen Altar, aufgebaut, ganz
zu Anfang. Als er da war, quatschte er erst mal ne Runde mit Gott und sagte
ihm, wie obergenial er ihn fand. 5 Lot, der ja mit im Schlepptau war, hatte
auch sehr viele Rinder und Schafe dabei, dazu auch viele Zelte. 6 Irgendwie
war die Gegend zu eng für zwei so große Familien, man kam sich ständig
ins Gehege. Beide hatten einfach zu viele Sachen, als dass man auf so
engem Raum gut miteinander klarkam. 7 Die angestellten Hirten von Abram
und Lot kriegten sogar ständig Zoff miteinander und prügelten sich. 8 Abram
besprach sich dann mit Lot über diese Angelegenheit. Er sagte zu ihm: „Lot,
lass uns doch dafür sorgen, dass zwischen unseren Hirten nicht mehr länger
der Punk abgeht! Wir sind doch schließlich Brüder, oder? 9 Dir stehen doch
alle Türen offen! Geh mit deinen Leuten doch lieber woanders hin. Wie wäre
es, wenn ich Richtung Osten ziehe und du Richtung Westen? Oder willst du
lieber Richtung Osten gehen? Dann würde ich nach Westen weiterziehen!“
10 Lot sah sich noch einmal in der Gegend um. Er überblickte die ganze
Ebene, wo der Fluss Jordan durchzog bis zur Stadt Zoar. Überall war viel
Wasser (das war übrigens noch vor der Zeit, wo Gott Sodom und Gomorra
kaputt gehauen hatte). Es war ein wirklich gutes Stück Land, fast so wie der
Garten, den Gott gemacht hatte. Und es war ähnlich schön wie das Land in
Ägypten. 11 Also entschied sich Lot für die Seite, wo die Ebene vom Fluss
Jordan lag. Er zog ab dann Richtung Osten. Hier trennten sich die Wege von
Lot und seinem Onkel. 12 Abram wohnte ab dann im Land Kanaan, und Lot

wohnte mehr in der Gegend, wo es viele Städte gab. Im Laufe der Zeit kam
er mit seinen Zelten bis kurz vor die Stadt Sodom.

Sodom, eine echt üble Stadt

13 Die Bewohner von der Stadt Sodom waren fast alle total übel unterwegs.
Sie taten dort Sachen, die Gott höchst uncool findet, Dinge, die voll an dem
vorbeigingen, was Gott eigentlich wollte. 14 Gott redete jetzt das erste Mal
zu Abram, nachdem der sich von Lot getrennt hatte. Er sagte zu ihm: „Schau
dich mal um! Von da, wo du jetzt stehst, blick mal in alle Richtungen! Nor-
den, Süden, Osten, Westen! 15 Pass auf, das ganze Land, was du da jetzt
siehst, will ich dir und deiner ganzen Familie für immer schenken! 16 Ich hab
mir vorgenommen, dass du dich so fett vermehren kannst, wie es Sand am
Meer gibt. Und so wie es unmöglich ist, diesen Sand am Meer zu zählen,
so wird es auch unmöglich sein, die Leute zu zählen, die zu deiner Familie
gehören werden. 17 Jetzt geh los! Zieh durch dieses Land, von vorne bis hin-
ten, geh überall hin! Dir will ich das jetzt alles geben." 18 Abram schraubte
seine Zelte wieder zusammen und zog weiter. Er baute sein Lager in Hebron
auf, wo diese berühmten „Eichen von Mamre" stehen. Dort baute er auch
wieder einen von diesen besonderen Tischen aus Steinen für Gott auf, so
einen Altar.

14

Abram rettet den Lot

1 Und dann gab es Krieg. Das war in der Zeit, als folgende Männer gerade
am Regierungshebel in ihren Ländern saßen: Amrafel war der Präsident von
Sinear, Arjoch war der Präsident von Ellasar, Kedor-Laomer war der Präsident
von Elam, und Thidal war der Präsident von Gojim. 2 Diese Präsidenten
gaben eine Kriegserklärung ab gegen die Chefs von Sodom (der hieß Bera),
von Gomorra (der hieß Birscha), von Adma (der hieß Schinab), von Sche-
meber (der hieß Zebojim) und den Chef von Bela (diese Stadt heißt auch
Zoar). 3 Man schloss Verträge miteinander und zog gemeinsam in das Tal
Siddim (das liegt am Salzmeer). 4 Ganze zwölf Jahre standen sie unter der
Regierung von Kedor-Laomer, aber ab dem dreizehnten Jahr hatten sie lang-
sam die Schnauze voll. 5 Nach vierzehn Jahren schließlich zogen sie mit
den Präsidenten, die bei ihnen waren, los und führten Krieg. Zuerst gegen
die Raphaiter in Aschterot-Karnajim, dann gegen die Susiter in Ham, dann
gegen die Emiter in der Ebene von Kirjatajim 6 und auch gegen die Horiter
(vom Bergland Seir bis runter nach El-Paran, am Rand der Wüste). Sie be-
siegten dabei alle. 7 Dann schlugen sie eine andere Richtung ein und kamen
an dem Brunnen En-Mischpat vorbei, der in Kadesch war. Dort machten sie
das ganz Land der Amalekiter platt, und auch die Amoriter, die in Hazezon-

Tamar wohnten, machten keinen Stich gegen sie. [8] Die Präsidenten von Sodom,
Gomorra, Adma, Zebojim und Bela (das auch Zoar genannt wurde) zogen
los und stellten ihre Armee in Schlachtordnung im Tal Siddim auf. [9] Auf der
anderen Seite standen Kedor-Laomer, der Präsident von Elam, Tidal, der
Präsident von Gojim, Amrafel, der Präsident von Schinar, und Arjoch, der
Präsident von Ellasar. Es standen also vier Präsidenten gegen fünf. [10] In die-
sem Tal Siddim gab es voll viele Baugruben. Als die Armeen von den Präsi-
denten aus Sodom und Gomorra vor den Feinden weglaufen wollten, fielen
einige, da drunter auch die Präsidenten, in diese Gruben rein. Der Rest floh
in das Gebirge. [11] Die Sieger plünderten die Städte Sodom und Gomorra
komplett leer, nahmen alles, was sie zu essen finden konnten, und verließen
sie wieder. [12] Lot, der Neffe von Abram, wurde von ihnen gekidnappt. Er
lebte nämlich gerade dort. Sie klauten sogar alles, was ihm gehörte, und ver-
pissten sich anschließend. [13] Einer von den Männern, die sich retten konn-
ten, ging sofort zu Abram und erzählte ihm die Sache. Der wohnte damals
bei den „Eichen des Amoriters Mamre". Zwischen Mamre (der hatte den
gleichen Namen wie der Ort) und Abram gab es Verträge, genauso wie mit
seinen Brüdern Eschkol und Aner. [14] Als Abram hörte, dass sein Neffe ge-
kidnappt worden war, organisierte er sich sofort eine Spezialtruppe von Sol-
daten, die viel Kampferfahrung hatten. Mit 318 Männern, die alle aus seiner
Familie kamen, jagte er dann den Feinden hinterher, bis sie kurz vor der
Stadt Dan waren. [15] Dort teilten sie sich in zwei Gruppen auf und überfielen
nachts die Armeen der Feinde, um den Neffen von Abram zu befreien. Es
wurde ein grandioser Sieg, die Feinde flohen bis nach Hoba, was westlich
von Damaskus lag. [16] Er konnte sogar alles, was vorher geklaut wurde, wie-
der zurückholen, inklusive Lot mit seinen ganzen Sachen! Die Frauen und
der Rest von den Leuten waren auch gerettet worden. [17] Als Abram von die-
sem Feldzug gegen Kedor-Laomer (und seinen verbündeten Präsidenten)
auf dem Rückweg war, kam ihm der Präsident von Sodom schon von weitem
entgegen. Man traf sich in dem Tal Schawe, was man auch „das Präsiden-
tental" nannte. [18] Auch Melchisedek, der Präsident von Salem, kam dahin
und hatte auch etwas Brot und Wein im Koffer. Er war zu der Zeit der Präsi-
dent von Salem und gleichzeitig auch Priester von unserem Gott, dem kras-
sesten Gott überhaupt. [19] Er betete für Abram und sagte: „Sie sollen es ganz
groß abkriegen von unserem Gott! Dem gehört alles, was es gibt, alles, vom
äußersten Universum bis hier hin auf der Erde. [20] Gott ist einfach genial!
Er ist gigantisch, er hat Ihnen Ihre Feinde ausgeliefert!" Abram gab dem
Priester dann 10 Prozent von seiner ganzen Beute. [21] Der Präsident von
Sodom sagte zu Abram: „Sie können die ganze Kohle und die anderen
Sachen haben, aber geben Sie mir meine Leute zurück!" [22] Abram antwortete
ihm: „Ich schwör Ihnen hiermit, und der krasseste Gott überhaupt, dem das

ganze Universum gehört, ist mein Zeuge: [23] Ich werde keinen Fitzel von dem
Kram annehmen, der Ihnen gehört! Sonst behaupten Sie noch irgendwann:
‚Ich hab Abram reich gemacht.' [24] Es gibt nur eine Ausnahme, die betrifft
das, was die Jugendlichen gegessen haben, das wird natürlich unseres blei-
ben. Und der Anteil, der den Männern zusteht, die mit mir gezogen sind,
der soll auch ausbezahlt werden. Ich mein damit den Aner, Eschkol und
Mamre."

15

Gottes Vertrag mit Abram

[1] Irgendwann später kam Gott bei Abram vorbei, um ihm was zu sagen.
Er meinte zu ihm: „Abram, du brauchst echt keinen Schiss mehr zu haben!
Ich bin um dich wie ein Schutzschild! Und ich werde dich fett belohnen!"
[2–3] „Ganz toll Gott", sagte Abram. „Wie willst du mich denn belohnen?
Du hast mir noch nicht mal einen Sohn geschenkt. Alles, was ich habe, wird
dann wohl mal mein Angestellter Elieser erben, der als Hausmeister und
Verwalter für mich arbeitet!" [4] „Denkste", antwortete ihm Gott. „Der wird
nichts von dir erben. Du bekommst einmal einen Sohn!" [5] Dann ging Gott
mit Abram in den Garten. „Sieh dir mal da oben die ganzen Sterne am Him-
mel an! Versuch die mal zu zählen! Und genauso viele werden mal in dei-
ner Familie sein!" [6] Abraham vertraute felsenfest auf Gott, und Gott machte
dafür klar, dass Abraham total okay ist. [7] Er sagte zu ihm: „Hey, Abram, ich
bin der Gott, der dich aus deiner Heimatstadt Ur in Chaldäa rausgeholt
hat, um dir ein ganz neues Land zu schenken." [8] Abram fragte zurück: „Und
woran werde ich das merken, dass diese Ansage wirklich eintritt und mir
dieses Land mal gehört?" [9] „Organisier mir eine dreijährige Kuh, eine drei-
jährige Ziege und ein dreijähriges männliches Schaf. Und dann will ich noch
eine Taube und eine Turteltaube hier sehen." [10] Abram holte die Tiere und
zersägte sie in zwei Teile. Die legte er dann gegenüber auf den Boden. Die
beiden Tauben zerteilte er aber nicht. [11] Sofort kamen ein paar Aasgeier und
wollten sich über die Tierleichen hermachen. Abram verscheuchte sie aber.
[12] Als die Sonne unterging, pennte Abram ein. In dem Traum bekam er plötz-
lich voll die Paras, ganz übel. [13] Und dann sagte eine Stimme zu ihm: „Hey,
dir muss echt klar sein, dass du immer ein Ausländer sein wirst, du wirst
in einem Land leben, was nicht dir gehört. Und deine Leute werden total
abhängig sein von anderen, sie werden hart knüppeln müssen und Leute
bedienen. Das wird 400 Jahre so sein. [14] Dann werde ich aber diesen Leuten
klarmachen, wer hier das Sagen hat. Ich werde sie bestrafen, und ihr werdet
fett absahnen und voll reich von da wieder wegziehen. [15] Und du wirst ent-
spannt sterben und richtig alt werden, bevor man dich unter die Erde bringt.
[16] Erst der vierte Jahrgang nach dir wird hierher zurückkommen und das

Ding dann klarmachen. Denn die Amoriter, die hier zurzeit leben, haben es
noch nicht voll ausgereizt. Noch kann ich sie nicht für ihren Mist bestrafen."
17 Nachts, als es dann dunkel war, konnte Abram plötzlich einen Kamin er-
kennen, aus dem kam Rauch raus. Dazu kam eine fliegende Fackel, die
immer zwischen den Tierleichen hin und her düste. 18 So passierte es, dass
Gott mit Abram Verträge über seine Zukunft machte. Er sagte zu ihm: „Ich
habe beschlossen, dass ich dir und deiner Familie und deren Kindern und
den Kindern dieser Kinder für immer ein großes Stück Land schenken werde.
Und das Land geht von der ägyptischen Grenze bis zum Fluss Euphrat run-
ter. 19–21 Das ganze Gebiet wo jetzt diese anderen Völker wohnen, gehört
auch dazu. Dazu zählten die Keniter, die Kenasiter, die Kadmoniter, die Heti-
ter, die Peresiter, die Raphaiter, die Amoriter, die Kanaaniter, die Girgasiter
und die Jebusiter.

16

Abram, Sarai und die Angestellte Hagar

1 Die Frau von Abram, Sarai, hatte ein riesen Problem: Sie konnte keine
Kinder kriegen. Allerdings hatte sie eine ägyptische Hausangestellte, die das
wohl konnte. Diese Frau hieß Hagar. 2 Schließlich hatte Sarai eine Idee. Sie
ging zu ihrem Mann und meinte zu ihm: „Du, Abram? Pass mal auf: Ich hab
das Gefühl, Gott hat meine Gebärmutter zugemacht, ich kann wohl keine
Kinder mehr kriegen. Aber ich hab da ne Idee: Wir nehmen uns so ne Art
Leihmutter. Schlaf doch einfach mal mit Hagar! Vielleicht wird sie ja von dir
schwanger, und dann adoptieren wir das Baby! Ich möchte das gerne!"
Abram war mit der Idee einverstanden. 3 Also heiratete Abram auch noch die
Hagar (es war damals möglich, mehrere Ehefrauen zu haben), mit dem Ein-
verständnis von seiner ersten Frau Sarai. Er lebte da schon über 10 Jahre in
Kanaan. 4 Abram schlief dann auch mit Hagar, und sie wurde tatsächlich
schwanger. Als Hagar klar war, dass sie ein Kind von Abram bekommen
würde, kam sie Sarai gegenüber echt schräg drauf. Sie benahm sich jetzt so,
als wäre sie etwas Besseres als Sarai, und wurde ziemlich arrogant. 5 Sarai
ging zum Abram und beschwerte sich bei ihm. „Das ist gemein! Ich hab es
erlaubt, dass du mit einer meiner Angestellten Sex hast, damit wir ein Kind
kriegen, und jetzt, wo sie schwanger ist, behandelt sie mich wie den letzten
Dreck. Das ist alles deine Schuld! Gott soll zwischen uns beiden entschei-
den!" 6 Abram blieb geschmeidig. „Von mir aus, mach mit ihr, was du willst.
Ich hab sie schließlich für dich angestellt!" Sarai gab ihr ab da nur noch die
ganzen Ätzarbeiten und ließ sie wie blöd schuften. Kurz darauf kündigte
Hagar ihren Job und verließ die beiden. 7 Auf dem Weg nach Schur machte
sie eine Pause in einer Bar, um was zu trinken. Plötzlich saß da ein Brief-
träger Gottes neben ihr, der Chef-Engel persönlich. 8 Dieser Engel quatschte

sie von der Seite an. „Tach, Hagar! Was geht? Was machst du hier eigentlich
gerade?“ – „Äh, also ich bin gerade von meinem Job weggelaufen. Meine
Chefin Sarai war nur ätzend zu mir!“ 9 Jetzt kam der Ober-Engel mit seiner
Nachricht rüber. „Geh wieder zurück zu ihr, Hagar! Auch wenn das für dich
voll die Demütigung ist! Tu ab sofort genau das, was sie dir sagt! 10 Gott hat
folgende Ansage für dich: Ich will dir so irre viele Kinder schenken, dass
sie keiner mehr zählen kann! 11 Pass auf, du bist ja gerade schwanger! Du
wirst einen Jungen bekommen. Der sollte dann den Namen Ismael kriegen
(das bedeutet so viel wie ‚Gott hat mein Gebet gehört‘). Gott hat nämlich
genau das getan, worum du ihn gebeten hast. 12 Dieser Junge wird echt krass
drauf sein. Er wird viele Feinde haben, jeder will mal gegen ihn kämpfen. Er
wird ohne seine Brüder aufwachsen, und er wird sie alle irgendwann mal
sehr provozieren.“ 13 Hagar war echt baff, dass Gott selbst mit ihr redete. Sie
sprach ihn direkt an: „Genial! Du bist Gott, und trotzdem nimmst du mich
ernst!“ 14 Sie gab dann dieser Bar einen neuen Namen. Man nannte sie
ab dann nur noch „Gott gibt es wirklich und er nimmt mich ernst“. Diese
Bar liegt übrigens zwischen Kadesch und Bered. 15 Hagar ging also zurück zu
Abram und bekam einen Sohn. Der Junge kriegte den Namen Ismael. 16 Als
Ismael geboren wurde, war Abram schon 86 Jahre alt.

17

Ein neues Ritual: Menschen haben mit Gott einen Vertrag

1 Als Abram 99 Jahre alt war, hatte er ein heftiges Erlebnis. Gott kam bei ihm
höchstpersönlich vorbei und machte eine klare Ansage: „Ich bin der Gott,
dem absolut nichts unmöglich ist! Lebe so radikal, wie es angesagt ist für
jemanden, der in meiner Nähe wohnt. 2 Ich will mit dir Verträge machen,
einen Spezialvertrag nur zwischen mir und dir. Und ich will dafür sorgen,
dass du und deine Familie ohne Ende Kinder bekommen, ihr sollt euch sehr
stark vermehren.“ 3 Abram war voll geschockt, er warf sich vor Gott erst mal
platt auf den Boden. Gott redete aber weiter mit ihm: 4 „Hör zu: Du hast
mein Wort! Ich hab einen Vertrag mit dir! Aus der Familie, die du gegründet
hast, werden viele andere Völker entstehen. Und du wirst der Vater von die-
sen Völkern sein. 5 Darum gebe ich dir jetzt auch einen neuen Namen. Der
Name Abram passt ab sofort nicht mehr zu dir. Dein neuer Name ist jetzt
Abraham, weil das bedeutet „Ein Vater von sehr vielen Leuten“. 6 Ich sag’s
dir noch mal: Du wirst sehr, sehr viele Kinder bekommen! Aus deiner Familie
wird eine ganze Nation entstehen. Und einige von ihnen werden Regierungs-
chefs sein, Könige, Bundeskanzler und Präsidenten. 7 Was ich dir jetzt ver-
sprochen hab, gilt nicht nur für dich, sondern auch für deine Kinder und die
Kinder deiner Kinder. Das wird sich nie ändern, garantiert! Wir haben jetzt
Verträge, die für immer gelten. Ich bin für immer dein Gott! 8 Das ganze

Land Kanaan, wo du jetzt wie ein Ausländer lebst, das werde ich dir geben,
es soll dir gehören, für immer. Und ich bleibe für immer dein Gott!“ 9 Dann
meinte Gott noch zu ihm: „Zu Verträgen gehören immer zwei Parteien die
etwas geben, und ich möchte von euch Folgendes: 10 Ihr sollt die Verträge
so unterschreiben, indem ihr etwas an euch tut. Und das sollen alle Männer
machen, ihr und auch alle Männer nach euch: Ihr sollte euch ab jetzt
„beschneiden“. 11 Mit „beschneiden“ meine ich, dass sich die Männer ihre
Vorhaut vom Penis abschneiden lassen sollen. Damit unterschreibt ihr eure
Seite des Vertrages. 12 Acht Tage nach der Geburt soll das gemacht werden.
Das gilt für alle Leute, die bei euch geboren werden, inklusive der Leute, die
für euch arbeiten und bei euch angestellt sind. 13 Und das gilt auf jeden Fall
für alle, die Teil deiner Familie sind! Und es gilt, wie gesagt, für die Leute,
die für euch arbeiten. Diese Verträge sollen auf ewig gelten. 14 Und wenn ein
Junge bei euch seine Vorhaut nicht abgeschnitten bekommt, dann gehört
er nicht dazu. Er soll aus der Gemeinschaft rausfliegen, weil er dann unsere
Verträge gebrochen hat.“ 15 Gott hatte dann noch ne andere Ansage für
Abraham. „Ich will auch noch, dass deine Sarai einen neuen Namen von
dir bekommt. Sie soll nicht mehr ‚Sarai‘ heißen, sondern ab jetzt ‚Sara‘ –
das heißt so viel wie ‚Prinzessin‘. 16 Ich will sie nämlich fett beschenken,
ich werde dafür sorgen, dass sie auch noch einen eigenen Sohn von dir
bekommt. Aus ihren Kindern wird mal eine ganze Nation werden, sogar
Präsidenten und Könige werden aus ihrer Familie abstammen.“ 17 Abraham
schaute mit rotem Kopf weg, aber bepisste sich dabei fast vor Lachen.
„Haha, na sicher, ich werde Sara mit meinen gerade mal eben 100 Jahren
noch schwanger machen, und sie wird mit ihren schlappen neunzig noch
ein gesundes Kind kriegen, haha“, dachte er vor sich hin. 18 Er sagte dann zu
Gott: „Passt schon, wenn du nur auf meinen Sohn Ismael aufpasst! Dein
Versprechen kann ja auch für ihn gelten, oder?“ 19 Gott antwortete: „Auf
sicher, lieber Abraham, deine Frau Sara wird noch einen Sohn kriegen! Du
sollst ihn dann Isaak nennen. Mit ihm werde ich Verträge machen, die für
ihn und seine ganze Familie für immer gelten werden. 20 Und was deine
Gebete für Ismael angeht, die habe ich auch alle erhört. Ich bin total für ihn
und hab ne Menge mit ihm vor. Er wird auch eine große Familie haben und
sehr, sehr viele Kinder bekommen. Er wird der Vater von einer großen Nation
mit 12 Stämmen werden. 21 Aber mein neuer Vertrag, der gilt für den Isaak,
den du mit Sara bekommen wirst! So um diese Zeit rum, in einem Jahr, wird
sie das Baby kriegen.“ 22 Nachdem Gott alles gesagt hatte, was er sagen
wollte, verschwand er wieder. 23 Abraham holte seinen Sohn Ismael und alle
männlichen Angestellten, die bei ihm gearbeitet hatten. Dann zog er mit
ihnen sofort dieses Ritual durch, indem er ihre Vorhaut abschnitt, genau
so, wie Gott es gesagt hatte. 24 Er machte das auch bei sich selbst. Zu dem

Zeitpunkt war Abraham schon 99 Jahre alt. 25 Sein Sohn Ismael war da
gerade 13 Jahre, als sie seine Vorhaut abschnitten. 26 Beide, Abraham und
Ismael, wurden am selben Tag beschnitten. 27 Genauso passierte es mit
allen, die für Abraham arbeiteten, die in seinem Haus wohnten oder sonst
was mit ihm zu tun hatten: Von allen Männern wurde die Vorhaut vom
Penis entfernt.

18

Gott verspricht Abraham einen Sohn

1 Abraham hatte seine Hütte an einem Ort, wo auch die damals berühmten
„Eichen von Mamres“ standen. In der Mittagszeit, die Sonne knallte volle
Granate vom Himmel, saß er gerade vor seinem Haus und döste ein biss-
chen. Plötzlich hatte er mal wieder ein Treffen mit Gott. 2 Und zwar stand da
auf einmal, in kurzer Entfernung, so einen Typ vor ihm, der noch zwei wei-
tere Männer im Schlepptau hatte. Sofort stand Abraham auf, lief ihnen ent-
gegen und begrüßte sie freundlich. Er wusste irgendwie, dass es sich bei
diesen drei Männern um Gott und zwei Engel handelte. 3 „Wenn Sie mir
irgendwie einen Gefallen tun wollen, dann bleiben Sie doch etwas bei mir!
Ich würde Sie wirklich gerne einladen und Ihnen was Gutes tun, wenn das
für Sie okay geht. 4 Ich hol Ihnen sofort etwas Wasser. Dann können Sie Ihre
Füße waschen und es sich im Schatten unter dem Baum dahinten etwas
gemütlich machen. 5 Darf ich auch noch was Leckeres zu essen kochen und
was zu trinken organisieren? Tanken Sie doch erst mal etwas bei mir auf,
bevor Sie weiterziehen. Sie können es sich bei mir echt gemütlich machen,
wo Sie schon mal da sind!“, sagte Abraham. „Ist okay,“ lachten die drei
freundlich. „Tun Sie, was Sie nicht lassen können.“ 6 Abraham lief schnell in
seine Bude und sagte zu Sara: „Los jetzt, back mal auf die Schnelle meinen
Lieblingskuchen. Und schmier unseren Gästen auch bitte ein paar Schnitt-
chen.“ 7 Dann rannte er in den Stall, suchte eins der besten Rinder aus und
sagte einem seiner Angestellten: „Schlachte mal schnell diese Kuh und
grill uns ein paar Filetsteaks davon, ja?!“ 8 Als die Steaks fertig waren, nahm
er noch frische Milch und saure Sahne und schleppte das Ganze zu seinen
Gästen. Er bediente sie höchstpersönlich, und sie hatten einen sehr netten
Grillabend bei ihm. 9 Nach dem Essen fragte einer von ihnen: „Wo ist denn
Ihre Frau Sara?“ – „Sie ist drinnen!“, antwortete Abraham. 10 „Hey, passen
Sie mal auf, eine Sache können Sie schon mal abhaken: Wenn ich in einem
Jahr wiederkomme, dann ist Sara schwanger! Sie wird einen Sohn kriegen.“
Sara war in einem Nebenraum und hörte die ganze Unterhaltung mit. 11 Sara
und Abraham waren da schon im Rentenalter. Sara war mit den Wechsel-
jahren schon lange durch und hatte ihre Tage schon ewig nicht mehr bekom-
men. 12 Sie lachte sich darum echt schlapp über diese Ansage von dem

Typen. „In meinem Alter soll ich noch mal Lust auf Sex haben? Und mein
Mann bekommt ja auch schon lange keinen mehr hoch!“ 13 Gott hörte das
und meinte zu Abraham: „Sag mal, warum findet Sara das so lustig, dass sie
in ihrem Alter noch mal schwanger werden wird? 14 Gibt es denn etwas, das
für Gott unmöglich ist? Pass mal auf, in einem Jahr werde ich wieder mal auf
Besuch vorbeikommen, und dann hat Sara schon einen Sohn bekommen!“
15 Sara war das aber voll peinlich, sie konnte das nicht zugeben. „Ich hab gar
nicht gelacht!“, sagte sie. „Doch, hast du!“, meinte Gott sofort.

Abraham diskutiert mit Gott über Sodom

16 Schließlich standen die drei Männer auf, um zu gehen. Abraham beglei-
tete sie noch ein Stück. Als sie an eine Stelle kamen, von der man die Stadt
Sodom ganz gut sehen konnte, 17 überlegte sich der eine, nämlich Gott,
plötzlich: „Hm, sollte ich ihm nicht vielleicht doch erzählen, was ich mit
Sodom machen werde? 18 Immerhin soll ja aus seiner Familie mal eine rie-
sengroße Nation werden, und alle anderen Nationen sollen von ihm ganz
fett profitieren. 19 Ich hab ihn ja extra dafür ausgesucht, damit er seinen Leu-
ten und auch seiner Familie Ansagen macht, wie man am gottmäßigsten
lebt. Sie sollen so leben, wie ich es will, damit das Versprechen auch einge-
löst werden kann, was ich Abraham gegeben hab.“ 20 Also sagte Gott zu
ihm: „Ich habe echt ätzende Sachen gehört über das, was in Sodom und
Gomorra zur Zeit abgeht. Die Leute, die da wohnen, sollen ein total übles
Leben führen und viele Sachen tun, die gegen alles stehen, was ich will.
21 Ich werde dort jetzt mal vorbeischauen und prüfen, ob die Sachen, die
man mir erzählt hat, auch stimmen oder nur frei erfunden sind.“ 22 Die bei-
den anderen Typen standen auf und machten die Biege, Richtung Sodom.
Nur Gott blieb mit Abraham da, weil der noch mit ihm alleine quatschen
wollte. 23 Abraham beugte sich zu ihm rüber und meinte: „Sag mal, würdest
du in der Stadt wirklich alles und jeden plattmachen, auch wenn es vielleicht
doch noch ein paar Leute gibt, die so leben, wie du es gut findest? 24 Viel-
leicht gibt es davon ja fünzig? Was meinst du? Würdest du aus der Stadt
trotzdem Kleinholz machen, oder wäre es bei so viel guten Menschen viel-
leicht möglich, nicht gleich alle Leute zu killen? 25 Nein, dass geht gar nicht!
Du wirst nicht in einem Schlag alle Leute töten, die in einer Tour Mist bauen,
wenn dabei auch die ganzen Leute mit draufgehen würden, die okay leben,
oder? Dann würdest du ja keinen Unterschied zwischen den guten und den
fiesen Menschen machen. So ist ein korrekter Richter doch nicht drauf!
Oder?“ 26 Gott war beeindruckt. „Okay“, sagte er. „Wenn ich tatsächlich
innerhalb der Stadt fünfzig Leute finde, die okay leben und tun, was ich
möchte, dann werde ich nur wegen den fünfzig der ganzen Stadt verzeihen.“
27 „O Mann, Gott, ich weiß, ich bin ganz schön dreist“, antwortete Abraham.

„Aber jetzt, wo ich mich schon mal getraut habe, mit dir, Gott, zu verhan-
deln, obwohl ich der letzte Dreck bin, 28 da will ich noch mehr! Was ist denn,
wenn zu den fünfzig nur fünf fehlen sollten? Würdest du, nur weil die fünf
fehlen, trotzdem die ganze Stadt plattmachen?" – „Okay, nein, also wenn ich
wirklich fünfundvierzig davon finde, dann werde ich sie nicht vernichten."
29 Er hatte aber noch nicht genug. „Und, Gott, wie stehts mit vierzig?" – „Ja,
okay, wenn es vierzig sind, will ich es auch nicht tun", antwortete er. 30 „Bitte
nicht sauer sein, aber wie sieht es denn aus, wenn es doch nur dreißig sind,
auf die das zutrifft?", meinte Abraham noch einmal. „Ich werde es nicht tun,
wenn es dreißig sind, versprochen," sagte Gott. 31 „Also, ich hab mich hier
schon echt weit aus dem Fenster gelehnt, was ich dir da abgerungen hab.
Trotzdem könnte es ja sein, dass man nur zwanzig finden wird, die so drauf
sind. Was geht dann?" Und Gott sagte: „Okay, Abraham, wenn es zwanzig
sind, dann werde ich wegen denen die Stadt nicht kaputt machen." 32 „Bitte,
Gott, nicht ausrasten, ich frage noch ein letztes Mal: Was ist, wenn es nur
zehn Leute gibt, die gut drauf sind?" – „Alles klar, ich werde sie nicht
plattmachen, wenn es diese zehn Leute dort gibt, einverstanden." 33 Nach-
dem Abraham und Gott zu Ende gequatscht hatten, verabschiedete sich
Gott. Abraham ging wieder zurück nach Hause.

19

Sodom und Gomorra werden komplett plattgemacht

1 Abends kamen dann die zwei Engel in Sodom an. Lot chillte zu der Zeit
gerade am Ortseingang an einer Bushaltestelle. Als er die beiden sah, rann-
te er ihnen sofort entgegen, um sie zu begrüßen. Lot gab ihnen die Hand
und verbeugte sich, wie das normal war, wenn man Respekt vor jemandem
hatte. 2 „Einen wunderschönen guten Abend wünsche ich Ihnen!", sagte Lot.
„Es wäre mir eine große Freude, wenn Sie heute in meiner Bude übernach-
ten würden! Sie können bei mir auch duschen und morgen früh dann weiter-
ziehen, wenn Sie wollen!" – „Vielen Dank, aber wir müssen Ihre Einladung
leider ablehnen", antworteten die beiden. „Wir haben uns entschlossen,
heute draußen zu übernachten." 3 Lot ließ aber nicht so schnell locker. Er
nervte so lange rum, bis die Engel einwilligten und mit zu ihm nach Hause
kamen. Da angekommen, machte er ihnen einen leckeren Imbiss, sie aßen
zusammen Abendbrot und befreundeten sich. 4 Eigentlich wollten sie
danach die Penntüten ausrollen und schlafen gehen, aber mittlerweile waren
alle Männer aus der Stadt vor dem Haus, vom Teenager bis zum Opa. Das
Heftige war, dass die alle scharf auf diese beiden „geilen Typen" waren, die
den Lot gerade besuchten! 5 Sie sammelten sich um die Hütte von Lot und
veranstalteten eine richtige Demo. Irgendwie heizte sich die Stimmung
immer mehr auf. Die Männer waren scharf auf Sex, gewaltbereit und rückten

Lot voll auf die Pelle. Sie brüllten: „Was sind das für Typen, Lot? Hol sie raus!
Hol sie raus! Wir wollen Sex! Wir wollen Sex! Wir wollen Sex!“ 6 Lot ging zur
Haustür, sprang schnell raus und zog sie gleich hinter sich wieder zu. So
konnte keiner reinkommen. 7 „Hey, Mann! Freunde! Was soll der Scheiß?“,
rief er der Menschenmasse zu. 8 „Passt auf, ich habe zwei Töchter, die beide
noch Jungfrauen sind. Kann ich euch die nicht anbieten? Mit denen könnt
ihr machen, was ihr wollt. Aber bitte lasst die beiden Männer in Ruhe, die bei
mir zu Gast sind! Sie genießen meinen besonderen Schutz.“ 9 „Verpiss
dich“, riefen die Leute Lot zu. „Du bist sowieso nur ein assi Ausländer! Und
du willst uns jetzt Vorschriften machen? Pass auf, wir werden dich noch här-
ter rannehmen als die beiden anderen!“ Sie prügelten Lot nieder und waren
gerade kurz vor der Eingangstür, 10 als die beiden Männer kurz vor die Tür
kamen. Sie streckten nur ihre Hand gegen die Leute aus, und plötzlich
mussten alle ein Stück zurückweichen. Jetzt packten die beiden Engel Lot
am Arm, zogen ihn wieder in das Haus und machten die Tür hinter sich zu.
11 Und dann war auf einmal die Eingangstür vom Haus wie weggezaubert,
die Leute konnten sie nicht mehr sehen! 12 Jetzt ließen die beiden Engel eine
heftige Ansage vom Stapel: „Hey, Lot, sag mal, hast du noch irgendwelche
Verwandte in der Stadt? Schwiegersöhne, Söhne oder Töchter? Dann organi-
sier für die so schnell es geht die Flucht! 13 Wir werden nämlich diese Stadt
bald komplett abfackeln. Gott hat von den ultraüblen Sachen, die hier pas-
sieren, gehört, und es reicht ihm jetzt: Er will hier alles plattmachen!“ 14 Lot
ging sofort zu den Verlobten von seinen Töchtern, um ihnen diese Nachricht
weiterzugeben, die er gerade von den Engeln gehört hatte. „Los, packt eure
Sachen und verschwindet so schnell es geht von hier! Gott wird diese Stadt
bald komplett auslöschen!“ Seine zukünftigen Schwiegersöhne aber lachten
sich nur schlapp, sie dachten, er würde sie voll verarschen. 15 Am nächsten
Morgen machten die beiden Engel etwas Druck. Sie sagten zu Lot: „Jetzt
mach hinne! Nimm deine Frau und die Töchter und hau ab! Sonst wirst du
auch dabei draufgehen, wenn diese Stadt zu Schrott gemacht wird!“ 16 Als
Lot aber nicht in die Puschen kam, nahmen ihn die zwei einfach an die Hand
und führten ihn, seine Frau und seine zwei Töchter aus der Stadt raus. Gott
hatte ihn eben voll lieb und wollte nicht, dass er sterben müsste. 17 Als sie
aus der Stadt rausgelaufen waren, rief der eine Engel zu Lot: „Los jetzt, lauf
weiter, lauf um dein Leben! Bleib nicht stehen und sieh auch nicht zurück!
Lauf so lange, bis du oben auf dem Berg bist, sonst musst du sterben!“
18 Lot meinte: „Ob das jetzt so ne gute Idee ist, ganz bis da oben hin zu lau-
fen? 19 Aber erst mal vielen Dank, dass du uns das Leben gerettet hast! Das
war wirklich total nett von dir! Meinst du wirklich, dass wir es bis zum Berg
schaffen? Könnte es sein, dass wir auf dem Weg dahin Pech haben und auch
sterben müssen? 20 Ich mein, schau mal, da hinten, diese kleine Stadt! Könn-

ten wir nicht auch dahin fliehen? Dort wären wir ja auch gerettet, oder?" –
21 „Okay," meinte der Engel. „Ich werde deinen Wunsch erfüllen und diese
kleine Stadt mal von der Zerstörung ausnehmen. 22 Jetzt mal zu, geht dort
hin und verschanzt euch da. Ich darf den Befehl zur Zerstörung von Sodom
und Gomorra erst dann geben, wenn ihr in Sicherheit seid." Diese Stadt hat
übrigens seitdem den Namen „Zoar – die kleine Stadt" abbekommen.
23 Ganz früh am Morgen, die Sonne ging gerade auf, kamen sie in der Stadt
Zoar an. 24 Und dann regnete es plötzlich überall Schwefel, glühende Steine
fielen wie Feuer vom Himmel, heftiger als ein gewaltiger Vulkanausbruch.
Gott steckte Sodom und Gomorra in Brand. 25 Er machte alles platt, die gan-
zen Gebäude mit ihren Einwohnern, jede Pflanze, alles wurde komplett
abgefackelt. 26 Lots Frau war aber zu neugierig. Sie wollte das Ganze doch
ansehen, drehte sich einmal um, und als sie die brennende Stadt sah, ver-
krampfte sie am ganzen Körper und blieb starr stehen. Und dann ver-
wandelte sie sich in einen Betonpfeiler. 27 Abraham machte morgens einen
Spaziergang zu der Stelle, wo Gott mit ihm geredet hatte. 28 Von dort konnte
er das ganze Tal sehen, wo auch Sodom und Gomorra lagen. Fette Rauch-
wolken stiegen von dort zum Himmel, fast so, als würde da ein Kohlekraft-
werk stehen. 29 Gott hatte die Städte tatsächlich total zerstört, aber er hatte
Abraham nicht vergessen und auch seinen Neffen Lot vor der Katastrophe
gerettet.

Sex mit dem Vater: Wo die Moabiter und Ammoniter eigentlich herkommen

30 Lot hatte aber irgendwann keinen Bock mehr, in „Zoar – die kleine Stadt"
zu wohnen, weil er da immer etwas Angst hatte, dass ihnen was passieren
könnte. Darum zog er in einen alten Bunker in den Bergen und wohnte da
mit seinen Töchtern. 31 Die Ältere von den beiden meinte dann mal zu ihrer
Schwester: „Es gibt echt keine anständigen Männer hier in der Gegend! Ich
will aber auch mal heiraten und Kinder kriegen, wie das ja sonst überall total
normal ist. Und Papa wird langsam alt. 32 Ich hab ne Idee: Lass uns Papa
heute mal mit Wein abfüllen. Und wenn er total breit ist, dann verführen wir
ihn zum Sex. Vielleicht kriegen wir dann ja wenigstens Babys, und die Leute
würden nicht über unsere Familie ablästern können." 33 Gesagt, getan, die
füllten ihren Vater derart ab, dass er total breit war und nichts mehr merkte.
Die ältere Schwester vernaschte ihren eigenen Vater an dem Abend und
hatte Sex mit ihm. Lot wachte am nächsten Morgen mit einem mörder Kater
auf, hatte einen Filmriss und konnte sich an nichts erinnern. 34 Jetzt
bequatschte die ältere Tochter ihre Schwester: „Hey, hör zu, das hat gestern
echt gut geklappt! Papa hat mit mir geschlafen! Wiederholen wir das Ganze
noch mal diese Nacht. Aber heute pennst du mit ihm, damit er dir auch ein
Baby macht, okay?" 35 Und es funktionierte wieder, sie füllten den Vater so

dermaßen mit Alk ab, dass er total die Kontrolle verlor. Die jüngere Tochter
hatte in dieser Nacht also auch Sex mit ihm. Und am nächsten Morgen hatte
Lot wieder den totalen Filmriss und konnte sich an rein gar nichts erinnern.
36 Beide Töchter von Lot wurden von ihrem eigenen Vater schwanger. 37 Die
Ältere bekam einen Sohn, den sie Moab nannte. Aus der Familie von Moab
sind die Moabiter entstanden, aus seinen Kindern ist also dieser Familien-
stamm hervorgegangen. 38 Und die Jüngere bekam auch einen Sohn, den sie
Ben Ammi nannte. Aus der Familie von Ben Ammi sind die Ammoniter ent-
standen. Er war also der, von dem diese ganze Familie abstammt.

20

Abraham und Abimelech

1 Abraham zog dann weiter in Richtung Süden. Er wohnte eine Zeitlang in
der Gegend zwischen Kades und der Wüste Schur. Schließlich zog er um, in
die Stadt Gerar. 2 Da passierte ihm eine ähnliche Sache wie damals in Ägyp-
ten. Er fälschte den Pass von seiner Frau Sara und machte sie offiziell zu
seiner Schwester. Der Regierungschef von Gera, Abimelech, war nämlich voll
scharf auf Abrahams Frau. Weil sie jetzt ja nur Abrahams „Schwester“ und
nicht dessen Ehefrau war, ließ er sie zu sich holen. 3 In der Nacht redete Gott
aber in einem Traum zu ihm: „Hey, Abimelech, du musst sterben, wenn du
mit dieser Frau schläfst. Das ist die Strafe für Männer, die mit verheirateten
Frauen Sex haben!“ 4 Abimelech hatta Sara aber noch nicht mal angefasst.
Darum sagte er: „Gott, ich bin echt unschuldig, ich kann da nix für! Tötest
du auch Leute, die nichts getan haben“? 5 Und der Abraham hat ja auch
gesagt, sie sei nur seine Schwester, und sie hat das bestätigt! Ich hab echt
nichts ausgefressen, ich bin total unschuldig!“ 6 Gott antwortete ihm: „Okay,
okay, Abimelech, ich hab das schon kapiert, dass deine Motive in Ordnung
waren. Darum hab ich dich auch davon abgehalten, mir ihr zu schlafen!
7 Also, jetzt gib mal dem Mann seine Frau wieder zurück, ja? Der Typ ist
nämlich so ein Prophet, ein Mann Gottes. Wenn der für dich betet, läuft alles
glatt, und du wirst nicht sterben müssen. Falls du das aber nicht tust, muss
dir eins klar sein: Du wirst dann garantiert kaputtgehen und mit dir alles,
was zu dir gehört.“ 8 Am nächsten Morgen berief Abimelech ein Meeeting
ein mit seinem gesamten Mitarbeiterstab und erzählte ihnen die Sache, die
ihm letzte Nacht passiert war. Die Männer, die das hörten, bekamen richtig
Schiss. 9 Abimelech orderte dann den Abraham in sein Büro: „Warum haben
Sie uns das angetan?“, rief er ihm zu. „Was hab ich Ihnen getan, dass Sie
mich dazu bringen, so einen schlimmen Fehler zu begehen? Das hätte mich
und dazu mein ganzes Land beinahe in den Ruin gestürzt! 10 Warum? Sagen
Sie mir jetzt sofort, warum Sie das getan haben? Was sollte das Ganze?“
11 Abraham antwortete: „Ich dachte nur, die haben hier bestimmt keinen

Respekt vor Gott, denen ist das egal, was er sagt. Und die werden mich bestimmt ermorden, weil sie alle meine Frau haben wollen. [12] Und so ganz war das übrigens auch nicht gelogen, was ich gesagt hab. Sie ist schon auch meine Schwester, weil sie die Tochter meines Vaters aus erster Ehe ist. Nur darum konnte ich sie auch heiraten. [13] Als Gott mich von zu Hause weggeführt hat, da hatte ich das schon vorher mit ihr so abgeklärt. Hatte ihr schon in der Zeit gesagt: „Tue mir einen Gefallen und erzähl überall, ich bin nur dein Bruder, egal wo wir gerade sind!" [14] Abimelech gab Abraham seine Frau zurück und schenkte ihm obendrauf noch unheimlich viele Schafe, Ziegen und Rinder. Dazu gab er ihm noch viele von seinen Angestellten obendrauf. [15] Dann sagte er zu ihm: „Hören Sie zu, mein ganzes Land stelle ich Ihnen zur Verfügung, suchen Sie sich aus, wo Sie in Zukunft wohnen wollen!" [16] Und zu Sara meinte er: „Passen Sie auf, ich hab Ihrem ‚Bruder' 150 000 Euro in die Hand gedrückt. Ich hoffe, das reicht. Das soll vor Ihren Leuten auch ein Beweis dafür sein, dass ich Sie nicht angefasst hab. Ich hoffe, die Sache ist damit vom Tisch!" [17] Zum Abschluss betete Abraham für Abimelech. Gott erhörte dieses Gebet und sorgte dafür, dass Abimelechs Frauen geheilt und jetzt plötzlich schwanger wurden. [18] Gott hatte nämlich wegen der Sache mit Sara vorher dafür gesorgt, dass keine Frau von Abimelech Kinder kriegen konnte. Damals war es normal, dass Männer mehrere Frauen hatten, wenn sie es sich leisten konnten.

21

Sara kriegt einen Jungen

[1] Auf Gott kann man sich verlassen, er löste sein Versprechen ein und sorgte dafür, dass Sara schwanger wurde. [2] Sie wurde dann also tatsächlich schwanger und kriegte mit Abraham einen Sohn, obwohl der schon echt alt war. Das passierte genau in der Zeit, wie Gott es vorhergesagt hatte. [3] Dieser Sohn, der dann von der Sara geboren wurde, bekam von Abraham den Namen Isaak. [4] Acht Tage nach der Geburt zog er mit Isaak dieses Ritual durch, was Gott ihm mal gezeigt hatte. Er schnitt Isaak die Vorhaut von seinem Penis ab. [5] Abraham war übrigens 100 Jahre alt, als er Vater wurde. [6] Sara freute sich voll über das Baby. Sie sagte: „Juchu, Gott hat mich zum Lachen gebracht! Jeder, der diese abgefahrene Geschichte hört, wird sich mit mir freuen! [7] Bis jetzt war es mit der Nachricht ‚Sara stillt einen Sohn von Abraham' eine totale Fehlanzeige. Aber jetzt ist es tatsächlich wahr geworden, obwohl er echt nicht mehr der Jüngste ist." [8] Das Kind wurde immer größer. Als es keine Milch mehr von der Mutter bekommen musste, feierte Abraham ne fette Party. [9] Sara bekam mit, wie der Sohn von Hagar (diese ägyptische Zweitfrau von Abraham) am Rumlästern war gegen ihren Sohn Isaak. [10] Darum sagte sie zu Abraham: „Schmeiß diese andere Frau raus!

Ich will nicht, dass ihr Sohn genau dieselben Rechte hat und das Gleiche
erbt wie meiner, wenn du mal tot bist." 11 Abraham kriegte voll den Hals
deswegen. Immerhin war Ismael auch sein Sohn. 12 Aber Gott sagte zu ihm:
„Also, Abraham, mach dir nicht den Kopf wegen deinem Sohn und seiner
Mutter. Was Sara sagt, solltest du dir aber echt zu Herzen nehmen. Denn
durch die Kinder von Isaak werde ich die neue Nation entstehen lassen, wie
ich es dir schon früher mal angesagt hatte. 13 Allerdings werde ich auch
durch den Sohn von Hagar eine neue Nation starten, der kommt ja schließ-
lich auch von dir." 14 Am nächsten Morgen stand Abraham sehr früh auf
der Matte. Er packte ein paar Snacks und was zu trinken zusammen, gab
es der Hagar in einen Rucksack und verabschiedete sich von ihr und dem
Jungen. Sie zog dann ab und ging leicht planlos in Richtung ‚Wüste Beer-
scheba'. 15 Als die Getränke ausgingen, war sie in der heißen Wüste fast am
Verdursten. Sie setzte den Jungen an einem schattigen Platz unter einem
Strauch ab 16 und packte sich auf die andere Seite des Weges, einen Steinwurf
entfernt, auf den Boden. Sie fing voll an zu weinen: „Ich will nicht zusehen,
wie mein Kind hier jämmerlich verdurstet!" 17 Gott hörte aber auch,
wie der Junge die ganze Zeit weinte. Schließlich kam bei der Hagar eine
Nachricht vom Himmel rein. Ein Engel sagt zur ihr: „Hagar, alles klar bei
dir? Brauchst keine Angst zu haben! Gott hat das Schreien von deinem Jun-
gen gehört, da wo er jetzt gerade sitzt. 18 Jetzt steht auf und nimm deinen
Sohn und zieh los. Ich hab fett was vor mit ihm, ich werde aus seiner Familie
eine ganze Nation machen." 19 Gott zeigte ihr, dass ganz in der Nähe ein
Brunnen war, den sie gut erreichen konnte. Sie ging mit letzten Kräften da-
hin und holte sich dort Wasser für ihren Sohn. Dann füllte sie ihre Wasser-
flaschen, damit sie erst mal genug für den Weg zu trinken hatte. 20 Der Junge
wurde in seinem Leben stark von Gott begleitet. Er wuchs immer mehr,
lebte in der Wüste und wurde zu einem echt guten Schützen. 21 Er lebte eine
ganze Zeit in der Wüste Paran. Irgendwann organisierte ihm seine Mutter
eine Ehefrau, die aus Ägypten stammte. 22 Damals hatte Abraham ein Treffen
mit dem Regierungschef Abimelech und mit Pichol, dem obersten General
der Armee. Die beiden meinten zu ihm: „Also, es ist für uns ziemlich ein-
deutig, dass Gott in Ihrer Mannschaft spielt. Alles was Sie unternehmen,
wird ein Erfolg! 23 Wir schlagen Ihnen folgenden Deal vor: Wir haben Sie gut
in unserem Land aufgenommen, das war doch sehr nett von uns, oder?
Als Gegenleistung wollen wir jetzt, dass Sie hoch und heilig versprechen,
uns nie abzulinken, egal was passiert. Und das gilt für die ganze Zeit, in der
ich regiere, für die Zeit, in der mein Sohn regieren wird, und auch, wenn
meine Enkel später mal das Sagen haben, in diesem Land." 24 Abraham war
einverstanden: „Geht in Ordnung, das unterschreib ich Ihnen!" 25 Er nutzte
aber die Gelegenheit, dann gleich mal eine alte Sache mit ihm zu klären.

Da gab es nämlich so einen Brunnen, den die Soldaten von Abimelech sich
vor einiger Zeit einfach unter den Nagel gerissen hatten. 26 Abimelech war
überrascht: „Keine Ahnung, ich hab von der Sache noch nie was gehört! Das
ist das erste Mal, dass Sie mir davon erzählen, und jemand anderes hat mir
bis heute auch noch nie darüber Bericht erstattet." 27 Jetzt ließ Abraham ein
paar Geschenke auffahren. Er holte ein paar Hühner, Schafe und Rinder und
gab die Abimelech. Die beiden schlossen jetzt Verträge miteinander. 28 Dabei
nahm er sieben junge Schafe aus der Herde raus und stellte sie an einen
extra Platz. 29 „Warum machen Sie das?", wollte Abimelech wissen. 30 „Die
müssen Sie bitte als ein Sondergeschenk von mir annehmen! Die sollen
auch ein Beweis dafür sein, dass Sie offiziell bestätigt haben, dass der Brun-
nen mir gehört." 31 Diesen Ort nannte man ab dann nur noch „Beerscheba",
was so viel heißt wie „Der Brunnen, wo wir uns was versprochen haben".
32 Die beiden machten also Verträge in Beerscheba. Abimelech und seine
oberster General Pichol gingen dann wieder zurück ins Philisterland. 33 Abra-
ham pflanzte an der Stelle einen Tamariskenbaum, mitten in Beerscheba.
Dann betete er zu seinem Gott, der immer existieren wird, und dankte ihm
für alles. 34 Er blieb noch eine ganze Weile in dem Land, wo die Philister zu
Hause waren.

22

Gott testet Abraham aus

1 Nachdem diese ganzen Sachen passiert waren, gab es mal eine Geschichte,
wo Gott Abraham austesten wollte. Er sagte zu ihm: „Hallo, Abraham!" –
„Ja? Was ist los? Ich bin da!", antwortete er. 2 „Pass auf. Du hast ja einen
einzigen Sohn, den Isaak, und den liebst du über alles, oder? Ich will, dass
du mit dem eine Reise unternimmst, nach Morija. Da werde ich dir weitere
Anweisungen geben. Ziel ist, dass du deinen Sohn dort als ein Opfer für
mich abfackelst!" 3 Am nächsten Morgen stand Abraham früh auf. Er holte
zwei von seinen Angestellten dazu, nahm sich sein Crossbike, Rucksack,
einen Benzinkanister, packte seinen Sohn in den Kindersitz und fuhr mit
ihnen los, dorthin, wo Gott es ihm gesagt hatte. 4 Nach drei Tagen Fahrt
konnte er schließlich den Berg von weitem sehen. 5 Abraham sagte zu seinen
Angestellten: „Bleibt ihr mal hier und passt auf das Bike auf! Ich geh mit
meinem Sohn dort oben auf den Berg, weil wir was Privates mit Gott zu
besprechen haben. Danach kommen wir wieder." 6 Er gab Isaak den Benzin-
kanister zu tragen und nahm selbst das Feuerzeug und ein Schlachtermes-
ser in die Hand. Beide gingen zusammen hoch. 7 Isaak sagte zu Abraham:
„Du, Papa?" – „Ja, was willst du?", antwortete Abraham. „Wir haben Benzin
und Feuerzeug eingepackt, aber wo ist das Schaf, das wir für Gott verbren-
nen sollen?" 8 „Gott wird schon für ein Schaf sorgen, das wir nehmen kön-

nen“, antwortete er. Dann gingen sie den Weg weiter. 9 Irgendwann kamen
sie zu dem Ort, den Gott Abraham vorher gezeigt hatte. Abraham nahm
Steine und baute Gott dort so einen Tisch, einen Altar. Dann fesselte er sei-
nen Sohn und legte ihn obendrauf. 10 Jetzt nahm er das Schlachtermesser in
die Hand, holte aus und wollte gerade seinen Sohn damit töten, 11 da hörte
er eine laute Stimme, die seinen Namen rief: „Abraham, Abraham!“ Die
Stimme kam vom Chef-Engel persönlich. „Ja,“ antwortete er, „ich bin hier!“
12 „Tu dem Jungen bloß nichts! Pack das Messer wieder ein! Ich weiß jetzt
ganz sicher, dass du alles für Gott tun würdest, du hast echt Respekt vor
ihm. Krass, du würdest sogar deinen einzigen Sohn töten, wenn er dir das
sagt!“ 13 Als sich Abraham in der Gegend umsah, entdeckte er etwas weiter
weg ein Schaf, das sich in einem Stacheldraht verfangen hatte. Er holte das
Tier, tötete es und verbrannte es als Opfer für Gott. Sein Sohn blieb dabei
am Leben. 14 Abraham gab den Ort einen Namen. Er nannte ihn „Gott hat
an alles gedacht“. Bis heute ist das so ein Spruch: „Gott hat auf dem Berg
an alles gedacht.“ 15 Und dann redete Gott durch den Chef-Engel noch mal
mit Abraham. 16 Er sagte zu ihm: „Ich schwör bei mir selbst, weil du das heu-
te gebracht hast, weil du mir wirklich radikal vertraust, weil du sogar bereit
warst, für mich deinen einzigen Sohn zu opfern, 17 darum will ich dich ganz
fett beschenken! Ich werde dafür sorgen, dass deine Familie sich ohne Ende
vermehren wird! Es wird mehr ‚Abrahams‘ auf der Welt geben, als man
Sandkörner am Meer zählen kann! Selbst die Sterne, die man am Himmel
sieht, werden nicht mehr sein als deine Nachkommen. Und sie werden sehr
stark sein, ihre Feinde sehen keine Stiche gegen sie! 18 Alle Nationen auf der
Erde werden mich bitten, sie so gut zu behandeln, wie ich dich behandelt
habe. Und das nur, weil du radikal genau das getan hast, was ich von dir
wollte.“ 19 Abraham ging wieder zu seinem Sohn zurück. Dann fuhren sie
wieder nach Beerscheba, wo Abraham die nächste Zeit wohnte. 20 Nachdem
das alles passiert war, hörte Abraham, dass sein Bruder Nahor von seiner
Ehefrau Milka auch Söhne bekommen hatte. 21 Insgesamt waren es acht
Jungs. Der Älteste hieß Uz, dann kam Buz, und dann kam Kemuel (von dem
die Aramäer abstammen). 22 Dann Kesed, Haso, Pildasch, Jidlaf und Betuel.
23 Betuel war übrigens der Vater von Rebekka. Diese acht Söhne bekam
Milka, die Frau von dem Bruder von Abraham. 24 Außerdem hatte seine
Nebenfrau Reuma (wie gesagt, war es damals normal, mehrere Frauen zu
haben) noch vier weitere Söhne: den Tebach, Gaham, Tahasch und Maacha.

23

Saras Tod

1 Sara wurde 127 Jahre alt. 2 Als sie starb, war sie in dem Ort Hebron, der
damals Kirjat-Arba hieß, im Kanaan Land. Abraham nahm sich die Zeit,

um wegen dem Tod von Sara so lange zu weinen, bis es nicht mehr geht.
3 Irgendwann war es dann aber genug, und er besuchte nicht mehr länger
ihr Grab. Er ging in das Büro von den Chefs der Hetiter, die dort gerade eine
Sitzung hatten. 4 „Verehrte Herren! Entschuldigen Sie die Störung. Mir ist
bewusst, dass ich für Sie nur ein Ausländer bin, der hier noch nicht mal
geboren wurde. Wäre es trotzdem möglich, in Ihrem städtischen Friedhof
einen Platz zu erhalten, wo ich meine Frau standesgemäß beerdigen kann?“,
sagte er. 5 Die Hetiter antworteten: 6 „Verehrter Herr Abraham! Sie sind ein
angesehener Mann Gottes in unserer Gemeinschaft. Gerne stellen wir Ihnen
eins unserer besten Gräber für die Bestattung Ihrer Gemahlin zur Verfügung.
Suchen Sie sich das schönste aus, jeder Eigentümer wäre gerne bereit, Ihnen
sein Grab zur Verfügung zu stellen.“ 7 Abraham war beeindruckt. Er stand
auf, machte eine Verbeugung und sagte: 8 „Wenn Sie tatsächlich damit ein-
verstanden sind, dass ich meine tote Frau bei Ihnen bestatte, bitte ich
Sie, meinen Antrag an den Herrn Efron, der ein Sohn vom verehrten Herrn
Zohar ist, zu unterstützen. 9 Meine erste Wahl wäre die Grabstätte Mach-
pela, die in seinem Besitz ist. Sie liegt am Ende seines Ackers. Ich bin bereit,
den vollen Kaufpreis dafür zu entrichten. Hier könnte ich eine Bestattung
direkt am Ort durchführen.“ 10 Efron war aber bei der Sitzung der Hetiter
auch am Start. Er stand auf und sagte laut, so dass alle es hören konnten:
11 „Nein, nein, verehrter Herr Abraham, dieses Grab und das dazugehörige
Stück Land stelle ich Ihnen hiermit, vor Zeugen, selbstverständlich kostenlos
zur Verfügung! Begraben Sie bitte Ihre Frau dort!“ 12 Abraham fand das echt
gut, und er bedankte sich respektvoll bei den Leuten. 13 Trotzdem redete er
noch mal ganz offen mit Efron, so dass alle zuhören konnten: „Bitte lassen
Sie sich doch auf diesen Deal ein! Lassen Sie mich wenigstens das Feld kau-
fen, damit ich meine Frau dort begraben kann.“ 14 Efron antwortete Abra-
ham: 15 „Na gut, dann geben Sie uns einfach 500 Euro. Geld soll nie zwi-
schen uns stehen! Sie können Ihre Frau jetzt gerne dort begraben.“ 16 Die
beiden hatten also einen Deal. Er zahlte ihm das Geld nach der aktuellen
Umrechnungstabelle in der Landeswährung aus. 17 So kam es, dass dieses
Feld von Efron (das bei Machpela kurz vor Mamre lag) inklusive dem ganzen
Grundstück, den Bäumen und dem Grab 18 an Abraham verkauft wurde.
Die anwesenden Hetiter waren dabei Zeugen. 19 Dann organisierte Abraham
eine anständige Beerdigung für seine Frau Sara in dieser Grabstätte, auf
dem Feld von Machpela. Dieses Feld lag vor Mamre, was in Hebron liegt, im
Land Kanaan. 20 Er war nun rechtmäßiger Eigentümer von einem Stück Land
in Kanaan, was ab dann als sein Familiengrab genutzt wurde. Die Hetiter
hatten ihm dieses Land vertraglich zur Verfügung gestellt.

24

Rückblick: Abrahams Angestellter sucht eine Frau für seinen Sohn

1 Abraham war schon richtig alt geworden. Gott hatte ihn in seinem Leben
fett beschenkt. 2 Irgendwann, einige Wochen vor Saras Tod, sagte er zu einem
seiner fittesten Angestellten, der sein ganzes Eigentum verwaltete und dem
er sehr vertraute: „Hey, du, ich hab ein echt wichtiges Anliegen an dich! Bitte
heb mal deine rechte Hand 3 und schwöre mir bei Gott, bei dem Gott, der
das ganze Universum gemacht hat und auch diese Erde, dass du für meinen
Sohn keine Frau aussuchst, die aus dieser Gegend kommt, ja?! 4 Schwör mir,
dass Isaak eine Frau bekommt, die aus meinem Land stammt, aus meiner
Verwandtschaft, von da, wo ich herkomme!“ 5 „Okay“, meinte der Angestellte
zu ihm. „Aber was ist, wenn die Frau nicht mit hierherkommen will? Soll ich
dann deinen Sohn wieder zurückbringen an den Platz, von wo du mal weg-
gezogen bist?“ 6 „Nein, auf keinen Fall!“, antwortete Abraham. 7 „Also keine
Panik, der Gott, dem nichts unmöglich ist, wird einen Beschützer, so einen
Engel, an deine Seite stellen. Der wird alles klarmachen und dafür sorgen,
dass du eine Braut für ihn findest und sie herbringen kannst. Gott hat mich
ja damals aus diesem Land rausgeführt, wo meine Verwandten alle wohnen.
Er hatte in der Zeit felsenfest versprochen, dass er mir dieses Land mal zur
Verfügung stellen wird. 8 Wenn die Braut aber nicht mitgehen will, dann
kannst du deinen Job als erledigt ansehen. Aber meinen Sohn sollst du auf
keinen Fall dort zurücklassen. Klar?“ 9 Der Angestellte hob seine rechte Hand
und schwor Abraham, dass er das alles so durchziehen würde, wie sein Chef
es ihm gesagt hatte. 10 Der Typ nahm dann die teuerste Harley, dazu noch
einiges an Goldschmuck, und machte sich vom Acker in Richtung Mesopota-
mien, in die Stadt, wo die Familie Nahors lebte, der ein Bruder von Abraham
war. 11 Abends stoppte er dann kurz vor der Stadtgrenze an der Tanke, wo
abends auch die ganzen Mädels der Stadt rumhingen. 12 Als er seine Maschi-
ne abgestellt hatte, betete er: „Hey Gott, du bist der Gott von meinem Chef
Abraham! Mach bitte, dass das jetzt funktioniert! Tu es für ihn! 13 Pass auf, ich
bin jetzt an der Tanke, und viele Mädchen aus der Stadt sind hier, um ne Cola
zu trinken oder zu arbeiten. 14 Ich bitte dich um folgendes Zeichen: Wenn
ich ein Mädel frage, ob sie mir mal einen Schluck abgeben kann, und sie mir
dann ihre Cola anbietet und dann auch noch fragt, ob sie meine Maschine
betanken darf, dann ist das die richtige Frau, die du für den Sohn von mei-
nem Chef ausgesucht hast. Okay?“ 15 Er hatte seinen Satz noch nicht mal zu
Ende gesprochen, da kam Rebekka auf ihn zugelaufen. Sie war die Tochter
von Betuel und die Enkelin von Milka, der Frau von Abrahams Bruder Nahor.
16 Sie war noch unverheiratet und sah unheimlich sexy aus. Rebekka ging zum
Colaautomaten und zog sich da ne Flasche. 17 Schnell ging der Angestellte

von Abraham auf sie zu und fragte sie: „Kann ich auch einen Schluck abha-
ben?" 18 „Bitte schön, trink ruhig aus!", sagte sie sofort und gab ihm die Fla-
sche. 19 Als er die Flasche fast alle hatte, meinte sie zu ihm: „Sag mal, darf ich
vielleicht deine Maschine mal betanken?" 20 Sie nahm den Zapfhahn, drehte
den Tankdeckel auf und betankte seine Harley. 21 Der Typ stand staunend
daneben und sagte keinen Ton. War das die Frau, die Gott ihm zeigen wollte?
Wollte Gott seine Reise hier erfolgreich zu Ende bringen? 22 Als das Motorrad
betankt war, gab der Angestellte den ganzen Goldschmuck Rebekka 23 und
fragte sie: „Sag mal, aus welcher Familie stammst du? Wer ist dein Vater?
Und gibt es vielleicht ne Chance auf ein paar Pennplätze bei euch?" 24 „Ich
komme aus der Familie vom Betuel, das ist mein Vater. Seine Eltern sind
Milka und Nahor. 25 Wir haben Platz genug bei uns, und eine beheizte Garage
für die Harley haben wir auch", lachte sie. 26 Der Angestellte von Abraham
ging an einen ruhigen Platz, kniete sich hin und betete: 27 „Danke, Gott! Du
bist der Gott von meinem Chef Abraham! Und du bist total nett und hast sei-
nen Wunsch ernst genommen, hast das getan, was du ihm versprochen hast.
Du hast mich sogar zu den Verwandten von Abraham geführt! Du bist einfach
genial!" 28 Das Mädchen lief inzwischen nach Hause und erzählte aufgeregt,
was sie gerade erlebt hatte. 29 Rebekka hatte einen Bruder, den Laban. Als er
von der Sache hörte, wollte der diesen Mann mal auschecken und besuchte
ihn. 30 Er hatte den ganzen Goldschmuck und die anderen Geschenke für
seine Schwester gesehen und ihren Bericht gehört, was der Typ zu ihr gesagt
hatte. Also ging er an den Rastplatz, wo der Angestellte jetzt war. 31 „Kommen
Sie zu mir nach Hause", rief Laban. „Sie bringen einen guten Einfluss von
Gott mit ins Haus. Warum warten Sie noch draußen? Ich hab das Haus
schon lange klargemacht! Der Tisch ist gedeckt! Die Maschine können sie
in die Garage stellen, da ist genug Platz!" 32 Der Typ kam auf das Gelände,
während sich einige Dienstboten um das Motorrad kümmerten. Sie prüften
den Reifendruck und putzten die Lenkstange. Dem Angestellten nahmen
sie die Jacke ab und boten ihm und den Männern, die bei ihm waren, einen
Kaffee an. 33 Dann wollten sie ihn zum Essen einladen, aber er lehnte freund-
lich ab: „Jetzt noch nicht, ich möchte erst mal meine Nachricht loswerden,
die ich für Sie habe!" – „Dann erzählen Sie mal, was Sie zu sagen haben!",
forderte ihn Laban auf. 34 „Also, Sie müssen wissen, dass ich für Herrn Abra-
ham arbeite. 35 Gott hat Abraham wirklich sehr viel gegeben, er geht mit ihm,
und sein Vermögen ist unheimlich gewachsen. Abraham besitzt eine große
Farm mit vielen Rindern und auch Geflügel. Dazu hat er ein großes Aktien-
paket und einige Millionen auf der hohen Kante. Er hat auch einen großen
Fuhrpark mit unterschiedlichen Autos, dazu einen familieneigenen Betrieb
mit vielen Angestellten. 36 Er ist verheiratet mit Sara. Seine Frau hat ihm
einen Sohn geschenkt, obwohl sie nicht mehr die Jüngste ist. Dieser Sohn ist

bereits als Alleinerbe für das ganze Vermögen eingesetzt. 37 Abraham, mein
Chef, hat mir nun einen Auftrag erteilt. Ich musste schwören, dass ich seinen
Sohn keine Frau heiraten lasse, die aus Kanaan kommt. 38 Er hat mich extra
hierhergeschickt, damit ich aus der Familie von seinem Vater eine Frau für
ihn suche. 39 Ich hab noch versucht, mit ihm zu diskutieren, meinte, dass
die Frau ja vielleicht nicht mitkommen will, aber keine Chance. 40 Abraham
meinte nur, dass der Gott, mit dem er immer gelebt hat, mir einen Beschüt-
zer aus dem Himmel zur Seite stellt, einen Engel. Der wird dafür sorgen, dass
meine Reise gut klappen wird. Er sagte dann noch: ‚Du wirst für meinen Sohn
eine gute Frau aus der Familie von meinem Vater finden! 41 Falls die dir dort
bei meiner Familie aber keine Frau anvertrauen wollen, ist das okay. Du hast
deinen Job dann erledigt.‘ 42 Als ich heute Morgen an der Tankstelle war, hatte
ich noch mal mit Gott drüber gesprochen. Ich meinte zu ihm: ‚Gott, du bist
der Gott von meinem Chef! Bitte sorg dafür, dass die Sache jetzt funktioniert,
gib mir Glück! 43 Pass auf, ich bin ja jetzt hier bei der Tanke. Ich bitte dich als
Zeichen, dass gleich diese Frau, die du für Abraham ausgesucht hast, raus-
kommt, mit einer Cola in der Hand. Und dass sie mir, wenn ich sie frage, ob
ich einen Schluck abhaben kann, 44 den gerne gibt und mich dann fragt, ob
sie mein Motorrad auch noch betanken darf. Das soll sie dann sein!“ 45 Ich
hatte noch nicht mal zu Ende gesprochen, da kam Rebekka raus mit ner Fla-
sche Cola in der Hand. Ich hab sie dann gefragt, ob ich einen Schluck abha-
ben kann, und 46 sie kam sofort rüber und gab mir ihre Flasche. Na und dann
fragte sie mich anschließend auch noch, ob sie nicht das Motorrad betanken
kann! 47 Ich hab sie gefragt, aus welcher Familie sie kommt. Sie meinte, sie
sei eine Tochter von der Familie Betuels, der ein Sohn aus der Ehe von Nahor
und Milka ist. Danach hab ich ihr etwas von dem Schmuck geschenkt, den
mir Abraham mitgegeben hatte. 48 Und dann hab ich mich erst mal nur
gefreut und Gott sehr dafür gedankt, dass er mich so eindeutig zu einem Ver-
wandten von meinem Chef geführt hat. Mir bleibt jetzt nur noch, hier ganz
offiziell, stellvertretend für den Sohn von meinem Chef, um die Hand Ihrer
Tochter anzuhalten. 49 Also, seien Sie so nett und beantworten Sie mir diese
Frage: Sind Sie bereit, auch im Hinblick auf die Verwandtschaft zu meinem
Chef, Ihre Tochter wegzugeben? Falls das nicht der Fall ist, muss ich mich
halt woanders umsehen.“ 50 Laban und Betuel sagten: „Hier hat ja eindeutig
Gott seine Finger im Spiel! Wir können da nichts für oder gegen sagen, er
hat das so bestimmt! 51 Also hier ist sie, die Rebekka! Nehmen Sie die mal
mit zu Ihrem Chef. Von uns aus soll sie gerne die Ehefrau von seinem Sohn
werden. Gott hat das anscheinend so gewollt!“ 52 Als Abrahams Angestellter
das hörte, war er echt beeindruckt von Gott. Er kniete sich hin und dankte
ihm. 53 Danach holte er die ganzen Geschenke raus, die ihm Abraham mit-
gegeben hatte. Er gab das Geld, den Schmuck und die teuren Klamotten

Rebekka. Aber auch ihr Bruder und ihre Mutter bekamen voll wertvolle
Sachen von ihm.

Auf dem Rückweg

54 Abends wurde dann ein fettes Essen aufgefahren. Er und seine Begleiter
aßen sich satt und legten sich danach pennen. Am nächsten Morgen meinte
der Angestellte von Abraham zu der Mutter: „So, jetzt müssen wir langsam
wieder nach Hause düsen!" 55 Der Bruder und die Mutter von Rebekka woll-
ten aber noch ein bisschen Zeit mit ihr verbringen, darum fragten sie: „Kann
sie nicht vielleicht noch ne Woche oder zehn Tage hierbleiben, damit wir uns
anständig verabschieden können? Danach kannst du sie gerne mitnehmen!"
56 Er war aber von der Idee nicht so begeistert. „Bitte haltet mich nicht mehr
so lange auf! Bis jetzt hat Gott meine Reise echt gut werden lassen. Ich
würde gerne schnell wieder nach Hause, zu meinem Chef!" 57 „Hm, viel-
leicht sollte das Rebekka dann entscheiden, ob sie noch hierbleiben will
oder gehen möchte." 58 Sie fragten also Rebekka: „Willst du jetzt mit diesem
Herrn sofort abreisen?" Ihre Antwort war: „Ja, ich will jetzt los!" 59 Da muss-
ten sie Rebekka mit dem Angestellten von Abraham und seinen Begleitern
gehen lassen. Sie nahm dazu noch ein paar Frauen mit, die für sie im Haus
ihres Vaters gearbeitet hatten. 60 Bei der Verabschiedung beteten die Mutter
und der Bruder noch mal für sie. „Gott, bitte vermehre diese Familie ohne
Ende. Tausende von Kindern sollen aus dieser Ehe kommen. Und diese
Kindern sollen einmal alle Feinde besiegen, die ihnen in die Quere kommen.
Amen." 61 Rebekka stieg dann hinten auf ein Motorrad und fuhr mit der
Truppe davon. 62 Isaak wohnte in der Zeit ganz oben im Süden, in der Nähe
von einem Brunnen, der Lahai-Roi hieß. 63 Abends, er war gerade draußen
auf der Wiese, sah er von weitem die Motorräder kommen. 64 Rebekka hatte
Isaak auch schon erkannt. Als sie da waren, stieg sie sofort von der Maschi-
ne runter und fragte den Angestellten: 65 „Was ist das für ein Typ, der uns
da entgegenkommt?" – „Das ist mein Chef!", antwortete er. Schnell zog sie
ein Kopftuch über, weil das zu der Zeit so üblich war. 66 Nachdem sie sich
begrüßt hatten, erzählte der Angestellte dem Isaak das ganze Abenteuer,
was er mit Gott gerade erlebt hatte. 67 Isaak stellte Rebekka als Erstes seiner
Mutter Sara vor. Bald darauf heirateten die beiden und wurden ein glück-
liches Pärchen. Isaak war richtig verknallt in Rebekka. Als seine Mutter dann
starb, half ihm Rebekka sehr, über den Tod von Sara hinwegzukommen.

25

Abrahams weitere Kinder, ihre Familien und sein Tod

1 Abraham heiratete dann noch einmal. Diese neue Frau hieß Ketura. 2 Sie
kriegte noch sechs Söhne, die folgende Namen bekamen: Simran und

Jokschan und Medan und Midian und Jischbak und Schuach. [3] Jokschans
Frau bekam dann Scheba und Dedan als Söhne. Von Dedan stammen die
Aschuriter, die Letuschiter und die Leummiter ab. [4] Midian bekam auch
ein paar Söhne. Und zwar Efa, Efer, Henoch, Abida und Eldaga. Das waren
alles Enkel aus der Beziehung von Abraham und Ketura. [5] Abraham über-
schrieb seinen gesamten Besitz Isaak. [6] Die Söhne von seinen Zweitfrauen
kriegten von ihm, als er noch lebte, auch eine fette Abfindung. Dann schickte
er sie aber weg. Sie sollten in den Osten ziehen und da mit ihren Familien
wohnen. [7] Abraham wurde satte 175 Jahre alt. [8] Nach einem langen und echt
geilen Leben starb er dann und ging dorthin, wo alle Toten sind, die auch
mal zu seinem Volk gehörten. [9] Seine Söhne Isaak und Ismael beerdigten
ihn in der „Machpela-Höhle“, östlich von Mamre. [10] Diese Höhle ist auf dem
Grundstück, das Abraham von dem Hetiter Efron, dem Sohn von Zohar,
gekauft hatte. Er wurde neben seiner Frau beerdigt. [11] Nachdem Abraham
gestorben war, ging Gott mit Isaak voll ab. Alles, was er seinem Vater ver-
sprochen hatte, stimmte jetzt auch für ihn. Isaak wohnte bei dem Brunnen,
den man auch den Namen gegeben hatte „Brunnen von dem, der lebt und
der mich sieht“.

Die Kinder und die weitere Familie von Ismael

[12] Von dem einen Sohn von Abraham, dem Ismael (der von Saras ägypti-
scher Hausangestellten Hagar geboren wurde), stammt das ganze Volk ab,
was man die Ismaeliter nennt. [13] Im Folgenden jetzt mal die ganzen Namen
der Nachkommen aus diesem Volk der Reihe nach: Nebajot, der älteste
Sohn, Kedar, Adbeel, Mibsam, [14] Mischma, Duma, Massa, [15] Hadad, Tema,
Jetur, Nafisch und Kedma. [16] Das waren jetzt nur die Söhne von Ismael, die
einen Familienstamm gegründet haben, der auch nach ihnen benannte
wurde. [17] Ismael wurde 137 Jahre alt. Als er starb, ging er dahin, wo auch
seine Vorfahren sind. [18] Seine Familie wohnte im Gebiet von Hawila bis
Schur. Das liegt noch vor Ägypten, auf der Straße, die nach Assur geht. Für
sie stimmt dieses Wort, das man über Ismael mal gesagt hatte: „Er wird
getrennt von seinen Brüdern leben, und er wird sie alle provozieren.“

Rebekka kriegt Zwillinge, Esau und Jakob

[19] Ab jetzt wird die Geschichte von der Familie vom Isaak erzählt. Erst mal
zur Erinnerung: Isaak war ein Sohn von Abraham. [20] Als Isaak die Rebekka
heiratete, war er vierzig Jahre alt. Und Rebekka war die Tochter vom Betuel,
der ein Aramäer war und in Paddan-Aram, Mesopotamien, lebte. Ihr Bruder
war der Laban. [21] Rebekka konnte irgendwie keine Kinder kriegen. Darum
betete Isaak für sie, dass Gott das regeln sollte. Gott erhörte dieses Gebet,
und sie wurde schwanger. [22] Als sie schon einen dicken Bauch hatte, wurde

klar, dass es wohl Zwillinge werden würden. Sie hatte das Gefühl, die beiden
Babys kämpften richtig miteinander. Das fand sie erst mal nicht so toll und
stöhnte rum: „Muss das jetzt sein? Warum immer ich?“ Sie befragte dann
mal Gott zu dem Thema. 23 Gott sagte zu ihr: „Rebekka, das ist so, weil
beide Kinder eine eigene Nation starten werden. Die beiden Nationen wer-
den sich nicht gut verstehen und sich sogar bekämpfen. Dabei wird die
Nation, die aus dem älteren Sohn kommen wird, der von deinem jüngeren
Sohn einmal dienen müssen, sie wird die stärkere sein.“ 24 Der Geburtster-
min rückte immer näher, und als die Kinder geboren waren, passte es tat-
sächlich: Zwillinge! 25 Das erste Baby, das zur Welt kam, hatte am ganzen
Körper rote Haare. Darum nannten ihn seine Eltern Esau, das bedeutet: „der
Rote“. 26 Gleich danach kam das zweite Baby raus. Seine Hand hielt noch
bei der Geburt den Fuß vom Esau fest. Darum bekam er den Namen Jakob,
das heißt: „der Abzocker, der den Fuß festhält“. Denn so war nicht klar, wer
der älteste Sohn war. Isaak wurde mit 60 Jahren glücklicher Vater.

Esau verhökert seine Sonderrechte als ältester Sohn an Jakob

27 Die beiden Jungs wurden immer größer. Als Jugendlicher war Esau schon
immer etwas wilder unterwegs. Er streunte in den Wäldern rum und liebte
es zu jagen. Jakob war dagegen eher so ein Nesthocker, der lieber zu Hause
blieb, um auf die Tiere aufzupassen. 28 Esau war voll der Liebling vom Isaak,
auch weil er genauso auf Grillfleisch stand wie er. Jakob war mehr der Lieb-
ling von seiner Mutter Rebekka. 29 Irgendwann kam Esau mal total kaputt
von der Jagd nach Hause. Jakob hatte gerade mal wieder Pommes gemacht.
30 Esau meinte zu Jakob: „Hey, kann ich was von den Pommes abhaben? Ich
hab voll Hunger! Aber bitte mit viel von dem roten Zeug, von diesem Ketch-
up!“ Wegen diesem Spruch nannten einige Esau später auch Edom, das
bedeutet so viel wie „der Rote“. 31 „Klar“, antwortete Jakob. „Kannst du
haben. Aber ich hab eine Bedingung: Du musst mir dafür die Rechte ver-
kaufen, die dir zustehen, weil du der älteste Sohn in unserer Familie bist!“
32 „Ich sterbe vor Hunger! Was soll ich jetzt mit diesem komischen Recht?
Davon werde ich jetzt auch nicht satt!“ 33 „Okay, dann schwör mir jetzt, dass
du dieses Recht ab sofort an mich abtrittst!“, sagte Jakob. „Ich schwöre!“,
antwortete Esau. 34 Jetzt gab Jakob dem Esau seine Portion Pommes mit
Ketchup. Esau aß alles auf, trank noch etwas, und ging dann wieder. Sein
Recht als ältester Sohn war ihm dabei pupsegal.

26

Isaak und Rebekka sind in Gerar

1 Und dann gab es mal wieder eine mega Wirtschaftskrise im Land. So was
hatte es vorher schon mal gegeben, als Abraham noch am Leben war. Isaak

zog deswegen in Richtung Philisterland nach Gerar, wo der Präsident Abi-
melech gerade das Sagen hatte. 2 Gott hatte ihn nämlich höchstpersönlich
gewarnt: „Geh bloß nicht nach Ägypten! Ich werde dir zeigen, wo du bleiben
kannst! 3 Am besten du bleibst erst mal hier im Kanaanland. Ich bin bei dir,
ich pass auf dich auf und werde dafür sorgen, dass alles gut wird. Ich habe
vor, dir und deiner Familie dieses ganze Land zu schenken. Pass auf, ich
werde das Versprechen einlösen, das ich deinem Vater Abraham gegeben
hab. Verlass dich drauf! 4 Ich werde deine Familie und die Familien von allen
deinen Kindern sehr fett segnen. Sie werden sich so stark vermehren, dass
man sie nicht mehr zählen kann. So wie man die Sterne am Himmel nicht
zählen kann, genauso wird es unmöglich sein, deine Nachkommen zu
zählen. Und durch deine Familie werden alle Völker auf der Erde einmal viel
Vorteile haben. 5 Ich tue das, weil Abraham so radikal mit mir gelebt hat.
Er hat immer getan, was ich ihm gesagt hab. Und er hat meine Gesetze voll
durchgezogen, die Sachen, die ich von den Menschen will, hat er alle
befolgt.“ 6 Darum blieb Isaak erstmal in Gerar. 7 Die Männer, die dort wohn-
ten, waren scharf auf seine Frau. Sie fragten überall rum, wem diese Frau
gehört. Da machte er dasselbe wie damals sein Vater: Er erzählte immer, sie
sei nur seine Schwester, weil er Angst hatte, dass man ihn ihretwegen
umbringen würde. Sie sah nämlich supergeil aus. 8 Als er schon eine Zeit-
lang dort lebte, passierte es irgendwann mal, dass Abimelech (der Präsident
der Philister) zufällig aus dem Fenster sah, wie er und Rebekka rumknutsch-
ten. 9 Sofort ließ er den Isaak zu sich holen. „Was sollte das?“, rief er voll
sauer. „Wieso haben Sie uns angelogen und erzählt, sie wäre nur Ihre
Schwester? Sie sind ja anscheinend zusammen, oder? 10 Sie haben uns voll
in Gefahr gebracht! Was wäre denn passierte, wenn jetzt einer von meinen
Männern mit ihr geschlafen hätte, he? Sie hätten dafür gesorgt, dass wir
einen riesen Fehler machen, dass wir Dinge tun, die Gott total ätzend fin-
det!“ 11 Abimelech ließ am nächsten Morgen den Befehl an alle rausgeben:
„Wer diese Frau anfasst, muss sterben!“

Die Philister werden neidisch

12 Isaak wurde von Gott in dem Jahr voll gesegnet. Das merkte man daran,
dass er immer das Hundertfache an Ernte wieder reinholte, was er vorher
ausgesät hatte. 13 Er wurde immer reicher, sein Besitz wurde immer größer,
er hatte nach einiger Zeit richtig fett Kohle. 14 Weil er so viele Herden hatte,
sehr viele Rinder und Schafe, aber auch sehr viele Angestellte, wurden die
Philister bald voll neidisch. 15 Darum buddelten sie die ganzen alten Brun-
nen, die noch von seinem Vater Abraham stammten, in einer Nacht mit
Sand zu. 16 Der Präsident von den Philistern ließ Isaak ne Nachricht zukom-
men: „Verpiss dich von hier! Du bist uns zu mächtig geworden, du hast ja

schon mehr Macht als wir!" 17 Isaak packte also seine Sachen und zog um.
Er wohnte dann im Tal von Gerar. 18 Dort legte er die Brunnen wieder frei, die
von den Philistern zugebuddelt worden waren. Die wurden ja noch zu Zeiten
Abrahams von seinen Angestellten gebaut. Er gab ihnen auch wieder die
alten Namen, die sein Vater den Brunnen mal gegeben hatte. 19 Beim Graben
stießen die Leute von Isaak sogar auf frisches Quellwasser. 20 Die Hirten
von Gerar machten Stress, weil sie meinten, die Quelle gehöre zu ihrem
Besitz. Darum nannte Isaak die Quelle „Esek", was so viel wie „Stress
haben" bedeutet. 21 Seine Leute gruben dann noch einen Brunnen. Und um
den gab es dann auch richtig Ärger. Darum nannte er den dann „Sitna" was
so viel heißt wie „Ärger haben". 22 Irgendwie hatte er dann die Schnauze
voll und buddelte etwas weiter weg noch eine neue Quelle aus. Diesmal gab
es keinen Streit. Isaak sagte deshalb: „Hier ist es entspannt, da hat Gott
für gesorgt! Hier werden wir uns niederlassen und Kinder kriegen."

Jetzt kriegen die Philister mit, dass Gott auf Isaaks Seite ist

23 Später zog Isaak dann weiter nach Beerscheba. 24 In der Nacht des Um-
zugs hatte Isaak ein Treffen mit Gott. Der sagte da zu ihm „Hallo, Isaak! Hör
zu, ich bin der Gott von deinem Vater Abraham. Du brauchst keine Angst
zu haben! Ich bin immer in deiner Nähe! Ich werde dich und deine Familie
fett segnen! Das mach ich wegen Abraham, ich hab ihm das versprochen!"
25 Isaak war echt berührt. Er baute für Gott an der Stelle so ein Denkmal.
Dort betete er zu Gott. Dann stellte er seine Zelte an der Stelle auf, und
seine Angestellten gruben einen Brunnen. 26 Plötzlich kam Abimelech, der
Präsident der Philister, auf Besuch vorbei. Er kam ganz aus Gerar, und sein
Freund Ahusat und der Obergeneral Pichol waren auch mit am Start. 27 „Was
verschafft mir die Ehre?", fragte Isaak. „Sie hassen mich doch anscheinend
und haben mich sogar aus Ihrer Stadt gejagt!" 28 „Also, uns ist doch recht
klar geworden, dass Gott auf Ihrer Seite steht! Und wir dachten uns, es wäre
doch eine gute Idee, wenn wir mit Ihnen Friedensverträge machen. Wir
würden gerne, dass Sie uns versprechen, keinen Stress mit uns anzufangen.
29 Wir wollen nicht, dass Sie irgendwas gegen uns unternehmen. Wir haben
Ihnen ja auch nicht übel mitgespielt, oder? Wir haben Sie ohne großen Ärger
wegziehen lassen. Es scheint einfach so zu sein, dass Gott eindeutig in Ihrer
Mannschaft spielt!" 30 Isaak lud seine Gäste dann erst mal ganz nett zu
einem großen Essen ein. 31 Sie feierten noch die Nacht durch und unter-
schrieben am nächsten Morgen einen Friedensvertrag miteinander. Isaak
brachte die drei zum Ausgang und verabschiedete sich von ihnen. 32
Am selben Tag machten die Angestellten vom Isaak noch die Meldung,
dass sie beim Brunnengraben auf Wasser gestoßen waren. 33 Isaak hatte
gleich den passenden Namen für den Brunnen. Er nannte ihn „der Vertrag".

Darum heißt dieser Ort bis heute „Beerscheba“, das heißt „Vertrags-
brunnen“. 34 Mit vierzig heiratete Esau. Und zwar nahm er sich gleich zwei
Frauen, erst mal Judit, die eine Tochter vom Beeri war, und dann noch die
Basemat, die eine Tochter vom Elon war. Beide kamen übrigens aus der
Hetiterfamilie. 35 Isaak und Rebekka fanden das gar nicht so toll, sie waren
echt traurig deswegen.

27

**Isaak will seine Erbschaft klarmachen und wird dabei von Jakob
übers Ohr gehauen**

1 Als Isaak im Rentenalter war und auch nicht mehr richtig sehen konnte, rief
er mal seinen älteren Sohn, den Esau, zu sich. „Hallo, Vater! Was gibt's?“,
meinte Esau. 2 „Pass auf, ich bin jetzt wirklich ein Opa, keine Ahnung, wann
ich demnächst den Löffel abgeben muss. 3 Bitte tue mir einen Gefallen:
Organisier mir noch mal ein frisches Steak! Geh auf die Jagd und schieße
mir was. 4 Grill das Teil dann und mach noch lecker Pommes dazu, so wie
ich es immer gerne esse. Ich will dann für dich beten, dich segnen und
damit als neuen Chef über alles einsetzen. Dann kann ich in Ruhe sterben.“
5 Rebekka stand hinter der Tür und hatte das Gespräch belauscht. Als Esau
dann weg war, um ein frisches Stück Fleisch für seinen Vater zu organisie-
ren, 6 sagte sie zu Jakob: „Hey, mein Junge, ich hab gerade gehört, wie dein
Vater zu Esau gesagt hat, 7 er soll ihm mal ein frisches Steak organisieren.
Dann sagte er, dass er ihn anschließend segnen und als neuen Chef ein-
setzen würde, bevor er sterben wird. 8 Hör zu, du machst jetzt genau das,
was ich dir sage! 9 Geh und hol mir ein schönes Rind. Ich werde dadraus ein
sehr leckeres Essen machen. Ich werde ein paar Steaks rausschneiden und
das Ganze auf den Grill packen. Das Essen ist für deinen Vater, es soll so
werden, wie er es gerne hat. 10 Das bringst du zu deinem Vater. Er soll das
noch essen, bevor er sterben muss. Dann wird er dich bestimmt segnen und
dich als neuen Chef einsetzen.“ 11 „Hm, aber Esau hat voll viele Haare im
Gesicht und an seinem ganzen Körper. Ich bin immer glatt rasiert und so.
12 Das merkt der sofort!“, antwortete Jakob. „Vater wird mich bestimmt auch
betatschen, und wenn er den ganzen Schwindel bemerkt, denkt er, ich hätte
ihn nur verarschen wollen. Es wird genau das Gegenteil passieren, er wird
mich nicht segnen, sondern verfluchen!“ 13 Seine Mutter beruhigte ihn: „Ich
stell mich dazwischen, mein Junge, dann soll der Fluch mich treffen und
nicht dich. Mach genau das, was ich dir sage. Hol mir die Sachen!“ 14 Jakob
holte alles und brachte es zu Rebekka. 15 Sie suchte dann den speziellen
Anzug raus, den der ältere Sohn normal tragen sollte. Rebekka hatte das Teil
bei sich aufbewahrt. Den zog jetzt der Jakob über. 16 Jetzt nahm sie das Fell
von der Kuh und legte Jakob ein Stück davon um den Arm und ein anderes

Stück um den Hals. 17 Am Ende gab sie ihm noch den Teller mit den Steaks
und den frisch frittierten Pommes.

Jakob kriegt den Segen, Esau nicht

18 Jakob ging zu seinem Vater und begrüßte ihn mit verstellter Stimme:
„Hallo Papa!“ – „Wer bist du denn jetzt? Esau oder Jakob?“, fragte Isaak.
19 „Ich bin Esau, dein erster Sohn, Papa!“, log er ihn an. „Hab alles erledigt,
wie du es mir gesagt hast. Komm, setz dich hin und iss was von den Steaks.
Und dann segne mich bitte und übertrage mir alles, was dir gehört.“ 20 „Das
ging ja schnell! Wie bist du denn so fix an das Fleisch gekommen“, wollte
Isaak wissen. „Gott hat es mir direkt über den Weg laufen lassen“, antwor-
tete Jakob. 21 „Ich kann nicht mehr so gut gucken, meine Lieber! Komm doch
mal näher, damit ich fühlen kann, ob du wirklich mein Esau bist. 22 Jakob
ging dann zu seinem Vater ans Bett. Und nachdem der ihn angefasst hatte,
meinter er nur: „Hm, die Stimme klingt nach Jakob, aber die Arme fühlen
sich nach Esau an.“ 23 Isaak erkannte nicht, dass da eigentlich Jakob vor ihm
stand, weil sich Jakobs Hände genauso behaart anfühlten, wie die vom Esau.
Darum wollte er ihn auch segnen. 24 Um sicherzugehen, fragte er ihn noch
mal ausdrücklich: „Bist du wirklich mein Sohn Esau?“ – „Ja, ich bin dein
Sohn Esau!“, sagte Jakob. 25 „Gut, dann gib mir bitte das Zeug, was du für
mich gemacht hast! Ich will das essen, und danach will ich dich von Herzen
segnen und dir damit alles überschreiben, was mir gehört.“ Jakob gab ihm
das Essen, dazu noch ein Glas Wein, und Isaak ließ es sich schmecken.
26 Anschließend sagte Isaak: „Jetzt komm mal her, mein Junge, und gib mir
einen Kuss!“ Jakob machte das, und auch der Vater gab ihm einen Kuss auf
die Wange. 27 Er roch dabei an den Klamotten vom Esau. Die rochen jetzt ja
alle total nach Erde und Feldarbeit. Also sprach er über Jakob den Segens-
spruch aus, der so wichtig für ihn war. Isaak sagte: „Mein Sohn riecht nach
Gartenarbeit. Der Geruch erinnert mich an die Arbeit auf den Feldern, wenn
Gott es gerade hat regnen lassen. Regen bedeutet ja auch, dass Gott dafür
ist und einen segnet. 28 Ich spreche dir hiermit zu, dass Gott es bei dir
immer regnen lassen wird und dass er dafür sorgen wird, dass auf deinen
Feldern immer gut Sachen wachsen werden. Es soll immer mehr als genug
Getreide und auch Wein geerntet werden. 29 Nationen werden Respekt vor
dir haben, du sollst über ganze Völker regieren. Du wirst das Sagen haben in
deiner Familie, auch über deine Brüder. Auch sie müssen alle sehr viel Re-
spekt vor dir haben. Wer gegen dich ist und Dinge gegen dich sagt, dem soll
es sehr schlechtgehen, er ist verflucht. Aber wer für dich ist, dem soll es sehr
gutgehen, er wird gesegnet!“ 30 So ging das ab mit dem Segnen von Jakob.
Als er gerade aus dem Zimmer ging, kam Esau vom Jagen nach Hause.
31 Esau ging in die Küche und kochte auch ein total leckeres Essen für seinen

Vater. Dann ging er zu ihm und meinte: „Hey, Papa, jetzt steh mal auf. Ich
hab dir was sehr Gutes zu essen gemacht. Und ich möchte, dass du mich
dann segnest." 32 Isaak fragte verwundert: „Wer bist du denn jetzt?" – „Ich
bin es! Dein erster Sohn Esau!", antwortete er. 33 Da fing Isaak echt an zu
zittern, er war voll fertig und fragte panisch: „Ja, aber wer war denn das
eben, der gerade weggegangen ist? Wer hat mir denn das Stück Fleisch orga-
nisiert und gegrillt? Ich hab das alles gegessen! Und ich hab ihn dann auch
gesegnet! Das kann ich jetzt nicht mehr rückgängig machen, dass geht ein-
fach nicht!" 34 Esau schrie laut auf. „Ahhhh!" Er war total sauer und verletzt.
„Vater! Ich will auch von dir gesegnet werden!", rief er. 35 „Dein Bruder hat
mich verarscht", meinte Isaak. „Er hat mich ausgetrickst und dich um den
Segen abgezockt, den eigentlich du hättest bekommen sollen." 36 Esau
sagte dazu: „Das hatte wohl schon seinen Sinn, dass er damals den Namen
‚Jakob, der Abzocker' bekommen hat. Zweimal hat er mich jetzt schon übers
Ohr gehauen. Erst wollte er mir das Recht nehmen, das man als Erstgebore-
ner hat. Und jetzt hat er auch noch den letzten Segen von dir, der mir eigent-
lich zustehen würde. Hast du denn nicht irgendwie noch einen Ersatzsegen
für mich übrig, Vater?" 37 „Ich hab ihn zu deinem Chef gemacht! Er soll ab
jetzt das Sagen haben über den ganzen Familienbetrieb, über alle Angestell-
ten, alles, was zu unser Firma gehört, soll er verwalten. Was soll da noch für
dich übrig sein?", antwortete Isaak. 38 „Ist das echt der einzige Segen, den
du hast, Vater? Segne mich auch! Segne mich auch, Vater!", schrie Esau und
fing an, laut loszuheulen. 39 Isaak sagte dann: „Da, wo du sein wirst, gibt
es keine guten Felder, es wird dort nicht regnen und es gibt immer Wasser-
mangel. 40 Du wirst immer kämpfen müssen um dein Essen. Du wirst dei-
nem Bruder immer dienen müssen, aber es wird einen Tag geben, wo du das
nicht mehr länger mit dir machen lässt. Du wirst dich wehren und dich
befreien."

Jakob muss sich verpieseln, soll aber vorher noch heiraten

41 Esau konnte das einfach nicht vergessen, dass Jakob ihn so fies um den
Segen vom Vater betrogen hatte. Er plante immer wieder, wie man seinen
Bruder am leichtesten um die Ecke bringen könnte. „Sobald Vater unter der
Erde ist, dann bring ich ihn um", schwor er sich. 42 Jemand, der das mitbe-
kam, erzählte das dann seiner Mutter Rebekka. Die traf sich mit Jakob, ihrem
jüngeren Sohn, und sagte zu ihm: „Du, Jakob, der Esau will dich umbringen!
Er will Rache! 43 Pass genau auf, was ich dir jetzt sage, okay? Du verschwin-
dest heute noch und tauchst für ne Zeit bei meinem Bruder Laban unter.
Laban wohnt in Haran. 44 Bleibe mal für ne Weile bei ihm, bis sich dein Bru-
der etwas entspannt hat. 45 Irgendwann wird sich der Esau beruhigt haben
und die Sache vergessen. Dann schick ich dir ne Nachricht. Ich will nicht,

dass ihr euch noch gegenseitig umbringt und ich dann gar keinen Sohn
mehr habe!“ 46 Rebekka meinte dann zu Isaak: „Ich bin total schlecht drauf,
weil Esau diese Hetiterinnen geheiratet hat! Wenn sich jetzt Jakob auch
noch eine Frau aus diesem Land organisiert, dann hab ich echt die Schnauze
voll!“

28

Jakob auf der Flucht

1 Isaak wollte deswegen mit seinem Sohn Jakob mal labern. Erst betete er für
ihn, und dann sagte er sehr eindringlich: „Also, Jakob, ich will, dass du unter
keinen Umständen eine Frau heiratest, die aus Kanaan kommt, kapiert?
2 Geh mal nach Mesopotamien zu der Familie von deinem Großvater Betuel.
Da wohnt dein Onkel Laban, der ein paar richtig schöne Töchter hat. Such
dir da mal eine von aus, ja? 3 Gott ist ja bekanntlich nichts unmöglich. Er soll
dich sehr fett segnen mit sehr vielen Kindern. Aus deiner Familie soll mal ein
richtig großes Volk werden. 4 Er soll bei dir und deiner Familie das Verspre-
chen einlösen, das er mal deinem Opa Abraham gegeben hat. Das Verspre-
chen war ja, dass uns irgendwann das Land gehören wird, wo wir vorher
als Ausländer gelebt haben.“ 5 Nachdem Isaak sich von ihm verabschiedet
hatte, zog Jakob nach Mesopotamien. Er wohnte dort bei Laban. Laban war
ein Sohn von dem Aramäer Betuel und ein Bruder von seiner Mutter
Rebekka.

Esau heiratet zum dritten Mal

6 Esau hatte mitbekommen, dass Isaak seinen Bruder Jakob fett gesegnet
hatte. Er hatte auch gehört, dass Isaak ihn nach Paddan-Aram geschickt
hatte, damit er sich dort mal eine Frau suchen sollte. Sein Vater hatte ja die
Ansage gemacht: „Nimm dir auf keinen Fall eine Frau aus dem Kanaan-
Land“. 7 Und dass Jakob auf seine Eltern gehört und tatsächlich nach Pad-
dan-Aram gezogen war, hatte man ihm auch schon erzählt. 8 Damit war klar,
dass sein Vater keinen Bock auf Frauen aus Kanaan hatte. 9 Darum ging
Esau zum Ismael, der nicht von da kam. Er fragte ihn, ob es grünes Licht
gibt, um seine Tochter Mahalat zu heiraten. Die war eine Schwester von
Nebajot, eine Enkelin von Abraham. Esau heiratete die dann und nahm sie
zu seinen anderen Frauen noch mit dazu.

Jakob träumt von einem Fahrstuhl in den Himmel

10 Jakob machte an einem Tag mal eine Wanderung von Beerscheba nach
Haran. 11 Als es dunkel wurde, suchte er sich einen Pennplatz draußen bei
dem Ort, wo er gerade durchging. Als Kopfkissen nahm er ein paar Steine,
die da auf dem Boden rumlagen. 12 Nachdem er eingeschlafen war, hatte er

einen sehr heftigen Traum. Er sah einen Fahrstuhl, der von der Erde bis in
den Himmel fuhr. In diesem Fahrstuhl waren lauter Engel, die immer von
oben nach unten und wieder von unten nach oben fuhren. 13 Und ganz oben
war Gott. Er sagte von dort: „Ich bin ich, ich bin Gott, ich bin der Gott von
Abraham und der Gott von Isaak. Pass auf, das Land, auf dem du gerade
liegst, das will ich dir geben! Es soll dir und deiner Familie für immer gehö-
ren. 14 Deine Familie wird so derbe wachsen, dass man die Kinder und die
Kinder der Kinder nicht mehr zählen kann, weil es so viele sind. Und sie wer-
den sich überallhin ausbreiten, sie werden in den Osten und in den Westen
ziehen, in den Süden und in den Norden. Und von dir und deiner Familie
werden alle Völker profitieren, es wird für jeden was dabei rüberwachsen.
15 Hör zu, ich bin immer bei dir! Egal, wo du bist, ich pass auf dich auf! Ich
bringe dich wieder in dieses Land zurück. Du kannst dich auf mich hundert-
pro verlassen. Ich werde das tun, was ich dir versprochen hab.“ 16 Als Jakob
aufwachte, konnte er es kaum fassen. „Yes, Gott ist hier, eindeutig!“, meinte
er. „Ich hatte es bis jetzt nicht kapiert! 17 Aber jetzt habe ich echt einen
Mörderrespekt vor diesem Ort, wo ich diesen Traum hatte. Ich bin hier mit-
ten im Haus, wo Gott wohnt! Ich steh direkt an der Tür, wo der Himmel
anfängt!“ 18 Nachdem Jakob an diesem Morgen aufgestanden war, nahm er
die Steine, auf die er nachts seinen Kopf gelegt hatte, und stellte sie über-
einander. Anschließend goss er etwas von einem besonderen Öl da drüber
und erklärte das Ganze zu einem Denkmal für Gott. 19 Er nannte diesen Ort
ab dann Bet-El – „House of God“, vorher hieß der Ort aber „Lus“. 20 Jakob
machte hier jetzt einen Vertrag mit Gott, er versprach ihm etwas. Und zwar
sagte er: „Wenn Gott mit mir diesen Weg weiter geht und er dafür ist, dass
ich ihn gehe, wenn er die ganze Zeit auf mich aufpasst und mir genug zu
essen und genug Klamotten organisiert 21 und wenn er auch dafür sorgt,
dass ich irgendwann sicher wieder nach Hause komme, dann werde ich ihm
immer gehören, nur er allein soll dann mein Gott sein! 22 Und an diesem
Denkmal will ich dann so ein ganz besonderes Haus für ihn bauen. Ich
werde dann auch von allem, was ich verdiene, zehn Prozent an Gott abge-
ben. Ich schwör!“

29

Jakob kommt beim Laban vorbei

1 Jakob machte sich dann auf die Socken und zog Richtung Osten zu
dem Ort, wo seine Mutter herkam. 2 Plötzlich war da ein Brunnen und um
ihn herum drei Schafherden. Aus diesem Brunnen wurde normal immer
das Wasser für die Schafe zum Trinken genommen. Auf dem Brunnen lag
ein riesengroßer Betondeckel als Verschluss. 3 Immer wenn die Herde an
der Stelle zusammengetrieben worden war, konnten die Hirten mit vereinten

Kräften den Deckel wegschieben und den Tieren zu trinken geben. Anschlie-
ßend rollte man den Deckel wieder an seine alte Stelle. 4 Jakob begrüßte
die Arbeiter: „Hallo, Leute, was geht? Wo kommt ihr her?" – „Wir kommen
aus Haran", antworteten sie. 5 „Ah ja! Kennt ihr zufällig auch den Laban?
Das ist ein Sohn von dem Herrn Nahor." – „Klar kennen wir den!", meinten
die Hirten. 6 „Und, wie geht's dem Alten? Ist er okay?", fragte Jakob weiter.
„Ja, dem geht's super! Da hinten kommt übrigens seine Tochter Rahel! Sie
arbeitet im selben Job wie wir und hat auch gerade ihre Tiere dabei." 7 „Alles
klar. Sagt mal, worauf wartet ihr hier eigentlich? Ist ja gerade mal Mittag
durch und doch noch viel zu früh, um die Schafe zusammenzutreiben, oder?
Warum gebt ihr ihnen nicht noch schnell was zu trinken, damit sie dann
weiter Gras fressen können?" 8 „Das geht nicht", antworteten sie. „Erst müs-
sen wirklich alle Herden hier sein. Danach schiebt man den Deckel weg und
holt das Wasser raus, um den Schafen was zu trinken zu geben." 9 Als sie
noch am Quatschen waren, kam Rahel auch zu ihnen. Sie hatte die Schafe
von ihrem Vater dabei. 10 Als Jakob sie sah, dachte er: „Das ist doch meine
Cousine! Ihr Vater ist der Bruder meiner Mutter. Und das da ist also ihre
Schafherde!" Schnell packte er zu und schob ganz alleine den schweren
Deckel vom Brunnen weg. Dann gab er den Schafen von Laban was zu trin-
ken. 11 Danach ging er zu Rahel, umarmte sie ganz fest und gab ihr einen
Kuss. Er war voll berührt von der ganzen Sache und fing plötzlich an zu heu-
len. Und dann erzählte er ihr die ganze Story. 12 Dass er, Jakob, ein Sohn von
Rebekka sei und dass er mit ihrem Vater verwandt ist, und so. Rahel ging
danach gleich zu ihrem Vater und berichtete ihm alles. 13 „Du bist also der
Sohn meiner Schwester!?", rief Laban Jakob entgegen, als er gerade um die
Ecke kam. Er freute sich voll, küsste ihn zur Begrüßung und lud ihn gleich
mit zu sich nach Hause ein. Jakob erzählte ihm auch die ganze Geschichte.
14 Als er damit zu Ende war, meinte Laban: „Ja, Wahnsinn, du bist wirklich
Teil meiner Familie, in uns fließt das gleiche Blut!" Jakob blieb dann über
einen Monat als Gast bei ihm und half in seiner Firma aus.

Um Rahel zu kriegen muss Jakob doppelt arbeiten

15 Irgendwann meinte Laban zu Jakob: „Ich finde, nur weil du mein Neffe
bist, musst du noch lange nicht für lau für mich arbeiten. Mach mal bitte ne
Ansage, wie viel Kohle du haben willst!" 16 Nun muss man wissen, dass
Laban zwei Töchter hatte. Die ältere Tochter hieß Lea und die jüngere Rahel.
17 Lea sah eher nicht so prall aus, Rahel war aber echt schön und hatte eine
supergeile Figur. 18 Jakob hatte sich voll in Rahel verknallt... Darum sagte er
zu Laban: „Hör zu, ich will keine Kohle von dir haben, aber ich würde gerne
deine jüngere Tochter Rahel heiraten. Dafür könnte ich ja sieben Jahre für
dich umsonst arbeiten. Abgemacht?" 19 Laban meinte: „Ich finde Rahel ist

bei dir besser aufgehoben als bei irgendeinem anderen Mann. Abgemacht, bleib in meiner Firma!" [20] Also arbeitete Jakob sieben Jahre lang in der Firma von Laban, um Rahel heiraten zu dürfen. Er hatte dabei das Gefühl, die Zeit würde total schnell vorbeigehen, weil er so verknallt in Rahel war und immer an sie denken musste. [21] Als die Zeit um war, ging er zum Laban und sagte: „So, die Zeit ist um. Ich möchte jetzt die Frau heiraten, für die ich so lange geschuftet habe!" [22] Laban organisierte noch am selben Abend eine Hochzeitsparty bei sich im Haus. [23] Abends, nach der Feier, war es üblich, dass der Vater der Braut seine Tochter im Dunkeln in das Schlafzimmer des Ehepaars führte. Laban nahm aber einfach seine hässliche Tochter Lea mit. Jakob hatte das nicht auf dem Schirm und pennte in der ersten Nacht gleich mit ihr. [24] Als Hausangestellte gab Laban übrigens dem jungen Ehepaar noch das Mädel Silpa mit. [25] Am nächsten Morgen sah Jakob natürlich, dass nur Lea neben ihm lag und nicht Rahel. Echt angefressen ging er sofort zu Laban. „Was soll das? Warum hast du mich einfach übers Ohr gehauen? Ich hab für dich die ganze Zeit gearbeitet, nur weil ich Rahel haben wollte!" [26] „Tja, also, es ist bei uns hier im Ort so üblich, dass man immer die ältere Tochter zuerst unter die Haube bringt. Danach darf erst die jüngere heiraten", sagte Laban zu seiner Verteidigung. [27] „Mann, jetzt feier doch erst mal diese Woche Hochzeit, wie das normal bei uns ist. Ich geb dir die Rahel dann auch noch dazu. Dafür musst du allerdings noch mal sieben Jahre für mich arbeiten. Okay?" [28] Jakob war nicht so begeistert, aber was sollte er machen? Nach der Hochzeitswoche gab ihm Laban dann auch noch Rahel als Frau. Es war zu der Zeit normal, mehrere Frauen zu heiraten. [29] Obendrauf kriegte er auch noch Labans Angestellte Bilha dazu, damit sie für ihn arbeiten konnte. [30] In der Hochzeitsnacht schlief Jakob mit Rahel. Er liebte sie viel mehr als Lea. Die nächsten sieben Jahre arbeitete er dann weiter für Laban, wie sie es abgesprochen hatten.

Lea bekommt Söhne

[31] Gott tat Lea voll leid, weil Jakob überhaupt keinen Bock auf sie hatte. Darum sorgte er dafür, dass Lea schwanger wurde. Rahel konnte aber keine Kinder kriegen. [32] Als Lea ihren ersten Sohn kriegte, freute sie sich voll. Sie sagte: „Gott hat meinen Frust gesehen! Jetzt wird mein Mann mich endlich lieben!" Darum nannte sie ihn Ruben, was so viel bedeutet wie „Hurra, ein Sohn!". [33] Kurze Zeit später wurde sie wieder schwanger. Auch diesmal bekam sie einen Sohn. Diesmal sagte sie nach der Geburt: „Gott hat mir noch einen Sohn gegeben, weil er mitbekommen hat, dass mein Ehemann keinen Bock auf mich hat." Sie nannte diesen Jungen dann Simeon. [34] Dann war Lea wieder schwanger und bekam noch mal einen Sohn. „Jetzt hab ich für meinen Mann sogar drei Söhne bekommen", sagte sie. „Jetzt kommt er

vielleicht doch nicht mehr von mir los und bleibt bei mir." Sie nannte diesen
Sohn dann Levi. 35 Aber noch nicht genug, Lea wurde wieder schwanger und
bekam einen vierten Sohn. Sie sagte dann: „Jetzt will ich Gott einfach mal
richtig danke sagen, dass er mir diesen Sohn auch noch geschenkt hat." Sie
gab dem Jungen den Namen Juda. Juda war ihr vierter Sohn, nach ihm
bekam sie erst mal keine Kinder mehr.

30

Bilha und Silpa, zwei Angestellte kriegen Babys

1 Als Rahel kapierte, dass sie keine Kinder kriegen konnte, war sie echt nei-
disch auf Lea. Sie ging dann immer zu Jakob und nervte ihn. „Mach mir
auch Kinder! Mach mir auch Kinder! Ich will auch Kinder, sonst macht mein
Leben doch keinen Sinn!", sagte sie ständig. 2 Irgendwann wurde Jakob
richtig aggro gegen Rahel. „Bin ich Gott? Kann ich was dafür, dass du keine
Kinder kriegen kannst?", schrie er sie an. 3 Rahel hatte dann eine Idee. „Pass
auf", sagte sie zu Jakob. „ich stell dir meine Angestellte Bilha als Leihmutter
zur Verfügung. Schlaf mit ihr, und wenn sie ein Baby bekommt, dann soll die
Geburt in meinem Bett direkt neben mir statt finden. Dann wäre es fast so,
als hätte ich es geboren, und ich käme dadurch bestimmt viel besser drauf."
4 Jakob war einverstanden. Rahel stellte ihm ihre Angestellte zur Verfügung,
er pennte mit ihr, 5 und Bilha wurde schwanger. Sie bekam einen Sohn.
6 Rahel sagte: „Hurra, Gott ist gerecht! Er hat mich aus dieser ätzenden Situ-
ation rausgeholt und meine Gebete gehört, er hat mir einen Sohn gegeben!"
Darum nannte sie ihren Sohn Dan, weil das so viel wie „Er organisiert
Recht" bedeutet. 7 Auf dieselbe Art wurde dann Bilha sogar noch ein zweites
Mal schwanger. Sie kriegte wieder einen Sohn. 8 Diesmal sagte Rahel: „Ich
habe echt hart kämpfen müssen, aber ich habe auch einen krassen Sieg
eingefahren." Darum nannte sie den Jungen Naftali, was so viel wie „hart
gekämpft" bedeutet. 9 Bei Lea, der zweiten Frau von Jakob, ging es ähnlich
ab. Als sie mitkriegte, dass auch sie nicht mehr schwanger werden konnte,
gab sie ihre Angestellte Silpa als Leihmutter für Jakob. 10 Und Silpa wurde
auch schwanger und bekam einen Sohn. 11 Lea war begeistert, sie sagte:
„Yes, was für ein Glück!" Darum nannte sie ihn Gad, was so viel wie „Glück"
bedeutet. 12 Und weil es so schön war, machten sie das Ganze noch mal.
So kriegte Silpa wieder einen Sohn von Jakob. 13 Lea sagte dazu: „Ich bin voll
glücklich! Alle Frauen werden voll neidisch auf mich sein!" Darum nannte
sie ihren Sohn Ascher. Das bedeutet so viel wie „glücklich sein".

Auch Zauberfrüchte machen nicht schwanger

14 Als gerade der Weizen geerntet wurde, ging Ruben, der älteste Sohn von
Lea, mal auf das Feld. Mitten im Feld fand er dort ein paar Früchte von der

Alraunpflanze. Die waren berüchtigt dafür, dass Frauen durch sie leichter schwanger wurden. Er brachte das Zeug seiner Mutter. Rahel kriegte das mit und wollte was davon abhaben. „Bitte gib mir auch was von den Früchten ab, ja?!", sagte sie. [15] Lea war leicht angesäuert: „Wie jetzt? Du hast mir meinen Mann weggenommen und bist immer noch nicht zufrieden, was? Jetzt willst du auch noch die Früchte der Alraunpflanze von meinem Sohn haben?" Rahel schlug ihr einen Deal vor: „Pass auf, du gibst mir die Früchte, und ich lass dafür eine Nacht meinen Mann in deinem Bett pennen. Einverstanden?" [16] Als Jakob von der Arbeit nach Hause kam, lief ihm Lea schon entgegen. „Hallo, Schatz! Du musst heute bei mir schlafen! Ich hab für die Nacht mit dir mit meinen kostbaren Früchten von der Alraunpflanze bezahlt, die mein Junge gefunden hat!" [17] Gott hörte auf die Gebete von Lea. Sie wurde in der Nacht noch mal schwanger. Sie bekam dann wieder einen Sohn, die Nummer fünf. [18] Lea freute sich wie blöd. „Wie geil, mein Gott hat mich dafür belohnt, dass ich vor einiger Zeit meine Angestellte dem Jakob zur Verfügung gestellt hab." Darum nannte sie ihren Sohn Issachar, das bedeutet so viel wie „hat mich belohnt". [19] Später wurde Lea dann sogar noch mal von Jakob schwanger. Sie kriegte wieder einen Sohn. [20] Sie sagte dann: „Gott hat mir wieder so ein krasses Geschenk gemacht. Jetzt wird mich mein Mann endlich ganz akzeptieren." Darum nannte sie ihren Sohn Sebulon, was so viel bedeutet wie „mich akzeptieren". [21] Am Ende kriegte Lea noch eine Tochter von Jakob. Die nannte sie Dina. [22] Gott hatte Rahel aber nicht vergessen. Er legte los, weil sie echt gebetet hatte, darum heilte er ihre Gebärmutter. [23] Sie wurde schwanger und kriegte einen Sohn. Nach der Geburt rief sie: „Gott hat mir einen Sohn gegeben!" [24] Rahel nannte ihren Sohn Josef, was so viel wie „dazugegeben" bedeutet.

Jakob wird immer reicher

[25] Als Rahel dem Jakob seinen Sohn Josef geboren hatte, fasste er einen Entschluss: Er wollte wieder nach Hause. Darum ging er zum Laban und sagte ihm: „Hey, Laban, lass mich jetzt gehen! Ich will wieder zurück in meine Heimat, wo ich geboren wurde.[26] Ich nehme meine Frauen und die Kinder, die ich in der Zeit bei dir bekommen habe, alle mit. Du weißt ja hoffentlich, was du mir alles zu verdanken hast. Geht das in Ordnung?" [27] „Lieber Jakob, tu mir einen Gefallen und hau jetzt nicht ab!", antwortete Laban. „Solange du hier warst, lief hier alles glatt. Gott hat mir nur geholfen, weil du da warst, das ist mir total klar." [28] Er versuchte ihn umzustimmen: „Du kannst mir jede Gehaltsforderung nennen, ich zahl dir, was du willst!" [29] „Laban, du hast hoffentlich nicht vergessen, wie sich deine Schaf- und Ziegenherden unter meiner Führung vermehrt haben? [30] Bevor ich kam, hattest du nur eine fitzelkleine Herde. Jetzt hast du viele tausend Tiere. Gott war bei allem, was

ich getan hab, voll dabei, und alles bei dir hat sich vermehrt, wenn ich damit
zu tun hatte. Aber jetzt ist Schluss, ich muss auch mal an mich und meine
Familie denken!" 31 „Was soll ich dir geben?", fragte Laban. „Erst mal nichts",
antwortete Jakob. „Aber wenn du mir eine Bedingung erfüllst, dann würde
ich noch weiter auf deine Herden aufpassen. 32 Und zwar hab ich folgende
Idee: Du gibst mir aus deiner Herde von den Ziegen und Schafen nur die
seltenen Tiere, die ein besonderes Fell haben. Also ich meine die mit brau-
nen Flecken, oder mit Punkten, und die ganz schwarzen Schafe, halt die gan-
zen ‚Punkertiere'. Die sollen ab jetzt mir gehören. 33 Daran wird man auch in
Zukunft immer beweisen können, dass ich dich nicht bescheiße. Wenn man
irgendwann Tiere bei mir findet, die nicht ein gesprenkeltes, oder geflecktes,
oder schwarzes Fell haben, dann sind die von dir geklaut." 34 Laban war ein-
verstanden: „Alles klar, abgemacht!", sagte er zu Jakob. 35 Noch am selben
Tag zog er los und sortierte seine Schafe nach dem Muster. Alles, was
irgendwie gesprenkelt war, was Flecken auf dem Fell hatte oder sogar ganz
schwarz war, eben alle Punkertiere, gehörten ab jetzt Jakob. 36 Labans Söhne
brachten dann diese Tiere etwa 100 Kilometer weiter entfernt weg. Jakob
kümmerte sich nun um die übrigen Tiere. 37 Dann bastelte sich Jakob aus
Zweigen von Pappeln und Mandelbäumen so Äste, die er an einer Seite
abfeilte. So konnte man das weiße Holz in den Streifen dazwischen erken-
nen. 38 Diese Stäbe legte er in die Wasserrinnen, woraus die Tiere jeden Tag
tranken. Wenn sie zum Trinken kamen, waren die Tiere immer voll scharf.
39 Immer wenn die Tiere geil aufeinander waren, hatten sie also diese Stäbe
vor der Nase und bekamen deshalb viele gesprenkelte und gefleckte Baby-
schafe und Ziegen. 40 Außerdem ließ er die Tiere in die Richtung der Punker-
tier-Herde glotzen. Aus den jungen Punkertieren machte er sich dann eine
eigene Herde und tat sie nicht zu der vom Laban. 41 Immer wenn die besten
Teile von seiner Herde scharf waren, legte Jakob die Äste vor die Tiere ins
Wasser. 42 Bei den schwachen und kleinen Tieren machte er das aber nicht.
Dadurch bekam Laban ab jetzt die schwachen Tiere, während sich Jakob die
starken unter den Nagel riss. 43 Jakob wurde megareich. Seine Herden wur-
den immer größer, und der ganze Betrieb wuchs und wuchs. Immer mehr
Leute arbeiteten für ihn.

31

Jakob muss verschwinden

1 Jakob bekam dann mal mit, wie die Söhne von Laban über ihn am Abläs-
tern waren. Sie sagten: „Alles, was der Typ besitzt, kommt eigentlich von
unserem Vater! Nur durch die Sachen von uns ist der so steinreich gewor-
den!" 2 Laban zog auch immer öfter ne ganz schöne Fresse, wenn Jakob ihn
wegen irgendwas ansprach. Er war anscheinend nicht mehr so gut auf ihn

zu sprechen wie früher mal. [3] Und dann redete Gott mit Jakob über das
Thema. Er meinte: „Hey, Jakob, geh mal lieber wieder in das Land, wo deine
Familie herkommt, ja?! Ich pass dabei auf dich auf!“ [4] Jakob rief bei Rahel
und Lea an und traf sich mit den beiden auf einer Wiese zum Spazieren-
gehen. [5] „Also, passt mal auf, ihr zwei! Ich hab das natürlich mitbekommen,
dass euer Vater gerade so gar nicht gut auf mich zu sprechen ist, wie er das
früher mal war. Aber Gott, der auch der Gott von meinem Vater war, der ist
immer bei mir gewesen, und er hat mir nun mal so krassen Erfolg geschenkt.
[6] Ich mein, ihr beiden seid doch echt Zeugen, dass ich mir wirklich für euren
Vater den Arsch aufgerissen hab, oder? [7] Trotzdem hat er versucht, mich
ständig übers Ohr zu hauen. Er hat meine eigentlich ausgemachte Bezah-
lung immer wieder nach unten gedrückt. Aber Gott war auf meiner Seite, er
hat nicht zugelassen, dass man mich verscheißert. [8] Wenn euer Vater die
Ansage gemacht hat, dass ich die Schafe bekomme, die ein gesprenkeltes
Fell haben, dann wurden auf einmal voll viele Gesprenkelte geboren. Und
wenn er dann seine Meinung änderte und plötzlich die gestreiften Schafe
mir gehören sollten, dann wurden viele gestreifte Schafe geboren. [9] Es war
Gott höchstpersönlich, der mir die Tiere von eurem Vater gegeben hat, nie-
mand sonst! [10] Das war nämlich so, dass ich in der Zeit, wo die weiblichen
Schafe gut befruchtet werden können, einen Traum hatte. Und in diesem
Traum konnte ich sehen, wie die männlichen Schafe und Ziegen vor allem
die weiblichen Tiere besprangen, die entweder gestreiftes, gesprenkeltes
oder geschecktes Fell hatten. [11] Und dann stand da plötlich so ein Postbote
von Gott, ein Engel. „Jakob!“, rief der mich. Ich antwortete ihm: „Äh, hallo,
ich bin hier!“ [12] Dann sagte der: „Pass mal auf! Alle männlichen Tiere sind
entweder gestreift, gesprenkelt oder gescheckt. Also, ich hab schon mitbe-
kommen, wie Laban mit dir umgeht. [13] Ich bin Gott, der Gott, dem du in Bet-
El diesen Stein hingestellt hast. Erinnerst du dich? Du hast mir dort ein feier-
liches Versprechen abgeben und ein Denkmal gebaut. Ich sag dir heute:
Verdünnisier dich mal aus dieser Gegend! Geh wieder dorthin zurück, wo du
geboren worden bist, in deine Heimat!“ [14] Rahel und Lea waren sofort einer
Meinung. „Von unserem Vater kriegen wir sowieso nichts mehr, der hat
uns schon lange enterbt! [15] Der behandelt uns doch eh so, als würde er uns
gar nicht kennen! Er hat uns einfach verhökert, und den Gewinn hat er auch
schon lange verbraten. [16] Die ganze Kohle, die Gott unserem Vater weg-
nimmt, gehört eigentlich uns und unseren Kindern, wir haben da einen
Anspruch drauf! Zieh das mal durch, was Gott zu dir gesagt hat! Wir stehen
hinter dir!“ [17] Jakob steckte seine Frauen und die Kinder in den Bus, [18] packte
alle Sachen, die er in der Zeit in Mesopotamien gekauft hatte, auf einen Lkw,
nahm sein ganzes Vieh und zog mit seinen Leuten los, in Richtung Kanaan,
zurück zu seinem Vater Isaak. [19] Laban war gerade unterwegs, weil seinen

Schafen an dem Tag die Wolle abrasiert wurde. Rahel ging darum noch mal
schnell in das Wohnhaus und zockte ein paar von den Plastikgöttern, die da
in der Halle rumstanden. 20 Jakob versuchte seine Abreise topsecret zu hal-
ten, keiner sollte wissen, dass er sich verpissen würde, vor allem nicht der
Laban. 21 Also floh er in einer Nacht-und-Nebel-Aktion von dort weg, über-
querte den Euphrat-Fluss und zog dann weiter, Richtung dem Gebirge
Gilead. 22 Erst nach zwei Tagen bekam Laban eine SMS rein: „Jakob ist geflo-
hen!“ 23 Sofort rief er die Männer aus seiner Familie zu sich und jagte Jakob
hinterher. Sieben Tage lang waren sie unterwegs in Richtung Gilead-Gebirge,
bis er ihn fast eingeholt hatte. 24 In der Nacht bevor er auf Jakob treffen
würde, hatte Laban einen Traum, in dem Gott zu ihm sprach. „Ich warn dich,
Bürschchen! Lass meinen Jakob in Ruhe!“, meinte Gott zu ihm. 25 Als Laban
Jakob eingeholt hatte, bauten er und seine Leute erst mal ihre Zelte in dem
Gebirge auf, wo Jakob auch sein Lager aufgeschlagen hatte. 26 Laban ging
dann zu Jakob rüber, um sich mit ihm auszusprechen. „Mann, was hast
du gemacht?“, sagte er. „Du hast meine Töchter entführt, als hätten wir
Krieg! Du hast mich voll abgezogen! 27 Warum bist du überhaupt so heim-
lich abgereist? Warum hast du mich angelogen? Ich hätte gern noch ne
Abschiedsparty für dich organisiert und hätte sogar noch ne coole Band auf-
gefahren, um das zu feiern! 28 Du hast es total vergeigt! Ich konnte mich
noch nicht mal anständig von meinen Kindern verabschieden! 29 Wenn ich
wollte, könnte ich dich und deine Leute jetzt echt kaputt machen. Die Macht
hätte ich dazu, wäre kein Problem für mich. Aber jetzt hatte ich gestern ein
echt heftiges Treffen mit eurem Gott! Er hat mich gewarnt und meinte zu
mir: „Lass meinen Jakob in Ruhe!“ 30 Ich kann es ja verstehen, dass du dich
nach Hause und nach deinem Vater gesehnt hast. Aber was ich echt nicht
gerallt kriege, ist, warum du meine Plastikgötter gezockt hast?“ 31 „Sorry,
dass ich einfach abgehauen bin! Ich hatte Angst, du würdest es nicht zulas-
sen, wenn ich deine Töchter mitnehme!“, antwortete er. 32 „Aber was soll
die Geschichte mit diesen komischen Plastikgöttern? Damit will ich nichts
zu tun haben! Du kannst uns gerne durchsuchen. Wenn du sie bei irgend-
jemandem finden solltest, gehört er dir. Der sollte sofort getötet werden.“
Jakob wusste ja nicht, dass ausgerechnet seine Rahel die Plastikgötter
geklaut hatte. 33 Laban durchsuchte zuerst die Sachen von Jakob, da war aber
nichts. Dann durchsuchte er die Klamotten von Lea, konnte da aber auch
nichts finden. Zum Schluss ging er dann noch zu Rahel, um auch sie durch-
zuchecken. 34 Rahel hatte die Plastikgötter in eine Tasche getan und sich
einfach draufgesetzt. Laban durchsuchte ihre ganzen Sachen, konnte aber
nichts finden. 35 Sie blieb die ganze Zeit da drauf sitzen, und als ihr Vater
ankam, sagte sie: „Sorry, Papi, dass ich nicht aufstehen kann, aber ich hab
gerade meine Tage bekommen!“ Er suchte weiter, aber da war keine Spur

von diesen Plastikgöttern. 36 Jetzt wurde Jakob langsam richtig aggro gegen
Laban. „Was hab ich jetzt nun so Schlimmes verbrochen, he? Wie hab ich
das verdient, dass du mich hier wie einen Schwerverbrecher behandelst?
37 Du hast jetzt meinen ganzen Haushalt durchwühlt. Wo sind die Sachen
jetzt bitte, die ich von dir geklaut haben soll? Leg die Dinger hier auf den
Tisch, damit meine und deine Leute entscheiden können, wer von uns Recht
hat und wer nicht. 38 Mann, zwanzig lange Jahre hab ich jetzt für dich
geschuftet! Deine Herde hat sich wie blöd vermehrt, es gab in meiner Zeit,
wo ich für dich gearbeitet hab, nicht eine Fehlgeburt! Und dabei hab ich
nicht einmal irgendeins von deinen Tieren gezockt und einen netten Gril-
labend damit veranstaltet. 39 Und wenn mal eins von deinen Tieren nachts
oder am Tag von einem wilden Löwen angefallen wurde, dann hab ich es dir
zu 100 Prozent ersetzt, weil du das so wolltest. Und wenn mal eins geklaut
wurde, dann hast du es von mir zurückverlangt, und ich hab es dir gegeben.
Oder etwa nicht? 40 Am Tag hat mir die Sonne oft auf den Schädel gebrezelt,
und nachts bin ich vor Kälte fast erfroren und konnte oft nicht pennen.
41 Insgesamt bin ich jetzt zwanzig Jahre bei dir, wo ich so was durchmachen
muss. Davon hab ich vierzehn Jahre um deine Töchter kämpfen müssen, du
erinnerst dich? Sechs Jahre lang bin ich jetzt sogar extra noch dageblieben
und hab auf deine Herde aufgepasst, weil du mich drum gebeten hast. Und
in der ganzen Zeit hast du obendrauf auch noch zehn Mal mein Gehalt ver-
ändert, mal gab es mehr, mal weniger! 42 Hey, wenn ich nicht so einen genia-
len Gott hätte, der auch schon der Gott von meinem Großvater Abraham
war und vor dem auch schon mein Vater Isaak Mörderrespekt hatte, dann
würde ich jetzt vermutlich mit null dastehen. Du hättest mir alles wegge-
nommen und mich ohne irgendeine Bezahlung einfach entlassen. Aber mein
Gott hat mich nicht vergessen! Er hat gesehen, dass ich wie blöd für dich
gearbeitet hab, und darum hat er sich gestern Nacht für mich eingesetzt."

Laban macht einen Vertrag mit Jakob, der die Grenzen abklärt

43 Laban sagte dann: „Also, ich will mal eins klarstellen: Die beiden Frauen
da sind meine Töchter! Ihre Kinder sind meine Enkelkinder! Und die ganzen
Tiere, die da stehen, kommen auch alle von mir! Aber ganz ehrlich, was hab
ich jetzt noch meinen Töchtern und ihren Kinder zu geben? 44 Was hältst
du von der Idee, dass wir einen Vertrag machen? Einen Vertrag nur zwischen
dir und mir!" 45 Jakob stand auf, nahm einen der großen Steine, die da rum-
lagen, und stellte ihn aufrecht hin. Das sollte ab jetzt ihr privates Denkmal
sein. 46 Er sagte zu seinen Leuten: „Helft mal mit! Sammelt noch mehr
Steine und baut sie hier auf!" Alle packten mit an, und am Ende stand da ein
kleiner Berg aus lauter Steinen. Jetzt setzten sie sich oben auf den Steinberg,
packten das Essen aus und spachtelten was zusammen. 47 Beide Männer

gaben diesem Berg dann einen Namen. Laban nannte ihn Jegar-Sahaduta,
und Jakob nannte ihn Gal-Ed. 48 Nach dem Essen sagte Laban: „Dieser
kleine Berg ist wie ein Zeuge für unseren Vertrag!“ Darum bekam er auch
den Namen Gal-Ed, weil das so viel heißt wie der „Zeugen-Berg“. 49 Andere
nennen ihn aber auch Mizpa, das heißt so viel wie „Pass-auf-Turm“, weil
Laban beim Weggehen noch sagte: „Ich hoffe, dass Gott auf jeden von uns
gut aufpasst, wenn wir uns getrennt haben. 50 Ich warne dich aber in einer
Sache: Behandel meine Töchter anständig, ja? Ich will auch nicht, dass du dir
noch mehr Frauen nimmst. Die müssen dir jetzt reichen! Das muss einfach
Gott regeln, er ist der Einzige, der uns jetzt zuhört, er ist unser Zeuge.
51 Achte drauf, dieses Denkmal, was wir hier aufgebaut haben, 52 das soll uns
immer an unseren Vertrag erinnern. Es zieht die Grenze zwischen uns.
Keiner soll auf die linke Tour hier drüber gehen und den anderen abzocken
wollen. 53 Der Gott, an den schon dein Großvater Abraham geglaubt hat, und
der Gott meines Großvaters Nahor, soll den bestrafen, der sich nicht an
diesen Vertrag hält.“ Jakob erhob die Hand und sagte: „Einverstanden! Ich
schwör! Der Gott, vor dem mein Vater Isaak schon Mörderrespekt hatte, ist
mein Zeuge!“ 54 Jakob machte dann gleich dort auf dem Berg so ein Opfer-
ritual. Er schlachtete ein Schaf und grillte das mit seinen Verwandten überm
Feuer. Dann aßen sie es auf, und weil es schon dunkel war, übernachteten
sie gleich oben auf dem kleinen Berg.

32

Jakob trifft ein paar Engel

1 Morgens nach dem Frühstück verabschiedete sich Laban von seinen Enkel-
söhnen und Töchtern. Er küsste sie und betete noch mal ne Runde für alle.
Dann zog er ab und ging mit seinen Leuten nach Hause. 2 Auch Jakob ging
weiter. Mitten auf dem Weg passierte etwas sehr Heftiges. Plötzlich stand
da eine ganze Armee von Gottes Engeln! 3 Als er sie sah, rief Jakob: „Wow,
da ist ja die ganze Armee von Gott am Start!“ Er gab diesem Ort darum den
Namen „Mahanajim“, was so viel heißt wie „ein doppelt so großes Lager“.
4 Jakob schickte einige Leute los, die ein paar Tage vor ihm schon in die alte
Heimat Seir gehen sollten. In dem Edom-Land hielt sich nämlich gerade sein
Bruder Esau auf. 5 Sie sollten ihm folgende Nachricht geben: „Lieber Esau!
Ich wollte dir nur mitteilen, dass ich wieder nach Hause kommen werde. Ich
werde mich dir unterordnen und tun, was du von mir willst. War die ganze
Zeit bei Laban am Arbeiten gewesen. 6 Ich hab echt gut verdient in der Zeit
und eine Menge Kohle gemacht. Hab jetzt sehr viele Rinder und Schafe,
dazu eine ganze Firma mit vielen Angestellten. Ich lass dir diese Nachricht
zukommen, damit du Bescheid weißt. Hoffe, dass zwischen uns wieder
alles okay kommt. Viele Grüße, dein Jakob.“ 7 Nach ein paar Tagen kamen

die Leute wieder zurück. Sie sagten: „Jakob! Wir haben deinem Bruder alles
ausgerichtet. Er hat sich sofort 400 Leute gegriffen und ist auf dem Weg
hierher!“ 8 Jakob bekam jetzt voll die Panik. Sofort gab er den Befehl, seinen
ganzen Treck, inklusive der Rinder, Schafe und Kamele, in zwei Gruppen auf-
zuteilen. 9 Er sagte: „Wenn Esau die eine Gruppe plattmacht, schafft es die
zweite vielleicht, rechtzeitig zu fliehen. 10 Dann redete Jakob mit seinem
Gott: „Hey, Gott! Du bist der Gott von meinem Vater Isaak und der Gott von
meinem Opa Abraham, das will ich als Erstes klarstellen. Und niemand
anderes als du hat mir gesagt, ich soll dorthin zurückgehen, wo ich geboren
worden bin, in meine Heimat. Du hast sogar gesagt, das wäre gut für mich.
11 Ich bin echt der letzte Arsch, und trotzdem hast du mich so fett beschenkt.
Du hast jedes Versprechen auch eingehalten, du bist einfach treu. Als ich
auf dem Hinweg über diesen Jordan-Fluss gegangen bin, hatte ich nichts als
meine Unterhosen an. Und jetzt komme ich zurück mit ganz viel Sachen
und Menschen, die alle zu mir gehören. 12 Bitte pass jetzt auf mich auf! Rette
mich vor der Rache von meinem Bruder Esau! Ich hab echt Schiss, dass er
kommt und mich umbringt. Und nicht nur mich, auch meine ganze Familie
mit meinen Kindern wird er töten. 13 Komm, Gott, du hast mir versprochen,
dass du auf uns aufpasst! Du hast gesagt, dass meine Familie sich so krass
vermehren wird, wie es Sandkörner am Meer gibt, man wird sie nicht mehr
zählen können.“ 14 Er beschloss dann an der Stelle, wo sie waren, zu über-
nachten. Abends ging Jakob seine Sachen durch und suchte ein paar richtig
schöne Geschenke für seinen Bruder aus. 15 Über 200 weibliche Schafe und
genau so viele Ziegen, dazu 20 von den schönsten Ziegenmännchen und
Schafmännchen 16 Dann 30 Kamele mit Kamelkindern, 40 Kühe, 10 Stiere,
20 Eselinnen und 10 Esel suchte er extra aus. 17 Er gab sie einigen seiner
Angestellten, jeweils eine Herde. Dann sagte er zu ihnen: „Passt auf! Zieht
schon mal los und bleibt in einem gewissen Abstand zueinander.“ 18 Zu den
Leitern der Gruppen sagte er: „Hört mal zu: Wenn ihr meinen Bruder Esau
trefft und er euch dann so Fragen stellt wie ‚Zu wem gehört ihr?‘, ‚Wohin
geht ihr?‘ oder ‚Zu wem gehören die da?‘, 19 dann sagt ihr einfach: ‚Wir
gehören zu Jakob, und der ordnet sich Ihnen voll unter. Die ganzen Sachen
will er Ihnen schenken, Herr Esau. Der ist übrigens auch hierher unterwegs
und gleich da!‘“ 20 Das sagte er auch der zweiten und der dritten Gruppe.
„Genau das sollt ihr dem Esau sagen, wenn ihr ihn trefft! 21 Ihr sollt ihm
sagen: ‚Guten Tag! Jakob ist auch gleich da. Er hatte sich gedacht, es wäre
eine gute Idee, ein paar Geschenke vorwegzuschicken. Denn er will sich mit
Ihnen wieder vertragen.‘ Anschließend werde ich dann kommen. Hoffentlich
ist er nett zu mir, und wir vertragen uns wieder miteinander.“ 22 Also zog der
Trupp mit den Geschenken schon mal los. Jakob schlug aber seine Lager erst
mal da auf, um dort zu übernachten.

Kickboxen mit Gott im Ring

23 Mitten in der Nacht stand Jakob auf, schnappte sich seine zwei Frauen,
seine Zweitfrauen und alle seine Kinder und schickte sie über die Landes-
grenze am Fluss Jabbok. 24 Sein ganzes Zeug mit den ganzen Leuten zog
dort über den Fluss. 25 Nur Jakob blieb noch alleine in der Nacht dort. Als die
Sonne aufging, kam plötzlich so ein Typ bei ihm an, der mit ihm kämpfen
wollte. Die beiden hatten einen sehr heftigen und langen Boxkampf, bis die
Sonne aufging. 26 Als dieser Typ Jakob nicht besiegen konnte, haute er ihm
noch mal volle Kanne gegen seine Hüfte. 27 Jakob hatte mitbekommen, dass
er wohl mit einem Engel oder so zu tun hatte. Der Typ sagte dann zu ihm:
„Hey, lass mich jetzt los! Die Sonne geht schon auf!" Er antwortete: „Ich lass
dich nur gehen, wenn du mir das Beste wünschst und mich fett segnest."
28 Der Typ sagte: „Wie heißt du noch mal?" – „Ich bin Jakob!", antwortete er.
29 „Ab jetzt hast du einen neuen Namen. Du bist jetzt nicht mehr der Jakob,
sondern der Israel! Der Name kommt daher, weil du nicht nur Menschen
bekämpfen und sie besiegen kannst, sondern sogar Gott." 30 „Wie heißt du
eigentlich?", wollte Jakob jetzt wissen. „Gegenfrage: Warum musst du über-
haupt meinen Namen wissen?", meinte der Typ. Dann segnete er Jakob.
31 Jakob gab dem Ort einen Namen. Er nannte ihn „Pnuel", weil er Gott in
die Augen sehen konnte, an diesem Platz dort. „Ich habe hier Gott gesehen,
und ich hab es überlebt!" 32 Als er vom „Pnuel" weggehen wollte, ging plötz-
lich die Sonne auf. Und er hinkte jetzt, wegen seiner angeditschten Hüfte.
33 Das ist übrigens der Grund, warum die Leute in Israel keine Sehnen von
Tieren essen, die über dieses Gelenk wachsen. Da hatte Jakob nämlich einen
Schlag draufbekommen.

33

Mit Jakob und Esau ist wieder alles locker

1 Als Jakob sich umsah, konnte er von weitem den Esau anfahren sehen. Hin-
ter ihm waren mindestens 400 seiner Leute dabei, fast ne kleine Armee.
Jakob bekam etwas Panik, er stellte die Kinder neben die Mütter Lea und
Rahel und zu den Nebenfrauen. 2 Die Leihmütter stellte er dann nach vorne,
dahinter Lea mit ihren Kindern und ganz ans Ende Rahel und Josef. 3 Jakob
ging dann ganz nach vorne. Als Esau da war, warf er sich vor ihm auf den
Boden, er machte sieben Mal eine ganz tiefe Verbeugung. 4 Esau stand aber
gar nicht so auf Verbeugung, er rannte ihm entgegen, hob ihn auf, umarmte
ihn und knutschte ihn sogar, weil er sich so sehr da drüber freute, seinen Bru-
der wiederzusehen! Dann fingen beide vor Freude voll an zu heulen. 5 Nach-
dem Esau wieder etwas runtergekommen war, sah er die Frauen und Kinder
vom Jakob. „Wer ist das denn?", fragte er Jakob neugierig. „Das sind meine
Kinder! Hat Gott mir geschenkt, weil er mich mag!", lachte Jakob. 6 Die Leih-

mütter kamen mit den Kindern zu Esau und machten alle eine tiefe Verbeu-
gung vor ihm. 7 Und dann kam auch Lea mit ihren Kindern und zum Schluss
der Josef mit seiner Mutter Rahel. Sie machten alle eine tiefe Verbeugung vor
ihm. 8 „Was war denn da los mit den ganzen Herden, die du mir geschickt
hast?“, wollte Esau von Jakob wissen. „Also, um ehrlich zu sein, wollte ich
mich ein bisschen bei dir einschleimen. Du solltest diese Geschenke bekom-
men, damit du nett zu mir bist.“ 9 Esau meinte: „Au Mann, mein lieber Bru-
der, du kannst das Zeug gerne behalten! Ich hab echt selbst genug davon!“
10 „Nein, nein, auf keinen Fall! Wenn zwischen uns alles wieder locker sein
soll, dann musst du mein Geschenk auch annehmen, ja? So wie wenn ich zu
Gott gehe, weil ich Mist gebaut hab und ihn bitte, mir zu verzeihen, genauso
bin ich jetzt zu dir gekommen. Und du warst nett zu mir, 11 darum bitte ich
dich wirklich, nimm mein Geschenk an! Gott hat mich wirklich fett beschenkt,
es geht mir total gut, ich bin im Ausland zu richtig viel Kohle gekommen!“
Jakob drängelte so lange, bis sein Bruder weich wurde. 12 Esau sagte: „Okay,
lass uns weitergehen, ich möchte dich ein Stück begleiten!“ 13 „Chef, hör mal,
die Kinder sind schon total durch, die können heute nicht mehr so lange auf
Tour sein. Ich hab auch ein paar Schafe und Rinder dabei, die gerade Babys
bekommen haben. Wenn ich die jetzt stresse, krepieren die mir alle! 14 Geh
schon mal vor! Ich werde es langsam angehen lassen und komme nach, mit
dem Tempo der Tiere und der Kinder. Okay?“ 15 Esau wollte wenigstens ein
paar von seiner Truppe als Begleitung bei Jakob lassen. Jakob hatte da aber
auch keinen Bock drauf. „Is echt nicht nötig. Mir reicht es dicke, wenn zwi-
schen uns in Zukunft alles wieder okay ist!“ 16 Also machte sich Esau dann
wieder auf den Rückweg nach Seir. 17 Jakob zog dann weiter und kam an dem
Ort Sukkot an, was so viel heißt wie „die Hütten“. Dort baute er sich auf
einem freien Grundstück erst mal ne Hütte. Daher hat der Ort auch seinen
Namen. Für die Schafe und Kühe wurde ein provisorischer Stall gebaut, mit
einem Dach aus Zweigen, die man geflochten hatte. 18 Irgendwann kam
Jakob dann über Paddan-Aram in der Stadt Sichem an. Das liegt in dem Land
Kanaan. Dort baute er vor der Stadt auf einer Wiese sein Zeltlager auf. 19 Er
ging dann zu dem Besitzer von der Wiese, die dem Hamor-Klan gehörte.
Der Vater Hamor hatte die Stadt mal gegründet. Jakob zahlte für das Teil
7000 Euro. 20 Dann baute er extra so einen Spezialtisch für Gott, einen Altar,
dort hin. Diesen Ort nannte er ab dann „Der Gott ist mein Gott, der Gott
von Israel“, denn das war ja sein neuer Name.

34

Dina wird vergewaltigt

1 Jakob und Lea hatten eine Tochter, die Dina hieß. Dina ging an einem Tag
mal in die Stadt, um ein paar Freundinnen zu besuchen. 2 Auf dem Weg

dorthin traf sie auf den Sichem, der ein Sohn vom Hamor war. Hamor kam
aus dem Stamm der Hiwiter, er war in der Gegend einer der Anführer.
Sichem wurde total scharf auf Dina, als er sie sah. Er ging zu ihr hin, drehte
ihr den Arm um und vergewaltigte sie. 3 Dabei verknallte sich der Spinner
auch noch total in Dina. Er schrieb ihr in den nächsten Wochen derbe Lie-
besbriefe, dass es ihm total leidtut und so. Er wollte einfach, dass Dina sich
auch in ihn verknallen würde. 4 Dann ging er zu seinem Vater und sagte
dem: „Bitte, Dad, mach das für mich klar, dass ich dieses Mädchen heiraten
kann!“ 5 Jakob hörte an einem Tag davon, dass seine Tochter vergewaltigt
worden war. Seine Söhne waren aber gerade unterwegs bei der Arbeit.
Darum blieb er erst mal zu Hause und unternahm nichts. 6 Sichems Vater
besuchte schließlich Jakob, um mit ihm über die Sache zu reden. 7 In der
Zwischenzeit kamen die Söhne von Jakob nach Hause. Als man ihnen
erzählt hatte, was mit ihrer Schwester passiert war, waren alle zuerst total
traurig. Dann kamen sie alle voll aggromäßig drauf. Der Typ hatte eine
wirklich ganz üble Sache getan, die auch schon zu der Zeit voll schlimm
gewesen ist. 8 Hamor wollte mit Jakob über die Sache sprechen. Er ging zu
ihm hin und sagte: „Es gibt da ein Ding, worüber ich gerne mit Ihnen
sprechen würde. Mein Sohn ist sehr verliebt in Ihre Tochter! 9 Könnten Sie
nicht Ihr Einverständnis zu einer Hochzeit der beiden geben? Warum könn-
ten wir nicht eine große Familie werden? Meine Söhne heiraten Ihre Töchter
und Ihre Söhne meine! 10 Sie können sich ja in unserer Gegend gerne
Grundstücke kaufen und sesshaft werden. Das Land steht Ihnen offen! Wir
könnten gute Deals miteinander abschließen!“ 11–12 Dann ergriff Sichem
das Wort: „Also, Sie können wirklich von mir fordern, was Sie wollen! Jedes
Geschenk ist es mir wert, wenn ich nur diese Traumfrau heiraten kann!“
13 Die Söhne vom Jakob waren total aggro auf die „Hamors“. Wer ihrer
Schwester so was Linkes antut und sie vergewaltigt, hat es nicht besser
verdient, als abgezockt zu werden. 14 „Also, wir können es nicht zulassen,
dass unsere Schwester einen Mann heiratet, der nicht unser Beschneidungs-
ritual durchgezogen hat. Das geht gegen unsere Ehre! 15 Es gibt nur eine
Chance, dass wir auf Ihren Wunsch eingehen: Sie müssen genauso werden
wie wir! Alle Männer bei Ihnen müssen sich auch die Vorhaut vom Penis
abschneiden lassen. 16 Wenn Sie das tun, wäre eine Heirat zwischen unseren
Leuten möglich. Dann wollen wir gerne bei Ihnen wohnen bleiben, und wir
wären dann wirklich nur noch eine Truppe und nicht mehr zwei. 17 Falls Sie
da aber keine Lust drauf haben und Sie sich da nicht beschneiden lassen
wollen, nehmen wir unsere Schwester wieder mit, und das war es dann.“
18 Hamor und sein Sohn Sichem fanden die Idee super. 19 Der junge Mann
war einfach total verknallt in die Tochter von Jakob. Er wollte den Plan sofort
umsetzen. Man muss wissen, dass in seiner Familie viele auf ihn hörten

und er auch echt was zu melden hatte, mehr als die anderen Brüder. 20 Also
organisierten Hamor und sein Sohn eine Stadtversammlung. Dann spra-
chen sie zu den Mitbürgern: 21 „Diese Neuen sind nette Leute und ganz
friedlich. Wir sind dafür, dass sie sich bei uns niederlassen können. Sie soll-
ten eine Arbeitserlaubnis bekommen und hier auch geschäftlich tätig wer-
den, wenn sie das wollen. Es gibt in unserem Land genug Platz für alle!
Es ist okay für uns, wenn es auch dazu kommt, dass sich Leute aus unserer
Stadt mit ihnen zusammentun, heiraten und so was. Wir würden von ihnen
wirklich profitieren. 22 Es gibt da nur eine Bedingung, die sie an uns stellen,
wenn sie unserem Wunsch nachkommen sollen und wir wirklich mit ihnen
in jeder Hinsicht verbunden sein wollen. Und das ist, dass sich jeder Junge
und jeder Mann bei uns die Vorhaut vom Penis abschneiden lässt. 23 Wir
sind auf jeden Fall dafür! Wenn sie dann nämlich bei uns wohnen, würden
ihre ganzen Schaf- und Ziegenherden bei uns sein, sie würden auch uns
gehören, und das wäre sehr gut für unsere Wirtschaft." 24 Die Männer aus
dem Ort waren alle einverstanden. Sie taten das, was Hamor und sein Sohn
Sichem vorgeschlagen hatten. Alle männlichen Bewohner trafen sich auf
einem Platz vor der Stadt und schnitten sich dort gegenseitig die Vorhaut ab!
25 Nach drei Tagen hatten alle, die beschnitten worden waren, immer noch
unheimliche Schmerzen. Die Wunden hatten sich nämlich entzündet, so
dass sie total fertig und kaputt waren vom Wundfieber. Dinas Brüder Simeon
und Levi nutzten diese Gelegenheit und gingen in der Nacht dann einfach
von Haus zu Haus und killten jeden Mann, der ihnen unters Messer kam.
26 Sie töteten auch Hamor und Sichem, holten ihre Schwester Dina aus
seinem Haus und nahmen sie wieder mit zu sich nach Hause. 27 Danach
gingen die Söhne von Jakob durch die Stadt und plünderten alles, was
nicht niet- und nagelfest war. Das war ihre Rache für die Vergewaltigung an
ihrer Schwester Dina. 28 Sie zockten alle Schafe, Rinder und Esel und alles,
was sie noch so an Tieren mitnehmen konnten. 29 Auch die ganzen Häuser
wurden pauschal leer geräumt inklusive der Frauen und Kinder. 30 Als Jakob
von der ganzen Sache erfuhr, war er überhaupt nicht begeistert. „Jungs!
Was sollte das denn bitte? Ihr habt es total verpeilt und alles kaputt
gemacht! Die Leute aus diesem Land werden jetzt voll schlecht über uns
denken. Bei den Kanaanitern und Perisitern sind wir jetzt erst mal unten
durch, sie werden mich hassen! Wenn die sich zusammentun, sind wir nur
ne Wurst gegen deren Übermacht! Sie werden uns fertigmachen und ver-
nichten. Die könnten uns alle komplett auslöschen!" 31 Aber seine Söhne
fragten ihn: „Ja aber, war es denn okay, dass der unsere Schwester wie ne
billige Hure behandelt hat?"

35

Jakob zieht um nach Bet-El

1 Gott sagte dann zum Jakob: „Zieh mal besser weg von hier! Geh nach Bet-
El und bleib dort ne Weile. Und bau mir da so einen Altar auf. Erinnerst du
dich? Da hatten wir schon mal ein Treffen miteinander, als du vor deinem
Bruder Esau abgehauen bist.“ 2 Jakob gehorchte sofort. Er holte seine ganze
Familie zusammen, alle Angestellten und wer sonst noch für ihn arbeitete.
Dann sagte er zu ihnen: „Passt auf Leute! Wir müssen uns mal wieder rich-
tig sauber machen! Die ganzen fremden Plastikgötter, die ihr so rumstehen
habt, dieser ganze Mist muss sofort in die Tonne! 3 Lass uns mal zusammen
losziehen in Richtung Bet-El. Ich will dort auch so einen Altar für Gott auf-
bauen. Gott hat ja die ganze Zeit immer zu mir gestanden, und wenn es
mir dreckig ging, war er da und hat geholfen.“ 4 Alle Zuhörer gingen in ihre
Hütten und Zelte, holten den ganzen Götzenkram, auch ihren okkulten
Schmuck, und gaben das Zeug bei Jakob ab. Der packte das alles in einen
großen Sack und verbuddelte es in ein Loch an der Eiche, die bei Sichem
stand. 5 Dann machten sie sich auf den Weg. Gott ließ bei den Bewohnern
der Städte, wo sie vorbeikamen, voll den Respekt für seine Leute aufkom-
men. Die hatten richtig Schiss vor denen und wagten es nicht, sie zu ver-
folgen. 6 Jakob kam so mit seinem ganzen Trupp in Lus an. Lus liegt im
Kanaan-Land. Man nennt diese Stadt jetzt auch Bet-El. 7 Wie geplant, baute
er dann dort so einen besonderen Tisch für Gott auf, einen Altar. Jakob
nannte ihn „El-Bet-El“, was so viel heißt wie „Gott in Bet-El“. Hier war ja das
Ding passiert, wo er ein Treffen mit Gott hatte, als er vor seinem Bruder flie-
hen musste. 8 In der Zeit, als sie da waren, starb Debora, die eine Hebamme
von Rebekka war. Sie bekam ein Grab an der Eiche von Bet-El. Seitdem nennt
man diesen Baum auch die „Rumheul-Eiche“.

Jakob = Israel

9 Als Jakob aus Mesopotamien wieder zurückkam, hatte er wieder ein hefti-
ges Treffen mit Gott. Der kam bei ihm an und sprach gute Sachen über sein
Leben aus, er segnete ihn. 10 Dann wiederholte Gott noch mal, was er schon
mal gesagt hatte: „Du bist der Jakob. Aber dein Name sollte sich ja ändern.
Ich finde, du sollst Israel heißen!“ Also hieß Jakob auch Israel. 11 Gott meinte
dann noch zu ihm: „Ich bin der heftige Gott, ich kann alles! Ich möchte, dass
du ganz viele Babys machst und dich sehr vermehrst. Deine Kinder und die
Kinder deiner Kinder werden dann mal eine ganze Nation werden. Mehr
noch, sie werden ein Verband von Nationen und Völkern. Und Könige und
Präsidenten werden mal von deinen Leuten kommen! 12 Dieses Gebiet, was
ich mal dem Abraham und Isaak versprochen habe, das sollst du jetzt

absahnen! Es ist für dich und deine Kinder, dir will ich das geben!“ 13 Als Gott
fertig war, beamte er sich wieder weg in den Himmel. 14 Jakob war von dem
Treffen so platt, dass er Gott dort wieder so ein Denkmal aufbaute, genau
an der Stelle, wo er mir ihm geredet hatte. Über das Teil schüttete er in so
einem Ritual zuerst Wein drüber und anschließend noch etwas Öl. Damit
wollte er das Ganze Gott zur Verfügung stellen. 15 Jakob nannte den Platz
deshalb „God in the house“ oder eben „Bet-El“, weil Gott hier mit ihm
gelabert hatte.

Rahel bekommt das Baby Benjamin und stirbt bei der Geburt

16 Jakob und seine Familie zogen dann weiter. Als sie nur noch einen Katzen-
sprung von Efrata entfernt waren, bekam die schwangere Rahel plötzlich
ganz heftige Wehen. Die Geburt war dann die reine Hölle! 17 Sie hatte voll
Schmerzen. Ihre Hebamme rief ihr zu: „Keine Panik, du hast es gleich
geschafft! Es ist wieder ein Junge!“ 18 Rahel merkte aber, dass sie bald ster-
ben würde. Sie wollte deswegen dem Baby den Namen „Ben-Oni“ geben,
was so viel heißt wie „das Kind hat mir Unglück gebracht“. Aber sein Vater
hatte eine bessere Idee. Er nannte den Jungen „Ben-Jamin“, denn das heißt
so viel wie „das Kind hat mir Glück gebracht“. 19 Als Rahel gestorben war,
buddelte Jakob ihr ein Grab, das an der Straße nach Efrata liegt. Dort ist die
Stadt Bethlehem später aufgebaut worden. 20 Er bastelte dort ein Denkmal,
direkt über ihrem Grab. Dieses Denkmal kann man heute noch dort stehen
sehen. Es wird „das Denkmal von Rahel“ genannt.

Eine Liste von den Söhnen und Frauen vom Jakob

21 Jakob (der sich jetzt ja Israel nannte) zog weiter. Er baute sein Lager hinter
Migdal-Eder auf. 22 In der Zeit passierte es, dass Ruben mit seiner Stief-
mutter Bilha im Bett landete. Bilha war eine von den Nebenfrauen seines
Vaters. Als Israel das mitbekam, war er voll traurig. Israel hatte insgesamt
12 Söhne und viele Töchter. 23 Von Lea hatte er den Ruben als Erstes bekom-
men. Dann kamen noch Simeon, Levi, Juda, Issachar und Sebulon. 24 Mit
der Rahel hatte Jakob den Josef und Benjamin bekommen. 25 Von der Die-
nerin von Rahel, der Bilha, kamen die Söhne Dan und Naftali. 26 Von der
Dienerin von Lea, der Silpa, kamen dann noch Gad und Ascher dazu. Das
sind jetzt alle Söhne von Jakob, die ihm in Mesopotamien geboren wurden.

Isaak ist tot

27 Jakob besuchte später seinen Vater Isaak in Mamre bei Kirjat-Arba. Der
Ort wird mittlerweile Hebron genannt. Abraham und Isaak hatten da ja mal
als Ausländer eine Zeitlang gelebt. 28 Isaak wurde übrigens satte 180 Jahre
alt! 29 Als er sich nach einer langen Zeit auf der Erde wirklich voll ausgelebt

hatte, starb er und kam dort hin, wo seine ganzen Vorfahren auch sind.
Seine beiden Söhne Esau und Jakob buddelten ein Grab für ihn und legten
Isaak dort rein.

36

Die Familie von Esau, eine Liste

1 Hier ist mal wieder eine Familienliste, diesmal von Esaus Kindern. 2 Esau
hatte drei Frauen aus Kanaan geheiratet. Einmal war da die Hetiterin Ada,
eine Tochter von Elon. Zum Zweiten die Horiterin Oholibama, das war eine
Tochter von Ana. 3 Und zum Dritten die Basemat, das war eine Tochter von
Ismael, sie war die Schwester von Nebajot. 4 Mit Ada hatte Esau das Kind
Elifas, mit Basemat das Kind Reguel. 5 Mit Oholibama hatte er die Kids
Jeusch, Jalam und Korach. Die sind alle übrigens in Kanaan geboren worden.
6 Später ging Esau von Jakob weg, in ein anderes Land. Seine Frauen und
Kinder, seine Tiere und sein ganzes Zeug nahm er mit. 7 Esau und Jakob
waren beide zu reich, um länger zusammenzubleiben. Es gab im Land
nicht genug Futter für ihre vielen Tiere. 8 Deshalb zog Esau, der auch Edom
genannt wird, nach Seir um. 9 Hier ist die Liste mit Esaus Kindern und Kin-
deskindern, die in Seir lebten: 10 Mit Ada und Basemat hatte Esau je einen
Sohn: Elifas und Reguel. 11 Elifas wurde der Papa von Taman, Omar, Zefo,
Gatam und Kenas. 12 Mit seiner anderen Frau Timna hatte er noch Amalek.
Diese Kinder sind alles die Enkel von Esau und Ada. 13 Reguel wurde Papa
von Nahat, Serach, Schamma und Misa. Sie sind die Enkel von Esau und
Basemat. 14 Oholibama, die Tochter von Ana, hatte mit Esau zusammen die
Kinder Jeusch, Jalam und Korach. 15 Die Stämme der Edomiter mit ihren
Clanchefs sind übrigens alle direkt mit Esau verwandt. Elifas, der erste Sohn
von Esau, war Papa von sechs Söhnen, dem Teman, Omar, Zefo, Kenas,
16 Gatam und Amalek. Die sind also alles Enkel von Esau und Ada. 17 Esaus
zweiter Sohn Reguel war Papa von den folgenden vier Söhnen: Nahat,
Serach, Schamma und Misa. Sie sind Enkel von Esau und Basemat. 18 Mit
Oholibama bekam Esau die Söhne Jeusch, Jalam und Korach. 19 Alle diese
Stämme und ihre Häuptlinge sind Nachkommen von Esau. Sie bilden das
Volk der Edomiter.

Die Kinder und die Kinder der Kinder von Seir

20 Die ursprünglichen Bewohner des Landes Edom sind Kinder des Horiters
Seir. Seine Söhne waren: Lotan, Schobal, Zibon, Ana, Dischon, Ezer und
Dischan. Ihre Nachfahren sind die Stämme der Horiter. 22 Der Stamm Lotan
ist in die Gruppen Hori und Hemam geteilt. Die Stadt Timna gehört diesem
Stamm. 23 Der Stamm Schobal ist in die Gruppen Alwan, Manahat, Ebal,
Schefi und Onam aufgeteilt. 24 Der Stamm Zibon ist in die Gruppen Aja und

Ana geteilt. Ana wurde dadurch berühmt, dass er eine wichtige Quelle in
der Wüste entdeckte, als er mal auf die Esel seines Vaters aufpasste. 25 Der
Stamm Ana ist in die Gruppen Dischon und Oholibama geteilt. Oholibama
war eine Tochter von Ana. 26 Der Stamm Dischon ist in die Gruppen Heman,
Eschban, Jitran und Keran geteilt. 27 Der Stamm Ezer ist in die Gruppen
Bilhan, Saawan und Akan geteilt. 28 Der Stamm Dischan ist in die Gruppen
Uz und Aran geteilt. 29 Dies sind die Stämme der Horiter im Land Seir
nach Alter ihrer Stammgründer: Lotan, Schobal, Zibon, Ana, Dischon, Ezer,
Dischan.

Die Präsidenten der Edomiter

31 In der Zeit, bevor es in Israel einen Präsidenten gab, herrschten über das
Land Edom nacheinander folgende Präsidenten: 32 Bela, der Sohn von Beor,
in der Stadt Dinhaba. 33 Jobab, der Sohn von Serach, aus der Stadt Bozra.
34 Huscham aus dem Gebiet des Stammes Teman; 35 Hadad, der Sohn von
Bedad, in der Stadt Awit. In der Region von Moab besiegte er die Midianiter
in einer Schlacht. 36 Samla aus der Stadt Masreka. 37 Schaul aus der Stadt
Rehobot am Fluss. 38 Baal-Hanan, der Sohn von Achbor. 39 Hadar in der
Stadt Pagu, seine Frau Mehetabel war eine Tochter von Matred und Me-
Sahab war ihr Opa.

Noch eine Liste der Edomiter

40 Dies sind die Chefs der Kinder von Esau. Nach ihnen wurden auch Städte
benannt: Timna, Alwa, Jetet, 41 Oholibama, Ela, Pinon, 42 Kenas, Teman, Mib-
zar, 43 Magdiel und Iram. Das sind die Familienstämme von Edom und dazu
ihre Wohnorte in dem Land, das sie erobert hatten. Es handelt sich um die
Kinder und Kindeskinder von Esau. Von ihm stammen die Edomiter ab.

37

Josef hat heftige Träume

1 Jakob baute seine Zelte in dem Kanaan-Land auf und wohnte da. Hier
hatte ja schon sein Vater als Ausländer gelebt. 2 In diesem Kapitel kommt die
Geschichte von Jakob und seiner Familie. Josef war 17 Jahre. Er half seinen
Brüdern (die Söhne von Bilha und Silpa) beim Aufpassen auf die Schaf- und
Ziegenherde. Und er petzte immer bei seinem Vater, was die Leute über
sie am Lästern waren, wenn die mal wieder Mist gebaut hatten. 3 Er war auch
der Liebling von Papa, vermutlich, weil er ihn erst bekommen hatte, als er
schon alt war. Er ließ für ihn sogar eine Spezialanfertigung von einer sehr
coolen Jeans machen, die echt stylisch aussah. 4 Als seine Brüder mitbeka-
men, dass ihr Vater Josef mehr liebte als sie, kriegten sie voll den Hals. Sie
hassten ihn, und immer wenn er kam, hauten sie schnell ab, um nicht mit

ihm reden zu müssen. 5 Irgendwann hatte Josef dann mal einen heftigen
Traum, den er dann ausgerechnet auch noch seinen Brüdern erzählen
musste. Danach hassten sie ihn sogar noch mehr. 6 Und zwar war das so. Er
kam bei ihnen an und sagte: „Hey, ihr! Ich muss euch unbedingt erzählen,
was ich letzte Nacht geträumt hab. 7 Wir waren auf einem Feld und haben
zusammen das Getreide geerntet. Wir schnitten die Pflanzen in Büscheln ab
und banden die dann zusammen. Plötzlich passierte was total Abgefahre-
nes. Mein Büschel stellte sich in die Mitte, und eure Büschel stellten sich
drum herum. Und dann verneigten sich eure Büschel vor meinem, als wäre
ich ein Held oder so.“ 8 „Ach, jetzt spinnst du total ab? Willst du jetzt unser
Präsi werden oder was?“ Weil Josef diesen Traum hatte und den seinen
Brüdern auch noch erzählte, hassten sie ihn nur noch mehr. 9 Er hatte dann
noch einen zweiten Traum, der so ähnlich ging. Den erzählte er auch seinen
Brüdern. „Leute, ich hab letzte Nacht wieder so einen Traum gehabt. In dem
Traum kamen die Sonne und der Mond an, dazu noch elf Sterne im Gepäck.
Ihr müsst euch das reinziehen, sie haben sich auch alle vor mit verneigt!“
10 Diesmal hörte auch sein Vater zu. Der schnautzte ihn voll an: „Was soll
das? Was ist das für ein Schwachsinn, den du da träumst? Glaubst du wirk-
lich, dass ich, deine Mutter und deine Brüder alle mal bei dir ankommen
und uns vor dir verneigen?“ 11 Seine Brüder wurden voll eifersüchtig auf
Josef. Sein Vater schrieb sich den Traum aber auf und dachte da drüber nach.

Josef wird verschleppt und verkauft

12 Irgendwann waren die Brüder von Josef dienstlich unterwegs. Sie mussten
die Schaf- und Ziegenherden vom Vater nach Sichem bringen, damit man
die dort weiden konnte. 13 Jakob sagte zu Josef: „Du, besuch mal deine Brü-
der, die jetzt gerade in Sichem sind!“ – „Okay, mach ich!“, antwortete Josef.
14 „Schau einfach mal nach ihnen und check, ob sie gut drauf sind. Sieh dir
auch mal die Tiere an, ob es denen auch gutgeht. Und dann komm bald
zurück und erzähl, was du erlebt hast, ja?!“ Mit der Ansage schickte er Josef
los, von Hebron nach Sichem zu gehen. 15 Auf dem Weg verlief sich Josef ein
bisschen, weil er sich nicht so gut auskannte. Er traf dann zum Glück einen
Typen, der ihn fragte: „Na? Wen oder was suchst du denn hier?“ 16 „Äh, ich
bin auf der Suche nach meinen Brüdern! Haben Sie die irgendwo gesehen?
Das sind alles Hirten, die hier in der Nähe arbeiten.“ 17 „Ach die! Die sind
schon vor einer Zeit weitergezogen. Ich hab noch gehört, wie sie meinten:
‚Lass uns mal nach Dotan gehen!‘“ Also ging Josef dann in Richtung Dotan,
um seine Brüder dort zu finden. 18 Als er noch ein paar Kilometer weg war,
konnten seine Brüder ihn schon auf dem platten Land kommen sehen. Und
bevor er in Hörweite war, hatten sie schon einen Plan gemacht, wie sie ihn
am besten töten könnten. 19 „Da kommt ja unser „Träumer“ ... 20 Jetzt

haben wir die Chance, ihn endlich kaputt zu machen. Wir prügeln ihn tot
und schmeißen die Leiche dann in einen Gulli. Wenn uns Leute fragen,
erzählen wir einfach, er sei von einer wilden Bestie angefallen und aufgefres-
sen worden. Dann wird endlich klar, was aus seinen tollen Träumen in Wirk-
lichkeit geworden ist. Nämlich nichts!“ 21 Ruben war nicht so begeistert:
„Mann Leute, das ist Mord! Das können wir nicht tun!“ Er wollte Josef
irgendwie retten. 22 „Blut vergießen ist keine Lösung! Schmeißt ihn doch
lebendig da hinten in den Gulli rein und macht den Deckel zu!. Aber warum
gleich töten?“ Er hatte sich überlegt, dass er nach einiger Zeit wieder hier
herkommen würde, um den Josef da rauszuholen und zurück zu seinem
Vater in Sicherheit zu bringen. 23 Als sie dann bei Josef waren, zogen sie ihm
erst mal die teure Jeans aus. 24 Dann packten sie ihn und warfen ihn in den
Gulli rein. Der Gulli wurde zu der Zeit nicht mehr benutzt. 25 Anschließend
machten sie ein kleines Picknick. Plötzlich kam da ein ganzer Lkw-Treck von
arabischen Geschäftsleuten aus Richtung Gilead an. Die waren auf dem Weg
nach Ägypten, um ihre Ladung da zu verkaufen. Sie hatten teure Parfüme
geladen, die sie dort weiterverhökern wollten. 26 Juda kam da eine gute Idee.
„Hey, Leute! Was bringt uns das eigentlich, wenn wir unseren Bruder killen
und die Leiche heimlich verschwinden lassen? 27 Warum verkaufen wir ihn
nicht an die arabischen Geschäftsleute als Billiglohnkraft? Ist bestimmt ne
bessere Idee. Dann machen wir uns nicht die Hände an ihm schmutzig.
Außerdem ist er ja immerhin noch unser Bruder. Was meint ihr?“ Seine Brü-
der waren alle einverstanden. 28 Als die Geschäftsleute ankamen, zogen sie
Josef aus dem Gulli raus und verkauften ihn für 2500 Euro. Die nahmen ihn
dann mit nach Ägypten. 29 Ruben, der bei der Verkaufaktion nicht dabei war,
kam später wieder da hin, um Josef zu befreien. Aber der war ja jetzt nicht
mehr hier. Als er ihn nicht mehr finden konnte, war er voll fertig und traurig
deswegen. 30 Er lief zurück zu seinen Brüdern und schrie sie an: „Der kleine
Josef ist nicht mehr da! Was mach ich jetzt nur? Ich bin doch verantwortlich
für ihn!“ 31 Denen fiel nichts Besseres ein, als die Jeans von Josef zu nehmen
und die mit Blut von einer Ziege vollzuschmieren. 32 Das Teil nahmen sie
dann als Beweisstück zu ihrem Vater mit. „Papa! Das haben wir gerade
gefunden! Ist das nicht die Jeans von Josef?“ 33 Jakob erkannte die sofort.
„O nein! Mein Sohn! Ja, die Jeans ist von Josef! Josef ist überfallen worden!
Josef ist tot! Josef ist tot!“ 34 Er war total fertig deswegen, schrie laut los und
weinte. Jakob zog ab dem Zeitpunkt nur noch schwarze Klamotten an und
trauerte sehr lange um seinen Sohn. 35 Seine ganzen Kinder versuchten ihn
immer wieder aufzumuntern und zu trösten. Aber keine Chance, Jakob war
lange in einer schweren Depression deswegen. „Ich will auch sterben, um
zu meinem Sohn zu kommen!“, sagte er immer wieder. Dass sein Lieb-
lingsohn gestorben war, konnte er einfach nicht verkraften. 36 Die arabischen

Geschäftsleute verkauften ihn in Ägypten dann als einen Sklaven an Potifar. Dieser Potifar arbeitete in der Residenz vom Chef des ganzen Landes, vom Pharao. Er war der General der Leibwächter vom Präsidenten. Sklaven hatten zu der Zeit kaum Rechte, sie hatten so eine Art Knebelverträge mit ihren Besitzern und mussten für die wie blöd arbeiten. Man konnte sie kaufen und weiterverkaufen, wie ein Stück Fleisch oder ein Tier.

38

Juda und seine Schwiegertochter Tamar

1 Juda, der jüngste Sohn von Jakob und Lea, trennte sich irgendwann von
seinen Brüdern und zog weiter runter, in das sogenannte Hügelland. Er
wohnte in dem Ort Adullam bei einem Typen, der Hira hieß. 2 Dort lernte
er die Tochter des Kanaaniters Schua kennen. Juda kam mit ihr zusammen
und heiratete sie einige Zeit später. Ihr Name ist jetzt unwichtig. 3 Die wurde
dann schwanger und bekam einen Sohn. Der Junge bekam den Namen „Er".
4 Sie wurde dann noch mal schwanger und kriegte einen zweiten Sohn. Den
nannten sie Onan. 5 Der dritte Sohn bekam den Namen Schela. Der wurde
in der Zeit geboren, als Juda gerade auf Dienstreise in Kesib war. 6 Damals
war es üblich, dass der Vater seinem Sohn eine Braut aussuchte. Für Er, sei-
nen ersten Sohn, organisierte er eine Frau, die Tamar hieß. 7 Dieser Er war
aber link unterwegs. Der tat Sachen, die Gott total ätzend findet. Darum ließ
er ihn sterben. 8 Als Er tot war, ging Juda zu Onan und sagte zu ihm: „Dein
Bruder hat seine Frau ganz alleine zurückgelassen, ohne dass sie ein Kind
kriegen konnte. Du bist verpflichtet, da jetzt auszuhelfen. Ich will von dir,
dass du mit seiner Frau schläfst, damit sie einen Sohn kriegt. Nur so kann
diese Familie überleben und stirbt nicht aus." 9 Onan war also klar, dass die
Kinder, die er da zeugen sollte, nie ihm gehören würden. Darum zog er jedes
Mal, wenn er mit Tamar Sex hatte, seinen Penis vor dem Orgasmus aus der
Scheide raus, damit sie nicht schwanger werden konnte. Seinen Samen
spritzte er ins Bettlaken. 10 Gott fand das richtig ätzend. Er sorgte dafür, dass
auch Onan bald sterben musste. 11 Juda sagte zu seiner Schwiegertochter
Tamar: „Ist wohl besser, wenn du jetzt erst mal als Witwe im Haus von dei-
nem Vater bleibst, bis mein Sohn Schela alt genug ist, um für dich zu sor-
gen." In Wirklichkeit hatte er aber Schiss, das sein letzter Sohn auch noch
sterben würde. Tamar zog dann wieder in das Haus von ihren Eltern und
blieb dort. 12 Ein paar Jahre später starb die Ehefrau von Juda, die eine Toch-
ter vom Schua war. Erst mal wurde eine Trauerzeit angesetzt. Danach ging
Juda mit seinem Freund Hira auf eine Tour in die Berge von Timna. Er wollte
mal nach seinen Angestellten sehen, die dort gerade seinen Schafen die
Wolle abrasierten. 13 Als Tamar davon Wind bekam, dass ihr Schwiegervater
Juda auf dem Weg nach Timna war, 14 zog sie ihre schwarzen Trauerklamot-

ten aus, schminkte sich, zog sich einen sexy Minirock an und ging zu der Straße, die nach Timna führte. Dort stellte sie sich an die Kreuzung, wo das Schild „Richtung Enajim“ angebracht ist. Sie hatte nämlich geschnallt, dass Schela mittlerweile erwachsen geworden war, sie aber als zukünftige Braut so gar nicht auf dem Zettel von seinem Vater stand. 15 Als Juda sie an der Straße sitzen sah, dachte er sofort, sie wäre eine Hure und würde hier auf dem Strich gehen. Weil sie so derbe geschminkt war, merkte er aber nicht, dass ihm da seine eigene Schwiegertochter gegenüberstand. 16 Er fuhr dann langsam an ihr vorbei, kurbelte das Fenster runter und quatschte sie an. „Was ist dein Tarif? Ich würde gern mit dir schlafen!“ – „Kommt drauf an. Was würdest du mir denn anbieten?“, fragte sie zurück. 17 „Ich hab jetzt gerade keine Kohle dabei. Aber was hältst du von 100 Euro?“ – „Okay, abgemacht, aber ich will irgendein Pfand von dir haben, damit ich das Geld auch sicher bekomme.“ 18 „Und was schlägst du vor?“, fragte Juda. „Gib mir deinen zweiten Autoschlüssel und den Perso!“, antwortete sie. Er gab ihr beides. Dann hatte er Sex mit Tamar. Sie wurde davon schwanger. 19 Als sie zu Hause ankam, zog sie die alten schwarzen Trauerklamotten wieder über, die man als Witwe normal länger tragen musste. 20 Juda schickte dann seinen Freund Adullam mit den 100 Euro, um die Sachen wieder einzulösen. Aber die Frau war weg und nicht zu finden. 21 Er fragte überall rum, ob jemand die Hure gesehen habe, die immer auf dem Straßenstrich bei dem Schild „Richtung Enajim“ anschaffen gegangen ist. Aber die Leute sagten ihm, dass es dort noch nie so was gegeben habe, da würden keine Huren stehen. 22 Adullam ging also wieder zu Juda zurück und erzählte ihm die Nachricht: „Du, ich hab sie echt nicht gefunden! Außerdem behaupten die Leute in dem Ort, dass es da überhaupt keine Huren gibt!“ 23 „Egal, vergiss es. Soll sie den Kram behalten, Hauptsache, es kriegt keiner mit, das wäre sehr peinlich für mich. Ich hab meinen Teil auf jeden Fall erfüllt, du warst da und wolltest ihr die Kohle geben, aber sie war nicht da.“ 24 Nach etwa drei Monaten verpetzte jemand die Tamar beim Juda. Man erzählte ihm: „Deine Schwiegertochter hat sich als Hure verkauft! Und sie ist sogar schwanger davon geworden!“ Juda war sehr sehr sauer. „Schmeißt sie aus unserer Gemeinschaft sofort raus!“, meinte er. „Sie muss sofort gekillt werden!“ 25 Als die ersten Leute Tamar packten und vor die Stadtgrenzen schleppen wollten, kriegte sie es noch hin, ihrem Schwiegervater die Sachen zu schicken, die er ihr als Pfand gegeben hatte, den Autoschlüssel und seinen Perso. Sie legte einen Zettel dazu, wo draufstand: „Lieber Juda, schau dir den Schlüssel mal genau an und check mal den Perso, bitte. Von dem Mann bin ich nämlich schwanger geworden!“ 26 Juda sah sich die Sachen genau an und änderte sofort seine Meinung. „Sie ist unschuldig!“, rief er laut. „Ich bin schuld. Ich habe sie nicht mit meinem Sohn Schela verheiratet. Das war

falsch!“ Sie durfte dann ab der Zeit bei ihm im Haus wohnen, aber Juda stieg
nicht noch einmal mit ihr ins Bett. 27 Tamars Bauch wurde immer dicker,
und kurz vor der Geburt wurde klar: Es sind Zwillinge! 28 Bei der Entbindung
streckte ein Baby seine Hand zuerst raus. Die Hebamme band einen roten
Faden um das Handgelenk und sagte „Also das war der Erste, der geboren
wurde!“ 29 Plötzlich zog das Baby aber seine Hand wieder zurück und das
andere kam zuerst. Die Hebamme lachte es an und meinte: „Na, warum
wolltest du denn unbedingt der Erste sein? Du hast dich ja wirklich drum
gerissen!“ Darum bekam er den Namen Perez, weil das so viel wie „Riss“
bedeutet. 30 Danach kam sein Bruder zur Welt. An seiner Hand war der rote
Faden. Er kriegte dann den Namen Serach, was so viel wie „Rot“ bedeutet.

39

Josef in Ägypten

1 Wie gesagt, war Josef nach Ägypten verschleppt worden. Potifar hatte ihn
als Sklave von den arabischen Geschäftsleuten abgekauft. Er war als Beam-
ter im höheren Dienst beim damaligen Präsidenten von Ägypten angestellt
und hatte dort das Sagen über die Securityleute. 2 Josef bekam dann einen
Job in dem Haus vom Potifar. Gott war aber immer voll auf seiner Seite und
unterstützte ihn. Alles, was er anpackte, wurde ein Riesenerfolg. Er durfte
dann sogar in dem Haus von seinem neuen ägyptischen Chef wohnen.
3 Dieser Chef, ein Ägypter, kriegte das sehr schnell mit, wie Gott auf der Seite
von Josef stand und ihn unterstützte. Wie gesagt, sorgte er dafür, dass
alles, was Josef anpackte, ein Megaerfolg wurde. 4 Darum fand der ihn echt
richtig gut, er war voll begeistert von seiner Arbeit. Josef stieg schnell auf,
er wurde zu seinem persönlichen Sekretär von allen Geschäften, die in sei-
nem Besitz waren. Josef wurde eine Generalvollmacht auf seine Bankkonten
ausgestellt, und er konnte über alles bestimmen. 5 Und seitdem das so war,
bekam auch Potifar indirekt den fettsten Segen ab. Weil Gott Josef so derbe
liebte, fuhren die Ägypter jedes Jahr eine neue Rekordernte ein. Alles klappte,
was Josef in die Hand nahm. 6 Sein Chef vertraute ihm blind. Er übergab
ihm die ganze Verantwortung und kümmerte sich um nichts mehr, außer um
sein eigenes Essen. Josef hatte eine knackige Figur und sah auch so echt
sehr gut aus. 7 Nach einiger Zeit wurde die Frau von Potifar echt scharf auf
ihn. Eines Tages kam sie bei ihm an und forderte Josef raus: „Na, Kleiner,
Lust auf guten Sex?“ 8 Josef blieb aber stark. Er sagt zu ihr: „Nein, mein Chef
hat mir sehr viel Vertrauen entgegengebracht. Er hat mir alles übergeben
und kümmert sich um nichts mehr. 9 In diesem Haus bin ich nicht viel
weniger als er. Ich darf mir alles nehmen, mit einer Ausnahme: dich, seine
Frau! Wie könnte ich so draufkommen und ihn, geschweige denn Gott, so
bescheißen?“ 10 Die Frau nervte jetzt jeden Tag rum. Josef blieb aber stark.

11 Einmal hatte Josef was im Haus zu tun. Keiner von den Hausangestellten
war gerade da. 12 Plötzlich packte sie ihn an seinen Klamotten und schrie
ihn an: „Los, nimm mich! Stell dich nicht so an!“ Er riss sich von ihr los und
floh aus dem Zimmer. Dabei verlor er aber seine Jacke, an der sie ihn fest-
gehalten hatte. 13 Als sie das Teil aufgehoben hatte, nachdem Josef abge-
hauen war, 14 rief sie einige der Hausangestellten zu sich. „Seht euch das
an!“, sagte sie. „Da hat mein Ehemann mir so einen Hebräer ins Haus
geschleppt, der hier machen kann, was er will, und jetzt kommt der einfach
in mein Schlafzimmer, um mich zu vergewaltigen! Ich hab mich aber laut
gewehrt! 15 Erst als ich so laut geschrien hab, wie ich konnte, hat er mich los-
gelassen und ist abgehauen! Seine Jacke hat er dabei verloren.“ 16 Die Jacke
legte sie als Beweisstück neben sich aufs Bett und wartete, bis ihr Ehemann
nach Hause kam. 17 Ihm erzählte sie dieselbe Story. „Dein Sklave, dieser
Hebräer, den du hier ins Haus geholt hast, der war heute hier und wollte
mich vergewaltigen! 18 Erst als ich laut geschrien hab, ist er abgehauen, er
hat aber seine Jacke hier vergessen!“ 19 Als Potifar die Geschichte gehört
hatte, rastete er total aus.

Josef im Gefängnis

20 Er ließ Josef sofort verhaften und ins Gefängnis bringen, wo alle Inhaf-
tierten saßen, die vom Präsidenten persönlich festgehalten wurden. 21 Gott
war Josef gegenüber aber immer treu. Er sorgte dafür, dass er einen guten
Draht zum Gefängnisdirektor hatte. 22 Nach einer Weile übertrug der ihm
sogar die Aufsicht über die anderen Gefangenen im Gefängnis. Und am
Ende regelte er alle Geschäfte rund um die Anstalt. 23 Der Gefängnisdirektor
saß nur noch entspannt in seinem Büro und kümmert sich um nichts.
Das passierte alles, weil Gott total auf der Seite von Josef war. Alles, was er
anpackte, gelang ihm gut und wurde ein Erfolg.

40

Josef weiß, was Träume bedeuten

1 Einige Zeit später bauten zwei Beamte, die höhere Posten beim Präsiden-
ten hatten, richtig Mist. Der eine war der persönliche Chefkellner und der
andere der Meister von der Bäckerei, die nur für den Präsidenten Brot
backte. 2 Der Pharao, so nannte man den Präsidenten von Ägypten damals,
war richtig angefressen auf die zwei. 3 Er verknackte beide zu höheren Haft-
strafen und buchtete sie in das gleiche Gefängnis ein, wo auch der Josef fest-
saß. 4 Der Gefängnisdirektor teilte ihnen Josef als Betreuer zu. Nachdem sie
dort einige Zeit in Haft waren, 5 hatten sie beide einen sehr heftigen Traum.
Sowohl der Chefkellner als auch der Bäckermeister vom Präsidenten träum-
ten in derselben Nacht, und jeder von diesen Träumen hatte eine tiefere

Bedeutung. [6] Als Josef morgens in ihre Zelle kam, kriegte er sofort mit, dass beide voll schlecht drauf waren. [7] „Was geht? Warum hängt ihr hier so deprimäßig rum?“, fragte er sie. [8] „Wir hatten beide einen echt heftigen Traum, aber es gibt niemanden hier, der uns sagen kann, was für eine Aussage dahintersteckt!“ – „Hm“, antwortete Josef. „Die Bedeutung von Träumen weiß nur Gott. Aber wenn ihr Lust habt, kann ich es ja versuchen. Ich hab nen heißen Draht nach oben. Erzählt mal!“ [9] Der Chefkellner legte als Erster los: „Also, in meinem Traum war da zuerst so eine Pflanze mit unterschiedlichen Stämmen, wo viele Weintrauben dran waren. [10] Das waren insgesamt drei große Pflanzenstämme, die sehr grün waren. Ich konnte sehen, wie die Pflanze viel Wasser aus dem Boden aufnahm. Dadurch wuchs sie sehr schön, und die Weintrauben wurden sehr süß und lecker. [11] Dann hatte ich plötzlich das Weinglas vom Präsidenten in meiner Hand. Ich nahm ein paar Trauben, zerdrückte sie mit meiner Hand, so dass der Saft in das Glas tropfte. Dann gab ich den Becher unserem Präsidenten.“ [12] „Okay“, sagte Josef. „Hier kommt die Aussage: Drei Pflanzenstämme bedeuten drei Tage. [13] Also wird dich in drei Tagen der Präsident vorladen. Er wird dich wieder in deinen Job einsetzen, den du vorher auch gehabt hast, als Chefkellner für die Getränkekarte. Dann wirst du ihm wieder höchstpersönlich den Wein einschenken. [14] Wenn das passiert, tue mir einen Gefallen, hörst du? Sei nett und leg beim Präsidenten ein gutes Wort für mich ein! Erzähl ihm von mir und hol mich hier irgendwie raus! [15] Ich bin nämlich vor einiger Zeit entführt worden. Ursprünglich stamme ich aus dem Hebräer-Land. Dabei bin ich unschuldig. Ich sitze hier im Knast, obwohl ich nichts ausgefressen hab.“ [16] Als der Bäckermeister mitkriegte, wie geil die Deutung vom Traum seines Kollegen war, kam er auch bei Josef an. „Ich hab auch etwas geträumt!“, meinte er. „Ich hatte drei Körbe in meinem Wagen, die mit richtig leckerem Kuchen und Brötchen gefüllt waren. [17] In dem Korb, der oben lag, waren Baguettes für das nächste Mittagessen vom Präsidenten. Dann kamen plötzlich ganz viele Vögel angeflogen und pickten das Brot einfach auf.“ [18] „Hmm“, sagte Josef. „Hier kommt die Aussage: Drei Körbe bedeutet drei Tage. [19] In drei Tagen wird der Präsident dich verurteilen und dir die Todestrafe aufbrummen. Man wird dich verurteilen zum Tod am Galgen. Dort lassen sie dich eine Weile hängen, bis Vögel ankommen und von deiner Leiche fressen.“ [20] Drei Tage später hatte der Präsident Geburtstag und feierte eine Party. Alle Beamten der Stadt waren eingeladen. Es gab ein kaltes Buffet vom Feinsten, mit allem Drum und Dran. Mitten in der Party ließ der Präsident den Bäckermeister und seinen Chefkellner vorladen. [21] Der Chefkellner bekam dann seinen Job zurück. [22] Der Bäckermeister wurde aber zum Tod verurteilt und gehängt, genauso, wie Josef es vorausgesagt hatte. [23] Der Chefkellner dachte aber nicht mehr an Josef und hatte schnell vergessen, was er ihm versprochen hatte.

41

Die seltsamen Träume vom Präsidenten

1 Zwei Jahre später hatte der Präsident selbst auch einen heftigen Traum. Er träumte, dass er am Ufer vom größten Fluss in Ägypten, dem Nil, stand. 2 Dort konnte er wie in einem Film sieben schöne, gut ernährte, dicke Kühe am Ufer stehen sehen, wie sie am Grasfressen waren. 3 Dann kamen sieben andere Kühe aus dem Nil raus, die alle potthässlich aussahen. Die waren total abgemagert und dünn. Die dünnen Kühe stellten sich neben die dicken. 4 Plötzlich fielen die dünnen Kühe über die dicken her und verspachtelten sie! Schweißgebadet wachte der Präsident auf. 5 Nach einer Zeit pennte er wieder ein und träumte einen zweiten Traum. Jetzt sah er einen Halm von einer Weizenpflanze. An diesem Halm wuchsen sieben dicke Ähren, wo sehr viele Körner drinsteckten. 6 Dann sah er, wie anschließend noch mal sieben Ähren anfingen zu wachsen. Diesmal waren die aber echt winzig und vom heißen Wüstenwind total vertrocknet. 7 Plötzlich machten sich die winzigen Ähren über die dicken Ähren her und fraßen sie einfach auf! Schweißgebadet wachte der Präsident wieder auf. Er peilte dann erst, dass er nur einen fiesen Alptraum gehabt hatte. 8 Am nächsten Morgen bekam er leichte Panik, weil er glaubte, dass diese Träume was zu bedeuten hätten. Darum ließ er sofort durch seinen Sekretär alle Leute in sein Büro rufen, die irgendwie einen Schnall von Träumen oder auch übernatürlichen Dingen hatten. Aber keiner der Psychologen oder Wahrsager konnte ihm erklären, was dieser Traum zu bedeuten hat. 9 Der Oberkellner hörte von der Sache, machte einen Termin bei ihm und sagte: „Als ich von diesen Träumen hörte, die Sie hatten, erinnerte ich mich an die Zeit von früher, wo ich einmal richtig Mist gebaut hatte. 10 Herr Präsident, Sie waren ja mal sehr wütend auf mich und haben den Bäckermeister und mich in den Knast gesteckt. 11 Damals hatten wir beide in der gleichen Nacht einen Traum. Und beide Träume hatten dann tatsächlich auch eine besondere Bedeutung für uns. 12 Mit uns im Knast war ein junger Mann, ein Hebräer. Er arbeitete dort als persönlicher Sekretär vom Gefängnisleiter. Dem haben wir unsere Träume erzählt, und er konnte uns die Auslegung davon sagen. 13 Das Verrückte ist, dass alles, was er uns erzählt hatte, tatsächlich genauso eingetroffen ist. Ich wurde wieder angestellt, und mein Kollege wurde zum Tod verurteilt." 14 Der Präsident machte sofort ein paar Anrufe, um Josef bei sich im Büro antreten zu lassen. Er wurde aus dem Gefängnis geholt, man schickte ihn zum Frisör und kaufte Josef auch ein paar anständige Klamotten zum Anziehen. Dann kam er in das Büro vom Präsidenten. 15 „Kommen wir gleich zur Sache", sagte der zu ihm. „Ich habe einen Traum gehabt, aber es gibt keinen, der mir sagen kann, was er bedeutet. Man hat mir erzählt, Sie seien ein Profi im Träumedeuten.

Stimmt das?“ 16 „Ich kann das nicht“, erwiderte Josef. „Aber ich hab einen guten Draht zu dem, der das kann: Gott! Und der wird dem Präsidenten bestimmt etwas Gutes zu sagen haben.“ 17 Der Präsident erzählte: „Also, in meinem Traum stand ich am Fluss Nil. 18 Plötzlich kamen sieben schöne Kühe aus dem Wasser raus, die waren gut ernährt und dick. Dann fingen sie an, am Ufer Gras zu fressen. 19 Dann kamen aber sieben andere Kühe aus dem Wasser, die total abgemagert, dünn und hässlich waren. So hässliche Kühe hab ich echt in ganz Ägypten noch nie gesehen. 20 Die sieben hässlichen Kühe fielen dann über die sieben schönen her und fraßen sie einfach auf! 21 Aber die wurden einfach so aufgesaugt, da war kein großer Unterschied zu sehen, sie blieben genauso dünn und hässlich wie vorher. Dann bin ich aufgewacht. 22 Nachdem ich wieder eingepennt bin, hatte ich einen zweiten Traum. Jetzt sah ich, wie auf einem Halm von einer Weizenpflanze sieben dicke Ähren wuchsen, wo viele Körner drin waren. 23 Dann kamen da so ganz dünne, ausgetrocknete Ähren, wieder sieben Stück, ins Bild. 24 Die sieben dünnen Ähren fraßen zum Schluss die dicken einfach auf. Ich hab diese Träume meinen Psychologen und Wahrsagern erzählt, aber keiner konnte damit etwas anfangen.“ 25 „Beide Träume haben dieselbe Aussage“, sagte Josef. „Gott macht Ihnen jetzt schon eine Ansage, was er bald machen wird. 26 Die sieben fetten Kühe und die sieben fetten Ähren stehen für sieben fette Jahre. 27 Die sieben dünnen Kühe und die sieben dünnen Ähren stehen für sieben dünne Jahre. 28 Ich habe es gerade schon mal gesagt: Gott macht dem Präsidenten damit eine klare Ansage, was bald abgehen wird. 29 In den nächsten sieben Jahren wird es in ganz Ägypten richtig fette Ernten geben. Es gibt alles, was man will, bis zum Abwinken. 30 Aber dann kommen sieben dünne Jahre, wo es nichts zu fressen gibt und die Leute hungern müssen in ganz Ägypten. Diese Zeit wird so schlimm sein, dass man die guten Jahre davor schnell vergessen wird. Die Hungersnot wird ganz schön ans Eingemachte gehen. 31 Die fette Ernte wird bald aufgebraucht sein, weil dann viele Hunger haben werden. Diese Zeit wird wirklich hart sein, man wird die guten Jahre schnell wieder vergessen. 32 Weil der Präsident das Ganze aber zweimal geträumt hat, kann man ganz sicher davon ausgehen, dass es auch passieren wird. Gott hat es beschlossen, und es wird bald passieren. 33 Wenn ich einen Tipp geben darf: Suchen Sie sich schnell einen kompetenten Mann, dem Sie die komplette Verwaltung von Ägypten übertragen. 34 In den sieben Jahren, wo die Ernten richtig gut werden, sollten Sie 20 Prozent davon als Steuer von den Bauern einziehen. Dafür sollten von Ihnen ein paar Beamte angestellt werden, um das auch zu kontrollieren. 35 Diese Beamten sollen unter der obersten Aufsicht vom Präsidenten diese Getreidesteuer der guten Jahre sammeln und sie in den staatlichen Getreidesilos bunkern, die in den Städten liegen. 36 Das soll dann als Rücklage genommen werden, wenn die sieben dünnen Jahre am Start sind und die Leute Hunger haben. So kann dafür gesorgt werden, dass niemand verhungern muss und das ganze Land nicht durch diese Zeit kaputtgeht.

Josef kriegt den zweithöchsten Posten im Land

37 Diese Idee kam beim Präsidenten richtig gut an, und auch seine Berater
applaudierten. 38 Er flüsterte ihnen zu: „In diesem Mann wirkt ganz heftig
der Geist von Gott! Den müssen wir halten, so einen kriegen wir so schnell
nicht noch mal, oder?“ 39 Dann sagte er laut zum Josef: „Nachdem Ihnen
Gott meinen Traum so klar gedeutet hat, ist es für mich ganz eindeutig: Ich
werde wohl so schnell keinen Besseren für diesen Job finden als Sie. 40 Ich
biete Ihnen hiermit den Posten des Vizepräsidenten an! Alle sollen tun, was
Sie sagen, Sie haben volle Befehlsgewalt. Ich will nur in einem Punkt über
Ihnen stehen, und das ist in meinem Amt als Präsident von Ägypten.“
41 Etwas später sagte er noch mal zu Josef: „Ich übergebe Ihnen hiermit die
Vollmacht über Ägypten!“ 42 Er unterschrieb eine Urkunde, die das bestä-
tigte, und gab sie ihm feierlich. Dann ließ er einen Schneider kommen, der
Josef einen superfeinen Boss-Anzug machen sollte, eine Maßanfertigung.
Dazu bekam er noch ne fette Rolex und einen Mercedes S-Klasse als Dienst-
wagen. 43 Josef durfte dann immer, wenn der Präsident durch die Stadt fuhr,
in der Kolonne direkt hinter ihm fahren. Er durfte auch überall mit Blaulicht
durchbrettern, alle musste den Weg freimachen, wenn er kam. 44 „Also,
damit das klar ist, ich bin hier der Präsident!“, sagte er immer mal wieder
zu ihm. „Aber ansonsten darf niemand im Land auch nur den Finger krumm
machen, wenn Sie es ihm nicht erlauben!“ 45 Der Präsident gab Josef einen
neuen Pass, wo auch ein neuer Name für ihn drin stand. In Ägypten durfte
er sich ab jetzt „Zafenat-Paneach“ nennen, was so viel bedeutet wie „Gott
spricht, er lebt“. Dazu durfte er die Tochter des Priesters Potifera heiraten,
die Asenat hieß. So passierte es, dass Josef plötzlich der Chef von ganz
Ägypten wurde. 46 Josef war dabei gerade mal 30, als er von dem Präsidenten
dazu ausgesucht wurde, diesen Job zu tun. Er zog dann sofort los und
machte erst mal ne große Tour, durch ganz Ägypten.

Josef passt auf Ägypten auf

47 Jetzt gingen die sieben Jahre los, wo die fetten Ernten eingefahren werden
konnten. Auf den Feldern wuchs voll viel Getreide, weit mehr als genug.
48 Josef organisierte, dass man alle Nahrungsmittel, die geerntet wurden, in
die jeweils nächste Stadt brachte, um sie dort zu bunkern. 49 Das Getreide
war so gigantisch viel, dass man das Gefühl hatte, es wäre nicht mehr zu
wiegen. Josef hörte irgendwann auf, die Säcke zu zählen, weil es einfach
unzählbar wurde. 50 Bevor die große Hungerszeit losging, kriegte seine Frau

Asenat noch zwei Jungs. 51 Josef hatte auch gleich einen guten Namen für
ihn. Er nannte ihn Manasse, was so viel heißt wie „Gott hilft mir zu verges-
sen“. Denn er hatte das Gefühl, Gott habe ihm so geholfen, Abstand zu sei-
ner Familie zu kriegen und die ätzenden Sachen zu vergessen, die sie mit
ihm angestellt hatten. 52 Er bekam dann noch einen zweiten Sohn, den er
Efraim nannte, das heißt so viel wie „Gott schenkt mir Kinder“. Er sagte da
nämlich, dass Gott ihm sogar Kinder geschenkt hatte, obwohl er in diesem
Land eigentlich sterben sollte.

Die Brüder vom Josef kommen nach Ägypten

53 Dann waren die sieben Jahre zu Ende, wo eine fette Ernte am Start war.
54 Die sieben Jahre Hungersnot fingen aber jetzt an. Alles passierte genau so,
wie es Josef vorhergesagt hatte. Auf dem ganzen Kontinent gab es nichts
zu essen, nur in Ägypten hatten sie genug gebunkert. 55 Als die Einwohner
von Ägypten tierisch Hunger bekamen, bettelten sie beim Präsidenten. „Wir
haben Hunger! Geben Sie uns was zu essen!“ – „Wenn Sie Brot wollen, dann
wenden Sie sich an Josef. Befolgen Sie seine Anweisungen“, gab er als Flug-
blatt an die Leute raus. 56 Als die Hungersnot überall voll durchgeschlagen
hatte, öffnete Josef die Kornspeicher und ließ von dort den Verkauf an die
Ägypter starten. Die Hungersnot wurde immer derber, nicht nur bei ihm im
Land, sondern auch in den Nachbarstaaten. 57 Deshalb kamen die Leute aus
der ganzen Welt bei ihm in Ägypten an, um Getreide zu kaufen. Wie gesagt,
war überall das Essen sehr knapp, und man hatte auf dem ganzen Kontinent
mit Nahrungsmittelknappheit zu kämpfen.

42

Die Brüder von Josef kommen

1 Als Jakob davon Wind bekam, dass es in Ägypten noch was zu futtern gab,
sagte er zu seinen Söhnen: „Kinder! Was steht ihr hier so rum? 2 Ich hab
gehört, dass es in Ägypten noch gut Getreide zu kaufen gibt. Jetzt packt eure
Sachen und fahrt da mal hin! Sonst müssen wir hier noch verhungern.“
3 Die zehn älteren Brüder von Josef packten sofort ihre Klamotten zusam-
men und fuhren nach Ägypten. 4 Nur Benjamin, der zweite Sohn von Rahel,
sollte auf Wunsch des Vaters zu Hause bleiben. Er hatte Schiss, dass Ben-
jamin auch noch was passieren könnte. 5 Die Brüder waren aber nicht die
Einzigen, die diese Idee hatten. Weil ja im ganzen Land eine derbe Hungers-
not war, gingen viele dieselbe Strecke, Richtung Ägypten. 6 Josef hatte mitt-
lerweile die absolute Macht im ganzen Land. Er war alleine für den Verkauf
von dem ganzen Getreide verantwortlich. Jede Bestellung ging über seinen
Schreibtisch. Plötzlich kamen seine Brüder in das Büro und verbeugten
sich ganz tief vor ihm, fast so, als wäre er der Präsident. 7 Josef erkannte

sie sofort, aber er machte einen auf doof, so als hätte er keine Ahnung, wer
ihm da gegenüberstand. „Guten Tag! Woher kommen Sie?“, fragte er.
„Wir kommen aus dem Kanaan-Land. Wir sind hier, weil wir Getreide kaufen
wollen“, antworteten seine Brüder. 8 Sie peilten aber immer noch nicht, wer
da mit ihnen redete. 9 Jetzt erinnerte sich Josef wieder an das, was er damals
geträumt hatte. Darum machte er erst mal einen auf Schauspieler. „Sie sind
doch alle Spione! Wollen Sie unser Land ausspionieren, um zu sehen, wo
man uns am leichtesten angreifen kann, oder was?“ 10 „Nein, auf keinen Fall,
sehr verehrter Herr! Wir sind nur hier, um Getreide einzukaufen. 11 Wir sind
alle aus der gleichen Familie. Wir sind total ehrliche Leute, keine Spione oder
so was, versprochen!“, antworteten die Brüder durcheinander. 12 Aber Josef
zog seine Rolle hart durch. „Nein, Sie sind nur hergekommen, weil das Land
gerade nicht geschützt werden kann. Sie sind Spione!“ 13 „Nein, nein, wie
können Sie so was sagen? Wir sind nur zwölf Brüder, die bereit sind, alles für
Sie zu geben und Ihnen zu dienen. Wir kommen alle aus einer Familie, mit
einem Vater, der aus Kanaan stammt. Unser jüngster Bruder ist bei unserem
Vater geblieben, ein anderer ist tot.“ 14 Josef blieb bei seiner Meinung: „Es ist
so, wie ich es sagte: Sie sind Spione! 15 Aber ich will Ihre Aussagen einmal
überprüfen lassen. Dazu verlange ich, dass Ihr jüngster Bruder hier auch
noch erscheint. Wenn Sie den nicht bringen können, werde ich Sie hier ein-
sperren lassen! Da drauf haben Sie mein Wort! 16 Einer von Ihnen soll den
Jungen mal herholen. Die anderen werden verhaftet und kommen in unser
Staatsgefängnis. So kann man feststellen, ob Sie die Wahrheit erzählt haben!
Aber, beim Leben des Präsidenten, ich bin mir sicher, dass Sie Spione sind!“
17 Josef steckte sie dann für drei Tage in den Knast in eine Zelle. 18 Am dritten
Tag besuchte er sie dort und sagte: „Ich geb Ihnen noch ne Chance, wenn
Sie am Leben bleiben wollen. Denn ich hab auch Respekt vor Gott. 19
Wenn Sie wirklich ehrlich drauf sind, dann können Sie mir einen von Ihren
Geschwistern hierlassen. Der Rest kann von mir aus nach Hause gehen und
Getreide mitnehmen. Ich will ja nicht, dass Ihre Familien verhungern. 20 Aber
versprechen Sie mir, den Jüngsten von Ihnen mit herzubringen, ja? Wenn
Sie das machen, glaube ich Ihnen. Und dann muss hier auch keiner ster-
ben.“ Die Brüder waren einverstanden. 21 „Das ist jetzt die Strafe“, sagten sie
zueinander, als er wieder weg war. „Josef hatte total die Angst vor dem Tod,
als er da in dem Loch war. Er hat uns angebettelt, dass wir ihn da wieder
rausholen, aber wir haben so getan, als würden wir das nicht hören. Das
haben wir nun davon, jetzt kriegen wir es selbst ganz dicke ab.“ 22 Ruben
sagte: „Ich hab doch noch gesagt: ‚Lasst den Jungen in Ruhe!‘, aber ihr woll-
tet nicht auf mich hören! Jetzt haben wir hier den Ärger am Hals. So was
rächt sich immer!“ 23 Josef stand die ganze Zeit daneben. Weil er vorher auf
Ägyptisch zu ihnen gesprochen hatte, was ein Typ dann in Hebräisch über-

setzte, dachten sie, er könnte ihre Sprache nicht verstehen. 24 Ihm kullerten die Tränen runter, und er musste schnell in ein Nebenzimmer gehen, damit das keiner mitkriegte. Als er wiederkam, ließ er den Simeon erst mal festnehmen und in Handschellen abführen. 25 Dann befahl Josef, alle mitgebrachten Kisten von seinen Brüdern mit Korn zu füllen. Unter den Deckel wurde sogar noch das Geld obendrauf gelegt, das sie eigentlich für die Ware bezahlt hatten. Er organisierte auch noch ein paar Schnittchen und andere Reiseverpflegung für die Jungs. Alles wurde genau so ausgeführt, wie er es wollte. 26 Sie packten die Kisten auf den Lkw und fuhren damit zurück Richtung Heimat. 27 Abends an der Tanke öffnete einer von ihnen eine der Kisten, die auf dem Hänger standen, um mal zu checken, was da jetzt drin ist. Da entdeckte er sofort die Geldscheine, die obenauf lagen. 28 Leicht geschockt rief er die anderen zusammen. „Hey, Leute, meine ganze Kohle ist hier in der Kiste drin! Was sollen wir jetzt nur machen?“ Sie bekamen voll die Panik. „Warum hat Gott das zugelassen? Warum hat er uns das angetan?“ 29 Als sie dann bei ihrem Vater Jakob in Kanaan ankamen, erzählten sie ihm die ganze Geschichte. 30 „Papa, der Typ, der in Ägypten zur Zeit das Sagen hat, war richtig hart zu uns! Er hat behauptet, wir wären Spione! 31 Wir haben ihm dann erzählt, dass wir wirklich ganz ehrliche Absichten hätten und dass wir nie und nimmer sein Land ausspionieren würden. 32 Haben ihm gesagt, dass wir zwölf Brüder sind, aber einer von uns bereits gestorben sei. Und dass der Jüngste zu Hause im Kanaan-Land, bei unserem Vater, geblieben ist. 33 Dieser Mann meinte dann zu uns, er würde uns erst vertrauen, wenn wir genau das tun, was er sagt. Wir sollten einen Bruder dalassen, das Getreide dürften wir aber schon mal mitnehmen, damit unsere Familien zu Hause nicht verhungern müssen. 34 Und dann bestand er da drauf, dass wir unseren jüngsten Bruder zu ihm bringen! ‚Das wäre für mich ein gutes Zeichen, dass Sie keine Spione, sondern korrekt sind‘, meinte er. ‚Wenn der hier ist, lass ich auch Ihren anderen Bruder frei, und Sie können dann überall in Ägypten hingehen und machen, was Sie wollen‘, hat er zu uns gesagt.“ 35 Beim Auspacken der anderen Kisten fanden sie dann die ganze andere Kohle, die überall obendrauf lag. Als sie und Jakob das Geld sahen, kriegten sie alle richtig Panik … 36 „Was soll das?“, schrie Jakob. „Jetzt verliere ich auch noch das zweite Kind! Josef ist weg und Simeon jetzt auch noch!? Und als Nächstes wollt ihr mir auch noch Benjamin wegnehmen? Seid ihr noch ganz dicht?“ 37 Ruben sagte zu seinem Vater: „Papa, ich mach dir ein Angebot. Wenn ich Benjamin nicht gesund und lebendig wieder zurückbringe, dann kannst du von mir aus meine beiden Söhne umbringen. Vertrau mir! Ich werde ihn bestimmt zu dir zurückholen!“ 38 Jakob war nicht einverstanden: „Benjamin bleibt hier! Basta! Sein Bruder Josef ist schon tot, und er ist der letzte von den Jungs, die ich mit Rahel zusammen bekommen hab. Ich

bin jetzt schon weit über 80. Wenn er einen Unfall auf dem Weg hat oder
ihm sonst was passiert, ich hätte sofort eine Herzattacke, das würde ich
nicht überleben."

43

Die Brüder fahren noch mal nach Ägypten

[1] Die Hungersnot war immer noch sehr heftig. [2] Irgendwann waren die
Getreidekisten alle, die die Brüder aus Ägypten mitgebracht hatten. Jakob
sprach noch mal mit seinen Söhnen: „Ich möchte, dass ihr wieder da hin-
fahrt und uns was zu Essen organisiert." [3] „Aber Papi, der Ägypter hat ein-
deutig gesagt, wenn wir noch mal in seine Nähe kommen, dann nur mit
unserem Bruder! Das war eine Drohung! [4] Wir gehen nur, wenn es für dich
okay ist, dass Benjamin mitkommt, [5] sonst bleiben wir lieber hier. Der Typ
hat eindeutig klargemacht, wir sollen uns nicht noch einmal bei ihm blicken
lassen, es sei denn, unser Bruder ist dabei." [6] Jakob, den man in der Zeit
auch „Israel" nannte, war echt sauer. „Warum habt ihr ihm überhaupt davon
erzählt, dass es noch einen Bruder bei euch gibt?" [7] „Ja, aber Papa, der
Mann hat uns echt ausgequetscht. Er fragte uns ganz direkt: ‚Lebt euer Vater
noch?', ‚Habt ihr noch einen Bruder?'. Wir haben ihm dann einfach die
Wahrheit gesagt. Wir hatten doch keine blasse Ahnung, dass der irgendwann
auf die Idee kommt, wir sollen unseren Bruder auch noch mitbringen!"
[8] Juda hatte dann einen Vorschlag: „Papa, vertrau mir einfach, okay? Gib mir
den Jungen unter meinem persönlichen Schutz mit. Wir gehen besser das
Risiko ein, als dass wir alle vor Hunger sterben, wir und auch die Familien.
[9] Ich übernehme das Ding! Du kannst mich persönlich voll dafür verantwort-
lich machen, mein Leben lang, wenn ich ihn nicht heil zurückbringe, ich
schwör! [10] Wir wären ja schon zweimal wieder hier, wenn wir nicht so lange
rumdiskutiert hätten." [11] Der Vater Israel sagte schweren Herzens: „Na
gut, wenn es unbedingt sein muss, nehmt ihn meinetwegen mit. Aber bringt
diesem Ägypter ein paar schöne Geschenke mit, Sachen, die in unserem
Land echt ganz besonders gut sind. Packt von unserem Honig was ein,
Pistazien, Mandeln, ein paar von unseren besonderen Deos und Parfüms,
die gute hausgemachte Gesichtscreme, eben von dem ganzen Zeug. [12] Und
dann nehmt doppelt so viel Geld mit. Einmal die Kohle, die man euch
wohl aus Versehen in die Kisten gepackt hatte, und dann auch neues Geld.
Übergebt das alles in bar dem Verantwortlichen. [13] Benjamin könnt ihr
meinetwegen mitnehmen. Geht noch mal zu diesem Mann. [14] Ich werde
hier sturmbeten, dass der Ägypter euch mag und nett zu euch ist. Und ich
bete auch dafür, dass er meinen Benjamin und auch Simeon wieder gehen
lässt. Ich will nicht auch noch alle meine anderen Kinder verlieren, hört
ihr?!"

Josef macht ne fette Party, für seine Brüder

15 Die Brüder nahmen dann die doppelte Kohle mit, steckten die ganzen Geschenke ein und machten sich auf den Weg nach Ägypten. Benjamin hatten sie diesmal auch mit dabei. Nach einiger Zeit kamen sie beim Schloss an, in dem Josef wohnte. 16 Der sah schon aus dem Fenster, dass sie tatsächlich Benjamin mitgebracht hatten! Er rief sofort seinen Manager und sagte zu ihm: „Führen Sie die Leute, die grade ankommen, gleich in meine Residenz. Und dann fahren Sie das beste Essen auf, starten den Grill und machen uns leckere Steaks. Wir werden heute Mittag gemeinsam bei mir essen." 17 Als der Manager die Brüder begrüßt hatte und er sie in Josefs Residenz fahren wollte, 18 bekamen sie die leichte Panik. „Das ist ne Falle! Sie werden uns wegen dem Geld, das irgendwie in unsere Kisten gekommen ist, bestimmt sofort verhaften, unser ganzes Eigentum abzocken, unseren LKW verkaufen und uns in den Knast stecken." 19 Bevor sie in das Haus rein gingen, sprachen sie noch mal mit dem Manager: 20 „Mal ne Frage: Wir waren ja schon einmal hier und haben Getreide von Ihnen gekauft. 21 Auf dem Heimweg, als wir irgendwo übernachten wollten, haben wir in die Kisten reingesehen. Und da lag oben in einem Umschlag das ganze Geld, das wir Ihnen dafür bezahlt hatten. Wir haben das jetzt alles wieder mitgebracht. 22 Dazu haben wir noch genug Geld dabei, um neues Getreide zu kaufen. Keine Ahnung, wer uns diesen Betrag in unsere Kisten gepackt hatte!" 23 „Keine Panik! Bleiben Sie locker!", meinte der Manager. „Das war wohl Ihr Gott höchstpersönlich, der Ihnen das Geld zugesteckt hat. Bei mir war die Abrechnung voll in Ordnung, ich habe einen satten Geldeingang von Ihnen verbucht." Er holte dann erstmal Simeon und brachte den zu ihnen. 24 Nachdem sie in der Residenz drin waren, ließ der Manager ihnen die Gästezimmer aufschließen, damit sie sich erstmal waschen konnten. Die Wagen wurden sogar neu betankt und kamen in die Autowäsche. 25 In der Zeit, als die Brüder auf Josef warteten, legten sie schon mal fein säuberlich die ganzen Geschenke auf den Tisch. Man hatte ihnen erzählt, dass sie sogar zum Mittagessen im Haus eingeladen waren!
26 Als Josef nach Hause kam, überreichten sie ihm die ganzen Geschenke und machten dabei immer wieder ganz tiefe Verbeugungen. 27 Josef wollte wissen, ob bei ihnen alles okay ist. „Wie geht es Ihrem alten Vater eigentlich? Lebt der noch?" 28 „Ja, unserem Vater geht es gut. Wir sollen herzliche Grüße von ihm ausrichten!" Dann verbeugten sie sich wieder ganz tief vor Josef.
29 Jetzt sah der erst seinen Bruder Benjamin, der die gleiche Mutter hatte wie er auch. „Ist das Ihr Jüngster, von dem Sie mir erzählt haben?", schauspielerte er. „Gott ist voll auf deiner Seite, mein Sohn!" 30 Josef kriegte voll die Heuleritis, als er das sagte. Damit Keiner mitkriegte, dass er wegen seinem Bruder am Weinen war, ging er schnell in sein Privatzimmer und flennte sich da erstmal richtig aus. 31 Danach hielt er sein Gesicht unter kaltes Wasser

und ging wieder zurück. „Du musst dich jetzt echt zusammenreißen“, sagte
er zu sich selbst. Dann beauftragte er den Hausangestellten: „Fahrt jetzt mal
das Essen auf!“ 32 Im Esszimmer bekam Josef einen Platz an einem Sonder-
tisch, die anderen Brüder saßen zusammen. An einem dritten Tisch platzen
sich die Ägypter hin, die in dem Anwesen von Josef arbeiteten. Es war näm-
lich damals total out für einen Ägypter mit Hebräern an einem Tisch zu
essen. 33 Die Brüder saßen alle genau Josef gegenüber. Dabei hatte man die
Platzkarten so organisiert, dass sie der Reihenfolge von ihrem Alter entspra-
chen. Das fanden die, na klar, erstmal total strange, weil das ja eigentlich kei-
ner wissen konnte. 34 Dann kam das Essen. Es wurden die ganzen Spezialsa-
chen aufgefahren, die eigentlich nur besondere Staatsgäste bekommen.
Wobei Benjamin von allem fünfmal so viel auf seinen Teller bekam, wie die
anderen. Danach tranken sie noch ein paar Flaschen Alk, bis sie in Partylaune
und richtig breit waren.

44

Josef testet seine Brüder aus

1 Am nächsten Morgen beauftragte Josef seinen Manager: „Füllen Sie die
Kisten von diesen Männern wieder randvoll mit Getreide! Dann legen Sie
auch das Geld wieder oben rein, was sie dafür bezahlt haben. 2 In die Kiste,
die der Jüngste von ihnen beladen hat, legen Sie bitte noch meine Rolex
oben rein, Sie wissen schon, welche.“ Der Manager führte den Auftrag sofort
aus. 3 Am nächsten Morgen machte man früh um 5.00 Uhr die Papiere fertig
und ließ sie abreisen. 4 Als sie gerade um die Ecke den Ort verlassen wollten,
befahl Josef seinem Manager: „Jetzt gehts los! Fahren Sie schnell hinterher
und holen Sie sie ein! Wenn Sie die Wagen erreicht haben, stoppen Sie den
ganzen Treck. Und dann müssen Sie Folgendes loslassen: ‚Warum habt ihr
meinen Chef beklaut, obwohl er so gut zu euch war? 5 Ihr habt die Rolex von
meinem Chef mitgenommen, ein Erbstück von seinem Vater. Ihr habt damit
ein Schwerstverbrechen begangen!‘“ 6 Der Manager fuhr full speed los und
holte sie recht schnell ein. Dann sagte er seinen Spruch auf, den ihm Josef
aufgetragen hatte. 7 „Wie kommen Sie zu so ner Aussage?“, antworteten die
Brüder. „So was würden wir nie und nimmer bringen! 8 Jeder Cent, den wir
mitgebracht haben, auch das Geld, das man uns versehentlich in die Kisten
getan hat, alles wurde von uns wieder zurückgebracht! Warum sollten aus-
gerechnet wir auf die Idee kommen, aus dem Haus von Ihrem Chef Sachen
zu zocken? 9 Also, falls Sie die Uhr tatsächlich bei irgendjemandem von uns
finden sollten, soll der die Höchststrafe dafür bekommen, den Tod. Und wir
würden ab sofort freiwillig als Angestellte mit Billiglohn auf Lebenszeit für
Ihren Chef arbeiten. Ist das ein Angebot?“ 10 „Ja, okay“, sagte der Manager.
„Das hört sich gut an. Wer das Teil gezockt hat, der kommt mit und muss

für immer für ihn arbeiten. Der Rest kann weiter nach Hause gehen." [11] Sie holten sofort die Kisten raus und öffneten sie. [12] Der Manager filzte zuerst die Sachen vom Ältesten, dann vom Zweitältesten usw., bis er beim Jüngsten war. Dort fand er dann die Rolex in Benjamins Sachen. [13] Die Brüder rasteten total aus, schlugen auf die Motorhaube und schrien rum. Schließlich packten sie alles wieder ein und fuhren die Strecke zurück zu dem Haus, wo Josef wohnte. [14] Als sie bei ihm ankamen, gingen sie sofort in sein Büro, wo er schon auf sie wartete. Sofort warfen sie sich auf den Boden. [15] Josef schrie sie an: „Was ist denn jetzt bitte los? Wie sind Sie überhaupt drauf? Es hätte Ihnen doch vollkommen klar sein müssen, dass ich so was sofort merke, wenn man mich beklaut!" [16] „Sehr verehrter Herr! Wir sind selbst vollkommen sprachlos! Was können wir noch sagen, um unsere Unschuld zu beweisen? Gott hat dafür gesorgt, dass wir erwischt wurden. Ab sofort stehen wir Ihnen für immer zur Verfügung. Wir und auch der, bei dem die Uhr gefunden wurde." [17] Aber Josef sagte: „Nein, ich werde nicht so ungerecht sein. Ich will nur, dass der, bei dem die Uhr gefunden wurde, ab sofort auf lau für mich arbeitet. Sie anderen können wieder in Ruhe zu Ihrem Vater zurückgehen!"
[18] Juda ging auf Josef zu und ergriff das Wort: „Sehr verehrter Herr! Sie haben fast genau so viel Macht wie der Präsident von Ägypten! Bitte verzeihen Sie mir, wenn ich hier ganz offen mit Ihnen rede, und bitte werden Sie nicht gleich sauer. [19] Das letzte Mal, als wir bei Ihnen waren, haben Sie uns gefragt, ob unser Vater noch lebt und ob es bei uns noch mehr Brüder gibt. [20] Wir haben ganz ehrlich geantwortet, dass unser Vater zwar schon sehr alt ist, aber noch lebt. Und auch, dass wir noch einen Bruder haben, den unser Vater bekommen hat, obwohl er da schon im Rentneralter war. Dieser Junge ist der letzte Sohn von zweien, die dieselbe Mutter haben. Der Ältere ist schon tot. Darum hängt der Vater auch so an ihm. [21] Als Sie gesagt hatten, wir sollten ihn auch noch herbringen, [22] haben wir versucht, deutlich zu machen, dass der Junge zurzeit seinen Vater nicht alleine lassen kann. Er würde sehr wahrscheinlich eine Herzattacke kriegen und sterben, wenn der Jüngste weg wäre. [23] Aber Sie haben da drauf bestanden. Sie meinten zu uns: ‚Ohne ihn braucht ihr gar nicht noch einmal zu kommen!' [24] Als wir dann wieder zu Hause waren, haben wir unserem Vater alles erzählt. [25] Dann waren die Essensreserven schon wieder alle, und er fragte uns noch mal, ob wir nicht nach Ägypten gehen würden, um Nachschub zu holen. [26] Aber wir fanden das keine so gute Idee. Wir sagten ihm: ‚Das geht unmöglich – es sei denn, Benjamin kommt mit! Ohne ihn brauchen wir dort gar nicht erst noch mal auflaufen!' [27] Mein Vater, der alles für Sie tun würde, sagte dann zu uns: ‚Ihr wisst das doch, dass meine Lieblingsfrau mir nur zwei Söhne geboren hat, oder? [28] Den einen hab ich schon vor Jahren als vermisst gemeldet. Er ist mit Sicherheit ermordet worden oder bei einem Unfall ums Leben gekom-

men. Ich hab ihn seitdem nie mehr gesehen. 29 Jetzt wollt ihr mir den zwei-
ten Sohn auch noch wegnehmen? Wer kann mir denn garantieren, dass er
nicht auch einen Unfall hat oder getötet wird, he? Ich würde das nicht über-
leben!' 30 Wenn wir jetzt zurückkommen und er sieht, dass der Junge, an
dem er so wahnsinnig hängt, nicht dabei ist, 31 dann wird er sofort einen
Herzkasper kriegen und tot umfallen. Dann sind wir verantwortlich für den
Tod unseres eigenen Vaters und auch dafür, dass er mit so viel Frust und
Trauer gestorben ist. Denn diese ganze Depression nimmt er dann sogar mit
in den Tod. 32 Außerdem hab ich ihm gesagt, ich stehe dafür grade, dass ich
den Jungen wieder mitbringe. Die ganze Schuld liegt bei mir, und zwar für
immer. 33 Bitte erlauben Sie mir, dass ich anstelle von Benjamin hier bleibe.
Ich werde Ihnen treu dienen und Ihr Angestellter sein, ohne Bezahlung
und solange ich lebe. Bitte lassen Sie aber die anderen wieder nach Hause
gehen! 34 Ich kann sowieso nicht mehr zurück, wenn der Junge nicht bei mir
ist. Und ich würde durchdrehen, wenn ich meinen Vater so traurig sehen
müsste."

45

Josef zeigt, wer er wirklich ist

1 Als Josef die ganze Story hörte, konnte er sich nicht länger zusammenrei-
ßen. Erst schickte er alle Ägypter vor die Tür, er wollte auf keinen Fall, dass
irgendein Fremder dabei war, wenn er seinen Brüdern zeigte, wer er wirklich
war. 2 Dann waren sie endlich allein. Josef fing erst mal voll laut an zu heu-
len. Alle im Innenhof bekamen das mit, und auch der Präsident und seine
Mitarbeiter hörten von der Sache. 3 „ICH bin Josef!", sagte er zu seinen Brü-
dern. „Lebt Papa noch?" Seine Brüder waren aber alle erst mal wie gelähmt
und konnten gar nichts sagen ... 4 „Kommt mal näher zu mir!" Als sie vor
ihm standen, rief er ihnen noch mal zu: „Ich bin's wirklich! Josef, euer
Bruder! Der, den ihr nach Ägypten verhökert habt! 5 Keine Panik Leute, ihr
braucht euch echt keinen Kopf mehr zu machen wegen der Sache! Es war
am Ende doch wohl Gott selbst, der mich auf diesem verrückten Weg nach
Ägypten geschickt hat. Er wollte, dass ich hier vielen Menschen das Leben
rette! 6 Seit zwei Jahren haben wir jetzt schon diese derbe Hungersnot. Fünf
Jahre wird das noch so weitergehen, erst dann wird man wieder Sachen aus-
säen und ernten können. 7 Das war der Grund, warum mich Gott hierhin
geschickt hat. Es war sein Plan, denn er wollte euch und eure Kinder retten.
8 Genau genommen habt ihr mich gar nicht in diese Lage gebracht, sondern
Gott. Er hat das alles so organisiert, dass ich diese Anstellung beim Präsiden-
ten bekommen hab und sein Vize wurde. Alle in Ägypten müssen im Grunde
tun, was ich sage. 9 Jetzt los, Leute! Und nehmt für Papa noch einen Brief
von mir mit!" Er setzte sich dann schnell an den Schreibtisch und schrieb:

„Lieber Papa! Wie geht es dir? Mir geht es gut! Gott hat dafür gesorgt, dass
ich der Chef von ganz Ägypten geworden bin. Bitte komme mich ganz
schnell besuchen! Warte nicht mehr so lange! 10 Wenn du willst, kannst du
dich in dem Gebiet Goschen niederlassen. Das ist ganz in der Nähe, wo ich
auch wohne. Bitte bring alle deine Kinder mit und auch die Enkel! Pack deine
ganzen Sachen zusammen, und nimm auch den ganzen Betrieb mit, alle
Ziegen und Rinder. 11 Diese Hungersnot wird noch fünf Jahre weitergehen.
Ich pass auf euch auf und sorg dafür, dass es euch gutgeht! Bis bald. Dein
Josef“ 12 Er gab den Brief an seine Brüder und sagte zu ihnen: „Hey, habt ihr
es jetzt kapiert? Ich bin es, der mit euch redet! Wie sieht es bei dir aus, Ben-
jamin? 13 Ihr müsst Papa die ganze Geschichte erzählen, alles, was ihr hier
gesehen habt. Sagt ihm auch, dass ich richtig Karriere in Ägypten gemacht
habe. Und jetzt zieht mal los und bringt ihn her, so schnell es geht!!!“ 14 Josef
knuddelte den Benjamin wie verrückt und weinte dabei die ganze Zeit. Ben-
jamin heulte auch voll los. 15 Dann knutschte Josef der Reihe nach seine
Brüder ab, weil er sich voll freute. Erst jetzt fingen die Brüder an zu kapieren,
was da gerade passiert war, und fingen an, ihm tausend Fragen zu stellen.

Der Präsident beordert Jakob nach Ägypten

16 An der Residenz machte die Nachricht, dass die Brüder vom Josef da
waren, erst mal die Runde. Der Präsident und auch die Minister fanden die
Sache aber sehr cool. 17 Er sagte zu Josef: „Sagen Sie Ihren Brüdern, dass sie
mal ihre Lkws beladen sollen. Sie können dann schnell wieder ins Kanaan-
Land abdüsen 18 und dann noch mal wiederkommen. Diesmal sollen sie
aber auch Ihren Vater und die ganze Familie mitbringen! Wenn die wollen,
kriegen sie von mir ein richtig gutes Stück Land geschenkt. Dort kann man
sehr gut Sachen anbauen. Ihre Familie soll das beste Essen kriegen, was
man in Ägypten anpflanzen kann. 19 Sie haben ja alle Vollmachten von mir
bekommen. Also organisieren Sie noch einen Bus, wo die kleinen Kinder
und die Frauen mitfahren können. Auch für Ihren Vater ist das bestimmt
ne gute Idee, da mitzufahren. 20 Sie sollen ihren ganzen Krempel ruhig zu
Hause lassen und sich nicht mehr darum kümmern. Sie werden hier die
krassesten Sachen geschenkt kriegen, die Ägypten zu bieten hat.“ 21 Die
Brüder waren einverstanden. Josef gab ihnen, mit dem Einverständnis vom
Präsidenten, die Wagen und auch genug zu Essen für die Reise. 22 Jeder
bekam dazu noch einen richtig feschen Armani-Anzug. Benjamin konnte
sich sogar noch fünf Jeans aussuchen und bekam dazu noch 35 000 Euro
Bares in die Hand gedrückt! 23 Für seinen Vater schickte er noch extra zehn
Autos los. Die waren mit Säcken voller Brot und anderen Lebensmitteln
als Proviant für die Reise nach Ägypten bestückt. 24 Dann sagte er seinen
Geschwistern „good bye“, und sie machten sich alle auf den Heimweg.

„Bitte habt keinen Stress miteinander, wenn ihr unterwegs seid, ja?", rief er
ihnen noch nach. [25] Die Brüder kamen dann ins Kanaan-Land bei ihrem Vater
Jakob an. [26] Sofort erzählten sie ihm das ganze Abenteuer, das sie in Ägypten
erlebt hatten. „Josef lebt, Papa! Stell dir vor, er ist zurzeit der Chef über ganz
Ägypten!" Der Vater war aber wie in Trance, sie konnte ihn nicht erreichen,
vor allem, weil er ihnen kein Wort mehr glaubte. [27] Die Jungs waren aber so
begeistert am Erzählen, und als sie ihm sagten, was Josef ihnen aufgetragen
hatte und er dann auch noch die fetten Autos sah, wurde Jakob langsam
wieder wach. [28] Irgendwann sagte er dann: „Schnauze halten! Es reicht jetzt!
Mein Sohn Josef lebt also noch? Dann muss ich da auch unbedingt hin und
ihn sehen, bevor ich kaputtgehe und sterbe!"

46

Jakob und seine Familie ziehen um nach Ägypten

[1] Jakob packte alle seine Sachen und zog los Richtung Ägypten. Als er in
Beerscheba vorbeikam, machte er einen kurzen Stopp, um dort so ein Opfer-
ritual für Gott durchzuziehen. Er schlachtete eins seiner Tiere und grillte
davon ein paar Steaks für Gott. [2] In der nächsten Nacht hatte er einen hefti-
gen Traum. Gott kam vorbei und rief seinen Namen „Jakob, Jakob!" – „Was
is? Bin hier!", antwortet er. [3] „Ich bin's, Gott!", sagte die Stimme. „Ich bin
der Gott von deinem Vater. Du brauchst keine Angst vor Ägypten zu haben!
Ich habe vor, mit deiner Familie dort ein großes Ding zu starten! Es sollen
viele Babys geboren werden, und ihr sollt stark werden. [4] Ich bin dein Body-
guard, pass auf dich auf, wenn du nach Ägypten gehst, und ich werde
auch dafür sorgen, dass ihr wieder zurückkommt. Josef wird bis ganz zum
Schluss dabei sein, wenn du stirbst." [5] Morgens zogen Jakob und seine
Truppe von Beerscheba weiter. Seine Söhne setzten Jakob und auch seine
Frauen und die Kinder in den Bus, den der Präsident extra hatte kommen
lassen. [6] Irgendwann kamen Jakob und seine ganze Familie dann in Ägypten
an. Das ganze Familieneigentum, alle Schafe, alles, was sie in Kanaan mal
gekauft hatten, das war alles mit dabei. [7] Auch die Kinder und Enkelkinder
waren alle mit am Start.

Eine Liste der ganze Familie vom Jakob

[8–15] Jetzt kommt eine ganze Liste mit Namen, die zu der Familie von Jakob
(Israel) gehörten. Die kamen alle mit nach Ägypten. Ganz vorne stehen die
Söhne, die er von *Lea* bekommen hatte, als sie noch in Mesopotamien
wohnten. Zuerst

Ruben

und dessen Söhne Henoch, Pallu, Hezron und Karmi. Dann

Simeon
und dessen Söhne Jemul, Jamin, Ohad, Jachin, Zohar und Schaul, den er aus der Beziehung mit einer Kanaaniterin bekommen hatte.

Levi
und seine Söhne Gerschon, Kehat und Merari.

Juda
und seine Söhne Er, Onan, Schela, Perez und Serach. Er und Onan waren allerdings schon in Kanaan gestorben. Perez hatte zwei Söhne: Hezron und Hamul.

Issachar
und seine Söhne Tola, Puwa, Jaschub und Schimron. Und zuletzt

Sebulon
und seine Söhne Sered, Elon und Jachleel. Ganz am Ende stand die Tochter

Dina.
Insgesamt waren es 33 Menschen, die aus der Beziehung zwischen Jakob und Lea entstanden sind.
16–18 Aus der Beziehung mit der *Silpa* kamen 16 Menschen:

Gad
und dessen Söhne Zifjon, Haggi, Schuni, Ezbon, Eri, Arod und Areli. Dazu

Ascher
und seine Söhne Jimna, Jischwa, Jischwi und Beria. Und dann soll auch noch die Tochter Serach hier genannt werden. Beria hatte auch zwei Söhne, den Heber und Malkiel. Insgesamt 16 Kinder wurden von Silpa geboren.
19–22 Von der Lieblingsfrau von Jakob, der *Rahel*, stammen folgende Jungs ab:

Josef
mit seinen Söhnen Manasse und Efraim (die beiden kamen aus der Beziehung mit Asenat, eine Tochter des Priesters Potifera aus On, sie wurde auch in Ägypten geboren). Dann kommt noch der

Benjamin
und seine Söhne Bela, Becher, Aschbel, Gera, Naaman, Ehi, Rosch, Muppim, Huppim und Ard. Insgesamt waren es 14 Menschen, die aus der Beziehung zwischen Jakob und Rahel entstanden sind.
23–25 Aus der Beziehung mit

Bilha, der Angestellten von Rahel (die von Laban), kommen folgende Kinder
und Enkelkinder:

Dan
und sein Sohn Huschim,

Naftali
und seine Söhne Jachzeel, Guni, Jezer und Schillem. 26 Insgesamt kamen
also mit Jakob 66 Kinder und Enkel nach Ägypten. Dazu kamen noch die
Frauen von Jakobs Söhnen. 27 Wenn man jetzt noch Jakob, Josef und seine
Söhne dazuzählt, zogen insgesamt 70 Leute aus der Familie vom Jakob nach
Ägypten.

Wiedervereinigung von Jakob und Josef
28 Jakob kam irgendwann mit seiner ganzen Familie in Ägypten an. Juda
hatte er schon mal vorgeschickt, damit er Josef ansagen konnte, dass sie
bald bei ihm sein würden. Die Idee war, sich schon auf halbem Weg in dem
Land Goschen zu treffen. 29 Josef ließ seine Staatskarosse kommen und fuhr
seinem Vater entgegen. Als er da war, stieg er aus, beide liefen sich entgegen
und umarmten sich heftig. Josef und Jakob fingen dabei voll an zu weinen.
30 „Von mir aus kann ich jetzt gerne sterben", sagte Jakob. „Ich hab dich
endlich wieder gesehen, und ich weiß jetzt, dass du noch lebst!" 31 Josef
sagte dann zu seinen Brüdern und der ganzen Familiengang, die da standen:
„Leute, ich gehe jetzt mal zum Präsidenten und sprech bei ihm vor. Ich will
ihm erzählen, dass ihr aus dem Kanaan-Land zu Besuch seid, um mich zu
sehen. 32 Ich sage ihm, dass ihr eure Kohle mit Viehzüchten verdient und
dass ihr den ganzen Besitz und auch alle Tiere mit am Start habt. 33 Wenn
der Präsident euch vorladen lässt und Fragen nach eurem Beruf stellt,
34 dann sagt ihm einfach, dass ihr immer schon als Viehzüchter gearbeitet
habt, Schafe und Ziegen, damit kennt ihr euch aus. „Das war schon immer
so in unser Familie" müsst ihr ihm erzählen. Dann wird er euch ein Visum
ausstellen, und ihr habt die Erlaubnis, in dem Land zu wohnen." Für Ägypter
sind Viehzüchter, die den ganzen Tag mit Schafen und Ziegen rumhängen,
nämlich total out. Sie finden die einfach ekelig.

47

Jakob beim Präsidenten
1 Josef ging dann zum Präsidenten ins Büro und erzählte ihm, dass sein
Vater und auch die Brüder angekommen seien. „Sie sind aus dem Land
Kanaan ganz hierhergefahren und haben alles, was ihnen gehört, gleich mit-
gebracht. Ihre ganzen Tiere und so, alles ist dabei. Sie sind jetzt in dem Ge-

biet Goschen." 2 Vor der Tür standen erst mal nur fünf von seinen Brüdern,
die er jetzt reinholte, um sie dem Präsidenten einmal vorzustellen. 3 „Was
machen Sie beruflich?", wollte der gleich von ihnen wissen. „Wir leben von
der Aufzucht und Pflege von Schafen, verehrter Herr Präsident. Das ist in
unser Familie schon immer so gewesen." 4 Dann sagten sie zu ihm: „Wenn
es Ihnen möglich erscheint, würden wir sehr gerne ein Arbeitsvisum in
Ihrem Land beantragen und hier eine Zeitlang leben. Bei uns zu Hause im
Kanaan-Land gibt es zurzeit kein Wasser und keine grüne Weidefläche für
unsere Tiere, weil es seit langem nicht mehr geregnet hat. Wir bitten höf-
lichst um Erlaubnis, uns für eine Zeit in der Provinz Goschen niederlassen
zu dürfen." 5 Der Präsident beugte sich zu Josef rüber und meinte: „Ihr Vater
und Ihre Brüder sind jetzt also zu Ihnen gekommen! 6 Von mir aus steht
Ihnen ganz Ägypten zur Verfügung! Die beste Idee ist vielleicht, sie gleich in
Goschen wohnen zu lassen, das ist ja vom Land her sehr schön dort, das
beste, was wir haben. Wenn es einige in Ihrer Familie gibt, die sich gut mit
Tieren auskennen, hab ich nichts dagegen, wenn Sie ihnen auch die Ver-
antwortung für meine eigenen Herden übergeben." 7 Josef ließ jetzt auch
seinen Vater zum Präsidenten rufen. Jakob begrüßte den Präsidenten mit
einem Gebet für ihn. 8 Nachdem sie sich dann freundlich die Hand gegeben
hatten, war seine erste Frage: „Wie alt sind Sie denn, wenn ich fragen darf?"
9 „130 Jahre lebe ich jetzt als Ausländer auf dieser Erde", antwortete Jakob.
„Ich habe viel kürzer und schlechter als meine Vorfahren gelebt, obwohl sie
genauso wie ich als Ausländer lebten." 10 Beim Abschied betete Jakob noch
mal für den Präsidenten und verabschiedete sich dann. 11 Nach dem Befehl
vom Präsidenten durfte sich Jakob mit seiner ganzen Familie in der Gegend
von Ramses ein Grundstück aussuchen und dort wohnen. Das war so ziem-
lich die angesagteste Gegend im Land. 12 Josef versorgte seinen Vater und
kümmerte sich auch um seine Brüder, damit sie genug zu essen bekamen.
Das war so viel, dass alle Familienangehörigen und auch die Kinder immer
satt wurden.

Die Ägypter verkaufen sich an den Präsidenten

13 Es gab immer noch kein Brot in Ägypten und Kanaan zu kaufen, und alle
Einwohner hatten voll den Hunger. 14 Sie konnten zwar immer Mehl und
Getreide beim Josef einkaufen, aber irgendwann war ihre Kohle alle, weil sie
dafür ja auch ganz gut bezahlen mussten. Irgendwann gab es kein Geld
mehr, weil alle Knete, die es überhaupt gab, auf dem Konto von Josef gelan-
det war. Der überwies den ganzen Betrag aber an die Bank vom Präsidenten.
15 Als wirklich keiner mehr Geld hatte, kam es zu einer Demonstration vor
dem Büro von Josef. „Geben Sie uns Brot! Oder sollen wir hier jetzt vor
Ihren Augen verrecken? Unser Geld ist alle!" 16 „Sie können auch mit anderer

Währung bezahlen", antwortete Josef. „Bezahlen Sie das Essen mit Ihren
Tieren, die Sie noch haben. Wir tauschen Tiere gegen Brot!" 17 Also kamen
die Leute in den nächsten Tagen, einer nach dem anderen, bei ihm an und
brachten ihre Pferde, Esel, Rinder, Schafe und Ziegen. Josef gab ihnen dafür
das ganze Jahr genug zu essen. 18 Aber im nächsten Jahr standen sie dann
wieder bei ihm auf der Matte: „Sie sind unser Chef! Und wir müssen einfach
zugeben, dass wir schon jetzt total pleite sind. Wir haben nichts mehr,
womit wir bezahlen könnten, nur noch unser Land und unser Leben.
19 Möchten Sie, dass wir vor Ihren Augen verhungern? Was passiert mit
unserem Land? Sie können uns haben und auch unser Land kaufen, wenn
Sie wollen. Wir werden ab sofort dann nur noch für den Präsidenten arbei-
ten. Als Zahlung wollen wir nur Mehl und Getreidekörner haben. Die Körner
brauchen wir, damit wir auf unseren Feldern vielleicht mal wieder Getreide
anpflanzen können und die nicht total verkommen." 20 Josef ließ sich auf
den Deal ein. So mussten wegen der derben Hungersnot alle Ägypter auch
noch ihren Grundbesitz an den Präsidenten verkaufen. Josef regelte die Ver-
träge und dann gehörte wirklich alles, was es in Ägypten gab, nur noch dem
Präsi. 21 Alle Leute, die in Ägypten lebten, gehörten ab dann mit Haut und
Haaren ganz dem Präsidenten. 22 Nur die Priester, die in den Tempeln arbei-
teten, brauchten ihre Felder nicht zu verkaufen. Die waren nämlich so was
wie Beamte und bekamen ihre Kohle direkt vom Staat. 23 Josef sagt danach
zu den Ägyptern: „Heute habe ich Sie und Ihr Land für den Präsidenten
gekauft. Jetzt lassen Sie sich mal richtig viel Getreide geben, damit Sie davon
leben können. Und legen Sie sich etwas zurück, um es dann auf den Feldern
wieder auszusäen, ja?" 24 Er legte es gesetzlich fest, dass in ganz Ägypten ab
sofort jeder 20 Prozent von seinem Einkommen als Steuer an den Präsiden-
ten abführen musste. „Was übrig bleibt, können Sie für Ihre Familien behal-
ten. Es müsste reichen, um davon zu leben und auch noch was für das Säen
und Ernten übrig zu haben. 25 „Danke", sagten die Leute zu ihm. „Sie retten
uns das Leben! Wenn es okay ist, wollen wir freiwillig für immer kostenlos
für Sie arbeiten!" 26 Josef brachte dann ein Gesetz ein, dass eine Steuerzah-
lung von 20 Prozent auf das ganze Einkommen gelegt wurde, was in Ägyp-
ten im Jahr aufkam. Dieses Gesetz gibt es da noch heute. Nur das Eigentum
der Priester wurde nicht an den Staat überschrieben.

Jakobs Letzter Wille

27 So kam es also, das alle Israeliten in Ägypten wohnten. Sie lebten in der
Provinz Goschen und bekamen da ganz viele Kinder. 28 Jakob lebte noch
siebzehn Jahre in Ägypten. Er wurde insgesamt 147 Jahre alt. 29 Als er merk-
te, dass es mit ihm zu Ende ging, ließ er den Josef zu sich rufen. „Ich hab
eine Bitte an dich," sagte er zu ihm. „Mein Letzter Wille ist, dass ich nicht

hier in Ägypten beerdigt werde. Das musst du mir schwören! 30 Ich möchte,
dass mein Grab dort ist, wo auch meine Väter begraben wurden. Bitte über-
führe meine Leiche dorthin, wenn es so weit ist!" – „Versprochen, das mach
ich!", antwortete Josef seinem Vater. 31 „Ich will, dass du es mir ganz fest
versprichst, ja? Schwörst du auf deine Mutter?" Josef versprach es seinem
Vater, dass er diesen Wunsch auf jeden Fall erfüllen würde. Er verbeugte
sich dabei ganz tief an dem Bett von seinem Vater und betete dabei zu Gott.

48

Jakob betet auch noch für seine Enkel

1 Einige Zeit später kriegte Josef eine Mail von zu Hause, wo drinstand, dass
sein Vater sehr krank ist. Er packte sofort seine Sachen, nahm seine beiden
Söhne Manasse und Efraim mit ins Auto und fuhr los. 2 Als man Jakob
erzählte, dass sein Sohn Josef gleich da sein würde, riss er sich noch mal
richtig zusammen und setzte sich auf die Bettkante. 3 Nachdem Josef in
seinem Zimmer angekommen war, fing Jakob an mit ihm über etwas sehr
Wichtiges zu sprechen. „Josef, ich hatte mal ein echt heftiges Treffen mit
dem richtig großen Gott. Das war bei Lus, im Kanaan-Land. Gott wünschte
mir alles Gute, er segnete mich 4 und sagte dann: „Ich werde dafür sorgen,
dass sich deine Familie sehr stark vermehren wird! Daraus wird mal ein ganz
großes Volk werden, eine ganze Nation von Völkern. Und ich will dir dafür
dieses Land auf lau schenken. Es soll dir und deiner Familie für immer gehö-
ren." Das hat mir Gott höchstpersönlich damals so gesagt. 5 Ich hatte jetzt
die Idee, dass ich deine beiden Söhne Efraim und Manasse, die ja beide in
Ägypten geboren wurden, adoptieren werde, damit sie die gleichen Rechte
wie meine eigenen Söhne haben. 6 Aber die Kinder, die du vielleicht später
noch bekommst, sollen den Familiennamen Efraim oder Manasse abkriegen
und in deren Land leben. 7 Ich will das vor allem wegen deiner Mutter Rahel.
Sie ist ja auf dem Rückweg von Mesopotamien nach Kanaan gestorben. Wir
waren damals kurz vor der Stadt Efrata. Ich hab sie dort auf einem Friedhof
beerdigt." Efrata ist übrigens das heutige Bethlehem. 8 Jetzt erst bemerkte
Jakob, dass die zwei Söhne von Josef, Manasse und Efraim, mit am Start
waren. „Wen hast du denn da mitgebracht?", fragte Jakob. 9 Josef antwortete:
„Das sind die Söhne, die Gott mir hier in Ägypten geschenkt hat!" – „Bring
die mal her! Ich will mir die gerne mal aus der Nähe ansehen und für sie
beten!" 10 Jakob war nämlich schon ziemlich kurzsichtig und hatte keine
Brille. Als die beiden Jungs bei ihm am Bett standen, knuddelte er sie und
gab ihnen einen Kuss. 11 „Josef, ich hätte es echt nicht mehr geglaubt, dass
ich dich überhaupt noch mal wiedersehen werde, und jetzt darf ich sogar
noch deine Kinder umarmen!" 12 Josef nahm dann die beiden Jungs beiseite
und kniete sich vor dem Bett seines Vaters auf den Boden hin. Dann ver-

beugte er sich ganz tief. [13] Danach nahm er seine beiden Söhne an die
Hände, Efraim rechts und Manasse links. So ging er dann noch mal ganz
nahe zu seinem Vater ans Bett, damit der noch mal für seine Kinder beten
und sie segnen würde. Er wollte, dass der Ältere von beiden mit der rechten
Hand von Jakob gesegnet wird, weil man damals dachte, da liegt mehr
Power drauf. [14] Jakob überkreuzte aber seine Hände beim Beten, legte seine
rechte Hand auf den Kopf vom jüngeren Bruder Efraim und seine linke auf
den Kopf von Manasse. Und das, obwohl eigentlich Manasse der ältere Bru-
der war. [15] Jakob fing dann an zu beten: „Gott! Du bist derjenige, der schon
meinen Vätern Abraham und Isaak gesagt hat, was Sache ist. Sie haben sich
danach gerichtet. Ich rede jetzt mit dem Gott, der mich schon mein ganzes
Leben lang begleitet und auf mich aufgepasst hat, bis heute. [16] Du bist der-
jenige, der immer da war, wenn es mir beschissen ging. Du hast mich so oft
gerettet. Du sollst jetzt mit voller Power mit diesen Kindern sein. Sorge da-
für, dass unsere Familie, ich und meine Vorfahren Abraham und Isaak, durch
ihr Leben weiterbesteht. Sie sollen viele Kinder bekommen, damit dieses
Land ohne Ende bevölkert wird.“ [17] Josef fand das nicht so geil, dass Jakob
seine rechte Hand auf Efraim gelegt hatte. Darum wollte er sie da wegneh-
men und auf Manasse legen. [18] „Kleiner Irrtum, Papa“, sagte er zu ihm. „Das
ist nicht der Ältere von den beiden! Auf den hier musst du deine rechte
Hand legen!“ [19] „Das hab ich schon lange kapiert“, antwortete Jakob. „Keine
Panik, auch Manasse wird sehr viele Kinder bekommen, aus denen dann ein
großes Volk entstehen wird. Aber sein jüngerer Bruder wird es noch fetter
abkriegen. Aus seiner Familie werden mal ganze Nationen!“ [20] Also betete
Jakob auf die Art für die zwei Jungs von Josef. Er sagte danach zu Josef: „Hör
zu, du und deine Kinder, ihr werdet mal in Israel als Beispiel dafür dienen,
wie sehr Gott einen unterstützen und wie krass er jemanden segnen kann.
Irgendwann wird es so einen Spruch in Israel geben. Wenn man sich etwas
besonders Gutes sagen will, dann werden die Leute texten: ‚Gott soll so
mit dir umgehen, wie er es mit Efraim oder Manasse gemacht hat!‘“ Ganz
bewusst nannte er dabei Efraim zuerst. [21] Jakob, den man ja zu der Zeit auch
Israel nannte, sagte dann zu Josef: „Pass auf, mein Junge, ich sterbe jetzt.
Aber Gott lässt euch nie alleine. Er wird euch in das Land zurückbringen, das
er schon unseren Vätern versprochen hat. [22] Ich vererbe dir hiermit ein Stück
Land, das ich mal im Krieg von den Amoritern erobert habe. Es liegt dort
oben in den Bergen. Du wohnst dann sogar noch höher als deine Brüder!“

49

Jakob betet für seine Söhne und spricht ihnen gute Sache zu

[1] Danach rief Jakob alle seine Söhne zu sich ins Zimmer, weil er ihnen was
sagen wollte: „Hey, Jungs, hört mal zu! Ich will euch mal ne Ansage machen

über die Dinge, die mit euren Familien später mal passieren werden!
2 Kommt mal her und hört mir gut zu! Als euer Vater Israel will ich euch was
voll Wichtiges erzählen! 3 Zuerst zu dir, Ruben. Du bist ja als Erster geboren
worden. Da war ich noch voll Power, und das sieht man auch an dir. Du bist
nämlich auch voll im Saft, machst manchmal den Lauten, weil du gar nicht
weißt, wohin mit deiner Kraft. 4 Aber du kannst nicht der Erste bleiben, weil
du dich nicht unter Kontrolle hast. Du bist einfach zu wild, wegen dir musste
ich mich voll schämen, weil du mit einer von meinen Frauen Sex gehabt
hast. 5 Jetzt zu euch beiden, Simeon und Levi. Ihr habt es nicht geschafft,
mich für eure Pläne zu begeistern. Ihr seid zu aggromäßig unterwegs und
tut, worauf ihr Bock habt. 6 Ich will echt nicht in eurer Gang sein. Ihr schlagt
einfach zu und habt so schon viele Männer getötet. Auch auf Tiere geht
ihr einfach los und verstümmelt sie. 7 Ich hasse euer brutales Verhalten, ich
verfluche es! Warum seid ihr so heftig drauf, warum immer so grausam
unterwegs? Ich bestimme jetzt, dass ihr euch über das ganze Land verteilt
ausbreiten müsst. 8 Juda, du bist der Beste, und deine Brüder haben dich
als Vorbild! Jeder findet dich total gut, weil du deine Feinde im Griff hast. Du
machst sie einfach nieder, sie sehen keine Stiche gehen dich. 9 Du bist eben
mein Sohn! Du hast die Eigenschaften von einem gefährlichen Löwen; wenn
du auf der Jagd bist, kommst du immer mit fetter Beute nach Hause. Und
wenn du etwas gejagt hast, kann dir das keiner abnehmen, weil sie Angst vor
dir haben. 10 Du sollst alleine das Sagen haben. Aus deiner Familie sollen
die Könige und Präsidenten kommen, und zwar so lange, bis der große Held
da ist. Der wird der Größte überhaupt sein, und aus allen Völkern werden
sie zu ihm halten. 11 Er wird es ganz fett haben. Er wird so reich sein, dass er
sein Auto mit Schampus waschen kann, und er selbst wird im Sekt baden.
12 Wenn er Wein getrunken hat, funkeln seine Augen. Und er hat schnee-
weiße Zähne, die so weiß sind wie Milch. 13 Und jetzt zu dir, Sebulon. Du
wohnst an der Küste, da, wo Schiffe rumfahren und wo ein Hafen ist. Das
Land, das mal dir gehört, das soll bis nach Sidon reichen! 14 Also bei Isschar
fällt mir nur ein alter Drahtesel ein, der rostig im Schuppen liegt. 15 Du hast
dir gesagt: ‚Ich will keinen Stress haben. Hier ist das Land so nett. Ich werde
mir einfach einen Job suchen und mein Leben lang als Angestellter arbeiten!‘
16 Dan, du wirst für das Recht von deinen Leuten kämpfen, wie ein Rechts-
anwalt das tut. Darum wird man deine Familie immer respektieren, alle in
Israel werden das. 17 Aber du bist auch gefährlich wie eine Giftschlange, die
sich im Wald versteckt hat. Reitet jemand auf einem Pferd vorbei, zischt sie
los und beißt. Dann fällt der Reiter voll auf die Fresse. Mit solchen Tricks
wirst du auch deine Feinde besiegen. 18 Hey, Gott, ich warte auf deine Hilfe!
19 Jetzt zu dir, Gad. Viele Leute werden versuchen, dich abzuzocken, aber du
lässt dich nicht beklauen. Du wirst dich wehren und sie verjagen. 20 Ascher,

bei dir wird es so sein, dass du ein sehr erfolgreicher Bauer sein wirst. Auf
deinen Feldern wird das beste Biogemüse wachsen, das es im ganzen Land
zu essen gibt. Und die Promis werden nur bei dir bestellen. [21] Und du, Naf-
tali, bist wie ein Talkmaster, der echt gut reden kann. [22] Was dich angeht,
Josef, ich kann dich nur mit einem Weinstock vergleichen, der an einer
Quelle wächst. Du wirst gigagroß werden und wirst die größten Mauern
überwachsen. [23] Wenn du Feinde hast, die dir ans Leder wollen, wenn sie
dich beschießen, [24] dann macht dich das nie fertig, es verunsichert dich
nicht. Du reagierst sofort und schießt zurück. Mein Gott, der sehr stark ist,
wird an deiner Seite sein. Darum wirst du zuverlässig die Bevölkerung von
Israel führen, du kannst sie beschützen und auf sie aufpassen. [25] Der heftige
Gott höchstpersönlich ist auf deiner Seite, er ist total für dich, versorgt dich,
hilft dir. Er sorgt für Regen, wenn du Regen brauchst. Er organisiert dir
Wasser, wenn du es benötigst. Du wirst auch ohne Ende Kinder bekommen,
deine Frau wird viele Babys stillen müssen. [26] Siehst du da oben die Berge?
Die stehen da felsenfest und gigantisch hoch, bis zu den Wolken. Das, was
ich dir jetzt zuspreche, wird noch höher und weiter reichen. Du bist Josef, du
bist was ganz Besonderes, du bist ganz speziell, anders als deine Brüder.
[27] Und zum Schluss noch zu dir, Benjamin. Du bist wie ein wilder Wolf,
der zum Frühstück erst mal seine Beute frisst und die Reste abends an die
anderen verteilt.“ [28] Das waren die heftigen Sprüche, die Jakob über seine
Söhne abließ, als er für sie am Beten war. Aus seinen Söhnen wurden die
12 unterschiedlichen Stämme vom Volk Israel. Jakob hatte da schon eine
Peilung von, dass es so passieren würde. Jeder von seinen Söhnen bekam
einen besonderen Spruch, einen Segen. [29] Als er damit fertig war, sagte
er noch seinen Letzten Willen: „Wenn ich tot bin, bringt meine Leiche bitte
wieder zurück ins Kanaan-Land! Macht mir da bitte ein Grab, wo ich für
immer richtig entspannt sein kann. Ich möchte da beerdigt werden, wo
auch mein Vater, mein Opa und die anderen Vorfahren aus meiner Familie
liegen. Das ist in der Höhle, die auf dem Feld Machpela liegt, östlich von
Mamre. Dieses Grundstück hat Abraham vor Jahren mal dem Hetiter Efron
abgekauft, um da so ein Familiengrab zu bauen. [31] Abraham liegt da auch
und genauso Sarah. Und Isaak und seine Frau Rebekka hat man da unter
die Erde gebracht. Und auch meine Lea hab ich dort beerdigt. [32] Die ganze
Wiese und auch die Höhle gehören uns, ich hab die Papiere dafür. Wir haben
das damals wie gesagt rechtmäßig den Hetitern abgekauft.“ [33] Als Jakob sei-
nen Söhnen diese letzten Sachen sagte, saß er die ganze Zeit auf seiner Bett-
kante. Jetzt setzte er sich zurück und legte seine Füße wieder ins Bett. Und
dann starb Jakob. Er ging dorthin, wo die Toten sind und wo sich auch seine
ganze Familie aufhält, die schon vor ihm gestorben war. Dort war er dann
mit ihnen wieder zusammen.

50

Jakob wird unter die Erde gebracht

1 Josef war voll traurig. Er warf sich auf seinen gestorbenen Vater und küsste
ihn. 2 Nach einiger Zeit sagte er dann seinen Angestellten, sie sollten seinen
Vater mit so Spezialcreme einreiben. Man nannte das „Einbalsamierung".
3 So was dauerte normal vierzig Tage lang, bis sie damit fertig waren. In der
Zeit gab es überall in Ägypten Trauertage, alle weinten mit Josef über den
Tod seines Vaters. 4 Danach ging Josef zu den anderen Angestellten, die im
Büro vom Präsidenten arbeiteten. „Können Sie mir einen großen Gefallen
tun?", fragte er. „Bitte richten Sie dem Präsidenten aus, 5 dass ich meinem
Vater geschworen hab, ihn im Kanaan-Land zu beerdigen. Dort ist ein Grab,
das er mal für sich selbst vorbereitet hat. Das war sein Letzter Wille. Sagen
Sie ihm, ich will dort hinfahren, um meinen Vater dort unter die Erde zu
bringen. Ich komme danach wieder her, versprochen." 6 Der Präsident ließ
ihm gleich seine Antwort ausrichten. „Ist okay. Machen Sie es so, wie Sie
es Ihrem Vater versprochen haben!" 7 Josef zog dann los, seinen Vater dort
hinzubringen, um ihn da zu begraben. Die hohen Regierungschefs aus Ägyp-
ten und alle Leute, die im Land was zu sagen hatten, begleiteten ihn auf
dem Weg. 8 Natürlich waren seine ganzen Brüder auch mit am Start, dazu
alle, die zur Großfamilie gehörten. Nur die Kinder und die Leute, die schwer
krank waren, und auch die ganzen Tiere blieben in Goschen. 9 Sogar eine
Ehrengarde in feschen Anzügen begleitete die ganze Truppe mit Staatska-
rossen. Es war ein echt richtig großer Treck. 10 Auf der Strecke machten sie
einen Stopp in Goren-Atad, das östlich vom Jordan liegt. Da veranstalteten
sie eine riesen Trauerfeier. Sieben Tage lang wollte Josef, dass alle über den
Tod seines Vaters weinten. 11 Die Kanaaniter, die da zu Hause waren, kriegten
das nicht so richtig auf die Kette. Sie sagten zueinander: „Die Ägypter haben
da aber eine fette Trauerfeier!" Darum nannte man den Ort später auch Abel-
Mizrajim, was so viel bedeutet wie „Trauer der Ägypter". 12 Schließlich erfüll-
ten die Söhne vom Jakob auch noch seinen letzten Wunsch: 13 Sie brachten
seine Leiche in das Kanaan-Land und beerdigten ihn dort östlich von Mamre
in der Höhle auf dem Feld Machpela. Das war der Friedhof, den Abraham
von dem Hetiter Efron mal für seine Familie gekauft hatte. 14 Nachdem Josef
seinen Vater unter die Erde gebracht hatte, ging er wieder mit seinen Brü-
dern und allen Leuten, die ihn begleitet hatten, zurück nach Ägypten.

Josef war cool drauf

15 Die Brüder von Josef bekamen jetzt wieder etwas Panik. Denn jetzt war
ihr Vater tot und konnte sie nicht mehr beschützen, falls Josef doch noch die
Hasskappe gegen sie schieben würde. „Was machen wir nur, wenn er uns

jetzt hasst und uns das zurückzahlen will, was wir ihm angetan haben?"
[16] Sie schrieben Josef deswegen einen Brief: „Lieber Josef, dein und unser
Vater hat uns noch eine Anweisung gegeben, bevor er gestorben ist. Er
sagte: [17] ‚Bittet Josef um Verzeihung wegen der linken Sachen, die ihr ihm
angetan habt! Sagt ihm: Wir bitten dich um Vergebung und unser Gott ist
Zeuge!'" Als Josef den Brief las, kamen ihm die Tränen. [18] Seine Brüder gin-
gen dann zu ihm hin und knieten sich auf den Boden. „Wir tun alles, was
du willst! Wir sind deine Sklaven!" [19] „Hey, Leute, steht auf! Ihr braucht echt
keine Angst zu haben! Ich bin doch nicht Gott! [20] Ihr hattet wirklich üble
Pläne mit mir, aber Gott hat das absolut Genialste da draus gemacht. Er
hatte den besten Plan, er wollte über diesen Umweg vielen Menschen das
Leben retten. Es war alles in seiner Idee mit drin. [21] Es gibt keinen Grund
noch Angst zu haben! Ich pass auf euch und eure Kinder ab jetzt auf, könnt
ihr euch wirklich drauf verlassen!" So holte Josef seine Brüder erst mal run-
ter und ermutigte sie.

Wie es mit Josef zu Ende ging

[22] Josef blieb dann mit der ganzen Großfamilie von seinem Vater in Ägypten.
Er wurde 110 Jahre alt. [23] Josef erlebte sogar noch die Enkel von seinem Sohn
Efraim. Ja, er wurde sogar noch älter und konnte auch die Urenkel, also die
Kinder von seinem Enkel Machir, dem Sohn von Manasse, noch knuddeln.
Er nahm diese Kinder noch feierlich in die Familie auf. [24] Als Josef merkte,
dass er bald sterben muss, sagte er zu seinen Brüdern: „Passt mal auf,
Leute, eins ist ganz sicher: Gott wird euch nicht vergessen! Er wird euch hier
rausholen und wieder in das Land zurückbringen, wo unser Stamm eigent-
lich herkommt. Das Land, was er Abraham, Isaak und Jakob mal ganz, ganz
fest versprochen hat. [25] Wenn ihr da seid, dann müsst ihr mir auch etwas
versprechen: Bitte buddelt meine Knochen von hier aus und grabt sie dort
wieder ein, wenn Gott euch das Land gegeben hat!" Josef ließ das seine Brü-
der hoch und heilig schwören. [26] Als Josef starb, war er 110 Jahre alt. Seine
Leiche wurde mit so einer ägyptischen Spezialcreme einbalsamiert, damit
sie nicht so schnell vergammelt. Dann legte man ihn dort in Ägypten in
einen Sarg.

2. Buch Mose

1

Die Israel-Leute kommen in Ägypten an die Kette

1 Zusammen mit Jakob, den man auch Israel nannte, waren seine Söhne
mit ihrer ganzen Familie nach Ägypten ausgewandert. 2 Das waren Ruben,
Simeon, Levi, Juda, 3 Issachar, Sebulon, Benjamin, 4 Dan, Naftali, Gad und
Ascher. 5 Josef war ja schon eine ganze Zeit vor ihnen in Ägypten gelandet.
Wenn man alle Kinder und Enkelkinder zusammenzählt, waren es insgesamt
siebzig direkte Nachkommen von Jakob. 6 Nachdem Josef und auch seine
Brüder tot waren, 7 lebten deren Kinder weiter in Ägypten. Und sie vermehr-
ten sich immer mehr, jeden Tag kamen ganz viele Babys auf die Welt, und
ihre Familien wurden immer stärker und größer. Irgendwann konnte man
sie überall im Land antreffen. 8 Dann gab es einen Regierungswechsel. Ein
neuer Präsident kam an die Macht, der Josef nicht mehr kannte. Der hatte
auch überhaupt keine Ahnung, was Josef früher mal an guten Sachen für das
Land gemacht hatte. 9 Er war der Meinung, dass die Israeliten seinen Leuten
irgendwann gefährlich werden könnten, weil sie immer mehr und immer
stärker wurden. 10 „Wir müssen was gegen die unternehmen!", sagte er.
„Sonst vermehren die sich wie die Karnickel. Wenn es dann mal einen Krieg
gegen uns geben sollte, könnten sie sich vielleicht mit den Feinden zusam-
mentun. Dann hätten wir keine Chance, weil sie ja schon hier im Land sind,
und dann könnten die sogar die Macht übernehmen." 11 Darum wurde ab
sofort vom Staat angeordnet, dass die Israeliten nur noch die Drecksarbeit
machen sollten. Es wurde eine extra Security-Einheit angestellt, die sie rund
um die Uhr 24 Stunden bewachen sollte. Die israelitischen Männer wurden
gezwungen, im Baudienst für den Präsidenten zu arbeiten. Sie waren in der
nächsten Zeit sehr viel in Pitom und Ramses an einem Lagerhallenkomplex
im Einsatz. 12 Aber je mehr man den Israeliten schwere Arbeit aufdrückte,
desto mehr Kinder kriegten sie. Sie breiteten sich weiter überall in Ägypten
aus. Den Ägyptern wurde das langsam echt unheimlich. 13 Schließlich verhaf-
teten sie die Männer und drückten ihnen Zwangsarbeit auf, man nannte das
damals Sklavendienst. 14 Sie wurden geschlagen und getreten, es war die
reine Hölle. Ein Teil ihrer Arbeit bestand darin, in einer Fabrik unter mieses-
ten Umständen Ziegel herzustellen. Der andere Teil bestand aus Zwangsar-
beit in der Landwirtschaft auf den Feldern. 15 Der neue ägyptische Präsident
ließ die beiden Oberhebammen der Israeliten zu sich rufen. Die Hebammen
hatten den Job, Frauen bei der Geburt zu helfen. Die eine hieß Schifra und
die andere Pua. 16 Er sagte zu ihnen: „Wenn Sie israelitischen Frauen bei der
Geburt helfen, dann achten Sie ab sofort darauf, ob es ein Junge oder ein

Mädchen ist. Die Jungen müssen Sie sofort töten! Nur die Mädchen dürfen
am Leben bleiben! Das ist ein Befehl!“ 17 Die Hebammen wollten aber lieber
das tun, was Gott von ihnen wollte, als auf den Präsidenten zu hören.
Darum gehorchten sie ihm nicht, sie ließen auch die Söhne leben. 18 Später
rief er die Hebammen wieder zu sich ins Büro. „Was sollte das? Warum
haben Sie nicht getan, was ich Ihnen befohlen hatte? Warum haben Sie die
Jungs am Leben gelassen?“ 19 „Das ist so, dass die israelitischen Frauen
stärker sind und deshalb leichter Babys kriegen als wir! Wenn die Hebamme
zur Geburt gerufen wird, ist das Kind meistens schon lange geboren worden,
bevor wir da sind.“ 20 So kam es, dass die Israeliten immer mehr und mehr
wurden. Gott kümmerte sich dabei auch um die Hebammen und sorgte
dafür, dass es ihnen gutging. 21 Weil die Hebammen Respekt vor Gott hatten,
sorgte er auch dafür, dass sie selbst viele Kinder kriegen konnten. 22 Irgend-
wann hatte der Präsident die Schnauze voll. Er gab den Befehl an alle raus:
„Jedes männliche Baby, das von den Israeliten geboren wird, soll sofort getö-
tet werden! Ihr sollt es denen wegnehmen und in den Nil-Fluss schmeißen!
Nur die Mädchen dürfen am Leben bleiben!“

2

Und jetzt kommt Mose ...

1 Ein Mann, der aus der Familie Levi stammte, heiratete einmal eine Frau,
die auch aus diesem Stamm kam. 2 Nach einer Weile wurde sie schwanger
und bekam einen Sohn. Sie fand ihren Jungen total niedlich. Weil sie Angst
hatte, dass er auch getötet werden würde, hielt sie ihn drei Monate versteckt.
3 Aber irgendwann ging das nicht länger, ihre Nachbarn bekamen das mit.
Darum organisierte sie sich ein kleines Schlauchboot und legte das Kind da
rein. Dann brachte sie das Boot an das Ufer vom Nil-Fluss und versteckte es
dort zwischen den Pflanzen im Wasser. 4 Dabei wurde sie von ihrer Tochter
heimlich beobachtet. Die wollte nämlich sehen, was die Mutter mit ihrem
Bruder anstellen würde. 5 Zur selben Zeit hatte die Tochter vom Präsidenten
gerade den Einfall, doch mal im Nil ne Runde zu baden. Ihre Hausangestell-
ten, die mit dabei waren, sollten in der Zeit einen Spaziergang am Ufer
machen und sie alleine lassen. Plötzlich sah sie das kleine Schlauchboot. Sie
beauftragte eine ihrer Angestellten, das Teil rauszuholen. 6 Als sie die Decke
hochhob, entdeckte sie das weinende Baby. Sie hatte voll Mitleid mit dem
kleinen Jungen, der da drin lag. „Wie süß! Das ist ein Junge von diesen Aus-
ländern, den Israeliten!“ 7 Jetzt kam die Schwester aus ihrem Versteck raus:
„Äh, guten Tag! Ich war gerade zufällig hier. Kann ich vielleicht helfen? Ich
könnte eine Frau von uns holen, eine Israelitin, die wäre in der Lage, das
Kind zu stillen!“ 8 „Gute Idee! Mach das mal bitte!“, antwortete die Tochter
vom Präsidenten. Die Schwester ging sofort los und holte ihre Mutter.

9 „Nehmen Sie bitte dieses Kind und stillen es für mich, ja?“, fragte die
Präsidententochter die Mutter. „Ich werde Sie auch dafür bezahlen!“ So war
das damals passiert, dass die Mutter von Mose ihn wieder mit nach Hause
nehmen und stillen konnte, sogar auf Kosten der Präsidentenfamilie. 10 Als
das Kind ein Jugendlicher war, brachte sie ihn in das Haus vom Präsidenten.
Die Tochter adoptierte ihn als ihren Sohn. Weil sie ihn aus dem Wasser
gezogen hatten, nannte sie ihn Mose, denn das bedeutet so viel wie „etwas
herausziehen“.

Mose macht sich stark für seine Leute und muss fliehen

11 Mose wurde langsam erwachsen. Als er einmal zu seinen Landsleuten,
den Israeliten, rausging, um sie zu besuchen, kriegte er mit, wie derbe sie
für die Ägypter schuften mussten. Und dann wurde er sogar Zeuge, wie ein
Ägypter bei der Arbeit einen Israeliten totprügelte! 12 Nachdem er gecheckt
hatte, ob ihn irgendjemand sehen konnte, ging er zu dem Typen hin und
machte ihn kalt. Die Leiche verbuddelte er dann in der Erde. 13 Als er am
nächsten Tag spazieren ging, traf er auf zwei Israeliten, die voll am Streiten
waren. Er wollte die Sache schlichten und sagte zu dem einen, der ganz klar
unrecht hatte: „Warum streitest du dich mit deinen eigenen Leuten? Warum
prügelt ihr euch?“ 14 Der Typ antwortete: „Was willst du, Mann? Wer hat dich
denn bitte zu unserem Aufseher gemacht, he? Willst du uns vielleicht auch
umbringen wie den Ägypter?“ Mose bekam voll die Panik, als der Typ das
sagte. „Shit! Es hat sich wohl rumgesprochen!“, dachte er. 15 Als der Präsi-
dent die Sache spitzkriegte, wollte er Mose sofort verhaften lassen. Auf
Mord stand in Ägypten die Todesstrafe. Mose packte also seine Sachen und
floh. Auf seinem Weg zog er durch das Midian-Land. Irgendwann machte er
mal ne Pause an einer Wasserstelle. 16 Plötzlich kamen sieben Frauen an den
Platz. Diese Frauen waren die Töchter von dem Priester, der für das ganze
Land zuständig war. Die füllten ihre Kanister mit Wasser, das für die Schafe
ihres Vaters bestimmt war. 17 Aber dann kamen ein paar Hirten dazu, die erst
mal voll rumprollten. Sie stießen die Frauen einfach weg, weil sie auch an
das Wasser ranwollten. Mose stand auf und half den Frauen, ihren Schafen
was zu trinken zu geben. 18 Als die Mädchen wieder zu Hause bei ihrem
Vater Reguel waren, kam der raus und fragte sie: „Huch? Warum seid ihr
denn heute so schnell fertig geworden?“ 19 „Da war so ein Ägypter, der uns
vor den anderen Hirten beschützt hat“, antworteten sie ihm. „Er hat uns
dann sogar dabei geholfen, den Schafen was zu trinken zu geben.“ 20 „Wo ist
der denn jetzt?“, wollte Reguel wissen. „Und warum habt ihr ihn nicht gleich
mitgebracht? Ladet ihn doch zum Essen bei uns zu Hause ein!“ 21 So kam
Mose zu Reguel in die Familie. Er wohnte dann eine Zeitlang bei ihm und
verliebte sich in seine Tochter Zippora. Der Priester war einverstanden, als

die beiden heiraten wollten. 22 Zippora wurde schwanger und kriegte einen
Sohn. Mose war der Meinung, er sollte „Gerschom“ heißen, weil das so viel
bedeutet wie „Ich bin dort ein Gast“. Denn er fühlte sich als Gast, der zur
Zeit in einem fremden Land lebte. 23 Viele Jahre später starb der Präsident
von Ägypten. Die Israeliten mussten in der Zeit als Sklaven noch sehr hart
arbeiten, die fiese Arbeit unter Knebelverträgen war einfach echt hart. Es
wurde ihnen zu viel, und sie fingen an, bei Gott um Hilfe anzuklingeln. Und
Gott hörte auf ihre Gebete, 24 er erinnerte sich an die Verträge, die er mit
Abraham, Isaak und Jakob geschlossen hatte. 25 Gott kam seinen Leuten
jetzt wieder nahe, und er kümmerte sich um ihr Problem.

3

Mose kriegt einen Auftrag von Gott

1 Mose war jetzt also der Schafe-Aufpasser von Reguel. Reguel, der auch
Jitro hieß und einen Job als Priester in Midian hatte, war ja auch sein Schwie-
gervater. Einmal war Mose mit seiner Schafherde etwas weiter weg, mitten
in einem Gebiet, wo überall nur ganz viel Sand rumlag, in einer Wüste. Dort
gab es einen großen Berg, den man Horeb nannte, und man sagte, dieser
Berg gehört Gott. 2 Zwosch! Plötzlich war da eine riesige Flamme, wie aus
einem Flammenwerfer, vor ihm! Diese Feuerflamme brannte aus einem ver-
trockneten Brombeerbusch raus, aber der Busch selbst verbrannte dabei
nicht. Mitten in der Flamme stand dann auf einmal so ein Postbote von
Gott, der Chef-Engel persönlich. 3 Mose war ziemlich neugierig. Er sagte
sich: „Hm, das schau ich mir mal genauer an. Warum verbrennt der Busch
nicht, obwohl da so ein Feuer auf ihm drauf ist? Hab ich vielleicht nur einen
an der Murmel oder irgendwie eine Vision?“ 4 Gott kriegte das natürlich
mit, und als Mose immer näher an den Busch ranging, rief Gott ihm mitten
aus dem Feuer zu: „Mose! Mose!“ – „Äh, ja, hier bin ich“, antwortete der.
5 „Nicht näher kommen, bitte! Zieh deine Schuhe aus! Dieser Platz, auf dem
du gerade stehst, ist etwas ganz ganz Besonderes, er ist heilig.“ 6 Dann
sagte die Stimme weiter: „Nur dass du Bescheid weißt: Ich bin der Gott von
deinem Vater, der Gott, an den auch Abraham, Isaak und Jakob geglaubt
haben.“ Mose bekam echt Schiss davor, Gott in die Augen zu sehen. Er legte
darum ganz schnell ein Tuch über seinen Kopf. 7 Gott sprach dann weiter
mit ihm: „Ich hab alles mitbekommen, was mit meinen Leuten in Ägypten
abgeht, dass sie fertiggemacht werden und so. Ich hab auch gehört, wie
sie um Hilfe geschrien haben, wegen diesen Sklaventreibern. Ich hab sehr
wohl gepeilt, wie ätzend es ihnen geht. 8 Darum komm ich jetzt und hol sie
da raus! Ich werde sie befreien und aus Ägypten rausbringen. Es gibt da ein
sehr schönes Stück Land, wo man super Sachen anbauen kann. Dieses Land
ist so fett, da gibt es alles, wovon man nur träumt, und zwar reichlich. Es

liegt in der Gegend, wo die Kanaaniter, Hetiter, Amoriter, Perisiter, Hiwiter
und Jebusiter wohnen. Da will ich sie jetzt gerne hinbringen. 9 Ich hab das
mitbekommen, wie die Israel-Leute laut „Hilfe“ gerufen haben, und ich hab
es auch mitbekommen, wie sie von den Ägyptern auf die linke Tour fertig-
gemacht werden. 10 Das ist jetzt der Plan: Du redest mit dem Pharao. Du
sollst meine Leute, die Israeliten, aus Ägypten rausführen. Okay?“ 11 Mose
war nicht so begeistert. „Äh, also du meinst wirklich mich? Ich bin doch
der letzte Penner. Warum sollte denn ausgerechnet ich zum Präsidenten von
Ägypten, zum Pharao, gehen – und dann mit seiner Erlaubnis meine Leute
aus Ägypten rausholen? Der wird mir einen Vogel zeigen!“ 12 „Vertrau mir,
Mose! Ich geh mit dir! Du wirst schon sehen. Und irgendwann wirst du an
diesem Berg stehen und mich mit den Leuten deswegen feiern, weil ihr frei
seid! Dann wirst du sehen, dass ich recht hatte.“ 13 „Okay, aber was ist, wenn
ich zu meinen Leuten hingehe und ihnen erzähle: ‚Der Gott, an den schon
eure Väter geglaubt haben, schickt mich zu euch‘ und sie dann fragen, wie
dieser Gott denn heißt, was soll ich dann sagen?“ 14 „Sag ihnen ganz ein-
fach: ‚Ich bin der, der immer da ist‘ hat mich geschickt. 15 Also, sag den
Israeliten: ‚Ich komme im Auftrag von ›Ich bin der, der immer da ist‹, der
Gott von Abraham, Isaak und Jakob! Der sagt euch folgendes: ›Das ist ab
jetzt mein Name, für immer. So sollen die Leute mich jetzt nennen, auch
später noch.‹, 16 Geh jetzt und sprich mit den Chefs von den Israeliten. Sag
ihnen: ›Ich bin der, der immer da ist‹, der Gott von euren Vätern, hatte ein
Treffen mit mir. Er sagte: ›Ich habe alles mitbekommen, was mit meinen
Leuten in Ägypten abgeht, wie sie fertiggemacht werden und so. 17 Darum
hab ich mich entschlossen, euch aus diesem Land rauszuholen, wo man
euch unter Knebelverträgen hart schuften lässt. Ich werde euch in ein ande-
res Gebiet führen, dorthin, wo jetzt die Kanaaniter, Hetiter, Amoriter, Perisi-
ter, Hiwiter und Jebusiter leben. Dieses Land ist so fett, da gibt es alles, was
man braucht, und davon reichlich.‹‘ 18 Wenn du das den Chefs so sagen
wirst, wird man auf dich hören. Als Nächstes musst du dann zusammen mit
euren Chefs beim Präsidenten vorsprechen. Sag dem, dass der Gott von dei-
nen Leuten, den Hebräern, ein Treffen mit dir hatte. Sag ihm, er will, dass ihr
alle zusammen in die Wüste geht. Nach ungefähr 40 Kilometern sollt ihr
dort einen Gottesdienst abhalten, mit einen Opferritual und so. 19 Ich weiß
jetzt schon, dass der Präsident euch bestimmt nicht gehen lässt. Keine
Macht der Welt wird ihn dazu bringen können, es sei denn, ich zwinge ihn
mit Gewalt dazu. 20 Deshalb werde ich ihm zeigen, wo der Hammer hängt.
Ich werde den Ägyptern eine Lektion erteilen, die sich gewaschen hat. Zum
Beispiel werde ich üble übernatürliche Katastrophen kommen lassen, bis sie
weichgekocht sind. Dann wird man euch gehen lassen. 21 Ich werde dafür
sorgen, dass die Ägypter sich sogar freuen, wenn ihr geht. Und sie werden

euch nicht mit leeren Händen wegschicken. 22 Alle Frauen bei euch sollen
sich von ihren ägyptischen Nachbarn Gold und Silberschmuck ausleihen,
dazu auch fesche Kleidung. Die Sachen sind dann für eure Kinder. Auf die
Tour sollt ihr die Ägypter noch mal anständig abzocken."

4

Mose braucht ein Zeichen von Gott

1 Mose hatte da aber noch ein paar Fragen an Gott. „Was ist denn, wenn die
Leute mir nicht glauben? Was soll ich machen, wenn sie mir nicht folgen
wollen? Was soll ich sagen, wenn sie meinen: ‚Du spinnst doch, du hattest
nie und nimmer ein Treffen mit Gott!' Was soll ich dann machen?" 2 „Was
ist das da in deiner Hand, Mose?", fragte ihn Gott. „Das ist ein Gehstock!",
antwortete Mose. 3 „Schmeiß den mal auf den Boden!" Als Mose das tat,
verwandelte sich der Stock plötzlich in eine Schlange. Mose erschrak sich
voll und wollte weglaufen. 4 Aber Gott sagte zu ihm: „Jetzt fass die Schlange
mal am Ende an und heb sie auf!" Als Mose sie berührte, wurde die
Schlange wieder zu seinem Stock. 5 „Mit diesem Wunder kannst du ihnen
klarmachen, dass du wirklich ein Treffen mit Gott hattest, und zwar mit dem
Gott, der auch der Gott von Abraham, Isaak und Jakob war." 6 Dann sagte
Gott noch zu Mose: „Jetzt steck mal deine Hand unter deine Jacke!" Mose
machte das, und als er sie wieder rausholte, war sie voll gammelig, voller
„Aussatz", das ist eine fiese, ansteckende Hautkrankheit. Die Hand war ganz
weiß und sah echt eklig aus. 7 „Und jetzt mach das Ganze noch mal", sagte
Gott zu ihm. Und als Mose seine Hand wieder unter die Jacke steckte und
rauszog, war die Haut wieder normal, wie am Rest seines Körpers. 8 „Wenn
sie schon durch das erste Wunder nicht beeindruckt sind, dann bestimmt
durch das zweite. Das wird sie überzeugen. 9 Falls sie dir aber immer noch
nicht glauben und keinen Bock darauf haben, das zu tun, was du von ihnen
willst, dann organisier dir mal etwas Wasser aus dem Nil-Fluss in der Nähe.
Wenn du das vor ihren Augen auf den Boden schüttest, wird es zu Blut
werden." 10 Mose hatte aber immer noch Einwände. „Gott, aber ich kann
doch überhaupt nicht gut labern, das konnte ich noch nie. Das ist auch
nicht besser geworden, seitdem wir so miteinander sprechen. Ich kann
mich irgendwie nicht so richtig gut ausdrücken und sag dann oft peinliche
Sachen." 11 „Also mal ehrlich, Mose, von wem hat der Mensch denn seinen
Mund bekommen, hä? Wer sorgt dafür, dass Menschen reden können oder
eben nicht reden können? Das bin doch ich, Gott, oder? 12 Jetzt verschwinde
endlich! Ich werde dir helfen und dafür sorgen, dass du das sagst, was du
sagen sollst." 13 „Hm, Gott, bitte sei mir nicht böse, aber nimm doch besser
jemand anderen, ja?" 14 Jetzt wurde Gott richtig sauer auf Mose. „Mann,
Mose! Meinetwegen, dann bekommst du eben noch Unterstützung! Du hast

einen Bruder, der Aaron heißt. Ich hab gehört, dass der nicht auf den Mund gefallen ist. Er ist gerade auf dem Weg zu dir, und er freut sich schon, dich mal wiederzusehen. [15] Ihm erzählst du die ganze Geschichte und was er sagen soll. Ich werde dir dabei helfen, und Aaron helfe ich natürlich auch. Ich sag euch dann genau, was ihr zu tun habt und wie ihr die Sachen rüberbringen sollt, wenn es so weit ist. [16] Wenn Aaron dann zu deinen Leuten spricht, wird das voll die Power haben. Es wird so sein, als würde ein krasser Prophet eine Ansage von Gott weitergeben. [17] Vergiss den Stock nicht, nimm den schon mal in die Hand. Er wird dafür sorgen, dass die Leute dir glauben, weil du mit ihm fette Wunder machen kannst."

Mose geht zurück nach Ägypten

[18] Mose ging erst mal zu seinem Schwiegervater Jitro und meinte: „Ich möchte jetzt bitte zu meinen Leuten nach Ägypten gehen. Mal sehen, ob die Israeliten überhaupt noch leben. „Dann geh ruhig! Gute Reise!", antwortete ihm Jitro. [19] Auf dem Weg durch Midian sagte Gott zu Mose: „So, jetzt kannst du wirklich nach Ägypten zurückkommen. Alle, die dich mal töten wollten, leben nämlich nicht mehr." [20] Mose packte also seine Sachen in den Autobus, ließ seine Kinder und seine Frau einsteigen und fuhr mit ihnen nach Ägypten. Den Gehstock hatte er auch dabei. [21] Gott sagte Mose auf dem Weg noch mal ein paar Sachen. „Wenn du wieder in Ägypten bist, dann erinnere dich an die fetten Wunder, die ich vor deinen Augen gemacht hab. Das sind deine Möglichkeiten, ich hab sie dir in die Hand gegeben. Zeig das dem Präsidenten von Ägypten. Aber ich werde dafür sorgen, dass er voll hart drauf ist, er wird euch nicht gehen lassen. [22] Dann sollst du zu ihm sagen: ‚Gott lässt Ihnen Folgendes ausrichten: Die Israeliten sind wie mein erstes Kind, [23] und ich befehle dir jetzt: Lass sie ziehen! Sie sollen für mich einen Gottesdienst veranstalten. Wenn du das nicht machst, hast du ein echtes Problem am Hals. Dann werde ich deinen ältesten Sohn töten.'" [24] Als Mose dann unterwegs irgendwo draußen übernachtete, wollte Gott ihn töten. [25] Zippora, seine Ehefrau nahm deshalb ein Messer und schnitt von ihrem Sohn die Vorhaut ab. Dem Kind hatte man nämlich noch nicht die Vorhaut abgeschnitten. Mit dieser Vorhaut berührte sie Mose und sagte: „Durch dieses Beschneidungsritual ist wieder alles im Lot." [26] Gott fand das gut und ließ Mose nicht sterben.

Mose und Aaron führen zusammen das Volk

[27] Gott sagte zu Aaron: „Jetzt geh mal dem Mose entgegen und hol ihn in der Wüste ab!" Aaron macht sich auf den Weg. Beim Berg Horeb trafen sich die beiden. Mose freute sich voll und umarmte seinen Bruder. [28] Dann erzählte er ihm von der Ansage, die Gott ihm gemacht hatte. Auch von den

Wundern, die er tun sollte, erzählte er Aaron. 29 Beide gingen dann zusam-
men weiter nach Ägypten. Als sie da waren, beriefen sie ein Meeting ein, mit
allen Chefs der Israeliten. 30 Aaron sagte dann die ganzen Sachen, die Gott
Mose erzählt hatte. Und Mose zeigte allen Leuten die Wunder, die er mit
dem Stab und so machen konnte. 31 Das Volk war beeindruckt. Als sie dann
hörten, dass Gott ihr fieses Leben in Ägypten gesehen hatte und sie da raus-
holen wollte, legten sie sich alle vor ihm platt auf den Boden und dankten
Gott dafür.

5

Mose und Aaron beim Präsidenten

1 Jetzt holten sich Mose und Aaron einen Termin beim Präsidenten von
Ägypten. Als sie da waren, sagten die beiden zu ihm: „Was wir jetzt sagen,
kommt von dem Gott, der immer da ist, der Gott von Israel. Er hat folgende
Nachricht für Sie: ‚Lass meine Leute abziehen! Ich möchte, dass sie in der
Wüste eine Party für mich geben!‘“ 2 „Was ist das für einer, dieser ‚Der
immer da ist‘-Typ? Warum sollte ich dem gehorchen, hä? Ich kenne keinen
‚Der immer da ist‘, und ich werde nicht im Traum daran denken, die Isra-
eliten laufen zu lassen!“, meinte der Präsident genervt. 3 Mose und Aaron
antworteten ihm: „Er ist der Gott der Israeliten. Wir hatten ein Treffen mit
ihm. Darum wollen wir jetzt alle 40 Kilometer weit in die Wüste wandern
und für ihn dort eine große Party veranstalten. Könnte sonst sein, dass wir
übel krank werden oder dass er uns mit Kriegen oder so bestraft.“ 4 Der
Präsident der Ägypter rastete total aus. „Was denken Sie eigentlich, wer Sie
sind? Was bilden Sie sich ein, meine Arbeiter von ihrer Arbeit abzuhalten?
Verschwinden Sie, an die Arbeit, aber zack, zack!“ 5 Als sie rausgingen, sagte
er noch: „Es gibt so viele Gastarbeiter von Ihnen im Land, und jetzt wollen
Sie die auch noch von der Arbeit abhalten!?“

Die Israeliten müssen noch derber schuften

6 Am gleichen Tag noch ging eine Dienstanweisung an alle Schichtführer
auf den Baustellen raus. 7 „Ab sofort darf zur Ziegelherstellung kein Stroh
mehr zur Verfügung stehen. Es muss alles von den Arbeitern selbst organi-
siert werden. 8 Trotzdem müssen genauso viele Ziegel fertig gemacht werden
wie vorher. Sie dürfen es ihnen nicht leichter machen. Diese faulen Säcke ...
darum weinen sie jetzt rum: ‚Wir wollen in die Wüste, um da ne Party für
unseren Gott zu machen.‘ 9 Die stehen nicht genug unter Druck. Verdoppeln
Sie das Pensum, die sollen noch mehr schuften. Dann werden sie sich nicht
mehr um dieses Blabla von Mose und so kümmern.“ 10 Die Schichtführer
und die Antreiber gingen dann zu den Israel-Leuten und sagten denen:
„Ab sofort gibt es kein Stroh mehr zur Herstellung von den Ziegeln.

11 Sie müssen alle Ihr Stroh selbst zusammensuchen! Aber die Anzahl der
geforderten Ziegel bleibt gleich. Ist das klar?!“ 12 Also zogen die Israeliten
durch die ganzen Felder in Ägypten, um Stroh zu organisieren. 13 Die Ägypter
rannten dabei oft hinter ihnen her und sagten: „Los jetzt, Sie müssen
genauso viele Ziegel fertig machen wie früher, als Sie noch Stroh von uns
gestellt bekommen haben!“ 14 Die Antreiber schlugen den Arbeitern, die
andere anleiten und vorarbeiten sollten, dabei ständig auf die Fresse. „Ihr
habt heute schon wieder zu wenig gearbeitet!“, schrien sie die an. 15 Diese
Vorarbeiter beschwerten sich dann beim Präsidenten. „Warum machen Sie
das? Wir haben Ihnen doch immer ganz treu gedient! 16 Unsere Leute wer-
den jetzt schon seit Tagen nicht mehr mit Stroh beliefert, trotzdem sollen
sie mit der Hand Ziegel herstellen. Sogar getreten hat man uns. Ihre Mitar-
beiter sind schuld an allem!“ 17 Aber der Präsident war anderer Meinung:
„Faules Pack! Sie wollen nur nicht arbeiten, darum kommen Sie jetzt mit
der ‚Wir wollen in die Wüste, um unsern Gott zu feiern‘-Tour. 18 Verschwin-
den Sie! Gehen Sie wieder an Ihre Arbeit! Sie bekommen kein Stroh mehr
von uns, aber die Anzahl der Ziegel bleibt weiter so, wie sie vorher auch
war. 19 Den Vorarbeitern von den Israeliten war schnell klar, dass sie keine
Chance hatten. Sie mussten einfach die gleiche Menge herstellen wie
vorher auch.

Gott sagt, er hilft

20 Als die Vorarbeiter von den Israeliten vom Präsidenten zurückkamen, tra-
fen sie Mose und Aaron im Wartezimmer. 21 Sie waren richtig sauer auf die
beiden und machten sie voll an. „Ihr habt dafür gesorgt, dass der Präsident
und alle seine Mitarbeiter uns jetzt total hassen! Durch euch haben die erst
gute Gründe gefunden, um uns fertigzumachen. Gott wird euch dafür
bestrafen, wisst ihr das?“ 22 Mose zog sich zurück, um mit Gott zu reden. Er
sagt zu ihm: „Mann, Gott, warum gehst du so mies mit deinen Leuten um?
Warum hast du mich überhaupt hierhergeschickt? 23 Seit ich beim Präsi-
denten vorgesprochen hab, ist alles viel schlimmer geworden. Er behandelt
unsere Leute wie den letzten Dreck. Und du legst deine Hände in den Schoß
und tust gar nichts.“

6

Mose kriegt ein zweites Mal die Ansage

1 Gott antwortete Mose: „Du wirst jetzt bald erleben, was ich mit diesem
Präsidenten anstellen werde. Ich werde ihn dazu zwingen, die Israeliten
gehen zu lassen! Wirst sehen, er wird euch sogar in hohem Bogen aus sei-
nem Land rausschmeißen! 2 Pass jetzt mal gut auf, Mose, ich bin Gott!
3 Ich bin als der Gott, dem nichts unmöglich ist, schon mit Abraham, Isaak

und Jakob unterwegs gewesen. Aber unter meinem Namen ‚Ich bin der, der
immer da ist' hab ich mich ihnen nie vorgestellt. [4] Ich habe mit den dreien
Verträge gemacht. Dabei hatte ich ihnen das Kanaan-Land versprochen, wo
sie als Ausländer eine Zeitlang gelebt haben. [5] Jetzt hab ich die Schreie von
meinen Leuten gehört, dass sie von den Ägyptern zur Arbeit gezwungen wer-
den und so. Ich habe diese alten Verträge nie vergessen. [6] Sag den Leuten
Folgendes von mir: Ich bin Gott. Ich werde euch hier wegholen. Ich werde
euch von dieser Zwangsarbeit befreien. Mit meiner Power werde ich euch da
raushauen. Ich werde die Leute, die euch fertiggemacht haben, hart bestra-
fen. [7] Ich möchte euch als mein eigenes Volk annehmen. Ich will euer Gott
sein. Ich werde das auch beweisen, indem ich euch von dieser Zwangsarbeit,
die ihr für die Ägypter tut, befreie. [8] Ich werde euch in das Land bringen, das
ich vor vielen Jahren einmal Abraham, Isaak und Jakob ganz, ganz fest ver-
sprochen hatte. Ich geb es euch, es soll euch für immer gehören. Ich bin
Gott!" [9] Mose ging dann zu seinen Leuten, den Israeliten, und erzählte, was
Gott ihm gesagt hatte. Aber keiner wollte ihm glauben. Sie waren einfach
schon zu lange dauerdeprimiert und von der harten Arbeit total ausge-
brannt. [10] Gott sagte dann zu Mose: [11] „Jetzt geh mal zum Präsidenten von
Ägypten! Verlange von ihm, dass er sofort allen Israeliten eine Ausreisege-
nehmigung erteilen soll!" [12] „Äh, also Gott, noch nicht mal meine eigenen
Leute glauben mir! Warum sollte jetzt ausgerechnet der Präsident auf mich
hören? Ich stottere doch ständig und kann das gar nicht so richtig rüberbrin-
gen!" [13] Gott schickte ihn aber mit Aaron trotzdem noch mal los. Sie sollten
wieder zusammen bei seinen Leuten und auch beim Präsidenten vorspre-
chen. Gott hatte es sich einfach ganz fest vorgenommen, die Israeliten jetzt
aus Ägypten rauszuholen.

Die Familien von Mose und Aaron, ein Stammbaum

[14] Jetzt kommt ein Stammbaum von Mose und Aaron: Der erste Sohn von
Jakob war ja der Ruben. Seine Söhne waren Henoch, Pallu, Hezron und
Kami. [15] Der zweite Sohn von Jakob war Simeon, und seine Söhne hießen
Jemuel, Jamin, Ohad, Jachin, Zohar und Schaul. Schaul war ein Kind, was
Ruben mit einer Kanaaniterin zusammen hatte. [16] Die Familie von Levi, dem
dritten Sohn Jakobs, gliedert sich in seine drei Söhne Gerschon, Kehat und
Merari auf. Levi ist übrigens 137 Jahre alt geworden. [17] Die Söhne von Ger-
schon waren Libni und Schimi, die wiederum Familien hatten. [18] Und in die
Familie von seinem Sohn Kehat wurden die Söhne Amram, Jizhar, Hebron
und Usiel geboren. Kehat wurde 133 Jahre alt. [19] Die Familie von Levis Sohn
Merari gliedert sich in die Familien von seinen Söhnen Machli und Moschi
auf. [20] Kehats Sohn Amran heiratete Jochebed, die eine Schwester von sei-
nem Vater war. Sie bekam von ihm zwei Söhne, Aaron und Mose. Amram

wurde insgesamt 137 Jahre alt. [21] Jizhar, auch ein Sohn von Kehat, hatte drei
Söhne: Korach, Nefeg und Sichri. [22] Sein anderer Sohn Usiel hatte auch drei
Söhne: Mischael, Elizafan und Sitri. [23] Aaron heiratete Elischeba, die eine
Tochter von Amminadab und eine Schwester von Nachschon war. Sie be-
kam vier Söhne mit ihm, und zwar den Nadab, Abihu, Eleasar und Itamar.
[24] Korach hatte drei Söhne: Assir, Elkana und Abiasaf. Er hat übrigens seinen
Namen auf die ganze Sippe übertragen, die nannten sich dann Korachiter.
[25] Aarons Sohn Eleasar heiratete dann eine Tochter von Putiel. Sie bekam
einen Sohn von ihm, der Pinhas genannt wurde. So, das waren alle Familien-
chefs, die von Levi abstammen. Man nannte die jetzt auch Levi-Leute.
[26] Aaron und Mose wurden ja auch eben aufgezählt. Das sind die zwei, die
von Gott die Order bekommen hatten: „Holt mir meine Leute, in Gruppen
gegliedert, aus Ägypten raus!" [27] Die zwei hatten mit dem Präsidenten der
Ägypter verhandelt, sie hatten den Auftrag, die Israeliten aus Ägypten
rauszuführen.

Wie war das noch? Ein Repeat

[28] Gott hatte zu Mose in Ägypten ja Folgendes gesagt: [29] „Ich bin dein Gott!
Sag dem Präsidenten von Ägypten alles, was ich dir gesagt habe!" [30] Mose
konnte sich das nicht vorstellen. Er sagte zu Gott: „Ich stotter doch voll und
kann überhaupt nicht gut reden. Warum sollte der Präsident ausgerechnet
auf mich hören?"

7

Die ersten Wunder für den Präsidenten von Ägypten

[1] Jetzt sagte Gott zu Mose: „Pass auf, ich gebe dir so eine Vollmacht, als
wärst du selbst wie ein Gott für den Präsidenten. Dein Bruder Aaron wird
dann dein Prophetentyp sein, so wie du jetzt mein Prophet bist. [2] Ich sag es
dir, du sagst es Aaron, und Aaron sagt es dem Präsidenten, okay? Fordert
von ihm, dass er euch endlich freilässt und dass ihr aus Ägypten ausreisen
dürft. [3] Aber pass auf, ich werde dafür sorgen, dass der Präsident ein Brett
vorm Kopf hat. Ich will allen zeigen, was ich draufhab. Ich will Wunder tun,
dass alle den Mund nicht mehr zukriegen. [4] Der Präsident wird euren Antrag
auf jeden Fall ablehnen. Dann werde ich die Ägypter mal so richtig stressen,
ich werde denen zeigen, was ich alles kann. Sie werden so fett bestraft wer-
den, dass sie es nicht mehr aushalten können! Dann werde ich euch, die
Israeliten, ohne Probleme aus Ägypten rausführen. [5] Wenn ich den Ägyptern
eins draufgebe und ich alle Israeliten aus dem Land rausgeführt habe, dann
werden die Ägypter kapieren, dass nur ich Gott bin!" [6] Mose und Aaron taten
alles genau so, wie Gott es ihnen gesagt hatte. [7] Mose war in der Zeit schon
80 Jahre alt und Aaron sogar 83.

Sieben fiese Katastrophen für die Ägypter

8 Kurz bevor Mose und Aaron beim Präsidenten drin waren, redete Gott
noch mal mit den beiden. 9 „Wenn der Präsident von euch irgendwelche
Beweise sehen will, dass ihr es mit den Drohungen ernst meint, dann sagst
du, Mose, Folgendes zu Aaron: „Nimm mal deinen Wanderstock und
schmeiß ihn dem Präsidenten vor die Füße!“ Der Stock wird dann nämlich
zu einer Schlange verwandelt werden!“ 10 Mose und Aaron gingen dann
zum Präsidenten in sein Empfangszimmer. Dort zogen sie das ganze Ding
genau so durch, wie Gott es ihnen gesagt hatte. Aaron warf den Stock
vor seine Füße auf den Boden, und der wurde dann tatsächlich zu einer
Schlange! 11 Der Präsi war aber gar nicht so geschockt und ließ seine Zauber-
künstler und die Esoterikergang anrücken, die auch solche Sachen machen
konnten. 12 Aber die Schlange von Aaron kämpfte gegen die Schlangen von
den Esos und fraß sie einfach auf. 13 Trotzdem war der Präsident von der
ganzen Sache nicht so derbe beeindruckt. Er blieb hart und ging auf keine
Forderung von den beiden ein. Es passierte alles genau so, wie Gott es vor-
hergesagt hatte.

Die erste Katastrophe: Aus Wasser wird Blut

14 Gott sagte nach der Aktion zum Mose: „Der Präsident ist hart drauf. Er
weigert sich, meine Leute ziehen zu lassen. 15 Morgen früh starte mal einen
zweiten Versuch. Wenn er gerade auf dem Weg zum Nil ist, pass ihn am
Ufer ab. Vergiss nicht den Stock, aus dem ne Schlange geworden ist. 16 Wenn
ihr ihn dort trefft, sag ihm Folgendes: ‚Ich hab ne Nachricht für Sie von Gott.
Der sagt Ihnen: »Ich bin der, der immer da ist, der Gott der Israeliten. Ich
mache dir jetzt eine Ansage: ›Lass meine Leute frei! Sie sollen aus Ägypten
durch die Wüste wegziehen, damit sie dort einen Gottesdienst für mich fei-
ern. Bis jetzt bist du meiner Aufforderung nicht gefolgt. 17 Du sollst endlich
kapieren, dass du es mit dem einzigen echten Gott zu tun hast.‹« In seinem
Auftrag werde ich gleich mit meinem Stock auf das Wasser vom Nil-Fluss
schlagen. Dann wird aus dem ganzen Wasser Blut werden. 18 Alle Fische, die
in dem Teil leben, werden sterben. Der Fluss wird so derbe stinken, dass die
Ägypter davon nicht mehr trinken können.‘ 19 Sag dann dem Aaron, er soll
seinen Stock über den Fluss halten, der in Ägypten fließt. Dann soll er das
Gleiche auch mit den Kanälen machen und mit den Teichen, Badeanstalten,
und so. Alles Wasser, was es in Ägypten gibt, auch das in den Wasserfla-
schen, wird dann zu Blut.“ 20 Mose und Aaron gehorchten Gott. Mose nahm
den Stock und schlug damit auf das Wasser vom Nil. Und zack, in derselben
Sekunde wurde das ganze Wasser zu Blut! 21 Alle Fische krepierten und das
ganze Zeug fing voll an zu stinken. Die Ägypter konnten das Wasser nicht
mehr trinken, überall war es zu Blut geworden. 22 Aber die Esoteriker und

Zauberer in Ägypten konnten mit ihren Tricks ein ähnliches Wunder zaubern.
Darum dachte der Präsident nicht im Traum daran, die Israeliten gehen zu
lassen. Das hatte Gott ja alles so vorausgesehen. 23 Der Präsident ging wie-
der zurück in seine Residenz und nahm die ganze Sache nicht wirklich ernst.
24 Die Ägypter versuchten dann, nach neuen Quellen zu buddeln, weil man
das Wasser aus dem Nil nicht mehr trinken konnte.

Die zweite Katastrophe: Ratten ohne Ende

25 Das Ganze ging über eine Woche. Sieben Tage später 26 redete Gott wieder
mit Mose. Er sagte zu ihm: „Pass auf, jetzt geh mal zum Präsidenten und
sag zu ihm: ‚Gott sagt Ihnen Folgendes: ›Lass meine Leute frei, damit sie für
mich einen Gottesdienst feiern. 27 Wenn du dich weigerst, werde ich überall
in Ägypten Millionen von Ratten aufkreuzen lassen. 28 Aus dem Nil werden
überall Tausende von Wasserratten rauskommen, die werden dann sogar in
dein Privatanwesen reinkrabbeln und in deinem Schlafzimmer auf deinem
Bett pupen. Auch in den Häusern von deinen Ministern, überall in der Stadt
und auf dem Dorf wird man sie sogar in den Küchen finden. Man wird Rat-
ten in allen Schränken sehen, sogar im Kühlschrank, im Vorratsraum, bei
den Lebensmitteln. 29 Diese Rattenplage wird alle treffen, dich und deine
Leute.‹‘“

8

Rattenplage abgewendet

1 Später sagte Gott dann zu Mose: „Pass auf, Aaron soll jetzt mal diesen
Stock in die Hand nehmen und ihn über die Flüsse, über alle Abwasserka-
näle, Bäche und Seen halten. Dadurch werden alle Ratten, die dort leben,
aus ihren Nestern kriechen und das ganze Land überfallen.“ 2 Also streckte
Aaron seine Hand mit dem Stock über jedem Wasser in Ägypten aus. Und
tatsächlich quiekte es plötzlich überall, die Ratten kamen aus dem Wasser
und krabbelten auf dem Land rum. Es waren so viele, dass sie die ganze
Erde überdeckten. 3 Die Esoteriker und Zauberer in Ägypten konnten da aber
mithalten. Sie zauberten auch viele Ratten, die aus den Gewässern raus-
kamen. 4 Der Präsident rief dann Mose und Aaron zu sich ins Büro: „Bitte
beten Sie zu Ihrem Gott! Er soll mich und alle Ägypter bitte von diesen ekli-
gen Ratten befreien! Von mir aus können Sie dann auch mit Ihren Leuten
sofort aus Ägypten ausreisen und für Ihren Gott einen Gottesdienst abfei-
ern.“ 5 „Von mir aus kann es losgehen!“, lachte Mose den Präsidenten an.
„Sie brauchen mir nur zu sagen, wann ich für Sie und Ihre Minister und Ihre
Bevölkerung zu meinen Gott beten soll! Ich werde ihn einfach darum bitten,
dass er alle Ratten überall verschwinden lässt und sie nur noch da sind, wo
sie auch hingehören, im Nilfluss!“ 6 „Sofort, morgen früh!“, antwortete er.

„Okay, abgemacht. Es wird so passieren, wie Sie es gewünscht haben. Sie
werden an der Sache erkennen, dass es keinen Gott gibt, der krasser ist als
unserer. 7 Alle Ratten werden aus ihren Wohnungen und Häusern verschwin-
den. Die werden ab dann Ihre Leute wieder in Ruhe lassen. Nur noch im Nil
wird man welche finden können." 8 Aaron und Mose drehten sich um und
verließen den Präsidenten. Mose betete dann zu Gott und fragte ihn, ob
er jetzt den ganzen Ärger mit den Ratten beenden könnte, den er für die
Ägypter organisiert hatte. 9 Gott machte, was Mose gesagt hatte. Die Ratten
starben plötzlich überall, in den Häusern, in den Wohnungen und in den
Garagen. 10 Die toten Tiere karrte man zusammen, und die Leichenberge
von Ratten fingen voll an zu stinken. Überall war der Geruch von toten Tie-
ren. 11 Als der Präsident kapierte, dass die Rattenplage vorbei war, kam er
wieder hart drauf. Er ließ die Israeliten nicht ausreisen, wie er es eigentlich
fest versprochen hatte. Gott hatte das ja aber schon lange vorausgesehen.

Die dritte Katastrophe: Stechmücken ohne Ende

12 Jetzt sagte Gott zu Mose: „Aaron soll mal seinen Stock nehmen und damit
auf den Boden schlagen. Dann wird der ganze Staub, der in Ägypten rum-
liegt, plötzlich zu kleinen Stechmücken. 13 Aaron machte das und plötzlich
wurden überall aus dem Staub kleine Stechmücken. Die waren sehr fies und
nervten die Menschen und auch die Tiere total. 14 Auch diesmal versuchten
sich die Zauberer in Ägypten damit, das Gleiche auch zu schaffen, aber sie
packten es einfach nicht. 15 Sie gingen zum Präsidenten und meinten zu ihm.
„Dieser Stab von dem Aaron ist wie ein Finger von Gott!" Trotzdem blieb der
Pharao hart drauf. Er dachte nicht daran, die Leute ziehen zu lassen. Gott
hatte das ja schon vorhergesagt.

Die vierte Katastrophe: Stechfliegen

16 Jetzt sagte Gott zu Mose: „Pass mal morgen früh den Präsidenten ab,
wenn er gerade auf dem Weg zum Nilfluss ist. Dann sag ihm: „Gott hat
Ihnen folgende Sache zu sagen: ‚Lass meine Leute endlich frei, damit sie
einen Gottesdienst für mich feiern können! 17 Wenn du das nicht tust, werde
ich deine Minister und deine ganzen Leute mit Stechfliegen und anderen
Insekten so was von nerven. Die werden überall sein, man kann nicht vor
ihnen fliehen, sie werden das ganze Land bedecken! 18 Nur in der Gegend
von Goschen, wo meine Leute wohnen, da werden keine Fliegen sein. Du
solltest endlich kapieren, dass ich in deinem Land die Macht habe, und nicht
du. 19 Dabei werde ich dafür sorgen, dass bei meinen Leuten keine Fliegen
sind, so wie bei euch. Das wird gleich morgen bei euch passieren!'" 20 Am
nächsten Tag sorgte Gott für riesengroße Schwärme von Insekten, die in
dem Regierungszentrum vom Präsidenten und in seinem Wohnhaus und bei

seinen ganzen Ministern in die Wohnungen reinkamen und rumflogen. Sie
waren plötzlich überall und machten allen das Leben zur Hölle.

Der Präsident lenkt ein

21 Jetzt hatte der Präsident erst mal die Schnauze voll. Er rief Mose und
Aaron an und traf sich mit ihnen. „Sie können von mir aus sofort abziehen
und für Ihren Gott einen Gottesdienst veranstalten, aber es muss hier in die-
sem Land passieren!“ 22 „Sorry, Herr Präsident, aber das geht nicht!“, ant-
wortete Mose. „So, wie wir Gottesdienste feiern, das würden Ihre Leute nicht
verstehen, und vermutlich gäbe es da Ärger mit denen. Wenn die uns dabei
zusehen, würden die sofort ne Demo anzetteln oder uns sogar umbringen.
23 Nein, das Einzige, was geht, ist, wenn Sie uns 40 Kilometer weit von hier
wegziehen lassen. Wir wollen in der Wüste für unseren Gott einen Gottes-
dienst haben. Das hat er uns so gesagt.“ 24 „Na gut, meinetwegen, dann
gehen Sie. Machen Sie mit Ihrem Gott diese Feier, aber gehen Sie nicht zu
weit weg, ja? Und beten Sie für mich, damit diese schrecklichen Katastro-
phen endlich aufhören!“ 25 „Hey, wenn ich jetzt von Ihnen weggehe, werde
ich gleich mit meinem Gott darüber reden. Morgen früh wird das ganze
Zeug nicht mehr da sein, Sie werden alle befreit sein von den ganzen Vie-
chern, Sie, Ihre Minister und auch die ganzen Menschen hier. Aber beschei-
ßen Sie uns nicht noch mal, ja? Nicht, dass Sie es sich plötzlich anders über-
legen und wir doch nicht ausreisen dürfen, um mit unserem Gott einen
Gottesdienst zu feiern! Klar?!“ 26 Mose zog dann ab. Er ließ den Präsidenten
alleine und ging noch ne Runde beten. 27 Gott hörte auf Mose und befreite
den Präsidenten, die Minister und das ganze Volk von den fiesen Insekten.
Nicht ein einziges Teil blieb übrig. 28 Aber der Präsident war einfach voll ver-
peilt. Er versperrte wieder die Grenzen und ließ die Israeliten auch diesmal
nicht auswandern.

9

Die fünfte Katastrophe: Die Tiere sterben

1 Jetzt sagte Gott zu Mose: „Geh mal wieder zum Präsidenten. Sag ihm mal
einen schönen Gruß von mir. Erzähl ihm: ‚Gott, der absolute Oberchef, der
Gott von den Israeliten, befiehlt Ihnen: ›Lass meine Leute auswandern! Ich
will, dass sie einen Gottesdienst für mich feiern!‹ 2 Wenn Sie sich weigern
und uns wieder daran hindern wegzugehen, 3 dann wird Gott eine ganz fiese
Krankheit auf die Nutztiere in Ägypten kommen lassen. Alle Pferde, Esel,
Schafe, Kamele und Ziegen werden schwer krank werden. 4 Er wird aber
einen Unterschied machen zwischen den Tieren von den Ägyptern und von
den Israeliten. Bei den Israeliten wird kein einziges Tier sterben. 5 Gott hat
einen Zeitplan dafür aufgestellt. Er sagte, morgen wird das passieren.‘“

6 Am nächsten Tag setzte Gott seinen Zeitplan exakt um. Alle Tiere von den
Ägyptern starben, aber von den Tieren der Israeliten krepierte kein einziges.
7 Der Präsident checkte das, und es kam raus, dass tatsächlich nicht eins
von den Tieren der Israeliten krank geworden war! Trotzdem blieb er hart
und wollte sie immer noch nicht weggehen lassen.

Die sechste Katastrophe: Eine fiese Hautkrankheit

8 Jetzt sagte Gott zu Mose und Aaron: „So ihr zwei, jetzt packt mal mit bei-
den Händen die Asche vom letzten Grillabend in eine Tüte. Mose soll die
dann vor den Augen vom Präsidenten in die Luft schmeißen. 9 Die Asche
wird sich dann in ganz Ägypten wie eine Smogwolke ausbreiten. Tiere und
Menschen werden davon ganz eklige Hautgeschwüre kriegen, die eitern
und aufplatzen.“ 10 Mose und Aaron nahmen sich eine Tüte voller Asche
vom Grill und gingen damit zum Präsidenten. Mose warf dann vor seinen
Augen die Asche in die Luft. Kurze Zeit später bekamen die Menschen und
Tiere in Ägypten große Hautgeschwüre am ganzen Körper, die zu offenen
Wunden wurden. 11 Sogar die Esoteriker und Zauberer bekamen Geschwüre,
so krass, dass sie im Bett bleiben mussten. Sie konnten nicht mal mehr
mit Mose reden, weil sie so krank waren. 12 Aber Gott sorgte dafür, dass der
Präsident weiter hart drauf war. Auch diesmal ließ er die Israeliten nicht
weggehen. Das hatte Gott ja Mose schon vorher gesagt.

Das siebte Katastrophe: Gewitter und Hagelkörner

13 „Geh mal morgen früh wieder zum Präsidenten“, sagte Gott zu Mose.
„Sag ihm Folgendes: ‚Der Gott, an den wir Israeliten glauben, hat eine
Ansage für Sie: ›Lass meine Leute frei, damit sie für mich einen Gottesdienst
feiern können! 14 Falls du auch dieses Mal nicht tust, was ich dir sage, werde
ich dir so eine fiese Katastrophe organisieren, dass deine Regierung und
auch deine Leute endlich eins kapieren: Keiner kann es mit mir aufnehmen!
15 Wenn ich gewollt hätte, dann wärt ihr, du und deine Leute, jetzt schon lange
tot. Ein Wort von mir hätte gereicht, und ihr wärt an irgendeiner anstecken-
den Krankheit elendig krepiert. 16 Aber ich habe dich am Leben gelassen, um
allen anderen an dir zu zeigen, was ich draufhab. Ich will, dass man in der
ganzen Welt von mir hört. 17 Zurzeit denkst du vielleicht noch, du könntest
mit meinen Leuten machen, was du willst. 18 Aber morgen um dieselbe Zeit
werde ich ein so schweres Gewitter auffahren lassen, wie ihr es in Ägypten
noch nie gesehen habt. 19 Ich warne dich, bring deine Kühe und alle anderen
Tiere in Sicherheit! Auch die Menschen sollen sich verstecken. Denn jeder,
der sich nicht irgendwo unterstellt, wird von den Hagelkörnern erschlagen
werden!‹‘“ 20 Als Mose das dem Präsidenten gesagt hatte, stellten einige von
den Ministern vom Präsidenten ihre Tiere irgendwo unter. 21 Andere nahmen

aber diese Worte von Gott nicht ernst und ließen sie und auch ihre Arbeiter
draußen weiter arbeiten. 22 Jetzt sagte Gott zu Mose: „So, streck deine Hand
nach oben zum Himmel. Dann wird es in ganz Ägypten von Hagelkörnern
nur so prasseln. Der Hagel wird auf die Menschen und auch auf die Tiere
fallen, auf alle Pflanzen und auf die Felder, er wird alles plattmachen." 23 Mose
streckte seinen Stock in Richtung Himmel und dann startete Gott ein heftiges
Gewitter über Ägypten. Es blitzte ohne Ende, hagelte und donnerte wie blöd,
24 Hagelkörner knallten auf die Erde, und Blitze schlugen überall ein. Ein so
heftiges Gewitter hatte es noch nie dort gegeben, in der ganzen Zeit, seit es
Ägypten überhaupt gibt. 25 Die großen Eiskörner fielen vom Himmel und
töteten dabei auch viele Menschen und Tiere, die auf den Feldern geblieben
waren. Pflanzen, Bäume, Häuser, alles wurde plattgemacht. 26 Nur in
Goschen, der Gegend, wo die Israeliten wohnten, da gab es keinen Hagel.

Der Präsident gibt sich (fast) geschlagen

27 Der Präsident ließ Mose und Aaron zu sich rufen. „Ich gebe zu, ich bin
schuldig! Gott hat recht, ich und meine Leute, wir haben unrecht. 28 Bitte
beten Sie für uns! Wir können einfach nicht noch mehr Donner und Hagel
ertragen, sonst drehen wir total durch. Ich will Ihnen ja die Ausreise erlau-
ben, ich will Sie auch nicht länger hier festhalten! Jetzt hauen Sie endlich
ab!" 29 Mose antwortete: „Sobald ich aus der Stadt raus bin, werde ich mit
Gott darüber reden. Dann wird das Unwetter, der Hagel und Donner, auf-
hören. Das soll für Sie ein Zeichen sein, dass unser Gott der krasseste Gott
schlechthin ist. 30 Aber ich hab schon längst kapiert, dass Sie immer noch
keinen Respekt vor ihm haben. Sie nicht, und Ihre Minister auch nicht."
31 Mais und Gerste waren übrigens bei dem Gewitter total kaputt gemacht
worden, weil die gerade am Blühen waren. 32 Weizen und Hafer hatten aber
nichts abbekommen, weil die auch erst viel später wachsen. 33 Mose ging
vom Präsidenten wieder weg und verließ die Stadt. Auf dem Weg breitete er
seine Arme zum Beten aus. Als er das machte, hörte es sofort auf zu don-
nern, und der Hagel verschwand. 34 Sobald das Wetter wieder einigermaßen
gut war, kam der Pharao aber wieder so schräg drauf wie vorher. Er hatte
keinen Bock mehr, das zu tun, was Gott von ihm wollte. Und seine Minister
schon gar nicht. 35 Er blieb hart und wollte es einfach nicht einsehen, warum
er die Israeliten gehen lassen sollte. Es passierte alles genau so, wie Gott es
vorher schon gesagt hatte.

10

Die achte Katastrophe: Heuschrecken

1 Irgendwann später sagte Gott zu Mose: „Jetzt geht mal wieder zum Prä-
sidenten, ja? Ich hab selbst dafür gesorgt, dass er es nicht peilt und hart

bleibt, obwohl ich schon diese ganzen fetten Wunder gemacht habe. 2 Denn
ich wollte, dass du deinen Kindern und Enkelkindern diese Story mal erzäh-
len kannst: ‚Die Geschichte, wie Gott den Ägyptern gezeigt hat, was er alles
drauf hat, seine ganze Power.' Es soll einfach eins ganz oberdeutlich werden:
Ich bin hier der Chef und sonst keiner!" 3 Mose und Aaron gingen dann
zum Präsidenten und sagten zu ihm: „Folgendes sollen wir Ihnen von unse-
rem Gott ausrichten, dem Gott der Israeliten: ‚Was muss noch alles pas-
sieren, damit du endlich klein beigibst? Wann kapierst du endlich, dass ich
die Macht hab? Lass meine Leute jetzt auswandern! Ich will, dass sie einen
Gottesdienst für mich feiern! 4 Wenn du das nicht organisiert kriegst, werde
ich morgen Millionen von Heuschrecken auf dein Land loslassen. 5 Sie wer-
den überall sein, das ganze Land bedecken. Man wird den Boden nicht mehr
sehen können, weil überall so viele Heuschrecken sind. Und dann werden
sie alles fressen, was nach dem Gewitter und dem Hagel noch übrig geblie-
ben ist. Sie werden jedes Blatt von den Bäumen verspachteln und auch alles,
was noch grün auf den Feldern rumliegt. 6 Es wird überall nur so von Heu-
schrecken wimmeln. Sie werden in die Häuser und Wohnungen von allen
Leuten in Ägypten reinkommen, auch in die von deinen Regierungsminis-
tern. Die Geschichtsschreibung in deinem Land wird noch nie so eine Katas-
trophe aufgezeichnet haben. So was gab es bei euch noch nie!'" Nachdem
Mose diesen Spruch abgelassen hatte, ging er wieder vom Präsidenten nach
Hause. 7 Am Abend hatte der Präsident ein Meeting mit seinen Ministern.
„Wie lange können wir das noch aushalten? Wie lange soll uns dieser Typ
noch solche Gefahren in das Land bringen? Jetzt lassen Sie die Leute endlich
gehen! Sollen sie doch für ihren Gott einen Gottesdienst feiern, ist uns doch
egal. Kapieren Sie nicht, dass ganz Ägypten langsam kaputtgeht?", sagten
ihm die Minister. 8 Schließlich riefen sie bei Mose und Aaron an und baten
beide zu einer weiteren Besprechung. „Jetzt gehen Sie endlich und veran-
stalten einen Gottesdienst mit Ihrem Gott, wo auch immer Sie hinwollen!",
sagte der Präsident. Dann wollte er aber noch wissen: „Wer von Ihnen geht
denn überhaupt mit auf die Reise?" 9 „Alle!", antwortete Mose. „Die Jugend-
lichen und die Omas und Opas, unsere Söhne und Töchter, alle unsere
Tiere, jeder geht mit! Das ist bei uns normal, wenn wir so einen Gottesdienst
für unseren Gott veranstalten!" 10 Das passte dem Präsidenten gar nicht:
„Na klar! Auf Wiedersehen! Tschüss! Ha, ich denk doch nicht im Traum da-
ran, Ihre Frauen, Kinder und die Omas und Opas einfach gehen zu lassen!
Die kommen doch nie zurück! Is schon klar, was Sie in Wirklichkeit vorha-
ben! 11 Wenn Sie tatsächlich nur einen Gottesdienst feiern wollen und sonst
nichts, dann reicht es doch vollkommen aus, wenn nur die Männer abzie-
hen!" 12 Als sie draußen waren, sagte Gott zu Mose: „Okay, jetzt heb mal
deine Hand hoch und halte sie über das Land, damit du die Heuschrecken

herbeirufen kannst. Sie sollen alles, was grün ist und was nicht vom Hagel
zerstört wurde, auffressen, ratzekahl, bis zum letzten Grashalm." 13 Mose
nahm seinen Stock und hielt ihn hoch. In derselben Sekunde ließ Gott einen
Wind von Osten her aufkommen. Und am nächsten Morgen waren die Heu-
schrecken da... 14 Sie fielen über ganz Ägypten her, riesige Schwärme kamen
auf das ganze Land. So viele Heuschrecken hatte man noch nie vorher gese-
hen und vermutlich wird man das auch nie wieder. 15 Der ganze Boden war
bedeckt, es waren so viele, dass der ganz dunkelschwarz war. Und sie fraßen
alles auf, was auf dem Land wuchs. Alle Früchte, alle Blätter, die vom Hagel
noch übrig geblieben waren, alles wurde einfach aufgefressen! In ganz Ägyp-
ten gab es keinen grünen Halm mehr. 16 Der Präsident ließ panisch Mose
und Aaron rufen. Als sie da waren, bekannte er: „Ich bin schuldig, ich habe
Ihren Gott abgezogen, und auch Sie habe ich abgezogen. 17 Bitte vergeben
Sie mir nur noch dieses eine Mal! Bitte beten Sie für mich zu dem Gott, zu
Ihrem Gott, dass er diese tödliche Katastrophe schnell beendet!" 18 Als Mose
vom Präsidenten der Ägypter wegging, redete er mit Gott über die Sache.
19 Gott sorgte dann dafür, dass sich die Windrichtung änderte. Es gab einen
starken Westwind, der die ganzen Heuschrecken wegblies, in das Rote Meer,
wo sie alle ertranken. Es blieb nicht eine Heuschrecke in Ägypten mehr
übrig. 20 Trotzdem blieb der Präsident dickköpfig. Gott sorgte dafür, dass er
die Israeliten immer noch nicht ziehen lassen wollte.

Die neunte Katastrophe: Licht aus

21 Jetzt sagt Gott zu Mose: „Pass auf, streck mal deine Hand zum Himmel.
Dann wird in ganz Ägypten das Licht ausgehen. Es wird so dunkel sein, dass
man die Hand vor Augen nicht mehr sehen kann." 22 Mose streckte seine
Hand in Richtung Himmel und es wurde drei Tage stockfinster in ganz Ägyp-
ten. 23 Es war so dunkel, dass die Ägypter sich nicht mehr sehen konnten,
man konnte nirgendwo hingehen, weil man den Ort nicht gefunden hätte.
Das ging drei Tage lang so. Aber in den Wohnungen von den Israeliten funk-
tionierte das Licht einwandfrei. 24 Der Präsident rief dann mal wieder beim
Mose an. Als sie sich trafen, sagte er zu ihm: „Jetzt gehen Sie endlich und
veranstalten Sie Ihren Gottesdienst! Sie können von mir aus auch alle Leute
mitnehmen. Nur die Tiere lassen Sie bitte hier!" 25 Mose antwortete: „Und
werden Sie uns dann etwa ein paar Tiere zur Verfügung stellen, die wir in
dem Gottesdienst für das Opferritual benutzen können? Wir brauchen die
doch für das Abfackelopfer und das Dankopfer, wo wir die Tiere dann am
Ende essen. 26 Garantiert nicht, oder? Also, unsere Tiere müssen mit, keine
Ausrede. Kein einziges wird hier bleiben. Erst wenn wir alle wirklich dort
sind, wissen wir auch, was für Tiere wir Gott opfern sollen und welche
nicht." 27 Wieder sorgte Gott dafür, dass der Präsident es nicht raffte. Er

wollte die Israeliten nicht weggehen lassen. 28 Er sagte zu Mose: „Hau bloß
ab und lass mich in Ruhe! Wenn du noch einmal zu mir kommst, bring ich
dich um!“ 29 „Okay“, sagte Mose, „dann soll es so passieren. Sie sehen mich
nie wieder!“

11

Gott macht eine Ansage über die schlimmste von allen Katastrophen

1 Gott sagte dann zu Mose: „Ich werde es den Ägyptern jetzt noch mal
zeigen und dem Präsidenten eins auswischen. Es geht gegen ihn und alle
Ägypter. Danach wird er euch garantiert ziehen lassen. Mehr noch, er wird
euch sogar in hohem Bogen rausschmeißen! 2 Sag mal deinen Leuten, dass
sie sich bei den Ägyptern heute Abend Schmuck ausleihen sollen, so Gold-
und Silbersachen.“ 3 Gott sorgte dafür, dass alle Ägypter an dem Abend die
Israeliten irgendwie mochten. Sogar den Mose fanden sie plötzlich ganz toll,
auch die Angestellten vom Präsidenten. 4 Mose sagte noch zum Präsiden-
ten: „Gott sagt Ihnen Folgendes: ‚Heute gegen Mitternacht werde ich durch
Ägypten gehen. 5 Dann wird in jeder Familie der älteste Junge sterben. Auch
dein eigener Sohn, der nach dir Präsident werden soll, wird sterben. Aber
auch der Sohn von der untersten Angestellten, die am Fließband arbeitet,
wird sterben. Das Gleiche wird auch mit den Tieren passieren. 6 In ganz
Ägypten wird man heulen deswegen. Es wird so eine Trauer da sein, wie man
sie noch nie vorher erlebt hat und nie mehr erleben wird. 7 Aber bei den Leu-
ten aus Israel wird niemand sterben, auch die Tiere nicht. Daran sollst du
sehen, dass Gott zwischen dir und den Israeliten unterscheiden kann.‘ 8 Alle
Ihre Minister werden bei mir ankommen und mich auf Knien anbetteln, dass
ich und meine Leute endlich das Land verlassen sollen. Und dann werden
wir auch gehen.“ Mose ging voll aggromäßig vom Präsidenten weg, er war
richtig sauer.

Wie war das noch mal?

9 Gott hatte ja zu Mose gesagt: „Pass auf, der Präsident wird nicht auf euch
hören, damit ihr und die Ägypter voll viele Wunder von mir zu sehen
bekommt.“ 10 Mose und Aaron hatten diese ganzen Wunder vor den Augen
vom ägyptischen Präsidenten alle durch Gott getan. Aber Gott hatte dafür
gesorgt, dass der Präsident nicht weich wurde und die Israeliten einfach
nicht gehen lassen wollte.

12

Die erste Passaparty

1 Gott sagte dann zu Mose und Aaron, als sie noch in Ägypten waren: 2 „Ab
sofort soll mit diesem Monat bei euch das neue Jahr anfangen. 3 Sagt das

allen Leuten in Israel: Jedes Jahr am zehnten Tag von diesem Monat soll
der Familienvater ein Lamm für alle aussuchen. 4 Falls die Familie zu klein
ist, um ein ganzes Tier zu essen, kann man sich auch mit den Nachbarn
eins teilen. Es sollen so viele zusammenkommen, dass man das Tier ganz
aufgegessen kriegt. 5 Das Lamm soll aber ganz speziell sein. Es soll erstens
männlich und zweitens nicht über ein Jahr alt sein. Außerdem darf es keine
Behinderung haben oder so. Ihr könnt von mir aus auch eine kleine Ziege
nehmen. 6 Das Tier wird bis zum 14. Tag von dem Monat vom Rest der
Herde getrennt. Abends schlachtet ihr es dann. Alle Familien sollen das zur
selben Uhrzeit machen. 7 Jetzt nehmt euch einen Pinsel und etwas von dem
Blut und streicht damit die Türpfosten und den oberen Balken von der Haus-
tür an, und zwar von dem Haus, wo das Essen stattfindet. 8 Das Fleisch soll
auf jeden Fall besonders gewürzt und gegrillt werden, und es wird dann mit
einem Fladenbrot gegessen, das ohne Hefe gemacht wurde. 9 Ihr dürft nicht
Lamm essen, das nur gekocht wurde oder sogar roh ist. Es muss auf jeden
Fall gegrillt werden, und zwar über einer Feuerstelle. Das Lamm soll dabei
als ganzes Tier auf den Grillspieß kommen, mit Kopf und Beinen und auch
allen Innereien noch dabei. 10 Und ihr müsst es an demselben Abend noch
aufessen. Es soll nichts übrig bleiben und wenn doch, muss man die Reste
verbrennen, okay? 11 Beim Essen sollt ihr euch so anziehen, als würdet ihr
gleich danach auf ne Wanderung gehen. Also ordentliche Wanderschuhe an
und einen Gehstock am Start. Ihr sollt euch beim Essen dann voll beeilen,
fast so, als würdet ihr sonst den letzten Zug verpassen. Dieses Fest sollt ihr
‚die Passaparty für Gott' nennen. 12 In dieser Nacht werde ich dafür sorgen,
dass in Ägypten alle Männer sterben, die die ältesten Söhne in den Familien
sind. Das Gleiche gilt auch für alle Nutztiere, also Schafe, Rinder, Pferde
und Esel. Ich, der einzige Gott, habe alle Pseudogötter in Ägypten verurteilt
und werde dieses Urteil jetzt auch durchziehen. 13 Ihr müsst unbedingt
eure Türen mit diesem Blut anstreichen! Denn überall, wo dieses Blut ist, da
werde ich dran vorbeigehen. Nur so bleibt ihr in Sicherheit, und euch wird
nichts passieren, wenn ich in der Zeit durch Ägypten gehe und dieses Volk
bestrafe. 14 Dieser Tag soll ab jetzt ein besonderer Feiertag werden, an dem
ihr euch an das erinnert, was hier passiert ist. Alle Leute nach euch sollen an
diesem Tag ne Feier machen. Es soll eine Feier für Gott sein. 15 Sieben Tage
lang sollt ihr dieses besondere Fladenbrot essen. Vor dem Fest sollt ihr alles,
was mit Hefeteig gemacht wurde, wegschmeißen. Wer sich nicht daran hält
und trotzdem so ein Brot isst, was mit Hefeteig gemacht wurde, der fliegt
raus. Er muss aus der Gemeinschaft der Israeliten ausgestoßen werden.
16 Am ersten und am siebten Tag sollt ihr euch zu einem ganz besonderen
Gottesdienst treffen. Ich möchte nicht, dass ihr an diesen Tagen irgendwie
arbeitet. Nur das Essen, was jeder so braucht, das darf man sich zubereiten.

17 So soll diese ‚Passaparty für Gott' abgehen. Ihr sollt das Fest jedes Jahr
feiern, damit ihr euch daran erinnert, wie ich euch alle sicher und geordnet
aus Ägypten rausgeholt habe. Das ist jetzt ein Gesetz, das für immer gilt.
18 Von dem Abend am 14. bis zum 21. April dürft ihr nur dieses Spezialbrot
essen. 19 Sieben Tage lang dürft ihr kein Brot, was mit Hefeteig gemacht
wurde, in euren Buden haben. Wer sich nicht dran hält, fliegt raus. Egal ob er
ein Gastarbeiter ist oder ein Israelit. 20 Ihr dürft in der ganzen Zeit einfach
nichts essen, was mit Hefeteig gemacht worden ist. Das gilt für alle, überall,
egal wo ihr wohnt."

Das neue Ritual mit dem Blut von einem Lamm

21 Mose organisierte dann ein Meeting mit den ganzen Stammesältesten
von den Israeliten. Dann machte er eine klare Ansage an alle: „Holt euch von
den Schafen oder Ziegen ein Tier, jeweils eins pro Familienverband, und
schlachtet es. Das ist jetzt ab sofort das sogenannte Passalamm! 22 Dann
organisiert ihr euch einen Pinsel und streicht mit dem Blut, was beim
Schlachten übrig geblieben ist, die beiden Türpfosten und den oberen Tür-
balken von eurer Bude damit an. Danach darf für eine Nacht niemand mehr
das Haus verlassen. Ist das klar? 23 Gott wird in dieser Nacht durch einen
Todesengel nach Ägypten kommen. Er wird die Ägypter fertigmachen. Aber
an den Türen, wo dieses Blut angestrichen wurde, da geht er dran vorbei.
24 Diese Order geht jetzt an alle, und sie gilt für immer. 25 Auch wenn ihr in
dem Land ankommt, das euch Gott mal versprochen hat, sollt ihr dieses
Ritual jedes Jahr durchziehen. 26 Und wenn euch eure Kinder dann mal fra-
gen, warum ihr dieses Ritual macht, 27 dann sollt ihr sagen: ‚Es ist die Passa-
party für Gott. Er ist an unseren Wohnungen vorbeigegangen, als er den
Ägyptern gezeigt hat, wo der Hammer hängt. Sie hat er geschlagen, uns
gerettet.'" Passa heißt nämlich so viel wie „vorbeigehen". Als Mose mit sei-
ner Ansprache fertig war, waren die Leute voll begeistert. Sie warfen sich
auf den Boden und beteten leidenschaftlich zu Gott. 28 Und dann zogen sie
alles genau so durch, wie Gott es Mose und Aaron gesagt hatte.

Die zehnte Katastrophe: Die ältesten Söhne sterben

29 Gegen vierundzwanzig Uhr tötete Gott tatsächlich alle ältesten Söhne der
Ägypter. Er fing mit dem Sohn vom Präsidenten an, der mal sein Nachfolger
werden sollte, und er hörte beim ältesten Sohn von der städtischen Putz-
kolonne auf. Und auch das jeweils erste Tier, das bei den Schafen, Rindern,
Ziegen und Eseln geboren wurde, musste sterben. 30 In dieser Nacht konn-
ten der Präsident und seine Minister nicht richtig schlafen. Man hörte über-
all Menschen laut weinen, denn es gab bei den Ägyptern in jedem Haus
mindestens einen Toten.

Die Israeliten verlassen Ägypten

31 Noch in der gleichen Nacht wollte der Präsident mit Mose und Aaron
reden. Er ließ sie rufen, und als die beiden bei ihm waren, sagte er zu ihnen:
„Los jetzt, ziehen Sie bloß ab! Verschwinden Sie aus meinem Land! Verlas-
sen Sie meine Leute, Sie sollen alle abhauen, sofort! Gehen Sie dahin, wo
Ihr Gott Sie haben will, und veranstalten Sie von mir aus diesen Gottes-
dienst, so wie Sie es haben wollen! 32 Sie können auch Ihre Tiere mitnehmen,
alle Schafe und Rinder sollen von mir aus dabei sein. Und bitte beten Sie
für mich!" 33 Die Ägypter waren voll dahinter her, dass sie möglichst schnell
aus dem Land verschwinden würden. „Sonst müssen wir auch noch sterben,
sonst müssen wir auch noch sterben", sagten sie immer wieder. 34 Also
packten die Israeliten ihren Spezialbrotteig in Tüten ein, legten einen Mantel
drum und hingen den um die Schultern der Männer. 35 Und wie Mose es
ihnen geraten hatte, hatten sie bei den Ägyptern an der Haustür geklingelt
und sich von denen ihren Gold und Silberschmuck geben lassen. Auch die
feinsten Anzüge und die besonders teuren Kleider von den Frauen wurden
eingesackt. 36 Gott hatte dafür gesorgt, dass die normalen Ägypter sie sogar
mochten und ihnen freiwillig alles gaben, was sie von ihnen verlangten. Auf
die Art wurden sie sogar noch von den Israeliten abgezogen. 37 Jetzt mar-
schierten die Israeliten alle los. Sie trafen sich in der Hauptstadt Ramses
und zogen von dort nach Sukkot. Insgesamt waren es über 600 000 Männer,
dazu noch die Frauen und Kinder, die man nicht mitgezählt hatte. 38 Auch
sehr viele andere Gastarbeiter, die zu der Zeit in Ägypten lebten, schlossen
sich ihnen an. Und dann kamen noch die ganzen Schafe, Ziegen und Rinder
dazu. 39 Auf dem Weg machten sie sich immer wieder diese speziellen Fla-
denbrote von dem Teig, den sie aus Ägypten mitgenommen hatten. Dieser
Teig war ja ohne Zusätze gemacht worden, ohne Hefe und so, weil sie
schnell losmussten. Sie hatten es nicht mehr geschafft, richtig für Reise-
proviant zu sorgen. 40 Insgesamt waren die Israeliten 430 Jahre in Ägypten
gewesen. 41 Als die Zeit vorbei war, und zwar genau als das 430. Jahr vorbei
war, führte Gott alle seine Leute ganz geordnet aus Ägypten raus. 42 In der
ersten Nacht, als er sie da rausholte, begleitete Gott sie wie ein Leibwächter.
Bis heute wird diese Nacht besonders verehrt. Sie wird in ganz besonderer
Erinnerung gehalten. Alle Israeliten machen in dieser Nacht durch und
gehen nicht pennen, um Gott damit zu ehren.

Regeln für die Passaparty

43 Gott sagte zu Mose und Aaron: „Bei der Passaparty gibt es ein paar
Regeln. Es dürfen keine Leute da dran teilnehmen, die nicht zu den Israeliten
gehören. 44 Ein Angestellter, der bei euch einen Arbeitsvertrag hat, darf nur
mitessen, wenn er auch vorher dieses Beschneidungsritual durchgezogen

hat. 45 Aber die Gastarbeiter und die Leute, die gelegentlich bei euch arbei-
ten, dürfen nicht teilnehmen. 46 Das Lamm muss in demselben Haus geges-
sen werden, in dem ihr es auch gegrillt habt. Nichts von dem Fleisch darf
das Haus verlassen. Und ich will nicht, dass ihr einen Knochen von dem
Passapartylamm kaputt macht. 47 Das gilt für alle Leute aus Israel. 48 Wenn
jemand von außerhalb, der sich fest bei euch niedergelassen hat, die Party
mitfeiern will, muss er auch diese Beschneidung an sich machen lassen.
Erst dann kann man ihn dazuzählen und darf er dran teilnehmen. Aber
jemand, der dieses Beschneidungsritual nicht gemacht hat, darf auf keinen
Fall mitmachen. 49 Einer, der von außerhalb kommt und bei euch fest dabei
sein will, muss sich an die gleichen Regeln halten wie einer aus Israel."
50 Die Israeliten setzten alle Ansagen von Mose und Aaron genau um. 51 An
diesem Tag führte Gott die Israeliten ganz geordnet aus Ägypten raus.

13

Die ersten Jungs gehören Gott

1 Jetzt sagte Gott zu Mose: 2 „Ich möchte, dass du mir alle Jungs, die als Ers-
tes in den Familien geboren werden, voll und ganz zur Verfügung stellst.
Genau das Gleiche möchte ich auch von allen Tieren bei euch sehen."

Die Party mit den speziellen Fladenbroten

3 Mose sprach dann mal mit allen Leute und sagte ihnen: „Dieser Tag soll
ein ganz besonderer Feiertag für uns bleiben! Wir wollen uns an diesem Tag
immer dran erinnern, wie Gott uns aus Ägypten rausgeholt hat. Er hat das
so krass gemacht, er hat uns aus diesen Knebelverträgen und Sklavenver-
hältnissen rausgeholt. An diesem Tag soll keiner Brot essen, das mit Hefe-
teig gemacht wurde. 4 Wir hauen jetzt im April aus diesem Ägypten ab.
5 Wenn Gott euch in dieses Land bringen wird, das er schon euren Uropas
ganz, ganz fest versprochen hat, dann sollt ihr dieses besondere Fest feiern,
jedes Jahr. Dieses Land wird richtig geil sein, es ist das Land der Kanaaniter,
Hetiter, Amoriter, Hiwiter und Jebusiter, und da gibt's einfach alles, die
leckersten Sachen, im Überfluss. 6 Ihr sollt sieben Tage lang nur dieses
besondere Fladenbrot essen, klar? Am siebten Tag macht ihr dann eine
Riesenparty für Gott. 7 Aber die sieben Tage vorher sollt ihr nur dieses Fla-
denbrot essen. In der Zeit soll man kein Hefebrot bei euch sehen, nir-
gendwo. 8 Wenn ihr in der Familie in der Zeit zusammensitzt, dann erzählt
euren Kindern, dass ihr das macht, um euch immer wieder dran zu erinnern,
wie krass Gott uns aus Ägypten rausgeholt hat. 9 Dieses Ritual wird für
immer diese Bedeutung haben. Es soll sich einfach in euer Hirn einbrennen.
Und es soll euch da dran erinnern, dass es wichtig ist, sich die Gesetze von
Gott immer wieder reinzutun und sie zu lernen. Gott hat uns mit heftigen

Wundern aus Ägypten rausgeholt. 10 Haltet euch an diese Regel, jedes Jahr in
diesem Monat!“

Die ersten Jungs sind besonders

11 Mose sagte dann noch: „Wenn Gott euch irgendwann in das Land bringt,
wo jetzt die Kanaaniter wohnen, und es euch schenkt, das hat er ja mal dem
Gründer unserer Familienstämme ganz fest versprochen, 12 dann sollt ihr
wirklich jeden, der bei euch als Erstes geboren wird, Gott voll zur Verfügung
stellen. Das gilt auch für jedes männliche Tier. Wenn die Kuh das erste Kalb
bekommt, dann gehört es Gott und soll dann extra für ihn geschlachtet wer-
den. 13 Nur bei Pferden könnt ihr auch stattdessen ein Schaf nehmen. Wenn
ihr das nicht machen wollt, müsst ihr dem Pferdefohlen das Genick brechen.
Und auch für die ersten Jungs, die in den Familien geboren werden, soll
ersatzweise ein Tier geschlachtet werden. 14 Wenn eure Kinder euch irgend-
wann mal fragen, was das überhaupt soll, dann sagt ihnen: Wir machen das,
um uns daran zu erinnern, wie Gott uns früher mal ganz heftig aus Ägypten
rausgeboxt hat. Wir waren in der Zeit damals Sklaven, hatten Knebelverträge
in Ägypten am Hals. 15 Der Präsident von den Ägyptern war hart drauf und
hatten keinen Bock, uns gehen zu lassen. Aber als Gott dann zugeschlagen
hat und alle ältesten Jungs in dessen Land und auch bei den Tieren tötete,
wurde der Typ weich. Darum machen wir hier so ein Ritual und schenken
ihm alle männlichen Tiere, die als Erstes geboren werden. Anstelle unserer
ältesten Söhne nehmen wir auch ein Tier und kaufen die Jungs damit frei.
16 Dieses Ritual hat für euch einen ähnlichen Effekt wie eine Tätowierung auf
der Stirn oder auf dem Arm: sie ist nicht wegzukriegen und gehört ganz
fest zu euch. Gott hat euch mit seinen heftigen Mitteln aus Ägypten rausge-
holt.“

Gott ist immer bei seinen Leuten

17 Als der ägyptische Präsident die Leute endlich ziehen ließ, führte Gott sie
nicht den Weg am Mittelmeer entlang durch das Land der Philister, obwohl
das die kürzeste Strecke gewesen wäre. Gott dachte, sie könnten eventuell
wieder nach Ägypten umdrehen, wenn sie unterwegs auf Widerstand stoßen
würden. 18 Darum ließ er seine Leute einen Umweg gehen, der einmal quer
durch die Wüste führte. Er schlug die Richtung zu einer Stelle vom Nil-Fluss
ein, der sehr stark mit Bambusrohren bewachsen war. Man nannte das auch
„das Schilfmeer“. Die Israeliten zogen aus Ägypten wie eine Armee ab,
verteilt in gleichmäßigen Reihen. 19 Mose hatte den Sarg von Josef mitge-
nommen, wie der es sich gewünscht hatte, kurz bevor er starb. Josef hatte
ja damals zu seinen Brüdern gesagt: ‚Gott wird euch nie vergessen, er ist
immer bei euch! Aber nehmt bitte meinen Sarg mit, wenn ihr dort hingeht!‘

20 Von Sukkot zogen die Israeliten weiter nach Etam, wo die Wüste anfängt.
Dort bauten sie erst mal ihr Lager auf. 21 In der ganzen Zeit, als sie unter-
wegs waren, zeigte sich Gott. Tagsüber war er in einer großen Säule aus
Wolken, die vor ihnen herzog. Und nachts war da immer so eine Säule aus
Feuer. Das Licht von dieser Säule zeigte ihnen, wo sie hingehen mussten.
Auf die Art konnten sie tagsüber und auch nachts laufen. 22 Die Säule aus
Wolken war den ganzen Tag vorne bei den Leuten am Start und ging nie weg.
Und nachts war, wie gesagt, diese Säule aus Feuer bei ihnen.

14

Die Verfolgungsjagd der Ägypter

1 Gott sagte zu Mose: 2 „Sag deinen Leuten, sie sollen einen kleinen Haken
schlagen und erst mal vor Pi-Hahirot ihr Lager aufbauen. Das liegt zwischen
Migdol und dem Meer, das man auch das Schilfmeer nennt. Das liegt gegen-
über von Baal-Zefon. 3 Dann wird der Präsident bestimmt denken, ihr hättet
euch verlaufen und würdet jetzt in der Wüste festsitzen. 4 Ich werde dafür
sorgen, dass er so verpeilt ist und euch verfolgen wird. Und dann will ich
an ihm und seiner ganzen Armee zeigen, was ich draufhab, indem ich sie
vernichtend schlagen werde. Die Ägypter müssen endlich kapieren, dass
allein ich der Chef bin und sonst niemand!" Die Israeliten befolgten die
Anweisung, die Gott ihnen gesagt hatte. 5 Als man dem Präsidenten Mel-
dung machte, dass sie jetzt tatsächlich geflohen seien, kriegte er voll den
Hals. Er ärgerte sich da drüber, ihnen die Erlaubnis gegeben zu haben. „Wir
Volltrottel! Warum haben wir nur die Israeliten laufen lassen! Wer soll jetzt
die ganze Drecksarbeit machen?" 6 Der Präsident ließ sofort seinen Wagen
vorfahren und orderte alle Soldaten, die er hatte, gleich aufzumarschieren.
7 Alle verfügbaren Panzer aus Ägypten wurden klargemacht, auch die 600
von seiner Elitetruppe waren mit dabei. Jeder Wagen war voll ausgestattet
mit Raketen, Leuchtmunition und allem Drum und Dran. 8 Gott selbst hatte
dafür gesorgt, dass der Präsident so verpeilt war und den Israeliten unbe-
dingt hinterherjagen musste. Dabei standen die unter Gottes höchstpersön-
lichem Schutz! 9 Die ganze Armee der Ägypter verfolgte die Israeliten und
holte sie fast ein, als die noch in der Nähe von ihrem Lager bei Pi-Hahirot,
gegenüber von Baal-Zefon, am Meer waren. 10 Irgendwann sahen sich die
Israeliten um und konnten die Armee des Präsidenten in der Ferne erken-
nen, die immer näher kam. Plötzlich kriegten sie voll die Panik und schrien
zu Gott, damit er ihnen helfen würde. 11 Einige hatten auch richtig den Hals
auf Mose und machten ihn an. „Tolle Idee! Hast du uns aus Ägypten hierher
geholt, damit wir mitten in der Wüste verrecken? Hatten sie in Ägypten keine
Gräber mehr frei, oder wie? Warum hast du uns überhaupt von dort wegge-
führt? 12 Wir haben doch schon immer gesagt, dass du uns bloß in Ruhe las-

sen sollst mit deinen tollen Auswanderungsplänen... Wir würden lieber weiter als Sklaven in Ägypten arbeiten, als in der Wüste zu sterben!"
[13] „Hey, Leute, keine Panik!", antwortete Mose. „Lasst euch nicht aus der Ruhe bringen. Ihr werdet gleich zusehen können, wie Gott euch da rausholt. Ihr werdet heute miterleben, wie die Ägypter ihre krasseste Niederlage einfahren werden. So was hat es noch nie gegeben.
[14] Gott wird für euch kämpfen! Ihr könnt euch echt entspannen und solltet jetzt einfach mal die Klappe halten."
[15] Als Mose dann mit Gott über die Sache redete, sagte der zu ihm: „Warum bettelst du bei mir um Hilfe? Sag deinen Leuten, dass sie weiterziehen sollen!
[16] Geh jetzt mal zu dem Meer, das man auch das Schilfmeer nennt. Wenn du da bist, nimm deinen Gehstock und halte ihn über das Wasser. Das wird sich dann an den Seiten aufstauen, und deine Leute werden durch das Meer durchgehen können, ohne auch nur einen Tropfen Wasser abzukriegen.
[17] Ich werde dafür sorgen, dass die Ägypter weiter so verpeilt sind wie bisher. Sie werden euch verfolgen und hinter euch herziehen, mitten durch das Meer. Und dann pass auf, ich werde dem Präsidenten mit seiner ganzen Armee und den Panzern, die dabei sind, eine heftige Niederlage beibringen. Sie werden sehen, dass ich hier die Macht habe und sonst niemand!
[18] Die Ägypter sollen endlich begreifen, dass ich der Gott bin. Und das wird deutlich werden, wenn ich meine Power an dem Präsidenten und seiner ganzen Armee demonstriere."
[19] Der eine Engel von Gott, der sonst immer vor den Israeliten ging, änderte nun seine Position und stellte sich ganz am Ende des Zuges auf. Auch diese Säule aus Wolken, die sonst immer ganz vorne war, stellte sich jetzt hinter ihnen auf.
[20] Sie trennte die Armee der Ägypter von den Israeliten. Auf der ägyptischen Seite war sie total dunkel, aber auf der Seite der Israeliten war sie voll hell und leuchtete sogar richtig den Weg aus. Darum konnte das ägyptische Heer nicht näher aufrücken.

Gott rettet die Israeliten

[21] Mose ging jetzt zu dem Schilfmeer und streckte da seine Hand drüber aus. Plötzlich sorgte Gott für eine Änderung der Windrichtung. Die ganze Nacht blies ein starker Ostwind über das Meer, der dafür sorgte, dass die Feuchtigkeit weggeblasen wurde. Das Wasser zerteilte sich nach den Seiten, und in der Mitte entstand eine Sandbank.
[22] Die Israeliten gingen so durch das Meer, während sich rechts und links das ganze Wasser sammelte, wie hinter einer unsichtbaren Wand.
[23] Die Ägypter verfolgten sie dabei, alle Panzer und Jeeps jagten ihnen hinterher, mitten durch das Meer.
[24] Kurz bevor die Sonne aufging, schaute Gott aus der Säule aus Wolken und Feuer auf die Truppe der Ägypter und sorgte dafür, dass die plötzlich total verwirrt und durcheinander waren.
[25] Schließlich blockierte er auch noch deren Bremsen. Dadurch kamen sie nur ganz langsam vorwärts. Die Ägypter sagten sich

schon untereinander: „Gott kämpft auf der Seite der Israeliten! Er ist gegen
uns! Wir sollten besser von hier verschwinden!“ 26 Jetzt sagte Gott zu Mose:
„Streck mal deine Hand wieder über den Fluss! Dann wird das Wasser wie-
der zurückkommen, und die Ägypter werden mit ihren Panzern und Jeeps
einfach absaufen.“ 27 Mose streckte seine Hand aus, und im selben Augen-
blick strömte das ganze Wasser wieder zusammen. Das war bei Sonnenauf-
gang. Die Ägypter wollten schnell wieder zurück und versuchten, vor dem
Wasser zu fliehen, aber sie rannten in die falsche Richtung. So trieb Gott sie
mitten in das Wasser rein. 28 Die Wellen brachen über den Panzern zusam-
men und auch von den Jeeps war nichts mehr zu sehen. Dabei ertranken die
ganzen ägyptischen Soldaten in den Wassermassen, und am Ende überlebte
keiner. 29 Die Israeliten hatten dabei die ganze Zeit festen Boden unter den
Füßen und wurden kein bisschen nass. Rechts und links stand das Wasser
wie eine Mauer, aber sie blieben die ganze Zeit trocken. 30 Auf die Art rettete
Gott seine Leute vor den Ägyptern, die sie eigentlich fertigmachen wollten.
Als sie am nächsten Morgen die vielen Leichen am Strand sahen, 31 wurde
ihnen klar, dass Gott ihre Feinde mit seiner grenzenlosen Kraft mal eben
weggeblasen hatte. Alle bekamen dadurch mega Respekt vor Gott. Sie krieg-
ten auch ein ganz festes Vertrauen zu Gott und auch zu Mose, den Gott in
dieser Situation ganz krass gebraucht hatte.

15

Mose freut sich und schreibt ein Lied

1 Als das abgegangen war, schrieb Mose einen Song darüber, den er mit den
Israeliten zusammen für Gott sang:
„Nur für Gott will ich was singen, denn er ließ es mit seiner krassen Kraft
gelingen.
Gott ist der Größte, er hat es gerissen.
Er hat sie alle ins Wasser geschmissen,
unsere Feinde mit ihren Panzerwagen.
2 Mit meinem Rap will ich ihm danke sagen.
Gott, der mir geholfen hat, als ich im Dreck saß,
ohne Maß, seine Hilfe, die kam krass.
Ich danke dem Gott, dem mein Vater schon dankte.
3 Er ist der Typ mit der Bärenpranke, sein Name ist ‚Ich bin schon da‘.
4 Ganz wunderbar warf er das Heer vom Präsidenten
in den See, mit bloßen Händen.
Auch die schnellsten Panzer und die besten Soldaten
ersoffen in Raten, sie konnten nicht abwarten,
5 bis das Wasser kam und sie einfach überrollte.
Sie versanken im See, wie ein Stein, nein, ich prollte

6 hier nicht, denn Gottes Hand hat den Sieg errungen,
gegen seine Kraft war es dem Feind nicht gelungen,
7 sich zu wehren.
In deiner Größe, Gott, zeigst du dich, wir müssen dich ehren.
Du machst den Feind fertig, wirfst ihn zu Boden,
er frisst nur noch Staub, kriegt auf die Hoden.
Wenn du sauer bist, dann frisst jeder Gegner nur Staub,
dein Zorn ist wie Feuer, verbrennt jedes Laub.
8 Du bläst mit deinem Atem auf das Schilfmeer,
dann entstehen zwei Wände, rechts und links, vor dir her.
9 Die Feinde machten den Lauten: ‚Jetzt haben wir sie!
Holt euch die Beute, tötet sie wie Vieh!
Und wie! Tötet alle, lasst keinen am Leben.
Wir teilen das Ganze, wird für jeden was geben.'
10 Aber mein Gott blies nur einmal in die Richtung,
schon war da überall Wasser, es gab keine Rettung.
Sie sanken auf den Grund, wie ein Sack voller Schrott.
11 Wo gibt es denn Götter, die so sind wie unser Gott?
Wer ist so besonders, so heilig, dreimal dürft ihr raten?
Wer schafft sich so krass Respekt durch seine heiligen Taten?
12 Du brauchst nur einmal deine Hand auszustrecken.
Und schon sind alle Feinde gleich am Verrecken.
13 Mit deiner starken Hand hast du deine Leute befreit,
mit deiner Liebe hast du sie eingereiht,
in deine ganz besondere Wohnung gebracht.
14 Bei den anderen Völkern hat diese Nachricht gekracht,
sie haben sich in die Hose gemacht, Philister kriegten Panik in der Nacht.
15 Auch die Chefs von Edom fingen an zu zittern,
die Regierung von Moab, die Kanaaniter voll am Bibbern.
16 Sie kriegten erst mal Angst, machten sich in die Hose,
vor deiner großen Kraft waren sie wie eine Mimose.
Damit deine Leute einfach weitergehen konnten.
Du hast sie erwählt, so sind einfach die Fronten.
17 Du nimmst sie untern Arm und pflanzt sie auf den Berg Zion,
der nur dir gehört, wo du wohnst, immer schon.
Du hast den gemacht, heilig ist er,
18 Gott, du bist der Präsi, jetzt und jeden Tag mehr!"

Die Frauen aus Israel feiern den Sieg

19 Wie gesagt waren die Panzer und Jeeps vom ägyptischen Präsidenten hin-
ter den Israeliten durch den Fluss gefahren. Und dann hatte Gott das Wasser

plötzlich zurückkommen lassen. Die Israeliten waren locker am anderen Ufer angekommen, ohne dabei einen Tropfen abzukriegen. Darum reimten sie sich diesen Rap. [20] Die Sängerin Mirjam, eine Schwester von Aaron und Mose, nahm sich eine Trommel und ging vorneweg. Alle anderen Frauen zogen dann hinter ihr her. Einige von denen hatten auch ein paar Trommeln und Didgeridoos dabei. Dann fingen sie alle an zu tanzen. [21] Mirjam begann einen Schlachtenruf zu singen, und die anderen Frauen wiederholten den immer zusammen. „Singt heute alle (singt heute alle) für unseren Gott (für unseren Gott), denn er hat gesiegt (denn er hat gesiegt), er hilft uns in der Not (er hilft uns in der Not). Er hat den Feind (er hat den Feind) geworfen in das Meer (geworfen in das Meer) mit Mann und Maus (mit Mann und Maus), keiner ist wie er (keiner ist wie er).

Ab durch die Wüste

[22] Mose schlug dann von diesem Schilfmeer aus einen neuen Weg ein. Er ging in Richtung eines Gebietes, wo es immer sehr heiß war und man nur selten Wasser finden konnte. Dieses Gebiet nannte man die Wüste Schur. Drei Tage lang wanderten die Israeliten durch diese Wüste, ohne einen Tropfen Wasser zu finden. [23] Schließlich kamen sie bei dem Ort Mara an, wo es normal immer Wasser gab. Das Wasser war dort aber total vergammelt, darum konnte man es nicht trinken. Daher auch der Name „Mara", was so viel bedeutet wie „schmeckt echt bitter". [24] Die Leute von Israel kriegten teilweise voll den Hals auf Mose. Sie taten sich zusammen und beschwerten sich bei ihm. „Was sollen wir denn jetzt nun trinken, he?" [25] Mose ging dann ein Stück weiter weg, um alleine zu beten, und hatte ein heftiges Gespräch mit Gott. Der zeigte ihm dann ein Stück Holz, was da rumlag. Als Mose dieses Holz in das Wasser geschmissen hatte, wurde es auf einmal genießbar. Ein echtes Wunder. Hier war es übrigens auch, wo Gott seinen Leuten Regeln schenkte, nach denen sie ihr Leben ausrichten sollten. Er testete sie aus, um zu sehen, ob sie auch wirklich bereit waren, das zu tun, was er von ihnen wollte. [26] Gott richtete den Leuten durch Mose folgende Sache aus: „Achtet genau auf das, was ich euch zu sagen hab. Lebt so, wie ich es will, folgt meinen Anweisungen, richtet euch nach meinen Gesetzen. Dann wird es euch immer gutgehen, ihr werdet nie krank werden, und es wird euch nicht so was Übles passieren, wie es den Ägyptern passiert ist. Ich bin Gott, und ich bin euer Arzt!" [27] Seine Leute zogen dann weiter zu einem Ort in der Wüste, wo es immer genug Wasser gab, weil dort eine Quelle war. Man nannte diesen Ort „Oase Elim". Dort bauten sie ihr Lager auf. In Elim gab es insgesamt zwölf Wasserquellen, und über siebzig Palmen wuchsen da!

16

Gott passt auf seine Leute auf

1 Von Elim zogen die Israeliten weiter in die Wüste Sin rein. Diese Wüste
liegt zwischen Elim und dem Berg Sinai. Das war 2 Monate und 15 Tage
nachdem sie aus Ägypten abgehauen waren. 2 Hier, in der Wüste, kam es
dann plötzlich zu einer richtigen Demo von der ganzen Gemeinde gegen
Mose und Aaron. 3 „Warum hat Gott uns nicht gleich in Ägypten umge-
bracht?", beschwerten sich die Leute bei den beiden. „Dort hatten wir
wenigstens genug zu essen! Habt ihr uns jetzt hierhin geführt, damit wir alle
in der Wüste verrecken, oder was!?" 4 Gott sprach dann mit Mose über die
Sache: „Ich werde euch Brot aus dem Himmel regnen lassen. Die Leute
sollen dann mal vor das Lager gehen und dort so viele von den Brotteilen
einsammeln, wie sie essen wollen. Aber nur das, was sie heute verbrauchen
werden, mehr nicht. Ich will mal austesten, ob sie auch tun, was ich ihnen
sage. 5 Am sechsten Tag dürfen sie so viel sammeln, wie sie wollen. Die
werden dann beim Backen merken, dass sie doppelt so viel gesammelt
haben, wie an den anderen Tagen." 6 Mose und Aaron riefen dann die Isra-
eliten zusammen und sagten ihnen: „Heute Abend werdet ihr merken, dass
es Gott höchstpersönlich war, der euch aus Ägypten rausgeholt hat. 7 Und
morgen früh werdet ihr sehen, wie krass Gott eigentlich ist. Er hat gehört,
dass ihr die ganze Zeit rumnörgelt. Ihr habt euch eigentlich bei ihm be-
schwert, nicht bei uns. Wer sind wir denn überhaupt, dass ihr glaubt, ihr seid
bei uns mit so einem Anliegen an der richtigen Adresse? 5 Gott wird euch
zum Abendbrot Fleisch organisieren und zum Frühstück Brot. Ihr könnt
davon so viel essen, bis ihr platzt. Und noch mal: Ihr habt euch letztendlich
bei ihm beschwert, nicht bei uns. Wer sind wir denn überhaupt, bitte schön?"
9 Später sagte Mose zu Aaron: „Ruf mal die ganze Gemeinde zusammen.
Dann sag ihnen, sie sollen sich vor mir aufstellen. Ich habe ihre Beschwerde
gehört." 10 Als die Leute da waren und sich mit dem Gesicht zur Wüste auf-
gestellt hatten, passierte etwas sehr Heftiges. Gott war da, mit seiner ganzen
Kraft, mitten in einer Wolke! 11 Gott redete dann aus der Wolke zu Mose:
12 „Ich hab gehört, dass sich die Israeliten bei dir beschwert haben. Richte
ihnen Folgendes von mir aus: ‚Gegen Abend werdet ihr genug Fleisch zum
Essen haben. Morgens werdet ihr auch mit Brot von mir versorgt werden. Es
wird dicke reichen, für alle. Ihr sollt an so was endlich kapieren, dass ich der
Chef bin, euer Gott!'" 13 Abends flogen dann plötzlich ganz viele Enten in das
Lager, die sie ganz leicht einfangen konnten. Morgens lag um die Zelte so
eine Art Tau. 14 Wenn das Wasser daraus verdunstet war, blieben feine weiße
Körner übrig. 15 Als die Israeliten dieses Zeug da liegen sahen, konnten sie
zuerst damit nicht so richtig etwas anfangen. „Man hu?", fragten sie Mose.

Das ist hebräisch und heißt so viel wie „Hä? Was ist das denn?". Mose
meinte dann: „Das ist das Brot, was euch Gott schenkt. Davon könnt ihr
leben! 16 Und Gott macht euch folgende Ansage dazu: ‚Sammelt davon ein,
soviel ihr braucht. Pro Person eine Tüte voll. Es soll für jede Familie genug
gesammelt werden.'" 17 Die Israeliten machten es genau so, einige sammel-
ten etwas mehr, andere etwas weniger. 18 Das Ganze wurde am Ende noch
gewogen. Die Leute, die viel gesammelt hatten, hatten nicht zu viel und die,
die wenig gesammelt hatten, hatten nicht zu wenig. Es passte mengenmäßig
irgendwie für jeden. 19 Mose meinte dann zu den Leuten: „Niemand soll sich
etwas davon für morgen aufheben, klar?" 20 Einige hatten da aber keinen
Bock drauf und bunkerten etwas von dem Essen für den nächsten Tag. Aber
am nächsten Morgen war das Zeug voller Maden und vergammelt. Mose
war supersauer, als er davon hörte. 21 Jeden Morgen sammelten sie das Brot
ein, soviel sie für den Tag brauchten. Sobald die Sonne aber voll da war,
zerschmolz der ganze Rest, den sie nicht aufgesammelt hatten.

Gott sorgt dafür, dass man am Sonntag nicht arbeiten braucht

22 Am sechsten Tag stellten sie irgendwie fest, dass man fast doppelt so viel
eingesammelt hatte wie sonst. Diesmal waren zwei Tüten pro Person am
Start. Die Chefs in der Gemeinde kamen zu Mose, um ihm das zu sagen.
23 Mose war gar nicht überrascht. „Es ist genau das passiert, was mir Gott
schon vorher gesagt hatte. Morgen ist nämlich der Tag, wo wir uns alle mal
entspannen sollen. Dieser Tag ist etwas ganz Besonderes, er ist heilig. Wir
sollten diesen Tag radikal Gott geben. Wir nennen den ab jetzt Sonntag.
Kocht euch heute genug Essen vor, damit ihr einen Rest für morgen übrig
habt." 24 Die Leute machten es genau so, wie Mose gesagt hatte. Sie legten
von dem Essen die Sachen beiseite, die einfach zu viel waren. Und tatsäch-
lich war das am nächsten Tag nicht vergammelt wie sonst immer. Auch
Maden oder so waren nicht drin. 25 Mose meinte zu ihnen: „Okay, esst das
Zeug heute. Dieser Tag ist der Sonntag, und er soll ganz Gott gehören. An
diesem Tag werdet ihr draußen auch nichts zu essen finden. 26 Ihr sollt
nur sechs Tage lang dieses Brot sammeln gehen. Am siebten Tag werdet ihr
aber nichts finden!" 27 Leider gingen ein paar von den Leuten am siebten
Tag trotzdem raus, um nach Essen zu suchen. Aber sie fanden nichts. 28 Gott
sagte dann zu Mose: „Mann, wie lange wollen die Leute nur das tun, was
ihnen gerade in den Kram passt, und nicht mir gehorchen und das tun, was
ich ihnen sage? 29 Weil ich euch den Sonntag als eine Zeit gegeben hab, wo
ihr euch entspannen sollt, kriegt ihr am Samstag genug zu essen für zwei
Tage. Am siebten Tag sollen alle im Zeltlager bleiben, niemand soll den Platz
verlassen." 30 Am siebten Tag entspannten sich also die Israeliten erst mal
richtig. 31 Dieses Brot, was Gott ihnen immer gab, nannten sie ab jetzt

„Manna", weil das so klingt wie „Man hu?". Das hatten die Leute ja gesagt,
als sie das Zeug zum ersten Mal gesehen hatten. Es war so weiß wie Mehl
und schmeckte wie Honig. 32 Mose meinte zu den Leuten: „Gott hat die
Ansage gemacht, wir sollen etwas Manna aufbewahren, als Erinnerung für
unsere Kinder. Sie sollen sehen können, was wir in der Wüste immer geges-
sen haben, nachdem Gott uns aus Ägyptern rausgeholt hat." 33 Dann meinte
er zu Aaron: „Organisier dir mal eine Tasche und leg da eine Tagesration von
dem Mannazeug rein. Die stellst du dann in das ganz besondere Zelt, wo wir
immer Gottesdienste feiern. Es soll so ne Art Erinnerung für unsere Kinder
sein." 34 Aaron machte es genau so, wie Mose es gesagt hatte. Er stellte die
Tasche dann an einen besonderen Ort, wo später auch die Gesetze von Gott
aufbewahrt wurden. 35 Vierzig Jahre ernährten sich die Israeliten von diesem
Mannazeug. Die ganze Zeit, wo sie in der Wüste umherzogen, bis sie an die
Grenzen vom Kanaan-Land kamen. 36 Eine Tagesration entsprach übrigens
in etwa zwei Kilo.

17

Eine Wasserquelle mitten im Felsen

1 Weil Gott es so gesagt hatte, zog die ganze Gemeinschaft der Israeliten von
der Wüste Sin weiter. Es ging von Rastplatz zu Rastplatz, immer so, wie Gott
sie gerade führte. An einem Tag waren sie an dem Rastplatz bei Refidim.
Aber dort gab es ein Problem, weil es da kein Trinkwasser mehr gab. 2 Die
Israeliten waren echt stocksauer auf Mose und beschwerten sich bei ihm:
„Organisier uns mal Wasser, Mose!", waren sie am Rumschreien. „Was ist
los, Leute? Warum macht ihr mich so an? Und warum testet ihr schon wie-
der Gott aus?", antwortete Mose ihnen. 3 Aber die Leute hatten jetzt richtig
Durst und meckerten: „Warum hast du uns überhaupt aus Ägypten raus-
gelockt? Nur, damit wir mit unseren Kindern und Tieren hier in der Wüste
verrecken?" 4 Mose war echt fertig. Er schrie zu Gott: „Was soll ich nur mit
den Leuten machen? Wenn das so weitergeht, dann nieten die mich noch
um!" 5 „Hol ein paar von den Leuten aus deinem Volk zusammen, die bei
euch irgendwie was zu sagen haben", antwortete Gott. „Dann führst du mit
denen zusammen die ganze Meute. Du musst dabei den Stock mitnehmen,
den ich dir geschenkt hab. Der, mit dem du auch auf den Nil geschlagen
hast. 6 Siehst du den Felsen da drüben, beim Berg Horeb? Da warte ich auf
dich! Wenn ihr da seid, musst du mit dem Stock auf den Felsen schlagen.
Dann wird da plötzlich Wasser rauskommen, und deine Leute können das
trinken." Mose machte alles genau so, wie Gott es gesagt hatte. Die frisch
ernannten Chefs von den Israeliten sahen dabei zu. 7 Mose gab dem Ort
dann den Namen „Massa und Meriba", was so viel bedeutet wie „der Ort,
an dem ihr mich ausgetestet habt". Er wollte eben daran erinnern, dass

sie Gott hier austesten wollten. Ihre Frage war dabei einfach: „Ist Gott jetzt
bei uns oder nicht?“

Krieg gegen die Amalekiter

8 Dann gab es auch bald Krieg gegen die Amalekiter. Die rückten mit ihren
Truppen in der Gegend von Refidim an und wollten Israel angreifen. 9 Mose
rief Josua zu: „Schnell, zieh alle Männer zusammen, die einigermaßen
kämpfen können. Wir müssen uns morgen früh gegen die Amalekiter weh-
ren. Ich werde mich in der Zeit, wo ihr kämpft, oben auf dem Hügel postie-
ren und beten. Dabei werde ich den Stock hochhalten, den Gott mir ge-
schenkt hat. Dadurch sind ja schon einige krasse Wunder passiert. Okay?“
10 Josua machte das, was Mose ihm gesagt hatte. Er kämpfte unten mit den
Israeliten gegen die Amalekiter, während Mose mit Aaron und Hur oben auf
den Berg gestiegen war. 11 Solange Mose seine Hände mit dem Stock beim
Beten nach oben hielt, waren die Israeliten stärker als die Amalekiter. Wenn
er ihn aber runternahm, war es umgekehrt. 12 Irgendwann wurden seine
Arme immer schwerer, und Mose konnte sie nicht mehr hochhalten. Darum
holten Aaron und einer, der Hur hieß, einen Stuhl, auf den Mose sich setzen
konnte. Die beiden stellten sich dabei neben ihn und hielten ihm die Hände
hoch. Das machten sie so lange, bis die Sonne unterging. 13 Auf die Art
konnte Josua die Truppen der Amalekiter komplett plattmachen. 14 Gott
sagte dann zu Mose: „Pass auf, ich werde die Amalekiter vollständig aus-
löschen. Niemand soll sich mehr an sie erinnern können. Schreib das mal
auf, damit man diese Tatsache nicht vergisst. Und sag das auch dem Josua!“
15 Nach dem Kampf baute Mose einen kleinen Altar an der Stelle. Den
nannte er dann „Gott ist meine Nationalflagge“. 16 Er sagte zu seinen Leu-
ten: „Schwört bei Gott, dass ihr ihm immer hunderprozentig treu seid!
Zwischen ihm und den Amalekitern wird es immer Krieg geben!“

18

Jitro: Ein Priester aus Midian kommt zu Besuch

1 Jitro, der Priester von Midian, war ja der Schwiegervater von Mose. Er hatte
davon gehört, was Gott durch Mose mit den Israeliten gemacht und wie
krass er sie aus Ägypten rausgeholt hatte. 2 Er schnappte sich seine Tochter
Zippora und machte sich auf den Weg. Zippora war ja mit Mose verheiratet,
aber Mose hatte sie zwischendurch zu ihrem Vater geschickt, damit ihr
nichts in der Wüste passierte. 3 Jitro nahm auch die beiden Söhne von Mose
mit. Der ältere Sohn hieß übrigens Gerschom, was so viel bedeutet wie „Er
ist da ein Gast“. Mose hatte nämlich bei der Geburt gesagt: „Ich bin hier ein
Gast in einem Land, wo mich niemand kennt.“ 4 Der jüngere Sohn hieß Elie-
ser, was so viel bedeutet wie „Gott hilft“. Mose hatte nämlich bei der Geburt

gesagt: „Der Gott von meinem Vater hilft mir. Er hat mich vor dem Tod
durch den ägyptischen Präsidenten gerettet.“ 5 Der Schwiegervater kam also
mit der Familie zu Mose an den Zeltplatz. Der war zu der Zeit in der Wüste
an dem Gottesberg. 6 Bevor er ankam, ließ er Mose per SMS wissen: „Dein
Schwiegervater Jitro kommt gleich. Auch deine Ehefrau ist mit dabei. Sie
bringt deine beiden Söhne mit!“ 7 Mose freute sich voll. Er ging Jitro entge-
gen und machte zuerst eine tiefe Verbeugung aus Respekt. Dann umarmte
er ihn aber ganz fest. Nachdem sich die beiden begrüßt hatten, gingen sie in
das Zelt vom Mose. 8 Mose erzählte seinem Schwiegervater das ganze Aben-
teuer, das sie gerade in Ägypten erlebt hatten. Wie Gott die Israeliten da
rausgeholt und was er gegen den Präsidenten alles aufgefahren hatte. Auch
vom Schutz Gottes und wie er bei den ganzen Problemen auf dem Weg hier-
her half, berichtete er ausführlich. 9 Jitro freute sich sehr da drüber, dass
Gott so gut mit den Israeliten umgegangen war und wie er sie aus Ägypten
befreit hatte. 10 Er sagte: „Yes, Gott ist der Größte! Fettes Danke an Gott! Er
hat euch aus dem miesen Einfluss der Ägypter und ihres Präsidenten raus-
geholt! 11 Jetzt weiß ich wieder ganz sicher: Gott hat mehr Power als irgend-
einer dieser anderen Götter! Denn er hat die Israeliten aus Ägypten gerettet.
Er war stärker als diese Beknackten!“ 12 Jitro veranstaltete dann für Gott so
ein Ritual, in dem er ein Tier komplett verbrannte, das nannte man ein Abfa-
ckelopfer. Dann schlachtete er noch ein anderes Tier und verbrannte das Fett
von diesem Tier, das nannte man Dankopfer. Aaron und die anderen Chefs
der Israeliten kamen dazu und verspachtelten das Fleisch vom Dankopfer,
um Gott zu feiern.

Mose organisiert sich ein paar Helfer

13 Am nächsten Tag setzte sich Mose auf einen Stuhl und hielt so ne Art
Gerichtsverhandlung für die Probleme der Leute ab. Wenn jemand Stress
mit einem anderen hatte, kam er da hin. Es war voll der Andrang und Mose
hatte von morgens bis abends megaviel zu tun. 14 Sein Schwiegervater
beobachtete das und sah, wie anstrengend der Job für Mose war. Er fragte
ihn darum: „Sag mal, Mose, warum tust du dir überhaupt diesen Nervkram
an? Die Leute kommen ja den ganzen Tag zu dir! Musst du das wirklich alles
alleine machen?“ 15 „Was soll ich machen?“, antwortete Mose. „Die wollen
alle eine Entscheidung direkt von Gott haben! 16 Wenn zwei Stress mitein-
ander kriegen, dann kommen sie immer zu mir. Ich muss dann das Urteil
fällen und ihnen mit Hilfe von den Gesetzen, die Gott gegeben hat, alles
erklären.“ 17 „Du musst das irgendwie anders organisieren“, meinte sein
Schwiegervater. 18 „Das sind einfach viel zu viele! Du kannst nicht alles
alleine machen! Sonst brennst du irgendwann aus. Und auch die vielen
Leute gehen dabei irgendwie drauf. 19 Hör mal, ich geb dir jetzt einen guten

Tipp. Wenn du den befolgst, wird Gott dich weiter unterstützen können. Ich
denke, du sollst ab sofort nur eins tun: Die Anliegen von deinen Leuten vor
Gott bringen, und für sie beten. [20] Dein Job ist es, ihnen die Sachen beizu-
bringen, die Gott von ihnen will, und ihnen das auch zu erklären. Sag ihnen,
was in den Gesetzen von Gott steht. Bring ihnen bei, wie sie gottmäßig
leben können. [21] Versuch, für die Regelung der großen Probleme Leute zu
finden, die gut drauf sind. Sie sollen einen guten Ruf und Respekt vor Gott
haben, ehrlich sein und niemanden abzocken wollen. Bestimme die zu
Chefs, die Verantwortung übernehmen, für jeweils tausend, hundert, fünfzig
und zehn Leute. [22] Sie sollen vierundzwanzig Stunden Bereitschaftsdienst
schieben, um als Richter für so eine Verhandlung zur Verfügung zu stehen.
Nur die wirklich wichtigen Fälle sollst du weiter entscheiden. Die kleineren
Sachen sollen die dann aber regeln. Entspann dich mal ein bisschen und gib
die Arbeit an andere ab. [23] Wenn Gott die Idee gut findet, wirst du keinen
Burnout kriegen und nicht irgendwann einen Nervenzusammenbruch erlei-
den. Und die Leute mit ihren Problemen werden auch happy nach Hause
gehen.“ [24] Mose fand den Rat richtig gut und setzte ihn sofort in die Tat um.
[25] Er wählte unter den Israeliten ein paar fitte Männer aus und machte die zu
Chefs von jeweils tausend, hundert, fünfzig und zehn Leuten. [26] Ab dann
entschieden die über alle einfachen Fälle. Nur wenn es kompliziert wurde,
musste Mose dazukommen. [27] Später verabschiedete sich dann Jitro und
zog wieder zurück in seine Heimat.

19

Gott macht einen Vertrag am Sinai-Berg

[1] Genau zwei Monate nachdem die Israeliten aus Ägypten abgehauen waren,
kamen sie in der Wüste Sinai an. [2] Sie waren in diese Richtung gegangen,
seitdem sie ihr Zeltlager bei Refidim verlassen hatten. Jetzt bauten sie die
Zelte erst mal unten am Berg Sinai auf. [3] Mose wollte hier mit Gott reden
und ging dazu oben auf den Berg. Als er oben war, sagte Gott von der Berg-
spitze aus zu ihm: „Folgende Sache sollst du mal den Israeliten erzählen:
[4] „Ihr habt hoffentlich alle mitgekriegt, was für eine Power ich habe! Konnte
man ja an den Ägyptern gut sehen. Und ihr habt wohl auch nicht vergessen,
dass ich euch wie mit einer Spezialeinheit da rausgeholt habe. Ihr seid sicher
hier angekommen, ich hab euch durchgebracht, bis ihr jetzt hier bei mir
wart. [5] Wenn ihr mir jetzt echt treu bleibt, mir zuhört, wenn ich euch was
sage, wenn ihr euch an die Dinge haltet, die ich von euch will, dann sollt ihr
mein ganz privates Eigentum werden. Ich werde euch bevorzugen, vor allen
anderen Nationen! Schließlich gehört mir ja die ganze Erde. [6] Ihr sollt für
mich etwas ganz Besonderes sein. Jeder von euch soll wie ein Priester für
mich werden, der mir die ganze Zeit zur Verfügung steht und mir radikal

dient.' Das sollst du jetzt mal deinen Leuten genau so sagen." 7 Als Mose
vom Berg wieder runterkam, organisierte er sofort ein Meeting mit den
Chefs im Volk. Dann erzählte er ihnen, was Gott gesagt hatte. 8 Alle waren
sofort einverstanden. Einstimmig beschlossen die Israeliten: „Wir wollen
alles tun, was Gott von uns will!" Mose ging dann wieder auf den Berg und
richtete diese Antwort Gott aus. 9 Gott meinte dann zu ihm: „Pass auf,
ich werde nachher bei dir aufkreuzen, so dass alle es sehen können. Und
zwar wird da eine ganz dunkle Wolke kommen. Da bin ich dann drin.
Ich werde so zu dir reden, dass deine Leute das auch hören können. Sie
sollen einfach nie mehr daran zweifeln, dass du deine Order direkt von mir
bekommst. Okay? 10 Geh jetzt zu deinen Leuten und sorge dafür, dass sie
sich auf dieses Treffen mit mir vorbereiten. Sie sollen bis morgen clean blei-
ben und einen weiten Bogen um die ätzenden Sachen machen, die ich nicht
gut finde. Und sie sollen sich saubere Klamotten anziehen. 11 Übermorgen
geht es dann los. Am dritten Tag werde ich nämlich für alle deutlich sichtbar
auf den Sinai-Berg runterkommen. 12 Du musst unbedingt einmal um den
ganzen Berg eine Absperrung aufstellen lassen. Sag den Leuten, dass sie
echt aufpassen müssen. Sie sollen auf keinen Fall versuchen, den Berg zu
berühren, geschweige denn, ihn zu besteigen. Das ist verboten. Wer ihn nur
mit den Fuß berührt, muss sterben! 13 Ihr müsst denjenigen, der das doch
getan hat, selbst töten, entweder mit einem Messer oder einfach per Genick-
schuss. Das gilt für jeden Menschen, aber auch für jedes Tier. Erst wenn man
ein Horn hört, dürfen ein paar Leute, die ich vorher ausgesucht habe, auf
den Berg kommen." 14 Mose ging, nachdem Gott fertig war, wieder runter zu
seinen Leuten. Er sagte den Israeliten klipp und klar, was sie zu tun hatten,
um auf das Treffen mit Gott vorbereitet zu sein. Auch dass sie ihre Klamot-
ten waschen sollten, richtete er ihnen aus. 15 „Macht euch klar, für übermor-
gen! Das wird heftig! Eins noch: Bis dahin darf keiner mehr Sex haben!"

Gott kommt auf dem Sinai-Berg

16 Nach zwei Tagen, morgens, als es gerade hell wurde, begann es plötzlich
um den ganzen Berg zu donnern und zu blitzen. Eine ganz dichte Wolke
schob sich auf den Hügel und bedeckte ihn. Dann hörte man eine megalaute
Trompete! Die Leute im Lager kriegten voll die Panik, als das losging.
17 Mose holte die Israeliten dann zusammen und führte sie aus dem Lager
raus. Er ging mit ihnen zu dem Berg, Gott entgegen. Unten am Berg blieben
sie stehen. 18 Der ganze Sinai war fett mit Rauch eingenebelt. Gott war wie
ein Feuer auf den Berg gekommen, und alles brannte dort oben. Der Rauch
stieg zum Himmel, als wäre der Sinai-Berg zu einem Kamin gemacht wor-
den. Dabei wackelte er die ganze Zeit sehr stark, wie bei einem Erdbeben.
19 Dann wurde der Sound von den Trompeten immer krasser. Mose rief zu

Gott, und Gott antwortete voll laut. 20 Als Gott vom Himmel auf den Berg
gekommen war, rief er Mose zu sich. Und Mose kletterte nach oben. 21 Auf
halben Weg meinte Gott dann aber zu ihm: „Mose? Geh noch mal zurück
und warne deine Leute! Sag ihnen, sie sollen auf keinen Fall die gezogene
Linie übertreten, weil sie mich unbedingt aus der Nähe sehen wollen, ja?
Sonst werden viele von denen sterben müssen. 22 Auch die Priester, die
sonst schon mal näher an mir dran waren, wenn sie dieses Opferritual
machen, sollen sich auf das Treffen mit mir richtig vorbereiten. Sonst wer-
den sie auch von meiner Gegenwart plattgemacht.“ 23 Mose antwortete Gott:
„Die Leute können gar nicht hochkommen! Du hast mir doch gesagt, ich
soll eine Absperrung um den Berg bauen lassen. Damit hab ich ihn auch zu
etwas ganz Besonderem erklärt, zu etwas, das heilig ist!“ 24 „Hör mal, Mose,
jetzt geh runter und tue, was ich dir sage. Dann kommst du wieder hoch,
mit Aaron zusammen. Die Priester und die ganzen Leute dürfen auf keinen
Fall versuchen, euch hinterherzukommen! Sie dürfen nicht zu mir durch-
dringen, sonst wird es ein Blutbad unter ihnen geben. Ist das klar?“ 25 Also
ging Mose noch mal runter zu seinen Leuten und warnte sie.

20

Die zehn Gesetze von Gott

1 Dann erzählte Gott seinen Leuten, was für Gesetze er sich extra für sie ausgedacht hatte:

2 **„Ich bin der absolute Chef! Ich bin dein Gott! Ich hab dich aus Ägypten rausgeholt, ich habe dich befreit!**

3 **Ich will, dass du zu keinem anderen Gott betest! Das geht jetzt gar nicht mehr!**

4 **Du sollst dir auch keine Plastikgötter, Figuren, Statuen oder so ein Bild machen, zu dem du dann betest! Generell will ich nicht, dass du dir irgendeinen Gott bastelst, der dann aussieht wie etwas, was aus dem Himmel kommt. Und auch nicht, wie etwas, was von der Erde kommt oder aus dem Wasser.**

5 **Du sollst dich nicht irgendwelchen Pseudogöttern ausliefern und schon gar nicht zu ihnen beten. Denn ich bin voll eifersüchtig und will, dass du erst mal nur mich liebst. Wenn jemand fies zu mir ist und mich sogar hasst, wird das Konsequenzen haben bis hin zur dritten und vierten Generation nach ihm.**

6 **Aber die Leute, die mich lieben und das tun, was ich will, die werde ich ohne Ende beschenken.**

7 **Du sollst vor meinem Namen Respekt haben! Du sollst ihn nicht verarschen, nicht damit rumspielen und ihn auch nicht für deine eigene Sache missbrauchen. Jeder, der so was tut, wird dafür bestraft werden.**

8 Sonntag ist der Tag, an dem ihr euch alle entspannen sollt. Dieser siebte
Tag in der Woche ist ein ganz besonderer Tag, und der gehört allein Gott.
9 Sechs Tage lang kannst du arbeiten und deinen Job erledigen.
10 Der siebte Tag ist aber der Tag der Entspannung, der gehört nur Gott.
An dem Tag sollst du nicht arbeiten. Und auch deine Tochter oder dein Sohn
sollen an dem Tag nichts machen. Genauso auch nicht die Angestellten in
deiner Firma oder die Gastarbeiter. Die sollen sich auch entspannen. Alles
steht an diesem Tag still, jede Maschine, jedes Werkzeug, einfach alles.
11 Denn in sechs Tagen hab ich, Gott, das ganze Universum und mittendrin
die Erde gemacht. Alle Länder und das Meer, das hab ich in der Zeit geschaf-
fen. Aber am siebten Tag sollte das anders sein, der Sonntag wurde zu einem
ganz besonderen Tag, der sollte ganz anders werden als die anderen Tage.
12 Du sollst Respekt vor deinem Vater und deiner Mutter haben. Das wird
gut für dich sein, dann wirst du in dem Land, wo Gott dich hinbringen wird,
voll lange leben.
13 Menschen töten ist verboten!
14 Du sollst keine Ehe kaputt machen, du sollst nicht fremdgehen.
15 Du sollst keine Sachen von anderen klauen und niemanden abzocken.
16 Du sollst nicht rumlügen und Dinge über Menschen erzählen, die nicht
stimmen.
17 Du sollst nicht scharf auf etwas sein, was jemand anderem gehört. Sei
nicht scharf auf die Frau von jemand anderem, oder auf sein Haus, das Auto,
die Firma, das Handy, oder sonst irgendwas, das jemand anderem gehört.“

Mose regelt den Kontakt zwischen Gott und den Israeliten

18 Die Leute sahen die ganze Zeit nur Blitze, dabei hörten sie es donnern,
und eine laute Tröte war auch am Start. Dann rauchte auch noch die ganze
Zeit der Berg. Alle hatten totale Panik, sie zitterten am ganzen Körper und
gingen auf Abstand, so weit sie konnten. 19 Sie sagten zu Mose: „Wir haben
voll Schiss, wenn Gott mit uns redet! Wir sterben bestimmt gleich! Du
musst bitte für uns sprechen! Wir tun dann alles, was du sagst!“ 20 „Hey,
Leute, ihr braucht keine Angst zu haben“, antwortete Mose. „Gott ist extra
hergekommen, um euch auszutesten! Er möchte doch nur, dass ihr Respekt
vor ihm habt und dass ihr auf keinen Fall mehr euer eigenes Ding durchzieht
und Mist baut.“ 21 Die Israeliten blieben also weiter auf Abstand, Mose ging
aber immer näher an diese dunkle Wolke ran, in der Gott war.

Ein Plan, wie sie einen Altar bauen sollen

22 Gott sagte dann zu Mose: „Sag den Leuten folgende Sache: ‚Ihr habt es
jetzt mitgekriegt, wie ich aus dem Himmel zu euch gesprochen hab.
23 Darum dürft ihr jetzt auf keinen Fall noch zu einem anderen Gott beten.

Ich will nicht, dass ihr euch irgendwelche Pseudogötter aus Silber oder Gold
bastelt. Ist das klar? 24 Baut mir doch einen Altar, okay? Ihr könnt dafür ein-
fach Erde verwenden. Auf diesem Altar sollt ihr dann solche Opferrituale
machen und da Tiere drauf verbrennen, Schafe und Rinder oder so. Das
könnt ihr überall machen, an jedem Ort, den ich dafür extra aussuchen
werde. Wo auch immer ihr das macht, werde ich ganz besonders nahe bei
euch sein. Und ich werde dafür sorgen, dass es euch gutgeht, und euch seg-
nen. 25 Wenn ihr mir so einen Altar aus Steinen baut, dann dürfen das nur
normale Steine sein, die nicht bearbeitet wurden. Wenn der Stein irgendwie
vorher mit einem Hammer oder Meißel bearbeitet wurde, dann will ich
den nicht mehr, der ist dann für meinen Altar nicht mehr zu gebrauchen.
26 Bitte baut mir keine riesig hohen Altäre, mit Stufen und so was. Denn
sonst müssen die Priester da immer hochsteigen, und man kann von unten
ihren Popo sehen. Das finde ich nicht so toll.'"

21

Gesetze, damit man besser zusammen klarkommt

1 Gott sagte Mose ein paar Regeln, die wichtig waren, damit die Israeliten
gut zusammenleben können: 2 „Wenn ein Israelit einen anderen Israeliten
als Sklaven angestellt hat, dann soll er ihm keinen Knebelvertrag auf Leb-
zeiten aufbrummen. Er soll nach sechs Jahren die Möglichkeit haben, auch
ohne Ablösesumme gehen zu können. 3 Wenn er verheiratet war, als man
ihn angestellt hat, dann soll seine Frau mitgehen dürfen. Wenn er nicht ver-
heiratet war, kann er auch alleine gehen. 4 Wenn sein Chef ihm in der Zeit,
wo er bei ihm war, eine Frau organisiert hat, dann soll die bei dem Chef blei-
ben. Genauso die Kinder. Er ist aber frei und kann abhauen, wenn er das will.
5 Falls der Angestellte aber ganz klar sagt: ‚Ich liebe meinen Chef, und ich
liebe meine Frau und meine Kinder, ich will nicht entlassen werden!', 6 dann
sollt ihr einen neuen Vertrag machen, mit Gott als Zeugen. Dieser Vertrag
gilt dann auf Lebzeit, und er wird so besiegelt, indem man ein Piercing an
das Ohr von dem Angestellten macht. Das sollte man an der Eingangstür
von dem Chef machen. Dann gehört der Typ für immer zur Familie von dem
Chef und bleibt für immer in seinem Dienst. 7 Noch was: Wenn einer von
euch seiner Tochter irgendwo einen Arbeitsvertrag beschafft, dann darf sie
dort nicht nach sieben Jahren einfach entlassen werden. 8 Wenn der Chef sie
für seinen privaten Haushalt angestellt hat, sie aber nicht gut arbeitet, dann
muss er ihrer Familie die Gelegenheit geben, sie aus dem Vertrag rauszukau-
fen. Auf keinen Fall darf er sie an eine Firma im Ausland vermitteln, nur weil
er seine Zusagen ihr gegenüber nicht gehalten hat. 9 Wenn er möchte, dass
sie Teil der Familie wird und sogar seinen Sohn heiratet, dann muss er ihr
die gleichen Rechte geben, wie er sie auch seinen eigenen Töchtern geben

würde. 10 Heiratet er sie aber selbst und will später noch eine zweite Frau
heiraten (das war zu der Zeit möglich), dann darf er sie nicht vernachläs-
sigen. Sie muss weiter mit Nahrung und Kleidung versorgt werden, und er
muss auch ab und zu mit ihr schlafen. 11 Wenn er diesen Pflichten nicht
nachkommt, dann muss er sie auch so gehen lassen, ohne Ablösesumme."

Tatbestand: Todesstrafe

12 „Wenn jemand einen anderen so derbe verprügelt, dass der an den Folgen
stirbt, muss er selbst auch sterben. 13 Es kann aber auch sein, dass es keine
Absicht war und Gott zugelassen hat, dass er in der Wut die Kontrolle über
sich verloren hat. Dann soll er sich aus der Gemeinschaft verpissen. Es wird
da einen Ort geben, wo er hingehen kann. Gott wird den aussuchen. 14 Falls
aber jemand den Mord richtig geplant, also einen vorsätzlich getötet hat,
gibt es keine Möglichkeit zur Flucht. Auch in der Kirche ist er nicht mehr
sicher. Ihr müsst ihn da rausholen und zum Tod verurteilen. 15 Wer seinen
Vater oder seine Mutter verprügelt, bekommt die Todesstrafe. 16 Wer einen
Menschen entführt (egal, ob der anschließend an jemand anderen weiter-
verkauft wurde oder ob er noch in seiner Gewalt ist, wenn man ihn erwischt
hat), bekommt auch die Todesstrafe. 17 Wer seinen Eltern die Krätze an den
Hals wünscht und sie verflucht, bekommt die Todesstrafe."

Tatbestand: schwere Körperverletzung

18 „Wenn sich zwei Männer prügeln und der eine verletzt den anderen dabei
mit einem Messer oder einem Baseballschläger, so dass der nicht mehr lau-
fen kann, 19 aber nach einer Zeit ist er wieder fit und kann mit einer Krücke
wieder gehen, dann wird der Täter nur zu einer Ersatzleistung verurteilt. Er
muss dem Geschädigten die Kohle für die Zeit der Arbeitsunfähigkeit über-
weisen und ihm die Arztkosten bezahlen. 20 Wenn ein Chef seinen Angestell-
ten körperlich derart verletzt, dass er an den Folgen kurze Zeit später stirbt,
dann muss dieser dafür bestraft werden. 21 Falls der Verletzte aber länger als
ein bis zwei Tage nach der Tat noch lebt, soll der Chef nicht dafür bestraft
werden, denn er ist ja schon dadurch geschädigt, dass der Angestellte nicht
mehr für ihn arbeiten kann. 22 Wenn Männer sich zoffen und sie stoßen im
Kampf dabei eine Frau um, die schwanger ist, und die bekommt dadurch
eine Fehlgeburt, dann soll der Schuldige eine fette Strafe zahlen. Das gilt,
solange die Frau selbst keinen größeren Schaden genommen hat. Die Höhe
der Zahlung kann ihr Ehemann festlegen. Die Zahlung muss gerichtlich
bestätigt werden. 23 Wenn die Frau allerdings selbst auch einen körperlichen
Schaden dabei erleidet, gilt der Grundsatz „Ein Leben gegen ein anderes
Leben", 24 „ein Auge für ein Auge", „einen Zahn für einen Zahn", „eine Hand
für eine Hand", 25 „eine Brandwunde für eine Brandwunde", „ein Messer-

stich für einen Messerstich", „eine Beule für eine Beule" usw. 26 Wenn jemand von euch einem Angestellten aus Versehen ein Auge ausschlägt, dann soll er ihn dafür entsprechend auszahlen. 27 Und auch wenn er dem aus Versehen einen Zahn ausschlägt, soll er ihm dafür eine fette Summe überweisen. Dieses Gesetz gilt auch für Frauen."

Körperverletzung, verursacht durch Haustiere

28 „Wenn eine Kuh einen Mann oder eine Frau umrennt und die dabei draufgehen, muss das Rind mit Steinen beworfen werden, so lange, bis es tot ist. Der Besitzer bleibt straffrei. Das Fleisch von der Kuh darf man aber nicht am nächsten Grillabend verspachteln. 29 War die Kuh aber schon länger aggressiv und sein Besitzer hat sie nicht ordnungsgemäß weggesperrt, obwohl man ihn drauf aufmerksam gemacht hat, dann muss nicht nur das Tier, sondern auch der Besitzer auf diese Art getötet werden. 30 Es besteht aber die Möglichkeit, sich von dieser Strafe freizukaufen, wenn ihm das erlaubt wird. Aber er muss den vollen Betrag abdrücken. 31 Wenn die Kuh einen kleinen Jungen oder ein Mädchen umrennt und es dabei stirbt, muss man genauso damit umgehen. 32 Wenn das Ganze mit einem Angestellten passiert, egal ob Frau oder Mann, soll der Besitzer von der Kuh dem Chef von dem Angestellten 3900 Euro Schmerzensgeld überweisen. Die Kuh soll sterben."

Schadensregulierung an fremden Kühen oder Pferden

33 „Wenn jemand von euch einen Gullideckel offen lässt oder wenn jemand auf einer Baustelle ein Loch buddelt und das nicht anständig absichert und da fällt dann ein Tier rein und stirbt, 34 dann muss er das Tier dem Typen, dem es gehörte, voll bezahlen. Die tote Kuh kann er behalten. 35 Falls eine männliche Kuh, also ein Stier, einen anderen Stier auf der Wiese angreift, so dass der stirbt, soll der Stier verkauft werden, und der Gewinn wird durch zwei geteilt. Auch das tote Tier soll man teilen. 36 War das aber allgemein bekannt, dass der Stier schon eine ganze Zeit superaggressiv war, aber der Besitzer hat trotzdem nichts dagegen unternommen, dann muss er einen neuen Stier kaufen und den toten damit ersetzen. Den toten Stier kann er behalten."

Strafmaß bei Diebstahl

37 „Wenn jemand eine Kuh, ein Schaf oder eine Ziege klaut, das Tier dann schlachtet oder an den nächsten Imbiss verkauft, der muss fünfmal so viel an den Eigentümer bezahlen, wie das Tier vom Marktpreis her wert war."

22

1 „Wenn ein Dieb bei einem nächtlichen Einbruch von jemandem erwischt
wird und dabei so eins auf die Fresse kriegt, dass er davon stirbt, dann gilt
der Schläger nicht als Mörder. 2 Wenn das Ganze aber tagsüber im Hellen
passiert ist, dann ist es Mord. Wenn jemand etwas klaut, muss er es erset-
zen. Falls er das nicht packt, muss er sich sozusagen selbst verkaufen. Er
muss dann nämlich den Rest seines Lebens für den anderen arbeiten. 3 Hat
der Dieb ein Tier gezockt, also ein Pferd oder eine Kuh, ein Schaf oder eine
Ziege, und es lebt noch, wenn man ihn geschnappt hat, dann muss er es
nicht nur zurückgeben, sondern noch ein weiteres als Strafe dazugeben.
4 Wenn ein Mann seine Kühe auf seiner Wiese oder im Weinberg frei rumlau-
fen lässt und eins dabei auf das Feld von einem Nachbarn kommt und da
was abgrast, dann muss er dafür Ersatz leisten. Er muss dem Geschädigten
das Beste von dem geben, was seine eigenen Felder oder Weinberge zu bie-
ten haben. 5 Wenn jemand ein Feuer macht und das brennt zu hoch und
fackelt das Getreidefeld oder Strohballen vom Nachbarn ab, dann muss er
den Schaden voll bezahlen."

Haftung bei Beschädigung oder Diebstahl von fremdem Eigentum

6 „Wenn ein Mann einem anderen Typen Geld oder sein Handy gibt, damit
er dadrauf aufpasst, die Sachen werden dem dann aber geklaut, dann
muss der Dieb, wenn man ihn kriegt, den doppelten Betrag bezahlen. 7 Kann
der Dieb nicht ermittelt werden, muss der Besitzer des Hauses, aus dem
die Sachen gezockt wurden, vor Gott schwören, dass er die Sachen nicht
selbst genommen hat. 8 Immer wenn sich zwei Männer in der Wolle haben,
geht es jetzt um eine Kuh oder ein Pferd, ein Schaf oder eine Ziege, eine
Jeans oder ein Handy oder sonst was, und jeder von beiden behauptet, die
Sachen gehörten ihm, dann soll die Angelegenheit vor Gott besprochen
werden. Wer dann von Gott für schuldig erklärt wird, soll dem anderen dop-
pelt so viel bezahlen, wie die Sachen wert sind. 9 Wenn ein Mann jemanden
seinen Esel oder Rind oder Schaf oder ein anderes Tier ausleiht und es stirbt
oder es bricht sich ein Bein oder es wird von jemand weggescheucht, der
den nicht abkann, und es gibt keine Zeugen, die das gesehen haben, 10 dann
muss der, der das Tier bekommen hat, dem andern vor Gott schwören, dass
er es nicht einfach verhökert hat. Für den Verleiher muss das dann in Ord-
nung gehen. Er darf keinen Ersatz fordern. 11 Wenn es aber gestohlen wurde
und man kann das auch beweisen, dann muss er das Tier ersetzen. 12 Ist es
aber von irgendeinem Pitbull zerfetzt worden oder irgendeinem anderen wil-
den Tier und er kann das auch beweisen, dann muss er keinen Ersatz leis-
ten. 13 Leiht sich jemand von einem anderen ein Tier und das bricht sich

dann irgendwie ein Bein oder es stirbt sogar und der Eigentümer ist in der Zeit gerade nicht dabei, dann muss derjenige den vollen Preis für das Tier bezahlen. [14] Wenn aber der Eigentümer dabei war, als das passiert ist, muss er nichts bezahlen. Wenn das Teil gemietet wurde, dann ist der Verlust durch die Kohle, die für die Miete bezahlt wurde, abgeglichen worden."

Haftung bei Verführung Minderjähriger

[15] „Wenn ein Mann ein minderjähriges Mädchen zum Sex verführt, was noch Jungfrau und auch noch nicht verlobt war , dann muss er ihren Eltern das Brautgeld bezahlen und sie heiraten. [16] Hat der Vater des Mädchens aber keinen Bock auf den Mann und ist gegen die Hochzeit, dann muss der Typ trotzdem das übliche Brautgeld abdrücken, was normal für eine Jungfrau fällig wird."

Weitere Straftaten und ihre Verurteilung

[17] „Wenn eine Frau okkulte Sachen macht, Zauberei und so was, dann darfst du sie nicht am Leben lassen. [18] Wer Sex mit Tieren hat, kriegt die Todesstrafe. [19] Wer andere Götter außer Gott toll findet und für die sogar einen Gottesdienst feiert, wird aus Israel rausgeschmissen. Er wird offiziell verbannt und darf nie wiederkommen."

Wer ganz unten steht, muss beschützt werden

[20] Gott hatte noch weitere Ansagen, die er durch Mose seinen Leuten rüberbrachte: „Ihr dürft Gastarbeiter und Ausländer, die bei euch leben, nicht unter Druck setzen oder abzocken. Ihr wart schließlich in Ägypten auch lange Zeit Ausländer. [21] Frauen, von denen der Ehemann gestorben ist, und Kinder, die gar keine Eltern mehr haben, dürft ihr auch nicht abziehen. [22] Falls ihr das doch tut und die dann bei mir ankommen und um Hilfe bitten, werde ich garantiert diese Gebete erhören. [23] Ich werde richtig aggromäßig abgehen und euch durch eure Feinde niedermachen lassen. Dann werden eure Frauen keinen Ehemann mehr haben und eure Kinder keinen Vater. [24] Wenn du jemandem von meinen Leuten Kohle leihst, dann beute ihn nicht mit Zinsen aus, wie das die Kredithaie machen. [25] Falls du von einem Israeliten etwas leihst und er überlässt dir dafür ein Pfand, sagen wir mal seine Jeansjacke, dann gib sie ihm zurück, bevor es dunkel und kalt wird. [26] Seine Jacke ist ja vielleicht das Einzige, womit er sich warm halten kann. Was soll er sonst nehmen, wenn er nachts friert? Wenn er in so einer Situation bei mir ankommt und um Hilfe bittet, dann bin ich auf jeden Fall da. Ich hab Mitleid."

Respekt vor Gott

27 „Ihr sollt keine dummen Witze über Gott machen. Und ihr sollt auch nicht
eurem Bundeskanzler oder Präsidenten die Krätze an den Hals wünschen
und ihn verfluchen. 28 Wenn du viel Kohle hast oder sonst wie reich bist,
sollst du davon anderen was abgeben. Der erste Sohn, der in eurer Familie
geboren wird, gehört mir. 29 Das gilt übrigens auch für die ersten Kinder von
euren Rindern, Schafen und Ziegen. Sieben Tage lang dürfen die bei ihren
Müttern bleiben, aber ab dem achten Tag sollt ihr sie mir geben. 30 Weil ihr
für mich ein ganz, ganz besonderes Volk seid, dürft ihr kein Fleisch von
einem Tier essen, das durch einen Autounfall gestorben ist und auf irgend-
einer Landstraße rumlag. Das könnt ihr aber gerne den Hunden zu fressen
geben, wenn ihr wollt."

23

Korrekt sein und die anderen lieben

1 „Laber keine Scheiße über andere Leute und erzähl keine Lügen über sie.
Wenn jemand vor Gericht steht, lass dich nicht dazu überreden, für ihn dort
zu lügen. 2 Lauf nicht den Massen hinterher, wenn sie auf der falschen Seite
stehen und nur Müll bringen. Wenn du als Zeuge für eine Gerichtsverhand-
lung angefragt wurdest, dann passe deine Aussage nicht der Meinung an,
die sowieso alle haben. Die verdrehen oft das Richtige in was Falsches.
3 Wenn du ein Richter bist, musst du auch dann gerecht sein, wenn du Mit-
leid mit einem hast, der keine Kohle oder keine Arbeit hat. 4 Wenn du mitbe-
kommen hast, dass ein Feind von dir sein Fahrrad verloren hat, und du es
irgendwo findest, dann bring es ihm zurück. Das Gleiche gilt für Tiere wie
Pferde, Kühe, oder Esel. 5 Wenn dein Feind mit seinem Fahrrad total schwere
Sachen transportieren will und das Teil geht auf dem Weg schrott und du
bist gerade in der Nähe, dann behandle ihn nicht wie Luft. Geh hin und hilf
ihm! 6 Jeder muss die Chance haben, sein Recht durchzubekommen, auch
wenn er keine Kohle für einen Anwalt oder die Gerichtskosten hat. 7 Wenn
du angefragt wirst, bei einem Prozess zu helfen, der irgendwie link abläuft,
dann mach da nicht mit. Lass nicht zu, dass jemand, der unschuldig ist,
die Todestrafe bekommt. So ein Unrecht musst du verhindern. Ich werde so
was nicht zulassen. 8 Wenn du ein Richter bist, dann darfst du dich nicht
bestechen lassen von den Leuten, die bei dir ankommen. Jedes Geschenk
kann den noch so coolen Richter verführen und macht sein Urteilsempfin-
den weich. 9 Ausländer, die bei euch leben, darfst du nicht abzocken. Ihr
wisst doch noch selbst, wie es ist, irgendwo als Ausländer zu leben, weil ihr
doch auch in Ägypten Ausländer wart, oder?"

Regeln für die Ruhezeiten
[10] „Sechs Jahre lang sollst du dein Stück Land beackern, und alles, was dabei
rumkommt, kannst du behalten. [11] Aber im siebten Jahr lass den Acker in
Ruhe und bearbeite ihn nicht. Wenn dann da Sachen drauf wachsen, sollen
die für die Leute sein, die keine Kohle haben und arm sind. Und was dann
noch übrig bleibt, sollen die Tiere essen. Das Gleiche gilt für den Weinanbau
und für den Anbau von Sonnenblumen. [12] Sechs Tage lang sollst du arbeiten,
aber am siebten Tag sollst du dich entspannen. Das gilt auch für deine Kühe
und Pferde, deine Mitarbeiter und Angestellten, für jeden, der bei euch auf
dem Hof lebt. Jeder soll sich am siebten Tag erholen können. [13] Was ich
sage, ist total wichtig! Richtet euer Leben danach aus. Betet auf keinen Fall
zu irgendwelchen Pseudogöttern! Den Namen von diesen Teilen sollst du
noch nicht mal in den Mund nehmen, kapiert? [14] Dreimal im Jahr sollt ihr für
mich eine riesen Party veranstalten. [15] Das erste Ding soll die Party mit den
Fladenbroten sein. Sieben Tage lang sollst du nur dieses Fladenbrot essen.
Und zwar soll das immer genau zu der Zeit abgehen, wo ihr aus Ägypten
abgehauen seid. In dem Monat sollt ihr sieben Tage lang nur dieses spezielle
Brot essen, so wie ich es euch gesagt hab. Und keiner soll zu mir in das
ganz besondere Zelt kommen, ohne irgendwas dabeizuhaben! [16] Wenn die
ganze Getreideernte eingefahren ist, sollt ihr eine Ernteparty feiern. Und im
Herbst, wenn ihr die Trauben von den Weinstöcken erntet, auch. [17] Dreimal
in jedem Jahr möchte ich, dass alle Männer, die zu den Israeliten gehören,
zu mir kommen in das ganz besondere, heilige Zelt."

Wie man so ein Opferritual durchzieht
[18] „Wenn ihr so ein Opferritual für mich macht, dann darf kein Blut von dem
Tier mit am Start sein, während du das Fladenbrot verbrennst. Und ich will
auch nicht, dass das Tierfett da tagelang rumliegt, es muss am selben Tag
verbrannt werden. [19] Alle Früchte, die ihr als Allererstes geerntet habt, sollen
in mein Zelt gebracht werden, in das Haus vom Chef, von eurem Gott. Und
ihr sollt nicht in der Küche bei der Zubereitung von einem Kalb das Fleisch
in der Milch kochen, die von der Kuhmutter kam."

Gott verspricht Schutz
[20] Gott sagte dann noch: „Ich verspreche euch hiermit, dass ich immer einen
Engel vorschicken werde, der euch beschützt, wenn ihr unterwegs seid. Er
wird euch sicher in das Land bringen, was ich für euch extra ausgesucht
habe. [21] Tut alles, was er euch sagt! Haltet euch genau an seine Ansagen!
Wenn ihr keinen Bock auf ihn habt, kann er euch das nicht verzeihen. Ich bin
durch diesen Engel ganz nahe bei euch. [22] Wenn ihr alles genau so tut, wie
ich es durch ihn zu euch sagen werde, haben eure Feinde keine Chance

gegen euch. Ich werde sie niedermachen, und jeder, der euch ans Leder will,
kriegt richtig Ärger mit mir. [23] Mein Engel wird immer vor euch sein, und er
bringt euch dann in das Land von den Amoritern, den Hetitern, Perisitern,
Kanaanitern, Hiwitern und Jebusitern. Ich werde diese ganzen Völker platt-
machen. [24] Ihr dürft auf keinen Fall den gleichen Schwachsinn machen, den
sie getan haben! Ihr sollt nicht zu diesen Pseudogöttern beten und nichts für
die tun, ist das klar? Deren Bilder, Plastikfiguren und Statuen könnt ihr um-
hauen und kaputt machen! [25] Nur mir, eurem Gott, sollt ihr dienen. Dann
werde ich dafür sorgen, dass es bei euch immer genug zu spachteln gibt und
ihr satt zu trinken habt. Ich pass auch auf euch auf, dass ihr krankheitsmäßig
keine Probleme kriegt. [26] Es wird bei euch keine Frauen geben, die irgendwie
Fehlgeburten haben oder gar keine Babys bekommen können. Niemand wird
an einer Krankheit oder durch einen Unfall sterben, ihr sollt richtig alt wer-
den können. [27] Ihr werdet so einen krassen Ruf haben, dass die Nachbarlän-
der fett Respekt vor euch haben. Sie werden Panik schieben, bevor ihr über-
haupt bei denen einmarschiert seid. Eure Feinde werden fliehen, bevor ihr
überhaupt an der Grenze steht. [28] Sie werden sich in die Hosen machen, nur
wenn ihr in der Gegend seid. Alleine diese Angst wird die Hiwiter, Kanaaniter
und Hetiter vor euch hertreiben. [29] Aber ich lass mir da Zeit. Sie werden
nicht schon alle im ersten Jahr abhauen, sonst würden ja ganze Teile im
Land gar nicht mehr gepflegt werden. Es könnten dann viele wilde Tiere auf-
wachsen, dass es für euch nicht so gut wäre, dort später mal zu wohnen.
[30] Ich werde sie also nur häppchenweise von dort vertreiben. Mit jedem
Schritt, wie ihr euch vermehrt und ihr in der Lage seid, ein neues Stück Land
einzunehmen. [31] Irgendwann werdet ihr ein Gebiet besitzen, das vom Roten
Meer bis zum Mittelmeer geht. Von der großen Wüste im Süden bis zum
Eufrat werden eure Grenzen sein. Ich werde jeden Menschen, der dort zur-
zeit lebt, an euch ausliefern. Ihr könnt sie dann alle rausschmeißen, wenn ihr
da Bock drauf habt. [32] Ich will nur eins noch mal klarstellen, Leute: keine Ver-
träge mit den Plastikgöttern von denen! [33] Darum dürfen diese Menschen
auch nicht mit euch zusammenleben. Denn sonst werdet ihr dazu verführt,
mich zu betrügen. Ihr würdet mir untreu werden und zu den komischen Göt-
tern von denen beten. Wenn das passiert, seid ihr am Ende und kaputt."

24

Gottes Vertrag mit Israel

[1] Dann sagte Gott zu Mose: „Komm zu mir auf den Berg! Nimm Aaron,
Nadab und Abihu mit und siebzig von den Chefs von deinen Leuten. Wenn
ihr da seid, verbeugt euch alle ganz tief vor mir. Ich will, dass ihr Respekt vor
mir habt. [2] Nur du darfst in meine Nähe kommen. Das Volk darf überhaupt
nicht auf den Berg steigen." [3] Mose traf sich mit den Israeliten und sagte

ihnen die Gesetze von Gott. Alle antworteten ihm gleichzeitig: „Wir wollen
alles tun, was Gott uns sagt!“ 4 Daraufhin schrieb Mose die Gesetze in ein
Buch. Am nächsten Morgen baute er unten an dem Berg so einen Tisch, wo
man Tiere drauf opferte, einen Altar. Daneben stellte er zwölf Steine auf, für
jeden Familienstamm von Israel einen. 5 Danach beauftragte er einige junge
Männer, für Gott ein Opferritual durchzuziehen. Die schlachteten junge
Stiere für so ein Dankopfer. 6 Die Hälfte des Blutes von dem Stier tat Mose
in Schalen, die andere Hälfte goss er an den Altar. 7 Dann nahm Mose das
Buch, in dem er die Gesetze aufgeschrieben hatte, und las es allen Israeliten
laut vor. Sie schworen: „Wir wollen alles tun, was Gott uns hier für Ansagen
gemacht hat!“ 8 Jetzt nahm Mose das Blut aus den Schalen und bespritzte
das Volk damit. Dabei sagte er: „Durch dieses Blut wird der Vertrag unter-
schrieben, den Gott jetzt mit euch auf der Grundlage dieser Gesetze
gemacht hat!“ 9 Danach stieg Mose den Berg hoch, und die anderen beglei-
teten ihn. Mit dabei waren Aaron, Nadab, Abihu und siebzig von den Chefs
der Israeliten. 10 Als sie oben waren, passierte etwas total Abgefahrenes: Sie
konnten plötzlich Gott sehen! Der Boden, wo seine Füße drauf standen, war
wie mit blauen Edelsteinen ausgelegt. Die waren kristallklar und leuchteten
wie riesengroße Halogenstrahler. 11 Gott erlaubte nur diesen ausgewählten
Vertretern von seinen Leuten, so nahe bei ihm zu sein. Normalerweise muss
jeder sofort sterben, wenn er Gott so nahe kommt. Sie durften Gott sehen
und aßen und tranken bei ihm.

Gott und Mose auf dem Berg

12 Irgendwann sagte Gott dann zu Mose: „Jetzt komm mal hoch zu mir auf
den Berg Sinai! Nimm dir ein bisschen Zeit mit, denn ich will dir ein paar
Stahlplatten mitgeben, wo ich meine Hauptgesetze drauf eingraviert hab.
Die Leute sollen ganz genau wissen, was ich von ihnen will!“ 13 Mose ging
los, um den Berg Gottes zu besteigen. Josua war auch mit dabei. 14 Vorher
sagte Mose noch zu den Chefs vom Volk. „Wartet mal hier auf uns, bis wir
wieder da sind! Aaron und Hur sollen uns in der Zeit vertreten. Wenn ihr
irgendwie Zoff miteinander habt, geht zu den beiden. Okay?“ 15 Dann ging
Mose den Berg hoch. Oben waren total viele Wolken. 16 Plötzlich kam Gott
höchstpersönlich mit einem ganz krassen superhellen Licht auf den Berg
Sinai. Wie eine leuchtende Wolke kam er dorthin und blieb da sechs Tage
lang. Am siebten Tag konnte man dann Gottes Stimme hören, wie er mitten
aus der Wolke zu Mose rief! 17 Die Israeliten standen unten am Berg und
konnten das sehen. Es sah aus, als wenn der ganze Berg da oben voll am
Abfackeln wäre. 18 Und dann ging Mose mitten in diese große brennende
Wolke rein. Er stieg allein auf die Spitze von dem Berg. Insgesamt blieb er
dort vierzig Tage.

25

Eine Wohnung für Gott bei den Israeliten

1 Gott hatte dann noch ein paar Ansagen für Mose: 2 „Mose, bitte sag den
Leuten aus Israel, dass sie mir etwas spenden sollen, aber nur wer Bock hat,
und zwar folgende Sachen: 3 Wir brauchen ein paar teure Materialien, näm-
lich Gold, Silber und Bronze, 4 dann feine Leinenstoffe, bunte Wolle, 5 Leder
und Eichenholz. 6 Außerdem brauchen wir Kerzen, Räucherstäbchen, Zuta-
ten für ein besonderes Öl 7 und Edelsteine. 8 Diese Sachen sind für ein ganz
besonderes, krasses Zelt, das die Israeliten für mich bauen sollen. Ich hab
nämlich beschlossen, da drin zu wohnen, um immer in eurer Nähe zu sein.
9 Hier hab ich mal so ein Modell gebaut. Auch ein paar Pläne, wie die Geräte
da drinnen aussehen sollen, ist dabei. Ihr könnt euch genau an diese Bau-
zeichnung halten."

Eine Kiste für die Stahlplatten mit den Gesetzen

10 „Ich will, dass meine Leute eine Kiste bauen. Sie soll aus Eichenholz beste-
hen und 1,25 Meter lang und 75 Zentimeter breit und hoch sein. 11 Sie soll
komplett vergoldet werden. Dann soll man am Rand überall verschnörkelte
Zierleisten aus echtem Gold anschrauben. 12 Organisiere mal vier große
Ringe, die auch aus Gold gemacht sind. Die sollen dann an den Ecken ange-
bracht werden. Auf jeder Seite zwei Stück. 13 Dann brauen wir noch zwei ver-
goldete Stangen aus Eichenholz. 14 Diese Stangen steckst du dann durch die
Ringe an der Seite. Damit soll man die Kiste tragen können. 15 Diese Stangen
sollen immer da drinbleiben, sie dürfen auf keinen Fall entfernt werden. 16 In
die Kiste tust du dann die zwei Stahlplatten, die ich dir noch geben werde.
17 Dann lass einen Deckel für die Kiste anfertigen, der nur aus Gold besteht.
Er soll genau auf die Kiste passen. 18 Auf den Deckel sollen noch zwei große
Figuren aus Gold angeschraubt werden, die aussehen wie Engel mit großen
Flügeln. 19 Jeweils einer von den Engeln soll an einem Ende von dem Deckel
angeschraubt werden. 20 Dabei sollen sich die beiden Figuren ansehen und
auf den Deckel gucken. Ihre Flügel sollen über dem Deckel liegen, so als
würden sie den Kasten beschützen. 21 In die Kiste tust du, wie gesagt, die
zwei Platten rein, wo die Gesetze draufstehen werden. Dann legst du den
Deckel obendrauf. 22 An dieser Kiste will ich mich mit dir treffen. Ich werde
von da aus mit dir reden, meine Stimme wird zwischen den beiden Engeln
aus dem Kasten rauskommen. Von hier werde ich dir alle Ansagen machen,
die an die Israeliten gerichtet sind."

Ein Tisch für ganz besondere Brote

23 „Gib mal einen Tisch in Auftrag, der aus Eichenholz gemacht wird. Der
soll 1 Meter mal 50 Zentimeter lang sein und 75 Zentimeter hoch. 24 Der
Tisch soll mit echtem Gold überzogen werden. Um die Tischplatte möchte
ich bitte eine coole Leiste haben, die nette Muster drinhat, alles aus Gold.
25 Außerdem soll auf die Platte ringsrum ein Rahmen geschraubt werden,
der auch aus Gold ist. Der soll zehn Zentimeter hoch sein. Diesen Rah-
men bitte noch mit einer schönen Verzierung versehen, ja? 26 Lass vier gol-
dene Ringe anfertigen, die du dann oben an die Kanten der vier Beine an-
schraubst. 27 Diese Ringe sollten dicht unter dem Rand sein, damit die Stan-
gen noch gut durchpassen. Mit diesen Stangen soll man den Tisch dann
nämlich auch tragen können. 28 Nimm wieder bestes Eichenholz für die
Stangen und vergolde die Teile. Wie gesagt, sind die Stangen für den Trans-
port bestimmt. 29 Dann organisier dir goldene Becher, Schüsseln und Kan-
nen für Opferrituale mit Wein. Die sollen immer bei dem Tisch dabei sein.
30 Auf diesem Tisch sollen immer ein paar von den ganz besonderen Broten
liegen, die man extra für mich gemacht hat."

Der siebenarmige Kerzenständer aus purem Gold

31 „Dann lasst noch eine Spezialanfertigung von einem Kerzenständer
machen. Der soll nur aus reinem Gold bestehen, und ich möchte, dass er
aus einem Stück gearbeitet wird. 32 Der Kerzenständer soll sieben Arme
haben, einen Arm in der Mitte und an beiden Seiten noch jeweils drei Arme,
33 die mit drei goldenen Blumen verziert sind. 34 Auch auf dem Stiel sollen
dann noch vier solcher Blumen drauf sein. 35 Die möchte ich da haben, wo
die Armpaare abzweigen. 36 Noch mal: Der ganze Kerzenständer soll nur aus
Gold bestehen, und er soll aus einem Stück gearbeitet worden sein. 37 Lass
extra für diesen Leuchter sieben Kerzenhalterungen machen, die obendrauf
passen. 38 Dann brauchen wir noch Scheren, um den Docht abzuschneiden,
und Behälter zum Reinigen, die bitte auch aus Gold sein sollten. 39 Für den
Leuchter sollte, mit allem Schnickschnack, nicht mehr als ein Zentner reines
Gold verbraten werden. 40 Sieh zu, dass alles genau so hergestellt wird, wie
ich es dir hier auf dem Berg gezeigt hab."

26

Die Bauanleitung für das besondere Zelt

1 Weiter sagte Gott dann zu Mose: „Für das Zelt, wo ich wohnen werde,
musst du zehn ganz teure Zeltplanen extra anfertigen lassen. Sie sollen aus
sehr gutem Leinenstoff sein. Ich wünsche mir, dass da ganz schöne Bilder
von Engeln drauf sind, so in Rot und Blau, draufgenäht oder so. 2 Jede Zelt-
plane soll 14 Meter lang sein und 2 Meter breit. 3 Je fünf davon werden an

der langen Seite miteinander vernäht, so dass da draus zwei große Zelt-
planen entstehen. 4 Diese großen Stücke sollen beide an einer langen
Seite so Schlaufen aus violettem Stoff dranbekommen. 5 Insgesamt fünfzig
Schlaufen an jedem Teil, so dass die Schlaufen sich gegenüberliegen, wenn
man die beiden Planen nebeneinanderlegt. 6 Dann musst du fünfzig Haken
aus Gold anfertigen lassen. Mit den Dingern soll man die zwei Zeltplanen an
den Schlaufen zusammenhaken. So entsteht dann ein ganz großes Teil als
Zeltplane von der Wohnung. 7 Dadrüber kommt dann noch ein Dach. Dafür
sollst du dann noch mal elf Zeltplanen anfertigen, die aus Ziegenleder
zusammengenäht wurden. 8 Jede Plane soll 15 Meter lang und 2 Meter breit
sein. 9 Die Planen werden wieder zu zwei großen Teilen zusammengetackert,
nur dass diesmal eines davon aus sechs Planen besteht. Diese sechste
Plane, die nachher da sein wird, wo der Eingang ist, wird auf der Hälfte
umgeklappt, so dass sie dann doppelt gelegt ist. 10 Die zwei großen Teile
werden wieder zu einem ganz großen Teil verbunden. Dazu sollen wieder
fünfzig Schlaufen an je einer langen Seite von beiden Planen angenäht wer-
den. 11 Dann sollst du wieder fünfzig Haken aus Bronze machen und die
Haken dann in die Schlaufen tun, damit sie zusammengehalten werden. So
verbindet ihr die Teile. 12–13 Dieses Zeltdach aus Ziegenwolle wird so über die
andere Zeltplane drübergelegt, dass es an der Rückseite einen Meter über-
steht. An den Seiten rechts und links soll es ungefähr einen halben Meter
überstehen. 14 Über das Dach werden dann noch zwei extra Schutzdecken
gelegt. Die untere soll aus rot gefärbtem Leder von männlichen Ziegen sein.
Die obere soll aus regenfesten Tierhäuten gemacht werden. 15 Als Nächstes
will ich, dass du Bretter aus Eichenholz klarmachst, die unter dem Zeltdach
für die Wände in meinem Haus gebraucht werden. 16 Jedes Brett soll 5 Meter
lang und 75 Zentimeter breit sein. 17 An denen sollen unten zwei Dübel in
Form von so Tannenzapfen angebracht werden. 18–21 Für die Südseite und
die Nordseite sollst du jeweils zwanzig Bretter verwenden. Jedes Brett steht
auf zwei Bodenplatten aus Silber. In diese Platten werden dann die Bretter
gesteckt, indem die Zapfen in die dafür vorgesehenen Löcher kommen.
22 Für die Rückwand nach Westen sollen sechs Bretter gesägt werden.
23–24 Für die Ecken braucht ihr dann noch rechts und links ein Winkelbrett.
25 Die Rückwand wird also insgesamt aus acht Brettern gebaut. Hier steht
auch jedes Brett auf zwei von den silbernen Bodenplatten. 26–27 Dann
möchte ich, dass du ein paar Stangen machen lässt, die aus Eichenholz
sind. Die sollen als Querstangen so angebracht werden, dass sie die Bretter
zusammenhalten. An jede Wand bitte fünf Stangen. 28 Die mittlere Stange
soll dabei genau auf halber Höhe angeschraubt werden. Die soll ohne Unter-
brechung aus einem Stück Holz gemacht sein. 29 Diese Stangen werden
dann durch goldene Ringe gesteckt, die an den Brettern befestigt worden

sind. Und die Stangen und Bretter sollen auch ganz vergoldet werden. 30 Aus
diesen Bauteilen möchte ich, dass du meine ganze Wohnung zusammen-
schraubst. Und zwar genau nach dem Modell, das ich dir auf dem Berg
gezeigt habe. 31 Dann möchte ich, dass du einen großen Vorhang machen
lässt, der nur aus ganz edlem Zeug hergestellt wurde, und zwar aus sehr
gutem Leinenstoff. Auf diesen Vorhang sollen mit blauer, roter und weinroter
Farbe Bilder von Engeln gesprayt werden. 32 Der Vorhang wird mit goldenen
Nägeln an vier Eichenholzpfosten aufgehängt. Diese Pfosten sind mit Gold
überzogen worden und stehen in einer silbernen Halterung. 33 Der Vorhang
soll unter die Stelle von der Zeltplane, an der die zwei Hälften mit goldenen
Haken zusammengemacht sind. Dieser Vorhang soll meine Wohnung in
zwei Zimmer unterteilen. Hinter den Vorhang kommt die Kiste mit den
Gesetzen. Auf der Seite ist der ganz besondere Teil, das ‚Alleroberheiligste'.
Auf der anderen Seite ist dann der ‚normale heilige' Teil. 34 Vergiss nicht, den
Deckel von der Kiste mit den Gesetzen im Alleroberheiligsten zuzumachen!
35 Den Tisch für die besonderen Brote stellst du im ‚normalen heiligen' Teil
vor dem Vorhang auf. Den Leuchter mit den sieben Armen pack mal gegen-
über von dem Tisch an der Südseite von der Wohnung hin. Der Tisch selbst
soll an der Nordseite stehen. 36 Für den Eingang vom Zelt bastel einen extra
Vorhang aus Leinenstoff, in dem blaue, rote und weinrote Wollfäden einge-
näht sind. 37 Dieser Vorhang soll mit goldenen Nägeln an fünf Holzpfosten
aufgehängt werden, die auch wieder aus Eichenholz gemacht und mit Gold
überzogen sind und in silbernen Halterungen stehen.

27

Ein Tisch für die Opferrituale

1 „Dann möchte ich, dass du mir aus besonders schönem Eichenholz einen
großen Tisch, einen Altar, baust. Der soll 2,5 Meter lang und auch 2,5 Meter
breit sein. Die Höhe muss 1,5 Meter betragen. 2 An den vier Ecken sollst du
so Spitzen raushobeln, die wie Stierhörner aussehen. Die sollen aus einem
Stück mit dem Tisch sein. Dann überzieh das Teil mit Bronze. 3 Dann lass
mal noch extra Werkzeuge anfertigen, die man für das Opferritual braucht.
Also so Schüsseln, womit man das Blut auffängt, dann Fleischgabeln, ein
Becken für die Holzkohle und auch Schaufeln und Eimer, um die Asche
anschließend wegzumachen. Diese ganzen Werkzeuge und Geräte sollen
aus Bronze sein. 4 Zum Transportieren lass für den Tisch einen Korb aus
Bronze schweißen, mit einem Ring an jeder Ecke. 5 Der Tisch wird dann in
diesen Korb gesteckt. Der Korb reicht dann bis zur Hälfte vom Tisch hoch.
6 Dann brauchen wir noch zwei Stangen aus Eichenholz, die mit Bronze
überzogen werden. 7 Die Stangen sind für den Transport von dem Tisch.
Sie werden einfach durch die Ringe gesteckt. 8 Der Tisch soll aus Brettern

gemacht werden. Er soll innen hohl sein. Lass ihn dir genau so anfertigen,
wie ich es dir gezeigt habe, ja?“

Ein Hof vor dem besonderen Zelt

9–11 „Dann will ich, dass du rings um die Wohnung einen Hof machst, indem
du so eine Art Zaun aufbaust. Auf der Nord- und Südseite sollen jeweils
50 Meter lange Zeltplanen aufgespannt werden. Die werden an zwanzig
Pfosten befestigt. Diese Pfosten stehen in Halterungen, die aus Bronze ge-
macht sind. Die Nägel und Querstangen sind aus Silber. 12 Auf der Westseite
ist der Hof 25 Meter breit. Die Planen werden von zehn Pfosten gehalten,
die wieder auf Halterungen aus Bronze stehen. 13 Auf der Eingangsseite im
Osten ist der Hof auch 25 Meter breit. 14–16 Auf der Seite ist auch der Ein-
gang vom Hof. Er soll 10 Meter breit sein. Rechts und links vom Eingang
sind dann noch siebeneinhalb Meter lange Planen angehängt, die jeweils an
drei Pfosten befestigt sind. Die Tür, auch so ein Vorhang, soll aus einem
ganz speziellen Stoff gemacht sein, der aus blauen, roten und weinroten
Fäden aus Wolle besteht. Das Teil wird an den vier Pfosten an der Stelle
aufgehängt. 17 Alle Pfosten, die um den Hof herumstehen, sollen mit silber-
nen Querstangen verbunden sein und in bronzenen Halterungen stehen.
Die Planen werden mit Nägeln aus Silber befestigt. 18 Der ganze Hof
muss 50 Meter lang werden und 25 Meter breit. Die Abgrenzung zwischen
den Räumen soll 2,5 Meter hoch sein. 19 Nicht nur die Geräte, die man für
die Arbeit in dem besonderen, heiligen Zelt benutzt, sondern auch die ein-
fachen Heringe, die man für die Zeltbefestigung braucht, sollen aus Bronze
sein.“

Die Kerzen für den siebenarmigen Leuchter

20 Dann sagte Gott noch zu Mose: „Deine Leute, die Israeliten, sollen dir
richtig edle Kerzen organisieren, nicht so Billigteile. Damit soll man immer
den siebenarmigen Kerzenständer bestücken, der in dem besonderen, heili-
gen Zelt vor dem Vorhang steht. 21 Aaron und seine Söhne haben den Job,
dass sie diesen Leuchter immer am Brennen halten. Die ganze Nacht lang
soll das Ding leuchten. Dieser Leuchter soll immer vor dem Vorhang stehen,
hinter dem der alleroberheiligste Teil ist, in dem die Kiste mit den Gesetzen
steht. Das waren wichtige Ansagen, und sie gelten für immer, für euch, eure
Kinder und die Kinder eurer Kinder.“

28

Besondere Klamotten für die Priester

1 Dann redete Gott mit Mose über die Kleidung, die für die Priester angesagt
war: „Mach mal ein Treffen klar mit Aaron und seinen Söhnen Nadab, Abihu,

Eleasar und Itamar. Ich will sie zu Priestern machen, sie sollen anders sein
als der Rest von den Israeliten. 2 Lass für deinen Bruder Aaron ganz beson-
ders krasse Priesterklamotten anfertigen. Er soll schon vom Outfit her eine
gute Figur machen, die seiner Aufgabe entspricht. 3 Rede mit den Leuten, die
Dinge durchschauen und von mir Weisheit aufgespielt bekommen haben.
Sag ihnen, sie sollen diese Priesterklamotten für Aaron nähen. Denn er soll
bereit gemacht werden, um mir als Priester hundertpro zur Verfügung zu
stehen. 4 Folgende Klamotten sollst du für Aaron und seine Leute klarma-
chen: einen Brustbeutel, einen Umhang, einen Mantel, einen Anzug mit ein-
gewebten Mustern, einen Gürtel und eine Mütze. 5 Als Material sollen sie
Gold nehmen und blaue, rote bzw. weinrote Wolle. Dazu soll auch wieder
sehr guter Leinenstoff verwendet werden. 6 Der Umhang soll aus diesem
Leinenstoff gemacht werden, und ich möchte, dass er mit Goldfäden und
den farbigen Wollfäden nett bestickt wird. 7 Über die Schultern sollen so zwei
lange Stoffbänder getragen werden, die am Ende miteinander verbunden
sind. 8 Der Gürtel soll aus genau demselben Material sein. Er soll mit den
Teilen fest verbunden werden und auch aus Gold, blauer, roter bzw. wein-
roter Wolle bestehen. 9–12 Auf die langen Stoffbänder lässt du Fassungen aus
Gold draufnähen. In die Fassung kommen zwei Edelsteine. In diese Steine
werden die Namen der zwölf Familienstämme von Israel eingefräst. In jeden
Stein jeweils sechs Namen. So hat Aaron immer die 12 Stämme vor seiner
Nase, wenn er in dem besonderen Zelt ist. Er soll bei mir immer ein gutes
Wort für die einlegen, damit ich weiter freundlich zu ihnen bin. 13 Die Fassun-
gen sollst du aus Gold machen lassen 14 und zwei kleine Schlaufen aus Gold
oben annähen, und da dran sollen zwei Goldketten hängen. 15 Dann brau-
chen wir noch einen Brustbeutel, wo die ganz besonderen Lose drin sind.
Die Lose braucht man, wenn eine Entscheidung zu treffen ist und man dafür
Hilfe von Gott braucht. 16 Der Beutel hat eine Größe von 25 mal 25 Zentime-
tern und soll zusammengefaltet werden können. 17–20 Vorne sollen zwölf
Edelsteine in einer Goldfassung draufgenäht werden, jeweils drei in vier Rei-
hen. In der ersten Reihe sollen es ein Karneol, ein Topas und ein Smaragd
sein. In der zweiten Reihe ein Rubin, ein Saphir und ein Jaspis. In der dritten
Reihe dann ein Achat, ein Hyazinth und ein Amethyst. Und in der vierten
Reihe ein Türkis, ein Onyx und ein Nephrit. 21 In die Steine sollen die Namen
der Familienstämme von Israel eingefräst werden. In jeden Stein ein Name.
22–25 An der oberen Ecke von der Tasche werden zwei Goldringe angebracht.
An die Ringe kommt eine goldene Kette, die wiederum an die zwei Schlaufen
der Stoffbänder drangehängt wird. Die Stoffbänder werden dann auf die
Schultern gelegt. 26 Noch zwei Goldringe werden an den unteren Ecken der
Tasche festgemacht, und zwar auf der Rückseite. 27 Dann gibt es noch mal
zwei Goldringe, die unten an den Stoffbändern dranhängen. Die sollen kurz

über dem Gürtel angebracht sein. Der Gürtel hält das ganze Teil zusammen.
28 Die Tasche mit den Ringen soll durch die blaue Schnur fest mit den Rin-
gen des Umhangs verknotet sein, damit sie fest sitzt und nicht so leicht
verrutschen kann. 29 Und so wird Aaron die Namen der einzelnen Familien-
stämme von Israel durch den Brustbeutel auch buchstäblich auf dem
Herzen tragen, wenn er in das besondere Zelt geht. Und ich, euer Gott,
werde es dann nicht vergessen, mich um meine Leute zu kümmern. 30 In
dem Brustbeutel, den man braucht, wenn mal eine gottmäßige Entschei-
dung getroffen werden muss, stecken zwei Lose drin. Das eine heißt ‚Urim'
und das andere ‚Tummim', das bedeutet ‚Licht' und ‚Recht'. Beide Lose sol-
len immer ganz nahe am Herzen von Aaron sein, wenn er in das besondere
Zelt kommt, um mit mir zu reden. Aaron soll eigentlich die ganze Zeit diese
Lose mit sich rumtragen. 31 Der Mantel, den man unter dem Umhang tragen
kann, soll aus blau gefärbtem Leinen sein. 32 Er soll einen extrastabilen
Kragen haben, der nicht so schnell kaputtgeht. 33 Unten an den Mantel sol-
len immer im Wechsel ein kleine Glocke aus Gold und ein kleiner Apfel aus
Wolle angenäht werden. 34 Ringsum immer nacheinander Glöckchen, Äpfel-
chen, Glöckchen usw. 35 Aaron soll den Mantel immer tragen, wenn er sei-
nen Dienst schiebt im besonderen Zelt. Immer wenn er reingeht oder raus-
kommt, wird man das Klingeln von den Glöckchen hören können. Durch das
Klingeln wird er daran erinnert, dass er nicht unvorbereitet dort reingehen
darf. Somit muss er nicht sterben. 36 Lass dir so einen Sticker machen, einen
Anstecker, der nur aus Gold ist. Da soll draufstehen: „Ich gehöre radikal
Gott!" 37 Dieser Sticker soll an die Mütze von Aaron gepinnt werden. 38
Am besten über seiner Stirn. Wenn er dann zu mir kommt, werde ich den
Mist verzeihen, den die Israeliten mal wieder gebaut haben, als sie das
Opferritual durchziehen wollten, und ich werde sie weiter liebhaben. 39
Dann braucht Aaron noch einen Anzug mit aufgestickten Mustern.
Und natürlich die Mütze. Und einen richtig krassen Gürtel braucht er auch."
40 „Für die Söhne von Aarons Familie musst du auch noch extra Klamotten
anfertigen lassen. Du brauchst Anzüge, Gürtel, Mützen, die deutlich
machen, dass sie etwas Besonderes sind, weil sie eine echt krasse Aufgabe
haben. 41 Du sollst Aaron und seinen Söhnen die Priesterklamotten über-
geben. Wenn sie die angezogen haben, sollen sie in einem Ritual für das
Amt eingesetzt werden, wobei du auf ihrer Stirn ein Zeichen malst, mit
einem ganz besonderen Öl. 42 Organisier auch noch mal ein paar anständige
Hosen, damit sie nicht in diesen Gewändern rumlaufen müssen, bei denen
man ihren Penis sehen kann. 43 Aaron und seine Söhne sollen die dann
immer tragen, wenn sie in das besondere, heilige Zelt gehen. Auch wenn
sie dieses Opferritual durchziehen, wo man Sachen verbrennt, sollen die so
was anziehen. Wenn sie das nicht tun, bauen sie großen Mist und werden

dafür mit dem Tod bestraft. Dieses Gesetz gilt auch für ihre Kinder und die
Kinder ihrer Kinder. Es gilt für alle, die mal als Priester bei meinen Leuten
arbeiten werden.“

29

Wie die Priester an den Start kommen
1 „Jetzt kommt eine genaue Beschreibung, wie du die Priester mit einem
Ritual für ihren Job klarmachen sollst. Als Erstes nimmst du mal einen jun-
gen Stier und zwei männliche Schafe. Die Tiere müssen eine gute Quali
haben, das dürfen nicht so kaputte Teile sein, klar? 2–3 Dann nimmst du was
von dem Fladenbrot und legst es in einen Korb. Dazu kommen noch ein
Brot, das nur aus Mehl und Öl gemacht wurde, und noch ein paar Fladen-
brote, die mit Olivenöl beschmiert worden sind. Das Brot soll alles ohne
Hefe gemacht worden sein! 4 Dann lass Aaron und seine Söhne vor dem
Eingang vom Zelt antreten. Dort sollen sie sich erst mal etwas waschen.
5 Jetzt holst du die Spezial-Priesterklamotten und ziehst die Aaron an. Den
Anzug, den Mantel, den Umhang und den Brustbeutel soll er da anziehen.
Vergiss auch nicht, den Umhang mit dem Gürtel festzumachen. 6 Setz Aaron
die Mütze auf und pin den goldenen Sticker obendran. 7 Als Nächstes holst
du ein ganz besonderes Öl raus. Das gieß dann dem Aaron über die Birne.
Und ab dann ist er ein richtiger Priester! 8 Anschließend lässt du seine
Söhne antreten. Du ziehst ihnen den Anzug für Priester an, 9 legst ihnen den
Gürtel um und ziehst ihnen auch so eine Mütze auf. Damit sind sie auch
richtige Priester, und zwar für immer, solange sie leben. 10 Dann holst du
den Stier. Aaron und seine Söhne legen jetzt ihre Hände auf seinen Kopf.
11 Hol ein großes Messer und schlachte das Tier dort vor diesem großen
Tisch, dem Altar, der am Eingang vom ganz besonderen Zelt steht. 12 Jetzt
nimmst du dir was von dem Blut und streichst es mit den Fingern an diese
Stierhörner aus Holz, die an dem Tisch dran sind. Das übrige Blut sollst du
über den Tisch ausgießen. 13 Mach dann ein Feuer und verbrenne die fetti-
gen Sachen von dem Stier da drauf. Ich meine jetzt das Fett, was über dem
Darm ist, über der Leber und auch den beiden Nieren. 14 Die Steaks aber
und das ganze andere gute Fleisch, der Magen und auch das Fell sollen
außerhalb des Lagers verbrannt werden. 15 Diese Verbrennung von dem letz-
ten Kram steht dafür, dass der ganze Mist, den man unabsichtlich gebaut
hat, auch vergeben wird. 16 Du tötest das Tier und bespritzt rund um den
Tisch alles mit dem Blut. 17 Dann zerlegst du das Teil und packst alles, auch
den Kopf, auf den Tisch. Den Darm und die anderen Eingeweide und die
Unterschenkel musst du vorher noch mal mit Wasser abwaschen. 18 Und
jetzt verbrennst du das ganze Tier auf dem Tisch, dem Altar! Es ist dann wie
so ein Geschenk für mich, euren Gott, das dort verbrannt wird. Wenn ich das

rieche, soll es dafür sorgen, dass ich, was euch betrifft, immer freundlich bin
und nicht sauer. 19 Als Nächstes holst du das andere männliche Schaf. Aaron
und seine Söhne sollen wieder ihre Hände auf seinen Kopf legen. 20 Dann
tötest du das Schaf und nimmst etwas von dem Blut in einen Eimer. Jetzt
betupfst du damit das rechte Ohr, den rechten Daumen und die rechte
große Zehe von Aaron und auch von seinen Brüdern, okay? Den Rest kannst
du wieder rund um den Tisch ausschütten. 21 Ein bisschen von dem Blut,
das auf dem Tisch gelandet ist, sollst du dann, kombiniert mit etwas von
dem Spezialöl, auf Aaron und seine Klamotten tropfen lassen und auch auf
seine Söhne und deren Klamotten. Denn dann gehören er und auch seine
Söhne und ihre Klamotten ganz radikal Gott. 22 Das zweite männliche Schaf
ist für ein Opferritual bestimmt, was man braucht, um ein Priester zu wer-
den. Du nimmst etwas von dem Fett, das an den Eingeweiden ist, und das
Fett an den beiden Nieren und das Fett von der Leber und das an den hinte-
ren Beinen. 23 Jetzt nimmst du noch was von dem Fladenbrot aus dem Korb,
der am Tisch steht, etwas von dem Brot, was mit Öl bestrichen wurde, und
etwas von dem Brot, was ohne Hefe gemacht wurde. 24 Das alles gibst du
dann Aaron und seinen Söhnen in die Hände. Die sollen das dann symbo-
lisch an Gott übergeben, indem sie es hin- und herschwenken. 25 Als Nächs-
tes holst du dir die Sachen von ihnen wieder und verbrennst die Brote für
mich auf dem gleichen Tisch, wo du ja auch schon das Fleisch verbrannt
hast. 26 Das Stück von der Brust vom männlichen Schaf nimmst du selbst in
die Hand, um es mir durch Hin-und-her-Schwenken symbolisch zu überge-
ben. Es ist dann der Teil, den du behalten kannst. 27–28 Das soll generell so
gemacht werden. Immer wenn die Israeliten ein Opferfest feiern, sollen das
Stück von der Brust und auch die Keule immer der Familie vom Aaron gehö-
ren, weil ihnen dieses Stück bei der Einweihung für Aaron und seine Söhne
geschenkt wurde. Darum soll dieser Teil vom Tier auch als etwas ganz
Besonderes, Gottmäßiges gelten. Es gehört immer den Priestern. 29 Die
Priesterklamotten von Aaron werden immer weitervererbt. Immer wenn es
so weit ist, sollen die neuen Priester mir da drin ganz speziell anvertraut
werden. Auf die Art werden sie in ihren Dienst eingesetzt. 30 Derjenige aus
Aarons Familie, der das Erbe von ihm bekommt und der weiß, wie dieser
Dienst im besonderen Zelt abgeht, soll die Klamotten die ersten sieben Tage
tragen, wenn er da an den Start kommt. 31 Das Fleisch von dem zweiten
männlichen Schaf kochst du vor dem besonderen, heiligen Zelt. 32 Aaron
und seine Söhne sollen das dann im Eingang essen, zusammen mit dem
Brot aus dem Korb. 33 Dieses Brot wurde ja Gott geschenkt, als es für sie los-
ging mit dem Priesterleben. Darum dürfen sie das auch essen. Aber sonst
darf das niemand, weil es eben etwas ganz Besonderes ist, es ist heilig.
34 Es gibt kein Resteessen! Was von dem Zeug am nächsten Morgen übrig

ist, muss verbrannt werden. 35 Dieses Startritual sollst du sieben Tage lang
immer wiederholen. 36 Jeden Tag schlachtest du einen Stier, um den ganzen
Mist wiedergutzumachen, den ihr gebaut habt. Dann reinigst du mit dem
Blut den Tisch, was als Symbol dafür steht, dass auch die Menschen von
ihrem Mist, den sie ständig bauen, sauber gewaschen werden. 37 Auch das
wiederholst du sieben Tage lang. So wird der Tisch in einer ganz besonderen
Art und Weise sauber und besonders. Jeder, der da nichts zu suchen hat und
den Tisch trotzdem anfasst, wird sofort sterben. 38 Jeden Tag sollst du auf
dem großen Tisch zwei Schafe schlachten und verbrennen, die ein Jahr alt
sind. 39 Das eine morgens und das andere abends. 40–41 Dazu kommen noch
4 Kilo Weizenmehl, das mit 1,5 Liter Öl vermischt wurde. Dann noch 1,5 Liter
Wein. Das ist ein Geschenk, was ich echt gerne hab und wo ich mich voll
drüber freue. 42 Ich wünsche mir das jeden Tag, und ich wünsch mir das
nicht nur von euch, sondern auch von allen euren Kinder und den Kindern
von euren Kindern. Es soll in Zukunft immer am Eingang von dem Zelt veranstaltet werden. Ich werde mich euch hier zeigen, ich komme zu euch und
werde mit dir reden. 43 Hier können wir uns treffen, ich und die Israeliten.
Das ganz besondere Zelt wird dadurch ein besonders krasser Ort werden,
weil ich mich da höchstpersönlich blicken lasse. 44 Und auch der Tisch wird
durch meine krasse Gegenwart zu etwas ganz Besonderem werden, etwas,
was heilig ist. Auch Aaron und seine Söhne gehören dazu, ich werde sie für
ihren Job als Priester akzeptieren. 45 Ich will mittendrin sein, in ihrer Nähe,
ich will bei ihnen wohnen, und ich will euer Gott sein. 46 Sie sollen kapieren,
dass ich Gott, ihr absoluter Chef, bin. Ich habe sie aus Ägypten rausgeholt,
weil ich bei ihnen wohnen wollte. Ich bin Gott! Und ich bin *euer* Gott!"

30

Ein Tisch, wo man Räucherstäbchen für Gott abfackelt

1 Anschließend sagte Gott: „Mose, ich wünsche mir, dass du noch einen
kleinen Tisch, einen Altar, aus Eichenholz baust. Auf diesem Tisch sollt ihr
Räucherstäbchen für mich anzünden. 2 Er sollte 1 Meter lang, 50 Zentimeter
breit und 50 Zentimeter hoch sein, mit so Hörnern an den Ecken, die aus
einem Stück mit dem Tisch sein sollen. 3 Der Tisch soll rundherum mit Gold
überzogen sein. Dann muss da noch eine goldene Zierleiste drum. 4 Unter
der Leiste brauchen wir dann noch zwei Ringe aus Gold, für den Transport.
Dort sollen dann nämlich die Stangen durch, mit denen ihr das Teil tragen
könnt. 5 Die Stangen musst du auch aus Eichenholz anfertigen lassen und
mit Gold überziehen, klar? 6 Und stell den Tisch vor den Vorhang, hinter
dem sich die Kiste mit den Gesetzen befindet, an der ich mich immer mit
dir treffen werde. 7 Aaron soll jeden Morgen, wenn er die Lampen in Ordnung bringt, auch von den leckeren Räucherstäbchen, welche auf dem Tisch

stehen, abfackeln. 8 Und abends, wenn er die Lampen anmacht, soll er da
auch Räucherstäbchen abfackeln. Dieses Ritual erwarte ich ab sofort jeden
Tag von euch, für immer. 9 Auf diesem Tisch dürfen auf keinen Fall irgend-
welche anderen Räucherstäbchen angezündet werden. Nur die, von denen
ich es euch gesagt habe. Und da dürfen auch keine anderen Opfersachen
drauf gemacht werden, nicht mit Tieren, Essen oder Trinken. 10 Aaron soll
einmal im Jahr die Stierhörner, die an dem Tisch dran sind, mit Blut voll-
schmieren. Das ist immer ein Zeichen dafür, dass ihr Mist gebaut habt und
um Verzeihung dafür bitten wollt. Durch das Blut wird alles wieder sauber.
Das Ganze ist etwas Mega-Besonderes für mich, euren Gott, etwas Ober-
heiliges!"

Steuern, um das besondere Zelt zu bezahlen

11 Dann sagte Gott zu Mose: 12 „Zähl mal die Männer bei euch, die alt genug
sind, um Soldaten zu werden. Jeder, auf den das zutrifft, muss mir etwas
bezahlen als Wiedergutmachung für den Mist, den ihr immer wieder baut.
Könnte sonst passieren, dass bei denen eine schwere Krankheit ausbricht.
13–14 Jeder Mann von euch, der älter als zwanzig ist, soll mir 5 Euro in die
Hand drücken. 15 Egal ob man viel oder wenig Kohle hat, alle sollen das Glei-
che zahlen. Mit dieser Steuerzahlung machst du wieder alles in Ordnung,
was zwischen uns schieflag. 16 Du knöpfst den Männern die Kohle ab und
gibst sie weiter an die Priester, die im ganz besonderen Zelt arbeiten. Ich will
einfach, dass die Israeliten nie vergessen, dass ich ihr Gott bin. Ich möchte
immer lieb zu ihnen sein und will sie nicht mit irgendwelchen Strafen belat-
schern müssen.

Ein Waschbecken

17 Gott sagte dann noch zu Mose: 18 „Bitte lass auch noch ein Waschbecken
anfertigen, und zwar aus Bronzemetall. Das soll auch auf einem Bronze-
waschtisch angebaut sein. Ich möchte, dass das Ding zwischen dem beson-
deren Zelt und dem großen Tisch, dem Altar, steht, wo ihr Sachen für mich
drauf abfackelt. Das Becken mach mal mit Wasser voll. 19–20 Da sollen sich
Aaron und seine Söhne erst mal die Hände und Füße drin waschen, bevor
sie in das besondere, heilige Zelt gehen oder wenn sie auf dem Altar Sachen
für mich verbrennen wollen. 21 Wenn sie das nicht machen, werden sie ster-
ben! Diese Ansage gilt ab sofort für immer."

Das besondere Öl

22 Jetzt meinte Gott zu Mose: 23 „Du? Organisier mal bitte etwas, was gut
riecht! Hol sechs Kilo Myrrhe, drei Kilo Zimt, drei Kilo von der Kalmus-
pflanze und sechs Kilo von der Kassiapflanze. Dazu will ich auch noch drei-

einhalb Liter Olivenöl haben. 25 Mix das Ganze zusammen und lass dir
daraus ein besonderes Öl machen. Das brauchst du, um Leute für einen
Dienst einzusetzen und um mir Gegenstände ganz speziell anzuvertrauen.
26 Streiche ein bisschen von dem Öl auf das besondere, heilige Zelt und auf
die Kiste, wo die Gesetze drin sind. 27 Dann musst du auch den Tisch für die
besonderen Brote mit den ganzen Geräten und den Tisch, wo die Räucher-
stäbchen abgefackelt werden, damit einreiben. 28 Und genauso sollst du es
mit dem großen Tisch machen, wo ihr die Tiere für mich abfackelt. Dazu
auch die ganzen Geräte, die man dafür braucht, das Waschbecken mit Rah-
men und so. 29 Wenn du das gemacht hast, werden die ganzen Sachen radi-
kal mir gehören, sie werden etwas ganz, ganz Besonderes sein. Alles und
jeder, der mit diesem Öl bestrichen wird, wird was ganz Besonderes sein.
30 Auch Aaron und seine Söhne sollen mit diesem Öl eingerieben werden,
wenn du sie zu Priestern machst. 31 Wichtig ist, dass du den Israeliten vorher
sagst, dass dieses Öl etwas Besonderes ist. Es wurde ja nach einer speziel-
len Order hergestellt. Es gehört ganz alleine Gott, und das gilt für immer.
32 Das darf nicht zum Eincremen von irgendwelchen Normalos benutzt
werden. Ihr dürft es generell nicht herstellen, damit es irgendwo anders
benutzt wird, außer in diesem ganz besonderen Zelt. Es ist etwas ganz, ganz
Besonderes, und ihr sollt mörder Respekt davor haben. 33 Wenn irgendje-
mand dieses Öl nachmacht, ohne Erlaubnis, oder auch wenn damit irgend-
ein Normalo bestrichen wird, dann hat der verloren. Er muss sofort aus
der Gemeinschaft ausgeschlossen werden."

Räucherkerzen für Gott

34 Dann sagte Gott noch zu Mose: „Besorg dir mal bitte ein paar gute Par-
fümstoffe wie Vanille, Muskat, Zimt, Anis und andere Gewürzkräuter. Dann
auch noch etwas Weihrauch. Jetzt nimmst du von jedem gleich viel 35 und
mischst das Ganze zusammen. Daraus werden dann die Räucherkerzen
gemacht, für mich. Mach auch noch etwas Salz rein, und wichtig ist, dass
das alles 1-a-Produkte sein müssen. 36 Zerquetsche die Teile so lange, bis da
ein Pulver draus wird. Dann verbrennst du das in dem besonderen, heiligen
Zelt, vor der Kiste, wo die Gesetze drin liegen. Dort werde ich dich treffen.
Diese Mischung soll für euch auch etwas ganz Besonderes sein. 37 Darum
darf auch nur ich sie haben. Ihr dürft das nicht mischen, um es selbst auch
zu gebrauchen. 38 Wer das Ganze kopiert, nur weil er selbst auch diesen net-
ten Geruch in seiner Bude haben will, der hat verloren und muss aus dem
Volk rausgeschmissen werden."

31

Künstler kriegen einen Auftrag von Gott

1 Dann sagte Gott zu Mose: 2 „Pass auf, ich hab mir Bezalel aus dem Fami-
lienstamm Juda, der ein Sohn von Uri ist und ein Enkel von Hur, extra dazu
ausgesucht, diese ganzen Sachen zu machen. 3 Ich hab ihn mit meiner Kraft
angezapped und ihm voll den Durchblick gegeben. Er hat viel Schnall von
so künstlerischen Sachen. 4 Er kann voll gut sprayen, Bilder malen, Gegen-
stände designen, und er ist auch voll gut mit so Material wie Gold, Silber
und Bronze. 5 Mit dem Schleifen, Zersägen und Polieren von Edelsteinen
kennt er sich auch aus. Dazu hat er echt ne Begabung, Holzfiguren zu
schnitzen. Kunst generell hat er einfach richtig gut drauf. 6 Dazu berufe ich
noch Oholiab, der ein Sohn von Ahisamach ist. Die kommen aus dem Dan-
Klan. Und ich bestimme hiermit, dass alle Leute in Israel, die gut mit den
Händen arbeiten können, ihnen helfen sollen. Ich hab ihnen die Fähigkeit
dazu gegeben, diese ganze Sache so zu basteln, wie ich das auch will. 7–11 Ich
liste das hier noch mal auf: das besondere Zelt, die Kiste, wo die Gesetze
drin sind, inklusive Deckel, der kleine Tisch, wo die besonderen Brote drauf-
sollen, mit dem Besteck dazu, der besondere Leuchter mit dem ganzen
Zubehör, der kleine Tisch, wo man Räucherkerzen, und der große Tisch, wo
man Fleisch drauf abfackelt, mit den ganzen Geräten, das Waschbecken mit
dem Unterbau, die Klamotten für den Priester Aaron und seine Söhne, das
besondere Öl und die Räucherstäbchen."

Was man am Sonntag machen soll

12 Dann sagte Gott zu Mose: 13 „Sag deinen Leuten, den Israeliten, Folgen-
des: Ich möchte, dass ihr Respekt habt vor dem Sonntag. Macht da nur die
Sachen, die ich euch gesagt habe. Denn dieser Tag ist wie ein Stempel unter
unserem Vertrag. Dieses Zeichen soll uns zusammenhalten und das für
immer. Man soll dadran erkennen, dass ich der Chef bei euch bin. Alle sollen
dadurch kapieren, dass ich es bin, der euch zu etwas ganz Besonderem,
Gottmäßigem gemacht hat. 14 Darum haltet euch an diesen Sonntag, er soll
für euch etwas ganz, ganz Besonderes sein. Wer diesen Tag versifft, indem
er nicht so lebt, wie ich es gerade gesagt hab, der bekommt die Todesstrafe.
Jeder, der arbeitet, obwohl er das nicht soll, muss aus der Gemeinschaft aus-
geschlossen werden. 15 Sechs Tage ist Arbeiten angesagt, aber am siebten
Tag ist Sonntag, da soll man sich entspannen. Dieser Tag ist speziell für
Gott reserviert. Wer am Sonntag arbeitet, bekommt die Todesstrafe. 16 Also,
die Israeliten sollen sich an die Regeln für den Sonntag halten, radikal. Das
ist ein Vertrag, und den sollen sie an ihre Kinder weitergeben und die Kinder
auch an deren Kinder. 17 Dieser Vertrag gilt für immer und ewig, und er

wird ein Beweis dafür sein, dass die Israeliten und ich zusammengehören."
18 Nachdem Gott zu Ende war mit seiner Ansage, übergab er höchstper-
sönlich Mose auf dem Berg Horeb die beiden Stahlplatten, auf denen Gott
selbst die Gesetze eingraviert hatte.

32

Die Israeliten brechen den Vertrag

1 Die Leute aus Israel warteten die ganze Zeit dadrauf, wann Mose endlich
vom Berg runterkommen würde. Als der nach Tagen immer noch nicht wie-
der am Start war, ging eine kleine Demo bei seinem Stellvertreter Aaron ab:
„Los, Aaron, jetzt organisier du uns doch bitte einen neuen Gott! Wir brau-
chen doch jemanden, der auf uns aufpasst und uns sagt, wo es längs geht!
Dieser Mose, der uns aus Ägypten rausgeführt hat, kommt bestimmt nicht
zurück! Keine Ahnung, wo der jetzt geblieben ist!" 2 „Okay", sagte er. „Dann
sammelt von den Frauen, Söhnen und Töchtern das ganze Gold ein, was
sie so rumliegen haben. Bringt das mal her!" 3 Die Leute rissen förmlich ihre
Eheringe, Piercings und Ohrringe von ihren Körpern runter und schmissen
die Aaron vor die Füße. 4 Er tat den ganzen Schmuck in einen Ofen und
schmolz das Zeug zusammen. Das heiße, flüssige Material wurde dann in
eine Form gegossen, und raus kam eine Kuh aus purem Gold. Die Leute
waren begeistert: „Hurra! Da ist ja unser Gott! Er hat uns aus Ägypten raus-
geholt und bis hierher geführt!" 5 Aaron baute vor dem goldenen Stier noch
einen Tisch auf, der so einen Altar darstellen sollte. Dann ließ er Flyer vertei-
len, wo draufstand: „Morgen beim großen Zelt, 19.00 Uhr, Riesenparty für
unseren neuen Gott!" 6 Die Leute standen am nächsten Tag schon ganz früh
auf der Matte, um für diesen neuen „Gott" auf dem Altar ein Opfer abzu-
fackeln. Dann wurden noch ein paar Steaks gegrillt, Bier und Wein organi-
siert, und das Ganze endete in einer schmierigen und ziemlich abgefuckten
Party. 7 Gott sah das und sagte zu Mose: „Geh mal schnell wieder runter
zu deinen Leuten! Du hast sie gerade erst aus Ägypten rausgeführt und jetzt
gehen sie schon gleich volle Kanne in Richtung Tod! 8 Sie sind sehr schnell
von dem Leben abgekommen, das ich ihnen durch die Gesetze schenken
wollte. Sie haben sich einen Gott aus Gold gemacht, der aussieht wie eine
Kuh ... Sie beten zu dem und opfern diesem Ding sogar Sachen! Und das
Derbste ist, dass sie sich bei dem Teil auch noch dafür bedanken, dass es sie
angeblich aus Ägypten rausgeholt hat! 9 Mose, mir ist klargeworden, dass
diese Leute wirklich ein hoffnungsloser Fall sind. Die wollen mir gar nicht
folgen. 10 Darum will ich sie alle kaputt machen. Ich bin echt richtig sauer!
Versuch mich nicht davon abzubringen. Ich werde dann mit dir noch mal
ganz neu durchstarten. Aus deiner Familie wird dann eine große Nation wer-
den." 11 Aber Mose war nicht einverstanden mit diesem Plan. Er versuchte

Gott zu überreden, das nicht zu tun: „Mann, Gott, warum willst du unbe-
dingt deine Leute kaputt machen? Warum willst du sie so hart bestrafen? Du
hast sie doch gerade erst aus Ägypten rausgerettet! 12 Du willst doch auch
nicht, dass die Ägypter dann irgendwann über dich ablästern. Sie würden
bestimmt sagen: ‚Na, das ist ja ein ganz toller Gott! Erst befreit er sie ganz
krass, um sie dann an diesem Berg anschließend alle zu töten!‘ Sei nicht
mehr sauer! Bitte, Gott! Führ deinen Plan nicht aus! 13 Denk doch mal an so
Leute wie Abraham oder Isaak und auch Jakob! Die waren dir immer treu,
oder? Und denen hast du doch was hoch und heilig versprochen! ‚Ich will
ihre Kinder und die Kinder ihrer Kinder so stark vermehren, dass es so viele
von ihnen gibt, wie man Sterne am Himmel zählen kann. Und ich will ihnen
das ganz Land schenken, was ich ihnen mal versprochen hab, für immer.‘
Das war deine Ansage!“ 14 Gott ließ sich von dem Vortrag von Mose umstim-
men, und er änderte seinen Plan. Er wollte jetzt das Volk nicht mehr völlig
plattmachen.

Mose zersägt die Stahlplatten, und die Leute werden bestraft

15 Mose drehte sich um und lief schnell den Berg runter. In der rechten Hand
hatte er die zwei Platten mit den Gesetzen drauf. Sie waren von beiden
Seiten vollgeschrieben. 16 Gott hatte sie selbst gemacht und die Worte dort
eingefräst. 17 Mose und Josua, der die ganze Zeit am Berg auf Mose gewartet
hatte, kamen dem Zeltlager langsam näher. Schon von weitem konnten
sie den Lärm von der Party hören, die dort gerade abging. Josua meinte zu
Mose: „Du, da ist bestimmt Krieg ausgebrochen!“ 18 „Nein, auf keinen Fall!“,
sagte Mose. „Das hört sich für mich eher so an, als würden die gerade eine
Meisterschaft feiern! Auf jeden Fall klingt es nicht so, als hätten sie gerade
verloren. Für mich hört sich das wie eine fette Party an!“ 19 Dann kam Mose
näher und sah als Erstes diese große Kuh aus Gold, mit den wild tanzenden
Leuten drum herum. Jetzt wurde er total aggro. Er holte erst mal eine Flex
und zersägte die Platten in zwei Teile, weil er so sauer war. 20 Den goldenen
Stiergott, den sie sich gebastelt hatten, zerschmolz er sofort und zer-
stampfte das Material in Pulver. Das Pulver vermischte er mit Wasser, und
die Leute aus Israel mussten das dann austrinken. 21 Dann ging er zu Aaron:
„Was haben dir die Leute getan, dass du dafür sorgst, dass sie so eine große
Scheiße bauen?“ 22 „Bitte nicht sauer sein“, antwortete Aaron. „Du weißt
doch, wie link die Menschen oft drauf sind. 23 Sie haben mich voll bedrängt,
wollten unbedingt, dass ich ihnen einen Gott zum Anfassen baue. ‚Einen
Gott, der uns schützt und der weiß, wo es langgeht‘, sagten sie. ‚Keine
Ahnung, wo dieser Mose jetzt bleibt und ob der jemals zurückkommt‘,
haben sie gesagt. 24 Und dann hatte ich die Idee, einen Gott aus Gold zu
basteln. Ich sagte ihnen: ‚Bringt mal alle euren goldenen Schmuck her.‘ Sie

haben mir das Zeug gegeben, und ich hab es geschmolzen, und dann ist da
draus dieser Stier geworden!“ 25 Mose beobachtete die Israeliten eine Weile.
Er kriegte mit, wie planlos und unkontrolliert sie waren. Aaron hatte sie
einfach machen lassen, und das war schließlich dabei rumgekommen. Und
die Feinde von Israel lachten sich eins. 26 Mose stellte sich am Eingang
vom Lager auf. Dann rief er in die Menge: „Wer zu dem einzigen echten Gott
steht, soll herkommen!“ Die Leute vom Familienstamm Levi rannten sofort
los und stellten sich neben Mose. 27 „Das ist die Ansage, die Gott jetzt für
euch hat“, sagte Mose zu denen. „Packt eure Waffe ein und geht durch das
ganze Lager, von Zelt zu Zelt. Erschießt jeden, der sich nicht auf meine Seite
gestellt hat. Und selbst wenn einer von denen euer Bruder, ein Freund oder
sonst ein Verwandter ist, bringt sie alle um.“ 28 Die Levi-Leute führten den
Befehl sofort aus. An diesem Tag starben dreitausend Leute. 29 Danach sagte
Mose zu den Levi-Leuten: „Übergebt jetzt euer Leben radikal an Gott! Gebt
ihm alles, was euch gehört! Jeder von euch hat das gerade durchgezogen,
ihr habt noch nicht mal euren Bruder oder euren Sohn verschont, wenn der
auch dabei war. Darum wird Gott ganz krass für euch sein, er wird euch
segnen.“ 30 Am nächsten Morgen hielt Mose dann eine Ansprache vor den
Israeliten. „Leute, ihr habt hier richtig großen Bockmist gebaut, ist euch das
klar? Ich muss jetzt noch mal mit Gott reden und zu ihm nach oben, auf den
Berg. Vielleicht krieg ich es hin, und er verzeiht euch.“ 31 Mose ging dann
also noch mal den Berg hoch, um sich mit Gott zu treffen. „Mann, Gott, die
Leute sind total daneben! Die haben wirklich richtig großen Mist gebaut und
dich betrogen. Stell dir vor, deine Leute haben sich einen Gott aus Gold
gemacht! 32 Aber bitte, verzeih ihnen das, ja? Bitte, Gott! Wenn du das nicht
tun willst, kannst du meinen Namen auch gleich von der Liste streichen.
Dann will ich auch nicht mehr zu deinen Leuten gehören.“ 33 „Hm, also
Mose, ich werde nur die Namen von der Liste streichen, die mich persönlich
betrogen haben. 34 Jetzt geh mal wieder runter und bring die Leute an den
Ort, den ich dir gezeigt habe. Du wirst mitkriegen, dass so ein besonderer
Helfer von mir, ein Engel, immer ein Stück vor euch hergehen wird. Wenn
die Zeit dafür richtig ist, müssen die Leute für ihren Mist bezahlen.“ 35 Es
brach dann unter den Israeliten eine fiese Krankheit aus, weil sie Aaron dazu
gebracht hatten, für sie so einen Pseudogott zu basteln.

33

Gott ist noch sauer

1 Gott sagte dann zu Mose: „So, jetzt macht euch mal vom Acker! Du sollst
alle Leute, die du aus Ägypten hierhergebracht hast, jetzt in das Land
bringen, was ich schon Abrahm, Isaak und auch Jakob ganz fest versprochen
hatte. Ich hab ihnen und ihrer Familie damals geschworen, dass sie das

bekommen werden. 2 Ich werde einen von meiner Kampftruppe, einen Engel, vor dir herschicken. Ich werde die ganzen anderen Stämme, die dort zurzeit leben, für euch rausschmeißen. Ich mein jetzt die Kanaaniter, Amoriter, Hetiter, Perisiter, Hiwiter und auch die Jebusiter. 3 Weißt du, dieses supergeile Land, das richtig fett ist, wo es alles gibt, was man braucht, und davon reichlich, genau da werde ich euch jetzt hinbringen! Ich selbst kann aber leider nicht die ganze Zeit bei euch bleiben. Sonst würde ich euch unterwegs wegpusten. Ihr seid einfach zu link unterwegs." 4 Als die Leute diese harte Ansage von Gott hörten, waren sie echt traurig. Um das zu zeigen, zogen sich alle schwarze Klamotten an und zogen ihre Ringe und auch den anderen Schmuck aus. 5 Darauf meinte Gott zu Mose: „Richte den Israeliten mal bitte was aus: ‚Ihr seid zwar echt bockig unterwegs, und wenn ich auf dem Weg dahin auch nur für eine Sekunde euch ganz nahe wäre, dann würde ich euch komplett ausradieren. Aber wenn ihr erst mal euren ganzen Schmuck in die Tonne drückt, dann wär das fürs Erste ein guter Anfang.'" 6 Nachdem sie das gehört hatten, schmissen alle Israeliten ihren ganzen Schmuck in den Müll. Da waren sie noch am Berg Horeb, als das passierte.

Das Zelt, wo man Gott trifft

7 Ab da baute Mose immer, wenn die Leute irgendwo auf dem Weg mal ne Pause einlegen wollten, außerhalb des Lagers ein besonderes Zelt auf. Er nannte das Teil „Zelt, wo man Gott trifft". Wenn seine Leute mal einen Rat brauchten oder irgendeine wichtige Entscheidung treffen mussten, gingen sie dort hin. 8 Wenn Mose auf dem Weg zu diesem Zelt durch das Lager ging, standen die Leute immer sofort auf. Sie gingen zum Eingang von ihrem Zelt und sahen Mose so lange hinterher, bis er in dem Teil verschwunden war. 9 Was heftig ist: Immer wenn Mose in das Zelt ging, kam so eine schlauchförmige Wolke vom Himmel runter und blieb direkt vor dem Zelt stehen! Alle wussten, dass sich jetzt Gott mit Mose unterhielt. 10 Immer wenn das passierte, schmissen sich die Leute vor ihrem Zelt platt auf den Boden und beteten erst mal eine Runde. 11 Gott unterhielt sich ganz normal mit Mose, so, wie man sich mit einem anderen Menschen unterhält. Sie saßen sich gegenüber und quatschten sich aus. Wenn das vorbei war, kam Mose in das Zeltlager zurück. Josua, der wie ein Angestellter von Mose arbeitete, blieb die ganze Zeit bei dem Zelt, um da drauf aufzupassen. Der war übrigens zu dem Zeitpunkt erst ungefähr 20 Jahre alt.

Mose bittet Gott mitzukommen

12 Als sich Mose und Gott mal wieder unterhielten, sagte er zu ihm: „Gott, sag mal, du gibst mir den Auftrag, dass ich die Leute in dieses Land führen soll, okay? Aber du hast mir nie gesagt, wer mitkommen wird! Ich mein, du

hast doch versprochen, dass du mich ganz besonders magst, dass du mich
kennst und dass ich bei dir einen Stein im Brett hab. [13] Wenn das echt stimmt,
dann sag mir doch, was du vorhast. Hey, wir sind immerhin deine ganz eige-
nen Leute, wir gehören hunderprozent zu dir!“ [14] „Mose, entspann dich!“,
antwortete Gott. „Wenn ich höchstpersönlich mitkomme, bist du dann zufrie-
den?“ [15] „Gott, wenn du das nicht tust, dann wäre es echt besser, wir würden
einfach hier bleiben! [16] Wie sollen denn die anderen Völker das mitkriegen,
dass wirklich du, der einzige Gott, auf unserer Seite kämpft? Das geht doch
nur, wenn du wirklich konkret immer bei uns bist! Dadurch werden wir erst zu
einem ganz besonderen Volk!“ [17] „Okay, Mose, ich werde tun, um was du
mich gebeten hast, weil ich dich einfach mag, und ich vertraue dir auch!“

Mose möchte was von Gottes oberkrasser Art sehen

[18] „Bitte, Gott, ich möchte einmal ein bisschen mehr von dir sehen! Ich
möchte mal deine ganz krasse Seite erleben!“, sagte Mose dann. [19] „Gut, ich
werde das tun. Ich komme bei dir vorbei, mit meiner ganz krassen Art, die
echt hardcore und heftig ist. Dann werde ich dir auch meinen vollen Namen
sagen. Ich tue das, weil ich das so will. Ich entscheide selbst, wen ich ganz
besonders mag. Das ist allein meine Sache. [20] Trotzdem darfst du auf keinen
Fall mein Gesicht sehen, lieber Mose! Denn keiner, der mein Gesicht sieht,
kann am Leben bleiben. Jeden würde es sofort niederstrecken. [21] Warte hier
auf mich. Genau an der Stelle bei diesem Stein dort, da sollst du dich hin-
stellen. [22] Bevor ich an dir vorbeigehe, in meiner ganz krassen Art, muss ich
dich hinter diesen Stein stellen. Und dann werde ich auch noch meine Hand
über dich drüberhalten, bis ich ganz an dir vorbeigegangen bin. [23] Danach
nehme ich meine Hand wieder weg, und du kannst mir noch mal hinterher-
gucken. Aber von vorne darf mich niemand sehen! Ist das klar?“

34

Neue Stahlplatten und ein neuer Vertrag

[1] Dann sagte Gott zu Mose: „Organisier dir zwei neue Stahlplatten. Flex die
aus einem Stück zurecht. Sie sollen genauso aussehen wie die ersten zwei,
die du kaputt gemacht hast. Ich werde dir dann dieselben Sätze da drauf
eingravieren, die ich auf die ersten Platten geschrieben hatte. [2] Mach dich
heute schon mal klar für den Tag morgen. Dann kommst du ganz früh zu
mir auf den Berg Sinai. Pack dich ganz oben an die Spitze des Berges hin
und warte da auf mich. [3] Ich will, dass du ganz alleine kommst, okay? Gene-
rell möchte ich, dass in der Zeit kein anderer in der Nähe vom Berg ist. Auch
Kühe oder Schafe sollen dann beim Berg kein Gras fressen.“ [4] Mose flexte
sich die beiden Stahlplatten in der Werkstatt. Am nächsten Morgen stand er
früh auf, packte sie in seinen Rucksack und stieg auf den Berg. Er tat alles

genau so, wie Gott es gesagt hatte. 5 Als er oben war, passierte es wieder:
Gott kam in einer heftigen Wolke zu Mose runter! Mose stellte sich neben
diese Wolke und begrüßte ihn. 6 Jetzt zog Gott mit seiner oberkrassen Art an
Mose vorbei. Er sagte total laut: „Ich bin Gott! Ich bin so, wie ich immer
schon war. Und das ist auch mein Name. Ich bin der Gott, der die Menschen
voll liebt und total gerne hat. Ich verzeihe sehr viel. Und ich bin entspannt
und hab viel Geduld. Und ich bin zuverlässig, ich bin immer treu. 7 Ich liebe
die Menschen, und ich werde sie immer lieben. Ich bin freundlich zu ihnen.
Wenn sie Scheiße bauen, werde ich es verzeihen. Wenn sie gegen mich
kämpfen, bin ich für sie. Wenn sie mit ihrem Leben danebenliegen, vergebe
ich gerne. Aber ich lasse nicht mit mir Spielchen spielen, und wer gegen
mich handelt, muss dafür bezahlen. Diese Schuld wird weitervererbt auf die
Kinder und Enkel, bis in die vierte Generation.“ 8 Als Mose das hörte, war er
echt geplättet. Er warf sich auf den Fußboden vor Gott hin und sagte ihm,
dass er der absolut Größte ist! 9 Nach einer Zeit meinte er dann zu Gott:
„Wenn du mich wirklich ganz besonders magst, dann bleib doch bitte immer
ganz bei uns! Können wir nicht zusammen mit dir in das neue Land gehen?
Du kennst doch meine Leute. Sie sind schräg drauf und echt schwer zu füh-
ren. Bitte verzeih uns den ganzen Mist, den wir gebaut haben, als wir Sachen
getan haben, die du total daneben findest. Bitte nimm uns doch wieder
als deine ausgesuchten Leute in deine Familie auf!“ 10 „Okay“, sagte Gott.
„Ich werde mit euch einen Vertrag machen! Meine Angebot ist, dass ihr
Augenzeuge werden könnt, wenn ich ganz fette Wunder tue. So ein Wunder
hat noch nie irgendjemand gesehen, nirgendwo auf der ganzen Welt! Kein
Mensch und keine Nation hat so was schon mal blicken können. Aber dir
und meinen Leuten will ich das zeigen. Es wird sehr krass sein, was ihr dann
sehen werdet, und ich werde dafür sorgen, dass die Leute Respekt vor mir
kriegen. 11 Tue genau das, was ich dir heute als Gesetze geben werde! Ihr
sollt euch alle danach richten! Pass auf, ich werde die ganzen Völker, die in
dem Land wohnen, wo ich euch hinbringe, einfach rausschmeißen. Die
Amoriter, Kanaaniter, Hetiter, Perisiter, Hiwiter und Jebusiter und so. 12 Ihr
dürft auf keinen Fall mit denen irgendwelche Verträge machen, ist das klar?
Wenn ihr das tut, werdet ihr durch sie irgendwann zerstört werden. 13 Es ist
total wichtig, dass ihr auch deren Tempel und Kirchen kaputt macht, wo sie
zu ihren blöden Plastikgöttern beten und denen Geschenke machen. Haut
die Teile einfach um! 14 Ihr dürft auf keinen Fall zu irgendeinem von diesen
Pseudogöttern beten, ist das klar? Ich bin euer einziger Gott! Und ich liebe
euch ganz heftig und mit voller Leidenschaft! Ich wünsch mir von euch, dass
ihr nur mich radikal liebt. Die anderen Götter sollen euch scheißegal sein.
15 Noch einmal: Geht auf keinen Fall irgendwelche Verträge mit den Leuten
ein, die dort wohnen! Die verführen euch bloß, auch zu ihren Pseudogöttern

zu beten, und was dann? Lasst euch noch nicht mal zu einem Gottesdienst
von denen einladen. [16] Ich möchte auch nicht, dass eure Kinder sich mit den
Kindern von denen zusammentun. Wenn das passiert und die sich verlieben
und heiraten, würden die nur dazu verführt werden, auch deren Pseudogöt-
tern nachzulaufen. [17] Ihr dürft euch auf keinen Fall irgendwelche Plastikgötter
bauen, hörst du? [18] Dann möchte ich, dass ihr dieses Fest mit den besonde-
ren Broten regelmäßig feiert. Macht das genau so, wie ich es euch gesagt
habe. Sieben Tage lang ist es nur okay, dieses Brot zu essen, das ohne Hefe-
teig gemacht wurde. Dieses Fest soll immer zur gleichen Zeit abgehen, und
zwar im April, wenn der Frühling losgeht. Das war ja auch der Monat, wo ihr
aus Ägypten abgehauen seid. [19] Ich will, dass ihr mir eure ältesten Söhne
ganz zur Verfügung stellt. Genauso möchte ich auch jedes erste Tier, das bei
euch geboren wird, von euch geschenkt bekommen. Ich mein jetzt die Jun-
gen von den Rindern, Schafen oder Ziegen. [20] Für das erste Pferd, das bei
euch geboren wird, könnt ihr mir auch ein Lamm schenken und opfern.
Wenn ihr da keinen Bock drauf habt, könnt ihr auch einem jungen Pferd oder
Esel das Genick brechen und es so töten. Für eure ältesten Söhne sollt ihr
aber auf jeden Fall einen Stellvertreter opfern. Wenn das Fest steigt, soll kei-
ner mit leeren Händen hier aufschlagen. [21] Sechs Tage in der Woche sollt ihr
arbeiten. Aber am siebten Tag sollt ihr euch entspannen. Und das gilt immer,
auch in der Hauptsaison, in der Erntezeit. [22] Wenn die erste Weizenernte
eingefahren ist, könnt ihr ne große Party feiern. Am Ende des Jahres könnt
ihr dann die ganz große Ernteparty vom Obst und Wein mit einem Gottes-
dienst abfeiern. [23] Dreimal im Jahr möchte ich, dass ihr ein großes Männer-
treffen veranstaltet. Alle Männer aus Israel sollen dann bei mir erscheinen.
[24] Ich hab vor, ganze Nationen durch euch zu vertreiben. Euer Land wird
ständig weiterwachsen. In der Zeit, wo ihr euch alle bei meinem besonderen
Zelt trefft, wird euch niemand belästigen oder angreifen. Ihr sollt dort hin-
kommen, um euch mit mir zu treffen. [25] Wenn ihr ein Tier tötet und auch
wenn ihr es für mich tötet und verbrennt, dürft ihr nicht das Blut von dem
Tier mit Hefebrot vermatschen. Und das Fleisch von den Tieren, das ihr an
der Passaparty für mich nicht verbraten kriegt, darf nicht bis um nächsten
Morgen aufbewahrt werden. [26] Von den besten Sachen, die auf euren Feldern
wachsen, bringt einen Teil in das besondere Zelt zu mir. Und noch was: Die
Ziegenkinder dürfen nie in der Milch ihrer eigenen Mutter gekocht werden."
[27] Gott sagte am Ende zu Mose: „Schreib die Sachen alle auf, die ich dir
gesagt hab! Das ist die Grundlage von dem Vertrag, den ich mit dir und den
Israeliten schließen werde." [28] Insgesamt blieb Mose ganze vierzig Tage mit
Gott auf dem Berg. In der ganzen Zeit bekam er nichts zu essen und zu
trinken. Er fräste währenddessen auf die Stahlplatten die zehn Gesetze, die
Gott ihm da gesagt hatte. Diese Gesetze waren die Grundlage für den Ver-

trag, den die Israeliten ab dann mit Gott hatten. 29 Als Mose mit den beiden
Platten unter Arm vom Berg runterkam, leuchtete sein Gesicht voll, weil er
so nahe bei Gott war und mit ihm gesprochen hatte. Mose selbst merkte
das zuerst gar nicht. 30 Als Aaron und auch die anderen Männer Mose
sahen, kriegten sie voll Respekt und auch Angst. Wegen seinem leuchtenden
Gesicht wollten sie ihm nicht zu nahe kommen. 31 Mose rief sie dann aber
zu sich, und Aaron kam mit ein paar Männern, die im Volk was zu sagen
hatten, dann vorsichtig zu ihm. Er erzählte ihnen von den abgefahrenen
Sachen, die er gerade erlebt hatte. 32 Danach trauten sich auch die anderen
Leute aus Israel näher an Mose ran. Jetzt erzählte er allen von den Gesetzen,
die er von Gott auf dem Berg bekommen hatte. 33 Als er fertig war, legte
Mose ein Tuch auf sein Gesicht. 34 Ab dann nahm er das Tuch nur noch run-
ter, wenn er in das besondere Zelt ging, um mit Gott zu labern. Sobald er
rausging, legte er das Tuch wieder drauf. Und dann erzählte er den Leuten,
was Gott ihm gerade gesagt hatte. 35 Die Israeliten kriegten dabei natürlich
immer mit, wie sein Gesicht noch voll am Leuchten war. Er legte dann
immer das Tuch auf sein Gesicht, bis er irgendwann wieder aus dem Lager
ging, um sich in dem ganz besonderen Zelt mit Gott zu unterhalten.

35

Der Tag, an dem man nicht arbeiten soll

1 Mose organisierte dann ein Treffen, wo die ganze Gemeinschaft der Israeli-
ten zusammenkam. Dann sagte er: „Gott hat eine Ansage für euch: 2 ‚Sechs
Tage in der Woche sollt ihr arbeiten. Aber am siebten Tag sollt ihr euch ent-
spannen. Das ist der Sonntag, und der gehört nur mir. Wer an diesem Tag
trotzdem irgendwas arbeitet, wird sterben müssen. 3 Das gilt auch fürs
Kochen. Diese Regel gilt überall, egal wo ihr wohnt.'"

Spenden für das ganz besondere Zelt

4 „Gott hat noch eine Ansage für euch: 5 Er möchte, dass ihr ihm etwas
spendet, und zwar freiwillig. Alle, die ihm etwas für das besondere Zelt
schenken wollen, sollen es vorbeibringen. Ihr könnt Gold, Silber und Bronze
spenden, 6 bunte Wolle, feine Leinenstoffe, 7 Tierfelle, Eichenholz, 8 Kerzen,
Zutaten für das besondere Öl, was man braucht, um Leute für einen Dienst
einzusetzen, und Räucherstäbchen. 9 Außerdem Edelsteine, die man auf
den Umhang und den Brustbeutel von dem Oberpriester draufnähen kann.
10 Alle Leute, die gut in Handarbeit sind, sollen mal vorbeikommen und die
Sachen basteln, die Gott in Auftrag gegeben hat. 11 Wir brauchen das Zelt
und die großen Planen, die das Dach schützen sollen. Dann brauchen wir
Heringe, Haken, Bretter und auch Querstangen, die Pfosten und Halterun-
gen. 12 Für die Kiste mit den Gesetzen drin brauchen wir lange Stangen, um

sie zu tragen. Da drüber muss eine Abdeckplatte. Dann noch der Vorhang,
um den allerderbsten, alleroberheiligsten Bereich im Zelt abzudecken. 13 Wir
brauchen auch den Tisch, wo die besonderen Brote draufliegen. Der soll
auch mit Tragestangen transportiert werden. Und die ganzen Geräte und
auch das Brot brauchen wir. 14 Dann muss jemand den goldenen Leuchter
mit den sieben Kerzen machen. Irgendjemand muss das Ding auch pflegen
und immer wieder die Kerzen austauschen. 15 Der Tisch, wo wir die Räucher-
stäbchen abfackeln, der ja auch so Stangen haben soll, der muss auch
gemacht werden. Dazu sollte sich jemand um das besondere Öl kümmern
und auch um die Räucherstäbchen. Und wer macht den großen Vorhang
klar, der am Eingang hängen soll? 16 Dann brauchen wir noch den großen
Tisch, den Altar für diese Opferrituale, wo Sachen verbrannt werden. Der
sollte einen Unterbau aus Bronze haben. Dazu brauchen wir auch wieder
Stangen zum Tragen. Ja, und die ganzen Geräte, die wir für das Opferritual
brauchen, das Wasserbecken mit dem Untersatz, die sind auch wichtig.
17 Einer muss sich um die Zeltplanen und Pfosten inklusive Halterungen
kümmern, mit denen der Hof gebaut wird. Wir brauchen auch noch den Vor-
hang für den Eingang vom Hof. 18 Dann muss sich jemand um die Zelthe-
ringe kümmern und auch um die Taue zum Spannen. Damit machen wir die
Zeltplanen fest, die den Hof abgrenzen. 19 Zum Schluss brauchen wir noch
jemanden, der die ganz besonders krassen Klamotten für Aaron und seine
Söhne näht. Die sollen sie ja immer tragen, wenn sie ihren Job als Priester
erledigen." 20 Nach diesem Treffen gingen die Leute wieder nach Hause.
21 Aber alle, die jetzt Bock drauf bekommen hatten, kamen bald wieder, um
freiwillige Spenden für das besondere Zelt zu bringen. Dazu gehörten die
ganze Ausstattung und auch die Klamotten für die Priester. 22 Männer und
Frauen schenkten Gott total freiwillig ihren Goldschmuck. Ringe, Ketten,
Ohrringe und Haarspangen wurden vorbeigebracht. 23 Dazu kamen auch
noch Stoffsachen, wie bunte Wolle und Leinenstoffe und Tierfelle, 24 dazu
noch sehr viel Silber, Bronze und Eichenholz. 25–26 Die Frauen, die das gut
draufhatten, stellten die Stoffe her. 27 Die Chefs organisierten die ganzen
Edelsteine für die Klamotten und den Brustbeutel von dem Oberpriester
Aaron. 28 Man brachte Kerzen vorbei und auch das besondere Öl, was man
braucht, um Leute für einen Dienst einzusetzen. Auch die Parfüms und die
Räucherkerzen waren schnell organisiert. 29 Die Israeliten waren alle voll
begeistert bei der Sache, und jeder wollte irgendwas zu dem Projekt beisteu-
ern, was Gott durch Mose an den Start gebracht hatte. Sowohl die Männer
wie auch die Frauen brachten ihre Sachen ganz freiwillig, ohne was dafür zu
verlangen, einfach als Spende.

Mose verteilt Aufträge an Künstler und Handwerker

30 Mose sprach dann wieder mit den Leuten: „Gott hat Bezalel dafür ausge-
sucht, den Job als Designer für die Sachen im besonderen Zelt zu erledigen.
Bezalel ist ein Sohn von Uri und ein Enkel von Hur, er kommt aus dem Fami-
lienstamm Juda. 31 Für diese Aufgabe hat er von Gott seine Kraft aufgespielt
bekommen. Außerdem hat Bezalel eine Menge Schnall von handwerklichen
Sachen, und er ist auch ein echt guter Künstler. 32 Er kann voll gut Bilder
malen und Sachen designen. Auch mit den Materialen Gold, Silber und
Bronze kennt er sich voll gut aus. 33 Dazu kann er sehr gut Edelsteine bear-
beiten, und auch mit Holzschnitzereien ist er recht fit. Eigentlich kann er
alles, was mit Kunst zu tun hat, sehr gut. 34 Gott hat ihm zusätzlich auch
noch die Begabung gegeben, andere in diesem Job anzuleiten. Das Gleiche
gilt übrigens auch für Oholiab, der ein Sohn von Ahisamach ist und aus dem
Stamm von Dan kommt. 35 Gott hat beiden auch die Begabung gegeben, gut
mit Wolle und Leinenstoffen umzugehen, egal welche Farbe sie haben. Sie
können gut nähen und stricken und sind auch fit da drin, eigene Ideen und
Entwürfe umzusetzen."

36

Die Israeliten spenden mehr, als man braucht

1 „Bezalel, Oholiab und die anderen Leute, die künstlerische Sachen gut
draufhaben, sollen jetzt mal loslegen. Gott hat ihnen ja schließlich diese
Begabungen gegeben", sagte Mose dann zum Schluss noch mal. 2 Er suchte
Bezalel und Oholiab extra für diesen Job aus. Dazu sollten aber auch andere
Leute kommen, denen Gott solche Fähigkeiten geschenkt hatte. Und alle
legten dann gemeinsam los. 3 Mose übergab den Handwerkern sämtliche
Kohle und das ganze Material, was die Israeliten für den Bau vom besonde-
ren Zelt gespendet hatten. Die Spendenbereitschaft war gigantisch, jeden
Morgen brachten die Leute wieder neue Sachen und das ganz freiwillig,
ohne Druck. 4 Etwas später kamen die ganzen Kunsthandwerker, die gerade
an dem Bau beteiligt waren, bei Mose an und sagten: 5 „Hey, die Leute brin-
gen uns mehr Zeug, als wir eigentlich verbauen können!" 6 Mose ließ dann
Plakate aufhängen, wo draufstand: „Bitte, keiner mehr irgendwelche Sachen
für das besondere Zelt spenden! Wir haben genug!" Die Leute hörten darauf,
und ab dann wurde es mit dem Spenden weniger. 7 Was bis zu dem Zeit-
punkt an Sachen reinkam, reichte dicke, um alle Arbeiten zu erledigen. Es
blieb sogar noch Kohle übrig.

Bastelstunde

8 Mit den Künstlern und Kunsthandwerkern bastelte Bezalel die ganzen Ein-
zelteile für das Zelt, in dem Gott wohnen sollte. Sie machten zehn schöne

Zeltplanen, die aus besonderem Leinenstoff und echt teuer waren. Auf dem
Stoff wurden mit blauer, roter und weinroter Wolle Bilder von Engeln drauf-
gestickt. 9 Jede der Zeltplanen war 14 Meter lang und 2 Meter breit. 10 Er
nähte dann immer fünf Planen an der langen Seite zusammen, so dass er
dann zwei große Zeltplanen hatte. 11 Aus violettem Stoff machte er Schlau-
fen, die er an beiden Planen an einer langen Seite annähte, wo zwei Stücke
zusammengesetzt wurden. 12 Insgesamt waren das fünf Schlaufen an jedem
Teil, so dass die Schlaufen sich gegenüberlagen, wenn man die beiden
Planen nebeneinanderlegte. 13 Dann organisierte er fünfzig Haken aus Gold,
mit denen er die zwei Zeltplanen an den Schlaufen zusammenhaken konnte.
So hatte er dann eine große Zeltplane für die Wohnung. 14 Da drüber kam
dann noch ein Dach. Dazu nähte er aus Fellen von Ziegen elf Zeltplanen
zusammen. 15 Eine Plane war alleine 15 Meter lang und 2 Meter breit.
16 Diese Planen tackerte er dann auch wieder zu zwei großen Teilen zusam-
men, nur dass diesmal eines davon aus sechs Planen bestand. 17 An je einer
langen Seite von beiden großen Planen wurden fünfzig Schlaufen angenäht,
um die zwei großen Teile dann zu einem ganz großen zusammenzusetzen.
18 Dazu bastelte er fünfzig Haken aus Bronze und machte damit die Schlau-
fen zusammen. 19 Ganz am Ende machte er noch zwei Extra-Schutzdecken,
eine aus rot gefärbten Fellen von männlichen Ziegen und da drüber eine aus
regenfesten Tierhäuten. 20 Er ließ dann noch Bretter aus Eichenholz zurecht-
sägen, die als Wände in der Wohnung von Gott aufgebaut wurden. 21 Jedes
Brett war 5 Meter lang und 75 Zentimeter breit. 22 Die Bretter bekamen alle
zwei Dübel in Form von so Tannenzapfen unten dran. 23 Für die Wohnung
musste er zwanzig Bretter allein für die Südseite verbraten. 24 Diese zwanzig
Bretter standen dabei auf vierzig Bodenplatten aus Silber, indem die Zapfen
in die dafür vorgesehenen Löcher gesteckt wurden. 25 Für die andere Seite im
Norden nahm er auch zwanzig Bretter. 26 Und auch hier wurden diese auf
vierzig silbernen Bodenplatten draufgesteckt. 27 Für die hintere Seite der
Wohnung, die Richtung Westen lag, nahm er nur sechs Bretter. 28–29 Für die
Ecken an der Rückseite holte er sich noch zwei Winkelbretter. 30 Insgesamt
wurden hier acht Bretter und sechzehn Bodenplatten aus Silber verbaut,
wobei immer zwei als Unterlage mit einem Brett verbunden waren. 31 Dann
baute er lange Querstangen aus Eichenholz, 32 fünf Stück für jede Bretter-
wand. 33 Die mittlere Querstange schraubte er genau auf halber Höhe so an,
dass sie von einem Ende zum anderen reichte. 34 Als Halterung für die Stan-
gen wurden an die Bretter goldene Ringe angeschraubt. Alle Bretter und
Stangen waren mit Gold überzogen. 35 Der Vorhang, der vor dem allerderbs-
ten, heiligen Bereich im Zelt aufgehängt wurde, war aus ganz besonderem
Leinenstoff gemacht. Auf dem Vorhang hatten sie mit blauer, roter und wein-
roter Farbe Bilder von Engeln draufgesprayt. 36 Aus Eichenholz wurden dann

noch die vier Pfosten gemacht, die den Vorhang tragen sollten. Diese Pfos-
ten wurden mit Gold überzogen und wurden in Halterungen aus Silber
gestellt. Auch die Nägel, mit denen der Vorhang festgemacht wurde, waren
aus Gold. 37 Für den Eingang vom Zelt wurde ein Vorhang aus dem gleichen
Material genäht. 38 Der Vorhang am Eingang wurde an fünf Pfosten mit gol-
denen Querstangen festgemacht. Dazu wurden goldene Nägel verwendet.
Die Pfosten standen in einer Halterung aus Bronze und wurden auch mit
Gold überzogen.

37

Die Kiste für die Gesetze

1 Jetzt baute Bezalel den Kasten aus Eichenholz mit den Maßen 1,25 Meter
lang, 75 Zentimeter breit und 75 Zentimeter hoch. 2 Er überzog den Kasten
von innen und außen mit Gold. Für die Kanten bastelte er eine extra Zier-
leiste, die auch aus Gold war. 3 Als Nächstes organisierte er vier Goldringe
und baute die an jede Ecke dran, immer zwei an jeder Seite. 4 Dann machte
er die Tragestangen aus Eichenholz und überzog die auch mit Gold. 5 Die
wurden dann durch die Ringe gesteckt, wenn man das Teil tragen musste.
6 Er baute auch eine große Deckplatte, die nur aus Gold bestand. Sie passte
genau obendrauf. 7 Oben auf die Platte kamen dann noch zwei große Figu-
ren mit langen Flügeln, die auch aus Gold waren. Jede Figur wurde an einem
Ende der Deckplatte angeschraubt. Die Figuren sahen aus wie riesengroße
Engel. 9 Und zwar standen sie sich gegenüber, so als würden sie den Kasten
von oben ansehen. Dabei hielten sie ihre Flügel darüber, so als würden sie
ihn beschützen.

Der Tisch für die besonderen Brote

10 Als er damit fertig war, machte sich Bezalel an die Arbeit, um den kleinen
Eichentisch für die besonderen Brote zu bauen. Der sollte 1 Meter lang,
50 Zentimeter breit und 75 Zentimeter hoch sein. 11 Er überzog den Tisch
mit Gold und baute rund um die Tischplatte eine Zierleiste aus purem Gold.
12 Dazu setzte er eine zehn Zentimeter breite Leiste noch mal rings um die
Tischkante, die auch noch mal mit einer Zierleiste aus Gold versehen wurde.
13 Dann organisierte er sich noch vier goldene Ringe und schraubte die
oben an die Kanten der vier Tischbeine an. 14 Die Ringe waren dabei dicht
unter der Leiste angebracht, die am Rand befestigt war. Hier kamen die
Stangen rein, wenn man das Teil tragen wollte. 15 Diese Stangen waren hier
auch aus Eichenholz und mit Gold überzogen. 16 Außerdem machte er
aus feinstem Gold auch die Becher, Schüsseln und Kannen für Opferrituale
mit Wein.

Der siebenarmige Kerzenständer aus purem Gold

17 Schließlich bastelte Bezalel den großen, goldenen siebenarmigen Leuchter.
Der sollte ja aus einem ganzen Stück Gold rausgesägt werden. 18 Drei Arme
gingen jeweils zu beiden Seiten aus dem mittleren Teil raus. 19 Am Ende war
jeder Arm mit einer Blume verziert. 20 Im Mittelstück waren auch vier Blu-
men reingeschnitzt worden, 21 nämlich da, wo die Armpaare rauskamen.
22 Der ganze Leuchter war nur aus feinstem Gold und war, wie gesagt, aus
einem Stück gemacht worden. 23 Bezalel baute für den Leuchter noch sieben
Kerzenhalter. Dazu kamen noch Dochtscheren und Behälter zum Reinigen.
Alles war nur aus feinstem Gold. 24 Alleine für den Leuchter und das ganze
Zubehör wurde über einen Zentner Gold verbraten.

Der Tisch, wo die Räucherstäbchen abgefackelt werden

25 Dann machte Bezalel aus Eichenholz noch einen kleinen Tisch, einen Altar,
wo die Räuchersachen abgefackelt werden sollten. Der war 1 Meter lang,
50 Zentimeter breit und 50 Zentimeter hoch. Er hatte auch vier Hörner an
den Ecken, die aus einem Stück mit dem Tisch waren. 26 Er überzog den mit
dünnen Goldplatten und baute an der Kante wieder so eine Leiste aus Gold
dran. 27 Unter der Leiste waren wieder Ringe zum Transportieren ange-
schraubt, wo die Stangen durchgesteckt werden konnten. 28 Die Stangen
waren auch hier wieder aus Eichenholz und von außen vergoldet. 29 Dann
machte er noch das besondere Öl und fertigte die Räucherstäbchen an, alles
auf die Art, wie das ein Profi machen würde.

38

Der Tisch, wo drauf Sachen für Gott als Opfer verbrannt werden

1 Als Nächstes machte Bezalel aus Eichenholz den großen Tisch, wo die
Sachen für Gott drauf verbrannt werden sollten. Der war 2,5 Meter lang,
2,5 Meter breit und 1,5 Meter hoch. 2 Vier Hörner guckten an den Tischecken
raus. Alles war auch hier aus einem Stück gesägt worden. Der ganze Tisch
wurde dann mit Bronze überzogen. 3 Auch die ganzen Geräte, die man zum
Opfern brauchte, ließ Bezalel aus Bronze machen. Also die Schalen, womit
das ganze Blut aufgefangen wurde, die Fleischgabeln und auch das Becken
für die Holzkohle wurden aus Bronze gemacht. Dazu auch die Schaufeln und
Stangen, die man brauchte, um die Asche wegzumachen. 4 Zum Transportie-
ren wurde der Tisch in einen Korb aus Bronze gesteckt. Der Korb reichte dann
bis zur Hälfte von dem Tisch hoch. 5 Dann machte er die vier Ringe, die an
den vier Ecken von dem Korb angebracht werden sollten, um da die Trage-
stangen durchzuschieben. 6 Die Stangen waren wie gesagt aus Eichenholz
und mit Bronze überzogen worden. 7 Anschließend hat man sie einfach durch
die Ringe gesteckt. Der Tisch war innen hohl und aus Brettern gemacht.

Das Waschbecken und der Hof

8 Bezalel goss dann noch aus Bronze ein großes Waschbecken und baute
einen Untersatz dazu. Die Bronze war von den Bronzespiegeln, welche die
Frauen, die am Eingang vom Zelt am Arbeiten waren, gespendet hatten.
9–11 Als Nächstes baute er den Hof fertig. Hier brauchte er für die Nord- und
Südseite jeweils eine Zeltplane, die 50 Meter lang war und mit Nägeln aus
Silber an jeweils zwanzig Pfosten befestigt war. Die Pfosten standen alle in
einer Halterung aus Bronze. Zwischen den Pfosten waren Querstangen aus
Silber. 12 Auf der Westseite wurden 25 Meter lange Zeltplanen angebracht.
Die zehn Pfosten, die dort auch wieder in zehn Halterungen standen, waren
aus Silber gemacht. Dazu auch wieder Querstangen und Nägel, beides
auch aus Silber. 13–15 Die Vorderseite, Richtung Osten, war ebenfalls 25 Meter
lang. Links und rechts vom Eingang waren jeweils drei Pfosten auf drei
Halterungen, an denen 7,5 Meter lange Zeltplanen befestigt waren. Der Ein-
gang war also 10 Meter breit. 16 Alle Zeltplanen vom Hof waren aus beson-
derem Leinenstoff. 17 Die Halterungen von den Pfosten waren aus Bronze
gemacht worden. Die Nägel in den Pfosten waren alle aus Silber, genauso
wie die Querstangen und die Verschnörkelungen am oberen Ende der Pfos-
ten. 18 Als Tür für den Hof wurde ein spezieller Vorhang genommen. Er war
ganz bunt, aus lilafarbenen, roten, gelben und grünen Stoffen. Der Vorhang
war 2,5 Meter hoch und breit, genauso wie die anderen Vorhänge, die in dem
Bereich aufgehängt wurden. 19 Die vier Pfosten, an denen der Vorhang aufge-
hängt wurde, waren aus Bronze und die Halterungen auch. Die Nägel in den
Pfosten waren aber aus Silber, und auch die Verschnörkelungen am oberen
Ende waren Silber. Und auch die Querstangen waren aus dem Material.
20 Die Zeltheringe für das ganze Teil waren alle aus Bronze gemacht worden.

Was alles an Material und Geld verbraten wurde

21 Jetzt kommt die Rechnung, was alles an Material verbraten wurde, für die
Wohnung für Gott, den Aufbewahrungsort für die Gesetze. Die Bezahlung
hatte Mose den Priestern übertragen, die unter dem Oberpriester Itamar
standen. Itamar war ein Sohn von Aaron. 22 Bezalel, der ein Sohn von Uri
war, der wiederum ein Sohn von Hur aus dem Stamm Juda war, machte alles
ganz genau so, wie Mose es ihm gesagt hatte. 23 Zusammen mit Oholiab,
der ein Sohn von Ahsamach aus dem Dan-Stamm war und der Steine bear-
beiten und unterschiedlich farbige Stoffe herstellen konnte, führte er die
Aufträge aus. 24 Das ganze Gold, was man für die Einrichtungsgegenstände
verbraucht hatte, wog insgesamt 29 Zentner. Das war alles nur durch Spen-
den reingekommen. 25 Über 100 Zentner Silber kamen auch noch dazu, das
auch nur über Spenden finanziert wurde. 26 Von den 603 550 Männern in
der Gemeinschaft, die älter als 20 waren, hatte jeder ein halbes Silberstück

gespendet. 27 Genau 100 Zentner Silber wurden für die hundert Fussboden-
platten verbraucht, in die die Wände vom besonderen Zelt eingesetzt waren.
Jede Platte wog einen Zentner Silber. 28 Vom Rest, ungefähr 13 Kilo, wurden
die silbernen Nägel und die Querstangen gemacht. Dazu kamen noch die
Verschnörkelungen am oberen Rand der Pfosten aus Silber. 29 Die Bronze,
die gespendet wurde, wog fast 71 Zentner. 30 Da draus hatte er ja alle Halte-
rungen gemacht, in denen die Pfosten vom Eingang vom Zelt standen.
Außerdem den Rahmen von dem großen Tisch, wo die Tieropfer abgefackelt
wurden, dem Altar, und alle Geräte, die man für diesen Dienst brauchte.
31 Und auch die Halterungen für die Pfosten vom Hof, die Halterungen für
die Pfosten von der Tür zum Hof und alle Zeltheringe, die man für die Woh-
nung von Gott gebraucht hatte, waren aus Bronze.

39

Die Klamotten für die Priester

1 Gott hatte Mose auch gesagt, wie die Spezialklamotten von Aaron aussehen
sollten, wenn er am besonderen Zelt am Arbeiten war. Sie sollten nämlich aus
violettem und rotem Leinenstoff sein. 2 Die Leute machten einen Umhang
da draus und bestickten die mit echten Goldfäden und Fäden aus blauer,
roter und weinroter Wolle. 3 Um diese Goldfäden herzustellen, hauten sie mit
einem Hammer so lange auf ein Stück Goldblech, bis es ganz platt war. Dann
zerschnitten sie das Teil in dünne Fäden. 4 Zwei große Schulterpolster wurden
oben auf den Umhang genäht und hinten zusammengebunden. 5 Der Gürtel,
mit dem der Umhang zusammengebunden wurde, war aus dem gleichen
Material. Er wurde an den Umhang einfach drangenäht. Alles wurde genau so
gemacht, wie Gott es Mose gesagt hatte. 6 Dann nahmen sie noch zwei Edel-
steine, die man Karneolsteine nannte, und setzten sie in kleine Goldfassun-
gen ein. In die Steine wurden die Namen der zwölf Familienstämme der Israe-
liten eingraviert. 7 Dann wurde das Ganze an die Schulterteile angenäht. Der
Grund dafür war, dass dadurch Gott bei den Israeliten immer in Erinnerung
bleiben sollte. Alles wurde genau so gemacht, wie er es zu Mose gesagt hatte.
8 Aus dem gleichen Zeug, aus dem der Umhang war, machten sie auch den
Brustbeutel. Der war auch mit Goldfäden sowie mit roten, violetten und
weinroten Fäden bestickt. 9 Dieser Brustbeutel, den man auch Los-Tasche
nannte, war von der Form her wie ein Quadrat und in sich zusammengefaltet.
Insgesamt war er 25 mal 25 Zentimeter groß. 10 Vorne waren Edelsteine in vier
Reihen untereinander draufgepinnt. In der ersten Reihe waren das ein Kar-
neol, ein Topas und ein Smaragd. 11 In der zweiten Reihe ein Rubin, ein Saphir
und ein Jaspis. 12 In der dritten Reihe ein Achat, ein Hyazinth und ein Ame-
thyst. 13 In der vierten Reihe ein Türkis, ein Onyx und ein Nephrit. Alle Steine
waren in eine Goldfassung eingearbeitet. 14 Auch in diese Steine wurden die

Namen der zwölf Familienstämme von den Israeliten eingraviert. Pro Stein
ein Name. 15 Sie nähten an den Brustbeutel eine Kette, die aus echten Gold-
fäden zu einem Band gehäkelt worden war. 16 Dann wurden zwei goldene
Ösen in die Tasche eingenäht und dafür zwei Goldringe angefertigt, die in die
Ösen an den Enden der Tasche eingearbeitet wurden. 17 Zwei dickere Bänder
aus den Goldfäden wurden durch die Ringe an dem Brustbeutel geführt
18 und mit den zwei anderen Enden an der Vorderseite von den Schulterteilen
angeknotet. 19 Dann wurden noch zwei Ringe aus Gold gemacht, die am unte-
ren Ende vom Brustbeutel zum Bauch hin angenäht wurden. 20 Zwei weitere
Goldringe wurden für die Schulterstücke gebraucht, die an der Vorderseite
lagen, ganz in der Nähe von der Naht, aber noch oberhalb des Gürtels. 21 Der
Brustbeutel wurde so über die Ringe vom Umhang und die Ringe vom Brust-
beutel verknotet, damit sie sich nicht verschieben konnte. Das hatte Gott
dem Mose so gesagt. 22 Der Mantel, der über dem Umhang getragen werden
sollte, wurden dann aus blauem Stoff genäht. 23 Dabei nähte man einen fes-
ten Kragen in das Teil rein, damit der nicht einreißen konnte. 24 Unten, am
Saum von dem Mantel, wurden so Äpfel angenäht, die aus blauer, roter oder
weinroter Wolle gehäkelt worden waren. 25 Dann wurden so Glöckchen aus
Gold, immer zwischen den Äpfeln am Saum von dem Mantel, drangenäht.
26 Immer im Wechsel, Apfel, Glöckchen, Apfel usw. Der Mantel war auch für
den Dienst bestimmt, den Gott Mose aufgetragen hatte. 27 Anschließend
wurden für den Priester Aaron und seine Söhne Anzüge genäht. 28 Auch eine
Mütze kriegte Aaron. 29 Dann gab es noch einen extra Gürtel für Aaron, der
auch nach den Anweisungen von Gott gemacht wurde. 30 Aaron bekam einen
besonderen Sticker aus Gold, auf dem stand: „Der gehört radikal Gott!“
31 Der Sticker wurde über der Stirn an die Mütze vom Aaron gepinnt. Alles
wurde genau so gemacht, wie Gott es gesagt hatte.

Das Finale

32 Schließlich war die ganze Arbeit an dem besonderen Zelt endlich fertig!
Die Leute hatten alles genau so umgesetzt, wie es Gott durch Mose gesagt
hatte. 33 Also legten sie die ganzen Sachen Mose vor, damit er das noch mal
abchecken konnte. Das Zelt mit den ganzen Geräten da drin, alle Bretter,
Haken, Heringe, Querstangen, die Pfosten inklusive Halterungen wurden zu
ihm gebracht, 34 dann die Decke aus rotem Fell, die andere Decke aus den
wasserdichten Tierhäuten, der Vorhang, der den alleroberheiligsten Teil im
Zelt abtrennt, 35 und schließlich auch die Kiste mit den Gesetzen drin, inklu-
sive Deckplatte und den Stangen, wurde Mose vorgelegt. 36 Auch der Tisch
mit den besonderen Broten und die ganzen Geräte dazu 37 und der sieben-
armige Kerzenständer inklusive Zubehör waren am Start. 38 Dann zeigten sie
ihm den goldenen Tisch, den Altar, wo die Räucherstäbchen abgefackelt wer-

den sollten, das besondere Öl, die anderen Räuchersachen aus Weihrauch
und den Vorhang als Tür vom Zelt, alles zeigten sie ihm. 39 Der große Opfer-
tisch, der mit Bronze überzogen war, wo die Tiere für Gott abgefackelt wer-
den sollten, mit den ganzen Geräten, die man dazu brauchte, war da. Und
dann auch das Waschbecken mit seinem Ständer. 40 Die Zeltplanen vom Hof
mit den ganzen Pfosten, Heringen und Seilen waren auch dabei. Dazu der
Vorhang für den Eingang vom Hof. Außerdem die ganzen Geräte, die man
noch im besonderen Zelt brauchte. 41 Und zum Schluss noch die Klamotten
der Priester, die Aaron und seine Söhne immer tragen sollten, wenn sie in
dem Zelt Dienst schoben. 42 Die Israeliten hatten alles genau so umgesetzt,
wie es Gott durch Mose gesagt hatte. 43 Und Mose checkte alles, was sie
hergestellt hatten. Es war alles richtig gemacht worden und entsprach der
Order, die Gott ihm gegeben hatte. Mose betete dann für die Leute, die das
ganze Projekt umgesetzt hatten.

40

1 Jetzt sagte Gott zu Mose: 2 „Am ersten April sollst du das ganz besondere
Zelt aufbauen. 3 Stell mal die Kiste mit den Gesetzen in den hinteren Teil.
Davor hängst du den großen Vorhang. 4 In den vorderen Teil stellst du den
Tisch mit den besonderen Broten und den Schüsseln rein. Den Leuchter
kannst du da auch hinstellen und schon mal die Kerzen draufsetzen. 5 Da
vorne stellst du auch den kleinen Tisch hin, den Altar, auf dem die Räucher-
stäbchen abgefackelt werden sollen. Der soll ja gegenüber von der Stelle ste-
hen, wo die Kiste mit den Gesetzen hinter dem Vorhang steht. Dann hängst
du noch den Vorhang am Eingang vom Zelt auf. 6 Vor das Zelt kommt der
große Tisch, der Altar, wo die Opfer drauf verbrannt werden sollen. 7 Zwi-
schen dem Zelt und dem großen Tisch für die Opfer stellst du das Wasch-
becken auf und füllst es mit Wasser. 8 Dann stellst du die Zeltplanen auf, die
den Hof einzäunen, und hängst den Vorhang vom Eingang vom Hof auf.
9–11 Nimm das besondere Öl und besprenkel damit das Zelt und den Tisch
und das große Waschbecken und den Teil, wo das Becken draufsteht. So
übergibst du das ganze Ding an mich und machst es zu etwas ganz Beson-
derem, es wird dann heilig. Der Tisch wird dadurch sogar ganz besonders
heilig. 12 Als Nächstes lässt du Aaron und seine Söhne antreten. Sie sollen
vors Zelt kommen und sich da anständig waschen. 13 Jetzt ziehst du Aaron
die Priesterklamotten über. Wenn er fertig ist, besprenkelst du ihn mit dem
besonderen Öl. Das ist ein Zeichen dafür, dass er ganz radikal mir gehört
und seinen Job als Priester ab dann für immer machen wird. 14 Dann kom-
men seine Söhne dran, die sollen auch antreten und ihre Priesterklamotten
anziehen. 15 Die müssen anschließend auch mit dem Öl besprenkelt werden,
damit sie als Priester für mich arbeiten können. Mit diesem Ritual überträgst

du diesen Job auf die Männer in ihrer Familie, für immer. Das Gleiche soll auch mit ihren Kindern passieren, wenn sie mal den Priesterjob antreten werden."

Das ganz besondere Zelt wird aufgebaut

16 Mose machte alles genau so, wie Gott es ihm gesagt hatte. 17 Am ersten
April, zwei Jahre nachdem die Israeliten aus Ägypten abgedampft waren,
wurde das Zelt aufgebaut. 18 Mose steckte dann die Bretter mit den Zapfen
aus Holz in die Bodenplatten. Dann hängte er die Querstangen ein. Auch die
Pfosten, an die der Vorhang angehängt werden sollte, baute Mose auf.
19 Anschließend spannte er die Zeltplane über alles drüber. Dann kam noch
das Extra-Zeltdach drüber, und fertig war die Laube. Alles war so, wie Gott es
ihm gesagt hatte. 20 Zum Schluss holte Mose die Platten mit den Gesetzen
drauf, die ja wie ein Vertrag zwischen seinen Leuten und Gott war. Die legte
er dann in die Kiste rein und packte den Deckel obendrauf. 21 Er schleppte
die Kiste in den hinteren Teil vom Zelt und baute den großen Vorhang davor
auf, so wie Gott es gesagt hatte. 22–23 Jetzt brachte er den kleinen Tisch mit
den besonderen Broten in das Zelt und stellte ihn vor den Vorhang an die
rechte Seite, alles genau so, wie Gott es wollte. 24 Auf die linke Seite kam der
Leuchter. 25 Da kamen die Kerzen drauf, wie Gott es vorgesehen hatte.
26–27 Und dann stellte er in die Mitte des Zeltes den kleinen goldenen Tisch,
den Altar für den Räucherkram, vor dem Vorhang auf. Da wurden dann
gleich erst mal ein paar Räucherstäbchen verbrannt. 28 Als Nächstes hängte
er den Vorhang als Tür am Eingang vom Zelt auf. 29 Vor den Eingang stellte
er den ganz großen Tisch auf. Dort verbrannte er etwas Fleisch und ein
Essensopfer als ein Geschenk für Gott. Das hatte Gott ja so angeordnet.
30 Das Waschbecken stellte er zwischen dem Zelt und dem Tisch auf. Dann
füllte er das mit Wasser. 31 Mose, Aaron und auch seine Söhne machten da
drin ihre Hände und Füße sauber. 32 Das mussten sie immer machen, bevor
sie in das ganz besondere Zelt gingen oder bevor sie sich an den Tisch stell-
ten. Auch das hatte Gott ihm ja so gesagt. 33a Als Letztes baute Mose die
Zeltplanen auf, die rings um das Zelt einen Hof einzäunen sollten. Und
dann bastelte er noch den Vorhang an den Eingang von dem Hof, und alles
war fertig.

Gott kommt und zieht bei den Israeliten ein

33b Als Mose die ganze Sache komplett hatte, 34 kam plötzlich eine Wolke
vom Berg Sinai runter! Sie legte sich über das ganze besondere Zelt. Gottes
voll krasse Art war plötzlich da, und sein Licht war überall in der ganzen
Bude zu sehen!!! 35 Mose konnte deshalb gar nicht mehr in das Zelt reinge-
hen. 36 Immer wenn die Israeliten wieder auf Tour waren, planten sie ihre

Route danach, ob diese Wolke noch über dem Zelt war oder nicht: Wenn sie
nach oben stieg, packten sie ihre Sachen und zogen weiter. 37 Wenn die
Wolke aber nicht nach oben ging, blieben sie an der Stelle. Erst wenn sie sich
wieder hochgehoben hatte, zogen sie weiter. 38 Tagsüber lag die Wolke, wo
Gott drin war, immer über diesem Zelt. Nachts leuchtete sie, als wenn ein
Feuer da drin brennen würde. Alle in Israel konnten dieses Licht sehen, und
zwar die ganze Zeit, wenn sie am Rumwandern waren.

3. Buch Mose

1

Gesetze, wie man so ein Opferritual durchzieht. Heute: das Abfackelopfer

1 Irgendwann rief Gott mal wieder beim Mose an, er sollte zum besonderen, heiligen Zelt kommen, weil er ihm was zu sagen hatte. 2 Die Sache ging dann darum, dass Mose den Israeliten von ihm etwas ausrichten sollte: „Gott sagt, wenn jemand von euch ein Opferritual machen möchte, dann soll der entweder ein Rind oder ein Schaf oder eine Ziege mitbringen. 3 Entscheidet er sich jetzt für das Abfackelopfer und hat dafür ein Rind ausgesucht, dann muss das erstens ein männliches Tier sein und darf zweitens keine Behinderung haben. Sonst findet Gott das nicht so toll und freut sich auch nicht da drüber. Derjenige soll das Tier zum Eingang vom besonderen Zelt bringen und es dort hinlegen. 4 Dann soll er seine Hand auf den Kopf von dem Tier packen. Wenn er das gemacht hat, wird Gott ihm seinen Mist verzeihen, den er gebaut hat. 5 Anschließend soll er das Tier vor dem Zelt töten. Ein Priester, der aus der Familie vom Aaron kommt, nimmt das Blut von dem Tier und tröpfelt es einmal um den großen Opfertisch rum, der am Eingang vom ganz besonderen Zelt steht. 6 In der Zeit, wo das Tier abgehäutet und in Stücke zerlegt wird, 7 macht der Priester das Feuer auf dem großen Tisch, dem Altar, klar. Wenn die Glut ordentlich abgeht, schüttet er noch etwas Holz drüber. 8 Dann legt er die Fleischstücke, den Kopf und die Fettteile obendrauf. 9 Die Eingeweide und die Unterschenkel muss derjenige, für den dieses Opfer gerade durchgezogen wird, vorher anständig sauber machen. Der Priester verbrennt dann das ganze Zeug auf dem Altar, restlos alles. Das ist die Art, wie man am besten so ein Opferritual durchzieht. Und wenn man das so macht, freut sich Gott. 10 Wenn jemand eine Ziege oder ein Schaf für Gott opfern will, dann muss das auf jeden Fall ein männliches Tier sein, was keine Behinderung hat. 11 Der soll es dann rechts neben dem Altar schlachten. Einer von den Priestern, das sind ja alle, die aus der Familie vom Aaron kommen, soll am Ende das Blut von dem Tier nehmen und es einmal um den Altar gießen. 12 Dann soll er es in kleinere Stücke zerteilen und die Teile dann mit dem Kopf und dem Fett auf das Holz legen, das auf dem Altartisch brennt. 13 Die Eingeweide und die Beine sollten vorher gewaschen werden. Der Priester soll das ganze Ding da steigen lassen, er soll es auf dem Tisch ganz verbrennen. Es ist eben ein Opfer, was verbrannt wird, es soll im Feuer verbrennen. Über den Geruch, der dann hochsteigt, wird sich Gott dann freuen. 14 Wenn jetzt jemand lieber ein Stück Geflügel nehmen will, dann sollte er sich am besten eine Taube greifen, so ne Turteltaube oder eine ganz junge normale Taube. 15 Der Priester nimmt den Vogel mit

zum Tisch, dreht ihm den Hals um und verbrennt ihn in dem Feuer, was
auf dem Tisch, dem Altar, brennt. Das Blut von dem Vogel lässt er vorher
rauslaufen und spritzt es an die Wand vom Tisch. 16 Den Kropf sollte er aber
abschneiden und ihn vor dem Tisch in den Müll schmeißen, wo auch die
Asche hinkommt. Der Müllhaufen liegt nicht zwischen dem Altar und dem
besonderen Zelt, sondern auf der anderen Seite vom Altar. 17 Dann sollte
der Priester den Vogel am Flügel einreißen, aber muss dabei aufpassen, ihn
nicht ganz zu zerteilen. Jetzt soll er ihn auf dem Tisch über dem Holzfeuer
abfackeln. Über so ein Opfer freut sich Gott voll.

2

Das Opferritual mit dem Essen

1 Wenn jemand für Gott ein Opferritual mit Essen durchziehen will, dann soll
er sich etwas Weizenmehl organisieren, Olivenöl da drübergießen und ein
paar Räucherstäbchen dazulegen. 2 Dann bringt er alles zu der Priestergang,
der Familie von Aaron. Einer von den Priestern bringt dann eine Handvoll
von dem Kram zu dem großen Tisch, dem Altar. Auf dem Tisch wird das
dann verbrannt, und auch wenn das nur ein Teil vom Ganzen war, bedeutet
es, dass alles ein Geschenk für Gott ist. So soll ein Essensopfer durchgezo-
gen werden, auf das Gott steht und was ihm echt gefällt. 3 Den Rest von dem
Zeug kriegen die Priester geschenkt. Das ist etwas ganz Besonderes, es ist
heilig, weil es Gott geschenkt wurde. 4 Falls jemand für so ein Essensopfer
lieber was im Ofen Gebackenes nehmen will, dann muss es immer aus Wei-
zenmehl gemacht worden sein. Und es darf nicht mit Hefeteig gemacht
werden, klar? Entweder muss es ein Fladenbrot sein, das mit Öl bestrichen
wurde, oder eine Brezel, die mit Öl gemacht worden ist. 5 Wenn einer etwas
opfern will, was in der Pfanne gemacht wird, dann muss es aus Weizenmehl
gemacht worden sein, das mit Öl verknetet wurde. Und na klar sollte auch
das ohne Hefeteig sein. 6 Beim Opfern sollte man es in kleine Stücke zer-
schneiden und Öl drübergießen. So ist das ab jetzt geregelt, wenn man ein
Opferritual mit Essen machen will. 7 Und wenn einer etwas Gekochtes
opfern will, dann sollte auch das aus Weizenmehl und Öl gemacht worden
sein. 8 Alles, was nach diesen Regeln gemacht wurde, kann man Gott als ein
Essensopfer schenken. Man sollte es einem der Priester geben, der es dann
zum Altar bringt. 9 Da verbrennt er dann eine Handvoll davon, damit alles,
was derjenige gebracht hat, auch als ein Geschenk für Gott ankommt. Gott
wird darauf abfahren. 10 Den Rest von dem Zeug können dann die Priester
behalten. Es ist auf jeden Fall etwas ganz Besonderes, es ist heilig, weil es
Gott geschenkt worden ist. 11 Generell darf kein Essensopfer, was man Gott
schenkt, mit Hefeteig gemacht werden. Und Honig sollt ihr auch nicht be-
nutzen. 12 Wenn die Ernte da ist und ihr die ersten geernteten Früchte Gott

schenkt, dann sollen auch Honig und Hefeteig dabei sein. Aber wenn ihr
dieses besondere Opferritual durchziehen wollt, was nur auf dem Tisch ver-
brannt wird, dann geht das mit dem Material überhaupt nicht. 13 Eins ist
noch wichtig: Jedes Essensopfer muss gesalzen werden. Warum? Salz ist
ein Zeichen dafür, dass der Vertrag, den Gott mit euch gemacht hat, ewig
gelten wird. 14 Falls einer ein Essensopfer mit den ersten geernteten Früchten
machen will, dann soll er ganz frische Getreidekörner nehmen, die im Ofen
rösten und dann in den Häcksler schmeißen. 15 Anschließend gießt er noch
Olivenöl drauf und tut ein paar Räucherstäbchen dazu. Das Ganze gilt dann
auch wie ein Essensopfer. 16 Der Priester wird dann einen Teil von dem Kör-
nerkram auf dem Altar verbrennen, aber die volle Ladung Räucherstäbchen
dazuschmeißen. Das soll für Gott ein Zeichen sein, dass eigentlich das
ganze Opfer ihm gehört. Wenn das so gemacht wird, ist das ein Geschenk
für Gott.

3

Wie man ein Dankopfer abfackeln sollte

1 Für alle Opfer, die man bringen will, wenn man Gott echt dankbar ist, gel-
ten folgende Regeln: Wenn jemand ein Dankopfer für Gott mit einer Kuh
abfackeln will, dann kann es eine weibliche oder männliche Kuh sein, das
ist egal. Aber es muss ein gutes und gesundes Tier sein. 2 Man macht das
dann so, dass derjenige, der es opfert, mit einer Hand den Kopf von der Kuh
festhält und sie dann am Eingang vom besonderen Zelt schlachtet. Dann
nimmt sich ein Priester aus der Familie von Aaron etwas von dem Blut und
besprenkelt damit einmal ringsum den großen Tisch, den Altar. 3 Die besten
Teile von dem Tier müssen für Gott sein. Das bedeutet die Fettstücke. Auch
die, die an den Eingeweiden sitzen, 4 beide Nieren inklusive dem Nierenfett
und die Leber mit ihren Fettlappen. 5 Der Priester packt das alles auf das
Feuer, was auf dem Tisch brennt, und fackelt das dann ab. Wenn man das so
macht, ist das ein cooles Opfer, auf das Gott steht. 6 Wenn jetzt jemand
unbedingt ein Schaf oder eine Ziege opfern will, dann ist das egal, ob es ein
Männchen oder Weibchen ist, Hauptsache, es ist ein gutes und gesundes
Tier. 7 Wenn er also Gott ein Schaf schenken will, dann soll er das so
machen: 8 Er legt dann wieder seine Hand auf den Kopf vom Tier und
schlachtet es vor dem besonderen Zelt. Dann sollen Leute aus Aarons Fami-
lie das Blut nehmen und es um den Tisch sprenkeln. 9 Es wird dann das
ganze Fett, das an dem Tier dran ist, verbrannt. Das Fett, das an der ganzen
Wirbelsäule dran ist, das, was um die Eingeweide drum ist, einfach alles Fett
muss abgelöst werden. 10 Dann soll man die beiden Nieren entfernen und
das Fett, das da drüberliegt, rausschneiden. Dazu das Fett über den Hüften
und das, was an der Leber und den Nieren sitzt. 11 Die Priester sollen diese

Teile auf dem Tisch abfackeln. Es soll wie so ein Essen aus Feuer für Gott
sein. 12 Wenn jemand Gott eine Ziege schenken will, dann soll er das so
machen: 13 Erst packt er seine Hand auf den Kopf von der Ziege und schlach-
tet sie vor dem besonderen Zelt. Dann sollen die Jungs von Aaron kommen
und mit dem Blut den Tisch ringsum besprenkeln. 14 Von der Ziege soll dann
für das Feueropfer Folgendes genommen werden: Einmal das Fett, das auf
den Eingeweiden liegt, das ganze Fett über den Eingeweiden, 15 die beiden
Nieren, das Fett, das über den Nieren liegt, und das Fett von der Hüfte.
Dazu noch das Fett, das auf der Leber liegt und auf der Niere. 16 Der Priester
soll diese Teile alle auf dem Altar abfackeln. Der Qualm zieht dann in den
Himmel, und den Geruch davon findet Gott voll gut. 17 Eine Regel gibt es,
die soll bei euch für immer gelten: Fett und Blut darf man nicht essen! Alles
Fett gehört Gott. Auch die Kinder eurer Kinder sollen sich da dran halten."

4

Opferrituale, wenn man aus Versehen Mist gebaut hat

1 Dann hatte Gott noch ne Ansage für Mose: 2 „Mose? Bitte richte deinen
Leuten Folgendes aus: Falls einmal irgendjemand von euch aus Versehen
Mist baut, ohne dass er das eigentlich wollte, dann gilt folgende Regel:

Wenn der höchste Priester Mist gebaut hat

3 Wenn der höchste Priester bei euch versehentlich eins von den Gesetzen
bricht, müssten dadurch eigentlich alle Leute leiden. Aber wenn er so ein
Opferritual mit einem Stier macht, der voll okay ist, dann geht das wieder
klar. 4 Er muss mit dem Stier zum Eingang vom besonderen Zelt gehen und
seine Hand dort auf dessen Kopf legen. Dann schlachtet er es an der Stelle
vor dem Zelt. 5 Als Nächstes nimmt er in einem Becher ein wenig von dem
Blut mit in das Zelt rein. 6 Jetzt soll er sieben Mal mit seinen Fingern in das
Zeug reintunken und das Blut vor dem Vorhang, der vor dem allerderbsten
Bereich hängt, auf den Boden tropfen lassen. 7 Dann soll er etwas von dem
Blut an die Hörner streichen, die vorne an dem Tisch sind, wo die Räucher-
stäbchen drauf abgefackelt werden. Der steht ja im vorderen Bereich vom
Zelt. Den Rest soll er unten an den großen Opfertisch schütten, der am Ein-
gang vor dem Zelt steht. 8 Als Nächstes sollen die Fettstücke von dem Tier
rausgeschnitten werden, also das ganze Fett, was an den Eingeweiden im
Inneren von dem Tier liegt. 9 Die beiden Nieren mit dem Fett, das da dran
ist, und auch das Fett von der Leber musst du auch rausschneiden. 10 Im
Grunde alles genau so, wie du es bei dem Dankopfer mit dem Rind machen
sollst. Diese Fettstücke müssen alle auf dem Altar verbrannt werden. 11 Das
Fell von dem Tier, das ganze Fleisch, sein Kopf, die Beine, die Eingeweide
inklusive der Scheiße, 12 also den ganzen Rest von dem Tier soll man dann

rausbringen aus eurem Lager. An einem Platz, den man sauber halten muss
und wo man auch die Asche hinschüttet, soll man dann das Ganze auf
einem Holzfeuer verbrennen.

Wenn alle Israeliten Mist gebaut haben

13 Was, wenn jetzt mal die ganze Gemeinschaft der Israeliten aus Versehen
richtig Mist gebaut hat und sie das noch nicht mal selbst gemerkt haben?
Was, wenn sie unabsichtlich gegen irgendeins von den Gesetzen verstoßen
haben? 14 Wenn sie bemerkt haben, dass sie gerade total danebenlagen,
sollen sie einen jungen Stier nehmen und so ein Opferritual machen, womit
man Dinge wieder in Ordnung bringt. Das Ganze bitte vor der Tür von dem
besonderen Zelt. 15 Die Chefs der Gemeinde sollen dann den Stier nehmen,
ihre Hände auf seinen Kopf legen und dann, mit Gott als Zeuge, das Teil
schlachten. 16 Der Oberpriester soll dann ein bisschen von dem Blut nehmen
und es in das besondere Zelt tragen. 17 Dann soll er seine Finger in das Blut
reintauchen und es siebenmal auf den Boden vor dem Vorhang tropfen las-
sen. 18 Dann soll er noch etwas von dem Blut an die Hörner von dem Tisch
für die Räuchersachen schmieren, im Zelt. Den Rest vom Blut soll er unten
an dem großen Tisch, dem Altar, ausschütten, der am Eingang vom Zelt
steht. 19 Das Fett von dem Tier soll er aber aufheben und es auf dem Altar
abfackeln. 20 Er soll alles genau so durchziehen, wie er es auch sonst mit
dem Stier gemacht hat, wenn jemand Mist gebaut hat. Dadurch sorgt der
Priester dafür, dass alle Fehler verziehen sind und wieder alles okay ist
zwischen den Menschen und mir, eurem Gott. 21 Was von dem Stier übrig
bleibt, muss (genau wie bei dem Opferding für den höchsten Priester, wenn
der Mist gebaut hat) aus dem Zeltlager rausgebracht werden. Dort soll man
es verbrennen. So geht das Opferritual, bei dem das ganze Volk der Israe-
liten Dinge mit mir, eurem Gott wieder in Ordnung bringen kann.

Wenn der Chef von einem Familienstamm Mist gebaut hat

22 Was, wenn jetzt ein Chef von einer Familie bei euch aus Versehen Mist
gebaut hat, obwohl er das eigentlich gar nicht wollte? 23 Dann soll der,
sobald ihm klargeworden ist, dass er gerade Scheiße gebaut hat, sich eine
gute und gesunde Ziege organisieren. 24 Er muss dann seine Hand auf
ihren Kopf legen und sie genau an der Stelle schlachten, wo man die Tiere
schlachtet, die für ein Abfackelopfer verwendet werden sollen, also am
Eingang vom besonderen Zelt. Das nennt man dann ein ‚Opfer, das Dinge
wieder in Ordnung bringt, wenn man Mist gebaut hat‘. 25 Der Priester taucht
dann anschließend seine Finger in das Blut von der Ziege und streicht es
an die Hörner von dem großen Tisch, dem Altar. Den Rest vom Blut kann er
auf den Boden vor dem Altar schütten. 26 Das ganze Fett soll er genauso ver-

brennen, wie er es auch bei dem Dankopfer gemacht hat. Wenn das so
gemacht wird, kommt der Chef von dem Familienstamm wieder mit mir in
Ordnung, und alles ist gut.

Wenn sonst irgendwer Mist gebaut hat

27 Wenn sonst irgendjemand aus Versehen gegen meine Gesetze verstößt,
28 soll der sich, sobald er kapiert, dass er gerade richtig Mist gebaut hat, so
ein Opferritual machen. Dafür nimmt er eine gute und gesunde Ziege.
29 Dann legt er seine Hand auf den Kopf von der Ziege und schlachtet sie
genau an der Stelle, wo man die Tiere schlachtet, die als Abfackelopfer ver-
brannt werden sollen. 30 Anschließend nimmt der Priester was von dem Blut
und streicht es an die Hörner, die an dem großen Opfertisch sind. Den Rest
vom Blut schüttet er unten hin. 31 Die Fettteile von dem Tier werden genau-
so rausgeschnitten wie bei dem Dankopfer. Der Priester verbrennt das Fett
für mich, und ich freue mich darüber. So bringt man Sachen wieder in Ord-
nung, und ich, euer Gott verzeihe demjenigen, der Mist gebaut hat.
32–35 Man kann übrigens auch ein Schaf nehmen, wenn gerade keine Ziege
am Start ist. Es muss aber ein weibliches und ein gutes und gesundes Tier
sein. Man zieht das dann ganz genau so durch wie bei der Ziege. Die Fett-
teile werden schön vom Priester auf dem Altar abgefackelt. So bringt er
Sachen wieder in Ordnung, die zwischen Gott und ihm standen. Der ver-
zeiht dann den ganzen Mist, den er gebaut hatte.

5

Das Wiedergutmach-Opfer

1 So ein Opferritual, um Sachen bei mir, eurem Gott wiedergutzumachen,
wird fällig, wenn jemand als Zeuge in einem Streitfall keine Aussage machen
und einfach nicht erzählen will, was er gesehen oder gehört hat. 2 Oder auch,
wenn jemand etwas angefasst hat, was Gott total ätzend findet, und er dann
unrein ist. Zum Beispiel tote Tiere. Auch wenn er das aus Versehen tut oder
gar nicht mitbekommen hat, ist das ein Problem. 3 Ein weiterer Fall ist, wenn
jemand etwas anfasst, was aus einem Menschen rauskommt und was Gott
auch total ätzend findet. Das gilt eben auch, wenn er das gar nicht mitge-
kriegt hat – in dem Augenblick, in dem man es ihm erzählt, hat er damit Mist
gebaut. 4 Auch wenn jemand, ohne sein Hirn einzuschalten, etwas schwört,
was eigentlich totaler Schwachsinn ist, muss er so ein Opferritual durchzie-
hen. Und dabei ist es egal, ob dieses Schwören gut für ihn war oder alles nur
schlimmer gemacht hat. Das gilt auch, wenn er es nicht sofort merkt und ihm
das erst später klar wird. 5 Wenn so was passiert, muss derjenige, der hier
Mist gebaut hat, zum Priester gehen und ihm sagen, was er getan hat.
6 Danach muss er das Ding mit Gott wieder in Ordnung bringen, indem er

ihm eine Ziege oder ein Schaf opfert. Es sollte auf jeden Fall ein weibliches
Tier sein. Mit diesem ‚Wiedergutmach-Opfer' regelt der Priester die Sache.
Alles ist dann okay, und er ist den Dreck los. 7 Wenn derjenige, der den Mist
wiedergutmachen will, keine Kohle hat, um sich ein Schaf oder eine Ziege zu
kaufen, dann gehen auch zwei Tauben oder so. Er kann sie dann dafür opfern.
8 Bei der ersten Taube geht das so, dass der Priester zuerst das Teil nimmt
und ihm das Genick bricht. Aber er schneidet den Kopf nicht ab, 9 sondern
tröpfelt nur etwas von dem Blut an die Wand von dem großen Tisch, dem
Altar. Der Rest von dem Blut wird unten an den Altar gegossen. So macht
man ein korrektes Opferritual, wenn man Mist gebaut hat. 10 Anschließend
muss der Priester noch die zweite Taube nach Vorschrift als Abfackelopfer
verbrennen. Wenn man das alles so durchgezogen hat, ist alles okay zwischen ihm und Gott. Der hat ihn dann von seinem Dreck sauber gemacht.
11 Falls jetzt derjenige, der Mist gebaut hat, noch nicht mal Kohle für zwei Tauben hat, dann soll er stattdessen Gott ein Kilo Weizenmehl schenken. Aber
er darf da kein Öl drübergießen und auch keine Räucherstäbchen dazupacken, denn es ist ja ein Opferritual, wenn man Mist gebaut hat, es geht
hier nicht um ein ‚Essensopfer', klar? 12 Der Priester nimmt dann eine Handvoll von dem Mehl und verbrennt das auf dem Altar, nachdem er die anderen Sachen verbrannt hat. Das soll so ein Zeichen dafür sein, dass das ganze
Ding eigentlich Gott gehört. So zieht man ein Opfer durch, das man macht,
wenn einer Mist gebaut hat. 13 Wenn die Priester das so machen, kommt das
wieder in Ordnung, und Gott verzeiht demjenigen, der danebenlag. Den Rest
vom Mehl, der übrig geblieben ist, sollen die Priester behalten."

Das Wiedergutmach-Opfer, wenn man nicht drauf geachtet hat, was Gott gehört

14 Dann sagte Gott noch zu Mose: 15 „Falls jemand aus Versehen irgendwas
nimmt oder behält, was mir gehört, dann soll er für diese Tat auch bezahlen.
Um das mit mir wieder in Ordnung zu bringen, muss er eine gute und
gesunde männliche Ziege oder ein männliches Schaf opfern. Das Teil sollte
so viele Euros kosten, wie du, Mose, es festgelegt hast. 16 Das, was derjenige
genommen oder behalten hat, was Gott gehört, das soll er dem Priester
geben, plus eine Gebühr von 20 Prozent. Wenn der Priester das Opfer
durchgezogen hat, ist die Sache zwischen Gott und demjenigen dann
wieder in Ordnung. Gott vergibt ihm dann seinen Mist.

Das Wiedergutmach-Opfer, wenn man aus Versehen gegen eins der Gesetze verstoßen hat

17 Wenn jetzt jemand mal aus Versehen gegen eins der Gesetze von Gott
verstößt und etwas tut, worauf Gott überhaupt keinen Bock hat, dann ist er

schuldig geworden. Das gilt auch, wenn er das Gesetz nicht wirklich kannte.
18 Er muss dann zum Priester gehen und dafür so ein männliches Schaf oder
eine männliche Ziege abschlachten lassen. Wie viel das Tier wert sein soll,
kannst du dann entscheiden. Damit bringt der Priester die Sache wieder in
Ordnung, Gott verzeiht den Mist, der da gebaut wurde. Dieses Opfer ist
dafür da, um Sachen wiedergutzumachen, wo einer Gott untreu geworden
ist. 19 Derjenige hat nämlich etwas gegen Gott getan, auch wenn er es selbst
gar nicht gepeilt hat.“

Das Wiedergutmach-Opfer, wenn man sich anderen gegenüber ätzend verhalten hat

20 Gott sagte Mose außerdem noch: 21–22 „Kann ja vorkommen, dass einer
von euch jemand anderen abzockt. Er leiht sich etwas und gibt es nicht
zurück, oder er klaut einfach was, oder einer findet etwas und gibt es nicht
beim Fundbüro ab. Wenn man ihn dann erwischt, aber er es nicht zugibt und
sogar schwört, dass er den nicht abgezockt hat, dann ist das ein schlimmes
Verbrechen. 23–24 Wenn jemand auf die Art Mist gebaut hat, dann muss er
erst mal die Sachen zurückgeben, die er gezockt hat. Wenn das schon kaputt
oder aufgegessen ist, dann muss er es ersetzen in genau dem Wert, den das
Teil hatte, plus 20 Prozent. Er muss das an dem Tag abdrücken, wo er auch
das Opferritual macht, um es vor Gott in Ordnung zu bringen. 25 Bei dem
Ritual soll er ein männliches Schaf nehmen oder eine männliche Ziege.
Wie teuer das Tier sein soll, kannst du festlegen. Das Tier muss er dann
dem Priester geben. 26 Der bringt es dann zu Gott und macht die ganze
Geschichte damit wieder in Ordnung. Gott wird dem dann verzeihen und
den Mist wegwischen, den er gebaut hat.“

6

Regeln für die Priester zum Abfackelopfer

1 Gott hatte Mose noch mehr zu sagen: 2 „Hör zu, du musst Aaron und sei-
nen Söhnen was von mir ausrichten, ja? Für dieses Abfackelopfer, das man
ja komplett verbrennt, gilt folgende Regel: Das Teil, was dort abgefackelt
wird, soll die ganze Nacht da liegenbleiben. Es muss bis morgens auf der
Grillkohle von dem großen Tisch, dem Altar, bleiben, und die Glut darf dabei
nie ausgehen. 3 Der Priester soll dann morgens früh erst mal seine Arbeits-
klamotten aus Baumwolle anziehen. Dann nimmt er eine Schaufel und
trennt die Asche von der restlichen Holzkohle, die noch ein bisschen glüht.
Die Asche kommt dann neben den Tisch auf den Boden. 4 Anschließend
zieht er sich neue Klamotten an und bringt die Asche auf den Müllplatz, der
außerhalb vom Zeltlager liegt. 5 Die Glut soll auf dem Tisch weiter am Bren-
nen gehalten werden. Jeden Morgen muss der Priester checken, wie die Glut

ist, und neues Holz nachlegen. Danach verbrennt er dann die Abfackelopfer
und die Fettstücke von den Dankopfern, die grad anstehen. 6 Das Feuer auf
dem Altar darf nie ganz ausgehen, es muss immer brennen.

Regeln für die Priester zum Essensopfer

7 Für dieses Essensopfer hab ich auch noch eine Regel, wie das abgehen soll:
Ein Priester aus der Familie von Aaron zieht dieses Opferritual an dem gro-
ßen Tisch, dem Altar, durch. 8 Dafür nimmt er eine Handvoll von dem Mehl,
das vorher mit Öl vermatscht wurde und von den Räucherstäbchen, und
dann verbrennt er das Zeug auf dem Tisch. Da steht Gott voll drauf und freut
sich da drüber. 9 Was übrig bleibt, kriegen Aaron und seine Familie. Sie sollen
da draus Brot ohne Hefeteig backen und das an einem besonderen Ort ver-
spachteln. Und zwar in dem Hof von dem besonderen Zelt. 10 Der Anteil, den
ich ihnen von dem Opfer schenke, darf auf keinen Fall mit Hefe oder so geba-
cken werden. Das Zeug ist etwas ganz Besonderes, es ist heilig. Genauso, wie
das Opfer, was man durchzieht, wenn Mist am Start ist oder wenn man wie-
der was in Ordnung bringen muss. 11 Von diesem besonderen Brot sollen
alle Männer essen, die aus der Familie von Aaron kommen. Das ist ihr ganz
besonderes Recht, das für immer gilt. Wer das Zeug anfasst, ist selbst heilig."

Ein Opfer, wenn die Priester an den Start kommen

12 Außerdem sagte Gott noch zu Mose: 13 „Nachdem Aaron zu meinem
Oberpriester gemacht worden ist, sollen er und seine ganze Familie an dem
Tag ein Kilo Weizenmehl für mich opfern. Die eine Hälfte davon morgens
und die andere abends. 14 Das Mehl wird wieder mit Olivenöl vermatscht
und dann im Ofen zu Fladenbrot gebacken. Das Brot wird, wenn es fertig ist,
in Stücke geschnitten und dann Gott geschenkt. Wenn das verbrennt, freut
Gott sich da drüber. 15 Der Priester, der dann mal anstelle von Aaron Dienst
schiebt, muss dieses Opfer genauso durchziehen. Er soll das Brot backen
und es auf dem Tisch, dem Altar, verbrennen. Dieses Gesetz gilt auf ewig.
16 Generell will ich, dass dieses Essensopfer, was ein Priester für sich selbst
macht, auch ganz verbrannt werden soll. Es darf keine Reste geben, die
man dann noch verspachteln könnte."

Regeln für die Priester zu dem Opfer, wenn man aus Versehen Mist gebaut hat

17–18 Gott hatte noch eine Ansage für Mose, die er an Aaron und seine
Familie weitergeben sollte: „Für dieses Opfer, das die Sache wieder für mich
in Ordnung bringt, wenn einer Mist gebaut hat, gibt es noch eine Regel.
Genauso wie bei dem Abfackelopfer muss das Tier direkt neben dem Tisch
geschlachtet werden, der vor dem besonderen Zelt steht. Das Opfer ist

etwas ganz Besonderes, es ist heilig. 19 Der Priester, der das Opfer durch-
zieht, soll es anschließend auch aufessen. Das darf er aber nicht irgendwo
machen, sondern nur in dem Hof vor dem besonderen Zelt. 20 Wer dieses
Fleisch anfasst, der ist auch heilig. Und wenn auch nur ein Spritzer von dem
Blut auf die Klamotten gekommen ist, muss das an Ort und Stelle sofort
gewaschen werden. 21 Wenn man das Fleisch dann in einem Tontopf kocht,
dann muss man den anschließend zerdeppern. Und wenn man es in einem
Metalltopf kocht, dann muss der anschließend mit Scheuermilch und Stahl-
schwämmen richtig gut sauber gemacht werden. 22 Es dürfen auch nur die
Männer aus den Familien der Priester das Fleisch essen. Es ist eben auch
etwas ganz Besonderes. 23 Aber wenn von einem geopferten Tier das Blut in
das besondere Zelt gebracht wurde, weil man damit Sachen wieder in Ord-
nung bringen wollte, dann darf das Fleisch von dem Tier nicht verspachtelt
werden. Man muss es verbrennen."

7

Regeln für die Priester zum Wiedergutmach-Opfer

1 „Jetzt noch mal zu dem Opfer, womit Dinge wieder in Ordnung gebracht
werden können. Dieses Opfer ist ganz besonders krass, es ist sehr heilig!
2 Genau wie bei dem Abfackelopfer soll das Tier rechts neben dem großen
Tisch, dem Altar, vor dem besonderen Zelt geschlachtet werden. Der Priester
nimmt danach etwas Blut und besprenkelt damit die ganze Fläche einmal
rund um den Tisch. 3 Dann schneidet er das Fett raus, das an den Eingewei-
den, 4 an der Leber, an der Niere und an den Hüften sitzt. 5 Der Priester soll
das Fett dann auf dem Tisch abfackeln. Es soll so ein Feueropfer für Gott
werden. Damit werden die Sachen ausgeglichen, wo wir Dinge getan haben,
die Gott nicht so toll findet. Alles ist dann wieder okay. 6 Das Fleisch dürfen
die Männer aus den Priesterfamilien essen. Aber es darf nur beim besonde-
ren Zelt verspachtelt werden, weil es etwas ganz krass Besonderes ist, es ist
heilig. 7 Wie auch bei dem Opfer, das man macht, wenn man aus Versehen
Mist gebaut hat, darf der Priester das Fleisch behalten. 8 Bei einem Abfa-
ckelopfer darf sich der Priester, der gerade Dienst schiebt, das Fell abgreifen.
9 Auch die Essensopfer, die in einem Ofen gebacken oder in einer Pfanne
oder auf einem Herd gekocht wurden, darf der Priester, der das Opferritual
durchzieht, behalten. 10 Die anderen Arten von Essensopfern, egal ob mit
oder ohne Öl, sollen unter den Priestern aufgeteilt werden."

Regeln für die Priester zum Dankopfer

11 „Ich hab noch ein paar Regeln für das Dankopfer: 12 Wenn man das macht,
um sich für etwas bei mir zu bedanken, dann soll zusätzlich zu dem Tier,
das geschlachtet wird, auch noch Fladenbrot mitgebracht werden. Das soll

aus Weizenmehl ohne Hefeteig bestehen und mit Olivenöl bestrichen sein.
Dazu soll man noch Brezeln und Kuchen aus Weizenmehl mit Öl mitbrin-
gen. 13 Zusätzlich soll man dazu noch normales Brot backen, das mit Hefe-
teig gemacht worden ist, wenn man Bock drauf hat. 14 Ein Teil von jeder Brot-
sorte soll der Typ, der das Opfer organisiert, vor dem Tisch nach oben
halten, Richtung Himmel. Der Teil ist dann nach dem Opferritual für den
Priester, der an dem Tag Dienst schiebt. Ich mein damit den Priester, der das
Blut von dem Tier um den ganzen Altar sprenkelt. 15 Das Fleisch vom Dank-
opfer sollte am gleichen Tag noch gegessen werden. Davon darf nichts bis
zum nächsten Tag aufgehoben werden. 16 Wenn man dieses Dankopfer jetzt
durchzieht, weil man mit Gott einen besondern Deal gemacht und ihm was
versprochen hat oder weil man da einfach Bock drauf hatte, dann darf man
das Fleisch auch noch am nächsten Tag essen. 17 Aber spätestens am dritten
Tag muss der Rest verbrannt werden. 18 Falls sich jemand nicht beherrschen
kann und trotzdem noch von diesem Fleisch was isst, dann findet Gott das
Opfer nicht mehr so toll. Nein, krasser ausgedrückt, es kotzt Gott sogar an.
Wer trotzdem davon was isst, kriegt richtig Ärger. 19 Übrigens darf auch das
Fleisch, das mit Sachen in Berührung gekommen ist, die Gott ätzend findet,
auf keinen Fall gegessen werden! Man muss es verbrennen. Und noch was:
An so einem Dankopfer dürfen nur Leute teilnehmen, die okay für Gott und
sauber sind. 20 Das Fleisch, das man für das Opfer benutzt, gehört radikal
Gott. Wenn irgendjemand davon was isst, obwohl er gerade rumgesündigt
hat, dann hat er verloren. Es muss aus der Gemeinschaft rausgeschmissen
werden. 21 Das Gleiche gilt auch für einen, der etwas berührt, was für Gott
ätzend ist. Damit meine ich zum Beispiel Scheiße oder Pisse, aber auch
Tiere, die Gott nicht so lecker findet. Wenn er dann trotzdem von dem
Fleisch etwas isst, obwohl das verboten wurde, dann hat der verloren. Man
muss ihn aus der Gemeinschaft rausschmeißen."

Die Regel, dass Blut und Fett nicht gegessen werden dürfen

22 Dann sagte Gott noch Folgendes zu Mose: 23 „Sag den Israeliten: Von
einem Rind, einem Schaf oder einer Ziege dürft ihr auf keinen Fall das Fett
essen! 24 Wenn jetzt ein Tier irgendwie an einer Krankheit gestorben ist oder
von einem Löwen angefallen wurde, kann man das Fett von dem für alles
andere verwenden, aber nicht zum Essen. 25 Wenn jemand von dem Fett
etwas isst, das von einem Tier kommt, das für Gott geschlachtet wurde,
dann hat er verloren. Er muss aus der Gemeinschaft ausgeschlossen wer-
den. 26 Blut essen ist generell verboten! Egal ob das von Vögeln oder von
anderen Tieren ist, ich will es nicht auf eurem Speiseplan sehen. Und das
gilt für immer, egal wo ihr grad wohnt. 27 Hier gilt das Gleiche: Wer es trotz-
dem tut, muss aus der Gemeinschaft rausgeschmissen werden."

Was die Priester bekommen

28 Gott hatte Mose noch was zu sagen: 29 „Sag den Israeliten noch Folgen-
des: Wenn jemand so ein Dankopfer durchzieht, muss er auch immer einen
Teil davon mir, seinem Gott, schenken. 30 Er soll mit seinen eigenen Händen
die Sachen herbringen, die für Gott sind. Also einmal das Fett und die
Fleischstücke von der Brust. Die Bruststücke soll er mir symbolisch über-
geben, indem er sie hin- und herschwenkt. 31 Danach kriegen die Priester
die Bruststücke, und die Fettstücke werden auf dem Altar verbrannt. 32
Der Oberschenkel vom hinteren Bein des Tieres gehört auch dem Priester,
33 und zwar demjenigen, der das Opferritual durchzieht, der das Blut und
das Fett verbrennt. 34–36 Die Brust und der rechte Oberschenkel von den
Tieren, die die Israeliten bei den Dankopfern benutzen, will ich dem Priester
Aaron und seinen Söhnen schenken. Das habe ich so beschlossen. Dieser
Beschluss gilt für immer. Das steht ihnen zu, seitdem sie für den Dienst als
Priester ausgesucht wurden.“

Alle Opfer noch mal aufgezählt

37 Das waren jetzt die Gesetze für alle Arten von Opfer, für das Abfackelopfer,
das Essensopfer, das Dankopfer, das Opfer, das man macht, wenn man aus
Versehen Mist gebaut hat, das Wiedergutmach-Opfer und das Opfer, mit
dem die Priester an den Start kommen. 38 Gott gab diese Regeln Mose, als
er auf dem Berg Sinai mit ihm redete. In der Zeit hat Gott diese Ansagen
gemacht, wie man ihm Sachen opfern soll.

8

Aaron und seine Söhne werden für den Dienst klargemacht

1 Gott redete mal wieder mit Mose. Er sagte: 2 „Schnapp dir mal Aaron und
seine Söhne! Die sollen ihre Priesterklamotten anziehen und das besondere
Öl einpacken. Dazu brauchen wir noch einen Stier, um das Opfer durchzu-
ziehen, das man macht, wenn Leute Mist gebaut haben. Und dann bitte
noch zwei männliche Schafe und den Korb mit den Fladenbroten. 3 Dann
mach eine Ansage bei deinen Leuten und komm mit der ganzen Gemeinde
zum Eingang von dem besonderen Zelt.“ 4 Mose machte das dann genau
so, wie Gott es ihm gesagt hatte. Er organisierte ein Treffen, wo alle Leute
aus Israel dann beim Eingang von dem besonderen Zelt standen. 5 Schließ-
lich sagte er zu ihnen: „Was ich jetzt machen werde, hat mir Gott genau so
gesagt!“ 6 Aaron sollte dann mit seinen Söhnen nach vorne kommen. Als
sie da standen, übergoss Mose sie mit einem Eimer Wasser. 7 Anschließend
zog Mose Aaron den Anzug an, der extra für ihn als Priester gemacht wor-
den war. Dann legte er ihm den Mantel um und den Umhang mit dem Gür-
tel. 8 Danach befestigte Mose den Brustbeutel. Dort legt er dann die ganz

besonderen Lose rein. 9 Er setzte Aaron die Mütze auf und pinnte ihm vorne
den Sticker aus Gold dran. Genau so hatte es Gott ihm ja gesagt. 10 Jetzt
nahm Mose etwas von dem besonderen Öl. Damit machte er so ein Ritual,
er bestrich damit hier und da die Zeltplanen und alle Sachen, die im Zelt
standen. Auf diese Art übergab er das ganze Teil an Gott. 11 Dann spritzte er
das Öl siebenmal gegen den großen Tisch, den Altar und bestrich damit das
ganze Zubehör, das Waschbecken, das Gestell und so. Damit übergab er
auch diese Sachen an Gott. 12 Anschließend ging Mose zu Aaron und goss
etwas von dem Öl über seinen Kopf. Damit übergab er auch Aaron total
an Gott. 13 Und dann ließ Mose die Söhne vom Aaron antreten. Sie sollten
sich dann erst mal die speziellen Priesterklamotten anziehen. Er legte ihnen
den Anzug an und den Gürtel um und setzte die Mütze auf ihren Kopf. Er
machte alles genau so, wie Gott es ihm gesagt hatte. 14 Mose ließ dann den
Stier anfahren, der in dem Ritual, das man macht, wenn man aus Versehen
Mist gebaut hat, geopfert werden sollte. Aaron und seine Söhne legten
zusammen ihre Hände auf den Kopf von dem Stier 15 und dann schlachtete
Mose den. Danach nahm er was von dem Blut und bestrich damit die Hör-
ner an den Ecken vom Altar. Der Rest wurde unten vor den Tisch gekippt.
Auf die Art übergab er den Tisch an Gott. Er machte ihn dadurch von dem
ganzen Dreck sauber, der symbolisch auf ihm lag, weil so viele Menschen
Mist gebaut hatten. 16 Die Fettteile von dem Tier, das ganze Fett, das an den
Eingeweiden hing, das Fett an der Leber und an den Nieren, wurde alles auf
dem Altar verbrannt. 17 Was von dem Tier übrig blieb, also die Haut, das
Fleisch und die Eingeweide, verbrannte er draußen, außerhalb vom Zeltlager.
Er machte alles genau so, wie Gott es gesagt hatte. 18 Als Nächstes ließ sich
Aaron ein männliches Schaf bringen. Das war für so ein Abfackelopfer, das
man komplett verbrennt. Aaron und seine Söhne legten ihre Hände auf den
Kopf von dem Tier, 19 und dann schlachtete es Mose. Das Blut wurde wieder
einmal rund um den Altar gespritzt. 20 Jetzt zerteilte er das Tier und ver-
brannte die einzelnen Stücke. Auch der Kopf und das ganze Fett wurden auf
dem Tisch verbrannt. 21 Die Eingeweide und die Unterschenkel wurden erst
mal mit Wasser sauber gemacht. Danach fackelte er die aber auch auf dem
Tisch ab. Er machte alles genau so, wie Gott es gesagt hatte. Das Tier wurde
als ein Abfackelopfer geschlachtet, das man komplett verbrennt. Es war
dafür da, damit Gott sich darüber freut. 22 Danach ließ Mose das zweite
männliche Schaf anfahren. Das sollte jetzt in einem Einführungsritual geop-
fert werden. Dieses Ding wurde durchgezogen, wenn ein Priester das erste
Mal seinen Job tun sollte. Aaron und seine Söhne legten hier wieder zuerst
ihre Hände auf den Kopf von dem Tier, 23 und dann schlachtete Mose es.
Er nahm ein bisschen von dem Blut und betupfte damit Aarons rechtes Ohr,
seinen rechten Daumen und seine rechte große Fußzehe. 24 Als Nächstes

mussten die Söhne von Aaron antreten. Auch bei denen machte er etwas
Blut an deren Ohr, den rechten Daumen und die rechte große Fußzehe.
Was von dem Blut übrig war, goss er einmal um den Altar rum. 25 Mose
nahm die Fettteile vom Schwanz und das ganze andere Fett, die Nieren und
das rechte Hinterbein von dem Stier. 26 Aus dem Korb, wo die Brote aus
Hefeteig drin waren, nahm er eine Brezel raus, ein Brot, das mit Öl gemacht
worden war, und ein Fladenbrot. Die Brote legte er auf das Fett und auf das
Hinterbein. 27 Alles zusammen übergab er dann an Aaron und seine Söhne.
Die gaben das dann symbolisch an Gott weiter, indem sie es hin- und her-
schwenkten. 28 Nachdem sie das gemacht hatten, nahm sich Mose das
ganze Zeug und legte es auf den Tisch. Dort wurde es als ein Abfackelopfer
verbrannt. So zog man ein Einführungsopferritual für die Priester durch, was
Gott richtig gut findet. 29 Mose nahm ein Stück Fleisch von der Brust und
übergab es durch Hin-und-her-Schwenken symbolisch an Gott. Der hatte ja
gesagt, dass dieser Teil vom ersten Opferritual Mose gehören sollte. 30 Er
nahm dann noch einmal was von dem besonderen Öl und was von dem
Blut, das auf dem Altar stand und tropfte davon etwas auf Aarons Klamotten
und die von seinen Söhnen. Auf die Art übergab er auch die ganze Priester-
kleidung an Gott. 31 Mose sagte dann zu Aarons Familie: „So, jetzt kocht mal
das Fleisch vorne am Eingang von dem besonderen Zelt. Verspachtelt die
Sachen da mal zusammen mit dem besonderen Brot aus dem Korb. Das ist
eine Ansage von Gott! 32 Was danach noch von dem Fleisch und dem Brot
übrig ist, müsst ihr verbrennen! 33 In der Zeit, wenn diese Feier abgeht, dürft
ihr euch nicht aus dem Eingangsbereich im Zelt entfernen. Das gilt für sie-
ben Tage! 34 Gott hat das gesagt. Diese Opferrituale, die ihr heute macht,
müsst ihr die nächsten Tage wiederholen. Dadurch werdet ihr euren Mist
los. Gott wird euch verzeihen, wenn ihr Sachen getan habt, die er nicht gut
findet. 35 Sieben Tage und sieben Nächte lang müsst ihr am Eingang vom
besonderen Zelt bleiben. Wenn ihr das nicht tut, müsst ihr sterben. Das ist
die Ansage, die Gott mir gemacht hat. Ist das klar?“ 36 Aaron und seine
Söhne zogen alles genau so durch, wie es Gott durch Mose gesagt hatte.

9

Premiere: Die Priester starten das erste Opferritual

1 Als die sieben Tage vorbei waren, rief Mose den Aaron zu sich. Seine Söhne
und auch alle Klanchefs von den Israeliten sollten dazukommen. 2 „Organi-
sier dir mal einen jungen Stier für ein Opferritual, das man macht, wenn
einer aus Versehen Mist gebaut hat, ja?“, meinte Mose zu ihm. „Dann brau-
chen wir noch ein männliches Schaf für ein Abfackelopfer. Bring die Teile mal
zum besonderen Zelt. Wie immer müssen das gute und gesunde Tiere sein.
3 Dann mach im Ort ne Ansage, dass alle Leute aus Israel auch ein paar

Tiere für ne Opfersession vorbeibringen sollen. Einmal eine männliche Ziege
für das Opfer, das man macht, wenn jemand aus Versehen Mist gebaut hat,
dann für das Abfackelopfer einen Stier oder ein Schaf, die ein Jahr alt und
voll in Ordnung sein sollen. 4 Sie sollen auch noch einen Stier und ein weite-
res männliches Schaf für ein Dankopfer mitbringen. Ach ja, und Mehl und
Öl brauchen wir auch noch, für ein Essensopfer. Gott hat beschlossen, heute
bei euch vorbeizukommen!" 5 Die ganzen Sachen wurden dann zu Mose
gebracht, alles genau so, wie er es haben wollte. Man stellte alles vor das
besondere Zelt. Dann kam die ganze Gemeinschaft dort zusammen, um
sich mit Gott zu treffen. 6 Mose hielt eine kleine Ansprache: „Liebe Leute!
Heute ist ein besonderer Tag. Ihr dürft Gottes ganz krasse Art einmal mit
eigenen Augen sehen. Darum macht alles genau so, wie Gott es gesagt hat!"
7 Dann sagte er zu Aaron: „Geh jetzt mal zu dem Altar. Dann zieh da so ein
Opferritual durch. Zuerst machst du für dich so ein Opfer, das man macht,
wenn man aus Versehen Mist gebaut hat, und so ein Abfackelopfer. Damit
bügelst du deinen eigenen Mist wieder glatt. Du musst einfach von deinem
Dreck sauber werden. Anschließend machst du dasselbe noch mal für den
Mist, den das ganze Volk gebaut hat. Zieh das Ganze genau so durch, wie
Gott es uns gesagt hat!"

Aaron zieht erst mal ein Opferritual für sich selbst durch

8 Aaron ging zu dem großen Tisch, dem Altar, und schlachtete den jungen
Stier, den er extra für das Ritual mitgebracht hatte, das man für den Mist, den
man aus Versehen gebaut hat, macht. 9 Seine Söhne sorgten dafür, dass
dabei das ganze Blut in einen Behälter gesammelt wurde. Das gaben sie dann
ihrem Vater. Aaron tunkte mit seinen Fingern da rein und strich etwas von
dem Blut an die Ecken vom Altar. Den Rest schüttete er einfach drunter. 10 Die
Fettstücke, die Nieren und das Fett, das an der Leber ist, wurde alles auf dem
Tisch verbrannt. Alles lief genau so ab, wie Gott es Mose gesagt hatte. 11 Das
Fleisch und das Fell wurden vor dem Lager verfeuert. 12 Als Nächstes wurde
von Aaron das Schaf für das Abfackelopfer geschlachtet. Seine Söhne sorgten
auch hier dafür, dass alles Blut in einem Behälter gesammelt wurde. Mit dem
Blut wurde dann einmal der ganze Tisch bespritzt. 13 Anschließend zerschnit-
ten sie das Tier in kleinere Teile und gaben sie nacheinander Aaron. Der ver-
brannte dann alles auf dem Tisch. 14 Der Magen und die anderen Eingeweide
wurden mit Wasser sauber gemacht. Auch die Unterschenkel wurden extra
gereinigt. Zum Schluss legte er sie dann auch noch oben auf das Feuer drauf.

Aaron zieht ein Opferritual für das ganze Volk durch

15 Jetzt zog Aaron das Opfer für alle durch. Er schlachtete zuerst die Ziege,
die für den ganzen Mist bestimmt war, den die Leute aus Versehen gebaut

hatten. Er zog das genau so durch, wie er es auch bei dem Opferritual für
sich selber gemacht hatte. 16 Auch das Abfackelopfer wurde genau nach Got-
tes Ansage durchgezogen. 17 Für das Essensopfer nahm er eine Handvoll
Zeug und verbrannte es auf dem großen Tisch, dem Altar. Das machte er
zusätzlich zu dem Essensopfer, das man am Morgen machen sollte. 18 Als
Nächstes schlachtete er den Stier und das Schaf für so ein Dankopfer für alle
Israeliten. Seine Söhne sammelten das Blut und Aaron verspritzte es dann
einmal um den ganzen Tisch rum. 19–20 Die Fettstücke von dem Rind und
dem Schaf, der Fettschwanz, die Eingeweiden, die Nieren und die Fettmasse
über der Leber, wurden dann auf dem Altar verbrannt. 21 Die Bruststücke und
das rechte hintere Bein übergab Aaron symbolisch an Gott, indem er es hin-
und herschwenkte. Er zog es alles genau so durch, wie Mose es ihm gesagt
hatte. 22 Als Aaron mit dem ganzen Opferkram fertig war, stellte er sich vor
den Altar. Er hob seine Hände hoch und betete für alle zusammen, er seg-
nete sie. 23 Danach verzogen sich Mose und Aaron in das besondere Zelt.
Als sie nach einer Weile wieder rauskamen, hoben sie ihre Hände zum Him-
mel, und dann kam Gott tatsächlich in seiner ganz besonders krassen Art
dort bei den Leuten vorbei. 24 Riesige Feuerflammen kamen plötzlich aus
dem Himmel! Sie schlugen auf dem Tisch auf, es qualmte und zischte, und
Gott beamte mit einem Mal die ganzen Fett- und Fleischstücke von dem
Tisch weg. Als die Leute das sahen, rasteten sie total aus. Sie freuten sich
voll, jubelten, und dann legten sie sich flach auf den Boden, um zu Gott zu
beten.

10

Ein gigantischer Fehler und seine Folgen

1 An einem Tag nahmen Nadab und Abihu, zwei Söhne von Aaron, eine
Stahlpfanne, legten da glühende Holzkohle und Räucherstäbchen rein und
gingen damit in das ganz besondere Zelt. Aber sie hatten dabei einen Rie-
senfehler gemacht, weil sie es nicht so machten, wie Gott es gesagt hatte.
Denn der wollte ja, dass für solche Sachen die Holzkohle immer von dem
großen Tisch, dem Altar, genommen werden sollte. 2 Plötzlich kam ein Blitz
aus dem Himmel, und die beiden fielen tot um. 3 Mose sagte zu Aaron:
„Jetzt ist genau das passiert, wo Gott uns schon mal ne Ansage drüber
gemacht hat. Er sagte doch: ‚Mit mir kann man keine Spielchen spielen, ich
bin heilig. Die Leute, die mir ganz nahe kommen dürfen, sollen sich richtig
vorbereiten und die Regeln beachten, die ich dazu gegeben habe. Ich will,
dass alle Leute sehen, dass ihr Respekt vor mir habt.'" Aaron war voll fertig.
4 Dann holte Mose die Söhne von Aarons Onkel Usiel, Mischael und Eliza-
fan. Zu denen sagte er: „Los, jetzt schafft die Leichen von euren Verwandten
aus dem besonderen Zelt raus. Bringt sie vor das Lager!" 5 Die gehorchten

Mose sofort. Sie brachten die beiden Leichen in ihren Priesterklamotten an einen Ort, der außerhalb des Lagers lag. [6] Mose meinte dann: „Eure Brüder und auch die anderen Israeliten können ruhig trauern, dass die beiden Männer von Gott bestraft worden sind, das ist okay. Aber euch soll man das nicht anmerken. Ihr sollt ganz normal gestylt rumlaufen und keine schwarzen Sachen anziehen. Sonst werdet ihr auch sterben, und Gott wird richtig angefressen sein, auf euch und auf die ganze Gemeinschaft. [7] Auf keinen Fall dürft ihr euch zu weit vom besonderen Zelt entfernen. Wenn ihr das tut, seid ihr tote Leute. Ihr seid ja schließlich durch das besondere Öl an Gott übergeben worden, ihr seid Priester! Vergesst das nicht!" Aaron und seine Söhne taten alles genau so, wie Mose es ihnen gesagt hatte.

Gott sagt noch mal genau, was ein Priester draufhaben muss

[8] Gott sprach dann mal selbst mit Aaron: [9] „Hör mal, wenn einer von euch Priestern, also egal ob du selber oder einer deiner Söhne, in das ganz besondere, heilige Zelt kommt, dann muss er da auch drauf vorbereitet sein. Er sollte keinen Alk drin haben, sonst wird er sterben! Dieses Gesetz gilt ab heute für immer. [10] Ihr müsst einfach lernen zu unterscheiden, was stinknormal und was heilig, also was ganz Besonderes, ist. Ihr müsst unterscheiden können, wann etwas okay und sauber ist und wann nicht. [11] Aaron, es ist total wichtig, dass ihr den Israeliten die Gesetze beibringt! Ihr müsst ihnen alles erklären, müsst ihnen erzählen, was ich durch Mose den Leuten für Ansagen gemacht hab!" [12] Später besuchte Mose dann Aaron und seine beiden Söhne, die noch übrig geblieben waren, den Eleasar und Itamar. „Die Reste von den Essensopfern, die ihr durchzieht, könnt ihr behalten. Aber tut keine Hefe dazu! [13] Das könntet ihr dann beim Altar verspachteln. Dieses Essen ist etwas ganz Besonderes, es ist heilig. Diese Ansage hab ich von Gott. Die Reste von dem Essensopfer gehören dir, Aaron und deiner Familie. Das gilt ab jetzt für immer. [14] Die Brust und das Bein von den Tieren, die als Dankopfer verspachtelt werden, gehören auch euch und euren Familien. Ihr könnt die Sachen an einem guten Ort essen, der okay ist für Gott. Und bei dem Essen können alle aus der Familie dabei sein, deine Kinder und auch die Frauen. [15] Vorher sollt ihr aber beides zusammen mit den Fettteilen vom Tier, das ihr geschlachtet habt, an den Altar bringen. Dort sollt ihr es dann durch Hin-und-her-Schwenken symbolisch Gott übergeben. Danach könnt ihr damit machen, was ihr wollt, es gehört euch. So soll das jetzt für immer abgehen. Gott hat das so befohlen." [16] Mose fragte dann mal nach, was eigentlich aus der männlichen Ziege geworden war, die man für dieses Opfer geschlachtet hatte, das man macht, wenn man aus Versehen Mist gebaut hat. Es stellte sich heraus, dass sie es falsch gemacht hatten. Sie hatten auch das ganze Fleisch und das Fell mit verbrannt. Mose war richtig angefressen

auf Eleasar und Itamar. 17 „Mann, was sollte das denn bitte? Die Ansage war
doch, dass das Fleisch von dem Opfer im Hof vor dem besonderen Zelt
gegessen werden soll. Das ist doch total heilig! Gott hat es euch anvertraut,
weil ihr zwischen ihm und den Leuten vermitteln sollt. Ihr könnt dadurch die
Sachen wieder in Ordnung bringen, wenn sie Mist gebaut haben! 18 Das Tier
hätte nur dann verbrannt werden dürfen, wenn man das Blut vorher in das
besondere Zelt zu Gott gebracht hätte. So wie ihr das jetzt durchgezogen
habt, hätte man das Fleisch aber direkt im Hof vom besonderen Zelt essen
müssen. So hatte ich es euch doch gesagt!" 19 Aaron meinte zu Mose: „Hey,
du hast doch mitbekommen, dass mir heute so etwas total Bescheuertes
passiert ist. Meinst du, Gott hätte das okay gefunden, wenn wir heute das
Fleisch von dem Opferritual gegessen hätten, mit dem man Sachen wieder
in Ordnung bringt?" 20 Als Aaron das gesagt hatte, war Mose wieder besänf-
tigt. Er ließ die Sache dann in Ruhe.

11

Gesetze, welche Tiere man essen darf

1 Gott hatte dann noch für Mose und Aaron eine Ansage. 2 Sie sollten den
Israeliten Folgendes ausrichten: „Es gibt Tiere, die dürfen auf eurer Speise-
karte stehen, und es gibt andere Tiere, die dürft ihr nicht essen.

Welche man von den Tieren, die auf dem Land leben, essen darf

3 Von den Tieren, die auf dem Land leben, dürft ihr alle essen, die erstens
gespaltene Hufe haben und zweitens nur Pflanzen fressen. 4 Ihr dürft aber
nur die Tiere essen, auf die wirklich beides zutrifft und nicht nur eine Sache.
Dazu kommen jetzt mal ein paar Beispiele. Einmal sind da die Kamele.
Kamele sind für mich dreckige Tiere. Die sind zwar Pflanzenfresser, aber sie
haben keine geteilten Hufe. 5–6 Und auch Kaninchen und Hasen sind nicht
okay. Die fressen zwar nur Pflanzen, aber die haben keine geteilten Hufe.
7 Auch Schweine sind nicht okay. Die haben zwar gespaltene Hufe, aber sie
fressen nicht nur Pflanzen. 8 Von diesen Tieren dürft ihr nichts essen. Und
wenn ihr davon mal ein totes Exemplar rumliegen seht, dürft ihr das auf
keinen Fall anfassen. Diese Tiere zählen zu den Sachen, die nicht gut für
euch sind, sie sind ‚unrein'.

Welche man von den Tieren, die im Wasser leben, essen darf

9 Was die Tiere angeht, die im Wasser leben, gilt Folgendes: Alles, was
Schuppen und Flossen hat, egal ob das jetzt in einem See lebt oder im Meer,
das dürft ihr gerne essen. 10 Aber die Teile, die keine Schuppen und Flossen
haben, die sind total eklig. Da lasst bitte die Finger von. 11 Von denen dürft
ihr auf keinen Fall was essen, und wenn davon mal ein totes Tier am Strand

rumliegt, dann macht einen großen Bogen darum. [12] Alle Tiere, die im Wasser leben und keine Flossen und Schuppen haben, da sollt ihr die Finger von lassen.

Welche man von den fliegenden Tieren essen darf

[13–19] Mit den Vögeln ist das so ne Sache. Adler, Geier, Eulen und alle anderen Raubvögel, die sind auch nicht okay. Außerdem auch noch die Krähen, Schwalben, Möwen, Störche, Reiher, Straußvögel, Wiedehopfe und Fledermäuse, die sollt ihr auch nicht essen. [20] Die Insekten mit Flügeln und vier Füßen, die sind auch eklig. [21] Als Ausnahme gelten hier nur die Teile, die auf der Erde rumhüpfen können. [22] Alle Arten von Heuschrecken sind also okay. [23] Aber die anderen fliegenden Insekten mit vier Füßen gehen gar nicht.

Wie man mit Tieren umgehen muss, die schon tot sind

[24–25] Folgende Tiere dürft ihr auf keinen Fall anfassen, wenn sie schon tot sind. [26–28] Das gilt für alle Tiere, die Hufe oder Pfoten haben. [29–30] Von den ganz kleinen Tieren gilt das für folgende: Mäuse, Maulwürfe, alle Arten von Eidechsen und das Chamäleon. [31] Wenn einer so ein totes Tier irgendwo rumliegen sieht und es berührt, dann ist er für den Rest des Tages auch eklig, er gilt dann als ‚unrein'. Und wenn jemand so ein totes Tier in den Müll schmeißt, dann muss er anschließend erst mal anständig unter die Dusche und seine Klamotten waschen. [32] Auch die Gegenstände, die mit einem toten Tier in Berührung kommen, werden dadurch dreckig. Egal aus was für einem Material die sind, ob aus Plastik, Holz, Leder, Fell oder sonst was. Auch egal wofür man die benutzt hat, die Sachen müssen sofort gewaschen werden und sind dann für den Rest des Tages dreckig, sie sind ‚unrein'. [33] Wenn so ein totes Tier in einen Eimer fällt oder in einen Topf, dann müsst ihr das Teil wegschmeißen und auch die Sachen, die da drin waren. Sie sind dann dreckig. [34] Jedes Essen, das mit Wasser gekocht wurde, das in so einem Eimer drin war, ist dreckig geworden, es ist ‚unrein'. Das Gleiche gilt auch für jede Art von Getränk. [35] Und wenn so ein totes Tier auf einen Herd in der Küche fällt, dann gehört das Teil auf den Schrott. Er ist nicht mehr zu gebrauchen, er ist auch ‚unrein'. [36] Falls jetzt so ein Tier mal in einen Brunnen fällt oder in ein Schwimmbad, dann ist das noch okay, es wird dadurch nicht gleich ‚unrein'. Allerdings wird derjenige, der das Teil da rausholt, erst mal dreckig. [37] So, und wenn jetzt ein totes Tier in einen Beutel fällt, wo Weizensamen oder so drin sind? Die Sachen bleiben okay, sie werden nicht ‚unrein'. [38] Wenn das Ganze jetzt aber gerade in einem Behälter mit Wasser lag, wo die Samen schon am Keimen waren, dann wird es dreckig, es ist dann ‚unrein'. [39] Das Ganze gilt auch für die Tiere, die ihr normalerweise essen dürft; wenn die irgendwo schon tot rumliegen, dann dürft ihr

die nicht anfassen. 40 Wenn jemand so ein totes Tier entsorgt oder sogar
was davon gegessen hat, dann muss er sofort seine Klamotten waschen.

Kriechtiere darf man nicht essen

41–42 Diese ganzen kleinen Tiere, die auf dem Boden leben, die sind nichts
für euch. Ihr dürft sie auf keinen Fall essen, sie sind eklig. Egal ob die wie ein
Wurm auf dem Bauch kriechen oder sich auf vier oder sogar tausend Füßen
fortbewegen. 43 Wer das trotzdem tut, den finde ich erst mal total eklig, er
wird dann auch ‚unrein'. 44 Hey, nicht vergessen: Ich bin der Chef, ich bin
Gott und ich bin euer Gott! Ich bin etwas ganz krass Besonderes, ich bin
heilig. Und darum sollt ihr auch etwas Besonderes sein! Verdreckt euch nicht
mit Tieren, die auf dem Boden rumkriechen. 45 Ich bin Gott! Ich habe euch
aus Ägypten rausgeholt, weil ich euer Gott sein will! Ihr sollt anders leben,
ihr sollt etwas Besonderes sein. Denn ich bin auch etwas Besonderes, ich
bin heilig!" 46 Diese Ansagen waren dafür da, damit die Leute unterscheiden
konnten, welche Tierarten sie essen durften und welche nicht. 47 Sie wurden
aufgeschrieben, um eine Hilfe zu geben, wie man zwischen Tieren, die gut
oder eben „rein" sind, und Tieren, die schlecht oder eben „unrein" sind,
unterscheiden kann. Die einen darf man essen und die anderen nicht.

12

Wann Frauen nach der Geburt wieder okay sind

1 Gott hatte dann noch ne Ansage für Mose: 2 „Mose, sag mal den Leuten
Folgendes: Wenn eine Frau schwanger wird und dann einen Sohn kriegt,
dann ist sie nach der Geburt sieben Tage lang nicht okay, sie ist ‚unrein'. Das
gilt übrigens auch für die ganze Zeit, wenn sie ihre Tage hat. 3 Bei dem Baby
soll man dann nach einer Woche dieses Beschneidungsritual machen. Die
Vorhaut vom Penis muss ab. 4 Danach muss die Frau nochmal 33 Tage warten, bis sie wieder ganz okay, also ‚rein', ist. In der Zeit darf sie nicht zu dem
besonderen Zelt kommen, und sie darf auch nichts von den Sachen anfassen, die man opfern will. 5 Wenn sie jetzt ein Mädchen bekommen hat, dann
ist sie für 14 Tage nicht okay, sie ist ‚unrein'. Nach noch mal 66 Tagen ist sie
dann aber wieder okay und ‚rein'. 6 Wenn diese Wartezeit von 33 beziehungsweise 66 Tagen um ist, soll sie so ein Opferritual für sich durchziehen lassen, damit sie wieder gottmäßig sauber wird. Dafür braucht sie ein Schaf,
das ein Jahr alt ist, für so ein Abfackelopfer und eine Taube für dieses Opfer,
das man macht, wenn man aus Versehen Mist gebaut hat. Die Sachen soll
sie zum Eingang des besonderen Zeltes bringen und dem Priester geben.
7–8 Wenn sie nicht genug Kohle hat, um sich ein Schaf zu kaufen, dann reichen auch zwei Tauben. Die eine ist dann für dieses Abfackelopfer und die
andere für das Opfer, das man macht, wenn man aus Versehen Mist gebaut

hat. Der Priester gibt die Sachen dann an Gott weiter, damit wird der ganze
Dreck aus dem Leben weggewischt. Sie ist dann wieder okay, sie ist ‚rein'.
Das waren jetzt die Gesetze für Frauen nach der Geburt."

13

Wie man mit der Krankheit „Aussatz" umgehen soll

1 Gott hatte noch eine Ansage für Mose und Aaron, wie man mit der Krank-
heit „Aussatz" umgehen soll. „Aussatz" ist eine ganz üble, ansteckende
Hautkrankheit, woran man auch sterben kann. 2 „Wenn einer von euch plötz-
lich ne Beule auf der Haut kriegt oder Schuppen oder da ist auf einmal so
ein heller Fleck, dann könnte das dieser ‚Aussatz' sein. Dann sollte derjenige
sich mal schnell von einem Priester untersuchen lassen. Die sind für solche
Sachen zuständig. Aaron oder einer von seinen Söhnen checkt das dann ab.
3 Der Priester soll das Ganze gründlich untersuchen, wie ein Arzt. Wenn die
Haare an der kranken Hautstelle weiß geworden sind und wenn die Stelle
etwas tiefer liegt als der Rest von der Haut, dann handelt es sich um diese
ansteckende Hautkrankheit. Derjenige wird dann vom Priester krankge-
schrieben, er ist erst mal ‚unrein'. 4 Wenn jetzt die Haut an der Stelle zwar
einen weißen Fleck hat, der aber nicht tiefer liegt als die andere Haut, und
wenn die Haare da drauf nicht weiß geworden sind, dann sollte der Priester
diesen Menschen für sieben Tage aus dem Verkehr ziehen. 5 Am siebten Tag
muss er sich noch mal untersuchen lassen. Wenn sich der Befund nicht ver-
ändert hat und alles genauso aussieht wie vorher, dann soll man ihn noch
mal für sieben Tage wegschließen. 6 Wenn dann der Fleck danach immer
noch nicht größer geworden ist und die Farbe wieder normaler aussieht,
dann war es nur ein ungefährlicher Hautausschlag. Der Priester kann die
Person dann wieder gesundschreiben, sie ist ‚rein'. Sie muss dann nur noch
ihre Klamotten mal anständig waschen. 7 Falls sich der Hautausschlag spä-
ter doch noch auf dem ganzen Körper ausbreitet, muss derjenige noch mal
einen Termin beim Priester machen. 8 Wenn der dann den Verdacht auf
‚Aussatz' bestätigt, muss er den Menschen krankschreiben, er
ist dann ‚unrein'. 9 Wenn jetzt jemand merkt, dass er ‚Aussatz' hat, dann
muss der sofort zum Priester. 10 Wenn der Priester dann feststellt, dass auf
der Haut eine weiße Beule ist, mit so Auswucherungen drauf, und dass die
Haare an der Stelle weiß geworden sind, 11 dann ist der ‚Aussatz' schon
im fortgeschrittenen Stadium. Die Person muss sofort vom Priester krank-
geschrieben werden. 12 Wenn die Symptome aber auf die ganze Haut ausge-
dehnt sind und die Person von Kopf bis Fuß voll mit dem weißen Ausschlag
ist, 13 wenn also der Priester bei der Untersuchung feststellt, dass die Krank-
heit schon überall ist und sich also nicht weiter ausbreiten kann, dann kann
er ihn für ‚nicht ansteckend erklären', er ist rein. 14–15 Falls man aber irgend-

wann offene Wunden sehen kann oder Geschwüre, dann muss der Priester ihn sofort wieder krankschreiben, er ist dann ‚unrein'. Die Geschwüre sind nämlich ansteckender ‚Aussatz'. [16] Wenn die Geschwüre wieder verschwinden und die Stellen ganz weiß werden, dann kann der Kranke noch mal zum Priester gehen. [17] Der soll ihn dann untersuchen, und wenn er feststellt, dass diese Hautstelle wirklich weiß geworden ist, kann er ihn wieder gesundschreiben, er ist ‚rein'. [18] Wenn sich jetzt auf der Haut von jemandem ein Geschwür bildet und dann nach einiger Zeit wieder abheilt, [19] aber an der Stelle, wo das Geschwür war, jetzt eine Beule kommt, die ganz weiß ist, dann muss der auch mal beim Priester vorbeigehen. Auch wenn sich da ein rotweißer Fleck zeigt, sollte er zum Priester. [20] Wenn die erkrankte Stelle tiefer liegt als der Rest der Haut und die Haare auf der Stelle weiß geworden sind, dann muss der Priester denjenigen krankschreiben, er ist ‚unrein'. Dann ist das dieser ‚Aussatz', der mit einem Geschwür angefangen hat. [21] Falls der Priester aber sieht, dass die Haare an der Stelle nicht weiß geworden sind und die Stelle auch nicht tiefer liegt, dann soll er den Kranken für einige Zeit wegschließen. [22] Wenn der Fleck nach der Zeit größer geworden ist, dann ist es sicher dieser ‚Aussatz'. Der Priester muss den dann krankschreiben, er ist dann ‚unrein'. [23] Nun kann es sein, dass der Fleck nach der Zeit nicht größer geworden ist. Dann ist das wahrscheinlich nur die Narbe von dem verheilten Geschwür. Der Priester kann den dann wieder gesundschreiben, er ist ‚rein'. [24] Wenn sich jemand mal die Flossen verbrannt hat und da eine Brandwunde entstanden ist, kann es passieren, dass sich da drin ein rotweißer oder weißer Fleck bildet. [25] Dann muss der seine Wunde vom Priester untersuchen lassen. Wenn der feststellt, dass die Haare auf dem Fleck weiß geworden sind und die Stelle tiefer liegt als die andere Haut, dann ist in der Brandwunde dieser ‚Aussatz' entstanden. Der Priester muss denjenigen krankschreiben, er ist ‚unrein'. [26] Wenn der bei der Untersuchung aber sieht, dass es diese Anzeichen nicht gibt, dann soll er den Kranken mal für eine Woche wegschließen. [27] Danach soll der nochmal von ihm untersucht werden. Wenn der Fleck in der Zeit größer geworden ist, dann ist es wohl diese Krankheit, dieser ‚Aussatz'. Der Priester muss den dann krankschreiben, er ist ‚unrein'. [28] Wenn der Fleck aber nicht größer geworden ist und die Haut wieder eine normale Farbe hat, dann ist es nur die Narbe von der Brandwunde. Der Priester kann den dann wieder gesundschreiben, er ist ‚rein'. [29] Nun haben wir den Fall, dass ein Mann oder eine Frau plötzlich Ausschlag auf der Kopfhaut hat oder beim Mann auch unter dem Bart. [30] Der Priester soll sich das dann mal ansehen. Wenn der Ausschlag tiefer liegt als der Rest der Haut und wenn die Haare an der Stelle gelblich geworden sind und leichter ausfallen, dann ist das wohl ein Fall von ‚Aussatz', eine Form davon, die auf der behaarten Haut vorkommt.

Der Priester muss den dann sofort krankschreiben, er ist ‚unrein'. 31 Wenn
dieses Stellen nicht tiefer liegen als der Rest der Haut und die Haare sind an
der Stelle nicht gelblich geworden, dann soll der Priester den für eine Woche
wegschließen. 32 Danach soll eine weitere Untersuchung folgen. Hat sich der
Hautausschlag nicht weiter ausgebreitet und haben sich keine gelben Haare
dort gebildet und liegt die Stelle nicht tiefer als der Rest der Haut, 33 dann
soll sich derjenige die Haare um die kranke Stelle abrasieren. Der Priester
schließt den dann noch mal für sieben Tage weg. 34 Jetzt schaut er sich den
Fall noch mal genauer an. Wenn sich der Ausschlag nicht weiter ausgebreitet
hat und die Stelle auch nicht tiefer liegt als der Rest, kann die Person wieder
gesundgeschrieben werden, sie ist ‚rein'. 35 Wenn die Krankheit später doch
mal wiederkommt, 36 muss der Priester sich die Stelle noch mal ansehen.
Hat sich der Ausschlag doch noch ausgebreitet, dann braucht er gar nicht
mehr nach gelblichen Haaren suchen. Der Fall ist ganz klar: Die Person ist
krank, sie ist ‚unrein'. 37 Falls jetzt der Priester aber nicht feststellen kann,
dass sich der Ausschlag ausgebreitet hat, und da auch normale Haare an der
Stelle wachsen, dann ist das Ding geheilt. Der Priester kann die Person dann
wieder gesundschreiben, sie ist ‚rein'. 38 Nun kann es passieren, dass sich
bei einem Mann oder einer Frau weiße Flecken auf der Haut bilden. 39 Dann
soll der was machen? Richtig, zum Priester gehen! Der soll sich das mal
anschauen. Sind die Flecken nur so mal eben weiß, dann ist das nur eine
harmlose Hautkrankheit. Derjenige ist dann in Ordnung, er ist ‚rein'.
40 Wenn jemand eine Glatze kriegt oder einfach vorne an der Stirn seine
Haare verliert, dann ist das erst mal voll in Ordnung, er ist nicht ‚unrein'.
41 Wenn ein Mann Haarausfall hat, egal ob er jetzt ne Platte kriegt oder nur
Geheimratsecken, dann ist das okay, er wird nicht ‚unrein'. 42 Entstehen
aber auf der Kopfhaut so helle, rote Flecken, dann ist das wohl doch so ein
‚Aussatz'. 43 Der Priester soll den abchecken, und wenn er feststellt, dass
sich auf der Glatze so eine Beule gebildet hat, die weiß bzw. rot aussieht, die
genauso aussieht wie diese Krankheit, 44 dann hat er ‚Aussatz', diese fiese,
ansteckende Hautkrankheit. Der Priester soll den dann krankschreiben, er ist
‚unrein'.

Wie sich Leute benehmen sollen, die die Krankheit ‚Aussatz' haben

45 Alle, die diese Krankheit ‚Aussatz' haben, sollen das auch äußerlich zei-
gen. Sie müssen in abgefuckten Klamotten rumlaufen und fettige Haare
haben. Die Männer müssen über ihren Bart ein Tuch machen. Wenn jemand
in ihre Nähe kommt, müssen sie die Leute warnen, dass sie sehr krank sind.
Am besten rufen sie dann laut: ‚Ich bin krank! Ich hab ›Aussatz‹!' Dann wis-
sen die anderen Bescheid. 46 Solange man die Symptome noch sehen kann,
ist derjenige ‚unrein'.

Was man macht, wenn Sachen schimmelig werden

47 Jetzt kann es passieren, dass deine Hose, dein T-Shirt oder auch Decken
oder Sachen aus Leder plötzlich schimmelig werden. Es gibt dann einen
grünlichen oder rötlichen Fleck an dem Teil. Dann ist das Schimmel, und
man muss das mal dem Priester zeigen. 50 Der sieht sich das mal genauer
an und nimmt es für sieben Tage in Verwahrung. 51 Wenn der Fleck in der
Zeit tatsächlich größer geworden ist, dann ist das sich ausbreitender, fres-
sender Schimmel. Der Priester erklärt das Teil dann für nicht okay, es ist
‚unrein'. 52 Das muss dann in den Ofen. 53 Wenn der Priester das Ding aber
abcheckt und feststellt, dass der Fleck nicht größer geworden ist, 54 dann
schmeißt er das Teil in die Wäsche und schließt es anschließend noch mal
für sieben Tage weg. 55 Wenn das Stück dann vom Aussehen her so geblie-
ben ist, dann ist es ‚unrein', und wenn der Fleck sogar größer geworden ist,
erst recht. Das Teil muss dann verbrannt werden, weil der Schimmel so tief
im Gewebe sitzt, dass man ihn nicht mehr rauskriegt. Das gilt in jedem Fall,
egal ob die Stelle außen oder innen sitzt. 56 Stellt der Priester dann nach
einer Überprüfung fest, dass der Fleck nach der Reinigung fast weg ist, dann
schneidet er die Stelle einfach raus. Egal ob das jetzt Leder oder Stoff ist.
57 Nun kann es passieren, dass dieser Schimmel später an anderen Stellen
auch noch auftritt. Dann gehört das Teil in den Müll, es sollte verbrannt wer-
den. 58 Wenn der Fleck aber nach der Reinigung weg ist, dann muss er das
Teil noch mal waschen. Danach ist es wieder okay, es ist ‚rein'. 59 Das sind
die Gesetze, wie man damit umgeht, wenn die Klamotten irgendwo schim-
melig geworden sind. Das gilt für alle Stoffe wie Baumwolle, Leinen, Wolle
oder Leder. So kann man unterscheiden, ab wann etwas ‚rein' und wann
‚unrein' ist."

14

Was man mit den Leuten macht, die von der Krankheit „Aussatz" geheilt wurden

1 Gott sagte Mose dann noch was: 2 „Jetzt kommt noch ein Gesetz, was ihr
machen sollt, wenn einer von der fiesen, ansteckenden Hautkrankheit ‚Aus-
satz' geheilt worden ist. Er soll dann erst mal beim Priester vorbeigehen
3 und mit ihm zusammen das Lager verlassen. Dann soll der ihn unter-
suchen, um festzustellen, ob die Stellen am Körper wirklich geheilt sind.
4 Als Nächstes soll er noch organisieren, dass man ihm zwei Vögel, die nicht
als ‚unrein' gelten, eine Schüssel, etwas Fichtenholz, rote Farbe und einen
Büschel Lavendel vorbeibringt. 5 In die Schüssel kommt sauberes Wasser
rein. Der eine Vogel wird dann über der Schüssel geschlachtet. 6 Jetzt
schmeißt er das Stück Holz mit der Farbe und dem Lavendel in das mit Blut
vermischte Wasser rein. Als Letztes wird der noch lebende Vogel da kurz

reingetaucht. [7] Mit der ganzen Mischung wird dann derjenige, der krank war, siebenmal hintereinander bespritzt. Dann erklärt der Priester ihn für gesund, er ist ‚rein'. Zum Schluss lässt er den noch lebenden Vogel wegfliegen. [8] Nun muss der Gesunde seine Klamotten waschen, sich die Haare abrasieren und einmal anständig duschen. Ab dann ist er wieder sauber, er ist ‚rein'. Er darf dann auch zu den anderen ins Lager gehen. Aber in sein privates Zelt soll er erst mal noch nicht reingehen. [9] Nach sieben Tagen muss er seine Haare noch mal abrasieren, auch den Bart und die Augenbrauen, einfach alle Haare am ganzen Körper. Und seine ganzen Klamotten müssen auch noch mal anständig gereinigt werden. Ab dann ist er aber wieder voll okay, er ist ‚rein'. [10] Am achten Tag soll er zwei junge männliche Schafe nehmen, die voll in Ordnung sind, und die opfern. Dazu kommen noch ein einjähriges Schaf sowie ein Essensopfer mit 3,5 Kilo Mehl und $^1/_3$ Liter Olivenöl. [11] Der Priester geht dann mit ihm zum Eingang vom besonderen Zelt, wo man Gott begegnen kann. [12] Das männliche Schaf und das Öl sind für so ein Wiedergutmach-Opfer. Der Priester übergibt die Sachen erst mal durch Hin-und-her-Schwenken symbolisch an Gott. [13] Er schlachtet das Tier dann im Hof vom besonderen Zelt. Die Sachen, die übrig bleiben, kann der Priester mit nach Hause nehmen, genauso wie bei dem Opfer, wenn man aus Versehen Mist gebaut hat. Es ist etwas ganz Besonderes, es ist heilig. [14] Der Priester nimmt dann was vom Blut von dem Tier und berührt damit den geheilten Menschen am Ohr. Der rechte Daumen und die rechte große Zehe werden mit dem Blut eingeschmiert. [15] Von dem Öl gießt er sich was in die linke Hand, die leicht geöffnet wurde. [16] Dann taucht er mit dem rechten Zeigefinger in das Öl und sprenkelt das Zeug siebenmal an den großen Tisch, den Altar. [17] Als Nächstes berührt er mit dem Öl das rechte Ohrläppchen, den rechten Daumen und die rechte große Zehe. [18] Der Rest, den er noch in der Hand hat, wird demjenigen auf den Kopf geschüttet. Auf die Art sorgt er dafür, dass zwischen dem Geheilten und Gott wieder alles okay ist. [19] Jetzt opfert der Priester das Schaf als so ein Opfer, das man macht, wenn jemand aus Versehen Mist gebaut hat, um den Typen, der geheilt wurde, von seiner Schuld freizusprechen, die er Gott gegenüber hatte. Denn durch die Krankheit haben ja alle gesehen, dass er ‚unrein' war, er war nicht okay. Danach schlachtet der Priester das andere männliche Schaf. [20] Dieses Schaf wird dann als Abfackelopfer mit den Essenssachen auf dem Tisch verbrannt. So wäscht der Priester den ganzen Dreck aus dem Leben von dem Exkranken. Der ist dann wieder okay, er ist ‚rein'. [21] Falls jemand keine Kohle hat und sich drei Schafe nicht leisten kann, dann reicht auch ein einziges männliches Schaf. Das kann er dann für das Wiedergutmach-Opfer nehmen. Es wird dann auch durch Hin-und-her-Schwenken symbolisch Gott geschenkt. Dann ist er wieder sauber. Dazu braucht er auch noch ein Essensopfer. Er nimmt

hierfür 1 Kilo Mehl und vermischt das mit 1/3 Liter Öl. 22 Es kommen noch
zwei Tauben dazu, egal was für welche. Die eine Taube ist für das Opfer, das
man macht, wenn man aus Versehen Mist gebaut hat, und die andere für
das Abfackelopfer. 23 Der Typ bringt das alles zum Priester an den Eingang
vom besonderen Zelt, wo man Gott begegnen kann. 24 Der Priester soll
das männliche Schaf und das Öl für das Wiedergutmach-Opfer nehmen.
25–31 Wenn er das Tier geschlachtet hat, macht er mit dem Blut und Öl das
Gleiche, wie bei den Leuten, die sich drei Schafe leisten können. Die zwei
Tauben werden dann für das Abfackelopfer und für das Opfer, das man
macht, wenn man aus Versehen Mist gebaut hat, verwendet. Und dann wird
noch das Essensopfer durchgezogen. So reinigt der Priester denjenigen,
der sauber werden will. Der wird so seine Sache mit Gott wieder klar kriegen.
32 Das war jetzt das Gesetz für jemanden, der von dieser fiesen Hautkrank-
heit ‚Aussatz' gesund geworden ist und nicht genug Kohle besitzt, um das
ganze große Opferritual durchzuziehen."

Was man macht, wenn es Schimmel an den Häusern gibt

33 Gott sagte zu Mose und Aaron dann noch: 34 „Wenn ihr endlich in dem
Land seid, das ich euch schenken will, und plötzlich jemand Schimmel an
seiner Hütte hat, 35 dann soll der Besitzer die Sache schnell einem Priester
melden. Er soll ihm dann sagen: ‚Bei mir ist etwas, das sieht aus wie Schim-
mel.' 36 Bevor der Priester dann in die Hütte reingeht, muss das ganze Teil
erst mal leer geräumt werden. Wenn sich die Sache nämlich bestätigt, ist der
ganze Krempel eh für den Schrott, er ist ‚unrein'. Nachdem die Hütte leer
geräumt ist, geht er dann da rein und checkt alles ab. 37 Wenn er jetzt irgend-
wo grüne Flecken findet oder auch rote, die etwas tiefer liegen als der Rest
der Wand, 38 muss er das ganze Gebäude erst mal für sieben Tage zumachen.
39 Falls man dann feststellt, dass sich die Flecken an der Wand ausbreiten,
40 dann soll er die Steine, wo sich Schimmel befindet, rausreißen. Die kom-
men dann auf den großen Schrottplatz, der vor dem Ort liegt. 41 Von den
Wänden wird dann einmal ringsrum der Putz abgeklopft und auch auf den
Schrottplatz gebracht. 42 Als Letztes werden die alten Steine durch neue
Steine ersetzt und die Wände wieder neu verputzt. 43 Wenn die Flecken jetzt
nach einer Zeit wieder auftauchen 44 und der Priester stellt fest, dass sie
sogar größer geworden sind, dann ist das ein sich ausbreitender Schimmel-
pilz. Das ganze Haus ist dann verseucht, es ist ‚unrein'. 45 Man muss das
Teil dann komplett abreißen. Der ganze Bauschutt kommt auf einen Schrott-
platz, der außerhalb der Stadt liegt. 46 Keiner sollte in der Zeit die Baustelle
betreten, und wenn das doch jemand tut, gilt er für den Rest des Tages
als dreckig, er ist ‚unrein'. 47 Und wenn einer in dem Haus sogar was isst
oder da übernachtet, dann muss er auf jeden Fall sofort seine Klamotten

waschen. 48 Wenn der Priester nach einer Untersuchung aber feststellt, dass
der Schimmel nicht wiedergekommen ist, nachdem man das Haus neu
verputzt hat, dann erklärt er das Haus für okay, es ist ‚rein'. Der Schimmel
wurde komplett entfernt. 49 Um das Haus auch für Gott okay, also ‚rein', zu
machen, muss der Besitzer dann noch zwei Vögel opfern. Dafür braucht
er auch noch ein Stück Eichenholz, rote Farbe und ein Büschel Lavendel.
50 Er schlachtet den einen Vogel über einer Schüssel, wo Wasser drin ist.
51 Dann schmeißt er das Holz, den Lavendel und die Farbe da rein und ver-
mischt alles mit dem Blut von dem Vogel. Mit dem Zeug besprenkelt er
dann das Haus überall siebenmal nacheinander. 52 Das macht er, um mit
dem Blut von dem Vogel, dem Wasser und dem lebenden Vogel, dem Holz,
der roten Farbe und dem Lavendel das Haus wieder okay zu kriegen.
53 Anschließend lässt er den noch lebenden Vogel außerhalb der Stadt in
die Freiheit fliegen. So macht er das Haus wieder okay, es ist dann ‚rein'.
54 Das ist jetzt das neue Gesetz, wenn es Schimmel gibt, 55 der an Klamotten
oder Häusern sitzt. 56 So soll man mit Beulen, Hautausschlag und Haut-
flecken umgehen. 57 Es ging da drum, klarzukriegen, was okay ist und was
nicht. Ihr solltet unterscheiden können, was ‚unrein' ist und was ‚rein'.
Diese Gesetze gingen über die fiese ansteckende Hautkrankheit ‚Aussatz'
und Schimmel."

15

Was man machen soll, wenn Männer „unrein" sind

1 Gott hatte noch ne Ansage für Mose und Aaron. 2 „Sagt den Israeliten Fol-
gendes: Wenn bei einem Mann etwas Ekliges, Flüssiges aus seinem Penis
kommt, was kein Urin oder Sperma ist, dann ist das Dreck, und er wird
dadurch ‚unrein'. Er ist krank. 3 Ist jetzt total egal, ob das Zeug klebrig ist
oder wie Wasser. Er ist dann einfach nicht in Ordnung. 4 Dadurch werden
auch alle Sachen, wo er drauf gelegen oder gesessen hat, dreckig, also
‚unrein'. 5 Wenn jemand aus Versehen sein Bettlaken, wo das Zeug drauf ist,
berührt, muss er sofort unter die Dusche. Auch seine Klamotten müssen in
die Wäsche. Der Typ ist dann für den Rest des Tages nicht mehr sauber für
Gott, er ist ‚unrein'. 6 Falls sich jemand auf den Stuhl setzt, wo der Kranke
vorher gesessen hat, soll er sofort seine Hose waschen gehen. Danach soll
er auch mal anständig duschen. Er ist dann auch für den Rest des Tages
‚unrein'. 7 Wer den Kranken umarmt oder auch so mal berührt, muss seine
Klamotten sofort in die Wäsche schmeißen. Er soll duschen gehen und
sich für den Rest des Tages zurückziehen, er ist ‚unrein'. 8 Dasselbe muss
auch passieren, wenn der Kranke eine Person anspuckt. 9 Jeder Fahrrad-
oder Mopedsattel, überall, wo der jetzt drauf gesessen hat, ist verdreckt, er
ist ‚unrein'. 10 Und wenn jetzt jemand etwas berührt, wo der drauf gesessen

hat, dann ist der auch für den Rest des Tages ‚unrein‘. [11] Jeder, der von dem Kranken berührt wird, wenn der sich nicht vorher die Flossen gewaschen hat, wird für den Rest des Tages ‚unrein‘ sein. Für alle gilt, dass sie dann erst mal anständig duschen sollen und für den Rest des Tages ‚unrein‘ sind. [12] Wenn derjenige, der krank ist, einen Teller anfasst, dann muss man den sofort zerdeppern und in den Müll schmeißen. Wenn er jetzt Plastikgeschirr anfasst, dann soll das in die Spüle. [13] Falls der Typ dann wieder gesund wird und keine eklige Flüssigkeit aus seinem Penis mehr kommt, soll er noch sieben Tage warten. Danach soll er seine Klamotten in die Wäsche schmeißen und sich anständig kalt duschen. Jetzt ist er wieder okay, er ist ‚rein‘. [14] Am achten Tag muss er dann irgendwelche Tauben nehmen und sie Gott schenken. Dazu bringt die zum Eingang vom besonderen Zelt, wo man Gott begegnen kann, und gibt sie dem Priester. [15] Der macht dann mit denen zwei Opferrituale. Das eine, das man macht, wenn jemand aus Versehen Mist gebaut hat, und das andere als Abfackelopfer, das man komplett verbrennt. Damit macht er die Sachen, die zwischen Gott und dem Kranken standen, wieder gut. [16] Wenn ein Mann nachts im Schlaf einen Samenerguss hat, dann sollte er morgens erst mal anständig duschen. Für den Rest des Tages ist er dann auch ‚unrein‘. [17] Alles, wo was von dem Samen drangekommen ist, muss gewaschen werden. Also das Bettlaken und der Schlafanzug und so. Die Sachen sind dann auch für den Rest des Tages ‚unrein‘. [18] Kommt der Mann jetzt mal beim Schmusen mit seiner Braut zu früh oder hat er einfach beim Petting einen Samenerguss, soll er sich erst mal anständig duschen. Seine Frau auch. Beide sind für den Rest des Tages ‚unrein‘.“

Was man machen soll, wenn Frauen „unrein“ sind

[19] „Wenn eine Frau ihre Tage hat, ist sie für sieben Tage speziell dreckig, sie gilt als ‚unrein‘. Und jeder, der sie in der Zeit anfasst, ist auch für den Rest des Tages ‚unrein‘. [20] Das gilt auch für alles, wo sie in der Zeit drauf gesessen oder gelegen hat. [21] Falls jemand mal ihr Bettzeug anfasst, muss er seine Klamotten waschen und erst mal duschen gehen. Für den Rest des Tages ist er ‚unrein‘. [22] Wer die Sachen berührt, wo sie drauf gesessen hat, muss auch erst mal seine Klamotten waschen gehen. Dann soll er auch anständig duschen und sich für den Rest des Tages zurückziehen, er ist ‚unrein‘. [23] Auch wenn jemand irgendwas von dem Bett anfasst, auf dem sie gesessen oder gelegen hat, ist für den Rest des Tages ‚unrein‘. [24] Wenn ein Mann in dieser Zeit mit ihr Sex hat, wird er auch für sieben Tage ‚unrein‘. Und das gilt dann auch für jedes Bett, auf dem er in der Zeit liegt. [25] Wenn die Tage von der Frau länger als sieben Tage dauern oder wenn sie sogar außerhalb der Tage plötzlich einen Ausfluss hat, der nicht gleich wieder weggeht, dann ist

sie genauso dreckig, sie ist ‚unrein'. 26 Wie gesagt: Jedes Bett, in dem sie
pennt, und jeder Stuhl, auf dem sie sitzt, wird dreckig, er ist dann ‚unrein'.
27 Wer die Sachen von ihr berührt, wird auch ‚unrein'. Er muss seine Klamot-
ten waschen und duschen gehen. Für den Rest des Tages bleibt der auch
‚unrein'. 28 Wenn sie jetzt einen Ausfluss hat, der von einer Krankheit
kommt, dann wartet man, nachdem es ihr wieder gutgeht, sieben Tage lang.
Dann ist sie wieder okay, sie ist ‚rein'. 29 Am achten Tag soll sie zwei kleine
Tauben oder zwei normale Tauben zum Priester bringen. 30 Der Priester
macht dann beim besonderen Zelt mit der einen so ein Opferritual, das
man macht, wenn man aus Versehen Mist gebaut hat. Das andere wird als
Abfackelopfer komplett verbrannt. Wenn er das gemacht hat, ist zwischen
Gott und der Frau wieder alles in Ordnung." 31 Am Ende meinte Gott dann
noch zu Mose und Aaron: „Ihr müsst euren Leuten das echt beibringen,
dass sie diese Hygenievorschriften wichtig nehmen! Wenn einer von ihnen
in mein Zelt kommt, was ja direkt bei ihnen steht, dann werden sie sterben,
weil sie meine Hütte damit verdrecken. 32 Das sind jetzt die Gesetze für
einen Mann oder eine Frau, bei denen komische Flüssigkeiten aus dem
Penis oder der Scheide rauskommen. Von diesem Zeug wird man erst mal
dreckig, sie machen ‚unrein'. 33 Und das sind die Regeln für Frauen, wenn sie
ihre Tage haben oder sonst etwas aus ihnen rauskommt, und dafür, wie ein
Mann oder eine Frau damit umgehen müssen, wenn sie in dem Zustand
miteinander geschlafen haben."

16

Das Ritual im alleroberheiligen Bereich vom besonderen Zelt

1 Nach dem Tod der beiden Söhne vom Aaron redete Gott mit Mose noch
mal über die Sache. Die beiden waren ja gestorben, weil sie sich nicht an die
Regeln für das Opfer gehalten hatten. 2 Er sagte ihm: „Erklär das bitte dei-
nem Bruder Aaron, dass es nicht egal ist, wann man in den ganz besonders
krassen, alleroberheiligen Bereich im Zelt gehen darf und wann nicht. Man
kann nicht einfach so hinter den Vorhang gehen, wo die Kiste mit den Geset-
zen steht. Das kann tödlich sein. Weißt du, genau da, über dem Deckel von
der Kiste, da will ich immer ganz besonders heftig anwesend sein! 3 Ich sag
jetzt mal, wie Aaron in den besonderen Bereich gehen soll. Er bringt erst mal
einen jungen Stier und ein männliches Schaf mit zum besonderen Zelt, die
er für Opferrituale braucht, die er nachher für sich durchzieht. 4 Dann soll er
sich mit seinem ganz besonderen Priesteranzug stylen, der aus Baumwolle
gemacht worden ist. Er soll eine gute Hose anziehen, mit Gürtel und so.
Dazu die Mütze. Vorher soll er aber noch mal anständig duschen und erst
dann die Klamotten anziehen. 5 Dann soll er sich von der Gemeinschaft der
Israeliten zwei männliche Ziegen und ein männliches Schaf geben lassen.

Die sind für Opferrituale, die er nachher für die Israeliten durchzieht. 6 Für
sich selber hat Aaron ja einen Stier mitgebracht, den er nachher für seinen
eigenen Mist opfert, für sich und seine Familie, damit sie das ganze Ding vor
Gott wieder klarkriegen. 7 Er soll aber erst mal die beiden männlichen Zie-
genböcke nehmen und mit denen vor den Eingang vom besonderen Zelt
gehen. 8 Durch Würfeln soll er dann rausbekommen, welchen von den bei-
den er für mich nehmen soll. Der andere muss dann zum Teufel. 9 Der eine
Ziegenbock, der ausgewürfelt wurde, wird nachher geopfert. Damit wird vor
Gott dann wieder alles okay. 10 Der andere Ziegenbock soll aber am Leben
bleiben. Der wird nachher symbolisch mit dem ganzen Mist beladen werden,
den die Leute verzapft haben, und dann in die Wüste getrieben, er wird sozu-
sagen zum Teufel geschickt. 11 Dann soll Aaron den Stier schlachten, den er
selbst mitgebracht hat, und mit ihm das Opferritual durchziehen, das man
macht, wenn man aus Versehen Mist gebaut hat. Damit wird der ganze Mist
in Ordnung gebracht, den er und seine Familie gebaut haben. Nachdem er
das Tier geschlachtet hat, 12 nimmt er eine Pfanne voller glühender Grill-
kohle, die von dem Opfertisch, dem Altar vor dem Zelt, kommt. Dazu
kommt noch eine Handvoll Räucherstäbchen. Damit geht er dann zum
allerderbsten, besonderen Bereich im Zelt. 13 Er legt dann die Räucherstäb-
chen auf die glühende Kohle und stellt die Pfanne hinter den Vorhang vor die
Kiste mit den Gesetzen. Der Qualm, der dann hochsteigt, wird dafür sorgen,
dass man den Deckel von der Kiste mit den Gesetzen nicht mehr sehen
kann. Wenn er den nämlich sehen könnte, würde er sterben. 14 Als Nächstes
holt er sich etwas Blut von dem Stier, den er gerade geschlachtet hat. Damit
geht er in den alleroberheiligen Bereich hinter dem Vorhang im besonderen
Zelt. Das Blut sprenkelt er mit seinen Fingern einmal gegen die Vorderseite
von dem Deckel, und dann sprenkelt er noch was siebenmal auf die Erde.
15 Jetzt schlachtet er die männliche Ziege als Opfer für den Mist, den die
Israeliten gebaut haben. Das Blut von dem Tier nimmt er wieder mit hinter
den Vorhang und sprenkelt das Zeug auf den Deckel von der Kiste und vor
die Kiste auf die Erde. Er zieht das genauso durch, wie er es vorher mit dem
Stier gemacht hat. 16 So macht er den Bereich im Zelt sauber, der das aller-
derbste Heilige ist. Dieses Zelt steht ja mitten in dem Lager, wo die Israeli-
ten wohnen. Weil sie Mist gebaut hatten, wurde dadurch auch das Zelt in
Mitleidenschaft gezogen, es wurde unrein. 17 In der Zeit, während Aaron in
dem besonders krassen Teil vom Zelt ist und dieses Ritual für sich und seine
Familie und für die Israeliten durchzieht, darf da sonst keiner rein. 18 Danach
geht Aaron noch zu dem Altar, der vor dem besonderen Zelt steht. Der Tisch
muss jetzt auch von ihm sauber gemacht werden. Das macht er so, indem
die Ecken am Tisch, die ‚Hörner', mit dem Blut von den Tieren bestrichen
werden, die man gerade geopfert hat. 19 Siebenmal soll er mit dem Finger

das Blut an den Tisch streichen. So macht er diesen Altar auch von dem ganzen Mist sauber, den die Israeliten gebaut haben."

Der „Sündenbock"

[20] „Wenn Aaron den ganzen besonders derben Bereich, das besondere Zelt
und den Altar von seinem Dreck befreit hat, holt er die andere männliche
Ziege. [21] Dann legt er seine Hände auf den Kopf von dem Tier und sagt laut
die ganzen Sachen, wo die Leute Mist gebaut haben. Indem er das tut, überträgt er diesen ganzen Mist, ihre Sünden, auf die Ziege. Anschließend organisiert er einen Mann, der das Tier dann durch die Wüste jagt, bis es weg ist.
[22] Die Ziege trägt dann den ganzen Mist von den Leuten weg und bringt sie
in eine Gegend, wo kein Schwein lebt. Man nennt diese Ziege auch ‚den
Sündenbock'. [23] Als Nächstes geht Aaron in das besondere Zelt und zieht
den Anzug wieder aus, den er extra angezogen hatte, um in den alleroberheiligen Bereich vom besonderen Zelt zu gehen. Die Sachen werden dort
im Zelt gelagert. [24] Er duscht dort erst mal und zieht wieder seine anderen
Priesterklamotten über. Dann verbrennt er noch die zwei männlichen Schafe
komplett als Abfackelopfer. Das macht er auf dem Altar. [25] Die Fettstücke von
dem Stier und von der männlichen Ziege, die geschlachtet wurde, müssen auch auf dem Altar verbrannt werden, das gehört noch zu diesem Opferritual dazu. [26] Der Typ, der die Ziege in die Wüste gescheucht hat, muss
seine Klamotten waschen und duschen, bevor er wieder in das Zeltlager
zurückgeht. [27] Die Reste von dem Stier und der anderen Ziege, mit deren
Blut das Allerderbste im besonderen Zelt von dem Mist sauber gemacht worden ist, packt man zusammen. Das kommt dann außerhalb vom Lager, wo man die Sachen alle verbrennen soll. Also auch das Fell, den Rest vom
Fleisch und die Eingeweide. [28] Der Typ, der die Sachen verbrennt, darf auch
erst wieder zurückkommen, nachdem er seine Klamotten gewaschen hat und anständig duschen konnte."

Der Tag, an dem wieder alles gut ist

[29] „Am 10. Oktober möchte ich, dass ihr einen Feiertag installiert. Das gilt ab jetzt für immer. An dem Tag sollt ihr nix essen und arbeiten, aber dafür viel beten. Und daran sollen sich auch alle Ausländer halten, die in der
Zeit bei euch leben. [30] An dem Tag wird für den Mist, den ihr gebaut habt,
bezahlt. Der ganze Dreck, der dadurch auf eurem Leben liegt, wird abgewaschen. Ihr seid dann für Gott wieder total sauber. [31] Darum dürft ihr auch an
diesem Tag auf keinen Fall irgendwie arbeiten. An diesem Tag sollt ihr fasten,
ihr sollt nichts essen. Diese Gesetze gelten für immer. [32] Der Priester, der
irgendwann den Job von Aaron übernehmen wird, muss an diesem Feiertag dieses Ritual im alleroberheiligsten Bereich vom besonderen Zelt und dieses

Ritual mit dem ‚Sündenbock' durchziehen. Dabei muss er die Priesterkla-
motten tragen, die extra dafür gemacht worden sind. 33 Mit diesen Ritualen
soll er den allerderbsten Bereich im Zelt von dem ganzen Dreck sauber
machen und den ganzen Mist von den Leuten inklusive Priester wieder in
Ordnung bringen. 34 Einmal im Jahr sollen diese Rituale gemacht werden.
Einmal im Jahr soll so der ganze Mist, den die Israeliten gebaut haben,
bezahlt werden. Das sollt ihr ab jetzt so machen, und zwar für immer."
Aaron machte alles genau so, wie Gott es Mose gesagt hatte.

17

Alles, was man schlachtet, gehört Gott

1 Gott hatte Mose noch was zu sagen: 2 „Mose? Richte das mal Aaron und
seinen Söhnen sowie allen Leuten von Israel aus. Sag ihnen, dass ich, Gott,
folgende Ansage für sie hab: 3–4 Wenn irgendjemand von den Israeliten
einen Stier, eine Ziege oder ein Schaf irgendwo im Zeltlager oder außerhalb
des Lagers schlachtet, anstatt es vor das besondere Zelt zu bringen, damit
man es mir schenken kann, dann ist das eine ganz schlimme Sache. Es steht
dann zwischen ihm und mir. Das ist genauso schlimm, als hätte er mit
Absicht Blut vergossen, also jemanden ermordet. Darum soll derjenige bei
euch rausgeschmissen werden. 5 Das bedeutet, wenn die Israeliten ein Tier
schlachten wollen, dann sollen sie die Tiere, die sie bis jetzt immer irgendwo
geschlachtet haben, ab sofort immer zu mir bringen, zu der Tür von dem
besonderen Zelt. Da wird mit dem Tier dann ein Dankopfer durchgezogen,
bevor sie es essen können. 6 Der Priester soll das Blut von dem Opfertier an
meinen Opfertisch, den Altar, schütten, der vor dem besonderen Zelt steht.
Dort sollen sie auch das Fett verbrennen, auf diesen Geruch stehe ich, euer
Gott, total. 7 Ab sofort will ich keine Opferrituale mehr sehen, die sie für
Dämonen abhalten, auf die sie immer noch scharf sind. Deshalb sollen sie
die Tiere nur noch bei meinem Zelt schlachten lassen. Dieses Gesetz ist
wichtig, und es gilt für immer. 8 Das gilt für jeden, der bei euch lebt, egal ob
er ein Israelit ist oder ein Ausländer. Wenn jemand ein Abfackelopfer durch-
zieht oder sonst irgendein Opfer, wobei ein Tier geschlachtet wird, 9 das aber
nicht vor dem Eingang vom besonderen Zelt macht, um es mir zu schenken,
hat er verloren. Er soll aus euer Gemeinschaft für immer rausfliegen. 10 Und
das gilt jetzt auch für jeden, egal ob er Israelit ist oder als Ausländer bei euch
lebt: Blut trinken finde ich total ätzend! Wenn einer das trotzdem tut, ist er
bei mir untendurch. Ich will den nicht mehr sehen, er soll rausfliegen aus
euer Gemeinschaft. 11 Denn Blut ist ein Stoff, in dem das Leben drinsteckt.
Ich habe deshalb extra Blut ausgesucht, damit es an den Altar gegossen wer-
den soll, wenn ihr Mist gebaut habt. Durch das Blut werden Dinge wieder-
gutgemacht. Durch das Blut kommt es zwischen uns wieder in Ordnung.

12 Darum hab ich zu den Israeliten gesagt, dass keiner Blut trinken oder
essen soll. 13 Und so gilt auch die Regel, wenn einer von euch, oder ein Ausländer bei euch, bei der Jagd im Wald einen Hirsch erschießt, oder einen Truthahn, dann muss das Blut von dem Teil ganz rausgegossen und mit Erde überdeckt werden, bevor das Tier in den Ofen kommt. 14 In dem Blut
ist nämlich das Leben von jedem Lebewesen drin. Darum hab ich zu den Israeliten gesagt: Blut von irgendeinem Lebewesen kommt bei euch nicht auf die Speisekarte. Wer sich nicht da dran hält, fliegt raus. Er muss aus der Gemeinschaft ausgeschlossen werden. 15 Jeder, der aus Versehen ein Tier
gegessen hat, was schon länger tot auf der Straße rumgelegen hat oder das gestorben ist, weil es z. B. von einem Pitbull totgebissen wurde, soll folgendes machen: Er soll seine Klamotten waschen und sich anständig duschen. Er ist für den Rest des Tages für mich dreckig. Am nächsten Tag ist aber wieder alles okay. Das gilt für alle, egal ob er ein waschechter Israelit ist oder ein Ausländer, der nur bei euch lebt. 16 Wenn er nicht duschen will und sich
nicht wirklich von dieser Sache sauber macht, dann wird sie an ihm kleben bleiben."

18

Gesetze zum Thema Sex

1 Gott sagte noch eine Ansage für Mose: „Mose? Rede mal mit den Leuten
aus Israel! Sag ihnen Folgendes von mir: 2 ‚Ich bin euer Gott, der absolute
Chef! 3 Ihr sollt nicht so drauf sein wie die Ägypter, bei denen ihr mal gewohnt habt. Und ihr sollt euch auch nicht an die Leute anpassen, die in Kanaan leben, wo ich euch ja hinführen will. Deren Regeln sollen euch
scheißegal sein. 4 Ihr sollt euch nach dem richten, was ich euch gesagt habe! Meine Gesetze sollen euch interessieren, ihr sollt so leben, wie es da drinsteht. Warum? Weil ich doch euer Gott bin, ich bin der Chef! 5 Ich möchte,
dass ihr euch nach meinen Gesetzen richtet und danach lebt, weil jeder, der das tut, gut draufkommen wird, er wird leben. Ich bin Gott! 6 Keiner soll mit
seinen eigenen Geschwistern Sex haben. Das sage ich, euer Gott. 7 Auch mit
deinem Vater sollst du keinen Sex haben. 8 Du sollst auch nicht mit deiner
Mutter Sex haben, weil das nur dein Vater darf. 9 Auch mit deiner Schwester
oder Halbschwester nicht, auch dann nicht, wenn sie unehelich ist. 10 Und
auch mit deinen Enkeln sollst du keinen Sex haben, das wäre oberpeinlich und nicht okay. 11 Du sollst auch mit deiner Stiefschwester keinen Sex haben.
12–13 Du sollst auch nicht mit deiner Tante schlafen, weder väterlicherseits noch mütterlicherseits, denn die ist ja auch eine nahe Verwandte von dir.
14 Du sollst auch mit dem Bruder von deinem Vater, deinem Onkel, keinen Sex haben. Und du darfst auch nie mit dessen Frau schlafen, das geht gar
nicht! 15 Du sollst auch keinen Sex mit der Ehefrau von deinem Sohn haben.

Sie ist ja immerhin die Frau von deinem Sohn, darum geht das nicht. 16 Mit
der Frau von deinem Bruder, deiner Schwägerin, sollst du auch keinen Sex
haben. Das darf nur dein Bruder, es ist ja seine Frau und nicht deine. 17 Du
sollst auch mit keiner Frau schlafen, wenn du gleichzeitig was mit ihrer
Tochter oder der Tochter ihrer Tochter was am Laufen hast. Das sind ja ganz
nahe Verwandte, das wäre superpeinlich, und Gott findet das total ätzend.
18 Ich möchte auch nicht, dass jemand gleichzeitig mit einer Frau und ihrer
Schwester verheiratet ist. Da gäbe es nur die derben Eifersuchtszenen. 19 Du
sollst keinen Sex mit deiner Frau haben, während sie ihre Tage hat. In der
Zeit ist sie einfach nicht sauber. 20 Du sollst auch nicht mit der Frau von dei-
nem Nachbarn oder von einem Freund oder Arbeitskollegen schlafen. Wenn
du Sex mit ihr hast, wirst du dreckig, du bist dann ‚unrein'. 21 Ich möchte
auf keinen Fall, dass du eins deiner Kinder für irgendeinen fiesen Plastikgott
verbrennst. Damit beleidigst du mich echt total. Hallo? Ich bin Gott! 22 Ich
will auch nicht, dass Männer miteinander Sex haben wie mit einer Frau. Das
finde ich total ätzend. 23 Und Sex mit Tieren finde ich zum Kotzen, da machst
du dich voll dreckig. Auch Frauen sollen keinen Sex mit Tieren haben, das ist
doch total ätzend! 24 Durch solche Sachen dürft ihr euch auf keinen Fall dre-
ckig machen! Die Leute, die da leben, wo ich euch hinführen werde, denen
bin ich total egal. Die leben so und haben dadurch ihre Seele total verdreckt.
Diese Leute werdet ihr alle aus ihrem Land rausschmeißen. 25 Durch so was
ist ihr ganzes Land verpestet und verdreckt worden. Darum wird ihr ätzen-
des Verhalten auch Konsequenzen haben. Ich werde sie in hohem Bogen
von da rausschmeißen. 26 Von euch erwarte ich aber, dass ihr meine Gesetze
einhaltet. Meine Regeln sollen euch echt wichtig sein. Ihr sollt diese üblen
Sachen nicht tun! Das gilt für die Israeliten genauso wie für die Ausländer,
die bei euch wohnen. 27 Diese bescheuerten Sachen haben die Leute, die
dort vor euch gelebt haben, ständig gemacht. Dadurch ist das ganze Land
total verpestet. 28 Darum können die dort nicht mehr lange leben, sie werden
vom Land wieder „ausgekotzt". Das darf euch nicht passieren, darum passt
auf und macht euch nicht dreckig. 29 Ich will deshalb, dass ihr diese Ansage
befolgt: Wenn einer die oben erwähnten ätzenden Sachen tut, muss er bei
euch radikal rausgeschmissen werden. 30 Checkt also immer meine Gesetze
ab, lest die ständig. Ich möchte nicht, dass ihr diese oberätzenden Lebens-
weisen übernehmt, die hier früher üblich waren. Sie würden euch nur total
dreckig machen. Ich bin der Chef, ich bin euer Gott!"

19

Gottes Leute sollen etwas Besonderes sein

1 Jetzt sagte Gott zu Mose: 2 „Richte mal deinen Leuten Folgendes von mir
aus: Ich möchte, dass ihr etwas Besonderes seid, darum lebt auch so. Ich

bin euer Gott, und ich bin auch etwas Besonderes. 3 Ich möchte, dass jeder
von euch Respekt vor seinen Eltern hat. Und ihr sollt euch am Sonntag mal
entspannen und nicht arbeiten. Jetzt rede ich, Gott. 4 Macht nicht mit ande-
ren Göttern rum! Ihr sollt euch auch keinen Plastikgott irgendwo hinstellen.
Ich bin der Chef, ich bin euer Gott! 5 Wenn ihr ein Dankopfer durchzieht,
dann macht das genau nach meinen Ansagen! Nur so finde ich das auch
cool. 6 Das Fleisch von dem Dankopfer soll an dem Tag, wann es geschlach-
tet wurde, auch gegessen werden. Einen Tag später geht auch noch okay.
Aber am dritten Tag müsst ihr die Reste wegschmeißen und verbrennen.
Solche Reste finde ich zum Kotzen. 7 Falls sich jemand nicht dran hält und
trotzdem was davon isst, dann könnt ihr das ganze Opferritual vergessen, es
ist mir nicht nur egal, ich finde es dann zum Kotzen. 8 Wenn einer doch was
davon isst, hat er richtig Mist gebaut, er hat es dadurch in den Dreck gezo-
gen. Es war doch ganz allein für Gott bestimmt! Darum muss er aus der
Gemeinschaft rausgeschmissen werden. 9 Wenn ihr eure Felder aberntet,
dann sollt ihr am Rand immer einen Streifen stehenlassen. Und ich möchte
auch nicht, dass ihr danach noch einmal im Feld nach den Sachen sucht, die
übersehen wurden. 10 Das Gleiche gilt auch für den Weinberg. Wenn da Trau-
ben runtergefallen sind, dann lasst sie liegen. Die Reste sind nämlich für die
Leute, die keine Kohle haben, für Bettler und Hartz-IV-Empfänger. Diese
Ansage kommt von mir, Gott, eurem Gott. 11 Sachen klauen ist total uncool,
lasst das sein! Rumlügen und Leute abzocken finde ich genauso ätzend.
12 Haut kein ‚Oh, ich schwöre bei Gott' raus, ohne dass ihr euch ganz sicher
seid. Nachher war das Ding gelogen, und ihr habt meinen Namen lächerlich
gemacht. Ich bin Gott! 13 Leute erpressen und beklauen soll es bei euch nicht
geben. Wenn ihr Angestellte habt, dann zahlt denen auch pünktlich ihre
Kohle aus. 14 Ihr sollt nicht über Leute ablästern, die hörgeschädigt sind. Der
kann sich ja nicht dagegen wehren. Und wenn jemand nichts sehen kann,
soll ihm auch keiner ein Bein stellen. Ich will Respekt von euch, ich bin Gott!
15 Wenn ihr mal jemand vor Gericht verklagen müsst, dann muss das unbe-
dingt korrekt nach den Gesetzen abgehen. Keiner hat Sonderrechte, egal ob
man viel oder wenig Kohle hat, in der Chefetage sitzt oder als Putzkraft
arbeitet. Wenn einer von euch einen Job als Richter hat, soll er die Sachen
immer ganz gerecht abgehen lassen. Gerechtigkeit ist die Latte, an der er
messen muss. 16 Erzähle keinen Schwachsinn über Leute, die du kennst, und
läster nicht rum. Ihr sollt auch nicht Menschen, die eurer Karriere im Weg
stehen, mobben oder mit linken Mitteln aus dem Weg zu räumen. Ich bin
Gott! 17 Wenn du einen Hals hast gegen einen aus der Familie, dann zieh dir
das nicht zu lange rein. Quatsch dich mit dem aus, wenn du das nicht
machst, bist du nicht korrekt für mich. 18 Rache geht schon mal überhaupt
nicht, ich will nicht, dass du so drauf bist. Trage keinem seine Fehler hinter-

her. Liebe die Leute in der Nähe genauso stark, wie du dich selber lieb hast.
Ich bin Gott!“

Noch ein paar Ansagen für Gottes besondere Leute

19 „Lebt genau so, wie ich es gesagt habe! Und wenn ihr Tiere habt, sollen
die unterschiedlichen Arten nicht miteinander gekreuzt werden. Auf einem
Feld sollen auch nicht die unterschiedlichen Pflanzen gemischt werden, zum
Beispiel Getreide und Gurken. Und eure Klamotten sollten auch nur aus
einem Material sein. 20 Wenn ein Chef mit einer seiner Angestellten Sex hat,
die zwar einen Freund hat, aber noch nicht verheiratet ist, dann müssen die
bestraft werden. Da drauf gibt es aber keine Todesstrafe, denn die Frau war
ja irgendwie noch zu haben. 21 Der Mann muss dann ein männliches Schaf
nehmen und für ein Wiedergutmach-Opfer an den Eingang vom besonderen
Zelt bringen. 22 Wenn der Priester das Opferritual für ihn durchgezogen hat,
geht die Sache in Ordnung. Ich verzeihe demjenigen seinen Mist, es ist okay.
23 Wenn ihr in dem Land, das ich euch geben werde, anfangt Obstbäume
anzupflanzen, dürft ihr die ersten drei Jahre nichts von den Früchten essen.
Sie sind nicht gut, sie sind ‚unrein‘. 24 Dann im vierten Jahr sollen alle
Früchte von den Bäumen mir geschenkt werden. 25 Ab dem fünften Jahr dürft
ihr die ganzen Früchte verspachteln. Wenn ihr das so durchzieht, werden an
euren Obstbäumen voll fett Früchte wachsen. Ich bin der Chef, ich bin Gott!
26 Ich will nicht, dass ihr Fleisch esst, das noch voller Blut ist. Und ihr sollt
auch keine Horoskope lesen oder zu den Handlesern und Kartenlegern
gehen. Okkultismus und Wahrsagerei sind ätzend! 27–28 Wenn bei euch
jemand gestorben ist, dann könnt ihr ruhig trauern. Aber ich will nicht, dass
ihr dann so seltsame Rituale macht von den anderen Völkern, von den Leu-
ten, die mich nicht kennen, also euch den Bart abschneidet oder euch ritzt
oder wegen dem Toten euch ne Tätowierung stechen lasst. Nicht vergessen,
ich bin Gott! 29 Wer seine Kinder auf den Strich schickt, ist untendurch.
Wenn sich das rumspricht und andere das auch machen, würde mir das
total weh tun. 30 Respekt vor dem Ruhetag, dem Sonntag, will ich bei euch
sehen. Und verdreckt nicht das besondere Zelt. Ich bin Gott! 31 Wenn ihr
Fragen über eure Zukunft habt, sollt ihr damit nicht zu den Esoterikern
gehen! Ich will auch nicht, dass ihr zu Geisterbeschwörern geht, die dann
mit toten Menschen labern, das geht gar nicht! Wer das macht, ist nicht in
Ordnung, er ist ‚unrein‘. Ich bin der Chef, euer Gott! 32 Wenn ihr irgendwo
einen Opa oder eine Oma mit grauen Haaren trefft, sollt ihr Respekt vor
denen haben. Ihr dürft die nicht verarschen. Und habt Respekt vor eurem
Gott. Dieser Gott bin ich! 33 Ausländer, die bei euch leben, sollen nicht unter-
drückt oder beleidigt werden. 34 Ihr sollt mit denen so umgehen, wie ihr
mit euren eigenen Leuten auch umgeht. Ihr sollt die Ausländer, die bei euch

leben, sogar so lieben, wie ihr euch selber auch liebt. Nicht vergessen: Ihr
wart auch viele Jahre Ausländer, als ihr noch in Ägypten gewohnt habt! Ich
bin der Chef, ich bin Gott! 35–36 Jemanden abzocken ist nicht okay. Wenn
ihr Sachen verkauft, dann muss eure Waage richtig funktionieren, und alle
Ansagen sollen auch stimmen. Ich bin der Chef, euer Gott! Ich hab euch aus
Ägypten rausgeholt! 37 Lebt nach meinen Ansagen, richtet euer Leben nach
meinen Gesetzen aus. Nicht vergessen Leute: Ich bin Gott!“

20

Ganz derbe Verbrechen und die Todesstrafe

1 Gott sagte noch zu Mose: 2 „Ich hab noch ne Ansage für die Israeliten! Es
gibt ein paar Sachen, die sind so schlimm, dafür gibt es nur die Todesstrafe!
Und dieses Gesetz gilt für euch und auch für die Ausländer, die bei euch
leben. Also: Wenn irgendeiner von euch sein eigenes Kind so einem Pseudo-
gott opfert, der muss die Todesstrafe kriegen! Die ganze Gemeinschaft soll
sich in so einem Fall treffen und den so lange mit Steinen beschmeißen, bis
der abgenippelt ist. 3 Ich werde höchstpersönlich gegen solche Typen vorge-
hen. Er wird sofort rausgeschmissen. Warum? Weil er eins von seinen eige-
nen Kindern für so einen Pseudogott umgebracht hat! Damit hat er alles
total verdreckt, er hat mich und das besondere Zelt vollgerotzt. 4 Wenn die
Leute, die bei euch wohnen, das nicht wahrhaben wollen, bin ich erst recht
sauer. Wenn sie so tun, als hätten sie nichts gemerkt, und es keine Konse-
quenzen für diese üble Tat gibt, 5 komme ich höchstpersönlich vorbei und
werde ihn und auch seine ganze Familie bestrafen. Wer so was tut, fliegt
raus. Das gilt auch für alle, die ähnliche Pläne haben. 6 Was ich auch total
ätzend finde, ist, wenn sich jemand an Wahrsager wendet, oder an Spiritis-
ten, die mit Verstorbenen quatschen. Wer das tut, redet mit Dämonen und
findet die auch noch toll. Das sind meine ganz persönlichen Feinde; wenn
jemand so was macht, fliegt er sofort raus! 7 Haltet euch fern von Dingen,
die ich ätzend finde! Lebt anders als die anderen Menschen, denn ich bin
auch anders drauf. Ich bin der Chef, ich bin euer Gott! 8 Tut die Sachen, die
ich in meinen Gesetzen gesagt habe. Ich bin Gott, und ich habe mit euch
etwas vor, ihr seid anders als die anderen Völker. Ich möchte, dass ihr etwas
ganz Besonders seid. 9 Noch was: Wenn einer von euch seinen Vater oder
seine Mutter verhext oder so einen Vodoozauber gegen die organisiert, der
kriegt die Todesstrafe. Er hat seinen Vater oder seine Mutter verflucht,
darum muss er mit seinem eigenen Blut dafür bezahlen. 10 Wenn ein Mann
mit der Ehefrau von einem anderen Israeliten ins Bett steigt, kriegen beide
die Todesstrafe. 11 Falls jetzt ein Typ mit der Frau seines Vaters schläft, ist das
nicht nur für den Vater sehr peinlich, es ist ganz schlimm, denn sie sind ja
miteinander verwandt. Beide müssen sterben, sie kriegen die Todesstrafe.

12 Und wenn jemand mit seiner Schwiegertochter schläft, kriegen auch beide
die Todesstrafe. Sie haben sich beide total dreckig gemacht, das war eine
ganz üble Tat. 13 Wenn zwei Männer rumschwulen und miteinander Sex
haben, ist das total ätzend. Sie kriegen die Todesstrafe. Auch diese üble Tat
muss richtig bestraft werden. 14 Nun könnte einer eine Frau heiraten wollen
und noch dazu deren Mutter. Das ist superätzend. Alle drei kriegen die
Todesstrafe, sie müssen verbrannt werden. So was Ätzendes darf bei euch
nicht passieren. 15 Sodomie, also Sex mit Tieren, ist gruselig und führt zur
Todesstrafe. Das Tier muss übrigens auch getötet werden. 16 Das gilt auch
für Frauen. Wenn Frauen mit Tieren Sex haben, führt das auch zur Todes-
strafe. Solche Sachen müssen richtig bestraft werden. 17 Wenn ein Mann mit
seiner Schwester oder Halbschwester schläft, dann haben alle Beteiligten
Mist gebaut. Das ist total übel. Beide müssen öffentlich hingerichtet werden.
Der Mann hat ja immerhin mit seiner Schwester Sex gehabt, er muss die
Konsequenzen dafür tragen. 18 Bei dem Fall, dass ein Mann mit seiner Frau
schläft, obwohl die gerade ihre Tage hat, machen sich beide schuldig. Ihr
müsst sie aus der Gemeinschaft rausschmeißen. 19 Keiner darf mit seiner
Tante schlafen, die kommt ja auch aus seiner nahen Verwandtschaft. Wenn
sie das doch machen, müssen sie die Konsequenzen tragen. 20 Wenn einer
mit der Ehefrau von seinem Onkel, also seiner Tante, schläft, tut er etwas
total Peinliches, besonders für den Onkel. Als Strafe werden sie keine Kinder
haben. 21 Wer mit der Frau von seinem Bruder Sex hat, lässt seinen eigenen
Bruder total alt aussehen. Das ist voll daneben. Er und auch die Frau werden
niemals Kinder haben. 22 Lebt nach diesen Gesetzen und Regeln, die ich
euch gegeben habe. Nur wenn ihr das tut, werdet ihr nicht in hohem Bogen
aus dem Land wieder rausfliegen, in das ich euch bringen will. 23 Passt
euch in der Lebensweise auf keinen Fall an die Leute an, die vor euch dort
gewohnt haben. Die werde ich dort rausschmeißen, gerade weil sie so
ätzende Sachen machen, die ich ganz schrecklich finde. 24 Darum hab ich
damals schon zu euch gesagt: ‚Das Land, was denen gehört, werde ich euch
schenken. Ihr sollt es nehmen, es gehört euch. Es ist ein fettes Land, da gibt
es alles, wovon man nur träumt, und zwar reichlich.‘ Ich hab euch zu was
Besonderem gemacht, ich bin Gott. 25 Das ist auch der Grund, warum ihr
unterscheiden sollt zwischen Tieren, die ihr essen dürft, die also ‚rein‘ sind,
und Tieren, die ‚unrein‘ sind. Esst keine Tiere, die ‚unrein‘ sind, weil ihr euch
dadurch dreckig macht. Und dann finde ich euch auch eklig. 26 Ihr sollt etwas
Besonderes sein, und ihr sollt nur mir gehören, sonst keinem! Ich bin Gott,
und ich bin das Besondere in Person, ich bin heilig! Ich habe euch extra aus-
gesucht aus vielen anderen Völkern. Mein Plan war schon immer, dass ihr
nur mir gehört! 27 Noch was zum Schluss: Wenn jemand anfängt mit Toten-
oder Geisterbeschwörung und dann aus einem Mann oder einer Frau so ein

Toter oder ein Geist plötzlich anfängt zu sprechen, dann ist das echt übel.
Und da drauf gibt es nur eins, die Todesstrafe. Solche Sachen müssen richtig
hart bestraft werden."

21

Wie Priester leben sollen

1 Gott hatte dann noch ne Nachricht für die Priesterfamilie vom Aaron, die er
durch Mose ausrichten ließ: „Hört zu, Leute, keiner von euch Priestern darf
sich dadurch verdrecken, dass er eine Leiche anfasst! 2 Eine Ausnahme sind
eure nahen Verwandten, wenn die gestorben sind, die dürft ihr anfassen. Also
die Mutter, den Vater, den Bruder oder die Kinder. 3 Man kann auch zu der
Gruppe noch die Schwester zählen, falls sie noch nicht geheiratet hat und
noch mit ihrem Bruder in der gleichen Bude wohnte. 4 Ihr dürft aber die Lei-
che von eurer Schwester nicht anfassen, wenn die schon verheiratet war.
5 Wenn einer aus der Familie gestorben ist, darf sich der Priester deswegen
nicht gleich die Haare abrasieren, den Bart kürzen oder sich was in die Haut
ritzen. Das machen nur die okkulten Trottel. 6 Ein Priester soll so drauf sein,
dass er ganz radikal für mich lebt. Er soll für meine Sache da sein und sie
respektieren. Priester verbrennen Sachen auf dem Opfertisch, dem Altar, für
mich, was ja sozusagen mein Essen ist, darum müssen sie einen großen
Bogen um alles machen, was ätzend ist und ‚unrein'. 7 Sie dürfen auch keine
Hure heiraten und auch keine Frau, die nicht mehr Jungfrau ist. Ich will auch
nicht, dass sie sich eine Frau nehmen, die schon mal verheiratet war. Priester
gehören Gott, radikal. 8 Priester sollen bei euch die Stellung haben, dass jeder
weiß: Den hab ich mir extra ausgesucht, weil er für mich die Opfersachen
macht. Ich bin Gott, und ich bin anders. Ich hab euch extra ausgesucht, ihr
gehört alleine mir. 9 Wenn die Tochter von einem Priester auf die schiefe Bahn
kommt und auf dem Strich landet, zieht sie ihren Vater mit in den Dreck.
Darum muss sie sterben, sie soll verbrannt werden. 10 Der Oberpriester darf
bei einer Trauerfeier seine Haare nicht offen tragen oder seine Klamotten
öffentlich zerfetzen. Er ist für mich in diesen Job eingesetzt worden und mit
den dafür angesagten Priesterklamotten ausgestattet worden. 11 Er darf auch
nicht einen Totenbesuch abstatten, dadurch wird er dreckig, er wird ‚unrein'.
Das gilt auch, wenn der Tote seine Mutter oder sein Vater ist. 12 Solange in
seinem Haus ein toter Mensch irgendwo rumliegt, darf er es nicht betreten.
Er soll dann im besonderen Zelt bleiben. Wenn der jetzt nach Hause gehen
würde und sich mit dem Toten verdreckt, würde er das besondere Zelt besu-
deln, weil er ja mit dem besonderen Öl aus dem besonderen Zelt zum Ober-
priester gemacht wurde. Ich bin der Chef, ich bin Gott! 13 Er darf auch nur
eine Frau heiraten, die vorher noch keinen Sex hatte. 14 Sie sollte auch keine
Witwe sein, nicht schon vorher mit jemand anderes verheiratet und auch

keine Hure sein. Er muss eine Frau aus dem eigenen Volk heiraten. [15] Sonst
würde es passieren, dass seine Kinder nicht okay wären, sie sind dann auch
‚unrein'. Ich bin Gott, und ich habe ihn extra für diesen Job ausgesucht."
[16–17] Gott hatte Aaron noch mehr durch Mose zu sagen: „Wenn einer aus
deiner Familie krank ist, dann darf er nicht zum Altar kommen, um für mich
ein Opferritual durchzuziehen. Dieses Gesetz ist wichtig und gilt für immer.
[18] Zugelassen für den Opferjob werden nur Leute, die keine Behinderung
haben. [19] Auch Leute mit nur einem Arm oder Bein dürfen den nicht machen.
[20] Oder Leute mit einem Buckel oder Sehfehler, oder Liliputaner, oder Leute,
die die Krätze haben oder andere Hautkrankheiten, und auch keiner, der mal
ordentlich einen auf die Eier bekommen hat und die jetzt kaputt sind. [21] Kei-
ner von den Nachkommen vom Priester Aaron darf, wenn er irgend so einen
Schaden hat, so ein Opferding auf dem Tisch für mich verbrennen. [22] Er darf
aber von den Sachen essen, die man für mich geopfert hat. Von den besonde-
ren und auch von den ganz krass besonderen Sachen darf er alles spachteln,
wenn er will. [23] Aber weil er irgendwie krank ist, darf der nicht zum Vorhang
in dem besonders krassen Bereich gehen, und er darf auch nicht zu nahe an
den Altar ran. Er würde sonst das besondere Zelt und die ganzen Sachen, die
da drin stehen, zu etwas Stinknormalem machen. Aber ich bin der Gott, der
sie zu etwas ganz Besonderem macht." [24] Mose erzählte Aaron und seinen
Söhnen diese neue Order und dann auch allen Israeliten.

22

Wer was von den Opfersachen essen darf und wer nicht

[1] Gott redete mal wieder mit Mose. Er sagt zu ihm: [2] „Mose? Sag mal Aaron
und seinen Söhnen, dass sie Respekt haben sollen, wenn sie mit den beson-
deren Geschenken zu tun haben, die mir die Israeliten geben! Sonst werde
ich von denen in den Dreck gezogen. Ich bin Gott! [3] Wenn irgendwann mal
einer von euch auf die Idee kommt, sich diesen besonderen Geschenken zu
nähern, der dann aber dabei verdreckt und ‚unrein' ist, dann fliegt er sofort
raus. Ich will den nicht mehr sehen, für immer. Ich bin Gott! [4] Keiner aus der
Familie von Aaron darf bei dem Essen mitmachen, wo die ganz besonderen
Geschenke verspachtelt werden, wenn er dabei noch dreckig, also ‚unrein'
ist. Damit meine ich jetzt auch, wenn der zum Beispiel diese ansteckende
Hautkrankheit ‚Aussatz' hat. Aber auch, wenn der einen ekligen Ausfluss hat
oder etwas berührt hat, was durch einen Toten verdreckt wurde, oder wenn er
auch nur irgendwie abgespritzt hat, gilt das. [5] Falls er Kakerlaken oder ande-
res Ungeziefer angefasst hat oder einen Menschen, der irgendwie verdreckt
und ‚unrein' ist, [6–7] dann ist er selbst auch verdreckt, er ist ‚unrein'. Dieser
Zustand geht bis abends. So lange darf er nichts von den besonderen Sachen
essen, die für das Opferding bestimmt sind. Wenn es dunkel geworden ist,

soll er mal anständig duschen. Und dann ist er wieder sauber, er ist rein und
darf auch von den besonderen Geschenken was essen. Er muss sich ja auch
von irgendwas ernähren. 8 Keiner aus der Familie von Aaron darf Fleisch
essen, das von Tieren kommt, die irgendwo tot auf der Straße rumliegen.
Das macht ihn dreckig, er wird dann ‚unrein'. Nicht vergessen, ich bin Gott!
9 Die Priester sollen die Sachen durchziehen, die ich gesagt habe. Sie sollen
da drauf aufpassen, dass sie keinen Mist bauen und dann irgendwie sterben,
weil sie die ganz besonderen Sachen essen, obwohl sie innerlich total ver-
dreckt sind. Ich bin Gott. Ich habe die Leute, die Priester werden sollen, extra
für den Job ausgesucht. 10–11 Nur wer zu der Familie von einem Priester
gehört, darf von den besonderen Opfersachen was essen. Ein Angestellter,
der von einem Priester fest angestellt wurde und bei ihm wohnt, darf auch
davon was essen und auch dessen Kinder. Aber keiner, der nur vorüberge-
hend bei ihm lebt und arbeitet. 12 Wenn jetzt die Tochter von einem Priester
einen Mann heiratet, der selbst kein Priester ist, dann darf sie von diesen
besonderen Opfersachen nichts mehr essen. 13 Falls nun ihr Mann irgend-
wann tot ist oder sie von dem Typen rausgeschmissen wurde und es aus der
Ehe keine Kinder gibt und sie dann wieder zu Hause bei ihrem Vater einzieht,
dann darf sie die Sachen wieder essen, die ihr Vater als Priester auch essen
darf. Aber nur wer wirklich zu einer Priesterfamilie gehört, darf davon essen.
14 Nun kann es passieren, dass einer aus Versehen was davon isst. Dann
muss er es dem Priester ersetzen und noch 20 Prozent drauflegen. 15 Die
Priester müssen dafür sorgen, dass die besonderen Geschenke nicht von
jedem Pups gegessen werden. Und sie müssen so gegessen werden, wie Gott
es gesagt hat, sonst werden sie dreckig. 16 Sonst bekommen die Israeliten ein
Problem, sie werden schuldig. Ich bin Gott, und diese Geschenke sind etwas
ganz Besonderes, weil sie für mich sind, sie sind heilig."

Was für Tiere taugen zum Opfern und was für welche nicht?

17 Gott redete dann mal wieder mit Mose. 18 „Mose? Sag mal Aaron und
seinen Söhnen, aber auch allen anderen Israeliten Folgendes: ‚Das gilt für
jeden, der bei euch lebt, egal ob er ein Ausländer ist oder aus euren Familien
stammt. Wenn er sein Opferritual durchziehen will, weil er etwas verspro-
chen hat oder einfach so, freiwillig, und er es als Abfackelopfer machen will,
19 dann muss das Tier bestimmte Eigenschaften mitbringen. Es muss
gesund und auch sonst voll in Ordnung sein. Außerdem soll es männlich,
und entweder ein Schaf, eine Ziege oder ein Rind sein. 20 Ihr dürft keine
Tiere opfern, die irgendeine Behinderung haben, denn die würde ich nicht
akzeptieren. 21 Wenn jemand so ein Dankopfer für mich durchziehen will,
um irgendein Versprechen zu erfüllen oder einfach nur so, und er nimmt
dabei eine Rind, ein Schaf oder eine Ziege, dann akzeptiere ich das nur,

wenn das Tier keine Behinderung hat. 22 Ein Tier, das keine Augen hat oder verkrüppelt ist, das nur drei Beine hat oder eine fiese Entzündung oder Krankheiten an der Haut, will ich nicht haben. So was darf gar nicht als ein Opfer auf meinen Altar kommen. 23 Man kann so ein Tier mit krummen Beinen als so ein freiwilliges Opfer an mich schenken, das ist okay. Aber als ein Opfer, mit dem man ein Versprechen erfüllt, akzeptier ich es nicht. 24 Auch Tiere, denen man die Hoden abgeschnitten hat, will ich nicht haben. Das Abschneiden von Hoden bei Tieren finde ich generell total beknackt, so was soll es bei euch nicht geben. 25 Aber auch von jemand anderem, der von außen kommt, sollt ihr so ein Tier gar nicht erst kaufen, um es mir zu schenken. Wenn ihr solche Tiere opfert, könnt ihr mich nicht wirklich beeindrucken.'" 26 Dann sagte Gott noch was zu Mose: 27 „Wenn eine Kuh oder ein Schaf oder eine Ziege bei euch Babys kriegen, dann muss es die ersten sieben Tage bei seinem Muttertier bleiben. Erst ab dem achten Tag dürft ihr es mir schenken, vorher will ich das nicht haben. 28 Ihr dürft auch nicht das Muttertier am gleichen Tag töten wie das Babytier. 29 Wenn ihr für Gott ein Opferritual durchzieht, um euch bei ihm zu bedanken, dann macht es auch so, dass es von ihm akzeptiert wird. 30 Alles sollte noch an dem Tag aufgegessen werden, wo es geschlachtet worden ist. Es sollten keine Reste am nächsten Morgen davon übrig bleiben. Ich bin Gott! 31 Ihr sollt Respekt vor meinen Gesetzen haben! Tut das, was dort gesagt wird. Ich bin Gott! 32 Verarscht mich nicht und macht auch keine dummen Sprüche über mich. Alle Leute, die zu den Israeliten gehören, müssen mich als ihren krassen, ganz besonderen Gott respektieren! Ich bin Gott, und ich habe euch extra ausgesucht, ihr seid meine Leute! 33 Ich habe euch aus Ägypten rausgeholt, weil ich euer Gott sein will. Ich bin Gott und sonst niemand!"

23

Feiertage und Feste

1 Gott wollte dann von Mose, dass er den Israeliten noch was sagt: 2 „Es gibt da noch so ein paar Feiern, die für euch gesetzt sind. Ihr sollt die als ganz besondere Zeiten organisieren, die nur für Gott sind. 3 Den Sonntag sollt ihr feiern. Sechs Tage ist Maloche angesagt, aber am siebten Tag, am Sonntag, müsst ihr euch entspannen, das ist voll wichtig. Dieser Tag ist anders als die anderen Tage, und der gehört ganz und total Gott. Das ist jetzt eine Regel, die überall passt, egal wo ihr gerade zu der Zeit wohnt. 4 Die anderen Feiern, die für Gott wichtig und ganz besonders sind, kommen jetzt:

Die Passaparty

5 Jeden 14. April sollt ihr für Gott die Passaparty machen, abends, wenn es dunkel wird. 6 Am nächsten Tag geht es dann mit dem Fest der Fladenbrote

weiter. Das soll sieben Tage lang für Gott abgefeiert werden. In der Woche
dürft ihr nur Brot essen, das ohne Hefeteig gemacht worden ist. 7 Am ersten
Tag der Woche sollt ihr einen Gottesdienst veranstalten und auf keinen Fall
arbeiten. 8 Und die ganze nächste Woche sollt ihr Opferrituale für Gott
durchziehen. Am Ende der Woche ist wieder beten statt arbeiten angesagt."

Das Erntefest und der Sieben-Wochen-Rave

9 Dann sollte Mose den Israeliten noch von Gott sagen: 10 „Wenn Gott euch
in diese Gegend geführt hat und ihr dort lebt und es ist dann Ernte, dann
muss die erste Fuhre der Priester bekommen. 11 Das übergibt der Priester
dann an einem Montag durch Hin-und-her-Schwenken symbolisch an Gott.
Gott freut sich da drüber, er wird euch dann helfen. 12 Gebt Gott an dem
Tag außerdem noch ein gut gebautes Schaf, was ein Jahr alt ist. Es soll ihm
geschenkt werden, in Form von einem Abfackelopfer, was man komplett ver-
brennt. 13 Dann braucht ihr noch ein Essensopfer mit 2,5 Kilo gutem Mehl,
was mit Olivenöl verknetet wurde. Da steht Gott voll drauf. Als Trinkopfer
gibt es dann noch einen Liter Wein. 14 Von der neuen Ernte dürft ihr erst
essen, nachdem ihr dieses Opferritual durchgezogen habt. Dieses Gesetz
gilt ab sofort und wird immer und überall gelten, egal wo ihr gerade wohnt."
15 „Ab dem Montag, an dem ihr Gott was von den Weizenkörnern geschenkt
habt, fangt ihr an, sieben Wochen zu zählen. 16 An dem Montag nach sieben
Wochen schenkt ihr Gott dann wieder ein Essensopfer von den neuen
Sachen, die gerade geerntet wurden. 17 Jede von euren Familien soll zwei
Brote einpacken und die mit zum besonderen, heiligen Zelt nehmen. Jedes
Brot soll aus 2,5 Kilo Weizenmehl gemacht werden, das mit Hefeteig versetzt
wurde. Sie sind ein Geschenk für Gott von der ersten Weizenernte. 18 Außer
dem Brot soll die ganze Gemeinschaft Gott noch sieben Schafe opfern, die
ein Jahr alt und voll in Ordnung sind. Dazu noch einen Stier und zwei männ-
liche Schafe, die alle als Abfackelopfer komplett verbrannt werden sollen.
Dazu soll man noch die Essens- und Trinkopfer machen, die zu dem Zweck
vorgeschrieben sind. Da freut sich Gott voll drüber. 19 Ich möchte auch noch
eine männliche Ziege haben, als so ein Opfer, das man macht, um den gan-
zen Mist wegzunehmen, der aus Versehen gebaut wurde. Und dann braucht
es noch zwei Schafe, die ein Jahr alt sind, für ein Dankopfer. 20 Der Priester
übergibt Gott durch Hin-und-her-Schwenken symbolisch die ganzen Brote
und alle Sachen, die geopfert werden sollen. Das sind ganz besondere
Geschenke für Gott, und am Ende können die Priester die haben. 21 Dieser
Tag soll für euch etwas ganz Besonderes sein, er ist heilig. An dem Tag sollt
ihr auch nicht arbeiten. Dieses neue Gesetz gilt ab sofort und für immer.
Und egal wo ihr auch gerade wohnt, es passt für euch. 22 Wenn ihr eure Fel-
der aberntet, dann müsst ihr an den Seiten immer einen Rand lassen, der

stehenbleibt. Und ihr dürft auch nicht noch ein zweites Mal auf das Feld, um
die Sachen einzusammeln, die liegengeblieben sind. Das soll für die Arbeits-
losen, Ausländer und Sozialhilfeempfänger bleiben. Ich bin der Chef, euer
Gott!“

Neujahr

23 Gott sagte dann noch zu Mose: 24 „Sag deinen Leuten auch noch das hier:
‚Neujahr soll ein Tag sein, wo ihr euch entspannen könnt. Für Gott ist dieser
Tag etwas ganz Besonderes, er ist heilig. An dem Tag sollt ihr einen Gottes-
dienst mit ordentlich viel Mucke veranstalten, damit ihr Gott nicht vergesst.
25 Ihr dürft da auf keinen Fall arbeiten, stattdessen sollt ihr für Gott Opfer-
rituale durchziehen!‘“

Der Alles-wieder-gut-Tag

26 Außerdem sagte Gott noch zu Mose: 27 „Am 10. Oktober ist der Tag, wo
alles wieder gut wird. Da bringt ihr im besonderen, alleroberheiligen Bereich
im Zelt wieder alles in Ordnung, was ihr an Mist gebaut habt. Ihr sollt an
dem Tag auf Essen und Trinken verzichten und für mich einen Gottesdienst
und Opferrituale machen. 28 Ich möchte, dass ihr an diesem Tag nicht arbei-
tet. Es ist der Tag, wo alles wieder gut wird, ich habe euch mit mir versöhnt.
29 Wer aber an dem Tag keinen Bock drauf hat, für mich auf Essen und Trin-
ken zu verzichten, der muss rausgeschmissen werden. 30 Gott wird auch
höchstpersönlich diejenigen rauspicken und töten, welche unter seinen Leu-
ten an diesem Tag trotzdem arbeiten. 31 An dem Tag ist das eine sehr radikal
gemeinte Ansage. Da sollt ihr nicht arbeiten, und zwar für immer und egal,
wo ihr gerade rumhängt. 32 Es ist total wichtig, dass man an dem Tag, an
dem alles wieder gut wird, nicht arbeitet und diese Sachen tut, um zu zei-
gen, dass man sich ändern will. Vom Abend des 9. bis zum Abend des 10.
müsst ihr das unbedingt durchziehen, ihr dürft nicht arbeiten.“

Das „Fest der Blätterbuden“

33 Dann sagte Gott zu Mose: 34 „Sag den Israeliten folgendes: ‚Am 15. Okto-
ber beginnt das ›Fest der Blätterbuden‹. Sieben Tage lang sollt ihr dieses
Fest radikal für Gott abfeiern. 35 Der Tag ist ganz wichtig, er ist sehr beson-
ders. Wie gesagt, sollt ihr da nicht arbeiten. 36 Ihr sollt sieben Tage lang
Opferrituale für Gott abfackeln. Am achten Tag sollt ihr einen Gottesdienst
feiern und noch mehr Opferrituale abfackeln. An dem Tag sollt ihr eine Rie-
senparty feiern. Ihr dürft in der Zeit nicht arbeiten. 37 Das sind die Feste, die
man für Gott feiern soll. Es sind ganz besondere Zeiten und sollen als sol-
che auch angesagt werden. In der Zeit schenkt ihr Gott Opfersachen, ihr
zieht Abfackelopfer, Essensopfer, Trinkopfer und Dankopfer durch, genau so,

wie es für das jeweilige Fest vorgesehen ist. 38 Dazu feiert ihr jede Woche den
Sonntag als den Tag, der alleine Gott gehört, und zieht immer auch die
Opferrituale durch, die ihr sowieso machen wolltet, freiwillig oder weil ihr
etwas versprochen habt. 39 Zum ›Fest der Blätterbuden‹, das nach der Ernte
am 15. Oktober anfängt, hab ich noch was Wichtiges zu sagen. Es soll ja mit
dem Tag anfangen und aufhören, wo ihr euch entspannen sollt. Und zwar
40 nehmt ihr am ersten Tag von der Woche, wo die Feier steigt, die leckersten
Früchte von euren Obstbäumen. Dann nehmt ihr noch ein paar Zweige von
den Birken und den Eichen und den Weiden, die bei euch wachsen. Und
dann feiert ihr sieben Tage lang eine große Party, wo ihr abgeht auf Gott!
Nur euer Gott soll dabei groß rauskommen, und nur ihn sollt ihr da feiern.
41 Ihr sollt dieses Fest jedes Jahr im Oktober machen. Das ist jetzt ein
Gesetz, und das gilt für immer. 42 Alle Leute aus Israel sollen sieben Tage in
eine ›Blätterbude‹ ziehen, eine Hütte die nur aus Zweigen und Laubblättern
besteht. 43 Eure Kinder und die Kinder von euren Kindern sollen sich immer
da dran erinnern, dass Gott eure Leute mal in solchen Blätterbuden hat
wohnen lassen. Das war auf dem Weg aus Ägypten raus in das Land, was er
euch versprochen hatte.'" 44 Das waren die Gesetze für die religiösen Feste
und Partys, die Gott durch Mose seinen Leuten gesagt hatte.

24

Der Kerzenständer und die Brote

1 Gott sprach mal wieder mit Mose. 2 „Sag den Leuten von Israel, dass sie
genug Kerzen vorbeibringen sollen, damit für den siebenarmigen, goldenen
Leuchter, der im besonderen Zelt vor dem Vorhang steht, immer genug Ker-
zen da sind. 3–4 Aaron hat den Job, abends die Kerzen, die oben auf dem
Leuchter dran sind, anzuzünden, damit sie die ganze Nacht brennen können.
Dieses Gesetz gilt ab jetzt für immer. 5 Dann lass mal zwölf Brote backen, die
immer aus 2,5 Kilo Mehl gemacht werden. 6 Leg die Brote in zwei Haufen auf
den goldenen Tisch, der im besonderen Zelt vor dem Vorhang steht. 7 Auf
jeden Haufen legst du ein paar gute Räucherstäbchen. Die Stäbchen werden
dann abgeraucht, und das ist ein Zeichen dafür, dass diese Brote mir gehö-
ren. 8 Jeden Sonntag soll Aaron neue Brote dort drauflegen. So muss das ab
sofort gemacht werden, für immer. 9 Wenn die Brote vom Tisch genommen
werden, gehören sie Aaron und seiner Familie. Das ist ihr Anteil an den
Opfersachen, und das gilt auch für immer. Weil sie etwas ganz krass Beson-
deres sind, müssen sie auch beim besonderen Zelt gegessen werden.

Wenn ein Mann über Gott ablästert

10–11 In dem Zeltlager, wo die Israeliten wohnten, war ein Typ, der eine israeli-
tische Mutter und einen ägyptischen Vater hatte. Seine Mutter hieß Schelo-

mit. Sie war eine Tochter von Dibris, der aus dem Familienstamm Dan
stammte. Der Typ fetzte sich an einem Abend mal voll mit einem Israeliten.
Im Streit sagte der dann echt ätzende Sachen über Gott und verarschte ihn.
Er wurde dann verhaftet und zu Mose gebracht. 12 Mose steckte den erst mal
in den Knast und redet mit Gott über den Fall. Er wollte von ihm wissen, was
er mit dem jetzt machen sollte. 13 Gott sagte zu Mose: 14 „Führe den Mann
ab und bring ihn an eine Stelle, die außerhalb von eurem Zeltlager liegt.
Alle Zeugen, die dabei waren und sein Rumgeläster gehört haben, sollen
ihre Hände auf seinen Kopf legen. Und danach soll die Gemeinschaft ihn so
lange mit Steinen beschmeißen, bis der krepiert ist. 15 Den Israeliten musst
du das dann noch folgendermaßen erklären: 16 ‚Wer über Gott ablästert und
seinen Namen verarscht, hat kein Recht mehr da drauf zu leben. Das gilt
für alle von euch, alle Israeliten und alle Ausländer die bei euch leben: Wer
Gott verarscht muss sterben.'"

Ausgleichende Gerechtigkeit

17 Wenn jemand einen anderen Menschen tötet, muss der auch getötet wer-
den. 18 Wenn jemand eine Kuh tötet, muss er sie ersetzen, zur Not auch nur
kohletechnisch im Wert einer Kuh. Das ist ab jetzt eine Grundregel: Jedes
Leben muss mit einem Leben bezahlt werden. 19 Wenn jemand absichtlich
einen anderen Menschen verletzt, muss man dem, der das getan hat, die
gleiche Verletzung zufügen. 20 Wenn jemand einem anderen Menschen einen
Knochen bricht, dann soll man dem auch den gleichen Knochen brechen.
Wenn er den am Auge verletzt, soll man ihn auch am Auge verletzen. Wenn
er dem einen Zahn ausschlägt, soll man ihm den gleichen Zahn ausschlagen.
Diese Grundregel soll bei euch immer gelten: Ein blaues Auge wird mit einem
blauen Auge bezahlt, ein ausgeschlagener Zahn mit einem ausgeschlagenen
Zahn. Was jemand einem antut, wird auch gleichzeitig seine eigene Strafe
werden. 21 Wenn jemand eine Kuh tötet, dann muss er eine neue Kuh organi-
sieren. Aber wenn jemand einen Menschen umbringt, dann hat er sein eige-
nes Leben verspielt. 22 Dieses Gesetz gilt für jeden, egal ob er ein Israelit ist
oder ein Ausländer, der bei euch lebt. Ich bin Gott, euer Gott!" 23 Mose
erzählte seinen Leuten diese ganzen Sachen, die Gott ihm gesagt hatte. Sie
taten alles genau so und befolgten die Ansagen, die Gott gemacht hatte. Den
Typen, der über Gott abgelästert hatte, brachten sie außerhalb des Zeltlagers
und bewarfen ihn so lange mit Steinen, bis er tot war.

25

Das Jahr, in dem sich die Natur erholt

1 Gott sagte auf dem Berg Sinai noch Folgendes zu Mose: 2 „Richte den
Israeliten von mir noch was aus: „Sobald ihr in dem Land seid, das ich euch

versprochen habe, sollt ihr dafür sorgen, dass die Natur sich auch mal eine
Zeitlang erholen kann, so ähnlich wie ihr euch sonntags entspannt. 3 Sechs
Jahre lang könnt ihr auf euren Feldern arbeiten und Sachen aussäen. Sechs
Jahre lang könnt ihr Wein anbauen und die Ernte einfahren. 4 Aber im sieb-
ten Jahr soll sich die Natur mal entspannen, da gehört sie radikal mir, eurem
Gott. In der Zeit möchte ich nicht, dass ihr Sachen anbaut und erntet. Ihr
sollt auch den Weinberg in der Zeit in Ruhe lassen und da nicht dran arbei-
ten. 5 Wenn sich Pflanzen von selbst vermehrt haben, dürfen die Früchte
davon nicht im großen Stil abgeerntet werden, und wenn irgendwo Wein-
trauben von selbst wachsen, dann sollt ihr keine große Ernte veranstalten,
weder um Vorräte zu horten noch um sie zu verkaufen. Die ganze Natur soll
auch mal Pause machen in der Zeit. 6 Ihr könnt aber das einsammeln, was
ihr grad zum Leben braucht. Auch für die Angestellten und Ausländer bei
euch wird es locker reichen. Generell werden alle, die bei euch leben, immer
genug zu essen haben. 7 Das reicht auch für die Tiere, egal ob die im Zoo,
im Stall oder frei leben. Was auf den Bäumen oder auf dem Feld wächst,
könnt ihr pflücken und gleich essen, wenn ihr wollt – so viel, wie ihr gerade
zum Leben braucht.

Das „Schuldenerlassjahr“

8–9 Wenn ihr dieses Jahr zum siebten Mal gefeiert habt, also nach 49 Jahren,
soll man am 10. Oktober des 50. Jahres, am Alles-wieder-gut-Tag, überall
Feuerwehrsirenen losheulen lassen. 10 Dieses 50. Jahr soll für euch etwas
ganz Besonderes sein, es soll heilig sein. Es ist das Jahr, wo Schulden erlas-
sen werden, hier wird ein Resetknopf gedrückt, alles geht wieder auf null.
Wenn ein Israelit seine Gitarre in einem Pfandhaus oder sein Haus oder sein
Land verpfändet hat, dann bekommt er es an dem Tag wieder zurück. Wenn
jemand einen Vertrag mit einer Firma bei euch eingegangen ist, aus dem er
so einfach nicht mehr rauskommen würde, also so einen Knebelvertrag, der
ist dann wieder frei, der Vertrag ist erloschen. 11 In diesem Jahr sollt ihr keine
Samen auf die Felder aussäen, und was gerade wächst, auch wenn man es
nicht ausgesät hat, darf nicht im großen Stil abgeerntet werden. 12 Auch wild-
wachsende Weintrauben oder Äpfel dürft ihr nicht ernten. Das ganze Jahr
soll anders sein, es ist ein ganz besonderes Jahr. Es gehört mir, eurem Gott,
es ist etwas ganz Besonderes, es ist heilig. Dinge, die einfach so von alleine
auf den Feldern wachsen, dürft ihr dabei schon essen, zum Sattwerden. Nur
was man gerade braucht, darf man einsammeln. 13 In diesem Jahr, in dem
alle Schulden erlassen werden, soll jeder seine Felder und sein Stück Land
zurückbekommen, wenn er es irgendwie verkauft oder verpachtet hat. 14 Das
muss euch von vorneherein klar sein, wenn ihr von einem eurer Leute ein
Stück Land kauft oder es ihm verkauft. 15 Ihr müsst dabei im Preis berück-

sichtigen, wie viele Jahre der Käufer das Land behalten kann bis zum nächs-
ten Schuldenerlassjahr, wo er es wieder zurückgeben muss. 16 Umso länger
es bis zum nächsten „Schuldenerlassjahr“ dauert, desto höher wird der
Kaufpreis. Umso weniger Jahre dazwischenliegen, desto weniger wird das
Teil kosten. Davon hängt ja ab, wie oft er von dem Stück Land etwas ernten
kann. 17 Ich möchte nicht, dass ihr euch gegenseitig bescheißt. Ihr sollt Re-
spekt vor mir, eurem Gott, haben. Ich bin der Chef, und ich bin der einzige
Gott weit und breit. 18 Tut, was ich euch sage, lebt nach den Gesetzen. Wenn
ihr das tut, werdet ihr immer entspannt und in Sicherheit leben können.
19 Es wird euch in dem Land gutgehen und ihr werdet immer genug zu essen
haben. 20 Jetzt fragt ihr euch bestimmt: Aber wovon sollen wir uns denn in
diesem siebten Jahr ernähren, wenn wir da nichts aussäen und auch nichts
ernten dürfen? 21 Passt mal auf, ich werde euch im sechsten Jahr so fett
beschenken, dass die Sachen sogar für drei Jahre reichen. 22 Selbst wenn ihr
im achten Jahr dann wieder ausgesät habt, könnt ihr von der letzten fetten
Ernte noch so lange leben, bis die neuen Sachen fertig gewachsen und am
Start sind.“

Das Land gehört Gott

23 „Land darf nie für immer verkauft werden. Das gehört nämlich nicht wirk-
lich euch, sondern mir. Ihr lebt bei mir, als ob ihr nur zu Gast wärt bzw.
als Leute, denen ich das Land nur geliehen habe. 24 Wenn ein Typ ein Stück
Land verkauft, muss immer auch ein Rückkaufsrecht mit im Vertrag stehen.
25 Wenn jemand von euch bankrottgeht und sein Grundstück verkaufen
muss, dann soll der nächste Verwandte mit seinem Besitz dafür haften. Er
soll das Teil zurückkaufen, wenn er die Kohle dafür hat. 26 Angenommen, es
gibt jetzt niemanden, der so viel Geld dafür aufbringt, aber der Typ selber
kriegt die Kohle doch noch zusammen, 27 dann muss er für den Rückkauf
nur das Geld zurückbezahlen, das das Teil dann noch wert ist. Das hängt
davon ab, wie viele Jahre es noch bis zu dem Jahr sind, wo alle Schulden
erlassen werden, denn dann gehört das Grundstück ja sowieso wieder ihm.
28 Wenn er die Kohle nicht zusammenkratzen kann, um alles zurückzukau-
fen, dann bleibt das Grundstück im Besitz vom Käufer. Wenn dann dieses
Jahr kommt, wo alle Schulden erlassen werden, geht es aber wieder zurück
an den ursprünglichen Besitzer. 29 Falls jetzt jemand mal ein Haus verkaufen
will, das irgendwo in der Stadt liegt, dann gilt das Rückkaufsrecht nur für ein
Jahr. 30 Wenn es in der Frist nicht zurückgekauft wird, geht es für immer in
den Besitz vom Käufer und von seinen Erben über. Auch in diesem Jahr, wo
Schulden erlassen werden, muss er es nicht zurückgeben. 31 Ein anderer Fall
ist, wenn das Haus in einem Dorf liegt. Es wird dann genauso verhackstückt
wie ein Stück Land. Man kann es immer zurückkaufen, und in dem ‚Schul-

denerlassjahr‘ geht es sowieso an den ursprünglichen Besitzer zurück.
32–33 Die Levi-Leute können jederzeit die Häuser in den Städten, die ihnen
zugeteilt werden, zurückkaufen, und sie gehen auch automatisch in ihren
Besitz zurück, wenn das ‚Schuldenerlassjahr‘ abgeht. Diese Städte werden
dem Familienstamm Levi extra zugeteilt, die werden kein eigenes Gebiet
bekommen von dem Kanaan-Land, das ich euch geben werde. 34 Die Wiesen
bei diesen Städten, auf denen die Kühe grasen können, dürfen generell nicht
verkauft werden. Sie werden nämlich immer den Levi-Leuten gehören.“

Keine Knebelverträge mit den eigenen Leuten

35 „Wenn ein Kollege von dir, dein Bruder oder dein Nachbar keine Kohle
mehr hat und alles, was mal seins war, jetzt der Bank gehört, dann greif ihm
unter die Arme! Sorg dafür, dass er wenigstens wie ein Ausländer oder ein
Sozialhilfeempfänger bei euch leben kann. 36 Wenn er Schulden bei dir hat,
fordere keine Zinsen von ihm. Du sollst Respekt vor Gott haben, und dein
Kollege hat genauso das Recht zu leben wie du. 37 Und wenn du dem mit
Lebensmitteln aushilfst, erwarte nicht, dass er dir das Geld dafür mit einem
Aufschlag zurückbezahlt. 38 Ich bin der Chef, ich bin euer Gott. Ich habe euch
aus Ägypten rausgeholt, weil ich euch das Land Kanaan schenken will. Ich
möchte, dass ihr schnallt, dass ich Gott bin. 39 Wenn ein Kollege von dir
wirklich total pleite ist, dass er dir seine Arbeitskraft verkaufen muss, dann
mach keinen Knebelvertrag mit ihm. 40 Er soll für dich wie ein normaler
Angestellter arbeiten, mit einem ordentlichen Vertrag. Bis zum nächsten
„Schuldenerlassjahr“ soll er für dich arbeiten. 41 Ab dann sind er und seine
ganze Familie wieder frei. Er kann zu seiner Familie zurückgehen und die
Sachen, die er von seinem Vater geerbt hat, kriegt er auch zurück. 42 Das ist
nämlich so, dass im Grunde alle Israeliten sowieso mir gehören. Ich habe
sie aus Ägypten rausgeholt. Darum dürfen sie auch keine Knebelverträge
haben. 43 Ich möchte, dass ihr meine Ansagen mit Respekt behandelt.
Zwingt keinen von euren Leuten dazu mit Knebelverträgen, für euch zu
arbeiten. 44–45 Wenn ihr mal Leute braucht, die auch Drecksarbeit machen,
dann könnt ihr ja Gastarbeiter von außerhalb anmieten. Das gilt auch für
die Kinder von denen, die bei euch geboren wurden. Ihr könnt sie immer
für euch arbeiten lassen. 46 Das Arbeitsverhältnis können eure Kinder dann
übernehmen, wenn ihr mal sterbt. Aber die anderen Israeliten sind alle eure
Brüder, mit denen dürft ihr keine Knebelverträge abschließen, okay?“

Wie sich jemand aus einem Knebelvertrag freikaufen kann

47 „Jetzt kann es passieren, dass ein Ausländer bei euch mal echt Kohle
macht und reich wird, ein Israelit aus seiner Nachbarschaft aber pleite geht
und dann mit ihm ein Arbeitsverhältnis eingeht. 48 Wenn das so ist, kann

sich der Israelit aber immer wieder davon freikaufen. Einer seiner Brüder oder sein Onkel oder auch sein Vetter oder ein anderer Verwandter kann die Kohle für ihn abdrücken und ihm die Freiheit zurückkaufen. Falls er so viel gespart hat, kann er das natürlich irgendwann auch selber tun. [50] Der Preis wird so ermittelt, indem er die Jahre zusammenrechnet, die er für den Chef gearbeitet hat. Dann berechnet er noch, wie viel der Typ bis zum nächsten ‚Schuldenerlassjahr' arbeiten müsste. [51] Die Summe, die der aufbringen muss, entspricht dann der Zahl der Jahre, die dann noch kommen würden, bis die Zeit da ist, wo alles wieder resetet wird. [52] Wenn es nur noch ein paar Jahre sind, bis diese Zeit kommt, dann soll das in die Berechnung einfließen. Umso mehr Jahre, desto höher der Preis. [53] Sein Chef soll mit ihm anständig umgehen. Er soll mit ihm so verfahren, wie mit einem normalen Angestellten, der seit Jahren seine Bezahlung bekommt. [54] Wenn er sich nicht freikaufen kann, dann muss er aber auf jeden Fall in dem nächsten ‚Schuldenerlassjahr' freikommen. [55] Warum? Weil mir alle Menschen gehören, und die Israeliten sind eigentlich meine Angestellten, sie gehören nur mir. Ich habe sie aus Ägypten rausgeholt. Ich bin der Chef, ich bin Gott!"

26

Was es bringt und was es nicht so bringt – Segen und Fluch

[1] Die letzten Ansagen, die Gott noch für seine Leute hatte, gingen so: „Ihr dürft euch auf keinen Fall irgendwelche Plastikgötter basteln, hört ihr? Ich will nicht, dass irgendwo in eurem Land so Teile rumstehen. Und erst recht will ich nicht, dass zu denen gebetet wird. Egal, ob die jetzt aus Holz oder aus Metall sind, aus Pappe oder Plastik, angesprayt oder mit Ölfarbe bemalt wurden. Ich bin der Chef, ich bin euer Gott! [2] Haltet den Sonntag ein und schuftet da nicht, das ist wichtig! Und habt Respekt vor dem besonderen Zelt, wo das ganz Besondere, das Heilige, steht. Ich bin Gott! [3] Wenn ihr euch an meine Anweisungen haltet und das tut, worauf ich Bock habe, dann werde ich euch mit Glück überschütten. [4] Ich werde dann dafür sorgen, dass es immer genau dann regnet, wenn ihr es braucht. Dann werden die Pflanzen auf euren Feldern immer gut wachsen und viele Früchte bringen. [5] Ihr werdet so eine fette Ernte einfahren, dass sich die Verarbeitung zum Beispiel von den Weizenkörnern so lange hinzieht, dass es bis in die Weinernte im Spätsommer reingeht. Und die Weinernte wird so fett sein, dass sie so lange geht, bis ihr schon wieder Weizenkörner aussäen könnt. Ihr werdet immer genug zu essen haben. Und ihr werdet immer in Sicherheit leben. [6] Ich werde dann auch dafür sorgen, dass es in eurem Land keinen Krieg geben wird. Wenn ihr nachts in die Heia geht, könnt ihr entspannt schlafen. Ihr braucht keine Panik zu schieben, dass ihr in der Nacht überfallen werdet. Auch vor wilden Tieren werde ich euch beschützen, die werden in dem Land,

wo ihr wohnt, einfach verschwinden. Da sorg ich für. Und nie wird eine
andere Armee in euer Land einfallen. 7 Wenn es mal Krieg geben sollte, wer-
det ihr die Feinde in die Flucht schlagen. Ihr werdet sie mit euren Kanonen
wegpusten. 8 Fünf Leute von euch werden ausreichen, um hundert Feinde
zu verjagen. Und hundert Soldaten werden eine Armee von zehntausend
niedermachen. Eure Feinde werden sich in die Hosen machen, wenn ihr
kommt. 9 Ich werde bei euch sein und dafür sorgen, dass ihr immer gesunde
Kinder habt. Ihr werdet viele Babys kriegen, dafür werde ich sorgen. Wir
haben einen Vertrag, und ich stehe hundert Prozent zu dem. Alles, was ich
gesagt habe, werde ich auch tun. 10 Es wird immer so reichlich zum Essen
am Start sein, dass ihr noch bei der neuen Ernte Sachen von der alten Ernte
im Lager habt. Ihr werdet sogar die Reste wegschmeißen müssen, um Platz
zu machen für die neuen Sachen. 11 Ich werde euch immer sehr nahe sein,
ich bin mittendrin bei euch. Nie mehr will ich euch verlassen oder keinen
Bock mehr auf euch haben. 12 Als euer Gott werde ich praktisch bei euch
wohnen. Ich bin euer Gott, und ihr seid meine Leute. 13 Ich bin der Chef, ich
bin euer Gott. Ich habe euch aus Ägypten rausgeholt, damit ihr dort nicht
mehr für wenig Kohle Zwangsarbeit machen müsst. Aus dieser miesen
1-Euro-Job-Situation habe ich euch rausgeholt, eure Abhängigkeit wurde
durch mich beendet, wegen mir braucht ihr jetzt nicht mehr wie blöd zu
schuften."

Wer nicht das tut, was Gott will, kriegt was auf die Ohren

14 „Wenn ihr das nicht tut, was ich von euch möchte, und euch die Sachen
total egal sind, die ich zu euch gesagt habe, 15 wenn euch meine Gesetze
wurscht sind und meine Regeln euch nicht mehr interessieren, dann brecht
ihr den Vertrag, den ich mit euch gemacht habe. 16 Ich werde dann dafür
sorgen, dass es euch echt dreckig geht. Ihr werdet krank werden und alle
möglichen Seuchen bekommen. Ihr könntet dann blind werden und langsam
vergammeln. Wenn ihr arbeitet, wird eure Arbeit umsonst sein. Die Sachen,
die ihr auf dem Acker pflanzt, werden nämlich eure Feinde ernten. 17 Ja,
sogar ich werde euer Feind sein, ich werde dafür sorgen, dass die Feinde
euch besiegen. Ihr werdet Panik kriegen, weglaufen, obwohl niemand hinter
euch her ist. 18 Das mach ich, damit ihr wieder zu mir zurückkommt. Wenn
das nicht passiert, werde ich euch sogar siebenmal härter angehen als alles,
was vorher passiert ist. 19 Ich werde eure Überheblichkeit plattmachen. Es
wird nicht mehr regnen, der Himmel wird für euch wie Dauersolarium sein,
und der Boden unter euren Füssen wird hart wie Beton. 20 Was ihr dann auch
anfangen werdet, es ist alles egal. Auf euren Feldern wird nichts mehr wach-
sen, und die Obstbäume werden keine Früchte mehr tragen. 21 Falls ihr es
dann immer noch nicht gecheckt habt und tut, was ich von euch möchte,

dann muss ich die Strafe noch siebenmal krasser hochfahren. 22 Ich werde
Wölfe und Löwen auf euer Vieh loslassen. Die werden eure Kühe, aber auch
eure Kinder anfallen und auffressen. Es werden so viele von euch dabei
draufgehen, dass man kaum noch Leute auf der Straße treffen wird. 23 Wenn
ich euch egal bin, dann seid ihr mir auch egal. Ihr habt mich dann als euren
persönlichen Feind. Ich werde euch siebenmal härter bestrafen als alles, was
bis dahin passiert ist. 25 Weil ihr unseren Vertrag gebrochen habt, werde ich
Armeen gegen euch auffahren lassen, die in euer Land einfallen. Wenn ihr
euch dann in die Städte zurückzieht, werden dort schlimme Krankheiten
ausbrechen. Die Feinde werden so einen dichten Angriffsring um euch legen,
26 dass Lebensmittel nicht mehr in die Städte reinkommen können. In der
Zeit wird ein Backofen locker reichen, um das Brot von zehn Frauen zu
backen, weil es nicht mehr genug Mehl geben wird. Brot wird Mangelware
und in kleinen Portionen aufgeteilt werden. Wenn ihr das Brot von dem Tag
aufgegessen habt, seid ihr dann genauso hungrig wie vorher, weil es so
wenig ist. 27 Und wenn ihr dann immer noch nicht auf mich hört und keinen
Bock auf mich habt, 28 werdet ihr mal erleben, wie es ist, wenn ich erst rich-
tig den Hals kriege. Ich werde euch dann noch siebenmal härter bestrafen
als vorher. 29 Ihr werdet so einen Hunger schieben, dass man bei euch die
eigenen Kinder tötet, um ihr Fleisch zu essen. 30 Ich werde die ganzen Opfer-
tische kaputt machen, wo ihr vorher Opferrituale für diese Plastikgötter
durchgezogen habt, und auf den Schrotthaufen, die dann übrig bleiben, wird
man eure Leichen finden. Ihr seid mir dann so eklig, ich will nichts mehr mit
euch zu tun haben. 31 Wenn ihr mir Sachen opfert, ist mir das dann total
egal. Eure Städte werde ich plattmachen, und die Häuser wo ihr gebetet
habt, werden von mir zerstört. 32 Ich werde höchstpersönlich euer Land zer-
fetzen. Das wird so übel sein, dass sogar eure Feinde davor Angst haben.
33 Ich werde euch auf die ganze Welt verteilen, mit der Kanone am Kopf jage
ich euch überall hin. Eure Felder werden austrocknen wie eine Wüste, und
von euren Städten wird nur noch ein Schrotthaufen übrig sein. 34 Dann wird
euer Land zwangsweise endlich seine verdiente Ruhe bekommen, es wird
seinen Dauersonntag haben, den ihr ihm wohl nicht gegönnt habt. In der
Zeit werdet ihr als Gefangene abgeführt sein oder sonst wo bei euren Fein-
den leben. 35 Nachdem das Land plattgemacht worden ist, kann es dann
die Freiheit und Entspannung bekommen, die ihr ihm nicht gönnen wolltet,
als ich dort noch gewohnt habt. 36 Die Leute, die von euch noch übrig sind,
werden Depression und Angstzustände haben. In dem fremden Land wer-
den sie schon Panik kriegen, wenn irgendwo eine Tüte raschelt, sie werden
davonrennen, obwohl niemand hinter ihnen her ist. 37 Sie werden sich
gegenseitig umrennen, weil sie denken, jemand wäre ihnen auf den Fersen,
obwohl da niemand ist. Feinde werden mit euch dann ein leichtes Spiel

haben. 38 Ihr werdet die letzte Wurst sein unter den anderen Nationen, sie
werden euch töten, ihr werdet in ihrem Land nicht klarkommen können."

Wie aber selbst dann noch alles wieder gut werden kann

39 „Die Kinder, die diese Megakrise überlebt haben, werden voll krank sein.
In dem Land von ihren Feinden wird es ihnen nicht gutgehen, weil die ätzen-
den Sachen, die ihre Väter getan haben, auch sie betrifft. 40 Dann werden
sie eingestehen, dass sie und die Generation vor ihnen richtig Mist gebaut
haben. Sie werden erkennen, dass sie den Vertrag gebrochen haben, dass
sie mich bekämpft haben und meine Feinde geworden sind. 41 Sie werden
kapieren, dass ich sie bestrafen musste, dass ich sie in das Land ihrer Feinde
abgeschleppt habe. Aber wenn sie endlich weich werden und ihren Stolz
aufgeben, weil sie genug für ihre Schulden bezahlen mussten, 42 dann will
ich mich an den Vertrag erinnern, den ich mal mit Jakob geschlossen habe.
Diesen Vertrag, den ich auch schon mit Isaak und Abraham abgeschlossen
habe, ich hab den nie vergessen. Ich werde sie dann in das Land bringen,
was ich ihnen für ihre Nachkommen mal versprochen hatte. 43 Es war schon
okay, dass sie aus dem Land rausgeschmissen wurden, sie mussten diese
Zeit einfach nachholen, die sie mir nicht geben wollten. Sie müssen ihre
Schulden bezahlen, sie haben meine Gesetze gebrochen, ihnen war total
egal, was ich wollte. 44 Aber dass ich sie in einem Land leben ließ, das ihren
Feinden gehört, bedeutet noch lange nicht, dass sie mir jetzt total egal
geworden sind. Ich finde sie deswegen noch lange nicht so eklig, dass ich
sie alle sterben lassen will. Ich steh zu meinen Verträgen. Ich bin der Chef,
ich bin ihr Gott. 45 Schon mit ihren Opas habe ich einen Vertrag gemacht.
Damals hab ich allen gezeigt, was ich draufhabe: ich hab meine Leute souve-
rän aus Ägypten rausgeholt, ich wollte ihr Gott sein. Dieser Vertrag gilt für
mich noch immer, ich bin Gott!" 46 Das waren jetzt die Gesetze und Regeln,
die Gott den Israeliten gegeben hat. Es ging hierbei um die Beziehungen
zwischen ihm und seinen Leuten. Er hat das Mose alles so gesagt, als er mit
ihm auf dem Berg Sinai ein Treffen hatte.

27

Gesetze über Versprechen, die man abgibt, und über Geldgeschenke

1 Gott redete mal wieder mit Mose: 2 „Sag den Leuten aus Israel Folgendes
von mir: ‚Wenn mir jemand für den Dienst am Tempel versprochen wurde,
der das dann aber nicht einhalten kann, dann soll der, der das versprochen
hat, eine Ablösesumme abdrücken. Und zwar sollst du im Einzelnen etwa
so viel nehmen, wie ich dir jetzt sagen werde. 3 Als Richtwert kann man
sagen, dass für einen Mann im Alter von zwanzig bis sechzig Jahren unge-
fähr 6500 Euro zu zahlen sind. 4 Wenn es eine Frau ist, muss man ungefähr

3800 Euro abdrücken. 5 Für einen Jugendlichen zwischen fünf und zwanzig
Jahren, wenn es ein Junge ist, zahlt man ungefähr 2500 Euro, für ein Mäd-
chen zahlt man dafür nur ca. 1300 Euro. 6 Für einen Jungen zwischen einem
Monat und fünf Jahren sollen ungefähr 640 Euro gezahlt werden und für ein
Mädchen ca. 380 Euro. 7 Wenn es um einen älteren Mann geht, der schon
über sechzig ist, zahlt man ungefähr 1900 und bei einer Frau in dem Alter
1280 Euro. Das sind jetzt alles Schätzwerte. 8 Wenn jetzt derjenige, der das
besondere Versprechen abgegeben hat, nicht genug Kohle hat, um diesen
Preis zu bezahlen, muss er mal mit der Person, um die es geht, beim Pries-
ter vorbeikommen. Der kann dann ein Sonderangebot verhandeln, was der
Typ dann bezahlen kann. 9 Geht es jetzt um Tiere, die man Gott schenken
will, dann wird jedes von den Tieren etwas ganz Besonderes, es wird heilig.
10 Man darf dieses Tier dann nicht mehr auswechseln oder vertauschen.
Nach dem Motto: ›Nehmen wir mal doch ein schlechteres Exemplar‹ oder
›Lass uns Gott vielleicht doch etwas Besseres schenken‹. Wenn man jetzt
aber trotzdem das Tier auswechselt, dann sind beide etwas ganz Besonderes
geworden, sie sind heilig. 11 Wenn das Tier jetzt irgendwie eine Macke hat
und nicht okay ist, um es Gott zu schenken, dann soll man das mal dem
Priester zeigen. 12 Der soll dann den Wert festlegen, den das Tier haben
sollte. Was er sagt, gilt dann auch, dagegen kann man keinen Widerspruch
einlegen. 13 Falls der Besitzer das Tier aber doch wiederhaben will, muss er
zu dem geschätzten Wert noch einmal zwanzig Prozent draufschlagen. 14 In
dem Fall, wenn jemand sein ganzes Haus Gott schenken will, soll der Pries-
ter das Teil mal schätzen. Was der sagt, gilt dann auch, man kann keinen
Widerspruch dagegen einlegen. 15 Wenn derjenige sein Haus irgendwann
zurückkaufen will, muss er auch hier zwanzig Prozent draufschlagen.‘ 16 Falls
jetzt jemand Gott ein Versprechen gemacht hat, dass er von dem Grund-
stück, das er mal erben wird, was schenken möchte, dann musst du, Mose,
den Wert vorher festlegen. Berechne das nach der Größe des Grundstückes
und den möglichen Ertrag. Also für ein Feld, auf dem man drei Zentner
Weizen aussäen kann, bezahlt der 6400 Euro. 17 Wenn das Feld verkauft wer-
den soll, kurz bevor dieses Jahr abgeht, wo alle Schulden erlassen und alles
resettet wird, dann kostet das Teil den vollen Schätzwert. 18 Wenn es jetzt
aber später passiert, macht der Priester ihm einen guten Deal, je nachdem,
wie viele Jahre es noch dauert, bis das nächste Mal alle Schulden erlassen
werden. 19 Wenn der jetzt sein Feld aber wieder zurückkaufen will, muss er
zu dem geschätzten Wert auch noch mal zwanzig Prozent draufschlagen.
20 Wenn er das Feld, das er Gott mal versprochen hatte, doch einem anderen
verkauft, ohne es von Gott vorher zurückgekauft zu haben, verliert er das
Recht, das Stück Land wiederzubekommen, und zwar für immer. 21 Ist das
Feld dann in diesem Jahr wieder zu haben, dann gehört es Gott. Die Priester

können damit machen, was sie wollen. [22] Wenn jemand Gott in einem Versprechen ein Stück Land schenkt, das er selbst nur gekauft und nicht von seinem Vater vererbt bekommen hat, [23] muss der Priester berechnen, wie viel von dem Wert, den du mal festgelegt hast, abgezogen werden soll. Als Grundlage gilt auch hier die Zeit, bis das nächste Jahr kommt, wo alle Schulden erlassen werden. Das Geld, das dabei rumkommt, gehört Gott und muss noch am gleichen Tag auf das Konto der Priester überwiesen werden, die diese Kohle nur für Gottes Angelegenheiten verwenden dürfen. [24] In dem Jahr, wenn die Schulden erlassen werden, kriegt der ursprüngliche Besitzer das Stück Land von demjenigen wieder zurück, der es gekauft hatte. [25] Als Maßstab gelten der aktuelle Geldkurs, der in dem besonderen Zelt festgelegt wurde."

Besondere Fälle

[26] „Das erste Jungtier, das eine Kuh oder ein Schaf oder eine Ziege bekommt, gehört ja sowieso schon Gott. Darum kann man das nicht nehmen, wenn man ihm ein besonderes Versprechen geben will. [27] Das gilt auch für die Jungtiere von Tieren, die nicht okay für Gott, also unrein sind. Man kann sie allerdings aus diesem Zustand freikaufen. Der Besitzer muss zum Schätzwert noch einmal zehn Prozent draufschlagen. Wenn das Tier jetzt nicht freigekauft wird, dann muss der Priester es für den Schätzwert kaufen. [28] Wenn jemand Gott etwas von seinen Sachen, seinen Tieren oder Feldern übergeben hat, dann kann er es nicht zurückkaufen. Es darf dann auch nicht an andere Leute verkauft werden. Es steht auf der ‚Don't-Liste' und gilt ab dann als etwas ganz Besonderes, es ist heilig. Das Teil gehört einfach Gott.
[29] Auch Menschen, die sich von Gott abgewandt haben und deswegen verflucht sind, kann man nicht so mal eben freikaufen. Man kann sie nur umbringen. [30] Zehn Prozent von allem, was an Getreide oder Obst geerntet wird, gehört Gott. Es ist ein besonderes Geschenk an ihn. [31] Wenn jemand etwas davon haben will, muss er zu dem Gegenwert noch einmal zwanzig Prozent dazuzahlen. [32] Das gilt auch für Schafe, Rinder und Ziegen. Jedes zehnte Tier gehört Gott. [33] Dabei sollte man nicht ein gutes Tier gegen ein behindertes austauschen. Wenn man das trotzdem macht, werden beide Tiere zu etwas ganz Besonderem, sie werden heilig. Man kann sie dann nicht mehr zurückkaufen, sie gehören Gott." [34] Das waren jetzt alle Gesetze, die Gott an Mose für seine Leute gegeben hatte. Er tat das auf dem Berg Sinai, den man auch Berg Horeb nennt.

4. Buch Mose

1

Die Israeliten werden gezählt

1 Mittlerweile waren zwei Jahre und zwei Monate vergangen, seitdem die
Israeliten aus Ägypten abgehauen waren. Dabei steckten sie noch immer
in der Wüste Sinai fest. Am ersten Mai in dem Jahr redete Gott dann mal
wieder mit Mose, als er gerade in dem ganz besonderen, heiligen Zelt war.
2 „Mose? Geh mal mit Aaron los und zähl nach, wie viele Israeliten das jetzt
sind. Mach eine Liste, wie viele Männer jeder Familienstamm hat, aber nur
die, 3 die schon über zwanzig sind und Soldat werden können. Mach das
der Reihe nach, von Familie zu Familie. 4–15 Die Chefs von den Familienstäm-
men sollen dir beim Zählen helfen. Das sind folgende Männer:
vom Stamm Ruben: Elizur, der Sohn von Schedeur;
vom Stamm Simeon: Schelumiel, der Sohn von Zurischaddai;
vom Stamm Juda: Nachschon, der Sohn von Amminadab;
vom Stamm Issachar: Netanel, der Sohn von Zuar;
vom Stamm Sebulon: Eliab, der Sohn von Helon;
von den Josefsstämmen für Efraim: Elischama, der Sohn von Ammihud,
und für Manasse: Gamliel, der Sohn von Pedazur;
vom Stamm Benjamin: Abidan, der Sohn von Gidoni;
vom Stamm Dan: Ahieser, der Sohn von Ammischaddai;
vom Stamm Ascher: Pagiel, der Sohn von Ochran;
vom Stamm Gad: Eljasaf, der Sohn von Dul;
vom Stamm Naftali: Ahira, der Sohn von Enan.
16 Diese zwölf Männer hab ich aus der Gemeinschaft extra ausgesucht,
damit sie die Chefs von ihren Familienstämmen sind und deren Interessen
vertreten.“ 17 Mose und Aaron holten diese Leute dann zusammen. 18
Sie trafen sich mit der ganzen Gemeinschaft am ersten Mai in dem Jahr.
Alle Männer, die über zwanzig waren, mussten nach vorne kommen, wo
man sich ihren Namen und ihre Familienabstammung notierte. 19 So kam
es, dass alle jungen Männer dort in der Wüste Sinai zur Musterung für
die Armee mussten. 20–45 Als Erstes war der Familienstamm Ruben dran.
Die Liste der Männer von allen Familienstämmen, die zur Armee mussten,
sah dann so aus:
Ruben: 46 500 Männer
Simeon: 59 300 Männer
Gad: 45 650 Männer
Juda: 74 600 Männer
Issachar: 54 400 Männer

Sebulon: 57400 Männer
Efraim: 40500 Männer
Manasse: 32200 Männer
Benjamin: 35400 Männer
Dan: 62700 Männer
Ascher: 41500 Männer
Naftali: 53400 Männer
Gesamtzahl: 603550 Männer.

Die Levi-Leute haben Sonderrechte

47 Der Familienstamm Levi wurde bei der Zählung nicht mitgerechnet.
48 Gott sagte zu Mose: 49 „Hör zu, die Levi-Leute dürfen keine Soldaten
werden, deswegen soll man die nicht mitzählen. 50 Sie müssen auf das ganz
besondere, heilige Zelt aufpassen, wo die Gesetze aufbewahrt werden,
die ich euch gegeben habe. Die liegen ja dort. Auch um die anderen Sachen
müssen die sich kümmern, die dort im Zelt rumstehen. Wenn ihr als
Gemeinschaft weiterzieht, müssen sie das Zelt und ganzen Geräte transpor-
tieren. Und wenn das Zelt steht, sollen sie die Geräte bedienen. Ich möchte
deswegen, dass sie ihre Zelte immer um das besondere Zelt herum auf-
bauen. 51 Wenn ihr dann weitergeht und das ganze Zeltlager abgebaut wird,
sollen sie sich um den Auf- und Abbau vom besonderen Zelt kümmern.
Das dürfen nur die machen! Wenn irgendjemand anderes, der da eigentlich
nicht sein soll, nur in die Nähe von dem Zelt kommt, muss der sterben.
52 Die anderen Familienstämme sollen sich da aufhalten, wo ihre Abteilung
vom Heer liegt. Die Abteilungen werden mit Flaggen markiert. 53 Aber die
Levi-Leute müssen sich um das besondere Zelt lagern, wo auch die Gesetze
drin sind, und es bewachen. Ich möchte verhindern, dass die anderen ganz
normalen Israeliten zu nahe an das Teil rankommen und ich dann wieder
voll auf die Gemeinschaft draufschlagen muss.“ 54 Alles wurde genau so von
den Israeliten umgesetzt, wie es Gott durch Mose gesagt hatte.

2

Wie die Familienstämme der Israeliten campten

1 Gott hatte mal wieder ein Gespräch mit Mose und Aaron. 2 „Hört zu, ihr
zwei! Die Israeliten dürfen ihre Zelte auf keinen Fall zu nah an dem ganz be-
sondern, heiligen Zelt parken. Ich möchte außerdem, dass jede Familie ge-
nau dort ihr Lager aufschlägt, wo ihre Abteilung vom Heer steht. Da, wo ihre
Fahne steht, genau dort sollen sie auch sein.“ 3–8 Auf der Ostseite vom beson-
deren Zelt baute dann der Familienstamm Juda unter seiner Fahne sein Lager
auf und daneben die Familienstämme Issachar und Sebulon mit ihren jewei-
ligen Chefs. Auf der Seite waren also drei Stämme (Stamm, Chef, Anzahl):

Juda: Nachschon, der Sohn von Amminadab: 74600 Männer
Issachar: Netanel, der Sohn von Zuar: 54400 Männer
Sebulon: Eliab, der Sohn von Helon: 57400 Männer.
9 Insgesamt waren das 151450 Männer. Diese Abteilung sollte als Erste los-
gehen. 10–15 Die Israeliten, die auf der Südseite vom besonderen Zelt waren,
standen unter der Fahne vom Familienstamm Ruben. Das waren folgende
drei Stämme mit ihren jeweiligen Chefs (Stamm, Chef, Anzahl):
Ruben: Elizur, der Sohn von Schedeur: 46500 Männer
Simeon: Schelumiel, der Sohn von Zurischaddai: 59300 Männer
Gad: Eljasaf, der Sohn von Deuel: 45650 Männer.
16 Alles zusammen waren das 151450 Männer. Diese Abteilung sollte als
Zweite losgehen. 17 Als Nächstes kamen die Leute vom Familienstamm Levi
mit dem besonderen Zelt dran. Das war ganz geschützt, genau in der Mitte.
18–23 Auf der Westseite vom besonderen Zelt baute der Familienstamm
Efraim unter seiner Fahne sein Zeltlager auf. Auch hier waren insgesamt drei
Familienstämme mit ihren Chefs. Hier kommt jetzt die Liste (Stamm, Chef,
Anzahl):
Efraïm: Elischama, der Sohn von Ammihud: 40500 Männer
Manasse: Gamliel, der Sohn von Pedazur: 32200 Männer
Benjamin: Abidan, der Sohn von Gidoni: 35400 Männer.
24 Insgesamt waren sie mit 108100 Männern am Start. Diese Abteilung
sollte als Dritte losgehen. 25–30 Im Norden vom ganzen Treck sollte die
Abteilung unter dem Familienstamm Dan mit seiner Flagge stehen. Auch da
gab es drei Stämme mit ihren Chefs. Und zwar waren das (Stamm, Chef,
Anzahl):
Dan: Ahieser, der Sohn von Ammischaddai: 62700 Männer
Ascher: Pagiel, der Sohn von Ochran: 41500 Männer
Naftali: Ahira, der Sohn von Enan: 53400 Männer.
31 Insgesamt waren das 157600 Männer. Diese Abteilung sollte als Letzte
losgehen. 32 Die Gesamtanzahl von allen Männern, die im Krieg als Soldaten
kämpfen konnten, war 603550. 33 Von dieser Zählung wurden die Leute vom
Levi-Stamm ausgenommen, weil Gott das so gesagt hatte. 34 Die Israeliten
taten alles genau so, wie Mose es von Gott gehört hatte. Alle bauten ihr
Lager unter den Fahnen von ihrem jeweiligen Familienstamm auf. In der
Formation zogen sie dann auch geordnet los.

3

Der Familienstamm Levi wird gezählt

1 In der Zeit, als Mose auf dem Berg mit Gott am Reden war, lebten folgende
Leute aus der Familie vom Oberpriester Aaron: 2 Erst mal seine Söhne:
Nadab, der als Erster geboren worden war, und seine Brüder Abihu, Eleasar

und Itamar. 3 So hießen also die Jungs von Aaron, der ja von Gott extra als
der oberste Priester in seinen Job eingesetzt wurde. 4 Nadab und Abihu
waren jetzt aber beide schon tot, weil sie Gott in einem Opferritual Räucher-
stäbchen schenken wollten und dabei alles falsch gemacht hatten. Beide hat-
ten keine Kinder gehabt. Eleasar und Itamar waren aber weiter Priester unter
der Leitung ihres Vaters Aaron. 5 Gott sagte dann zu Mose: 6 „Organisier mal
ein Treffen mit allen Männern vom Familienstamm Levi. Die sollen alle zum
Oberpriester Aaron kommen, weil sie ihm ab jetzt helfen müssen. Sie sollen
für immer die Angestellten bei den Priestern sein. 7 Sie dürfen für ihn und für
alle Israeliten vor dem besondern Zelt arbeiten und auf meine Hütte aufpas-
sen. 8 Ich möchte, dass sie die ganzen besonderen Werkzeuge und Geräte,
die dort rumliegen, putzen und in Schuss halten und die Geräte auch bedie-
nen. Sie sollen diesen Job für alle anderen Israeliten tun, sie sollen sich nur
um das besondere Zelt kümmern. 9 Du sollst dafür sorgen, dass alle Levi-
Leute das machen, was Aaron und seine Söhnen ihnen sagen. Von den
Israeliten sind sie diejenigen, die der Familie vom Aaron zugeteilt sind, um
denen bei ihrem Job zu helfen. 10 Aaron und seine Söhne sollen von dir den
Priesterjob bekommen. Wenn das jemand macht, obwohl der nicht dafür
von dir bestimmt wurde, dann muss er hart bestraft werden. Er kriegt die
Todesstrafe." 11 Dann sagt Gott noch zu Mose: 12 „Ich habe den Familien-
stamm Levi extra für mich ausgesucht. Sie gehören mir, anstelle der ganzen
anderen Söhne in euren Familien, die als Erstes geboren worden sind.
13 Denn eigentlich hab ich ja ein Recht auf jedes Baby, was als Erstes geboren
wurde. Als ich die ältesten Söhne jeder Familie von den Ägyptern abge-
murkst habe, kam mir die Idee. Alles, was als Erstes bei euch geboren wird,
egal ob bei Menschen oder Tieren, gehört mir, weil ich Gott bin." 14 Mitten in
der Wüste Sinai redet Gott weiter mit Mose. 15 Er sagte zu ihm: „Mose? Zähl
mal alle vom Stamm Levi für mich durch. Es geht mir um alle Männer, die
älter als einen Monat sind. Mach da mal bitte eine Liste von!" 16 Mose
machte, was Gott ihm gesagt hatte.

Noch mal der Stammbaum von Levi

17 Levi hatte ja damals drei Söhne gehabt: Gerschon, Kehat und Merari.
18 Die Söhne von Gerschon waren dann Libni und Schimi, 19 die Söhne von
Kehat hießen Amram, Jizhar, Hebron und Usiel, 20 und die Söhne von Merari
waren Machli und Moschi. Das sind jetzt die Hauptfamilien von Stamm
Levi.

Die Hauptfamilien vom Familienstamm Levi

21 Gerschon war also der Gründer der Familien Libni und Schimi. 22 Die
Gesamtzahl ihrer männlichen Angehörigen, die älter als einen Monat waren,

betrug 7500. [23] Sie sollten an der Rückseite des besonderen Zeltes lagern, im
Westen. [24] Ihr Oberchef war Eljasaf, der ein Sohn von Laël war. [25] Sie trugen
die Verantwortung für die Zeltplanen, die Schutzdecke und den Vorhang,
der am Eingang vom besonderen Zelt hing. [26] Dazu mussten sie sich um die
Planen kümmern, die um den Hof rings um das besondere Zelt und den
Altar aufgespannt waren, außerdem um den Vorhang am Eingang vom Hof
und um die Zeltstricke. Sie hatten für alles zu sorgen, was mit diesen Sachen
zusammenhing. [27] Kehat war der Gründer der Familien Amram, Jizhar,
Hebron und Usiel. [28] Die Gesamtzahl ihrer männlichen Angehörigen, die
älter als einen Monat waren, betrug 8300. [29] Der Lagerplatz von denen lag
an der Südseite von dem besonderen Zelt. [30] Ihr Chef nannte sich Elizafan,
der war ein Sohn von Uriel. [31] Sie hatten den Job, auf die Kiste aufzupassen,
wo die Gesetze von Gott drin lagen. Dann sollten sie sich noch um den
Tisch kümmern, wo die besonderen Brote drauf lagen, um den Leuchter, die
beiden Opfertische, die ganzen Geräte, die man zum Opfern brauchte, und
auch um den Vorhang, der den allerderbsten, besonderen Bereich abtrennte.
[32] Der Chef von allen Levi-Leuten, der absolute Obermacker, war der Priester
Eleasar, ein Sohn von Aaron. Man hatte ihm die Oberaufsicht über die Leute
gegeben, die ihre Dienste im besonderen Zelt schoben. [33] Merari war der
Gründer der Familien Machli und Moschi. [34] Die waren zusammengezählt
6200 Männer, die älter als einen Monat waren. [35] Diese Truppe sollte ihr
Lager an der Nordseite vom besonderen Zelt aufschlagen. Ihr Chef nannte
sich Zuriel, der war ein Sohn von Abihajil. [36] Die hatten die Verantwortung
für die Bretterwände vom besonderen Zelt. Auch um die Querstangen, die
Pfosten inklusive Halterungen und das andere Zubehör, was noch zu der
Hütte von Gott gehörte, mussten sie sich kümmern. Alles, was mit diesen
Sachen zu tun hatte, war ihr Job. [37] Dazu kamen noch die Pfosten, die rings
um den Hof waren, und auch die Zeltheringe und die Zeltschnüre. [38] Mose
und die Familie von Aaron, inklusive aller Söhne, sollten vor dem Eingang
des besonderen Zeltes, an der Ostseite, ihr Lager aufschlagen. Wie bereits
gesagt: Ihre Aufgabe bestand darin, für alle Israeliten den Job im besonderen
Zelt zu tun. Gott hatte mit der Todesstrafe gedroht, falls irgendjemand ande-
res einfach so zu nah an das besondere Zelt kommen würde. [39] Wenn man
alle Männer zusammenrechnet, die über einen Monat alt waren und zum
Familienstamm Levi gehörten, kommt man auf 22 000. Das war jetzt das
Ergebnis, auf das Mose und Aaron kamen, als sie alle Familien einmal
durchgezählt hatten.

Die Levi-Leute als Ersatz für die ersten Söhne

[40] Gott redete mal wieder mit Mose. „Zähl bitte die Söhne, die als Erstes
geboren wurden, von allen Israeliten durch, und zwar alle, die älter als einen

Monat sind. 41 Wir hatten ja gesagt, dass ich anstatt dieser Söhne immer
einen Mann aus dem Familienstamm Levi bekomme. Das gilt übrigens auch
für die Tiere von den Israeliten. Also, anstatt dass ich alle erstgeborenen
Tiere von den Israeliten bekomme, kriege ich nur die Tiere von den Levi-Leu-
ten." 42 Mose organisierte dann ein paar Leute, die die ältesten Söhne von
allen zählen sollten, weil Gott das so gesagt hatte. 43 Er kam auf 22 273 Jungs
oder Männer. 44 Gott sagte dann zu Mose: 45 „Gib mir jetzt die Leute vom
Stamm Levi anstelle von den ältesten Söhnen der Israeliten. Sie sollen ganz
radikal mir gehören. Und dann gib mir alle Kühe, Schafe und Ziegen, die
den Levi-Leuten gehören, anstelle der Tiere, die bei den Israeliten als Erstes
geboren worden sind. 46 Da ja noch 273 fehlen, musst du dafür Geld ab-
drücken. 47 Pro Kopf macht das 640 Euro. 48 Die Kohle sollst du Aaron und
seiner Familie überweisen." 49 Mose ließ sich dann von den Israeliten die
Anzahl der Levi-Leute bezahlen, die übrig waren. 50 Knapp 180 000 Euro
wollte Mose von den Israeliten sehen für die Jungs, die als Erstes geboren
worden waren. Als Satz galt der aktuelle Tageskurs. 51 Sämtliche Kohle
übergab er Aaron und seinen Söhnen. Das war wie ein Lösegeld, mit dem
sich die Israeliten freikauften. Genau so hatte es Gott beschlossen und
verkündet.

4

Was die Levi-Leute alles regeln müssen

1 Gott sprach dann mal wieder mit Mose und Aaron: 2 „Kriegt mal raus, wie
viele Mitglieder im Kehat-Clan vom Familienstamm Levi rumgurken. 3 Es
geht mir um alle Männer zwischen dreißig und fünfzig Jahren. Die sollen
nämlich ab sofort als Angestellte vom besonderen Zelt arbeiten. 4 Und zwar
sollen die alle Sachen schleppen, die ganz besonders, die heilig sind. 5 Wenn
ihr das Zeltlager abbaut, müssen zuerst Aaron und seine Söhne, die Priester,
in das besondere Zelt reingehen und den Vorhang abnehmen, der vor dem
allerderbsten heiligen Bereich hängt. Der soll dann über die Kiste gelegt wer-
den, wo die Gesetze drin sind. 6 Da drüber kommen dann noch eine Plastik-
plane und eine lila Decke. Außerdem müssen sie noch Tragestangen befes-
tigen. 7 Auch über den Tisch, wo immer die besonderen Brote drauf liegen,
sollen sie ein lila Tuch drüberpacken. Auf das Tuch kommen dann die gan-
zen Schüsseln, Becher und die Kannen, die man für Opferrituale mit Wein
braucht. Die besonderen Brote sollen auch dazugelegt werden. 8 Obendrauf
kommen ein dunkelrotes Tuch und eine Plastikplane. Zum Schluss schieben
sie die zwei Stangen in die Ringe am Tisch. Die braucht ihr, um das Teil zu
tragen. 9 Jetzt nehmt ihr noch mal ein lila Tuch und wickelt damit den Leuch-
ter ein und die Kerzen, die Schere, womit man den Docht abschneidet, und
die Schalen, die man braucht, um die Sachen wieder sauber zu machen.

10 Über das Ganze kommt als Nächstes eine Plastikplane. Dann werden die
Sachen auf einem Gestell geparkt, wo man alles tragen kann. 11 Über den
kleinen goldenen Tisch, den Altar für die Räuchersachen, kommt auch ein
lila Tuch. Da drüber wieder eine Plastikplane, und dann müssen die Stangen
zum Tragen in die Ringe am Tisch gesteckt werden. 12 Alle Geräte, die im
besonderen Zelt gebraucht werden, müssen in ein lila Tuch gewickelt wer-
den. Da drum dann auch wieder eine Plastikplane, und zum Schluss kommt
alles auf ein Gestell zum Tragen. 13 Der große Tisch, der Altar, auf dem vor
dem Zelt die Opfer abgefackelt werden, wird erst mal von der Asche gerei-
nigt. Dann sollen sie da ein rotes Tuch drüberlegen. 14 Auf das Tuch kommen
alle Geräte, die am großen Opfertisch gebraucht werden. Die Schalen mit
der Holzkohle, die großen Gabeln, die Schaufeln, die man braucht, um die
Asche wegzumachen, und die Schalen, womit man das Blut auffängt, gehö-
ren dazu. Zum Abschluss müssen sie noch eine große Plastikplane drüber-
legen und die Stangen in die Ringe schieben, womit das ganze Teil getragen
werden soll. 15 Erst wenn Aaron und seine Söhne alle besonderen Geräte
eingepackt haben, dürfen die Leute vom Kehat-Clan reinkommen und die
Sachen wegtragen. Wenn die Teile nicht richtig eingepackt wären, würden sie
die nicht berühren dürfen, sonst müssten sie sterben. 16 Eleasar, der Sohn
vom Oberpriester Aaron, trägt die Verantwortung für die Kerzen vom Leuch-
ter, die Räucherstäbchen, das Essensopfer, was jeden Tag abgehen soll, das
besondere Öl und für die ganze Hütte, inklusive der ganzen besonderen
Sachen, die da drin stehen.“ 17 Gott sagte zu Mose und Aaron: 18 „Bitte sorgt
in Zukunft dafür, dass der Kehat-Clan nie ganz aussterben wird. 19 Sie sind
wichtig, sie sollen leben. Ich möchte nicht, dass sie, ohne nachzudenken,
in den alleroberheiligsten Teil vom besonderen Zelt gehen und dann sterben.
Am besten wäre es, wenn Aaron und seine Söhne mal kommen und denen
genaue Anweisung geben, wer was zu tun hat und wie sie das Teil tragen
sollen. 20 Die dürfen auf keinen Fall einfach so in das besondere Zelt reinspa-
zieren. Denn wenn sie das machen und die besonderen, heiligen Sachen,
die da drin stehen, auch nur ganz kurz ansehen, werden sie sterben.“
21 Dann wollte Gott noch was von Mose: 22 „Ich möchte, dass du auch den
Gerschon-Clan zählst! 23 Es geht wieder um alle Männer zwischen dreißig
und fünfzig Jahren, die als Angestellte vom besonderen Zelt Dienst schieben
sollen. 24–25 Der Gerschon-Clan soll die Zeltplanen von meiner Wohnung
tragen und die beiden Extra-Schutzdecken, den Vorhang vom Eingang,
26 und die Planen, die als Grenze zu dem Hof dienen sollen. Auch für den
Vorhang, der als Tür für das Zelt benutzt wird, für alle Zeltheringe und Stri-
cke sind die zuständig. 27 Sie sollen es genau so durchziehen, wie Aaron
und seine Söhne es sagen. 28 So, das war jetzt die Aufgabe vom Gerschon-
Clan. Diesen Job sollen sie als Angestellte vom besonderen Zelt machen, wo

Gott sich zeigt. Die Arbeitsaufsicht soll der Priester Itamar übernehmen.
Der ist ja auch ein Sohn von Aaron. 29 Als Nächstes zähl mal den Merari-
Clan durch. Der gehört ja auch zum Familienstamm Levi. 30 Es geht wieder
nur um die Männer zwischen dreißig und fünfzig Jahren. 31 Bei dem Trans-
port von dem besonderen, heiligen Zelt ist ihr Job, sich um die Bretter, Quer-
stangen, Pfosten und die Halterungen von den Pfosten zu kümmern. 32 Sie
sollen auch die Pfosten tragen, die rings um den Hof stehen, inklusive der
Halterungen, der Zeltheringe und der Seile. Jedem von ihnen wird eine ganz
bestimmte Aufgabe übergeben. 33 Also, für diesen ganzen Bereich ist der
Merari-Clan verantwortlich, für immer. Zurzeit hat Itamar, der Sohn von
Aaron, die Aufsicht über sie."

Alle Levi-Leute werden gezählt

34–49 Mose, Aaron und die Chefs von den Familienstämmen zählten dann mal die Leute aus den Clans Kehat, Gerschon und Merari vom Familienstamm Levi. Die hatten ja den Job bekommen, sich um das besondere Zelt zu kümmern. Es handelte sich um Männer zwischen dreißig und fünfzig Jahren, nach Familien geordnet. Man kam auf folgende Zahlen:
(Clan/Männer zwischen dreißig und fünfzig)
Kehat: 2750 Männer
Gerschon: 2630 Männer
Merari: 3200 Männer.
Gesamtzahl: 8580 Männer. Jedem Einzelnen wurde ein Job zugewiesen, genau so, wie Gott es dem Mose gesagt hatte.

5

Wer fiese krank oder dreckig ist, muss Abstand halten

1 Gott redete mal wieder mit Mose. Er sagte ihm: 2 „Du musst den Leuten
von Israel eine klare Ansage machen: Wer diese fiese, ansteckende Haut-
krankheit ‚Aussatz' oder einen krankhaften Ausfluss hat, der aus der Scheide
oder dem Penis kommt, oder wenn irgendjemand von euch einen toten
Menschen angefasst hat, dann muss er erst mal euer Zeltlager verlassen.
3 Das gilt für Männer genauso wie für Frauen. Sonst verdrecken sie das
ganze Zeltlager, sie machen es ‚unrein'. Und in diesem Lager wohne schließ-
lich auch ich, euer Gott. Ich bin bei euch, mittendrin." 4 Die Israeliten mach-
ten alles genau so, wie Mose es gesagt hatte. Alle die irgendwie „unrein"
waren, mussten das Lager verlassen.

Schadensersatz

5 Gott sagte zu Mose: 6 „Erzähl den Israeliten Folgendes: ‚Wenn einer von
euch einen anderen abgezockt hat, dann zockt er auch Gott ab. Er hat dann

richtig Mist gebaut. 7 Als Erstes muss er das mal einsehen, dass er Mist
gebaut hat, er muss das auch zugeben. Das, was er dem anderen abgezogen
hat, muss er zurückgeben, und dazu soll er noch 20 Prozent von dem, was
es wert ist, abdrücken. 8 Wenn jetzt aber der Mensch, der abgezockt worden
ist, schon nicht mehr lebt und wenn er auch keine Kinder oder andere Ver-
wandte hat, die die Kohle kriegen könnten, gehört das ganze Geld Gott. Der
Priester soll den Betrag erhalten und dazu noch ein männliches Schaf. Mit
dem Blut von diesem Schaf wird die Sache vor Gott wieder in Ordnung
gebracht. 9 Der Priester bekommt übrigens auch alle anderen Geschenke,
die die Leute aus Israel außer der Reihe an Gott geben wollen. 10 Mit diesen
Geschenken kann das jeder so machen, wie er Bock drauf hat. Es soll nur
klar sein, dass die Sachen, die man dem Priester gibt, auch am Ende dem
Priester gehören.'"

Wie man mit „Verdacht auf Fremdgehen" umgehen soll

11 Gott hatte dann noch für Mose eine Ansage, die er den Israeliten weiterge-
ben sollte: 12–14 „Wenn ein Mann das Gefühl hat, seine Frau geht ihm fremd,
dann soll er mit ihr mal zum Priester gehen, um das zu klären. Wenn er kei-
nen Zeugen dafür hat und es nur ein Verdacht ist, wäre das auf alle Fälle die
beste Idee. Auch wenn der Typ nur eifersüchtig ist, ohne dass die Frau ihm
dazu einen Grund gegeben hat, soll er mit ihr mal zum Priester gehen.
15 Zum Opfern sollten sie ein gutes Kilo Mehl am Start haben. Auf keinen
Fall sollen Räucherstäbchen oder Olivenöl dazugetan werden. Es geht hier
nämlich um ein Opferritual, bei dem es um Eifersucht geht, und da passt
das nicht. Durch dieses Ritual soll die Wahrheit rauskommen. 16 Der Priester
stellt die Frau dann vor den Altar. 17 Jetzt nimmt er sich eine Schüssel mit
besonderem, heiligem Wasser drin und schmeißt da noch ein bisschen Erde
vom Fußboden aus dem besonderen Zelt rein. 18 Als Nächstes öffnet er den
Zopf von der Frau, wenn sie einen hat. Danach legt er die ganzen Sachen in
ihre Hände. Der Priester nimmt die Schüssel mit dem Wasser. 19 Dann geht
er zu der Frau und sagt ihr: ‚Wenn du nichts mit irgendeinem Typen gehabt
hast, wenn du wirklich nur mit deinem Ehemann Sex hattest, dann kannst
du dieses Wasser trinken, und dir wird nichts passieren. 20 Wenn du aber
deinen Mann betrogen hast und tatsächlich mit einem anderen Typen, außer
mit deinem Ehemann, im Bett warst, wird das Wasser die Wahrheit ans Licht
bringen.' 21 Der Priester soll dann zu der Frau sagen: ‚Wenn du fremdgegan-
gen bist, dann wird Gott aus dir ab sofort ein Antibeispiel machen. Er wird
dafür sorgen, dass du immer dicker wirst. 22 Das Wasser wird sich in deinem
Bauch sammeln, der wird dann immer runder, aber dein Busen wird total
schrumpfen.' Die Frau soll dann antworten: ‚In Ordnung, so soll es passie-
ren!' 23 Der Priester muss dann diesen fiesen Wunsch auch noch auf ein

Stück Papier schreiben. Danach nimmt er was von dem bitteren Wasser und
wäscht die Schrift damit wieder ab. 24 Als Letztes gibt er der Frau dieses Was-
ser zu trinken. 25 Aber vorher gibt die Frau dem Priester das Opfergeschenk,
was man macht, wenn man jemanden eifersüchtig gemacht hat. Der nimmt
das dann und übergibt es durch Hin-und-her-Schwenken symbolisch an
Gott. Dann legt er das Geschenk auf den Tisch, den Altar. 26 Eine Handvoll
von dem Opfergeschenk fackelt der Priester dann auf dem Tisch ab. Danach
gibt er der Frau das Wasser zu trinken, damit es wirken kann. 27 Wenn sie
wirklich fremdgegangen ist, wird durch das Wasser ihr Bauch total dick wer-
den, und ihr Busen wird schrumpfen. Für die anderen Leute von Israel wird
das eine richtig derbe Abschreckung sein, so was nicht auch mal zu machen.
28 Wenn sie aber nichts getan hat und unschuldig ist, wird ihr auch nichts
passieren. Das Wasser wird keine Wirkung haben, sie wird gesund bleiben
und auch weiter Kinder kriegen können. 29 So muss man das durchziehen,
wenn ein Mann den Verdacht hat, seine Frau sei ihm fremdgegangen.
30 Oder wenn der Mann einfach total eifersüchtig ist, dann geht das auch.
Die Frau muss mit dem Priester einen Termin machen, und der zieht dann
dieses Ritual mit ihr durch. 31 Der Mann muss sich nicht rechtfertigen, wenn
er sich geirrt haben sollte. Aber die Frau muss die Konsequenzen tragen,
wenn sie Mist gebaut hat."

6

Wenn sich ein Israelit radikal Gott zur Verfügung stellen will

1 Gott war mal wieder mit Mose am Quatschen: 2 „Du Mose? Rede mal mit
den Israeliten und sag ihnen Folgendes von mir: ‚Wenn ein Mann oder eine
Frau sich mir, eurem Gott, eine Zeitlang ganz radikal zur Verfügung stellen
will, 3 dann sollten die in der Zeit auf jeden Fall ganz auf Alk verzichten.
Bier, Wein, Schnaps, aber auch keinen alkfreien Traubensaft darf man dann
trinken. Das Gleiche gilt aber auch einfach für jede Form von Weintrauben
inklusive Rosinen. 4 Man soll in der Zeit generell nichts verspachteln, was
vom Weinstock kommt. 5 In der Zeit, wenn man sich auf die Art radikal
Gott zur Verfügung stellt, darf man erst mal nicht zum Frisör gehen, um sich
die Haare abschneiden zu lassen, und sich auch nicht rasieren. 6 Während
der Zeit soll er auch nicht irgendwie in die Nähe von einem Toten kommen.
7 Auch wenn Leute aus seiner Familie sterben, muss er sich von denen
fernhalten. Er hat sich ja schließlich gerade ganz radikal Gott zur Verfügung
gestellt. 8 In der ganzen Zeit, wenn man sich Gott in der Art ausliefert,
gehört man auch total ihm, Gott ganz alleine. 9 Wenn jetzt zufällig jemand
stirbt, der sich in demselben Haus aufhält wie er, dann werden seine Haare
dadurch dreckig, sie werden ›unrein‹. Das dauert sechs Tage, bis er wieder
okay ist. Am siebten Tag muss er sich dann ne Glatze schneiden lassen.

10 Einen Tag später soll er zwei Tauben nehmen und die zum besonderen
Zelt bringen. Dort gibt er die am Eingang dem Priester. 11 Der macht dann
mit der einen Taube so ein Opferritual, was man macht, wenn einer aus
Versehen Mist gebaut hat. Die andere wird als Abfackelopfer komplett ver-
brannt. Damit bringt der Priester die Sache zwischen demjenigen und
Gott wieder in Ordnung, und er gehört wieder radikal Gott. 12 Dann muss
der Typ noch ein Schaf, was ein Jahr alt ist, als Wiedergutmach-Opfer opfern.
Die Zeit, in der er ›unrein‹ war, muss er dann aber noch mal nachholen, die
zählt nicht, weil er ja ›unrein‹ war. 13 Wenn diese Zeit dann vorbei ist, wo er
sich so radikal an Gott hingegeben hat, soll derjenige sich an den Eingang
vom besonderen Zelt stellen. 14 Dort muss er mit drei Tieren, die voll in Ord-
nung sind, ein Opferritual durchziehen lassen. Er braucht dazu: ein einjäh-
riges männliches Schaf für ein Abfackelopfer, ein einjähriges Schaf für ein
Opfer, was man macht, wenn man aus Versehen Mist gebaut hat, und ein
ausgewachsenes männliches Schaf für ein Dankopfer. 15 Außerdem muss er
noch als Essensopfer einen Korb mit Brot bringen. Und zwar sollen das
Fladenbrote sein, die wie immer ohne Hefeteig gemacht worden sind und
mit Öl bestrichen wurden. Und es soll auch so ein Ringbrot aus dem glei-
chen Material geben. Dazu gehört dann noch ein Opfer mit Wein. 16–17 Die
ganzen Sachen soll der Priester dann zu dem großen Tisch, dem Altar, brin-
gen. Dort zieht er dann die Opfer für denjenigen durch. 18 Der Typ, der die-
ses Versprechen an Gott gegeben hat, muss sich dann am Eingang vom Zelt
die Haare abschneiden. Die sind etwas ganz Besonderes. Er wirft sie dann in
das Feuer, was auf dem Tisch brennt, wo noch die Fettstücke von dem Dank-
opfer am kokeln sind. 19 Jetzt nimmt der Priester ein Stück von der Schulter
vom männlichen Schaf vom Dankopfer, das vorher gekocht worden ist. Das
Fleisch von dem Dankopfer wird ja nicht verbrannt. Dazu holt er sich ein
Ringbrot und ein Fladenbrot aus dem Korb. Das Ganze legt er demjenigen in
die Hände, der sich Gott radikal zur Verfügung gestellt hatte. 20 Der Priester
nimmt die Sachen wieder zurück und übergibt sie durch Hin-und-her-
Schwenken symbolisch an Gott. Die gehören dann in Wirklichkeit Gott, aber
der Priester darf sie essen. Die Brust und die Keule von dem Tier gehören
dem auch. Ab dann darf der Typ, der sich Gott radikal gegeben hatte, auch
wieder Alk trinken. 21 Jeder der sich Gott für eine Zeit so zur Verfügung stellt,
muss, wenn die Zeit vorbei ist, dieses Ritual durchziehen. Das ist die Basis,
dazu kommen noch die Rituale, die er sowieso schon vorher versprochen
hatte. Er muss sein Versprechen, was er Gott gegeben hat, radikal bis zum
Ende durchziehen.‘“

Wie der Priester für Leute beten soll: ein Segensgebet

22 Gott hatte dazu noch was für Mose: 23 „Sag Aaron und seinen Söhnen Fol-
gendes von mir: ‚Ich bring euch jetzt noch mal die Formel bei, wie ihr für die
Israeliten krass beten und ihnen das Beste von mir zusprechen könnt. Man
nennt das auch segnen. Die Ultrasegensformel geht so: 24 ›Gott soll mit
dir sein, er soll auf dich aufpassen. 25 Gott soll die ganze Zeit in deiner Nähe
sein, mit seiner vollen Aufmerksamkeit und seiner Liebe. 26 Gott soll dich
nicht aus den Augen verlieren und dir Frieden schenken.‹‘ 27 Mit diesen Wor-
ten sollen sie den Leuten von Israel die Power übermitteln, die nur in mei-
nem Namen drinsteckt. Und ich stell mich dazu, ich werde ihnen diese Kraft
geben, ich werde sie segnen, versprochen!“

7

Die Geschenke der Familienchefs für die Einweihungsparty vom besonderen Zelt

1 Als Mose das besondere Zelt, das nur Gott gehören sollte, zum ersten
Mal aufgestellt hatte, ging er einmal um das ganze Teil und besprenkelte es
mit dem besonderen Öl, um es damit Gott zu übergeben. Dann machte er
das Gleiche mit den ganzen Geräten, die da drin waren, und am Ende auch
mit dem großen Tisch, dem Altar. 2 Die ganzen Chefs der Israeliten, die
Chefs von den Großfamilien und die Chefs der zwölf Familienstämme, die
an der Spitze der gezählten, wehrfähigen Männern standen, machten Gott
dann voll viele Geschenke für das besondere Zelt. 3 Sie gaben ihm sechs
Lkws und zwölf Kühe. Für jeweils zwei Chefs pro Familienstamm gaben
sie einen Lkw und für jeden Chef einen Stier. Diese Sachen brachten sie alle
vor das besondere Zelt. 4 Gott sagte zu Mose: 5 „Nimm mal die Geschenke
von denen entgegen. Die Wagen und die Stiere soll man zum Transport
vom besonderen Zelt benutzen. Teil die mal unter den Angestellten vom
besonderen Zelt, den Levi-Leuten, auf und berücksichtige dabei die Auf-
gaben, die jeder von denen hat.“ 6 Mose machte alles genau so, wie Gott
gesagt hatte. 7 Der Gerschon-Clan kriegte zwei Lkws mit je 200 PS. 8 Der
Merari-Clan bekam vier Lastwagen mit insgesamt 800 PS für den Job, der
ihnen von Itamar zugewiesen werden sollte. 9 Der Kehat-Clan bekam keine
Wagen, weil sie für die ganz besonders krassen Sachen aus dem Zelt zustän-
dig waren. Die mussten nämlich zu Fuß auf den Schultern getragen werden.
10 Für die Einweihung von dem Altar machten die Chefs von den Familien-
stämmen auch noch ein paar Geschenke. Als sie ihre Geschenke gerade
dahin tragen wollten, 11 sagte Gott zu Mose: „Sag den Chefs mal, sie sollen
ihre Geschenke am besten auf zwölf Tage verteilen. Jeden Tag ein kleines
Geschenk ist cooler als alles zusammen.“ 12–83 Also verteilten sie die Sachen
auf die Tage wie folgt:

Am 1. Tag war Nachschon dran, der ein Sohn von Amminadab war. Er kam aus dem Familienstamm Juda.
Am 2. Tag war Netanel dran, der ein Sohn von Zuar war. Der kam aus dem Familienstamm Issachar.
Am 3. Tag war Eliab dran, der ein Sohn von Helon war. Er kam aus dem Familienstamm Sebulon.
Am 4. Tag war Elizur dran, der ein Sohn von Schedeur war. Der kam aus dem Familienstamm Ruben.
Am 5. Tag war Schelumiel dran, der ein Sohn von Zurischaddai war. Er kam aus dem Familienstamm Simeon.
Am 6. Tag war Eljasaf dran, der ein Sohn von Dul war. Er kam aus dem Familienstamm Gad.
Am 7. Tag war Elischama dran, der ein Sohn von Ammihud war. Er kam aus dem Familienstamm Efraim.
Am 8. Tag war Gamliel dran, der ein Sohn von Pedazur war. Er kam aus dem Familienstamm Manasse.
Am 9. Tag war Abidan dran, der ein Sohn von Gidoni war. Er kam aus dem Familienstamm Benjamin.
Am 10. Tag war Ahieser dran, der ein Sohn von Ammischaddai war. Er kam aus dem Familienstamm Dan.
Am 11. Tag war Pagiel dran, der ein Sohn von Ochran war. Er kam aus dem Familienstamm Ascher.
Am 12. Tag war Ahira dran, der ein Sohn von Enan war. Er kam aus dem Familienstamm Naftali.
Alle brachten die gleichen Geschenke mit, und zwar waren das: eine Silberschüssel von 1500 Gramm und eine Silberschale von 800 Gramm. Beide Silbergefäße enthielten das Weizenmehl für ein Essensopferritual, das mit Olivenöl vermatscht worden war. Eine kleine Schale aus Gold, die 120 Gramm schwer war und mit Räucherstäbchen gefüllt war. Einen Stier, ein männliches Schaf und ein junges Schaf, was ein Jahr alt war für Abfackelopfer. Eine männliche Ziege für das Opferritual, was man macht, wenn einer aus Versehen Mist gebaut hat. Eine männliche Ziege, zwei Rinder, fünf männliche Schafe, fünf männliche Ziegen und fünf Schafe, die ein Jahr alt waren, für Dankopferrituale. [84–88] Alles in allem brachten die zwölf Chefs von den Familienstämmen als Geschenke für die Einweihung von dem Altar: 12 Silberschüsseln und 12 Silberschalen mit einem Gesamtgewicht von 27 600 Gramm; 12 Goldschalen mit einem Gesamtgewicht von 1440 Gramm, gefüllt mit Räucherstäbchen; 12 Stiere, 12 männliche Schafe und 12 einjährige Schafe für Abfackelopfer. Dazu die dazugehörigen Essensopfer. Dann noch 12 männliche Ziegen für die Opferrituale, die man macht, wenn man aus Versehen Mist gebaut hat. Und 24 Rinder, 60 männliche Schafe,

60 männliche Ziegen und 60 einjährige Schafe für Dankopferrituale. Das
war es dann aber auch. 89 Mose ging dann in das besondere Zelt, um mit
Gott zu labern. Er hörte seine Stimme aus dem Bereich über dem Deckel
von der Kiste mit den Gesetzen, zwischen den beiden Engelsfiguren, die dort
oben draufgeschraubt waren!

8

Wie man mit dem Leuchter im besonderen Zelt umgehen sollte

1 Gott sagte dann zum Mose: 2 „Du Mose? Richte mal dem Aaron von mir
aus, dass die sieben Kerzen so auf den Leuchter aufgesetzt sein sollen, dass
sie etwas nach vorne zeigen und so den Raum gut beleuchten." 3 Aaron
erledigte das sofort. 4 Der Leuchter war aus reinem Gold gemacht und aus
einem kompletten Stück rausgesägt worden. Er war genau nach der Anlei-
tung angefertigt, die Gott Mose auf dem Berg gegeben hatte.

Die Angestellten vom besonderen Zelt kommen an den Start

5 Dann sagte Gott zu Mose: 6–7 „Jetzt nimm dir mal die Leute vom Familien-
stamm Levi vor. Sie sollen sich von den anderen Israeliten krass unterschei-
den, weil sie für den Job am besonderen Zelt supersauber und fit sein sollen.
Darum mach mit denen mal so ein Reinigungsritual. Bespritz sie mit dem
Reinigungswasser und sorge dafür, dass die alle noch mal zum Frisör gehen
und sich die Haare abrasieren. Auch die Schamhaare und Achselhaare müs-
sen weg. Und zum Schluss klopp auch sämtliche Klamotten von denen in
die Wäsche. 8 Dann sollen sie einen Stier für ein Abfackelopfer und für das
dazugehörende Essensopfer Weizenmehl, das mit Olivenöl verknetet wurde,
organisieren. Außerdem noch einen zweiten Stier für das Opferritual, das
man macht, wenn einer aus Versehen Mist gebaut hat, okay? 9 Als Nächstes
bringst du sie zum besonderen Zelt. Jetzt rufst du alle Leute, die zu den
Israeliten gehören, zu einem Meeting zusammen, das vor dem Zelt statt-
finden soll. 10 Ich möchte, dass du die Levi-Leute vor mich, euren Gott,
stellst, und alle Israeliten, die in der Nähe stehen, legen ihre Hände auf sie
drauf. 11 Aaron soll diese Männer mir dann schenken, so als wären sie ein
Geschenk von allen Israeliten an mich. Die sind dafür ausgesucht worden,
als Angestellte vom besonderen Zelt Dienst zu schieben. 12 Die Levi-Leute
legen ihre Hände auf die Köpfe von den beiden Stieren, und Aaron macht
dann mit dem einen das Opferritual, das man macht, wenn einer aus Ver-
sehen Mist gebaut hat. Mit dem anderen Stier macht er ein Abfackelopfer.
Wenn das so durchgezogen wird, sind alle Levi-Leute erst mal in Ordnung
und sauber, sie sind rein. Jeder Mist, den die mal gebaut haben, ist dann
vergeben und vorbei. 13 Dann stellst du die Levi-Typen vor Aaron und seinen
Söhnen auf, um sie mir dann symbolisch zu übergeben. 14 Wenn ihr das so

durchzieht, werden sie keine normalen Israeliten mehr sein, sie gehören
dann zu der besonderen Truppe der Angestellten vom besonderen Zelt, sie
gehören nur mir. [15] Ab dann sollen sie zum besonderen Zelt gehen und dort
Dienst schieben. [16] Sie gehören mir total, ich bestehe da drauf! Anstelle der
ersten Söhne der Israeliten bekomme ich die Levi-Leute von euch geschenkt.
[17] Mir gehört alles von den Israeliten, was als Erstes geboren wird, egal ob
jetzt bei den Tieren oder den Menschen. Das ist der Deal, den ich mit euch
habe, seit ich die erstgeborenen Kinder von den Ägyptern abgemurkst habe.
[18] Jetzt habe ich mir aber, anstelle der ersten Kinder von den Israeliten, den
ganzen Familienstamm Levi ausgesucht. [19] Ich habe beschlossen, dass sie
nur mir gehören. Dann hab ich sie an Aaron und seine Söhne weitergege-
ben. Sie sollen sich um die Arbeit am besonderen Zelt kümmern. Die ande-
ren Israeliten dürfen ja nicht in die Nähe vom besonderen Zelt kommen.
Dann wären sie nämlich tote Leute." [20] Mose, Aaron und die ganzen Leute
der Israeliten machten das mit den Levi-Leuten genau so, wie Gott es durch
Mose gesagt hatte. [21] Nachdem die Levi-Typen ihre Klamotten gewaschen
hatten, schenkte Aaron den ganzen Familienstamm dann Gott. Er zog die
beiden Opferrituale durch, um den ganzen Mist, den sie bis dahin gebaut
hatten, wieder in Ordnung zu bringen. [22] Ab dann kamen Levi-Leute zum
besonderen Zelt und fingen an, ihren Job zu erledigen. Aaron und seine
Söhne leiteten die ganze Sache, sie waren die Priester, die Chefs der anderen
Levi-Leute. Alles war genau so gemacht worden, wie Gott es Mose gesagt
hatte.

Wie alt muss man für den „Levi-Dienst" sein?

[23] Gott sagte dann noch zu Mose: [24] „Folgende Regel passt für die Levi-
Leute: Wer älter als 25 ist, muss in dem besonderen Zelt Dienst schieben,
das ist Pflicht. [25] Wenn man 50 ist, kann man in Rente gehen, man braucht
dann nicht mehr dort zu arbeiten. [26] Derjenige kann ab dann allerdings
gerne am besonderen Zelt seinen Kollegen bei der Arbeit etwas helfen. Aber
den eigentlichen Job sollte er nicht mehr tun. Das ist jetzt eine feste Regel
für den Dienst der Angestellten vom besonderen Zelt.

9

Noch ein paar Regeln für die Passaparty

[1] Gott redete mit Mose in der Wüste, die man Sinai nannte. Es waren jetzt
etwa zwei Jahre, nachdem die Israeliten aus Ägypten abgehauen waren. Er
sagte da zu ihm: [2] „Die Israeliten sollen zu einer festen Zeit die Passaparty
feiern. [3] Am 14. April müsst ihr zu einer bestimmten Uhrzeit damit starten.
Es soll genauso durchgezogen werden, wie es in den Gesetzen und Regeln
steht." [4] Mose gab die Nachricht gleich an alle Israeliten weiter. [5] Also feier-

ten sie am 14. April, nachdem die Sonne untergegangen war, die Passaparty, mitten in der Wüste Sinai. Sie zogen alles genau so durch, wie Gott es Mose gesagt hatte.
6 Allerdings waren ein paar Männer nicht wirklich so sauber, also „rein“, wie Gott das wollte. Sie hatten nämlich einen Toten angefasst. Darum konnten sie an der Passaparty nicht teilnehmen. Die kamen bei Mose und Aaron an und sagten:
7 „Wir sind für Gott gerade voll dreckig, weil wir einen Toten angefasst haben. Wie ist das jetzt? Dürfen wir jetzt nicht, wie die anderen, bei der Passaparty Gott was schenken, oder wie?“
8 Mose antwortete: „Wartet! Ich werde mal mit Gott da drüber reden, dann sehen wir weiter.“
9 Gott sagte dann zum Mose:
10 „Erzähl den Israeliten Folgendes: Jeder von euch, der sich irgendwie verdreckt hat, weil er mit einem Toten in Berührung gekommen ist oder wenn er einfach auf einer Reise unterwegs ist, aber trotzdem gerne die Passaparty für Gott feiern möchte,
11 kann die am 14. Mai nachholen, abends, wenn die Sonne gerade untergeht. Und als Beilage gibt es dazu Fladenbrote und bittere Kräutergewürze. Als Hauptgericht gibt es ein Lamm zur Passaparty.
12 Ihr sollt auf keinen Fall Reste aufbewahren! Und ihr dürft auch nicht von dem Lamm die Knochen brechen! Ihr müsst alles genau so durchziehen, wie es die Gesetze zur Passaparty vorschreiben.
13 Wenn aber jemand die Passaparty nicht feiert, obwohl er nicht dreckig oder gerade unterwegs auf einer Reise ist, dann hat der verloren. Er muss aus der Gemeinschaft rausgeschmissen werden. Er hat Gott nicht die Geschenke gemacht, wie es eigentlich vorgeschrieben war, darum muss er auch die Konsequenzen dafür tragen.
14 Falls in der Zeit ein Ausländer bei euch lebt, der auch bei der Passaparty dabei sein will, dann kann er das machen. Aber er muss sich auch genau an die Regeln halten, die dafür gelten. Egal ob Ausländer oder Einheimische, die Gesetze gelten einfach für alle!“

Die Israeliten werden von Gott ferngesteuert

15 An dem Tag, als das besondere Zelt, in dem die Kiste mit den Gesetzen von Gott stand, zum ersten Mal fertig aufgebaut worden war, passierte etwas total Abgefahrenes: Eine Wolke, die nachts wie eine Feuerflamme aussah, kam auf das Zelt runter. Sie war so lange hell, bis die Sonne wieder aufging.
16 Das war ab dem Tag immer so. Es war also immer eine Wolke über dem Zelt, in der Gott wohnte. Nachts sah sie aus wie Feuer.
17 Immer wenn die Wolke von dem Zelt hoch in Richtung Himmel schwebte, war das ein Zeichen für die Israeliten. Sie bauten dann ihre Zelte zusammen und zogen weiter, der Wolke hinterher. Und wenn die Wolke stehenblieb und wieder runterkam, bauten sie das Lager dort wieder auf.
18 Auf diese Art und Weise zogen die Israeliten immer dann weiter oder bauten das Lager wieder auf, wann Gott es wollte. Und solange die Wolke über dem Zelt war, blieben sie

dann auch dort. [19] Und wenn die Wolke mal länger auf dem besonderen Zelt
lag, taten die Israeliten genau das, was Gott ihnen zeigte, und zogen nicht
weiter. [20] Wenn die Wolke nur ein paar Tage auf dem Zelt war, dann brachen
sie dementsprechend früher auf. Sie taten alles immer genau so, wie Gott
es ihnen zeigte. [21] Auch wenn die Wolke nur in der Nacht auf dem Zelt war
und morgens schon wieder nach oben stieg, dann packten sie ihre Sachen
gleich wieder zusammen und zogen weiter. Aber egal, ob das tagsüber oder
nachts passierte, sobald die Wolke aufstieg, ging es weiter. [22] Egal, ob das
jetzt nur zwei Tage waren oder einen Monat oder noch länger. Wenn die
Wolke auf das Zelt runterkam, bauten sie da ihr Lager auf. Sie zogen erst
weiter, wenn die Wolke wieder nach oben stieg. [23] Egal, ob sie jetzt weiter-
zogen oder stehenblieben, sie machten alles genau so, wie Gott es ihnen
zeigte und wie er es ihnen durch Mose sagte.

10

Die Trompeten geben das Startsignal

[1] Gott sprach mal wieder mit Mose. [2] „Lass dir mal zwei Trompeten machen,
die beide aus Silber sind. Wenn ihr dann ein Treffen organisiert, zu dem alle
Israeliten kommen sollen, können die damit zusammengerufen werden.
Und auch, wenn ihr mit dem Lager aufbrecht und es weitergeht, kann damit
das Startsignal gegeben werden. [3] Die Regel sollte dann so sein: Wenn die
beiden Trompeten losgehen, müssen sich alle vor dem Eingang vom beson-
deren Zelt treffen. [4] Wenn man nur eine Trompete hört, bedeutet dies, dass
alle Chefs von den Familien zu dir kommen sollen. [5] Falls man aber voll
lange und laut in die Teile reinbläst, müssen die Familienstämme ihre
Sachen zusammenpacken und weiterziehen. Das macht ihr dann mehrmals.
Beim ersten Signal sollen die Familienstämme aufbrechen, die auf der Ost-
seite vom besondern Zelt ihr Lager haben. [6] Beim zweiten Signal sollen die
anderen von der Südseite starten. Langes und lautes Trompeten bedeutet,
dass es losgeht. [7] Normales Trompeten bedeutet, dass es ein Treffen im
Lager gibt. [8] Die Trompeten sollen von den Söhnen vom Aaron, den Pries-
tern, geblasen werden. Das ist eine Regel, die ab jetzt für immer gilt. [9] Falls
ihr mal Probleme mit euren Feinden kriegt und die euch in eurem Land
bekämpfen, dann gebraucht die Dinger auch. Ihr sollt dann trompeten, wenn
ihr gegen eure Feinde in den Krieg zieht. Dann bin ich, euer Gott, auch am
Start. Ich werde auf euch aufpassen und euch vor den Feinden retten. [10] Aber
auch wenn es mal was Schönes zu feiern gibt, wenn ihr Partys macht oder
die religösen Feste abgehen, könnt ihr damit ein Signal geben. Zum Beispiel
auch beim Monatsanfang, oder wenn ein Dankopferritual am Start ist oder
ein Abfackelopfer. Ich werden dann an euch denken. Ich bin der Chef, ich bin
euer Gott!“

Es geht los: vom Berg Richtung Kanaan-Land in die Wüste Paran

11 Am 20. Mai, zwei Jahre nach dem sie Ägypten verlassen hatten, erhob sich plötzlich die Wolke vom besonderen, heiligen, Zelt, in dem die Kiste mit den Gesetzen von Gott stand. 12 Für die Leute war es das Startsignal, ihre Sachen zu packen. Sie zogen los, vom Berg Sinai zur Wüste Paran. Dort machten sie erst mal Pause. 13 Es war auch das erste Mal, dass sie in der Formation loszogen, wie Gott es durch Mose gesagt hatte. 14 Ganz vorne ging die Abteilung unter der Fahne vom Familienstamm Juda, zu der auch die Familienstämme Issachar und Sebulon gehörten. Die Truppe von Juda stand unter dem Befehl von Nachschon, der ein Sohn von Amminadab war. 15 Der Familienstamm Issachar wurde von Netanel angeführt. Netanel war ein Sohn von Zuar. 16 Der Familienstamm Sebulon stand unter dem Befehl von Eliab, der ein Sohn von Helon war. 17 Nachdem das besondere Zelt, in dem Gott wohnte, abgebaut worden war, machten sich die Levi-Clans Gerschon und Merari auf die Socken. Ihr Job war es, die Einzelteile vom Zelt zu transportieren. 18 Als Nächstes stiefelte die Abteilung unter der Fahne vom Familienstamm Ruben los. Zu der Abteilung gehörten noch die Familienstämme Simeon und Gad. Die Ruben-Truppe wurde von Elizur angeführt, der ein Sohn von Schedeur war. 19 Der Familienstamm Simeon wurde von Schelumiel angeführt, der ein Sohn von Zurischaddai war. 20 Der Familienstamm Gad wurde von Eljasaf angeführt, ein Sohn von Dul. 21 Als Nächstes ging der Kehat-Clan vom Familienstamm Levi los, der alle Geräte transportieren sollte, die zu dem besonderen Zelt gehörten. Bis sie in dem neuen Lager angekommen waren, sollte das besondere Zelt, in dem Gott drin wohnte, schon aufgebaut sein. 22 Als Nächstes ging die Abteilung mit der Fahne vom Familienstamm Efraim los. Außer dem Stamm Efraim gehörten zu der Abteilung noch die Stämme Manasse und Benjamin. Der Stamm Efraim wurden von Elischama, dem Sohn von Ammihud, angeführt. 23 Der Chef vom Familienstamm Manasse war Gamlil, der Sohn von Pedazur. 24 Dazu der Familienstamm Benjamin, sie wurden von Abidan, dem Sohn von Gidoni, angeführt. 25 Zum Schluss kam die Abteilung unter der Fahne vom Familienstamm Dan. Sie passten auf, dass man von hinten nicht angegriffen werden konnte. Zu der Abteilung gehörten noch die Stämme Ascher und Naftali. Die Truppe von Dan wurde von Ahieser geleitet, der ein Sohn von Ammischaddai war. 26 Der Familienstamm Ascher wurde von Pagiel angeführt. Pagiel war ein Sohn von Ochran. 27 Der Familienstamm Naftali wurde von Ahira angeführt. Der war ein Sohn von Enan. 28 Auf diese Weise waren die Israeliten bei ihrem Marsch aufgeteilt. Alles ging ganz geordnet ab. Einer nach dem anderen zog von da los.

Gott selbst ist am Start

29 Mose redete vor dem Abmarsch noch mit seinem Schwager Hobab.
Hobab war ein Sohn von Moses Schwiegervater Reguel, der aus Midian
stammte. „Wir gehen jetzt übrigens in das Land, das Gott uns schenken
möchte. Komm doch mit, Mann! Wenn du willst, kannst du auch einen
Stück von dem abbekommen, was Gott uns fest versprochen hat." 30 „Hm,
also ich möchte eigentlich lieber wieder zurück in das Land gehen, in dem
ich geboren worden bin!", antwortete Hoab. 31 „Hey, Hoab, nun komm!",
redete Mose auf ihn ein. „Jetzt hau doch nicht schon ab! Wir brauchen dich
echt! Du kennst dich voll gut in der Wüste aus und weißt, wo da die besten
Pennplätze sind und so. Du musst uns den Weg zeigen! 32 Wenn du mit-
kommst, werden wir auch alles mit dir teilen, was Gott uns schenken wird!"
33 Und so zogen die Israeliten dann vom Berg Horeb los, drei Tage lang
in Richtung der Wüste Paran. Ganz vorne war die Kiste mit den Gesetzen.
Durch sie wurde entschieden, wo man als Nächstes sein Lager aufbauen
wollte und wo nicht. 34 Unterwegs war immer die Wolke von Gott vor den
Israeliten. 35 Immer wenn die Kiste mit den Gesetzen hochgehoben wurde,
um weiterzuziehen, sagte Mose: „Zeig dich Gott, dann werden die Feinde
schon Schiss haben, wenn wir nur in die Nähe kommen, und werden sich
ganz schnell verpieseln!" 36 Und immer wenn man die Kiste irgendwo
abstellte, sagte er: „Komm wieder zurück, Gott, komm zu uns, den vielen
Israeliten, die man gar nicht zählen kann!"

11

Die Leute fangen an rumzunerven

1 Die Leute von Israel heulten Gott jeden Tag die Ohren voll, weil sie in der
Wüste auf so viele Sachen verzichten mussten. Als Gott diese ständigen Vor-
würfe auf die Nerven gingen, wurde er echt sauer. Er legte einen Brand, der
an einer Ecke vom Zeltlager anfing und sich immer weiter ausbreitete. 2 Die
Leute kriegten plötzlich Panik und schrien zu Mose, ob Gott nicht irgendwie
helfen könnte. Mose legte dann ein gutes Wort für sie bei Gott ein, und das
Feuer ging wieder aus. 3 Aus diesem Grund nannte man den Ort dann auch
„Hier hat es schwer gebrannt", weil das Feuer von Gott auf dem Platz bei
ihnen ausgebrochen war. 4 Die unterschiedlichen Ausländer, die man auf den
Weg mitgenommen hatte, wurden plötzlich voll scharf auf Fleisch und rede-
ten ständig davon. Die Israeliten ließen sich davon voll anstecken. Sie jam-
merten rum: „Oh, wir haben so einen Bock auf ein schönes Steak! Warum
kriegt man hier kein anständiges Stück Fleisch, oder wenigstens mal einen
leckeren Döner?! Könnte das jemand irgendwie besorgen? 5 Ach, damals in
Ägypten, da war es doch total nett. Wir konnten jeden Tag lecker Fisch essen
und mussten noch nicht mal dafür bezahlen! Es gab auch genug Mais und

Kartoffeln, Bananen, Orangen, Äpfel und Schokolade. [6] Aber hier gibt's den ganzen Tag nur dieses Billigbrot Manna. Wir müssen bald kotzen, wenn wir noch mehr von dem Zeug essen müssen!" [7] Dieses Manna, das die Israeliten von Gott immer in der Wüste bekamen, sah ungefähr so aus, wie die Körner von Griesbrei und hatte eine Farbe wie Mais. [8] Die Leute gingen normalerweise jeden Tag los und sammelten das Zeug vom Boden auf. Dann zermahlten sie es mit einer Mühle oder zerstampften es mit einem Holzhammer. Zum Schluss wurde das Ganze dann gekocht, oder man machte so Fladenbrote draus. Es schmeckte so ähnlich wie das normale Fladenbrot aus Öl und Mehl. [9] Diese Körner fielen jede Nacht, wie winzig kleine Regentropfen, auf das Zeltlager, genauso wie der Tau morgens immer auf den Zelten der Israeliten lag.

Mose kriegt ein paar Mitarbeiter

[10] Mose hatte das – na klar – mitbekommen, wie die Familien und Stämme vor ihren Zelten am Rumnörgeln waren. Gott war kurz davor, richtig auszurasten. Mose hatte auch die Schnauze voll. [11] Er sagte zu Gott: „Mann, warum tust du mir das überhaupt an? Warum muss ich mir den ganzen Scheiß hier überhaupt geben? Ich hab das echt nicht verdient, Gott! Diese Leute ziehen mich voll runter. [12] Bin ich hier etwa die Mutter für alles? Hab ich die geboren, oder was? Du kannst nicht von mir verlangen, dass ich jeden Einzelnen auf den Schoß nehme und den ganzen Tag knuddel! Ich kann auch nicht das ganze Volk auf die Schultern nehmen und in das Land tragen, welches du den Urvätern mal versprochen hast! [13] Sie wollen immer nur Fleisch, Fleisch, Fleisch. Die gehen mir so auf die Nüsse! Woher soll ich überhaupt so viel Fleisch herbekommen bei so vielen Menschen? [14] Ich schaff das nicht allein, Gott! Ich kann die nicht alle ertragen, das ist zu viel für mich. [15] Wenn du mich hier so im Stich lässt, dann töte mich lieber sofort, falls du mich noch liebst. Ich kann mit dieser Nerverei nicht mehr länger leben." [16] Gott antwortete ihm: „Mose? Pass mal auf! Organisiere dir siebzig Männer, die bei den Clanchefs dabei sind. Sie sollen einen guten Ruf haben und bekannt dafür sein, dass sie ihren Job zuverlässig erledigen. Hol die mal zum besonderen Zelt. Wenn sie da sind, sollen die sich in einer Reihe neben dir aufstellen. [17] Ich werde dann aus dem Himmel zu euch runterkommen und mit dir reden. Und dann werde ich einen Teil von der Kraft, die ich dir gegeben hab, auf sie kommen lassen. Dann können sie auch etwas Verantwortung tragen, und ihr könnt das ganze Ding so als Team durchziehen und die Arbeit untereinander aufteilen. Auf die Art musst du den ganzen Stress nicht mehr alleine aushalten. [18] Und zu den Leuten sollst du jetzt Folgendes sagen: ‚Macht euch schon mal klar für morgen! Seht zu, dass ihr sauber für Gott seid! Der hat nämlich euer Rumgenöle gehört, als

ihr um Fleisch gebettelt habt, was in Ägypten ja so reichlich am Start war. Ihr sollt euer Fleisch bekommen. Gott wird es euch geben. [19] Und das nicht nur an einem Tag im Monat, auch nicht an zwei oder fünf, oder zehn oder zwanzig Tagen. [20] Nein, einen ganzen Monat lang werdet ihr so viel Fleisch bekommen, dass ihr davon essen könnt, bis euch das Kotzen kommt. Das ist dann auch eure Strafe dafür, dass ihr die ganze Folter, die ihr in Ägypten hattet, einfach vergessen habt. Ihr habt Gott wie Luft behandelt, obwohl er die ganze Zeit mitten bei euch ist!'" [21] Mose antwortete Gott: „Rechnet man nur die erwachsenen Männer zusammen, die ich hier anführe, kommt man schon auf 600 000 Leute. Aber du behauptest ernsthaft, du willst genug Fleisch zusammenkriegen, um die einen Monat lang vollzustopfen? [22] Wo willst du nur die ganzen Schafe, Ziegen und Rinder hernehmen, Gott? Selbst wenn man alle Fische fangen würde, die es gerade im Meer gibt, würde das nie und nimmer reichen!" [23] „Mose", sagte Gott. „Sag mal, glaubst du im Ernst, ich hab einen Sprung in der Schüssel? Denkst du, ich bin beschränkt? Glaubst du, ich kann das nicht? Pass auf, du wirst gleich sehen, ob ich mein Versprechen einlöse oder nicht!"

Die Mitarbeiter von Mose werden von Gott angezappt

[24] Mose ging dann zu den Leuten raus und erzählte ihnen, was Gott ihm gesagt hatte. Er organisierte ein Treffen, bei dem siebzig Männer von den Chefs der Israeliten zusammenkamen. Das Treffen sollte um das besondere Zelt herum stattfinden. [25] Plötzlich kam Gott in einer fetten Nebelwolke vom Himmel zu Mose runter und redete mit ihm! Dann nahm Gott einen Teil von der Power, die er Mose gegeben hatte, von ihm weg und legte sie auf die siebzig Chefs. Als Gott dann mit seiner Kraft auf sie runterkam, fingen sie plötzlich an so Hammerworte auszusprechen, die direkt von Gott kamen. Die Leute, die ständig Nachrichten von Gott reinbekommen, nannte man übrigens Propheten. [26] Zwei Männer, die eigentlich auch auf der Liste der siebzig Chefs standen, hatten es irgendwie verpeilt und waren im Zeltlager geblieben. Es handelte sich um Eldad und Medad, die nicht mit bei diesem krassen Zeltmeeting dabei waren. Trotzdem kam auch da, wo sie gerade standen, Gott unsichtbar auf sie runter, sie gingen plötzlich genauso ab, wie die anderen Männer, die bei dem Treffen selbst dabei waren. [27] Ein Jugendlicher lief zu Mose und erzählte ihm, was Medad und Eldad machten.
[28] Josua, der Typ, dessen Vater Nun hieß und der Mose immer ganz treu geholfen hatte, fand das gar nicht so toll und quatschte Mose dazwischen: „Mann, das ist nicht okay, das musst du verhindern!" [29] Mose blieb da aber recht geschmeidig. „Hast du Angst, dass die mich blamieren, Josua? Ich wäre echt happy, wenn einfach alle Israeliten so abgehen würden, wie die zwei! Wir brauchen noch viel mehr Prophetentypen bei uns! Ich wünsche

mir, dass Gott allen seinen Leuten von seiner Kraft, seinem Geist, was geben würde!"

Die Leute bekommen Fleisch bis zum Abwinken

30 Schließlich ging Mose mit den siebzig Chefs wieder in das Zeltlager zu-
rück. 31 In der Zwischenzeit hatte Gott dafür gesorgt, dass ein heftiger Sturm am Start war. Dieser Sturm trieb einen Riesenschwarm Enten vom Meer in das Lager. Und dann knallte der ganze Schwarm einmal rund um das Lager auf die Erde. Im Umkreis von 40 Kilometern lagen überall Enten auf dem
Boden, teilweise lagen die einen Meter hoch übereinander! 32 Das Einsam-
meln der Enten dauerte den ganzen Tag und die ganze Nacht, so viele waren es. Das wenigste, was einer zusammensammeln konnte, waren vier Zentner Fleisch! Am nächsten Tag legten sie die Tiere überall in die Sonne, um dar-
aus Trockenfleisch zu machen. 33 Aber als die Israeliten gerade fett am Fleischessen waren, wurde Gott wieder voll sauer auf sie. Viele starben in
der Zeit an einer fiesen Krankheit. 34 Nachdem die Toten begraben worden waren, gab man den Friedhof den Namen „Kiwrot-Taawa", das bedeutet so viel wie „Friedhof, wo die Leute liegen, die den Hals nicht voll genug kriegen
konnten". 35 Von dem Ort zogen die Leute dann weiter, in Richtung Hazerot. Dort bauten sie wieder ihr Zeltlager auf.

12

Mirjam und Aaron lästern gegen Mose

1 Als die Israeliten in Hazerot ihr Lager aufgeschlagen hatten, lästerten Aaron und seine Schwester Mirjam über Mose, weil er sich eine Frau von
einem ausländischen Volk, den Kuschitern, angelacht hatte: 2 „Sag mal,
denkt Mose eigentlich, nur er alleine hat Peilung davon, was Gott okay findet? Ich meine, Gott redet ja auch mit uns!" Gott bekam das natürlich mit.
3 Mose war aber echt slow drauf, er wollte nie einen auf dicke Hose machen
und war überhaupt nicht abgehoben. Keiner war so wie er. 4 Kurze Zeit spä-
ter sagte Gott zu Mose, Aaron und Mirjam: „Geht mal zusammen zu dem besonderen Zelt, wo ich mich immer zeige!" Die drei machten das auch
sofort. 5 Gott kam dann ganz krass, in einer fetten Wolke zu dem Treffen. Er blieb am Eingang vom Zelt stehen und machte Aaron und Mirjam folgende
Ansage: 6 „Hört mal gut zu, was ich euch zu sagen habe! Wenn es bei euch einen Prophetentypen gibt, dann rede ich mit ihm, so dass er konkrete Bilder
sehen wird, z. B. durch Träume. 7 Bei Mose ist das anders. Ihm habe ich
sogar meine Wohnung anvertraut! 8 Wenn ich mit ihm rede, dann machen wir das ‚unter vier Augen'. Ich sag ihm ganz offen, was Sache ist, da muss nichts erst groß gedeutet werden. Wie kommt ihr nur so drauf, über meinen
Mose so abzulästern?" 9 Gott war richtig sauer auf die beiden und ging weg.

10 Kaum war die Wolke von dem Zelt wieder verschwunden, da war Mirjam
auf ihrer Haut so weiß wie Schnee. Sie hatte plötzlich diese fiese anste-
ckende Hautkrankheit bekommen, die man auch Aussatz nannte. Aaron
drehte sich zu ihr um und sah das sofort. 11 Aaron meinte zu Mose: „Du,
Chef, bitte lass uns jetzt nicht hängen, nur weil wir Mist gebaut haben, ohne
vorher unser Hirn einzuschalten! 12 Mirjam soll nicht wie ein Zombie rum-
laufen, der schon halb tot ist!“ 13 Mose schrie zu Gott: „Bitte! Mach Mirjam
wieder gesund!“ 14 Gott antwortete: „Wenn ihr Vater ihr ins Gesicht gerotzt
hätte, müsste sie sich dann nicht sieben Tage lang schämen? Darum soll sie
sieben Tage lang aus dem Lager ausgesperrt werden. Danach kann man sie
wieder reinlassen.“ 15 So wurde Mirjam sieben Tage aus dem Lager ausge-
sperrt. Das Volk zog nicht weiter, bis Mirjam wieder dabei war. 16 Erst später
zogen die Israeliten von Hazerot weg. Als nächste Station stand die Wüste
Paran auf dem Plan, wo man das Zeltlager aufbaute.

13

Das neue Land wird ausgecheckt

1 Gott redete mal wieder mit Mose. 2 „Hör zu, schick ein paar Spione von
deinen Leuten los. Sie sollen das Kanaan-Land schon mal austesten. Das will
ich euch, den Israeliten, schenken. Hol dir dazu aus jedem der zwölf Fami-
lienstämme einen Mann, alles Leute, die was zu sagen haben!“ 3 Mose tat
genau das, was Gott ihm gesagt hatte. Er organisierte zwölf Männer, alles
Chefs aus den einzelnen Familienstämmen. In der Zeit hatten die Israeliten
gerade ihr Zeltlager in Kadesch, in der Wüste Paran, aufgeschlagen. Von da
aus schickte er dann diese Spione los, damit sie das Kanaan-Land schon mal
abchecken konnten. 4–15 Mit dabei waren: aus dem Familienstamm Ruben:
Schammua, der ein Sohn von Sakkur war; aus dem Familienstamm Simeon:
Schafat, der ein Sohn von Hori war; aus dem Familienstamm Juda: Kaleb,
der ein Sohn von Jefunne war; aus dem Familienstamm Issachar: Jigal, der
ein Sohn von Josef war; aus dem Familienstamm Efraim: Hoschea, der ein
Sohn von Nun war; aus dem Familienstamm Benjamin: Palti, der ein Sohn
von Rafu war; aus dem Familienstamm Sebulon: Gaddil, der ein Sohn von
Sodi war; aus dem Familienstamm Manasse: Gaddi, der ein Sohn von Susi
war; aus dem Familienstamm Dan: Ammiël, der ein Sohn von Gemalli war;
aus dem Familienstamm Ascher: Setur, der ein Sohn von Michael war; aus
dem Familienstamm Naftali: Nachbi, der ein Sohn von Wofsi war; und aus
dem Familienstamm Gad: Gul, der ein Sohn von Machi war. 16 Diese zwölf
Männer schickte Mose los, um das Land mal vorher auszutesten. Hoschea
wurde von Mose übrigens immer nur Josua genannt. 17 Bevor sie losgehen
sollten, sagte Mose noch zu ihnen: „Passt auf Leute! Geht erst mal durch die
Wüste Negeb und seht euch das Gebirge dahinter an, was im Norden liegt.

18 Checkt das ganze Teil einfach ab! Beobachtet, was für Leute da wohnen
und auch wie viele. Versucht rauszubekommen, wie stark die sind und ob
man gegen die im Krieg gewinnen könnte. 19–20 Macht euch ein paar Noti-
zen, ob die Städte hohe Mauern haben und wie sie verteidigt werden. Und
seht euch auch mal die Bodenverhältnisse genauer an, ob man da gut
Sachen anbauen kann oder nicht. Gibt es da zum Beispiel auch Wälder? Ihr
braucht keine Angst zu haben! Bringt unbedingt ein paar Postkarten und
auch Früchte mit, die ihr in dem Land finden könnt, okay?“ Es war auch
gerade in der Zeit, in der Ernte angesagt war und die ersten Weintrauben reif
wurden. 21 Die zwölf Männer machten sich also auf die Socken und sahen
sich das ganze Gebiet mal aus der Nähe an. Von der Wüste Zin bis auf die
Berge nach Rehob, was bei Lebo-Hamat liegt, waren sie unterwegs. 22 Als
Erstes gingen sie durch das Land, das im Süden lag. Von da kamen sie nach
Hebron. Dort wohnten auch Ahiman, Scheschai und Talmai, die Nachfahren
von Enak waren. Die Stadt Hebron war sieben Jahre älter als die Stadt Zoan
in Ägypten. 23 Als sie in ein Tal kamen, das man später „Traubental“ genannt
hat, schnitten sie ein paar von den Trauben ab und packten sie ein. Die Teile
waren so schwer, dass man zwei Leute brauchte, um die auf einer Stange
tragen zu können! Auch Äpfel und Birnen, die dort wuchsen, packten sie
in die Rucksäcke ein. 24 Dieses Tal bekam wie gesagt später den Namen
„Traubental“, weil die Männer, die das Land austesten sollten, dort Trauben
gefunden und eingepackt hatten.

Bericht von dem neuen Land

25 Nach zwölf Tagen hatten die Männer alles gesehen, was in dem Land so
am Start war. 26 Sie kamen wieder zurück zu Mose und Aaron, um zu erzäh-
len, was sie alles gesehen und erlebt hatten. Auch die ganzen Früchte, die
sie gesammelt hatten, sollten vorgeführt werden. Alle Israeliten waren bei
diesem Treffen dabei. Die hatten die ganze Zeit in der Wüste Paran gewartet.
27 „Mose! Wir haben uns jetzt das ganze Land einmal angesehen, in das du
uns geschickt hast“, sagten sie aufgeregt. „Alles haben wir genau untersucht
und abgecheckt. Das Land ist der absolute Hammer! Es gibt da wirklich
alles, und das sogar im Überfluss! Schau dir mal die vielen Früchte an, die
wir mitgebracht haben! 28 Allerdings sind die Menschen, die dort bis jetzt
wohnen, auch nicht von schlechten Eltern! Die können sich vermutlich rich-
tig gut wehren und haben ihre großen Städte zum Teil auch voll gut gegen
Angriffe gesichert. Und leider wohnen da auch riesige Menschen, die alle
Muskeln haben wie die weltbesten Kickboxer! 29 Im südlichen Gebiet wohnen
die Amalekiter, in den Bergen die Hetiter, Jebusiter und Amoriter. Im Tal, wo
der Jordanfluss ist, wohnen die Kanaaniter!“ 30 Als die Leute das hörten,
bekamen viele voll den Hals auf Mose. Kaleb beruhigte sie aber. „Leute, wir

können das schaffen! Wir sind stark genug!“ 31 Aber die anderen Männer, die
das Land ausgecheckt hatten, waren da anderer Meinung. „Das packen wir
nie und nimmer! Die Leute, die da wohnen, sind sehr viel stärker als wir!“
32 Dann erzählten sie den Israeliten irgendwelche Horrorgeschichten über
das Land. „Man kann da echt nicht leben! Die Menschen, die dort wohnen,
sind nämlich Kannibalen und fressen einen irgendwann auf!“, erzählten sie.
„Die Männer dort sind gigantisch groß und haben voll die Muskeln! 33 Dort
leben übrigens auch diese Riesenmenschen! Die waren so groß, dagegen
kamen wir uns wie kleine Häschen vor. Und für die sind wir bestimmt auch
nur kleine Ameisen, die man zertreten kann.“

14

Die Israeliten vertrauen Gott nicht mehr

1 Die Israeliten kriegten plötzlich voll den Heulflash, sie waren total fertig
und weinten die ganze Nacht. 2 Alle hatten plötzlich keinen Bock mehr auf
Mose und Aaron. Sie fingen wieder die alte Leier an, von wegen „Wären wir
mal in Ägypten gestorben oder irgendwo in der Wüste bla blup…“ 3 Einige
sagten sogar: „Warum hat Gott uns überhaupt hierher gebracht? Wir werden
alle in diesem Krieg sterben! Unsere Frauen und Kinder werden uns von den
Feinden geklaut und müssen dann bei denen leben. Wollen wir nicht alle wie-
der zurück nach Ägypten gehen?“ 4 Schnell gab es die ersten Flyer und Pla-
kate, wo draufstand: „Wir brauchen eine neue Regierung! Wir wollen einen
neuen Führer! Wir wollen wieder zurück nach Ägypten!“ 5 Als die Nachricht
bei Aaron und Mose ankam, warfen sich beide vor den Israeliten einfach auf
die Erde. 6 Josua und Kaleb, die beide bei dem Spionagetrupp dabei waren,
der das neue Land schon mal abgecheckt hatte, machten bei der Demo aber
nicht mit. Es machte sie echt fertig, wie die Leute drauf waren, und sie sag-
ten zu den Israeliten: 7 „Das Land, das wir uns angesehen haben, ist genial,
Leute! 8 Dort gibt es alles, und zwar ganz fett und satt. Wenn Gott uns mag,
dann wird er uns dort reinbringen und wird es uns schenken! 9 Ihr dürft ihn
jetzt nicht einfach abblitzen lassen! Habt keinen Schiss vor den Leuten, die
da bis jetzt noch wohnen. Wir machen aus denen Kleinholz! Deren Plastik-
götter haben sowieso nichts drauf! Und wir haben den krassesten Gott auf
unsere Seite! Ihr braucht echt keine Angst vor denen zu haben!“ 10 Die Leute
waren aber so sauer, dass sie die beiden fast umbringen wollten. Plötzlich
war Gott da! Alle konnten ein blendend weißes Licht über dem Zelt sehen.

Mose betet für die Israeliten

11 Gott sprach dann mit Mose: „Mann, wie lange muss ich mir das noch
anhören? Wie lange wollen mich diese Leute eigentlich noch wie einen alten
Mann behandeln? Wie lange noch haben sie einfach keinen Bock da drauf,

mir zu vertrauen? Ich hab doch nun wirklich mehr als einmal gezeigt, was
ich alles draufhab, und auch bewiesen, dass ich mich voll um sie kümmere!
12 Ich glaube, es ist die beste Idee, wenn alle jetzt einfach eine tödliche Krank-
heit bekommen und sterben! Keiner von denen soll überleben. Ich starte
dann das Ganze nur mit dir noch mal von vorne, mit dir und deiner Familie.
Mose, ich verspreche dir, deine Familie wird ganz schnell viel mehr Leute
haben, die auch sehr viel stärker sind als die Israeliten heute." 13 Mose ant-
wortete: „Ja, Gott, hast ja recht. Aber was werden denn zum Beispiel die
Ägypter sagen, wenn du die Israeliten jetzt alleine lässt, he? Die haben doch
gesehen, wie du deine Leute so powervoll aus ihrem Land rausgeholt hast.
Die konnten beobachten, wie sie bis hierher gekommen sind. Und dann das?
14 Denk mal an die ganzen Menschen, die jetzt in der Umgebung wohnen?
Die haben doch alle schon von der Geschichte gehört, wie du mit uns um-
gehst, dass Gott selbst bei uns lebt und wir mit dir direkt labern dürfen
und so. Sie haben auch von der Wolke gehört, in der du uns tagsüber immer
begleitest, und von der Feuerwolke, die nachts immer bei uns ist. 15 Wie
sollen die das auf die Kette kriegen, wenn sie plötzlich hören, dass du alle
Israeliten an einem Tag einfach plattgemacht hast? Die werden dann doch
bestimmt rumlästern und sich so was erzählen wie: 16 ‚Ha ha, deren Gott
hat es einfach nicht gepackt, seine Leute in das Land zu bringen! Was für ein
Weichei! Obwohl er ihnen dieses Land ganz fest versprochen hatte, wurden
sie in der Wüste von ihm mal eben so abgeschlachtet.' 17 Mann, Gott, zeig
uns doch einfach, was du draufhast! Du hast uns immer gesagt: 18 ‚Ich bin
Gott! Ich habe viel Geduld, ich bin entspannt. Und ich liebe euch ohne Ende.
Ich vergebe es, wenn jemand Mist baut und sich einer gegen mich stellt.
Aber ich lasse nicht alles so mal eben durchgehen, was passiert. Wenn
jemand gegen mich arbeitet, dann hat das Folgen. Seine Kinder, die Enkel-
kinder bis in die dritte und vierte Generation werden das zu spüren kriegen.'
19 Weil du doch so eine gigantisch große Liebe hast, bitte ich dich, dass du
diesen Leuten ihren Mist einfach verzeihst! Das hast du doch bis heute so
oft schon gemacht, in der ganzen Zeit, seit du uns aus Ägypten rausgeholt
hast!" 20 Gott antwortete ihm: „Okay. Weil du es bist, Mose, will ich ihnen
noch mal verzeihen! 21 Aber auf eins kannst du einen lassen: So wahr ich
existiere und meine krasse Art auf dieser Erde sichtbar werden wird, 22–23 sol-
len diese Leute niemals in das Land kommen können, was ich euren Vätern
mal versprochen habe! Sie haben meine krasse Art gesehen, haben die vielen
Wunder gesehen, die ich schon gebracht habe. Die waren dabei, als ich ihnen
in Ägypten und in der Wüste aus aussichtsloser Situation rausgeholfen habe.
Und trotzdem haben sie mich immer wieder ausgetestet und mir nie wirklich
vertraut. Sie hatten keinen Bock auf mich, und darum wird keiner von denen
dieses Land betreten. 24 Nur Kaleb will ich dort reinbringen. Der war ja da

und hat das Land ausgetestet. Seine Familie soll dort für immer leben kön-
nen. Kaleb war einfach anders drauf, er hat sich nicht in die Hose gemacht,
war cool unterwegs und hat mir vertraut. 25 Die Amalekiter und Kanaaniter
bleiben dort wohnen. Und ihr sollt morgen früh zurückgehen, durch die
Wüste, wieder an die Stelle, die stark mit Bambusrohren bewachsen ist."

Konsequenzen: noch mal vierzig Jahre Wüste

26 Gott sagte zu Mose und Aaron: 27 „Was meint ihr, wie lange muss ich mir
das noch geben? Wie lange sind die Leute noch so unkorrekt drauf? Wie
lange wollen die noch nicht das tun, was ich von ihnen möchte? Ich krieg
das ja alles mit! 28 Richte ihnen meine Antwort aus. Ich sage dazu: ‚Leute,
ich bin Gott, und ich schwöre euch, was ihr da vom Stapel gelassen habt,
wird jetzt tatsächlich genauso auch passieren. Dafür sorge ich, auf sicher!
29 Ihr werdet in der Wüste sterben, und zwar alle Männer ab 18 Jahren, die
man zum Bund einziehen würde. Das habt ihr jetzt davon, weil ihr schon
wieder keinen Bock hattet, auf mich zu hören. 30 Keiner von denen soll in das
Land kommen, das ich euren Leuten schon vor Ewigkeiten fest versprochen
habe. Nur Kaleb und Josua dürfen und werden dabei sein. 31 Wisst ihr noch,
dass ihr Schiss hattet, dass eure kleinen Kinder von den Feinden aus dem
Land gekidnappt werden? Aber genau die Kinder werden dieses Land
erobern und besitzen! 32 Ihr seid bis dahin schon in der Wüste gestorben.
33 Aber auch eure Kinder werden an den Konsequenzen zu tragen haben, weil
ihr untreu wart und mir nicht vertrauen wolltet. Vierzig Jahre müssen sie
auch noch mit ihrem ganzen Viehzeug durch die Wüste tapern. Sie werden
erst losziehen können, wenn keiner von eurer Generation mehr lebt. 34 Vier-
zig Tage wart ihr in dem neuen Land und habt es ausgetestet. Vierzig Jahre
werdet ihr jetzt warten müssen, jeder Tag wird mit einem Jahr bezahlt. Das
ist euere eigene Schuld. So schnallt ihr hoffentlich, was für Konsequenzen
das hat, wenn man versucht, gegen mich zu arbeiten. 35 Das gilt jetzt, auf
sicher. Keiner von euch wird aus der Wüste wieder rauskommen, ihr werdet
dort alle irgendwann sterben. Diese ganzen fiesen Leute, die sich gegen
mich stellten und eine Demo gegen mich veranstalteten, werden um diese
Strafe nicht herumkommen können.'" 36 Die Männer, die Mose losgeschickt
hatte, um das Land auszutesten, hatten ja die ganze Gemeinschaft schräg
draufgebracht. Nur weil sie voll unnötig Panik verbreitet hatten, kamen die
Israeliten plötzlich mit der Idee nicht mehr klar, dass das neue Land ein
Geschenk von Gott war. 37 Gott machte, dass diese Männer plötzlich wie die
Fliegen tot umfielen, und zwar alle, die irgendwelchen Mist über das neue
Land verbreitet hatten. 38 Nur Josua (der Sohn vom Nun) und Kaleb (der
Sohn von Jefunne) blieben als Einzige von denen am Leben, die das Gebiet
ausspioniert hatten.

Es tut den Leuten voll leid, aber es ist zu spät

39 Mose erzählte dann bei einem großen Treffen allen Israeliten, was Gott
ihm gerade gesagt hatte. Alle Leute fingen voll an zu weinen. 40 Am nächsten
Morgen machten sich einfach die Männer von den Israeliten marschbereit.
Sie wollten in das neue Land ziehen, um dort zu kämpfen und es einzuneh-
men. „Wir sind jetzt bereit!“, sagten sie zu Mose. „Wir wollen genau das
tun, was Gott uns gesagt hat! Wir wollen in das Land ziehen, wir haben ges-
tern totalen Schwachsinn erzählt!“ 41–42 „Hey, Leute, macht das nicht!“, ant-
wortete Mose. „Warum wollt ihr schon wieder genau das tun, was Gott nicht
will? Das geht in die Hose! Gott wird nicht dabei sein. Die Feinde werden
euch fertigmachen! 43 Die Amalekiter und Kanaaniter haben ihre Waffen
schon geölt und warten nur auf euch. Ihr werdet alle sterben. Ihr habt Gott
einen alten Mann sein lassen, habt ihm den Rücken zugedreht. Ihr glaubt
doch nicht im Ernst, Gott wird euch in der Sache nun helfen?“ 44 Er konnte
die Leute aber nicht davon abbringen loszumarschieren. Sie hatten sich das
Ding einfach in den Kopf gesetzt und zogen, ohne auf ihn zu hören, in das
Land ein. Mose blieb aber im Lager, und auch die Kiste mit den Gesetzen
drin durften sie nicht mitnehmen. 45 Die Niederlage war vernichtend. Die
Amalekiter und Kanaaniter, die in den Bergen vom vorderen Teil des Landes
wohnten, griffen sie von obenher an. Sie schlugen die Israeliten übelst im
Kampf, die dann am Ende Hals über Kopf bis nach Horma fliehen mussten.

15

Wie man in dem neuen Land Opferrituale durchziehen soll

1 Gott redete mal wieder mit Mose. Er sagte zu ihm: 2 „Geh mal zu den
Israeliten und richte ihnen Folgendes von mir aus: ‚Ihr werdet irgendwann in
das neue Land einziehen, was ich euch versprochen habe. Dort werdet ihr
euch dann breitmachen. 3–5 Wenn ihr da jetzt so ein Opferritual machen
wollt, wo man was verbrennt, zum Beispiel ein Abfackelopfer, das man kom-
plett verbrennt, oder ein Dankopfer, egal ob das jetzt mit einem Versprechen
zu tun hat, was man gegeben hat, oder ob es ein freiwilliges Geschenk ist,
oder um was zu feiern, dann müsst ihr dazu auch immer noch ein Essens-
opfer und ein Trinkopfer durchziehen. Also auch wenn ihr ein Rind dazu
opfert oder ein Schaf oder ne Ziege, die beiden Sachen gehören immer dazu.
Bei einem Schaf oder einer Ziege müssen das 1,2 Kilo Weizenmehl sein, das
mit knapp einem Liter Olivenöl verknetet wird. Und dann Wein in der glei-
chen Menge. 6 Wer Gott ein männliches Schaf schenken will, nimmt dazu
2,4 Kilo Mehl, das mit 1,5 Litern Öl verknetet wird. 7 Auch dazu kommt die
gleiche Menge an Wein. Auf so ein Opfer hat Gott Bock, da freut er sich voll
drüber. 8 Wenn jetzt jemand Gott ein Rind schenken will, braucht er folgende
Zutaten: 9 Als Essensopfer 3,6 Kilo Mehl, das mit 2 Liter Olivenöl verknetet

wird, 10 und als Trinkopfer die gleiche Menge Wein. So ein Opfer findet Gott
gut. 11 Genauso soll man es auch machen, wenn man ein Schaf oder eine
Ziege opfert. 12 Je nachdem, wie viele Tiere ihr opfern wollt, müsst ihr die
Menge danach richten. 13 Die Israeliten sollen es genau so machen, wenn sie
ein Opfer bringen wollen, wo man was verbrennt, wenn sie möchten, dass
Gott sich da drüber auch freut. 14 Und wenn ein Ausländer, der bei euch
lebt, auch so ein Opfer durchziehen will? Er soll es genauso machen wie ihr!
15 Egal ob man jetzt zu euch gehört oder nur ein Gast ist, es gelten die glei-
chen Regeln. Ich möchte, dass das jetzt ein Gesetz bei euch wird, das man
immer weitervererbt. Jede Generation soll sich da dran halten, und es gilt für
euch und für die Ausländer bei euch. 16 Es gelten die gleichen Gesetze, egal
ob jemand zu euch gehört oder nur zu Gast ist.'" 17 Gott sagte dann noch
was zu Mose: 18 „Sag den Israeliten noch was von mir: ‚Wenn ihr in das Land
reinkommt, das ich euch schenken möchte, 19 und wenn ihr dann das erste
Mal von dem Brot esst, das dort von eurer eigenen Ernte gebacken wurde,
dann müsst ihr davon auch etwas Gott schenken. 20 Und zwar soll man das
erste Brot, das von der ersten Ernte gebacken worden ist, Gott schenken.
21 Auch von der neuen Weizenernte soll Gott den ersten Eimer voll bekom-
men. Diese Regel gilt ab jetzt für immer und ewig.'"

Wie man Sachen in Ordnung bringt, wo ohne Absicht Mist gelaufen ist

22 Mose bekam noch ne Ansage von Gott: „Wenn ihr jetzt mal aus Versehen
Mist baut und sich einer von euch an eins der Gesetze nicht gehalten hat,
23 die ich dir gesagt habe und die für alle von euch immer gelten sollen, müs-
sen sie durch ein Opferritual wieder mit mir in Ordnung gebracht werden.
24 Wenn jetzt die ganze Gemeinschaft mal aus Versehen danebenlag, dann
müssen sie das mit mir, eurem Gott, wieder ins Reine bringen. Dazu brau-
chen sie einen Stier, der als Abfackelopfer verbrannt werden soll. Das bringt
mich wieder gut drauf und macht das Ding wieder okay. Dazu kommen noch
das Essensopfer und das Trinkopfer und mit einer männlichen Ziege dieses
Opferritual, was man macht, wenn einer aus Versehen Mist gebaut hat,
25–26 Der Priester macht dann durch das Opfer die Sachen zwischen mir und
euch wieder klar. Ich werde dann der ganzen Gemeinschaft ihren Fehler ver-
zeihen, auch weil es ja nur aus Versehen passiert ist. Auch die Ausländer bei
euch haben dann nichts zu befürchten, ihnen ist da auch vergeben. 27 Wenn
es sich jetzt nur um einen einzelnen Menschen handelt, der aus Versehen
Sachen getan hat, die gegen die Gesetze sind, muss eben der das Opfer-
ritual durchziehen, das man macht, wenn einer aus Versehen Mist gebaut
hat. Dazu braucht er eine Ziege, die ein Jahr alt ist. 28 Der Priester macht mit
diesem Opferritual das Ding wieder okay, Ich werde dem Menschen dann
verzeihen. 29 Dieses Gesetz gilt für die Ausländer genauso wie für euch.

30–31 Wenn jetzt aber jemand ganz bewusst Sachen tut, obwohl er weiß, dass
ich das total ätzend findet, macht er den dann ja zum Affen. Er hat mich
beleidigt und muss dafür sterben. Wer so drauf ist, muss aus der Gemein-
schaft rausfliegen. Egal ob der ein Israelit ist oder ein Ausländer, er hat bei
euch nichts zu suchen. Der hat eine ganz klare Ansage von mir, eurem Gott,
mit Absicht nicht beachtet."

Jemand macht den Sonntag lächerlich

32 In der Zeit, als die Israeliten noch in der Wüste wanderten, erwischten sie
einen Typen, der am Sonntag Öl für die Heizung am Umfüllen war. 33 Die
Leute, die das beobachtet hatten, nahmen den fest und brachten ihn zu
Mose und Aaron während einer Versammlung, bei der die ganze Gemein-
schaft dabei war. 34 Für so eine Tat gab es aber noch kein Gesetz, darum
steckte man den Typen erst mal in den Knast. 35 Mose redete mit Gott da
drüber. „Der Mann hat kein Recht mehr, bei euch zu leben!", sagte Gott
zu ihm. „Die Gemeinschaft soll ihn vor dem Lager so lange mit Steinen
beschmeißen, bis er tot ist." 36 Alle Männer schleppten den Typen dann vor
das Zeltlager und töteten ihn genau so, wie Gott es Mose gesagt hatte.

Um das ins Hirn zu kriegen, gibt's einen Knoten in die Klamotten

37–38 Gott sagte zu Mose, er sollte den Israeliten was von ihm ausrichten.
Und zwar sollten sie sich Knoten an die Enden von ihren Schals machen.
Das war ab dann ein Gesetz, was für immer gelten sollte. An jede Ecke vom
Schal kam auch noch eine lila Schleife dran. 39–40 „Jedes Mal, wenn ihr
diese Schleifen seht, müsst ihr euch an die Gesetze erinnern!", sagte Gott
zu Mose. „Sie sollen euch warnen, dass ihr so lebt, wie ich es euch in den
Gesetzen beschrieben habe. Das muss für euch wie eine Warnung sein, dass
ihr eure Gedanken sauber haltet, und wenn ihr gierig werdet, dem nicht
gleich nachgebt. Wenn ihr das wirklich durchzieht, bleibt ihr ein ganz beson-
deres Volk! Ihr seid dann echt heilig und gehört ganz mir, eurem Gott. 41 Ich
bin der Chef, ich bin euer Gott! Ich habe euch aus Ägypten rausgeholt, weil
ich euer Gott sein will. Und ich bin es auch, ich bin der absolute Oberchef,
es gibt keinen, der über mir steht!"

16

Die Gang von Korach macht einen Aufstand

1–2 Irgendwann hatte Korach die Schnauze voll und organisierte eine kleine
Rebellion gegen Mose. Korach war ein Sohn von Jizahr vom Kehat-Clan vom
Familienstamm Levi. Mit dabei waren Datan und Abiram, die Söhne von
Eliab und On, der ein Sohn von Pelet war. Die kamen aus dem Familien-
stamm Ruben. Noch ungefähr 250 andere Israeliten, die teilweise echt Ein-

fluss und auch was zu sagen hatten, waren auch mit dabei. [3] Sie trafen sich gemeinsam vor dem Zelt von Mose und Aaron und redeten auf sie ein. „Hört mal, ihr macht hier eindeutig zu sehr den Lauten! Ihr seid auch nicht anders als der Rest von uns Israeliten, ist das klar!? Wir gehören alle Gott, und er ist bei jedem von uns! Warum glaubt ihr eigentlich, die Chefs von der ganzen Gemeinschaft sein zu müssen, he?“ [4] Als Mose diese Sprüche hörte, legte er sich platt auf den Boden und fing an mit Gott zu reden. [5] Dann war er fertig, ging zu Korach und seinen Leuten rüber und meint zu ihm: „Pass auf, morgen wird Gott dir zeigen, wer wirklich zu ihm gehört und wer nicht. Er wird ein klares Zeichen setzen, wer für ihn gottmäßig drauf ist. Nur wer von ihm ausgewählt wurde, wird in seine Nähe kommen können! [6] Nehmt euch eine von diesen Pfannen, wo die Räucherstäbchen drauf kommen. [7] Dann legt da ein paar Teile rein und zündet die an. Mit dem ganzen Kram kommt ihr morgen in das besondere Zelt. [8] Wir werden ja sehen, wen Gott ausgewählt hat, seinen Job zu erledigen, und wen er dazu auch als fähig ansieht. Ihr Angestellten vom besonderen Zelt kriegt den Hals einfach nicht voll! Hallo? Sagt mal, merkt ihr noch was? [9] Unser Gott hat euch extra aus der ganzen Gemeinschaft für diesen Job ausgesucht! Er lässt euch in seine Nähe kommen, und ihr dürft den Job in seiner Wohnung machen! Ihr könnt vorne auf der Bühne stehen und diese krassen Sachen für ihn machen! Reicht euch das nicht? [10] Du, Korach, hast diesen besonderen Job von Gott zugesprochen bekommen, wie die anderen Männer aus dem Familienstamm Levi auch. Und jetzt wollt ihr auch noch alle Priester werden und das ganze Ding leiten, oder wie? [11] Ihr habt eine Revolte gegen Gott selbst angezettelt, du und dein ganzer Haufen! Ihr meckert gegen Gott, nicht gegen Aaron, ist euch das klar?!“ [12] Mose ließ Datan und Abiram in sein Büro bestellen. Aber sie ließen ihm ausrichten: „Kannst du vergessen, wir kommen nicht! [13] Erst hast du uns aus Ägypten rausgeführt, wo wir noch fett und reichlich zu essen hatten, und jetzt sterben wir hier fast vor Hunger, mitten in der Wüste. Ganz toll, Mose! Und jetzt machst du einen auf Obermacker und spielst dich als großen Chef auf? [14] Wo ist denn jetzt dein ach so schönes Land, wo es alles so fett und reichlich geben soll, he? Hast du uns vielleicht schon ein paar große Landstücke geschenkt oder was? Willst du uns hier verarschen, oder was?! Wir haben auf jeden Fall keinen Bock, zu dir hoch zu kommen!“ [15] Mose war richtig sauer. „Gott, ich will, dass du von denen nie wieder ein Opferritual annimmst, hörst du?“, betete er. „Ich habe nie meine Macht missbraucht und habe die ganze Zeit noch nicht mal ein Taschengeld für meinen Job verlangt!“ [16] Dann ging er raus zu Korach und sagte zu ihm: „Morgen früh möchte ich dich mit deiner Gang direkt vor Gott bringen. Aaron soll auch mit dabei sein. [17] Meine Idee ist, dass jeder dann eine Pfanne nimmt und dort Räucherstäbchen reinlegt. Also, ich meine jetzt Aaron und dich mit deinen

zweihundertfünfzig Fans. Kommt damit morgen zum besonderen, heiligen
Zelt.“ 18 Am nächsten Morgen standen sie alle vor dem Eingang vom beson-
deren Zelt. Mose und Aaron hatten ihre Pfannen dabei, in denen auch schon
anständig Räucherstäbchen brannten. 19 Mittlerweile hatte Korach fast alle
Israeliten von seiner Meinung überzeugt. Er kam also mit dem ganzen Trupp
zu Mose und Aaron, die am Eingang auf ihn warteten. Plötzlich war Gott mit
seiner ganz krassen Art da, so dass alle das sehen konnten. 20 Gott sagte
dann zu Mose und Aaron: 21 „Geht schnell weg von dem Rest der Israeliten.
Ich will sie alle auf einmal plattmachen!“ 22 Aber die beiden warfen sich vor
Gott auf den Boden und versuchten, ihn von dem Plan abzubringen: „Nein,
Gott, bitte mach das nicht! Du hast doch jedes Leben selbst gemacht, oder?
Willst du jetzt wirklich alle bestrafen, obwohl dich nur einzelne Leute so
gedisst haben?“ 23–24 „Hm, also gut, sag jetzt mal zu allen Leuten, dass
sie sich von den Zelten vom Korach, Datan und Abiram fernhalten sollen,
okay?“, antwortete Gott. 25 Mose ging dann mit den Chefs von den Israeliten
zu Datan und Abiram. 26 Dort sagte er zu allen Leuten: „Verschwindet aus
der Gegend von den Zelten, in denen diese Männer, die gegen Gott sind, mit
ihren Familien wohnen! Fasst nichts an, was denen gehört, sonst erwischt
euch die gleiche Strafe wie die.“ 27 Alle hörten auf Mose und machten einen
großen Bogen um die Zelte, wo Korach, Datan und Abiram wohnten. Datan
und Abiram waren aus ihren Zelten rausgekommen und standen jetzt mit
ihren Frauen, Kindern und Enkeln davor. 28 Mose meinte dann zu den Israeli-
ten: „Was jetzt gleich abgehen wird, soll ein für alle Mal der Beweis für euch
sein, dass Gott hinter mir steht und dass ich mir das nicht alles selber aus-
gedacht habe. 29 Wenn diese Männer irgendwann normal sterben, dann habe
ich keine Order von Gott bekommen und habe mir alles nur ausgedacht.
30 Wenn Gott aber etwas total Krasses tun wird, wenn er plötzlich ein Erd-
beben kommen lässt und sich der Boden hier spaltet und diese Leute, mit-
samt ihren Zelten, in die Hölle gezogen werden, dann wisst ihr, dass sie eine
Rebellion gegen Gott selbst am Start hatten.“ 31 Mose hatte gerade sein letz-
tes Wort ausgesprochen, da gab es ein Beben der Stärke 8, und genau unter
den Zelten von Datan und Abiram entstand eine riesen Erdspalte. 32 Beide
Zelte mit allem, was dazugehörte, fielen in diesen Spalt rein, dasselbe pas-
sierte mit Korachs Zelt. 33 Alle wurden mit Mann und Maus direkt in die
Hölle geschickt. Dann schloss sich der Boden wieder über ihnen zusammen,
und es sah fast so aus, als wären sie nie da gewesen. 34 Die Israeliten, die
das sahen, rannten schnell weg, als sie ihre Schreie hörten. Sie hatten Panik,
auch von der Erde verschluckt zu werden. 35 Die 250 Männer, die eine Pfanne
mit Räucherstäbchen zu dem Tisch, dem Altar für die Räuchersachen, im
besonderen Zelt gebracht hatten, wurden dort einfach von einem Flammen-
werfer aus dem Himmel abgefackelt, den Gott selbst gestartet hatte.

17

Recycling von Räucherpfannen
1 Und Gott redete mal wieder mit Mose. 2 „Pass auf, gib mal dem Priester
Eleasar die Order, die Pfannen mit den Räucherstäbchen aus der Asche raus-
zuholen. Diese Pfannen sind nämlich auch was Besonderes, sie sind heilig.
Die glühende Holzkohle kannst du einfach überall hinschütten. 3 Die Pfan-
nen von den Levi-Leuten, die gerade krepiert sind, weil sie einfach totalen
Bockmist gebaut haben, sollen anders verwurstet werden. Ich möchte, dass
man die so platt hämmert, bis daraus dünne Bleche entstehen. Mit diesen
Blechen soll dann der Altar überzogen werden. Diese Pfannen waren ja
immerhin mal im göttlichen Einsatz. Damit sind sie auch etwas Besonders
geworden, sie sind heilig. Diese Bleche sollen für die Israeliten wie eine
Warnung sein, dass keinem so was noch mal passiert.“ 4 Eleasar schnappte
sich die Pfannen, die ja aus Bronze gemacht waren, und brachte die in eine
Werkstatt. Dort wurden daraus dünne Blechplatten gemacht. 5 Das war die
Ansage, die Gott von Mose bekommen hatte. Die Israeliten sollten einfach
nicht vergessen, dass nur die Priester, die Leute aus der Familie vom Aaron,
mit den Räucherstäbchen in die Nähe von Gott kommen durften. Wenn
jemand anderes auf die Idee kommen würde, das zu tun, würde mit ihm das
Gleiche geschehen, wie es mit Korach und seiner Gang passiert ist.

Die Israeliten machen schon wieder eine Demo gegen Mose und Aaron
6 Am nächsten Morgen trafen sich alle Leute von den Israeliten irgendwo im
Lager. Plötzlich war die Stimmung wieder voll gegen Mose und Aaron. „Ihr
habt unsere eigenen Leute getötet, die Leute, die doch auch Gott gehören!“,
waren sie am Rummeckern. 7 Als sie da so am Diskutieren waren, kam plötz-
lich eine große Wolke aus dem Himmel, die sich langsam auf das Zelt legte.
Und dann kam die krasse Art von Gott da drin zum Vorschein! 8 Mose und
Aaron verstanden das als Einladung und gingen in das Zelt rein. 9 Gott
redete dort zu Mose. Er sagte ihm: 10 „Vergesst diese Leute einfach. Verpisst
euch schnell in die Berge! Ich werde sie alle auf einmal kaputt machen.“
Mose und Aaron warfen sich vor Gott platt auf den Boden und beteten.
11 Mose sagte dann zu Aaron: „Nimm dir schnell mal eine von den Räucher-
pfannen! Pack ein bisschen glühende Holzkohle vom Altar drauf, und dann
legst du ein paar Räucherstäbchen rein. Damit gehst du dann zu den Israeli-
ten. Organisier ein Treffen, zu dem alle kommen sollen. Und dann bringst
du die Sache zwischen denen und Gott wieder in Ordnung. Gott ist mega-
sauer! Er hat schon angefangen, seine Konsequenzen zu ziehen und die
Leute zu bestrafen.“ 12 Aaron schnappte sich die Pfanne und ging damit
gleich zu den Leuten, die draußen immer noch rumstanden. Plötzlich sah er,

dass sie wie die Fliegen überall umfielen und sofort tot waren. Schnell ver-
brannte er die Räucherstäbchen, um den Mist wieder in Ordnung zu brin-
gen, der von den Leuten gebaut worden war. 13 Überall, wo er das tat, starben
die Leute nicht mehr. Die Stelle, an der Aaron stand, war sozusagen die
Linie. Wer dahinter stand, lebte, wer davor stand, musste sterben. 14 Insge-
sammt starben bei der Aktion 14700 Israeliten. Dazu kamen noch die Gang
von Korach, die am Tag vorher gestorben waren. 15 Als die Sache vorbei war,
ging Aaron wieder zurück zu Mose, der noch am Eingang vom Zelt stand.

Aaron wird von Gott bestätigt

16 Gott sagte zum Mose: 17 „Rede mal mit den Israeliten und lass dir von
jedem Familienstamm einen Stock geben. Und zwar immer einen pro Chef
eines Stammes. Im Ganzen kommen wir also auf 12 Stäbe. Wenn du die
hast, schreibst du auf jeden den Namen drauf, von wessen Stamm der
kommt. 18 Auf den Stab vom Stamm Levi kommt der Name vom Oberpries-
ter Aaron drauf. Wie gesagt, jeder Familienstamm kriegt einen eigenen Stab.
19 Dann legst du die Stäbe in das besondere Zelt vor die Kiste mit den Geset-
zen. Genau an die Stelle, wo wir uns immer treffen, okay? 20 Wenn du das
gemacht hast, werden an einem der Stäbe plötzlich Blätter wachsen. Ich will
durch dieses kleine Wunder den Leuten klarmachen, dass dieses Rumgeme-
cker endlich aufhören muss. Ich will nicht, dass die Israeliten immer wieder
ne Rebellion gegen mich anzetteln." 21 Mose richtete das den Chefs der Isra-
eliten aus. Jeder von denen kam dann mit einem Stock vorbei, der für seinen
Familienstamm stehen sollte. Mit dem Teil von Aaron kam man auf zwölf
Stöcke. 22 Mose legte die dann in das besondere Zelt vor die Kiste mit den
Gesetzen. 23 Als er am nächsten Morgen wieder in das Zelt reinging, waren
am Stock von Aaron total viele Zweige und Blüten gewachsen. An diesem
Stock, der ja den Familienstamm Levi vertreten sollte, waren sogar in der
einen Nacht ein paar kleine Kirschen gewachsen! 24 Mose nahm dann die
Stöcke und zeigte sie den Israeliten. Jeder Stamm holte sich seinen Stock
zurück. 25 Gott sagte zu Mose: „Nimm den Stock von Aaron und bring ihn in
das besondere Zelt. Dort legst du ihn vor die Kiste, wo die Gesetze drin lie-
gen. Dieser Stock soll einfach jeden davor warnen, sich mit mir anzulegen.
Die Israeliten sollen endlich aufhören mit ihrer kleinen Revolution, ich kann
das Rumgemecker nicht mehr durchgehen lassen. Ich will nicht, dass die
alle irgendwann deswegen sterben müssen." 26 Mose zog es genau so durch,
wie Gott es ihm gesagt hatte. 27 Die Leute sagten dann zu Mose: „Wir wer-
den vermutlich alle bald sterben, stimmt's? Dauert nicht mehr lange, und wir
sind alle tot, oder? 28 Jeder, der nur irgendwie in die Nähe vom Zelt kommt,
in dem Gott wohnt, sieht früher oder später die Radieschen von unten.
Gibt es überhaupt noch ne Chance für uns? Werden wir alle bald krepieren?"

18

Wofür die Priester und die Angestellten vom besonderen Zelt zuständig sind

1 Gott sagte dann mal zu Aaron: „Also deine Familie und die anderen Levi-
Leute, ihr habt die Verantwortung für das besondere Zelt, klar? Wenn da
Mist gebaut wird, dann seid ihr schuld. 2 Du und deine Söhne, ihr zieht den
Priesterdienst am besonderen Zelt durch. Die anderen Levi-Leute sollen
euch dabei als Angestellte vom besonderen Zelt helfen. 3 Die können alle
Arbeiten erledigen, nur die ganz besonderen Geräte und auch den Opfer-
tisch, den Altar, sollen sie in Ruhe lassen. Wenn sie dem zu nahe kommen,
werden sie sterben und deine Leute gleich mit. 4 Die Levi-Leute sollen dir
bei deiner Arbeit am besonderen Zelt helfen, aber sonst darf das keiner.
5–6 Die Levi-Leute habe ich extra ausgesucht und euch geschenkt, damit sie
mir, eurem Gott, radikal dienen. Sie sollen ihren Job für das besondere Zelt
machen. Aber den Priesterdienst am Altar und am alleroberheiligen Bereich
hinter dem Vorhang im besonderen Zelt dürfen nur du und deine Söhne
machen. Wenn ihr euch daran haltet, dann werde ich nicht mehr sauer auf
die Israeliten sein. 7 Dieser Job, den ihr da macht, ist ein Geschenk, das
ich euch gegeben habe. Und wenn irgendjemand anderes zu nahe an den
besonderen Bereich kommt, kriegt der die Todesstrafe."

Was die Priester von den Opfersachen bekommen

8 Gott sagte dann zu Aaron: „Von den Opfersachen, die die Israeliten geben,
kriegt ihr einen Anteil. Das gehört dir und deiner Familie, und zwar für
immer. 9 Von allem, was hier an ganz besonders krassen Geschenken für
mich abgegeben wird, kriegt ihr, du und deine Familie, den Teil, der nicht
verbrannt wird. Diese Teile sind etwas ganz krass Besonderes, sie sind ultra-
heilig und sollen euch gehören. Die anderen Sachen werden natürlich auf
dem Altar abgefackelt, wie sich das gehört. 10 Diese Fleisch- und Essens-
geschichten dürfen nur von Männern gegessen werden, die zur Priester-
familie gehören. Und man darf die auch nur beim besonderen Zelt verspach-
teln. 11 Das gilt ab jetzt für immer und ewig, dieser Anteil gehört euch. Eure
ganze Familie kann davon mitessen, wenn sie okay sind, damit meine ich
‚rein'. 12–13 Für alle Geschenke und Abgaben, wie jetzt z. B. Öl und Wein,
Bier, Obst, Weizenkörner, die von der ersten Ernte kommen, gilt das Gleiche.
14 Außerdem gehört dazu auch alles, was mir von den Israeliten radikal
geschenkt worden ist. 15 Das betrifft auch die ersten Babys, bei den Tieren
und den Menschen, die mir von den Leuten geschenkt werden. Aber anstatt
der ersten Kinder will ich von euch lieber etwas Kohle sehen. Das gilt auch
für die Babys von ‚unreinen' Tieren, die darf man nämlich nicht opfern.
16 Und zwar sieht die Preisliste hier so aus: Für das erste Kind werden

650 Euro berechnet, gemessen am aktuellen Kurs. 17 Für das erste Kind von
einem Schaf, einer Ziege oder einer Kuh dürft ihr keine Kohle annehmen,
weil die für ein Opferritual bestimmt sind. Das Blut von denen braucht ihr,
um damit den Altar nass zu machen, und die Fettstücke davon müsst ihr
dort abfackeln. Das ist ein Opfer, das ich voll korrekt finde. 18 Die ganzen
Steaks und so von den Tieren, die geopfert werden, gehören euch. Auch die
Brust und der rechte Oberschenkel von den Tieren, die beim Dankopferritual
geschlachtet werden, könnt ihr behalten. 19 Alle Geschenke, die ich von den
Israeliten bekomme, gebe ich an dich und deine Familie weiter. Ihr dürft die
essen, wenn ihr wollt. Das ist eine Sonderregel, die ab jetzt für immer gilt.
Diese Regel kann man nicht zurücknehmen, die ist genau so sicher, wie ein
schriftlicher Vertrag, der mit Stempel von einem Rechtsanwalt klargemacht
wurde."

Wovon die Levi-Leute leben sollen

20 Gott hatte Aaron noch was zu sagen: „Wenn die Leute in das Land einzie-
hen werden, wirst du kein Grundstück davon abkriegen können. Das gilt für
dich und deinen ganzen Familienstamm. Ich bin alles, was ihr habt, und von
mir bekommt ihr auch alles, was ihr braucht. 21 Die Levi-Leute inklusive der
Priester bekommen jedes Jahr 10 Prozent von der ganzen Ernte als Bezah-
lung für ihren Job im besonderen Zelt. 22 Für die Israeliten gilt ab sofort,
dass keiner mehr in die Nähe vom besonderen Zelt kommen darf. Wer sich
nicht da dran hält, hat richtig Mist gebaut, er wird sterben. 23 Nur jemand
von den Levi-Leuten darf in dem besonderen Zelt Dienst schieben. Dafür
müsst ihr sorgen, ihr tragt die Verantwortung. Das ist eine Regel, die ab jetzt
für immer gilt. Ihr dürft kein Stück Land besitzen. 24 Stattdessen kriegt ihr
wie gesagt die 10 Prozent von der Ernte, die die Leute aus Israel jedes Jahr
bei mir abliefern müssen. Das ist der Grund, warum ihr Levi-Leute selbst
kein Stück Land besitzen sollt." 25 Dann redete Gott noch mit Mose und ließ
dem Familienstamm Levi Folgendes ausrichten: 26 „Wenn ihr von den Israe-
liten die 10 Prozent bekommt, die ich für euch bestimmt habe, dann müsst
ihr davon auch wieder 10 Prozent an mich abgeben. 27 Das ist einer von
euren Jobs, die ihr zu erledigen habt. Es ist genauso eine Abgabe, wie mir
auch die anderen von der Lebensmittelernte abgeben müssen. 28 Auf die
Art sollt ihr auch Gott die 10 Prozent schenken, die ihm einfach zustehen.
Diese Steuern kriegt der Priester Aaron von euch. 29 Von allem, was ihr von
den Leuten kriegt, müsst ihr die besten Sachen nehmen und mir schenken.
30 Nachdem ihr das gemacht habt, gehört der Rest euch. Genauso wie das
bei einem Landwirt ist, der ja auch den Rest seiner Ernte von den Körnern
oder den Weintrauben behält. 31 Was ihr dann übrig habt, könnt ihr mit euren
Familien verspachteln, egal wo ihr gerade seid. Das ist sozusagen euer

Gehalt für den Job, den ihr am besonderen Zelt macht. 32 Das ist total okay,
ihr verdreckt diese Geschenke damit nicht, aber nur, wenn ihr 10 Prozent
von den besten Stücken vorher mir gegeben habt. Wenn ihr das aber nicht
tut, dann liegt ihr echt total daneben. Auf so was gibt es die Todesstrafe.

19

Wasser, das einen von unreinen Dingen sauber macht
1 Gott sprach dann mal mit Mose und Aaron gleichzeitig. Er sagte ihnen:
2 „Die Dinge, die ich euch jetzt sage, müssen von euch in Zukunft immer
ganz radikal durchgezogen werden. Also, organisiert euch von den Leuten
eine Kuh, die keine Behinderung hat, noch nie zur Arbeit eingesetzt wurde
und eine rotbraune Farbe hat. 3 Die gebt ihr dem Priester Eleasar und der
soll sie dann außerhalb des Zeltlagers schlachten lassen, während er dabei
ist. 4 Der Priester nimmt dann etwas von dem Blut und spritzt es mit den
Fingern siebenmal in die Richtung vom besonderen Zelt. 5 Anschließend
wird die ganze Kuh vor seinen Augen verbrannt. Und zwar die ganze Kuh,
nicht nur die Fettstücke, sondern auch das Fleisch, das Blut, den Kopf, die
ganzen Eingeweide, einfach alles. 6 Wenn das so brennt, nimmt der Priester,
der am Start ist, ein Stück Kiefernholz, ein Büschel Lavendel und etwas rote
Wolle und schmeißt das auch ins Feuer rein. 7 Jetzt geht er erst mal anstän-
dig duschen und lässt auch seine Klamotten waschen. Danach darf er auch
wieder zurück ins Zeltlager, aber bis es dunkel wird, gilt er immer noch als
dreckig, er ist ‚unrein'. 8 Der Typ, der die Kuh verbrannt hat, muss auch seine
Klamotten in die Wäsche schmeißen und ist für den Rest des Tages dreckig,
er ist ‚unrein'. 9 Einer von den Leuten, die in dem Sinne noch sauber sind,
geht dann hin, um die Asche von der Kuh zu entsorgen. Er bringt die Asche
irgendwo an einen Ort, der außerhalb vom Lager liegt. Dort legt man sie
dann hin, um dann da draus für die Israeliten so ein Wasser zu machen, was
einen innerlich sauber macht. Die Wirkung kommt daher, weil die verbrannte
Kuh ein Opfer war, womit Sachen wieder in Ordnung gebracht werden, wenn
man aus Versehen Mist gebaut hat. 10 Der Typ, der die Asche eingesammelt
hat, muss seine Klamotten erst mal waschen und bleibt für den Rest des
Tages dreckig, er ist ‚unrein'. 11 Die folgende Regel gilt jetzt für alle, egal ob
das ein Israelit ist oder ein Ausländer, der bei euch lebt: Wer einen toten
Menschen anfasst, ist sieben Tage dreckig, er ist ‚unrein'. 12 Nach zwei Tagen
muss er sich mit dem Reinigungswasser besprengen und dann noch mal
nach sechs Tagen. Dann ist er wieder sauber, er ist ‚rein'. 13 Wenn er das
nicht macht, verdreckt er dadurch das besondere Zelt. Solche Leute darf es
bei euch nicht geben, die müsst ihr rausschmeißen. Der hat sich ja nicht mit
dem Wasser sauber gemacht, darum ist er dreckig, er ist ‚unrein'. 14 Jetzt
kommt ein Gesetz, das zieht, wenn ein Mensch in einem eurer Zelte stirbt.

Jeder, der in das Zelt geht oder der sich in dem Augenblick gerade in dem
Zelt aufhält, ist für sieben Tage dreckig, er ist ‚unrein'. 15 Auch jede offene
Flasche oder jede Plastikschüssel, die in dem Raum steht und keinen Deckel
drauf hat, ist erst mal verdreckt, sie ist ‚unrein'. 16 Man ist auch für sieben
Tage ‚unrein', wenn man irgendwo draußen einen Toten angefasst hat, der
auf der Straße lag oder so. Dabei ist egal, ob der einen Unfall hatte oder
ermordet wurde oder einfach so gestorben ist. Jeder wird generell dreckig
oder eben ‚unrein', wenn er irgendwie eine Leiche oder auch nur einen Sarg
angefasst hat. 17 Um wieder sauber zu werden, muss er sich etwas von die-
ser Asche von dem Opferritual mit der roten Kuh organisieren. Die Asche
tut man dann mit frischem Wasser in einen Mixer und verrührt das Ganze.
18 Einer, bei dem alles sauber ist, muss dann mit einem Pinsel das Wasser
an das Zelt sprenkeln, wo einer gestorben ist. Dann müssen auch noch
die Sachen da drin etwas nass gemacht werden und jeder, der an dem Tag
in dem Zelt war. Auch die Leute, die den Toten oder sein Grab irgendwie
berührt haben, müssen was von dem Wasser abbekommen. 19 Derjenige,
der in Ordnung und sauber ist, bespritzt den Dreckigen, also den ‚Unreinen'
nach zwei Tagen und nach sechs Tagen. Am siebten Tag müssen alle, die in
diesem Sinne dreckig geworden sind, ihre Klamotten waschen und anstän-
dig duschen gehen. Dann sind sie abends wieder sauber, sie sind ‚rein'.
20 Wenn sich jetzt jemand auf diese Art verdreckt hat und dieses Ritual
anschließend nicht machen will, dann verdreckt er damit sogar den beson-
ders krassen Bereich in Gottes Zelt! Er bleibt dann dreckig, weil er nicht mit
dem Reinigungswasser sauber gemacht wurde. Er hat damit sein Leben
verspielt, und man sollte ihn sofort aus der Gemeinschaft rausschmeißen.
21 Dieses Gesetz gilt ab sofort für alle Israeliten! Und noch mal: Auch der
Mann, der das Reinigungswasser verspritzt, muss seine Klamotten in die
Wäsche schmeißen. Jeder, der nur mit dem Reinigungswasser in Berührung
kommt, ist dreckig, bis es dunkel wird, er ist ‚unrein'. 22 Und alles, was ein in
diesem Sinne dreckiger Mensch anfasst, wird auch dreckig. Das gilt übrigens
auch, wenn ein anderer den berührt. Bis es dunkel wird, ist der auch ver-
dreckt, er ist ‚unrein'."

20

Ein Felsen als Wasserhahn

1 Im April von dem Jahr kamen alle Israeliten in der Wüste Zin an. Sie blie-
ben dort eine Weile an der Oase Kadesch. In der Zeit starb Mirjam, Moses
Schwester, und man beerdigte sie dort auch. 2 Irgendwann ging plötzlich
das Wasser aus. Die Leute kriegten gleich voll den Hals auf Mose und Aaron
und meckerten rum. 3 „O Mann, wären wir bloß schon alle tot, wie die
anderen auch, die von Gott umgebracht wurden", nölten sie Mose voll.

4 „Warum nur habt ihr uns, die Leute von Gott, hierher mitten in die Wüste
gebracht? Unsere Tiere haben nichts zu saufen und sterben bald. Und wir
sterben auch bald vor Durst! 5 Warum sind wir überhaupt aus Ägypten abge-
hauen, he? Warum habt ihr uns da rausgeführt, wenn ihr doch nicht mehr
zu bieten habt als das hier? In der Gegend, wo wir jetzt sind, wächst doch
gar nichts! Weder Weizen kann man hier anpflanzen, noch Weintrauben gibt
es hier und auch keine Birnen oder Äpfel. Und Wasser gibt es schon gar
nicht!" 6 Mose und Aaron verdünnisierten sich erst mal. Sie gingen zum Ein-
gang von dem besonderen Zelt, wo Gott immer mit ihnen redete. Dort leg-
ten sie sich platt auf den Boden und beteten. Plötzlich war Gott ganz krass
da! 7 Er sprach erst mal mit Mose: 8 „Nimm bitte deinen Stock und geh mit
Aaron zu dem Felsen da drüben. Und dann musst du vor allen Leuten mit
dem reden! Du musst ihm sagen, dass aus dem sofort Wasser sprudeln
soll. Davon könnt ihr dann den Menschen und den Tieren genug zu trinken
geben." 9 Mose machte es fast genau so, wie Gott es gesagt hatte. Er holte
den Stock, der in dem besonderen Bereich vom Zelt aufbewahrt wurde.
10 Mit Aaron gemeinsam ging er dann zu dem Felsen hin und sagte zu allen
Israeliten: „Ihr seid so schräge drauf, Leute! Ihr wollt immer nur eine Revolu-
tion nach der anderen. Was glaubt ihr denn, sind wir in der Lage, aus diesem
Felsen einen Wasserhahn zu machen, oder nicht?" 11 Mose nahm den Stock
und schlug damit zweimal auf den Felsen, aber er sprach nicht zu dem Fel-
sen. Und plötzlich kam da ohne Ende Wasser rausgesprudelt! Es war so viel,
dass alle Menschen und Tiere mehr als genug zu trinken hatten. 12 Gott
sagte dann aber noch zu Mose und Aaron: „Warum habt ihr mir nicht wirk-
lich vertraut und einfach nur zu dem Felsen gesprochen? Und warum habt
ihr euch selbst so wichtig gemacht? Ihr habt mir die Chance genommen,
dass ich den Leuten zeigen kann, wie krass und heilig ich eigentlich wirklich
bin. Darum möchte ich jetzt nicht mehr, dass ihr die diejenigen seid, die
meine Leute in das neue Land bringen, das ich ihnen versprochen habe!"
13 Diese Wasserquelle nannte man ab da nur noch Meriba, was so viel wie
„Hier hatte man sich um Wasser gestritten" bedeutet. Denn an dieser Stelle
hatten die Israeliten mal wieder Gott angeklagt. Aber er hat gezeigt, dass
er krass drauf ist und dass er alles kann.

Die Leute aus Edom wollen die Israeliten nicht durchlassen

14 Von Kadesch aus schickte Mose einen Brief an den Chef der Edomiter.
„Sehr geehrter Herr! Vermutlich wissen Sie, dass wir miteinander verwandt
sind, weil wir einen gemeinsamen Ur-Ur-Opa haben. Sie haben bestimmt
davon gehört, was für eine heftige Reise wir hinter uns haben. 15 Unsere
Ur-Ur-Großväter sind damals nach Ägypten gezogen und haben dort lange
gewohnt. Aber die Ägypter waren richtig mies zu uns. 16 Also haben wir Gott

mit aller Kraft um Hilfe gebeten. Er hat uns gehört und einen Engel vorbei-
geschickt. Dann hat Gott uns aus Ägypten rausgeführt. Jetzt sind wir in
Kadesch, also kurz vor Ihrer Grenze. 17 Wir beantragen hiermit freundlichst
eine Durchfahrtsgenehmigung. Natürlich werden wir uns nur auf denen
von Ihnen dafür vorgesehenen Straßen aufhalten. Wir versprechen hiermit,
den vorgeschriebenen Weg immer einzuhalten. Unsere Leute werden keine
Wiese oder Acker betreten. Auch von ihren Kneipen und Restaurants halten
wir uns fern. Mit freundlichen Grüßen. Mose." 18 Die Antwort der Edomiter
war aber nicht so freundlich: „Sehr geehrter Herr Mose! Leider können wir
Ihnen bezüglich Ihres Antrags auf Durchfahrtserlaubnis keine Genehmigung
erteilen. Bitte halten Sie sich von allen edomitischen Verkehrswegen fern.
Eine Zuwiderhandlung stellt eine Ordnungswidrigkeit gemäß § 29, StVO dar
und wird mit einem Militärschlag geahndet. [Dieses Dokument wurde
maschinell erstellt und bedarf keiner Unterschrift]" 19 Die Israeliten schrie-
ben noch mal zurück. „...Wir garantieren Ihnen, dass wir die ganze Zeit auf
den Hauptstraßen bleiben werden. Und falls unsere Kühe oder Schafe mal
Wasser brauchen, werden wir jeden Liter bezahlen. Unsere Leute wollen nur
mit unsrem Konvoi einmal durch Ihr Land fahren..." 20 Der Staat Edom war
aber nicht bereit nachzugeben. „Nein! Durchreise verweigert!", lautete die
Antwort. Dann wurden alle Soldaten zusammengerufen, und die marschier-
ten gleich mit einer Panzerabteilung den Israeliten entgegen. Sie wären
bereit zum Krieg gewesen, wenn es dazu gekommen wäre. 21 Nach dieser
Absage mussten die Israeliten also erst mal einen großen Umweg machen.

Aaron stirbt

22 Sie machten sich auf den Weg und gingen von Kadesch zum Berg Hor.
23 Der lag an der Grenze von Edom. Gott sprach dort mit Mose und Aaron.
24 „Aaron, deine Uhr ist jetzt langsam abgelaufen! Ihr habt beide nicht das
getan, was ich von euch wollte, als ihr an der Meriba-Quelle wart. Darum
dürft ihr zwei nicht in das Land rein, das ich den Israeliten fest versprochen
habe." 25 Er meinte dann zum Mose: „Schnapp dir mal den Aaron und
seinen Sohn Eleasar und geh mit den beiden auf den Berg Hor. 26 Wenn ihr
da seid, soll Aaron mal seine Priesterklamotten ausziehen. Dann soll er sei-
nem Sohn helfen, die Sachen anzuziehen. Aaron wird dort oben nämlich
den Löffel abgeben und sterben." 27 Mose machte alles genau so, wie Gott
es ihm gesagt hatte. Die ganze Gemeinschaft sah zu, wie die drei zusam-
men auf den Berg stiefelten. 28 Oben zog Mose Eleasar die Klamotten von
Aaron über. Dieser starb dann. Mose und Eleasar kamen anschließend
wieder zurück in das Zeltlager. 29 Als sich unter den Leuten rumgesprochen
hatte, dass Aaron gestorben war, waren alle voll traurig. Für 30 Tage wurde
im ganzen Zeltlager eine Trauerfeier angesetzt.

21

Ein erster Sieg gegen die Leute von Kanaan-Land
1 Als der Präsident von der Stadt Arad im Süden von Kanaan-Land erfuhr,
dass die Israeliten in seine Richtung unterwegs waren und gerade den
Weg über Atarim nehmen wollten, griff er sie an und nahm einige gefangen.
2 Die Israeliten machten jetzt einen Deal mit Gott. Sie sagten zu ihm: „Gott?
Wenn du uns hilfst, gegen die zu gewinnen, dann werden wir ihre Städte
alle komplett plattmachen, wir ziehen die Rote-Karte-Aktion mit denen
durch!" 3 Gott ließ sich auf den Deal ein und sorgte dafür, dass sie den Chef
von Arad fertigmachen konnten. Sie gewannen diesen Krieg und erfüllten
auch ihr Versprechen, das sie Gott gegeben hatten. Sie machten alle Städte
dort platt und killten jeden Menschen, der dort wohnte. Darum nennt man
die Stadt heute auch Horma, was so viel heißt wie „Hier wurde der Deal
eingelöst".

Die Israeliten nerven rum und die Rettung durch eine Schlange aus Bronze
4 Die Israeliten zogen dann vom Berg Hor in Richtung Süden, wo das soge-
nannte Schilfmeer lag. Sie wollten das Gebiet umgehen, wo die Edomiter
zu Hause waren. Aber auf dem Weg dorthin verloren die Leute immer mehr
den Bock auf die ganze Sache. 5 Irgendwann machten sie richtig Alarm
bei Gott und auch bei Mose: „Was sollte der ganze Scheiß eigentlich, he?
Warum habt ihr uns aus Ägypten rausgeholt? In dieser Gegend gibt es noch
nicht mal anständig was zu essen. Und das Wasser ist auch fast alle. Und
Mose, dieses Mannazeug kannst du dir echt in die Haare schmieren, davon
kommt uns echt bald das Kotzen!" 6 Gott fackelte nicht lange und organi-
sierte eine paar ziemlich üble Schlangen, die plötzlich überall im Lager auf-
tauchten. Viele von den Israeliten wurden von denen gebissen und starben
sofort davon. 7 Die Leute peilten schnell, was Sache war, und sprachen mit
Mose da drüber: „Hey, das war total beknackt, dass wir schon wieder gegen
dich und auch gegen Gott am Meckern waren. Bitte leg doch bei Gott ein
gutes Wort für uns ein, ja? Bitte sag ihm doch, er soll uns von diesen
Schlangen befreien!" Mose redete mit Gott über die Sache. 8 Gott meinte zu
ihm: „Pass auf, hol dir bitte mal etwas Bronze und bastel dir da draus eine
Schlange. Wer jetzt irgendwie gebissen worden ist, der muss deine Schlange
ansehen. Wenn der das tut, wird er nicht sterben!" 9 Mose bastelte also eine
Schlange aus Bronze, und dann schraubte er die oben an einen Besenstiel.
Und tatsächlich, es funktionierte: Jeder, der gebissen wurde und dann auf
die Schlange sah, musste nicht sterben.

Ein Umweg nach Kanaan-Land bei den Moabitern und Amoritern vorbei
10 Die Israeliten machten sich auf den Weg und schlugen dann irgendwann
ihr Lager bei dem Ort Obot auf. 11 Später gingen sie dann von Obot weiter
nach Ije-Abarim, einem Ort in der Wüste, der östlich von Moab liegt. 12
Die nächste Station war im Sered-Tal. 13 Von dort zogen sie bis in die Wüste,
die nordöstlich vom Arnonfluss lag. Hier begann das Gebiet der Amoriter.
Der Arnonfluss war die Grenze zwischen den Moabitern und Amoritern.
14 In dem Buch „Die Kriege von Gott“ wird die Gegend auch folgendermaßen
beschrieben: „Die Stadt Waheb im Gebiet von Sufa, die Täler, wo der Arnon-
fluss durchgeht und 15 die Hochebene, die bis zur Stadt Ar runtergeht und
sich auf der anderen Seite bis zum Bergland von Moab erstreckt.“ 16 Als sie
dort waren, ging es weiter nach Beer. Dort hatte Gott ja schon mal mit Mose
geredet. Er sagte zu ihm: „Hol die Leute zusammen. Ich möchte ihnen Was-
ser bis zum Abwinken geben!“ 17 In der Zeit war bei den Israeliten folgender
Song in den Top Ten: „Hey, Brunnen, gib mal Wasser ohne Ende, wir rappen
Songs, machen Liedbände, 18 der Brunnen wurde von den Oberchefs gegra-
ben, die Oberschicht war da am Starten, mit goldenen Harken und silbernen
Spaten.“ Aus der Wüste ging es weiter nach Mattana. 19 Von dort zogen sie
über Nahaliel und Bamot-Baal 20 in das Gebiet von Moab. Dort schlugen sie
beim Gipfel des Berges Pisga auf, den man auch aus der Gegend um den
Jordanfluss gut sehen kann.

Ein Sieg wird eingefahren, gegen die Amoriter
21 Schließlich schickte man einen Antrag auf Durchreise an den Präsidenten
der Amoriter. Dort stand drin: 22 „Sehr geehrter Herr Präsident! Wir bitten
Sie hiermit höflichst, uns eine Durchreiseerlaubnis durch Ihr Hoheitsgebiet
zu erteilen. Wir garantieren Ihnen, dass unsere Wagen auf den staatlichen
Autobahnen bleiben und keine Nebenstrecken benutzen. Auch werden wir
Ihre Rastplätze nicht vollmüllen und unseren Dreck überall wieder mitneh-
men. Mit freundlichen Grüßen...“ 23 Der Präsident Sihon lehnte den Antrag
aber sofort ab. Ganz im Gegenteil, er rief schnell seine Armee zusammen
und zog gegen die Israeliten zum Krieg in die Wüste. Bei dem Ort Jahaz tra-
fen seine Truppen auf ihren Zug und griffen sie dort frontal an. 24 Aber die
israelitischen Männer waren gut drauf und schlugen die gegnerische Armee
volle Granate. Sie nahmen das ganze Land ein, vom Arnontal (was ganz im
Süden lag) bis zum Jabbokfluss (der die Grenze vom Gebiet der Ammoniter
war). 25 Die Leute marschierten in die Hauptstadt Heschbon ein, und auch
die anderen, kleineren Städte im Land wurden eingenommen. Sie besetzten
die Häuser der Feinde und wohnten ab sofort da. 26 Heschbon war vorher
der Regierungssitz von Sihon, dem Präsidenten der Amoriter. Sihon war
früher mal kriegstechnisch sehr erfolgreich. Er hatte gegen den ehemaligen

Präsidenten der Moabiter erfolgreich Krieg geführt und sein ganzes Land
bis zum Arnonfluss weggenommen. 27 Auch von der Aktion gibt es noch ein
Lied, und das geht so:
„Kommt alle nach Heschbon, baut es wieder auf,
zieht die Mauern hoch, bringt es gut drauf.
Früher hatte der Sihon hier das Sagen. 28 Er hatte den stolzen Chefs von
Moab eins verbraten,
ohne Raten, verbrannte die Stadt Heschbon, einfach so.
Das Feuer verbrannte die Stadt Ar in Moab, spülte sie runter, wie im Bahn-
hofsklo,
die lag ja auf dem Berg, der über Arnon ragte.
29 Jetzt hat Moab abgefrühstückt, sein Kriegsgott Kemosch machtlos versagte.
Die Männer mussten fliehen, die Frauen waren Sihons Beute.
30 Aber jetzt sind wir die Sieger, wir feiern das fett heute,
und von der Stadt Heschbon bis ganz hin nach Dibon
wurde alles plattgemacht, jede Stadt brennt hier schon,
kein Haus konnte den Flammen entkommen,
auch Medeba brennt, ist dem Gericht nicht entronnen."
31 Die Leute von Israel feierten also einen krassen Sieg und nahmen das
ganze Land der Amoriter ein. 32 Als letzter Ort stand hier noch Jaser auf dem
Programm. Mose schickte erstmal ein paar Agenten los, die die Lage dort
abchecken sollten. Nachdem sie mit einem Plan wiederkamen, wie man die
Stadt am besten angreifen könnte, marschierten die Israeliten dort ein und
eroberten das ganze Teil. Auch die umliegenden Gebiete wurden eingenom-
men. Alle Amoriter schmiss man aus dem Land raus.

Sieg über den Präsidenten Og

33 Als Nächstes zog die Armee der Israeliten weiter nach Norden, in das Land
Baschan. Bei der Stadt Edrei trafen sie auf die ganze Armee vom Präsidenten
Og. 34 Gott sagte zu Mose: „Hey, hab keine Angst vor dem Typen! Ich hab
dir jetzt schon das ganze Land geschenkt. Du wirst die Armee plattmachen,
genauso wie das mit dem Amoritern und ihrem Präsi in Heschbon auch
gelaufen ist." 35 Die Armee der Israeliten brachte den Feinden in Baschan eine
krasse Niederlage bei. Anschließend besetzten sie das ganze Land.

22

Der Präsident von den Moabitern sucht bei einem Zauberer Hilfe

1 Die Israeliten zogen dann wieder zurück nach Süden ins Grünland von
Moab und bauten dort erst mal ihr Lager auf. Sie waren dort am Jordanfluss.
Auf der anderen Seite vom Jordan waren das Land Kanaan und die Stadt Jeri-
cho. 2 Der Präsident Balak von Moab hatte schon die Zeitung gelesen und

wusste über die krasse Niederlage Bescheid, die die Israeliten seinen Nach-
barn, den Amoritern, beigepult hatten. 3 Als seine Leute mal auf einen Berg
gingen und die riesen Menge an Israeliten sahen, kriegten sie voll die Panik
und fingen an zu schlottern. 4 Sie richteten eine Nachricht an die Chefs der
Midianiter, in der stand: „Das sind einfach zu viele Gegner! Sie werden das
ganze Land, das um unsere Gegend liegt, im Handumdrehen einnehmen.
Die sind wie eine hungrige Meute, die noch den letzten Krümel vom Kuchen-
teller ableckt.“ 5 Darum schickte der Präsident Balak ein paar seiner Jungs
los, um in der Stadt Petor am Fluss Eufrat einen Mann namens Bileam um
Hilfe zu bitten. Bileam war ein Sohn von Beor und war als Zauberer bestens
bekannt. Er schickte ihm einen Brief, in dem stand: „Sehr geehrter Herr
Bileam, ich schreibe Ihnen heute, weil wir zurzeit von einer großen Nation
bedroht werden. Die sind aus Ägypten bis hierher gekommen und haben
sich in unserer Nachbarschaft niedergelassen. Jetzt haben sie direkt an mei-
ner Grenze ihr Lager aufgeschlagen und planen einen Angriff gegen mich.
6 Es erscheint mir unmöglich, gegen diese Armee zu gewinnen. Ich habe
daher folgende Bitte an Sie: Könnten Sie nicht bei uns vorbeikommen und
uns mit Ihrer Begabung helfen? Wenn Sie nur einen bösen Zauberspruch
gegen diese Leute aussprechen würden, schaffen wir es vielleicht, sie zu
besiegen und sie aus unser Gegend wieder rauszuschmeißen! Ich bin mir
dessen bewusst, was für eine Power hinter Ihrem Können steckt. Wenn Sie
für jemanden beten, dann funktioniert alles. Wenn sie einen bösen Spruch
ablassen, wird man versagen, und nichts geht mehr.“ 7 Der Brief wurde per-
sönlich von einigen Angestellten überbracht. Dazu übergaben sie auch
gleich die Kohle, die er für seine Zauberei bekommen sollte. 8 Bileam las das
Teil und sagte den Angestellten, dass sie mal eine Nacht dort pennen soll-
ten, weil er etwas Zeit brauchen würde, um mit Gott zu reden. „Morgen
weiß ich bestimmt Bescheid, was Gott mir über die Sache zu sagen hat“,
meinte er zu denen. Die Männer übernachteten also bei Bileam.

Gott redet mit dem Bileam

9 In der Nacht kam Gott persönlich bei Bileam vorbei. Er fragte ihn: „Was
sind das für Leute, die heute Nacht bei dir pennen?“ 10 „Das sind ein paar
Männer, die vom Präsidenten Balak kommen. 11 Da gibt es zurzeit eine
ganze Armee von Leuten, die wohl irgendwie aus Ägypten ausgewandert
sind. Er hat echt Schiss vor denen. Darum hat er mich gebeten, gegen die
einen bösen Zauber auszusprechen, damit er die im Krieg schlagen kann.“
12 „Keine gute Idee!“, sagte Gott zu Bileam. „Lass das, geh nicht mit denen
mit! Du darfst diese Leute nicht verzaubern, denn ich steh auf ihrer Seite, ich
bin für sie und habe sie gesegnet.“ 13 Am nächsten Morgen sagte Bileam zu
den Männern vom Präsidenten: „Sorry, aber Sie müssen alleine zurückge-

hen, ich komme nicht mit. Gott hat mir das verboten." [14] Die Männer gingen zurück zu Balak und berichteten dem von dem Treffen. [15] Der ließ aber nicht locker und schickte noch mehr Männer los, diesmal alles Leute, die in seinem Land echt angesagt waren. [16] Als sie bei Bileam ankamen, sagten sie zu ihm: „Präsident Balak lässt Ihnen Folgendes ausrichten: ‚Es soll nichts geben, was Sie aufhalten könnte, zu uns zu kommen! [17] Sie werden von uns fett bezahlt werden, das garantiere ich Ihnen hiermit. Alles, was Sie verlangen, wird unverzüglich ausgeführt werden. Bitte, tun Sie mir nur ein einziges Mal diesen Gefallen und verzaubern Sie diese Leute für mich!'" [18] Bileam antwortete: „Präsident Balak kann mir eine Billion Dollar bieten, und ich würde trotzdem nein sagen müssen. Wenn Gott mir etwas gesagt hat, dann sollte ich das auch besser tun, egal ob es sich hierbei um ein großes oder kleines Ding handelt. [19] Sie können aber auch gerne in meinem Gästezimmer übernachten, und ich will mal schauen, ob Gott mir heute Nacht sonst noch was zu dem Fall zu sagen hat." [20] Gott sprach tatsächlich in der Nacht noch mal zu Bileam: „Okay, wenn die Männer tatsächlich noch mal gekommen sind, dann geh ruhig mit denen mit. Aber eins ist echt wichtig: Tu nur das, was ich dir ab jetzt sagen werde."

Ein Esel redet, und Bileam wird gewarnt

[21–22] Am nächsten Morgen machte Bileam seinen alten Esel klar und ritt mit den Männern von Moab los. Gott fand das aber ziemlich uncool. Plötzlich stellte sich ein Postbote von Gott, so ein Engel, mitten in den Weg! [23] Der Esel sah den Engel, wie er mit einer MP im Anschlag mitten auf der Straße stand, und wich dem deswegen aus. Er lief einfach auf eine Wiese, die neben der Straße lag. Bileam schlug mit seiner Peitsche auf das Tier ein und führte es dann mit den Zügeln wieder auf die Straße zurück. [24] Ein paar Kilometer weiter stellte sich der Engel an einer Stelle zwischen Weinbergen auf den Weg, an der rechts und links hohe Mauern waren. [25] Der Esel versuchte wieder auszuweichen, und quetschte dabei den Fuß von Bileam zwischen sich und die Mauer. Bileam war echt sauer und schlug wie blöd auf das Tier ein. [26] Schließlich suchte sich der Engel eine Stelle aus, an der man nicht mehr rechts oder links vorbeigehen konnte. [27] Als der Esel direkt vor ihm stand, ging er in die Knie und legte sich auf den Boden. Bileam kam richtig aggromäßig drauf und schlug mit der Peitsche auf das Tier ein. [28] Plötzlich sorgte Gott dafür, dass der Esel sprechen konnte! Er sagte zu Bileam: „Entschuldige mal, du hast mich jetzt schon dreimal ausgepeitscht, aber was hab ich denn Schlimmes verbrochen?" [29] „Du verarschst mich hier die ganze Zeit", schrie Bileam den Esel an. „Wenn ich ne Knarre dabeihätte, ich hätte dir schon längst einen Kopfschuss verpasst!" [30] „Mann, warum das denn bitte? Wie lange reitest du jetzt schon auf mir, he? Du kennst mich doch in- und aus-

wendig! Warst du jemals unzufrieden mit meiner Leistung?" – „Nein, nie!",
antwortete Bileam. 31 Und plötzlich machte Gott, dass er den Engel sehen
konnte, wie er mit einer MP auf der Straße stand. Bileam schmiss sich sofort
flach vor ihm auf den Boden. 32 „Warum hast du überhaupt deinen Esel nun
schon dreimal ausgepeitscht?", wollte der Engel wissen. „Ich hab mich dir
mit Absicht in den Weg gestellt! Du gehst gerade in die total verkehrte Rich-
tung! 33 Dein Esel hat mich gesehen und wollte mir schon dreimal auswei-
chen. Du kannst dich bei dem Tier echt bedanken. Denn wenn es einfach
geradeaus gegangen wäre, hätte ich dich erwischt, und du wärst jetzt tot. Den
Esel hätte ich dabei am Leben gelassen." 34 „Ich hab richtig Mist gebaut",
sagte Bileam. „Sorry, ich hab es nicht geschnallt, dass du dort im Weg rum-
standest. Ich werde sofort umkehren, wenn Gott diese Reise nicht gut findet!"
35 „Du kannst ruhig mit den Männern gehen", sagte der Engel. „Aber eins
muss dir klar sein: Du darfst nur das sagen, was Gott dir sagen wird!" Nach
dieser Aktion ging Bileam weiter mit den Männern vom Präsidenten mit.
36 Als der Präsident Balak hörte, dass Bileam tatsächlich zu ihm unterwegs
war, kam er ihm bis zur Grenze von Moab bei der Stadt Ar entgegen, die
beim Arnonfluss liegt. 37 „Warum sind Sie nicht schon früher gekommen?",
fragte er ihn sofort. „Ich habe doch extra deutlich gemacht, wie dringend die
Sache hier ist. Denken Sie vielleicht, ich würde Sie nicht angemessen dafür
bezahlen können?" 38 „Egal jetzt", antwortete Bileam. „Ich bin ja hier. Aber ich
weiß ehrlich nicht, ob ich Ihnen diesen Wunsch tatsächlich erfüllen kann. Ich
kann nur das aussprechen, was Gott mir sagt!" 39 Bileam ging dann mit dem
Präsidenten Balak nach Kirjat-Huzot. 40 Als die dort waren, fuhr der Präsident
erst mal ein fettes Essen auf, dazu schlachtete er ein paar Rinder und Schafe.
Dann lud er Bileam und die Männer, die ihn begleitet hatten, zu der Grillparty
ein. 41 Am nächsten Morgen ging Bileam mit dem Präsidenten hinauf auf den
Berg Pegor zu dem Tempel des Plastikgottes Baal. Von da konnten sie das
ganze Lager der Israeliten gut überblicken.

23

Bileam muss Israel segnen, anstatt es zu verfluchen

1 Bileam meinte dann zum Präsidenten: „Lassen Sie bitte sieben Opfertische
aufstellen. Dann lassen Sie dazu sieben männliche Kühe und Ziegen bereit-
stellen." 2 Präsident Balak ließ alles genau so machen, wie es ihm Bileam
gesagt hatte. Dann zogen beide zusammen Opferrituale auf den Tischen
durch. 3 Danach meinte Bileam zum Präsidenten Balak: „Bleiben Sie mal
eben hier, ich werde mal dahinten hingehen und sehen, ob Gott sich mir da
vielleicht zeigt. Ich werde Ihnen dann ausrichten, was er mir gesagt hat."
Bileam ging dann auf einen kleinen Berg, der da in der Gegend war. 4 Und
dort zeigte sich Gott ihm tatsächlich. Bileam sagte zu Gott: „Ich hab jetzt

sieben Opfertische hier für dich an den Start gebracht. Auf jedem Tisch
wurden eine männliche Kuh und eine männliche Ziege für dich abgefackelt.
Was nun?“ 5 Gott sagte Bileam dann genau, was er Balak ausrichten sollte.
6 Der Präsident stand noch bei den Opfertischen, und auch die anderen
Chefs von den Moabitern waren bei ihm. 7 Bileam hatte dann folgenden
Spruch für ihn: „Vom Osten her, dort wo die Aramäer wohnen, von seinen
Bergen her kam der Präsident Balak angeschoben, er gab mir den Befehl,
diese Familie vom Jakob zu verfluchen, sollte einen Zauberspruch sprechen,
Israel für die Hölle verbuchen, 8 Aber wie kann ich das überhaupt bringen,
sie durch meinen Zauberspruch killen, wenn Gott, der Oberchef, das gar
nicht von mir möchte, es wär gegen seinen Willen. Wie soll ich verfluchen,
den Gott nicht verflucht hat, wie soll ich dem drohen, den er nicht bedrohen
mag. 9 Von hier oben aus kann ich es ganz gut erblicken, sie sind ein beson-
deres Volk, sie sind anders drauf und haben Gott stets im Rücken. 10 Es gibt
niemanden, der diese Leute wirklich zählen kann, sie sind einfach zu viele,
da fängt man gar nicht erst mit an. So viele Sandkörner wie überall am gan-
zen Strand rumliegen, so unzählbar ist ihre Anzahl, und das Ganze hoch
sieben. Ich möchte mal sterben wie sie, wäre so gerne in ihrer Position, ster-
ben in Frieden, Seelen-Peace ohne Spott und Hohn!“ 11 Balak war voll sauer:
„Was sollte das, warum haben Sie mir das angetan? Ich habe Sie holen las-
sen, damit Sie meine Feinde verfluchen, weil ich wollte, dass die den Krieg
verlieren. Aber stattdessen segnen Sie die und wünschen ihnen von Gott das
Beste?“ 12 „Tut mir leid“, antwortete ihm Bileam. „Ich kann nur das sagen,
was Gott mir in den Mund legt, und nichts anderes!“

Ein zweiter Versuch

13 Balak wollte sich damit nicht abfinden. „Kommen Sie doch mal mit an
eine andere Stelle, von wo man nur einen Teil der Israeliten sehen kann. Ver-
fluchen Sie die doch von dort aus! Wünschen Sie denen die Krätze an den
Hals!“ 14 Er nahm Bileam mit auf einen Ausguck, der auf der Spitze vom
Berg Pisga war. Da ließ er wieder sieben Opfertische aufbauen, auf denen er
dann Opferrituale durchzog, auf jedem wurden eine männliche Kuh und
ein männliches Schaf abgefackelt. 15 Bileam meinte zu ihm: „Bleiben Sie mal
hier, bei Ihrem Opferding. Ich werde mal da drüben hingehen und sehen, ob
Gott mir noch mal was zu der Sache zu sagen hat.“ 16 Und Gott zeigte sich
wieder an der Stelle Bileam und erzählte ihm, was er dem Präsidenten sagen
sollte. 17 Dann ging er wieder zu dem Präsidenten zurück. Die anderen Leute,
die bei den Moabitern was zu sagen hatten, standen da auch rum. Balak
fragte ihn sofort: „Und? Was hat Gott gesagt?“ 18 Bileam sagte dann folgen-
des zu ihm: „Hören Sie mir mal genau zu, Herr Balak! 19 Sie glauben doch
nicht im Ernst, Gott wäre so drauf wie die Menschen! Er lügt nicht, und er

ändert auch nicht so mal eben seine Meinung. Alles, was er sagt, das zieht
er auch durch, ohne Kompromisse. Und wenn er was verspricht, dann hält
er das auch! [20] Gott hat mir gesagt, ich soll diese Leute segnen und ihnen
das Beste von Gott wünschen. Und wenn Gott so was von mir will, dann
kann ich da nichts dran machen, ich kann das auch nicht zurücknehmen
oder so. [21] So ist das. Die Israeliten werden nicht fallen, und sie werden auch
nicht schlecht draufkommen. Gott spielt in ihrer Mannschaft, er ist auf ihrer
Seite. Gott ist der Chef von allem, und er ist auch der Chef der Israeliten,
und er soll von seinen Leuten immer allen Applaus bekommen. [22] Gott hat
sie aus Ägypten rausgeholt, und er kämpft für sie, wie die Klitschkos um die
Box-Weltmeisterschaft. [23] Mit krasser Esoterik und irgendwelchen Zauber-
sprüchen kann man diesen Leuten nicht beipulen. Darum zeigt man auch
mit dem Finger auf die und sagt: „Hast du das gerade mitgekriegt? Was Gott
schon wieder für sie getan hat?“ [24] Ein wild gewordener Kampfhund hört
nicht auf, bis seine Beute tot ist und er sie vollständig zerfetzt hat. Genauso
stark und gefährlich sind diese Leute unterwegs!“ [25] Balak war reichlich
genervt. „Hören Sie auf, Mann! Wenn Sie die schon nicht verfluchen können,
dann sprechen Sie denen wenigstens nicht noch Kraft zu! Hören Sie auf,
die zu segnen!“ [26] „Sorry, ich hab Sie aber gewarnt“, antwortete Bileam. „Ich
meinte zu Ihnen, dass ich genau das sagen werde, was Gott mir zu sagen
gibt.“ [27] Aber Balak gab noch nicht auf. „Kommen Sie bitte noch einmal mit,
ja? Ich will Sie an eine dritte Stelle bringen. Könnte vielleicht sein, dass Gott
Ihnen von dort aus plötzlich doch erlaubt, sie zu verfluchen.“ [28] Also ging er
mit Bileam auf die Spitze von dem Berg Pegor. Von dort konnte man direkt
in die Ebene vom Jordan sehen. [29] „Dann errichten Sie mir hier wieder sie-
ben Opfertische, und legen Sie sieben männliche Kühe und sieben männ-
liche Schafe dazu, okay?“, meinte Bileam. [30] Balak organisierte die Sachen
sofort. Dann machte er auf jedem Tisch ein Opferritual mit jeweils einer Kuh
und einem Schaf.

24

Bileam lässt noch zwei Sprüche ab

[1] Bileam war sonnenklar, was Gott von ihm wollte: Er sollte die Israeliten seg-
nen, ihnen von Gott das Beste wünschen und sie nicht verfluchen. Darum
versuchte er diesmal nicht, noch irgendwelche Zeichen von Gott zu bekom-
men. Er sah auf das Tal runter [2] und konnte dort die Israeliten lagern sehen,
nach Familienstämmen geordnet. Plötzlich kam die Power von Gott auf
ihn runter. [3–4] Bileam sagte: „Das haut mich um! Ich höre jetzt, was Gott zu
sagen hat und habe gerade den vollen Durchblick, was Gott eigentlich will,
ich sehe die Dinge aus seiner Perspektive. [5] Wie genial sind die Zelte von Isra-
els Leuten! Wie krass sehen die Teile aus, dort geht es gerade voll ab! [6] Über-

all wo sie sind, breiten sie sich aus. Sie wachsen wie grünes Gras, sie blühen wie die Blumenbeete an Flüssen und Bächen. Sie wachsen so gut, wie große Bäume und Schlingpflanzen. Gott hat die gepflanzt, wie die Büsche an einem Fluss. 7 Sie sind wie eine Wasserquelle, die nie aufhört zu sprudeln. Es geht so viel Wasser von ihnen aus, dass alle Felder immer fett genug davon haben. Israel wird total abgehen und mehr Macht haben als alle seine Nachbarn. Der Chef der Israeliten wird sogar den Präsidenten Agag plattmachen! 8 Ihr Gott hat sie aus Ägypten rausgeholt, und er kämpft für sie wie ein Champion um die Weltmeisterschaft. Israel wird seine Feinde alle fertigmachen. Wie ein Pitbull ein Karnickel frisst, wie er seine Knochen mit einem Haps durchbeißt, so werden sie die Feinde kaputtmachen. Wenn sie die Kanone rausholen, ist jeder Schuss ein Treffer. 9 Sie sind so gefährlich wie ein krasser Kampfhund, der gerade schläft. Wer würde es wagen, den mit einem Knall aufzuwecken? Wer gegen sie ist, hat verloren, wer sie verflucht, ist selbst verflucht." 10 Balak rastete vollkommen aus, als er diesen Spruch gehört hatte. Er ballte seine Fäuste zusammen und schrie ihn an: „Was soll das? Du sollst meine Feinde verfluchen, damit sie kaputtgehen! Nur darum hab ich dich holen lassen. Aber stattdessen segnest und betest du noch für die? Und das jetzt schon zum dritten Mal?! 11 Verpiss dich von hier, aber schleunigst! Geh nach Hause! Ich wollte dich fett bezahlen, aber du kannst dich ja bei deinem Gott dafür bedanken, dass du jetzt mit null Kohle nach Hause gehst!" 12 Bileam antwortete: „Ich habe schon von Anfang an zu Ihren Leuten gesagt, die mich abholen sollten, 13 dass ich, auch wenn der Präsident Balak mir höchstpersönlich alles Geld überweisen würde, was er besitzt, mich daran halten muss, was Gott mir gesagt hat, und nicht einfach segnen oder verfluchen kann, wie ich gerade Bock drauf hab. Ich hab vorher klargestellt, dass ich immer nur das sagen werde, was Gott mir sagt. 14 Ich gehe jetzt mal wieder nach Hause. Aber vorher muss ich Ihnen noch einen Spruch reindrücken, was Ihre Leute von diesen Israeliten in Zukunft zu erwarten haben." 15–16 Und dann legte er los: „Ich höre, was Gott zu sagen hat, und ich kann sehen, was der absolute Oberchef mir zeigt: 17 Ich kann jemanden erkennen, der eigentlich noch gar nicht da ist. Aber ich sehe ihn, wie er immer näher kommt. Und er kommt ganz bestimmt, er kommt immer näher. Er ist wie ein Zeichen am Himmel, ein neuer Superstar, der aus diesem Volk kommen wird. Ich sehe einen Präsidenten, der ein Israelit ist. Er wird die Moabiter fertigmachen, er wird sie alle töten. 18 Er wird die ganze Gegend um den Fluss Seir besetzen. Das Land von seinen Feinden, den Edomitern, gehört bald ihm. Die Israeliten werden sehr stark werden, und sie werden das Sagen haben. 19 Der Präsident, der aus dem Volk Israel kommt, wird alle kaltmachen."

Noch ein paar heftige Prophetensprüche über die Amalekiter, Keniter und Assyrer

20 Bileam war aber noch nicht fertig: „Jetzt sehe ich die Amalekiter. Amalek,
du warst mal die Nummer eins auf der Hitliste von allen Völkern. Aber bald
bist du weg von der Bildfläche.“ 21 Dann sah er die Keniter und sagte über
die: „Ihr habt so starke Stadtmauern, weil ihr mitten in den Bergen gebaut
habt. 22 Aber das wird euch auch nicht weiterhelfen. Wie lange dauert es
noch? Die Nachfahren von Kain, die hier wohnen, werden auch bald ausge-
storben sein. Ihr werdet von den Assyrern gekillt werden!“ 23 Dann legte
Bileam zum dritten Mal los: „Wer wird das ganze Ding überleben? Wenn
Gott das durchzieht, wer bleibt am Leben? 24 Sie kommen mit Flugzeugträ-
gern aus Zypern und werden die Assyrer kaputtmachen und auch das Volk
der Heber. Aber bald wird auch ihre letzte Stunde schlagen!“ 25 Als Bileam
seinen prophetischen Spruch abgelassen hatte, ging er wieder zurück nach
Hause. Auch Balak ging heim.

25

Die Israeliten beten zu Plastikgöttern

1 Als die Israeliten unterwegs mal in Schittim ihr Zeltlager aufgeschlagen hat-
ten, lernten sie dort ein paar moabitische Frauen kennen. Einige verknallten
sich in die und hatten auch Sex mit denen. 2 Die Moabiter luden die Männer
von Israel zu ihren Opferpartys ein, die sie für ihre Plastikgötter feierten. Lei-
der aßen die Israeliten auf der Feier auch von dem Fleisch, was man diesen
falschen Göttern in Opferritualen geschenkt hatte. Und zur Krönung beteten
einige sogar zu diesem Fake-Gott von den Moabitern, warfen sich vor der
Plastikfigur auf den Boden und so. 3 Auf die Art ließen sich die Israeliten auch
auf diesen Plastikgott ein, den man Baal-Pegor nannte. Gott wurde voll sauer
deswegen. 4 Er sagte zu Mose: „Geh sofort los und lass die Clanchefs der
Leute festnehmen. Ich möchte, dass sie noch heute verurteilt und hingerich-
tet werden. Ich bin voll sauer, und wenn das nicht sofort passiert, werden alle
Israeliten was von meiner Wut abbekommen.“ 5 Mose ging zu den Leuten im
Volk, die in den Familienstämmen das Sagen hatten. „Tötet die Männer, die
von euren Stämmen bei der Kacke mitgemacht haben. Jeder, der sich auf
diesen Baal-Gott eingelassen hat, soll sterben!“ 6 In der Zwischenzeit hatten
sich am Eingang vom besonderen Zelt fast alle Israeliten getroffen und fingen
voll an zu flennen. Alle konnten sehen, wie plötzlich einer der Männer eine
von diesen midianitischen Frauen anschleppte. 7 Einer der Priester, Pinhas
(ein Sohn von Eleasar und ein Enkel von Aaron), reagierte sofort. Er stand auf
und ging in sein Zelt. Dort holte er seine Pumpgun aus dem Koffer, 8 folgte
dem Pärchen, bis sie in ihrem Schlafraum waren, und erschoss beide. Im sel-
ben Augenblick hörte die böse Krankheit auf, die seit einiger Zeit unter den

Israeliten ausgebrochen war. 9 Daran waren bis zu dem Zeitpunkt schon
24 000 Menschen gestorben. 10 Gott sagte dann zu Mose: 11 „Pinhas hat mit
seiner Aktion dafür gesorgt, dass nicht alle aus dem Volk für ihren Mist
bestraft werden müssen. Er war genauso sauer wie ich und hat aus diesem
Gefühl raus das getan, was getan werden musste. Wenn das nicht passiert
wäre, hätte ich meine Wut voll rausgelassen, und es wären noch viel mehr
Menschen dabei draufgegangen. 12 Richte ihm mal was von mir aus. Ich
werde mit ihm einen Vertrag abschließen, der ihm für immer Frieden garan-
tiert. 13 Ich verspreche hiermit, dass er und seine Kinder für immer zu den
Priestern gehören sollen. Das hat er sich verdient, weil er sich ohne Rücksicht
radikal für mich eingesetzt hat. Er hat dafür gesorgt, dass die Beziehung zwi-
schen mir und den Leuten gleich wieder in Ordnung gebracht worden ist.“
14 Der Typ, der mit der midianitischen Frau zusammen getötet wurde, hieß
Simri. Er war ein Sohn von Salus, der zu den Clanchefs in dem Familien-
stamm Simeon gehörte. 15 Die Frau heiß Kosbi. Ihr Vater, der Zur hieß, war
der Chef von einem Familienstamm der Midianiter. 16 Gott sagte zu Mose:
17 „Schick den Midianitern mal eine Kriegserklärung. Greif die an und mach
sie fertig. 18 Immerhin haben die damit angefangen, euch hintenrum kaputt
zu machen. Sie haben euch dazu verführt, zu diesem Plastikgott Baal vom
Berg Pegor zu beten. Sie haben dafür gesorgt, dass ihr diesen totalen Bock-
mist gebaut habt. Auch Kosbi, die ja eine Tochter von einem der Chefs war,
hat ihren Teil dazu beigetragen. Ihr Tod stand im direkten Zusammenhang
mit dem Ende der fiesen Krankheit, die bei euch rumging.“ 19 Als die Krank-
heit verschwunden war, passierte Folgendes:

26

Die Familienstämme werden noch mal gezählt

1 Gott sagte dann was zu Mose und dem Priester Eleasar. Noch mal zur Erin-
nerung: Eleasar war ein Sohn von Aaron. 2 „Passt auf: Ich möchte, dass ihr
jetzt noch mal alle Israeliten zählt. Ich möchte gerne wissen, wie viele Män-
ner es bei euch gibt, die älter als 20 sind und theoretisch in die Armee könn-
ten. Macht das mal der Reihe nach, jeden Familienstamm für sich. 3–4 Mose
und Eleasar zogen das durch. Das war, als sie gerade in der Gegend von
Moab lagerten, am Jordanfluss bei der Stadt Jericho. Alle Männer, die älter
als 20 waren, wurden gezählt. Es handelte sich hierbei um die Israeliten,
die seit dem Auszug aus Ägypten dabei waren. 5–51 Ganz vorne stand der
Familienstamm Ruben, weil Ruben der erste Sohn von Jakob (den man auch
Israel nannte) war. Im Folgenden wird das Ergebnis der Zählung aufgelistet.
Zuerst der Familienstamm, dann die Familien und am Ende die Anzahl der
Männer.

Ruben: Henoch, Pallu, Hezron, Karmi: 43 730. Von Pallu stammen Eliab und dessen Söhne Nemuël, Datan und Abiram ab. Datan und Abiram, die in der Gemeinde auch einen Job hatten, hatten ja die kleine Revolution gegen Mose und Aaron geplant, als Korach und seine Gang gegen Gott Revolte machten. Der Boden hatte sich geöffnet und die wurden in die Tiefe gezogen. Mit ihnen starb auch Korach und dessen 250 Fans, die von einem Feuer aus dem Himmel getötet worden sind. Sie wurden zu einer krassen Warnung für Israel, dass man mit Gott keine Spielchen spielen sollte. Den Söhnen von Korach war übrigens nichts passiert.

Simeon: Jemuël, Jamin, Jachin, Serach, Schaul: 22 200.

Gad: Zifjon, Haggi, Schuni, Osni, Eri, Arod, Areli: 40 500.

Juda: Schela, Perez, Hezron, Hamul, Serach: 76 500. Die Familien Hezron und Hamul kamen aus der Familie Perez hervor. Zwei von Judas Söhnen, Er und Onan, waren bereits vor der Übersiedlung nach Ägypten in Kanaan gestorben.

Issachar: Tola, Puwa, Jaschub, Schimron: 64 300.

Sebulon: Sered, Elon, Jachleel: 60 500.

Manasse: Machir, Gilead, Abieser, Helek, Asriel, Schechem, Schemida, Hefer: 52 700.

Efraim: Schutelach, Eran, Becher, Tahan: 32 500.

Manasse und Efraim waren die Söhne von Josef. Die Familie Gilead hatte sich von der Familie Machir abgezweigt. Aus der Familie Machir kamen dann wieder die Familien Abieser, Helek, Asriel, Schechem, Schemida und Hefer raus. Zelofhad, der Sohn von Hefer, hatte keine Söhne, sondern nur Töchter. Sie hießen Machla, Noa, Hogla, Milka und Tirza. Die Familie Eran hatte sich von der Familie Schutelach abgezweigt.

Benjamin: Bela, Ard, Naaman, Aschbel, Ahiram, Schufam, Hufam: 45 600. Die Familien Ard und Naaman hatten sich von der Familie Bela abgezweigt.

Dan: Schuham: 64 400.

Ascher: Jimna, Jischwi, Beria, Heber, Malkiel: 53400. Die Familie Heber und Malkiël von der Familie Beria. Ascher hatte noch eine Tochter, die Sara hieß.

Naftali: Jachzeel, Guni, Jezer, Schillem: 45400.
Man kam auf eine Gesamtzahl der erwachsenen Männer Israels von 601730.
52 Gott sagte dann zu Mose: 53 „Teile das Land unter den Familienstämmen
von Israel auf und richte dich dabei nach der Anzahl der Leute. 54–56 Gib den
größeren Familienstämmen ein größeres Stück und den kleineren Familienstämmen ein kleineres. Wer was genau bekommt, soll ausgelost werden."

Zum Abschluss: der Familienstamm Levi und die Familien von Aaron und Mose

57 Die Familienstamm Levi bestand aus den Familien Gerschon, Kehat und
Merari. 58–61 Kehat war der Vater von Amram. Dieser Amram heiratete
Jochebed, die ebenfalls aus dem Familienstamm Levi kam. Sie war sogar noch in Ägypten geboren worden. Jochebed hatte von Amram zwei Söhne: Aaron und Mose, und dazu eine Tochter, die Mirjam hieß. Aaron hatte wiederum vier Söhne: Nadab und Abihu, Eleasar und Itamar. Nadab und Abihu starben, als sie so ein Opferritual durchzogen, aber dabei alles falsch machten. Sie hatten es auf eine Art gemacht, wie Gott es nicht wollte. Zu den Levi-Leuten gehörten auch die Familien Libna, Hebron, Machli, Moschi und
Korach. 62 Die gesamte Anzahl aller Männer vom Familienstamm Levi, die
älter als einen Monat waren, war 23000. Sie wurden nicht zusammen mit
den anderen Israeliten gezählt, weil sie kein Land besitzen durften. 63 Alle
diese Familien wurden von Mose und dem Priester Eleasar in der Gegend gezählt, wo sie zu dem Zeitpunkt gerade waren. Die lag im moabitischen Steppengebiet, im Tal wo der Jordanfluss durchgeht, gleich gegenüber
von Jericho. 64 Von den Männern, die Mose und Aaron bei der ersten Volks-
zählung in der Wüste Sinai erfasst hatten, lebte keiner mehr. 65 Gott hatte
denen ja auch die Ansage gemacht, dass sie alle in der Wüste sterben würden. Und so war es auch passiert. Nur Kaleb, ein Sohn von Jefunne, und Josua, der Sohn Nuns, waren übrig geblieben.

27

Wer die Sachen von den Eltern erbt, wenn es keine Söhne gibt

1 Es gab bei den Israeliten so einen Typen, der Zelofhad hieß. Er war ein
Sohn vom Hefer aus dem Clan Machir vom Familienstamm Manasse. Zelofhad hatte fünf Töchter, die folgende Namen hatten: Machla, Noa, Hogla,
Milka und Tirza. 2 Die fünf kamen dann mal zum besonderen Zelt, weil sie
eine Frage an Mose und den Priester Eleasar hatten. Die ganzen Chefs der Familienstämme und der ganze Rest der Truppe waren auch gerade da.

3 „Unser Vater ist vor kurzem draußen in der Wüste gestorben. Papa musste
sterben, weil er, wie viele andere auch, Dinge getan hatte, die Gott nicht
wollte. Er war aber nicht bei der Korach-Gang dabei, die ja die kleine Revolu-
tion gegen Gott angezettelt hatten. Nun hat unser Vater aber keinen Sohn
hinterlassen. 4 Wie ist das jetzt? Soll nun unsere Familie bei den Israeliten
aussterben, nur weil es keinen Sohn gibt, der den Namen weitergeben
könnte? Wir wollen auch etwas von dem Erbe abkriegen, das unser Vater
hinterlassen hat! Wir wollen ein Stück von dem Land, das unserer Familie
zusteht!" 5 Mose ging erst mal zu Gott und redete mit ihm über die Sache.
6 Gott sagte zu Mose: 7 „Ich finde die Töchter von Zelofhad haben Recht! Sie
sollen auch ein Stück Land erben, das ihnen der Vater hinterlassen hat. Sie
haben einen eigenen Anspruch, wie ihn auch ein Sohn haben würde. 8 Mach
da mal ab sofort eine feste Regel draus. Sag allen Israeliten, wenn ein Mann
stirbt, ohne einen Sohn zu hinterlassen, dann hat seine Tochter einen An-
spruch auf das Erbe. 9 Wenn er aber auch keine Tochter hat, dann kriegen
seine Brüder die Sachen von ihm. 10 Falls er jetzt aber auch keine Brüder hat,
dann erben die Brüder von seinem Vater alles, also seine Onkels. 11 Und
wenn jetzt sein Vater auch keine Brüder hatte, dann kriegt der nächste Ver-
wandte, der dann an der Reihe ist, das ganze Erbe. Das soll ab sofort ein
neues Gesetz bei euch sein. Die Idee kam von mir. Ich, euer Gott, habe es
angesagt."

Josua wird der Nachfolger vom Mose

12 Gott sagte dann zu Mose: „Du, Mose, steig mal bitte in das Gebirge von
Arbarim hoch. Von da oben will ich dir das ganze Land noch mal zeigen, das
ich für die Israeliten reserviert hab. 13 Nachdem du dir das noch mal ansehen
durftest, werde ich dich zu mir holen. Du wirst sterben, so wie dein Bruder
Aaron vor dir auch schon gestorben ist. 14 Ihr beide dürft nicht mit in das
neue Land kommen. Ihr habt in der Wüste damals Mist gebaut und nicht
das getan, was ich von euch wollte. Als alle Israeliten eine Demo gegen mich
veranstaltet haben, habt ihr mir keine Chance gelassen, denen zu zeigen,
was ich drauf hab. Ich wollte aus einem Felsen von selbst Wasser rauskom-
men lassen, um den Leuten zu zeigen, dass ich etwas ganz Besonderes bin
und dass mir nichts unmöglich ist." Die Quelle bei Kadesch hatte ja von die-
ser Aktion ihren Namen abbekommen. Man nannte sie „Meriba", was so
viel heißt wie „Hier hatte man sich um Wasser gestritten". 15 Mose antwor-
tete: 16 „Ist okay, Gott. Du bist schließlich der Chef! Du hast alles gemacht,
was lebendig ist! Aber bitte organisiere einen neuen Chef, der die Leute gut
führen kann, ja? 17 Sie brauchen einen Typen, der an vorderster Front mit-
kämpft. Einen, der mit den Soldaten vorne dabei ist und mit ihnen auch vom
Krieg wieder nach Hause kommt. Sonst werden deine Leute wie eine Fuss-

ballmanschaft ohne Trainer sein, wie eine Schafherde, die keinen Hirten
hat.“ 18 Gott antwortete Mose: „Was hältst du von Josua? Nimm den mal
für diesen Job. Josua ist voll gottmäßig am Start, dafür hab ich gesorgt.
Den musst du für diese Aufgabe einsetzen. 19 Organisier ein Treffen mit dem
Priester Eleasar und geh mit ihm vor die ganze Gemeinschaft. Wenn alle da
sind, gibst du Josua öffentlich diesen Auftrag. 20 Du solltest ihm auch deine
Vollmacht übertragen. Dann werden die Leute auch auf ihn hören und tun,
was er sagt. 21 Bei den wichtigen Entscheidungen soll er zu Eleasar gehen.
Dann kann der mit den besonderen Losen rauskriegen, was sie machen
sollen. Das, was Eleasar rauskriegt, ist dann angesagt. So soll dann auch
entschieden werden, ob alle Israeliten gegen ein Land in den Krieg ziehen
sollen oder nicht.“ 22 Mose machte alles genau so, wie Gott es gesagt hatte.
Er holte Josua und trat mit ihm vor Eleasar und die ganze Gemeinschaft.
23 Dann legte er seine Hände auf Josua und setzte ihn ganz offiziell als
seinen Nachfolger ein, genau so, wie Gott es gewollt hatte.

28

Jeden Tag ein Opferritual

1 Gott sagte zu Mose: 2 „Die Leute sollen beim Opfern bitte immer da drauf
achten, dass sie es jeweils zur richtigen Zeit an meinem Opfertisch, dem
Altar, durchziehen. Da steh ich drauf, das ist für mich wie ein Festessen.
3 Mose bekam einige konkrete Ansagen für die Israeliten von Gott: „Ihr sollt
für Gott jeden Tag zwei Schafe als Abfackelopfer verbrennen, die keine
Behinderung haben und je ein Jahr alt sind. 4 Das eine muss morgens
geschlachtet werden und das andere abends. 5 Dazu kommt dann noch ein
Essensopfer. Dafür sollt ihr 1,2 Kilo Mehl nehmen, was eine echt gute Quali-
tät hat, und das mit knapp einem Liter bestem Olivenöl verkneten. 6 So sah
das Abfackelopfer ja auch aus, als ihr das zum ersten Mal am Berg Sinai ver-
brannt habt, um Gott gut draufzubringen. 7 Als Trinkopfer gibt es dazu einen
Liter Wein. 8 Abends dann die ganze Sache noch mal, genauso, wie ihr es
morgens auch schon gemacht habt. Das ist ein Opfer, auf das Gott voll
steht. 9 Am Sonntag sollen dann noch zwei Schafe extra abgefackelt werden,
die je ein Jahr alt sind und keine Behinderung haben. Dazu bitte noch mal
2,4 Kilo Mehl, das mit Öl verknetet worden ist. Und dazu noch das Trink-
opfer. 10 So soll ein anständiges Sonntagsopfer aussehen. Das soll neben
dem normalen Abfackelopfer, das man jeden Tag verbrennt, mit den dazu-
gehörigen Trinkopfern durchgezogen werden. 11 Am ersten Tag vom Monat
werden Gott zwei Stiere geschenkt, indem man sie als Abfackelopfer ver-
brennt. Dazu noch ein männliches Schaf und sieben Schafe, die alle keine
Behinderung haben dürfen und ein Jahr alt sein sollen. 12 Dazu soll es auch
wieder ein Essensopfer geben. Und zwar aus Weizenmehl, das mit Olivenöl

verknetet wurde. Für jeden Stier sollen es 3,6 Kilo Mehl sein und für jedes
männliche Schaf 2,4 Kilo. 13 Für jedes Schaf sollst du 1,2 Kilo Mehl nehmen.
Das sind Opfer, auf die Gott steht und die ihm gut gefallen. 14 Als Trinkopfer
gibt es dann zu jedem Stier knapp 2 Liter Wein und zu jedem männlichen
Schaf knapp 1 Liter. Dieses Opfer soll am Anfang von jedem Monat abgehen.
15 Dazu soll an diesem Tag auch noch mit einer männlichen Ziege das Opfer-
ritual durchgezogen werden, das man macht, wenn man aus Versehen Mist
gebaut hat. Damit wird der ganze Mist wieder in Ordnung gebracht, der
von den Leuten gebaut wurde. 16 Die Passaparty wird am 14. April gefeiert,
um klarzumachen, dass Gott der Beste ist. 17 Am 15. steigt dann die Feier mit
den Broten ohne Hefeteig. In dieser Woche dürft ihr nur dieses Brot essen,
sonst nichts. 18 Am ersten Tag in dieser Woche sollt ihr einen Gottesdienst
veranstalten und nicht arbeiten. 19 An jedem Tag in dieser Woche schenkt ihr
Gott zwei Stiere, die ihr als Abfackelopfer verbrennt. Dazu ein männliches
Schaf und sieben Schafe, die ein Jahr alt sind. Alle diese Tiere dürfen keine
Behinderung haben. 20–21 Dazu auch noch die Essensopfer in der gleichen
Form wie am Monatsanfang. 22 Außerdem sollt ihr eine männliche Ziege
opfern, um damit den ganzen Mist wiedergutzumachen, der gegen Gott
gebaut wurde. 23–24 Das soll alles zusätzlich zu dem täglichen Abfackelopfer
durchgezogen werden, das man morgens verbrennt. In dieser Woche muss
das jeden Tag gemacht werden. Diese Sachen sind dafür da um Gott etwas
vom Essen abzugeben, und wenn man das tut, fährt er darauf ab und ist
auf unserer Seite. 25 Am siebten Tag von dieser Woche sollt ihr wieder einen
Gottesdienst feiern und auf keinen Fall irgendwas arbeiten. 26 Für den ersten
Tag vom Sieben-Wochen-Rave, wo man Gott die ersten Sachen schenken
soll, die man geerntet hat, gilt dasselbe: Gottesdienst feiern und nichts
arbeiten. 27–29 Schenkt Gott an dem Tag zwei Stiere, die ihr als Abfackelopfer
verbrennt. Dazu ein männliches Schaf und ein Schaf, das ein Jahr alt ist.
Dann auch noch das Essensopfer, genau die Dosis wie auch am Anfang des
Monats. 30–31 Dazu noch das Trinkopfer, und als ein Opfer, das man bringt,
wenn einer aus Versehen Mist gebaut hat, sollt ihr eine männliche Ziege
drauflegen. Das sind die Sachen, die neben dem regelmäßigen Abfackelopfer
und den dazugehörigen Essensopfern für Gott durchgezogen werden. Eins
ist noch wichtig: Die Tiere dürfen keine Behinderung haben.

29

Opferrituale am ersten Tag im Jahr und am Alles-wieder-gut-Tag

1 „Auch Neujahr sollt ihr einen Gottesdienst veranstalten und nicht arbeiten.
An dem Tag feiern wir den Anfang vom neuen Jahr. Und zwar soll da als Start
jemand mit einer Trompete ein Signal abgeben. 2 Auch an dem Tag müsst
ihr Gott ein extra Opfer bringen, indem ihr einen Stier als Abfackelopfer ver-

brennt. Damit kommt er gut drauf. Dazu noch ein männliches Schaf und
sieben Schafe, die je ein Jahr alt sind. Alle diese Tiere dürfen keine Behinde-
rung haben. 3–4 Dann kommt noch zu dem Stier das gleiche Essensopfer
wie am Anfang des Monats. 5–6 Dazu auch wieder ein Trinkopfer und
ein Opfer, das man macht, wenn man aus Versehen Mist gebaut hat. Dafür
nehmt ihr eine männliche Ziege. Diese ganzen Opfer werden neben den
regelmäßigen Opferritualen durchgezogen, die man sowieso jeden Tag
macht. Und auch neben dem Opfer, was am Anfang des Monats gemacht
wird, und den Essensopfern, die dazugehören. Das macht man, um Gott gut
draufzubringen. 7 Auch am 10. Oktober, dem Alles-wieder-gut-Tag, soll es
einen Gottesdienst geben und nicht gearbeitet werden. Außerdem sollt ihr
an dem Tag auf Essen und Trinken verzichten. 8–10 Schenkt Gott einen Stier
und ein männliches Schaf und sieben einjährige Schafe als ein Abfackel-
opfer. Dazu noch die Essensopfer in dem gleichen Umfang wie am Anfang
des Monats. 11 Dann noch das Trinkopfer und eine männliche Ziege als ein
Opfer, was man macht, wenn man aus Versehen Mist gebaut hat. Diese
Sachen sollen zusätzlich zu den normalen täglichen Opfern geopfert werden
und auch zusätzlich zu der männlichen Ziege, die an diesem Tag für den
ganzen Mist sterben muss, den alle Israeliten gebaut haben."

Was beim „Fest der Blätterbuden" geopfert werden soll

12 „Am 15. Oktober ist auch wieder ein Gottesdienst angesagt. An dem Tag
sollt ihr nicht arbeiten. Ab dem Tag soll es dann für sieben Tage eine Riesen-
party geben, um Gott zu feiern. 13 Am ersten Tag will ich ein Abfackelopfer
sehen. Dieses Opfer bringt Gott gut drauf. Dafür nehmt ihr dreizehn Stiere,
zwei männliche Schafe und vierzehn Schafe, die je ein Jahr alt sind. Alle
diese Tiere dürfen keine Behinderung haben. 14–15 Dazu kommen die Essens-
opfer in der gleichen Dosis, wie das am Monatsanfang durchgezogen wurde.
16 Dann wieder so ein Opfer mit einer männlichen Ziege, was man macht,
wenn man aus Versehen Mist gebaut hat. Das soll natürlich alles zusätzlich
zu den Opfern gemacht werden, die sowieso jeden Tag anliegen. 17 Am zwei-
ten Tag müsst ihr zwei Stiere opfern, dazu zwei männliche Schafe und
vierzehn Schafe, die alle ein Jahr alt sind. Wie immer: Alle Tiere bitte ohne
Behinderung. 18 Auch hier kommen die Essens- und Trinkopfer dazu, ent-
sprechend der Anzahl der Tiere, die geopfert werden. Alles genau so, wie es
vorgeschrieben ist. 19 Auch am zweiten Tag macht ihr wieder das Opferritual,
was man macht, wenn man aus Versehen Mist gebaut hat, mit der männ-
liche Ziege. Und dazu natürlich das normale tägliche Opfer. 20–34 Das zieht
ihr an jedem der folgenden Tage durch. Ihr schenkt Gott diese Opfer, aber
von den Stieren jeden Tag einen weniger. Also am dritten Tag elf Stiere, am
vierten Tag zehn, am fünften neun, am sechsten acht und am siebten sieben

Stiere. Das macht ihr dann genauso, wie ihr das mit den anderen Opfern
am ersten Tag auch getan habt. 35 Dann trefft ihr euch alle am achten Tag zu
einer ganz fetten Party. An dem Tag darf keiner arbeiten. 36 An dem Tag sollt
ihr Gott mit einem Abfackelopfer einen Stier, ein männliches Schaf und sie-
ben Schafe, die alle ein Jahr alt sind, schenken. Alles Tiere ohne eine Behin-
derung. 37–38 Dazu kommen auch noch die anderen Opfer, wie ihr sie an
den anderen Tagen dieser Woche auch gemacht habt. 39 Diese Opfer müsst
ihr Gott schenken, wenn ihr diese Party feiert, und zwar zusätzlich zu den
Opfern, die ihr ihm sowieso freiwillig oder wegen einem Versprechen
schenkt."

30

Regeln, wenn Frauen was versprechen

1–2 Diese Sachen erzählte Mose den Israeliten, und zwar genau so, wie er
es von Gott gehört hatte. Dann gab er noch einen Auftrag weiter, den er
von Gott bekommen hatte: 3 „Wenn ein Mann Gott verspricht, ihm eine
bestimmte Sache zu schenken, oder schwört, dass er auf bestimmte Sachen
für ne Zeit verzichtet, dann muss er das auch radikal durchziehen. 4 Wenn
eine Frau, die noch bei ihren Eltern lebt, auch so ein krasses Versprechen an
Gott abgibt, 5 gilt das nur, wenn ihr Vater das mitbekommt und damit einver-
standen ist. 6 Wenn er aber total dagegen ist und er sich voll aufregt, wenn
er das erfährt, dann gilt dieses Versprechen von der Frau nicht. Gott ist nicht
sauer auf sie, wenn sie die Sache nicht durchzieht, weil ihr Vater da keinen
Bock drauf hat. 7 Wenn eine Frau, bevor sie geheiratet hat, so ein Verspre-
chen abgibt, oder wenn sie ein Versprechen abgegeben hat, ohne so wirklich
drüber nachgedacht zu haben, 8 dann gilt das Ding auch nach ihrer Hoch-
zeit. Aber nur, wenn der Ehemann nichts dagegen hat. 9 Wenn er das aber
total ätzend findet und ihr das verbietet, dann wird das Versprechen ungül-
tig. Aber nur, wenn er das an dem Tag, wo er davon erfahren hat, auch sofort
sagt. Gott wird nicht sauer auf sie sein, sie hat keine Schuld, wenn sie dieses
Versprechen nicht durchziehen kann. 10 Wenn der Mann einer Frau abge-
hauen oder gestorben ist, muss sie aber auf jeden Fall ihr Versprechen hal-
ten. 11 Falls eine Frau, die verheiratet ist, Gott so ein radikales Versprechen
macht, 12 dann gilt das nur, wenn der Ehemann damit einverstanden ist.
13 Verbietet er ihr aber, dieses Versprechen auch durchzuziehen, dann gilt
das nicht mehr. Er muss es aber noch am gleichen Tag sagen, an dem er
davon hört. Für Gott ist das dann okay, sie hat keine Schuld, wenn sie das
nicht macht, was sie versprochen hatte. Ihr Mann hat sich ja dazwischen-
gestellt. 14 Wenn eine Frau Gott etwas ganz radikal verspricht oder ihm
schwört, auf irgendwas zu verzichten, hat der Ehemann die Möglichkeit, das
ganze Ding zu canceln. 15 Wenn er aber nicht am gleichen Tag, an dem er

davon gehört hat, die Sachen stoppt, dann akzeptiert er es dadurch, dass er
einfach nichts dazu gesagt hat. 16 Wenn er erst später das ganze Ding stop-
pen will und sogar versucht, seine Frau davon abzuhalten, ihr Versprechen
zu erfüllen, dann wird er schuldig. Nicht seine Frau, sondern er muss dann
die Konsequenzen davon tragen." 17 Diese Gesetze, wann ein radikales
Versprechen von einer Frau gilt und ab wann nicht mehr, hatte Mose direkt
von Gott bekommen.

31

Krieg gegen die Midianiter

1 Gott sprach dann mal mit Mose und sagte ihm: 2 „Hau mal die Midianiter
weg. Die müssen bestraft werden. Das ist dein letzter Auftrag von mir,
danach wirst du sterben." 3 Mose ging zu seinen Männern und redete mit
denen: „Macht euch mal klar für den Krieg. Es geht gegen die Midianiter.
Gott will die bestrafen wegen den Sachen, die sie uns angetan haben. 4 Jeder
Familienstamm soll tausend Männer zusammenkarren. Mit denen ziehen
wir dann in den Krieg." 5 Also wurden aus jedem Stamm tausend Soldaten
gemustert. Insgesamt kam man also auf eine Armee von 12 000 Männern.
6 Der Priester Pinhas, ein Sohn von Eleasar, sollte auch mit dabei sein. Mose
wollte das so. Der hatte die ganzen besonderen Geräte aus dem besonderen
Zelt am Start. Auch die Trompete war dabei. 7 Die Israeliten griffen die
Midianiter also an, wie Gott es zu Mose gesagt hatte. Der Sieg war über-
wältigend, alle Männer von den Feinden wurden gekillt. 8 Auch die fünf Präsi-
denten der Midianiter wurden getötet. Das waren Ewi, Rekem, Zur, Hur und
Reba. Der Zauberer Bileam wurde dabei auch umgebracht. 9 Die Frauen und
Kinder wurden aber gefangen genommen. Auch die ganzen Tierherden und
alles, was die sonst noch hatten, nahmen die Israeliten mit. 10 Die Städte
und Zeltlager wurden alle abgefackelt und zerstört. 11–12 Als sie wieder im
Lager waren, führten die Männer alle Gefangenen, die Tiere und die andere
Kriegsbeute dem Mose und dem Priester Eleasar vor. Die ganze Gemein-
schaft der Israeliten war auch dabei. Sie hatten gerade ihr Lager in dem
Gebiet beim Jordan aufgeschlagen, gegenüber von Jericho. 13 Mose, Eleasar
und die Chefs von den Familienstämmen kamen den heimkehrenden Män-
nern aus dem Lager entgegen. 14 Aber als Mose sie sah, wurde er super
sauer. Er ging zu den Chefs von den Abteilungen der Truppe und schrie die
an: 15 „Warum habt ihr die Frauen am Leben gelassen? 16 Habt ihr schon
wieder vergessen, dass diese Frauen auf diesen Bileam gehört haben und
diesem Plastikgott Baal auf dem Berg Pegor gedient und zu dem gebetet
haben? Und sie haben die Israeliten dazu verführt, Gott untreu zu werden!
Genau darum wurden wir doch von Gott so derbe bestraft! 17 Bringt alle
von denen um! Auch alle kleinen Jungs und alle Frauen, die schon mal Sex

hatten, müssen sterben. 18 Nur die Mädchen, mit denen noch kein Mann
geschlafen hat, dürft ihr behalten. 19 Wer dann eine von denen getötet oder
auch nur eine Leiche mal angefasst hat, muss erst mal sieben Tage vor dem
Lager bleiben, weil er dann dreckig, also ‚unrein' ist. Am dritten Tag und am
siebten Tag muss er dieses Reinigungsritual machen. Die Mädchen, die ihr
gefangen nehmt, müssen das übrigens auch durchziehen. 20 Die ganzen Kla-
motten müssen mit dem besonderen Reinigungswasser gereinigt werden,
indem man ein paar Tropfen da draufsprenkelt. Auch alles, was aus Leder
ist, Ziegenhaar oder Holz, muss auf die Art sauber gemacht werden." 21 Der
Priester Eleasar sprach dann noch mal mit den Soldaten, die aus dem Krieg
zurück waren. „Hört mal zu, Männer, was Gott durch Mose befohlen hat.
22–23 Die ganzen Dinge, die ihr euch von den Feinden mitgenommen habt,
müssen gereinigt werden! Dazu gehören Sachen aus Gold, Silber, Bronze,
Eisen, Zinn und Blei. Die müsst ihr ins Feuer halten und danach mit dem
Reinigungswasser besprenkeln. Alles, was sonst im Feuer verbrennen würde,
muss mit normalem Wasser abgewaschen werden. 24 Nach sieben Tagen
sollt ihr eure Klamotten waschen, und dann seid ihr wieder in Ordnung, ihr
seid ‚rein'. Ab dann könnt ihr auch wieder zurück in unser Zeltlager."

Die Sachen, die man erbeutet hat, werden verteilt

25 Gott sagte zu Mose: 26 „Zähl mal die ganzen Sachen zusammen, die ihr
bei dem Krieg erbeutet habt. Ich meine damit die Menschen und die Tiere.
Hol Eleasar dazu, damit er dir dabei hilft. 27 Dann teilst du das Ganze durch
zwei. Den einen Teil kriegen die Soldaten, die gekämpft haben. Und den
anderen kriegen die restlichen Israeliten. 28 Von der einen Hälfte, die die
Soldaten bekommen, muss ein Mensch oder Tier von fünfhundert Gott
geschenkt werden. 29 Dieses Geschenk gibst du Eleasar. 30 Von der anderen
Hälfte, die die restlichen Israeliten bekommen, musst du einen Menschen
oder ein Tier von fünfzig abzählen. Das bekommen dann die Angestellten vom
besonderen Zelt, die in dem Zelt arbeiten, wo Gott drin wohnt." 31 Mose und
Eleasar machten alles genau so, wie Gott es gesagt hatte. 32–35 Nachdem sie
die Sachen gezählt hatten, die bei dem Krieg erbeutet wurden, kamen sie auf
folgendes Ergebnis: 675 000 Schafe und Ziegen, 72 000 Rinder, 61 000 Esel
und 32 000 Jungfrauen, also Mädchen, die noch mit niemandem geschlafen
hatten. 36–40 Die Soldaten bekamen also richtig gerechnet 337 500 Schafe
und Ziegen, 36 000 Rinder, 30 500 Esel und 16 000 Mädchen. Dementspre-
chend gehörten Gott davon 675 Schafe und Ziegen, 72 Rinder, 31 Esel und
32 Mädchen. 41 So wie Gott es gesagt hatte, übergab Mose diese Spenden
an den Priester Eleasar. 42–46 Der Rest von den Israeliten bekam genau
den gleichen Anteil, wie ihn die Soldaten auch bekommen hatten. 47 Mose
schnappte sich 2 Prozent von der Beute und gab es den Angestellten vom

besonderen Zelt, genau so, wie Gott es gesagt hatte. 48 Der Befehlshaber
der Armee kam dann mit einer Frage bei Mose an: 49 „Wir haben unsere Sol-
daten gerade noch einmal gezählt. Es wird nicht einer vermisst! 50 Darum
wollen wir uns bei Gott dafür bedanken. Hier ist das ganze Geld, das wir
in diesem Krieg erbeutet haben. Und auch den ganzen Goldschmuck, die
Rolexuhren und die Goldkettchen wollen wir gerne Gott schenken. Das
machen wir auch, damit zwischen Gott und uns alles wieder in Ordnung
kommt, was wir an Bockmist gebaut haben.“ 51 Mose und Eleasar nahmen
die Klunker und die ganze Knete an. 52 Allein das, was die Generäle der
Armee an Goldsachen anschleppten, waren fast vier Zentner Gold und
Schmuck! 53 Die Sachen, die von den rangunteren Soldaten erbeutet wurden,
durften die für sich behalten. 54 Mose und Eleasar brachten die ganze Beute
dann in das besondere Zelt, um Gott da dran zu erinnern, immer auf ihrer
Seite zu sein.

32

Die Familienstämme Ruben und Gad wollen das bis jetzt eroberte Land haben

1 Die Familienstämme Ruben und Gad hatten mega viele Tiere. Sie checkten
das Land ab, was um die Städte Jaser und Gilead war, und stellten fest, dass
es dort sehr viele Wiesen gab, auf denen die Schafe und Kühe genug zu
essen hätten. 2–4 Darum kamen sie bei Mose und dem Priester Eleasar an,
weil sie dieses Land gerne haben wollten. Die Chefs von den anderen Famili-
enstämmen waren auch gerade da. „Schaut euch doch mal das Land an, das
jetzt der Gemeinschaft der Israeliten zur Verfügung steht! Das hat Gott für
uns erobert. Wenn man sich die Gegend um die Städte Atarot, Dibon, Jaser,
Nimra, Heschbon, Elale, Sibma, Nebo und Beon ansieht, dann geht doch da
eine Menge für Leute wie uns, die in der Schaf- und Ziegenbranche arbei-
ten.“ 5 „Wenn du uns was Gutes tun willst, Mose, wäre es voll nett, wenn wir
dieses Land haben könnten! Könntest du uns das übertragen? Wir tun auch
alles für dich! Gib uns doch die Genehmigung, dass wir hier bleiben können
und nicht mit dem Rest über den Jordanfluss gehen müssen.“ 6 „Hm, ich
finde das ist keine gute Idee“, antwortete Mose. „Findet ihr das so gut, dass
die anderen Familienstämme in den Krieg ziehen, während ihr hier eine
ruhige Kugel schiebt? 7 Wenn ihr die anderen im Stich lasst, sind die total
entmutigt und glauben nicht mehr, dass sie es wirklich packen, bis in das
Land zu kommen, was Gott uns versprochen hat. 8 Erinnert ihr euch noch
an die Geschichte mit euren Vätern? Die haben die gleiche Sache auch
gebracht. Ich hatte sie in das Land geschickt, das wir erobern wollten, als wir
noch in Kadesch-Barnea waren. Sie sollten austesten, was da so geht. 9 Sie
gingen bis in das Gebiet, wo ganz viel Wein wächst. Aber als sie zurückge-

kommen sind, haben sie mit ihrem Gelaber allen Israeliten den Mut genommen, dort einzuziehen. Und das, obwohl Gott es ihnen geben wollte! [10] Gott wurde richtig sauer damals. Er sagte: [11] „Die Leute vertrauen mir nicht! Weil sie so drauf sind, wird keiner von den Männern, die noch in Ägypten gelebt haben und älter als 20 sind, in das Land kommen. Dieses Land hatte ich schon Abraham, Isaak und Jakob ganz fest versprochen. [12] Nur Kaleb, der ein Sohn vom Jefunne ist und aus der Familie Kenas kommt, und Josua, der ein Sohn von Nun ist, werden dort reingehen dürfen." Nur diese beiden hatten Gott hundertpro vertraut. [13] Gott wurde richtig aggro gegen seine Leute. Er ließ sie vierzig Jahr in der Wüste rumlaufen, bis alle tot waren, die damals bei der Aktion mitgemacht hatten. [14] Und jetzt macht ihr den gleichen Mist wie die! Ihr seid genauso drauf und bringt Gott noch mehr auf die Palme. [15] Wenn ihr Leute aus dem Familienstamm Ruben und Gad jetzt an dieser Stelle nicht das tun wollt, was Gott möchte, kann ich euch eins garantieren: Gott wird seine Leute noch länger in der Wüste schmoren lassen, bis wieder eine ganze Generation gestorben ist. Und das geht dann alleine auf eure Kappe!" [16] Die Chefs von den beiden Familienstämmen sagten dann zu Mose: „Wir wollen ja nicht lange hier bleiben. Lass uns nur mal eben ein paar Ställe bauen und einige Zäune für die Herden errichten, ja? Dann bauen wir noch ein paar Häuser für unsere Kinder. [17] Die können sich da drin dann schützen, falls andere Männer aus der Gegend ankommen und die plattmachen wollen. Danach sind wir sofort bei euch ganz vorne dabei! Wir werden mit euch kämpfen und dafür sorgen, dass alle anderen auch ein Stück Land abkriegen. [18] Wir versprechen, nicht eher wieder nach Hause zu gehen, bis jeder von den Israeliten ein Stück Land bekommen hat, was ihm gehört und er an seine Kinder weitervererben kann. [19] Was uns angeht, haben wir ja dann schon den Anteil, der uns zusteht, auf dieser Seite vom Jordanfluss bekommen. Wir verzichten auf alle Ansprüche an dem Land auf der anderen Seite. Versprochen!"

Mose lässt sich auf den Deal ein

[20] Mose antwortete: „Also, ich hab folgende Bedingungen an euch: Erstens will ich sehen, dass ihr, mit Gott als Zeugen, euch klarmacht für den Krieg. [21] Zweitens muss jeder von euch über den Jordanfluss mitkommen und so lange kämpfen, bis wir die Feinde alle plattgemacht haben. [22] Erst wenn das ganze Gebiet für Gott erobert worden ist, könnt ihr von mir aus wieder hierherkommen. Dann habt ihr keine Verpflichtungen mehr in dem Punkt, weder Gott noch euren Leuten gegenüber. Das ganze Land, um was es euch geht, könnt ihr dann haben, Gott hat es euch geschenkt, es gehört euch. [23] Falls ihr das aber nicht tut, dann habt ihr ganz schön Dreck am Stecken. Gott wird euch dafür ziemlich sicher bestrafen, mit der Konsequenz müsst

ihr dann schon rechnen. [24] Aber dann mal los. Baut von mir aus eure Häuser für die Frauen und Kinder. Und macht euch auch genügend Zäune und Ställe für die Tiere. Aber dann löst euer Versprechen auch sofort ein und kommt wieder zu uns." [25] Die Männer von dem Familienstamm Gad und Ruben waren happy. „Wir werden alles tun, was du sagst, Mose. Ganz sicher folgen wir dir dann. [26] Unsere Frauen und die Kinder werden dann in den neuen Häusern und Städten bleiben, [27] während wir Männer dann über den Jordanfluss in den Krieg ziehen. Wir werden alles genau so machen, wie du es willst, Mose!" [28] Mose ging dann zu Eleasar, Josua und den Chefs von den anderen Familienstämmen und gab ihnen folgende Order: [29] „Also, Leute, wenn die Männer von Gad und Ruben mit euch über den Jordanfluss gehen und dort so lange mit euch im Krieg kämpfen, bis ihr das ganze Land eingenommen habt, dann gebt denen das ganze Gebiet, was östlich vom Fluss ist. Klar? [30] Falls sie sich aber weigern, kriegen sie nur ein Stück Land in Kanaan bei euch ab, was irgendwo in der Mitte von Kanaan liegt und noch übrig ist, mehr nicht." [31] Die Männer aus dem Familienstamm Gad und Ruben meinten dazu nur: „Wir werden ganz sicher das tun, was Gott uns gesagt hat. [32] Mit der ganzen Armee werden wir mit allen Waffen über den Jordanfluss gehen, und Gott wird dabei unser Zeuge sein. Wir werden mit euch zusammen kämpfen, damit wir das Land auf dieser Seite behalten dürfen." [33] Mose schenkte dann den Leuten von Gad und Ruben und der einen Hälfte von dem Familienstamm Manasse dieses Gebiet, was früher mal dem Präsidenten Sihon der Amoriter gehört hatte. Dazu kam noch das Gebiet Baschan, was früher mal dem Präsidenten Og unterstellt war. Inklusive der ganzen Städte, die dort waren, gehörten die Gebiete ab dann diesen beiden Familienstämmen. [34] Die Leute von Gad bauten dort sofort einige Städte auf. Dazu gehörten Dibon, Atarot, Aroe, [35] Atrot-Schofan, Jaser, Jogboha, [36] Bet-Nimra und Bet-Haran. Dazu bauten sie noch die Zäune für ihre Tierherden. [37] Die Leute von Ruben bauten auch ein paar Städte. Und zwar waren das: Heschbon, Elale, Kirjatajim, [38] Nebo, Baal-Meon und Sibma und gaben ihnen diese neuen Namen. [39] Die Männer von der Familie Machir vom Familienstamm Manasse eroberten im Krieg noch das ganze Land, was im Gilead-Gebirge lag. Die Amoriter, die dort wohnten, wurden einfach da rausgeschmissen. [40] Mose schenkte ihnen das Gebiet Gilead. Sie bauten dann Häuser und fingen an sich dort einzuleben. [41] Jair aus dem Familienstamm Manasse kämpfte dann noch weiter und eroberte noch ein paar Dörfer. Die wurden von ihm in „Dörfer Jairs" umbenannt. [42] Nobach eroberte die Stadt Kenat und das ganze Gebiet, was da drum herum lag, auch. Die wurde dann auch in seinen Namen umbenannt und hieß dann also „Stadt Nobach".

33

Liste der Plätze, an denen die Israeliten auf dem Weg gezeltet hatten

1 Jetzt kommt mal eine Übersicht von den Rastplätzen, an denen die Israeliten überall waren, nachdem sie unter der Leitung von Mose und Aaron aus Ägypten abgehauen sind. 2 Mose hatte sich jedes Mal, wenn sie irgendwo loszogen, den Ort, an dem sie ihr Lager aufgeschlagen hatten, aufgeschrieben. Gott hatte ihm gesagt, dass er das machen soll. 3 Losmarschiert sind die Israeliten am 15. April, gleich nach der Passafeier. Startpunkt war die Stadt Ramses in Ägypten. Vor den Augen der Ägypter zogen sie aus deren Land aus. Ihr Bodyguard war dabei Gott höchstpersönlich. 4 Die Ägypter waren gerade dabei, ihre ältesten Söhne unter die Erde zu bringen. Gott hatte die gekillt, er hatte allen Ägyptern gezeigt, dass er das Sagen hat, auch über deren Pseudogötter. 5 Von Ramses zogen sie los und landeten von da erstmal in Sukkot. 6 Dann ging es weiter nach Etam, was am Rand von der Wüste liegt. 7 Als sie in Etam waren, bogen sie in Richtung von Pi-Hahirot ab, was gegenüber von Baal-Zefon liegt, und bauten ihr Zeltlager in Migdol auf. 8 Dann zogen sie mitten durch das Meer, das man auch das Schilfmeer nennt, und von dort noch mal 120 Kilometer weiter durch die Wüste von Etam, bis sie in Mara waren. 9 Von Mara ging es nach Elim, einer Oase, in der es zwölf Wasserquellen und über siebzig Palmen gibt. 10 Der nächste Zielpunkt war dann der große See, der dort liegt. 11 Von da brachen sie in die Wüste Sin auf. 12–14 Anschließend ging es weiter nach Dofka, Alusch und Refidim. In Refidim gab es aber kein Wasser mehr. 15–37 Dann kamen sie in die Wüste Sinai und darauf nach Kibrot-Taawa, Hazerot, Ritma, Rimmon-Perez, Libna, Rissa, Kehelata, zum Berg Schefer, nach Harada, Makhelot, Tahat, Terach, Mitka, Haschmona, Moserot, Bene-Jaakan, Hor-Gidgad, Jotbata, Abrona, Ezjon-Geber, nach Kadesch in der Wüste Zin und schließlich zum Berg Hor, der an der Grenze des Landes Edom liegt. Als die Leute dort ihr Zeltlager aufgeschlagen hatten, 38 stieg der Priester Aaron auf den Berg Hor, weil Gott ihm das so gesagt hatte. Dort starb Aaron. Das war vierzig Jahre, nachdem die Israeliten aus Ägypten abgehauen waren. 39 Aaron war 123 Jahre alt, als er starb. 40 Der Präsident Arad im Süden vom Kanaan-Land bekam irgendwann die Mitteilung, dass die Armee der Israeliten immer näher kam. 41–46 Dann ging die Reise weiter über Zalmona, Punon, Obot, Ije-Abarim, Dibon-Gad und Almon-Diblatajema. 47–49 Anschließend zogen sie über das Abarimgebirge zu der Stadt Nebo, dann über die Steppen von Moab am Jordanfluss gegenüber von Jericho. Als sie beim Jordan waren, erstreckte sich das Lager über das ganze Gebiet von Bet-Jeschimot bis Abel-Schittim.

Krasse Ansage, was mit den Bewohnern von Kanaan passieren soll
50 Als die Israeliten in der Steppe von Moab waren, am Jordanfluss, gegen-
über von der Stadt Jericho, redete Gott mal wieder mit Mose: 51 „Rede mal
bitte mit den Israeliten und sag ihnen folgendes von mir: ‚Wenn ihr über den
Jordan rüberstiefelt und im Kanaan-Land seid, 52 dann müsst ihr als Erstes
die Leute, die dort wohnen, komplett plattmachen! Damit meine ich auch
deren Plastikgötter. Die ganzen Blechfiguren und so, zu denen die gebetet
haben, müsst ihr sofort kaputt machen. Auch die Gebäude in denen das
passiert ist, müssen zerstört werden! 53 Übernehmt das ganze Land, es ge-
hört euch! Wohnt dort und breitet euch aus. Ich, euer Gott, habe es euch
geschenkt! 54 Verlost dann die einzelnen Gebiete unter den Familienstäm-
men. Jeder Stamm soll ein Stück von dem Land bekommen, was der Anzahl
seiner Mitglieder entspricht. 55 Aber eins ist total wichtig: Ihr müsst alle
Leute, die dort jetzt wohnen, rausschmeißen. Wenn nur einer von denen
übrig bleibt, habt ihr bald ein Riesenproblem. Sie werden euch immer wie
Metallsplitter im Auge weh tun, ihr werdet sie spüren wie Stacheldraht.
56 Wenn ihr das nicht durchzieht, werde ich mit euch das Gleiche tun, was
ihr eigentlich mit denen tun solltet, so wie ich es euch gesagt habe!‘“

34

Die Grenzen von dem neuen Land, was die Israeliten bekommen sollen
1 Gott sagte zu Mose: 2 „Erkläre mal deinen Leuten, wie die Grenzen abge-
steckt sind von dem Kanaan-Land, was ich euch schenken werde. 3–12 Im
Süden wird eure Grenze die Wüste Zin und das Gebiet der Edomiter sein.
Ganz genau wird die Grenze dort vom südlichen Ende des Toten Meeres
über Südwest am Fuß der Skorpionensteige vorbeiführen. Dann über Zin
weiter bis südlich von Kadesch-Barnea, weiter über Hazar-Addar bis nach
Azmon. Von Azmon geht das Gebiet weiter nach Nordwesten bis zu dem
Fluss, der die Landesgrenze zu Ägypten darstellt. Dieser Fluss ist dann bis
zum Mittelmeer die Grenze zu eurem Land. Die Grenze im Norden verläuft
vom Mittelmeer zum Berg Hor, von da über Lebo-Hamat nach Zedad. Dann
weiter über Sifron bis nach Hazar-Enan. Im Osten läuft die Grenze von
Hazar-Enan über Schefam, dann über den Ort Ribla östlich von Ajin bis zu
den Dünen am Ostufer vom See Genesaret. Von da weiter den Jordanfluss
entlang bis zum Toten Meer. Das Land, was innerhalb dieser Grenzen liegt,
wird euch gehören!“ 13–15 Mose sagte noch Folgendes zu den Israeliten: „Das
ist jetzt also das ganze Land, und das soll unter euch per Losverfahren auf-
geteilt werden. Gott hat die Ansage gemacht, dass neuneinhalb Familien-
stämme dieses Land bekommen sollen. Die Leute von den Familienstäm-
men Ruben und Gad und die Hälfte der Leute vom Familienstamm Manasse
haben ja ihren Teil schon bekommen, weil sie hier auf der anderen Seite vom

Jordan geblieben sind, also östlich vom Jordan, gegenüber von der Stadt Jericho." 16 Gott hatte noch was für Mose: 17 „Der Priester Eleasar und Josua sollen das ganze Land unter den Leuten aufteilen. 18–28 Von jedem Stamm bestimme ich einen der Typen, die was zu sagen haben. Die sollen ihnen dabei helfen. Ich hab mich dabei für folgende Männer entschieden: aus dem Familienstamm Juda: Kaleb, der Sohn von Jefunne; aus dem Familienstamm Simeon: Schemuel, der Sohn von Ammihud; aus dem Familienstamm Benjamin: Elidad, der Sohn von Kislon; aus dem Familienstamm Dan: Bukki, der Sohn von Jogli; aus dem Familienstamm Manasse: Hanniel, der Sohn von Efod; aus dem Familienstamm Efraim: Kemuel, der Sohn von Schiftan; aus dem Familienstamm Sebulon: Elizafan, der Sohn von Parnach; aus dem Familienstamm Issachar: Paltiel, der Sohn von Asan; aus dem Familienstamm Ascher: Ahihud, der Sohn von Schelomi; aus dem Familienstamm Naftali: Pedahel, der Sohn von Ammihud." 29 Diesen Männern gab Gott die Order, das Kanaan-Land unter den Israeliten aufzuteilen.

35

Wo die Levi-Leute wohnen

1 Als die Leute gerade im Gebiet am Jordanfluss waren, welches gleich gegenüber der Stadt Jericho liegt, redete Gott mit Mose. 2–3 „Mir ist wichtig, dass die Israeliten den Levi-Leuten auf ihrem zukünftigen Land Städte zur Verfügung stellen, in denen sie wohnen können. Dazu brauchen sie auch Wiesen, damit ihre Kühe und Schafe Auslauf und was zu fressen haben. 4–5 Diese Wiesen sollen von der Stadtgrenze zu allen Seiten über 500 Meter ins Land gehen. Es wird sich so ein 1000 mal 1000 Meter großes Viereck ergeben, wo die Stadt genau in der Mitte liegt. 6–7 Ich möchte, dass ihr den Levi-Leuten insgesamt 48 Städte zur Verfügung stellt, inklusive der Wiesen, die dazugehören. Sechs von den Städten sollen dafür da sein, dass Leute, die aus Versehen jemanden getötet haben, dort hinfliehen können. Diese Städte heißen ab jetzt auch ‚Asylstädte'. 8 Wie viele von diesen Städten jeder Familienstamm stellen muss, kann man aus der Größe des Gebietes ausrechnen, das sie haben."

Asylstädte für Leute, die versehentlich jemanden getötet haben

9–10 Gott hatte noch ein paar mehr Ansagen für die Israeliten: „Wenn ihr über den Jordanfluss rüber seid und in das Kanaan-Land kommt, 11 dann müsst ihr euch gleich ein paar Asylstädte organisieren, wo die Leute hinfliehen können, die aus Versehen jemanden gekillt haben. 12 Wenn die sich dort aufhalten, darf man sich nicht an ihnen rächen. Kein Verwandter von jemandem, der zum Beispiel bei einem Autounfall ums Leben kam, darf dem, der den Unfall verursacht hat, dort ans Leder. Nur wenn er von einem ordentlichen Gericht verdonnert worden ist, geht das in Ordnung. [13] Sucht dann mal sechs Städte dafür aus! [14] Drei davon sollen östlich vom Jordanfluss liegen und drei direkt im Kanaan-Land. [15] Jeder von euch kann dort hinfliehen. Auch jeder Ausländer, der bei euch lebt, auch die Gastarbeiter dürfen sich da verstecken, wenn sie aus Versehen einen Menschen getötet haben. [16–18] Wenn aber jemand absichtlich mit einem Eisenrohr oder einem Baseballschläger oder einem Stein einen anderen Menschen tötet, ist er auf jeden Fall ein Mörder. Dafür bekommt er die Todesstrafe. [19] Der Typ, der am engsten mit dem Ermordeten verwandt war, muss diese Strafe durchziehen. Er muss denjenigen suchen und töten, egal wo der gerade ist. [20–21] Auch wenn man einen anderen Menschen durch einen Kickboxtritt, einen Karateschlag oder Fausthieb umnietet und der dann stirbt, ist das ein Mord. Allerdings nur, wenn er das getan hat, weil er einfach link drauf war oder die Sache extra geplant hat. Wer so was tut, muss sterben. [22–23] Nun kann es passieren, dass einer mal einen anderen Menschen tötet, gegen den er eigentlich gar nichts hatte, ganz ohne Absicht. Vielleicht bei einem Unfall oder so. [24–25] Wenn so was passiert, soll es in der Gemeinde, wo der herkommt, eine ordentliche Gerichtsverhandlung geben, wo der Fall untersucht wird. So kann er vor der Rache der Verwandten erst mal geschützt werden. Wenn die Verhandlung vorbei ist, soll er wieder in diese Asylstadt gebracht werden, in die er schon vorher geflüchtet war. Da muss er dann erst mal so lange bleiben, bis der ordentlich eingesetzte Oberpriester, der zu der Zeit gerade das Sagen hat, nicht mehr lebt. [26–27] Das Ganze zieht aber nur, solange der Typ in der Asylstadt ist. Wenn er die verlässt, hat der nächste Verwandte von demjenigen, der getötet worden ist, das Recht, ihn auch zu töten. [28] Aber wenn der Oberpriester gestorben ist, kann er ab dann, ohne was zu befürchten, wieder nach Hause gehen, er ist frei. [29] Dieses Gesetz gilt ab jetzt für immer. Egal, wo ihr wohnt oder wo ihr euch sonst wie gerade aufhaltet. [30] Todesstrafe für einen Mord darf es nur geben, wenn die Tat mindestens von zwei Leuten gesehen worden ist. Wenn es nur einen Zeugen gibt, darf kein Richter eine Todestrafe verhängen. [31] Ein ordentlich verurteilter Mörder darf auch nicht wieder freigelassen werden, auch wenn irgendein Reicho noch so viel Kohle dafür bezahlen würde. Er muss für seine Tat sterben. [32] Man kann sich auch nicht, wenn man jemanden versehentlich getötet hat, aus einer Asylstadt freikaufen, bevor der Oberpriester abgekratzt ist, so dass man dann wieder frei wäre und nach Hause könnte, ohne bestraft worden zu sein. [33] Ein Stück Land, auf dem jemand ermordet worden ist, wird dreckig, es ist ‚unrein'. Darum verdreckt nicht das Land, in dem ihr lebt. Wenn es doch passiert, kann es nur wieder sauber werden, indem derjenige, der den Mord begangen hat, auch stirbt. [34] Passt auf, dass euer Land nicht dreckig wird, es darf nicht ‚unrein' werden. Warum? Weil ich, euer Gott, direkt bei euch wohne!"

36

Eine Ergänzung zum Erbgesetz

1 Die Chefs von der Familie Gilead (ein Sohn von Machir und ein Enkel von
Manasse, der ein Sohn von Josef war) kamen bei Mose und den anderen
Chefs der Israeliten an. 2 Sie sagten zu Mose: „Chef, Gott hat dir gesagt,
dass wir das Land mit einem Losverfahren unter den Israeliten aufteilen sol-
len. Er hat dir auch gesagt, dass der Teil von unserem Verwandten Zelofhad
jetzt seinen Töchtern gehört. 3 Aber was ist jetzt, wenn diese Frauen Männer
aus einem anderen Familienstamm heiraten? Dann kriegen die ja auch
dieses Land, was ursprünglich für unseren Familienstamm vorgesehen war,
oder? 4 Und was ist, wenn dieses Jahr angesagt ist, in dem alle Schulden
erlassen werden? Werden dann diese Stücke Land nicht endgültig dem
Stamm zufallen, in den sie reingeheiratet haben?" 5 Mose redete mit Gott
über die Sache, und der gab ihm folgende Order: „Das Problem gibt es wirk-
lich, was die Männer vom Familienstamm Manasse sagen! 6 Darum hab
ich, Gott, ein neues Gesetz herausgegeben. Die Töchter von Zelofhad dürfen
den heiraten, auf den sie Bock haben, solange der Mann aus ihrem Familien-
stamm kommt. 7 Grundsätzlich gilt, dass kein Grundbesitz von einem Fami-
lienstamm an einen anderen übertragen werden kann. Die Grundstücke
bleiben immer in dem Familienstamm. 8–9 Darum darf eine Tochter, die in
der Lage ist, etwas zu erben, nur einen Mann heiraten, der aus ihrem eige-
nen Familienstamm kommt." 10–11 Machla, Tirza, Hogla, Milka und Noa, die
Töchter Zelofhads, machten alles genau so, wie es diese neue Regel vorge-
schrieben hatte. Sie heirateten ihre Vettern. 12 So konnten die Grundstücke
im Besitz von dem Familienstamm ihres Vaters bleiben. 13 Diese ganzen
Gesetze und Regeln bekam Mose für die Israeliten von Gott in dem Gebiet
am Jordan, gleich gegenüber von der Stadt Jericho.

5. Buch Mose

1

Moses Rückblick

1 In dieses Buch kommen jetzt die Sachen rein, die Mose seinen Leuten
gesagt hat, als sie in der Wüste ihr Lager aufgeschlagen hatten, die östlich
vom Jordanfluss liegt. Diese Gegend ist in der Nähe von Suf, das genau zwi-
schen den Orten Paran und Tofel, Laban, Hazerot und Di-Sahab liegt. 2 Die
Strecke vom Berg Horeb über die edomitischen Berge bis nach Kadesch-
Barnea beträgt ungefähr 350 Kilometer. 3 Es war jetzt vierzig Jahre her, dass
die Israeliten aus Ägypten abgehauen waren. Am 1. Januar erzählte Mose
seinen Leuten, was Gott ihm gesagt hatte. 4 Vorher hatte Mose die beiden
Präsidenten im Krieg besiegt, die östlich vom Jordan das Sagen hatten.
Sihon, der Präsident der Amoriter, regierte damals in Heschbon, und Og war
der Chef von Baschan und regierte von der Stadt Edrei aus sein Land. 5 Als
die Israeliten in dem Land Moab angekommen waren, hielt Mose seinen
Leuten eine Predigt, wo er die Gesetze von Gott allen noch mal ausführlich
verklickern wollte: 6 „Also, damals waren wir schon einige Zeit bei diesem
Berg Horeb, als Gott auf einmal zu uns sagte: ‚Ihr habt hier lange genug
rumgehangen! 7 Geht jetzt mal los in das Kanaan-Land zu den Amoritern,
die in den Bergen wohnen! Geht zu den anderen Völkern, die dort in dem
Gebiet beim Jordan-Fluss leben, das westlich von den Bergen liegt. Ich mein
jetzt das ganze Gebiet von der Wüste im Süden bis zur Küste, vom Libanon-
gebirge bis zum Eufratfluss im Norden. 8 Dieses ganze Land schenke ich
euch! Übernehmt das einfach, es gehört euch. Es ist genau das Land, was
ich schon Abraham, Isaak und Jakob ganz fest versprochen hatte. Das soll
euch und euren Kindern gehören, für immer.‘“

Wie Mose zu seinen Helfern kam

9 „Als wir am Berg Horeb waren, habe ich zu euch gesagt: ‚Ich pack das
nicht alleine! Ich krieg es nicht gebacken, die ganze Verantwortung alleine zu
tragen! 10 Gott, der Chef von allem, hat dafür gesorgt, dass ihr euch so stark
vermehrt habt. Man kann euch schon gar nicht mehr zählen, weil ihr so viele
seid, wie man Sterne am Himmel sehen kann! 11 Ich wünsche mir, dass Gott,
der schon euren Vater und euren Opa und Uropa beschützt hat, auch auf
euch aufpasst. Er soll weiter dafür sorgen, dass es euch gutgeht. Und Gott
soll auch dafür sorgen, dass ihr euch noch tausendmal stärker vermehren
werdet, als ihr jetzt schon seid. Genau das hat er uns ja versprochen! 12 Aber
wie gesagt Leute, ich kann die Verantwortung nicht mehr alleine tragen, ich
pack das nicht. Das ist mir alles zu heftig. Ich hab auch keinen Bock mehr,

jeden Streit und jede Gerichtsverhandlung bei euch zu regeln. [13] Darum macht mal Folgendes: Organisiert euch aus jedem Familienstamm ein paar Männer. Die sollten eine gute Bildung und auch eine gute Peilung vom Leben haben. Die würde ich dann als Chefs über euch einsetzen.‘ [14] Eure Antwort war: ‚Gute Idee, Mose! Geht in Ordnung!‘ [15] Ich habe dann aus den Familienstämmen ein paar ältere Männer ausgesucht und sie zu Chefs gemacht. Dabei habe ich euch in Gruppen aufgeteilt und immer einen Mann als Chef pro Gruppe eingesetzt. Das waren dann pro tausend, hundert, fünfzig und zehn jeweils ein Mann. [16] Die bekamen den Job als Hilfssheriffs. Sie kriegten folgende Ansage mit auf den Weg: ‚Checkt sofort jeden Streit, den es zwischen zwei Israeliten gibt und auch zwischen einem Israeliten und einem Ausländer, der bei euch lebt. Ihr müsst dann das Urteil sprechen und entscheiden, wer Recht hat und wer nicht. [17] Euch soll dabei wurst sein, was die beiden für eine Stellung in der Gesellschaft haben. Der kleine Angestellte hat genau so ein Recht wie der einflussreiche Professor. Ihr braucht vor niemandem Angst zu haben! Gott ist höchstpersönlich dabei und passt auf, dass die Sache gerecht zugeht. Wenn es jetzt mal einen Streit gibt, der euch zu schwierig erscheint, dann kommt damit zu mir. Ich werde dann schon eine Entscheidung treffen.‘ [18] In der Zeit habe ich euch alle Gesetze gegeben, nach denen man leben soll.“

Mose hatte Leute vorgeschickt, um die Lage auszuchecken

[19] „Wisst ihr noch damals? Wir haben genau das getan, was unser Gott uns gesagt hatte. Vom Horeb-Berg zogen wir los, zum Bergland der Amoriter. Wir sind durch diese fiese Wüste gezogen, Mann, das waren noch Zeiten... bis wir endlich nach Kadesch-Barnea kamen. [20] Als wir da waren, meinte ich zu euch: ‚Jetzt sind wir gleich kurz vor dem Bergland, wo die Amoriter leben. Dieses Gebiet hat Gott uns geschenkt. [21] Bald ist es so weit, Leute, er hat uns das ganze Land zur Verfügung gestellt! Geht los und nehmt es, denn es gehört euch! Gott, der Chef von allem, hatte es schon euren Vorfahren versprochen. Macht euch nicht in die Hose, ihr braucht echt keine Angst zu haben!‘ [22] Ihr kamt dann aber alle an und meintet: ‚Wir würden am liebsten ein paar Leute vorschicken, die das Land erst mal ausspionieren. Wir warten dann auf ihren Bericht, was die beste Strecke ist, die wir nehmen sollten. Sie könnten uns auch Auskunft geben über die Städte, gegen die wir kämpfen werden.‘ [23] Ich hatte ein gutes Feeling bei der Idee. Darum hab ich zwölf Männer ausgesucht, aus jedem Familienstamm einen. [24] Die zogen in das Bergland und kamen bis in die Gegend, die man das Traubental nennt. [25] Sie nahmen sich von den ganzen Sachen, die dort an den Bäumen und Büschen wuchsen, etwas mit und kamen mit einem guten Bericht wieder bei uns an. ‚Das Land, das Gott uns hier schenken will, ist voll fett‘, sagten sie. [26] Trotz-

dem hattet ihr keinen Bock auf das Land und wolltet nicht das tun, was Gott
von euch wollte. 27 Dann gab es so ne kleine Revolution, und einige fingen in
den Wohnungen an rumzulästern. ‚Gott hasst uns! Er hat uns aus Ägypten
rausgeholt, damit die Amoriter uns besiegen und kaputt machen. 28 Was sol-
len wir nur machen? Die Leute, die das Land ausgetestet haben, haben uns
voll Angst gemacht! Die haben uns gesagt, dass dort Menschen leben, die
viel größer sind, und dass es auch viel mehr sind als wir. Sie haben von rie-
sengroßen Städten gesprochen, mit sehr hohen Mauern drum herum. Es
war sogar die Rede von Riesen!‘ 29 Ich hab dann versucht, euch zu ermuti-
gen: ‚Keine Panik! Ihr braucht keinen Schiss vor denen zu haben! 30 Der Chef
höchstpersönlich, Gott, wird schon mal vorgehen. Er ist auf unserer Seite, er
kämpft für uns! Das hat er ja bei den Ägyptern auch schon gemacht. 31 Er hat
uns auch durch diese ätzende Wüste geführt. Er hat auf euch aufgepasst, wie
ein Vater auf seine Kinder aufpasst. Den ganzen Weg bis hierher hat er uns
praktisch getragen.‘ 32 Trotzdem habt ihr Gott nicht vertraut, obwohl er so
krasse Sachen für euch getan hat. 33 Gott hat euch den ganzen Weg geführt,
er hat sogar die Stellen ausgesucht, an denen ihr euer Lager aufschlagen
solltet, erinnert ihr euch? Er war immer ganz vorne dabei, in so einer Wolke,
um uns den Weg zu zeigen. Nachts hat sie sogar geleuchtet wie Feuer!“

Wie die Leute bestraft wurden, weil sie Gott nicht vertraut haben

34 „Gott kriegte auch mit, dass ihr dauernd am Rumnerven wart. Er wurde
echt sauer. 35 ‚Keiner von diesen Leuten soll das gute neue Land vor die Linse
kriegen‘, sagte er. ‚Das Gebiet, was ich euch schon lange vorher versprochen
hatte, dürfen die nicht mal mehr sehen. 36 Mit Ausnahme von Kaleb, dem
Sohn von Jefunne. Der wird das Land sehen. Ihm und seinen Söhnen werde
ich das ganze Teil schenken. Denn er hat radikal das durchgezogen, was ich,
Gott, wollte.‘ 37 Gott war aber auch sauer auf mich, wegen dem Mist, den ihr
verzapft habt. Darum sagte er zu mir: ‚Du wirst auch nicht mitkommen kön-
nen, in das neue Land. 38 Aber dein Angestellter Josua, der Sohn vom Nun,
der wird dort landen. Ermutige den, bau ihn auf. Er
soll dann das ganze Land unter den Israeliten aufteilen. Das Land wird ihnen
für immer gehören.‘ 39 Dann sagte Gott noch zu allen Israeliten: ‚Eure ganz
kleinen Kinder, die noch nicht wirklich kapieren, was richtig und falsch ist,
die werden in das Land kommen. Ihr hattet immer Angst, sie würden in die
Hände der Feinde fallen. Aber genau den Kindern werde ich das Land schen-
ken. 40 Was euch angeht, solltet ihr jetzt besser umdrehen und wieder in die
Wüste marschieren. Geht los, zurück in Richtung Schilfmeer!‘ 41 Eure Reak-
tion war dann, dass es euch erst mal total leidgetan hat. ‚Wir haben völligen
Bockmist gebaut! Wir haben nicht getan, was Gott von uns wollte! Aber jetzt
wollen wir uns ändern, wir wollen sofort losziehen und das Land erobern.

So wie Gott es gesagt hat, wollen wir das auch durchziehen!‘ 42 Jeder nahm
seine Waffen in die Hand, ihr wolltet sofort losgehen. 42 Gott warnte euch
noch, könnt ihr euch dran erinnern? Er sagte: ‚Überfallt jetzt nicht das Land!
Probiert das erst gar nicht! Ich bin nicht dabei, und ihr werdet eine vernich-
tende Niederlage einfahren!‘ 43 Ich hab euch das ausgerichtet, aber es war
euch anscheinend pupsegal. Ihr habt genau das Gegenteil von dem getan,
was Gott wollte. Voll arrogant seid ihr losgezogen, in das Bergland. 44 Als ihr
da wart, kam euch die Armee der Amoriter entgegen, die dort in dem Berg-
land lebten. Sie schlugen euch vernichtend und verfolgten unsere Leute wie
einen Wespenschwarm. Ihr wurdet auseinandergetrieben, ein paar landeten
im Bergland von Seir, andere sogar in Horma. 45 Dann seid ihr wieder zu
Gott gekommen und habt rumgeheult. Ihr habt versucht, seine Meinung zu
ändern, aber es war vergeblich. 46 Ihr seid von da an erst mal eine ganze
Weile in der Oase Kadesch geblieben.“

2

Die Israeliten ziehen durch das Ostjordanland: ein Reisebericht

1 „Wir drehten also unsere Reiserichtung um 180 Grad und zogen wieder in
die Wüste, Richtung Schilfmeer, so wie Gott es uns gesagt hatte. Ganz schön
lang ging diese Strecke durch die Wüste, die umrahmt war von dem Gebirge
Seir. 2 Dann endlich redete Gott mit mir: 3 ‚Mose, ich finde, es reicht jetzt
mit euer Umherzieherei. Geht jetzt mal nur noch in Richtung Norden weiter!
4 Gib mal die Ansage an deine Leute raus, dass sie jetzt durch das Gebiet
kommen, wo ganz entfernte Verwandte wohnen. Hier in Seir leben nämlich
Menschen, die von Esau abstammen. Die werden Mörderrespekt vor euch
haben. 5 Trotzdem lasst euch auf keinen Fall auf irgendwelche Diskussionen
mit denen ein. Wenn es Zoff gibt, habt ihr ein Problem, denn ich werde euch
nicht einen Fitzel von ihrem Land geben. Die ganze Gegend um das Gebirge
Seir hab ich nämlich schon ewig der Familie vom Esau versprochen. 6 Klauen
ist da verboten! Wenn ihr Bock auf Pizza oder eine Cola habt, dann müsst
ihr das bezahlen!‘ 7 Finanziell war das ja mittlerweile für uns kein Problem.
Gott hatte uns fett gesegnet, er hatte uns nicht einfach vergessen, nur weil
wir abseits in der Wüste waren. Jeden Tag, vierzig Jahre lang, war er immer
bei uns und hat auf uns aufgepasst. Alles, was wir zum Leben brauchten,
war da. 8 Wir sind dann weitergezogen, raus aus dem Gebiet, in dem die
Söhne von Esau wohnten. Wir gingen nicht auf die Strecke, die von Ezjon-
Geber und Elat bis zum Toten Meer geht, sondern zogen in Richtung Moab.
9 Gott sagte zu mir: ‚Lass dich auf keinen Fall auf einen Krieg mit den Moa-
bitern ein. Auch von deren Land werde ich dir nichts geben. Das Gebiet Ar
hatte ich für die Familie vom Lot ausgesucht.‘ 10 Früher wohnten dort die
Emiter. Das waren mal echt heftige Leute, sie hatten sehr viel Macht und

waren so stark und so groß wie die Anakiter früher, diese Riesenmenschen.
[11] Man zählt die ja auch zum Volk der Rafaiter, obwohl die Moabiter sie
immer noch Emiter nennen. [12] In dem Gebirge Seir wohnten früher mal die
Horiter, aber die Leute von Esau haben die alle getötet und ihr Land einge-
nommen. Das ist bei uns ja auch normal, wenn Gott uns irgendwo ein Stück
Land schenkt. [13] ‚Jetzt geht mal über den Bach Sered!', sagte uns Gott, und
wir machten das auch. [14] Seit Beginn unserer Reise von Kadesch-Barnea
waren mittlerweile 38 Jahre vergangen. In der Zwischenzeit waren alle Män-
ner, die vor diesen 38 Jahren schon erwachsen gewesen waren und als Sol-
daten kämpfen konnten, gestorben. Das war die Strafe, die Gott gegen
uns verhängt hatte. [15] Er hat dafür gesorgt, dass keiner von den Leuten,
die damals dabei waren, überlebten. [16] Als die jetzt alle mausetot waren,
[17] redete Gott mal wieder mit mir. [18] Er sagte: ‚Mose? Ihr werdet jetzt durch
das Gebiet der Moabiter kommen. [19] Dann seid ihr bald an der Grenze, wo
die Ammoniter wohnen. Ihr dürft auch nicht gegen die kämpfen, hörst du?
Greif sie nicht an, denn auch von dem Land werde ich euch nichts geben
können. Die Ammoniter stammen vom Lot ab, und ich habe denen das
Teil ganz fest versprochen, für immer.' [20] Dieses Land nennt man auch das
‚Land der Riesen', weil dort früher auch Riesen gewohnt haben. Die Ammo-
niter haben sie damals auch Samsummiter genannt. [21] Das waren früher
echt heftige Leute. Die Männer waren genauso riesig wie die Anakiter. Aber
Gott machte sie durch die Ammoniter einfach platt. Die übernahmen im
Krieg das ganze Land und alles, was ihnen gehörte. Jetzt wohnen sie da.
[22] Es war genauso abgegangen wie mit den Horitern. Die wurden ja durch
die Edomiter mit Gottes Hilfe plattgemacht, und sie wohnen jetzt auch
da, bis heute. [23] Den Awitern ging es da nicht viel besser, die in einzelnen
Dörfern in der Gegend bis runter nach Gaza lebten. Die wurden nämlich von
den Philistern, die aus Kreta abgehauen waren, plattgemacht."

Von Sieg zu Sieg

[24] „‚Los jetzt', meinte Gott zu uns, ‚geht über den Arnonfluss! Ich habe
beschlossen, euch den Präsidenten Sihon von den Amoritern mit seiner gan-
zen Armee zu schenken. Der Präsident hat seinen Hauptsitz in Heschbon.
Greift ihn an, führt Krieg gegen den und schnappt euch das ganze Land!
[25] Ab heute werde ich allen Nationen auf der ganzen Welt voll die Angst
durch euch einjagen. Man wird Respekt vor euch haben und sich in die Hose
machen, wenn man die Geschichten über euch erzählt.' [26] Ich schickte dann
einen Brief aus der Wüste Kedemot, der an den Präsidenten Sihon in Hesch-
bon adressiert war. Der ging folgendermaßen: [27–29] ‚Sehr geehrter Herr
Präsident! Bitte machen Sie sich keine Sorgen, wir kommen in friedlicher
Absicht und wollen keinen Krieg mit Ihnen anzetteln. Für alle Nahrungsmit-

tel, die wir für unsere Durchreise brauchen, werden wir den angemessenen
Preis bezahlen. Wir wollen einfach nur durch Ihr Land ziehen. Von den
Edomitern und Moabitern haben wir diese Erlaubnis auch bekommen. Wir
wollen in das Land, was auf der anderen Seite vom Jordan liegt. Das Teil
dürfen wir nämlich haben, hat uns unser Gott ganz fest versprochen. Mit
freundlichen Grüßen, Mose.‘ 30 Aber der Präsident Sihon war von der Idee
nicht so begeistert. Er wollte uns die Durchreisegenehmigung nicht erteilen.
Gott hatte wohl dafür gesorgt, dass er ein Brett vorm Kopf hatte. Sihon kam
auf die schräge Idee, dass er einen Krieg gegen uns gewinnen könnte. Tat-
sächlich haben wir ihn durch Gottes Hilfe aber besiegt, und er ist jetzt schon
Geschichte. 31 Gott sagte zu mir: „Ich hab das Ding schon klargemacht! Prä-
sident Sihon und sein ganzes Volk müssen die Hosen runterlassen. Jetzt
geht mal los und nehmt euch das ganze Land!“ 32 Sihon kam dann mit sei-
ner ganzen Armee gegen uns anmarschiert. Bei Jahaz sollte die endgültige
Schlacht stattfinden. 33 Als wir da waren, begann ein heftiger Krieg, aber Gott
hatte beschlossen, uns einen gigantischen Sieg zu geben. Wir töteten alle,
seine ganze Armee und auch seine Söhne. 34 Dann überfielen wir die Städte
und zogen diese ‚Rote-Karte-Aktion‘ durch. Das bedeutete, dass alle Bewoh-
ner, egal ob es Männer, Frauen, oder Kinder waren, umgenietet wurden.
35 Nur die Tiere ließen wir am Leben. Sie wurden von uns als Beute mitge-
nommen, außerdem alles mögliche andere Zeugs, was man noch gut
gebrauchen konnte. 36 Und dann zogen wir von Sieg zu Sieg. Von Aroer, was
am Rand des Arnontals liegt, über die Stadt, die direkt am Arnonfluss ist,
bis zur Landschaft Gilead, gab es keine einzige Stadt, die auch nur die Spur
einer Chance gegen uns gehabt hätte. Gott schenkte sie uns alle. 37 Nur
um das Land, wo die Ammoniter wohnen, haben wir einen großen Bogen
gemacht. Denn das ganze Randgebiet des Jabboktals und deren Städte
in den Bergen hatte Gott uns ja nicht geben wollen.“

3

Reisebericht 2. Teil

1 „Wir zogen dann weiter auf dem Weg nach Baschan. Plötzlich hörten wir,
dass der Präsident von Baschan mit seiner ganzen Armee gegen uns anrü-
cken würde. Er wollte es bei Edrei auf einen Krieg ankommen lassen. 2 Gott
sagte aber zu mir: „Keine Panik, Mose. Ich werde dir einen fetten Sieg
schenken. Den Präsidenten, seine ganze Armee und sein Land werde ich
dir schenken. Es wird dem genauso gehen wie dem Präsidenten von den
Amoritern.“ 3 Gott, unser Chef, sorgte dafür, dass wir gegen den Präsidenten
von Baschan einen krassen Sieg einfahren konnten. Kein Einziger konnte
entkommen. Der Präsident hieß übrigens Og. 4 Wir überfielen alle seine
Städte. Insgesamt sechzig davon wurden von uns plattgemacht. Das ganze

Gebiet von Argob, was in der Landschaft von Baschan lag und vorher Og
gehörte, übernahmen wir. 5 Dazu gehörten auch viele richtige Städte mit
hohen Mauern und Stahltüren drin. Und viele kleinere Orte ohne Mauern
bekamen wir auch noch. 6 An den Leuten, die dort wohnten, zogen wir die
Rote-Karte-Aktion durch. Wir machten es immer genauso, wie wir es in
den Städten von Präsident Sihon auch gemacht hatten. 7 Alle Kühe, Ziegen
und Pferde nahmen wir als Kriegsbeute mit. Dazu auch noch die Sachen, die
man irgendwie gut gebrauchen konnte und die wertvoll waren. 8 So kam es,
dass wir das ganze Gebiet von den beiden Präsidenten der Amoriter einge-
nommen haben. Das ganze Teil, vom Arnontal bis zum Berg Hermon,
gehörte uns. 9 Die Phönizier nennen diesen Berg übrigens Sirjon und die
Amoriter Senir. 10 Die Städte nördlich vom Arnon, die gesamte Landschaft
Gilead, die Landschaft Baschan bis nach Salcha und Edrei, inklusive aller
Städte, über die der Präsident von Baschan früher das Sagen hatte, die
waren von uns besiegt worden. 11 Der Präsident Og war der Letzte aus der
Riesen-Familie der Refaiter. Er bekam einen Sarg aus Metall, den man noch
heute in der Stadt Rabba finden kann. Der Sarg war viereinhalb Meter lang
und zwei Meter breit.“

Wie das Land aufgeteilt wurde, welches östlich vom Jordanfluss liegt

12 „Nachdem wir diese beiden Länder erobert hatten, übergab ich das
Gebiet, was nördlich von Aroer und dem Arnonfluss lag, den Familienstäm-
men Ruben und Gad. Dazu bekamen sie noch die halbe Landschaft Gilead,
inklusive aller Städte. 13 Den Rest von Gilead und das ganze Land Baschan,
was dem Präsidenten Og gehört hatte, übergab ich einer Hälfte vom Fami-
lienstamm Manasse. Man nannte dieses Gebiet auch Argob. 14 Jair, der aus
diesem Familienstamm kam, übernahm das ganze Gebiet Argob. Bis zu den
Grenzen von Geschur und Maacha gehörte ab da alles denen. Dieses Gebiet,
das man vorher Baschan genannt hatte, bekam jetzt einen neuen Namen.
Seitdem heißt der nur noch „Wo Jair seine Zelt aufgeschlagen hat“. 15 Das
Gileadgebiet ging an die Familie Machir. 16–17 Die Familienstämme Ruben
und Gad bekamen die Landschaft von Gilead bis zum Arnontal. Das Tal
selbst, welches die Grenze zu den Ammonitern darstellte, dazu das Jordan-
tal vom See Genesaret bis zum Toten Meer und auf der anderen Seite bis
zum Anfang vom Berg Pisga gehörten auch noch dazu. 18 Ich hielt damals
eine Rede zu den Männern der beiden Familienstämme: „Gott, der Chef von
allem, hat euch dieses Land jetzt für immer geschenkt. Als Gegenleistung
müsst ihr aber ganz vorne mitkämpfen, wenn der Rest unserer Leute über
den Jordan ziehen wird, um dort weiteres Land zu erobern. Alle Männer, die
irgendwie in der Lage sind, bei der Armee mitzukämpfen, müssen dabei
sein, das gehört zum Pflichtprogramm. 19–20 Eure Frauen und Kinder sowie

eure riesigen Tierherden können natürlich jetzt in ihrem neuen Zuhause bleiben. Aber erst wenn Gott auch für eure Brüder ein Plätzchen klargemacht hat, auf dem sie auf der anderen Seite vom Jordan in Ruhe leben können, dürft ihr zurückkehren. Erst dann kann jeder wieder in das Land gehen, was
ihm zugeteilt worden ist.‘ 21 Zu Josua hab ich gesagt: ‚Ich hoffe, du hast mitbekommen, was Gott, unser Chef, mit diesen Präsidenten und ihren Armeen angestellt hat! Er wird alles weiter so durchziehen, wenn ihr auf der anderen Seite vom Jordan seid. Genau das Gleiche, was mit den Präsidenten hier passiert ist, wird auch mit denen auf der anderen Seite abgehen, wo du die
Leute jetzt hinführen wirst. 22 Ihr braucht keinen Schiss vor denen zu haben!
Gott, der Chef, wird höchstpersönlich an eurer Seite kämpfen!‘“

Warum Mose leider nicht in das neue Land reindurfte

23–25 „In der Zeit hab ich Gott angebettelt, ob ich nicht auch mit in das neue Land ziehen darf. Ich sagte zu ihm: ‚Gott, du bist mein absoluter Chef! Du hast damit angefangen mir zu zeigen, was du alles draufhast. Du bist mächtig, du hast die Power. Wo gibt es noch einen Gott auf der Erde oder im Universum, der das gebracht hat? Mit den Dingen, die du tust, mit den Siegen, die du eingefahren hast, kann niemand mithalten! Bitte, Gott, lass mich doch auch mit über den Jordan ziehen! Ich möchte das schöne neue Land wenigstens einmal gesehen haben, diese schönen Berge und das Libanon-
gebiet!‘ 26 Aber Gott war immer noch sauer auf mich. Mein Gebet konnte er einfach nicht erhören. Er sagte leicht genervt: ‚Hör auf mit dem Thema,
das haben wir durch! 27 Wenn du willst, geh mal auf den Berg Pisga. Wenn du oben bist, schau mal nach Westen, Norden, Süden und nach Osten. Da kannst du dir das Teil wenigstens mal aus der Ferne ansehen. Aber mit über
den Jordan darfst du nicht gehen. 28 Übergib die Führung des gesamten Unternehmens mal Josua. Er soll ab sofort die Sache leiten. Ermutige ihn total, segne ihn, mach ihn stark! Denn er soll ganz vorne die Israeliten führen, wenn sie über den Jordan in das neue Land gehen. Josua soll auch das
ganze Land aufteilen, was ihnen ab dann für immer gehören wird.‘ 29 Wir
blieben dann eine Zeitlang in dem Tal, was bei der Stadt Bet-Pegor lag.“

4

Die Gesetze sind für die Israeliten superwichtig

1 Mose ließ folgende Rede aufschreiben: „So, liebe Leute von Israel, hört mal gut zu: Die Gesetze und Regeln, die ich euch allen gegeben habe, sind superwichtig! Hört darauf, tut die Sachen, die da gesagt wurden, und dann wird es euch gutgehen. Ihr werdet in das Land reinkommen, was Gott euren Vorfahren schon vor Ewigkeiten versprochen hatte. In dieses Land werdet
ihr einziehen, es wird euch gehören und euer Zuhause sein. 2 Diese Gesetze

sind so, wie ich sie euch gesagt habe – perfekt –, ihr dürft nichts mehr dazu-
schreiben. Haltet euch an diese Ansagen von Gott, eurem Chef, denn sie
kommen direkt von ihm! 3 Alle haben mitbekommen, wie Gott mit Leuten
umgeht, die zu solchen Plastikgöttern wie zum Beispiel Baal beten. Als das
am Berg Pegor passiert ist, wurden alle Leute, die da mitgemacht haben,
einfach ausgelöscht. 4 Ihr habt die Geschichte überlebt, weil ihr hinter Gott
gestanden habt. 5 Heute erzähle ich euch, was er mir gesagt hat. Und vor
seinen Ansagen, Gesetzen und Regeln müsst ihr absolut Respekt haben,
wenn ihr in das neue Land kommen und es auch besitzen wollt. 6 Ihr sollt
Respekt davor haben und ihr müsst tun, was in den Gesetzen gesagt wird.
Alle anderen Länder werden es richtig cool finden, dass ihr nach diesen
Gesetzen lebt. Sie werden Respekt vor euch haben und so Sachen sagen wie:
‚Mann, sind die schlau, die haben ja voll den Durchblick!‘ 7 Hey, es gibt
echt kein Volk auf der ganzen Erde, das so einen echten Gott hat, der immer
sofort am Start ist, wenn man Hilfe braucht! Egal wann wir zu ihm beten,
er ist immer da. 8 Und es gibt auch nirgendwo eine andere große Nation, die
so krasse Gesetze besitzt wie die Teile, die ich euch gegeben habe.“

Der Gott von den Israeliten ist obergenial

9 „Eins ist echt wichtig, Leute: Vergesst nie die wirklich heftigen Wunder, die
ihr mit euren eigenen Augen gesehen habt! Passt auf, dass ihr diese ganzen
Abenteuer nie vergesst, erzählt sie euren Kindern und den Enkelkindern!
10 Denkt an den Tag, als ihr am Horeb-Berg vor Gott gestanden habt. Gott
hatte zu mir gesagt, dass ich alle Leute zusammenrufen soll. Er wollte, dass
alle mitkriegen, was er zu sagen hat. Sie sollten einfach lernen, Respekt vor
ihm zu haben und auch vor dem, was er sagt. Das müssen sie einfach drauf-
haben, wenn sie in dem neuen Land leben. Und ihre Kinder sollen das auch
von ihnen beigebracht bekommen. 11 Ihr habt unten am Berg gestanden, und
der brannte wie ein Leuchtfeuer! Die Flammen waren so hoch, dass man das
Gefühl hatte, die Wolken fackeln ab! Rings um den Berg hingen schwarze
Regenwolken am Himmel. 12 Und dann redete Gott aus den Flammen zu
euch. Ihr konntet nur seine krasse Stimme hören, ihr konntet ihn nicht
sehen. 13 Er hat euch von dort die zehn Gesetze gesagt. Die wurden zum
Pflichtprogramm für den Vertrag, den er mit euch gemacht hat. Diese
Gesetze hat er auf zwei Stahlplatten gefräst. 14 Sein Befehl an mich war, dass
ich euch diese Gesetze verklickern soll. Die Regeln, nach denen ihr in dem
neuen Land leben müsst, soll ich euch beibringen. 15 Ihr dürft nicht verges-
sen, dass ihr damals am Berg Horeb nur die Stimme von Gott gehört habt!
Als er aus den Flammen vom Berg zu euch gesprochen hat, konnte keiner
sein Gesicht sehen. 16–18 Es ist mir absolut wichtig, dass ihr euch keine Bil-
der oder Figuren von irgendwelchen Lebewesen herstellt und sagt, das ist

ein Gott! So was findet Gott superätzend, und da gibt es auch keine Ent-
schuldigung für. 19 Und wenn ihr mal am Strand liegt und euch den Himmel
anseht, oder die Sonne, oder die Sterne, dann kommt bitte niemals auf die
Idee, mit denen zu reden. Das können alle anderen machen, aber ihr nicht!
20 Er hat euch aus Ägypten rausgeholt, diesem Ghetto, in dem jeder kaputt-
geht, der dort lebt. Gott hat euch ausgesucht, damit ihr seine ganz eige-
nen Leute werdet, und das seid ihr jetzt auch. 21 Trotzdem habt ihr Dinge
gemacht, die Gott nicht so prall findet. Ihr habt nicht auf ihn gehört, und
deswegen ist er jetzt sauer auf mich. Er hat die Ansage gemacht, dass ich
nicht mit in das neue, geniale Land kommen darf, was auf der anderen Seite
vom Jordan liegt. 22 Ich werde sterben, bevor wir dort ankommen. Aber ihr
werdet es packen, und dieses neue, gute Land einnehmen. 23 Also, Leute,
passt auf, dass ihr den Vertrag, den Gott mit euch gemacht hat, nicht brecht.
Ihr dürft euch auf keinen Fall einen Plastikgott basteln, ganz egal wie der
aussieht! Das ist ein Gesetz von Gott und total wichtig. 24 Gott ist der Chef,
und er ist super eifersüchtig. Er kämpft um eure Liebe und kann es nicht
akzeptieren, euch mit irgendwelchen Fakes zu teilen. 25 Wenn ihr irgendwann
schon ewig lang in dem neuen Land seid, könnte es mal passieren, dass
ihr auf die Idee kommt, euch plötzlich doch noch einen anderen Gott zu
basteln. Wenn ihr das tut, wird der Chef richtig aggromäßig draufkommen.
Auf jeden! 26 Ich schwör euch, Leute, dann wird es mit euch aus sein. Ihr
werdet plattgemacht, man wird euch aus dem Land, das auf der anderen
Seite vom Jordan ist, ganz schnell wieder rausschmeißen und euch alle kalt-
stellen. 27 Gott wird dann dafür sorgen, dass jeder von euch woanders hin-
kommt. Nur ein paar von euch werden überleben, und die werden dann
irgendwo auf der Welt verteilt wohnen müssen. 28 Und dort werdet ihr für
Pseudogötter arbeiten müssen, für so Teile, die aus Holz oder Stein oder
Plastik gemacht worden sind. Die können noch nicht mal hören, geschweige
denn schmecken oder riechen! 29 Wenn das passiert, werdet ihr euch wieder
auf die Suche nach Gott – dem Original – machen. Und dann wird er sich
auch finden lassen, aber nur wenn ihr ihn wirklich radikal sucht, mit allem,
was ihr habt, volles Rohr. 30 Das dauert noch sehr, sehr lange. Aber wenn ihr
in dieser ätzenden Situation seid und es euch echt richtig mies geht, dann
werdet ihr wieder zu Gott kommen. Ihr werdet euch wieder um das küm-
mern, was er zu sagen hat, und wieder mit ihm zusammenleben. 31 Unser
Gott, der absolute Chef, liebt euch ohne Ende. Er lässt euch nie im Stich,
er passt auf euch auf, dass ihr nicht vollkommen kaputtgeht. Gott vergisst
auch nie den Vertrag, den er mit euren Vorfahren vor langer Zeit geschlossen
hat. 32 Seht doch mal die Geschichte an. Beobachtet, wie Gott die ganze Zeit,
seitdem er die Menschen gemacht hat, mit ihnen umgegangen ist. Forscht
überall nach! Ist überhaupt schon mal so was Krasses passiert? Gibt es noch

irgendeine andere Story auf der Welt, die man mit dieser Geschichte annä-
hernd vergleichen könnte? 33 Hat es das vorher irgendwie schon mal gege-
ben, dass Gott aus einem Feuer zu Menschen geredet hat und die dabei
nicht sofort gestorben sind? 34 Ist das schon mal vorgekommen, dass Gott
ein Volk aus einem anderen Land rausgeholt hat? Gab es das schon mal,
dass er die dann sogar zu seinen Leuten erklärt, wie Gott das bei euch in
Ägypten gebracht hat? Ihr wart Zeugen, als er echt krasse Wunder tat. Er hat
euch von den Faschos befreit, die euch voll unter Kontrolle hatten. Er hat
den Leuten, die euch nur unter Druck gesetzt haben, gezeigt was ne Harke
ist. Er hat sie derb bestraft, ja er hat höchstpersönlich für euch gekämpft.
Gott hat seine Muskeln spielen lassen, er hat euch einfach dort rausgeholt.
35 Er hat das alles nur gemacht, um eins für euch klarzukriegen: Gott ist
der einzige, echte Gott! Es gibt keinen anderen! Er ist das Original! 36 Er hat
mit euch geredet, ihr konntet seine Stimme aus dem Himmel hören. Er hat
auch klare Ansagen gemacht, ihr habt ein superheftiges Feuer gesehen, sein
Feuer. Aus diesen Flammen kam seine Stimme raus. 37 Er hat sich in eure
Väter und die Väter von euren Vätern einfach verliebt. Darum hat er jeden
von euch extra ausgesucht, er war die ganze Zeit bei euch. Er hat euch
höchstpersönlich aus Ägypten befreit. 38 Jetzt schmeißt er andere Völker
von dort raus, wo ihr hinkommt. Die sind zum Teil viel größer und stärker
als ihr. Er hat euch deren Land geschenkt, es soll euch gehören, für immer.
Das werdet ihr jetzt echt erleben. 39 Schnallt es endlich, kapiert das und
nehmt es ernst: Gott ist der einzige Gott, den es gibt, im ganzen Universum.
Es gibt keinen anderen Gott, nur ihn! 40 Tut die Sachen, die ich euch gesagt
habe, nehmt das ernst, was ich euch sage. Wenn ihr das macht, wird es euch
supergut gehen. Ihr werdet in dem Land bleiben können, was Gott, der Chef,
euch geschenkt hat, für immer."

Mose sagt, wo die Leute leben können, die aus Versehen jemanden getötet haben

41–42 In der Zeit legte Mose drei von den sechs Asylstädten fest, wo die Leute
hin auswandern konnten, die aus Versehen jemanden getötet hatten. Drei
von diesen Städten sollten ja östlich vom Jordanfluss liegen. Wer also aus
Versehen einen Menschen getötet hatte, sollte da leben können. Das galt
aber nur, wenn dieser Mensch gegen den Toten nicht schon vorher die Hass-
kappe geschoben hat. Wenn er dort hingeht und einen Asylantrag stellt,
kann er dort erst mal leben, keiner kann ihm dort ans Leder. 43 In dem Teil,
wo sich der Familienstamm Ruben niedergelassen hatte, bestimmte Mose
die Stadt Bezer dafür. Bezer liegt in der Wüste auf einem kleinen Berg.
Ramot in Gilead wurde für den Familienstamm Gad ausgesucht. Ramot lag
in den Bergen von Gilead. Für den Familienstamm Manasse wurde die Stadt

Golan dafür genommen. Golan liegt in Baschan. 44–45 Jetzt kommt noch mal
die Zusammenfassung von allen Gesetzen, die Mose den Israeliten verkli-
ckert hatte, seitdem sie aus Ägypten abgehauen waren. 46 Er erzählte seinen
Leuten das Ganze, als sie gerade am Jordanfluss gegenüber vom Kanaan-
Land gelandet waren, in der Schlucht gegenüber von Bet-Pegor, also da, wo
vorher der Präsident Sihon von den Amoritern von der Hauptstadt Hesch-
bon aus regiert hatte. Mose hatte mit den Israeliten den Sihon im Krieg
überwältigt, nachdem sie Ägypten verlassen hatten. 47 Sie hatten Sihons
ganzes Land eingenommen, dazu auch das Land von Og, dem Präsidenten
von Baschan. Also die Gebiete von beiden Amoriter-Präsis hatten sie er-
obert, die auf der östlichen Seite vom Jordan lagen. 48 Dieses Gebiet ging
von der Stadt Aroer am Rand vom Arnontal bis hin zum Gebirge Hermon.
49 Dazu kam noch die östliche Seite vom Jordanufer, die bis runter zum
Toten Meer geht und auf der anderen Seite am Berg Pisga endet.

5

Und noch mal: die 10 Gesetze

1 Mose organisierte noch mal ein großes Treffen, bei welchem alle Leute
aus Israel dabei waren. Dort sagte er den Israeliten Folgendes: „Liebe Leute!
Ich möchte, dass ihr euch heute noch mal die Gesetze anhört, die Gott uns
gegeben hat. Ich möchte, dass ihr diese Regeln alle auswendig aufsagen
könnt, aber vor allem sollt ihr auch danach leben! 2 Der Chef, unser Gott, hat
vor einiger Zeit am Berg Horeb mit uns einen Vertrag gemacht. 3 Dieser Ver-
trag ist nicht für die Leute wichtig, die vor uns gelebt haben, sondern er gilt
für uns, und er gilt heute, hier und jetzt. 4 Damals auf diesem Berg hatte er
ganz direkt zu euch gesprochen. Seine Stimme kam aus den Feuerflammen
raus, erinnert ihr euch? 5 Nun seid ihr nicht auf den Berg gestiefelt, weil ihr
vor dem Feuer Angst hattet. Ich bin darum alleine hochgegangen und hab
für euch mit Gott geredet. Ich hab euch die Sachen durchgegeben, die er mir
gesagt hatte. Seine Ansagen waren folgendermaßen:
6 ‚Ich bin der absolute Chef! Ich bin dein Gott! Ich hab dich aus Ägypten
rausgeholt, ich habe dich befreit!
7 Ich will, dass du zu keinem anderen Gott betest! Das geht jetzt gar nicht
mehr!
8 Du sollst dir auch keine Plastikgötter, Figuren, Statuen oder so ein Bild
machen, zu dem du dann betest! Generell will ich nicht, dass du dir irgend-
einen Gott bastelst, der dann aussieht wie etwas, was aus dem Himmel
kommt. Und auch nicht wie etwas, was von der Erde kommt oder aus dem
Wasser.
9 Du sollst dich nicht irgendwelchen Pseudogöttern ausliefern und schon gar
nicht zu ihnen beten. Denn ich bin voll eifersüchtig und will, dass du erst

mal nur mich liebst. Wenn jemand fies zu mir ist und mich sogar hasst, wird das Konsequenzen haben bis hin zur dritten und vierten Generation nach ihm.
10 Aber die Leute, die mich lieben und das tun, was ich will, die werde ich ohne Ende beschenken.
11 Du sollst vor meinem Namen Respekt haben! Du sollst ihn nicht verarschen, nicht damit rumspielen und ihn auch nicht für deine eigene Sache missbrauchen. Jeder, der so was tut, wird dafür bestraft werden.
12 Sonntag ist der Tag, an dem ihr euch alle entspannen sollt. Dieser siebte Tag in der Woche ist ein ganz besonderer Tag, und der gehört allein Gott.
13 Sechs Tage lang kannst du arbeiten und deinen Job erledigen.
14 Der siebte Tag ist aber der Tag der Entspannung, der gehört nur Gott. An dem Tag sollst du nicht arbeiten. Und auch deine Tochter oder dein Sohn sollen an dem Tag nichts machen. Genauso auch nicht die Angestellten in deiner Firma oder die Gastarbeiter. Die sollen sich auch entspannen. Alles steht an diesem Tag still, jede Maschine, jedes Werkzeug, einfach alles.
15 Denn in sechs Tagen hab ich, Gott, das ganze Universum und mittendrin die Erde gemacht. Alle Länder und das Meer, das hab ich in der Zeit geschaffen. Aber am siebten Tag sollte das anders sein, der Sonntag wurde zu einem ganz besonderen Tag, der sollte ganz anders werden als die anderen Tage.
16 Du sollst Respekt vor deinem Vater und deiner Mutter haben. Das wird gut für dich sein, dann wirst du in dem Land, wo Gott dich hinbringen wird, voll lange leben.
17 Menschen töten ist verboten!
18 Du sollst keine Ehe kaputtmachen, du sollst nicht fremdgehen.
19 Du sollst keine Sachen von anderen klauen und niemanden abzocken.
20 Du sollst nicht rumlügen und Dinge über Menschen erzählen, die nicht stimmen.
21 Du sollst nicht scharf auf etwas sein, was jemand anderem gehört. Sei nicht scharf auf die Frau von jemand anderem oder auf sein Haus, das Auto, die Firma, das Handy oder sonst irgendwas, das jemand anderem gehört.'"

Moses Backflash: Wie die Leute da drauf reagiert haben

22 „Das waren die Gesetze, die Gott euch am Berg Horeb gegeben hatte. Alle
waren damals dort und haben das mitbekommen, wie er mit heftig lauter
Stimme diese Ansagen aus dem Feuer und den dunklen Wolken raus
gebracht hat. Es sind die Sachen, die einfach normal sind für Gott. Er fräste
diese Gesetze auf zwei Metallplatten und gab mir die in die Hand.
23 Wisst
ihr noch, als ihr dieses Feuer da auf dem Berg gesehen habt und man diese
derbe Stimme aus dem Off hörte? Damals kamen dann die ganzen Chefs
von euren Familienstämmen zu mir.
24 Sie sagten: ‚Der Chef, unser Gott, hat

uns heute gezeigt, wie krass er ist. Wir haben gesehen, wie fett seine Macht
ist, weil wir dieses Feuer erlebt und seine Stimme gehört haben. Wir konnten
es kaum packen, dass Gott sogar zu den Menschen sprechen kann, ohne
dass man dabei sterben muss. 25–26 Aber wir haben echt Panik, dass uns
dieses Feuer alle noch mal wegfetzen wird. Wenn wir noch länger diese
Stimme von Gott hören, wird das keiner überleben, die ist einfach zu krass
für uns. Bis heute hat noch kein Mensch auf der Welt auf diese Art seine
Stimme gehört, nur wir haben das! Der lebendige Gott hat aus dem Feuer
mit uns gesprochen, und trotzdem leben wir noch! 27 Darum finden wir, dass
es die beste Idee ist, wenn du noch mal zu Gott gehst und ihm zuhörst.
Du kannst uns dann ja ausrichten, was er uns sagen wollte. Wir werden auf
jeden Fall alles tun, was er sagt, und uns radikal da dran halten.‘ 28 Gott
sagte dann zu mir: ‚Hey, Mose, ich hab schon mitbekommen, was deine
Leute von dir wollten. Für mich geht das in Ordnung. 29 Wenn die nur immer
so drauf bleiben würden… Ich wäre happy, wenn sie immer so einen Re-
spekt vor mir hätten und tun würden, was ich von ihnen will. Dann würde
es ihnen und ihren Familien auch immer gutgehen. 30 Richte ihnen mal aus,
dass sie wieder in ihre Zelte gehen sollen. 31 Aber du kannst ruhig zu mir
kommen, Mose. Ich will dir die ganzen Gesetze und Regeln noch mal sagen,
die du den Leuten beibringen sollst. Du sollst ihnen beibringen, wie man
danach lebt, wenn sie in dem neuen Land sind, was ich ihnen für immer
schenken werde.‘“ 32 Also Leute, macht alles genau so, wie Gott es will.
Macht keine halben Sachen und spielt keine Spielchen mit Gott. 33 Bleibt auf
dem Weg, den er euch durch die Gesetze genau beschrieben hat. Wenn ihr
das tut, wird es euch immer echt gutgehen. Ihr werdet am Leben bleiben,
und ihr werdet auch gut und lange in dem neuen Land wohnen, was dann
ganz euch gehören wird.“

6

Das Wichtigste: Gott möchte geliebt werden

1 „Ich sag euch jetzt noch mal die ganzen Gesetze und Regeln, die wir vom
Chef, unserem Gott, bekommen haben. Ihr müsst euch die auf die Festplatte
schreiben und dürft die nie vergessen. Ich soll euch diese Sachen beibrin-
gen, damit ihr auch danach lebt, wenn ihr in das neue Land gezogen seid
und es ganz euch gehört. 2 Ihr müsst Respekt haben vor Gott. Tut, was er
von euch will. Achtet auf die Gesetze und Regeln, die ich euch beigebracht
habe. Das gilt jetzt für alle, die in eurem Volk mal geboren werden. Wenn ihr
das durchzieht, werdet ihr lange leben. 3 Leute von Israel, hört noch mal
gut zu! Ich sag es noch mal: Haltet euch an die Gesetze! Dann wird es euch
immer gutgehen, und ihr werdet euch ohne Ende vermehren. Genauso hat
es Gott ja schon euren Uropas ganz fest versprochen. Und das wird in dem

Land passieren, was so fett ist, wo es alles gibt, wovon man nur träumt, und
zwar reichlich. 4 Passt gut auf, Leute von Israel! Der absolute Chef aus dem
ganzen Universum ist unser Gott, und zwar nur er und sonst keiner. 5 Liebe
Gott, deinen Chef, mit allem, was du hast, mit deinem ganzen Gefühl, volles
Rohr, entscheide dich dafür! 6 Vergesst nie die Gesetze, die ich euch heute
gesagt habe. 7 Bringt sie auch euren Kindern bei und lernt sie auswendig.
Wenn ihr zu Hause seid oder im Urlaub, wenn ihr euch pennen legt oder
wenn der Wecker morgens klingelt. 8–9 Macht euch einen Knoten in die
Schuhe, hängt euch einen Zettel an den Spiegel, tragt sie in den Handykalender ein. Schreibt sie in die Zeitungen und macht Poster davon, die in der
Stadt aufgehängt werden sollen. 10 Gott wird euch jetzt in das Land bringen,
das er euch versprochen hat. So hat er es ja schon Abraham angesagt, auch
Isaak und Jakob hatten dieses Versprechen von ihm bekommen. Dort werdet
ihr gigamäßige Städte finden, die andere Leute gebaut haben. 11–12 Und
da stehen viele Häuser, die proppevoll von Sachen sind, die ihr selbst nicht
gekauft habt. Dort gibt es Wasserhähne, wo ihr die Leitung nicht selbst
gelegt habt, und Weinberge, die nicht von euch angepflanzt wurden. Wenn
ihr dort seid und euch den Lenz macht, dann passt auf, dass ihr Gott nicht
vergesst. Nicht dass ihr vor lauter fettem Essen und Partys ganz vergesst,
wo ihr mal hergekommen seid. Ihr wart ja alle mal ganz unten, in Ägypten,
musstet mit Knebelverträgen ohne Ende für andere schuften. 13 Ihr müsst
immer Respekt vor Gott haben. Er ist der Chef, tut, was er euch sagt. Wenn
ihr etwas schwört, dann tut das nur, wenn ihr Gott dabei ganz klar hinter
euch habt. 14 Scheißt auf die Götter der anderen Völker, die um euch herum
leben! Mit denen sollt ihr nichts zu tun haben. 15 Der Chef, euer Gott, liebt
euch radikal und sehr heftig. So ist er drauf, und er wünscht sich voll, dass
ihr ihn auch so radikal liebt wie er euch. Wenn ihr ihm nicht treu seid, dann
ist das für ihn total ätzend. Er wird dann voll aggro und könnte euch deswegen wegpusten. 16 Überfordert seine peacige Art nicht zu sehr, wie ihr das
in Massa gebracht habt. 17 Tut genau das, was er von euch will, achtet genau
auf die Gesetze und Regeln, die er euch gegeben hat. 18 Lebt so, dass er die
Sachen okay findet, die ihr tut. Dann wird es euch immer gutgehen, und ihr
werdet das geniale Land einnehmen, dass Gott euch schon vor Ewigkeiten
fest versprochen hat. 19 Dann werdet ihr alle Feinde aus dem Land rausschmeißen. Das hat er euch ja so versprochen."

Erzählen, was für geniale Sachen Gott macht

20 „Wenn euch eure Kinder später mal ausfragen, was diese ganzen Gesetze
überhaupt sollen und wofür die vielen Regeln gut sind, die Gott euch gegeben hat, 21 dann könnt ihr Folgendes antworten: ‚Wir hatten in Ägypten absolute Knebelverträge, mussten schuften wie blöd, wir waren wie im Knast.

Aber dann hat Gott uns da rausgeholt. Er hat gezeigt, wie mächtig er ist und
was er draufhat. 22 Gott hat vor unseren Augen oberheftige Sachen getan.
Er hat so krasse Wunder gebracht, hat den Präsidenten von Ägypten, seine
ganze Familie und alle Ägypter das Fürchten gelehrt. 23 Wir konnten einfach
aus Ägypten rausmarschieren, er hat uns da rausgeholt und uns bis hierher
gebracht. Er wollte uns das Land schenken, was er schon unseren Uropas
versprochen hatte. 24 Seine Ansage an uns war, dass wir Respekt vor ihm
haben sollen. Wir sollen alle seine Gesetze einhalten. Wenn wir das tun, wird
alles paletti sein, es wird uns gutgehen, und er wird auf uns aufpassen. So
geil, wie es heute ist, wird es dann immer sein. 25 Gott wird unser Leben cool
finden, wenn wir alles genau so machen, wie er es uns gesagt hat.'"

7

Aufpassen, dass man nicht verführt wird, Mist zu bauen

1 „So, Leute, bald ist es so weit! Ihr werdet jetzt losziehen, um euer Land
einzukassieren. Und Gott ist am Start und sorgt dafür, dass alles klargeht.
Sieben Völker wird er gegen euch verlieren lassen. Obwohl die größer und
stärker sind als ihr, werdet ihr gegen sie gewinnen und die Leute aus ihrem
Land rausschmeißen. Und zwar sind das die Hetiter, Girgaschiter, Amoriter,
Kanaaniter, Perisiter, Hiwiter und Jebusiter. 2 Wenn ihr gegen sie kämpft und
ihr am Gewinnen seid, dann kommen irgendwelche Friedensverträge nicht
in die Tüte. Ihr müsst mit denen kurzen Prozess machen und jeden umnie-
ten, der dazugehört. So zieht man eine ‚Rote-Karte-Aktion' durch. 3 Ihr dürft
auf keinen Fall eure Familien mit deren Familien vermischen! Eure Tochter
darf keinen Mann von diesen Völkern heiraten und umgekehrt auch nicht.
4 Könnte sonst passieren, dass sie von den Partnern verführt werden, keinen
Bock mehr auf unseren Gott zu haben. Wäre echt schlimm, wenn sie sich
dann stattdessen so einen Pseudogott zulegten. Gott wäre megasauer, und
es könnte passieren, dass nach kurzer Zeit alle sterben würden. 5 Wenn das
passiert, gibt es nur eine Lösung: Holt den Bagger und macht die Opfer-
tische platt, wo diesen Plastikgöttern geopfert wurde. Sprengt die Tempel
einfach weg, wo zu denen gebetet wird. Haut deren Statuen um und fackelt
die Bilder ab. 6 Warum? Ihr gehört nur einem Gott und sonst niemandem!
Der Chef, euer Gott, hat euch zu einem Spezialvolk gemacht, ihr habt das
große Los gezogen und gehört nur ihm. 7 Ihr bekommt jetzt keine Spezialbe-
handlung von ihm, weil ihr so viele seid oder so. Ihr seid ja eher die kleinste
Nummer unter den Völkern auf der Welt. 8 Aber Gott hat euch unheimlich
lieb. Und er hält sich an das, was er euren Uropas vor einiger Zeit mal fest
versprochen hat. Nur darum hat er euch aus dieser fiesen Situation in Ägyp-
ten rausgeholt, nur darum hat er gezeigt, was er draufhat. Er hat euch aus
den Knebelverträgen vom Präsidenten in Ägypten freigekauft. 9 Er hat das

gemacht, um ein klares Statement abzugeben: Er ist der einzige Gott weit und breit! Und auf ihn kann man sich hundertpro verlassen. Er hält seine Seite von seinen Verträgen immer ein, und er beweist, dass er die Menschen sehr liebt. Das gilt für Tausende von Generationen, für die Leute, die ihn auch lieben und die tun, was er sagt. 10 Die Leute, die keinen Bock auf seine Ansagen haben, werden bestraft, er macht sie platt. Gott wird da nicht lange rumfackeln, er macht alle Leute nieder, die gegen ihn kämpfen und ihn hassen. 11 Darum ist es superwichtig, sich an die Dinge zu halten, die er will. Seine Ansagen, seine Gesetze und Regeln, die ich euch heute erzählt habe, müssen unbedingt befolgt werden! 12 Wenn ihr Gott treu seid, die Sachen respektiert, die er will, und das auch umsetzt, wird Gott seine Seite vom Vertrag immer erfüllen. Er wird seine Versprechen einhalten, die er schon euren Uropas gegeben hat. 13 Gott wird euch immer lieben und das auch zeigen. Er wird euch fett beschenken und dafür sorgen, dass ihr euch krass vermehren könnt. Er wird dafür sorgen, dass ihr immer reichlich Kohle haben werdet in diesem neuen Land, was er schon euren Uropas ganz fest versprochen hat. Er wird dafür sorgen, dass ihr immer gute Jobs habt und eure Betriebe richtig gut laufen. Ein Bauer wird immer gute Ernte einfahren und ein Viehzüchter wird immer reichlich Nachwuchs bei seinen Rindern, Schafen und Ziegen haben. 14 Es wird kein Volk auf der Erde geben, das so einen Erfolg haben wird wie ihr. Es wird keinen Mann bei euch geben, der keine Kinder machen kann. Und es wird auch keine Frau bei euch geben, die keine Kinder kriegen kann. Auch alle eure Tiere werden sich fett vermehren. 15 Gott wird auf euch aufpassen, dass ihr kein Aids oder Krebs bekommt, er wird fiese Seuchen von euch fernhalten. Die Krankheiten, die man in Ägypten kennt, wird es bei euch nicht geben. Aber eure Feinde werden da dran krank werden. 16 Wenn Gott euch einen Krieg gewinnen lässt, dann ist eins wichtig: keine Überlebenden! Ihr dürft kein Mitleid mit denen haben, und ihr dürft auf keinen Fall zu deren Plastikgöttern beten. Denn wenn ihr das tut, seid ihr am Ende, es würde euch kaputt machen."

Keine Panik vor den Feinden

17 „Vielleicht habt ihr ja Panik und denkt: ‚Die anderen Völker, die dort im Land Kanaan wohnen, sind viel stärker als wir! Das packen wir nie und nimmer, die können wir nicht mal so eben da rausschmeißen!' 18 Keine Angst vor diesen Pissern, klar? Nicht vergessen, wie Gott, euer Chef, den Pharao und seine ganzen Leute plattgemacht hat! Er hat dort seine Muskeln spielen lassen. 19 Überlegt doch mal, diese ganzen fiesen Krankheiten und Katastrophen, die er euren Feinden an den Hals geschickt hatte. Denkt an die heftigen Wunder und wie er euch dann mit seiner Power aus Ägypten rausgelotst hat. Er wird die anderen Völkern genauso plattmachen, vor denen ihr jetzt

Schiss habt. 20 Gott wird sie so lange in Panik versetzen, bis auch der letzte
Hans von denen, der sich gerade in irgendeinem Loch verkrochen hat, abge-
nippelt ist. 21 Ihr braucht vor denen keine Angst zu haben! Gott ist bei euch,
und er hat die Power, er kann alles, ihm ist nichts unmöglich. Alle Leute,
die was gegen ihn haben, müssen sich in die Hose machen. 22 Er wird diese
Völker durch euch von dort rausschmeißen. Das wird jetzt nicht von einen
Tag auf den anderen passieren, denn sonst würden die wilden Hunde und
die Ratten dort zu viele Leichen zu fressen haben und sich wie blöd vermeh-
ren. Das wäre nicht so toll für euch. 23 Gott, der Chef von allem, wird die Völ-
ker, die dort wohnen, an euch ausliefern, eins nach dem anderen. Sie werden
so eine Panik vor euch haben, dass sie sich kaum wehren können und ihr
sie vernichtend schlagen werdet. 24 Ihre Präsidenten werden von euch festge-
nommen, es wird nicht einen geben, der sich wirklich gegen euch wehren
kann. Und dann werdet ihr sie alle plattmachen, und zwar so krass, dass
man von denen noch nicht mal mehr einen Eintrag bei Google finden wird.
25 Ihre Plastikgötter müsst ihr verbrennen. Den Belag aus Silber oder Gold,
der auf die draufgegossen ist, dürft ihr auf keinen Fall behalten. Das wäre
totaler Schwachsinn, und es würde euch kaputt machen. Dieses Gold und
Silber kann Gott überhaupt nicht ab. 26 Und was Gott nicht abkann, das
dürft ihr auch nicht mit nach Hause nehmen. Denn wenn ihr das tut, dann
wird mit euch das Gleiche passieren wie mit den Feinden. Ihr werdet dann
nämlich von anderen plattgemacht werden. Solche Sachen sollen für euch
auch so eklig sein, dass ihr euch am liebsten übergeben möchtet. So was
muss sofort verbrannt werden."

8

Ohne Gott wären die Israeliten verloren

1 „Vor den ganzen Gesetzen, die ich euch nun sage, müsst ihr Respekt haben
und sie auch radikal durchziehen! Nur so werdet ihr überleben können
und in dem Land für immer bleiben, das Gott schon euren Uropas fest ver-
sprochen hat. Wenn ihr das tut, werdet ihr euch krass vermehren und das
ganze Land einnehmen. 2 Vergesst niemals unsere Geschichte. Denkt an
die vierzig Jahre, die der Chef, unser Gott, euch durch die Wüste geführt hat.
Diese Zeit war nötig, damit wir wirklich kapieren, dass ein Leben ohne Gott
fürn Arsch ist. Gott hat euch in der Wüste auf die Probe gestellt. Er musste
erst mal checken, ob ihr wirklich tut, was er euch sagt, oder nicht. 3 Er sorgte
dafür, dass es nichts zu essen gab. Dadurch solltet ihr lernen, dass ihr ohne
Gott sogar verhungern würdet. Dann kam er mit dem Manna-Zeug an. Das
war völlig neu für euch, keiner kannte das, auch nicht die Älteren. Gott wollte
in der Zeit klarmachen, dass Menschen nicht nur Essen zum Leben brau-
chen, sondern sie brauchen vor allem, dass Gott mit ihnen spricht. Jedes

Wort, das aus seinem Mund kommt, ist gesünder als das beste Ökomüsli.
[4] Obwohl ihr vierzig Jahre am Wandern wart, sind eure Jeans dabei nicht
kaputtgegangen, und ihr habt auch keine Blasen an den Füßen gekriegt.
[5] Daran solltet ihr merken, dass der Chef, euer Gott, auf euch aufpasst. Er
sorgt für euch, wie ein Vater sich um sein Kind kümmert und es erzieht. [6] Ihr
müsst deswegen unbedingt immer auf dem Weg bleiben, den er ausgeschil-
dert hat. Jedes Gesetz von ihm, jede Ansage ist wie ein Warnschild, vor dem
ihr Respekt haben müsst. [7] Gott wird euch in ein krasses Land bringen, wo
man super Sachen anbauen kann. Dort wächst alles sehr gut, es gibt überall
Wasserquellen und Bäche, ob in den Bergen oder auf dem platten Land. Das
Wasser geht dort nie zu Ende, es sprudelt immer. [8] Man kann dort Weizen
anbauen, Trauben, Äpfel, Birnen, Oliven und Honig gibt es dort in Massen.
[9] Dort werdet ihr keinen Kühlschrank brauchen, weil es jeden Tag reichlich
frische Lebensmittel gibt. Es existiert dort sogar einiges an Bodenschätzen,
Eisen und Kupfer zum Beispiel. [10] Wenn ihr dann dort pappsatt nach dem
Abendbrot am Tisch sitzt, könnt ihr Gott volle Kanne danke sagen, weil
es euch so gutgeht und das Land so genial ist, was er euch geschenkt hat.
[11] Passt aber auf, Leute, vergesst Gott dabei nicht! Lebt radikal nach seinen
Gesetzen und Regeln. Ich werde euch die heute noch mal vorlegen und von
euch unterschreiben lassen. [12] Wenn ihr euch erst mal keine Sorgen mehr
um das Essen machen müsst, weil alles reichlich da ist und ihr fette Villen
in der Vorstadt habt und da drin wohnt, [13] wenn eure Firmen gut laufen, ihr
sichere Jobs habt und genug Kohle verdient und die Bankkonten immer dick
im Plus sind, [14] dann passt auf, dass ihr nicht schräge draufkommt! Passt
auf, dass ihr Gott dann nicht vergesst, weil ihr ihn nicht mehr so sehr
braucht, wie früher, als ihr noch im Dreck gelebt habt. Gott hat euch aus
Ägypten rausgeholt, wo ihr unter Knebelverträgen fiese Arbeiten machen
musstet. [15] Gott hat euch durch die heftige Wüste geführt, vor der die Leute
schon Angst kriegen, wenn sie nur drüber reden. Dort leben ohne Ende
Giftschlangen und Skorpione, es gibt nichts zu essen und zu trinken. Aber
Gott hat aus einem Felsen einen Wasserhahn gemacht, und ihr hattet satt
zu trinken. [16] Und mitten in der Wüste gab euch Gott dieses Manna-Brot,
von dem die Menschen, die vor euch gelebt haben, noch nichts wussten.
Durch die ganzen Notsituationen und ätzenden Sachen, die dort passiert
sind, wollte Gott euch klarmachen, dass ihr ihn braucht, hundertprozentig.
Er wollte euch austesten um euch am Ende ganz fett zu beschenken. [17] Das
dürft ihr alles niemals vergessen, hört ihr? Kommt nicht irgendwann so
drauf, euch plötzlich selbst auf die Schultern zu klopfen. Fangt gar nicht
erst so an nach dem Motto: ‚Alles was wir haben, kommt nur durch unsere
eigene harte Arbeit. Jeden Cent haben wir mit unseren eigenen Händen
selbst verdient.‘ [18] Ganz im Gegenteil muss euch echt klar sein, dass euer

Gott, euer Chef, dafür gesorgt hat. Er hat euch die Kraft gegeben, Kohle zu verdienen. Er wollte seinen Vertrag, den er mit euren Vorfahren geschlossen hat, einfach durchziehen. Das Ergebnis kann man heute sehen. [19] Aber, Leute, passt auf: Wenn ihr Gott einen alten Mann sein lasst und ihn einfach vergesst, wenn ihr anfangt, irgendwelchen Pseudogöttern nachzulaufen, euer Leben nach denen auszurichten, und tut, was die von euch wollen, dann werdet ihr vollkommen vernichtet werden. Da bin ich mir total sicher. [20] Wenn ihr nicht so lebt, wie Gott es will, werdet ihr genauso kaputtgehen wie die anderen Völker auch, die er aus dem Gebiet durch euch vertrieben hat."

9

Gott macht es einfach so, ohne Grund

[1] „Hört mal gut zu, Leute! Das sag ich jetzt allen Israeliten: Ihr werdet heute über den Jordanfluss gehen, um das Land von Völkern zu erkämpfen, die wesentlich stärker und größer sind als ihr. Ihr werdet euch das ganze Teil einfach nehmen, egal, ob da riesengroße Mauern um die Städte gebaut sind oder nicht. [2] In dem Land wohnen Menschen, die sind echt riesengroß. Ihr habt von denen schon mal gehört. Es gibt ja diesen Spruch: ‚Gegen diese Riesen hat keiner eine Chance!' [3] Doch ihr werdet erleben, dass euer Gott das Ding klarmachen wird. Er geht vor euch her, er fackelt alles ab wie mit einem Flammenwerfer aus dem Himmel. Gott wird sie vor euren Augen fertigmachen, ihr werdet das Land mit links einnehmen und die Feinde von dort vertreiben. So hat es euch Gott ja versprochen. [4–5] Wenn Gott das tut, kommt nicht auf die Idee zu glauben, ihr wärt jetzt die Obergeilen. Kommt nicht so drauf nach dem Motto: ‚Das haben wir uns auch verdient, weil wir immer getan haben, was Gott von uns wollte. Darum hat er uns überhaupt hierhergebracht'. Das ist totaler Dünnsinn. Gott hat euch dieses Land nicht gegeben, weil ihr immer radikal getan habt, was er von euch wollte. Er hat es gemacht, weil die Leute, die dort vorher gewohnt haben, ganz viel Dreck am Stecken hatten. Und er wollte sein Versprechen einlösen, was er euren Uropas Abraham, Isaak und Jakob ganz fest gegeben hatte. [6] Habt ihr das geschnallt? Ihr seid eigentlich immer total schräge drauf gewesen, habt immer wieder euer eigenes Ding durchgezogen und nicht auf Gott gehört. Das konnte echt nicht der Grund sein, warum er euch das Land schenken wollte."

Wie Gott reagiert hat und der Einsatz von Mose

[7] „Überlegt mal, wie oft ihr Gott in der Wüste echt zum Ausrasten gebracht habt. Wie oft seid ihr bis zum Limit gegangen und habt ihn herausgefordert! Vom ersten Tag an, als ihr aus Ägypten abgehauen seid, bis zu dem Tag,

wo ihr hier angekommen seid, habt ihr immer wieder euer eigenes Ding
gemacht und nicht das getan, was Gott eigentlich wollte. 8 Wisst ihr noch
am Berg Horeb? Da habt ihr ihn so herausgefordert, dass er euch anschlie-
ßend eigentlich komplett plattmachen wollte. 9 Ich bin damals noch mal
hoch auf den Berg gestiefelt, weil Gott mir diese zwei Stahlplatten geben
wollte. Dort waren die Gesetze eingefräst, die Regeln und Pflichten von
unserem Vertrag mit ihm. Vierzig Tage und Nächte war ich dort oben, ohne
was zu essen oder zu trinken. 10 Auf dem Berg hatte er selbst auf diese Plat-
ten seine Worte eingefräst. Die Sätze wurden gleichzeitig aus den Flammen
vom Berg auch noch mal laut von ihm ausgesprochen. Ihr habt dabei unten
am Berg gestanden und zugehört. 11 Ganz zum Schluss von den vierzig
Tagen hat Gott, nachdem er mir die Platten gegeben hatte, 12 auch noch mal
mit mir geredet. Er sagte: ‚Jetzt geh mal schnell wieder runter zu deinen
Leuten, die du gerade aus Ägypten rausgeholt hast. Die sind nämlich dabei,
etwas total Ätzendes zu tun. Man kann noch nicht mal bis drei zählen, da
sind die schon wieder weg von dem, was ich von ihnen eigentlich wollte. Sie
haben sich gerade einen eigenen Plastikgott gebaut! 13 Mose, ich hab mir
die Leute noch mal angesehen. Die sind einfach zu schräge drauf und wollen
irgendwie nur ihr eigenes Ding durchziehen. 14 Ich hab ne Idee: Lass mich
die alle plattmachen. Ich werde sie komplett aus der Lebensdatenbank
löschen. Und dann fangen nur wir zwei noch mal von vorne an. Du und ich.
Ich werde aus dir ein Volk machen, das noch viel größer und powervoller
wird, als dieses hier. Okay?‘ 15 Als ich das gehört hatte, drehte ich mich
sofort um und rannte den Berg runter. Auf dem Berg war dabei die ganze
Zeit ein ganz derbes Feuer. In meinen Händen hatte ich dabei die beiden
Stahlplatten. 16 Und dann sah ich die Katastrophe mit eigenen Augen. Ihr
hattet tatsächlich megagroßen Mist gebaut und euch so einen eigenen Gott
aus Gold gebastelt, der aussah wie eine kleine Kuh. Man konnte tatsächlich
nicht mal bis drei zählen, da habt ihr schon wieder Sachen gebracht, die
völlig von dem weggehen, was Gott eigentlich will. 17 Ich nahm die beiden
Platten und zersägte die Teile mit einer Flex vor euren Augen. 18 Dann bin
ich wieder zu Gott und hab mich vor ihm hingeschmissen. Noch mal vierzig
Tage und Nächte hab ich da gelegen, ohne Essen und Trinken. Ich hab für
euch gekämpft und bettelte zu Gott, dass er euch diesen Mist verzeiht. Denn
Gott war durch diese Aktion mit dem Plastikgott so richtig angefressen auf
euch. 19 Ich hatte echt Angst, Gott würde euch komplett aus dem Verkehr
ziehen, weil er so sauer war. Aber er ließ sich auch hier wieder von mir
umstimmen. 20 Auch auf Aaron war Gott ziemlich sauer. Den hätte er auch
gleich umgebracht, wenn ich nicht gewesen wäre. 21 Diesen Pseudogott hab
ich dann sofort zerschmolzen und die Reste klein gemahlen. Als alles nur
noch ein Pulver war, hab ich das in den Bach geschmissen, der von dem

Berg runterkommt. 22 Aber das war ja nicht die erste und letzte Aktion, wo
ihr Gott auf die Palme gebracht habt. Bei Massa und bei Kibrot-Taawa habt
ihr Gott schon wieder die Nerven geraubt. 23 Und als er dann in Kadesch-
Barnea sagte, ihr solltet jetzt losziehen und das Land einnehmen, das er
euch ganz fest versprochen hat, da hattet ihr plötzlich keine Lust mehr, das
zu tun, was Gott von euch wollte. Ihr habt ihm einfach nicht vertraut und
nicht auf ihn gehört. 24 Solange ich euch kenne, leistet ihr Widerstand gegen
Gott und seinen Willen. 25 Damals lag ich vierzig Tage Gott damit in den
Ohren. Denn er hatte schon beschlossen, euch alle zu töten. 26 Ich hab zu
ihm gesagt: ‚Mann, Gott, dir ist doch nichts unmöglich! Du kannst doch
jetzt nicht deine Leute einfach komplett vernichten. Die gehören doch zu dir!
Du hast sie damals aus Ägypten rausgeholt, hast gezeigt, was du draufhast.
Nur du hast sie aus diesen Knebelverträgen befreit. 27 Denk doch mal an
Abraham, Isaak und Jakob! Die waren immer treu und haben getan, was du
von ihnen wolltest, oder? Beachte diesen Mist einfach nicht, sieh nicht auf
ihre Fehler. Die sind einfach schräge drauf und wollen nach ihrem eigenen
Ding leben. 28 Außerdem wäre das doch total peinlich, wenn jetzt die Leute
aus Ägypten anfangen würden rumzulästern. Sie könnten ja sagen: ›Ihr Gott
war nicht in der Lage, sie in das Land zu bringen, er ist einfach zu schwach
auf der Brust. Er konnte seine Versprechen nicht einlösen.‹ Oder sie sagen:
›Ihr Gott hat seine Leute schon immer gehasst. Er hat sie nur hier hinge-
lotst, damit er sie in der Wüste in Ruhe ermorden kann.‹ 29 Aber es sind
doch alles deine Leute! Du hast sie mit deiner powervollen Art, flankiert mit
heftigsten Wundern, dort rausgeholt und sie befreit!‘“

10

Die Gesetze auf neuen Stahlplatten

1 „Gott sagte dann zu mir: ‚Flex dir zwei neue Stahlplatten zurecht, die
genauso aussehen wie die ersten zwei. Und dann bau für sie eine Kiste aus
Holz. Mit den beiden Platten kommst du dann nach oben zu mir auf den
Berg! 2 Ich werde auf die Platten noch mal meine Worte eingravieren, die
auch auf den ersten Platten standen, die du mit der Flex zersägt hast. Wenn
wir fertig sind, legst du die Teile in die Kiste rein.‘ 3 Also hab ich eine Kiste
aus Eichenholz gebaut, zwei Stahlplatten zurechtgeflext und bin mit den Tei-
len auf den Berg gestiegen. 4 Gott fräste dann da oben noch mal genau die
gleichen Worte in die Platten rein, die auch schon auf den ersten draufge-
standen hatten. 5 Ich schnappte mir die Dinger, ging den Berg wieder runter
und legte sie in die Kiste, die ich gerade gebaut hatte. Und da liegen sie
heute noch, alles genau so, wie Gott es gesagt hatte.“

Wie Aaron starb und der Job der Levi-Leute

6 „Wir gingen dann von Beerot-Bene-Jaakan nach Moser. Da starb Aaron, und
wir haben ihn dort auch begraben. Sein Sohn Eleasar hat dann seinen Job
übernommen. 7 Von dort zogen wir weiter nach Gudgoda. Danach ging es
nach Jodbata, wo es immer ganz fett Wasser gab. 8 In der Zeit machte Gott
die Ansage, dass er besondere Mitarbeiter haben will, nämlich aus dem Fami-
lienstamm Levi. Die sollen ganz speziell sein und besondere Aufgaben über-
nehmen. Nur die Leute aus diesem Familienstamm dürfen die Kiste mit den
Gesetzen tragen. Sie sollen nur für Gott arbeiten, für die Israeliten zu Gott
beten und Segenssprüche ablassen. Das alles geht ja heute noch genauso
bei uns ab. 9 Das war auch der Grund, warum der Familienstamm Levi keinen
Anteil von dem Land abkriegen sollte, den sie weitervererben könnten. Ihr
Anteil war sozusagen Gott selber. Er sorgte dafür, dass sie immer reichlich zu
essen hatten, so war der Deal, den Gott ihnen versprochen hatte."

Was Gott von Israel möchte

10 „Ich war insgesamt vierzig Tage auf dem Berg, genauso lange wie beim
ersten Mal. Gott hatte mir in der Zeit fest versprochen, euch nicht komplett
kaputt zu machen. 11 Er sagte zu mir: ‚Komm jetzt in die Puschen, Mose! Geh
ganz nach vorne! Geh mit ihnen los in das neue Land, was sie sich nehmen
sollen. Du weißt ja, ich hatte es schon deinem Uropa versprochen.' 12 Jetzt
hört mal gut zu, Leute aus Israel: Gott, euer Chef, will von euch nur diese
eine Sache, dass ihr Respekt vor ihm habt, dass ihr tut, was er von euch will,
und dass ihr ihn radikal liebt mit allem, was ihr habt! 13 Lebt das, was seine
Gesetze sagen, handelt nach seinen Regeln, die ich euch heute gesagt habe.
Wenn ihr das tut, wird es euch immer voll gutgehen. 14 Kapiert das eine:
Gott, eurem Chef, gehört das ganze Universum! Ihm gehört die Erde mit
jedem Atom, was da drauf ist. 15 Schon euren Vätern und ihren Vätern davor
hat Gott gezeigt, wie sehr er sie liebt. Er hat euch aus allen Völkern ausge-
sucht, damit ihr sein eigenes Volk seid. Und das seid ihr bis heute. 16 Darum
hört auf, rumzunerven und ständig euer eigenes Ding zu machen. So wie
ihr am Penis eure Vorhaut für Gott abgeschnitten habt, so müsst ihr auch in
euch drin etwas ‚beschneiden'. Ihr müsst euer Herz radikal verändern!
17 Denn Gott ist der Chef, er steht meilenweit über allen diesen Pseudogöt-
tern. Er hat die Power, ihm ist nichts unmöglich, er hat die Macht. Wenn er
kommt, bekommen die Feinde Angst. Und er ist unbestechlich, für ihn ist es
total egal, was für eine Stellung man in der Gesellschaft hat. 18 Er hilft den
Kaputten, auch den Hartz-IV-Empfängern und sorgt dafür, dass sie ihr Recht
bekommen. Er liebt die Ausländer und gibt ihnen etwas zu essen und Kla-
motten. 19 Ihr solltet die Ausländer auch lieben, weil ihr selbst mal Ausländer
wart, als ihr noch in Ägypten gelebt habt. 20 Du musst Respekt vor Gott

haben! Nimm ihn ernst, diene ihm, richte dein Leben nach ihm aus. Wenn du etwas ganz fest versprichst, dann leg dich fest, indem du nur auf seinen Namen schwörst. [21] Gott ist dein Top-Hit, er ist dein Lieblingslied, er ist dein Gott. Diese ganzen gigantischen Sachen hat er für dich gemacht, und er wollte dich als Augenzeugen dabeihaben. [22] Als deine Vorfahren vor vielen Jahren nach Ägypten losgezogen sind, waren sie nur ein paar Leute, genau genommen siebzig. Aber jetzt hat Gott dafür gesorgt, dass es so viele Israeliten gibt, dass keiner sie mehr zählen kann. Es ist genauso wie bei den Sternen, da kann auch keiner genau ausrechnen, wie viele das jetzt sind!"

11

Was Gott für geile Sachen gemacht hat

[1] „Liebt Gott, euren Chef! Tut alles, was er von euch will. Lebt nach seinen Gesetzen und Regeln! [2] Vergesst nie, wie Gott euch mit seinen krassen Aktionen etwas beibringen wollte. Eure Kinder haben das nicht mitgekriegt, aber ihr habt es live erlebt, wie er euch aus Ägypten rausgeholt hat. Er hat seine Muskeln spielen lassen und euch beschützt. [3] Ihr wart dabei, als Gott dem Pharao und seinen Leuten mit fiesen Plagen beigekommen ist. [4] Wisst ihr noch, wie er die Armee von den Ägyptern komplett ausgelöscht hat, als sie hinter euch her waren? Mit allen Panzern und Jeeps sind sie im Meer abgesoffen. An dieser Niederlage hat das Land heute noch zu knabbern. [5] Und in der Wüste, da hat er auch für euch gesorgt, so lange, bis ihr hier angekommen seid. [6] Oder die Story mit Datan und Abiram, den Söhnen von Eliab aus dem Familienstamm Ruben! Das war doch der Hammer! Als die voll die Revolte angezettelt hatten, gab es plötzlich ein Erdbeben, und der Boden ist unter ihren Zelten aufgerissen. Die ganzen Familien, mit Mann und Maus, inklusive der Zelte, sind dabei vom Boden verschluckt worden! [7] Hey, Leute, ihr wart dabei! Ihr habt es mit euren eigenen Augen gesehen, was für abgefahrene Sachen Gott getan hat."

Warum es gut ist, zu tun, was Gott will

[8] „Darum kann ich euch echt nur raten, die Gesetze einzuhalten, die ich euch heute noch mal aufsage. Wenn ihr danach lebt, werdet ihr genug Durchschlagskraft haben, um das Land zu erobern, in das ihr jetzt gehen werdet. [9] Und dann seid ihr auch in der Lage, lange dort zu leben. Gott hat dieses Land euren Familien schon vor Ewigkeiten ganz fest versprochen. Dieses Land ist so fett, da gibt es alles, wovon man nur träumt, und zwar reichlich. [10] Das Land, das da auf euch wartet, ist anders als das komische Ägypten. Dort musste man den Boden künstlich bewässern, wie bei einem Tennisplatz im Hochsommer. [11] Aber der Teil, den ihr jetzt bekommen werdet, da gibt es Berge und Täler, wo ganz viel Regen fällt, dort ist es immer saftig.

12 Gott wird sich dabei höchstpersönlich um das Land kümmern. Er checkt
dort die ganze Zeit, ob alles gut läuft, jeden Tag 24-Stunden-Service. 13 Wenn
ihr wirklich die Sachen durchzieht, die ich vom Chef bekommen habe, und
ihr euren Gott radikal liebt mit allem, was ihr habt, 14 dann wird er dafür sor-
gen, dass eure Felder immer zu jeder Jahreszeit genug Wasser bekommen.
Und ihr werdet fett ernten können, Weizen, Weintrauben und Äpfel wird es
reichlich geben. 15 Und eure Tiere werden auf den Wiesen immer grünes
Gras zu fressen haben. Und bei euch wird auch immer mehr als genug auf
dem Tisch stehen. 16 Passt bloß auf, dass ihr euch nicht von jemandem
ablinken lasst und Gott verscheißert. Solche Plastikgötter haben bei euch
nichts zu suchen, zu denen dürft ihr nie beten, da müsst ihr echt aufpassen!
17 Wenn ihr das doch tut, wird Gott supersauer werden. Er wird dafür sorgen,
dass es nicht mehr regnet, dass die Ernte ausbleibt und ihr aus dem schö-
nen Land ganz schnell wieder rausgeschmissen werdet. 18 Darum ist es
superwichtig, dass ihr die Gesetze auswendig lernt. Ihr müsst sie euch hin-
ter die Ohren schreiben oder auf den Arm tätowieren. 19 Eure Kinder müssen
die im Schlaf runterrattern können, ihr müsst sie denen aufsagen, egal ob
ihr zu Hause seid oder gerade im Urlaub. 20 Die sollen auf eurer Haustür
stehen, und auch auf dem Ortsschild müssen die drauf sein. 21 Dann werdet
ihr in diesem Land für immer bleiben können. Gott hat das ja schon euren
Uropas ganz fest versprochen gehabt. Dort werden dann alle eure Kinder
aufwachsen, solange sich die Erde dreht. 22 Wenn ihr diese Ansagen ernst
nehmt und danach lebt, wenn ihr Gott wirklich liebt und tut, was er von euch
will, und an ihm festhaltet, 23 dann wird Gott dafür sorgen, dass sich alle
eure Feinde in die Hosen machen, wenn sie nur von euch hören. Und das,
obwohl ihr viel weniger und schwächer seid als die. Ihr werdet sie dort raus-
schmeißen und das ganze Land übernehmen. 24 Jeden Ort, in den ihr rein-
geht, werde ich euch schenken. Das gilt von der Wüste im Süden bis zum
Libanongebirge und vom Eufratfluss bis zum Mittelmeer. 25 Keiner wird auch
nur die Spur einer Chance gegen euch haben. Wo ihr hinlangt, da wächst
kein Gras mehr. Die Leute, die dort wohnen, werden schon Panik vor euch
kriegen, bevor ihr überhaupt da seid. Das hat Gott euch versprochen. 26 Ihr
könnt euch heute entscheiden, was ihr wollt: Das Gute oder das Schlechte,
Segen oder Fluch, dass Gott immer für euch ist oder dass er gegen euch
arbeitet? 27 Segen kriegt ihr ab, wenn ihr euch an die Gesetze von Gott haltet,
die ich euch erzählt habe. 28 Fluch gibt es, wenn ihr auf die Gesetze scheißt
und nur tut, was euch in den Kram passt. Wenn ihr nicht das tut, was ich
euch gesagt habe, und stattdessen anfangt zu Plastikgöttern zu beten, von
denen ihr bis jetzt vielleicht noch nicht mal was gehört habt, gibt es Fluch.
29 Wenn Gott euch in das Land bringt, und ihr das ganze Teil eingenommen
habt, müsst ihr anschließend Folgendes machen: Und zwar sollt ihr auf dem

Berg Garizim gehen und dort laut die Versprechen aufsagen, die ich euch
gegeben habe. Und dann geht ihr auf den Berg Ebal und sagt die ganzen
schlimmen Dinge, mit denen ich euch gedroht habe. 30 Diese beiden Berge
liegen auf der anderen Seite vom Jordanfluss, hinter der Straße, wo die ganz
besonderen Bäume von Gilgal stehen. 31 Leute, ich bin mir ganz sicher, ihr
werdet den Jordan überqueren und dann das Land einnehmen, was Gott,
unser Chef, euch geschenkt hat! Ihr werdet es einnehmen und euch dort
breitmachen. 32 Aber wie gesagt: Zieht die Gesetze und Regeln durch, die ihr
von mir bekommen habt! Die sind alle superwichtig!“

12

Die Gesetze noch mal erklärt und ein paar Warnungen

1 „Jetzt kommen noch mal die ganzen Gesetze und Regeln, an die ihr euch
halten müsst, wenn ihr in dem neuen Land seid. Dieses Land hatte Gott
wie gesagt ja schon euren Uropas versprochen. Diese Gesetze gelten euer
Leben lang. 2 Wenn ihr dort seid, möchte ich von euch, dass ihr als Erstes
mal die ganzen Gebäude plattmacht, wo die zu ihren Pseudogöttern gebetet
haben, egal ob das jetzt auf irgendwelchen Bergen oder Hügeln, im Garten
oder sonstwo passiert ist. 3 Sprengt die Opfertische, auf denen man diesen
Göttern Sachen geopfert hat! Haut mit einem Bulldozer die Tempel um, in
denen gebetet wurde! Alle diese Figuren, zu denen gebetet wurde, müsst ihr
komplett abfackeln. Nichts darf mehr an diese Pseudogötter erinnern! 4 Und
bitte kommt nicht auf die schräge Idee, eurem Gott, dem Oberchef, so ähn-
liche Sachen zu bauen und dort zu ihm zu beten, klar? 5 Es gibt nur einen
Ort, den Gott für so was aussuchen wird, wo dann immer seine Wohnung
stehen wird. Dort kann man zu ihm beten, dort kannst du ihn treffen. 6 Und
auch nur dort sollt ihr die Opferrituale durchziehen. Die Abfackelopfer, die
Dankopfer, die 10 Prozent von eurer Ernte, die freiwilligen Spenden und die
Opfer, wenn ihr Gott was ganz fest versprochen habt, diese Opferrituale
werden alle nur dort durchgezogen. Das Gleiche gilt für die Opferrituale
mit den ersten Babys von euren Rindern, Schafen und Ziegen, die man Gott
schenken sollte. 7 Dort sollt ihr auch das Fleisch von den Dankopfern essen.
Macht eine Party mit euren Familien, macht euch locker und freut euch über
die Sachen, was bei eurer Arbeit am Ende rumgekommen ist. Gott hat dafür
schließlich gesorgt, weil er euch was Gutes tun wollte. 8 Bis heute konnte
ja jeder sein Opfer so machen, wie er gerade lustig war, 9 weil ihr noch nicht
in dem neuen Land lebt, was Gott euch nach der langen Zeit in der Wüste
geschenkt hat. Wenn ihr endlich dort seid, könnt ihr euch erst mal entspan-
nen. 10–11 Aber wenn ihr jetzt über den Jordanfluss in das Land reingeht und
es euch gekrallt habt, ab dann gelten andere Regeln. Erst wenn ihr mit Got-
tes Hilfe alle eure Feinde plattgemacht habt und keiner mehr was gegen

euch kann, müsst ihr euch an diese neuen Gesetze halten. Ab dann sollt
ihr nämlich die Geschenke und die Opfersachen nur noch an den Ort brin-
gen, den Gott extra dafür aussuchen wird. Dort will er dann selbst ganz
krass anwesend sein. 12 In diesem Teil wird Gott wohnen, und dort sollt ihr
Opferpartys abfeiern. Dort sollt ihr Spaß haben und Party machen, mit
euren Familien und Angestellten. Die Levi-Leute dürfen auch dabei sein, die
in eurer Stadt wohnen, weil denen ja kein eigenes Stück Land gehören wird.
13 Kommt bloß nicht auf die Idee, so ein Abfackelopfer an irgendeinem Ort
im Land zu machen, an denen vorher irgendwelchen Plastikgöttern Sachen
geschenkt wurden! 14 Ihr dürft das nur an einem einzigen Ort machen, den
Gott extra dafür ausgesuchen wird. Er wird einen Ort dafür auswählen, der in
dem Gebiet von einem eurer Familienstämme liegen wird. Nur da dürft ihr
opfern und eure Geschenke hinbringen, ist das klar? 15 Was ihr aber ohne
Ende machen könnt, ist, zu Hause Tiere zu schlachten, auf den Grill zu hauen
und zu verspachteln. So viel Gott euch davon zur Verfügung stellt, könnt ihr
auch alle davon essen (das macht er voll gerne, weil er euch so sehr liebt).
Aber das darf dann kein Opferritual sein, sondern einfach nur zum Essen.
Deshalb kann da dann auch jeder von mitessen, auch wenn er gerade ‚dre-
ckig', also ‚unrein' ist. Das ist genau das Gleiche, wie wenn er im Steakhaus
ein Rumpsteak isst, oder ein halbes Hähnchen oder Putenbrustfilet. 16 Nur
das Blut dürft ihr nicht trinken oder essen. Ihr sollt das auf den Boden schüt-
ten so wie Wasser, mit dem man Blumen gießt. 17 Die 10 Prozent der Nah-
rungsmittel, die für Gott abgezwackt wurden, dürft ihr aber nicht zu Hause
essen! Das gilt für Weizenmehl, Wein, Bier, Öl, das erste Kind von der Kuh,
dem Schaf und der Ziege, alle Geschenke, die man Gott mal versprochen
hat, die freiwilligen Geschenke oder irgendein anderes Opferding. 18 Nur
wenn Gott live dabei ist, an dem besonders krassen Ort, den er extra dafür
aussuchen wird, darf das gegessen werden. Das gilt für alle, auch für eure
Söhne und Töchter, Angestellten und auch für die Levi-Leute, die bei euch
leben. Habt Spaß an den Sachen, die Gott euch durch eure Arbeit geschenkt
hat, genießt es! 19 Und bitte nicht vergessen, sich um die Levi-Leute bei euch
gut zu kümmern, solange ihr in dem Land wohnen werdet. 20 Wenn der Chef,
euer Gott, aber euer Gebiet vergrößern will, so wie er es ja versprochen hat,
dann könnt ihr auch in den neuen Städten Fleisch essen bis zum Abwinken,
das ist kein Problem. 21 Dafür müsst ihr auch nicht extra an den speziellen
Ort gehen, den Gott dafür aussuchen wird. Noch mal zum Mitschreiben:
An diesem Ort wird Gott dann ganz krass anwesend sein, er wird dort woh-
nen. Alle Leute, die zu weit weg wohnen, dürfen bei sich zu Hause von den
Rindern, Schafen und Ziegen so viel essen, bis sie platzen. Man kann die
schlachten und grillen, wie man lustig ist, wenn es nur nach den Regeln pas-
siert, die ich euch gegeben hab. 22 Das ist dann ja kein Opferritual, sondern

ein normales Essen, wie wenn man im Steakhaus oder aus dem Supermarkt
ein Schnitzel isst. Jeder kann davon so viel essen, wie er Bock hat, auch
wenn er gerade nicht sauber ist, also ‚unrein'. An Opferritualen darf man
ja so nicht teilnehmen. [23] Es gibt nur ein Ding, wo ihr euch auf jeden Fall
zusammenreißen müsst: kein Fleisch essen, wo noch Blut drin ist! In dem
Blut steckt nämlich das Leben von dem Tier. [24] Wie gesagt, Blut dürft ihr
generell nicht trinken oder essen. Ihr sollt das auf den Boden schütten, so
wie Wasser mit dem man Blumen gießt. [25] Wenn ihr das so macht, findet
Gott das gut, und es wird euch und euren Kindern immer gutgehen. [26] Die
Steuern und die ganzen anderen Geschenke, alles, was ihr mit einem ganz
festen Versprechen Gott geben wollt, müsst ihr unbedingt zur Wohnung von
Gott bringen. [27] Auch die Tiere, die für ein Abfackelopfer sind, müssen da
hin. Dort sollen sie komplett verbrannt werden, das ganze Blut und das
Fleisch muss verkohlt werden. Und das Blut, was von den Tieren kommt, die
für ein Dankopfer geschlachtet wurden, muss dort an den Tisch von Gott,
den Altar, gegossen werden. Das Fleisch darf man dann aber essen. [28] Zieht
das alles genau so durch, wie ich es euch gesagt habe! Wenn du für Gott kor-
rekt lebst, wird es dir und deinen Kindern immer gutgehen. [29–30] Wenn ihr
in dem Land seid und Gott euch geholfen hat, alle Kriege dort ganz klar zu
gewinnen, dann passt auf, dass ihr euch nicht auf die Religionen der Leute
einlasst, die dort wohnen! Ihr müsst wirklich alle Bewohner töten und deren
Pseudogötter links liegen lassen. Fragt die Leute nicht, wie sie zu ihrem
Gott gebetet haben. Das soll euch wurst sein. [31] Auf keinen Fall dürft ihr da
irgendwas durcheinanderbringen! Ihr sollt mit eurem Gott komplett anders
umgehen, als die es mit ihren Göttern gemacht haben! Gott kriegt da echt
nen Würgreiz, er hasst so was. Die haben für ihre Plastikgötter ja sogar ihre
eigenen Kindern verbrannt!"

13

Was mit Pseudopropheten und ähnlichen Leuten passieren muss

[1] „Ihr müsst euch radikal an die Sachen halten, die in den Gesetzen stehen.
Alle Regeln, die dort drin sind, hab ich euch aufgeschrieben, damit das euer
Pflichtprogramm wird. Ihr dürft da nichts mehr dazuschreiben und auch
nichts löschen. [2–4] Wenn bei euch so ein Typ auftaucht und euch irgendwel-
che Wunder ankündigt, dann lasst den links liegen! Wenn der solche Ansa-
gen macht wie: ‚Leute, ich hab dies und das gerade von Gott geträumt', und
er sagt: ‚Ihr müsst jetzt zu einem anderen Gott beten!', dann beachtet den
gar nicht erst. Solche Typen werden sogar versuchen, euch mit irgendwel-
chen Zaubertricks zu beeindrucken, indem sie irgendwas ankündigen, was
dann auch tatsächlich passiert. Trotzdem müsst ihr die wie Luft behandeln!
Das ist nur ein Test von Gott, ob ihr ihn wirklich radikal liebt, leidenschaft-

lich, mit allem, was ihr habt. 5 Ihr sollt nur Respekt vor ihm haben, eurem
Gott! Ihr sollt tun, was er von euch will. Seine Regeln sollen euch wichtig
sein, und was er sagt, ist für euch Sache. Ihr sollt euch für ihn einsetzen,
ihm treu sein und euch an ihm festhalten, egal was kommt. 6 Gott hat euch
aus den Knebelverträgen in Ägypten rausgeholt. Er hat euch befreit. Wer
Leute dazu bringt, Sachen zu tun, die Gott nicht gut findet, der muss ster-
ben! Alles, was ätzend bei euch ist, muss einfach rausgeschnitten werden,
wie Krebs bei einer Operation. 7–9 Es kann passieren, dass Geschwister
oder ein Freund oder eine Frau euch dazu bringen wollen, heimlich Mist zu
bauen und zu Plastikgöttern zu beten. Wenn jemand so was zu dir sagt, egal
wie sehr du den auch magst und wie nahe er dir steht, dann hör nicht auf
ihn! Solche Leute sollen dir noch nicht mal leidtun. Du brauchst auch nicht
mit ihnen besonders schonend umgehen. Verpetz das, häng es an die große
Glocke! 10 Geh zu den Bullen und zeig den an! Wenn der dann wirklich die
Todesstrafe kriegt, kannst du in der ersten Reihe stehen und zusehen. 11 Der
muss sterben, denn er wollte sich zwischen dich und Gott stellen. Aber
dein Gott hat dich aus den Knebelverträgen in Ägypten rausgeholt und hat
dich in die Freiheit geführt. 12 Alle, die zu den Israeliten gehören, müssen
es erfahren, wenn Gott jemanden so bestraft. Weil sie nur dann Respekt
haben und so was nicht noch einmal bei euch vorkommt. 13–14 Wenn ihr
hört, dass in einer von euren Städten durchgeknallte Leute leben, die alle
Menschen, die da wohnen, verführen, zu Plastikgöttern zu beten, 15 müsst
ihr der Sache mal nachgehen und das Ding genau untersuchen. Wenn das
Gerücht tatsächlich stimmt und wirklich so ätzende Sachen in dieser Stadt
abgehen, 16 dann muss da die rote Karte gezogen werden. Die Menschen
und Tiere werden alle umgenietet. 17 Alles, was dort an Beute gefunden
wird, muss man auf den Marktplatz bringen. Zum Schluss nehmt ihr Benzin
und verbrennt die ganze Stadt, inklusive der Beute. Das ist dann wie so ein
Abfackelopfer. Die Stadt muss für immer so zerstört liegen bleiben, niemand
darf die wieder aufbauen. 18–19 Keiner darf sich was von dem Zeug mitneh-
men! Wenn ihr euch an die ganzen Sachen haltet, wird Gott keinen Grund
haben, sauer auf euch zu sein. Er wird euch zeigen, wie sehr er euch liebt.
Wer radikal das tut, was Gott von ihm will, und die ganzen Gesetze ernst
nimmt, die ich euch heute noch mal erzählt habe, dessen Familie wird sich
gut vermehren. Das hat er ja schon unseren Uropas ganz fest versprochen."

14

Rituale, auf die Gott keinen Bock hat

1 „Leute, ihr seid die Kinder von Gott! Darum ist es total ungeil, sich – wie
bei anderen Religionen üblich – Zeichen in die Haut zu ritzen, wenn jemand
gestorben ist. Und sich eine Glatze zu rasieren, weil irgendjemand aus der

Familie gestorben ist, findet Gott auch total uncool. [2] Er hat euch als etwas
ganz Besonderes ausgesucht. Ihr gehört nur ihm. Darum seid ihr ganz
speziell, anders als alle anderen Völker auf der Welt. [3] Ihr sollt auch keine
Sachen verspachteln, auf die Gott keinen Bock hat. [4] Gott hat kein Problem
mit Rindern, Schafen und Ziegen. [5] Auch gegen Hirschgulasch und Reh-
rücken hat er nichts einzuwenden. [6] Generell sind alle Tiere, die erstens
gespaltene Hufe oder Pfoten haben und zweitens nur Pflanzen fressen, total
okay für ihn. [7] Ihr dürft aber nur die Tiere essen, auf die wirklich beides
zutrifft und nicht nur eine Sache. Kamele, Kaninchen und Hasen sind zum
Beispiel nicht okay. Die fressen zwar nur Pflanzen, aber die haben keine
geteilten Hufe. [8] Schweinefleisch ist auch verboten. Schweine haben zwar
gespaltene Hufe, aber sie fressen nicht nur Pflanzen. Von diesen Tieren sollt
ihr euch nie ein Steak grillen, ihr dürft sie noch nicht mal anfassen, wenn sie
irgendwo tot im Straßengraben liegen. Diese Tiere sind ‚dreckig', sie sind
‚unrein'. [9] Für die Tiere, die im Wasser leben, gilt Folgendes: Alles, was Flos-
sen und Schuppen hat, das dürft ihr essen. [10] Aber die Teile, die keine Schup-
pen und Flossen haben, da lasst bitte die Finger von. Diese Tiere sind dre-
ckig, sie sind ‚unrein'. [11–18] Jetzt zu den fliegenden Tieren: Adler, Geier, Eulen
und alle anderen Raubvögel, die sind auch nicht okay. Außerdem auch noch
die Krähen, Schwalben, Möwen, Störche, Reiher, Straußvögel und Wiede-
hopfe, die sollt ihr auch nicht essen. Ach so, und Fledermäuse gehören auch
nicht in den Kochtopf. [19] Die Insekten mit Flügeln sind auch eklig, sie sind
‚unrein'. [20] Alle anderen Tiere mit Flügeln dürft ihr gerne essen. [21] Tote Tiere,
die auf der Straße oder im Wald liegen, dürft ihr auf keinen Fall verspachteln.
Wenn ihr wollt, könnt ihr die den Ausländern überlassen, die bei euch leben.
Ihr seid aber ganz besondere Leute, ihr seid anders als die anderen. Gott hat
euch beiseitegenommen, er hat euch extra ausgesucht. Ach, und noch was,
dieses Zauberding, was die Leute von Kanaan abziehen, mit dem Kind von
der Ziege, das in der Milch seiner Mutter gekocht wird, das sollt ihr nicht
nachmachen."

Zehn Prozent der Ernte kriegt Gott

[22] „Einmal im Jahr, wenn die Ernte angesagt ist, möchte Gott zehn Prozent
davon abhaben. [23] Die bringt ihr dann dorthin, wo Gott zu dem Zeitpunkt
seine Wohnung stehen haben will. Da sollt ihr eine Party für Gott feiern und
die ganzen Sachen essen, wenn Gott, unser Chef, auch dabei ist. Ich meine
damit die zehn Prozent von dem ganzen Mehl, Wein und Öl sowie die ersten
jungen Tiere von den Rindern, Schafen und Ziegen. Auf die Art sollt ihr
lernen, radikal immer das zu tun, was Gott von euch will. [24–25] Wenn Gott
jetzt einen Ort für die Party ausgesucht hat, der so weit weg ist, dass ihr eure
zehn Prozent da nicht hinschleppen könnt, dann verkauft die Sachen, die zu

viel sind, und spendet eben stattdessen das Geld für die Wohnung von Gott.
Das könnte ja passieren, wenn Gott euch so fett beschenkt hat, dass eure
Ernte einfach zu groß ist, um das alles da hinzuschaffen. 26 Für die Kohle
könnt ihr euch dann schön mit neuen Rindern, Schafen und Ziegen ein-
decken. Auch Wein, Bier und Bionade ist cool, einfach alles, worauf ihr
gerade Lust habt. Esst die Sachen mit euren Familien vor Gott, genießt
das Ganze und habt Spaß dabei. 27 Die Levi-Leute, die in eurem Ort leben,
dürfen auch mitfeiern. Denen gehört ja nichts, sie haben kein Stück Boden
von dem Land abbekommen, das Gott euch schenken wird. 28 Alle drei Jahre
müsst ihr zehn Prozent von euer Ernte in eine Lagerhalle bringen, die bei
euch am Ort ist. 29 Davon sollen die Levi-Leute leben. Die haben ja, wie
gesagt, kein Land abbekommen. Von dem Zeug sollen auch die Arbeits-
losen, Hartz-IV-Empfänger, Obdachlosen und Asylanten von der Straße
was abbekommen, damit die nicht verhungern. Wenn ihr diesen Sozialplan
umsetzt, wird Gott dafür sorgen, dass eure Arbeit immer glattläuft."

15

Das „Schuldenerlassjahr"

1 „Immer wenn sieben Jahre vorbei sind, müssen alle Schulden im Land
wieder auf null gesetzt werden. 2 Es gibt zu dem Thema ab sofort folgende
Regeln: Wenn ein Israelit einem anderen irgendwie Kohle geliehen hat, muss
er ihm in diesem Jahr seine ganzen Schulden erlassen. Das Ding ist dann
vorbei, er darf keine Mahnung mehr schreiben und auch keine Geldeintrei-
berfirmen mehr dahin schicken. Auch dessen Familie darf nicht mehr dafür
belangt werden. Dieses Jahr, in dem alle Schulden erlassen werden, wird
zur Ehre von Gott eingeführt. 3 Das gilt aber nur für die Leute von euch,
für eure Geschwister. Ausländer müssen ihre Schulden weiter bezahlen.
4 Eigentlich sollte es bei euch keine Sozialhilfeempfänger mehr geben.
Gott will euch nämlich alle fett beschenken in dem neuen Land, was er euch
für immer geben wird. 5 Das passt auf jeden Fall, wenn ihr alle immer radikal
durchzieht, was Gott von euch möchte. Die Sachen, die ich euch heute
unterschreiben lasse, müsst ihr einfach immer einhalten. 6 Dann wird Gott
auch sein Versprechen einhalten, und ihr werdet immer so viel Sachen
haben, dass ihr sogar anderen Ländern was leihen könnt. Ihr selbst braucht
euch dann nie was von anderen zu kaufen. Es wird sogar so sein, dass
ihr über andere Nationen das Sagen haben werdet, aber keine Nation wird
euch sagen können, was ihr tun dürft und was nicht. 7 Falls es jetzt mal
einem Kollegen aus deiner Familie beschissen geht, egal wo der gerade in
dem neuen Land lebt, was Gott euch geschenkt hat, dann darfst du ihm
gegenüber nicht hart sein. Zeig dem nicht die kalte Schulter, sondern
helfe ihm. 8 Wenn er Kohle braucht, dann leih ihm was, ohne groß Theater

zu machen. [9] Pass auch auf deine Gedanken auf, dass du nicht link und arrogant draufkommst. So nach dem Motto: ‚Ach, ist ja sowieso bald wieder so weit, dass alle Schulden erlassen werden. Bis dahin kommt der schon klar.' Hilf ihm sofort, lass es nicht so weit kommen, dass der sich bei Gott über dich beschwert. Wenn er das nämlich tut, hättest du ein Problem, es stünde dann was zwischen dir und Gott, und zwar mächtig. [10] Also hilf ihm gerne und komm nicht schräg drauf dabei. Wenn du das tust, wird Gott dir das an anderer Stelle zurückgeben. Er wird dafür sorgen, dass alles, was du anpackst, auch klappen wird. [11] Hartz-IV-Empfänger und andere Leute, die keine Kohle haben, wird es immer bei euch geben. Darum müsst ihr den Menschen bei euch helfen, denen es dreckig geht. Das ist ein Befehl!"

Aus Knebelverträgen muss man nach sieben Jahren rauskommen können

[12] „Wenn einer von euren Leuten jemanden bei sich unter harten Bedingungen anstellt, dann soll der Arbeitsvertrag sechs Jahre gültig sein. Im siebten Jahr, in dem ‚Schuldenerlassjahr', darf er aber wieder gehen. [13] Der Angestellte hat dann auch ein Recht auf eine anständige Abfindung. [14] Er soll satt an dem beteiligt werden, was Gott dir in der Zeit alles an Schafen, Ziegen, Rindern, Kartoffeln, Korn und Wein geschenkt hat. [15] Vergesst nicht, dass ihr in Ägypten auch unter fiesen Knebelverträgen gearbeitet habt. Gott hat euch da zum Glück rausgeholt. Diese Regel ist mir superwichtig, und die ist für euch gesetzt. [16] Nun kann es ja sein, dass dieser Angestellte es ganz geil bei euch findet und gar nicht gehen will. Vielleicht ist zwischen euch in der Zeit eine richtig gute Beziehung entstanden, weil es ihm bei euch echt gutging. [17] Dann macht einfach einen unbefristeten Vertrag miteinander, den er unterschreibt. Er wird dann immer bei euch bleiben. Genauso kannst du es auch mit einer weiblichen Angestellten machen. [18] Wenn er aber gehen will, dann lass ihn gehen, auch wenn es schwerfällt. Du hast immerhin einiges an Geld gespart, weil er in keiner Gewerkschaft war und nicht nach Tarif bezahlt wurde. Und Gott wird dir sowieso die Sachen ersetzen, die du durch solche Aktionen verlierst."

Noch ein paar Regeln, wie man die Tiere Gott schenkt, die als Erstes geboren worden sind

[19] „Wenn ein Rind, ein Schaf oder eine Ziege männliche Junge bekommt, dann kriegt Gott das erste davon. Die erste Kuh, die bei euch geboren wird, soll nicht zu Steaks verarbeitet werden. Das Fell von dem ersten Schaf oder der ersten Ziege darf auch nicht verarbeitet werden. [20] Einmal im Jahr müsst ihr die ersten Tiere, die bei euch geboren werden, zu dem Platz bringen, den Gott dort noch aussuchen wird, wo dann immer seine Wohnung stehen

wird. Da müsst ihr die dann mit der ganzen Familie zusammen verspach-
teln. [21] Tiere mit einer Behinderung darf man Gott aber nicht schenken.
Damit meine ich z. B. welche, die hinken oder blind sind. [22] Solche Teile
könnt ihr zu Hause auf den Grill hauen, da ist das kein Problem. Bei diesem
Essen kann auch jeder kommen, alle sind eingeladen, auch wenn sie gerade
dreckig und ‚unrein' sind. Das gilt auch für wilde Tiere. [23] Nur das Blut dürft
ihr nicht trinken oder essen. Ihr sollt das auf den Boden schütten so wie
Wasser, mit dem man Blumen gießt."

16

Die Passaparty

[1] „Jedes Jahr, wenn man anfängt die ersten Getreideernten einzufahren,
müsst ihr die Passaparty für Gott feiern. In dem Monat hat Gott euch aus
Ägypten rausgeholt. [2] Dafür müsst ihr zu dem Platz gehen, den Gott dafür
noch aussuchen wird, wo dann immer seine Wohnung stehen wird. [3] Bei
diesem Fest dürft ihr kein Brot essen, das mit Hefeteig gemacht worden ist.
Sieben Tage lang sollt ihr nur Fladenbrot essen, genau wie ihr das damals
gemacht habt, als ihr mit richtig Stress beim Backen aus Ägypten abgehauen
seid. Dieses „Not-Brot" soll es dann immer bei euch geben als Erinnerung
an diese Zeit. [4] Überall soll es sieben Tage lang kein Brot geben, wo Hefe
drin ist. Und wenn ihr ein Tier am Abend vom ersten Tag dieser Woche
schlachtet, muss am nächsten Morgen alles aufgegessen sein, ohne Reste-
essen. [5] Das Teil, was für diese Passaparty geschlachtet wird, sollte nicht bei
euch zu Hause getötet werden, [6] sondern immer nur an dem Ort, den Gott
noch für seine Wohnung bestimmen wird. Schlachtet es abends, wenn es
dunkel wird, denn das war ja auch die Zeit, als ihr aus Ägypten damals los-
gezogen seid. [7] Das Fleisch soll gekocht und auch an der gleichen Stelle
gegessen werden, die Gott euch noch zeigen wird. Morgens, wenn es hell
wird, geht ihr dann wieder nach Hause. [8] Die nächsten sechs Tage gibt's es
dann nur dieses Brot ohne Hefeteig. Am siebten Tag feiert ihr eine fette Party
mit Gott, eurem Chef, und zwar an seiner Wohnung. An dem Tag dürft ihr
nicht arbeiten, da habt ihr frei."

Der Sieben-Wochen-Rave

[9] „Ab dem Zeitpunkt, wo der Mähdrescher auf die Felder fährt, müsst ihr
jede Woche zählen, bis zur siebten. [10] Nach sieben Wochen sollt ihr mit
Gott, eurem Chef, den Sieben-Wochen-Rave steigen lassen. Da sollst du Gott
freiwillige Spenden machen und ihm was von den Sachen schenken, die du
in dem Jahr von ihm bekommen hast. [11] Lasst die Sau raus, macht eine rich-
tig krasse Party, mit Gott, eurem Chef! Das soll alles an dem Ort passieren,
den er euch dafür noch zeigen wird, wo dann seine Wohnung stehen wird.

Bei der Party soll eure ganze Familie dabei sein, inklusive aller Angestellten. Auch die Levi-Leute sind eingeladen, die in eurer Stadt arbeiten. Dazu auch alle Ausländer, die bei euch leben, alle Randgruppen, Punks, Drogis, jeder soll dabei sein. 12 Ihr dürft nicht vergessen, dass ihr auch mal ganz unten wart, damals in Ägypten. Haltet euch an die Regeln, vor den Gesetzen müsst ihr Respekt haben."

Das „Fest der Blätterbuden"

13 „Wenn ihr nach der Getreideernte auch noch die Weinernte eingefahren habt, dürft ihr sieben Tage lang Party feiern. Diese Party heißt ‚Fest der Blätterbuden'. 14 Da könnt ihr richtig abfeiern, mit euren ganzen Familien und allen Angestellten. Auch die Levi-Leute, die Ausländer und die Arbeitslosen und die Drogis, alle, die bei euch leben, dürfen dabei sein. 15 Dieses Fest soll sieben Tage lang gefeiert werden. Es soll für Gott sein und an dem Platz stattfinden, den er extra für seine Wohnung aussuchen wird. Gott, dein Chef, ist nur für dich und beschenkt dich, indem er dir bei deiner Ernte und bei den anderen Sachen, die du arbeitest, Erfolg schenkt. Da drüber kannst du dich bei dieser Party mal voll freuen. 16 Dreimal im Jahr sollen alle Männer von den Israeliten bei Gott vorbeischauen. Den Ort, wo das sein wird, muss er noch klarmachen. Einmal sollen sie das machen, wenn die Party mit den Fladenbroten gefeiert wird, dann bei der Ernteparty und dann auch bei der Blätterbudenparty. Jeder, der kommt, soll auch immer etwas mitbringen, das ist klar. 17 Jeder soll ein Geschenk für Gott dabei haben. Wer viel Kohle hat und von Gott fett gesegnet wurde, soll auch was Teures schenken, wer wenig hat, eben etwas Billiges."

Wie ein Richter im Gericht drauf sein soll

18 „In jedem Gebiet, wo ihr euch niederlassen werdet, müsst ihr euch Richter aussuchen, dazu ein paar Rechtsanwälte und Staatsanwälte. Sie sollen dafür sorgen, dass bei euch jeder zu seinem Recht kommt. 19 Ihr dürft dabei die Gesetze nicht so hinbiegen, wie ihr gerade lustig seid. Bestechung ist total ungeil, und auch wenn jemand einen guten Ruf hat, kann er genauso verklagt werden wie jemand, der ganz unten ist. Wenn ein Richter bei euch einen Benz von einem Angeklagten geschenkt bekommt, ist der nicht mehr unbefangen, das ist Bestechung, das geht gar nicht! Egal ob du überall in der Schule ne Eins hast oder das große Sportabzeichen in der Tasche, jeder Mensch kann bei Geld schwach werden. Dann verwechselt man schnell mal Recht mit Unrecht. 20 Korrekt zu sein muss für euch das Oberwichtigste werden! Wenn ihr das durchzieht, bleibt ihr auch immer in dem Land wohnen, was Gott euch schenken wird. Keiner kann euch dort dann mehr rausschmeißen. 21 Ihr sollt auch nicht neben dem Altar, dem

Opfertisch von Gott, Figuren von irgendwelchen Pseudogöttern, wie zum Beispiel dieser Aschera, aufstellen. 22 Auch irgendwelche anderen Plastikgötter will ich da niemals rumstehen sehen! Gott kann die nämlich überhaupt nicht ab!"

17

Was tun, wenn Leute Plastikgötter toll finden

1 „Wie gesagt, möchte ich nicht, dass ihr für Gott irgendein Tier mit einer Behinderung opfert. Also kein Rind, Schaf oder Ziege, das irgendwie krank oder sonst was ist. Da hat Gott überhaupt keinen Bock drauf. 2–5 Mal angenommen, irgendwo bei euch baut eine Frau oder ein Mann richtig Mist. Er bricht den Vertrag von Gott und fängt an zu so einem Plastikgott zu beten. Oder er kommt plötzlich schräge drauf und fängt an mit der Sonne zu reden oder mit dem Mond oder den Sternen. Ich hab euch das ja verboten … Wenn ihr irgendwo so ein Gerücht hört oder euch jemand einen Brief schreibt, in dem das behauptet wird, müsst ihr das mal checken. Falls das ganze Ding nicht gelogen ist und derjenige wirklich so eine ätzende Sache gebracht hat, dann muss derjenige sterben. So was Ekliges darf bei euren Leuten, den Israeliten, nie und nimmer passieren! Ihr müsst ihn dann vor der Stadt hinrichten lassen. Man braucht aber immer mindestens zwei Zeugen, die das unabhängig voneinander bestätigen. Wenn nur einer so was sagt, zählt das nicht, keiner darf wegen einer Aussage von nur einem Typen getötet werden. 7 Bei dieser Hinrichtung müssen alle Männer mit dem Täter vor die Stadt gehen. Und dann sollt ihr so lange mit Steinen auf den schmeißen, bis der tot ist. Ihr müsst einfach das Ätzende bei euch radikal rausschneiden wie das Angefaulte aus einem Stück Apfel."

Der oberste Gerichtshof

8 „Wenn es bei euch jetzt Streit über eine Sache gibt, die für den Richter vor Ort zu heftig ist, dann soll er damit zu dem Ort gehen, wo die Wohnung von Gott steht. Gott wird den Ort noch bestimmen, wenn ihr im neuen Land angekommen seid. Es geht hier um Fälle von Mord und Totschlag, schwere Körperverletzung, Überfall und Diebstahl. 9 Dort wird der ganze Fall noch mal vor dem Priester aufgerollt oder vor dem obersten Richter, der zu der Zeit gerade Dienst schiebt. Die sollen dann ein Urteil fällen. 10–11 Wenn die dann gesprochen haben, ist das fix, und jeder muss sich da dran halten. Was die entscheiden, wird durchgezogen, und zwar genau so, wie das gesagt worden ist. Nicht schärfer, aber auch nicht schwächer. 12 Falls jemand von euch so prall ist, dass er auf die Entscheidung vom Priester pfeift (der ja immerhin für Gott arbeitet) und auch nicht auf das hört, was der oberste

Richter entschieden hat, dann muss der getötet werden. Alles was link und
böse ist, muss man bei euch rausschmeißen. 13 Jeder muss davon in der
Zeitung lesen können. Erst dann werden sie Respekt haben und sich nicht
mehr mal eben so trauen, etwas zu tun, was nicht in Ordnung ist."

Regeln für den Präsidenten

14 „Wenn ihr dann in dem neuen Land wohnt, das Gott euch schenken wird,
könnte es passieren, dass ihr auch einen Präsidenten haben wollt. Das
haben die anderen Völker in der Gegend ja auch. 15 Dieser Präsident darf
dann aber nur von Gott höchstpersönlich ausgesucht werden. Der Chef wird
jemanden von euch aussuchen, der aus eurem Volk kommt, er darf kein
Ausländer sein. 16 Dieser zukünftige Präsident darf nicht mit zu vielen Autos
rumprotzen. Er muss korrekt drauf sein und darf nicht Leute aus seiner
Firma gegen Geld oder Aktien an andere Firmen ausleihen oder verkaufen,
die ihren Sitz in Ägypten haben. Gott will nicht, dass ihr jemals wieder nach
Ägypten geht, keiner von euch. 17 Der Präsident soll auch nicht mehrere
Frauen haben oder auf Geschäftsreisen oder Partys wild mit anderen Frauen
rummachen. Frauen können nämlich Männer von Gott wegziehen. Und
dann soll er auch nicht gierig sein und zu viel Geld oder Aktienpakete besit-
zen. 18 Wenn er zum Präsidenten gewählt wird, muss er sich die Gesetze
runterladen, ausdrucken und auswendig lernen. Die Priesterfamilie hat
davon immer eine Kopie am Start. 19 Einen Ausdruck muss er immer bei sich
haben und jeden Tag ein Stück da drin lesen. Wenn er das tut, kriegt er Re-
spekt vor Gott, nimmt ihn und seine Gesetze ernst und zieht die auch durch.
20 Und es wird ihn davor beschützen, zu prollig zu werden. Er wird nicht
auf die anderen Israeliten runtersehen und auf den Gedanken kommen, er
sei jetzt der große Held. Wenn er alle diese Regeln durchzieht, wird er lange
über Israel regieren. Und für die Präsidenten, die nach ihm gewählt werden,
gilt das genauso."

18

Wovon die Leute aus dem Familienstamm Levi leben sollen

1 „Die Priester und die übrigen Leute vom Stamm Levi, die Angestellten vom
besonderen Zelt, sollen nichts von dem Land besitzen dürfen wie der Rest
von den Israeliten. Als Ersatz dafür bekommen sie aber etwas von dem Zeug
ab, was Gott geschenkt wird. Sie sollen von den Geschenken und Spenden
an Gott leben. 2 Sie haben kein Anrecht auf Grundbesitz, weil Gott ihr
Grundbesitz ist. Er wird auf sie aufpassen und für sie sorgen, das hat er
ganz fest versprochen. 3 Wenn zum Beispiel jemand Gott eine Kuh oder ein
Schaf oder eine Ziege schenken will, um damit ein Dankopfer durchzuzie-
hen, kriegt der Priester eine vordere Keule, etwas von der Brust und was von

der Leber. Diese Teile stehen dem Priester fest zu. [4] Dazu müsst ihr ihnen von der Ernte die ersten Früchte geben. Also von den Äpfeln, Birnen und Kirschen, aber auch vom Weizen, vom Wein und vom Öl. Und wenn ihr Klamotten einkaufen geht, müsst ihr den Priestern immer was mitbringen oder einen Gutschein schenken. [5] Warum? Gott hat den Familienstamm Levi extra ausgesucht. Sie sollen die Männer aus ihrem Stamm ausbilden, damit sie an seiner Wohnung Dienst schieben. [6] Wenn Leute aus diesem Familienstamm, die ja überall im Land verstreut leben, von irgendwoher an diesen besonderen Ort kommen wollen, den Gott noch für seine Wohnung aussuchen wird, [7] dürfen sie genauso dort arbeiten wie die anderen Levi-Typen auch, die dort in der Nähe wohnen. [8] Sie sollen genauso viel wie sie von den Spenden abkriegen, egal wie viel Geld sie gerade in der Tasche haben, weil sie vor dem Umzug ihre Sachen verkauft haben."

Gott führt seine Leute durch die Ansagen der Prophetentypen

[9] „Wenn ihr in das neue Land kommt, das Gott euch schenken wird, dann lasst euch bloß nicht auf die ätzenden Zauberrituale ein, die diese Leute dort machen, klar? [10] Ich will auch nicht sehen, dass ihr plötzlich auf so schräge Ideen kommt, eure Kinder in einem Opferritual zu verbrennen! Astrologen und andere Esoteriker kriegen bei euch die rote Karte! Menschen, die glauben, man könne mit irgendwelchen Karten oder einem Spiel rausfinden, was in der Zukunft passiert, haben bei euch Hausverbot! [11] Und auf so Leute, die mit Toten labern und irgendwelche Zaubersprüche runterrattern, fährt Gott überhaupt nicht ab. [12] Das ist auch der Grund, warum die Völker aus dem neuen Land von ihm jetzt im hohen Bogen rausgeschmissen werden. [13] Gott ist der Chef, und er ist euer Gott. Ihr gehört ihm, radikal, mit allem was euch ausmacht. [14] Diese Typen, die ihr dort wegjagen werdet, hören auf solche Esos, auf Wahrsager und Astrologen. Zu euch aber sagt Gott selbst, was passieren wird und was ihr tun sollt. [15] Gott wird einen von euch zu so einem Prophetentypen machen, wie ich es bin. Was der sagen wird, ist superwichtig, hört auf ihn! [16] Das war ja auch ein Wunsch von euch, als ihr euch am Horeb-Berg mit Gott getroffen hattet. Eure Anfrage war damals: ‚Wir können das nicht mehr länger aushalten! Gottes Stimme ist viel zu heftig für uns! Und wenn wir noch länger dieses krasse Licht sehen müssen, werden wir sterben!' [17] Damals hat Gott dann geantwortet: ‚Das stimmt voll, was die sagen! [18] Darum will ich noch einen solchen Prophetentypen wie dich aussuchen. Durch seinen Mund will ich dann reden. Der kann den Leuten dann ja die Sachen ausrichten, die ich von ihnen will. [19] Diejenigen, die dann aber auf die Aussagen scheißen, welche dieser Prophetentyp raushaut, die werde ich mir zur Brust nehmen. [20] Wenn aber der Fall mal vorkommt, dass so ein Typ so tut, als würde er etwas von mir ausrichten, das aber gar nicht

stimmt, dann hat er ein fettes Problem. Wenn er plötzlich auf die Idee kommt, Sachen von anderen Göttern auszurichten, erst recht. Auf beides gibt es die Todesstrafe, er wird sofort verurteilt und muss sterben.' [21] Jetzt wollt ihr bestimmt wissen, wie man das unterscheiden kann, ob so ein Wort von einem Prophetentyp von Gott kommt oder nicht. [22] Die Antwort ist ganz einfach: Wenn so einer etwas voraussagt und das Ding passiert nicht, dann hat Gott wohl nicht zu ihm gesprochen, oder? Ist doch klar, das Ganze ist nur in seiner blühenden Phantasie entstanden, und er hat es sich eingebildet. So einen Prophetentyp kannst du knicken, beachte ihn nicht, was der sagt, ist pupsegal."

19

Asylstädte für Leute, die aus Versehen jemanden getötet haben

[1] „Ein Ding sollt ihr fest installieren, wenn ihr in dem neuen Land, das Gott
euch schenken will, alles plattgemacht habt. Und zwar sollen, wenn ihr
dort in die Städte und Wohnungen eingezogen seid, [2] drei Städte von euch
ausgesucht werden, die anders sind als die anderen. Die heißen dann
Asylstädte. [3–6] Du musst dir einen Plan machen und die Kilometerzahl
vom ganzen Land genau berechnen. Du teilst dann das ganze Gebiet in drei Teile. In die dafür ausgesuchten Städte können dann die Leute fliehen, die aus Versehen jemanden getötet haben. Zum Beispiel kann ja mal passieren, dass einer seinem Nachbarn beim Umzug hilft und ihm fällt eine Kiste aus der Hand. Die Kiste trifft den Typen, der unter ihm steht, unglücklich am Kopf, und er bricht sich das Genick. Weil er das nicht absichtlich gemacht hat, kann er sich vor der Rache des Verwandten in so einer Stadt in Sicherheit bringen. Der Verwandte dürfte ihn ja laut Gesetz jetzt auch töten. Der Weg dahin darf nicht zu lange dauern, sonst ist der Verwandte, der ja voll sauer auf den Typen ist, zu schnell da und kann ihn auf halber Strecke abfangen. Der würde ihn dann töten, obwohl er keinen Mord im eigentlichen
Sinne begangen hat. [7] Ihr sollt also drei Städte aussuchen, die für solche
Fälle Schutz bieten können. [8] Das wird erst mal reichen. Irgendwann später
habt ihr dann das ganze Land eingenommen, was Gott euch schenken wird.
[9] Das geht aber nur klar, wenn ihr radikal die Gesetze durchzieht, die ich euch gesagt habe. Ihr sollt euren Gott lieben und immer das tun, was er von euch möchte. Wenn ihr dann das ganze Land eingenommen habt, dann sollt ihr euch noch drei weitere solche Städte aussuchen, damit ihr insgesamt
sechs Asylstädte habt. [10] Ich möchte das, damit in dem neuen Land keiner
sterben muss, der eigentlich nichts verbrochen hat. So was findet Gott richtig ätzend, und ihr hättet echt Mist gebaut, wenn so was bei euch passieren
würde. [11] Wenn aber ein Typ einem anderen aus der Schule mit Freunden im
Park auflauert, ihn übelst verprügelt und der an seinen Verletzungen stirbt,

kann er sich nicht in den Asylstädten verstecken. Falls der dorthin flieht,
12 müssen die Chefs von seiner Stadt ihn dort rausholen lassen. Dann müs-
sen sie den zur Hinrichtung an die Verwandten des Gestorbenen übergeben.
13 Mitleid gibt's da nicht. Wer bei euch absichtlich einen anderen tötet, muss
dafür auch bestraft werden. Wenn ihr das durchzieht, wird es euch in dem
neuen Land immer gutgehen. 14 Dort darf übrigens auch niemand seine
Grundstücksgrenzen verschieben, wenn ihm gerade danach ist. Die sind
schon von den Opas festgesetzt worden."

Wie das mit Zeugen ist, wenn es vor Gericht geht

15 „Falls es mal eine Anzeige gibt und das ganze Ding vor Gericht verhack-
stückt wird, muss die Aussage immer von mindestens zwei Personen bestä-
tigt werden. Egal, um was es bei der Anklage geht. Erst wenn es zwei oder
drei Zeugen gibt, die das Ganze bestätigen, darf jemand auch verurteilt wer-
den. 16 Wenn einer, der angeklagt wurde, behauptet, dass der Typ, der die
Anzeige gemacht hat, weiß, dass er eigentlich unschuldig ist, 17 wird das
Ganze bei der Wohnung von Gott geregelt. Man soll dann den Fall den Pries-
tern oder Richtern vortragen, die zu der Zeit gerade Dienst haben. 18 Die
müssen dann das Ganze auseinanderpulen, und wenn dabei rauskommt,
dass es sich tatsächlich um eine absichtliche Falschaussage handelt, 19 muss
er genau die Strafe abkriegen, die er eigentlich über den anderen bringen
wollte. Solche üblen Gestalten müsst ihr bei euch rausschmeißen! 20 Bei
euch müssen davon alle Wind bekommen. Jeder muss wissen, was mit dem
passiert ist, der so eine Falschaussage gemacht hat. So kriegen die Respekt
vor der Wahrheit, und keiner wird sich mehr trauen, irgendwelche krummen
Sachen durchzuziehen. 21 Und bitte kein Mitleid! Das Ding muss bei euch
einfach gesetzt sein: Jedes Leben wird mit einem Leben bezahlt, jedes Auge
mit einem Auge, jeder Zahn mit einem Zahn, jede Hand mit einer Hand,
jeder Fuß mit einem Fuß usw."

20

Gott ist stärker

1 „Leute, wenn ihr im Krieg plötzlich gegen eine riesen Armee kämpfen
müsst, die mit Kampfhubschraubern, MGs und High-Tech-Panzern ausge-
rüstet ist, braucht ihr keine Panik zu bekommen! Der Gott, der in der Lage
war, euch aus Ägypten zu befreien, kämpft auf eurer Seite! 2 Bevor ihr aber
gegen die in den Krieg zieht, solltet ihr einen Priester dazuholen. Der soll
dann eine Ansage machen und zu euch so etwas in dieser Richtung sagen:
3 „Männer von Israel! Ihr zieht jetzt in den Krieg gegen eure Feinde! Ihr
braucht keinen Schiss zu haben! Keine Panik! Immer locker bleiben, lasst
euch nicht von deren heftigen Waffen beeindrucken! Geht nicht in Deckung,

nur weil die angreifen. [4] Gott wird nämlich höchstpersönlich bei euch am Start sein. Er spielt in eurer Mannschaft, er kämpft auf eurer Seite! Er passt auf euch auf!“ [5] Danach sollen die Männer, die bei euch die Armee organisieren, auch zu den Israeliten sprechen. Sie könnten ungefähr so was vom Stapel lassen: ‚Gibt es bei euch jemanden, der gerade ein Haus gebaut hat und noch nicht einziehen konnte? Geh nach Hause! Du sollst nicht im Krieg sterben, so dass dann jemand anderes in dein Haus einzieht! [6] Gibt es jemanden, der eine neue Firma gegründet hat, bei der gerade viele Bestellungen eingehen? Du sollst erst mal deine Sachen abarbeiten, damit nicht jemand anders deine Firma übernimmt, wenn du jetzt stirbst. [7] Oder gibt es jemanden, der sich gerade mit einer Frau verlobt hat, aber noch nicht heiraten konnte? Der soll erst mal nach Hause gehen, nachher stirbt er im Krieg, und die Frau muss einen anderen Mann heiraten.‘ [8] Und am Ende sollen sie auch noch folgende Ansage machen: ‚Gibt es hier jemanden, der Schiss hat, der voll Angst hat vor den Feinden? Geh nach Hause, Mann! Wäre keine gute Idee, wenn du bei der Armee bleibst und dann andere mit deiner Angst ansteckst.‘ [9] Nachdem sie diese Sachen gesagt haben, müssen sie die Generäle auswählen, die die Truppe anführen sollen.“

Wie man im Krieg Sachen regeln soll

[10] „Bevor ihr einer Stadt den Krieg erklärt und die angreift, stehen Verhandlungen an. Fragt sie, ob man das Ganze nicht auch friedlich regeln könnte. Friedliche Übernahme also. [11] Wenn sie das Angebot annehmen, freiwillig das Rathaus räumen und euch so die Stadt übergeben, müssen sie ab dann das tun, was ihr sagt. Sie werden dann auch für euch arbeiten müssen. [12] Falls sie keinen Bock auf euren Deal haben und lieber kämpfen wollen, dann belagert die Stadt. [13] Und wenn Gott, euer Chef, dafür sorgt, dass ihr den Krieg gewinnt, müssen alle Männer, die in der Stadt leben, sterben. [14] Die Frauen, die Kinder, die Tiere und alles, was die noch so haben, gehören euch. Ihr könnt euch mit den Vorräten der Feinde den Bauch vollschlagen, Gott hat euch das alles geschenkt. [15] So sollt ihr das mit den Städten durchziehen, die weiter von euch entfernt liegen. [16] Wenn diese Stadt aber in dem neuen Land liegt, das Gott euch versprochen hat, dann darf keiner am Leben bleiben. [17] Alle anderen Völker müssen die ‚rote Karte‘ verpasst kriegen. Das hat Gott so angeordnet. Damit mein ich die Hetiter, die Amoriter, die Kanaaniter, die Perisiter, die Hiwiter und die Jebusiter. [18] Das wäre nämlich höchst ungeil, wenn die euch dazu verführen, Gott zu betrügen und die ganzen ätzenden Sachen nachzuäffen, die diese Völker für ihre Plastikgötter abziehen.“

Keine Bäume abholzen
19 „Wenn ihr eine Stadt belagert, bevor ihr gegen sie Krieg führt, dann ist eins
voll wichtig: Sägt nicht die ganzen Obstbäume ab, die auf den Feldern vor
der Stadt stehen! Zersägt die Teile nicht! Gegen die führt ihr ja keinen Krieg,
oder? Und ihr braucht die Äpfel und so auch noch selbst zum Essen! 20 Falls
ihr unbedingt Holz braucht, könnt ihr euch an den Bäumen bedienen, die
keine Früchte haben."

21

Was man macht, wenn die Bullen einen Mord nicht aufgeklärt kriegen
1 „Also, mal angenommen, in dem neuen Land, was Gott euch schenken
wird, findet man morgens eine Leiche im Park. Trotz langer Ermittlungen
kann der Mörder aber nicht festgestellt werden. Was dann? 2 Die Familien-
chefs und die Richter der Gegend, in der die Leiche gefunden wurde, sollen
ausmessen, welche Stadt am nächsten an dem Ort liegt. 3 Dann sollen die
Leute, die in dieser Stadt das Sagen haben, eine junge Kuh organisieren, die
noch nie auf eine große Wiese gelassen wurde. 4 Die Kuh bringen sie in ein
Tal, wo es keine Felder gibt und wo ein Bach durchfließt. Wenn sie da sind,
töten sie die Kuh in dem Bach mit einem Genickschuss. 5 Dann sollen die
Priester dazukommen. Die hat Gott ja extra für den Job an seiner Wohnung
ausgesucht, und die können auch für die Leute krass beten und sie segnen,
ihnen von Gott das Beste wünschen. Außerdem sind sie dafür zuständig,
bei Streit Sachen zu klären, und wenn sich zwei Leute über etwas zoffen, eine
Entscheidung zu treffen. Die Priester gehören übrigens alle zu dem Familien-
stamm Levi. 6 Die Leute von dieser Stadt machen dann so ein Ritual: Sie
waschen ihre Hände bei der toten Kuh im Bach. 7 Dabei sagen sie so einen
Spruch, der für die ganze Stadt gelten soll: ‚Wir sind unschuldig! Unsere
Hände haben mit dem Mord hier nichts zu tun! Wir haben auch keine Ah-
nung, wer diesen Mord begangen hat! 8 Gott, wir bitten dich, dass du uns
nicht die Schuld gibst an dem Mord, der hier passiert ist, und keine ätzenden
Sachen bei unseren Leuten passieren! Sie waren ja unschuldig! Du hast deine
Leute aus Ägypten rausgeholt! Weil du so was kannst, bitten wir dich, dass
wir nicht für dieses Verbrechen bezahlen müssen!' 9 Wenn ihr das so durch-
zieht, ist alles wieder im grünen Bereich, und Gott ist dann damit zufrieden."

Wenn man in eine Frau verknallt ist, die im Krieg erobert wurde
10 „Also, mal angenommen, ihr zieht in den Krieg und Gott schenkt euch
einen Sieg. Was tun mit den Gefangenen? 11 Wenn eine von denen eine total
hübsche Braut ist und jemand die gerne heiraten würde, 12–13 dann ist das
gebongt. Wenn er sie zu sich nach Hause geholt hat, soll das Mädchen aber
erst mal einen Monat da drüber trauern, dass ihre Eltern tot sind. Danach

darf der Typ sie heiraten. [14] Falls er jetzt später keinen Bock mehr auf sie hat, muss er sie gehen lassen, sie ist frei. Er darf sie auch nicht an jemand anderes vermitteln, und sie hat auch nicht die Stellung wie Leute, die mit Knebelverträgen für ihren Chef arbeiten müssen. Er hat sich die Frau ja einfach genommen ohne ihre Einwilligung."

Der erste Sohn hat Sonderrechte

[15] „Wie ist das jetzt, wenn ein Mann sich in zwei Frauen gleichzeitig verknallt hat, aber die eine mehr liebt als die andere. Von beiden hat er aber einen Sohn bekommen. Wenn der Junge, der zuerst geboren worden ist, von der Frau stammt, in die er nicht so richtig doll verknallt ist, [16] darf er bei der Verteilung von dem Erbe an den Sohn der Frau, in die er etwas mehr verknallt ist, trotzdem nicht mehr geben. Er darf nicht die Vorzüge haben, die dem anderen zustehen, der als Erstes geboren wurde. [17] Das ist gesetzt. Er muss dem Sohn von der Frau, in die er nicht mehr so richtig verknallt ist, das Recht lassen, was man als Erster bekommt, der geboren wurde. Er muss doppelt so viel kriegen wie der andere! Ist einfach so: Er ist der Erste, der gezeugt wurde."

Todesstrafe, wenn der Sohn nicht mehr zu retten ist

[18] „Mal angenommen, einer hat einen Sohn, der superschräg drauf ist. Er macht nur Alarm, tut null, was die Eltern ihm sagen, und veranstaltet zu Hause voll den Pogo. Wenn er echt nicht mehr runterkommt und sich einfach nicht ändern will, [19] sollen die ihn mit zu dem Platz schleppen, wo sich das ganze Dorf immer versammelt. Dort wird er den Chefs der Gemeinschaft vorgeführt. [20] Dann sollen beide Eltern ungefähr so sagen: ‚Guten Tag! Das hier ist unser Sohn! Er tanzt uns auf der Nase rum und macht, wie er lustig ist. Er will einfach nicht tun, was wir ihm sagen, er ist ein Hardcore-Alki und ein Junk.' [21] Wenn das so passiert, sollen alle Männer, die in dem Ort leben, ihn töten, indem sie Steine nach ihm schmeißen. Ihr müsst alle fiesen Typen wie ein gammeliges Stück vom Obst bei euch rausschneiden. Wenn das die anderen in Israel erfahren, kriegen sie Respekt!"

Wie jemand beerdigt wird, der die Todesstrafe bekommen hat

[22] „Falls jemand wegen eines Verbrechens die Todesstrafe bekommen hat und man ihn getötet hat, soll man die Leiche an einen Holzpfeiler außerhalb des Wohngebietes hängen. [23] Ihr dürft ihn da aber nicht lange hängen lassen, sondern er muss noch vor 5.00 Uhr unter die Erde gebracht werden. Denn wenn da jemand an einem Pfeiler hängt, hat Gott ganz böse Wünsche für ihn, er ist verflucht. Er würde die ganze Gegend schlecht draufbringen. Ihr sollt das Land nicht verdrecken, was Gott euch geben wird."

22

Keine Scheiß-egal-Haltung, wenn dein Nachbar Probleme hat
1 „Wenn von deinem Nachbarn mal eins seiner Tiere weggelaufen ist, z. B.
ein Rind oder ein Schaf, dann geht dich das auch was an. Du musst ihm
helfen, das Tier wiederzufinden. 2 Falls dein Nachbar weiter weg wohnt oder
ihr euch noch gar nicht richtig kennt, solltest du das Tier in deinen Stall
nehmen, bis der kommt und es wiederhaben will. 3 Genauso sollst du es
auch machen, wenn dir ein Pferd zugelaufen ist. Das Ding zieht auch, wenn
jemand nur mal seine Jacke oder sonst was verloren hat und du die dann
findest. Wenn einer ankommt und Hilfe braucht, sollst du ihm helfen.
4 Solch ein Nachbarschaftsdienst ist auch angesagt, wenn eine Oma mit
ihrer Krücke im Gulli steckenbleibt, dann sollst du ihr helfen."

Noch ein paar Gesetze zu ganz anderen Themen
5 „Ein Mann darf nicht in Frauenklamotten rumlaufen, und eine Frau soll
sich nicht wie ein Mann stylen. Gott, euer Chef, findet solches Transengetue
einfach zum Kotzen. 6 Wenn du mal in irgendeiner Hecke oder auf der Erde
ein Vogelnest siehst, wo eine Vogelmutter auf ihren Eiern brütet, dann lass
die Finger von der Mutter. 7 Ihre Kinder darfst du fangen, aber lass die Mut-
ter wegfliegen. Wenn du das machst, wird es dir immer gutgehen, und du
wirst voll lange leben. 8 Wenn du dir ein Haus mit einem Flachdach baust,
dann muss an den Rand von dem Dach ein Geländer. Denn wenn da mal
jemand runterfällt, bist du schuld und die anderen, die in dem Haus woh-
nen, auch. 9 Wenn du auf einem Berg Wein anpflanzt, dann darf dort nicht
auch noch was anderes angebaut werden. Wer das trotzdem macht und
dabei erwischt wird, muss seine komplette Ernte von diesem Berg den
Priestern abliefern. Das betrifft einmal den ganzen Wein und dann auch die
Früchte von der anderen Pflanze, die angebaut wurde. 10 An deinen Traktor
dürfen nicht zwei Reifen von unterschiedlichen Firmen dran. 11 Deine Klamot-
ten sollten nicht gleichzeitig aus Polyester und aus Wolle sein. 12 An die Enden
von euren Schals müssen Knoten dran, zur Erinnerung an die Gesetze."

Rechtsschutzversicherung für eine Frau, die abgezogen worden ist
13 „Angenommen, ein Mann hat eine Frau geheiratet, aber irgendwann hat
er keinen Bock mehr auf sie. Er möchte sie irgendwie loswerden, 14 lästert
über sie in der Kneipe rum und erzählt so Geschichten wie: ‚Als ich mit mei-
ner Frau das erste Mal Sex hatte, war mir schnell klar: Die war vor mir auch
schon mit anderen Männern im Bett!' 15 Die Eltern der jungen Frau sollen
dann zum Rathaus gehen, wo ihr euch immer trefft, um Versammlungen
abzuhalten. Dort sollen diese den Chefs der Stadt das Beweisstück vorlegen,

welches zeigt, dass ihre Tochter noch Jungfrau war, als sie dem Ehemann übergeben wurde. [16] Der Vater soll dann so was sagen wie: ‚Ich habe meine Tochter diesem Mann als Ehefrau überlassen, aber jetzt will er, dass sie sich vom Acker macht. [17] Er erzählt Lügen über ihren angeblichen Sex vor der Ehe. Wir können aber mit den Blutspuren auf diesem Bettlaken beweisen, das wir von der Hochzeitsnacht behalten haben, dass sie da noch Jungfrau war.' Dann soll der Vater das Laken vorzeigen. [18] Nachdem der Beweis erbracht wurde, muss der Ehemann einen auf die Fresse kriegen. Die Chefs müssen das organisieren. [19] Er muss dem Vater als Entschädigung 12800 Euro bezahlen. Er hat ja schließlich versucht, ein Mädchen vom israelitischen Volk zu dissen. Die Frau muss er dann für immer bei sich wohnen lassen, er darf sie nicht wegschicken, für immer. [20] Was jetzt aber, wenn die Eltern nicht beweisen können, dass ihre Tochter bei der Hochzeit noch Jungfrau war? [21] Dann muss das Mädchen vor dem Haus von ihrem Vater hingerichtet werden. Die Männer aus der Stadt sollen sie mit Steinen beschmeißen, bis sie tot ist. Sie hat sich wie eine billige Hure benommen, hat im Haus von ihrem Vater mit Männer rumgemacht. Solche ätzenden Sachen dürfen bei euch nicht vorkommen."

Wenn einer beim Fremdgehen erwischt wird

[22] „Wenn ein Mann dabei erwischt wird, wie er mit der Ehefrau von einem anderen im Bett ist, dann müssen beide sterben. Solche Sachen müssen bei euch radikal rausfliegen. [23] Wenn ein Typ irgendwo bei euch mit einem Mädchen Sex hat, das noch Jungfrau war, aber einen anderen Mann heiraten sollte, [24] bekommen beide die Todesstrafe. Man soll sie vor die Stadt bringen und dort so lange mit Steinen auf sie schmeißen, bis sie tot sind. Warum? Das Mädchen muss sterben, weil es mitten in der Stadt nicht mal laut um Hilfe gerufen hat. Sie kann also nicht vergewaltigt worden sein. Und der Mann kriegt diese derbe Strafe, weil er einem anderen die Frau weggeschnappt hat, obwohl die schon fest versprochen war. Noch mal Leute: So krasse Sachen müssen bei euch radikal rausfliegen. [25] Nun kann es vorkommen, dass ein Mann eine Frau irgendwo nachts im Park sieht und sie dort vergewaltigt. Dann muss nur er sterben. [26] Das Mädchen hat ja keine Schuld. Sie hat nichts getan, was mit einer Todesstrafe belangt werden müsste. Das ist genau das gleiche Ding, wie wenn ein Mann einen anderen ermordet. [27] Vielleicht hat das Mädchen sogar im Park laut um Hilfe gerufen, aber es war kein Mensch weit und breit, der ihr hätte helfen können. [28] Wenn sich ein Mann ein Mädchen greift, das noch Jungfrau und auch noch nicht verlobt ist, und sie dann vergewaltigt, [29] muss der Täter an den Vater von dem Mädchen erst mal 6500 Euro abdrücken. Dann muss er sie heiraten, weil er sie entjungfert hat. Er darf sich auch nie mehr von ihr scheiden lassen."

23

Wer bei den Gottesdiensten dabei sein darf und wer nicht

1 „Eins noch mal eben vorweg: Kein Sohn darf mit seiner Mutter im Bett lan-
den! 2 Es gibt ein paar Regeln, wer beim Gottesdienst nicht mitmachen darf.
Männer, die keinen Penis oder keinen Hoden mehr haben, weil der abge-
schnitten worden ist, dürfen nicht dabei sein. 3 Auch jemand, dessen Eltern
nicht beide Israeliten waren, darf nicht dabei sein. Das gilt auch für die Kin-
der von denen, und zwar über zehn Generationen hinweg. Sie sind auch
vom Gottesdienst ausgeschlossen. 4 Wer auch nie dabei sein darf, sind Leute
von den Ammonitern und Moabitern. Die haben auf ewig Hausverbot, egal
wie viel Zeit dazwischen liegt. Keiner von denen darf bei unserem Gottes-
dienst mitmachen. 5 Die hatten ja damals keinen Bock, euch mit Wasser
auszuhelfen, als ihr aus Ägypten kamt und durch ihr Land gewandert seid.
Damals hatten die doch sogar noch den Ober-Esoteriker Bileam organisiert,
der extra aus Mesopotamien herkam, um euch gegen Kohle die Krätze an
den Hals zu wünschen und euch zu verfluchen. 6 Gott hatte aber für Bileam
die Lauscher nicht auf Empfang gestellt und machte dann genau das Gegen-
teil. Aus etwas Ätzendem wurde etwas total Gutes, aus einem Fluch wurde
Segen. Gott hat euch nämlich unheimlich lieb. 7 Mit denen sollst du nichts
zu tun haben, keine Verträge mit denen machen und so! Für immer! 8 Bei
den Edomitern ist das total anders. Die musst du nicht beknackt finden,
ganz im Gegenteil. Ihr seid verwandt mit denen, ihr habt ja einen gemeinsa-
men Vorfahren. Und auch die Ägypter gehen in Ordnung. Bei denen hast du
ja viele Jahre als Ausländer gelebt. 9 Wenn von denen jemand bei euch lebt,
dürfen seine Kinder ab der dritten Generation am Gottesdienst teilnehmen."

Wie man die Standorte im Krieg sauber hält

10 „Wenn du in den Krieg ziehst, dann musst du aufpassen, dass alle Solda-
ten bei euch sauber im Sinne Gottes, also ‚rein' sind. 11 Falls zum Beispiel
einem Soldat im Feldbett nachts einer abgegangen ist, muss er den nächs-
ten Tag erst mal draußen bleiben, außerhalb vom Lager. 12 Abends soll er
noch mal richtig duschen gehen, und wenn es dunkel wird, darf er wieder
dazu kommen. 13 Dann müsst ihr Dixi-Klos außerhalb vom Lager aufstellen,
für wenn ihr mal kacken müsst. 14 Die Scheiße muss später immer in ein
Loch geschüttet und verbuddelt werden. 15 Das ganze Lager muss sauber
bleiben, weil Gott, der Chef, bei euch ist. Er ist da, um dich vor deinen Fein-
den zu beschützen, und hilft dir, im Krieg zu gewinnen. Euer Zeltlager soll
darum immer ganz besonders sauber sein, Gott soll nichts finden können,
was ätzend ist. Denn dann wäre er nämlich schnell wieder weg."

Asylantrag

[16] „Wenn ein Ausländer zu euch kommt, weil er politisch verfolgt wird, dann liefert ihn nicht wieder an sein Land aus. [17] Er soll bei euch immer eine Wohnung finden können, wo er leben möchte. Auch in eine der Städte darf der ziehen, du sollst ihm keine Probleme dabei machen."

Was Gott absolut nicht ab kann

[18] „Bei euren Frauen und Männern soll niemand als Tempel-Schlampe für so einen Plastikgott anschaffen gehen. [19] Ihr dürft auch auf keinen Fall Kohle, die von Drogengeschäften, Prostitution oder durch den Verkauf von Pornos oder solchen Sachen kommt, der Kirche spenden! Gott hasst Geld, was aus solchen Quellen kommt. [20] Wer bei euch zu viel Geld hat und das an Leute verleiht: Zinsen von einem aus der eigenen Familie zu nehmen geht einfach nicht! Das Gleiche gilt auch für Gebühren, wenn du irgendwelche Sachen einem anderen Israeliten leihst. [21] Bei einem Ausländer ist das was anderes, da kannst du Zinsen nehmen. Aber nicht von deinen Leuten! Wenn du dich daran hältst, wird Gott dafür sorgen, dass die Sachen, die du tust, immer gut abgehen. Alles, was du in dem neuen Land anpackst, wird auch funktionieren."

Wenn man Gott was verspricht

[22] „Wenn du mit Gott einen Deal machst und ihm dabei irgendwas versprichst, dann musst du das auch durchziehen. Schieb das nicht auf die lange Bank. Solche Versprechen müssen eingelöst werden. Sonst hast du ein Problem, es steht etwas zwischen dir und Gott. Gott nimmt so ein Versprechen immer ernst. [23] Gott besteht nicht da drauf, dass du ihm irgendwelche Versprechen abgibst, das ist kein Problem für ihn. [24] Aber wenn du es freiwillig getan hast, weil du dich ganz alleine dafür entschieden hast, dann gilt das auch."

Was nicht als Klauen zählt

[25] „Wenn du unterwegs bei einem Weinberg vorbeikommst, darfst du dich bedienen. All you can eat, hau rein, bis du platzt. Aber was in die Tupperschüssel tun, um es später zu Hause zu essen, geht nicht. [26] Und wenn du an einem Maisfeld vorbeikommst, kannst du dir gerne ein paar Maiskolben abpflücken. Ist aber nicht in Ordnung, wenn du gleich mit einem Messer ganze Büschel abschneidest und ne Plastiktüte vollstopfst."

24

Wie man sich von seinem Ehepartner scheiden lassen kann

1 „Mal angenommen, ein Mann heiratet eine Frau und nach ein paar Jahren
zoffen sich die beiden immer heftiger und es gibt da einfach Sachen, die
er an ihr total ungeil findet. Er darf ihr dann einen Wisch ausstellen und sie
wegschicken, dann ist er sie los. 2 Wenn jetzt ein anderer Typ die gleiche
Frau kennenlernt und sie heiratet, 3 sie dann aber nach einer Zeit auch mit
so einem Papier in der Hand wegschickt oder er plötzlich stirbt, 4 dann darf
der erste Mann sie nicht mehr als Frau zurücknehmen. Sie ist für ihn nicht
mehr okay, sie ist ‚unrein'. Gott hat auf so was überhaupt keinen Bock. Passt
auf, dass ihr das neue Land durch solche Aktionen nicht für Gott total ver-
dreckt."

Gesetze zum Schutz

5 „Wenn ein Typ heiratet, braucht er ein Jahr lang nicht zum Bund. Er soll ein-
fach genug Zeit für seine Frau haben. 6 Man darf einem Kfz-Mechniker, der
Schulden hat, nicht die Werkstatt wegnehmen. Denn dann würde man ihm
im Grunde alles nehmen, was er hat. Er könnte seine Schulden nie zurück-
bezahlen und sich auch gleich die Kugel geben. 7 Wenn unter euch ein Unter-
nehmer die eigenen Leute mit fiesen Knebelverträgen bis zum letzten Cent
ausnutzt, dann muss er sterben. Diese ätzenden Sachen müssen bei euch
einfach rausgeschnitten werden, wie ein vergammeltes Stück aus einem
Apfel. 8 Wenn jemand diesen ‚Aussatz' hat, diese ätzende, ansteckende
Hautkrankheit, müsst ihr alles genau so durchziehen, wie die Priester euch
das sagen werden! Was die dann anordnen, kommt von Gott! 9 Vergesst
nicht, was mit Mirjam passiert ist. Die wurde ja vom Chef, unserem Gott,
übelst mit dieser Krankheit bestraft, weil sie nicht das getan hat, was Gott
von ihr wollte. 10 Wenn du einem von deinen Leuten Kohle leihst, ist es nicht
okay, sich irgendetwas aus seiner Wohnung als Pfand zu greifen. 11 Warte
vor der Haustür, bis er rauskommt und dir das Pfand gibt. 12 Und wenn der
Typ jetzt echt überhaupt nichts Wertvolles mehr hat, darfst du ihm seine
Penntüte auch nicht als Pfand über Nacht wegnehmen. 13 Wenn es dunkel
wird, muss sie wieder bei ihm sein, damit er da drin schlafen kann. Er wird
dann für dich beten, und du wirst vor Gott sehr gut dastehen. 14 Falls mal ein
Langzeitarbeitsloser tageweise bei dir arbeiten will, dann darfst du ihn nicht
abziehen. Egal, ob das einer von euren Leuten ist oder ein Ausländer. Er
muss korrekt behandelt werden. 15 Zahl ihm die Kohle nach der Arbeit sofort
aus, denn der braucht sie ja und wartet dann schon voll da drauf. Wenn du
das nicht machst, könnte er sonst eine Beschwerde bei Gott über dich ein-
reichen, und der findet das total daneben. 16 Mit der Todesstrafe ist das so,

dass nur der belangt wird, der auch verurteilt wurde. Seine Familie hat damit nichts zu tun. Jeder ist für sich selbst verantwortlich, die Eltern für sich und die Kinder auch für sich. Jeder soll nur für seine eigene Schuld bestraft werden. [17] Noch ein paar Fakten: Ausländern darf man bei euch ihr Recht nicht streitig machen. Für Kinder, die keine Eltern mehr haben, gilt das genauso. Und wenn eine Frau ihren Mann verloren hat, soll man ihr nicht auch noch die Kleidung wegpfänden. [18] Nicht vergessen, Leute: Ihr wart auch mal Ausländer in Ägypten und habt unter heftigen Knebelverträgen dort wie blöd geschuftet. Gott hat euch da schließlich rausgeholt. Darum müsst ihr euch an diese Dinge halten. [19] Beim Ernten schafft man es ja oft nicht, wirklich alles vom Feld aufzulesen. Die Reste sollen ab sofort für die Menschen dort liegenbleiben, die sonst verhungern müssten. Ausländer ohne Job, Kinder ohne Eltern, Frauen, wo der Mann gestorben ist. Wenn ihr das so macht, freut sich Gott, und er wird alles, was ihr tut, voll unterstützen. [20] Wenn bei euch Apfelernte angesagt ist, dann schüttelt den Baum so lange, bis die Äpfel auf dem Boden liegen. Was oben in den Ästen hängen bleibt, ist für diese Leute bestimmt. [21] Und bei der Weinernte sollt ihr es ähnlich machen. Nachdem man die Trauben abgepflückt hat, sollen die Reste einfach hängen bleiben. Das ist auch für diese Leute gedacht. [22] Nicht vergessen: Euch ging es auch mal dreckig, damals in Ägypten! Ihr musstet unter miesesten Bedingungen dort arbeiten. Darum sollt ihr das so machen, wie ich es euch gerade gesagt hab."

25

Sozialstunden und ein paar Regeln zum Schutz von Menschen

[1] „Angenommen zwei Männer ziehen vor Gericht. Dann soll der Richter eine gerechte Bestrafung für den finden, der im Unrecht ist, und den freisprechen, der recht hat. [2] Wenn jetzt der Verlierer vom Richter vierzig Sozialstunden aufgebrummt bekommt, dann muss der Typ auch diese ganzen vierzig Stunden abarbeiten. Die Arbeitszeit muss schriftlich belegt werden und soll nur so lange gehen, wie sie seiner Schuld entspricht. [3] Vierzig Sozialstunden ist dabei noch okay. Was da drüber liegt, aber nicht mehr. Denn das könnte für den am Ende peinlich werden, und seine Freunde würden ihn auslachen. [4] Wenn ein Pferd bei der Ernte hilft, sollst du ihm nicht das Maul zubinden, damit es von dem Futter fressen kann, was überall rumliegt.
[5] Wenn zwei Brüder auf demselben Grundstück wohnen und einer von ihnen stirbt, ohne vorher Söhne bekommen zu haben, dann soll sich seine Frau nicht irgendeinen anderen Typen suchen, der nicht aus der Familie stammt. Der Bruder, der noch lebt, hat die Pflicht, sich um sie zu kümmern und sie zu heiraten. [6] Der erste Sohn, den sie dann von ihm bekommt, ist wie ein Sohn vom ersten Mann. Er wird alles erben und den Nachnamen weiter-

geben, damit der nicht ausstirbt. 7 Weigert sich der Bruder aber, die Frau
zu heiraten, kann sie Beschwerde bei den Chefs vom Ort einlegen. ‚Mein
Schwager lehnt es ab, mich als Ehefrau zu nehmen und damit auch dafür zu
sorgen, dass der Nachname von meinem verstorbenen Mann nicht aus-
stirbt!‘ 8 Dann sollen die Chefs den Typen holen lassen. Wenn der jetzt
immer noch keinen Bock auf die Alte hat, 9 soll die Frau in dem Augenblick,
wo die Chefs auch da sind, dem Typen einen Schuh ausziehen, ihm in die
Fresse rotzen und sagen: ‚So macht man das mit Leuten wie dir, die sich
weigern, dafür zu sorgen, dass die Familie vom eigenen Bruder nicht aus-
stirbt!‘ 10 Man wird den Typen dann bei euren Leuten nur noch den ‚Mann,
dem ein Schuh fehlt‘ nennen. 11 Wenn es zwischen zwei Männern mal einen
heftigen Streit gibt und die Frau von dem einen geht dazwischen und haut
dem anderen Typen dabei voll auf die Eier, 12 dann gibt’s dafür nur eine
gerechte Strafe: Ihre Hand muss abgehackt werden. 13–14 Im Verkauf, beim
Abmessen von Waren, darfst du nicht bescheißen. Deine Waage muss der
GS-Norm entsprechen und TÜV-geprüft sein. Jede Waage bei dir muss den
gleichen Wert anzeigen, wenn man ein Kilo draufstellt. 15 Auch deine Liter-
anzeige auf den Gläsern und Messbechern soll stimmen. Wenn du das
machst, wirst du lange in dem neuen Land leben können, was Gott dir
schenken wird. 16 Denn Leute, die so was nicht machen und andere auf die
Art abziehen, findet Gott superätzend.“

Rache an den Amalekitern

17 „Ihr dürft nie vergessen, wie die Amalekiter euch übelst abgezockt haben,
als ihr auf dem Weg aus Ägypten kamt. 18 Als ihr noch geschwächt und
fertig von der heftigen Tour wart, kamen sie einfach von hinten an und
haben die Leute von euch plattgemacht, die keine Kraft mehr hatten. Gott
und seine Gesetze waren denen pupsegal. 19 Wenn Gott euch das ganze
Land geschenkt hat, was er euch geben will, und ihr alle Feinde um euch
rum besiegt habt, dann müsst ihr euch um diese Amalekiter kümmern.
Löscht die endgültig von der Festplatte! Da darf keiner mehr übrig bleiben,
macht das gründlich! Das dürft ihr nicht vergessen, klar?“

26

Wie man Gott die ersten Früchte und die 10 Prozent der Ernte schenkt

1 „Wenn du in dem neuen Land lebst, das Gott dir schenken wird, und du
dich da ein bisschen ausgebreitet hast, 2 sollst du die ersten Früchte von
deiner Ernte in eine Tüte packen und die zu dem besonderen Ort bringen,
den Gott euch noch zeigen wird. An diesem Ort wird Gott später in einem
ganz besonderen Haus bei euch wohnen. 3 Geh damit zu dem Priester,
der gerade Dienst schiebt, und sag ihm: ‚Hallo! Ab heute ist es amtlich: Wir

sind tatsächlich in dem Gebiet gelandet, das Gott schon vor Ewigkeiten unserer Familie versprochen hatte!‘ 4 Wenn der Priester die Tüte angenommen und vor den Opfertisch, den Altar, gestellt hat, 5 sollst du vor Gott eine klare Ansage machen. Bekenne ihm Folgendes: ‚Mein Vorfahr war ein Aramäer ohne festen Wohnsitz. Er zog nach Ägypten und lebte dort als Ausländer mit ein paar Leuten. Dann bekamen sie aber sehr viele Kinder und wurden immer stärker und mächtiger. 6 Die Ägypter haben uns wie den letzten Dreck behandelt. Sie nahmen uns die Pässe ab und brummten uns Zwangsarbeit auf. 7 Dann haben wir angefangen wie blöd zu dir, Gott, zu beten. Wir schrien zu dem Gott, zu dem schon unsere Väter immer gebetet hatten. Du hast auf uns gehört, du hast mitgekriegt, dass man uns alle Rechte weggenommen hatte. Und du hast auch die harte Arbeit unter miesesten Bedingungen mitbekommen, die wir dort leisten mussten. 8 Darum hast du uns aus Ägypten rausgeholt. Und du hast das mit krassen Wundern gemacht, du hast gezeigt, was alles in dir steckt, du hast deine Muskeln spielen lassen. Die Ägypter kriegten alle mit, was du an Wundern drauf hast.
9 Gott, du hast uns bis hierher gebracht und uns dieses neue Land geschenkt. Ein Land, in dem es alles gibt, was man sich wünscht, und davon reichlich. 10 Dieses Land hast du uns geschenkt‘. Dann legst du die Tüte vor den Altar und verbeugst dich einmal ganz tief vor Gott und machst damit klar, dass du Respekt vor ihm hast. 11 Du kannst dich echt total freuen an den krassen Sachen, die Gott dir und deiner Familie geschenkt hat. Die Levi-Leute und die Ausländer, die bei euch leben, sollen von den guten Sachen auch was abbekommen.“

Ein Gebet, was man sprechen soll, wenn die Leute von der Suppenküche oder „der Tafel“ kommen

12 „Alle drei Jahre müsst ihr 10 Prozent von eurer Ernte in einer Halle im Ort sammeln. Von dem Zeug sollen dann die Levi-Leute, die Ausländer, die Kinder, die keine Eltern mehr haben, und die Hartz-IV-Empfänger leben. Das muss exakt laufen. Wenn jeder seinen Teil abgeliefert hat, 13 soll man mit ein paar Leuten eine kleines Gebet sprechen, mit dem man das Ganze Gott übergibt. Der Text dafür geht so: ‚Ich habe alles, was sowieso dir gehört, hier abgeliefert. Die Levi-Leute, Ausländer, die Kinder ohne Eltern und die Hartz-IV-Empfänger sollen sich da dran bedienen. So, wie du gesagt hast, dass wir es machen sollen, so habe ich es auch durchgezogen. 14 Ich hab auch nichts davon genascht, als bei uns einer aus der Familie gestorben ist. Ich hab nichts davon genascht, als ich dreckig, also ›unrein‹ gewesen bin. Ich hab nichts davon einem Toten bei der Beerdigung mit ins Grab geschmissen. Ich hab alles genauso durchgezogen, wie Gott, mein Chef, es gesagt hat. 15 Schau uns vom Himmel aus zu und gib uns Kraft! Sorg dafür, dass

dieses neue Land uns Glück bringt. Dieses Land ist so fett, da gibt es alles, was man sich wünscht, und davon reichlich. Du hattest es ja schon vor Ewigkeiten unserer Familie versprochen!‘“

Der Vertrag zwischen Gott und seinen Leuten

16 „Ab heute macht Gott das Ding mit euch fest. Er unterschreibt euch seinen Vertrag, und ihr sollt ihn auch unterschreiben. Ab sofort müsst ihr euch
da radikal dran halten, sie sollen euch superwichtig sein. 17 Ab heute habt
ihr dem Vertrag von Gott zugestimmt. Er hat euch gesagt: ‚Ich bin euer Gott, und ich möchte, dass ihr immer genau das tut, was ich euch gesagt habe
und sagen werde.‘ 18 Ihr habt diesen Vertrag unterschrieben und habt damit
klargemacht, dass ihr sein Angebot annehmt. Ihr wollt sein Volk sein, und ihr wollt alle seine Gesetze durchziehen und danach leben. 19 Ihr seid damit
einverstanden, dass ihr ein ganz besonderes, gottmäßiges Volk seid, anders als die anderen Völker, die er auch gemacht hat. Ihr gehört nur Gott, radikal, und ihr sollt seine Spezialtruppe sein, sein ganz besonderes Schmuckstück. So will er das, und das ist seine Ansage.“

27

Ein Denkmal aus Stein zur Erinnerung

1 Mose und die Chefs von den Familienstämmen machten den Israeliten folgende Ansage: „Zieht die Gesetze radikal durch, die ich euch heute gebe!
2 Nachdem ihr über den Jordanfluss gegangen seid, um in das Land zu gehen, was Gott euch schenken will, müsst ihr drüben erst mal ein großes Denkmal aufbauen. Dafür braucht ihr große Steine, die weiß angemalt
werden. 3 Auf die Steine müsst ihr dann die Gesetze draufschreiben. Wenn ihr das macht, werdet ihr gut in das neue Land reinkommen. Es ist das beste Land, was ihr euch vorstellen könnt, da gibt es alles, was man braucht, und davon reichlich. Gott hat es ja schon euren Uropas fest versprochen.
4 Wenn ihr also über dem Jordanfluss seid, müsst ihr dieses Denkmal auf
dem Berg Ebal aufbauen und mit weißer Farbe anmalen. 5–6 Daneben sollt
ihr einen Opfertisch, einen Altar, bauen. Das Teil muss aus normalen Steinen bestehen, die nicht irgendwie vorher schon mal bearbeitet worden sind. Und du darfst nicht mit einem Werkzeug aus Eisen dran arbeiten. Auf dem
Steintisch sollt ihr dann für Gott Abfackelopfer durchziehen. 7 Dankopfer
sollen dort auch gegrillt und lecker verspachtelt werden. Ihr könnt richtig
Spaß dabei haben. 8 Auf die Steine von dem weißen Denkmal müsst ihr aber
unbedingt in Schönschrift die Gesetze draufschreiben!“

Der Vertrag zwischen Gott und seinen Leuten

9 Als dann die ganzen Priester hinter Mose standen, sagte er zu den Israeli-
ten: „Jetzt passt mal gut auf, liebe Leute aus Israel! Heute seid ihr erst rich-
tig zu Gottes Spezialtruppe geworden, jetzt gehört ihr ganz eurem Gott!
10 Darum zieht alle Sachen radikal durch, die von ihm kommen. Lebt nach
seinen Gesetzen und Regeln, die ich euch heute noch mal erklären werde!"
11 Mose redete weiter:
12 „Wenn ihr über den Jordanfluss drüber seid, sollen
sich die Familienstämme Simeon, Levi, Juda, Issachar, Josef und Benjamin
auf dem Berg Garizim aufstellen.
13 Gegenüber, auf dem Berg Ebal, müssen
die Familienstämme Ruben, Gad, Ascher, Sebulon, Dan und Naftali stehen.
14 Die Levi-Leute sollen dann laut über alle Israeliten folgende Fluchsprüche
aufsagen:
15 ‚Verflucht! Das gilt für jeden, der sich einen Pseudogott bastelt,
z. B. aus Plastik oder Holz. Diese Teile haben Menschen gemacht, und Gott
findet sie total beknackt.' Und alle Leute sollen da drauf antworten: ‚So passt
es, wir sind dabei!'
16 ‚Verflucht! Das gilt für jeden, der seinem Vater und
seiner Mutter keinen Respekt gibt!' Die Leute sollen dann antworten: ‚So
passt es, wir sind dabei!'
17 ‚Verflucht! Das gilt für jeden, der versucht, seine
Grundstücksgrenze zum Nachbarn heimlich zu verschieben.' Die Antwort
lautet wieder: ‚So passt es, wir sind dabei!'
18 ‚Verflucht! Das gilt für jeden,
der einem Blinden, wenn er nach dem Weg fragt, mit Absicht in die falsche
Richtung leitet.' Alle sagen wieder: ‚So passt es, wir sind dabei!'
19 ‚Verflucht!
Dieser Fluch gilt für jeden, der einem Ausländer, einem Arbeitslosen und
einem Hartz-IV-Empfänger nicht das gibt, was ihm rechtlich zusteht.' –
‚So passt es, wir sind dabei!', antworten alle.
20 ‚Verflucht! Dieser Fluch gilt
für jeden Mann, der Sex mit seiner eigenen Mutter oder seiner Stiefmutter
hat!' Alle sagen da drauf: ‚So passt es, wir sind dabei!'
21 ‚Verflucht! Dieser
Fluch gilt für jeden, der auf Sex mit Tieren steht!' – ‚So passt es, wir sind
dabei!', antworten alle.
22 ‚Verflucht! Dieser Fluch gilt für jeden, der Sex mit
seiner Schwester oder auch Halbschwester hat!' Die Antwort lautet wieder:
‚So passt es, wir sind dabei!
23 ‚Verflucht! Dieser Fluch gilt für die Männer,
die mit ihrer Schwiegermutter schlafen!' – ‚So passt es, wir sind dabei!',
rufen die anderen.
24 ‚Verflucht! Dieser Fluch gilt für den Mörder, der nachts,
wenn keiner zusieht, jemanden tötet.' – ‚So passt es, wir sind dabei!', lautet
die Antwort.
25 ‚Verflucht! Dieser Fluch gilt für Auftragsmörder, die sich dafür
bezahlen lassen, Unschuldige zu töten.' Alle antworten: ‚So passt es, wir
sind dabei!'
26 Und zum Schluss kommt: ‚Verflucht! Dieser Fluch gilt für
jeden, dem diese Gesetze egal sind und der sich nicht dran hält.' Und alle
Israeliten sagen: ‚So passt es, wir sind dabei!'"

28

Was passiert, wenn man tut, was Gott sagt, und was, wenn nicht
1 Mose sagte dann noch zu den Israeliten: „Also, wenn ihr auf Gott hört und
euch radikal an die Sachen haltet, die er durch mich zu euch gesagt hat, wird
Gott euch zur absoluten Nummer eins unter allen Völkern machen, die es
auf der Erde gibt. 2 Gott wird euch überschütten mit Geschenken, wenn ihr
die Ansagen von ihm respektiert und radikal durchzieht. 3 Egal ob du in der
Stadt arbeitest oder auf dem Land, Gott wird dich fett beschenken. 4 Du
wirst zum Beispiel gesunde Kinder kriegen. Und du wirst jedes Jahr große
Ernten einfahren. Deine Kühe und Schafe werden sich wie blöd vermehren.
5 Du wirst immer genug im Kühlschrank haben, es wird immer Brot und
Kuchen in deinem Küchenschrank geben. 6 Wenn du unterwegs bist, klappt
alles wie am Schnürchen. Dir wird auf der Reise nie was passieren. 7 Andere
Völker, die gegen dich Krieg führen wollen, wird Gott einfach plattmachen.
Wenn sie aus einer Richtung ankommen, um gegen euch zu kämpfen, wer-
den sie in sieben Richtungen in Panik vor euch fliehen. 8 Gott wird dafür sor-
gen, dass eure Schränke immer voll mit Lebensmitteln sind. Er sorgt dafür,
dass alles, was ihr anpackt, funktioniert. Er steht hinter euch und fördert
euch, wenn ihr in dem neuen Land seid, was er euch geben wird. 9 Und Gott
wird aus euch seine ganz eigenen Leute machen, ihr seid seine Spezial-
truppe. Das hat er ganz fest versprochen. Du musst dich aber an seine
Gesetze halten und so leben, wie er es richtig findet. 10 Wenn ihr so lebt, wer-
den alle anderen Völker, die auf der Erde leben, bald kapieren, dass ihr ganz
Gott gehört, und alle werden Respekt vor euch haben. 11 Gott wird euch mit
vielen Kindern beschenken. Und auch eure Tiere und die Ernten – alles wird
super abgehen, und ihr werdet richtig viel Geld haben, wenn ihr in dem
neuen Land lebt. Dieses Land hatte er schon vor Ewigkeiten euren Familien
versprochen. 12 Und dann wird Gott seine Reservespeicher aufmachen. Er
wird dafür sorgen, dass es immer genau zur richtigen Zeit bei euch regnet,
damit die Sachen, die ihr anpflanzt, auch gut wachsen können. Es wird
immer genug Essen bei euch geben, ihr werdet sogar so viel ernten, dass ihr
anderen Nationen immer was ausleihen könnt. Ihr selbst werdet euch nie
was von anderen leihen müssen. 13 Gott wird euch eine Führungsposition
geben, ihr werdet andere beeinflussen und nicht anderen nachlaufen. Ihr
werdet ganz vorne mitspielen und nicht absteigen, wenn ihr die Dinge
durchzieht, die Gott euch gesagt hat. Diese Gesetze müsst ihr heute unter-
schreiben. 14 Auf keinen Fall dürft ihr weich werden, ihr dürft nicht rumeiern,
ihr dürft nicht plötzlich irgendwelchen Pseudogöttern hinterherlaufen und
für die irgendwas tun.“

Was passiert, wenn man nicht tut, was Gott will
15 „Wenn euch aber die Sachen, die Gott will, egal werden und ihr euch nicht
an die Gesetze und Regeln haltet, die ich euch gesagt habe, dann wird genau
das Gegenteil passieren. Es wird euch nicht gutgehen, sondern richtig
ätzend. 16 Egal ob ihr in der Stadt oder auf dem Land wohnt, es wird euch
dreckig gehen. 17 Eure Kühlschränke werden leer sein, noch nicht mal Dosen
kann man im Essensschrank finden. 18 Eure Kinder werden tödliche Krank-
heiten bekommen und sterben. Ihr werdet total schlechte Ernten einfahren,
und auch die Viehzucht geht den Bach runter. 19 Ihr werdet umziehen, weil
es euch an dem Ort total mies geht, aber an dem neuen Ort warten noch viel
ätzendere Sachen auf euch. 20 Gott wird dann dafür sorgen, dass alles, was
ihr anfasst, in die Grütze geht. Und das wird er so lange machen, bis ihr fer-
tig und am Ende seid. Weil ihr dann Gott total lächerlich gemacht habt mit
euren miesen Aktionen, wird es mit euch ganz bald zu Ende sein. 21 Er wird
Krebs, die Pest und Cholera zu euch schicken, bis ihr alle tot seid. Das wird
so lange gehen, bis keiner mehr übrig ist, der in dem neuen Land leben
könnte, in das ihr jetzt ziehen werdet. 22 Gott wird euch Fieber, Grippe und
fiesen Husten schicken. Er wird die Sonne so vom Himmel runterknallen
lassen, dass alles auf der Erde vertrocknet. Eure Ernten werden voll Schim-
mel und Läusen sein. Dieser ganze Ärger wird euch so lange verfolgen,
bis keiner mehr von euch übrig ist. 23 Die Luft wird so megadrückend und
schwül sein, und der Boden wird austrocknen und knochenhart werden.
24 Anstatt dass es regnet und Wasser aus dem Himmel kommt, werden nur
Staub und Asche überall rumfliegen. Das geht so lange, bis ihr alle tot seid.
25 Gott wird euch vor den Augen euer Feinde einfach plattmachen. Ihr werdet
nur aus einer Richtung angreifen und müsst in sieben Richtungen vor denen
fliehen. Die anderen Völker werden in den Nachrichten davon hören, und
man wird euch als abschreckendes Beispiel benutzen. 26 Im Krieg werden
auf den Feldern überall eure Leichen rumliegen, und die Elstern und Ratten
werden sich da dran satt essen. Keiner wird sie verscheuchen. 27 Gott wird
euch mit den gleichen Krankheiten bestrafen, wie er es damals mit den
Ägyptern gebracht hat. Hautausschlag, Schuppenflechte und solche Sachen
werdet ihr bekommen, und keine Pille oder Salbe wird euch davon heilen
können. 28 Er wird euch mit totaler Verblödung, Wahnsinn und auch schwe-
rer Depression bestrafen. 29 Irgendwann werdet ihr total die Peilung verloren
haben und euch nicht zurechtfinden, obwohl es erst mittags ist. Alles, was
ihr anfassen werdet, geht in die Grütze, ihr habt einfach kein Glück mehr.
Man wird euch überall ausbeuten, ihr werdet mies behandelt werden, und
es gibt keinen, der euch helfen würde. 30 Wenn sich jemand in eine Frau ver-
knallt hat und sich mit ihr verlobt, wird sie fremdgehen und mit einem ande-
ren im Bett landen. Wenn jemand ein Haus baut, geht er beim Bauen pleite

und muss es am Ende zwangsversteigern. Jemand anderes wird in seinem
Haus wohnen. Einer gründet eine Firma, investiert seine ganze Kohle, aber
er geht bankrott. [31] Die ganze Ware wird bei Ebay versteigert, aber er kriegt
nicht einen Cent vom Gewinn. Sein Auto wird vor seinen Augen abge-
schleppt und ins Ausland verkauft. Man bricht bei ihm ein und klaut seine
ganzen Sachen, aber die Bullen kommen noch nicht mal vorbei und wollen
auch keine Anzeige aufnehmen. [32] Eure Kinder hauen von zu Hause ab und
werden drogenabhängig, eure Töchter gehen sogar anschaffen. Ihr werdet
fast vor Sehnsucht nach euren Kindern sterben, aber ihr könnt nichts dage-
gen machen, ihr seid hilflos. [33] Eine Nation von der anderen Seite der Erde
wird alles, wofür ihr hart gearbeitet habt, einfach übernehmen. Man wird
euch die ganze Zeit mies behandeln und euch keine Chance geben. [34] Wenn
ihr das alles erlebt, werdet ihr fast durchdrehen, weil es euch so weh tut.
[35] Gott wird euch von oben bis unten mit fiesem Ausschlag und Eiterbeulen
bestrafen, gegen die kein Hautarzt der Welt ein Mittel hat. [36] Dann wird
ein Kriegsgegner euch und euren Präsidenten komplett abführen und euch
woanders ansiedeln. Das wird ein Land sein, wo ihr noch nie vorher was
drüber gehört habt. Dort wird man euch zwingen, zu Plastikgöttern zu beten.
[37] Bei diesen Völkern wird man euch verarschen, ihr werdet zur Lachnummer
der Nation. Man wird euch als abschreckendes Beispiel im Unterricht benut-
zen, wie man es nicht machen sollte. [38] Wenn ihr versucht, Sachen anzu-
bauen, könnt ihr euch anstrengen, wie ihr wollt, aber es wird nur ganz wenig
bei rumkommen. Dabei werden die Insekten eure ganzen Ernten wegfres-
sen. [39] Ihr werdet euer Geld in Aktien anlegen, aber dann gibt es einen Bör-
sencrash, und ihr habt alles verloren. [40] Überall in der Welt wird man Wirt-
schaftswachstum erleben, nur bei euch nicht, da geht alles pleite. [41] Ihr
werdet schon Kinder bekommen, aber die werden in komische Szenen abrut-
schen, sie werden Junkies oder von anderen Sachen süchtig. [42] Alle Bäume,
die bei euch wachsen, die Äpfel- und Birnenbäume, werden von Läusen be-
fallen und zerfressen werden. [43] Die Ausländer bei euch werden sich immer
stärker vermehren. Sie werden immer erfolgreicher in der Wirtschaft und
auch immer mehr Macht bekommen, während es mit euch weiter bergab
geht. [44] Ihr habt nichts, was die von euch leihen wollen, aber ihr braucht
Sachen von denen, die sie euch ausleihen müssen. Ihr werdet irgendwann
abhängig von denen sein, und plötzlich regieren sie euer ganzes Land und
nicht mehr ihr. [45] Diese ätzenden Dinge werden bei euch passieren, sie wer-
den euch verfolgen, bis ihr komplett plattgemacht seid. Das kann aber nur
passieren, wenn ihr nicht auf Gott hört, wenn euch seine Gesetze total egal
werden und ihr nicht so lebt, wie Gott es gut findet. [46] Jeder bei euch wird
dann erkennen, wie das ist, wenn Gott gegen einen ist und einen verflucht
hat. [47] Wenn ihr keinen Bock drauf habt, für Gott zu leben, wenn bei euch

keine Freude aufkommt und es euch keinen Spaß macht, weil er euch dabei
so fett beschenkt hat, wird sich das gegen euch wenden. 48 Ihr werdet den
Leuten, die euch kaputtmachen wollen, sogar dienen müssen. Gott wird
Feinde gegen euch organisieren, ihr werdet Hunger und Durst haben, keine
Klamotten zum Anziehen, es wird an allen Ecken und Enden was fehlen.
49 Von der anderen Seite der Erde wird eine Nation ankommen und gegen
euch Krieg führen. Ihr könnt noch nicht mal deren Sprache verstehen. Die
kommen mit Flugzeugen und Raketen aus dem Himmel angeschossen.
50 Die kennen das nicht, einfach mal nett zu sein. Sie werden brutalst vor-
gehen, ohne Rücksicht auf Kinder oder Rentner. 51 Sie werden sich an euren
Gütern bedienen, eure Lebensmittelproduktion wird komplett in ihre Hände
fallen. Dabei lassen sie nichts für euch übrig, so dass ihr verhungern müsst.
52 Dieser Feind wird euch in euren Städten belagern, sie ziehen den Ring
einfach zu. Den Schutz, auf den ihr euch verlassen habt, werden sie kaputt
machen, sie kämpfen so lange, bis die Schutzmauer zerstört ist. Das wird
überall passieren, im ganzen Land, das Gott euch noch schenken wird.
53 Wenn der Feind eure Städte belagert, kommen keine Lebensmittel mehr in
die Städte. Darum werdet ihr so einen Hunger schieben, dass ihr sogar eure
eigenen Kinder auf den Grill schmeißt. Die Kinder, die Gott euch geschenkt
hat, werdet ihr essen. 54–55 Typen, die vorher nur im 5-Sterne-Restaurant
gegessen haben, werden ihren eigenen Sohn zum Abendbrot schlachten und
in den Ofen stecken. So jemand wird so heiß auf das Fleisch seines Sohnes
sein, dass er es wie wild verteidigen wird. Seine Familie, auch nicht seine
geliebte Frau, wird auch nur ein Stück von ihm abkriegen. So derbe wird es
abgehen in den Städten, die von euren Feinden belagert werden. 56 Die feine
Modeprinzessin, das Topmodel, die sich zu schön war, nur einmal ungestylt
spazieren zu gehen, wird voll neidisch auf ihren Mann oder ihre Kinder wer-
den. Warum? 57 Weil diese sich bei der Geburt des nächsten Kindes sofort
den Mutterkuchen gegriffen haben, der nachher aus ihrer Gebärmutter
gekommen ist! Den wollen sie nämlich am liebsten sofort verspachteln.
Darum wird die Mutter irgendwo heimlich im Keller ihre Kinder zur Welt
bringen, damit sie den Mutterkuchen anschließend für sich alleine hat. Sie
hat einfach nichts mehr zu essen im Haus, weil der Feind die Stadt komplett
einschließt. 58 Ihr müsst also da drauf aufpassen, dass ihr totalen Respekt
vor Gott und seinem Namen habt! Ihr müsst mit Respekt die Dinge durch-
ziehen, die er in diesem Buch hat aufschreiben lassen. 59 Wenn ihr das nicht
tut, wird Gott euch und eure Kindern mit ganz üblen Krankheiten bestrafen,
gegen die es keine Pillen oder sonst was gibt. 60 Die fiesen Krankheiten, die
ihr damals bei den Ägyptern gesehen habt und vor denen ihr auch Schiss
hattet, werden dann auch bei euch ausbrechen. 61 Dazu wird er noch die
Krankheiten, die hier in diesem Buch noch nicht einmal aufgeschrieben wur-

den, bei euch vorbeischicken, bis es euch nicht mehr gibt. 62 Anstatt dass
ihr euch so krass vermehrt, dass man euch nicht mehr zählen kann, so wie
Sand am Meer, werdet ihr ein unbedeutender kleiner Haufen sein. Das pas-
siert, wenn ihr nicht das tut, was Gott von euch möchte. 63 Wenn es Gott
früher totalen Spaß gemacht hat, euch zu beschenken und dafür zu sorgen,
dass ihr ganz viele Kinder bekommt, wird es ihm dann Spaß bringen, euch
kaputt zu machen. Er wird euch aus dem Land, was ihr eigentlich haben
wolltet, im hohen Bogen rausschmeißen. 64 Ihr müsst dann woanders woh-
nen, bei anderen Leuten, und habt kein echtes Zuhause mehr, keine eigene
Heimat. Wenn ihr dort wohnt, wird man euch zwingen, zu Plastikgöttern zu
beten, die ihr noch nie gesehen habt. Keiner von euch wird sie kennen, das
sind so Teile aus Kunststoff und so komische Bilder. 65 Aber selbst da werdet
ihr nicht dauerhaft wohnen bleiben. Ihr werdet kein wirkliches Zuhause
haben, sondern immer rumreisen müssen. Gott wird dafür sorgen, dass
ihr immer Angst habt, dass es für euch überall dunkel bleibt und ihr Depres-
sionen ohne Ende bekommt. 66 Ständig müsst ihr Schiss davor haben zu
sterben, es wird keinen Zeitpunkt geben, wo ihr euch ganz in Sicherheit
fühlt. 67 Morgens werdet ihr hoffen, dass der Tag bald rum ist. Und Abends
hofft ihr, dass bald die Sonne aufgeht. Alles, was ihr erlebt, wird euch Angst
machen. 68 Gott wird euch so weit bringen, dass ihr ins Flugzeug steigt,
um wieder nach Ägypten zu fliegen, obwohl er euch mal versprochen habt,
dass ihr dort nie mehr hinmüsst. Dort werdet ihr als Billiglohnkraft für ganz
kleines Geld auf dem Arbeitsmarkt vermittelt. Trotzdem will euch niemand
einstellen, weil keiner Interesse an euch hat."

Der Vertrag von Gott und Israel

69 Als die Israeliten im Land Moab waren, hatte Gott einen Auftrag für Mose.
Er sollte einen neuen Vertrag machen zwischen den Leuten von Israel und
ihm. Dieser Vertrag war als eine Ergänzung zu dem anderen Vertrag gedacht,
den er am Horeb-Berg mit den Israeliten geschlossen hatte. Jetzt kommen
die Formulierungen, mit denen dieser Vertrag beschlossen wurde.

29

Mose fasst noch mal zusammen

1–2 Mose organisierte ein großes Treffen, wo alle Israeliten zusammenkom-
men sollten. Dort sagte er zu ihnen: „Liebe Leute! Ihr wart alle dabei, als
Gott diese krassen Wunder in Ägypten getan hat. Mit euren eigenen Augen
habt ihr erlebt, wie er dem Präsidenten, seiner ganzen Ministertruppe und
allen Ägyptern zeigte, was er alles draufhat und dass mit ihm nicht zu spa-
ßen ist. Die heftigen Wunder, die Gott gemacht hat und diese derben Pro-
bleme, die durch ihn auf die Ägypter gekommen sind, ihr habt es alle live

gesehen! 3 Trotzdem hat Gott bis heute noch nicht dafür gesorgt, dass ihr
wirklich peilt, was damals eigentlich abgegangen ist. Ihr habt immer noch
keine Ahnung und habt es nicht wirklich kapiert. 4 Vierzig Jahre hab ich euch
durch die Wüste geführt. Die ganze Zeit brauchtet ihr keine neuen Schuhe
oder Klamotten, obwohl wir so lange unterwegs waren, dafür hat Gott
gesorgt. 5 An gigantischem Proviant hat es gefehlt, es gab die ganze Zeit
keine Brötchen oder Kaffee, auch kein Bier oder sonst was Anständiges zu
trinken. Das sollte alles so ablaufen, damit ihr merkt, dass Gott der Chef ist,
euer Gott, der euch täglich neu versorgen kann. 6 Als wir hier in die Gegend
kamen, gab es Krieg gegen den Präsidenten Sihon von Heschbon und gegen
den Präsidenten Og von Baschan. Erinnert ihr euch, wir haben sie ganz klar
besiegt! 7 Das ganze Land von denen haben wir uns gekrallt und es verteilt.
Die Familienstämme Ruben und Gad und der halbe Familienstamm Manas-
se haben es bekommen. 8 Darum haltet euch an eure Seite von dem Vertrag,
den Gott mit euch abschließt. Tut alles genau so, wie es da drinsteht, dann
wird alles, was ihr tut, gut klappen."

Dieser Vertrag gilt ab sofort für immer und für alle

9 „Ihr habt euch jetzt hier alle vor Gott aufgestellt. Vorne stehen die Chefs
der Familienstämme, dahinter die Clanchefs, die Bürgermeister und alle
anderen Männer aus Israel. 10 Dann sind da noch die ganzen Ausländer, die
bei euch leben und arbeiten, vom Tischler bis zum Arzt, nicht zu vergessen
die Frauen und die Kinder, 11–12 Gott will heute mit euch allen einen Vertrag
machen. Er macht das Ding heute noch mal mit euch klar, was er schon vor
Ewigkeiten Abraham, Isaak und Jakob fest versprochen hatte. Er will, dass ihr
eure Seite des Vertrages unterschreibt und ihr damit bestätigt, dass ihr alle
eure Sachen genau so durchzieht, wie sie dort drinstehen. 13 Dieser Vertrag
wird mit allen seinen Konsequenzen heute an den Start gebracht. 14 Er wird
mit allen Israeliten geschlossen, die jetzt hier sind. Er gilt aber auch für alle,
die jetzt nicht hier sein können."

Zu Plastikgöttern zu beten ist ätzend

15 „Viele Jahre habt ihr bei den Ägyptern gewohnt. Dann seid ihr durch viele
Länder von anderen Völkern gezogen, die auf eurem Weg lagen. 16 Dabei
habt ihr die ekligen Plastikgötter gesehen, zu denen diese Leute beten. Ich
mein damit so Teile aus Holz, Stein, Gold, Plastik, … würg … 17 Bitte passt
auf, dass keiner bei euch von Gott wegkommt, um sich auf diese Teile ein-
zulassen. Kein Mann oder Frau, keine Familie und kein Clan, niemand darf
zu solchen Plastikgöttern beten, versteht ihr? Bei so was kommt am Ende
immer nur ganz dicker Ärger raus, und wir könnten alle dabei draufgehen.
18 Wenn jetzt gleich so ein Fluch ausgesprochen wird, ich mein damit so

einen üblen Spruch, der gegen jeden geht, der den Vertrag mit Gott bricht, dann darf keiner von euch heimlich denken: ‚Och, mich geht das ja nichts an. Mir passiert schon nichts, wenn ich die Gesetze nicht befolge...' Der irrt sich gewaltig! Er wird sterben und alle anderen Israeliten werden durch den Typen auch gewaltig Probleme bekommen.
[19] Jeder, der so was macht, wird Gott wie einen Feind gegen sich haben. Gott wird supersauer auf ihn sein und ihm nicht vergeben können, weil er sehr eifersüchtig ist. Jede Strafe, die in diesem Buch angedroht wurde, wird voll durchgezogen, Gott wird ihn und seine ganze Familie restlos von der Erde wegfegen.
[20] Er wird ihn aus der großen Familie der Israeliten rausschmeißen. Alle Strafen, die in diesem Buch den Leuten angedroht werden, die diesen Vertrag brechen, werden bei dem passieren.
[21] Eure Kinder und die Enkelkinder, aber auch die Ausländer, die später in diese Gegend kommen, werden das noch sehen können. Sie werden die Spätfolgen von den fiesen Plagen und Krankheiten noch erleben, mit denen Gott euch dort plattgemacht hat.
[22] Alles wird schwarz von Holzkohle sein, Atommüll und Säuren liegen überall rum. Da wächst kein Gras mehr, der Boden ist verbrannt. Es wird dort aussehen wie bei Sodom und Gomorra oder Adma und Zebojim, die Gott auch abgefackelt hatte, als der supersauer war.
[23] Die Menschen werden dann solche Fragen stellen wie: ‚Was war da los? Warum hat Gott das zugelassen?'
[24] Und die Antwort lautet: ‚Die Leute hatten damals den Vertrag gebrochen, den sie mit Gott gemacht hatten, als er sie aus Ägypten befreite.
[25] Sie haben angefangen, plötzlich an irgendwelche Pseudogötter zu glauben anstatt an ihn. Sie haben sogar zu denen gebetet, haben sich vor ihnen auf den Boden geschmissen. Und das, obwohl sie die vorher noch nicht mal richtig kannten. Und Gott hatte ihnen auf jeden Fall diese Göttersachen vorher komplett verboten.
[26] Darum ist er richtig sauer geworden. Er hat die schlimmsten Drohungen wahr werden lassen, die in seinem Buch aufgeschrieben worden sind.
[27] Weil es ihn so sehr angeätzt hatte, schmiss er die Leute aus ihrem Land raus und feuerte sie woanders hin, in ein Land, wo sie als Ausländer leben müssen. Dort wohnen sie immer noch, bis heute.'
[28] Gott hat einen Geheimplan, den nur er kennt, sonst keiner. Aber was er von uns allen generell will, das wissen wir. Er hat es unseren Familien ein für alle mal klargemacht, er hat es ganz deutlich gesagt. Er möchte, dass wir immer das tun, was in den Gesetzen steht, die er uns geschenkt hat."

30

Wer zurück zu Gott kommt, kriegt alles neu

[1] „Leute, ich hab euch die klare Ansage gemacht, dass Gott es voll gut findet, wenn wir tun, was er sagt. Er wird das dann auch fett segnen. Und ich hab auch gesagt, dass man sein Leben gegen die Wand fährt, wenn

man nicht das macht, was er will. Falls ihr irgendwann mal schräge drauf-
kommen solltet und euch die Gesetze von Gott plötzlich scheißegal sind,
dann wird Gott das bestrafen. Gott wird euch wegschicken, und ihr müsst in
Gegenden leben, wo euch keiner kennt. Ihr werdet Ausländer sein, überall
auf der Welt verteilt. Vielleicht schnallt ihr es dann ja endlich, wenn ihr eine
Zeitlang dort wohnt, dass ihr eigentlich anders leben solltet. 2 Vielleicht
kommt ihr dann ja wieder zurück zu eurem Gott, lebt dann endlich radikal
nach seinem Willem und tut die Sachen, die in den Gesetzen stehen, von
denen ich euch ausführlich erzählt hab. 3 Gott wird die negativen Folgen
dann wieder zurückdrehen, und er wird euch auch zeigen, wie sehr er euch
liebt. Er wird euch aus allen Länder wieder zusammenbringen. 4 Und selbst
wenn er Leute bis an den Nordpol geschickt hatte, wird er euch von da
zurückrufen. 5 Gott wird euch in das Land bringen, was er schon euren
Uropas fest versprochen hatte. Ihr werdet es übernehmen, es gehört euch.
Gott wird großzügig zu euch sein, er wird dafür sorgen, dass ihr ganz viele
Kinder bekommt, sogar mehr als alle Leute vor euch. 6 Und er wird euer
Herz komplett verändern. Das macht er ab dann immer bei euch, auch bei
euren Kindern. Wenn das passiert ist, werdet ihr radikal in Gott verknallt
sein, ihr werdet ihn lieben mit allem was geht, volle Kraft. Und so werdet ihr
irgendwie immer am Leben bleiben und nicht sterben. 7 Die üblen Sachen,
die Gott euch angedroht hatte, werden dann euren Feinden passieren. Dieje-
nigen, die ätzend zu euch sind und euch fertigmachen, werden es mit Gott
zu tun kriegen. 8 Aber ihr kommt wieder gottmäßig drauf, ihr werdet radikal
tun, was er sagt, und nach seinen Gesetzen leben, die ich euch weitergege-
ben habe. 9 Und Gott wird dafür sorgen, dass alles flutscht, was ihr so
anfangt. Er wird euch ganz fett beschenken, ihr werdet viele Kinder bekom-
men, eure Kühe und Schafe werden sich krass vermehren und ihr werdet
ganz fette Ernten von den Feldern einfahren. Gott wird wieder voll Spaß mit
euch haben, und es wird ihm eine Freude sein, Gutes für euch zu tun. So
war das ja früher auch schon. 10 Aber ihr müsst euch wieder radikal Gott
zuwenden, ihm mit allem dienen, was geht, auf ihn hören und das tun, was
er in den Gesetzen gesagt hat. Die Regeln stehen jetzt alle in dem Gesetz-
buch drin."

Gottes Gesetze und Regeln sind einfach, die peilt jeder

11 „Um die Gesetze zu verstehen, die ich euch heute noch mal gegeben habe,
muss man kein Abitur haben. Und es ist auch für jeden echt einfach, sein
Leben so zu managen, dass er die auch einhalten kann. 12 Die sind nicht so,
dass man denkt: ‚Ich muss erst 100 Jahre meditieren und alles auswendig
können, dann pack ich es vielleicht!' 13 Es ist auch nicht so, dass man nach
Timbuktu fahren muss, um die Gesetze zu studieren, oder nach Indien, oder

etwa zum Mond. 14 Nein, die Gesetze liegen vor euer Nase. Sie sind euch
so nahe wie nichts anderes. Sie liegen auf euren Lippen und sind in euren
Gedanken, ihr redet da drüber und denkt da drüber nach. Ihr müsst sie nur
auch einhalten, das ist alles!“

Es geht um Leben oder Tod

15 „Ich stelle euch heute vor eine Entscheidung. Wollt ihr ein gutes Leben,
oder wollt ihr ein ätzendes Leben? Wollt ihr Freude oder Depression? Wollt
ihr das Leben oder wollt ihr den Tod? 16 Die Antwort ist ganz einfach: Wenn
ihr das tut, was in den Gesetzen steht, die ich euch heute noch mal erzählt
habe, wird es euch immer gutgehen. Wenn ihr in Gott verknallt seid, Respekt
habt vor seinen Regeln und immer tut, was er möchte, dann werdet ihr am
Leben bleiben und euch immer krass weiter vermehren. Gott wird auf eurer
Seite sein, er wird euch voll unterstützen, wenn ihr in dem neuen Land
lebt, wo es jetzt bald hingeht. 17 Aber wenn ihr euer eigenes Ding durchzieht,
wenn ihr keinen Bock mehr auf Gott habt und euch dazu verführen lasst,
zu Plastikgöttern zu beten und zu tun, was deren Religion von euch fordert,
18 dann fahrt ihr komplett gegen die Wand. In dem neuen Land, was gleich
auf der anderen Seite vom Jordan auf euch wartet, werdet ihr dann nicht
lange leben, das garantiere ich euch! 19 Ich schwöre euch, und das ganze
Universum ist mein Zeuge: Ich hab euch heute ein klares Bild gemalt, wie
das bei euch aussehen könnte: Wird alles gut oder alles ätzend, Himmel
oder Hölle, Segen oder Fluch, Leben oder Tod? Entscheidet euch für das
Leben! Nur so werdet ihr überleben, ihr und eure ganze Familie, für immer.
20 Verknallt euch neu in euren Gott! Liebt ihn über alles und tut, was er von
euch will. Bleibt ihm immer treu! Von dieser Entscheidung hängt alles ab, ob
ihr für immer weiter zusammenbleibt und euch in dem neuen Land halten
könnt. Gott hatte euch dieses Land ja schon durch eure Uropas Abraham,
Isaak und Jakob ganz fest versprochen.“

31

Moses letzte Rede, bevor er stirbt

1 Mose hielt noch eine Rede zu allen Israeliten. 2 „Liebe Leute! Langsam
wird’s Zeit. Ich bin jetzt 120 Jahre alt und kann nicht mehr so lange euer
Anführer sein. Außerdem hat Gott mir ne klare Ansage gemacht: ‚Du kannst
nicht mit über den Jordan gehen‘, meinte er zu mir. 3 Gott hatte die Idee,
dass ab sofort Josua die Leitung bei euch übernehmen soll. Aber Gott wird
euch höchstpersönlich vorausgehen und das Ding klarmachen. Er wird die
Leute auslöschen, die in dem Land leben, es wird leicht sein, sie dort raus-
zuschmeißen. 4 Und er wird das genauso bei denen machen, wie er es bei
Sihon und Og vorher auch schon getan hat. Das waren ja die Präsidenten

der Amoriter, und die hat er in ihrem Land einfach plattgemacht. 5 Wenn
Gott euch einen krassen Sieg gegen sie geschenkt hat, dann müsst ihr alles
genau so durchziehen, wie er es euch vorher in den Gesetzen gesagt hat.
6 Habt keinen Schiss vor denen! Ihr seid stark und braucht keine Angst zu
haben. Ihr schafft das, weil Gott, der absolute Oberchef, an eurer Seite
kämpft. Er steht hinter euch, er feuert euch an, er wird euch nie verlassen!"
7 Mose rief dann Josua in sein Büro. Das Gespräch wurde live im Fernsehen
übertragen. „Du brauchst keine Angst zu haben, Josua", meinte er zu ihm.
„Zieh das Ding einfach durch! Du wirst derjenige sein, der diese Leute in das
neue Land führen wird! Aber du wirst dieses Land auch unter ihnen aufteilen
müssen. 8 Gott wird dabei sein. Er wird auf dich aufpassen, und er wird
dich nie allein lassen, er steht hinter dir. Du musst keine Angst haben und
brauchst auch keine Depris zu schieben. Du schaffst das!"

Einmal alle sieben Jahre: Die Gesetze sollen vorgelesen werden

9 Mose schrieb die ganzen Gesetze in eine Datei und druckte sie aus. Dann
ließ er die Seiten als Buch binden, was er dann den Priestern übergab, die
ja alle aus dem Familienstamm Levi stammten. Diese Priester trugen auch
immer die Kiste, wo die Gesetze drin lagen, wenn die Israeliten irgendwo
hinzogen. Eine Kopie von den Gesetzen bekamen dann noch die Chefs von
den Israeliten ausgehändigt. 10 Und Mose gab ihnen noch folgende Order
mit auf den Weg: Alle sieben Jahre, wenn die Zeit kommt, in der man alle
Schulden erlassen soll und gerade das Fest der Blätterbuden gefeiert wird,
11 müsst ihr die Gesetze noch mal allen öffentlich vorlesen. Macht das, wenn
ihr euch an dem besonderen Ort trefft, den Gott noch für seine Wohnung
aussuchen wird. Jeder bei euch muss das mitbekommen. 12 Jeder soll in
der Zeit vor dem Fernseher sitzen und zuhören. Alle Männer, Frauen, Kinder
und auch die Ausländer, die bei euch wohnen, müssen sich die Gesetze
noch einmal ausführlich reinziehen. Jeder muss sie lernen, Respekt vor Gott
haben und da drauf achten, genau so zu leben, wie es die Gesetze vorschrei-
ben. 13 Auch eure Kinder, die noch keine Peilung von den Gesetzen haben,
müssen davon hören. Die sollen auch Respekt vor Gott haben, und zwar
für immer, solange ihr in dem neuen Land lebt. Dort werdet ihr bald sein,
wenn ihr über den Jordanfluss gezogen seid, um es einzunehmen und euch
dort breitzumachen."

Ein Song von Mose

14 Gott sagt zu Mose: „Du, Mose, bald ist es so weit! Du wirst ganz bald
sterben, deine Tage sind gezählt. Hol mal den Josua her, dann können wir
zusammen in das besondere Zelt gehen. Ich werde ihn dort ganz offiziell zu
deinem Nachfolger machen!" Mose schnappte sich Josua, und als sie in die

Nähe von dem Zelt kamen, 15 war Gott plötzlich auch da. Ein große Wolke
schwebte über dem Eingang vom Zelt! 16 Aus der Wolke redet er mit Mose.
Gott sagte: „Jetzt geht es bald zu Ende mit dir! Du wirst bald die Radieschen
von unten ansehen. Wenn du weg bist, werden deine Leute erst mal Mist
bauen, sie werden von mir weggehen und zu Plastikgöttern beten, die in
dem neuen Land gerade angesagt sind. Sie werden mit denen rummachen
und mich verlassen, sie werden unseren Vertrag brechen, den ich mit ihnen
geschlossen habe. 17 Darum werde ich richtig sauer auf sie sein. Ich werde
sie alleine lassen und ihnen nicht mehr helfen. Sie werden eine leichte Beute
für ihre Feinde werden, es wird ihnen ganz ganz übel gehen. Irgendwann
packen sie es dann, sie werden sich sagen: ‚Uns geht es so beschissen, weil
Gott nicht mehr bei uns ist!‘ 18 Ich werde mich aber vor ihnen verstecken,
ich kann nicht mehr bei ihnen sein. Das ist die Strafe, weil ihnen egal war,
was ich gesagt hatte, und weil sie sich auf Plastikgötter eingelassen haben.
19 Mose, ich hab hier einen neuen Track für euch, wovon du den Text mal
aufschreiben sollst. Deine Leute sollen den auswendig lernen und ihn mit
einer Beatbox auf den Schulhöfen rappen. Dieser Text soll auch ein Beweis
dafür sein, dass ich sie gewarnt hab, für den Fall, dass sie das in Zukunft
abstreiten würden. 20 Ich steh zu meinem Versprechen. Ich werde sie in
das Land bringen, was ich schon ihren Uropas versprochen hatte. Es wird
ein gutes Land sein, wo es alles gibt und davon reichlich. Aber sie werden
sich dort nur den Bauch vollschlagen und so viel fressen, bis sie übergewich-
tig und dick sind. Und dann werden sie anfangen zu den Plastikgöttern
zu beten und für die zu leben. Sie werden mich vergessen und werden den
Vertrag brechen, den wir miteinander gemacht haben. 21 Wenn es ihnen
dann voll scheiße geht, werden sie dieses Lied plötzlich verstehen. Dann
kapieren sie vielleicht, warum es ihnen so schlechtgeht. Diesen Song werden
sie nicht vergessen, sie werden ihn immer weitergeben, an die nächste Gene-
ration. Ich weiß einfach, wie die Leute drauf sind. Mir ist jetzt schon klar, was
dann irgendwann passieren wird, noch bevor ich sie in das Land gebracht
habe, was ich ihnen ganz fest versprochen hatte.“ 22 Noch am selben Tag
schrieb Mose die Worte von dem neuen Track auf. Die brachte er dann den
Israeliten bei, damit sie die auswendig konnten. 23 Gott sagte zu Josua, dem
Sohn vom Nun, noch Folgendes: „Du brauchst keine Angst zu haben! Du
packst das! Ich kämpfe immer an deiner Seite! Du wirst die Leute von Israel
in das neue Land bringen, das ich euch ganz fest versprochen habe!“

Wo das Buch mit den Gesetzen aufbewahrt wird

24–26 Als Mose die ganzen Gesetze fertig in ein Buch geschrieben hatte, be-
fahl er den Levi-Leuten, das Buch auf die Kiste zu legen, wo die Stahlplatten
drin waren: „Nehmt das Buch und legt es dort hin. Damit könnt ihr in

Zukunft den Leuten immer beweisen, dass ich sie gewarnt hatte." Zu den
Israeliten sagte er dann: 27 „Ich weiß genau, wie assi ihr unterwegs seid. Ihr
habt immer nur euer eigenes Ding im Blick, immer wieder habt ihr nur
Dünnsinn im Hirn und tut Sachen, die Gott ätzend findet. Wenn das schon
die ganze Zeit so abging, als ich noch euer Chef war, wie wird es erst dann
werden, wenn ich tot bin? 28 Am besten kommen jetzt noch mal alle Clan-
chefs zu mir. Alle Führungspersönlichkeiten sollen mal bei mir antreten,
damit ich sie noch mal deutlich warnen kann. Ich werde sie eindeutig war-
nen und lass mir das von jedem Einzelnen vor Zeugen unterschreiben.
29 Schon klar, ich mach mir da auch nichts vor, sobald ich den Löffel abge-
geben habe, werdet ihr ganz bald wieder voll danebenliegen. Ihr werdet
Dinge tun, die Gott ätzend findet, und euch nicht an das halten, was ich
euch gesagt habe. Dann wird es euch richtig übel gehen. Ihr werdet zu
Plastikgöttern beten, was Gott echt nervt. Er hasst das, und er muss da
drauf reagieren." 30 Mose ließ dann einen Beat vom Drumcomputer laufen
und fing an, vor der versammelten Mannschaft folgendes Lied zu rappen:

32

Der Track von Mose

1 „Der Himmel soll mein Zeuge sein, alle auf der Erde lauschen jetzt meinen
Worten,
2 was ich sage, soll so wirken, wie ein erhoffter Regenschauer an
ausgetrockneten Orten.
Sie sollen so nass machen, wie der Tau morgens die Blätter befeuchtet.
3 Ich will Gottes Namen groß rausbringen, er ist der Beste, er hat erleuchtet
den Himmel und die Erde, ich rufe ihn bei seinem Namen,
4 er ist für uns wie ein Schutzschild, ist perfekt, fällt aus jedem Rahmen,
er ist treu und gerecht, er kann nicht betrügen,
was er sagt, passt immer, Gott kennt keine Lügen.
5 Doch seine Leute sind link und betrügen wie blöd,
sie sind verdreht und verrückt, sind peinlich am Stück,
6 bedankt man sich so für seine ganzen Geschenke?
Wie seid ihr bloß drauf? Bekloppt durch die Bänke.
Gott hat euch schließlich selbst mal gemacht,
hat euch versorgt und umhegt, von früh bis spät in die Nacht.
7 Fragt mal euren Opa, wie es ganz früher mal war,
lasst euch von damals erzählen, da war alles noch klar.
8 Vor Ewigkeiten hat Gott alle Nationen geschaffen,
und ließ sie auf der Erde in ihren Ecken rummachen.
9 Aber Israel, die Kinder vom Jakob, hat er sich extra ausgesucht,
er hat sie zu seinen Leuten gemacht, sie als Privateigentum gebucht.

10 Er hat sie aufgelesen, als sie hilflos in der Wüste rumliefen,
sie hatten sich verlaufen, wurden von Feinden umhergetrieben.
Gott passte auf sie auf, wie man sein eigenes Auge beschützt.
Wenn wilde Tiere sie bedrohten, war er da wie der Blitz.
11 Und wie ein Vogel seine Küken in die Flugschule schickt,
hat Gott sie irgendwann aus ihrem Nest rausgekickt.
Doch er war immer da, verlor sie niemals aus dem Blick,
und wenn einer müde wurde, ließ er ihn nicht allein zurück.
12 Genauso hat Gott seine Leute begleitet.
Er ganz alleine stand Israel immer zur Seite,
kein fremder Gott war bei ihnen die ganze Zeit am Start.
13 Dann stand dort extra für sie sogar ein neues Land parat!
Auf diesen Feldern konnte man fett Korn anbauen.
Mit Honig und Oliven ohne Ende rumsauen.
14 Lämmer und Schafe, frische Milch von den Kühen,
Steaks auf dem Grill, Wein und Bier kann man da ziehen.
15 Sie lebten plötzlich in Saus und Braus,
waren satt, wurden reich, hatten alles im Haus.
Die ganze Kohle machte sie von Gott unabhängig,
sie vergaßen ihn ganz, der sie liebte unbändig.
Obwohl er sie vor Zeiten selbst gemacht hatte,
verließen sie ihn, pennten unter Brücken nur auf ner Isomatte.
16 Sie spielten mit anderen Göttern rum
und kränkten ihren Gott mit diesem verrückten Tun.
17 Man fing sogar an, Plastikgöttern Opfer zu bringen,
ganz neumodischen Göttern Lieder zu singen.
18 Den Bunker, den Schutz, den sie in Gott stets hatten,
haben sie also verraten, ihn vergessen, verbraten.
19 Gott kriegte das mit, und er wurde echt sauer,
weil seine Kinder ihn behandelten wie ein Bauer.
20 Er sagte zu sich: ‚Ich bin dann mal weg.
Ich überlass sie sich selbst, dann landen sie halt im Dreck.
Die sind so schräg drauf, haben nur ihr eigenes Ding im Sinn,
kennen keine Dankbarkeit, treu sein ist bei denen nicht drin.
21 Sie beleidigen mich mit ihren Plastikgöttern, sie beten zu Pseudogötzen,
plappern und rattern
ihre Gebete dort runter, darum will ich sie strafen, will ihnen im Krieg durch
kleine Völker eins überbraten.
22 Ich bin richtig sauer, ich schicke ihnen das Feuer,
alles soll abgefackelt werden, das wird richtig teuer.
Bis in die Hölle soll man die Flammen sehen können,

und auch die Berge müssen im Feuer verbrennen.
23 Ich werde sie mit ganz fiesen Strafen belegen,
verschieße meine Munition, werd mit Plagen über sie fegen.
24 Hunger wird sie treffen, Fieber und Aids halten sie gefangen,
fiese Tiere werden sie fressen, Raubtiere und Giftschlangen.
25 Guerillakrieg wird es überall geben,
in den Häusern wird man die Toten wegfegen.
Junge Männer sterben, Mädchen und Babys
genauso wie Opas, Frauen und Ladys.
26 Um ein Haar hätte ich es ganz derbe getrieben,
da wäre niemand am Ende noch am Leben geblieben.
27 Aber ich will nicht, dass sich die Leute die Hände reiben,
dass irgendwelche Feinde den Sieg auf ihre Fahnen schreiben.
Sie würden behaupten: ›Das haben wir echt gut gemacht!‹
Statt zu kapieren, das alleine ihr Gott das gebracht hat.
28 Die peilen es einfach nicht, sie sind Leute ohne Schnall,
29 wenn sie weise wären, würden sie es schon längst, ganz prall,
selbst gecheckt haben, ihr Ende bedenken.
Da würde sich doch keiner bei hirnmäßig verrenken.
30 Wie könnte ein Mann tausend Männer verjagen
und wie zwei Leute zehntausend in die Flucht schlagen?
Das geht doch nur, weil ich sie aufgegeben hab,
weil ich sie in die Hand der Feinde übergab.
31 Dabei haben die es doch schon lange kapiert,
dass ihre Götter es nicht bringen, deren Ruf ist ruiniert.
Im Vergleich mit meiner Kraft, wenn ich Israel beschütze,
ist ihre Minihilfe einfach zu nichts nütze.
32 Meine Leute sind schräg drauf, so wie die Bewohner von Sodom,
wie die Menschen aus Gomorra, die denken einfach verkehrt rum.
Sie sind wie eine Tulpe mit Brennnesselblättern,
wie eine Weintraube, die gespritzt ist mit Ätzkram.
33 Der Wein, den man aus diesen Trauben presst,
ist tödlicher als BSE und gefährlicher als die Pest.
34 Ich hab das alles noch lang nicht vergessen,
35 und ich werde mich rächen, ihr habt verschissen.
Es dauert nicht mehr lange, dann kommt euer hartes Ende,
ihr werdet plattgemacht, dann ist Ende im Gelände.
36 Ich werde meine Leute wie ein Richter verurteilen,
doch bei meinen Treuen, die meinen Weg immer peilen,
dort werde ich kommen und ihnen wieder beistehen,
ich sehe ja, dass sie fallen, doch ich lasse sie nicht untergehen.

37 Dann frag ich: ›Wo sind jetzt eure Götter geblieben?
Die sollten euch doch beschützen? Oder war das übertrieben?
38 Ihr habt ihnen ganz fett Opfer gebracht,
habt sie vollgestopft, high mit Wein und Essen gemacht.
Sie sollten für euch kämpfen und euch beschützen.
39 Kapiert ihr das jetzt, die können euch nichts nützen!
Nur ich bin der Gott! Nur ich bin zur Stelle.
Ich schlage Wunden, und ich heile die Delle.
Ich alleine bin verantwortlich für den Tod,
und ich mach lebendig, ich helf auch in der Not.
Aus meiner Hand kann sich niemand erretten,
40–41 Und ich schwöre euch jetzt: Die ganzen Deppen,
die mich hassen und gegen mich den heiligen Krieg führen,
bekommen bald ganz krass meinen Zorn zu spüren.
Ich pack jetzt meine Waffen aus und schlag einfach zurück.
Ich verschaffe mir Recht, ich pack mir das Miststück.
42 Meine Kanone ist laut und wird jeden Feind treffen,
die Gegner werden in ihrem eigenen Blut verrecken.
Meine Pumpgun wird ihre Schädel spalten.‹‘
43 Der Himmel kann sich freuen, alle Gewalten,
sollen sich vor unseren Gott einfach hinschmeißen.
Die Feinde konnten gegen ihn nichts mehr reißen.
Die alle seine Leute ermordet hatten,
wurden verraten, man hat ihnen eins verbraten.
Er hat seinem Volk die Schulden verziehen,
die Feinde aber konnten nur noch fliehen.“

Noch ein paar letzte Ansagen an die Israeliten
44 Zusammen mit Josuas Beatbox rappte Mose dieses Lied für alle Leute.
45 Als die beiden fertig waren, 46 sagte er noch zu ihnen: „So Leute, nehmt
diese Worte echt ernst! Lernt dieses Lied auswendig und bringt es euren Kin-
dern bei. Sie müssen einfach immer Respekt vor den Gesetzen haben und
die Sachen, die dort drinstehen, auch durchziehen. 47 Das sind keine leeren
Worte, die haben voll Power in sich. Sie können euch immer helfen und
werden euch beschützen in dem neuen Land, was ihr jetzt bald einnehmen
werdet.“

Gott bereitet Mose auf seinen Tod vor
48 Abends sagte Gott noch zu Mose: 49 „Geh mal rüber in das Abarim-
gebirge. Steig auf den Berg Nebo, der im Land Moab liegt. Das ist gleich
gegenüber von der Stadt Jericho. Von da hast du einen schönen Ausblick auf

das Kanaan-Land. Das werde ich deinen Leuten schenken. [50] Du wirst dort
sterben und danach mit deinen anderen Verwandten abhängen, die alle
schon tot sind. Dein Bruder Aaron wird auch dort sein. [51] Ihr dürft ja beide
nicht in das neue Land mitkommen, weil ihr an der Quelle von Meriba bei
Kadesch, in der Wüste Zin, nicht das getan habt, was ich von euch wollte.
Ihr habt mir damals die Gelegenheit genommen, allen zu zeigen, was ich
wirklich draufhab und dass ich etwas ganz Besonderes bin, ich bin heilig.
[52] Aber du kannst dir das ganze Land von dort oben einmal genau ansehen.
Du wirst da aber nicht mit hinkommen können, nur dass du Bescheid
weißt."

33

Mose segnet die zwölf Familienstämme

[1] Kurz bevor Mose starb, betete er noch einmal für seine Leute und segnete
sie, er verprach ihnen von Gott das Beste, dass er immer bei ihnen sein wird.
Mose war in seinem Leben absolut gottmäßig drauf. [2] Er sagte: „Gott kam
bei seinen Leuten live vorbei. Das war beim Sinai-Berg, der wie sein Zuhause
ist, er wohnt da. Als er dort sichtbar wurde, war das wie ein krasser Sonnen-
aufgang, der über dem Gebirge Edom hochkam. Seine Strahlen haben das
ganze Gebirge Paran hell gemacht. Wenn er kommt, sind Tausende von
derbsten Engeln mit ihm dabei, die ganzen Superstars aus dem Himmel.
[3] Gott ist in alle Familienstämme der Israeliten gleichzeitig total verknallt.
Alle, die zu ihm gehören, beschützt er. Und die knien sich vor Gott hin und
sind sofort bereit, alles zu tun, was er sagt. [4] Ich, Mose, habe euch die
Gesetze von Gott übergeben. Diese Gesetze sind so wertvoll, sie sind unbe-
zahlbar, und sie gehören jetzt unseren Leuten. [5] Gott selbst wurde zum
Präsidenten der Israeliten. Als sich alle Chefs und auch alle anderen Männer
der Israeliten in Jeschurun getroffen haben, wurde das klargemacht." [6] Jetzt
fing Mose an, über die einzelnen Familienstämme so Segenssprüche abzu-
lassen. „Der Familienstamm Ruben soll immer weiterleben, er darf nie ganz
aussterben! Aber zu viele dürfen es auch nicht werden, Gott!" [7] Über den
Familienstamm Juda sagte Mose Folgendes: „Erhöre die Bitte von dem
Familienstamm Juda! Bring ihn wieder mit seinen Brüdern zusammen. Er
soll mit ihnen zusammen kämpfen. Wenn sie im Krieg sind, sei dabei und
hilf ihnen, Gott!" [8] Über den Familienstamm Levi sagte er Folgendes: „Gott,
dem Stamm Levi hast du die ganz besonderen Lose in die Hand gedrückt.
Das hast du getan, weil er dir immer treu war. Du hast sie in Massa ausge-
testet, und in Meriba hattest du einen heftigen Streit mit ihnen. [9] Aber als
es drauf ankam, haben sie radikal zu dir gehalten, auch wenn die eigenen
Eltern, Geschwister und Kinder nicht mitgezogen sind. Die Leute von Levi
haben immer alles getan, was du gesagt hast, sie haben deinen Vertrag treu

eingehalten. [10] Darum werden sie auch immer den Israeliten deine Gesetze beibringen. Und sie kümmern sich da drum, dass immer genug Räucherstäbchen am Altar brennen, sie sorgen sich um die ganzen Opfersachen, die dir ja so wichtig sind. [11] Gott, ich bitte dich, dass du dafür sorgst, dass es diesem Familienstamm immer gutgeht. Es soll bei ihnen auch kohletechnisch immer alles im grünen Bereich sein. Geh nett mit ihnen um. Und wenn irgendjemand gegen sie arbeitet, puste die einfach weg. Hau deren Gegnern einfach ihren Kiefer platt, dass die k.o. gehen und nicht mehr aufstehen." [12] Über den Familienstamm Benjamin sagte Mose Folgendes: „Benjamin ist Gottes Lieblingskind. Der krasseste Gott ist sein ganz persönlicher 24-Stunden-Bodyguard. Benjamin wohnt in den Bergen." [13] Über den Familienstamm Josef sagte Gott Folgendes: „Gott ist total für dich! Gott wird dich voll unterstützen! Er wird dafür sorgen, dass dort, wo du wohnst, immer genug Regen fällt. Und es wird in deiner Gegend auch überall Wasserquellen geben. [14] Jede Pflanze, die viel Sonne braucht, wird bei dir wachsen, und alles, was in einer Saison wächst und reif ist, wird es bei dir geben. [15] Die allerbesten Sachen sollen bei dir wachsen. Die leckersten Früchte gibt es bei dir. [16] Das Beste was die Erde hergibt, wird man bei dir finden. Der Gott, der aus diesem brennenden Brombeerbusch geredet hatte, hat Josef unheimlich lieb. Er ist etwas Besonderes, anders als seine Brüder. [17] Josef ist wie der Alltime-Boxweltmeister, in ihm steckt die Schlagkraft der rechten Geraden von Gott. Er hat die Power von 1000 Panzern. Mit dieser Kraft macht er alle anderen Völker nieder, egal wo die zu Hause sind. Die Armee von Manasse ist groß und die Armee von Efraim gigantisch." [18] Dann sagte Mose zu den Familienstämmen Sebulon und Issachar Folgendes: „Der Familienstamm Sebulon soll in Zukunft immer zur See fahren und dort sein Glück finden. Und du Issachar, wirst immer in Wohnwagen leben und dort glücklich werden. [19] Beide werden die Leute, die in ihrer Gegend leben, immer einladen, zu Gott zu kommen. Auf dem besonderen Berg werden sie diese Opferrituale machen, auf die Gott steht. Sie werden in der Seefahrt reich werden und ihre Geschäfte am Strand machen." [20] Über den Familienstamm Gad sagte er Folgendes: „Gott gibt Gad ein riesengroßes Stück Land. Die Leute von Gad sind immer brandgefährlich. Sie haben ein Gebiss, das so stark ist wie das von einem Pitbull, ihrem Opfer beißen sie einfach den Kopf oder die Arme ab. [21] Gad hat sich das beste Stück ausgesucht. Denn da, wo er lebt, liegt der Regierungssitz, wo sich alle Chefs der Israeliten treffen werden. Die Sachen, die Gott will, werden von Gad durchgezogen. Mit den anderen von Gottes Leuten sorgt er dafür, dass Gottes Ding für immer läuft." [22] Über den Familienstamm Dan sagte Mose: „Dan ist so drauf wie ein wilder Kampfhund. Der lebt in Baschan und macht da sein Ding." [23] Über den Familienstamm Naftali sagte Mose: „Gott ist auf Naftalis Seite, er ist

ganz fett bei ihm. Er zieht los und nimmt mit seiner Armee den ganzen Wes-
ten und den ganzen Süden ein." 24 Über den Familienstamm Ascher sagte
Mose: „Jeder mag die Aschers. Die bekommen von Gott mehr als die ande-
ren. In ihrem Land gibt es so viel Öl, dass man da drin baden könnte. 25 Ihre
Städte werden immer geschützt sein, so als wäre fettes Panzerglas um sie
rum. Solange es diesen Stamm gibt, wird er Frieden haben." 26 Dann sagte
Mose noch: „Es gibt keinen Gott, der dem Gott von Israel auch nur annä-
hernd das Wasser reichen kann. Der Gott von Israel ist einfach gigantisch.
Er ist überall im Universum gleichzeitig, und wenn du ihn brauchst, ist er
wie der Blitz da, um dir zu helfen. 27 Der Gott, den es immer schon gab,
beschützt dich, er nimmt dich in seine Arme und passt auf dich auf.
Deine Feinde hat er fertiggemacht, er hat dir gesagt: ‚Töte alle!' 28 Ab sofort
wohnst du in einem neuen Land, wo du sichere Grenzen hast. Du bist und
bleibst ein besonderes Volk, du bist anders als die anderen Völker. Wasser
bekommst du aus dem Himmel geschenkt, Weizen und Mais wächst ohne
Ende auf der Erde für dich. 29 Israel, du hast echt Glück gehabt! Welches Volk
kann mit dir mithalten? Gott selbst hat dich gerettet. Gott hat auf dich auf-
gepasst. Und Gott ist es, der dich erst zu etwas ganz Besonderem macht.
Auf ihn kannst du dich immer verlassen. Er beschützt dich mit seinem
Schutzschild, und er kämpft für dich wie mit einem Laserschwert. Deine
Feinde werden sich bei dir einschleimen, aber du brauchst die nicht mehr,
du gehst einfach über sie drüber."

34

Mose ist tot

1 Irgendwann später ging Mose dann vom Moabgebiet hoch in das Gebirge
Pisga und stieg dort auf die höchste Stelle des Bergs Nebo. Dieser Berg lag
Jericho gegenüber. Als er ganz oben war, zeigte Gott ihm das ganze Land,
was man von dort oben überblicken konnte. Man konnte von da die gesamte
Landschaft Gilead sehen bis zu dem Gebiet, in dem später der Familien-
stamm Dan lebte. 2 Außerdem die Gebiete, in denen später die Familien-
stämme Naftali, Efraim und Manasse zu Hause waren, und das Land vom
Stamm Juda bis zum Mittelmeer. 3 Dann sah er die Wüste Negev im Süden
und die Ebene von der Palmenstadt Jericho bis ganz nach Zoar. 4 Gott sagte
zu Mose: „Pass auf, Mose! Das hier ist genau das Land, das ich Abraham,
Isaak und Jakob ganz fest versprochen habe! Wenn ich von dem Land gere-
det habe, das ich euren Kindern schenken will, habe ich immer diesen Teil
hier gemeint. Jetzt hast du es auch mal live gesehen. Trotzdem darfst du
dort nicht mit reingehen." 5 Da oben auf dem Berg im Moab-Land starb
Mose dann, genau so, wie Gott es sich vorher überlegt hatte. Mose war auf
jeden Fall ein sehr heftiger Mann Gottes. 6 Gott selbst buddelte für Mose

ein Grab und beerdigte ihn. Dieses Grab ist irgendwo in dem Tal, was im
Moab-Land liegt, gegenüber von Bet-Pegor. Bis heute weiß keiner, wo das
Grab jetzt genau liegt. 7 Mose ist insgesamt 120 Jahre alt geworden. Bis
zum Schluss war er körperlich topfit, er brauchte noch nicht mal eine Brille,
weil er immer noch voll gut sehen konnte. 8 Alle Israeliten hielten dreißig
Tage lang eine Trauersession ab. Das war damals, als sie immer noch in der
Wüste bei Moab lagerten. 9 Ab sofort war Josua der neue Chef von den
Israeliten. Josua kam aus der Familie Nun, und er war sehr locker drauf.
Nachdem Mose für ihn gebetet und ihn so zu seinem Nachfolger bestimmt
hatte, bekam er von Gott plötzlich voll den Überblick und Schnall über das
Ganze. Die Israeliten folgten Josua und zogen die Sachen durch, die Gott
durch Mose klargemacht hatte. 10 So einen Typen wie Mose gab es in Israel
seitdem nie wieder. Kein Prophetentyp nach ihm hat jemals mit Gott so
direkt gesprochen wie er. 11 Es gab nie wieder einen Prophentypen, der so
krasse Wunder getan hat wie er. Alleine die ganzen abgefahrenen Sachen,
die er im Auftrag von Gott in Ägypten gegen den Präsidenten, dessen Minis-
ter und gegen alle anderen Ägypter gebracht hat. Das war schon der Ham-
mer. 12 Kein Prophet hat jemals wieder die Israeliten so radikal geführt,
keiner hat so krasse und derbe Wunder vor allen Leuten getan wie er.

Das Buch Josua

1

Josua ist der Nachfolger von Mose

1 Nachdem Mose gestorben war, redete Gott direkt mit Josua. Mose hatte
immer radikal durchgezogen, was Gott von ihm wollte. Josua war dabei die
ganze Zeit seine rechte Hand gewesen. 2 Gott sagte nun zu ihm: „Josua?
Mose ist ja jetzt gestorben. Ab sofort bist du die Nummer eins! Darum pack
deine Sachen und geh mit den Leuten über den Jordanfluss in das neue
Land, das ich euch schenken will. 3 Jeder Quadratzentimeter Erde, auf dem
ihr gehen werdet, wird euch gehören. So hab ich es Mose ganz fest verspro-
chen. 4 Euer Land soll von der Wüste, die im Süden liegt, bis zum Libanon-
gebirge im Norden reichen. Im Osten wird eure Grenze hinter dem Land
liegen, was jetzt noch den Hetitern gehört, bis ganz zum Eufratfluss. Und
im Westen wird es nur durch das Mittelmeer begrenzt sein. 5 Hey, keiner
wird gegen euch irgendwelche Stiche sehen können, ihr werdet alles und
jeden plattmachen! Ich werde nämlich die ganze Zeit auf eurer Seite stehen
und bei euch mitkämpfen, genauso wie ich es bei Mose immer getan habe.
Wenn du meine Hilfe brauchst, bin ich sofort da, ich werde dich nie im Stich
lassen, versprochen! 6 Du brauchst keine Angst zu haben, geh einfach los!
Dein Job wird es nur noch sein, unter deinen Leuten das Land aufzuteilen,
das ich euch für immer geschenkt habe. So hatte ich das ja schon vor Ewig-
keiten versprochen. 7 Zieh die Sachen, die ich Mose gesagt habe, mutig und
radikal durch! Keinen Zentimeter darfst du davon abweichen. Wenn du das
tust, wirst du überall Riesenerfolg haben. Alles, was du anpackst, wird funk-
tionieren. 8 Die Gesetze müssen ständig in deinem Hirn sein, denk da drü-
ber nach, hab sie die ganze Zeit im Arbeitsspeicher. Alles, was du machst,
muss sich danach richten. Wenn du so lebst, wirst du in allen Sachen Erfolg
haben. Alles, was du anfängst, wirst du auch bis zum Ende erfolgreich
durchziehen können. 9 Ich hab's jetzt in der Endlosschleife und sag dir das
immer wieder: Hab keinen Schiss und zieh die Sache durch! Sei mutig und
krieg keine Panik, weil der Chef, Gott höchstpersönlich, immer an deiner
Seite ist, egal wo du gerade gehst!"

Josua macht alles klar, um über den Jordanfluss zu gehen

10 Josua gab dann den Befehl an alle Generäle von den Israeliten raus:
11 „Schickt an alle Männer die Nachricht, dass es jetzt losgeht! Sie sollen
schon mal ihren Rucksack mit Schnittchen und Getränken vollpacken. In
drei Tagen packen wir es, dann ziehen wir über den Jordanfluss in das neue
Land, das Gott uns schenken will!" 12 Zu den Leuten von den Familienstäm-

men Ruben und Gad sowie der Hälfte vom Familienstamm Manasse sagte
Josua: 13 „Mose, der immer eine direkte Order von Gott hatte, meinte damals
zu euch: ‚Gott wird euch ein Gebiet auf dieser Seite vom Jordan schenken,
wo ihr ab dann wohnen könnt.' Vergesst nicht die Sachen, die er euch in der
Zeit auch noch gesagt hatte! 14 Eure Frauen und Kinder sowie alle Tiere
könnt ihr auf dieser Seite vom Jordan erst mal parken. Aber er hat euch die-
ses Gebiet nur unter der Bedingung gegeben, dass alle eure Männer, die
man zur Armee einziehen kann, ganz vorne mitkämpfen, wenn die anderen
Israeliten über den Jordan ziehen. Ihr müsst ihnen helfen, 15 diesen Krieg zu
gewinnen und das Land einzunehmen, das Gott ihnen schenken will! Erst
wenn jeder Familienstamm ein Stück Land bekommen hat, wo er sich zu
Hause fühlt, könnt ihr in euren Teil zurückgehen. Mose hat euch das Land,
was diesseits vom Jordan liegt, nur unter dieser Bedingung zugesprochen."
16 Ihre Antwort an Josua sah so aus: „Ja, klar, wir werden alles genau so
machen, wie du es gerade gesagt hast. Wir gehen überall hin, wo du uns
hinschicken willst. 17 Wir gehorchen dir, so wie wir Mose auch gehorcht
haben. Und wir beten, dass Gott genauso auf deiner Seite steht, wie er es
bei Mose gemacht hat. 18 Wenn irgendjemand sich deinem Befehl widersetzt,
bekommt er bei uns die Todesstrafe. Also keine Sorge, leg jetzt voll los, wir
stehen hundertprozentig hinter dir!"

2

Frau Rahab hilft den Spionen der Israeliten

1 Als sie in Schittim waren, schickte Josua zwei Spione auf die andere Seite
vom Jordanfluss. Beide bekamen folgenden Marschbefehl: „Ausspionieren
des Landes, insbesondere der Stadt Jericho!" Die Spione schlichen sich
nachts in die Stadt und mieteten ein Zimmer in einem Puff mitten im Rot-
lichtviertel. Die Hure, der das Hotel gehörte, nannte sich Frau Rahab.
2 Irgendein Typ verpetzte die beiden aber bei der Stadtverwaltung. Der Präsi-
dent von Jericho hatte morgens eine Nachricht auf seinem Anrufbeantwor-
ter, dass da zwei Spione von den Israeliten in der Stadt waren. 3 Sofort
schickte er ein paar Leute von seinem Geheimdienst zur Frau Rahab. „Geben
Sie sofort die beiden Männer raus, die in Ihrem Hotel wohnen! Die sind nur
hier, um unsere Abwehranlagen auszuspionieren!", sagten die an der Tür.
4 Die Rahab versteckte die zwei schnell im Keller in einem kleinen Raum,
der hinter einem Wandschrank lag. Dann ging sie zur Tür und machte einen
auf doof: „Äh ja, da waren zwei Männer in meinem Puff. Ich hab aber nicht
mitbekommen, was für eine Nationalität die hatten. 5 Kurz bevor es dunkel
wurde, haben die beiden aber ihre Sachen gepackt und sind weitergezogen.
Keine Ahnung, wo die noch hinwollten. Aber wenn Sie sich beeilen, kriegen
Sie die bestimmt noch!" 6 Die beiden Spione waren, wie gesagt, noch immer

hinter dem Wandschrank im Keller versteckt. [7] Die Geheimdienst-Typen fielen auf den Trick rein und nahmen sofort die Verfolgung auf. Sie rannten durch das Stadttor bis zum Jordanfluss. Das Tor wurde hinter ihnen wieder zugeschlossen.

Angst vor den Israeliten

[8] Bevor die beiden Spione sich zum Pennen hinlegen wollten, kam Rahab noch mal in das Zimmer, um mit ihnen zu quatschen. [9] „Ich weiß, dass Gott Ihnen dieses Land bereits geschenkt hat. Alle Leute, die hier wohnen, haben totale Panik vor Ihnen. Die sind fast wie gelähmt, solchen Schiss haben die jetzt schon. [10] Wir haben die Storys gehört, was Gott alles bei Ihnen gebracht hat, auf Ihrem Weg bis hierher. Wie er dieses Schilfmeer einfach geteilt hat, als Sie aus Ägypten abgehauen sind. Auch von Ihrem Sieg über die Amoriter und deren Präsidenten Sihon und Og hat man uns erzählt. [11] Darum haben wir alle keine Hoffnung, gegen Sie irgendetwas ausrichten zu können. Keiner hat Bock drauf, gegen Sie zu kämpfen. Ihr Gott spielt ja bei Ihnen in der Mannschaft mit, er kämpft auf Ihrer Seite. Und er ist die absolute Macht im Universum und auch hier auf der Erde. Dieser Gott hat praktisch schon alle Meisterschaften gleichzeitig gewonnen. [12] Bitte schwören Sie mir, dass Sie meine Familie in Ruhe lassen! Sie müssen mit meinen Leuten genau so nett umgehen, wie ich heute mit Ihnen umgegangen bin, okay? Bitte unterschreiben Sie mir das, ja? [13] Versprechen Sie mir, dass meinem Vater, meiner Mutter und meinen Geschwistern inklusive deren Familien und den Angestellten nichts passiert. Die müssen gerettet werden!" [14] Die Spione gaben ihr das Wort drauf: „Versprochen! Gott soll uns selbst töten, wenn nur einem irgendwas passieren sollte. Aber Sie müssen den Mund halten und dürfen niemandem davon erzählen, dass wir hier waren, geht das klar? Nur dann werden wir uns an diese Abmachung halten. Dann werden wir dafür sorgen, dass Ihnen nichts passiert, wenn Gott uns die Stadt in die Hand gibt." [15] Das Haus von Rahab war in die Stadtmauer reingebaut, die einmal um die ganze Stadt herum gebaut worden war. Darum konnte Rahab die beiden durch ein Fenster auf der Außenseite sicher aus der Stadt rausbringen. Die seilten sich einfach an einem Tau nach unten ab. [16] Bevor sie ganz am Boden waren, rief Rahab ihnen noch nach: „Gehen Sie zuerst in die Berge und verstecken sich dort eine Zeitlang! Es könnte sein, dass Sie verfolgt werden und Sie auf dem Weg zu Ihren Leuten irgendwo aufgegriffen werden. Bleiben Sie drei Tage in den Bergen, und gehen Sie erst dann weiter, wenn die Soldaten die Suche nach Ihnen aufgegeben haben! Auf diese Art kommen Sie sicher wieder nach Hause!" [17] Die Spione riefen zurück: „Okay. Auf eine Sache müssen Sie noch achten, sonst können wir unser Versprechen Ihnen gegenüber nicht einhalten: [18] Stellen Sie ein rotes Blinklicht in das Fenster, durch das wir geflohen

sind! Holen Sie Ihre Eltern und Geschwister und alle anderen Verwandten
bald zu sich in Ihre Bude. 19 Keiner darf das Haus verlassen! Wenn jemand
rausgeht, wird er sterben. Selbst Schuld, wir übernehmen dafür keine Ver-
antwortung. Wenn allerdings jemand in Ihrer Wohnung getötet wird, dann
tragen wir die Konsequenzen, das war so abgemacht. 20 Und noch was:
Erzählen Sie keinem von unserem Deal, klar? Sonst müssen wir unser Ver-
sprechen Ihnen gegenüber auch nicht mehr halten!" 21 „Okay", sagte Rahab.
„Abgemacht, ich bin mit allem einverstanden!" Als die beiden weg waren,
stellte sie das rote Blinklicht in ihrem Fenster auf. 22 Die Männer versteckten
sich drei Tage in den Bergen, bis die Verfolger aufgegeben hatten. Die hatten
tatsächlich alle Wege mit Polizeihunden abgesucht, aber niemanden gefun-
den. 23 Danach gingen die Spione wieder zurück. Sie kamen aus dem Ge-
birge und gingen direkt zu Josua, um ihm von ihrer Reise ausführlich Bericht
zu erstatten. 24 „Gott hat uns das ganze Land schon jetzt übergeben, es
gehört uns!", jubelten sie. „Die Leute, die dort wohnen, haben schon jetzt
die Hosen voll."

3

Der Jordanfluss wird überquert

1 Am nächsten Morgen packten Josua und alle Israeliten ihre Sachen und
zogen los. Von Schittim aus ging es Richtung Jordanfluss. Als sie dort waren,
bauten sie erst mal ihr Zeltlager auf. 2 Nach zwei Tagen gab Josua den Auf-
trag an seine Sekretärin, dass sie an alle Leute einen Befehl rausschicken
sollte. 3 Dort stand drin: „Leute! Das Startsignal ist, wenn die Priester vom
Stamm Levi die Kiste mit den Gesetzen hochnehmen und auf ihren Schul-
tern aus dem Lager tragen. Dann müssen alle aufstehen und hinterher-
gehen. 4 Die Kiste wird euch zeigen, wo es langgeht. Aber bitte gut aufpas-
sen, dass ihr nicht zu nahe kommt, klar? Bitte haltet immer den Mindest-
abstand von 500 Metern ein!" 5 Dann schrieb Josua noch: „Macht euch
startklar! Passt darauf auf, dass ihr sauber seid, auf die Art, wie Gott das
von seinen Leuten möchte. Morgen wird er für euch ein fettes Wunder tun!"
6 Am nächsten Morgen sagte Josua zu den Priestern: „So, Jungs, jetzt nehmt
mal die Kiste mit den Gesetzen und geht vorneweg! Auf zum Jordanfluss!"
Die Priester gehorchten Josua und schleppten die Kiste mit den Gesetzen
auf ihren Schultern. 7 Gott flüsterte Josua zu: „Pass auf, ich werde heute
allen Israeliten beweisen, dass du der neue Chef bist. Sie sollen kapieren,
dass ich mit dir genauso unterwegs bin, wie ich es mit Mose war. 8 Sag den
Priestern, dass sie kurz vor dem Jordanfluss erst mal stehenbleiben sollen!"
9 Josua organisierte dann ein Treffen mit den Israeliten, wo er noch mal zu
allen reden konnte. „Passt mal gut auf, was Gott euch zu sagen hat!", rief er
den Leuten zu. 10 „Gott will euch ein deutliches Zeichen geben, als Beweis,

dass er, Gott selbst, in eurer Mannschaft spielt. Er wird auch die Kanaaniter,
Hetiter, Hiwiter, Perisiter, Girgaschiter, Amoriter und Jebusiter durch euch
ganz easy von der Bildfläche pusten. 11 Passt auf, die Kiste mit den Gesetzen
vom obersten Chef des ganzen Universums ist bei euch! Sie geht vor euch
her über den Jordanfluss. 12 Organisiert mal zwölf Männer, aus jedem Fami-
lienstamm von Israel einen. 13 Ich verspreche euch, sobald die Priester mit
der Kiste ihre Füße in das Wasser stellen, wird der Jordan aufhören zu flie-
ßen. Das Wasser, das von oben kommt, wird sich aufstauen, als hätte da
jemand einen Staudamm hingestellt.“ 14 Die Israeliten bauten also ihre Zelte
ab und zogen zusammen zum Jordanfluss. Ganz vorne waren die Priester,
die auf ihren Schultern die Kiste hatten. 15 Zu der Zeit war gerade Frühjahr,
und der Jordanfluss hatte sogar Hochwasser. Aber in der Sekunde, als die
Priester mit ihren Füßen das Wasser berührten, 16 staute sich der Fluss plötz-
lich weiter oben an und stand dort wie eine Mauer. Und zwar stoppte das
Wasser bei dem Ort Adam, der in der Nähe von Zaretan lag. Das Wasser auf
der anderen Seite in Richtung Totes Meer lief langsam ab. Auf die Art konn-
ten alle Israeliten bei Jericho durch den Jordanfluss gehen, ohne sich auch
nur die Füße nass zu machen. 17 Die Priester mussten dabei die ganze Zeit
mit der Kiste auf dem Rücken im Flussbett stehenbleiben, bis alle Israeliten
trocken am anderen Ufer gelandet waren.

4

Zwölf Steine als ein Denkmal

1 Als alle auf der anderen Seite angekommen waren, sagte Gott zu Josua:
2 „Jetzt such dir mal zwölf Männer aus. Von jedem Familienstamm muss
einer dabei sein. 3 Die sollen aus dem Jordanfluss zwölf Steine holen, und
zwar genau von der Stelle, an der die Priester stehen. Diese Steine müssen
dann dort hingelegt werden, wo ihr heute Nacht euer Zeltlager aufschlagen
werdet.“ 4 Josua suchte sich zwölf Männer aus, von jedem Familienstamm
war einer dabei. Er sagte dann zu denen: 5 „Geht mal alle zur Kiste mit den
Gesetzen von Gott. Dort, wo die jetzt im Jordanfluss steht, muss sich jeder
von euch einen großen Stein vom Boden aussuchen. Jeder Stein steht für
einen Familienstamm von Israel. 6 Diese Steine sollen dann zu einem Denk-
mal werden. Wenn irgendwann später mal eure Kinder fragen: ‚Papa, warum
stehen diese Steine da?‘, 7 dann könnt ihr ihnen erzählen: ‚Das war so: Als
wir damals mit der Kiste mit den Gesetzen durch den Jordanfluss gezogen
sind, da wurde das Wasser plötzlich auf einer Seite aufgestaut. Diese Steine
sind so ein Denkmal, damit unsere Leute das nie mehr vergessen und sich
immer da dran erinnern, wenn sie die sehen.‘“ 8 Die Männer machten alles
genau so, wie Josua es gesagt hatte. Sie holten zwölf Steine aus dem Jordan
und brachten die zum Lagerplatz, wo sie in einer Reihe aufgestellt wurden.

Für jeden Familienstamm lag da jetzt ein Stein, genau so, wie Gott es Josua
gesagt hatte. 9 Josua ging mitten in den Jordanfluss an die Stelle, an der
die Priester mit der Kiste standen, und legte dort auch noch mal zwölf Steine
hin. Die Steine liegen da übrigens heute noch. 10 Die Priester blieben dabei
die ganze Zeit mit der Kiste im Jordan stehen. Sie zogen erst weiter, als alles
genau so gemacht worden war, wie Gott es seinen Leuten durch Josua
gesagt hatte. Diese Ansage hatte Gott ja auch schon durch Mose gemacht,
kurz bevor der starb. Die Leute hatten sich beeilt, so schnell es ging, durch
den Jordanfluss zu gehen, solange noch kein Wasser da war. 11 Als alle drü-
ben waren, konnte jeder zusehen, wie auch die Priester zusammen mit der
Kiste ans andere Ufer kamen. Dort stellten sie sich wieder ganz nach vorne,
an die Spitze der ganzen Truppe. 12 Die Soldaten von den Familienstämmen
Ruben, Gad und die eine Hälfte von Manasse zogen vorneweg, mit Waffen
im Anschlag und Helmen auf. So hatte es Mose befohlen. 13 Die ganze
Armee hatte ungefähr 40 000 wehrfähige Soldaten, die zum Krieg gegen Jeri-
cho aufmaschierten. 14 Gott bestätigte Josuas Führungsposition an diesem
Tag vor allen Leuten. Jeder hatte ab da Respekt vor ihm, genauso wie sie es
vor Mose hatten. Das hielt sein ganzes Leben lang an. 15 Er meinte eben
noch zu Josua: 16 „Sag den Priestern, die mit der Kiste, in der die Gesetze
drinliegen, im Jordan stehen, dass sie jetzt mal herkommen sollen." 17–18 Als
Josua das gemacht hatte und die Priester aus dem trockenen Fluss rauska-
men, kam das Wasser zurück! Es floss genauso heftig wie vorher, so dass
es sogar über die Ufer drüberging. 19 Das Ganze passierte am 10. April. Als
Nächstes bauten die Israeliten ihr Zeltlager bei Gilgal auf, das östlich von
Jericho liegt. 20 Josua stellte an dieser Stelle dann die 12 Steine hin, die man
aus dem Jordan mitgenommen hatte. 21 Als er fertig war, erzählte er den
Israeliten: „Leute, wenn später mal eure Kinder fragen, was das mit diesen
Steinen dort soll und wo die herkommen, 22 dann erzählt ihnen diese ganze
Geschichte, ja? Wie wir hier alle durch den Jordan maschiert sind, ohne
auch nur einen Tropfen Wasser abzukriegen. 23 Gott hat das Wasser einfach
ablaufen lassen, als ihr durchgezogen seid. Genauso wie damals in Ägypten,
bei diesem Schilfmeer. Damals konnten wir auch einfach so durchgehen
ohne nasse Füße zu kriegen. 24 Alle Menschen auf der Welt sollen dadurch
kapieren, was Gott alles drauf hat und wie mächtig er ist. Und für euch
soll das noch ein Grund mehr sein, ihm für immer dankbar zu sein und
Respekt vor ihm zu haben."

5

Beschneidungsritual in Gilgal

1 Die Nachricht über das krasse Ding, was Gott am Jordanfluss gebracht
hatte, stand am nächsten Tag auf den Titelseiten von allen Zeitungen in der

Gegend. Die Regierungen der Amoriter, die westlich vom Jordan wohnten, und auch alle Präsidenten der Kanaaniter von der Küste vom Mittelmeer kriegten richtige Panik. Viele hatten sogar total die Angst und waren wie gelähmt. 2 In der Zeit sagte Gott zu Josua: „Hey, ich möchte, dass du dir ein paar Skalpelle besorgst und damit von jedem Mann die Vorhaut abschneidest. Jetzt soll das nach so langer Zeit endlich wieder mit allen Männern von Israel gemacht werden." 3 Josua organisierte sich die Skalpelle und beschnitt jeden Mann damit. Das Ganze wurde auf einem kleinen Berg gemacht, der ab dann den Namen „Berg, wo wir beschnitten wurden" hatte. 4 Der Grund, warum Josua das machen musste, war ganz einfach: Von der alten Truppe, die man bereits beschnitten hatte, waren auf dem langen Weg von Ägypten durch die Wüste bereits alle gestorben. 5 Als sie Ägypten verlassen hatten, waren die ja bereits beschnitten worden. Aber die ganzen neuen Männer, die in der Zwischenzeit geboren worden waren, hatten alle noch ihre Vorhaut am Penis. 6 Die Israeliten waren ja immerhin vierzig Jahre in der Wüste unterwegs gewesen, bis eine ganze Generation gestorben war. Die Leute, die noch in Ägypten dabei waren, hatten Gott ja nicht wirklich geglaubt, darum hatte Gott ihnen gesagt, dass sie nicht in das neue Land reingehen dürfen. Dieses Land hatte er ja schon den Uropas ganz fest versprochen, es sollte ein Land sein, wo es alles gibt, und zwar reichlich. 7 Dann waren die Söhne von diesen Leuten erwachsen geworden und an die Stelle ihrer Eltern getreten. Um die ging es jetzt, die mussten von Josua auch noch beschnitten werden. Das war auf der Reise dorthin nämlich noch nicht passiert. 8 Nachdem man diese Beschneidung der Vorhaut durchgezogen hatte, blieben sie noch eine ganze Zeit im Lager, bis die Wunden abgeheilt waren. 9 Gott sagte zu Josua: „Jetzt seid ihr wieder total okay. Diese Schande, dass ihr in Ägypten so lange unter Knebelverträgen für andere Leute schuften musstet, nehme ich jetzt von euch." Darum nannte man diese Ort ab dann „Gilgal", was so viel wie „Schande wegnehmen" bedeutet. 10 In der Zeit wo die Israeliten dort ihr Lager aufgeschlagen hatten, feierten sie auch die Passaparty. Start für die Feier war der Abend des 14. Aprils. 11 Am nächsten Morgen gab es zum Frühstück das erste Mal Brötchen und Müsli, was direkt aus der Produktion vom Kanaan-Land stammte. 12 Ab dem Zeitpunkt gab es auch kein Manna-Brot mehr, das konnte man jetzt nirgends mehr finden. Schon im ersten Jahr im neuen Land hatten die Israeliten ihre Ernährung auf die Lebensmittel umgestellt, die man in Kanaan-Land anbauen und ernten konnte.

Gott schickt einen Turbo-Engel vorbei

13 Kurz vor Jericho ging Josua mal ein Stück spazieren. Plötzlich stand da ein Typ, der sich ihm, mit einer Kalaschnikow im Anschlag, in den Weg

stellte. Josua ging auf ihn zu und fragte ganz frech: „Gehörst du zu den Fein-
den oder bist du ein Freund?" 14 „Keins von beiden", lachte der Typ ihn an.
„Ich bin der oberste General über die Armee von Gott und bin einfach mal
so vorbeigekommen." Josua hatte mörder Respekt, er warf sich vor dem
Typen flach auf den Boden und stammelte: „Oh! Was hat mein Chef seinem
untersten Angestellten zu sagen? Ich mach alles, was er will!" 15 „Als Erstes
musst du mal deine Schuhe ausziehen. Du stehst nämlich auf einem ganz
besonders krassen Boden, der ist heilig!" Josua machte das sofort.

6

Sieg auf ganzer Linie in Jericho

1 Um die Stadt Jericho war vor einiger Zeit eine riesengroße Schutzmauer
gebaut worden. Als die Israeliten anrückten, waren die Stadttore in der
Mauer bereits mit fetten Stahlriegeln verschlossen worden. Niemand konnte
mehr in die Stadt rein, und niemand kam mehr raus. 2 Gott sagte zu Josua:
„Pass auf, ich werde dafür sorgen, dass dir Jericho bald gehört, mit seiner
Regierung und allen Soldaten. 3 Und zwar möchte ich, dass du mit allen
Männern aus deiner Armee jeden Tag einmal um die ganze Stadt ziehst. Das
machst du insgesamt sechs Tage lang. 4 Bei eurem Zug sollen sieben Pries-
ter mit E-Gitarren, Bass, Marshall-Verstärkern und Schlagzeug auf einem
Wagen mit dabei sein. Die Priesterband soll bei eurem Umzug mit maxima-
ler Lautstärke spielen. Dahinter soll dann die Kiste mit den Gesetzen getra-
gen werden. Am siebten Tag sollt ihr nicht nur einmal, sondern siebenmal
um die Stadt ziehen. 5 Wenn die Soldaten dann am siebten Tag bei der letz-
ten Umrundung die Musik hören, sollen sie voll zu brüllen anfangen. Wenn
ihr das macht, wird die Mauer in sich zusammenfallen! Jeder Soldat kann
dann von der Stelle aus, an der er gerade steht, in die Stadt reinmarschie-
ren." 6 Josua rief die Priester in sein Bürozelt und sagte zu ihnen: „Packt
euch die Kiste mit den Gesetzen auf die Schultern. Dann brauchen wir noch
eine Band, sieben Leute, die auf einem Wagen laut Mucke machen." 7 Zu
den Soldaten sagte Josua: „Los jetzt! Geht um die Stadt! Die besten Solda-
ten sollen vorneweg vor der Kiste laufen." 8 So wurde das Ganze auch durch-
gezogen. Die sieben Priester packten ihre Anlage und Verstärker auf den
Wagen und fingen an voll abzurocken. Dahinter trugen die anderen Priester
die Kiste. 9 Der Umzug sah so aus: Die besten Soldaten gingen vorneweg.
Dann kam der Wagen mit der Priesterband, die die ganze Zeit ihre Hits
spielte. Dahinter kam die Kiste mit den Gesetzen und ganz zum Schluss die
restliche Truppe. Die ganze Zeit machte die Band dabei volles Rohr laut
Mucke. 10 Josua hatte den Soldaten vorher den Befehl gegeben, dass sie kei-
nen Pieps sagen sollten. „Kein Wort darf beim Umzug aus eurem Mund
kommen, bis ich euch am siebten Tag ein Zeichen gebe", meinte er. 11 Josua

ließ die Truppe mit der Kiste an dem Tag einmal um die ganze Stadt ziehen.
Dann kamen sie wieder ins Zeltlager zurück und übernachteten dort. [12] Aber
am nächsten Morgen befahl Josua den Leuten, die zweite Runde zu drehen.
Die Priester griffen sich die Kiste und zogen wieder mit Josua los. [13] Dabei
machten die sieben Männer der Band wieder voll laut Musik. Der Zug ging
in der Reihenfolge: Vorne war eine kleine Gruppe von Soldaten. Als Nächstes
kamen die Priester mit ihrer Band. Dann kamen die Priester, die die Kiste
trugen, und am Ende die ganze Armee. [14] Am zweiten Tag machten sie es
genauso wie am ersten, sie marschierten einmal um die ganze Stadt. Das
Ganze wiederholten die Israeliten sechs Tage lang. [15] Am siebten Tag zogen
sie dann ganz früh am Morgen, als die Sonne gerade aufging, in der glei-
chen Anordnung los, wie sie es die Tage davor auch gemacht hatten. An die-
sem Tag zogen sie aber siebenmal um die Stadt. [16] Als sie bei der siebten
Umrundung angekommen waren, befahl Josua den Männern: „Jetzt brüllt,
was das Zeug hält! Gott hat uns die Stadt ausgeliefert! [17] Vergesst nicht, dass
sie radikal Gott gehört und wir die Rote-Karte-Aktion durchziehen sollen!
Das bedeutet, dass dort am Ende nichts mehr leben darf. Es gibt nur eine
Ausnahme, und das ist diese Hure, Frau Rahab, inklusive jedes Menschen,
der in ihrem Haus wohnt. Die hatte ja unsere Jungs versteckt, als die in der
Stadt waren, um die Lage auszuspionieren. [18] Leute, passt auf, dass ihr euch
ja nicht irgendwas von den Sachen greift. Wenn ihr das tut, würde es jeden
von uns treffen, und alle Israeliten würden deswegen kaputtgehen. [19] Jeder
Euro, das ganze Gold, der Schmuck, jede Aktie, die wir erbeuten, gehört Gott
und muss bei ihm im Tresor gebunkert werden!" [20] Dann legte die Priester-
band los. Sie hauten in die Saiten, und als die Israeliten die Musik hörten,
fingen sie wie blöd an zu schreien. Und dann krachte plötzlich die ganze
Mauer in sich zusammen! Die Armee der Israeliten spazierte einfach von
überall in die Stadt rein und eroberte sie. [21] Sie zogen alles genau so durch,
wie Gott es gesagt hatte. Alles was lebte, wurde von ihnen getötet. Männer,
Frauen, Kinder, Opas, Omas, Rinder, Schafe, Pferde, einfach alles.

Die Familie von Rahab bleibt am Leben

[22] Die beiden Spione hatten von Josua aber vorher die Order bekommen,
dass sie in das Haus von der Hure Rahab gehen sollten. „Holt sie da raus
und nehmt auch ihre ganze Familie mit! Das haben wir ihr ganz fest ver-
sprochen!", meinte er. [23] Sie gingen dann bei ihr vorbei und holten sie mit
ihrer ganzen Familie aus dem Haus. Ihre Brüder, ihr Vater, ihre Mutter, die
ganzen Verwandten und ihre Angestellten wurden abgeholt und in Sicherheit
gebracht, außerhalb des Lagers. [24] Am Ende nahmen die Soldaten Benzin
und fackelten die ganze Stadt ab. Nur das ganze Geld und die Gold- und
Silberreserven wurden gesichert und zum Tresor vom besonderen Zelt

gebracht. 25 Der Familie von der Frau Rahab passierte aber nichts. Das tat
Josua, weil er sich bei ihr dafür bedanken wollte, dass sie die Spione ver-
steckt hatte. Ihre Familie lebt seitdem immer noch bei den Israeliten. 26 Da-
mals machte Josua eine krasse Ansage: „Wenn irgendjemand mal versuchen
sollte, Jericho wieder aufzubauen, dann hat er für immer verloren. Gott hat
dann keinen Bock mehr auf ihn, der ist verflucht! Wenn er anfängt, wieder
alles aufzuräumen und einen Plan zu machen, die Stadt wieder hochzuzie-
hen, wird sein erster Sohn sterben. Und wenn er die Mauer wieder aufgebaut
hat, wird sein jüngster Sohn sterben.“ 27 Gott stand eindeutig auf der Seite
von Josua, jeder merkte das. Und deswegen wurde er echt berühmt, überall
in der Gegend kannte man seinen Namen.

7

Niederlage bei Ai

1 Zur Erinnerung: Gott hatte den Israeliten befohlen, die ganze Stadt Jericho
komplett plattzumachen und die Rote-Karte-Aktion dort radikal durchzu-
ziehen. Sie sollten sich nichts in die eigene Tasche stecken, so war seine
Ansage. Aber es hielten sich nicht alle da dran. Ein Typ, der Achan hieß,
klaute ein paar von den Sachen, die auf der Verbotsliste ganz oben standen.
Achan kam aus der Familie vom Karmi, dessen Vater Sabdi hieß. Dessen
Opa war Serach aus dem Familienstamm Juda. Gott war supersauer auf die
Israeliten wegen dem Typen. 2–3 Josua schickte einige Soldaten von Jericho
aus nach Ai, einer Stadt, die östlich von Bet-El lag. Das war in der Ebene
von Bet-Awen. Sie sollten die Umgebung dort mal abchecken. Die Männer
spionierten also die Gegend aus und kamen ein paar Tage später wieder
zurück zu Josua, um ihren Bericht abzuliefern. „Das sieht nach einer ganz
lockeren Geschichte aus! Das packen wir mit einer kleinen Einheit ganz
easy!“, meinten sie zu ihm. „Hier muss nicht gleich die ganze Armee anrü-
cken, so zwei- bis dreitausend Männer müssten locker reichen, um die Leute
in Ai fertigzumachen! Du brauchst echt nicht jeden Soldaten dafür, das sind
nur ein paar Leute!“ 4–5 Josua hörte auf ihren Rat. Es zog also nur eine kleine
Einheit der Israeliten dort hin. Aber sie wurden von den Soldaten aus Ai
zurückgeschlagen. Als die Armee auf der Flucht war, jagten die Feinde den
Israeliten noch hinterher und töteten an einem Abhang 36 Leute. Da beka-
men die anderen echt Panik. 6 Als Josua und die anderen Clanchefs von den
Ereignissen erfuhren, waren sie ziemlich fertig. Einige kriegten voll den
Heulflash, zerkloppten pauschal alles, was in der Gegend rumlag, und war-
fen sich vor der Kiste mit den Gesetzen auf den Boden. Dort blieben sie
den ganzen Tag liegen, bis es dunkel wurde. 7 Josua sagte: „Hey, Gott, du
bist echt der Größte! Aber warum hast du uns überhaupt bis hierher ge-
bracht? Warum sollten wir über den Jordan gehen, wenn du sowieso vor-

hattest, dass wir gegen die Amoriter verlieren und die uns alle umnieten?
Wären wir bloß auf der anderen Seite geblieben! 8 Ich bin echt sprachlos!
Was kann ich da noch sagen, wenn unsere Männer sogar in Panik vor den
Feinden weglaufen mussten? 9 Die Kanaaniter und die anderen Völker, die
hier leben, werden die Story bestimmt morgen in der Zeitung lesen. Dann
kommen sie alle auf einmal und werden uns hier in hohem Bogen wieder
rausschmeißen. Was kannst du dann noch dagegen tun, dass die Leute nicht
über dich ablästern und dich überall verarschen. Hallo? Gott?"

Der Grund: Die Leute haben nicht getan, was Gott wollte

10 Gott sagte zu Josua: „Mann, was ist los? Warum heulst du hier rum und
liegst auf dem Boden? 11 Deine Leute sind selbst schuld! Sie haben den
Vertrag gebrochen, den wir miteinander vereinbart hatten! Sie haben sich
einfach ein paar von den Sachen gezockt, die eigentlich vernichtet werden
sollten! Das war so abgemacht, aber die haben sich nicht dran gehalten.
12 Darum werden sie auch gegen eure Feinde keine Stiche sehen. Sie müssen
fliehen, weil die Rote-Karte-Aktion jetzt auf sie selbst zurückgekommen ist,
wie so ein Bumerang. Eigentlich müssten jetzt alle sterben. Ich bin dann
weg und werde euch nicht mehr helfen, wenn ihr nicht sofort alles komplett
kaputt macht, was ihr euch von dort gezockt habt. Das hatte ich doch aus-
drücklich verboten! 13 Jetzt komm in die Hufe! Mach deine Leute dafür klar,
dass ich mich mit ihnen treffen kann! Gib den Befehl raus, dass sich jeder
gottmäßig sauber machen soll, damit sie für das Treffen bereit sind. Richte
ihnen Folgendes aus: ‚Ich hab ne Ansage von Gott: Ihr habt Dinge bei euch
rumliegen, die eigentlich durch die Rote-Karte-Aktion kaputt gemacht wer-
den sollten. Eure ganzen Leute werden keinen Krieg mehr gewinnen können,
wenn ihr die Sache nicht schleunigst wieder in Ordnung bringt. Ihr müsst
diese Dinge vernichten!‘ 14–15 Ich möchte, dass morgen früh alle Familien-
stämme antreten. Dann sollt ihr mal auswürfeln, bei welchem Familien-
stamm der Fehler passiert ist. Jetzt wird als Nächstes gewürfelt, bei welcher
Familie die geklauten Dinge rumliegen. Aus der Familie sollen dann alle
Mann vortreten. An dem Mann, der dann am Ende ausgewürfelt wird, liegt
es, der hat Dreck am Stecken. Er hat in der Stadt Jericho Dinge für sich abge-
zweigt, die eigentlich verbrannt werden sollten. Ihr müsst ihn töten und ver-
brennen, und zwar alles, was ihm gehört. Der Typ hat etwas richtig Mieses
gemacht, er hat es total verschissen, er hat den Vertrag mit Gott übelst
gebrochen!" 16 Am nächsten Morgen ließ Josua alle Israeliten, geordnet nach
ihren Familienstämmen, antreten. Beim Würfeln kam dann der Familien-
stamm Juda bei raus. 17 Also kam der ganze Familienstamm nach vorne, und
beim Würfeln kam als Nächstes der Clan Serach raus. Und aus dem Clan
Serach kam am Ende die Familie Sabdi bei raus. 18 Unter dieser Familie erga-

ben die Würfel dann, dass das Problem bei Achan lag. Achan war ein Sohn
von Karmi, ein Enkel von Sabdi und ein Urenkel von Serach. 19 Josua sagte
zu dem: „Mein Lieber, die Würfel sagen, dass du schuld bist! Ist das so?
Mach jetzt klar, dass Gott dein Chef ist! Gib zu, dass du Mist gebaut hast!
Keine Geheimnisse mehr!“ 20 „Es stimmt, ich geb's zu!“, sagte Achan.
„Ich hab großen Mist gebaut. Ich hab Gott beschissen. Ich hab ihn betrogen.
21 Beim Einsammeln unserer Beute war da so eine ganz geile Jeans, auf die
ich echt scharf war. Dann hab ich noch 400 Euro und ein paar Goldmünzen
mitgehen lassen. Ich habs einfach nicht gepackt, die Versuchung war zu
groß. Alles liegt in meinem Zelt versteckt, in einem Loch, was ich dafür
gebuddelt hab. Die Euroscheine liegen ganz obendrauf.“ 22 Josua schickte
ein paar Männer zum Zelt von Achan. Die fanden die Beute genau an der
Stelle, wo er es gerade gesagt hatte. 23 Die Jungs brachten die Sachen sofort
zu dem Treffen, wo Josua mit den anderen Israeliten gerade am besonderen
Zelt war. Sie legten alles vor die Kiste mit den Gesetzen hin. 24 Jetzt packten
alle Israeliten Achan und seine ganze Familie und schleppten ihn in das
Achor-Tal. Alles, was ihm gehörte, seine ganzen Pferde, Schafe und Ziegen,
sein Zelt, seine Klamotten, einfach alles hatten sie auch mitgenommen.
25 Josua sagte dann vor der versammelten Mannschaft zu ihm: „Du bist
schuld, dass wir diesen Krieg verloren haben, du hast uns alle damit kaputt
gemacht, viele mussten wegen dir sterben. Darum wird Gott dich jetzt auch
kaputt machen.“ Jetzt schnappte sich jeder ein paar Steine und bewarf
Achan und seine Familie so lange damit, bis keiner mehr lebte. Zum Schluss
wurden ihre Leichen verbrannt. 26 Über der Feuerstelle wurde ein großer
Steinhaufen aufgebaut. Den kann man dort heute noch sehen. Als alles vor-
bei war, vergaß Gott seinen Ärger mit den Israeliten. Wegen der ganzen Ge-
schichte nennt man diesen Ort bis heute, das Achor-Tal, was so viel bedeutet
wie „Das Tal, wo ein großes Unglück passiert ist“.

8

Sieg bei Ai

1 Als sie das erledigt hatten, meinte Gott zu Josua: „Hey, du brauchst echt
keine Angst zu haben! Keine Panik, verstehst du? Hol die ganzen Soldaten
zusammen und zieh noch mal los, um gegen die Stadt Ai zu kämpfen. Ich
hab schon jetzt dafür gesorgt, dass der Präsident von Ai und mit ihm alle
Bewohner diesen Krieg verlieren und alles, was dort steht, bald dir gehört.
2 Ich möchte, dass ihr Ai plattmacht, wie ihr auch Jericho schon kaputt
gemacht habt. Alle Leute, die da wohnen, sollen gekillt werden. Mit einem
Unterschied: Ihr dürft diesmal alles restlos behalten, was ihr dort findet.
Pass auf, zieh mal einen Teil der Männer von der Truppe ab und sag denen,
sie sollen sich auf der anderen Seite der Stadt verstecken.“ 3 Josua suchte

sich sofort 30000 seiner besten Leute aus, und schickte sie nachts schon
mal vor, zum hinteren Ende der Stadt. 4 Sie kriegten von Josua die Order:
„Versteckt euch auf der anderen Seite der Stadt! Die Entfernung sollte aber
nicht zu groß sein, damit jeder sofort in der Lage ist loszumarschieren,
wenn der Befehl kommt. 5 Ich werde mit dem Rest der Männer bis kurz vor
die Stadt ziehen. Wenn uns dann die Soldaten von Ai wieder entgegenstür-
men, werden wir einfach umdrehen und weglaufen. 6 Dann werden sie
uns verfolgen und sich so von der Stadt entfernen, weil sie vermuten, dass
wir wieder auf der Flucht vor ihnen sind, so wie beim ersten Mal. 7 Wenn
ihre Armee dann außerhalb der Stadt ist, müsst ihr von hinten in die Stadt
einbrechen und sie übernehmen. Gott, euer Chef, wird sie unter eure Kon-
trolle bringen. 8 Fackelt die Stadt sofort ab, legt überall Feuer! So hat Gott
es gesagt. Haltet euch strikt an meine Befehle!“ 9 Alles wurde genau so
gemacht, wie Josua es gesagt hatte. Die kleinere Truppe versteckte sich west-
lich von Ai, in der Richtung von Bet-El. Josua war die ganze Nacht bei dem
Hauptteil der Truppe und pennte da. 10 Am nächsten Morgen ließ er ganz
früh die Soldaten antreten. Dann stellte er sich mit den anderen Chefs der
Israeliten vorne auf und zog vor die Stadt. 11 Kurz vor Ai schlugen sie ihr
Lager auf, zwischen ihnen und der Stadt lag nur noch ein Tal, weiter nichts.
12 Dann organisierte Josua die Spezialtruppe von 5000 Mann, die sich hinter
die Stadt im Westen, zwischen Ai und Bet-El auf die Lauer legten. 13 Das
Hauptlager war also im Norden, die versteckte Truppe im Westen. Josua
selbst ging abends noch zurück, in die Gegend vom Jordan. 14 Der Präsident
von Ai konnte von der Stadt aus sehen, dass die Armee von Josua auf sie
zukam. Er zögerte keine Sekunde und rückte mit seinen Soldaten gegen
die Israeliten aus. Seine Idee war es, sich einen günstigen Platz für einen
Bodenkrieg beim Jordan zu suchen, um sie von dort als Erster angreifen zu
können. Er hatte aber nicht geschnallt, dass das Ganze eine Falle war.
15 Josua und seine Leute taten so, als würden sie gegen diese Armee keine
Chance haben und wichen im Kampf absichtlich immer weiter zurück, bis in
die Wüste. 16 Als die Befehlshaber von Ai das mitbekamen, riefen sie alle
wehrfähigen Männer aus der Stadt zusammen um die Israeliten zu verfol-
gen. So wurden die Soldaten immer weiter von der Stadt weggelockt. 17 Am
Ende war nicht mal mehr ein Mann in der Stadt, weil die alle draußen waren.
Es waren nur noch Frauen und Kinder dort. Keiner war übrig, um die Stadt
zu beschützen.

Ai wird eingenommen und komplett abgefackelt

18 Jetzt sagte Gott zu Josua: „So, jetzt geht’s ab! Nimm deine Knarre in die
Hand und halt sie hoch. Ich werd dir die Stadt jetzt geben!“ 19 Als Josua sein
Maschinengewehr hochhielt, ging es los. Die Männer, die sich versteckt hat-

ten, kamen jetzt ganz schnell aus ihrer Stellung und rannten auf die Stadt zu. Sie übernahmen das ganze Teil und legten überall Feuer. [20] Als die Soldaten aus Ai sich umsahen, konnten sie plötzlich sehen, wie aus ihrer Stadt fette Rauchwolken rausqualmten! Jetzt waren sie verwirrt, sie wussten nicht mehr, in welche Richtung sie laufen sollten. In dem Augenblick drehten sich die Israeliten, die so getan hatten, als würden sie fliehen, plötzlich um und griffen sie an. [21] Josua und seine Leute hatten na klar auch mitbekommen, dass der Trick funktioniert hatte. Sie konnten sehen, dass die anderen bereits in der Stadt drin waren und das Teil bereits wie blöd am Brennen war. Sie überrannten die gesamte Armee von Ai und töteten jeden Soldaten. Keiner konnte fliehen, und es gab auch keine Gefangenen. [22] Das Heer der Feinde hatte plötzlich zwei Fronten gehabt und wurde von zwei Seiten bekämpft. Darum gab es keine Überlebenden. [23] Nur einer wurde gefangenen genommen, und das war der Präsident von Ai. Den brachten die Männer dann zu Josua. [24] Nachdem man wirklich alle Männer aus Ai getötet hatte, zogen die Soldaten in die Stadt und brachten dort alles um, was noch lebte. [25] Auf diese Art wurden an diesem Tag alle Einwohner von Ai getötet, insgesamt 12 000 Männer und Frauen. [26] Josua führte den Krieg so lange, bis die Rote-Karte-Aktion wirklich bis zum Ende durchgezogen worden war. [27] Alle Tiere konnten die Israeliten diesmal behalten. Auch die wertvollen Sachen durften sie aus der Stadt mitnehmen. Das hatte Gott Josua ja alles genau so gesagt. [28] Die Stadt wurde von Josua komplett plattgemacht. Bis heute ist davon nicht mehr als ein großer Schrotthaufen übrig. [29] Der Präsident von Ai wurde öffentlich hingerichtet. Er wurde erhängt. Seine Leiche hing den ganzen Tag an einem Baum, bis Josua befahl, sie runterzunehmen und irgendwo vor die Stadt zu schmeißen. Die Soldaten schütteten ein paar Ladungen Steine darüber. Den Haufen kann man da noch heute sehen.

Josua liest aus den Gesetzen vor

[30] Als das abgegangen war, ließ Josua einen Opfertisch, so einen Altar für Gott, seinen Chef, auf dem Berg Ebal bauen. [31] Mose, der voll mit Gott unterwegs gewesen war, hatte ja kurz vor seinem Tod den Befehl für diese Aktion rausgegeben. Josua ließ den Tisch genau nach der Anweisung bauen, wie es in den Gesetzen von Mose drinsteht. Es wurden normale Steine verwendet, die noch nicht mit einem Werkzeug bearbeitet worden waren. Auf diesem Steintisch wurden dann von den Israeliten Abfackelopfer und Dankopfer durchgeführt. [32] Auf andere Steinplatten, die sie dort hingeschleppt hatten, schrieb Josua die Gesetze noch mal drauf. Es war eine Abschrift von den Worten, die Mose vor den Augen der Leute damals aufgeschrieben hatte. [33] Die Israeliten inklusive aller Chefs und Clanchefs, alle Richter und auch alle Ausländer, die bei ihnen lebten, stellten sich an beiden Seiten von

der Kiste mit den Gesetzen auf. Die eine Hälfte stand auf der Seite, auf der der Berg Garizim lag, und die andere Hälfte auf der Seite, auf der der Berg Ebal zu sehen war. Zwischen den Leuten und der Kiste stellten sich die Priester auf, alle aus dem Familienstamm Levi. So sollten sich die Israeliten immer aufstellen, wenn sie von Gott Kraft bekommen wollten. 34 Als alle richtig standen, las Josua noch mal die Gesetze vor. Dazu auch noch Gottes Versprechen, wenn sich die Leute an seine Gesetze halten. Aber auch die ganzen Warnungen, was passiert, wenn man sich nicht an die Gesetze hält, wurden aus dem Buch vorgelesen. 35 Kein Wort wurde verschwiegen, alles, was Mose aufgeschrieben hatte, wurde exakt so vorgelesen. Dabei hörte die ganze Gemeinschaft der Israeliten gut zu. Auch die Frauen und Kinder und alle Ausländer waren dabei.

9

Der Trick von den Leuten aus Gibeon

1–2 Dass Israel diesen krassen Sieg eingefahren hatte, war am nächsten Tag auf der Titelseite von allen Zeitungen überall im Land. Die Regierungschefs, die ihren Sitz westlich vom Jordan hatten, lasen alle beim Frühstück von dem Sieg der Israeliten über Ai und bekamen echt Schiss. Daraufhin schlossen alle Präsidenten aus der Gegend einen Angriffspakt gegen Josua und seine Leute. Die Präsidenten, die diesen Pakt unterschrieben, kamen von überall her: Aus dem Gebirge, von der Küste bis ganz zum Libanon, von den Hetitern, Amoritern, Kanaanitern, Peristern, Hiwitern und Jebusitern. 3 Die Nachricht kam auch zu den Bewohnern der Stadt Gibeon, die zu dem Volk der Hiwiter gehörten. Als sie lasen, was Josua mit Jericho und Ai angestellt hatte, 4–5 überlegten sie sich einen Trick, wie sie aus dieser Kiste rauskommen könnten. Und zwar verkleideten sie sich so, als wären sie eine kleine Familie, die in einem Getto lebt. Sie zogen sich ein paar zerrissene Jeans und dreckige T-Shirts über und schmierten sich etwas Dreck ins Gesicht. Dann setzten sie sich in einen alten Bus, auf dessen Dachgepäckträger ein paar Gitterboxen montiert waren. In den Boxen steckten ein paar halbvolle Plastikflaschen mit Wasser und steinhartes Brot. 6 So kamen sie dann zu Josua ins Lager nach Gilgal. Bei einem Treffen, wo Josua und einige Männer von den Israeliten anwesend waren, trugen sie dann ihre Story vor: „Guten Tag, verehrte Herren! Wir kommen aus einem sehr weit entfernten Land und würden gerne einen Nichtangriffspakt mit euch abschließen.“ 7 Die Männer antworteten: „Nee Leute, das geht nicht. Vielleicht wohnt ihr hier ja nur um die Ecke?“ 8 „Wir tun, was auch immer ihr von uns wollt!“, sagten die Männer von Gibeon. „Hm, wo kommt ihr denn überhaupt her?“, wollten die Israeliten wissen. 9 „Unsere Heimat liegt auf der anderen Seite der Erde! Aber trotzdem ist sogar bis zu uns die Nachricht durchgedrungen,

dass es da jetzt so ein neues Volk gibt, bei dem Gott extrem am Start ist.
Zum Beispiel von den ganzen Sachen, die Gott bei euch in Ägypten gemacht
hat, haben wir gehört. 10 Auch von dem heftigen Sieg über die
zwei Präsidenten von den Amoritern und ihre Armeen auf der anderen Seite
vom Jordan hat man uns erzählt. Wie euer Gott den Präsidenten Sihon von
Hebschon und den Präsidenten Og von Baschan einfach plattgemacht hat.
11 Nicht nur die Chefs bei uns, sondern alle Bewohner haben zu uns gesagt:
‚Packt euch was zu essen ein und fahrt mal zu diesen Leuten. Ihr müsst
ihnen sagen, dass wir bereit sind, alles zu tun, was sie wollen. Schließt mit
ihnen einen Friedensvertrag.‘ 12 Hier, ihr könnt das ja an unserem Proviant
testen, den wir mitgenommen hatten. Das Brot war noch warm, als es in
die Box kam, aber jetzt ist es steinhart. 13 Oder hier unsere Wasserflaschen.
Die waren noch voll, als wir losgezogen sind, aber jetzt sind die fast leer.
Auch unsere Klamotten sind mittlerweile total durch.“ 14 Die Israeliten teste-
ten das Brot, und es war tatsächlich steinhart. Aber Gott fragten sie nicht,
ob die Sache okay war. 15 Also unterschrieb Josua den Vertrag, der den Män-
nern das Leben garantierte. Der Vertrag wurde von allen Clanchefs unter-
schrieben. 16 Erst drei Tage später wurde klar, dass die Männer sie beschis-
sen hatten. Sie lebten in Wirklichkeit gleich um die Ecke, mitten in dem
Gebiet, das Israel gehören sollte. 17 In der Zwischenzeit waren die Israeliten
nämlich weitergezogen und kamen bei den Städten an, aus denen diese
Männer ursprünglich stammten. Das waren Gibeon, Kefira, Beero und Kirjat-
Jearim. 18 Wegen ihrem Vertrag konnten sie die aber nicht mehr angreifen,
immerhin hatten ihre eigenen Chefs unterschrieben, und sie hatten ihnen im
Namen von Gott Frieden zugesichert. Die Israeliten waren megasauer auf
ihre Chefs, dass sie diesen Trick nicht durchschaut hatten. 19 Die antworteten
dann nur: „Sorry, Leute, da geht einfach nichts! Wir haben diesen Leuten,
mit Gott als Zeugen, ihren Vertrag unterschrieben. Wir können die einfach
nicht angreifen! 20 Wenn wir die killen, wird uns Gott dafür bestrafen. 21 Aber
vielleicht haben wir eine Notlösung. Ab sofort sollen die bei uns im Toilet-
tendienst, auf dem Bau und bei der Müllabfuhr für lau arbeiten!“ 22 Josua
ließ die Chefs aus Gibeon dann alle in seinem Büro antreten. „Warum habt
ihr uns derart beschissen? Ihr habt uns angelogen und erzählt, dass ihr
von der anderen Seite der Erde kommt, obwohl ihr hier gleich um die
Ecke wohnt! 23 Das war nicht okay, und darum soll es euch auch nicht gut-
gehen. Ab sofort arbeitet ihr für uns, kostenlos! Eure Leute müssen sich
bei uns um den Müll kümmern und auf dem Bau arbeiten. Außerdem müsst
ihr auf den öffentlichen Toiletten putzen.“ 24 Sie antworteten: „Es war einfach
die einzige Chance, unser Leben zu retten! Bei uns war das auch schon
angekommen, dass Gott dem Mose gesagt hatte, dass er euch die ganze
Gegend schenken will und dass ihr alles und jeden töten werdet, der dort

lebt. [25] Aber wir gehören jetzt euch. Macht mit uns, was ihr für richtig haltet!“ [26] Josua stand zu seinem Deal. Er beschützte die Leute aus Gibeon und erlaubte es den Israeliten nicht, sie umzubringen. [27] Allerdings kriegten sie die megaharten Jobs und erledigten ab dann die ganze Drecksarbeit für die Israeliten. Sie mussten die gesamten öffentlichen Klos putzen und bei der Müllabfuhr arbeiten. Dazu kümmerten sie sich um das Holz, was man im besonderen Zelt für das Feuer brauchte, um dort auf dem großen Tisch, dem Altar, die Opfer abzufackeln. Und diese Jobs erledigten sie dann eine ganze Zeitlang für die Israeliten.

10

Die Leute von Gibeon brauchen Hilfe

[1] Auch der Präsident Adoni-Zedek von Jerusalem hörte in den Nachrichten, dass Josua mit seiner Armee Ai eingenommen und in der ganzen Stadt die Rote-Karte-Aktion durchgezogen hatte, genau wie vorher in Jericho. Außerdem gab es die Nachricht, dass die Leute aus Gibeon einen Friedensvertrag mit den Israeliten abgeschlossen hatten und jetzt die Armee auch noch verstärken würden. [2] Adoni-Zedek und seine Leute kriegten voll den Horror, denn Gibeon war eine echt fette Stadt, sie war sogar etwas größer als Ai. Man hatte Respekt vor der Armee von Gibeon, weil die Soldaten fast alle eine Einzelkämpfer-Ausbildung hatten. [3] Darum schickte Adoni-Zedek eine Rundmail an die Staatsoberhäupter der Nachbarstaaten. Das waren: Präsident Hoham von Hebron, Präsident Piram von Jarmut, Präsident Jafia von Lachisch und Präsident Debir von Eglon. Er schrieb: [4] „Sehr verehrte Kollegen! Dies ist ein Hilferuf und ein Aufruf zum Kampf gegen Israel. Wir wollen gemeinsam die Leute von Gibeon dafür abstrafen, dass sie sich auf Josua und seine Leute eingelassen haben! Macht mit! Mit freundlichen Grüßen, Präsident Adoni-Zedek.“ [5] Die fünf Präsidenten waren einverstanden und zogen mit ihrer geballten Armee vor die Stadt Gibeon, um gegen sie zu kämpfen und sie kaputt zu machen. [6] Als die Bewohner von Gibeon die Masse an Soldaten sahen, schickten sie eine Nachricht an Josua, der gerade immer noch in Gilgal war. „Machen Sie jetzt bitte noch nicht die Düse, Herr Josua! Wir brauchen Sie noch! Unsere Abmachung war, dass wir uns Ihnen voll unterordnen, aber das bedeutet doch auch, dass Sie uns jetzt schützen müssen, oder? Bitte helfen Sie uns! Schnell! Die gesamte Armee von den Amoritern aus dem Bergland steht bei uns vor der Tür und will uns zerstören!“ [7] Josua befahl sofort allen Soldaten von Israel, sich zu sammeln und brach mit den Männer auf. [8] Gott sagte dabei zu ihm: „Du brauchst echt keinen Schiss vor denen zu haben! Ich hab sie alle schon für dich kaltgestellt. Keiner hat eine Chance gegen dich und deine Leute.“

Gott sorgt dafür, dass Israel gegen die Amoriter gewinnt

9 Josua startete einen Überraschungsangriff gegen die Amoriter. Er maschier-
te die ganze Nacht durch und kam am nächsten Morgen ohne Ankündigung
bei den Armeen der Amoriter vor Gibeon an. 10 Gott sorgte dafür, dass die
Gegner nur beim Anblick der Armee schon so eine Panik kriegten, dass
sie nur noch weglaufen wollten. Die Männer von Israel schlugen derart hart
zu, dass die andere Armee nur panisch die Flucht ergriff und eine vernich-
tende Niederlage einfuhr. Man jagte den Flüchtenden hinterher, bis zur
Gegend von Bet-Horon, teilweise sogar noch bis Aseka und Makkeda. 11 Als
die Amoriter den Hügel Bet-Horon runterrannten, organisierte Gott, dass
ganz plötzlich riesengroße Hagelkörner vom Himmel runterfielen, den gan-
zen Weg bis nach Aseka. Durch diese Eisbrocken wurden sogar noch mehr
Soldaten getötet als durch die Waffen der Israeliten. 12 An dem Tag, als das
Ganze abgging, brachte Josua einen krassen Spruch. Alle Leute aus Israel
konnten ihm dabei zuhören: „Sonne, du musst jetzt stehenbleiben! Mond,
du muss jetzt stehenbleiben! Die Uhr darf nicht mehr ticken, bis unsere
Feinde alle tot sind!“ 13 Und das passierte tatsächlich. Die Sonne bewegte
sich keinen Millimeter und der Mond auch nicht, fast einen ganzen Tag lang,
so lange, bis alle Feinde tot waren. Die Zeit wurde also angehalten. Man
kann die ganze Story auch in dem „Buch der Korrekten“ nachlesen. 14 Dass
Gott die Zeit anhält, nur weil ein Mensch für so was betet, war eine ein-
malige Geschichte. So was hat Gott vorher und nachher nie wieder für einen
Menschen getan. Gott spielte eindeutig in der Mannschaft von Israel.
15 Nach diesem fetten Sieg ging Josua mit dem ganzen Heer wieder ins
Lager nach Gilgal zurück.

Die fünf Präsidenten der Amoriter werden hingerichtet

16 Die Präsidenten der Amoriter waren aber rechtzeitig vom Kriegsschauplatz
geflohen und hatten sich in einem Bunker versteckt. 17–18 Josua hörte davon
und gab den Befehl raus: „Fahrt einen Panzer vor den Eingang vom Bunker
und lasst das Teil 24 Stunden am Tag bewachen. 19 Die anderen sollen
erst mal den Rest plattmachen, damit sich die Soldaten nicht in die Städte
zurückziehen können. Gott hat sie euch jetzt schon ausgeliefert, sie gehören
uns!“ 20 So ist das damals abgelaufen, als Josua die Amoriter so richtig kalt-
gestellt hatte. Nur ganz wenige von denen konnten am Ende noch lebend
aus der Sache rauskommen und in die Städte fliehen. 21 Josua kehrte mit
seiner ganzen Armee wieder zurück in das Lager, was sie in Makkeda aufge-
schlagen hatten. Die Leute hatten so einen Respekt vor ihnen, dass keiner
auch nur einen Mucks gegen sie sagte. 22 Schließlich gab Josua die Order
raus: „Fahrt den Panzer beiseite, holt die fünf Präsidenten aus dem Bunker
raus und bringt die mal zu mir!“ 23 Also wurde der Bunker freigelegt und die

fünf Typen zu Josua gebracht. Das waren wie gesagt die Chefs von Jerusa-
lem, Hebron, Jarum, Lachisch und Eglon. 24 Sie legten sich alle platt auf den
Boden. Josua rief die Männer aus Israel dazu und befahl den Offizieren,
die im Kampf dabei waren: „Fünf Soldaten, vortreten! Stellt mal euren rech-
ten Fuß auf den Kopf von je einem der Typen!“ 25 Nachdem der Befehl aus-
geführt worden war, sagte Josua: „Männer, ihr braucht nie wieder Angst
zu haben, nichts kann euch mehr in Panik versetzen! Ihr seid die besten und
stärksten Soldaten! Ihr könnt euch darauf verlassen: Was Gott hier mit euren
Feinden gemacht hat, das kann er überall tun!“ 26 Dann nahm er eine 9-Milli-
meter-Pistole und schoss jedem der Präsidenten in den Kopf. Die Leichen
wurden anschließend an ein paar Bäume gehängt, die dort rumstanden.
Da hingen sie den ganzen Tag, bis es dunkel wurde. 27 Als die Sonne weg
war, wurden die Leichen abgenommen und in den Bunker geworfen, wo sie
sich vorher versteckt hatten. Der Eingang wurde mit ein paar Betonplatten
zugemauert. Diese Platten stehen dort bis heute.

Der Süden vom Kanaan-Land wird eingenommen

28 Josua marschierte sofort weiter, griff die Stadt Makkeda an und eroberte
sie. Alle Einwohner, inklusive der Regierung und des Präsidenten, sahen die
rote Karte. Sie wurden alle erschossen, keiner kam mit dem Leben davon.
Der Präsident wurde genauso hingerichtet wie vorher der Chef von Jericho.
29 Als Nächstes war die Stadt Libna dran. Josua zog von Makkeda mit den
Soldaten dorthin und griff sie an. 30 Gott sorgte auch hier dafür, dass seine
Leute einen fetten Sieg einfuhren. Alle Einwohner wurden erschossen, keiner
konnte entkommen. Der Präsident wurde wieder so hingerichtet, wie die
Präsidenten von Jericho und Makkeda. 31 Dann zogen sie von Libna zu der
Stadt Lachisch. Sie lagerten erst eine Zeitlang um die Stadt, bevor sie die
angriffen. 32 Gott schenkte ihnen auch Lachisch. Am zweiten Tag wurde ein
Sieg auf ganzer Linie eingefahren. Auch hier wurde wieder das Ding mit
der roten Karte durchgezogen. Keiner blieb am Leben. 33 Der Präsident von
Horam kam sogar noch mit seiner Armee zur Hilfe, aber Josua war stark
genug, um die auch noch zu besiegen. Keiner überlebte diesen Kampf. 34 Als
Nächstes zog Josua mit allen seinen Männern nach Eglon. Sie belagerten
die Stadt und kämpften gegen sie. 35 Das Ganze dauerte nur einen Tag, dann
waren die erledigt. Auch hier wurde wieder die rote Karte gezeigt. Alles und
jeder wurde umgenietet, der dort lebte. Es wurde genauso gemacht wie
schon vorher in Lachisch. 36 Jetzt war Hebron an der Reihe. Die Israeliten
zogen von Eglon dorthin und kämpften gegen sie. 37 Auch hier wurde wieder
ein schneller Sieg eingefahren. Hebron bekam auch die rote Karte, genauso
wie Eglon. Der Präsident und alle Bewohner wurden ausgelöscht. Sogar die
Menschen, die in den Vororten lebten, mussten alle sterben. Keiner über-

lebte diesen Krieg. 38 Als Nächstes war Debir dran. Josua zog mit den Soldaten dorthin und erklärte ihnen den Krieg. 39 Debir wurde auch zu einem Erfolg. Die ganze Stadt und die umliegenden Ortschaften wurden eingenommen. Auch hier wurde radikal die rote Karte gezeigt, wie man es auch schon vorher gemacht hatte. 40 So ging das immer weiter. Josua eroberte das ganze Land, das Gebirge, das Südland, die Täler, einfach alles. Bei ihm gab es keine Gefangenen, die Gegner wurden radikal ausgelöscht, jeder bekam die rote Karte. Das hatte Gott vorher schon klargemacht, dass das so sein muss. 41 Josua zog weiter von Kadesch-Barnea bis zum Gaza-Streifen. Das ganze Goschen-Land bis Gibeon wurde eingenommen. 42 Josua gewann alles, was man gewinnen konnte. Er nahm das ganze Land ein, weil Gott in seiner Mannschaft spielte. 43 Als alles vorbei war, zogen sich die Israeliten mit Josua wieder nach Gilgal zurück.

11

Die Armeen der Präsidenten im Norden vom Kanaan-Land werden plattgemacht

1–2 Jabin, der Chef von Hazor, hörte von dem Megaerfolg der Israeliten, und er fand das gar nicht so geil. Er schickte ein paar Briefe an alle anderen Präsidenten, die in der näheren Umgebung das Sagen hatten. Ziel war es, einen Angriffspakt gegen die Israeliten zu schließen. Angeschrieben wurden die Präsidenten von Schimron und Achschaf, Präsident Jobab von Madon und die Präsidenten, die im nördlichen Bergland, in der Gegend um den See Genesaret, im westlichen Hügelland und im Küstengebiet von Dor die Macht hatten. 3 Außerdem die Präsidenten der Kanaaniter, die östlich und westlich vom Gebirge im Landesinneren lebten, und die Präsidenten der Amoriter, Hetiter, Perisiter und der Jebusiter, die im Gebirge wohnten. Auch die Hiwiter, die am Ende vom Hermongebirge im Gebiet von Mizpe wohnten, waren mit von der Partie. Jabin sorgte dafür, dass diese ganzen Leute gegen die Israeliten den Angriffspakt unterzeichneten, um sie gemeinsam zu bekämpfen und kaputtzumachen. 4 Wenn man versuchen würde, jetzt auszurechnen, wie viele Soldaten insgesamt da waren, hätte man vermutlich einen Programmabsturz, es waren einfach zu viele. Und dazu kamen ja auch noch die ganzen Panzer und anderen Fahrzeuge, die jede Armee mitgebracht hatte. 5 Gemeinsam wollten sie gegen Israel in den Krieg ziehen. Man sammelte sich beim Meromsee, wo ein gemeinsames Lager aufgebaut wurde. 6 Gott sprach mit Josua über die Sache: „Du brauchst echt keine Angst vor denen zu haben, Josua! Pass auf, morgen um die gleiche Zeit habt ihr die alle plattgemacht! Ich mach das schon, vertrau mir. Wenn ihr mit denen fertig seid, müsst ihr deren Fahrzeuge alle zerstören." 7 Josua zog also los. Als die Feinde noch am Meromsee lagerten, startete er einen Über-

raschungsangriff. [8] Gott sorgte mal wieder für einen krassen Sieg. Sie über-
rollten die Feinde förmlich, verfolgten die Soldaten auf der Flucht bis zu der
großen Stadt Sidon, bis nach Misrefot-Majim und bis zur Ebene von Mizpe
im Osten. Der Sieg war so heftig, dass es keine Überlebenden auf der Seite
der Feinde gab. Keiner schaffte es zu fliehen. [9] Josua zog die Sache genauso
durch, wie Gott es ihm gesagt hatte. Er zerstörte hinterher alle Fahrzeuge.

Der Norden vom Kanaan-Land wird eingenommen

[10] Josua zog dann weiter und eroberte als nächstes Hazor. Der Präsident von
Hazor, der den Vorsitz über die anderen Präsidenten in der Gegend hatte,
wurde getötet, [11] und die Männer von Israel zeigten der ganzen Stadt die rote
Karte. Niemand überlebte, alles wurde komplett plattgemacht. [12] Das gleiche
Ding machte Josua auch mit den anderen Städten. Alle Einwohner wurden
getötet, inklusive deren Chefs, wie Mose, der voll mit Gott unterwegs gewe-
sen war, das kurz vor seinem Tod angeordnet hatte. [13] Von den Städten,
die in den Bergen lagen, wurden aber außer Hazor keine abgefackelt. [14] Alle
Sachen, mit denen sie was anfangen konnten, und auch die ganzen Tiere,
nahmen die Israeliten mit. Aber die Menschen wurden alle getötet, bis zum
letzten Mann. Nichts Lebendes wurde übriggelassen. [15] Gott hatte das Mose
so gesagt. Und Mose hatte den Befehl an Josua weitergegeben. Josua zog
das ganz genau so durch, wie er es von Mose bzw. Gott gehört hatte.

Die letzten Länder werden auch noch erobert

[16] Josua machte ganze Sache. Er eroberte das Land von Süden bis Norden.
Das ganze Land in den Bergen, das Steppengebiet im Süden, die ganze
Landschaft Goschen, das Gebirgsland im Westen und die Jordanebene
stellte er kalt. [17] Dazu das gesamte Gebiet vom Kahlen Berg, der bis zum
Gebirge Seir reicht, bis nach Baal-Gad, was in der Ebene zwischen dem Liba-
non, und dem Hermongebirge liegt. Alle Präsidenten wurden von Josua
gefangen genommen und hingerichtet. [18] Das Ganze war jetzt nicht mal
eben mit links erledigt, er musste schon eine Zeitlang gegen die Leute und
ihre Armeen kämpfen. [19] Keine Stadt ergab sich freiwillig, außer Gibeon, wo
die Hiwiter wohnten. Alle anderen wurden im Krieg besiegt. [20] Gott hatte
dafür gesorgt, dass die meisten Männer zu verpeilt waren und unbedingt
gegen Israel kämpfen wollten. Er hatte einfach vor, dass alle die rote Karte
sehen sollten. Das war die Ansage, die er Mose gegeben hatte. [21] In den
Städten Hebron, Debir und Anab sowie in anderen Orten im Bergland von
Juda und Israel lebten damals übrigens diese Riesenmenschen. Die wurden
in der Zeit komplett von Josua vernichtet. Er zeigte denen die rote Karte.
[22] Keiner wurde in dem ganzen Land übrig gelassen, was ab sofort den Israe-
liten gehören sollte. Nur in Gaza, Gat und Aschod blieben noch ein paar von

den Einheimischen übrig. 23 Auf diese Art eroberte Josua das ganze Land.
So hatte es Gott durch Mose ja schon vorhergesagt. Josua übergab es sei-
nen Leuten, den Israeliten. Es gehörte ihnen jetzt, für immer. Sie durften
dort wohnen und es an ihre Kinder weitervererben. Das Land wurde nach
den Familienstämmen eingeteilt. Ab dann gab es erst mal keinen Krieg mehr
dort, alles war peacig und ruhig.

12

Die Präsidenten, die östlich vom Jordan von Mose besiegt worden waren
1 Jetzt kommt mal die Liste der Präsidenten, die gegen die Israeliten im Krieg
verloren hatten. In der Gegend östlich vom Jordanfluss, in dem Gebiet, das
vom Arnontal im Süden bis zum Hermongebirge im Norden geht, waren
das: 2 Erstens: Sihon, der Präsident der Amoriter, der in Heschbon regierte.
Sein Gebiet ging von Aroer auf den Höhen über dem Arnontal und der Stadt,
die direkt am Arnonfluss liegt, über die halbe Landschaft Gilead bis zum
Jabbokfluss, wo das Gebiet der Ammoniter losgeht. 3 Außerdem umfasste es
den östlichen Teil der Jordanebene vom See Genesaret bis zum Ende des
Toten Meeres ganz im Norden, dort, wo die Straße nach Bet-Jeschimot führt.
Es ging sogar noch ein Stück weiter südlich, bis zu den Abhängen des Ber-
ges Pisga. 4 Zweitens: Og, der Präsident von Baschan, er war der letzte
Mann aus der Familie von den Rafaitern. Er regierte in Aschtarot und Edrei.
5 Sein Machtbereich umfasste das Hermongebirge und die Landschaften
Salcha und Baschan. Es wurde im Westen von Geschur und Maacha be-
grenzt, dazu der Teil im Norden von Gilead, der an das Gebiet Sihons, des
Präsidenten von Heschbon, grenzt. 6 Diese beiden Präsidenten waren von
den Israeliten unter der Führung von Mose besiegt worden. Mose, der volle
Breitseite von Gottes Kraft hatte, hatte dieses Land den Familienstämmen
Ruben und Gad sowie dem halben Stamm Manasse versprochen.

Die Präsidenten, die westlich vom Jordan von Josua besiegt wurden
7 Jetzt kommen die Präsidenten, die Josua und die Israeliten in der Gegend
besiegt hatten, die westlich vom Jordan lag. Dieses Gebiet ging von Baal-
Gad am Ende des Libanongebirges bis zum Kahlen Berg, der zum Gebirge
Seir hin liegt. Josua teilte das Land dann unter den Familienstämmen von
Israel auf. Das gehörte ab dann ihnen, und sie konnten es auch an ihre Kin-
der weitervererben. 8 Zu dem Gebiet gehörten das Gebirge in der Mitte, das
Hügelland im Westen, der Gebirgshang im Osten inklusive der Wüste Juda
und der Jordanebene und das Steppengebiet im Süden, das ganze Gebiet,
was vorher den Hetitern, Amoritern, Kanaanitern, Perisitern, Hiwitern und
Jebusitern gehörte. 9–24 Die Liste der Städte, deren Präsidenten Josua
besiegte: Jericho, Ai (in der Nähe von Bet-El), Jerusalem, Hebron, Jarmut,

Lachisch, Eglon, Geser, Debir, Geder, Horma, Arad, Libna, Adullam, Makkeda, Bet-El, Tappuach, Hefer, Afek, Scharon, Madon, Hazor, Schimron-Meron, Achschaf, Taanach, Megiddo, Kedesch, Jokneam am Karmel, Dor an der Meeresküste, Haroschet-Gojim in Galiläa, Tirza. Insgesamt 31 Präsidenten.

13

Wie das Land verteilt wurde

1 Mittlerweile war Josua schon richtig alt. Gott sagte deshalb zu ihm: „Du,
Josua? Es dauert nicht mehr lange, dann wirst du das Gras von unten sehen.
Trotzdem musst du aber vorher deinen Job erledigen, ein großer Teil von
dem Land muss immer noch im Krieg erobert werden. 2 Ich meine damit das
ganze Gebiet im Süden, wo die Philister wohnen, und das im Norden, wo
die Geschuriter zu Hause sind. 3 Das Gebiet geht von der ägyptischen
Grenze Richtung Norden bis nach Ekron, das gehört noch mit zu dem Land,
was euch gehören soll. Da sind noch fünf unabhängige Städte mit eigenen
Präsidenten, alles Philister. Ich mein damit Gaza, Aschdod, Aschkelon, Gat
und Ekron. Dann noch das Gebiet der Awiter im Süden. 4 Dann kommt noch
das ganze Gebiet von der Stadt Ara, die zu Phönizien gehört, bis zur Stadt
Afek und zur Gegend der Amoriter. Das gehört auch zu dem Gebiet der
Kanaaniter dazu. 5 Den Bereich um die Stadt Gebal muss man auch mitrech-
nen und dann noch im Osten den ganzen Libanon, von Baal-Gad, was unten
am Hermongebirge liegt, bis nach Lebo-Hamat. 6 Ich hab vor, alle Men-
schen, die im Gebirge von Phönizien wohnen, vom Libanon bis nach Misre-
fot-Majim, durch die Israeliten aus dem Land rauszuschmeißen. Das Land
könnt ihr jetzt schon aufteilen. Macht das mit den besonderen Losen. Das
war ja schon damals meine Ansage an dich. 7 Teile das Land vom Jordan bis
zum Mittelmeer unter den neun Familienstämmen und dem halben Stamm
von Manasse auf. Das soll ihnen ab sofort für immer gehören.“ 8 Die
Stämme Ruben, Gad und die andere Hälfte vom Stamm Manasse hatten
ihren Anteil ja schon bekommen, auf der anderen Seite vom Jordanfluss,
der im Osten liegt. Das hatte Mose damals geregelt. Folgende Teile gehörten
denen: 9–10 Das ganze Gebiet auf der Ebene zwischen Medeba und Dibon,
alle Städte, in denen vorher Sihon, der Präsident von den Amoritern, regierte
und der in Heschbon seinen Regierungssitz hatte, von Aror, oben auf den
Höhen über dem Arnontal und der Stadt, die direkt am Arnonfluss ist, über
den Norden bis zur Grenze der Ammoniter, 11 das Land Gilead, das Gebiet
der Geschuriter und Maachatiter, das ganze Hermongebirge und die Gegend
Baschan bis nach Salcha. 12 Dieses Gebiet hatte vorher dem Präsidenten Og
aus Baschan gehört, der auch in Aschtarot und Edrei das Sagen hatte. Er
kam ja aus der Familie der Rafaiter, die schon vorher von Mose besiegt und

aus dem Land rausgeschmissen worden waren. [13] Die Geschuriter und
Maachatiter wurden allerdings nie wirklich von den Israeliten aus dem Land
vertrieben. Darum lebten die dort weiterhin. [14] Die vom Familienstamm Levi
bekamen als Einzige von Mose kein Stück Land ab. Stattdessen kriegten sie
immer die Sachen, die bei den Opferritualen nicht mit verbrannt werden.

Das Gebiet vom Familienstamm Ruben

[15] Mose hatte als Erstes dem Familienstamm Ruben sein Land zugeteilt.
[16] Das ging von der Stadt Aroer (das liegt am Ufer vom Arnonfluss) über
die Stadt, die dort mitten im Arnontal war, und erstreckte sich über die
Ebene bis nach Medeba. [17] Dann ging es weiter bis nach Heschbon. In die-
sem Gebiet lagen die Städte Dibon, Bamot-Baal, Bet-Ball-Meon, [18] Jahaz,
Kedemot, Mefaat, [19] Kirjatajim, Sibma, Zeret-Schahar auf dem Gebirge öst-
lich vom Jordan, [20] Bet-Pegor, Aschdot-Pisga, Bet-Jeschimot, [21] das war das
Gebiet, in dem vorher Sihon, der Präsident von den Amoritern, von Hesch-
bon aus regiert hatte, bis Mose ihn dann zusammen mit den Clanchefs
von den Midianitern plattgemacht hatte. Das waren Ewi, Rekem, Zur, Hur
und Reba, die Sihon als Präsidenten hatten. [22] Auch den Oberesoteriker
Bileam, aus der Familie Beor, hatten die Israeliten zusammen mit den ande-
ren im Kampf umgenietet. [23] Im Westen wurde das Land durch den Jordan
begrenzt. Alle diese Städte und Gebiete mit ihren Ortschaften und Dörfern
waren jetzt ganz fest in der Hand vom Familienstamm Ruben und seinen
Mitgliedern. Sie gehörten ihnen für immer und wurden ab dann an die Kin-
der weitervererbt.

Das Gebiet vom Familienstamm Gad

[24] Den Familien aus dem Familienstamm Gad hatte Mose auch schon einen
Teil gegeben. [25] Und zwar umfasste das Jaser und alle anderen Städte aus
der Gegend von Gilead. Dazu noch das halbe Land, was mal den Ammoni-
tern gehört hatte, bis nach Aroer, bei Rabba. [26–27] Das bezog sich also auf
das restliche Gebiet, in dem vorher der Präsident Sihon geherrscht hatte.
Das ging von Heschbon bis nach Ramat-Mizpe und Betonim und weiter von
Mahanajim bis zum Gebiet von Lo-Dabar. Dazu kam noch die östliche Jor-
danebene bis zum Südende vom See Genesaret, mit den Städten Bet-Haram,
Bet-Nimra, Sukkot und Zafon. [28] Alle diese Städte mit ihren Dörfern gehör-
ten dem Familienstamm Gad.

Das Gebiet vom halben Familienstamm Manasse

[29–30] Den Familien vom halben Familienstamm Manasse hatte Mose das
Gebiet zugeteilt, das in Mahanajim losging und sich über den Norden
erstreckte. Es umfasste die ganze Landschaft Baschan, das Gebiet, wo früher

der Präsident Og von der Stadt Baschan aus geherrscht hatte, und dazu die sechzig Orte, die Jair erobert hatte. [31] Der Hälfte des Machir-Clans wurde die Hälfte der Landschaft Gilead mit den Städten Aschtarot und Edrei zugeteilt. Hier hatte auch der Präsident Og vorher das Sagen gehabt. [32] Das war jetzt mal das ganze Gebiet, was Mose den zweieinhalb Familienstämmen zugeteilt hatte, als sie beim Jordan, östlich von Jericho waren. Es gehörte für immer ihnen. [33] Der Familienstamm Levi bekam nichts von dem Land ab. Dafür bekamen sie sozusagen Gott selbst, den Chef der Israeliten, der selbst für ihren Lebensunterhalt sorgen wollte. Das hatte er ja so versprochen.

14

Das Land, was westlich vom Jordanfluss liegt, wird verteilt

[1] Jetzt kommt eine Liste, in der die ganzen Gebiete aufgezählt werden, die die Israeliten im Kanaan-Land erobert hatten. Die Auslosung, wer welches Land bekommen sollte, nahmen Josua und der Priester Eleasar gemeinsam mit den Chefs der einzelnen Familien vor. [2] Gott hatte es Mose ja gesagt, dass sie das ganze Gebiet, was westlich vom Jordan liegt, unter neuneinhalb Familienstämmen verlosen sollten. [3–4] Noch mal zur Erinnerung: Den Anteil für die anderen zweieinhalb Familienstämme hatte Mose ja schon auf der anderen Seite vom Jordan klargemacht. Es war ja so, dass aus den Söhnen vom Josef zwei Familienstämme rausgekommen waren, Efraim und Manasse. Deshalb gab es zwölf Familienstämme, die Land bekommen sollten, weil ja der Stamm Levi kein Land abkriegte. Den Levi-Leuten organisierte man aber ein paar Städte, in denen sie wohnen konnten. Die Wiesen neben diesen Städten waren für ihre Schafe und Kühe. [5] Alles bei der Landverteilung wurde genau so durchgezogen, wie Mose es gesagt hatte.

Kaleb kriegt seine Belohnung

[6] Zuerst kamen die Männer aus dem Familienstamm Juda bei Josua vorbei. Da waren sie gerade in Gilgal. Dabei war auch Kaleb, der aus dem Kenas-Clan kam und ein Sohn von Jefunne war. Kenas sagte zu Josua: „Du hast hoffentlich nicht vergessen, was Gott uns in Kadesch-Barnea durch Mose, der echt voll mit Gott unterwegs war, fest versprochen hat, oder? [7] Zu der Zeit war ich vierzig Jahre alt. Mose, der echt gottmäßig drauf war, hatte mich als Spion losgeschickt, als wir in Kadesch-Barnea unser Lager hatten. Ich hab das gemacht und meiner Meinung nach alles genau so wiedergegeben, wie ich es beobachtet hatte. [8] Die anderen Spione, die dabei waren, haben damals voll die Panik unter den Israeliten verbreitet und schlechte Laune gemacht. Aber ich hab das Ding radikal duchgezogen und war Gott, meinem Chef, treu. [9] Mose fand das wohl übelst gut von mir. Er hat vor Zeugen damals versprochen, dass der Teil von dem Land, den ich ausspioniert habe,

für immer mir und meiner Familie gehören soll. Das wäre so ne Art Bezahlung, dass ich Gott treu geblieben bin, die ganze Zeit. [10] Das ist jetzt schon über 45 Jahre her. Gott hatte die ganze Zeit in der Wüste mein Leben beschützt. Das hatte er mir auch so versprochen. Pass mal auf, ich bin jetzt 85 Jahre alt, [11] und noch heute kann mich keiner so mal eben umhauen. Ich bin immer noch genauso stark wie damals, als Mose mir den Auftrag gegeben hatte. [12] Ich möchte jetzt als meinen Anteil das Land in den Bergen haben. Davon hatte Gott mir damals erzählt. Du hast bestimmt nicht vergessen, dass dort diese Riesen leben sollen und dass die dort in Städten leben, die man schwer einnehmen kann. Aber ich hoffe einfach, dass Gott auf meiner Seite steht und ich die dort rausschmeißen werde. Er hat mir diese Städte ja schließlich versprochen. [13] Josua betete sofort für Kaleb. Er teilte ihm die Stadt Hebron als Besitz zu. [14] Diese Stadt gehörte dann seitdem seiner Familie, weil er Gott immer treu war und ihm 100 Prozent vertraut hat. [15] Hebron hieß früher mal „die Stadt Arbas“. Dieser Arba, von dem der Namen herkam, war zu der Zeit der größte Riese von allen. Aber das Land hatte dann erst mal Frieden, es gab keine weiteren Kriege mehr.

15

Was der Familienstamm Juda abkriegte

[1] Beim Losen kriegte der Familienstamm Juda auch seinen Anteil. Das Gebiet wurde im Süden von der Wüste Zin begrenzt, die zu Edom gehörte. [2] Die Grenze im Süden ging vom Toten Meer [3] in südwestlicher Richtung weiter. Sie ging an der sogenannten Skorpionsteige vorbei, über Zin, südlich an Kadesch-Barnea vorbei und dann über Hezron, Addar und Karka [4] bis nach Azmon. Die Grenze ging dann nordwestlich weiter bis zu dem Tal, in dem der Grenzübergang zu Ägypten liegt. Dann ging sie weiter bis zum Mittelmeer. Das war ab jetzt die südliche Grenze. [5] Im Osten war das Tote Meer die Begrenzung bis zu der Stelle, wo der Jordan in das Meer reinfließt. An der Stelle begann auch die nördliche Grenze von dem Gebiet. [6] Von dort ging sie weiter nach Bet-Hogla, nördlich an Bet-Araba vorbei und bis zum Bohanfels. Bohan war ein Sohn von Ruben. [7] Als nächster Grenzpunkt war das Tal Achor gesetzt und von dort bis nach Debir. Dann weiter nach Gilgal, das gegenüber vom Adummim-Anstieg liegt. Dieser Anstieg liegt südlich vom Bach. Dann ging die Grenze weiter zur Quelle von Schemesch und bis zur Quelle von Rogel. [8] Dann ging sie weiter durch das Tal Ben-Hinnom, was südlich vom Berghang liegt, wo die Stadt Jerusalem von den Jebusitern liegt. Weiter ging sie dann auf den Gipfel von dem Berg, der das Hinnom-Tal im Westen und die Ebene Refaim im Norden abgrenzt. [9] Vom Gipfel runter macht die Grenze dann eine Kurve zur Quelle Neftoach, dann ging sie weiter zur Spitze des Berges Efron und nach Baala, das heute Kirjat-Jearim genannt

wird, 10 dann südwestlich über den Bergrücken Ser bis zur Nordseite des
Berges Kesalon und dann bis nach Bet-Schemesch runter und weiter nach
Timna. 11 Dann ging sie weiter zum Nordhang von Ekron. Der Verlauf der
Grenze zog sich dann herum nach Schikkaron und ging von dort rüber zum
Berg Baala und zu der Stadt Janneel am Mittelmeer. 12 Die Grenze im Westen
steht mit der Küste vom Meer. Das war jetzt das Gebiet, das dem Familien-
stamm Juda ab dann gehörte.

Kaleb und Achsa

13 Kaleb war ein Sohn von Jefunne. Er hatte mitten in dem Gebiet vom
Stamm Juda sein Stück Land bekommen, was er für immer behalten durfte.
So hatte es Gott zu Josua gesagt. Er bekam die Stadt Hebron, die Arba, der
Vater von Anak, mal gebaut hatte. 14 Kaleb schlug Scheschai, Ahiman und
Talmai, die Söhne vom Anak, im Krieg und schmiss sie alle aus der Stadt
raus. 15 Als er damit fertig war, zog er mit seiner Armee zur Stadt Debir, die
früher Kirjat-Sefer hieß. 16 Dann sagte er zu seinen Leuten: „Welcher Offizier
es schafft, die Stadt Kirjat-Sefer zu erobern, der kriegt zur Belohnung meine
Tochter Achsa und kann die dann heiraten." 17 Kalebs Bruder Otniel hatte
da Bock drauf und schlug sofort mit seinen Männern zu. Er eroberte die
Stadt und bekam als Belohnung die Tochter von Kaleb. 18 Achsa bequatschte
Otniel, ihren Vater zu bitten, den beiden ein Stück Land zu schenken. Sie
fuhr dann zu ihrem Vater. Als sie ankam, fragte er sie: „Na? Was willst du
von mir?" 19 „Bitte, beweise mir, dass du mich total lieb hast! Ich möchte ein
Geschenk von dir haben. Mein neuer Ehemann wohnt in einer total ätzen-
den Gegend, in der es nie regnet. Bitte gib mir auch genug fließendes Was-
ser!" Kaleb war einverstanden und schenkte ihr zur Hochzeit die oberen und
unteren Wasseranlagen bei Hebron.

Die Städte im Gebiet vom Familienstamm Juda

20–21 Das Land, das der Familienstamm Juda für immer behalten durfte,
umfasste folgende Städte, die im Gebiet zwischen der Grenze im Norden
und der Grenze bei Edom lagen. Im Süden waren das folgende: Kabzeel,
Arad, Jagur, 22 Kina, Dimona, Arara, 23 Kadesch, Hazor-Jitnan, 24 Sif, Telem,
Bealot, 25 Hazor-Hadatta, Kerijot-Hezron (das nennt sich heute Hazor),
26 Amam, Schema, Molada, 27 Hazar-Gadda, Heschmon, Bet-Pelet, 28 Hazar-
Schual, Beerscheba und die Orte, die noch dazu gehörten, 29 Baala, Ijim,
Ezem, 30 Eltolad, Kesil, Horma, 31 Ziklag, Madmanna, Sansanna, 32 Bet-
Lebaot, Scharuhen, En-Rimmon. Das waren insgesamt neunundzwanzig
Städte mit den umliegenden Orten und Dörfern. 33 Im Hügelland: Eschtaol,
Zora, Aschna, 34 Sanoach, En-Gannim, Tappuach, Enam, 35 Jarmut, Adullam,
Socho, Aseka, 36 Schaarajim, Aditajim, Gedera und Gederotajim – das waren

vierzehn Städte mit den umliegenden Dörfern. 37 Außerdem: Zenan,
Hadascha, Migdal-Gad, 38 Dilan, Mizpe, Jokteel, 39 Lachisch, Bozkat, Eglon,
40 Kabbon, Lachmas, Kitlisch, 41 Gederot, Bet-Dagon, Naama und Makkeda
– das waren sechzehn Städte mit den umliegenden Dörfern. 42 Dazu kamen
noch: Libna, Eter, Aschan, 43 Jiftach, Aschna, Nezib, 44 Keila, Achsib und
Marescha – das waren neun Städte mit den Orten, die da drum herum
lagen. 45 Dazu kamen noch: Ekron mit Orten drum herum 46 sowie die Dör-
fer zwischen Ekron und dem Mittelmeer. 47 Dann noch Aschdod und Gaza
mit den zugehörigen Orten, das ganze Gebiet bis zum Mittelmeer und im
Süden bis zu dem Tal, das die Grenze zu Ägypten darstellte. 48 In den Ber-
gen: Schamir, Jattir, Socho, 49 Danna, Kirjat-Sefer (das sich heute Debir
nennt), 50 Anab, Eschtemoa, Anim, 51 Goschen, Holon, Gilo – das waren elf
Städte mit den Dörfern, die da drum herum lagen. 52 Außerdem noch: Arab,
Duma, Eschan, 53 Janum, Bet-Tappuach, Afeka, 54 Humta, Kirjat-Arba (das
nennt man heute Hebron) und Zior. Das waren neun Städte mit den Dör-
fern, die da drum herum lagen. 55 Dazu noch: Maon, Karmel, Sif, Jutta, 56 Jes-
reel, Jorkoam, Sanoach, 57 Kajin, Gibea und Timna. Das waren zehn Städte
mit den Dörfern die da drum herum lagen. 58 Dazu noch: Halhul, Bet-Zur,
Gedor, 59 Maarat, Bet-Anot und Eltekon. Das waren jetzt sechs Städte mit
den Dörfern, die da drum herum lagen. Dazu kamen noch: Tekoa, Efrata
(das heutige Betlehem), Pegor, Etam, Kulon, Tatam, Schoresch, Kerem, Gal-
lim, Bet-Ter und Manocho. Das waren insgesamt elf Städte mit den Dörfern
die da drum herum lagen. 60 Dazu kamen: Kirjat-Baal (das nannte sich spä-
ter Kirjat-Jearim) und Rabba. Das waren nur zwei Städte, mit den Dörfern,
die da drum herum lagen. 61 In der Steppe, die nordwestlich vom Toten
Meer liegt, kamen noch dazu: Bet-Araba, Middin, Sechacha, 62 Nibschan,
Ir-Melach (die Salzstadt) und En-Gedi. Das waren sechs Städte, die da drum
herum lagen mit den umliegenden Dörfern. 63 Die Armee vom Familien-
stamm Juda schaffte es nicht, die Jebusiter aus Jerusalem komplett rauszu-
schmeißen. Darum leben die da noch heute mit den Leuten vom Familien-
stamm Juda zusammen.

16

Was der Familienstamm Josef abbekam

1 Die Grenze von dem Gebiet, das der Familienstamm Josef, der ja aus den
Familienstämmen Efraim und Manasse besteht, von dem Land abkriegte,
verlief im Süden vom Jordan bei Jericho aus, an den Quellen vorbei, die
nordwestlich von Jericho liegen, bis nach Bet-El im Gebirge. 2 Von Bet-El
geht die Grenze bis nach Lus und weiter zum Gebiet der Arkiter und nach
Atarot. 3 Dann zog die Linie bergab nach Westen zum Gebiet, wo die Familie
von Jaflet lebte, bis zum unteren Bet-Horon. Dann ging es weiter über Geser

bis zum Mittelmeer. 4 Die Kinder vom Josef, die Familienstämme Efraim und
Manasse, bekamen dieses Land, was sie ab dann behalten durften.

Was der Familienstamm Efraim bekam

5 Die Familien vom Familienstamm Efraim bekamen dabei folgendes Gebiet:
Ihre Grenze verlief im Süden östlich von Atrot-Addar bis zum oberen Bet-
Horon. 6 Dann ging sie weiter Richtung Meer. Die Grenze im Norden ging
von Michmetat nach Osten bis nach Taanat-Silo, streifte das aber nur und
zeichnete die Linie weiter bis nach Janoach. 7 Von dort ging sie runter nach
Atarot und Naara bis nach Jericho und endete beim Jordan. 8 Von Tappuach
ging es in Richtung Westen zum Bach Kana und endete am Meer. Das war
jetzt der Teil von dem Land, der dem Familienstamm Efraim gehören sollte.
9 Dazu kamen noch alle Städte und Dörfer, die man extra dem Familien-
stamm Efraim zugesprochen hatte. Die lagen mitten in dem Gebiet vom
Manasse. 10 Die waren aber zu blöd und packten es nicht, die Kanaaniter,
die in Geser wohnten, komplett plattzumachen und dort rauszuschmeißen.
Darum wohnten die dann immer noch da, mitten in dem Gebiet, das dem
Familienstamm Efraim gehörte. Allerdings mussten sie unter fiesen Knebel-
verträgen für wenig Geld für die arbeiten.

17

Was der Familienstamm Manasse abkriegte

1 Einen total fetten Teil vom ganzen Kuchen bekam der Familienstamm
Manasse. Manasse war der erste Sohn von Josef, und der älteste Sohn vom
Manasse war Machir. Die Leute vom Machir-Clan hatten schon früher das
Gebiet Gilead und Baschan abgekriegt, was östlich vom Jordanfluss lag.
Die Jungs waren alles gute Soldaten und hatten das ganze Land Gilead
erobert. 2 Der Rest vom Familienstamm Manasse kriegte jetzt westlich
vom Jordanfluss auch sein Land. Die Erben waren die anderen Clans vom
Familienstamm Manasse: Abieser, Helek, Asriel, Schechem, Hefer und
Schemida. 3 Der Sohn von Hefer, der Zelofhad hieß, hatte aber keine Söhne
bekommen. Er war ein Enkel von Gilead, der wiederum ein Sohn von Machir
und ein Enkel von Manasse war. Zelofhad hatte fünf Töchter, die Machla,
Noa, Hogla, Milka und Tirza hießen. 4 Die Töchter gingen dann mal bei dem
Priester Eleasar vorbei, als der gerade mit Josua und den anderen Clanchefs
ein Meeting hatte. „Gott hat eine klare Ansage durch Mose gemacht, dass
wir auch einen Teil von dem Land abkriegen, das unserem Vater zugespro-
chen wurde!“ Josua zog das Ding genauso durch, wie Gott es wollte. Er
behandelte die Töchter genauso, als wären sie Männer, und sie kriegten ih-
ren Teil. 5 Darum hat der Stamm Manasse zehn Teile auf der anderen Seite
vom Jordan bekommen, zusätzlich zu Gilead und Baschan, was auf der

anderen, östlichen Seite vom Jordan lag. 6 Die Töchter kriegten ihren Anteil
genauso, wie ein Sohn ihn bekommen hätte. Das Land Gilead bekamen
aber die anderen Söhne vom Manasse. 7 Das Gebiet, wo die Manasses dann
wohnten, grenzte im Norden an das Land an, was denen vom Ascher-
Stamm gehörte. Im Süden verlief die Grenze von Michemat, was in der Nähe
von Sichem lag, bis nach Jaschub, bei der Wasserquelle von Tappuach. 8
Das ganze Land um Tappuach bekam der Stamm Manasse, außer der Stadt
Tappuach selbst, die kriegte der Stamm Efraim. 9 Die Grenze ging dann wei-
ter runter zum Bach Kana. Südlich von diesem Bach gehörten einige Städte
zu Efraim, obwohl die im Gebiet von Manasse lagen. Nördlich vom Bach
verlief die Grenze von dem Land, was Manasse zugesprochen wurde, und
ging bis zum Meer. 10 Im Süden davon gehörte alles Efraim. Das Gebiet im
Norden davon gehörte Manasse. Durch das Meer wurde das Gebiet im Wes-
ten begrenzt. Im Norden grenzte es an Ascher und im Osten an Issachar.
11 Manasse bekam außerdem noch in den Gebieten von Issachar und Ascher
die Städte Bet-Schean, Jibleam, Dor, En-Dor, Taanach, Megiddo und die
dazugehörenden Vorstädte. 12 Die Soldaten von Manasse schafften es im
Krieg aber nicht, alle diese Städte zu erobern, darum blieben ein paar Kanaa-
niter dort wohnen. 13 Auch als die Israeliten noch stärker wurden, schafften
sie es nicht, die Kanaaniter ganz zu vertreiben. Die wurden aber wie Gefan-
gene gehalten und mussten als Zwangsarbeiter für die Israeliten schuften.

Die Leute vom Familienstamm Josef brauchen mehr Platz

14 Die Leute aus dem Familienstamm Josef, der ja aus den beiden Stämmen
Efraim und Manasse besteht, beschwerten sich dann mal bei Josua: „Wir
haben nur einen Teil vom ganzen Land bekommen, obwohl wir sehr viel grö-
ßer sind und mehr Leute bei uns leben als bei den anderen. Das kommt, weil
Gott voll auf uns steht!“ 15 „Hm, okay“, meinte Josua. „Wenn ihr so viel seid,
dass ihr auf dem Bergland von Efraim platztechnisch nicht mehr klarkommt,
dann könnt ihr auch noch die Berge in dem Land haben, wo früher die Peri-
sister und Rafaiter gewohnt haben. Holzt den Wald da einfach ab und macht
da Wiesen und Ackerland draus!“ 16 „Nette Idee, aber das reicht uns vom
Platz her auch nicht. Außerdem sind unten am Berghang die Kanaaniter, die
nicht so gut auf uns zu sprechen sind. Die haben dort schwere Armeen sta-
tioniert, mit Panzerwagen und so. Die lagern in der Gegend von Bet-Schean,
und auch in der Ebene Jesreel sind die am Start.“ 17 „Ihr seid echt so viele!
Darum seh ich ein, dass ihr mehr kriegen müsst als das Normale, aber ihr
seid ja auch eine sehr starke Armee. 18 Deshalb bekommt ihr noch diese
Berge dazu. Den Wald könnt ihr abholzen und dadurch neues Land gewin-
nen. Ich bin mir sicher, dass ihr die Kanaaniter dort rausschmeißen werdet,
auch wenn sie noch so viel Power und eine Million Panzerwagen hätten.“

18

Verteilung vom restlichen Land

1 Es wurde jetzt ein großes Treffen organisiert, bei dem alle Familienstämme
von Israel am Start waren. Man traf sich in Schilo und baute dort erst mal
das besondere Zelt auf. Zu dem Zeitpunkt war das ganze neue Land bereits
erobert worden. 2 Allerdings hatten sieben Familienstämme ihren Anteil
noch nicht bekommen. 3 Josua fragte die Männer von diesen Stämmen:
„Also Leute, wie lange wollt ihr noch Däumchen drehen? Warum habt ihr
das Land noch nicht übernommen, was Gott schon euren Uropas verspro-
chen hatte? 4 Hier meine Idee: Jeder Stamm soll sich drei von seinen Män-
nern aussuchen. Die werde ich dann losschicken, damit sie einmal durch die
ganze Gegend fahren und eine Landkarte davon anfertigen. Auf der Karte
sollen sie einzeichnen, was sie von dem Teil für sich ausgecheckt haben. Wer
fertig ist, soll wieder zu mir kommen. 5 Und zwar sollen sie das Ganze in
sieben Teile aufstückeln. Der Familienstamm Juda soll auf seinem Teil blei-
ben, der im Süden liegt. Die Leute vom Josef-Stamm bleiben in dem Gebiet
im Norden. 6 Eure Zeichnung mit den sieben Teilen bringt ihr dann zu mir.
Ich werde dann beten und die Lose ziehen, so kann Gott das am Ende
regeln. 7 Die Leute vom Familienstamm Levi kriegen kein Land ab. Sie haben
ja den Job übernommen, für Gott zu arbeiten. Die Familienstämme Ruben,
Gad und die eine Hälfte vom Familienstamm Manasse haben ihr Land ja
schon östlich vom Jordanfluss bekommen, wie Mose, der krasse Mann von
Gott, das gesagt hat.“ 8 Die Männer dampften dann wieder ab. Josua hatte
ihnen, wie gesagt, den Befehl gegeben, eine Karte von dem Land zu zeich-
nen. Sein Befehl lautete: „Geht durch das Land, macht eine Karte, dann
kommt zurück. Ich werde dann hier beten und das Ganze mit Gott auslo-
sen.“ 9 Also zogen sie los, durchquerten das Land und machten Notizen in
ihre Notebooks. Sie legten eine Liste an von den Städten, die in jedem dieser
Gebiete lagen. Als sie fertig waren, gingen sie wieder zurück zu Josua, der
zu dem Zeitpunkt in Schilo war. 10 Josua schrieb dann die Namen der Fami-
lienstämme und die Gebiete auf kleine Zettel und tat die in zwei Beutel rein.
Dann betete er und zog jeweils ein Gebiet und einen Stamm dazu aus den
Beuteln. Auf die Art wurde festgelegt, wer welches Stück Land bekommen
sollte. Josua verteilte also die restlichen Gebiete an die Familienstämme von
Israel, die noch kein Land bekommen hatten.

Was der Familienstamm Benjamin bekam

11 Beim ersten Mal kam raus, dass der Familienstamm Benjamin das Gebiet
zwischen dem Stamm Juda und den Stämmen Efraim und Manasse bekam.
12 Die Grenze im Norden verlief vom Jordanfluss aus auf die Berge, die nörd-

lich von Jericho liegen, bis zu der Wüste bei Bet-Awen. 13 Von dort weiter
über den Berg, der südlich von Lus liegt (das heißt heute übrigens Bet-El),
bis runter nach Atrot-Addar. Die Grenze verlief also über den Berghang,
der südlich vom unteren Bet-Horon liegt. 14 Dann machte sie da eine Kurve
in Richtung Süden und lief bis nach Kirjat-Baal (das nennt sich heute Kirjat-
Jearim). Ab hier begann dann schon das Gebiet vom Familienstamm Juda.
15 Die Südgrenze fing am Ende von Kirjat-Jearim an und lief weiter nach Wes-
ten bis zur Quelle Neftoach. 16 Dann ging die Grenze weiter runter an das
Ende von dem Berg, der vor dem Tal Ben-Hinnom in der Ebene Refaim im
Norden liegt. Sie ging dann weiter am Tal Hinnom runter, bis zum südlichen
Abhang, wo die Stadt von den Jebusitern lag, die Jerusalem heißt. Von dort
ging sie weiter entlang zur Rogel-Quelle, 17 dann zur Sonnenquelle und zu
den Steinkreisen Gelilot, die gegenüber von der Treppe liegen, die nach
Adummim führt. Dann wieder runter zum Bohanfelsen. Dieser Fels war übri-
gens nach einem Sohn von Ruben benannt worden. 18 Weiter ging die
Grenze auf der Nordseite an dem Berg vorbei, der dort über der Ebene vor
dem Jordanfluss steht. Von dort ging es dann in die Ebene runter. 19 Über
den Nordhang von Bet-Hogla ging die Grenze weiter und endete bei der
Nordzunge vom Toten Meer, die am südlichen Ende vom Jordanfluss liegt.
Das war jetzt die Grenze im Süden von dem Gebiet. 20 Der Jordanfluss
stellte die ganze Grenze im Osten dar. So, das war jetzt der Teil, den der
Familienstamm Benjamin abbekam. Das gehörte ab jetzt denen. 21 Die
Städte, die in dem Gebiet lagen, waren: Jericho, Bet-Hogla, Emek-Keziz,
22 Bet-Araba, Zemarajim, Bet-El, 23 Awim, Para, Ofra, 24 Kefar-Ammoni, Ofni
und Geba – das sind zwölf Städte mit den umliegenden Dörfern; 25 außer-
dem Gibeon, Rama, Beerot, 26 Mizpe, Kefira, Moza, 27 Rekem, Jirpeel, Tarala,
28 Zela, Elef und die Jebusiterstadt, die man heute Jerusalem nennt. Dazu
Gibea und Kirjat-Jearim – das sind insgesamt vierzehn Städte mit den Dör-
fern, die da drum herum lagen. Das war jetzt eine Beschreibung von dem
Gebiet, was der Familienstamm Benjamin bekommen hatte.

19

Was der Familienstamm Simeon bekam

1 Beim zweiten Mal Loseziehen wurde der Familienstamm Simeon gezogen.
Ihr Anteil vom Land lag mitten in den Grenzen vom Familienstamm Juda.
2 Folgende Städte fielen diesem Stamm zu: Beerscheba, Schema, Molada,
3 Hazar-Schual, Baala, Ezem, 4 Eltolad, Betul, Horma, 5 Ziklag, Bet-Markabot,
Hazar-Susa, 6 Bet-Lebaot und Scharuhen. Das sind dreizehn Städte mit den
Orten, die drum herum lagen. 7 Dazu kamen die Städte Ajin, En-Rimmon,
Eter und Aschan, das sind noch mal vier Städte mit den umliegenden Orten.
8 Ihr Anteil reichte vom Süden bis zu den Städten Baalat-Beer und Ramat-

Negeb. Das waren jetzt die Teile, die der Familienstamm Simeon abbekam.
Sie gehörten ab dann ihnen. 9 Sie bekamen hier ein Stück von dem Land ab,
was eigentlich dem Familienstamm Juda zugesprochen war. Aber die hatten
mehr Land, als sie eigentlich brauchten, darum war das total okay für die.

Das Gebiet vom Familienstamm Sebulon

10 Auf dem dritten Los, was gezogen wurde, stand „Sebulon" drauf. Das
Gebiet von diesem Familienstamm ging im Südosten bis nach Sarid. 11 Die
Grenze ging Richtung Westen hoch nach Marala und Dabbeschet bis zu
dem Tal, was westlich von Jokneam lag. 12 Die Grenze im Osten ging von
Sarid Richtung Norden, am Gebiet von Kislot-am-Tabor vorbei, bis nach
Daberat. Dann wieder hoch nach Jafia, 13 weiter nach Gat-Hefer und Et-Kazin
über Rimmon bis nach Nea. 14 Dann ging die Grenze im Norden weiter über
Hannaton bis zum Tal von Jiftach-El. 15 Das Gebiet, was Sebulon abkriegte,
waren die Städte Kattat, Nahalal, Schimron, Jidala und auch Bethlehem.
Also kann man hier insgesamt zwölf Städte zählen, inklusive der Orte drum
herum. 16 Das war jetzt also das ganze Gebiet, was dem Familienstamm
Sebulon zugelost wurde. Es gehörte ab dann ihnen.

Der Teil, den der Familienstamm Issachar bekam

17 Als man das vierte Los zog, stand da „Issachar" drauf. 18 Das Gebiet, was
für ihn ausgelost wurde, umfasste die Städte Jesreel, Kesullot, Schunem,
19 Hafarajim, Schion, Anahara, 20 Daberat, Kischjon, Ebez, 21 Remet, En-Gan-
nim, En-Hadda und Bet-Pazzez. 22–23 Im Norden ging die Grenze vom Berg
Tabor über Schahazajim und Bet-Schemesch bis ganz runter zum Jordan-
fluss. Dieses Gebiet mit insgesamt sechzehn Städten und den Orten, die da
drum herum lagen, bekam der Familienstamm Issachar. Er gehörte ab dann
ihnen.

Das Gebiet, was dem Familienstamm Ascher zugelost wurde

24 Als fünftes Los wurde der Familienstamm Ascher gezogen. 25 Die Grenze
im Süden von seinem Gebiet zog sich von Helkat, weiter Richtung Westen
über Hali, Beten, Achschaf, 26 Alammelech, Amad und Mischal bis zum Kar-
melgebirge und runter zum Libnatfluss. 27 Die Grenze im Osten ging von
Helkat Richtung Norden nach Bet-Dagon. Dort ging sie an der Grenze vom
Familienstamm Sebulon entlang, weiter über das Tal Jiftach-El und dann
über Bet-Emek und Negil bis nach Kabul und Mischal. 28 Weiter führte sie
über Abdon, Rehob, Hammon und Kana bis zum Gebiet der ziemlich fetten
Stadt Sidon. 29 Jetzt machte die Grenze einen Bogen nach Rama bis zur
Stadt Tyrus (die damals schon eine Stadtmauer hatte), ging weiter nach
Hosa und endete am Mittelmeer. Zum Gebiet vom Familienstamm Ascher

gehörten auch die Städte Mahaleb, Achsib, Mehebel, 30 Akko, Afek und Rehob. Das waren insgesamt zweiundzwanzig Städte inklusive der Vororte, die um die Städte lagen. 31 Wie gesagt, bekam dieses ganze Gebiet, die Städte und umliegenden Orte, der Familienstamm Ascher. Es gehörte ab jetzt diesem Stamm.

Das Gebiet, was der Familienstamm Naftali abkriegen sollte

32 Beim sechsten Mal Losen gewann der Familienstamm Naftali. 33 Seine Grenze im Süden ging von Helef in Richtung Osten nach Elon-Zaanannim und weiter über Adami-Nekeb und Jabneel nach Lakkum und endete am Jordanfluss. 34 Dann ging sie nach Westen über Asnot-am-Tabor bis nach Hukkok. Das Gebiet von diesem Familienstamm grenzte im Süden an das Gebiet vom Stamm Sebulon an. Im Westen stellte das Gebiet von den Aschers die Grenze dar. Im Osten war der Jordanfluss die Grenze. 35 Die größeren Städte mit einer Stadtmauer und so waren hier Ziddim, Zer, Hammat, Rakkat, Kinneret, 36 Adama, Rama, Hazor, 37 Kedesch, Edrei, En-Hazor, 38 Jiron, Migdal-El, Horem, Bet-Anat und Bet-Schemesch. Zusammen neunzehn Städte mit den Orten, die noch drum herum lagen. 39 Das war jetzt eine Beschreibung von dem Gebiet, inklusive der Städte und Orte, das der Familienstamm Naftali bekam. Er gehörte ab dann denen.

Das Gebiet vom Familienstamm Dan

40 Als Siebtes blieb dann nur noch der Familienstamm Dan übrig. 41 Das Gebiet, was er bekam, umfasste die Städte Zora, Eschtaol, Ir-Schemesch, 42 Schaalbim, Ajalon, Jitla, 43 Elon, Timna, Ekron, 44 Elteke, Gibbeton, Baalat, 45 Jehud, Bene-Berak und Gat-Rimmon 46 sowie das Gebiet um die Stadt Jafo bis runter zum Jarkonfluss. 47 Leider kriegten die Leute von Dan in der Gegend mächtig Ärger, und sie verloren einiges von ihrem Land wieder im Krieg an andere Völker. Erst als sie in den Krieg gegen Leschem zogen und die Stadt einnehmen konnten, war Schluss. Sie zeigten auch hier der ganzen Stadt die rote Karte, nahmen sie ein und besiedelten sie. Die Stadt wurde dann umbenannt, von Leschem in Dan, ganz nach dem Gründer von ihrem Familienstamm. 48 So, das war jetzt der Teil, den der Stamm vom Dan abbekommen hatte.

Zum Schluss: der Teil, den Josua einsacken konnte

49 So wurde die ganze Verteilung von dem Land durchgezogen. Jeder Familienstamm bekam seinen Anteil, den er behalten konnte. Am Ende kriegte Josua auch noch ein Stück Land. 50 Bei Josua stand auf der Wunschliste ganz oben die Stadt Timnat-Serach, die in den Bergen von Efraim lag. Gott war dafür, und so bekam er die Stadt. Er baute sie wieder auf und wohnte

dort. [51] Die Verteilung war vom Priester Eleasar, von Josua und den Chefs der einzelnen Familienstämme durchgezogen worden. Das Ganze wurde vor dem besonderen Zelt gemacht, wo man Gott treffen konnte. Das stand in Schilo. Auf die Art war das ganze Land verteilt worden, und alle waren happy.

20

Asylstädte für Leute, die aus Versehen jemanden getötet haben
[1] Gott hatte dann mal wieder ein Gespräch mit Josua. [2] „Sag mal den Leuten
von Israel Folgendes von mir: Ihr müsst euch jetzt sechs Städte aussuchen,
wo Leute hinfliehen können, die aus Versehen jemanden getötet haben.
Ich hatte auch schon mal mit Mose über das Thema gesprochen. [3] Wenn
jemand aus Versehen einen Menschen gekillt hat, ohne dass er das wirklich
wollte, soll er dort hingehen können. Dort ist er in Sicherheit, kein Verwandter von dem, der gestorben ist, darf ihn da aufspüren und töten, um
sich an ihm zu rächen. [4] Der Typ soll sich dort einen Anwalt besorgen
und seinen Fall vor Gericht bringen. Das Gericht soll ihm dann ein Zimmer
zuweisen, wo er erst mal wohnen kann. [5] Falls jetzt ein Verwandter von dem,
der gestorben ist, sich an ihm rächen will und ihn bis dahin verfolgt, darf
man ihn nicht an den ausliefern. Das Ganze geht aber nur, wenn er das
nicht mit Absicht gemacht hat. Und wenn er voll den Hass gegen das Opfer
geschoben hat, darf er diesen Schutz auch nicht genießen. Das wäre
nämlich Mord. [6] Man soll dann eine Gerichtsverhandlung organisieren,
wo entschieden wird, ob der Typ bleiben darf oder nicht. Das gilt so lange,
bis der oberste Priester, der sogenannte Hohepriester, in der Zeit noch im
Amt ist. Wenn der stirbt, hat der Typ keine Probleme mehr und kann wieder
zu seiner Familie zurückkehren." [7] Die Chefs von den Familienstämmen
machten eine Abstimmung und suchten folgende Städte für diesen Zweck
aus. Westlich vom Jordan: Kedesch in Galilä, was im Gebirge von Naftali
lag. Sichem, was im Gebirge von Efraim lag. Und Kirjat-Arba (das heutige
Hebron), was auf dem Gebirge von Juda lag. [8] Östlich vom Jordanfluss die
Stadt Bezer, die im Steppenhochland des Stammes Ruben lag. Die Stadt
Ramot aus der Gegend Gilead (die lag im Gebiet vom Familienstamm Gad)
und Golan in der Landschaft Baschan (das lag im Gebiet vom Familienstamm Manasse). [9] In diese Städte konnten ab dann alle Israeliten fliehen,
aber auch die Ausländer, die bei den Israeliten wohnten. Immer wenn einer
aus Versehen einen anderen Menschen getötet hatte, konnte er sich hier
vor der Verfolgung von Familienmitgliedern schützen. Man durfte ihn dort
nicht umbringen, bis er in einem ordentlichen Gerichtsverfahren überführt
und verurteilt worden war.

21

Wo die Levi-Leute wohnen sollten

1 Die Clanchefs von den Levi-Leuten kamen an einem Tag beim Priester
Eleasar und bei Josua an. Die anderen Chefs von allen Familienstämmen in
Israel waren auch dabei. 2 Zu der Zeit trafen die sich gerade in Schilo, was
im Kanaan-Land lag. Ihre Anfrage war: „Gott hat uns damals durch Mose
ganz klar gesagt, dass wir auch Städte bekommen, in denen wir wohnen
können. Auch Weiden für unsere Kühe und Ziegen stehen uns zu.“ 3 Die Ver-
sammlung sprach dann den Levi-Typen Städte inklusive Wiesen zu, wo sie
wohnen konnten. Gott hatte das so angeordnet. 4 Beim Losen kam raus,
dass der Clan Kehat als Erstes dran war. Die Familie von dem Priester Aaron
bekam dreizehn Städte ab, die im Gebiet von Juda, Simeon und Benjamin
lagen. 5 Die anderen Familien der Kehatiter bekamen zehn Städte, die in
Gebieten von den Familienstämmen Efraim, Dan und der Hälfte vom
Stamm Manasse, die westlich vom Jordan lebte, lagen. 6 Der Clan Gerschon
bekam dreizehn Städte aus den Gebieten der Stämme Issachar, Ascher,
Naftali und der anderen Hälfte von Manasse, die östlich vom Jordan lebte.
7 Der Merari-Clan bekam zwölf Städte aus dem Gebiet der Stämme Ruben,
Gad und Sebulon. 8 Diese Städte und das Weideland für die Kühe und
Ziegen, was dort drum herum lag, kriegten jetzt die Levi-Leute. Gott hatte
das denen durch Mose schon vor langer Zeit versprochen.

Die Städte, die die Levi-Leute vom Kehat-Clan bekamen

9–10 Als Erstes bekamen die Nachkommen von Aaron, aus dem Clan Kehat,
ihre Städte durch Losen zugeteilt. Von den Familienstämmen Juda und
Simeon waren das folgende: 11 Erstens die Stadt Hebron, die mal Arba ge-
hört hatte, der ein Vorfahr von den Riesen gewesen war. Die lag im Gebirge
von Juda. Die ganzen Wiesen drum herum, wo die Tiere weiden konnten,
gehörten auch dazu. 12 Aber die Felder, wo man was anbauen konnte, die in
der Gegend um die Stadt und die Dörfer lagen, gehörten Kaleb, dem Sohn
von Jefunne. 13–16 Hebron war gleichzeitig als Asylstadt ausgesucht worden,
in die man hinfliehen konnte, wenn man aus Versehen jemanden getötet
hatte. Außerdem bekam die Familie vom Aaron noch folgende Städte inklu-
sive Weideplätze von Juda und Simeon: Libna, Jattir, Eschtemoa, Holon,
Debir, Aschan, Jutta und Bet-Schemesch. Das waren jetzt insgesamt neun
Städte von diesen beiden Stämmen. 17 Aus dem Gebiet vom Familienstamm
Benjamin bekamen sie die vier Städte Gibeon, Geba, 18 Anatot und Alemet.
19 Die Familie, die von dem Priester Aaron abstammte, hatte damit insge-
samt dreizehn Städte mit dem dazugehörigen Weideland bekommen.
20–22 Die anderen Familien vom Kehat-Clan bekamen vier Städte im Gebiet

vom Familienstamm Efraim. Und zwar waren das: Sichem im Bergland von
Efraim, die gleichzeitig eine von den Städten war, wo man hinfliehen konnte,
wenn man einen aus Versehen gekillt hatte: eine Asylstadt für Totschläger.
Dann noch Geser, Kibzajim und Bet-Horon. 23–24 Außerdem bekamen sie im
Gebiet vom Familienstamm Dan die vier Städte Elteke, Gibbeton, Ajalon und
Gat-Rimmon. 25 Von dem Gebiet vom Familienstamm West-Manasse wur-
den die beiden Städte Taanach und Jibleam abgezwackt. 26 Das waren jetzt
insgesamt zehn Städte, wobei das Weideland drum herum immer dazuge-
hörte.

Die Städte, die den Levi-Leuten vom Gerschon-Clan zugesprochen wurden

27 Die Levi-Leute aus dem Clan Gerschon bekamen zwei Städte, die im
Gebiet von Ost-Manasse lagen. Die eine Stadt war Golan in der Landschaft
Baschan. Diese Stadt war auch gleichzeitig eine Asylstadt, wo Leute hin-
fliehen konnten, wenn sie aus Versehen jemanden getötet hatten. Dazu noch
die Stadt Aschtarot. 28 Der Familienstamm Issachar musste Kischjon und
Daberat für diesen Zweck abzwacken, inklusive der Weideplätze. 29 Dazu
noch Jarmut und En-Gannim, ebenfalls mit den Weideplätzen. Insgesamt
waren das also vier Städte von denen. 30–31 Der Familienstamm Ascher
musste Mischal, Abdon, Helkat und Rehob abgeben. Auch hier inklusive
aller Weideplätze, die drum herum lagen. 32 Der Familienstamm Naftali
musste für diesen Zweck Kedesch rausrücken, was in Galiäa lag und auch
so eine Asylstadt war. Dazu Hammot-Dor und Kartan. Alles wieder mit
den Weideplätzen. 33 Das waren insgesamt dreizehn Städte, inklusive der
Weideplätze.

Die Städte für die Levi-Leute vom Clan Merari

34–35 Der Rest von den Levi-Leuten, nämlich der Merari-Clan, kriegte von
dem Gebiet, was dem Familienstamm Sebulon gehörte, die vier Städte
Jokneam, Karta, Rimmon und Nahalal. 36–37 Dann kriegten sie noch östlich
vom Jordanfluss vom Familienstamm Ruben die vier Städte Bezer, Jahaz,
Kedemot und Mefaat. Bezer lag im Steppenhochland und war auch so eine
Asylstadt für Menschen, die aus Versehen jemanden gekillt hatten. 38–39 Und
vom Gebiet des Stammes Gad kamen noch die zwei Städte Ramot (in Gi-
lead) und Mahanajim dazu. Und auch noch Heschbon und Jaser, also insge-
samt vier Städte. Dazu kamen immer noch die Weiden, die um die Stadt
herum lagen. 40 Diese zwölf Städte gehörten ab dann zu den Meraris, sie
hatten die zugelost bekommen. 41 Zählt man alle Städte, die den Levi-Typen
gehörten, kamen da 48 Stück zusammen, inklusive der Weiden drum herum.
Alle lagen mitten in dem neuen Gebiet der Israeliten. 42 Wie gesagt, es hatte
jede Stadt auch eine Menge Grün- und Weidefläche um sich herum. 43 Auf

die Art verteilte Gott das ganze Land unter seinen Leuten. Dieses Land hatte
er ja schon ihren Uropas ganz fest versprochen. 44 Und ab dann organisierte
Gott es erst mal, dass sie Frieden mit allen Völkern in den umliegenden Län-
dern hatten. Das hatte er auch so versprochen. Die Feinde sahen einfach
auch keine Schnitte gegen die Israeliten, Gott sorgte dafür. 45 Auf Gott ist
Verlass. Er hatte alle seine Versprechen erfüllt. Alles, was er gesagt hatte,
passierte auch.

22

Die Soldaten der Familienstämme aus dem Ostjordanland gehen nach Hause

1 Irgendwann rief Josua dann mal die Männer von den Familienstämmen
Ruben, Gad und Ost-Manasse zu sich ins Büro. 2 Er sagte zu ihnen: „Liebe
Leute! Ihr wart immer sehr treu und habt die Sachen, die Mose euch gesagt
hat, knallhart durchgezogen. Auch die Ansagen von mir wurden immer gut
umgesetzt. 3 Ihr seid die ganze Zeit beim Trupp von allen Israeliten dabei-
geblieben und habt bis heute niemanden von denen gedisst. Auch die
Sachen, die Gott von euch wollte, habt ihr immer radikal befolgt. 4 Ab jetzt
könnt ihr euch entspannen! Gott hatte es euch versprochen, und jetzt ist
es so weit. Geht zurück in eure neue Heimat, das Land, was Mose euch auf
der anderen Seite vom Jordanfluss versprochen hatte. 5 Aber eine Sache
noch: Ihr dürft nie die Gesetze vergessen, die ihr von Mose bekommen habt,
klar?! Gott hat durch Mose zu uns gesagt, dass wir Gott lieben sollen und
immer das tun müssen, was er von uns will. Ihr sollt ihm immer hundertpro-
zentig treu sein und radikal für ihn leben, mit allem, was ihr habt!“ 6 Josua
betete am Ende noch ne Runde für sie und segnete sie, er versprach ihnen
von Gott das Beste. Dann durften sie nach Hause gehen. 7 Mose hatte der
einen Hälfte vom Familienstamm Manasse östlich vom Jordanfluss das
Baschan-Gebiet zugesprochen. Die andere Hälfte sollte zusammen mit
den anderen Familienstämmen auf der Westseite vom Jordan wohnen, so
hatte Josua es beschlossen. Josua schickte die Männer vom Ost-Manasse-
Stamm nach Hause. Vorher hatte er sie aber noch gesegnet und für sie
gebetet. 8 „Viel Spaß zu Hause!“, rief er ihnen nach. „Ihr habt fett abgesahnt
und kommt echt reich wieder dort an! Euer Bankkonto ist voll, ihr habt viel
Schmuck und Uhren, auch modische Kleidung im Gepäck. Viele Tiere und
so was habt ihr auch alles, oder? Gebt davon an eure Geschwister etwas ab,
die dort auf euch warten! Auf Wiedersehen!“

Die „Altarkrise“

9 Also gingen die Familienstämme Ruben, Gad und Ost-Manasse ihre
eigenen Wege. Sie brachen ihre Zelte ab und zogen von Schilo los, was im

Kanaan-Land liegt, um nach Gilead zu reisen. In dem Gebiet lag ja der Anteil
von ihrem Land, den sie von Gott durch Mose bekommen hatten. Dort hat-
ten sie sich vor einiger Zeit bereits niedergelassen. 10 Als sie gerade in Gelilot
waren, mitten in der Jordanebene, hatten sie eine Idee. Sie bauten direkt am
Fluss einen großen Opfertisch, einen Altar, für Gott auf. Der stand aber noch
auf der Seite vom Jordan, die zum Kanaan-Land gehörte. 11 Diese Nachricht
machte sofort die Runde. Die Israeliten lasen morgens in der Zeitung: „Skan-
dal! Die Ruben-, Gad- und Ost-Manasse-Armeen bauen außer Landes Opfer-
tische für Gott!!! Krieg vorprogrammiert!“ 12 Die anderen Familienstämme
waren so sauer, dass sie sofort ihre Armeen zusammenzogen, um in Schilo
gegen die Familienstämme aus dem Osten zu kämpfen. 13 Vorher schickten
sie noch einen Diplomaten zu den drei Stämmen nach Gilead. Und zwar war
das Pinhas, ein Sohn vom Priester Eleasar. 14 Seine Begleitung waren zehn
Clanchefs von den Familienstämmen, die alle im Westen wohnten. 15 Nach-
dem sie bei den Leuten von Ruben, Gad und dem halben Manassestamm
angekommen waren, redeten sie ein ernstes Wörtchen mit denen. 16 „Leute,
was sollte das denn bitte? Warum müsst ihr Gott schon jetzt wieder so ans
Bein pinkeln? Warum seid ihr ihm nicht treu? Habt ihr diesen Altar aufgebaut,
um Gott zu zeigen, dass er euch mal kreuzweise kann, oder wie? 17 Ist der
Haufen an Sachen, wo wir Mist gebaut haben, nicht schon groß genug?
Alleine das Ding, wo wir mit diesem Baal-Pegor rumgemacht haben… Das
Teil steht immer noch zwischen uns und Gott. Deswegen kamen doch die
ganzen Krankheiten bei uns plötzlich auf, habt ihr das alles vergessen?
18 Trotzdem behandelt ihr Gott echt wie den letzten Dreck! Und eins ist euch
doch wohl klar: Wenn ihr heute Gott gegen euch aufbringt, wird er morgen
auf uns alle sauer sein. 19 Wenn ihr jetzt euer Land plötzlich uncool und nicht
so gottmäßig findet, dann könnt ihr gerne bei uns wohnen! Hier hat sich
Gott ja auch eine Wohnung bauen lassen. Aber bitte baut jetzt nicht so einen
Mist! Wenn ihr so einen Opfertisch zusätzlich zu dem Altar von Gott am
besonderen Zelt aufbaut, dann findet er das echt nicht toll, und wir haben
hier dann alle richtig Ärger an der Backe! Wir wollen nämlich nicht mit schuld
sein an eurem Mist. 20 Überlegt doch mal: Könnt ihr euch noch an Achan
erinnern, der ein Sohn von Serach war? Er hatte sich damals von der Kriegs-
beute Sachen abgegriffen, die Gott eigentlich im Müll haben wollte. Das war
nur ein Typ, der einmal Mist gebaut hat, trotzdem wurden wir alle dafür be-
straft. Wie viele Leute mussten damals wegen diesem einen Typen sterben?“

Die Familienstämme im Osten und Westen haben wieder Frieden miteinander

21 Die Leute von den Familienstämmen Ruben, Gad und Ost-Manasse ließen
sofort ihre Antwort ausrichten. 22 „Liebe Leute! Wir wollen euch wissen las-

sen, dass wir nach eurer Nachricht sofort folgendes Gebet zu Gott geschickt haben: ‚Du bist der größte Gott, du bist der Chef, du steckst alle anderen Götter in die Tasche. Wenn dieser Altar von uns wirklich deswegen aufgebaut wurde, weil wir keinen Bock mehr auf dich hätten, und wir gegen dich arbeiten wollen, dann brauchst du uns heute nicht aus dieser Situation zu retten.‘
23 Leute, wenn wir dieses Teil echt deswegen gemacht haben, um Gott eins damit auszuwischen, dann soll er uns dafür jetzt bestrafen. Wenn wir auf dem Altar irgendwelche Opferrituale durchziehen wollten, dann soll er uns jetzt die Rechnung dafür präsentieren.
24 Hey, Mann, unsere Motive waren echt voll okay! Wir hatten einfach Schiss, dass eure Nachkommen irgendwann mal zu unseren Nachkommen sagen werden: ‚Was habt ihr eigentlich mit unserem Gott am Hut?
25 Er hat doch eine Mauer gezogen zwischen uns und euch! Der Jordan trennt unsere Familienstämme voneinander. Ihr gehört gar nicht zu den Leuten von Gott!‘ Und dann könnten eure Nachkommen uns auch vielleicht irgendwann davon abbringen, Respekt vor Gott zu haben.
26 Darum hatten wir die Idee, diesen Altar aufzubauen. Der sollte aber nicht den Opferberechtigungsstatus bekommen.
27 Wir wollten den nur einfach so da stehen haben, als so ne Art Denkmal. Versteht ihr? Er sollte unsere und eure Nachkommen immer da dran erinnern, dass wir auch am besonderen Zelt Gott Sachen opfern sollen und dass eure Nachkommen nicht so tun sollen, als gehörten wir gar nicht zur Familie dazu.
28 Falls das doch irgendwann passieren sollte, sollen unsere Kinder sagen können: ‚Hallo? Seht ihr diesen Altar da? Unsere Väter haben den dort hingebaut! Er sieht genauso aus wie der Altar, der am besonderen Zelt steht. Der steht hier aber nicht, um da drauf Gott Sachen zu schenken, sondern nur zur Erinnerung, dass wir auch zum gleichen Gott gehören, wie ihr.‘
29 Hey, wir sind meilenweit entfernt von dem Gedanken, etwas gegen unseren genialen Gott zu tun oder sogar ohne ihn leben zu wollen! Wir würden nie und nimmer irgendwo einen Altar zum Opfern aufbauen, um damit dem Altar vom besonderen Zelt Konkurrenz zu machen.“
30 Pinhas, aber auch die anderen Männer und Chefs von den Israeliten waren erst mal beruhigt. Für sie ging die Begründung in Ordnung, die die Männer von den Familienstämmen Ruben, Gad und die von Ost-Manasse vorgebracht hatten und sie änderten ihre Meinung.
31 „Jetzt merkt man mal wieder, dass Gott bei uns am Start ist!“, meinte Pinhas. „Dass ihr diesen Altar aufgebaut habt, geht eigentlich voll in Ordnung. Ihr habt das gemacht, damit andere Israeliten keine Strafe von Gott abkriegen!“
32 Pinhas ging dann mit den Männern wieder zurück ins Kanaan-Land und erstattete dort Bericht.
33 Alle waren einverstanden mit dem Verhalten von den Ruben- und Gad-Leuten. Sie dankten Gott für diesen genialen Ausgang der Krise und hatten schnell vergessen, dass man eigentlich gerade gegen sie in den Krieg ziehen wollte, um bei

denen alles plattzumachen. 34 Die Männer von Ruben und Gad tauften den
Altar jetzt sofort auf den Namen „Denkmal". Sie sagten: „Du heißt ab jetzt
so, weil wir, immer, wenn wir bei dir vorbeigehen, da dran denken müssen,
dass der krasseste Gott von allen unser Gott ist."

23

Josua sagt den Leuten noch mal, was Sache ist
1 Mittlerweile waren viele Jahre vergangen, und die Israeliten lebten die
ganze Zeit in Frieden. Keines der angrenzenden Länder hatte Bock, gegen
Israel einen Krieg anzuzetteln. Josua war in der Zwischenzeit richtig alt
geworden. 2 Darum organisierte er noch mal ein Treffen mit allen Chefs.
Die Familienchefs, die Richter, jeder, der was zu sagen hatte, sollte bei ihm
antreten. Dann hielt er folgende Rede: „Liebe Leute! Ich bin mittlerweile
voll alt geworden, und es dauert nicht mehr lange, dann werde ich den Löffel
abgeben. 3 Ihr wart alle Zeugen, wie der Chef, unser Gott, alle Völker, die in
diesem Land vorher gelebt haben, vor unseren Augen weggemacht hat. Es
war ja Gott selbst, der für uns kämpfte! 4 Mein Job war es, das ganze neue
Land vom Jordan bis zum Mittelmeer gerecht unter euch aufzuteilen. Auch
das Gebiet, in dem noch Völker leben, gegen die wir noch nicht gewonnen
haben, ist bereits unter den Hammer gekommen. 5 Gott wird sie auch noch
aus dem Land rausschmeißen, und dann gehören die Teile ebenso euch.
Das hat er uns ja versprochen. 6 Für die Zukunft gilt Folgendes, Leute:
Nichts darf euch davon abhalten, alles genau so durchzuziehen, wie Mose
es in den Gesetzen aufgeschrieben hat! Ihr müsst die Gesetze superkorrekt
umsetzen und dürft keinen Millimeter davon abweichen. 7 Vermischt euch
nicht mit den anderen Völkern, die vor euch hier waren und teilweise hier
noch leben! Die Namen von deren Plastikgöttern dürft ihr noch nicht mal
aussprechen und schon gar nicht mit deren Namen schwören, nach dem
Motto ‚Ich schwör auf XYZ!'. Ist das klar? Ihr sollt nichts mit denen zu schaf-
fen haben und zu denen beten, Leute, das geht echt gar nicht! 8 Bleibt Gott
weiter so treu, wie ihr es zurzeit seid! 9 Ihr habt alle mitbekommen, wie
Gott die heftigsten und stärksten Völker so mal eben vor euch aus dem Land
gekegelt hat. Bis heute gibt es keine Feinde, die gegen euch gewinnen konn-
ten. 10 Nur einer von euch hat gereicht, um 1000 Feinde panisch wegrennen
zu lassen. Warum? Weil Gott in eurer Mannschaft spielt! Das hat er ja immer
wieder versprochen. 11 Darum, Leute, kämpft um eure Liebe für Gott, nichts
darf zwischen euch und ihn kommen! Davon hängt alles ab, sogar euer
Leben! 12 Aber wenn ihr irgendwann keinen Bock mehr auf Gott habt und nur
noch euer eigenes Ding durchzieht, wenn ihr euch in die Frauen oder Män-
ner von den anderen Völkern verknallt und mit denen im Bett landet, wenn
ihr die sogar heiratet und Kinder mit denen bekommt, 13 dann wird Gott

damit aufhören, eure Feinde für euch zu besiegen. Dann werdet ihr keine
anderen Völker mehr so mal eben rausschmeißen können, dann werden die
sogar supergefährlich für euch sein! Sie werden wie eine Bananenschale, die
auf dem Boden in der dunklen Küche rumliegt, wie ein rostiger Metallsplitter
im Auge, wie eine offene Steckdose an der Badewanne. Am Ende werdet ihr
an ihnen kaputtgehen, sie werden euch aus dem schönen neuen Land raus-
schmeißen, das Gott euch geschenkt hat. [14] Meine Zeit ist jetzt abgelaufen,
ich bin bald tot. Bitte vergesst meine Ansagen nicht und lebt danach, so
radikal ihr könnt. Gott, euer Chef, hat jedes Versprechen eingelöst. Es gibt
keine gute Sache, die er nicht genau so durchgezogen hätte, wie er es ver-
sprochen hat. [15] Genauso wie Gott sich an die guten Sachen hält, die er euch
versprochen hat, wird er auch die schlechten Sachen durchziehen, die er
angekündigt hatte, wenn ihr euch nicht an seinen Vertrag haltet. [16] Gott hat
mit euch einen Vertrag abgeschlossen, und er erwartet von euch, dass ihr
diesen Vertrag durchzieht. Wenn ihr ihm untreu werdet und mit anderen
Göttern rummacht, wird er richtig aggro draufkommen. Da vergeht keine
Sekunde, und ihr seid aus dem Land wieder in hohem Bogen rausgeflogen."

24

Replay: Josua erzählt von den abgefahrenen Sachen, die Gott gemacht hat

[1] An einem Tag schickte Josua eine Einladung an alle Familienstämme von
ganz Israel. Er wollte, dass alle Clanchefs, Richter und andere Leute, die was
zu sagen hatten, mal zu ihm nach Sichem kommen. Josua hatte vor, mit
allen zusammen zum besonderen Zelt zu gehen und ihnen dort was wichti-
ges zu sagen, mit Gott als Zeugen. [2] Als alle da waren, sprach Josua zu
diesen Stellvertretern von allen Israeliten: „Liebe Leute! Unser Gott, der
Chef von allem, hat folgende Nachricht für euch: ‚Es ist schon einige Zeit
her, da wohnten eure Vorfahren auf der anderen Seite vom Eufratfluss.
Dort haben sie zu Plastikgöttern gebetet. Ich mein jetzt Terach, den Vater
von Abraham und Nahor. [3] Irgendwann hab ich, Gott, dann euren Urvater
Abraham aus dem Land rausgeholt, was auf der anderen Seite vom Eufrat-
fluss liegt. Ab dann zog er die ganze Zeit im Land Kanaan hin und her,
er war ohne festen Wohnsitz. Später hatte er aber unheimlich viele Nach-
kommen durch seinen Sohn Isaak bekommen. [4] Dem Isaak hab ich nämlich
zwei Söhne organisiert, den Jakob und den Esau. Esau hatte von mir das
Land in den Bergen von Seir bekommen. Jakob und seine Söhne lebten als
Ausländer in Ägypten. [5] Dann hab ich mir Mose und Aaron gegriffen und
durch sie Ägypten in die totale Katastrophe geführt. Und danach hab ich
euch von dort rausgeholt. [6] Ich hab also euren Ur-Ur-Opas den Weg aus
Ägypten gezeigt und sie bis zu dem Schilfmeer gebracht. Die Ägypter hatten
aber keinen Bock, euch ziehen zu lassen, und zogen mit ihrer Armee, den

Panzern und ihrer Elitetruppe hinter euch her. 7 Damals haben eure Leute
echt heftig zu mir gebetet, und darum hab ich einen schwarzen Vorhang zwi-
schen ihnen und den Ägyptern gezogen. Es wurde einfach total finster, und
dann hab ich die Ägypter in den meterhohen Wellen einfach absaufen las-
sen. Ihr wisst alle, wie ich es den Ägyptern gezeigt hab, ihr wisst, was ich
alles kann. Und dann seid ihr ganz schön lange in der Wüste rumgezogen.
8 Schließlich hab ich euch zu dem Land auf der anderen Seite vom Jordan-
fluss gebracht, wo die Amoriter wohnten. Die haben gegen euch gekämpft,
aber ich hab dafür gesorgt, dass ihr gewinnt. Das ganze Land habt ihr ein-
genommen, und alle Amoriter wurden komplett vernichtet. 9 Als Nächstes
stellte sich euch der Präsident Balak, der Sohn von Zippor, in den Weg. Er
war der Präsident von den Moabitern. Balak holte sich Hilfe und beauftragte
den Zauberer Bileam, den Sohn vom Beor, dass er euch verfluchen sollte.
10 Mir waren aber die Flüche von Bileam furzegal, er musste euch sogar am
Ende noch segnen, er musste euch von mir das Beste versprechen, obwohl
er da gar keinen Bock drauf hatte. Auf die Art hab ich euch vor den fiesen
Attacken aus der Richtung gerettet. 11 Dann seid ihr über den Jordanfluss
nach Jericho gekommen. Die Leute, die dort gewohnt haben, kämpften auch
gegen euch, aber sie sahen keine Stiche. Genauso wie die ganzen anderen
Völker in der Gegend. Ich meine damit Amoriter, Perisiter, Kanaaniter,
Hetiter, Girgaschiter, Hiwiter und Jebusiter. 12 Ich habe dann dafür gesorgt,
dass überall im Land in den Nachrichten von euren grandiosen Siegen
berichtet wurde. Alle hatten mörderischen Respekt vor euch. Die beiden
Präsidenten von den Amoritern machten sich fast in die Hose. Diese Siege
hattet ihr nicht euren tollen Fernlenkwaffen oder der Satellitenaufklärung
zu verdanken, sondern alleine mir! 13 Ihr habt dann von mir das ganze Land
geschenkt bekommen. In dieses Land hattet ihr ja bis dahin nichts investiert.
Die Städte hattet ihr zum Beispiel nicht selbst gebaut. Ihr habt euch in
das gemachte Nest gesetzt, lecker von dem Wein getrunken und von den
Apfelbäumen geerntet, die andere Leute vor euch gepflanzt hatten.'"

Josua fordert eine Entscheidung

14 „So, und weil diese ganzen Dinge passiert sind, müsst ihr Gott ernst
nehmen und Respekt vor ihm haben, klar?", sagte Josua weiter. „Ihr müsst
radikal das tun, was Gott von euch will. Schmeißt alle Plastikgötter in den
Müll, die auf der anderen Seite vom Eufratfluss und in Ägypten bei euren
Vorfahren vielleicht noch angesagt waren. Gott soll bei euch die Nummer
eins sein! 15 Wenn ihr da keinen Bock drauf habt, dann möchte ich von euch
heute eine Entscheidung: Wollt ihr mit den Plastikgöttern leben, die eure
Vorfahren toll fanden, die auf der anderen Seite vom Eufratfluss gelebt haben?
Oder steht ihr vielleicht auf die Götter von den Amoritern? Ich jedenfalls und

meine Familie haben eine radikale Entscheidung getroffen: Wir wollen nur dem Chef, unserem Gott, dienen!!!“ [16] Die Israeliten, die diese Rede gehört hatten, riefen ihm zurück: „Hey, wir sind doch nicht so blöd und verlassen Gott, um irgendwelchen Plastikgöttern hinterherzulaufen! [17] Schließlich hat der uns damals aus Ägypten rausgeholt! Er hat uns aus dieser ätzenden Situation und aus den Knebelverträgen befreit. Und er hat ganz klar fette Wunder getan! Er hat die ganze Zeit auf uns aufgepasst, er war bei uns, als wir den ganzen Weg durch die Länder von anderen Völkern gezogen sind.
[18] Und er hat auch diese Völker aus ihrem Land rausgeschmissen, auch die Amoriter, die hier früher mal gewohnt haben. Deswegen wollen wir nur unserem Gott dienen! Er ist der einzige Gott auf der ganzen Welt!“ [19] „Hm, Leute, so easy ist das aber nicht, radikal für Gott zu leben. Gott ist nämlich total anders, er ist etwas ganz Besonderes, er ist heilig. Und er mag es nicht, wenn wir mit anderen Göttern rummachen, weil er uns so sehr liebt. Und wenn ihr Mist baut, wird er euch das nicht verzeihen können. [20] Wenn ihr auf die dumme Idee kommt, euch nach anderen Göttern umzusehen, und denen hinterherrennt, kriegt ihr echt Probleme. Er wird euch plattmachen, komplett!“ [21] „Nein“, riefen die Leute zu Josua. „Wir wollen radikal das durchziehen, was Gott von uns will!“ [22] „Okay, Leute, dann steht das Ding jetzt, ihr habt das jetzt unterschrieben! Ihr habt euch vor Zeugen für unseren Gott entschieden, ihr wollt das tun, was er sagt!“ – „Deal“, riefen sie zurück. „Abgemacht, so ist das!“ [23] „Dann schmeißt sofort alle Plastikgötter auf den Müll, die ihr noch irgendwo rumliegen habt!“, forderte Josua. „Ihr müsst radikal für Gott leben, unseren Gott, den Gott der Israeliten!“ [24] „Yeah, wir wollen nur noch das tun, was unser Gott sagt! Wir wollen ihm radikal dienen!“, riefen alle Männer durcheinander. [25] Auf die Art unterschrieben die Israeliten in Sichem, dass sie immer radikal das tun wollten, was Gott sagt, und dass sie immer nach seinen Gesetzen leben wollten. [26] Josua schrieb alles in sein Notebook und packte den Ausdruck in das Buch, wo die ganzen Gesetze von Gott drinstanden. Danach ließ er ein großes Denkmal unter der Eiche aufbauen, die am besonderen Zelt von Gott stand. [27] „Achtet auf dieses Denkmal, Leute“, sagte Josua zu den Israeliten. „Es ist der Zeuge gegen uns, wenn wir dann doch wieder Mist bauen. Dieses Denkmal war dabei, als Gott zu uns gesprochen hatte. Es soll euch da dran erinnern, damit ihr nicht irgendwann so tut, als wäre nichts gewesen, und Gott doch wieder bescheißt.“ [28] Dann sagte Josua den Leuten, dass sie wieder nach Hause gehen konnten. Er selbst ging auch zurück in seine neues Zuhause, was ab dann ihm und seiner Familie für immer gehörte.

Josua stirbt

29 Einige Monate nach diesem Treffen starb Josua. Er kam aus der Familie
von Nun, und er hatte in seinem Leben immer radikal das durchgezogen,
was Gott von ihm wollte. Josua wurde 110 Jahre alt. 30 Er wurde auf dem Land
beerdigt, was ihm gehörte, in Timnat-Serach. Das lag nördlich vom Berg
Gaasch, im Gebirge von Efraim. 31 Die Israeliten hielten sich, auch nachdem
Josua tot war, eine ganze Zeitlang an den Vertrag mit Gott. Zumindest
solange die Clanchefs noch lebten, hielt das an. Die hatten ja die ganzen
krassen Wunder, die Gott für die Israeliten getan hatte, auch noch mitge-
kriegt. 32 Der Sarg von Josef, den die Israeliten die ganze Zeit mitgeschleppt
hatten, seitdem sie aus Ägypten weg waren, wurde auf dem Friedhof in
Sichem verbuddelt. Das war ja das Grundstück, das Jakob damals von den
Söhnen vom Harmor für 7000 Euro abgekauft hatte. Dieses Gebiet zählte
auch mit zu dem Land, was dem Familienstamm Josef gehörte. 33 Als auch
der Sohn von Aaron, der Oberpriester Eleasar, starb, wurde er in Gibea be-
erdigt. Diese Stadt in den Bergen von Efraim gehörte seinem Sohn Pinhas,
dem das bei der Verlosung zugeteilt worden war.

Das Buch der Richter

1

Wie die Familienstämme Juda und Simeon ihr Land einnehmen

1 Nach der Beerdigung von Josua wollten die Israeliten von Gott wissen,
welcher von ihren Familienstämmen zuerst gegen die Kanaaniter kämpfen
sollte. 2 Gott sagte: „Der Familienstamm Juda soll losziehen. Ich werde
ihm die Kontrolle über das ganze Land geben!“ 3 Die Chefs von Juda gingen
zum Familienstamm Simeon und fragten sie: „Sagt mal, Leute, habt ihr
nicht Lust, mit uns in den Krieg zu ziehen? Helft uns dabei, dieses Land zu
erobern! Als Gegenleistung sind wir dann bei euch auch dabei, wenn ihr
euren Teil erobern müsst.“ Die Idee kam an, und die beiden Stämme wurden
Partner. 4–5 Also zogen sie in den Krieg und gewannen gemeinsam gegen
die Kanaaniter und Perisiter. In der Schlacht bei Besek wurden 10 000 Geg-
ner niedergemacht. Im Kampf trafen sie auch auf deren Präsidenten Adoni-
Besek. 6 Der stieg in sein Auto und fuhr mit Vollgas davon, aber die Israeli-
ten jagten ihm hinterher. Schließlich holten sie Adoni-Besek ein und nahmen
ihn gefangen. Dann hackten sie mit einem Armeemesser seine Daumen und
seine großen Zehen ab. 7 Er soll dazu mal gesagt haben: „Ich selbst habe
in meinem Leben siebzig Präsidenten die Daumen und die Zehen abge-
schnitten. Sie durften anschließend nur noch den Müll essen, der vom Früh-
stück übrig geblieben war. Aber jetzt hat Gott dafür gesorgt, dass ich das
Gleiche durchmachen muss wie sie.“ Er wurde dann in den Knast nach
Jerusalem gebracht, wo er später starb. 8 Die Soldaten von Juda griffen auch
Jerusalem an und eroberten es. Alle Bewohner wurden erschossen, und
dann fackelten sie die ganze Stadt ab. 9 Als Nächstes griffen sie sich die
Kanaaniter, die in den Bergen im Süden sowie im Westteil vom Hügelland
und in dem Gebiet dazwischen wohnten. 10 Sie führten Krieg gegen die Stadt
Hebron, die früher mal Kirjat-Arba hieß. Dann besiegten sie noch die Städte
Schechai, Ahiman und Talmai. 11 Danach zogen sie weiter vor die Stadt Debir
(die man früher mal Kirjat-Sefer genannt hatte). 12 Kaleb setzte dann einen
Preis aus für denjenigen, der diese Stadt erobern würde, und zwar war das
seine Tochter Achsa. Wer es schaffte, hier zu gewinnen, durfte sie heiraten.
13 Der jüngere Bruder von Kaleb, Otniel, schlug zu. Er eroberte die Stadt und
bekam als Belohnung die Tochter. 14 Achsa bequatschte Otniel, ihren Vater
zu bitten, den beiden ein Stück Land zu schenken. Sie fuhr dann zu ihrem
Vater. Als sie ankam, fragte er sie: „Na? Was willst du von mir?“ 15 „Bitte,
beweise mir, dass du mich total lieb hast. Ich möchte ein Geschenk von dir
haben. Mein neuer Ehemann wohnt in einer total ätzenden Gegend, in der
es nie regnet. Bitte gib mir auch genug fließendes Wasser!“ Kaleb war einver-

standen und schenkte ihr zur Hochzeit die oberen und unteren Wasseranlagen bei Hebron. 16 Auch die Keniter (das war der Familienstamm, aus dem der Schwiegervater von Mose herkam) waren mit dem Familienstamm Juda von der sogenannten Tannenstadt aus losgezogen. Von dort gingen sie in die Wüste, die südlich vom Berg Arad liegt. In dieser Wüste bauten sie dann ein paar Häuser und machten sich dort breit. Auch die Amalekiter kamen da hin und wohnten mit ihnen zusammen. 17 Die Soldaten von den Familienstämmen Juda und Simeon zogen weiter im Land umher und führten Krieg gegen die Kanaaniter, die in der Stadt Zefat wohnten. Auch hier zeigten sie die rote Karte, alles wurde komplett plattgemacht. Dann gaben sie der Stadt einen neuen Namen, und zwar „Horma", was so viel wie „Rote Karte" bedeutet. 18 Die Armee von Juda packte es aber nicht, die Städte Gaza, Aschkelon und Ekron zu erobern. 19 Dafür half Gott ihnen dabei, das ganze Bergland einzunehmen. Nur die Leute, die an der Küste lebten, kriegten sie nicht so richtig unter die Fuchtel. Das lag vor allem an deren starker Panzertruppe. 20 Kaleb bekam die Stadt Hebron, so hatte es Mose ja befohlen. Kaleb schmiss aus der Stadt diese drei riesengroßen Typen mit ihren Familien raus. 21 In Jerusalem lebten zu der Zeit die Jebusiter. Die Soldaten von Benjamin kriegten es nicht gebacken, die dort rauszudrängen. Das ist der Grund, warum die dort bis heute noch leben, zusammen mit den Leuten vom Benjamin-Stamm.

Die Familienstämme aus dem Norden erobern ihr Land

22 Jetzt war es so weit, dass auch die Soldaten von den Familienstämmen Josef, Efraim und Manasse mit ihren Armeen in die Berge zogen, um dort die Stadt Bet-El zu erobern. Gott kämpfte auf ihrer Seite. 23 Erst wurden ein paar Spione vorgeschickt, um rauszukriegen, wie Bet-El vor Angriffen geschützt war. Zu der Zeit wurde Bet-El übrigens noch Lus genannt. 24 Auf dem Weg trafen sie einen Typen, der gerade aus der Stadt kam. Sie quatschten den an und schlugen ihm einen Deal vor: „Sie zeigen uns, wo die schwächste Stelle in den Verteidigungsanlagen der Stadt ist, und wir garantieren Ihnen, dass Sie heil aus dem Krieg rauskommen, der dort bald abgehen wird."
25 Er war einverstanden und zeigte ihnen eine Lücke in der Stadtmauer, wo die Verteidigung ganz schwach war. Die Soldaten von den Josefstämmen schlugen zu und eroberten die Stadt. In der Stadt wurde die Rote-Karte-Aktion durchgezogen: Alle Bewohner mussten sterben. Nur dieser Mann und seine Familie überlebten das Ganze. 26 Er wanderte dann aus und zog in das Hetiter-Land. Dort baute er eine Stadt auf, die er Lus nannte. Diesen Namen hat sie bis heute. 27 Der Familienstamm Manasse packte es aber nicht ganz, alle Menschen komplett rauszuschmeißen, die in folgenden Städten wohnten: Bet-Schean, Taanach, Dor, Jibleam und Megiddo, inklusive

der drum herum liegenden Dörfer. Darum blieben die Kanaaniter in der
Gegend wohnen. 28 Später, als die Israeliten immer mehr und stärker wur-
den, zwangen sie die Kanaaniter, für sie zu arbeiten. Aber aus dem Land
rausgeschmissen wurden sie nicht. 29 Dem Familienstamm Efraim ging es
genauso. Sie schafften es nicht, die Kanaaniter aus der Stadt Geser zu ver-
treiben, und darum wohnten die dort immer noch. 30 Auch der Familien-
stamm Sebulon schaffte es nicht, die Kanaaniter aus Kitron und Nahalal
rauszuschmeißen. Sie blieben dort wohnen, mussten aber später für sie
bei deren Müllabfuhr arbeiten und irgendwelche Drecksarbeit erledigen.
31 Auch die Leute von Ascher hatten Probleme damit, dort wirklich alles platt-
zumachen. Die Bewohner von Akko, Sidon, Mahaleb, Achsib, Helba, Afek
und Rehob konnten nicht komplett vertrieben werden. 32 Darum lebten die
Aschers immer noch mit den Kanaaniter zusammen, denen das Land früher
mal gehört hatte. Sie konnten von denen einfach nicht alle rausschmeißen.
33 Bei den Leuten von Naftali war das so, dass sie die Bewohner von Bet-
Schemesch und Bet-Anat nicht ganz vertreiben konnten. Darum lebten sie
dort dann auch mit den Kanaanitern zusammen, wobei die für die Leute von
Naftali die ganze Drecksarbeit machen mussten. 34 Die Armee vom Familien-
stamm Dan wollte in der Ebene in ihr Gebiet einmarschieren, stieß dort
aber auf heftigen Widerstand der Amoriter. So mussten sie in das Gebirge
zurückweichen. 35 Die Amoriter konnten sich erst in Har-Heres, Ajalon und
Schaalbim halten, wurden dort aber später von der Armee von den Stäm-
men Efraim und Manasse besiegt. Sie wurden ab dann zur Zwangsarbeit
verpflichtet. 36 Das Land von den Amoritern grenzte im Süden an das Land
der Edomiter. Die Grenzlinie verlief von der Skorpionsteige bis nach Sela.
Von dort ging sie noch weiter in die Berge.

2

Ein Postbote von Gott sagt den Israeliten, was Sache ist

1 Irgendwann kam ein Postbote von Gott, ein Engel, mit einer Nachricht an
die Israeliten rein. Er kam aus der Richtung von Gilgal nach Bochim. Seine
Nachricht klang so: „Gott sagt euch: ‚Nicht vergessen, ich war es, der euch
aus Ägypten rausgeholt hat! Ich hab euch in das Land gebracht, was ich
euren Familien schon vor Ewigkeiten ganz fest versprochen hatte. Und ich
hab zu euch gesagt: ›Wir haben einen Vertrag miteinander, und ich werde
mich an meine Seite des Vertrages immer halten. 2 Eine Sache ist mir ober-
wichtig: Ihr dürft euch niemals auf die Bewohner einlassen, die in diesem
neuen Land bis jetzt gelebt haben! Ihr müsst die Tempel wegsprengen, in
denen die zu ihren Plastikgöttern gebetet haben!‹ Aber euch war das wohl
egal. Ihr habt nicht getan, was ich von euch wollte. Warum Leute? Was
war da los? Wie konntet ihr nur so draufkommen? 3 Darum mache ich euch

heute folgende Ansage: Ich werde die Leute nicht für euch rausschmeißen,
die dort jetzt wohnen! Sie werden bleiben und euch irgendwann auf die
Nerven gehen, und ihr werdet sogar von ihnen verführt werden, richtigen
Mist zu bauen. Sie werden euch dazu bringen zu ihren Plastikgöttern zu
beten, und wenn ihr das macht, seid ihr durch, fertig und am Ende.'" 4 Als
der Postbote seine Nachricht aufgesagt hatten, waren die Israeliten voll
depri. Alle fingen laut an zu heulen. 5 Darum nennt man diesen Ort jetzt
auch „Bochim", was so viel wie „die Leute, die rumheulen" bedeutet. Die
Israeliten machten dann erst mal eine Opfersession für Gott.

Kaum ist Josua tot, tanzen die Leute schon wieder auf den Tischen

6 Nachdem Josua dieses Treffen in Sichem beendet hatte, verzogen sich
die Israeliten wieder in ihr neues Zuhause. Sie gingen in die Gebiete, die
ihnen zugeteilt worden waren und ihnen ab dann für immer gehören sollten.
7 Solange Josua am Start war, zogen sie die Sachen radikal durch, die Gott
gesagt hatte. Auch in der Zeit danach, als die Chefs der Israeliten noch
lebten, die alle Augenzeugen von den heftigen Wundern gewesen waren, die
Gott für sie damals gebracht hatte. 8 Aber irgendwann starb Josua. Er war
ja ein Sohn vom Nun gewesen und ein radikaler Nachfolger von Gott.
Bei seinem Tod war er stolze 110 Jahre alt. 9 Josua wurde auf seinem eigenen
Grundstück in Timnat-Heres beerdigt, was in den Bergen von Efraim lag,
nördlich vom Berg Gaasch. 10 Und dann starben auch im Laufe der Jahre
immer mehr von der ersten Truppe, der älteren Generation. Die Jugendlichen
wurden erwachsen und übernahmen die Sache mehr und mehr. Aber die
hatten oft keine Ahnung von Gott und wollten auch nichts mit ihm zu tun
haben. Sie hatten die heftigen Wunder von damals auch nicht live miterlebt.
11 Das war wohl ein Grund, warum sie sich dann plötzlich auf solche Plastik-
götter einließen und zu denen beteten. Gott fand das überhaupt nicht gut.
12 Sie drehten Gott den Rücken zu, dem Gott, der ihren Vätern krass gehol-
fen hatte, als sie aus Ägypten abgehauen sind. Gott hatte sie dort rausge-
holt, aber die hatten nun nichts Besseres zu tun, als plötzlich mit anderen
Göttern rumzumachen. Diese Plastikgötter von den Nachbarn fanden sie so
toll, dass sie sogar anfingen zu denen zu beten und für sie Lieder zu singen.
Das war voll die Beleidigung für Gott. 13 Sie tauschten ihren Gott, den einzig
echten, gegen so Pseudogötter wie Baal oder Astarte ein. 14 Gott war richtig
sauer und enttäuscht. Er hörte auf, sie zu beschützen, und dadurch gab es
immer wieder einige Skins, die bei ihnen richtig Terror machten. Auch wur-
den sie von irgendwelchen Motorradgangs ständig überfallen und ausge-
raubt. Die Nachbarvölker, die keinen Bock auf die Israeliten hatten, konnten
sie plötzlich ungehindert anzecken, und sie selbst waren nicht in der Lage,
sich dagegen zu wehren. 15 Bei jedem Krieg kämpften sie nicht nur gegen die

Feinde, sondern dazu auch noch gegen Gott selbst. Das hatte er ihnen ja
schon vor einiger Zeit angekündigt, dass er so draufkommen würde.

Gott organisiert Richtertypen

16 Gott wählte dann aber immer wieder so ein paar Spezialleute aus, solche
Heldentypen, die die Israeliten von diesen Blutsaugern befreiten, die sie
ständig abgezogen hatten. Man nannte diese Leute Richter. 17 Allerdings
hörten die Israeliten auch nicht auf die Richter. Immer wieder dackelten sie
den Plastikgöttern hinterher. Sie beteten zu denen wie blöd, gingen vor
ihnen auf die Knie und so was. Das ging immer superschnell, da waren sie
wieder voll auf der falschen Spur. Sie taten nicht die Sachen, die ihre Väter
ihnen beigebracht hatten. Sie lebten einfach nicht nach den Gesetzen.
18 Wenn sich Gott einen neuen Richter, so einen Heldentypen, ausgesucht
hatte, stand er auch erst mal voll hinter dem. Er rettete die Israeliten durch
den neuen Richter, wenn die Feinde mal wieder am Gewinnen waren.
Solange ein Richter am Leben war, rettete Gott die Israeliten, weil er dann
immer voll Mitleid hatte, wenn es ihnen wegen der Feinde so dreckig ging
und sie rumjammerten. 19 Aber sobald der eine Richter gestorben war, ging
der Mist von vorne los. Die Israeliten trieben es wieder wie verrückt mit
den falschen Göttern, sogar noch schlimmer als die Leute, die vor ihnen ge-
lebt hatten. Sie zeigten Gott die kalte Schulter, änderten ihr Leben null und
zogen voll den Egofilm durch. 20–22 Gott wurde richtig sauer. Er sagte zu
sich: „Weil diese Menschen immer wieder den Vertrag brechen, den ich mit
ihren Vorfahren geschlossen habe, höre ich ab sofort damit auf, ihnen im
Krieg zu helfen. Kein Feind wird mehr von ihnen aus Kanaan-Land rausge-
schmissen werden. Die paar Völker, die Josua nicht schlagen konnte, werde
ich pushen. Sie sollen dort immer bleiben, um ständig zu testen, ob die
Israeliten noch so drauf sind wie ihre Vorfahren oder eben nicht. Ihnen ist
anscheinend immer total egal, was ich zu sagen habe.“ 23 Das war der Grund,
warum Gott diese Völker damals nicht so schnell aus dem Land rausgetrie-
ben hatte. Das waren ja die Völker, gegen die Josua nicht gewonnen hatte.

3

Was abging mit den Völkern, die weiter in dem neuen Land wohnten

1–2 Einige Völker ließ Gott in dem neuen Land weiter wohnen, um die Israeli-
ten etwas auszutesten. Es ging darum zu sehen, wie radikal sie wirklich
das tun wollten, was er ihnen gesagt hatte. Das war auch ein Grund, warum
der Wehrdienst nie ganz abgeschafft wurde. Die jungen Männer, die keine
Kriegserfahrung hatten, sollten da draus etwas lernen können. 3 Es waren da
noch die fünf Präsidenten der Philister, alle Kanaaniter, die Phönizier und
auch die Hiwiter, die im Libanongebirge zwischen dem Hermon und Lebo-

Hamat wohnten. [4] Wie gesagt, sollten diese Völker dafür sorgen, dass die Israeliten immer mal wieder ausgetestet wurden, ob sie jetzt auch das tun wollten, was Gott in den Gesetzen sagt oder nicht. Die Gesetze hatten sie von ihren Vätern erzählt bekommen, und die hatten sie wiederum von Mose. [5] Die Israeliten wohnten also mitten unter den Kanaanitern, Perisitern, Hiwitern, Jebusitern, Hetitern und den Amoritern. [6] Aber die Israeliten waren zu blöd und ließen sich auf die Frauen von diesen Völkern ein. Auch ihre Töchter verknallten sich in deren Männer, und keiner von den Israeliten protestierte dagegen. Am Ende zogen sie sogar die gleichen Opferrituale durch wie die, also für deren Plastikgötter.

Der Richtertyp Otniel

[7] Die Israeliten fingen also nach einer Zeit wieder an, irgendwelche Sachen zu tun, die Gott total ätzend findet. Sie vergaßen komplett, dass sie mal mit Gott zusammen waren und er ihr Chef gewesen war, und fingen an, zu den Plastikgöttern der Leute zu beten, die schon vorher in der Gegend lebten. Das waren vor allem die Kanaaniter mit ihren Pseudogöttern Baal und Aschera. [8] Gott wurde richtig aggro gegen sie. Sie verloren einen Krieg gegen den Präsidenten von Mesopotamien, der den Namen Kuschan-Rischatajim hatte. Der bestimmte über die Israeliten dann acht Jahre lang. [9] Schließlich klopften sie nach einer Zeit wieder bei Gott an. Sie brauchten seine Hilfe und wollten von ihm, dass er einen Heldentypen organisierte, der sie dort raushauen würde. Und Gott organisierte die sogenannten Richter. Als Erstes war das Otniel. Er kam aus der Familie vom Kenas und war ein jüngerer Bruder von Kaleb. [10] Gott zeigte Otniel, wo es langging, und machte ihn zu einem Richter und damit zum Chef von den Israeliten. Otniel organisierte sich eine Armee und zog gegen Kuschan-Rischatajim in den Krieg. Gott kämpfte auf seiner Seite, und Otniel pulte dem Präsidenten von Mesopotamien eine derbe Niederlage bei. [11] Danach lebte er noch 40 Jahre. In der Zeit ging es den Leuten echt gut, und sie konnten sich mal entspannen, weil die Feinde sie in Ruhe ließen.

Der Richtertyp Ehud

[12] Kaum war der aber tot, bauten die Israeliten schon wieder großen Mist. Sie taten Sachen, die Gott zum Kotzen findet, und darum sorgte er dafür, dass Eglon, der Präsident der Moabiter, sie sich in die Tasche stecken konnte. [13] Der unterschrieb einen Angriffspakt mit den Ammonitern und den Amalekitern gegen die Israeliten und besiegte sie. Die Stadt Jericho wurde auch von ihm eingenommen. [14] Achtzehn Jahre lang mussten die Israeliten an den Präsidenten von den Moabitern Steuern abdrücken. [15] Irgendwann hatten sie die Schnauze voll und fingen wieder an, nach Gott zu schreien.

Gott schickte ihnen dann wieder einen Heldentypen, diesmal den Ehud.
Ehud war ein Sohn von Gera und kam aus dem Familienstamm Benjamin.
Er war übrigens ein Linkshänder. Als irgendwann die Chefs der Israeliten
ihn auswählten, die Steuer beim Präsidenten Eglon in Bar abzuliefern,
16 organisierte er sich ein Butterfly-Messer. Das versteckte er in seiner Leder-
jacke. 17 Ehud kam dann beim Präsidenten ins Büro und übergab ihm den
Umschlag mit der ganzen Kohle drin. Eglon war übrigens ziemlich überge-
wichtig und hatte einen dicken Schwabbelbauch. 18 Als er die Kohle abge-
liefert hatten, schickte Ehud seine Begleiter nach Hause. 19 Er selbst drehte
sich aber an der Stelle um, wo die Steinfiguren, die Plastikgötter, von den
Moabitern aufgebaut waren. Ehud ging noch mal zum Präsidenten ins Büro
und sagte zu ihm: „Ich habe noch eine streng vertrauliche Nachricht für Sie!
Am besten, Ihre Mitarbeiter lassen uns für eine Weile allein.“ Nachdem alle
Leute das Zimmer verlassen hatten, war Eglon mit Ehud alleine in seinem
klimatisierten Büro. Er sagte zu ihm: „Also, meine Nachricht kommt direkt
von Gott!“ Als Eglon dann von seinem Bürostuhl aufstand, 21 zog Ehud das
Messer mit seiner linken Hand aus dem rechten Ärmel und stach ihm in
den Bauch. 22 Das Messer verschwand fast in dem ganzen Fett vom Schwab-
belbauch des Präsidenten. Ehud schmiss das Messer dann auf den Boden,
23 verschloss die Tür von innen und stieg über den Balkon nach draußen.
24 Nachdem Ehud getürmt war, wollten die Angestellten vom Eglon mal
sehen, ob beim Präsidenten noch alles in Ordnung ist. Aber die Tür war ja
von innen verschlossen. „Vielleicht ist er einfach aufs Klo“, meinten sie
zueinander. 25 Nachdem sich aber auch nach einer halben Stunde auf der
anderen Seite nichts regte, holten sie sich den Zweitschlüssel vom Haus-
meister. Dann entdeckten sie ihren Präsidenten, der tot auf dem Boden lag.
26 Während die aber noch vor der Tür gewartet hatten, war Ehud schon über
alle Berge und in Sicherheit. Er war da schon an der Stelle, wo diese Plas-
tikgötter aufgestellt waren, und kam dann später sicher in Seira im Gebirge
Efraim an. 27 Dann hielt er im Fernsehen eine Ansprache an alle Israeliten,
dass sie jetzt in den Krieg ziehen würden. Die Soldaten von allen Familien-
stämmen folgten ihm in das Gebiet um den Jordan. 28 Er hielt dort noch eine
Rede zu den Soldaten, bevor es losging: „Mir nach Männer! Gott hat schon
beschlossen, dass wir gegen diese Moabiter gewinnen werden!“ Die ganze
Armee zog hinter ihm her und besetzte als Erstes die Brücken, die über den
Jordan gingen, damit keiner von den Feinden fliehen konnte. 29 Dann kam
es zum Kampf, und alleine an diesem Tag wurden 10 000 Moabiter getötet!
Das waren alle kampferprobte Männer gewesen, aber trotzdem kam kein
Einziger lebend davon. 30 Gott sorgte dafür, dass die Moabiter von Israel
plattgemacht wurden. Anschließend gab es für die nächsten achtzig Jahre
keinen Krieg mehr in dieser Gegend.

Der Richtertyp Schamgar

31 Nach Ehud wurde Schamgar der nächste Richtertyp. Er war ein Sohn von
Anats. Schamgar hatte riesen Oberarme und tötete einmal nur mit einem
Besenstiel 600 Philister. Er sorgte auch dafür, dass die Israeliten von ihren
Feinden erst mal in Ruhe gelassen wurden.

4

Gott zieht seine Leute durch eine Frau aus dem Dreck

1 Kaum war Ehud unter der Erde, waren die Israeliten wieder am Durchdre-
hen. Sie taten wieder Sachen, die Gott total ätzend findet. 2 Also sorgte
Gott dafür, dass seine Leute im Krieg gegen den Präsidenten Jabin und seine
Armee verloren. Jabin war der Chef von den Kanaanitern und regierte in
Hazor. Sein oberster General nannte sich Sisera, und der hatte sein Haupt-
quartier in Haroschet-Gojim. 3 Die Armee von Präsident Jabin verfügte über
900 Panzer. Zwanzig Jahre lang machte er mit den Israeliten, was er wollte.
Irgendwann fingen sie wieder an, Gott um Hilfe anzubetteln. 4 Zu der Zeit
war gerade eine Frau bei den Israeliten als Richterin an der Macht. Sie hieß
Debora und war eine Prophetin. Das bedeutet, sie hatte einen heißen Draht
zu Gott und konnte seine Ansagen hören. Debora war mit Lappidot verhei-
ratet. 5 Wenn jemand von den Israeliten mit Problemen zu ihr kam, hielt sie
die Gerichtsverhandlung immer auf einem Open-Air-Gelände ab, das zwi-
schen Rama und Bet-El, mitten in den Bergen von Efraim lag. 6 Irgendwann
schickte sie mal eine Einladung zu Barak raus, dem Sohn von Abinoam.
Barak kam aus dem Gebiet vom Familienstamm Naftali. Als er da war,
meinte sie zu ihm: „Gott, der Chef von den Israeliten, hat einen Auftrag für
dich. Er sagt: ‚Hol dir mal 10 000 Soldaten aus den Familienstämmen Naf-
tali und Sebulon. Dann ziehst du mit denen zum Berg Tabor. 7 Ich werde den
General Sisera, der die Armee von Jabin anführt, gegen dich verlieren lassen.
Du steckst ihn und seine ganze Panzertruppe in die Tasche, nachdem ich
seine Leute an den Bach Kischon gelockt habe.‘“ 8 Barak antwortete: „Hm,
also ich geh nur, wenn du mitkommst, Debora. Ohne dich gehe ich nir-
gendwo hin!“ 9 „Okay“, antwortete sie. „Ich bin dabei. Aber den Applaus
wirst du dann nicht mehr bekommen, sondern eine Frau! Das ist dir doch
klar, oder? Gott wird Sisera durch eine Frau besiegen!“ Sie zogen dann
gemeinsam nach Kedesch. 10 Dort angekommen, zog Barak 10 000 Soldaten
von den Familienstämmen Naftali und Sebulon zum Wehrdienst nach
Kedesch ein. Sie zogen dann auf den Berg Tabor. Debora war die ganze Zeit
mit am Start. 11 Jetzt war da so ein Heerführer mit dem Namen Heber. Er
kam von den Kenitern, von der Familie Hobab (dieser Hobab war übrigens
ein Schwager vom Mose gewesen). Heber hatte sich von seinen Leuten
getrennt und sein Lager bei Zaanannim in der Nähe von Kedesch aufge-

schlagen. [12] Sisera kriegte eine Meldung rein, dass Barak mit seiner ganzen
Truppe auf dem Berg Tabor lagerte. [13] Das war eine echte Bedrohung! Also
gab er den Befehl zum Angriff, zog seine 900 Panzerwagen und alle seine
Soldaten zusammen und kam von Haroschet-Gojim an den Bach Kischon.
[14] Als er dort war, riet Debora Barak, diese gute Gelegenheit zu einem Überraschungsangriff zu nutzen. „Schlag zu!", meinte sie zu ihm. „Heute wird
Gott dir Sisera auf dem silbernen Tablett servieren! Es steht schon fest, dass
Gott mir dir in den Kampf zieht!" Also stürmte Barak mit seinen 10000 Mann
vom Berg Tabor runter auf die feindliche Armee zu. [15] Als die Soldaten mit
ihren MGs auf die Kanaaniter zustürmten, sorgte Gott für Panik bei den
Generälen und der ganzen Armee. Sisera sprang sogar aus seinem Wagen
und rannte zu Fuß weg. [16] Barak verfolgte das Heer von Sisera bis nach
Haroschet-Gojim. Die ganze Armee wurde komplett plattgemacht, nicht ein
Soldat überlebte.

Der General Sisera wird getötet

[17] General Sisera war auf seiner Flucht inzwischen beim Haus von Jael angekommen, die mit dem Keniter Heber verheiratet war. Die Familie von Heber
hatte nämlich zu der Zeit freundschaftliche Beziehungen zu Jabin gehabt.
[18] Als Jael sah, wie Sisera angefahren kam, ging sie ihm ein Stück entgegen.
„Kommen Sie rein! Hier können Sie eine Weile bleiben! Keine Panik, Sie sind
in Sicherheit!", sagte sie zu ihm. Er kam zur Tür rein, und sie führte ihn in
ein hinteres Zimmer. [19] Sisera fragte sie dann: „Haben Sie ein Glas Wasser
oder so was? Ich hab voll Durst und würde gerne was trinken. Eine Cola wäre
auch okay!" Sie ging in die Küche, holte die Getränke und machte die Tür
hinter sich zu. [20] „Bitte stellen Sie sich vorne an die Haustür, ja?", bat er sie.
„Falls irgendjemand kommt und nach mir fragt, sagen Sie bitte, ich wäre
nie hier gewesen! Okay?" [21] Dann legte er sich auf die Couch, weil er von der
Flucht immer noch total alle war. Kaum lag Sisera dort, pennte er gleich
tief und fest ein. Jael schnappte sich ein Brotmesser und einen Hammer und
schlich von hinten an die Couch, wo sich der Präsident hingelegt hatte.
Dann setzte sie an und schlug mit dem Hammer das Messer einmal quer
durch den Kopf, bis es auf der anderen Seite wieder rauskam. [22] Plötzlich
stand Barak in der Tür, der Sisera die ganze Zeit verfolgte hatte. Jael ging zu
ihm und sagte: „Kommen Sie! Der Typ, hinter dem Sie her sind, liegt hier!"
Barak folgte ihr in die Küche und fand dort Sisera mausetot auf der Erde
liegen. In seinem Kopf steckte immer noch das Brotmesser. [23] Auf diese Art
sorgte Gott für eine derbe Niederlage von Jabin, dem Präsidenten der
Kanaaniter. So wurde auch seine ganze Armee von den Israeliten besiegt.
[24] In den nächsten Monaten besiegten sie die Kanaaniter noch in ein paar
kleinen Nebenkämpfen, bis die Niederlage ihrer Gegner perfekt war.

5

Debora schreibt einen Top-Hit

1 Damals schrieb Debora einen Song über die Sache. Barak, der Sohn von
Abinoam, schrieb noch die Musik dazu.
2 „Zum Kampf fest entschlossen waren alle Soldaten, freiwillig meldeten sie
sich zum Krieg,
danke Gott, das hast du so gemacht, von dir kam der gigantische Sieg!
3 Alle Präsidenten, hört mir mal zu, ich will ein Lied für meinen Gott singen,
ich schreibe einen Beat für ihn, zu seiner Ehre soll meine Stimme erklingen.
4 Als du, unser Gott, zu uns gekommen bist, vom Berg Seir oder aus Edoms
Gebiet,
da bebte die ganze Erde wie blöd, ein Tsunami kam auf, wir wussten nicht,
wie uns geschieht.
5 Die Berge wackelten, als Gott zu uns kam, der Gott, zu dem die Israeliten
beten,
der persönlich zu seinen Leuten am Sinai kam, er ließ sich durch niemanden
vertreten.
6 Damals, als der Sohn von dem Anat noch lebte, Schamgar genannt
in der Zeit, als Jael auch noch am Start war, war überall Angst im Land.
7 Auf die Felder traute sich niemand raus, die Straßen waren ausgestorben
und leer,
bis ich, Debora, kam, ich war wie die Mutter Israels, und ich kam von Gott
her.
8 Als die Leute noch dabei waren, sich für Plastikgötter abzuhetzen,
da stand auch schon der Feind auf der Matte und wollte uns alle verletzen.
Wir hatten noch nicht mal Gewehre im Lager und konnten uns gar nicht ver-
teidigen.
9 Ich brenne für die Helden, die Männer, die bereit waren, sich zu vereidigen!
Und sie kamen, die Soldaten, freiwillig zur Armee, wir danken Gott, das war
der Hit.
10 Vergesst das nicht, denkt mal da dran, die ihr heute in eurem fetten Mer-
cedes sitzt.
Die Leute, die im Ledersofa abhängen, der Straßenpunk darf in meiner Liste
nicht fehlen.
11 In allen Restaurants, in jeder Kneipe, soll man sich diese Geschichten
erzählen.
Alle Leute aus Israel sollen aus den Städten in die großen Stadien kommen,
12 Los Debora, sing deinen Hit, und Barak, hau mächtig in die Trommeln!
Führe die Gefangenen in die Freiheit, nimm den fest, der dich in den Knast
gesteckt hatte.

13 Der Rest von den Soldaten, die noch übrig waren, kamen vor die Generäle
auf die Matte.
14 Zum Beispiel die Leute von Efraimstamm, mit Oberarmen wie die von Rocky.
Dahinter die mutigen Jungs von Benjamin, die kämpfen konnten wie
Bruce Lee.
Die Truppe von Machir stellte mächtige Generäle, von Sebulon kamen Leute
in Position.
15 Die Chefs von Issachar kamen gemeinsam zu Debora, und Barak folgte
ihnen schon.
Sie stürmten in das Tal, während der Familienstamm Ruben noch diskutierte,
sie kamen leider zu keinem Ergebnis, der Krieg war vorbei, als man zu Ende
debattierte.
16 Warum bleibt ihr auf dem weichen Sofa liegen und hört dem Radio zu?
In dem Gebiet von Ruben hat man zu lange gelegen, und irgendwann war
die Tür zu.
17 Von dem Familienstamm Gad aus Gilead war keiner hergekommen,
sie blieben auf der anderen Seite vom Jordan, haben sich dort ne Auszeit
genommen.
Und warum sind die Leute von Dan einfach bei ihren Bussen geblieben?
Und die Leute vom Ascherstamm sind auch nicht in ein Boot gestiegen.
18 Aber die Leute von Sebulon und Naftali haben ihren Mut bewiesen,
sie zogen in den Krieg, haben mutig gekämpft auf den Kampfwiesen.
19 Die Männer, die das Sagen haben in Kanaan, zogen in den Krieg bei
Taanach.
Beim Bach vom Megiddo kämpften sie, doch fett Beute gabs nicht danach.
20 Sogar Steine fielen vom Himmel an dem Tag und kämpften gegen Sisera,
21 der Bach Kischon wurde zu einer Macht, seine Flut riss die Feinde nieder.
22 Die Panzer rollten auf die Bahn, die Erde bebte unter den Rädern.
23 ‚Verflucht die Stadt Meros', sagte ein Engel, ‚bestraft sie, sie lagen
daneben!'
Sie halfen den Leuten Gottes nicht, auch das war ein vollkommener Fehler,
24 Doch Gottes Segen kommt in Sicht, über Jael, die Frau vom Keniter Heber.
Sie ist die genialste für Gott, heute ist sie die beste von allen Frauen.
25–26 Als Sisera sie um Wasser anschnorrte, kriegte er Milch und wurde dann
verhauen.
27 Mit dem Küchenmesser in der Hand durchbohrte sie im Schlaf seinen Kopf.
Er brach zusammen, er stöhnte und schrie, dann war er tot, da half auch
kein Tropf.
28 Zu Hause wartete seine Mutter, hatte Angst, blickte voller Sorgen zur Decke,
sie schaute durchs Fenster und blickte zur Straße, ob sein Auto kommt um
die Ecke.

29 Selbst die intelligenteste Frau sagte dann, und seine Mutter wiederholte es auch:
30 ‚Zwei Bräute pro Mann werden sie abgreifen und teure Klamotten für jede Frau.
31 Was Sisera durchmachen musste, war ein Beispiel, wie es allen ergehen soll, Gott,
wer gegen dich ist und gegen dich kämpft, der kommt immer in sehr schwere Not.
Doch wer mit dir, Gott, befreundet ist, der wird auch immer krass siegreich sein.
Er wird so wie die Sonne, die am Himmel steht: feurig, heftig, und rein. ‘“

6

Die Israeliten haben wieder Probleme

1 Und wieder bauten die Israeliten in einer Tour nur Bockmist. Sie taten
Sachen, auf die Gott überhaupt nicht steht, und darum sorgte er dafür, dass
die Midianiter gegen sie im Krieg gewinnen konnten und die Macht über-
nahmen. 2 Die Midianiter gingen dabei echt hart mit ihnen um, darum
mussten sich die Leute vor denen in Bunkern und in den Bergen verstecken.
3 Immer wenn sie mal ein bisschen Getreide angepflanzt hatten, kamen die
Midianiter mit den Amalekitern und einigen Leuten aus dem Gebiet östlich
von Israel an 4 und zerstörten die ganzen Felder, bis runter zum Gazastrei-
fen. Sie räumten die ganzen Supermärkte leer und klauten sich alle Kühe,
Schafe, Ziegen und Pferde. 5 Dann kamen sie noch mit ihren eigenen Schaf-
und Kuhherden in das Land und grasten die ganzen Weideflächen ab. Sie
machten sich in den Städten und Dörfern breit und demonstrierten ihre
Macht als Besetzer des Landes. Die Midianiter waren wie Ameisen, dass
man sie nicht mehr zählen konnte. Mit ihren Autos und Motorrädern kurv-
ten sie überall rum, bis alles platt war und nichts mehr übrig blieb. Ihr Ziel
war dabei, das ganze Land komplett auszusaugen und nichts mehr übrig
zu lassen. 6 Die Israeliten hatten nichts mehr, was ihnen gehört, und waren
total pleite. Als es ihnen so richtig dreckig ging, fingen sie wieder an zu Gott
zu schreien, ob er ihnen nicht helfen könnte. 7 Als sie dann so voll am Beten
waren, 8 schickte Gott einen Prophetentypen zu ihnen. Der hatte folgende
Nachricht: „Leute, ich hab euch damals aus Ägypten rausgeholt, ich hab
euch aus den Knebelverträgen und aus diesem Knast befreit, in dem ihr dort
festsaßt. 9 Ich hab euch auch damals gerettet, als die Ägypter hinter euch
her waren. Ständig hab ich euch rausgehauen, auch bei anderen Völkern. Ich
habe eure Feinde aus dem Land geschmissen, extra für euch. 10 Und dann
hab ich gesagt: ‚Ich bin der Chef, ich bin Gott, euer Gott. Ihr sollt keinen
Respekt vor den Plastikgöttern von den Amoritern haben, auch wenn ihr in

deren Land wohnt.‘ Aber das war euch wohl scheißegal, ihr habt nicht auf mich gehört.“

Gideon ist der neue Held, der Israel retten soll

11 Irgendwann kam mal wieder so ein Postbote von Gott rein, ein Engel. Der
setzte sich unter die Eiche bei Ofra. Das Grundstück gehörte zu der Zeit
dem Joasch vom Abieser-Clan. Sein Sohn Gideon war gerade dabei, ein paar
Lebensmittel in einem Weinkeller zu verstecken, damit die Besatzungsarmee
der Midianiter das nicht zocken konnten. 12 Als er nach draußen kam, sagte
der Engel zu Gideon: „Gott ist bei dir! Du bist ein guter Soldat!“ 13 „Sorry,
aber das ist echt Dünnsinn, den Sie da erzählen“, antwortete er. „Wenn Gott
bei uns am Start wäre, dann hätten wir hier nicht solche Probleme! Mein
Opa hat mir immer von diesen derben Wundern erzählt, die Gott damals
gemacht hat, als sie aus Ägypten abgehauen waren. Aber wo sind die denn
jetzt bitte schön, diese Wunder? Nein, das glaub ich einfach nicht. Gott hat
keinen Bock mehr auf uns, er ist abgehauen und hat uns an diese Midiani-
terfritzen ausgeliefert.“ 14 Der Engel ging auf ihn zu und sagte zu ihm: „Du
hast es voll drauf! Warum gehst du nicht los und rettest Israel aus diesem
Dauerknast, in den euch die Midianiter gesteckt haben? Ich steh hinter dir,
ich gebe dir den Auftrag dazu!“ 15 „Pff, ich? Wie soll ich das denn bitte
schaffen, alle Israeliten zu befreien? Mein Clan ist der kleinste von allen aus
dem Manasse-Stamm. Dazu bin ich das Küken der Familie, der Jüngste von
allen!“ 16 „Ich werde dir dabei helfen, versprochen!“, sagte Gott durch den
Engel. „Du wirst die Midianiter mit einem Schlag komplett plattmachen.“
17 „Okay, wenn du meinst und du mir wirklich so was zutraust, dann möchte
ich einen Beweis dafür sehen, dass wirklich Gott zu mir redet. 18 Bitte hau
nicht ab, bevor ich zurückkomme. Ich will dir noch was Nettes zu essen
machen“, meinte Gideon. „Okay, ich kann warten“, sagte der Engel. 19 Gideon
ging in die Küche, nahm etwas Teig ohne Hefe und backte schnell eine Pizza
im Ofen. Dann grillte er noch ein paar Steaks, kochte ne Nudelsuppe und
brachte dann das Ganze nach draußen zu der Eiche, wo der Engel auf ihn
wartete. 20 Der sagte zu ihm: „Leg mal das Fleisch und die Pizza hier auf den
Steinboden, die Suppe kannst du da drüberkippen!“ Gideon machte das.
21 Der Engel berührte dann mit seinem Spazierstock das Fleisch und die
Pizza. Plötzlich kam von unten eine große Flamme aus dem Boden und ver-
brannte das ganze Essen. Und dann hatte sich der Engel in derselben
Sekunde auf einmal in Luft aufgelöst. 22 Jetzt war Gideon klar, wer da gerade
mit ihm geredet hatte. „Gott, du bist der Chef, dir ist nichts unmöglich!“,
rief er laut. „Ich hatte gerade Besuch von einem echten Engel! Ich hab mit
ihm geredet, eigentlich müsste ich jetzt tot sein!“ 23 Plötzlich hörte Gideon
eine Stimme, die zu ihm sagte: „Zwischen uns ist alles in Ordnung, Gideon,

wir haben Frieden miteinander. Du musst keinen Schiss haben, du wirst
nicht sterben!“ [24] Gideon baute erst mal sofort einen kleinen Steintisch,
einen Altar, an der Stelle auf, der für Gott sein sollte. Er nannte diesen Ort
„Gott ist Frieden“. Dieser Altar steht da heute noch, und zwar in Ofra, auf
dem Gelände, wo die Familie von Abieser wohnte.

Gideon sprengt den Altar von dem Plastikgott Baal

[25] In der gleichen Nacht kam noch ne Nachricht von Gott bei Gideon rein:
„Organisier dir mal einen von den Stieren, die bei deinem Vater im Stall
stehen. Und zwar den zweiten, das Teil was sieben Jahre alt ist. Mit dem
gehst du auf die höchste Stelle von diesem Berg da und sprengst erst mal
den Altar weg, den man für diesen Plastikgott Baal aufgebaut hat. Er steht
auf dem Grundstück von deinem Vater! Mach mit einer Motorsäge auch
gleich diese Holzfigur von der Plastikgöttin Aschera kaputt, die da auch noch
rumsteht. [26] An genau der Stelle sollst du einen Altar für mich aufbauen,
ganz oben auf dem Berg. Mach das aber richtig, so wie es sich gehört. Und
dann nimmst du den Stier und machst damit ein Abfackelopfer für mich.
Und als Feuerholz nimmst du die Figur von der Plastikgöttin Aschera, die du
vorher komplett zersägt hast. Alles klar?“ [27] Gideon organisierte sich zehn
von seinen Angestellten und zog das Ding genau so durch, wie Gott es ihm
gesagt hatte. Weil er aber echt Schiss vor seiner Familie und auch den ande-
ren Männern in der Stadt hatte, ließ er das ganze Ding nachts, im Dunkeln,
steigen. [28] Als die Leute am nächsten Morgen aufstanden und in die Stadt
gingen, sahen sie, dass der Altar von ihrem Baal-Gott weggesprengt worden
war. Und auch die Reste von dem Aschera-Teil lagen da noch rum. Stattdes-
sen stand an der Stelle jetzt der andere Altar, auf dem in der Nacht ein Stier
für Gott als Abfackelopfer verbrannt worden war. [29] Die Leute waren voll stin-
kig. „Wer war das?“, fragten sie überall rum. Einer steckte ihnen dann: „Das
war der Gideon, ein Sohn von Joasch!“ [30] Sofort gingen die Männer zu
Joasch und schrien ihn an: „Rück sofort deinen Sohn raus! Er muss sterben!
Er hat einfach den Altar von unserm Gott Baal weggesprengt und auch die
Figur von der Ascheragöttin abgesägt und verfeuert!“ [31] „Hä, wie seid ihr
denn drauf?“, antwortete Joasch. „Was mischt ihr euch in die Sachen von
eurem Gott Baal ein? Ist das jetzt eure Aufgabe, ihn zu verteidigen? Wenn
der wirklich ein Gott ist, dann soll er selbst für seine Sache kämpfen! Soll
sich dieser ‚Gott‘ doch höchstpersönlich um die Täter kümmern, die seinen
Tempel weggesprengt haben, oder? Und wer ihm den Job einfach abnehmen
will, sollte mal besser aufpassen, dass er die Nacht noch überleben wird.“
[32] Weil sein Vater diesen Spruch abgelassen hatte, nannten viele Gideon ab
da nur noch Jerubbaal, was so viel bedeutet wie „Baal soll den doch selbst
anzeigen“, weil er seinen Altar umgehauen hatte.

Gideon bittet Gott, ihm zu zeigen, ob er richtigliegt

33 Die Midianiter und die Amalekiter taten sich mit den Leuten aus dem
Gebiet östlich von Jerusalem zusammen, um gegen die Israeliten in den
Krieg zu ziehen. Sie zogen ihr ganzes Heer zusammen und kamen gemein-
sam über den Jordan. Dann bauten sie ihr Lager im Gebiet von Jesreel auf.
34 Irgendwann kam die Kraft von Gott, sein Geist, auf Gideon runter! Er
stand auf, rief bei den Chefs vom Abieser-Clan an und brachte viele Soldaten
zusammen, um das Land zu verteidigen. Alle hörten auf Gideon und folg-
ten ihm. 35 Dann telefonierte er noch mit den Chefs vom Familienstamm
Manasse, und die folgten auch seinem Aufruf und schlossen sich seiner
Armee an. Und so ging es weiter mit den Stämmen Ascher, Sebulon und
Naftali. Alle kamen an, um zu helfen. 36 Als Gideon mal alleine war, redete er
mit Gott über die ganze Sache. „Gott? Bitte, gib mir irgendwie ein Zeichen,
dass du wirklich ausgerechnet mich benutzen willst, um Israel hier rauszu-
hauen! Vielleicht hab ich mich ja verhört? 37 Und zwar hab ich folgende Idee:
Siehst du diese Packung Taschentücher, Gott? Die will ich heute Nacht auf
die Wiese legen. Ich bitte dich, dass morgen früh nur die Taschentücher
pitschnass sind, aber die Wiese drumherum muss trocken bleiben, okay?
Das wäre für mich ein Zeichen, dass du dein Versprechen halten wirst und
du wirklich ausgerechnet durch mich Israel aus dieser Situation raushauen
wirst.“ 38 Es passierte genau so. Als Gideon am nächsten Morgen auf die
Wiese ging, war die Packung so nass, dass er eine ganze Tasse damit voll
machen konnte. 39 Gideon war aber noch nicht ganz happy. „Okay“, sagte er
zu Gott, „bitte nicht sauer sein, aber darf ich noch ein letztes Mal um so ein
Zeichen bitten? Hätte ja auch nur Zufall sein können. Ich will heute Nacht
noch mal eine Packung dort hinlegen, aber diesmal sollen am nächsten Mor-
gen die Tücher knochentrocken und nur auf der Wiese drumherum alles
nass sein. Okay?“ 40 Gott ließ sich wieder auf den Deal ein. Als Gideon am
nächsten Morgen die Packung Taschentücher aufhob, war sie total trocken.
Aber um die Stelle herum war alles nass.

7

300 gegen die Midianiter

1 Gideon, den man ab dann auch Jerubbaal nannte, zog ganz früh morgens
mit seiner ganzen Armee los. Als sie bei der Quelle Harod waren, bauten
sie dort ihr Lager auf. Die Midianiter waren zu der Zeit weiter im Norden,
kurz vor dem Berg More. 2 Gott sagte plötzlich zu Gideon: „Hör mal, deine
Armee ist zu groß! So können wir das Ding nicht durchziehen. Ich will nicht,
dass sich deine Leute am Ende selbst auf die Schultern klopfen und einen
auf dicke Hose machen, weil sie denken, dass sie es aus eigener Kraft
geschafft hätten. 3 Lass mal die Ansage im Lager rumgehen, dass alle, die

irgendwie Schiss haben, gerne nach Hause fahren können." Gesagt, getan.
Und tatsächlich gingen 22000 Soldaten wieder nach Hause. Nur unge-
fähr 10000 Männer blieben bei Gideon. 4 Aber Gott reichte das noch nicht.
Er sagte zu ihm: „Du, ich finde deine Armee ist immer noch zu groß.
Bring den Männern ein paar Kästen Bier. Ich will noch mal ein paar Leute
auswählen, die nicht dabei sein sollen. Ich sag dir dann Bescheid, wer mit
dir geht und wer besser nicht." 5 Gideon ließ seinen Leuten also ein paar
Kästen Bier bringen. Dann sagte Gott zu ihm: „So, pass mal auf. Wer von
denen sein erstes Bier auf ex austrinkt und anschließend rülpst, der ist
dein Mann. Die Leute, die aber nur langsam ihr Bier ausschlürfen, sortiere
mal aus." 6 Insgesamt dreihundert Männer tranken ihr erstes Bier auf ex
aus und rülpsten anschließend. Die anderen ließen sich Zeit damit und
tranken das Glas langsam aus. 7 Gott sagte zu Gideon: „Die 300 Männer,
die ihr Bier auf ex ausgetrunken haben, sind meine Leute für diesen Krieg.
Mit ihnen will ich Israel raushauen, mit dieser Truppe wirst du gegen die
Midianiter gewinnen. Die anderen können jetzt auch nach Hause gehen."
8 Gideon schickte also fast alle Männer nach Hause, nur die 300 Soldaten
blieben bei ihm. Aber der Proviant von den Männern, die gegangen waren,
und alle Megaphone, die man dahatte, blieben da. Das Lager der Midia-
niter war weiter unten, im Tal. 9 In der gleichen Nacht redete Gott mit
Gideon. „Jetzt komm in die Hufe! Greif das Lager an! Ich hab schon jetzt
dafür gesorgt, dass ihr gewinnen werdet! 10 Falls du dir jetzt schon in die
Hosen machst, kannst du ja mal mit deinem Angestellten Pura die Gesprä-
che von deinen Feinden abhören. 11 Wirst dich wundern, worüber die die
ganze Zeit reden. Und das wird dich so stark ermutigen, dass du am liebs-
ten sofort zum Angriff übergehen willst!" Also schlichen sich Gideon und
sein Angestellter runter in die Nähe vom Lager. Dort richteten sie die
Abhörgeräte aus. 12 Hier lagerten so viele von den Midianitern, den Amale-
kitern und den Leuten aus dem Gebiet östlich von Israel, dass man kaum
einen Flecken Gras dazwischen erkennen konnte. Mit ihren Panzern und
Motorrädern waren sie so stark, dass einem die Worte fehlten, um es zu
beschreiben. Genauso unmöglich, wie die Sandkörner am Strand zu zählen
sind, war es unmöglich, alle Soldaten zu zählen, die man dort aufgefahren
hatte. 13 Gideon belauschte jetzt ein Gespräch von einem Wachposten,
der gerade mit seinen Kameraden am Reden war. „Stell dir vor, ich hatte
einen voll heftigen Traum", erzählte der. „In dem Traum hab ich gesehen,
wie ein megagroßes Brötchen von Berg auf unser Lager runterrollte.
Das machte alles platt, alles unsere Zelte gingen kaputt, totales Chaos!"
14 „Hm, das kann eigentlich nur eine Bedeutung haben: Dieser Gideon
von den Israeliten wird uns überrollen. Gott hat uns schon jetzt alle
an ihn ausgeliefert!"

Gott spielt in Gideons Mannschaft

[15] Als Gideon dieses Gespräch belauscht hatte, kniete er sich auf den Boden
und dankte Gott. Danach ging er wieder zurück ins Lager und rief seine
Männer zusammen. „Aufstehen! Kommt aus den Betten, Männer! Gott hat
beschlossen, dass wir gegen die Midianiter gewinnen werden!" [16] Dann teilte
er die 300 Männer in drei Gruppen auf. Jeder von ihnen bekam ein Mega-
phon und eine große Taschenlampe. [17] „Macht mir alles genau nach!", rief er
seinen Leuten zu. „Wenn ich beim Lager von unseren Feinden ankomme,
dann müsst ihr genau das Gleiche tun wie ich. [18] Wenn ich die Sirene vom
Megaphon anschalte, müsst ihr das auch tun. Und dann brüllt ihr alle so
laut ihr könnt: ‚Im Kampf für unseren Gott und für Gideon!'" [19] Etwa um
2.00 Uhr nachts kam Gideon mit seinen 100 Soldaten am Rand des Lagers
an. Dort hatten die Midianiter gerade die Wachen ausgetauscht. Auf Zuruf
schalteten sie ganz plötzlich die Sirenen von den Megaphonen auf volle
Lautstärke. Gleichzeitig wurden alle Taschenlampen angemacht. [20] Die ande-
ren Abteilungen folgten dem Beispiel. Mit der linken Hand hielten sie die
Taschenlampen und in der rechten Hand war das Megaphon. Alle brüllten
laut: „Im Kampf für unseren Gott und für Gideon!" [21] Dabei hatten sie sich
kreisförmig um das Lager aufgestellt. Im Lager selbst ging jetzt der Punk
ab. Alle Soldaten schrien wie verrückt durcheinander und versuchten zu flie-
hen. [22] Als die 300 Männer die Megaphone angeschaltet hatten, sorgte
Gott dafür, dass im Lager die totale Panik ausbrach. Die feindlichen Soldaten
schossen jetzt plötzlich vollkommen planlos einfach um sich und töteten
dabei ihre eigenen Leute. Das ganze Heer floh in Richtung Bet-Schitta, Zere-
da, Sefat-Abel-Mehola und Tabbat. [23] Jetzt kamen die Soldaten der Armeen
von den Familienstämmen Naftali, Ascher und Manasse zum Einsatz. Sie
verfolgten die Midianiter. [24] Gideon rief auch bei den Leuten vom Stamm
Efraim an, die in den Bergen wohnten: „Schnell, ihr müsst den Fluchtweg
der Midianiter besetzen! An jeder Tanke und an allen Kneipen bis runter
nach Bet-Bara müssen eure Leute stehen! Sichert auch das Gebiet um den
Jordan." [25] Zwei Generäle aus der Armee der Midianiter wurden gefangen
genommen, General Oreb und General Seeb. Beide wurden hingerichtet.
Oreb am sogenannten „Rabenfelsen" und Seeb bei dem „Wolfskelter". Der
restlichen Armee jagten sie anschließend weiter hinterher. Die Köpfe von
den zwei Generälen wurden zu Gideon gebracht, der noch auf der anderen
Seite vom Jordan gewartet hatte.

8

Der Familienstamm Efraim ist sauer

[1] Die Soldaten vom Familienstamm Efraim waren leicht angesäuert. Sie frag-
ten Gideon: „Was sollte das denn bitte? Warum hast du uns nicht vorher

Bescheid gesagt, dass du gegen die Midianiter in den Krieg ziehen willst? Jetzt denken doch alle, wir wären voll die Schisser!“ Sie waren richtig sauer
auf ihn. 2 Aber er erklärte ihnen die Sache: „Hört zu, dieser Sieg, den ich hier an Land gezogen hab, ist doch ein Witz, wenn man das mit eurer Leistung vergleicht. Ihr kennt doch bestimmt diesen Spruch: „Das Resteessen von den Efraimleuten schmeckt viel besser als der Hauptgang von Abieser“!?
3 Gott hat euch die Chefs von den Midianitern übergeben, das ist viel krasser als mein kleiner Sieg!“ Als sie das Ganze von dieser Blickrichtung aus betrachteten, entspannten sich die Soldaten von den Efraim-Leuten etwas.

Gideon verfolgt den Rest der Midianiterarmee

4 Gideon kam dann zum Jordan und überquerte ihn mit seinen 300 Soldaten.
So langsam waren die aber auch echt platt vom vielen Gehen. 5 Darum bat
er die Behörden der Stadt Sukkot, an der sie gerade vorbeikamen, um Hilfe: „... Ein Eintopf und Brot wären super. Unsere Leute sind total ausgehungert. Wir sind auf dem Weg, um die Präsidenten der Midianiter, Sebach und
Zalmunna, dingfest zu machen!“ 6 Die Behördenheinis der Stadt entschieden sich aber, den Antrag abzulehnen. „Was für einen zwingenden Grund hätten wir denn, Ihrer Truppe was zu essen zu geben? Solange die beiden noch nicht von Ihnen festgenommen wurden, sehen wir uns nicht veranlasst, Ihnen zu
helfen.“ 7 Gideon war sauer, nachdem er das gelesen hatte. „Wenn ich euch in die Finger kriege, könnt ihr was erleben! Sobald Gott dafür gesorgt hat, dass die Präsidenten der Midianiter mir gehören, werde ich wiederkommen und euch ne Tracht Prügel verpassen. Ich werde euch mit einem Baseballschläger
eins überziehen, hundertpro!“ 8 Gideon zog dann weiter zur Stadt Pnuel.
Dort stellte er auch einen Essensantrag, und auch hier wurde der abgelehnt.
Die Antwort war die gleiche wie bei der Stadt Sukkot. 9 „Wenn ich zurückkomme, mach ich euch platt. Und euer schönes Rathaus werde ich einfach
weghauen!“ 10 Die beiden Präsis Sebach und Zalmunna hatten mit ihrem Heer in Karkor ihr Lager aufgeschlagen. Nur 15000 Soldaten waren von der ersten Schlacht noch übrig geblieben, 120000 waren im Krieg gestorben.
11 Gideon schlich sich auf einer Straße, die am Rand der Wüste lag, an die Armee heran. Diese Strecke verlief im Osten von Nobach und Jogboha. Als die Midianiter null mit einem Angriff rechneten, fiel er mit seinen Leuten
über sie her. 12 Der Überraschungsangriff war ein voller Erfolg. Die Soldaten im Lager waren so derbe geschockt, dass sie panisch wegrannten. Die beiden Präsidenten konnten auf der Flucht noch geschnappt werden.

Gideon rächt sich

13 Gideon (zur Erinnerung: ein Sohn von Joasch) traf auf dem Rückweg von dem Krieg gegen die Midianiter, der am Heres-Berg stattgefunden hatte,

[14] einen Jugendlichen, der aus der Stadt Sukkot stammte. Den schnappte er sich und quetschte ihn aus, um herauszubekommen, wer dort alles was zu sagen hatte. Insgesamt schrieb der Junge ihm siebenundsiebzig Namen von führenden Männern aus Sukkot auf ein Blatt Papier. [15] Dann maschierte Gideon in die Stadt ein und suchte die Männer im Rathaus. „Hier habt ihr euren Sebach und Zalmunna, wegen denen ihr mich verarscht habt! Erinnert ihr euch an euren Spruch von wegen ‚Hast du denn schon Sebach und Zalmunna dingfest gemacht?' Erst wenn ihr den Job erledigt habt, bekommt ihr zur Belohnung eine Gulaschkanone geschenkt!" [16] Er ließ alle Chefs der Stadt gefangen nehmen. Dann wurden sie übelst gefoltert und anschließend erschossen. [17] Das Regierungsgebäude von Pnuel wurde von Gideon weggesprengt, und alle Männer, die in der Stadt lebten, wurden erschossen. [18] In einem Verhör fragte Gideon Sebach und Zalmunna: „Wie sahen die Männer aus, die ihr auf dem Berg Tabor umgebracht habt?" – „Sie waren Ihnen sehr ähnlich, waren gestylt wie Männer, die aus einer Präsidentenfamilie kommen.", antworteten die beiden zitternd. [19] „Das waren meine eigenen Brüder!", schrie Gideon sie an. „Ich schwör euch bei Gott, wenn ihr sie am Leben gelassen hättet, dann würde ich euch auch nicht töten." [20] Gideon sagte zu seinem ältesten Sohn: „Los, nimm deine Knarre und baller sie weg!" Aber der Junge schaffte es nicht, auf den Abzug zu drücken. Er hatte einfach zu viel Schiss, weil er noch so jung war. [21] Sebach und Zalmunna meinten dann zu Gideon. „Dann tu du es doch! Los, erschiess uns! Nur ein Mann mit Power hat auch den Mut, so was zu tun!" Gideon stand auf, hielt ihnen die Knarre an den Kopf und erschoss beide. Die vergoldeten Autofelgen von denen schnappte er sich und behielt sie.

Gideon will kein Präsident werden

[22] Wieder zu Hause, waren die Israeliten so begeistert von Gideon, dass sie ihn am liebsten als Präsidenten haben wollten. „Du musst bei uns ab sofort die Macht haben! Deine Familie soll über uns bestimmen, auch deine Kinder und Enkelkinder! Du hast uns gerettet, als wir unter der Fuchtel von den Midianitern waren." [23] Gideon hatte da aber überhaupt keinen Bock drauf. „Ich will nicht euer Präsident sein, und ich will auch nicht, dass meine Kinder diesen Job mal machen! Ich finde, dass nur Gott über uns regieren darf!" [24] Dann hatte er aber noch eine Bitte: „Was ich echt gerne als Belohnung haben würde, sind die Rolex und der ganze Schmuck, den ihr bei diesem Krieg von den Feinden abgezogen habt." Die besiegten Soldaten waren Ismaeliter und bekannt dafür, dass jeder immer eine Rolex und eine Goldkette dabeihatte. [25] „Kein Problem, kannst du gerne haben!", antworteten die Leute von Israel. Es wurde eine Wolldecke auf den Boden gelegt, und jeder Soldat schmiss die Rolexuhren und die Goldkettchen, die er im Krieg

erbeutet hatte, dort drauf. 26 Allein das Gold, was da zusammen kam, wog
fast 20 Kilo! Dazu kam noch ein Berg von Rolexuhren, Ringen, neuen
G-Star-Jeans, Bosshemden und Armanihosen, die aus dem Kleiderschrank
der Präsidenten stammten. Auch die goldenen Nummernschilder von den
Dienstwagen wurden obendrauf gelegt. 27 Gideon hatte leider die beknackte
Idee, das ganze Gold zusammenzuschmelzen und da draus eine Figur zu
formen, einen Plastikgott. Er stellte das Teil in seiner Heimatstadt Ofra auf.
Alle Israeliten gingen dort vorbei und beteten zu dem Ding. Auf die Art
wurde Gott von ihm richtig abgelinkt. Für Gideon und seine Familie brachte
diese dumme Aktion den Untergang.

Gideon stirbt

28 Das war jetzt die Geschichte, wie Gott dafür sorgte, dass die Midianiter
den Israeliten die Füße küssen mussten. Solange Gideon lebte, hatten sie
ihre Ruhe vor denen, insgesamt vierzig Jahre lang. 29 Gideon ging wieder
zurück nach Hause und wohnte dort für den Rest seines Lebens. 30 Er hatte
sehr viele Frauen und kriegte von denen siebzig Söhne. Damals war es
üblich, mehrere Frauen zu haben. 31 Eine Frau von ihm, die in Sichem lebte,
bekam auch einen Sohn, der von Gideon den Namen Abimelech bekam.
32 Gideon wurde uralt. Als er starb, wurde er in demselben Grab beerdigt,
in dem auch sein Vater Joasch lag. Das war in Ofra, im Gebiet von der Fami-
lie Abieser. 33 Als er tot war, kam der Pseudogott Baal bei den Israeliten wie-
der schwer in Mode. Der Baal-Gott, so eine Art Spezialgott extra für die Stadt
Sichem, wurde dabei zur unangefochtenen Nummer eins. 34 Sie vergaßen
völlig, dass ihr genialer Gott, der Chef von allem, sie in der Vergangenheit
immer wieder aus dem Dreck gezogen hatte. Egal was für Feinde in ihrer
Gegend waren, alle konnten doch immer wieder nur durch ihn besiegt wer-
den. 35 Auch die Kinder von Gideon zogen bei dieser Sache leider voll mit.
Anstatt dankbar für seine geniale Hilfe zu sein, wurde ihnen Gott egal, und
sie bedankten sich null bei ihm.

9

Abimelech möchte gerne der Präsident sein

1 Eines Tage ging Abimelech, ein Sohn von Gideon, in die Stadt Sichem,
weil er die Verwandten seiner Mutter besuchen wollte. Er organisierte ein
großes Familienmeeting, und als alle dort waren, hielt er eine Rede: 2 „Liebe
Leute! Also, wenn ihr heute mal eine repräsentative Wahlumfrage in Sichem
starten würdet, wen die Bevölkerung bei der nächsten Landtagswahl am
liebsten an der Macht hätte, was denkt ihr, würde dabei rauskommen? Ist
den Leuten eine Regierung aus allen siebzig Söhnen von Gideon lieber, oder
wären sie eher für nur einen Mann? Ich denke, die Antwort ist klar. Über-

zeugt sie davon, dass ich ihr Mann sein könnte! Ich komme auch aus ihrer
Familie, das gleiche Blut fließt in meinen Adern!“ 3 Die Brüder von seiner
Mutter schlossen sich Abimelech an und wurden zu seinen Wahlkampfhel-
fern. Sie machten in der ganzen Stadt bei den Bürgern von Sichem schwer
Werbung für ihn. Das war anscheinend nicht so schwer, weil sich die Leute
sagten: „Hey, das ist einer aus unser Familie!“ 4 Sie gründeten eine Partei
und bekamen eine fette Parteispende von 90 000 Euro vom Konto des
Baals-Tempels, um den Wahlkampf zu finanzieren. Mit der Kohle bezahlte
Abimelech unter anderem einen Spezialtrupp von Wahlkampfhelfern, die alle
wegen Gewaltdelikten vorbestraft waren. Die hatten vor nichts und nieman-
dem Respekt. 5 Mit dieser Truppe ging Abimelech in einer Nacht zum Haus
von seinem Vater. Dort ermordete er alle seine Brüder. Alle siebzig wurden
von den Männern auf dem Boden vor dem Haus hingerichtet. Nur der
jüngste Sohn konnte sich in einem Schrank auf dem Dachboden verstecken.
Der Junge hieß Jotam. 6 Als das bekannt wurde, trafen sich alle Bewohner
von Sichem und Bet-Millo mit den Männern, die im Regierungsgebäude
arbeiteten, an einem Ort vor der Stadt. Der Treffpunkt war das Denkmal bei
der großen Eiche. Dort wählten sie mit Handzeichen Abimelech zu ihrem
neuen Präsidenten.

Jotams Märchen: Das Präsidentending bringt es generell nicht

7 Jotam, der letzte Überlebende von Gideons Familie, erfuhr dann auch, dass
Abimelech der neue Präsident ist. Er hielt dann sofort im Fernsehen eine
feurige Ansprache an alle Leute: „An alle Bewohner von Sichem! Hört mir
zu, wenn ihr wollt, dass Gott euch zuhört! 8 Ich erzähl euch jetzt mal ein
Märchen: Es war einmal, dass in einem Wald alle Bäume eine Versammlung
hatten, weil sie einen Baum als Präsidenten bestimmen wollten. Sie sagten
zur Tanne: ‚Hey, warum wirst du nicht unser Präsident?‘ 9 Aber die Tanne
hatte nicht wirklich Bock drauf. ‚Soll ich etwa meinen Job als Weihnachts-
baum an den Nagel hängen, worüber sich die Kinder in der ganzen Welt
jedes Jahr freuen? Warum soll ich jetzt etwa der oberste Chefbaum von allen
Bäumen werden?‘ 10 Also fragten die Bäume den Kastanienbaum: ‚Du musst
jetzt unser Präsident werden!‘ 11 Aber der Kastanienbaum war auch nicht
so von der Idee begeistert. ‚Wie jetzt? Soll ich keine Kastanien mehr tragen,
womit man die Hirsche und so immer gut füttern kann? Warum soll ich jetzt
etwa der Chefbaum von allen Bäumen werden?‘ 12 Als Nächstes fragten sie
einen Apfelbaum: ‚Hast du nicht Bock, unser Präsident zu werden?‘ 13 Aber
der antwortete: ‚Muss ich dann aufhören, Äpfel wachsen zu lassen, wenn ich
euer Präsident wäre? Da freuen sich doch die Menschen immer voll drüber,
und man kann lecker Apfelmus oder Apfelkuchen da draus machen! Warum
soll ausgerechnet ich der Chefbaum von allen Bäumen werden?‘ 14 Schließ-

lich sagten sie zur Brennnessel: ‚Hey Brennnessel, willst du nicht unser Präsi werden?‘ [15] ‚Was?‘, antwortete die Brennnessel. ‚Ihr wollt wirklich mich zu eurem Präsidenten machen? Okay, dann kommt mal unter meine Blätter und lasst mich euer Chef sein. Sonst lasse ich euch mein Gift spüren, es wird wie Feuer brennen.‘“ [16] Nachdem Jotam dieses Märchen erzählt hatte, sagte er weiter: „Glaubt ihr im Ernst, es war korrekt von euch, Abimelech zu eurem Präsidenten zu machen? Habt ihr echt schon vergessen, was Gideon und seine Familie für euch alles gerissen haben? [17] Mein Vater hat sein Leben riskiert, um euren Arsch vor den Midianitern zu retten! [18] Ihr habt euch heute auf die Seite von den Gegnern von meinem Vater geschlagen. Ihr habt alle seine Söhne getötet, alle siebzig einfach abgeknallt. Und dann habt ihr euch den Sohn einer einfachen Angestellten geschnappt und ihn zum Präsidenten von Sichem gemacht. Und warum? Nur weil er aus eurer Familie kommt! [19] Wenn das alles okay war, wenn ihr heute korrekt mit der Familie vom Gideon umgegangen seid, dann wünsch ich euch viel Glück mit Abimelech... Es soll von mir aus alles super mit euch weiterlaufen. [20] Wenn das aber nicht korrekt war, dann wünsch ich mir, dass ihr euch gegenseitig vernichtet. Abimelech soll alle Bewohner von Sichem, inklusive der Stadtmauern, abfackeln, und ihr sollt Abimelech unter Beschuss nehmen, so dass auch er getötet wird!“ [21] Als Jotam fertig war mit seiner Rede, verschwand er schnell durch einen Hinterausgang. Er floh vor seinem Bruder Abimelech nach Beer und blieb dort erst mal.

Zwischen Abimelech und Sichem gibt es Stress

[22] Nach drei Jahren Regierungszeit über Israel [23] gab es plötzlich Stress zwischen den Bewohnern der Stadt Sichem und Abimelech. Die Leute hatten keinen Bock mehr auf ihn und zettelten eine kleine Revolution an. [24] Diese üble Abschlachtung, die Abimelech mit seinen Brüdern gebracht hatte, sollte sich an ihm rächen. Und auch die Bewohner von Sichem sollten ihre Strafe bekommen, weil sie die Mittel organisiert hatten, um diesen Mord durchzuziehen. [25] Zum Beispiel legten sich einige Männer aus den umliegenden Dörfern immer nachts auf die Lauer und raubten jeden aus, der die Stadt verlassen oder um sie herumreisen wollte. Diese Nachricht kam auch bei Abimelech an. [26] In der Zeit kam Gaal (ein Sohn von Ebed) mit seiner ganzen Familie nach Sichem. Er redete viel mit den Bürgern der Stadt, und die fingen an, ihn ganz nett zu finden. [27] Als der Wein abgeerntet war, stieg eine riesen Party in dem großen Tempel, wo sie zu ihrem Pseudogott Baal beteten. Nachdem das kalte Buffet schon gut weggegessen war und sie einiges an Wein intus hatten, ging plötzlich das Geläster über Abimelech los. [28] Gaal sagte: „Abimelech? Ha, was ist das bitte für ein Vollidiot! So einem Typen sollen wir die Regierung unserer Stadt Sichem überlassen? Der ist

doch ein Sohn von diesem Gideon, oder? Er hat Sebul zu unserem Auf-
passer gemacht. Tut lieber das, was die Söhne von Hamor sagen! Der hat
unsere Stadt immerhin gegründet! Aber warum sollten wir tun, was dieser
komische Abimelech sagt, hä? 29 Ach Mann, wenn die Bevölkerung von
Sichem nur mich gewählt hätte. Ich wüsste schon, wie man mit Abimelech
fertig wird. Ich würde ihm dem Kampf ansagen. ‚Los, hol deine Truppe
zusammen', würde ich ihn auffordern. ‚Lass uns ne Runde kämpfen!'" 30 Als
der General Sebul, der die Armee der Stadt unter sich hatte, hörte, wie
Gaal die Leute aufhetzte, wurde er richtig aggro. 31 Er schickte am selben
Abend noch eine E-Mail an Abimelech. „Gaal, dieser Sohn vom Ebed, ist
hier gerade in der Stadt und macht voll Alarm gegen dich! 32 Komm am
besten nachts mit deiner Armee hierher, damit euch keiner sehen kann. Ver-
steckt euch in der Nähe der Stadt. 33 Wenn die Sonne aufgeht, machst du
einen Überfall auf Sichem, und wenn Gaal gegen dich in den Krieg zieht,
kannst du dich an ihm rächen." 34 Abimelech marschierte mit seinen Solda-
ten nachts los. Sie versteckten sich in vier Abteilungen einmal um die ganze
Stadt herum. 35 Als Gaal morgens spazieren gehen wollte, verließ er die
Stadt durch das Stadttor. Plötzlich stürmten Abimelech und seine Leute aus
ihrem Versteck. 36 Gaal sah die Männer aus einiger Entfernung auf sich
zustürmen. Er sagte zu Sebul: „Da kommen ja Soldaten aus den Bergen
runter!" – „Du brauchst langsam ne Brille, Gaal", meinte Sebul zu ihm.
„Das sind doch nur die Schatten der Berge, die du da siehst!" 37 „Doch,
schau doch mal da drüben! Da kommen ein paar Leute den Abhang runter,
den man auch ‚Zentrum der Erde' nennt. Und da ist noch ein Haufen, der
auf dem Weg marschiert, der an der Zaubereiche vorbeigeht!" 38 „Und
nun?", fragte Sebul. „Wo ist jetzt deine große Klappe? Der Spruch kam doch
von dir, mit dem ‚Was ist das für ein Vollidiot! So einem Typen sollen wir die
Regierungsmacht von unserer Stadt Sichem übergeben?', und so. Hier, da
kommt er jetzt! Jetzt kämpfe auch gegen ihn!" 39 Gaal übernahm den Befehl
über die Armee von der Stadt Sichem. 40 Die Leute von Abimelech waren
aber so stark, dass die Soldaten von Sichem schnell die Hosen voll hatten
und flohen. Abimelech verfolgte sie, und die meisten Soldaten starben, noch
bevor sie in der Stadt Schutz gefunden hatten. 41 Abimelech blieb dann in
Aruma. Sebul schmiss aber den Gaal und seine ganze Familie für immer
aus Sichem raus.

Abimelech greift Sichem an und zerstört es

42 Einen Tag später waren einige Männer aus der Stadt aber schon wieder
dabei, Leute auszurauben, die dort vorbeikamen. Als Abimelech das mit-
bekam, 43 organisierte er drei kleine Trupps. Jede Einheit von seinen Leuten
sollte sich nachts in der Nähe der Stadt an einer anderen Stelle verstecken.

Immer wenn Männer aus der Stadt rauskamen, sprangen sie aus ihrem
Versteck und killten die Leute einfach. 44 Das lief immer ungefähr so ab:
Sobald die Leute draußen waren, lief er selbst mit einer Abteilung zum Ein-
gang der Stadt. Dort versperrte er den Rückweg, während die beiden ande-
ren Abteilungen die Männer in die Ecke trieben und töteten. 45 Dann griff
Abimelech die Stadt selber an. Er kämpfte mit seinen Männern den ganzen
Tag, bis sie eingenommen wurde. Alle Bewohner mussten sterben. Die
ganze Stadt wurde von ihm niedergewalzt. Am Ende nahm er noch eine
Kiste Dynamit und sprengte damit das ganze Zentrum. Ab jetzt wuchs da
für Jahrzehnte kein Gras mehr. 46 Als die Mitarbeiter vom Regierungsviertel
von Sichem mitkriegten, dass die Stadt verloren war, flüchteten sie in den
Stadtbunker. Der lag unterhalb des Tempels von ihrem Pseudogott Baal.
47 Abimelech kriegte die Nachricht, dass die Leute alle in dem Bunker
hockten. 48 Er ging dann auf den Berg Zalmon, nahm eine Motorsäge und
sägte sich einen großen Ast ab. Den nahm er auf seine Schultern. „Los,
Leute, macht mir alles nach!", sagte er zu seinen Männern. 49 Also sägte
sich jeder einen Ast ab und trug ihn hinter Abimelech hoch, zum Bunker-
gebäude. Dann legten sie über die Lüftungsanlage einen großen Haufen
Holz, übergossen den mit Benzin und zündeten ihn an. So erstickten alle
Leute, die sich in dem Bunker verschanzt hatten, ungefähr 1000 Männer
und Frauen.

Abimelech stirbt

50 Als Nächstes eroberte Abimelech die Stadt Tebez. 51 In der Mitte von der
Stadt war auch ein großer Luftschutzbunker. Alle Bewohner flohen dort rein
und machten die Tür hinter sich zu. Sie verschlossen die großen Stahltüren
und legten die Türriegel um. 52 Abimelech wollte aber keinen entkommen
lassen, darum plante er, auch hier über dem Lüftungsschacht auf der Ober-
seite ein Feuer zu legen. Als er sich dem Eingang näherte, 53 bewarf ihn eine
Frau mit einem Stein vom Dach aus. Der Stein traf ihn am Kopf, er fiel zu
Boden und blutete wie blöd. 54 „Komm her und verpass mir ne Kugel", schrie
Abimelech einem seiner Soldaten an. „Sonst heißt es nachher, ich sei von
einer Frau getötet worden!" Der Soldat ging auf ihn zu und tötete Abimelech
mit einem Kopfschuss. 55 Als die Israeliten mitkriegten, dass Abimelech
gestorben war, gingen sie wieder nach Hause, jeder, wo er hergekommen
war. 56 So sorgte Gott dafür, dass der schlimme Mord von Abimelech an
seinen siebzig Brüdern gerächt wurde. Damit hatte er ja auch seinem Vater
was Schlimmes angetan. 57 Und auch die Bewohner von Sichem mussten
für ihr oberätzendes Verhalten bezahlen. Dieser böse Wunsch, den Jotam
(ein Sohn von Gideon) gegen sie ausgesprochen hatte, war Wirklichkeit
geworden.

10

Zwei nicht so berühmte Richtertypen: Tola und Jair

1 Nachdem Abimelech tot war, kam wieder ein Mann an den Start, um Israel
zu retten. Der Typ hieß Tola und war ein Sohn von Puwa, der wiederum ein
Sohn von Dodo war. Er kam aus dem Familienstamm Issachar. Tola wohnte
in Schamir, in den Efraim-Bergen. 2 Er regierte dreiundzwanzig Jahre lang
in Israel. Als er tot war, wurde seine Leiche in dem Ort begraben, wo er gebo-
ren wurde. 3 Als Nächstes kam ein Typ an die Macht, der Jair hieß. Er kam
aus der Gegend Gilead. Zweiundzwanzig Jahre lang machte er den Richter-
job in Israel. 4 Jair hatte dreißig Söhne. Jeder Sohn hatte ein Auto und
regierte über einen Ort. Die Orte lagen auch in der Gegend Gilead, und man
nennt sie bis heute die „Ortschaften von Jair“. 5 Als Jair starb, wurde er in
Kamon beerdigt.

Die Israeliten bauen Mist und bekommen dadurch große Probleme

6 Die Leute von Israel waren schon recht bald wieder dabei, Sachen zu tun,
die Gott total daneben findet. Sie beteten zu den Plastikgöttern Baal und
Astarte und fanden auch die ganzen anderen Götter von den Nachbar-
ländern ganz toll. Dazu gehörten die Teile von den Syrern, Phöniziern, den
Moabitern, den Ammonitern und den Philistern. Auf ihren Gott hatten
sie aber anscheinend keinen Bock mehr und ließen ihn links liegen. 7 Gott
wurde voll sauer. Er überließ sie den Philistern und den Ammonitern, die
von ihnen im Krieg besiegt wurden. 8 Insgesamt achtzehn Jahre wurden alle
Israeliten, die auf der anderen Seite vom Jordan in Gilead wohnten, übelst
von den Ammonitern fertiggemacht. 9 Am Schluss kamen die sogar über
den Jordanfluss rüber und starteten Attacken gegen die Familienstämme
Juda, Benjamin und Efraim. Alle Israeliten kriegten überall große Probleme.
10 Schließlich fingen sie wieder an, zu Gott zu beten und ihn um Hilfe anzu-
betteln. „Wir haben Mist gebaut, Gott!“, beteten sie zu ihm. „Das war nicht
in Ordnung von uns, dass wir dich wie Luft behandelt und stattdessen zu
diesem Baal-Gott gebetet haben. Bitte verzeih uns!“ 11 Gottes Antwort kam
dann so rein: „Sagt mal, Leute, hab ich euch nicht schon bei den Ägyptern,
den Amoritern, den Ammonitern und den Philistern rausgehauen, als ihr
Probleme mit denen hattet? 12 Und als ihr bei mir angeklingelt habt, ob ich
was gegen die Phönizier, Amalekiter und Maoniter machen kann, war ich
da etwa nicht treu, hab ich euch nicht auch vor denen beschützt? 13 Aber ihr
geht mir immer wieder fremd! Ihr betrügt mich mit diesen Plastikgöttern,
schenkt denen Sachen und mir gar nichts. Ich werde euch jetzt nicht noch
mal aus der Klemme helfen. 14 Fragt doch mal bei euren neuen Göttern
an! Mal sehen, was die so draufhaben! Die könnten euch jetzt ja auch mal

helfen und euch aus dem Dreck ziehen!“ 15 „Mann, Gott, wir haben richtig
großen Mist gebaut! Das ist Fakt! Wir gehören dir, und du kannst sowieso
mit uns machen, was du willst. Aber bitte lass es nicht zu, dass wir alle
kaputtgehen. Hilf uns bitte noch dieses eine Mal, ja?“ 16 Sofort wurde eine
große Aufräumaktion angesetzt. Alle Plastikgötter wurden rausgeschmissen
und kamen auf den Müll. Die Israeliten fingen wieder an, radikal mit Gott
zu leben und zu tun, was er sagte. Schließlich wurde Gott weich, er konnte
sich das Elend nicht mehr länger geben.

Ein neuer Chef wird gesucht

17 Irgendwann sammelten die Ammoniter ihre Truppen vor der Stadt Gilead
und bereiteten sich dort auf einen Angriff vor. Die Armee der Israeliten
sammelte sich bei Mizpa zum Kampf. 18 Die Chefs aus der Gegend von
Gilead hatten die Lage besprochen. „Wenn wir einen finden, der bereit ist,
den Befehl im Krieg gegen die Ammoniter zu übernehmen, dann ist das
unser Mann. Er soll ab dann das Sagen haben über alle Leute von Gilead.“

11

Die Geschichte mit Jiftach

1 Jiftach war so was wie ein Superstar bei den Leuten von Gilead, weil er als
Soldat viel Mut bewiesen hatte. Seine Mutter war von Beruf eine Hure. Sein
Vater hieß Gilead. 2 Dieser Gilead hatte von seiner Frau noch mehr Söhne
bekommen. Als die erwachsen waren, jagten sie ihren Bruder Jiftach einfach
weg. „Du hast kein Anrecht auf die Sachen, die wir vom Vater mal erben
werden, weil du von einer anderen Mutter kommst als wir.“ 3 Also musste
Jiftach abhauen, um keinen Ärger mit seinen Brüdern zu kriegen. Er zog in
das Land Tob. Dort lernte er einige Männer mit langem Vorstrafenregister
kennen, die null Respekt vor irgendjemandem hatten. Später machten sie
ihn zum Anführer ihrer Gang und zogen zusammen durch die Gegend, um
Leute auszurauben. 4 Kurze Zeit später erklärten die Ammoniter Israel den
Krieg. 5 Die Chefs von Gilead wollten bei Jiftach um Hilfe bitten, als der
gerade im Land Tob war. 6 Sie riefen bei ihm an: „Bitte kommen Sie, und füh-
ren Sie unsere Armee im Krieg gegen die Ammoniter!“ 7 „Wie komm ich
denn dazu?“, war die erste Reaktion von Jiftach. „Schon vergessen, wie Sie
mich damals gedisst haben? Sie hatten überhaupt keinen Bock auf mich und
haben mich sogar zu Hause rausgeschmissen! Aber jetzt, wo ich gebraucht
werde, kommen Sie plötzlich wieder angedackelt?“ 8 „Ja, so ist das nun mal.
Wir wollten Sie fragen, ob Sie mit uns in den Krieg gegen die Ammoniter
ziehen. Wir garantieren Ihnen auch, dass Sie die Macht über Gilead bekom-
men, wenn wir gewonnen haben.“ 9 Jiftach antwortete: „Es geht also da
drum: Wenn Gott mir hilft, für Sie gegen die Ammoniter zu kämpfen und die

zu besiegen, dann soll ich anschließend über Sie alle die Macht haben?“
10 „Wir schwören auf Gott, genau so wird es sein!“, antworteten die Chefs
der Stadt. 11 Der Deal war beschlossene Sache. Jiftach kam mit, die Leute von
Gilead machten ihn zu ihrem Oberchef, und er wurde der oberste Befehls-
haber der gesamten Armee. Das wurde dann noch in Mizpa vor Gott vertrag-
lich festgemacht.

Jiftach verhandelt

12 Als Nächstes schickte Jiftach einen Brief an den Präsidenten der Ammoni-
ter. Darin fragte er ihn: „Warum haben Sie unserem Land den Krieg erklärt?
Gibt es irgendeinen Grund dafür, gegen uns zu kämpfen?“ 13 Die Antwort
war: „Ja, den gibt es. Die Israeliten haben mir mein Land geklaut! Als sie aus
Ägypten hierher gekommen sind, haben sie sich das ganze Gebiet zwischen
dem Arnon- und dem Jabbokfluss und im Westen bis zum Jordanfluss unter
den Nagel gerissen. Das will ich alles, möglichst ohne viel Stress, zurück-
haben!“ 14 Jiftach antwortete mit einem Brief an den Präsidenten der Ammo-
niter. 15 Da stand drin: „Sehr geehrter Herr Präsident, die Israeliten haben
das Land von den Moabitern und Ammonitern nicht geklaut. 16 Als sie aus
Ägypten abgehauen waren, zogen sie durch die Wüste bis zu diesem Schilf-
meer. Von dort kamen sie nach Kadesch. 17 Dann haben sie eine Nachricht
an den Präsidenten von Edom geschickt mit der Bitte, eine Durchreisege-
nehmigung zu erhalten. Leider wurde dieser Antrag abgelehnt. Genau
dasselbe ist uns auch mit dem Präsidenten von Moab passiert. Darum blie-
ben die Israeliten erst mal in Kadesch. 18 Einige Zeit später zogen sie durch
die Wüste und machten dann einen riesen Umweg um das Gebiet der Edo-
miter und Moabiter herum. Schließlich kamen sie in das Gebiet, was östlich
von Moab liegt, und bauten ihr Zeltlager an der Landesgrenze beim Arnon-
fluss auf. Dabei sind sie die ganze Zeit nicht einen Millimeter über die
Grenze gelatscht. 19 Dann schickten sie auch zum Präsidenten Sihon einen
Antrag, der in der Zeit in Heschbon seinen Regierungssitz hatte. ‚Wir bitten
um Durchreiseerlaubnis!‘, stand da drin. 20 Aber Sihon vertraute den Israe-
liten nicht wirklich. Darum machte er sein ganzes Heer startklar, um gegen
Israel in den Krieg zu ziehen. Er brachte seine Truppen bei Jahaz zusammen
und startete von dort aus einen Angriff auf die Israeliten. 21 Der Gott von
Israel sorgte aber dafür, dass alle Soldaten von Sihon getötet wurden. Auf
die Art gewann Israel diesen Krieg und nahm das ganze Land ein, in dem die
Ammoniter gelebt hatten. 22 Vom Fluss Arnon bis zum Jabbokfluss, von
der Wüste bis an den Jordan, alles gehörte jetzt ihnen. 23 Also, mal im Ernst:
Gott, der Chef von Israel, hat den Ammoritern durch seine Leute eine so
derbe Niederlage beigebracht – und jetzt kommen Sie an und wollen es
zurückhaben? 24 Wenn Ihr Möchtegern-Gott Kemosch mal so was für Sie

gebracht hätte, wie würden Sie damit umgehen? Wäre es nicht total okay für Sie, dieses Land ab dann als Ihr Eigentum anzusehen? Genau so geht es uns, denn unser Gott hat hier für uns genau dasselbe gemacht. [25] Überlegen Sie mal, glauben Sie wirklich, dass Sie besser sind als dieser Balak, der Sohn von Zippor, der Präsident von den Moabitern? Oder glauben Sie vielleicht, Sie sind ‚Mr. Richtig-Wichtig' oder jedenfalls wichtiger als Balak? Der hatte auch nie einen Krieg gegen uns angezettelt, um uns aus unserem Gebiet rauszuschmeißen! [26] Die Israeliten wohnen jetzt schon 300 Jahre in Heschbon, in Aroer und in den Orten, die da drum rum liegen. Auch in den Städten am Arnonfluss wohnen sie schon so lange. Warum habt Ihr uns das Land in der Zeit nicht wieder weggenommen? [27] Also, ich kann echt nicht sehen, dass ich irgendwas gegen Sie verbrochen haben sollte. Aber wenn Sie jetzt hier gegen mich einen Krieg anzetteln, liegen Sie total daneben. Gott soll entscheiden. Er ist der Richter, er soll den Streit zwischen den Ammonitern und Israeliten klären!"

Jiftach schwört

[28] Der Präsident der Ammoniter war aber wild entschlossen, diesen Krieg zu führen. Auch der Brief konnte ihn davon nicht abbringen. [29] Plötzlich kriegte Jiftach voll die Kraft von Gott. Er ging los und wanderte durch das ganze Gebiet von Gilead und Manasse. Irgendwann zog es ihn wieder zurück zur Stadt Mizpa in Gilead. So machte er sich startklar, für den Krieg gegen die Ammoniter. [30] Jiftach bot Gott dann einen Deal an. Er sagte zu ihm: „Wenn du dafür sorgst, dass ich gegen die Ammoniter gewinne [31] und ich heil und gesund wieder nach Hause komme, dann schenke ich dir denjenigen, der als Erstes aus unserer Haustür rauskommt. Den werde ich dann auf deinem Opfertisch, deinem Altar, als Abfackelopfer für dich verbrennen." [32] Jiftach zog dann in den Krieg gegen die Ammoniter. Gott half ihm dabei und sorgte dafür, dass Jiftach die Kontrolle über die feindliche Armee bekam. [33] Er brachte denen eine richtig derbe Niederlage bei. Er zockte sich das ganze Gebiet von Aroer bis nach Minnit und Abel-Keramim. Insgesamt gehörten dazu auch 20 Städte. So mussten die Ammoniter den Leuten von Israel am Ende sogar die Füße küssen. [34] Dann ging Jiftach wieder nach Hause. Als er dort war, kam seine Tochter ihm als Erstes entgegen. Sie sprang aus dem Haus und tanzte ihm, mit einer Gitarre in der Hand, entgegen. Sie war seine einzige Tochter. [35] Als die Tür aufging und ausgerechnet sie dort rauskam, zerriss es Jiftach förmlich das Herz, und er fing voll an zu weinen. „Nein! Meine Tochter! Warum ausgerechnet du? Nein, das darf nicht wahr sein! Ich will das nicht! Ich hab Gott doch was versprochen, das kann ich nicht mehr zurücknehmen! Nein!" [36] „Papa", sagte sie „wenn du Gott was versprochen hast, dann musst du dich auch daran halten. Gott hat dir ja schließlich auch

im Krieg gegen die Ammoniter geholfen.“ 37 Dann sagte sie noch zu ihm:
„Aber eine Bitte hab ich trotzdem noch: Ich würde gerne noch zwei Monate
am Leben bleiben. Dann kann ich mich dort drüben auf diesem Berg mit
meinen Freundinnen treffen, und wir können gemeinsam darüber weinen,
dass ich vor meinem Tod nicht die Chance hatte zu heiraten.“ 38 „Ja klar, geh
nur!“, sagte ihr Jiftach. Er gab ihr die zwei Monate Schonfrist, wo sie mit
ihren Freundinnen abdampfte und sich mit denen auf einem Berg traf, um
gemeinsam zu weinen. 39 Dann waren die zwei Monate rum, und sie ging
wieder zu ihrem Vater zurück. Er zog das dann durch, was er Gott verspro-
chen hatte. Als sie starb, hatte sie noch keinen Sex gehabt und war noch
Jungfrau. Von dieser Geschichte kommt der Feiertag her, 40 an dem sich ein-
mal im Jahr junge Frauen treffen und irgendwo draußen vier Tage so eine
Trauersession haben, wo man wegen der Tochter von Jifach aus Gilead weint.

12

Jiftach besiegt den Familienstamm Efraim

1 Die Soldaten von Efraim sammelten sich und zogen nach Zafon. Dort gab
es ein Treffen mit Jiftach, weil sie sich bei ihm beschweren wollten. „Warum
hast du uns nicht dazugeholt, als du gegen die Ammoniter gekämpft hast,
he? Wir fackeln dein Haus ab, wenn du so was bringst, klar?!“ 2 „Mann
Leute, entspannt euch!“, antwortete Jiftach. „Wir hatten hier gerade einen
voll heftigen Kampf am Start, der zwischen den Ammonitern und mir abge-
gangen ist. Ich hab euch ja ne Mail geschickt, aber ihr habt nullstens reagiert
und mir nicht geholfen. 3 Als für mich klar war, dass von euch keine Hilfe
zu erwarten ist, musste ich eine eigene Entscheidung treffen. Gott hat mir
aber echt geholfen, und ich hab die Ammoniter besiegt. Was ist los mit
euch? Warum bedroht ihr mich jetzt?“ 4 Jiftach zog ab und rief seine Männer
zusammen, die in Gilead stationiert waren. Sie erklärten den Leuten von
Efraim den Krieg, kämpften und besiegten sie. Was sie voll motiviert hatte,
waren die Sprüche, die die Efraimiter vom Stapel ließen. Zum Beispiel hatten
die immer gesagt: „Ihr seid doch nur billige Kopien von Efraim! Und euer
Land liegt ja auch mitten in dem Gebiet von Efraim und Manasse!“ 5 Die
Soldaten von Gilead besetzten die Grenze nach Efraim, die am Jordan lang-
ging. Wenn ein Typ aus Efraim auf der Flucht die Grenze überqueren wollte,
wurde er gefragt: „Kommst du aus Efraim?“ Wenn die Antwort „Nein“
war, 6 musste er den Spruch aufsagen: „Fischers Fritze fischt frische Fische.“
Wenn er dann sagte „Fitherth Frithe fitht frithe Fithe“, war klar, dass er
aus Efraim kam, denn die lispelten dort alle wie blöd. Der wurde dann so-
fort umgebracht. Auf die Art wurden damals allein an der Jordangrenze
42 000 Soldaten aus Efraim getötet. 7 Sechs Jahre lang war Jiftach der Richter
von Israel. Er wurde nach seinem Tod in einem Grab in Gilead beerdigt.

Die Richtertypen Ibzan, Elon und Abdon

8 Der Nachfolger von Jiftach war Ibzan, der aus Betlehem stammte. 9 Ibzan
hatte dreißig Söhne und dreißig Töchter. Seine Töchter wurden alle an Män-
ner verheiratet, die nicht aus dem Land stammten. Auch für seine dreißig
Söhne wurden Frauen organisiert, die von außerhalb kamen. Er war sieben
Jahre lang der Richter von Israel. 10 Als er starb, wurde er in Bethlehem beer-
digt. 11 Dann kam die Zeit von Elon, der aus dem Familienstamm Sebulon
stammte. Er hatte zehn Jahre das Sagen über Israel. 12 Als er tot war, wurde
er in Ajalon im Gebiet von Sebulon begraben. 13 Der Nachfolger von Ajalon
hieß Abdon. Er kam aus der Familie von Hillel, die aus Piraton stammte.
14 Abdon hatte vierzig Söhne und dreißig Enkelkinder. Alle hatten ein eigenes
Mountainbike, mit dem sie gemeinsame Touren machten. Über acht Jahre
war Abdon der Richter von Israel. 15 Als er starb, wurde er in Piraton beerdigt.
Das liegt im Gebiet von Efraim, beim Amalekiterberg.

13

Der große Held Simson

1 Und wieder taten die Leute von Israel lauter Dinge, auf die Gott überhaupt
keinen Bock hat. Schließlich überließ er sie den Philistern, die sie im Krieg
besiegten und über ihr Land 40 Jahre lang regierten. 2 In der Zeit lebte ein
Mann in der Stadt Zora, der Manoach hieß. Er kam aus dem Familienstamm
Dan. Seine Ehefrau konnte keine Kinder kriegen. 3 Plötzlich hatte die ein Tref-
fen mit einem Engel von Gott. Der sagte zu ihr: „Hallo, du! Bis jetzt hat das
mit dem Babymachen bei euch noch nicht so gut geklappt, oder? Aber pass
auf, dein nächster Schwangerschaftstest wird positiv sein! Du kriegst einen
Sohn. 4 Achte drauf, dass du in der Schwangerschaft keinen Alk trinkst und
auch nichts isst, was für Gott dreckig, also ‚unrein' ist. 5 Der Sohn, den du
bekommen wirst, soll von Anfang an ganz radikal Gott gehören! Darum darf
er nie zum Friseur gehen, seine Haare bleiben immer lang. Er wird für den
großen Durchbruch sorgen mit eurem Philisterproblem. Er holt euch da
raus!" 6 Die Frau rannte sofort zu ihrem Mann: „Du, ich hab gerade so einen
Prophetentypen von Gott getroffen, der sah aus wie ein Engel! Mir wurde
echt ganz anders, als der da vor mir stand... Ich hab ihn auch gar nicht erst
gefragt, wo er herkommt, und er hat mir auch nicht gesagt, wie er heißt.
7 Aber er meinte zu mir, dass ich bald schwanger werde und dass es ein
Junge werden wird. Bitte, hör ab sofort mit dem Kiffen auf und trink auch
kein Bier oder sonst irgendwie Alk, weil das Kind ganz radikal Gott gehören
wird, von der Geburt an bis zum Tod. Es wird etwas ganz Besonderes sein.
Darum sollst du auch essensmäßig clean bleiben." 8 Manoach ging in sein
Zimmer und betete auch noch mal über die Sache: „Hey, Chef, bitte lass
diesen Prophetentypen noch mal bei uns reinschneien. Ich möchte von ihm

ganz genau wissen, was wir mit dem Baby machen sollen, von dem er
gesprochen hat." 9 Gott machte das und schickte den Engel noch mal zur
Frau, als die gerade alleine auf dem Feld am Arbeiten war. 10 Schnell rief
sie mit dem Handy bei ihrem Mann an. „Komm rüber! Der Typ ist gerade
wieder hier, der neulich schon mal bei mir war!" 11 Manoach kam sofort auf
das Feld raus und quatschte mit dem Typen: „Waren Sie das, der neulich
mit meiner Frau gesprochen hat?" – „Jo, das war ich!", lachte der Engel.
12 „Hab noch mal ne Rückfrage: Wenn das passiert ist, was Sie uns hier
angekündigt haben, wie sollen wir das Kind dann erziehen? Eher so an der
langen Leine oder megastreng?" 13 „Also, wichtig ist nur, dass sich seine
Mutter an die Sachen hält, die ich ihr gesagt hab. 14 Sie soll überhaupt kei-
nen Alk trinken, nicht kiffen, keine Pillen schmeißen oder so was. Und sie
soll auch nichts von den Sachen essen, die Gott nicht gut findet."

Der Engel war nicht irgendein Engel

15 Manoach fragte den Typen dann: „Können wir Sie vielleicht zum Essen
einladen? Wir könnten ne schöne Pizza machen oder im Garten grillen!"
16 „Du kannst mich noch so viel bequatschen, ich werde nichts von eurer
Pizza essen", sagte der Engel mit einem Lächeln im Gesicht. „Wenn du aber
Bock drauf hast, kannst du für Gott so ein Abfackelopfer durchziehen!"
Manoach hatte immer noch nicht gepeilt, dass ihm da gerade der Chefengel
von Gott höchstpersönlich gegenüberstand. 17 „Äh, wie heißen Sie jetzt
noch mal?", fragte er ihn. „Wir würden Sie wenigstens gerne besuchen oder
ne Geburtsanzeige schicken, wenn das passiert ist, was Sie uns hier gerade
gesagt haben!" 18 Aber der Engel antwortete: „Hey, frag mich nicht nach
meinen Namen! Den wirst du eh nicht kapieren, der ist zu seltsam, der
kommt aus einer anderen Dimension." 19 Manoach holte sofort eine kleine
Ziege und etwas Brot. Dann verbrannte er beides auf der Terrasse in seinem
Garten. So zog er ein Opfer für den Gott durch, der oft völlig abgefahrene
Sachen bringt. Als das Zeug dort so brannte, standen Manoach und seine
Frau die ganze Zeit dabei und sahen in das Feuer. 20 Als die Flammen richtig
hochschlugen, stieg der Engel dort einfach dazu und flog in den Flammen
wie in einem Fahrstuhl nach oben in den Himmel. Als die beiden sahen, was
da passierte, haute sie das voll um, und sie fielen auf den Boden. 21 Spätes-
tens jetzt war auch Manoach klar, dass er es gerade mit einem Engel von
Gott zu tun hatte. Das war aber auch das letzte Mal, dass sie diesen Engel
gesehen hatten. 22 Manoach war voll geschockt. „Ach du Schande!", rief er
zu seiner Frau. „Was machen wir jetzt? Wir haben Gott höchstpersönlich in
die Augen gesehen! Jetzt müssen wir bestimmt sterben!" 23 „Mein lieber
Mann, jetzt entspann dich erst mal! Wenn Gott uns wirklich umbringen will,
dann hätte er unser Opfer bestimmt nicht akzeptiert. Er hätte das Essens-

opfer und das Abfackelopfer nicht angenommen. Außerdem hätte er uns das
alles hier nicht erleben lassen, was wir gerade erlebt haben. Und es würde
auch gar keinen Sinn ergeben, dass er uns so eine heftige Ansage gemacht
hat.“ 24 Manoachs Frau bekam dann einen Sohn, der von ihr den Namen
Simson erhielt. Er wurde immer größer, und Gott war eindeutig auf seiner
Seite, er segnete ihn. 25 Als Simson erwachsen wurde und in Mahane-Dan
zwischen Zora und Eschtaol lebte, kam die Kraft von Gott immer stärker auf
ihn. Diese Kraft trieb ihn dazu, abgefahrene Dinge für Gott zu tun.

14

Simson hat mehr Kraft als zehn Boxweltmeister

1 Simson ging irgendwann mal in der Stadt Timna shoppen. Timna war eine
Stadt von den Philistern. In einem Café lernte er ein voll schönes Mädchen
kennen, es war Liebe auf den ersten Blick. 2 Er ging sofort nach Hause und
sagte zu seinen Eltern: „Ich hab in Timna meine Traumfrau kennengelernt!
Die will ich unbedingt heiraten. Kannst du das für mich organisieren, Papa?“
Zu der Zeit war es üblich, dass die Eltern ihre Kinder verheiratet haben.
3 Die beiden waren nicht so begeistert. „Musst du dich unbedingt in eine
Ausländerin verlieben, Junge? In eine von diesen Philistern, denen unser
Gott egal ist! Gibt es denn keine Frau von unseren Leuten, die was für dich
wäre?“ – „Ich will aber diese Frau haben, Papa! Ich bin soooo verknallt in
die!“, antwortete Simson. 4 Seine Eltern hatten ja keine Ahnung, dass Gott
selbst seine Finger mit im Spiel hatte. Er hatte das so eingefädelt, damit
es einen guten Auslöser geben würde, um sie von den Philistern zu befreien.
Die hatten nämlich zu der Zeit das Sagen über alle Israeliten. 5 Also wurde
erst mal ein Besuch bei den Eltern von dem Mädchen angesetzt. Simson
und seine Eltern machten sich auf den Weg nach Timna. An den Weinbergen
von Timna ließ er seine Eltern vorgehen und ging alleine weiter, als ihm
plötzlich ein wild knurrender Kampfhund entgegensprang, der ihn angreifen
wollte. 6 Da kam die Kraft von Gott volle Kanne auf Simson runter. Blitz-
schnell packte er den Kopf von dem Pitbull, nahm sein Gebiss in beide
Hände und riss ihm den Kiefer ab. Das Ganze sah so leicht aus, als würde
er von einem Grillhähnchen das Bein abreißen. Seinen Eltern, die er dann
später in Timna wiedersah, erzählte er nichts davon. 7 In Timna angekom-
men, redete Simson mit der Philisterin, er war immer noch sehr verknallt in
sie. 8 Einige Wochen später hatte er sich fest entschlossen, sie zu heiraten.
Darum ging er noch mal nach Timna. Auf dem Weg wollte er mal checken,
was aus dem toten Kampfhund geworden war. Lustigerweise hatte sich in
dem toten Körper von dem Hund ein Bienenvolk eingenistet. Die hatten
sogar schon etwas von dem leckeren Honig dort drin. 9 Simson bediente
sich an dem Honig, er nahm etwas davon mit seinen Händen raus, tat ihn

in eine Plastiktüte und naschte auch auf dem Weg da draus. Dann entschloss er sich aber, doch erst mal wieder zurück zu seinen Eltern zu gehen. Als er zu Hause war, gab er ihnen auch was vom Honig ab. Dabei erzählte er aber nicht, wo der jetzt herkam. [10] Irgendwann ging der Vater von Simson dann zu den Eltern von dessen Traumfrau, um mit ihnen einen Ehevertrag auszuhandeln, wie es damals normal war. Simson wollte in der Zeit in Timna eine fette Junggesellenabschiedsparty feiern, wo viele junge Männer aus der Stadt eingeladen waren. So eine Party ging normalerweise über eine Woche. [11] Die Leute, die dort wohnten, wählten dreißig junge Männer aus, die mit ihm zusammen abfeiern durften. [12] Am ersten Tag der Party hielt Simson eine kleine Rede: „Also Jungs, ich hab mir noch so ein kleines Rätsel überlegt. Wenn ihr die Lösung in dieser Woche rausbekommt, kriegen die Gewinner einen Preis von mir. Jeder bekommt eine Designerjeans und ein paar Nike-Schuhe spendiert, wenn ihr die Frage beantworten könnt. [13] Falls ihr es aber nicht schafft, dann krieg ich von jedem von euch eine Designerjeans und ein paar Nike-Schuhe. Seid ihr dabei?" – „Jo, abgemacht! Stell deine Frage!" [14] „Okay", antwortete Simson. „Also: Was ist tot und schmeckt nach Bienen?" Drei Tage lang versuchten sie die richtige Antwort zu finden. Aber sie kamen einfach nicht drauf. [15] Am vierten Tag riefen sie heimlich bei der Freundin von Simson an. „Kannst du vielleicht für uns rauskriegen, wie die richtige Antwort auf Simsons Rätsel ist? Bitte! Quetsch ihn doch irgendwie aus, dass er dir die Lösung sagt." Schließlich drohten sie ihr sogar richtig. „Wenn du uns nicht hilfst, sprengen wir dich und das Haus von deinem Vater in die Luft! Habt ihr uns nur eingeladen, um uns abzuzocken, oder wie?" [16] Schließlich versuchte sie dann ihren Simson rumzukriegen. „Du liebst mich doch nicht wirklich", heulte sie ihn voll. „Eigentlich hasst du mich sogar. Du hast den Männer aus der Stadt dieses Rätsel aufgegeben, aber noch nicht mal mir erzählst du die Lösung!" – „Hey, entspann dich mal! Ich hab die Lösung noch nicht mal meinen Eltern verraten! Warum sollte ich sie dir denn überhaupt erzählen, he?", antwortete Simson. [17] Sie ließ aber die ganze Zeit, in der die Party war, einfach nicht locker. Ständig heulte sie ihm die Ohren voll. Irgendwann hatte Simson voll den Hals. Er sagte ihr die Lösung, damit sie endlich ihre Klappe hielt. Sie rief dann noch am selben Tag die anderen Typen an und erzählte ihnen die richtige Antwort. [18] Kurz vor Ende der Frist, am siebten Tag der Woche, kamen die dann bei Simson an. „Okay, wir haben die Lösung: Was ist tot und schmeckt nach Bienen? Ein Pitbull voll Honig." – „Boaa, ihr habt mich abgezogen!", brüllte Simson wütend. „Wenn euch das nicht jemand geflüstert hätte, hättet ihr nie und nimmer die richtige Lösung erraten!" [19] Dann ging Simson in die Stadt Aschkelon. Gottes Kraft kam plötzlich wieder in seinen Körper. Er suchte sich dreißig Männer, die die passenden Schuhe und Jeans anhatten. Die

verkloppte er mal eben und zog ihnen die Sachen aus. Dann gab er sie
an die Männer weiter, die das Rätsel gelöst hatten. Megasauer ging er dann
wieder zurück nach Hause.“ 20 Seine Verlobte wurde dann heimlich vom
Vater an Simsons Trauzeugen verheiratet.

15

Simson rächt sich an den Philistern

1 Einige Zeit später wollte Simson seine Verlobte noch mal besuchen. Im
Gepäck hatte er einen total schönen Brillantring und einen Blumenstrauß
mit roten Rosen. Als er an der Tür klingelte, kam der Vater raus. „Ich möchte
meine Verlobte besuchen und ein bisschen Zeit mir ihr verbringen“, sagte
er zu ihm. Aber der Vater wollte ihn nicht reinlassen. 2 Er sagte zu Simson:
„Ich dachte, du hättest keinen Bock mehr auf meine Tochter. Ich hab sie jetzt
deinem Trauzeugen gegeben! Die beiden haben letztens geheiratet. Wenn
du willst: Ihre jüngere Schwester ist noch frei! Die sieht sowieso viel hüb-
scher aus! Die kannst du gerne heiraten.“ 3 Simson sagte zu sich: „Die Phi-
lister sind echt selbst dran schuld, wenn ich hier jetzt alles kurz und klein
haue!“ 4 Er ging ins Tierheim und nahm von dort 300 Hunde mit, die er alle
in einen Hänger packte. Dann fuhr er auf die Felder vor der Stadt und parkte
dort. Jetzt bekamen immer zwei Hunde eine Leine, mit der sie zusammen-
geknotet waren. In die Mitte der Leine steckte Simson eine bengalische
Fackel, die auch bei Nässe und starkem Wind gut brannte. 5 Dann zündete
er die Fackeln an und ließ die Hunde frei. Die rannten über die Getreidefel-
der, und in Sekunden brannten alle Felder und damit die ganze Ernte lichter-
loh. Das Feuer breitete sich sogar auf die Apfelbaumplantagen aus. 6 Als die
Philister den Schaden bemerkten, wurde sofort eine Untersuchungskomis-
sion eingesetzt. „Wer war das? Wo sind die Täter“, fragten sich die Philister
überall im Land. Schließlich kam raus, dass Simson dafür verantwortlich
war. „Der ‚Fastschwiegersohn‘ von dem Typen aus Timna hat das getan! Das
ist seine Rache, weil der seine Frau einfach seinem Trauzeugen gegeben
hat!“ Einige Männer aus der Stadt waren so sauer, dass sie nach Timna fuh-
ren und die ganze Familie von der Frau abknallten. Anschließend zündeten
sie das Haus mit den Leichen drin an. 7 Simson war aber überhaupt nicht
damit zufrieden. „Ihr könnt machen, was ihr wollt. Ich höre nicht auf, bis ich
mich an euch gerächt habe!“ 8 Und dann zog er los und polierte jedem,
der dabei gewesen war, anständig die Fresse. Als das erledigt war, nahm er
sich eine Bude in der Hochhaussiedlung von Etam.

Simson erschlägt im Nahkampf tausend Philister

9 Die Philister erklärten dann Juda den Krieg. Sie schlugen ihr Lager in der
Gegend von Lehi auf. 10 „Was ist der Grund für die plötzliche Kriegserklä-

rung?", wollten die Leute von Juda wissen. „Es geht uns vor allem um diesen Simson. Den wollen wir einbuchten und uns an ihm rächen. Wir haben nämlich noch ne Rechnung mit ihm offen." [11] Eine Garnison von 3000 Mann von Juda packte dann ihre Sachen und zog nach Etam zu Simson. Der General kam in seine Bude und sagte zu ihm: „Wie konnten Sie uns nur so in Gefahr bringen? Sie hätten doch wissen müssen, dass die Philister die Besatzungsmacht sind und bei uns das Sagen haben?" – „Pff, ist mir doch egal!", erwiderte Simson. „Ich hab denen nur zurückgezahlt, was die mir angetan haben." [12] „Also, wir sind eigentlich hier, um Ihnen Handschellen anzulegen und Sie abzuführen. Eine Gefangenenübergabe an die Philister ist für heute angesetzt." Simson antwortete: „Okay, ich werde mich nicht verteidigen, und Sie können mich abführen, wenn Sie wollen. Aber nur unter einer Bedingung: Keiner von Ihnen wird mich erschießen, wenn ich mir die Handschellen anlegen lasse! Ist das klar?" [13] „Nein, das würden wir nie tun", versprachen sie zu ihm. „Wir wollen Ihnen nur die Handschellen anlegen und Sie lebend an die Philister ausliefern!" Also ließ sich Simson die Teile anlegen und wurde aus seiner Bude abgeführt. [14] Dann kamen sie in der Hauptstadt Lehi an. Als man den Wagen öffnete und die Schaulustigen Simson erkannten, gab es voll die Sprechchöre überall. Die Philister waren am Feiern, weil man ihn endlich dingfest gemacht hatte. Plötzlich übernahm aber die Kraft Gottes die Kontrolle über Simson. Mit einem Ruck zerriss er die Handschellen, als wären die aus Plastik. Die Teile bröselten förmlich von seinen Händen. [15] Auf einer Bank lag zufällig ein Baseballschläger, den sich Simson dann schnappte. Mit dem Teil prügelte er an dem Abend tausend Philister tot, keiner überlebte. [16] Simson schrie laut: „Yesss! Ich hab's ihnen mit einem Baseballschläger so richtig gegeben! Tausend Männer hab ich plattgemacht!" [17] Den Schläger warf er dann in die Büsche. Später nannte man diesen Ort „Wo der Baseballschläger liegt". [18] Nach dem Kampf bekam Simson mega Durst, hatte aber keine Kohle dabei, um sich ne Cola zu kaufen. „Gott, du hast mir hier echt geholfen! Ich konnte mich rächen und hab einen großen Sieg eingefahren. Bitte sorg schnell dafür, dass ich was zu trinken bekomme! Ich sterbe fast vor Durst! Ich will nicht ohnmächtig werden, weil mich dann diese Typen, die auf dich scheißen, bestimmt verhaften würden, und ich könnte mich nicht dagegen wehren!" [19] Plötzlich stand um die Ecke, wo Simson gebetet hatte, ein großer Colaautomat. Er zog sich gleich ein paar Dosen für lau und trank sie auf ex aus. Dann ging es ihm viel besser. Dieser Automat stand da übrigens ne lange Zeit. Weil Simson an der Stelle Gott um Hilfe gebeten hatte, hat man dem Platz einen Namen gegeben. Er heißt jetzt „Platz der Gebetserhörung". [20] Simson übernahm dann für zwanzig Jahre den Richterjob bei den Israeliten. Das war noch in der Zeit, als die Philister das Land besetzt hielten und die Leute schwer unter Druck setzten.

16

Als Simson im Gazastreifen lebte

1 Simson zog dann in die Stadt Gaza und mietete sich ein Zimmer. An
einem Tag machte er nachts eine Tour durchs Rotlichtviertel und besuchte
dort auch den „Pascha-Club“. Er ging mit einer Prostituierten aufs Zimmer
und quatschte lange mit ihr. 2 In der Stadt machte das schnell die Runde:
„Simson ist hier!“ Die Philister organisierten sofort einen Suchtrupp, der die
ganzen Clubs abchecken sollte. Ein anderer Posten stand am Ortseingang,
um ihn dort abzufangen. Der Plan war, sich dort die Nacht über zu verste-
cken und ihn dann morgens abzugreifen, wenn es hell wird. „Wir töten ihn,
wenn er hier durchkommt!“ 3 Simson stand aber schon um Mitternacht auf
und ging zur Stadtgrenze. Dort ging er an einen Grenzposten, riss die
Schranke samt Halterung aus dem Boden und rannte damit weg. Das Teil
schleppte er dann vor die Stadt auf den Berg, der gegenüber von Hebron
lag.

Wie man Simson besiegen kann

4 Einige Zeit später verknallte sich Simson mal wieder in eine Frau. Ihr Name
war Delila. Sie war eine Philisterin und kam aus dem Tal Sorek. 5 Die Chefs
von den Philistern bekamen das von jemandem gesteckt und redeten des-
wegen mit ihr. „Wir brauchen dich, um Simson kleinzukriegen. Mach ihn
abhängig von dir, er muss dir aus der Hand fressen. Und dann quetsch ihn
aus, woher er seine Kraft bekommt. Krieg raus, was man tun muss, um ihn
fertigzumachen. Wir wollen ihn unbedingt verhaften. Wenn du uns dabei
hilfst, bekommst du von jedem von uns 70 000 Euro.“ Delila war einverstan-
den. 6 Als Simson mal wieder bei ihr im Bett war, meinte sie nach dem Sex
zu ihm: „Schatz, ich hab mal ne Frage: Woher kommt das eigentlich, dass
du so stark bist? Gibt es eigentlich irgendein Mittel, damit du wehrlos wirst,
dass man dir Handschellen anlegen und dich abführen könnte?“ 7 „Klar“,
antwortete Simson. „Wenn man mich mit neuen Nylonstrümpfen fesselt,
hab ich keine Chance. Dann bin ich genauso schwach wie jeder andere
Popel.“ 8 Am nächsten Tag schickten ihr die Chefs der Philister ein paar neue
Nylonstrümpfe, und in der Nacht fesselte sie Simson damit im Schlaf. 9 Ein
paar Männer hatten sich dabei in ihrem Keller versteckt und warteten nur
da drauf, Simson abzuführen. Nachdem sie ihn gefesselt hatte, schrie sie
laut: „Achtung, Simson! Die Philister sind da!“ Simson sprang explosions-
artig vom Bett auf und zerriss die Nylonstrümpfe wie ein Stück feuchtes Klo-
papier. Simson hatte eben doch nicht wirklich verraten, woher seine Kraft
kam. 10 Delila machte einen auf enttäuscht. „Du hast mich nur vollgelabert!
Du hast mich verarscht! Du hast mir nicht die Wahrheit gesagt!“, weinte sie

rum. „Jetzt sag mir konkret, wie man dich so fesseln kann, dass du dich
nicht wehren kannst, Mann!" [11] „Na gut, ich verrat es dir", antwortete Sim-
son. „Du musst ganz neue Handschellen nehmen, die frisch aus der Fabrik
kommen. Wenn man mir die anlegt, verliere ich meine Kraft. Dann bin ich
genauso schwach wie jeder Normalo." [12] Delia kaufte sich sofort ein paar
ganz neue Handschellen. Nachts fesselte sie ihn damit ans Bett. Wieder
lagen ein paar von den Männern bei ihr im Keller auf der Lauer. Morgens
schrie sie plötzlich wieder ganz laut: „Simson! Die Philister sind da!" Er
sprang von seinem Bett auf, nahm das halbe Bett dabei gleich mit und zer-
fetzte die Handschellen mit einer Bewegung. [13] Delia war jetzt richtig ange-
pisst. „Du hast mich verarscht! Du hast mich angelogen!", schrie sie ihn
an. „Jetzt sag mir endlich, wie man dich festnehmen kann!" – „Also, das ist
so", sagte Simson. „Wenn man sieben von meinen Dreadlocks an die Beine
von einem Bett bindet, bin ich wehrlos." Simson hatte nämlich voll die
langen Dreads auf dem Kopf. [14] In der nächsten Nacht band sie sieben von
seinen Dreadlocks an einem Bein vom Bett fest. Als sie fertig war, schrie
sie wieder los: „Simson! Die Philister sind da!" Simson erschreckte sich voll,
sprang aus dem Bett raus und riss das ganze Teil gleich mit sich, inklusive
des Rahmens.

Simson erzählt Delila sein Geheimnis

[15] „Du liebst mich gar nicht wirklich! Du vertraust mir null. Dreimal hinter-
einander hast du mich jetzt voll verarscht und mir nicht gesagt, woher deine
Kraft kommt!" [16] Sie nervte jeden Tag rum, laberte Simson ständig zu, dass
er sie nicht wirklich liebt und so. Das ging ihm so sehr auf die Nerven, dass
Simson schon fast Selbstmordgedanken hatte. [17] Irgendwann wurde er weich
und erzählte ihr sein Geheimnis. „Okay, also hör zu: Der Grund, warum ich
so stark bin, sind meine langen Haare. Ich war in meinem ganzen Leben
noch nie beim Friseur. Seit meiner Geburt gehöre ich zu meinem Gott, ganz
radikal, ich bin ihm ganz und total übergeben worden. Wenn man mir die
Haare abrasiert, verliere ich aber meine Kraft. Dann bin ich genauso
schwach wie jeder normale Mensch. So ist das. Jetzt lass mich endlich in
Ruhe." [18] Delila merkte, dass er ihr diesmal wirklich die Wahrheit gesagt
hatte. Das war kein Spruch oder so. Sie schrieb eine Nachricht an die Chefs
von den Philistern: „Probiert es heute noch mal! Er hat mir sein Geheimnis
verraten!" Die Männer kamen vorbei und brachten auch den Scheck gleich
mit. [19] Als die beiden im Bett lagen, ließ Delila Simson nach dem Sex auf
ihrem Busen langsam einpennen. Dann schickte sie eine SMS an einen der
Männer, er sollte mal mit einer Schere vorbeikommen. Sie schnitt ihm dann
sieben von seinen Dreads ab. Jetzt war es so weit, Simson wurde langsam
immer schwächer, bis er überhaupt keine besondere Kraft mehr hatte. [20] Sie

machte wieder den Test und schrie plötzlich ganz laut: „Simson, die Philister
sind da!“ Simson sprang von seinem Bett auf und ging in Verteidiungsposi-
tion. Er dachte so bei sich: „Das wird wie immer. Ich zerspreng die Hand-
schellen und mach alle kaputt!“ Er hatte es noch gar nicht gerafft, dass Gott
nicht mehr auf seiner Seite kämpfte. [21] Die Philister sprangen auf ihn drauf
und stachen mit einem Messer seine Augen aus. Dann legten sie ihm Hand-
schellen an und führten in ab, in den städtischen Zentralknast nach Gaza.
Dort musste er die ganze Zeit Fußfesseln tragen und wurde gezwungen, in
der Knastschlosserei zu arbeiten. [22] Aber die Haare, die sie ihm abrasiert
hatten, fingen mit der Zeit wieder an zu wachsen...

Simsons Rache

[23] Nach ein paar Wochen setzte die Chefetage der Philister eine fette Party
an. Es sollte ein Fest zu Ehren ihres Pseudogottes Dagon sein. Auf den
Einladungskarten stand drauf: „Unser Gott hat dafür gesorgt, dass wir unse-
ren Feind besiegt haben!“ [24] Als die Menschenmasse den gefangenen Sim-
son sah, freuten sie sich voll und dankten ihrem Gott Dagon. Überall hörte
man so Sprechchöre wie den hier: „Unser Gott hat uns unseren Feind über-
geben, der wie ein Tornado über unser Land war am Fegen, Mann, wie waren
unsere Männer verwegen, der Typ, der unsere Leute mit MG anstatt mit
nem Degen am Absägen war, der liegt jetzt daneben.“ [25] Als die Stimmung
am Kochen war, befahlen die Männer aus der Chefetage: „Los, bringt den
Simson mal her! Wir brauchen mal wieder was zum Ablachen!“ Sie holten
den Simson dann aus dem Knast raus, stellten ihn auf die Bühne und ver-
arschten ihn in einer Tour. Dabei hatte man Simson zwischen zwei tragende
Pfeiler gestellt. [26] Simson sagte zu dem Jugendlichen, der sein Blindenführer
war: „Lass mich mal eben bitte los. Ich möchte den Pfeiler finden, der das
ganze Haus hier trägt, und mich ein wenig da dran anlehnen.“ [27] Der Laden
war mittlerweile brechend voll. Tausende Menschen, Männer und Frauen,
sahen zu, wie Simson öffentlich verarscht wurde. Alleine auf dem Flachdach
von der Disko saßen 3000 Menschen. Wie gesagt, war auch die ganze Füh-
rungsriege der Philister vor Ort. [28] Simson fing an zu beten. Er sagte: „Gott!
Dir ist nichts unmöglich! Hör mich jetzt! Gib mir noch ein einziges Mal
meine alte Kraft zurück! Ich will Rache! Mindestens für eins von meinen zwei
Augen, die sie mir ausgestochen haben, will ich's denen heimzahlen!“
[29] Jetzt suchte er mit den Händen noch mal die beiden Mittelpfosten, auf
denen das Dach vom ganzen Gebäude stand. Mit aller Kraft drückte er dage-
gen, gegen die eine mit der rechten und gegen die andere mit der linken
Hand. [30] Er schrie laut: „Zur Hölle mit euch Philistern!“, nahm noch mal alle
Kraft zusammen und stemmte sich volle Kanne gegen die Pfeiler. Und plötz-
lich fielen die Teile um, und die ganze Halle stürzte über den Philistern

und ihren Chefs zusammen. Auf die Art tötete Simson sich selbst, aber auch
mehr Philister, als er vorher in seinem ganzen Leben umgebracht hatte.
31 Alle männlichen Verwandten von ihm kamen später dort hin und holten
sich seine Leiche. Sie wurde zwischen Zora und Eschtaol beerdigt, in dem
Grab, wo schon sein Vater Manoach lag. Simson war zwanzig Jahre lang
der Richter in Israel gewesen.

17

Noch ein paar Geschichten: Micha

1 In den Bergen von Efraim wohnte mal ein Typ, der Micha hieß. 2 Seine Mut-
ter war etwas schusselig, einmal dachte sie, ihre ganze Kohle, die sie unter
der Matratze versteckt hatte, sei ihr geklaut worden. Das waren immerhin
über 140 000 Euro in großen Scheinen. Als die Mutter am Suchen war, wur-
de sie plötzlich voll sauer und verfluchte den Dieb, der das Geld jetzt hatte.
Beim Mittagessen sagte Micha zu ihr: „Du, Mami, deine Kohle hab ich jetzt
übrigens mal zur Bank gebracht und ein Sparbuch eröffnet!“ – „Oh, gut
dass du mir das erzählst“, sagte seine Mutter. „Gott, bitte dreh meinen
Fluch wieder um, er soll jetzt etwas Gutes bewirken!“ 3 Als Micha ihr das
Sparbuch in die Hand drückte, sagte sie: „Hiermit stelle ich das ganze Geld
radikal Gott zur Verfügung! Ich möchte, dass von dem Betrag eine Statue
von Gott gemacht wird, so eine aus Holz, die mit Gold überzogen wird.
Nimmst du es erst mal wieder an dich?“ 4 Aber Micha wollte das Sparbuch
nicht behalten und gab es ihr zurück. Seine Mutter hob am nächsten Tag
25 000 Euro ab und gab beim Goldschmied einen Auftrag in Zahlung. Er
sollte von der Kohle so einen Plastikgott basteln. Als der fertig war, wurde
der in dem Haus von Micha aufgestellt. 5 Micha hatte sich nämlich in sei-
nem Haus so eine Art Minikirche einbauen lassen. Einer von seinen Söhne
wurde von ihm sogar mit einem Ritual als Priester eingesetzt. Er ließ auch
Priesterklamotten nähen und so eine Spezialtasche für Priester, wo die be-
sonderen Lose drin waren. 6 Zu der Zeit gab es keinen Präsidenten in Israel,
es herrschte so eine Art Anarchie, jeder konnte tun und lassen, was er wollte.
7 Ein junger Mann, der aus dem Familienstamm Levi kam, lebte zu der Zeit
in Bethlehem. 8 Dann verließ er aber wieder die Stadt, um irgendwo anders
zu wohnen. Auf dem Weg kam er durch die Berge von Efraim. Auch das
Haus von Micha lag auf seiner Strecke. 9 Als er dort eine Pause einlegen
wollte, quatschte ihn Micha an. „Woher kommen Sie denn?“, fragte er. Der
andere antwortete: „Ich stamme von dem Familienstamm Levi und komme
aus Bethlehem. Das liegt im Gebiet von Juda. Ich will mir jetzt irgendwo
anders eine Wohnung suchen.“ 10 „Wenn Sie wollen, können Sie gerne für
mich arbeiten! Hier ist ne Stelle als Berater und Priester frei! Ich zahle Ihnen
10 000 Euro jährlich. Arbeitsklamotten gibt’s umsonst, dazu können Sie für

den Rest Ihres Lebens kostenlos bei mir essen." 11 Der Typ war einverstan-
den. Er blieb bei Micha und wurde so was wie ein Sohn für ihn. 12 Micha
setzte ihn dann auch als einen Priester ein. Der arbeitete ab dann nur noch
in seinem Haus als sein Privatpriester. 13 Micha war begeistert: „Jetzt weiß
ich endlich ganz sicher, dass Gott dafür sorgt, dass es mir immer gutgeht,
weil ich einen von den Levi-Leuten als Priester habe."

18

Der Familienstamm Dan sucht ein neues Zuhause

1 Zu der Zeit gab es bei den Israeliten noch keinen Präsidenten. Der Fami-
lienstamm Dan hatte bis dahin noch kein eigenes Land eingenommen, was
nur ihnen gehörte und auch weitervererbt werden konnte. Sie waren also auf
der Suche nach so was Ähnlichem, wie es die anderen Familienstämme auch
hatten. 2 Eine Spezialeinheit wurde dafür ausgesucht, insgesamt fünf Män-
ner, die mal so ein Stück Land auschecken sollten. Es waren Leute mit einem
guten Ruf, die in Zora und Eschtaol lebten. Diese Spione kamen auch durch
das Gebirge von Efraim an dem Haus von Micha vorbei, wo sie sich ein
Gästezimmer nahmen. 3 In der Unterhaltung am Tresen fiel ihnen der Slang
von dem Priester auf. Also fragten sie ihn direkt: „Sagen Sie mal, was hat
Sie denn in diese Gegend hier verschlagen?" 4 „Micha hat mir einen Job
angeboten. So bin ich ein Priester geworden", antwortete er. 5 „Wenn Sie so
einen guten Draht nach oben haben, könnten Sie nicht mal für uns raus-
kriegen, ob wir unsere Sache erfolgreich zu Ende bringen werden?" 6 Der
Priester ließ sich da drauf ein und betete ne Runde über die Frage. Kurze Zeit
später sagte er zu ihnen: „Also, Gott hat zu mir gesagt, er steht hinter Ihrem
Anliegen. Sie können ganz entspannt weiterziehen!" 7 Die Spione zogen
dann nach Lajisch. Die Menschen dort hatten ein friedliches Leben und
mussten sich um nichts wirklich Sorgen machen. Im Grunde war die Situa-
tion genauso wie in der Stadt Sidon. Auch die hatten keine echten Feinde,
keiner im ganzen Land bedrohte sie. Sie wohnten dort völlig ab vom Schuss
und hatten mit niemandem großen Stress. 8 Als die Spione wieder zurück
waren, fragten die Leute von Zora und Eschtaol gleich: „Und? Was habt ihr
erlebt?" 9 „Jetzt geht's los!", antworteten sie. „Lasst uns Lajisch einnehmen!
Das Land ist echt supergut. Aber kommt jetzt auch mal langsam in die
Puschen! 10 Der Gegner rechnet zur Zeit null mit einem Angriff, die denken,
sie wären in Sicherheit. Gott hat euch dieses Land schon geschenkt. Es ist
sehr groß und hat alles, was man sich wünschen kann." 11 Also wurde ein
Trupp von 600 Soldaten vom Familienstamm Dan zusammengestellt, der
sich aus Zora und Eschtaol mit den Familien auf den Weg machte. 12 Das
erste Zwischenlager wurde westlich vom Kirjat-Jearim im Gebiet von Juda
aufgebaut. Seitdem nennt man diesen Ort auch „Mahane-Dan", was so viel

bedeutet wie „das Lager von Dan“. 13 Von dort zogen sie weiter in die Berge
von Efraim und kamen auf dem Weg auch beim Haus von Micha vorbei.
14 Die fünf Spione, die vorher schon mal da gewesen waren, sagten zu den
anderen: „Hey, Leute, auf diesem Hof kann man ganz gut was abzocken.
Es gibt hier so einen Plastikgott, der mit Gold überzogen wurde. Und auch
echt geile Priesterklamotten und so eine Tasche, wo diese besonderen Lose
drin sind, kann man hier abziehen. Voll die gute Gelegenheit, die kommt
so schnell nicht wieder!“ 15 Also gingen sie erst mal zu dem Haus, wo der
junge Priester wohnte (und was ja eigentlich Micha gehörte), und klingelten
dort, um erst mal zu fragen, wie es so geht. 16 Die 600 bewaffneten Soldaten
vom Familienstamm Dan kamen aber nicht mit hinein. Sie blieben draußen
vor dem großen Grundstück stehen. 17 Die fünf Spione, die vorher schon
mal da waren, um die Gegend auszutesten, brachen dann in das Haus von
Micha ein. Sie zockten den Plastikgott und auch die Tasche mit den beson-
deren Losen und steckten die Sachen in einen Rucksack. 18 „Was macht ihr
da?“, schrie der Priester sie an. 19 „Pssst, Schnauze halten! Wir haben ein
Angebot für dich: Du kannst bei uns mitmachen. Wir stellen dich bei uns als
Priester und Sozialarbeiter ein. Was ist der bessere Job: Priester von einer
einzigen Familie oder von einem ganzen Familienstamm zu sein?“ 20 Der
Priester fand den Vorschlag ganz geil. Er schnappte sich den Rucksack mit
dem Plastikgott und der Tasche mit den besonderen Losen und ging dann
mit ihnen mit. 21 Als sie dann weiterzogen, gingen die Frauen und Kinder mit
den gesamten Klamotten sowie allen Tieren vorneweg. 22 Obwohl sie schon
eine Weile unterwegs waren, holten Micha und seine Nachbarn den Treck
ein. 23 Sie schrien laut: „Halt, stehenbleiben!“ Die Soldaten von Dan drehten
sich um und taten auf doof: „Was ist denn los? Warum dieser Aufmarsch
von Truppen? Warum bist du hinter uns her?“ 24 „Leute, ihr habt mir meinen
Plastikgott geklaut, den ich mir selbst gebastelt hatte! Und meinen Priester
habt ihr auch noch mitgenommen. Ihr habt mich total abgezogen! Jetzt fragt
ihr auch noch so blöd, was denn los ist?“ 25 „Halts Maul!“, sagten die Sol-
daten. „Wenn du noch einen Pieps sagst, machen wir dich kalt! Die Männer
hier verstehen keinen Spaß. Oder willst du, dass du und deine ganze Familie
von uns getötet werden?“ 26 Für Micha war klar, dass er gegen diese Über-
macht nichts ausrichten konnte. Also gingen die Männer einfach weiter, und
er kehrte zurück nach Hause. 27 Den Plastikgott von Micha und seinen
Priester nahmen sie mit. Als sie dann in Lajisch ankamen, richteten sie ein
Blutbad unter den Bewohnern an. Alle wurden getötet und das ganze Dorf
abgefackelt. 28 Keiner konnte den Leuten von Lajisch wirklich helfen, weil
ihre Stadt zu weit entfernt lag, mitten in der Ebene von Bet-Rehob. Die
Nachbarstadt Sidon hatte sowieso schon immer ihr eigenes Ding durchge-
zogen. Nachdem der Brand gelöscht war, bauten die Sieger von diesem

Krieg die Stadt wieder für sich auf und wohnten da drin. 29 Die Stadt bekam
den Namen von dem Typen, der ihren Familienstamm mal gegründet hatte:
Dan. Dan war einer von den Söhnen von Jakob gewesen. 30 In der City
stellten sie diesen Plastikgott, den sie die ganze Zeit mitgeschleppt hatten,
mitten in der Fußgängerzone auf. Der Priester Jonatan, der von dem Sohn
von Mose, Gerschon, abstammte, passte auf alles auf. Seine ganze Familie,
machte ab dann den Priesterjob für den Familienstamm Dan. Und zwar
so lange, bis die Bewohner aus der ganzen Ecke von den Assyrern im Krieg
besiegt und weggeschleppt wurden. 31 Der selbstgebaute Plastikgott von
Micha war aber in der ganzen Zeit, wo das besondere Zelt noch in Schilo
stand, ihr Gott.

19

Die Leute vom Familienstamm Benjamin bauen richtig Scheiße

1 Damals lebte ganz oben im Norden der Berge von Efraim ein Mann vom
Familienstamm Levi. Zu der Zeit gab es noch keinen Präsidenten in Israel.
Dieser Levi-Typ wohnte wie ein Ausländer dort. Er war mit einer Frau ver-
heiratet, die aus Bethlehem stammte, was im Gebiet von Juda lag. 2 Ihr Ehe-
mann ging ihr derart auf die Nerven, dass sie irgendwann einfach abhaute
und ihn verließ. Sie ging dann zurück zu ihrem Vater nach Betlehem. Nach
vier Monaten 3 unternahm ihr Ehemann noch mal eine Aktion, um sie
zurückzuholen. Er packte einen seiner Angestellten ins Auto und fuhr zum
Haus von ihrem Vater. An der Tür begrüßte ihn seine Frau und brachte ihn
auch in das Zimmer, wo der Vater saß. Als der ihn sah, freute er sich voll und
begrüßte ihn herzlich. 4 Der Vater wollte unbedingt, dass der Typ erst mal
drei Tage dablieb. Also zog er dort für die Zeit ein. Sein Angestellter bekam
auch ein Zimmer. Sie saßen jeden Abend zusammen, aßen und unterhielten
sich bis spät in die Nacht. 5 Am vierten Tag wollte der Typ dann morgens
seine Sachen packen und schnell abdampfen, seine Frau war auch wieder
bereit mitzukommen. Aber der Schwiegervater meinte noch: „Junge, jetzt iss
noch was! Lass uns erst mal frühstücken! Dann könnt ihr gehen." 6 Also
blieben sie noch da und frühstückten lange zusammen und tranken Kaffee.
Schnell war der Nachmittag durch, und der Vater sagte zu ihm: „Och, ihr
könnt doch heute noch mal hier übernachten! Mach dir hier noch ne schöne
Zeit." 7 Der Levi-Typ wollte unbedingt los, aber der Vater drängelte so lange
rum, bis er dann doch noch eine Nacht obendrauf legte. 8 Am fünften Tag
stand er schon mit den Koffern am Eingang, da quatschte der Vater ihn wie-
der an. „Ach bitte, nimm dir doch noch ein bisschen zu essen. Warte noch,
bis es dunkel wird, dann ist es auch nicht so heiß, wenn ihr losgeht." Also
wurde noch mal zusammen gegessen. 9 Nach dem Nachtisch wollte der
Levi-Typ aufstehen und mit seiner Frau und dem Angestellten losziehen.

Aber der Vater meinte zu ihm: „Ganz schön spät geworden, gleich wird es
dunkel. Bleib doch noch einen Nacht. Hier hast du alles, was du brauchst.
Morgen früh könnt ihr euch dann auf den Weg nach Hause machen.“ 10 Aber
der Levi-Typ hatte da keinen Bock drauf. Sie packten die Sachen zusammen
und fuhren los. Auf der Reise parkten sie ihr Auto zwischendurch vor der
Stadt Jerusalem auf einem Parkplatz. 11 Weil es schon langsam dunkel wur-
de, meinte der Angestellte zu ihm: „Lass uns doch ein Hotel in der Stadt
suchen und dort pennen.“ 12 „Nein, auf keinen Fall!“, antwortete er. „Wir
schlafen hier nicht bei irgendwelchen Leuten, die nicht zu unserem Volk
gehören. Ich wäre dafür, dass wir rüber nach Gibea fahren. 13 Lasst uns da
einen Pennplatz suchen, in einem der Orte dort. Entweder in Gibea oder
in Rama! Okay?“ 14 Also fuhren sie weiter. Allerdings schafften sie es nicht
ganz, vor Einbruch der Dunkelheit dort zu sein. Sie waren in der Nähe von
Gibea, was in dem Gebiet vom Familienstamm Benjamin lag. 15 Sie bogen
von der Straße in die Stadt rein und fragten an der Stadtinformation nach
Hotels und Gästezimmern, aber alles war bereits ausgebucht. Also rollten
sie ihre Penntüten nachts am Eingang vom Supermarkt aus und übernachte-
ten dort unter freiem Himmel. 16 Ein älterer Mann kam gerade vom Nacht-
dienst nach Hause. Er stammte auch nicht aus der Gegend, kam ursprüng-
lich aus den Bergen von Efraim. Der größte Teil der Leute, die in der Stadt
wohnten, war in der Regel vom Familienstamm Benjamin. 17 Als er an dem
Levi-Typen vorbeikam, fragte er: „Woher kommen Sie? Und wo wollen Sie
hin?“ 18 „Ich und meine Leute kommen aus Betlehem in Juda. Wir wollen an
die andere Ecke von dem Berggebiet Efraim. Ich wohne dort. Bin von da aus
nach Bethlehem gefahren. Jetzt geht's gerade wieder nach Hause. Wir haben
heute leider keinen freien Pennplatz mehr finden können. 19 Aber wir haben
alles, was wir brauchen. Brot, Käse, Wurst und Bier für mich, meine Frau und
meinen Angestellten, der auch mit uns reist. Und genug Benzin haben wir
auch im Kanister.“ 20 Der ältere Mann sagte: „Hey, wenn Sie wollen, würde
ich Sie gerne einladen, bei mir zu pennen! Hier können Sie auf keinen Fall
bleiben, sonst kriegen Sie Ärger mit der Polizei!“ 21 Sie waren einverstanden.
Also brachte der Typ sie zu sich nach Hause. Das Auto wurde von ihm
betankt und in die Garage gestellt. Sie duschten erst mal anständig und
aßen dann zusammen zu Abend.

Eine richtige üble Sache

22 Als sie noch gemütlich am Spachteln waren, kamen plötzlich total viele
Männer aus der Stadt vor das Haus. Es war ein Gruppe von total miesen
Typen, die ziemlich besoffen von einer Party kamen. Sie trommelten gegen
die Haustür und schrien laut: „Wir wollen diesen Mann poppen! Wir wollen
diesen Mann poppen! Wir wollen diesen Mann poppen!“ 23 Der ältere Mann

ging dann vor die Tür und versuchte die Hooligans zu beruhigen. „Hey,
Leute, entspannt euch mal! So was Fieses wollt ihr doch nicht wirklich tun,
oder? Dieser Mann ist mein Gast! Ihr dürft ihn nicht vergewaltigen! 24 Was
haltet ihr von der Idee, wenn ich euch meine Tochter ausliefere? Die ist noch
Jungfrau. Außerdem bekommt ihr auch noch die Ehefrau von diesem Aus-
länder, der gerade bei mir ist. Ihr könnt mit denen machen, was ihr wollt!
Aber bitte lasst diesen Mann in Ruhe, ihr dürft den nicht vergewaltigen.
Das geht einfach gar nicht!" 25 Aber die Männer vor der Tür hörten ihm gar
nicht richtig zu. Da schnappte sich der Levi-Typ seine Frau und brachte
sie nach draußen, auf die Straße. Die Männer fielen über sie her und ver-
gewaltigten sie die ganze Nacht. Erst als die Sonne aufging, ließen sie die
Frau in Ruhe. 26–27 Sie schleppte sich früh morgens bis zum Eingang des
Hauses von dem Typen. Dort brach sie zusammen. Als es hell wurde, wollte
der Mann seinen Weg weiter fortsetzen. Er machte die Tür auf und fand
die Frau dort tot liegen. Ihre Hände lagen dabei ausgestreckt auf dem Boden
vom Eingang. 28 „Los, komm hoch!", sagte er zu ihr. „Wir müssen weg hier!"
Aber sie konnte ihm nicht mehr antworten. Er hob sie auf und legte die
Leiche in den Kofferraum. Dann zog er weiter Richtung Heimat. 29 Als er zu
Hause war, holte er eine Stichsäge aus dem Keller und zersägte die Leiche
in zwölf gleich große Stücke. Jedes Stück wurde in ein Postpaket getan und
an einen der Familienstämme geschickt. 30 Jeder, der von der Geschichte
hörte und den Inhalt des Paketes dazu sah, wurde voll sauer. „Von so einer
fiesen Aktion haben wir in Israel noch nie gehört! Seitdem unsre Uropas aus
Ägypten weggezogen sind, hat es so was noch nie gegeben! Wir sollten uns
zusammentun und mal beraten, was man dagegen unternehmen kann!"

20

Die Familienstämme von Israel wollen Gibea anständig bestrafen

1 Die gesamte Armee der Israeliten sammelte sich in Mizpa. Dabei waren
die Männer aus dem Gebiet vom Familienstamm Dan, das im Norden lag,
bis hin zu den Leuten von Beerscheba, die ganz aus dem Süden kamen.
Auch die Männer aus Gilead vom Ostjordanland waren dabei. 2 Nicht nur
die Chefetage der einzelnen Stämme war angetreten, sondern gleich die
ganze Armee von allen Israeliten. Insgesamt 400 000 mit MGs bewaffnete
Soldaten standen dort zusammen. 3 Auch die Leute vom Familienstamm
Benjamin lasen in der Zeitung von dem Aufmarsch der Truppen bei Mizpa.
Die versammelten Israeliten wollten den ganzen Bericht noch mal hören,
was da genau passiert ist. 4 Der Levi-Typ, der ja der Ehemann von der ermor-
deten Frau war, erzählte dann die ganze Geschichte noch mal: „Das war so,
ich kam mit meiner Frau in das Gebiet vom Familienstamm Benjamin. Wir
haben uns dann Pennplätze in der Stadt Gibea gesucht. 5 Plötzlich wurden

wir von den Männern der Stadt umzingelt, als wir dort in einem Haus unter-
gekommen waren. Sie hatten es wohl auf mich abgesehen, sie wollten
mich töten. Dann haben sie meine Frau so lange vergewaltigt, bis sie tot war.
6 Ich kam auf die Idee, ihre Leiche in kleine Stücke zu zersägen und sie
überallhin zu schicken. Die Männer aus Gibea haben einen fiesen Mord
begangen, sie haben etwas getan, was in Israel nie und nimmer passieren
darf. 7 Ihr gehört alle zu Israel, es geht euch auch etwas an! Darum bitte
ich euch, jetzt da drüber zu diskutieren, wie wir darauf reagieren sollten. Es
muss eine Entscheidung her!“ 8 Die Männer sprangen alle gleichzeitig von
ihren Stühlen auf und riefen: „Hier geht keiner nach Hause, 9–10 bevor wir
diese Schweine von Gibea nicht bestraft haben! Am besten ziehen wir Lose,
wer sich um die Verpflegung kümmern soll, vielleicht immer jeder zehnte
Mann. Der Rest soll sich zusammentun und gegen die Männer von Gibea
in den Krieg ziehen und sie dafür bestrafen. So ein übles Verbrechen mitten
in Israel muss richtig derbe bestraft werden!“ 11 Alle Israeliten waren sich
in der Sache einig. Man zog geschlossen gegen die Stadt Gibea. 12 Sie
schickten dann eine Nachricht an den Familienstamm Benjamin: „Was ist
da für ein übles Verbrechen bei euch passiert? 13 Wir fordern die sofortige
Herausgabe der Täter, diese fiesen Typen müssen sterben! Alles, was nicht
gut ist, muss aus Israel radikal entfernt werden!“ Den Leuten vom Fami-
lienstamm Benjamin ging das aber am Arsch vorbei. Es war ihnen vollkom-
men egal, was ihre Verwandten von ihnen wollten. 14 Aber die restliche
Armee der Israeliten zog zusammen nach Gibea, um gegen die eigenen
Leute Krieg zu führen.

Der Familienstamm Benjamin wird fast komplett plattgemacht

15 Die Armee der Benjaminiter bestand aus 26 000 Soldaten, die mit MGs
bewaffnet waren. Dazu kamen noch 700 Soldaten aus Gibea, alles kampfer-
probte Männer. 16 Dabei war auch eine Spezialeinheit, die mit Nachtsicht-
geräten und Zielfernrohren ausgestattet waren. Bei denen war jeder Schuss
ein Treffer. 17 Auf der anderen Seite standen 400 000 Soldaten mit MGs.
18 Die Generäle von der Armee der Israeliten wollten noch einmal nach Bet-El
gehen, um sich von Gott einen Tipp geben zu lassen, bevor es losging. Ihre
Frage war: „Welcher von den Familienstämmen soll als Erster losschlagen,
wenn wir gegen die Soldaten von Benjamin in den Krieg ziehen?“ Gottes
Antwort war: „Der Familienstamm Juda.“ 19 Morgens ganz früh brachen die
Soldaten von der israelitischen Armee auf, um gegen Gibea zu kämpfen.
20 Sie stellten sich in Reihen auf, um gegen die Männer vom Familienstamm
Benjamin loszuschlagen. 21 Die Soldaten vom Familienstamm Benjamin
stürmten aber aus der Stadt auf die Armee los und töteten im ersten Zug
gleich 22 000 Mann. 22–23 Darauf zog man sich erst mal wieder nach Bet-El

zurück, um die großen Verluste zu beweinen. Sie beschwerten sich auch bei Gott wegen der krassen Niederlage, die sie erlitten hatten. Sie fragten ihn noch mal: „Gott? Sollen wir es auf einen zweiten Versuch ankommen lassen? Sollen wir gegen unsere Brüder, den Familienstamm Benjamin, wirklich kämpfen?" Gott antwortete: „Ja, tut das!" Die Ansage machte ihnen wieder Mut. Also zogen sie am gleichen Tag noch mal los, an dieselbe Stelle, um zu
kämpfen. [24] Ihre Armee rückte gegen die Männer von Benjamin vor, [25] aber
auch an diesem Tag waren sie nicht in der Lage zu gewinnen. Ganz im Gegenteil: Nachdem der Feind aus der Stadt rausgekommen war, verloren
sie wieder 18 000 bewaffnete Soldaten. [26] Die Chefetage zog daraufhin
wieder nach Bet-El, um sich dort bei Gott über die schwere Niederlage zu beschweren. Sie weinten den ganzen Tag und verzichteten auf jedes Essen, bis es dunkel wurde. Abends wurden dann dort Abfackelopfer und Dankopfer für Gott durchgezogen. [27] Dann befragten sie Gott noch einmal über
die Sache. Zu der Zeit war nämlich die Kiste mit den Gesetzen dort in Bet-El
aufgestellt. [28] Der Priester Pinhas (ein Sohn von Eleasar und ein Enkelkind
von Aaron) schob zu der Zeit dort den Dienst. Sie fragten Gott also: „Sollen wir es auf noch einen Versuch ankommen lassen? Sollen wir noch einmal in den Krieg ziehen, gegen unsere Geschwister vom Familienstamm Benjamin? Oder sollen wir das Ganze knicken?" Gott antwortete: „Ja, zieht noch einmal
gegen sie los. Morgen werde ich dafür sorgen, dass ihr gewinnt!" [29] Beim
nächsten Versuch probierten es die Israeliten mal mit einem kleinen Trick. Ein Teil der Armee versteckte sich an verschiedenen Stellen, die um die Stadt
Gibea herum lagen. [30] Dann sammelte sich der Rest der Armee wieder an
dem alten Schlachtfeld, wo man den letzten Kampf vor der Stadt Gibea
geführt hatte. [31] Als die Armee von den Benjaminleuten aus der Stadt stürmte, taten die Israeliten so, als würden sie vor den Soldaten weglaufen. Auf die Art wurden sie von der Stadt weggelockt. Die stürmten nämlich den Israeliten hinterher und konnten ca. 30 Männer auf freiem Feld töten. Das passierte auf den Straßen, die von Gibea nach Bet-El und Gibeon führen. [32] Die
Leute von Benjamin waren sich wohl ziemlich sicher, dass sie auch diesen Sieg sicher nach Hause schaukeln würden. „Die machen wir noch mal kaputt!" Die Soldaten der Israeliten taten weiterhin alles nach dem Motto: „Wir tun so, als ob wir fliehen würden." Die Idee war, sie von der Stadt weg
auf die offene Straße zu locken. [33] Als die Israeliten bei Baal-Tamar angekommen waren, drehten sie sich plötzlich um und stellten sich dem Angriff. In derselben Sekunde stürmten die anderen Soldaten aus dem Versteck bei
Geba hervor. [34] 10 000 Soldaten der Spezialeinheit kämpften sehr heftig bei
Gibea. Die Armee von Benjamin war zu verpeilt und hatte nicht mitgekriegt,
dass sie gerade in eine Falle gegangen waren. [35] Gott half der Armee von
Israel, und so besiegten sie die Leute von Benjamin. 25 100 Männer wurden

an diesem Tag getötet, alles bewaffnete Soldaten. 36 Die Männer von Benjamin kapierten jetzt, dass sie diesen Krieg verloren hatten. Hier noch mal der Ablauf des Kampfes: Die Soldaten von den Israeliten hatten so getan, als würden sie vor den Soldaten von Benjamin fliehen. Sie hatten eine Falle aufgestellt in der Nähe der Stadt. 37 Die Soldaten stürmten aus dem Versteck, überfielen die Stadt und erschossen alle Bewohner. 38 Wie abgemacht, wurde die ganze Stadt am Ende abgefackelt. Dicke Rauchwolken stiegen von dort zum Himmel. 39 Die Benjaminiter rannten den paar Soldaten hinterher und hatten schon ungefähr 30 Männer von den Israeliten getötet. Sie dachten so bei sich, dass sich die Israeliten schon wieder verpissen wollten. „Wir haben sie wieder fertiggemacht!“, riefen sie zueinander. 40 Plötzlich konnten sie aber den Rauch sehen, der von der Stadt her kam. Und als sie genauer hinsahen, war ganz Gibea schon am Brennen. 41 Im selben Augenblick drehten sich auch die Israeliten um, die nur so getan hatten, als würden sie fliehen. Die Armee der Benjaminiter kriegte voll die Panik, weil plötzlich klar war, dass diese Schlacht komplett in die Hose ging. 42 Jetzt flohen sie vor den Israeliten in Richtung Wüste, aber die Gegner waren ihnen dabei dicht auf den Fersen. Dazu kamen die Israeliten von der anderen Seite der Stadt noch dazu und nahmen sie in die Zange. 43 Die Armee von den Benjaminitern wurde so umzingelt, gejagt und dann plattgewalzt. Die Schlacht ging von Noha bis östlich von Gibea. 44 18 000 Soldaten wurden in diesem Kampf getötet. 45 Nur ein paar Leute konnten in die Wüste fliehen, zum Rimmonfelsen. Auf der Flucht wurden aber von den Israeliten noch einmal 5000 Benjaminiter gekillt und bei der weiteren Verfolgung weitere 2000. 46 Insgesamt starben bei diesem Krieg ca. 25 000 bewaffnete Männer aus dem Familienstamm Benjamin, alles gute Soldaten. 47 600 Männer hatten die Sache überlebt. Sie konnten sich beim Rimmonfelsen verstecken und blieben dort auch für vier Monate. 48 Die Armee der Israeliten zog durch die ganze Gegend, wo der Familienstamm Benjamin zu Hause war, und tötete alles, was ihnen in die Quere kam. Menschen, Tiere, ganze Dörfer und Städte wurden niedergemacht und abgefackelt.

21

Aktion „Rettet den Familienstamm Benjamin!“

1 Eine Sache war, dass alle Männer damals in Mizpa geschworen hatten, nie mehr einer ihrer Töchter zu erlauben, einen Mann von dem Familienstamm Benjamin zu heiraten. 2 Es gab wegen den Folgen dieser Entscheidung dann ein Treffen aller Israeliten in Bet-El. Alle waren voll traurig und heulten Gott die Ohren voll. 3 „Gott, wie konnte das nur passieren? Jetzt fehlt uns ja ein ganzer Familienstamm!“, sagten sie zu ihm. 4 Am nächsten Tag bauten sie früh morgens einen Opfertisch, einen Altar, auf und zogen ein paar Opfer-

rituale für Gott durch: Dankopfer und Abfackelopfer. 5 Man hatte damals alle
verpflichtet, unbedingt nach Mizpa zu kommen: „Wer nicht nach Mizpa
kommt, der muss sterben", war die Ansage gewesen. 6 Jetzt waren in Bet-El
wieder alle da und weinten wegen dem Stamm Benjamin. „Ein ganzer Fami-
lienstamm ist ausradiert worden", sagten sie zueinander. 7 „Wir müssen
was unternehmen. Woher bekommen wir Frauen für den Rest von unseren
Brüdern? Wir haben ja alle ganz fest versprochen, dass sich keine von unse-
ren Frauen auf einen Mann von den Benjaminitern einlassen soll!" 8 Plötz-
lich hatte einer eine Idee: „Ist vielleicht ein Familienstamm von uns bei
diesem Treffen damals nicht dabei gewesen?" Beim Nachdenken fiel ihnen
ein, dass aus der Stadt Jabesch, die in Gilead liegt, tatsächlich niemand
dabei gewesen war. 9 Man checkte noch mal die ganze Armee ab und konnte
keinen von denen darunter finden, sie hatten sich klammheimlich aus der
Sache rausgehalten. 10 Also beschloss die Versammlung, dass 12 000 Sol-
daten nach Jabesch ziehen sollten, um diese Kriegsdienstverweigerer zu
bestrafen. Alle Bewohner sollten gekillt werden, auch die Frauen und Kinder.
11 „Zieht die Rote-Karte-Aktion durch! Nur die Mädchen, die noch Jung-
frauen sind, dürfen nicht getötet werden!" 12 Die Armee der Israeliten fand
in Jabesch insgesamt 400 Mädchen, die noch nie mit einem Mann im Bett
gewesen waren. Die wurden dann in das Lager nach Schilo verfrachtet.
13 Als Nächstes wurde eine Abordnung der Israeliten zu dem kleinen Rest
von den Benjaminitern geschickt, die sich am Rimmonfelsen versteckt hat-
ten. Es wurde dort erst mal ein Friedensvertrag unterzeichnet. 14 Auf die Art
kam der Rest von dem Familienstamm Benjamin wieder zurück. Die Isra-
eliten übergaben ihnen die Mädchen, die sie bei der Bestrafungsaktion von
Jabesch eingesammelt hatten. Die 400 Mädchen reichten aber nicht für
alle aus.

Es kommen noch Frauen aus Schilo dazu

15 Wie gesagt, waren die Israeliten voll traurig, weil einer von ihren Fami-
lienstämmen am Aussterben war. 16 Die Chefs fragten sich jetzt, woher man
für die überlebenden Männer vom Benjaminstamm noch Frauen organi-
sieren könnte. Denn alle Frauen waren im Krieg umgenietet worden. 17 „Das
Land existiert ja noch und ist auch noch gut in Schuss. Aber wir müssen ver-
hindern, dass ein Familienstamm von Israel ausstirbt!", sagten sie. 18 „Wir
können aber unsere Töchter nicht mit ihren Männern verheiraten, weil wir
das geschworen haben. „Jeder soll verflucht sein, der einem Mann von Ben-
jamin seine Tochter zur Frau gibt", haben wir damals gesagt." 19 Schließlich
hatten sie eine Idee: „Hey, da ist doch jedes Jahr ein fettes Straßenfest in
Schilo!" Schilo lag nördlich von Bet-El, östlich der Straße von Bet-El nach
Sichem und südlich von Lebona. 20 „Passt auf, ihr versteckt euch in den

Weinbergen“, sagten die Chefs zu den überlebenden Männern von Benja-
min. 21 „Wenn jetzt der Bus mit den Mädchen aus Schilo ankommt, die zum
Straßenfest gehen wollen, dann schnappt sich jeder von euch eine. Die
könnt ihr dann mit nach Hause nehmen und heiraten. 22 Wenn jetzt die Brü-
der oder die Väter bei uns ankommen und Stress machen, dann reden wir
mit denen. Wir werden dann so was sagen wie: „Jetzt lasst ihnen doch die
Frauen, uns zuliebe! Leider haben wir es nicht geschafft, bei der Bestrafungs-
aktion in Jabesch für jeden eine Frau zu organisieren. Für euch geht das auch
mit den Gesetzen in Ordnung, denn ihr habt sie ja nicht freiwillig weggege-
ben.“ 23 Also zogen es die Männer vom Familienstamm Benjamin genau
so durch, jeder ging auf die Party und zog eine von den Frauen ab, als sie
gerade am Tanzen waren. Sie nahmen die mit sich in das Gebiet, aus dem
jeder kam und was Gott ihnen mal geschenkt hatte. Dann bauten sie ihre
Städte wieder auf und lebten dort. 24 Die Israeliten beendeten schließlich
ihr Treffen. Jeder ging wieder in das Gebiet zurück, was Gott ihnen für immer
geschenkt hatte. 25 Zu der Zeit gab es aber immer noch keinen Präsidenten
bei den Israeliten. Jeder Familienstamm lebte so, wie er gerade Bock hatte.

Das Buch Rut

1

Die Vorgeschichte

1 Diese Geschichte passierte in der Zeit, als in Israel noch diese Richtertypen
das Sagen hatten. Da gab's nämlich mal ne Zeitlang im ganzen Land nichts
zu essen. Ein Mann, der in Bethlehem, im Gebiet von Juda, lebte, kam des-
halb auf die Idee, nach Moab umzuziehen. Er wollte sich mit seiner Frau und
seinen zwei Söhnen eine Bude suchen und dort als Ausländer leben. 2 Der
Typ hieß Elimelech, seine Frau hieß Noomi, und die Söhne hießen Machlon
und Kiljon. Die kamen aus der Familie der Efratiter aus Bethlehem. Als sie
in Moab angekommen waren, 3 starb Elimelech. Noomi blieb als alleinerzie-
hende Mutter mit ihren beiden Söhnen zurück. 4 Später heirateten die Söhne
zwei Frauen aus Moab, die eine hieß Orpa, und die andere hieß Rut. 5 Aller-
dings starben die beiden Söhne Machlon und Kiljon bereits zehn Jahre spä-
ter. 6 Noomi packte ihre Sachen und zog mit den zwei Ehefrauen von ihren
Söhnen wieder in ihre Heimat nach Juda zurück. Sie hatte nämlich in der
Zeitung gelesen, dass Gott gerade seine Leute in Juda gut mit Essen ver-
sorgt. 7 Also stieg sie mit ihren Schwiegertöchtern in den Bus, bis zur End-
station Juda. 8 Unterwegs sagte sie plötzlich zu den beiden: „Passt auf, steigt
mal lieber aus und fahrt wieder zurück zu euren Eltern! Gott soll dafür
sorgen, dass es euch gutgeht, weil ihr mir und meinen Söhnen immer echt
geholfen habt. 9 Ich wünsche euch, dass ihr von Gott einen neuen Mann
geschenkt bekommt und ihr ein neues Zuhause findet!" Noomi knutschte
beide noch mal auf die Wange und wollte sich von ihnen verabschieden.
Beide Frauen fingen aber voll an zu heulen. 10 „Nein, wir wollen dich nicht
verlassen!", schluchzten sie. „Wir wollen dich zu deinen Leuten begleiten!"
11 „Hey, ihr zwei, geht bitte wieder zurück!", sagte Noomi. „Was wollt ihr
denn noch bei mir? Ich hab leider keine weiteren zwei Söhne, und ich kann
mir auch keine aus dem Ärmel zaubern! 12 Bitte, geht zurück! Ich bin einfach
zu alt, um noch mal einen Mann zu finden! Und selbst wenn: angenommen
ich würde noch mal heiraten und zwei Söhne kriegen, 13 dann wären die
doch viel zu jung für euch! Außerdem könnt ihr doch nicht 18 Jahre rumhän-
gen und warten, bis die endlich erwachsen sind. Wollt ihr wirklich so lange
ohne Männer auskommen? Nee, echt nicht, das kann ich euch nicht antun.
Ich möchte nicht, dass ihr den gleichen Horror durchmacht wie ich. Auch
wenn Gott mir das zugemutet hat, muss das für euch ja nicht sein." 14 Jetzt
heulten Rut und Orpa erst richtig los. Orpa drückte ihrer Schwiegermutter
nochmal einen Kuss auf die Wange und verabschiedete sich dann. Rut blieb
aber bei ihr. 15 Noomi sagte immer wieder zu ihr: „Mensch, deine Schwäge-

rin ist zu ihren Leuten zurückgefahren, dort, wo auch ihr Gott ist. Jetzt mach
es genauso wie sie!" [16] Aber Rut war immer noch nicht von der Idee begeis-
tert. „Setz mich nicht so unter Druck, dass ich dich verlassen soll! Ich werde
nicht zurückgehen! Ich werde dich nicht alleine lassen! Da, wo du bist, will
ich auch sein. Deine Leute sind auch meine Leute, und dein Gott ist auch
mein Gott. [17] Und wo du mal stirbst, will ich auch sterben, und wo man dich
beerdigt, da will ich auch beerdigt werden. Gott soll mir eine klatschen,
wenn ich dieses Versprechen nicht einhalte. Nur der Tod wird mich von dir
trennen können!" [18] Noomi wurde klar, dass sie Rut nicht von ihren Plänen
abbringen konnte. Also hörte sie auf damit, Rut ständig zu bequatschen,
dass sie doch nach Hause gehen sollte. [19] Sie fuhren dann beide zusammen
nach Bethlehem. Kaum waren sie dort, hatte sich die Nachricht schon über-
all rumgesprochen. Die Frauen in der Stadt tratschten es rum, und immer
wenn sie um die Ecke kam, rief eine: „Ach, da ist ja diese Noomi!" [20] Noomi
redete mal mit den Frauen: „Ich finde es nicht gut, wenn ihr mich Noomi
nennt. Mein neuer Name ist Mara, das bedeutet so viel wie ‚Bitter'. Gott, der
alles kann, hat mir nämlich ein echt bitteres Los gegeben. [21] Als ich von
hier weggezogen bin, hatte ich noch einen Mann und zwei Söhne. Und jetzt
hab ich nichts mehr. Bitte nennt mich nicht mehr Noomi. Gott hat wohl
etwas gegen mich, er hat mich bestraft." Noomi heißt übersetzt nämlich
„die Frau, die gut drauf ist". [22] Auf die Art kam Noomi wieder zurück in ihre
Heimat. Mit dabei war Rut, ihre Schwiegertochter, die aus dem Gebiet von
Moab stammte. Als sie in Bethlehem ankamen, war gerade die Gersten-
ernte angesagt.

2

Rut findet einen Job als Erntehelferin

[1] Noomi erinnerte sich an einen Verwandten von ihrem Mann, der Boas
hieß. Er gehörte zur Familie vom Elimelech. Boas hatte eine eigene Firma.
[2] Eines Tages sagte Rut zu ihrer Schwiegermutter: „Ich will mal losgehen und
uns was zu essen organisieren. Auf den Feldern darf man ja immer die Kör-
ner mitnehmen, die von der Ernte übrig geblieben sind. Werde schon jeman-
den finden, der mich mag und nichts dagegen hat!" – „Klar, gute Idee, mach
das!", antwortete Noomi. [3] Rut ging also ab dann immer auf ein Feld und
sammelte dort die Ähren ein, die vom Mähdrescher runtergefallen waren.
Zufällig gehörte dieses Feld dem Boas. [4] An dem Tag kam Boas gerade auf
dem Rückweg von Bethlehem an seinen Feldern vorbei. Er rief den Arbeitern
zu: „Gott ist auf eurer Seite!", und sie antworteten: „Und er soll dir das
Beste geben, was er hat!" [5] Boas sah Rut am Arbeiten und fragte den Typen,
der an dem Tag die Aufsicht hatte, woher sie kommen. [6] „Das ist eine
Moabiterin!", antwortete der. „Sie ist mit Noomi gekommen. [7] Sie hat um

Erlaubnis gebeten, die Ähren einzusammeln, die wir auf dem Feld liegen-
gelassen haben. Sie ist schon seit heute früh hier am Arbeiten. Ich glaub,
das ist das erste Mal, dass sie eine Pause einlegt und sich in den Schatten
gesetzt hat." 8 Boas ging zu Rut und quatschte sie an. „Darf ich dir einen
Tipp geben? Geh nicht auf ein anderes Feld zum Sammeln! Bleib besser hier
und lauf meinen Angestellten hinterher. 9 Du musst eigentlich immer nur
hinter dem Mähdrescher hergehen. Ich hab meinen Angestellten gesagt,
dass sie dich in Ruhe arbeiten lassen sollen. Und wenn du Durst hast, dann
kannst du dir gerne auch eine Flasche Wasser von meinen Leuten geben
lassen. Die Kisten stehen dort hinten!" 10 Rut war ganz platt: „Warum bist du
so nett zu mir? Wir kennen uns doch gar nicht, und ich bin eine Auslände-
rin!" 11 „Ich hab von der Geschichte gehört, was du alles durchgemacht hast.
Dass du dich echt gerade gemacht hast für deine Schwiegermutter seit dem
Tod von deinem Ehemann. Du hast alles hinter dir gelassen, deinen Vater
und deine Mutter, dein ganzes Zuhause, und bist mit ihr hierher zu meinen
Leuten gekommen, obwohl du hier keinen kanntest. 12 Da hab ich echt
Respekt vor. Gott soll dir dafür eine fette Belohnung geben. Du stehst unter
dem Schutzschirm von Gott, dem Gott von Israel, zu dem du gehörst und
von dem du dich beschützen lässt!" 13 „Ach, Mann, das ist ja echt voll nett
von dir!", antwortete Rut. „Das hat mir voll Mut gemacht, was du gesagt
hast, danke! Und dass du so mit mir umgehst, obwohl ich weniger wert bin
als einer deiner Angestellten, macht es noch besser!" 14 Als Mittagspause
angesagt war, ging Boas zur Rut und fragte sie: „Darf ich dich zu uns zum
Essen einladen? Du kannst dich an unseren Brötchen und dem Bier bedie-
nen, wenn du willst!" Rut war einverstanden und setzte sich zu den Ange-
stellten dazu, die dort am Essen waren. Boas gab ihr eine fette Extraportion,
dass sie es nicht schaffte, das ganz aufzuessen, weil sie schon pappsatt war.
15 Dann stand sie auf, um wieder an die Arbeit zu gehen. Boas sagte zu den
Aufsehern: „Sie hat meine Erlaubnis, auch im Feld zwischen den Spuren
Ähren aufzusammen, wo der Mähdrescher durchgebrettert ist, klar? Sie darf
überall hin, behindert sie nicht beim Arbeiten und lasst sie in Ruhe. 16 Ich
will sogar, dass ihr absichtlich den Mähdrescher mal absaufen lasst, damit
einiges von der Ernte auf den Boden fällt. Sie soll das dann aufsammeln
können. Seid nett zu ihr!" 17 Rut sammelte an dem Tag eine Menge Weizen
auf. Insgesamt hatte sie 17 Kilo an dem Tag gesammelt. 18 Den ganzen
Weizen brachte sie in die Stadt zu ihrer Schwiegermutter. Auch die Brötchen,
die noch übrig waren, brachte sie mit. 19 „Hey, wo hast du denn so viel
Weizen her? Auf welchem Feld warst du heute? Ich bete für denjenigen, der
dir das erlaubt hat, dem soll es immer voll gutgehen!" „Der Typ nannte
sich Boas, dem das Feld gehört hat", antwortete Rut. 20 „Ah, den kenn ich!
Boas ist sogar mit uns über ein paar Ecken verwandt! Gott soll Boas

beschenken! Das Ganze ist für mich mal wieder voll das Zeichen, dass Gott
auf uns aufpasst und für uns sorgt. Er sorgt für uns, solange wir leben und
auch wenn wir tot sind“, sagte Noomi. „Du musst wissen, dass Boas einer
von diesen „Lösern“ ist, der auf uns aufpassen soll. Er muss bei uns als so
eine Art Ersatz-Ehemann einspringen, weil dein alter Ehemann gestorben
ist. Das steht so in den Gesetzen von Gott!“ 21 Rut jubelte: „Er hat mir sogar
erlaubt, dass ich bei seinen Leuten bleiben darf, bis die ganze Ernte einge-
fahren wurde! Ist doch echt krass, oder?“ 22 „Ja, halte dich an diese Leute!“,
sage Noomi. „Woanders würden sie vermutlich nicht so nett mit dir umge-
hen wie dort!“ 23 In der ganzen Zeit, wo die Gerste und der Weizen geerntet
wurden, blieb Rut bei den Arbeitern von Boas und sammelte die Ähren auf.
Danach kümmerte sie sich dann auch wieder tagsüber um ihre Schwieger-
mutter zu Hause.

3

Rut will was von Boas

1 Irgendwann meinte Noomi zu ihrer Schwiegertochter Rut: „Ich finde, du
solltest dir noch mal einen Mann suchen und heiraten. Dann geht es dir bes-
ser, und du hast auch ein richtiges Zuhause! 2 Du weißt jetzt ja, dass dieser
Boas, der Typ, auf dessen Feld du heute gearbeitet hast, mit uns über drei
Ecken verwandt ist. Ich hab gehört, dass der heute Abend wegen der Ernte
noch ne Spätschicht einlegt. 3 Pass auf, ich hab da ne Idee. Geh mal duschen
und mach dich etwas frisch. Dann ziehst du dir ein nettes Sommerkleid an
und gehst auf seinen Hof. Versteck dich irgendwo, dass er dich nicht sieht,
bevor er mit dem Abendessen fertig ist. 4 Und wenn er sich dann ins Bett
legt und pennt, legst du dich einfach am Fußende mit unter seine Decke. Er
wird dir dann schon sagen, was du machen sollst.“ 5 „Okay, wenn du meinst.
Ich werde alles so machen, wie du es gesagt hast“, sagte Rut. 6 Sie ging
also auf den Hof und zog alles genau so durch, wie es ihre Schwiegermutter
gesagt hatte. 7 Nachdem Boas mit dem Essen fertig war und auch etwas
Wein getrunken hatte, legte er sich gut gelaunt ins Bett. Rut schlich sich leise
zu ihm hin und schlüpfte einfach am Fußende mit unter seine Bettdecke.
8 Gegen 12.00 Uhr nachts wachte Boas ganz plötzlich auf. Er setzte sich auf
und stellte fest, dass jemand bei seinen Füßen lag. 9 „Hä? Wer bist du
denn?“, fragte er ganz überrascht. „Ich bin die Rut! Ich arbeite für dich, und
du bist ein Verwandter von meinem Mann, der schon gestorben ist! Darum
bist du eigentlich auch nach dem Gesetz verpflichtet, dich um mich zu küm-
mern. Bitte beschütze mich und heirate mich!“ 10 „Wow, du bist echt krass
unterwegs“, lachte Boas. „Gott ist auf deiner Seite. Was du da gerade ge-
macht hast, zeigt mir, wie treu du zu deiner Familie stehst. Du hättest dir ja
auch jeden anderen Mann angeln können, egal ob einen Arbeiter oder einen

Millionär, und hättest bei jedem gute Chancen gehabt. [11] Okay, meine Liebe,
entspann dich! Ich mach alles, was du willst. Jeder in der Stadt hat auch
schon lange mitbekommen, was für ein fittes Mädel du bist. [12] Mir fällt bloß
gerade noch eine Sache ein, die vielleicht ein Problem werden könnte: Schon
richtig, dass dein Mann mit mir verwandt war und ich dir helfen muss. Trotz-
dem: Wenn ich richtig liege, gibt es da noch jemanden, der sogar näher mit
ihm verwandt ist als ich. Der hat eigentlich Vorfahrt und muss zuerst gefragt
werden. [13] Penn erst mal eine Nacht hier. Ich werde den Mann morgen anru-
fen und ihn fragen, ob er seine Pflicht, die er dem Gesetz nach hat, erfüllen
will oder ob er sie lieber mir abtritt. Sonst werde ich das übernehmen. Das
schwör ich dir bei Gott. Aber bleib erst mal bis morgen hier!" [14] Rut blieb
dann bis zum nächsten Morgen am Fußende in seinem Bett. Aber bevor die
ersten Angestellten kamen, stand sie auf. Boas hatte nämlich gesagt, es
wäre keine so gute Idee, wenn jeder mitkriegen würde, dass eine Frau in der
Nacht bei ihm übernachtet hatte. [15] Zum Abschied sagte er zu ihr: „Gib mal
bitte deinen Rucksack her!" Dann füllte er das ganze Teil mit Weizenkörnern,
25 Kilo. Er half ihr noch, den Rucksack zu schultern, und ging dann in die
Stadt. [16] Als sie nach Hause kam, fragte ihre Schwiegermutter sofort: „Na,
wie ist es gelaufen?" Rut erzählte ihr die ganze Geschichte, alles was Boas
für sie getan hatte und so. [17] „Und dann hat er auch noch meinen Rucksack
bis zum Rand mit Weizenkörnern vollgestopft!", sagte sie am Ende zu ihr.
„Er meinte, ich sollte doch nicht mit leeren Händen zu dir nach Hause kom-
men." [18] „Okay, dann bleib jetzt erst mal zu Hause und lass uns abwarten,
wie die Sache weitergeht. Der Typ wird das Ding bestimmt heute noch
regeln!"

4

Durch Rut kommt wieder Leben in die Bude

[1] In der Zwischenzeit ging Boas zum Bürgerbüro, was im Stadtzentrum lag.
Als er dort war, kam zufällig dieser andere Mann vorbei, der auch über drei
Ecken mit Noomi verwandt war. Eigentlich wäre der verpflichtet gewesen
Rut zu heiraten, da er näher als Boas mit Ruts verstorbenen Ehemann ver-
wandt war. „Hallo! Haben Sie gerade mal ein bisschen Zeit?", rief ihm Boas
zu. Der Typ kam zu ihm hin und setzte sich. [2] Boas rief schnell ein paar
Leute aus der Stadt an, die dort was zu sagen hatten. Als alle da waren,
begrüßte er sie. „Setzen Sie sich hier her zu uns!" Als alle einen Platz gefun-
den hatten, [3] sagte er zu diesem Typen: „Du hast bestimmt auch gehört,
dass diese Noomi aus Moab wieder zurückgekommen ist und jetzt wieder
hier wohnt. Sie hat jetzt ihren Anteil von dem Land, das sie von Elimelech
geerbt hat, zum Verkauf in die Zeitung gesetzt. [4] Ich hatte jetzt folgende
Idee: Warum kaufst du es nicht? Du könntest hier gleich vor Zeugen den

Kaufvertrag abschließen. Wirst du deine Pflicht als Verwandter erfüllen?
Oder hast du da keinen Bock drauf? Ich würde das gerne wissen, denn dann
wäre ich der Nächste an der Reihe, der gefragt wird.“ Der andere Typ ant-
wortete: „Nee, ist in Ordnung, ich übernehme das! Ich kümmer mich um
das Land.“ 5 „Okay“, sagte Boas. „Wenn du dieses Stück Land von Elimelech
übernimmst, was jetzt Noomi gehört, musst du dich aber auch um Rut aus
Moab kümmern. Du musst sie heiraten und sie schwängern, damit sie einen
Sohn kriegen kann, was ja mit ihrem ersten Mann nicht geklappt hat. Der
Sohn wird dann das Grundstück erben. So wird die Familie nicht ganz aus-
sterben, und sie wird weiter auf ihrem eigenen Land leben können.“ 6 „Hm,
wenn das so ist, dann hab ich da nicht so den Bock drauf. Ich würde ja
selbst den Kürzeren dabei ziehen und meinem Eigentum schaden. Ich trete
hiermit offiziell mein Recht als Verwandter an dich ab. Ich will das nicht
machen.“ 7 Damals war es üblich, wenn man so eine Sache vereinbarte, am
Ende zur Bestätigung dem anderen seinen Schuh zu geben. Damit war
das wie ein Vertrag, der unterschrieben worden ist. 8 Als dieser Typ zu Boas
gesagt hatte, dass er das jetzt übernehmen könnte, gab er ihm also seinen
Schuh. 9 Zu den Leuten, die drum herum standen, sagte Boas: „Sie sind jetzt
Zeugen, ja? Ich habe von Noomi alles bekommen, was vorher Elimelech und
seinen Söhnen Kiljon und Machlon gehörte. 10 Außerdem hab ich auch Rut
bekommen, die aus Moab stammt. Sie war die Frau von Machlon, der schon
tot ist. Ich übernehme damit auch die Verpflichtung, ihr ein Kind zu machen,
was ja mit Machlon nicht geklappt hat. Das Kind soll dann alles mal erben.
Machlons Familie soll nicht aussterben, sie soll in seinem Familienstamm
in dieser Stadt in Israel weiterleben. Sie sind jetzt alle Zeugen von dem, was
ich gerade gesagt habe.“ 11 Die Chefs und auch die anderen Männer, die
dabei waren, sagten: „Okay, einverstanden! Gott soll dafür sorgen, dass Ihre
neue Frau viele Kinder bekommt. Mehr Babys als Rahel oder Lea soll sie
kriegen, die ja beide dafür gesorgt haben, dass es viele Israeliten gibt. Wir
wünschen Ihnen, dass Sie in diesem Familienstamm gut klarkommen. Sie
sollen immer genug Geld haben und auch einen guten Ruf. Man soll über
Sie nur Gutes in Bethlehem erzählen. 12 Durch die Kinder, die Sie von dieser
Frau bekommen, soll Ihre Familie mal an Einfluss gewinnen. Sie soll so eine
Macht haben, die vergleichbar ist mit der Familie vom Perez, der ein Sohn
von Tamar und Juda war.“

Rut wird die Ur-Ur-Oma vom Präsidenten David

13 So passierte das damals, dass Boas die Rut geheiratet hat. Gott sorgte
dafür, dass Rut bald schwanger wurde, und sie kriegte einen Jungen. 14 Die
Freundinnen von Noomi waren begeistert. „Siehst du, Gott ist der Größte!
Er hat dir mit diesem Kind einen echten Nachkommen geschenkt. Wir

wünschen dir, dass dieses Kind mal richtig berühmt wird in Israel! [15] Dieser Junge wird dich voll aufbauen. Und er wird sich um deine Altersvorsorge kümmern. Er ist ja der Sohn von deiner Schwiegertochter, die immer zu dir gehalten hat und dich sehr liebt. Sie bringt es mehr als sieben Söhne gleichzeitig!" [16] Noomi wurde dann die Pflegemutter von dem Jungen. [17] Später kamen ein paar Frauen aus der Nachbarschaft vorbei. „Herzlichen Glückwunsch!", sagten sie. „Yeah! Noomi hat einen Sohn bekommen!" Sie suchten für das Baby einen Namen aus und kamen auf Obed. Dieser Obed wurde dann der Vater von Isai. Und Isai ist der Vater von dem berühmten Präsidenten David! [18] Jetzt kommt noch mal eine Liste von den Nachfahren vom Perez: Perez bekam einen Sohn, den Hezron. [19] Hezron bekam einen Sohn namens Ram. Ram wurde der Vater von Amminadab. [20] Der bekam den Sohn Nachschon. Als Nachschon groß war, heiratete er und bekam einen Sohn, den er Salmon nannte. [21] Salmon war der Vater von Boas. Boas kriegte dann den Obed als Sohn. [22] Und dieser Obed war der Vater von Isai, der wiederum der Vater von David war.

1. Buch Samuel

1

Die Eltern von Samuel und seine Geburt
1 Damals lebte ein Mann in den Bergen von Efraim, der Elkana hieß. Seine
Heimat lag in Ramatajim, im Gebiet von dem Clan Zuf. Sein Vater war Jero-
ham, sein Opa Elihu und sein Uropa Tohu. Tohu war ein Sohn von Zuf,
der aus dem Familienstamm Efraim kam. 2 Elkana hatte zwei Ehefrauen, was
damals normal war. Die eine hieß Hanna und die andere Peninna. Peninna
hatte kein Problem, Kinder zu kriegen, Hanna aber schon, sie hatte noch
keine Babys bekommen. 3 Einmal im Jahr ging Elkana mit seiner ganzen
Familie nach Schilo. Dort redeten sie dann immer mit Gott, dem Chef der
ganzen Welt. Sie brannten auch ein paar Opfer für ihn ab, wenn sie dort
waren. Zu der Zeit hatten da gerade Pinhas und Hofni den Job als Priester.
Beides waren Söhne vom Eli. 4 Beim Opferessen bekamen immer alle Fami-
lienmitglieder von Elkana ihr Stück zugeteilt. Auch seine Frau Peninna und
alle Söhne und Töchter kriegten ihr Stück Fleisch auf ihren Teller gepackt.
5 Hanna kriegte von ihm aber ein extragroßes Filetsteak, weil er in sie ein
bisschen mehr verknallt war als in seine andere Frau. Und das, obwohl sie
eigentlich keine Kinder kriegen konnte. 6 Peninna kriegte das natürlich mit
und würgte deswegen Hanna immer einen rein, weil sie keine Kinder kriegen
konnte. 7 Besonders schlimm war es in der Zeit, wenn sie einmal im Jahr zu
dem krassen Zelt von Gott gingen. In diesem Jahr übertrieb sie das Ganze
aber völlig, so dass Hanna voll deprimiert und auch magersüchtig wurde.
8 Ihr Ehemann Elkana fragte sie abends: „Was ist los, Hanna? Warum weinst
du? Und warum isst du nicht mal was? Warum bist du so depressiv? Ich bin
doch wichtiger als zehn Söhne auf einmal, oder?“ 9 An einem Tag passierte
Folgendes: Als Hanna in Schilo zu Mittag gegessen hatte, stand sie auf
und ging zum Eingang vom besonderen Zelt von Gott. Neben der Tür saß
der Priester Eli auf seinem Schaukelstuhl. 10 Hanna hatte gerade mal wieder
Heuleritis. Sie war total traurig und weinte sich bei Gott so richtig aus.
11 „Gott! Du bist der Oberchef über die ganze Welt! Jetzt sieh doch endlich,
wie ätzend es mir geht, und hilf mir! Du darfst mich nicht vergessen! Bitte
sorg dafür, dass ich ein Kind bekommen kann. Ich versprech dir auch was:
Wenn ich einen Sohn kriege, dann soll er sein ganzes Leben lang radikal
dir gehören. Als äußeres Zeichen dafür soll er niemals zu einem Frisör
gehen, versprochen!“

Gott hört auf das, was Hanna ihm gesagt hat
12 Hanna betete dort voll lange zu Gott. Eli sah ihr die ganze Zeit zu. Ihre
Lippen bewegten sich, 13 obwohl dabei kein Pieps aus ihrem Mund rauskam.
Irgendwie dachte er, sie wäre wohl etwas stoned oder hätte zu viel gesoffen.
14 „Wie lange willst du hier noch total breit rumhängen?", machte er sie an.
„Geh erst mal nach Hause und penn deinen Rausch aus!" 15 „Ich bin nicht
breit, echt nicht!", sagte Hanna. „Ich bin nur echt unten und schieb voll
den Depri. Darum hab ich hier die ganze Zeit mit Gott gelabert." 17 „Ach so,
dann geh jetzt mal entspannt nach Hause. Ich glaube, unser Gott hat dein
Gebet gerade erhört!" 18 „O ja, bitte, Gott, mach, dass es wahr wird!", rief
Hanna aufgeregt. Dann zog sie ab. Ab dem Zeitpunkt aß sie wieder normal
und hing nicht mehr den ganzen Tag depressiv in der Ecke rum. 19 Am
nächsten Morgen standen Elkana und seine Familie ganz früh auf und gin-
gen noch mal ne Runde beim besonderen Zelt von Gott beten. Danach
spazierten sie zurück nach Hause, Richtung Rama. Als Elkana das nächste
Mal wieder mit seiner Frau schlief, erhörte Gott ihre Gebete. 20 Sie wurde
schwanger und bekam neun Monate später einen Jungen. „Juhu! für dieses
Kind hab ich voll lange gebetet!", sagte sie immer wieder. So kam sie auf den
Namen Samuel, was so viel bedeutet wie „Gott hat mich gehört".

Dieser Mensch soll radikal Gott gehören
21 Als ein Jahr rum war, gingen Elkana und seine Familie wieder nach Schilo.
Er ging dahin, weil er so ein Opferritual für Gott durchziehen wollte, was
man einmal im Jahr macht. Dazu kam diesmal ein besonderes Opfer, was er
Gott versprochen hatte, dafür, wenn Hanna schwanger wird. 22 Hanna hatte
aber keinen Bock mitzukommen. „Mach das mal alleine!", sagte sie ihrem
Ehemann. „Wenn der Junge aus dem Alter raus ist, wo ich ihn an der Brust
stillen muss, werde ich sowieso noch mal zum besonderen Zelt gehen.
Dann schenke ich ihn nämlich Gott, und er soll ab dann auch für immer dort
bleiben." 23 „Ist in Ordnung. Tu, was du nicht lassen kannst", antwortete
Elkana. „Bleib erst mal zu Hause, bis er nicht mehr gestillt werden muss. Ich
wünsche mir sehr, dass Gott die Sachen auch passieren lässt, die er diesem
Kind schon versprochen hat!" Hanna blieb also zu Hause und versorgte
ihr kleines Samuelbaby. 24 Als er keine Milch mehr trinken musste, fuhren
Elkana und sie mit ihm hoch nach Schilo, wo das besondere Zelt stand.
Sie hatte noch einen Stier dabei, der drei Jahre alt war, dazu kamen noch ein
Karton mit 12 Kilo Mehl und eine Flasche Wein. 25 Nachdem sie den Stier
geopfert hatten, gingen sie zu Eli, um ihm ganz stolz den kleinen Jungen zu
zeigen. 26 „Entschuldigen Sie", sagte Hanna. „Auch wenn Sie sich vielleicht
nicht mehr an mich erinnern können: Ich stand mal vor einiger Zeit genau
hier am Zelt und war am Beten. 27 Und nun hab ich hier in meinem Arm die

Gebetserhörung! Ich hatte um einen Sohn gebetet, und da ist er jetzt, Gott
hat mich gehört! 28 Jetzt will ich auch mein Versprechen einhalten, was ich
Gott damals gegeben hab. Dieses Kind soll sein ganzes Leben lang radikal
zu Gott gehören!" Anschließend beteten sie zu Gott.

2

Hanna ist megahappy

1 Hanna war voll glücklich, darum fing sie gleich an, ein Lied für Gott zu
singen:
„Ich bin innerlich voll glücklich über meinen krassen Gott, denn er hat mich
aufgerichtet, hat geholfen in der Not.
Ich bin so voller Freude, über meine Feinde kann ich lachen, Gott hat mir
geholfen,
solche Sachen kann Gott machen.
2 Gott ist anders, er ist heilig, außer ihm gibt's keinen mehr,
auf den man sich verlassen kann, er steht wie ein Fels im Meer.
3 Labert nicht rum und gebt nicht an, macht nicht auf dicke Hose,
denn Gott kennt jede Tat von euch, er prüft euch nicht nur lose.
4 Muskelmännern bricht er die Knochen, Baseballschläger werden weich
wie Lehm.
Schwachen Leuten hilft er hoch, wer mutlos ist, wird mit Kraft versehn.
5 Reichos und Millionäre leben plötzlich von Hartz IV,
Arme und die Obdachlosen habens fett, feiern wie Tier.
Die Frau ohne Kinder bekommt plötzlich sieben Bälger,
und die mit vielen Kindern wird jetzt schon immer älter.
6 Gott hat das Sagen, er bestimmt über den Tod und über das Leben.
7 Und er macht arm, und er macht reich, so ist das nun mal eben.
Die einen bringt er voll zum Fallen, und anderen verschafft er Ruhm,
der eine wird arbeitslos und arm, der andere bekommt zu tun.
8 Der fertige, kaputte Typ wird von Gott aus der Not geholt,
er sorgt für ihn, er holt ihn hoch, er macht aus ihm eine Berühmtheit.
Denn Gott gehört das Universum, er trägt die Erde auf den Händen.
9 Und Gott beschützt, wer ihm vertraut, die Feinde werden im Dunkeln enden.
Denn niemand hat die Kraft in sich, ist stark genug, um zu bestehen.
10 Jeder, der mit Gott sich streitet, wird daran zugrunde gehen.
Er lässt es donnern, lässt es blitzen, alle werden von ihm gerichtet.
Gott wird sich einen Präsidenten suchen, und dieser wird mit Kraft belichtet."

Bei den Priestern laufen Sachen schief

11 Elkana ging dann wieder zurück in seine Hütte nach Rama. Der kleine
Samuel blieb in Schilo, beim Priester Eli. Dort sollte er lernen, wie man

radikal für Gott lebt und ihm dient. [12] Die Söhne von Eli waren aber nicht sehr korrekt. Sie hatten keinen blassen Schimmer davon, was Gott eigentlich wollte, weil sie ihn gar nicht kennengelernt hatten. [13] Wenn zum Beispiel jemand von den Israeliten ein Tier für ein Opferessen am Kochen hatte, schickten die Söhne von Eli irgendeinen Angestellten vorbei. Er kam dann mit einer großen Gabel, und immer wenn die Leute gerade noch am Kochen waren, [14] stach er damit in den Kochtopf oder die Pfanne, und alles, was da dran hängenblieb, zockte er für die Priester ab. Irgendwann wurde das normal bei den Söhnen von Eli, alle Israeliten, die nach Schilo kamen, hatten das schon erlebt. [15] Immer bevor die Fettstücke vom Fleisch auf das Feuer vom Opfertisch, vom Altar, geschmissen wurden, kam einer von den Angestellten der Priester vorbei. Er sagte dann zu dem, der das Opfer Gott schenken wollte: „Gib mir mal was von dem Fleisch! Wir wollen das bei uns auf den Grill schmeißen. Der Priester will das deshalb nur roh haben und nicht, wenn es schon durch ist!" [16] Falls der Typ dann Einwände hatte und sagte, dass doch zuerst das Fett verbrannt werden muss, bevor der Priester was vom Fleisch haben kann, dann sagte der Angestellte: „Gib das Teil sofort her, sonst gibt's was auf die Fresse!" [17] Weil die Söhne von Eli so drauf waren, rissen sie einen riesen Graben zwischen Gott und sich auf. Sie machten sich über Gott lustig, weil sie keinen Respekt vor den Opfern hatten, die ihm geschenkt wurden.

Die Alten von Samuel

[18] Samuel machte die ganze Zeit seinen Job für Gott. Obwohl er noch ein Jugendlicher war, durfte er schon die Arbeitsklamotten von den Priestern tragen. [19] Seine Mutter nähte ihm jedes Jahr eine neue Jacke. Immer wenn sie mit ihrem Mann Elkana zur großen Opferparty kam, brachte sie das neueste Modell mit. [20] Wenn sie da war, betete Eli immer voll für die beiden Eltern und segnete sie. Zu Elkana sagte er: „Gott soll dir noch mehr Kinder durch Hanna schenken. Sie sollen ein Ersatz sein für das eine, was sie Gott gegeben hat." Abends gingen sie dann wieder nach Hause. [21] Gott sorgte dafür, dass Hanna noch öfter schwanger wurde. Sie kriegte dann noch drei weitere Söhne und zwei Töchter. Aber Samuel blieb die ganze Zeit im besonderen Zelt und wuchs mit Gott auf.

Den Söhnen von Eli ist es egal, was der Papa sagt

[22] In der Zwischenzeit war Eli echt alt geworden. Als er mitkriegte, wie ätzend seine Söhne mit den Israeliten umgingen, war seine Geduld bald am Ende. Er hörte auch davon, dass sie mit jeder Frau im Bett landeten, die vor dem besonderen Zelt am Arbeiten war. [23] Irgendwann nahm er sich seine Söhne mal vor: „Sagt mal, Jungs, was macht ihr da eigentlich? Die Leute erzählen

mir voll die Gruselstorys über euch. [24] Alle lästern voll über euch ab, sie
erzählen, wie assi ihr lebt und so. Damit muss jetzt sofort Schluss sein.
[25] Wenn jemand etwas gegen Menschen tut, wird Gott das vielleicht noch
durchgehen lassen. Wenn aber jemand etwas gegen Gott selbst tut, wer
kann den dann noch verteidigen?" Aber den Söhnen von Eli war das ziemlich
egal, was ihr Vater da am Labern war. Gott selbst hatte wohl ihre Ohren
verstopft, er hatte sich schon entschlossen, sie plattzumachen. [26] Samuel
wurde langsam erwachsen. Er machte sich echt gut und wurde jemand,
der so lebte, dass sowohl Gott als auch die Menschen das gut fanden.

Eli hat verschissen

[27] An einem Tag kam so ein Prophetentyp zum Eli: „Ich hab ne Nachricht
von Gott für dich! Er sagt dir: ‚Hast du schon vergessen, dass ich mich dei-
nen Vorfahren in Ägypten ganz klar gezeigt habe? Das war damals, als ihr
noch unter Knebelverträgen beim Präsidenten von Ägypten arbeiten muss-
tet. [28] Aus allen Familienstämmen von Israel hatte ich mir die Familie vom
Aaron extra ausgesucht, damit sie meine Priester werden. Ich wollte von
ihnen, dass sie für mich auf dem Altar Opfer abfackeln. Sie sollten Räucher-
kerzen anzünden und die Priesterklamotten tragen. Nur deiner Familie hab
ich einen Anteil von den ganzen Opfern zugesprochen, die die Leute für
mich bringen. [29] Warum habt ihr keinen Respekt vor diesen Opfern, die ich
extra für mein Zelt vorgesehen hab? Warum sind dir deine Söhne wichtiger
als ich? Warum fresst ihr euch eine dicke Wampe an von den Sachen, die
meine Leute eigentlich nur mir schenken wollten? [30] Früher hab ich zu euch
gesagt, dass ihr für immer meine Priester sein sollt. Aber jetzt zieh ich diese
Aussage zurück und sag noch mal ganz klar: Wer Respekt vor mir hat, vor
dem hab ich auch Respekt. Aber wer keinen Respekt vor mir hat, vor dem
hab ich auch keinen Respekt. So ist das. Und das kam jetzt von mir, Gott,
dem Gott von Israel. [31] Ziemlich bald werde ich dich auswechseln. Ich werde
deinen Einfluss beenden, den du auf meine Leute hast. In deiner Familie
wird keiner mehr alt werden. [32] Du wirst voll neidisch werden, weil Gott alle
Leute von Israel fett beschenken wird, nur dich nicht. Und alle werden bei
dir jung sterben, es wird nie mehr Opas und Omas in deiner Familie geben.
[33] Es werden nicht restlos alle sein, die ich aus deiner Familie auslöschen
und aus ihrem Priesterjob rausnehmen werde. Es wird nicht allen bei euch
ständig total übel gehen. Aber die meisten von deinen Kindern müssen im
besten Alter sterben. [34] Deine Söhne Hofni und Pinhas sollen am gleichen
Tag den Löffel abgeben. Das ist dann für dich der Beweis, dass auch die
anderen Sachen eintreffen werden, die ich gesagt habe. [35] Ich such mir dann
einen Priester aus, der mit treu ist, der die Sachen durchzieht, die ich ihm
sage. Er wird bei einem Präsidenten angestellt sein, den ich mir aussuchen

werde. Auch seine Kinder und die Kinder von seinen Kindern sollen Pries-
ter werden. 36 So soll das abgehen. Jeder, der von deiner Familie dann noch
übrig ist, wird zu ihm kommen und sich vor ihm in den Dreck schmeißen,
nur um einen Euro zu kriegen oder eine Tüte Chips. Er wird ungefähr so was
sagen: Ich tue alles, was du willst! Gib mir bitte etwas von deinem Essen ab,
was du als Priester bekommen hast! Ich will nur einmal kurz reinbeißen!'"

3

Gott redet zum ersten Mal mit Samuel

1 Samuel lebte also als Jugendlicher beim Priester Eli und jobbte auch bei
ihm. Zu der Zeit redete Gott kaum noch mit den Menschen. Es kam echt
selten vor, dass jemand von ihm etwas gesagt bekam. 2–3 Eli war in der Zwi-
schenzeit schon fast blind. In einer Nacht passierte etwas Heftiges. Samuel
lag schon in seinem Bett, das im besonderen Zelt stand, ganz in der Nähe
von der Kiste mit den Gesetzen. Der besondere Leuchter war noch am Bren-
nen. 4 Plötzlich rief Gott: „Hey, Samuel!" – „Jo! Was geht?", antwortete er.
5 Sofort stand Samuel auf und rannte zu Eli. „Was ist denn los? Du hast
mich gerade gerufen?" – „Äh, nein, ich hab dich nicht gerufen", antwortete
Eli. „Leg dich wieder in die Falle!" Samuel ging also wieder zurück und
legte sich pennen. 6 Ein paar Minuten später rief Gott aber noch mal: „Hey,
Samuel!" Wieder stand er sofort auf und rannte zu Eli. „Jo, was geht? Was
soll ich machen?!" Aber Eli sagte noch mal: „Ich hab dich überhaupt nicht
gerufen! Junge, leg dich wieder hin!" 7 Samuel schnallte nicht, dass Gott mit
ihm gesprochen hatte. Er konnte seine Stimme nicht von anderen Stimmen
unterscheiden, weil er sie noch nie vorher gehört hatte. 8 Dann rief Gott
ihn zum dritten Mal. Wieder stand Samuel sofort auf und ging zu Eli: „Jetzt
hast du mich aber gerufen, oder?" Langsam kapierte Eli, dass Gott etwas
von dem Jungen wollte. 9 Also gab er ihm den Tipp: „Pass auf, leg dich wie-
der pennen. Wenn du jetzt noch einmal gerufen wirst, dann antworte ein-
fach: „Ja, Gott? Leg los, ich höre dir zu! Ich tu, was du willst!" Samuel legte
sich also noch mal in sein Bett. 10 Gott kam wieder zu ihm und sagte noch
mal: „Hey, Samuel! Samuel!" Diesmal antwortete der Junge: „Ja, Gott? Leg
los, ich hör dir zu! Ich tu, was du willst!" 11 „Hör zu", antwortete Gott. „Ich
werde in Israel so heftige Sachen machen, die sind so krass, dass jeder,
der nur davon hört, es nicht ertragen kann. 12 Die ganzen Sachen, die ich Eli
und seiner Familie angedroht habe, werden jetzt passieren. 13 Ich hab ihm
gesagt, dass ich seine Familie für immer dafür bestrafen muss, weil sie mich
ständig dissen. Seine Söhne tun Sachen, die ich nicht will, das hat er auch
schon lange kapiert. Aber er tut nix dagegen. 14 Das kann man nicht wie-
dergutmachen. Es gibt kein Opfer, was fett genug wäre, um diese Schuld
wieder in Ordnung zu bringen. Echt jetzt!" 15 Samuel legte sich nach diesem

Gespräch mit Gott erst mal wieder pennen. Am nächsten Morgen rollte er
den Eingang vom besonderen Zelt hoch. Aber er hatte echt Schiss, Eli zu
sagen, was Gott ihm klargemacht hatte. [16] Eli rief ihn zu sich: „Samuel,
komm mal her, mein Junge!" – „Ja, was gibt's?", antwortete er. [17] „Jetzt leg
mal los: Was hat Gott dir gestern gesagt? Du musst mir absolut alles genau
erzählen. Er soll dich sonst bestrafen, wenn du mir irgendwas verschweigst
von den Dingen, die er dir gestern erzählt hat!" [18] Samuel erzählte ihm
also die ganze Geschichte, er verschwieg nichts von dem, was Gott gesagt
hatte. Elis Antwort war: „Gott ist eben Gott, und er soll tun, was er richtig
findet!" [19] In den nächsten Jahren wurde Samuel immer älter und größer.
Gott stand voll auf seiner Seite. Alle Sachen, die Gott gesagt hatte, passier-
ten auch. [20] Jeder in Israel, von Dan bis Beerscheba, kapierte schnell, dass
Gott Samuel als einen Typen ausgesucht hatte, der ständig Nachrichten
von Gott reinbekommt. Deshalb nannte man Samuel einen Propheten.
[21] Immer wieder redete Gott direkt mit ihm.

4

Die Israeliten bekommen von den Philistern auf die Mütze

[1] Mittlerweile hatte Samuel einen voll guten Ruf in Israel, alle hörten auf das,
was er zu sagen hatte. In der Zeit gab es mal wieder Krieg mit den Philistern.
Die hatten ihre Armee bei Afek stationiert, die der Israeliten war bei Eben-
Eser. [2] Die Philister zettelten einen Bodenkrieg an, und nach einem langen
Kampf wurden durch ihre Soldaten ungefähr 4000 Männer der Israeliten auf
dem Schlachtfeld getötet. [3] Als die restlichen Männer der Armee wieder in
das Lager zurückkamen, waren die Chefs der Israeliten erstmal ratlos. „Wie
konnte Gott so was zulassen? Warum haben wir heute gegen die Philister
verloren?" Nach einer langen Sitzung beschlossen die Chefs, dass sie eine
Abteilung nach Schilo schicken wollten. Sie sollten die Kiste mit den Geset-
zen holen und einfach mit ins Lager bringen. „Dann ist Gott ja auch voll bei
uns, und er wird uns helfen, die Feinde zu besiegen!", war der Plan. [4] Die
Abteilung fuhr also nach Schilo, um die Kiste abzuholen. Gott selber war ja
immer unsichtbar über den beiden Engelsfiguren am Start, die oben auf
dem Deckel angebracht waren! Die Priester Hofni und Pinhas (zwei Söhne
von Eli) begleiteten die Kiste. [5] Als die dann im Lager der Israeliten ankam,
klatschten die Soldaten derart laut los, dass der ganze Boden davon dröhnte.
[6] Die Philister hörten den Alarm und fragten sich, was da abgeht: „Hä?
Was ist da denn los? Warum freuen sich die Israeliten so laut?" Irgendwann
war klar: Die Kiste mit den Gesetzen ist im Lager! [7] Jetzt machten sich die
Philister plötzlich in die Hose. „Scheiße! Bei denen ist Gott höchstpersönlich
gerade ins Lager gekommen! Das packen wir nie, gegen den hat noch nie-
mand gewonnen! [8] Wer kann uns jetzt noch vor diesem heftigen Gott

beschützen? Das ist doch dieser Gott, der die ganze Armee der Ägypter auf einmal kaputt gemacht hat!" [9] Aber dann feuerten sie sich gegenseitig an: „Los jetzt, das ziehen wir durch! Das packen wir! Wir sind Philister! Kämpft wie Männer! Oder habt ihr Bock, von den Israeliten gefangen genommen zu werden? Dann müssen wir am Ende noch unter Knebelverträgen den Rest unseres Lebens für die arbeiten! So haben wir es ja auch mit ihnen gemacht! Also kämpft um euer Leben!" [10] Es kam zu einer großen Schlacht, und den Israeliten wurde eine heftige Niederlage beigepult. Die Soldaten flohen in alle Richtungen, jeder dorthin, wo er herkam. 30 000 Soldaten starben an diesem Tag. [11] Hofni und Pinhas, die beiden Söhne von Eli, wurden auch erschossen. Das Schlimmste war aber, dass die Kiste mit den Gesetzen von den Philistern geklaut wurde.

Die Israeliten stehen unter Schock: Die Kiste mit den Gesetzen ist weg!

[12] Ein Soldat, der aus dem Familienstamm Benjamin kam, fuhr sofort mit seinem Motorrad nach Schilo, zum besonderen Zelt. Um zu zeigen, dass er voll traurig war, hatte er seine Klamotten mit Dreck verschmiert und sich mit Öl schwarze Augenringe gemalt. [13–15] Eli, mittlerweile schon 98 Jahre alt und blind, saß auf einem Stuhl an der Straße. Er machte sich echt Sorgen, dass die Kiste mit den Gesetzen geklaut werden könnte. Als der Soldat in die Stadt kam und die schlimme Nachricht erzählte, konnte man überall laute Schreie hören. „Was ist da los?", fragte Eli. Schließlich war der Soldat auch bei ihm. [16] „Ich komme direkt aus dem Kriegsgebiet, ich konnte vor unseren Feinden fliehen", sagte er. „Was ist denn überhaupt passiert?", fragte Eli zurück. [17] „Wir sind besiegt worden! Unsere Soldaten sind in alle Winde geflohen! Deine beiden Söhne sind tot! Und die Kiste mit den Gesetzen hat man uns auch geklaut!" [18] Als der Part kam, wo von dem Verlust der Kiste gesprochen wurde, fiel Eli rückwärts mit seinem Stuhl am Eingang vom besonderen Zelt um und brach sich durch den Sturz das Genick. Er war sofort tot. Eli war vierzig Jahre lang der Richter in Israel gewesen. [19] Die Frau von seinem Sohn Pinhas war in der Zeit gerade schwanger und stand kurz vor ihrem Geburtstermin. Als sie diese üble Nachricht hörte, dass die Philister die Kiste mit den Gesetzen geklaut hatten und dass dazu noch ihr Ehemann und ihr Schwiegervater gerade gestorben waren, bekam sie plötzlich Wehen. Sie brach voll zusammen und bekam eine Frühgeburt. [20] Die Geburt war aber so heftig, dass sie dabei starb. Kurz vor ihrem Tod riefen die Hebammen, die bei der Geburt dabei waren: „Keine Panik, du hast einen Sohn bekommen!" Aber sie beachtete es nicht und gab auch keine Antwort. [21] Der Junge bekam den Namen Ikabod, was so viel bedeutet wie „Das Schönste von Israel ist weg". Sie wollte damit ausdrücken, dass die Kiste mit den Gesetzen weg war, aber auch ihr Ehemann und der Schwiegervater waren

ja nicht mehr da. 22 Sie hatte nämlich kurz vor ihrem Tod gesagt: „Das
Schönste, die krasse Gegenwart von Gott, ist Israel geklaut worden! Denn
die Kiste ist nicht mehr da!“

5

Die Kiste mit den Gesetzen sorgt für Chaos bei den Philistern

1 Als die Philister den Israeliten die Kiste mit den Gesetzen geklaut hatten,
transportierten sie die von Eben-Eser weg nach Aschdod. 2 Sie brachten
sie dort in den Tempel von ihrem Plastikgott Dagon und stellten sie neben
seiner Steinfigur auf. 3 Am nächsten Morgen wollten ein paar Leute in den
Dagon-Tempel gehen. Als sie die Tür aufmachten, lag die Dagon-Figur flach,
mit seiner Schnauze im Dreck, auf dem Boden! Man hatte das Gefühl, sie
lag sogar vor der Kiste, als ob sie zu der beten würde oder so. Die Männer
stellten die Steinfigur dann wieder an ihren alten Platz. 4 Aber am nächsten
Morgen war dasselbe Ding wieder passiert. Dagon lag mit seiner Fresse im
Dreck vor der Kiste mit den Gesetzen auf dem Boden. Jetzt waren sogar
sein Kopf und beide Hände abgebrochen und lagen auf der Stufe an der Tür.
5 Das ist übrigens der Grund, warum die Priester von Dagon und auch alle
anderen Besucher von seinem Tempel nie auf diese Stufe treten, wenn sie in
den Tempel gehen. 6 Allen Bewohnern von Aschdod und auch den Men-
schen aus den umliegenden Dörfern ging es plötzlich voll schlecht. Sie beka-
men zu spüren, was Gott draufhat. Zum Beispiel wurden viele voll krank
und bekamen eine schwere Grippe. Dazu gab es plötzlich überall Ratten!
7 Irgendwann war klar, wo das Problem herkam: „Die Kiste von diesen Israe-
liten muss schleunigst hier weg! Diese üblen Sachen kommen von ihrem
Gott! Selbst unser Gott Dagon muss unter ihm leiden! Das geht nicht!“ 8 Es
wurde ein Treffen mit allen Regierungchefs von den Philistern angesetzt.
„Was sollen wir jetzt mit dieser besonderen Kiste anstellen, die wir von den
Israeliten geklaut haben?“ Nach einer Beratung kam man auf die Idee, einen
Umzug der Kiste zu organisieren. „Sie kommt nach Gat!“ Dort wurde sie
dann auch hingebracht. 9 Aber als die dort angekommen war, sorgte Gott
auch hier für große Probleme. Er zeigte den Bewohnern von Gat, was er
draufhatte. Und zwar kriegten das alle zu spüren, die Arbeiter und die
Unternehmer. Überall bekamen die Leute eine schwere Grippe, so dass voll
der Punk unter den Leuten abging. 10 Schnell wurde die Kiste eingepackt
und woanders hingeschleppt. Diesmal nach Ekron. Aber als sie dort ankam,
riefen die Leute schon von der Straße: „Huch?! Jetzt haben sie die gefähr-
liche Kiste von den Israeliten auch noch zu uns gebracht! Sie wollen uns alle
umbringen!“ 11 Sofort wurde in der Stadt ein weiteres Treffen mit den Regie-
rungschefs organisiert. „Schafft diese verdammte Kiste von den Israeliten
weg! Sofort! Schickt sie wieder dahin, wo sie herkam! Sonst bringt uns das

Ding noch alle um!“ Überall war eine Todesangst in der Stadt ausgebrochen,
weil sie so sehr unter der Wirkung von Gottes Kiste zu leiden hatten. [12] Die
Leute, die nicht durch die Grippe starben, bekamen einen ganz fiesen
Hautauschlag. Den Menschen ging es so dreckig, dass man ihre Schreie
überall hören konnte.

6

Wie werden wir die Kiste los?

[1] Sieben Monate lang war die Kiste mit den Gesetzen von Gott in der Hand
der Philister. [2] Irgendwann holten sie ihre ganzen Esoteriker, Astrologen und
Priester zusammen. Die Frage war: „Was sollen wir Ihrer Ansicht nach mit
der Kiste von den Israeliten anstellen? Können wir sie einfach per DHL-Paket
zurückschicken, oder was?“ [3] „Sie dürfen das Teil auf keinen Fall einfach so,
ohne irgendein Geschenk, zurückschicken!“, kam als Antwort. „Es ist wich-
tig, dass Sie sich bei dem Gott von Israel irgendwie durch so ein Opferding
einschleimen. Wenn Sie das machen, werden die Krankheiten verschwinden,
und es wird allen wieder gutgehen. Und dann haben Sie auch die Antwort,
warum es Ihnen in der letzten Zeit so schlechtging.“ [4] „Okay, was sollen
wir ihm denn schenken, um das Ding wieder in Ordnung zu bringen?“, frag-
ten sie. „Sie müssen fünf Taschentücher aus Gold und fünf Ratten aus
Gold machen lassen. Für jede Stadt, die das Problem betrifft, eine.“ Alle fünf
Städte der Philister, inklusive ihrer Stadträte, hatten nämlich die gleichen
Probleme bekommen. [5] „Dieser goldene Krempel steht für das fiese Pro-
blem, was bei Ihnen gerade am Start ist. Die schenken Sie dann diesem Gott
von den Israeliten. Damit unterschreiben Sie, dass Sie Respekt vor ihm
haben und akzeptieren, dass er die Macht hat. Vielleicht lässt er dann mit
sich reden und nimmt diese üblen Sachen wieder weg, die überall bei Ihnen
gerade abgehen. [6] Seien Sie nicht so hart drauf, und haben Sie kein Brett vor
dem Kopf, wie die Ägypter und ihr Präsident damals. Als Gott seine Muskeln
zeigte, mussten sie die Israeliten gehen lassen. [7] Organisieren Sie also einen
nagelneuen Benz, mit 200-PS-Motor, mit Autopilot und dem modernsten
GPS-Navi, was zu haben ist. [8] Die Kiste mit den Gesetzen stellen Sie auf
die Rückbank. Daneben bitte noch diese Goldsachen, die Sie Gott schenken
wollen. Dann stellen Sie das GPS-System mit einem Zufallsgenerator ein.
[9] Und dann passen Sie mal auf, was passiert. Wenn das System den Weg
nach oben, in Richtung Bet-Schemesch, führt, dann ist das ein Zeichen da-
für, dass Gott uns persönlich damit strafen wollte. Wenn das aber nicht pas-
siert, dann war das Ganze wohl doch nur ein riesengroßer Zufall.“ [10] Alles
wurde von den Männern genau so durchgezogen. Man organisierte den
Benz mit Autopilot und GPS. [11] Die Kiste mit den Gesetzen von Gott wurde
auf die Rückbank gestellt. Daneben plazierte man die Goldgeschenke. [12] Dann

wurde der Autopilot gestartet und auf „Zufall“ eingestellt. Der Wagen fuhr
los in Richtung Bet-Schemesch. Die kürzeste Strecke wurde ausgerechnet,
ohne einen Umweg ging es direkt dorthin. Die Chefs der Philister fuhren
aber mit ihren Motorrädern hinter dem Benz her, bis sie zu dem Gebiet von
Bet-Schemesch kamen. [13] Die Einwohner dort waren gerade unten im Tal,
weil zu der Zeit grade die Weizenernte angesetzt war. Als sie den Wagen
sahen und dort die Kiste erkannten, freuten sie sich wie blöd. [14] Der Wagen
fuhr bis zum Feld von Joschua und parkte dort auf einem Parkplatz. Die
Bewohner von Bet-Schemesch verkauften erst mal den Wagen, und das Geld
ging an Brot für die Welt. [15] Die Levi-Leute hatten die Kiste mit den Gesetzen
vorher aus dem Wagen genommen und stellten sie auf einen Betonklotz.
Auch die Goldsachen wurden dazugestellt. Die Bewohner von Bet-Sche-
mesch machten dann erst mal ein paar Abfackelopfer und Dankopfer. Dafür
wurden ein paar Tiere geschlachtet. [16] Die fünf Chefs von den Philistern
schauten sich die Sache an, danach gingen sie wieder zurück, wo sie herge-
kommen waren, nach Ekron. [17] Fünf goldene Taschentücher hatten die Philis-
ter Gott geschenkt, für jede Stadt eine. Sie wollten sich damit bei ihm ein-
schleimen, damit er die Städte Aschdod, Gaza, Aschkelon, Gat und Ekron
wieder in Ruhe lässt. [18] Die anderen Orte sollten durch die goldenen Ratten
freigekauft werden. Hiermit waren alle Städte der Philister gemeint, von den
Hauptstädten bis zum kleinsten Kuhdorf. Der Betonblock, auf den die Kiste
mit den Gesetzen gestellt wurde, steht immer noch auf dem Feld von
Joschua in Bet-Schemesch, bis heute.

Die Kiste mit den Gesetzen kommt nach Kirjat-Jearim

[19] Die Bewohner von Bet-Schemesch wurden aber hart von Gott bestraft, weil
sie einfach so die Kiste angeglotzt hatten. Siebzig Männer starben deswe-
gen. Alle Leute weinten dort, weil Gott sie so hart bestraft hatte. [20] Die Leute
sagten dann: „Wer kann das überhaupt aushalten, sich in die Nähe von die-
sem krassen Gott zu begeben? Seine Kiste muss unbedingt weg! Bloß wohin
damit?“ [21] Dann schickten sie einen Brief an die Regierung der Stadt Kirjat-
Jearim. Dort stand drin: „Die Philister haben die Kiste mit den Gesetzen von
Gott zurückgeschickt! Kommt vorbei und holt sie euch ab!“

7

Die Israeliten leben wieder mit Gott und alles wird gut

[1] Die männlichen Bewohner der Stadt Kirjat-Jearim holten die Kiste dann ab
und brachten sie in das Haus von Abinadab, das in einem Vorort auf einem
kleinen Berg stand. Eleasar, ein Sohn von Abinadab, wurde speziell dafür
ausgesucht, für den Rest seines Lebens auf die Kiste aufzupassen. [2] Dort
stand sie dann über zwanzig Jahre. In der Zeit tat es allen Israeliten voll leid,

dass sie so assig mit Gott umgegangen waren. Alle waren sehr traurig, dass
Gott sich deswegen von ihnen entfernt hatte. 3 Irgendwann sagte Samuel
zu den Leuten: „Also, wenn ihr wirklich wieder radikal mit Gott leben wollt,
dann solltet ihr erst mal schleunigst eure ganzen Plastikgötter auf den Müll
schmeißen! Zieht volles Rohr eurer Leben mit Gott durch und tut nur das,
was er gesagt hat! Dann wird er euch auch von diesen Philistern befreien."
4 Die Israeliten merkten, dass Samuel total recht hatte. Sie kloppten ihre
ganzen Plastikgötter in die Tonne und beteten nur noch zu ihrem Gott. 5 Als
Nächstes schickte Samuel eine Rundmail an die Männer mit der Aufforde-
rung, dass jeder sofort nach Mizpa kommen sollte: „Ich werde dort mit Gott
reden und für euch beten!" 6 Und alle kamen! Die Männer trafen sich in
Mizpa und gaben dort vor Gott ihre ganze Schuld zu, ohne irgendwelche
Ausreden. Den ganzen Tag wurde nichts gegessen, alle beteten zu ihm und
baten Gott um Verzeihung: „Wir haben Mist gebaut! Tut uns leid!" Dort
gab es dann auch die ersten Gerichtsverhandlungen, wo Samuel als Richter
die Probleme zwischen den Leuten regeln musste.

Die Philister zetteln einen Krieg an

7 Als die Regierungsmacht der Philister davon Wind bekam, dass sich alle
Israeliten in Mizpa getroffen hatten, riefen sie ihre ganze Armee zusammen,
um gegen sie in den Krieg zu ziehen. Die Israeliten bekamen voll den Schiss,
als die Nachricht im Radio kam. 8 Bei Samuel ging in einer Tour das Telefon:
„Bitte hau jetzt nicht ab!", oder: „Du musst bei Gott ein gutes Wort für uns
einlegen!", oder: „Gott muss uns jetzt retten!", sagten die Leute zu ihm.
9 Samuel organisierte erst mal ein Lamm und verbrannte das als Abfackel-
opfer für Gott ab. Dabei betete er volles Rohr zu Gott. Er fragte ihn, ob eine
Rettung von Israel nicht drin sei. Gott hörte auf seine Gebete. 10 Die Philister
rückten mit ihrer Armee immer näher an die Israeliten ran. Samuel war die
ganze Zeit dabei, Opfer für Gott durchzuziehen. Plötzlich gab es einen total
krassen Donner am Himmel, der direkt über den Philistern losbrach. Das
Ding kam so heftig, dass die Philister voll die Panik bekamen, umdrehten
und durcheinander wegrannten. 11 Die Soldaten der israelitischen Armee
zogen dann von Mizpa aus ins Schlachtfeld und verfolgten sie bis hinter
Bet-Kar. Das Ganze endete in einer vernichtenden Niederlage für die Philis-
ter. 12 Samuel ließ zwischen Mizpa und Jeschana ein Denkmal errichten.
Auf dem Stein wurde der Satz eingemeißelt: „Bis hierher hat Gott uns ge-
holfen". Daher hat der Stein auch seinen Namen „Eben-Eser", denn das
bedeutet so viel wie „Stein der Hilfe". 13 Die Niederlage der Philister war so
derbe, dass sie sich nicht mehr trauten, in das Land von den Israeliten ein-
zufallen. In der ganzen Zeit, wo Samuel an der Macht war, kamen die Philis-
ter nicht wieder richtig klar, Gott sorgte dafür. 14 Die ganzen Gebiete zwi-

schen Ekron und Gat, die die Philister den Israeliten weggenommen hatten,
wurden wieder zurückerobert, inklusive der Städte. Mit den Amoritern vor
Ort lebten sie dabei die ganze Zeit in Frieden. 15 Samuel hatte sein ganzes
Leben den Job als Richter für die Israeliten an der Backe. 16 Einmal im Jahr
machte er eine Tour und besuchte Bet-El, Gilgal und Mizpa. Dort hielt er
auch immer öffentliche Gerichtsverhandlungen ab und sorgte so für Recht
und Ordnung. 17 Den Rest der Zeit hatte er seinen Amtssitz in seiner Hei-
matstadt Rama. Hier baute er auch einen Altar für Gott auf.

8

Israel will auch einen Präsidenten haben

1 Als Samuel in Rente ging, wurden seine Söhne als Richter über die Israeli-
ten eingesetzt. 2 Sein ältester Sohn hieß Joel, der jüngere Abija. Beide hatten
ihre Büros in Beerscheba. 3 Leider waren sie nicht so drauf wie ihr Vater. Sie
versuchten die ganze Zeit die Leute abzuziehen und ließen sich mit Kohle
bestechen, und so wurden ihre Urteile beeinflusst. 4 Die Chefs der Familien-
stämme organisierten deswegen ein Treffen mit Samuel, was in Rama ange-
setzt wurde. 5 „Du bist jetzt echt schon im Rentenalter, Samuel“, sagten
sie zu ihm. „Aber deine Söhne leben nicht nach deinem Vorbild. Wir wären
dafür, dass es bei uns ab sofort auch einen Präsidenten gibt. Der soll dann
für Recht und Ordnung sorgen. Die anderen Völker haben das ja auch alle!
Organisierst du das für uns?“ 6 Samuel war aber von der Idee, einen Präsi-
denten zu haben, überhaupt nicht begeistert. Er betete und wollte von Gott
eine Ansage hören, was er über diese Pläne denkt. 7 Gott sagte ihm: „Mach
das ruhig, Samuel. Ist doch nicht so, dass die keinen Bock auf dich haben,
sondern auf mich! Sie wollen nicht mehr, dass ich bei ihnen die Macht
habe. 8 Das war schon immer so. Seit ich sie aus Ägypten rausgeholt habe
bis heute, sind sie mir immer wieder untreu geworden. Ständig haben sie
mit irgendwelchen Plastikgöttern rumgemacht. Pass auf, dir werden sie
genauso untreu werden. 9 Also von mir aus tu das, was sie sich so wün-
schen. Aber sag ihnen vorher glasklar, was das für sie in Zukunft bedeuten
wird, wenn dann ein Präsident bei ihnen die Macht hat. Klär sie da drüber
auf, was für Rechte der hat und was er damit alles anstellen kann, wenn
er will.“ 10 Samuel erzählte den Leuten alles, was Gott ihm gesagt hatte.
11 „Leute, ihr müsst euch echt klarmachen, was so ein Präsident dann alles
machen kann, wenn er lustig ist! Er hat das Recht eure Söhne dazu zu zwin-
gen, für ihn zu arbeiten. Die können sich nicht dagegen wehren. Wenn er
einen Kfz-Mechaniker braucht, dann holt der sich den einfach, und glaubt
nur nicht, dass ihr für die Arbeit dann auch Kohle seht. 12 Und er wird sie zur
Bundeswehr einziehen, sie müssen Soldaten werden. Andere kann er dazu
zwingen, sich um Verwaltungssachen zu kümmern. Wieder andere müssen

auf seinen Befehl in der Rüstungsindustrie arbeiten, Panzer und Handgra-
naten bauen und so. [13] Er könnte eure Töchter dazu bestimmen, in seinem
Regierungssitz als Köchin zu arbeiten, oder als Krankenschwester. [14] Er hat
auch das Recht, sich von jedem das beste Stück Land abzugreifen. Felder,
Weinberge, Apfelplantagen könnte er sich unter den Nagel reißen und
sie seinen Beamten geben. [15] Und Steuern wird er von euch ohne Ende ein-
ziehen, von allem auf jeden Fall mal 10 Prozent. Von der Kohle wird er dann
seine Dienstreisen und auch seine Villen finanzieren. [16] Er wird die besten
Mitarbeiter von eurer Firma abziehen und sie für sich arbeiten lassen.
[17] Auch von eurer Viehwirtschaft wird er Steuern verlangen, ihr müsst ihm
alle irgendwie dienen. [18] Und wenn es dann so weit ist und ihr ein Problem
habt, dann könnt ihr noch so oft bei Gott anklingeln. Ihr werdet von ihm
keine Hilfe mehr bekommen, denn ihr habt jetzt ja den Präsidenten an der
Backe, den ihr euch selbst gewählt habt." [19] Aber die Israeliten hörten
Samuel gar nicht richtig zu. Sie riefen laut: „Wir wollen einen Präsidenten,
wir wollen einen Präsidenten! [20] Die anderen Nationen haben ja auch einen!
Wir wollen einen Präsidenten, der bei uns für Gerechtigkeit sorgt. Und er
soll uns im Krieg anführen!" [21] Samuel hörte ihnen zu. Dann ging er zu Gott
und redete noch mal mit ihm da drüber. [22] „Lass sie doch. Gib ihnen ihren
Präsidenten!", sagte Gott zu ihm. Samuel ging dann wieder zurück zu den
Männern und schickte sie erst mal nach Hause.

9

Jetzt kommt Saul

[1] In dem Gebiet, wo der Familienstamm Benjamin zu Hause war, gab es so
einen Bonzen, der Kisch hieß. Vor Kisch hatten die meisten Leute Respekt.
Sein Familienstammbaum sah so aus: Er war ein Sohn von Abiel, der war ein
Sohn von Zeror, der war ein Sohn von Bechorat, und der war ein Sohn von
Afiach. [2] Kisch hatte einen Sohn, der den Namen Saul bekommen hatte. Saul
war so ein Model-Typ, er war jung, knackig und hatte eine echt geile Figur.
Vermutlich hätte er jede „Mr. Israel"-Wahl gewonnen. Dazu war er auch noch
einen Kopf größer als die meisten anderen Männer. [3] An einem Tag wurde
dem Papa von Saul mal die Harley am Bahnhof geklaut. Er sagte seinem
Sohn: „Kannst du mal bitte mit einem Angestellten von unserer Firma losge-
hen und die Harley suchen? Vielleicht haben sie die ja wieder irgendwo abge-
stellt." [4] Die beiden gingen los und fuhren durch die ganze Stadt, aber sie
konnten die Maschine nicht finden. Eine Anzeige bei der Polizei brachte auch
keinen Erfolg. Sie weiteten die Suche auf die umliegenden Städte aus. In der
Gegend von Schalischa, von Schaalim und im Gebiet von Benjamin waren
sie unterwegs, aber die Harley war wie vom Erdboden verschluckt. [5] Als sie in
die Gegend von Zuf kamen, meinte Saul zu seinem Angestellten: „Lass uns

umdrehen. Sonst macht sich Papa am Ende noch mehr Sorgen um uns als
um die dumme Harley.“ [6] „Warte mal, ich hab noch ne Idee“, meinte der Typ
zu ihm. „Ich kenn hier so einen Mann in der Stadt, der einen voll guten Ruf
hat. Das Krasse ist, dass der so Sachen aus der Zukunft weiß, die dann auch
alle eintreffen. Wollen wir nicht mal bei dem reinschneien? Vielleicht kann
der uns ja weiterhelfen?“ meinte der Typ zu ihm. [7] „Hm, keine schlechte Idee.
Wir haben bloß kohletechnisch ein kleines Problem, denn das Bargeld ist
alle, und EC-Karte akzeptiert der bestimmt nicht. Und was anderes als Bezah-
lung haben wir auch nicht dabei“, antwortete Saul. [8] „Ich hab noch einen
Fuffi von meinem privaten Geld in der Tasche. Den kann ich ihm ja geben,
damit er uns eine Auskunft gibt.“ [9] Zu der Zeit nannte man diese Propheten-
typen noch „Seher“. Wenn man eine Frage an Gott hatte, die über ein Ding
in der Zukunft war, sagte man: „Komm, wir gehen zu einem Seher.“ [10] Saul
sagte: „Okay, ich glaub, das ist eine gute Idee. Let’s go!“ Also gingen sie in
die Stadt, wo dieser Typ wohnte. [11] Als sie gerade auf der Zufahrtsstraße in die
Stadt waren, trafen sie ein Mädchen, das auf dem Weg in den Getränkemarkt
war. Sie fragten es: „Entschuldigung, hast du eine Ahnung, wo dieser Seher
wohnt und ob der gerade zu Hause ist?“ [12] „Klaro“, antwortete es. „Der
wohnt gleich da vorne. Beeilt euch, denn er ist gerade heute in die Stadt
gekommen, weil die Leute bald wieder eine große Opferparty feiern. [13] Wenn
ihr schnell macht, könnt ihr ihn noch erwischen, bevor er zu dem Opferessen
geht. Dort warten immer alle auf ihn, denn es kann erst losgehen, wenn er
da ist und für das ganze Essen gebetet hat!“

Ganz großes Kino für Saul

[14] Die beiden gingen also weiter den Berg hoch, in Richtung Stadtzentrum.
Als sie am Ortseingangsschild vorbei waren, kam ihnen Samuel entgegen. Er
war gerade auf dem Weg zum Platz, auf dem immer die Opferrituale außer-
halb der Stadt durchgezogen wurden. [15] Allerdings hatte Gott ihm schon
einen Tag vorher eine Ansage gemacht, dass er Saul treffen würde. Gott
meinte nämlich zu ihm: [16] „Morgen um dieselbe Uhrzeit, werde ich einen
Mann bei dir vorbeischicken, der aus dem Land von Benjamin kommt. Den
sollst du dann zum Präsidenten von allen Israeliten machen. Ich hab für
ihn den Job vorgesehen, Israel aus der Kontrolle der Philister zu befreien. Ich
hab ja gehört, dass die Israeliten um Hilfe gerufen haben und ich werde
diesen Ruf jetzt beantworten.“ [17] Dann kam Saul gerade bei Samuel vorbei.
Als er ihn ansah, sagte Gott zu ihm: „Das ist er! Von dem hab ich vorhin
zu dir gesprochen! Er soll über meine Leute das Sagen haben!“ [18] Mitten in
der City, am Eingang von der Fussgängerzone trafen sich die beiden. Saul
sagte zu ihm: „Entschuldigen Sie, können Sie vielleicht sagen, wo dieser
Seher Samuel wohnt?“ [19] „Das bin ich“, lachte ihn Samuel an. „Kommen

Sie mit zu der Opferparty! Ich würde gerne heute mit Ihnen essen. Morgen
früh können Sie dann weitergehen, wenn Sie wollen. In der Zwischenzeit
beantworte ich Ihnen alle Fragen, die Sie haben. 20 Entspannen Sie sich
wegen der Harley, die Ihnen vor drei Tagen geklaut wurde. Man hat sie auf
einem Parkplatz gefunden. Wir haben jetzt wichtigere Sachen zu bespre-
chen. Alle Leute in Israel setzen auf Sie. Sie hoffen, dass Sie und Ihre Familie
ihnen helfen werden!“ 21 „Wie kommen Sie bitte zu so einer Aussage?“, erwi-
derte Saul. „Ich komm aus dem kleinen Stamm Benjamin, der unwichtigste
von allen Familienstämmen in Israel! Was wollen Sie von mir?“ 22 Samuel
führte Saul und den Typen, der mit ihm gereist war, zum Opferessen. Sie
bekamen von ihm die VIP-Plätze zugewiesen. Insgesamt wurden 30 Leute zu
dieser Opferparty eingeladen. 23 Dem Koch, der das Opferfleisch zubereitete,
sagte er: „Bring dem Saul mal das Stück, von dem ich dir gesagt habe, dass
du es zurücklegen und keinem anderen geben sollst!“ 24 Saul kriegte dann
die Keule von dem Opferfleisch. „Guten Appetit, der Herr“, sagte der Koch
zu Saul. „Das wurde alles extra für Sie zurückgelegt. Sie sollen mal sagen
können, dass alle Menschen, die zu diesem Essen eingeladen wurden, Ihre
Gäste waren.“ So war das mit dem gemeinsamen Essen von Samuel und
Saul. 25 Nach dem Essen gingen die zwei wieder in die Stadt runter. Die bei-
den quatschten sich dann noch aus, auf der Dachterasse von seinem Haus.
26 Weil es so warm war, legte sich Saul dort dann auch nachts auf die Iso-
matte zum Pennen. Morgens früh weckte ihn Samuel: „Aufstehen! Ich würde
gerne noch ein Stück mit Ihnen mitgehen, wenn das okay ist.“ Nachdem
Saul geduscht hatte, machten sie sich zusammen auf den Weg. 27 Kurz bevor
sie zur Stadtgrenze kamen, sagte Samuel zu ihm: „Können Sie mal Ihren
Angestellten ein Stück vorschicken? Ich will noch ein bisschen mit Ihnen
alleine quatschen. Da ist noch eine Sache, die ich Ihnen von Gott sagen
soll.“ Der Angestellte ging dann ein paar Meter weiter vor.

10

Saul wird der erste Präsident von Israel

1 Samuel ging dann zu Saul, schüttete etwas von dem besonderen Öl
auf seinen Kopf und umarmte ihn ganz fest. „Mit diesem Ritual hat Gott Sie
zum Chef von allen Israeliten gemacht. Sie sind jetzt der erste Präsident!“
2 Dann sagte er noch zum Saul: „Passen Sie auf, wenn Sie hier weggehen,
werden Sie beim Grab von Rahel zwei Männer treffen. Das Grab liegt bei
Zelzach, im Gebiet vom Familienstamm Benjamin. Die beiden werden Ihnen
erzählen, dass man Ihre Harley gefunden hat, die Sie gesucht haben. Ihr
Vater macht sich jetzt vor allem Sorgen um Sie und nicht mehr um das
Motorrad. Er überlegt gerade, ob er eine Vermisstenanzeige aufgeben soll
oder so was. 3 Und wenn Sie von dort weitergehen, kommen Sie an der Eiche

von Tabor vorbei. Da werden Sie drei Männer treffen, die gerade auf dem
Weg nach Bethel sind, um dort Gott zu treffen. Der eine hat drei Ziegen
dabei, der zweite drei Fladenbrote und der dritte ein paar Flaschen Wein.
[4] Die drei werden Sie voll nett begrüßen und Sie dann fragen, ob Sie zwei
von den Fladenbroten haben wollen. Nehmen Sie das Angebot an. [5] Als
nächste Station werden Sie nach Gibeat-Elohim kommen. Dort haben die
Philister einen kleinen Armeestützpunkt aufgebaut. Vor der Stadt werden
Sie dann eine Truppe von Prophetentypen treffen. Die kommen gerade von
dem Platz auf dem Berg runter, wo man immer die Opfersessions macht.
Vor dem Trupp wird ein Wagen fahren. Dort ist eine komplette PA-Anlage auf
dem Hänger, mit Schlagzeug, E-Gitarre, E-Bass und allem Drum und Dran.
Zu ihrer Mucke werden die Propheten richtig abtanzen. [6] Und dann wird
die Kraft von Gott plötzlich voll auf Sie kommen. Sie werden total abgefüllt
damit sein, und dann sind Sie plötzlich ein ganz anderer Mensch. [7] Wenn
diese Sachen abgehen, dann tun Sie das, was Ihnen gerade durch den
Kopf geht, seien Sie spontan. Gott ist an Ihrer Seite!" [8] Samuel sagte noch:
„Fahren Sie dann schon mal nach Gilgal vor. Ich komme dann in einer
Woche nach. Warten Sie so lange auf mich. Ich will dort für Gott ein Opfer-
ritual durchziehen. Danach sag ich Ihnen, was Sie als Nächstes tun sollen."
[9] Plötzlich, in dem Moment, als sich Saul umdrehte, um wieder abzuhauen,
veränderte Gott ihn ganz tief in seinem Inneren. Alle Sachen, die Samuel
vorher gesagt hatte, passierten auch tatsächlich an diesem Tag. [10] Als Saul
und sein Angestellter nach Gibea kamen, trafen sie tatsächlich auf diese
Prophetentruppe. Auf einmal kam Gottes Kraft voll auf Saul. Er fing an zu
zappeln und tanzte wie verrückt, genauso wie das die Propheten normal
immer machen. [11] Die Leute, die ihn noch von früher kannten, fanden das
nicht so prall. „Was hat der denn genommen? Was ist los mit Saul? Was hat
der bitte bei den Propheten verloren?" [12] Einer sagte: „Wo kommt der über-
haupt her? Kennt hier irgendjemand seine Familie?" Von der Aktion kommt
übrigens dieser Spruch: „Ist Saul jetzt auch ein Prophetentyp?" [13] Als die
Wirkung von Gottes Kraft nachließ, ging Saul zu dem Platz hoch, wo immer
die Opferrituale für Gott durchgezogen wurden. [14] Sauls Onkel wollte später
von ihm und seinem Angestellten wissen, wo sie die ganze Zeit geblieben
sind. „Wir haben das Motorrad gesucht", antwortete Saul. „Aber wir konnten
es leider nicht finden. Auf dem Weg sind wir dann noch bei Samuel vorbei-
gegangen." [15] „Und? Worüber habt ihr gesprochen?", fragte ihn der Onkel.
[16] „Och, er hat nur gesagt, dass das Bike gefunden wurde", antwortete Saul.
Von der Ansage von Samuel, dass er mal der Präsident werden sollte,
erzählte er aber nichts. [17] Samuel organisierte dann ein großes Treffen, wo
alle Männer von den Israeliten anwesend sein sollten. Sie kamen alle nach
Mizpa. [18] Als das Meeting losging, sprach Samuel in das Tisch-Mikrophon:

(Räusper) „Liebe Anwesende! Wie ihr euch vielleicht erinnern könnt, war es
der Chef, Gott höchstpersönlich, der euch aus Ägypten rausgeholt hat. Er
hat euch von den Knebelverträgen befreit, die euch die Ägypter aufgedrückt
hatten. Gott hat jeden Feind, der was von euch wollte, einfach plattgemacht.
19 Aber ihr habt Gott wie einen alten Mann behandelt und habt ihn irgend-
wann vergessen. Und das, obwohl er euch früher so krass geholfen hat. Ihr
wolltet von ihm unbedingt einen Präsidenten. Also, wenn ihr das unbedingt
wollt, könnt ihr so einen Typen gerne haben." Dann rief er laut in die Runde:
„Achtung! Alle Männer sollen sich jetzt mal nach ihren Familienstämmen
und Familien sortiert vor Gott aufstellen!" 20 Samuel ließ die Chefs von den
Familienstämmen vortreten. Dann konnte jeder von ihnen ein Streichholz
von ihm ziehen. Das kurze Streichholz zog der Typ vom Familienstamm
Benjamin. 21 Also mussten als Nächstes die Chefs vom Benjaminstamm
antanzen. Diesmal zog der Typ das Los, der aus der Familie Matri kam. Und
zum Schluss machte man Flaschendrehen unter den Männern von dieser
Familie. Die Flasche drehte sich und drehte sich, bis sie schließlich auf Sauls
Stuhl zeigte. Der Stuhl war aber leer, weil Saul schon vorher unbemerkt
abgehauen war. Eigentlich hätte man ihn jetzt nach vorne auf die Bühne
geholt, aber er hatte sich einfach verpieselt. 22 Irgendjemand kam auf die
Idee, mal Gott zu fragen, wo Saul jetzt war, und Gott sagte prompt: „Saul
hat sich im Zeltlager versteckt. Sucht ihn mal da!" 23 Ein paar Männer liefen
ins Lager und fanden Saul dort tatsächlich. Als er dann wieder im Saal stand,
fiel eine Sache sofort auf: Saul war einen Kopf größer als die anderen Män-
ner. 24 „Okay, Leute, das ist also der Typ, den Gott für diesen Job ausgesucht
hat. Seht ihn euch an! Der ist schon echt eine ganz besondere Nummer!"
Die Männer waren total begeistert: „Yes! Das ist er! Es lebe unser Präsident!"
25 Samuel sagte dann den Leuten noch mal ganz klar, was ihr neuer Präsi-
dent alles darf und was für eine Macht er hatte. Diese Ansage schrieb er
auch noch mal auf, druckte das Papier aus und legte es in das besondere
Zelt von Gott. Die Versammlung wurde beendet, und alle gingen wieder
nach Hause. 26 Saul fuhr nach Gibea, wo er herkam. Einige vom Heer der
Israeliten kamen als Bodyguards mit. Es waren Leute, die Gott innerlich
dazu bereit gemacht hatte. 27 Ein paar schräge Vögel lachten sich über die-
sen neuen Präsidenten aber nur schlapp. „Ha! Der soll uns jetzt retten, oder
wie?", sagten sie. Sie hatten echt keinen Respekt vor Saul und schenkten
ihm auch nichts zu seiner Ernennung. Er tat so, als hörte er einfach weg.

11

Saul muss das erste Mal ran

1 Irgendwann kam der Präsident Nahasch von den Ammonitern auf die Idee,
mit seiner ganzen Armee in die Landschaft Gilead zu ziehen, um dort die

Stadt Jabesch anzugreifen. Bevor es zum Krieg kam, boten die Bewohner
der Stadt Nahasch einen Deal an: „Wenn Sie uns versprechen, hier keinen
zu töten, dann werden wir alles tun, was Sie sagen, für immer.“ 2 „Nur unter
einer Bedingung“, antwortete der Präsident der Ammoniter. „Ich darf jedem
Mann von euch das rechte Auge ausstechen. Dann werden sich alle über
Israel ablachen und euch verarschen!“ 3 Die Regierung der Stadt bat um eine
Frist: „Wir brauchen sieben Tage Bedenkzeit. Wenn unsere Hilferufe per
Rundmail in ganz Israel nichts bringen, machen wir das, was Sie von uns
wollen.“ 4 Eine von diesen Rundmails kriegten auch die Leute in Gibea, wo
Saul ursprünglich herkam. Als die überall gelesen wurde, waren die Leute
echt fertig und heulten laut los. 5 Saul kam gerade von der Arbeit nach
Hause. „Was ist denn los hier?“, fragte er. „Warum heulen meine Leute
die ganze Zeit?“ Man erzählte ihm von dem Hilferuf aus Jabesch und was
die Bewohner ihnen geschrieben hatten. 6 Als Saul die Geschichte gehört
hatte, übernahm plötzlich die Kraft von Gott in seinem Herz die Kontrolle.
Er war megasauer. 7 Sofort lief er in den Stall und schnappte sich zwei
Kühe. Die wurden dann von ihm in kleine Stücke zersägt und per DHL-Paket
überall nach Israel verschickt. Dazu mussten die Boten dann immer den
Spruch aufsagen: „Die Männer, die nicht mit Saul und Samuel in den Krieg
ziehen, werden genauso zerhackt wie diese Kühe!“ Die Israeliten kriegten
voll Schiss, weil jeder merkte, dass das keine leere Drohung war, Gott selbst
stand dahinter. Alle folgten dem Aufruf und ließen sich zur Armee einziehen.
8 Die Soldaten kamen zur Musterung in Besek zusammen. 300 000 Män-
ner aus Israel und 30 000 aus Juda. 9 Dann ließ Saul den Bewohnern von
Jabesch eine Nachricht zukommen: „Morgen Mittag seid ihr frei!“ Die News
sprachen sich schnell in der Stadt rum, und alle waren voll erleichtert, als
sie davon hörten. 10 Sie ließen den Generälen der Ammoniter dann zum
Schein ausrichten: „Morgen ergeben wir uns. Dann können Sie mit uns
machen, was Sie wollen.“ 11 Am nächsten Morgen teilte Saul seine Männer
in drei Abteilungen auf. Noch bevor es hell wurde, schlugen sie zu. Sie
überfielen das Lager der Ammoniter mit voller Wucht. Gegen Mittag hatten
sie den Krieg gewonnen, die Armee wurde zerschlagen. Die paar Soldaten,
die noch fliehen konnten, verteilten sich überallhin. 12 Nach diesem gigan-
tischen Sieg schleimten die Leute bei Saul rum: „Wer war das damals noch,
der keinen Bock da drauf hatte, dass du unser Präsident wirst? Die würden
wir jetzt echt gerne kaltmachen!“ 13 Saul fand aber, das wäre keine so gute
Idee. „Heute stirbt niemand mehr! Denn heute hat Gott seinen Leuten
einen richtig großen Sieg geschenkt!“ 14 Samuel meinte dann zu den Leuten:
„Passt auf, lasst uns alle mal nach Gilgal gehen und dort eine Pro-Saul-
Demo veranstalten! Saul ist der neue Präsident!“ 15 Alle kamen mit. Als sie
in Gilgal waren, machten sie ganz offiziell Saul zu ihrem Präsidenten. Das

Ganze wurde mit Dankopfern besiegelt. Anschließend gab es eine riesen
Party, die Leute von Israel waren da und feierten bis zum Abwinken.

12

Samuel geht in Rente

1 Als alle Israeliten bei einem Treffen waren, sagte Samuel zu den Leuten:
„Also, das war's jetzt. Ich hab getan, was ihr wolltet, und euch einen Präsi-
denten organisiert. 2 Das hier ist er! Er soll bei euch ab jetzt die Macht
haben. Ich bin nun aber schon im Rentenalter. Meine Söhne sind erwachsen
und leben bei euch. Ich war mein ganzes Leben euer Chef und habe euch
gesagt, wo es langgeht. 3 Ich geb euch jetzt noch mal die Chance: Jeder, der
noch eine offene Rechnung mit mir hat, soll die jetzt begleichen. Ihr könntet
das bei Gott machen und auch bei eurem neuen Präsidenten. Wenn ich
irgendwo Mist gebaut hab, dann sagt das bitte jetzt. Ist hier jemand, dem
ich mal sein Handy oder sein Fahrrad geklaut hab? Hab ich jemanden besto-
chen oder erpresst? Oder gibt's hier einen, den ich irgendwie anders abge-
zockt hab? Jemand da, von dem ich Kohle angenommen hab, um in meinem
Job als Richter ein falsches Urteil zu fällen? Ich bin bereit, heute alles wieder
in Ordnung zu bringen!" 4 „Nein, never", antworteten die Männer. „Du hast
niemanden erpresst und hast dich auch nicht bestechen lassen." 5 „Okay",
sagte Samuel. „Gott und der von ihm eingesetzte Präsident sind jetzt meine
Zeugen: Ich habe nichts ausgefressen!" Die Männer riefen: „Genau! Das
stimmt!" 6 „Gott hatte damals Mose und Aaron als eure Chefs eingesetzt,
sie haben eure Väter aus Ägypten rausgeführt. 7 Jetzt kommt alle nach vorne.
Ich werde mit euch noch mal über die Sachen verhandeln, wo ihr Gott
untreu wart. Außerdem werde ich euch die Sachen aufzählen, wo er super-
gut zu euch und euren Vorfahren war. 8 Vorher ein kurzer Rückblick auf
unsere Geschichte: Damals, als Jakobs Familie mit Kindern, Enkeln etc. in
Ägypten gewohnt hatte und es ihnen irgendwann dort richtig schlechtging,
haben sie bei Gott angeklingelt, weil sie Hilfe brauchten. Gott schickte ihnen
Mose und Aaron. Durch die beiden kamen wir alle aus Ägypten wieder raus.
Gott hat dann in diesem Land für uns eine neue Heimat klargemacht. 9 Es
dauerte nicht lange, dann hatten sie Gott schon wieder vergessen. Sie lebten
nicht mehr mit ihm, und darum hat Gott es zugelassen, dass ihre Feinde
sie im Krieg besiegen konnten. Zum Beispiel Sisera, den General der Armee
von Hazor, oder die Philister oder den Präsidenten von den Moabitern kann
man da nennen. Sie haben uns im Krieg alle eine richtig derbe Schlappe bei-
gebracht. 10 Schließlich rief man wieder bei Gott um Hilfe. ‚Wir haben Mist
gebaut! Es war total falsch, dass wir dich verlassen und zu solchen Plastik-
göttern wie Baal und Astarte gebetet haben! Hol uns hier raus! Dann werden
wir nur noch zu dir beten!' 11 Gott schickte dann noch so Männer wie Jerub-

baal vorbei, oder den Bedan, Jiftach und am Ende sogar mich selbst. Er half
uns auf die Art, gegen unsere Feinde anzukommen. So hatten wir eine Zeit-
lang Frieden und Sicherheit in unserem Land. 12 Jetzt zum Schluss kam
Nahasch, der Präsident der Ammoniter, mit seiner Armee bei euch an. Doch
plötzlich war euch Gott, euer Chef, nicht mehr genug, ihr sagtet zu mir: ‚Wir
wollen einen Präsidenten! Der soll über uns regieren!‘ 13 Okay, da ist er nun,
euer Präsident. Ihr habt unbedingt einen haben wollen, ihr habt es euch so
ausgesucht. Gott hat euch nun diesen Typen geschickt, damit er bei euch
das Sagen hat. 14 Ihr müsst aber immer das tun, was Gott von euch will. Ihr
müsst Respekt vor ihm haben und alles machen, was er euch sagt, und euch
nicht dagegen wehren. Und wenn das dann euer Präsident auch so macht
und ihr auch auf das hört, was der so sagt, dann wird Gott immer bei euch
sein und euch helfen. 15 Falls ihr jetzt aber nicht das tun wollt, was Gott von
euch möchte, dann wird Gott gegen euch sein. So hat er es ja schon immer
mit unseren Leuten gemacht. 16 Jetzt zieht euch rein, Leute, was für ein fettes
Wunder Gott für euch alle gleich tun wird! 17 Es ist ja gerade Hochsommer,
und in der Zeit ist es bei uns mit Regen ja totale Fehlanzeige. Ich werde jetzt
mit Gott reden und ihn bitten, dass er mal ein Gewitter vorbeischickt. Das
soll so eine Zeichen für euch sein, dass ihr totalen Bockmist gebaut habt mit
eurem ‚Wir wollen einen Präsidenten‘-Gequake.“ 18 Samuel redete dann mit
Gott. Und plötzlich gab es voll lauten Donner, und es fing an zu regnen.
Die Israeliten bekamen mega Respekt vor Gott und auch vor Samuel. 19 Sie
sagten zu Samuel: „Bitte, bitte, sag Gott, dass er uns nicht umbringen soll!
Wir wollen nicht sterben! Wir haben alle Dreck am Stecken und tun ständig
Sachen, die Gott ätzend findet. Und jetzt haben wir uns auch noch einen
Präsidenten ausgesucht!“ 20 „Keine Panik“, antwortete Samuel. „Ihr habt
zwar richtig Mist gebaut, aber ab jetzt seid ihr ja Gott treu, ihr wollt euch
radikal an ihn ausliefern und immer tun, was er sagt, oder? 21 Aber bitte lasst
euch nicht auf diese Plastikgötter ein! Die werden euch nie helfen können!
Die bringen es echt nicht, die sind ja nur aus Plastik! 22 Gott wird aber
immer eine gleiche Linie fahren, auf ihn kann man sich verlassen. Er wird
euch nie dissen, weil er sich einmal dazu entschlossen hat, euch als seine
Leute anzunehmen. 23 Und ich werde auch weiter für euch beten. Das wär
ja noch schöner, wenn ich damit aufhören würde … Ich werde euch auch
weiter sagen, wo es langgeht im Leben. 24 Habt Respekt vor Gott! Seid ihm
treu! Tut radikal, was er euch sagt! Überlegt doch mal, was für krasse Sachen
er für euch schon alles gemacht hat! 25 Falls ihr aber doch wieder Mist baut
und euer eigenes Ding durchzieht, werdet ihr mitsamt eurem Präsidenten
einfach weggepustet werden.“

13

Es gibt Krieg gegen die Philister

1 Keiner weiß, wie alt Saul eigentlich war, als er Präsident wurde, aber ins-
gesamt hatte er zwei Jahre lang das Sagen über die Israeliten. 2 Er suchte
sich dreitausend Männer aus, die für seine Armee eingezogen wurden. Zwei-
tausend davon standen unter dem direkten Befehl von Saul. Sein Regie-
rungssitz lag in Michmas und auf den Bergen bei Bet-El. Die restlichen tau-
send standen unter dem Befehl von seinem Sohn Jonatan, der in Gibea
stationiert war. Gibea lag in dem Gebiet vom Familienstamm Benjamin. Die
anderen Leute konnten auf Befehl von Saul wieder nach Hause gehen.
3 Jonatan tötete dann einmal einige Soldaten der Philister, die als Außenpos-
ten in Gibea stationiert waren. Die Geschichte stand am nächsten Morgen
im „Philister Tageblatt“, und alle erfuhren davon. Saul schickte sofort eine
Nachricht an alle Leute im Land, weil er wollte, dass die Israeliten über die
Sache informiert waren. 4 Überall erzählte man jetzt an den Stammtischen:
„Saul hat ein paar Soldaten von den Philistern getötet! Die sind jetzt super-
stinkig auf uns!“ Daraufhin wurden alle wehrfähigen Männer eingezogen.
Man sammelte sich in Gilgal, um mit Saul in den Krieg zu ziehen. 5 Die
Philister hatten auch ihre Armee an den Start gebracht, um gegen Israel zu
kämpfen. Sie hatten alleine 30 000 Panzer und 6000 andere Kampffahr-
zeuge aufgefahren. Dazu Bodentruppen mit so vielen Soldaten, dass man
sie unmöglich zählen konnte. Sie bauten ihr Lager bei Michmas auf, was
östlich von Bet-Awen lag. 6 Als die Soldaten von Israel sahen, dass die
andere Armee deutlich in der Überzahl war, kriegten sie voll die Panik. Einige
versteckten sich im Wald, in irgendwelchen Höhlen, in Tiefgaragen oder in
unterirdischen Bunkern. 7 Viele flüchteten aber auch über den Jordanfluss
ins Gebiet von Gad und nach Gilead. Saul war mit seiner Truppe immer
noch in Gilgal. Auch seine Mannschaft hatte mega Schiss. 8 Saul wartete
dort auf den Propheten Samuel. Er hatte Saul ja versichert, er würde in einer
Woche nach Gilgal kommen. Aber als er am achten Tag immer noch nicht
da war, entfernten sich die ersten Soldaten von der Front und verdünnisier-
ten sich. 9 Saul beschloss darum, die Sache selbst in die Hand zu nehmen.
„Tiere für ein Opferritual herbringen, aber sofort!“, befahl er seinen Leuten.
„Ich werde jetzt hier ein Abfackelopfer und ein paar Dankopfer alleine durch-
ziehen!“ Nachdem die Sachen da waren, fing er an, das ganze Opferding
durchzuziehen. 10 Als er gerade das Abfackelopfer beendet hatte, war Samuel
endlich da. Saul ging ihm entgegen, um ihn zu begrüßen. 11 Aber Samuel
sagte zu ihm: „Verdammt, Saul! Was haben Sie für einen Blödsinn ange-
stellt?“ – „Äh, wieso, ich musste was unternehmen“, antwortete er. „Die
Soldaten waren am Weglaufen, weil Sie nicht pünktlich hier waren! Und die

Philister haben auch nicht auf Sie gewartet, die stehen jetzt schon vor Mich-
mas. 12 Ich hab mir ausgerechnet, dass die jetzt bald nach Gilgal runter-
kommen und uns angreifen würden, bevor ich Gott um Hilfe bitten konnte.
Darum hab ich mich getraut und in der Zeitnot einfach das Opfer alleine
durchgezogen!" 13 „Ganz toll, können Sie nicht mal Ihr Hirn einschalten? Da-
mit haben Sie die Linie übertreten und sich nicht an das gehalten, was Gott
Ihnen gesagt hatte. Er hätte Sie gerade jetzt als Präsident über Israel voll
bestätigen können. Auch in Zukunft hätte keiner mehr was gegen Sie oder
Ihre Nachfolger sagen können. 14 Aber jetzt wird Ihre Amtszeit nicht mehr
lange dauern, weil Sie nicht das getan haben, was Gott von Ihnen wollte. Er
hat sich jetzt schon einen anderen für Ihren Posten ausgeguckt. Den mag
er, und den hat er schon als neuen Chef für seine Leute bestimmt."

Die Israeliten werden abgezogen

15 Nach diesem Gespräch dampfte Samuel wieder ab. Von Gilgal ging er
nach Gibea hoch, was im Gebiet vom Familienstamm Benjamin lag. Saul
sammelte noch mal die verbliebenen Soldaten und kam nach einer Zäh-
lung nur noch auf 600. 16 Saul und Jonatan hatten ihre Lager bei Geba im
Gebiet vom Familienstamm Benjamin aufgeschlagen, die Philister hatten
ihr Lager auf der anderen Seite bei Michmas stehen. 17 Die Befehlshaber der
Armee von den Philistern schickten drei Abteilungen los, die das Land
ausrauben und plündern sollten. Die eine zog nach Norden und die andere
in Richtung Ofra, was im Gebiet von Schual lag. 18 Die andere wurde nach
Westen geordert, und zwar zogen sie in Richtung Bet-Horon. Die dritte ging
zu dem Hügel, von dem aus man das Hyänental und die Wüste sehen
kann. Das liegt im Osten. 19 Damals gab es keine Waffenindustrie bei den
Israeliten, weil das die Philister strengstens verboten hatten. Waffen waren
generell verboten. Sie wollten einfach verhindern, dass sich Leute von Israel
wieder wehren konnten. 20 Jeder der aus beruflichen Gründen eine Waffe
brauchte, musste sich deswegen eine amtliche Erlaubnis bei den Philistern
dafür holen. 21 So ein Waffenschein kostete 80 Euro für große Kaliber, für
eine Pistole zahlte man 40. 22 Darum haytten keiner der Soldaten, die bei
Saul und Jonatan waren, eine Knarre oder ein MG dabei. Nur Saul und sein
Sohn hatten richtige Waffen. 23 Ein Vorposten von der Armee der Philister
war beim Talübergang von Michmas stationiert worden, um diesen zu
sichern.

14

Jonatan: Wer wagt, gewinnt

1 An einem Tag sagte Jonatan (zur Erinnerung: ein Sohn von Saul) zu sei-
nem Bodyguard: „Lass uns mal da drüben hingehn, wo dieser Außenposten

von den Philistern ist!" Seinem Vater Saul sagte er aber nichts davon.
2 Der machte gerade eine Pause am Ende von Gibea, in der Gegend
von Migron, und ruhte sich im Schatten von einem Apfelbaum aus. Die
restlichen 600 Soldaten waren mit ihm dort. 3 Außerdem war der Priester
Ahija dabei, ein Sohn von Ikabods Bruder Ahitub. Er war das Enkelkind
vom Priester Pinhas und der Urenkel von Eli. Eli hatte damals in Schilo den
Job als Priester gehabt. Der Priester Ahija hatte die Tasche dabei, wo diese
besonderen Lose drin lagen. Von den Soldaten um Saul hatte keiner mit-
bekommen, dass Jonatan nicht mehr dabei war. 4 Der Ort, von wo aus Jona-
tan durch das Tal laufen wollte, war von zwei Felsen eingerahmt. Diese
Felsen nannte man Bozez und Senne. 5 Der eine Felsen ragte im Norden,
wo Michmas lag, in den Himmel. Der zweite Felsen war im Süden, auf
der Seite von Geba. 6 Jonatan sagte zu dem Bodyguard: „Wir gehen jetzt zu
dem Posten dort drüben hin. Nicht vergessen: Das sind alles voll dreckige
Leute, die ohne Gott leben! Für Gott ist das ein Klacks, uns hier einen Sieg
klarzumachen, egal ob wir jetzt mega viele Soldaten sind oder nur zu
zweit." 7 „Jawohl!", antwortete der Bodyguard. „Ich bin dabei, Sie können
sich auf mich verlassen! Nur zu, setzen Sie Ihre Idee ruhig um!" 8 „Okay,
hier ist mein Plan", meinte Jonatan. „Wir gehen langsam auf sie zu. Dabei
sollen die uns ruhig sehen können. 9 Wenn die dann zu uns sagen: ‚Halt!
Stehenbleiben, bis wir bei Ihnen sind!', dann bleiben wir sofort stehen, wir
gehen nicht zu ihnen hoch. 10 Falls sie jetzt aber sagen: ‚Kommen Sie
hoch!', dann wäre das ein Zeichen von Gott, dass er uns helfen wird, die zu
besiegen." 11 Sie schlichen sich also nicht von hinten an die Philister ran,
sondern gingen ganz offen auf die zu. Als die Soldaten Jonatan und seinen
Begleiter sahen, meinte der eine zu dem anderen: „Ha! Da kommen ja zwei
von diesen israelitischen Schissern aus ihrem Hasenloch rausgekrochen!"
12 „Kommt hoch zu uns", riefen sie Jonatan zu. „Wir wollen euch mal was
beibringen!" Jonatan flüsterte seinem Begleiter zu: „Hinter mir her! Gott
hat dafür gesorgt, dass wir diesen Kampf gewinnen werden!" 13 Er kletterte
einfach nach oben, und sein Begleiter hinter ihm her. Als sie oben waren,
fielen die Philister plötzlich vor Jonatan einfach um, und sein Begleiter
musste ihnen nur noch einen Kopfschuss verpassen! 14 Bei diesem ersten
Angriff von Jonatan und seinem Begleiter töteten sie anschließend zwanzig
Soldaten auf einer Fläche von nur 250 m^2. 15 Die anderen Soldaten der Phi-
lister kriegten alle plötzlich voll die Panik. Also einmal die Männer, die im
Lager waren, und auch die auf dem Gelände, das ganze Heer und auch die
Wachen sowie alle, die gerade unterwegs waren, um Häuser auszuplündern.
Und dann gab es auch noch ein Erdbeben der Stärke 6! Spätestens jetzt
machten sich alle Philister in die Hose vor Angst. Diese Panik hatte Gott
organisiert.

Saul macht die Armee der Philister platt

16 Die Wachsoldaten von Saul, die in Gibea stationiert waren, bemerkten,
dass im Lager der Philister gerade der Punk abging. 17 Saul sagte zu seinen
Leuten: „Checkt sofort, wer von uns nicht anwesend ist!“ Das Ergebnis
war klar: Jonatan und sein Kollege waren nicht da. 18 Jetzt befahl Saul dem
Priester Ahija: „Sofort die Kiste mit den Gesetzen herbringen!“ Die beson-
dere Kiste mit den Gesetzen drin war nämlich gerade im Lager der Israeliten.
19 Gerade als Saul diesen Befehl ausgesprochen hatte, hörte man voll laut
den Alarm, der im Lager von den Philistern los war. Deswegen rief Saul ihm
hinter her: „Nein, warte, vergiss es!“ 20 Er packte seine Waffen zusammen,
sammelte seine Truppe um sich und zog mit ihnen in den Kampf. Als sie
dort ankamen, konnten sie sehen, wie sich die Philister gerade gegenseitig
bekämpften. Das totale Chaos war dort ausgebrochen. 21 Ein Teil von der
Armee, die mit den Philistern gekämpft hatte, waren eigentlich Israeliten.
Die wechselten jetzt die Seiten und schlossen sich Saul und Jonatan an.
22 Die anderen Männer von Israel hörten in ihrem Versteck (das lag im
Gebirge von Efraim) von dem Kampf gegen die Philister. Als deutlich wurde,
dass der Sieg klar war und die Philister gerade am Fliehen waren, zogen
sie auch noch mit in die Schlacht. 23 Auf die Art konnte Gott ganz Israel an
einem Tag vor den Philistern retten. Das Schlachtfeld zog sich noch bis
über den Ort Bet-Awen hinaus.

Sauls Rumgefluche und seine Folgen

24 Als in einer Phase von diesem Kampf die Israeliten schon fast auf der
Verliererseite standen, drohte Saul den Soldaten: „Ich will, dass keiner von
euch heute auch nur ein Snickers anfasst, bevor ich mich nicht richtig an
meinen Feinden gerächt habe! Wer das trotzdem tut, hat ein großes Pro-
blem, er ist verflucht!“ Darum aßen die Leute die ganze Zeit nichts. 25 Zu
der Jahreszeit war gerade Apfelernte, und überall standen Bäume mit reifen
Äpfeln dran. 26 Die Bäume waren so voll mit Äpfeln, dass die Äste am Bre-
chen waren. Aber keiner traute sich, einen davon zu essen, wegen dem
Spruch, den Saul abgelassen hatte. 27 Allerdings war Jonatan gerade auf dem
Klo, als Saul das gesagt hatte, und wusste nichts davon. Er ging zu einem
Baum, schnappte sich den größten Apfel, den er finden konnte, und biss
einmal herzhaft rein. Die Vitamine taten ihm echt gut, und er lebte richtig
auf. 28 Ein anderer Soldat, der das mitbekam, sagte zu ihm: „Hey, dein Vater
hat das strengstens verboten! Jeder, der heute etwas isst, hat ein fettes
Problem, er ist verflucht!“ Jonatan sah sich die Leute an und hatte etwas Mit-
leid mit ihnen, weil die alle voll den Kohldampf schoben. 29 Darum sagte
er: „Mein Vater peilt das nicht richtig, er bringt uns noch alle um. Ich mein,
schaut mich an! Mir geht’s von dem einen Bissen schon jetzt hundertmal

besser als vorher. 30 Unser Sieg wäre noch viel höher ausgefallen, wenn wir uns vorher anständig ernährt hätten. Man hätte zum Beispiel den Proviant von den Feinden essen können, den wir von denen geklaut haben. Dann hätten die Philister noch viel mehr auf die Mütze bekommen als so schon!" 31 Die Armee der Israeliten verfolgte die Philister auf ihrer Flucht an dem Tag noch bis nach Ajon. Dann waren die Soldaten aber alle echt durch, 32 sie stürzten sich auf die Tiere, die man erbeutet hatte, und starteten eine fette Grillparty. Schafe, Rinder, Kälber, alles wurde geschlachtet und an Ort und Stelle gegessen, ohne vorher das Blut von den Tieren ordentlich auf den Boden auslaufen zu lassen. 33 Saul bekam dann die Meldung rein: „Deine Truppe baut gerade richtig Mist, und sie betrügen Gott damit. Sie essen das Fleisch von den Tieren direkt dort, wo sie geschlachtet wurden, und haben auch das Blut nicht richtig auslaufen lassen! Das ist verboten!" – „O nein! Das ist ein klarer Verstoß gegen die Regel!", rief Saul. „Bringt mir mal einen großen Stein her!" 34 Dann befahl er: „Sagt überall den Soldaten, dass jeder sein Rind oder Schaf sofort her zu mir bringen soll! Hier sollen die Tiere richtig geschlachtet werden. Dann kann man sie auch essen, ohne etwas gegen Gottes Willen zu tun. So, wie sie es jetzt machen, an der Stelle, wo auch das Blut liegt, ist es total falsch! Und man darf absolut kein Blut essen." Alle brachten noch in der Nacht ihre Tiere zu Saul, um die an der Stelle richtig zu schlachten, wie es üblich war. 35 Saul baute da aus dem Stein einen Tisch, einen Altar. Das war das erste Mal, dass Saul einen Altar für Gott gebaut hatte. 36 Als er fertig war, meinte er zu den Soldaten: „Lasst uns doch jetzt noch losziehen und die ganze Nacht lang Philister jagen gehen! Wir sollten alles mitnehmen, was wir kriegen können. Keiner soll am Leben bleiben!" – „Okay, abgemacht! Wie du es sagst, soll alles auch passieren!", antworteten sie. Die Priester hatten aber Einwände: „Wollen wir nicht zuerst noch mal Gott fragen, ob das wirklich so eine gute Idee ist?" 37 Also fragte Saul Gott: „Was meinst du? Soll ich die Philister jagen gehen? Soll ich sie bis ins flache Land verfolgen? Wirst du dafür sorgen, dass wir diesen Krieg ganz gewinnen?" Aber Gott antwortete nicht. 38–39 Saul war entschlossen, die Antwort da drauf zu finden. Er holte einen Oberst aus seiner Armee zu sich und befahl ihm: „Heute hat hier irgendjemand richtig Mist gebaut. Wir müssen herausfinden, wer das war und was genau passiert ist. Der Schuldige muss sterben, egal wer das ist. Mein Sohn Jonatan ist da mit eingeschlossen. Das schwöre ich euch bei Gott, der immer zu uns gehalten hat, Leute!" Nach dieser Ansage sagte ihm aber keiner was. 40 Also sagte Saul: „Passt auf, alle stellen sich jetzt auf eine Seite, und ich und mein Sohn Jonatan auf die andere Seite!" – „Ja, ist gut, machen wir das so!", antworteten seine Leute. 41 Saul fing an zu beten: „Hey, Gott! Du bist der Gott von uns Israeliten! Warum hast du mir heute nicht geantwortet? Ich bitte dich, dass du mir

jetzt durch die besonderen Lose zeigst, was Sache ist! Zeig mir, ob ich oder
Jonatan Mist gebaut haben oder ob die Leute Mist gebaut haben." Die Lose
wurden gezogen und zeigten, dass die anderen Leute keine Schuld hatten.
42 „Hm, jetzt will ich es genau wissen. Die Lose sollen sagen, ob ich Schuld
habe oder mein Sohn!" Das Losen hatte ein klares Ergebnis: Die Schuld lag
bei Jonatan. 43 „Junge! Was hast du denn gemacht? Jetzt rück raus damit!"
44 „Ähh, ich hab mir nur einen ganz kleinen Apfel gegönnt, echt. Aber wenn
es so sein soll, dann bin ich bereit zu sterben!", sagte Jonatan zu seinem
Vater. „Gott soll mich dafür bestrafen, wenn ich dich jetzt am Leben lasse!",
rief Saul. 45 Aber die Kollegen von Jonatan fielen ihm ins Wort: „Was? Das
kann nicht dein Ernst sein! Soll Jonatan jetzt wirklich sterben, obwohl wir
durch ihn diesen gigantischen Sieg eingefahren haben? Never, nicht mit uns!
Wir werden das nie und nimmer zulassen! Weil Gott ihm so geholfen hat
und auf seiner Seite stand, konnten wir diese krassen Kämpfe heute über-
haupt nur packen!" Saul hörte auf die Argumente, und so wurde Jonatan von
den Soldaten vor dem Tod gerettet. 46 Saul hatte aber keinen Bock mehr
auf Krieg gegen die Philister. Er drehte um und ging mit seinen Leuten nach
Hause. Deswegen konnten die restlichen Philister in ihr Gebiet zurückkeh-
ren, ohne dass ihnen noch was passiert ist. 47 Nachdem Saul der Präsident
über Israel geworden war, führte er noch eine Menge Kriege, gegen alle
Feinde, die rings um ihr Land wohnten. Gegen Moab, Ammon, Edom, Zoba
und gegen die Philister. Saul fuhr überall nur Siege ein. 48 Er galt als unheim-
lich mutig und besiegte sogar die Amalekiter, die alle zwei Köpfe größer
waren als der Rest. Er befreite die Israeliten von allem Pack, das ihr Land
nur ausbeuten wollte.

Die Familie von Saul

49 Saul hatte drei Söhne: Jonatan, Jischwi, der auch Isch-Boschet genannt
wurde, und Malkischua, und zwei Töchter, die ältere hieß Merab, die jüngere
Michal. 50 Die Frau von Saul hieß übrigens Ahinoam. Sie war eine Tochter
vom Ahimaaz. Der oberste General seiner Armee hieß Abner. Abner war ein
Sohn von Ner, der wiederum ein Onkel von Saul war. 51 Kisch, der Vater von
Saul, Ner und der Vater von Abner waren nämlich Brüder. Ihr gemeinsamer
Vater hieß Abiel. 52 In der Zeit, in der Saul am Leben war, gab es immer wie-
der heftige Kriege gegen die Philister. Darum zog er jeden Mann, der gut
kämpfen konnte und mutig war, gleich zum Kriegsdienst ein.

15

Saul siegt, baut Mist und hat verloren

1 An einem Tag kam Samuel mal bei Saul zu Besuch. Er sagte ihm: „Saul, ich
hab ne Nachricht für Sie. Gott hat mir ja immerhin damals den Job gegeben,

Sie zum Präsidenten über seine Leute, die Israeliten, zu machen. Darum
sollten Sie mir jetzt auch gut zuhören, kapito? 2 Das ist es, was der Chef
dieser Welt, unser Gott, Ihnen heute sagen will: ‚Ich möchte, dass die Ama-
lekiter jetzt dafür bluten müssen, dass sie Israel gedisst haben, als die auf
ihrem Weg raus aus Ägypten waren. Sie haben ihnen damals einfach den
Weg versperrt. 3 Also, auf geht's! Sie sollten gegen die Typen in den Krieg
ziehen und sie komplett plattmachen. Die Rote-Karte-Aktion muss bei denen
radikal durchgezogen werden! Jeder muss sterben, ohne Gnade, alle Män-
ner und Frauen, Kinder, Babys, Kühe, Schafe, Katzen, Pferde, einfach alles.'"
4 Saul unterschrieb einen Einzugsbefehl von allen wehrfähigen Männern.
Die sollten sich in der Kaserne in Telaim zur Musterung sammeln. Insge-
samt waren das 200 000 Soldaten, dazu noch 10 000 Mann aus Juda. 5 Mit
dieser Armee zog Saul bis in die Nähe der Hauptstadt von den Amalekitern
und versteckte sich da im Tal. 6 Dort lebten auch die Keniter, die entfernt
mit den Israeliten verwandt waren. Die bekamen von Saul noch ne Warnung
rein: „Verzieht euch schleunigst von hier und trennt euch von den Amaleki-
tern! Sonst werden wir euch mit denen zusammen komplett ausradieren
müssen. Ihr seid ja immerhin nett zu uns gewesen, als wir euch auf unserer
Reise aus Ägypten getroffen haben." Die Keniter nahmen die Warnung ernst
und verschwanden schleunigst aus der Gegend. 7 Und dann startete Saul
den Angriff auf die Amalekiter. Der Sieg war überwältigend, von Hawila bis
Schur an der ägyptischen Grenze wurden die Feinde geschlagen. 8 Der Präsi-
dent Agag wurde von Saul verhaftet und abgeführt. Bei dem Rest der Amale-
kiter zog er die Rote-Karte-Aktion durch, alle wurden per Genickschuss getö-
tet. 9 Allerdings wurde die Aktion nicht an Agag ausgeführt und auch nicht
bei den Tieren. Alle Schafe, Ziegen und Rinder, zumindest die gesunden
Tiere, das Mastvieh und so, alles was irgendwie Kohle gebracht hätte, wurde
nicht getötet. 10 Gott hatte dann mal wieder ein Gespräch mit Samuel. 11 „Ich
glaub, das war ein großer Fehler, Saul zum Präsidenten zu machen. Er hat
keinen Bock auf mich und tut, was er gerade lustig findet, und meine Befehle
führt er nicht aus." Samuel war echt am Ende, als Gott ihm das gesagt hatte.
Die ganze Nacht betete er wie blöd und versuchte Gott umzustimmen.
12 Am nächsten Morgen packte er seine Sachen und fuhr los, um mit Saul zu
sprechen. Er hatte gelesen, dass Saul gerade in der Stadt Karmel auf Besuch
gewesen war, um sich dort so ein Denkmal einzuweihen, was an den letzten
Sieg im Krieg erinnern sollte. Danach wäre er weiter nach Gilgal gezogen.
13 Als Samuel dort ankam, begrüßte ihn Saul am Eingang. „Hey, Samuel!
Gott ist voll auf Ihrer Seite! Ich hab alles genau so durchgezogen, wie Gott
es gesagt hatte!" 14 „Hä? Und was sind das dann für Schafe und Rinder,
die da rumblöken?", fragte Samuel. 15 „Ach, das sind nur ein paar der besten
Schafe und Rinder, die meine Leute extra nicht getötet haben, damit wir sie

Gott in einem Opferritual schenken können. Den Rest haben wir komplett plattgemacht!" [16] „Halten Sie die Klappe! Ich muss Ihnen jetzt erst mal die Sachen erzählen, die Gott mir letzte Nacht gesagt hat!", unterbrach ihn Samuel. „Dann legen Sie mal los!", antwortete Saul. [17] „Hören Sie zu: Sie sind der Chef von allen Israeliten, der Präsident. Obwohl Sie immer gesagt haben, dass Sie das gar nicht verdient haben, hat Gott Sie trotzdem zum Präsidenten gemacht. [18] Er war es, der Sie zu den Amalekitern geschickt hat, oder? Seine Ansage war klar und deutlich: „Bekämpfe sie so lange, bis alles bei denen tot ist, keiner soll überleben. Zeig ihnen die rote Karte!" [19] Und warum haben Sie das nicht gemacht? Warum haben Sie dem Befehl von Gott nicht gehorcht? Warum haben Sie sich die Sachen von der Beute gezockt, obwohl Sie wissen, wie ätzend er das findet?" [20] „Äh, aber wieso, ich hab doch alles gemacht, was er wollte!", stammelte Saul. „Ich hab den Amalekitern die rote Karte gezeigt, ich hab den Präsidenten Agag hierhergebracht. [21] Die besten Tiere haben meine Leute nur deswegen nicht getötet, weil wir sie hier in Gilgal für Gott abfackeln wollten!" [22] „Okay. Worauf steht Gott mehr: auf ein nettes Dankopfer oder ein Abfackelopfer? Oder da drauf, dass seine Leute genau das durchziehen, was er ihnen gesagt hat? Gott zu gehorchen ist tausendmal besser als so ein Opferritual! Und Gott wirklich zuzuhören ist besser als das fetteste Steak von einem Rind. [23] Nicht zu tun, was Gott gesagt hat, ist genauso schlimm wie Satanismus, und sich gegen das zu stellen, was er will, ist genau so schlimm wie zu Plastikgöttern zu beten. Weil Sie nicht das getan haben, was Gott von Ihnen wollte, hat Gott keinen Bock mehr auf Sie. Ihre Präsidentschaft ist hiermit vorbei!" [24] Saul verstand jetzt, warum er gerade den totalen Bockmist gebracht hatte. „Ich hab Scheiße gebaut! Ich hab die Ansagen von Gott nicht ernst genommen und hab nicht exakt das getan, was er von mir wollte! Weil ich Schiss hatte, bei meinen Männern untendurch zu sein, hab ich sie machen lassen. [25] Bitte verzeihen Sie mir! Tut mir echt leid! Bitte kommen Sie noch mal mit, damit wir zusammen zu Gott gehen können! Ich will ihm zeigen, dass ich Respekt vor ihm hab, und ihm sagen, wie gut ich ihn finde!" [26] Aber Samuel antwortete: „Dafür ist es jetzt zu spät. Sie haben etwas gemacht, worauf Gott überhaupt keinen Bock hat, und darum hat er jetzt keinen Bock mehr auf Sie. Ihre Zeit ist abgelaufen. Sie können nicht mehr der Präsident von Israel sein!" [27] Samuel wollte sich gerade umdrehen und rausgehen, da packte ihn Saul am Ärmel. Samuel blieb aber nicht stehen, darum riss der Ärmel einfach ab. [28] Daraufhin meinte Samuel: „Genauso wie Sie mir gerade den Ärmel von meiner Jacke weggerissen haben, so wird Gott Ihnen heute Ihren Präsidentenjob entreißen. Er wird die Macht über Israel einem anderen geben, der es besser drauf hat als Sie. [29] Gott ist gut, und wir sind alle voll stolz auf ihn. Er wird sein Urteil nicht zurücknehmen. Er ist nicht wie wir

Menschen, die mal dies sagen und dann wieder das, die ständig ihre Mei-
nung ändern." 30 „Ja, Sie haben ja recht", antwortete Saul. „Ich hab Mist
gebaut, aber richtig. Aber bitte sagen Sie das nicht gleich allen Leuten, das
ist mir zu peinlich. Erzählen Sie das nicht den Clanchefs von den Israeliten,
ja? So viel Respekt müssen Sie vor mir haben. Lassen Sie uns zusammen
zu Gott gehen und uns dort vor ihm hinschmeißen, ja?" 31 Samuel ließ sich
überreden und kam mit. Als Saul sich dort auf den Boden geschmissen
hatte, 32 befahl Saul einem seiner Soldaten: „Bring mir sofort den Präsiden-
ten der Amalekiter, diesen Agag, her!" Als Agag gefesselt hergebracht wurde,
sagte er zu Saul: „Der Tod ist echt scheiße! Ich habe keinen Bock zu ster-
ben!" 33 Aber Samuel schrie ihn an: „Deine Waffen haben vielen Müttern die
Söhne gestohlen!" Er nahm sich ein Samuraischwert und schlug den Agag
dort direkt vor dem Tisch von Gott in Stücke. 34 Anschließend ging Samuel
wieder nach Rama zurück. Saul ging nach Gibea, wo er zu Hause war. 35 Für
den Rest seines Lebens wollte Samuel den Saul nie mehr sehen. Er war
einfach total traurig wegen ihm. Gott bereute es aber voll, dass er ausge-
rechnet Saul zum Präsidenten über Israel gemacht hatte.

16

Gott hat Bock auf den Jüngsten: David

1 Irgendwann sagte Gott zu Samuel: „Mann, wie lange willst du noch Saul
hinterherweinen? Die Entscheidung steht, Ich hab einfach keine Lust mehr
auf den! Er soll nicht mehr länger der Präsident von Israel sein! Organisier
dir mal was von diesem besonderen Öl, was man braucht, um Leute für
einen Dienst einzusetzen. Dann gehst du damit zu dem Isai, der in Bethle-
hem wohnt. Einer von seinen Jungs soll es sein, er soll der zukünftige Präsi-
dent in Israel werden." 2 „Huch? Das kann ich doch nicht bringen, Gott!
Wenn Saul davon Wind bekommt, macht er mich kalt!" – „Pass auf, nimm
einfach eine Kuh mit auf den Hänger, und wenn du da bist, sagst du, du
wolltest dort eigentlich nur ein Opferritual durchziehen. 3 Isai musst du dann
schnell noch ne Einladung schicken, ob er nicht Lust hat, mit dabei zu sein.
Wenn es so weit ist, werde ich dir sagen, welchen von seinen Söhnen du
zum zukünftigen Präsidenten machen sollst. Du schüttest dem dann etwas
von diesem ganz besonderen Öl über seine Birne und betest für ihn. Okay?"
4 Samuel packte sofort seine Sachen und tat, was Gott ihm gesagt hatte. Als
er in Bethlehem-City ankam, rannten ihm schon die Chefs der Stadt entge-
gen: „O Samuel!", fragten sie aufgeregt. „Warum sind Sie hier? Ist das ein
gutes oder ein schlechtes Zeichen?" 5 „Ein gutes Zeichen!", lachte Samuel.
„Ich bin hier, um für Gott ein Opferritual durchzuziehen. Bereitet euch alle
schon mal da drauf vor, macht euch innerlich und äußerlich sauber und
dann kommt einfach dazu. Wir machen zusammen ein Dankopfer!" Zu der

Party kriegten auch Isai und seine Söhne eine Einladung. Zur Vorbereitung
für das Dankopferessen mussten sie sich auch sauber machen. 6 Als Isai
dann mit seinen Söhnen bei der Feier ankam, sah Samuel als Erstes den
ältesten Sohn von ihm, der Eliab hieß. Er dachte sofort: „Yes, das ist er
bestimmt! Den hat Gott ausgesucht!“ 7 Aber dann kam ne Nachricht von
Gott rein: „Hallo? Samuel, du musst nicht gleich sonst was Dickes von dem
denken, nur weil der so groß ist und so ne Bodybuildingfigur hat! Ich finde
den nicht so toll. Meine Einschätzung, wie jemand drauf ist, kommt anders
zustande als bei euch Menschen. Ihr seht nur das Äußere, ich sehe aber das
Innere, das Herz!“ 8 Isai rief seinen zweiten Sohn zum Essen, der Abinadab
hieß. Den stellte er auch Samuel vor, und dies mal dachte er sofort: „Ne,
der ist es nicht. Das ist nicht der, den Gott sich ausgesucht hat.“ 9 Also holte
Isai den Schima, seinen nächsten Sohn. Aber wieder war Samuel gleich klar:
„Ne, der ist es auch nicht. Den hat Gott sich nicht ausgesucht!“ 10 So ging
das mit allen sieben Söhnen vom Isai der Reihe nach. Jeder wurde Samuel
vorgestellt. Am Ende meinte Samuel: „Ne, er war nicht dabei. Keiner von
denen wurde von Gott ausgesucht.“ 11 Schließlich fragte Samuel Isai: „Sagen
Sie mal, waren das jetzt alle Ihre Söhne, oder was?“ – „Nein, einer fehlt
noch, das ist der Jüngste von allen. Der passt bei uns immer auf die Schafe
auf.“ – „Können Sie den auch noch holen lassen?“, fragte Samuel. „Ich will
nicht mit dem Opferessen anfangen, bevor ich ihn nicht auch noch gesehen
hab!“ 12 Isai schickte einen seiner Leute, um David zu holen. Als David
ankam, konnte man sehen, dass er voll gut aussah. Er hatte einen Top-Kör-
per, schöne braune Haut, blaue Augen, voll der Model-Typ. „Das ist er“,
sagte Gott zu Samuel. „Mach ihn zum Präsidenten! Nimm dieses besondere
Öl und bete für ihn!“ 13 Samuel beugte sich zu dem Jungen rüber, schüttete
das Öl über seine Haare, sprach ein Gebet und segnete ihn. Damit machte
er ihn zum zukünftigen Präsidenten, mit den Brüdern als Zeugen. In der
Sekunde, als er das gemacht hatte, zog plötzlich die Kraft von Gott in David
ein. Diese Kraft blieb auch bei ihm und ging nicht wieder weg. Samuel
packte seine Sachen und ging wieder zurück nach Rama.

David übernimmt einen Job in Sauls Büro

14 Gott hatte seine Kraft von Saul weggenommen. Statt dem guten Geist
von Gott hatte jetzt ein fieser Geist die Kontrolle, und Saul wurde voll zum
Psycho. 15 Seine Leute meinten dann mal zu ihm: „Sag mal, du hast voll
Probleme mit so einem fiesen Dämon! Diesen Dämon hat bestimmt Gott
vorbeigeschickt, damit du Respekt vor ihm kriegst. 16 Wir könnten dir ja
mal einen Musiktherapeuten organisieren, der gut mit der Akustikklampfe
spielen kann. Musst du nur sagen, wir holen den. Wenn du dann wieder
Psychoattacken hast, kann der dich vielleicht wieder entspannt draufbringen,

wenn er ein paar Songs für dich spielt." 17 „Okay", sagte Saul. „Organisiert
mir einen guten Gitarristen und bringt den her!" 18 Einer von den Jugend-
lichen bei denen meinte dann: „Ich hab neulich einen Typen auf einem Kon-
zert spielen gehört, der war echt der Hammer! Der ist auch ziemlich stark.
Er kann gut reden, ist voll mutig und sieht dazu noch sehr gut aus. Gott ist
voll auf seiner Seite. Soweit ich weiß, ist er ein Sohn von Isai, der in Bethle-
hem wohnt." 19 Saul holte sofort seine Sekretärin rein, die einen Brief an Isai
fertig machte: „Ich bitte darum, mir Ihren Sohn vorbeizuschicken. Es geht
mir um den David, der bei Ihnen auf die Schafe aufpasst. Gez. Der Präsi-
dent, Saul" 20 Isai war einverstanden. Er packte in den Kofferraum ein Fäss-
chen Bier, dazu noch ein schönes Stück Schinken und schickte David damit
zum Präsidenten. 21 Auf die Art und Weise bekam David einen Job bei Saul.
Der Präsident mochte David voll gerne. Er stieg dann sogar zum persönli-
chen Bodyguard des Präsidenten auf. 22 Nach einer Zeit schrieb Saul einen
Brief an Isai: „Bitte lassen Sie David weiter bei mir arbeiten! Ich mag ihn
sehr, und er macht einen guten Job." 23 Immer wenn diese Psychogedanken
kamen und so ein fieser Dämon Saul anzeckte, schnappte sich David seine
Gitarre und spielte einen Song. Das funktionierte jedes Mal, denn sofort
ging es Saul viel besser, die Depressionen waren wie weggeblasen, und die-
ser fiese Dämon verschwand aus seinen Gedanken.

17

Goliat: Ein riesengroßer Soldat verarscht die Israeliten

1 Irgendwann gab es wieder Krieg. Die Philister zogen ihre Armee zusam-
men, um bei Socho, im Gebiet vom Familienstamm Juda, gegen die Israeli-
ten zu kämpfen. Sie schlugen ihr Lager in Efes-Dammim auf, das zwischen
Socho und Aseka lag. 2 Saul trommelte die ganze Truppe zusammen und
traf sich mit allen Soldaten von Israel im Eichental. Beide Armeen standen
sich gegenüber. 3 Auf der einen Seite standen die Philister, auf der anderen
Seite die Israeliten. Dazwischen lag nur das Tal. 4 Plötzlich trat bei den Phi-
listern ein Soldat aus den Reihen. Sein Name war Goliat. Er kam aus der
Stadt Gat und war über 3 Meter groß! 5–6 Goliat sah aus wie ein Terminator.
Sein Armeeanzug bestand aus einer schusssicheren Weste, die mit Metall-
platten behängt war. Er hatte Arm- und Schienbeinschoner aus Stahl. Dazu
trug er immer ein MG, eine Pumpgun, zehn Handgranaten und eine Maschi-
nenpistole mit sich rum. Die ganze Ausrüstung mit Waffen wog alleine über
80 Kilo. Man sagte, er sei unbesiegbar. 7 Die Pumpgun war eine Spezial-
anfertigung und so dick wie der Mast einer Straßenlaterne. Ein weiterer Sol-
dat ging immer vor ihm her, nur um seinen Stahlhelm zu tragen. 8 Der Typ
stellte sich vor der ersten Reihe der Truppen von den Philistern breitbeinig
hin und schrie: „Pah, was wollt ihr überhaupt hier, ihr Deppen! Ich kämpfe

für das ganze Volk der Philister, und ihr kämpft nur für euren mickrigen Prä-
sidenten Saul! Hey! Schickt mir den besten von euren Soldaten rüber, dann
machen wir einen Zweikampf. Ich hau den platt wie einen Pfannkuchen!
9 Wenn der es dennoch schafft, mich zu besiegen und zu töten, küssen wir
Philister euch ab sofort die Füße und tun alles für euch! Aber wenn ich ihn
besiege, dann müsst ihr ab sofort alles für uns tun. Ist das ein Deal oder
was?“ 10 Er schrie immer weiter rum: „Hey, ich verarsch euch nur noch, eure
Soldaten sind doch voll die Idioten! Gebt mir nur einen Mann, der es mit
mir aufnimmt! Den mach ich kaputt, ich schwör!“ 11 Saul und alle Soldaten
hörten, wie dieser riesige Soldat von den Philistern ihre Leute die ganze
Zeit verarschte. Das machte ihnen richtig Angst, und sie bekamen langsam
voll die Panik.

David will Goliat das Maul stopfen

12 Wie gesagt, hatte Isai acht Söhne, von denen einer David war. Er gehörte
zum Efrat-Clan aus Bethlehem, aus dem Gebiet Juda. Isai selbst war schon
lange ausgemustert, weil er für den Wehrdienst zu alt war. Das passierte
alles in der Zeit, als Saul in Israel das Sagen hatte. 13 Die drei ältesten Söhne
von Isai waren mit den Soldaten von Saul in den Krieg gezogen. Und zwar
waren das Eliab (der älteste), Abinadab und Schamma. 14 David war der
jüngste Sohn vom Isai. 15 Er kam immer wieder von seinem Job beim Präsi-
denten nach Hause und passte weiter auf die Schafe von seinem Vater auf.
16 Vierzig Tag lang machte Goliat voll den Lauten. Immer morgens und
abends ging er nach vorne und forderte einen der Israeliten raus, mit ihm zu
kämpfen. 17 Irgendwann meinte Isai zu David: „Junge, geh raus zu deinen
Brüdern an die Front. Bring ihnen von mir diese Kühlbox mit etwas zu essen
mit. 18 Für den Chef ihrer Abteilung, den Hauptmann, packst du noch mal
zehn Schnittchen ein. Frag mal, wie es deinen Brüdern geht, und bring
irgendwas von denen wieder mit, damit ich weiß, dass sie noch am Leben
sind. 19 Die müssten gerade alle im Eichental mit den anderen Soldaten sein
und gegen die Philister kämpfen!“ 20 „Okay!“, sagte David zu seinem Vater.
Er stellte sich früh am nächsten Morgen den Wecker, übergab seine Schaf-
herde einem anderen Typen, packte die Sachen auf sein Moped und fuhr los
an die Front. Als er in die Nähe des Lagers kam, rückte gerade das ganze
Heer aus, um im Bodenkrieg gegen die Philister zu kämpfen. Die Männer
stellten sich im Tal auf und schrien gerade ganz laut: „Aaaattackeee!“ 21 Das
Heer der Philister hatte sich den Israeliten genau gegenüber aufgestellt.
22 David parkte sein Moped bei der Lagerwache und lief an die Front zu sei-
nen Brüdern. „Ist noch alles okay bei euch?“, wollte er von ihnen wissen.
23 In dem Moment hatte dieser Philister Goliat aus Gat wieder seinen großen
Auftritt. Er forderte die Israeliten zu einem Zweikampf auf und schrie laut

rum. David hörte alles, was er sagte. 24 Kaum stand der Typ auf der Matte, hatten die Israeliten schon wieder die Hosen voll. Alle wichen einen Schritt zurück und zogen die Köpfe ein. 25 „Da ist wieder dieser Goliat, hast du den gesehen?“, sagten sie zueinander. „Der kommt immer wieder, nur um uns zu dissen! Auf den hat der Präsident ein fettes Kopfgeld ausgesetzt, wer den tötet, der ist reich. Es wurde sogar gesagt, dass derjenige für den Rest seines Lebens keine Steuern mehr zahlen muss, und dazu darf er auch noch die Tochter vom Präsidenten heiraten!“ 26 David fragte noch mal nach: „Wie jetzt? Was für eine Belohnung bekommt man, wenn man diesen Schwachmaten tötet? Dieser Typ, der Gott noch nicht mal kennt, darf doch nicht einfach die Armee von dem echten Gott verarschen, ohne bestraft zu werden!“ 27 Also erklärten ihm die anderen Soldaten noch mal, was man ihm vorher schon mal gesagt hatte: „... und das alles wird der Typ kriegen, wenn er diesen Goliat tötet!“ 28 Sein ältester Bruder Eliab kam echt mies drauf, als er mitbekam, wie David sich mit den Männern unterhielt. „Was willst du hier, Mann? Lässt du unsere Mini-Schafherde einfach alleine da draußen rumstehen oder was? Wer passt jetzt auf die auf? Du bist doch total gaga, ich ahne schon, warum du hergekommen bist: Du wolltest bestimmt doch nur mal ein Handyvideo machen, während wir hier am Kämpfen sind, und es bei Youtube einstellen. Stimmt's?“ 29 „Hey, was ist los, was hab ich dir getan?“, antwortete David. „Darf man nicht mal fragen, oder wie?“ 30 Dann drehte er sich um und fragte noch mal einen anderen Soldaten, aber er bekam die gleiche Antwort von dem. 31 Nach einer Zeit hatten alle davon gehört, dass David immer wieder nach der Belohnung fragte. Auch Saul bekam das mit und wollte sofort mit ihm reden. 32 David fragte: „Mein Präsident Saul, darf ich gegen diesen Philister kämpfen? Sie brauchen keinen Respekt vor dem zu haben!“ 33 „Niemals! Vergiss es! Du bist noch ein Jugendlicher, und der ist ein Soldat mit einer Spezialausbildung!“ 34 „Mein Präsident Saul“, sagte David. „Ich arbeite schon seit einiger Zeit mit Schafen, die meinem Vater gehören. Wenn dort ein Bär ankommt und eins von meinen Schafen geklaut hat, 35 bin ich dem sofort hinterher und hab auf den so lange eingeprügelt, bis er das Schaf losgelassen hat. Wenn er mich angegriffen hat, hab ich ihn manchmal an den Ohren gepackt und die Kehle mit meinem Taschenmesser durchgeschnitten. 36 Wenn ich mit einem Bär klarkomme, dann werde ich auch so einen Arsch von Philister kaputtmachen. Er muss dafür bezahlen, dass er die Armee von dem heftigen Gott verarscht hat! 37 Gott hat auf mich aufgepasst, dass mich die Tatze von so einem Bär nicht verletzt, er kann mich mit Sicherheit auch vor diesem Philister beschützen!“ – „Okay“, sagte Saul. „Von mir aus, dann kämpf gegen ihn. Gott wird dir dabei helfen!“
38 Er gab David seinen Helm und zog ihm seine schusssichere Weste über.
39 Dann hängte sich David noch das MG um den Hals. Als er mal testen

wollte, wie gut er mit den ganzen Sachen überhaupt gehen konnte, war
schnell klar, dass das nicht so eine pralle Idee war. „Die Waffen behindern
mich total!“, stöhnte er. „Damit kann ja kein Mensch anständig kämpfen!“
Also zog er alles wieder aus. 40 David nahm seinen Stock, den er als Hirte
immer dabeihatte, und sein Taschenmesser in die Hand. So ging er zu
dem Philister Goliat.

David gewinnt gegen Goliat

41 Goliat trat aus der Reihe der Soldaten raus und ging David entgegen.
Vor ihm ging ein zweiter Soldat, der nur seinen Stahlhelm tragen musste.
42 Schließlich konnte er von weitem erkennen, dass dort nur so eine kleine
Wurst gegen ihn kämpfen wollte. David war zwar ein gutaussehender
Jugendlicher, der auch eine ganz gute Figur hatte, aber er sah eben doch
noch relativ jung aus. Goliat lachte sich über David nur schlapp. 43 „Ha, ich
dreh durch! Was willst du denn bitte mit dem Stock und diesem billigen
Taschenmesser? Meinst du, ich will mit dir spielen oder was?“ Dann schrie
er voll rum und verfluchte David bei seinen Plastikgöttern. 44 „Komm her,
Kleiner! Ich werde dich zum Frühstück verspeisen, und deine Knochen kriegt
mein Pitbull zum Mittag!“ 45 David rief ihm aber zu: „Du kommst dir mit
deiner Pumpgun wohl ganz toll vor. Aber ich hab die Hilfe von meinem Gott
dabei! Und dieser Gott ist der Chef vom ganzen Universum, er ist der Gott
von den Israeliten, und den hast du vorhin derbe beleidigt. 46 Dieser Gott
wird heute dafür sorgen, dass ich gegen dich gewinne! Ich werde dich töten
und dir den Kopf wegpusten. Deine Leiche und auch die Leichen von deinen
Kollegen werde ich den Tieren und Raubvögeln zu fressen geben. Wenn das
passiert, wird man überall in der Welt wissen, dass der Gott von den Israeli-
ten immer auf seine Leute aufpassen wird. 47 Alle Leute sollen kapieren, dass
Gott keine großen Waffen braucht, um seine Leute rauszuhauen. Gott legt
fest, wer so einen Krieg gewinnt, und er hat beschlossen, dass die Philister
von uns eins auf die Mütze kriegen!“ 48 Goliat ging auf David zu, nahm seine
Pumgun und zielte auf David. Der lief ihm aber auch entgegen, 49 holte aus,
und warf mit full Speed das Messer auf ihn. Das Messer traf Goliat genau
zwischen die Augen. Er fiel blutend, mit dem Gesicht nach vorn, auf den
Boden. 50 Ohne eine richtige Waffe hatte David ihn nur mit einem Taschen-
messer getötet! 51 Er lief zu Goliat hin, nahm sein Messer und schnitt ihm
den Kopf ab. Als die Philister kapierten, dass ihr bester Mann gerade getötet
worden war, rannten sie alle weg. 52 Die Israeliten fingen voll laut an zu brül-
len und rannten ihnen einfach hinterher. Überall lagen die Leichen der Philis-
ter auf dem Weg von Schaarajim bis nach Gat und Ekron, wo sie hin geflo-
hen waren. 53 Auf dem Rückweg plünderten die Israeliten noch das ganze
Lager der Philister leer. 54 David schnappte sich den Kopf von Goliat, packte

ihn in eine Tüte und brachte ihn später nach Jerusalem. Die Waffen von ihm
nahm er auch mit und legte sie in sein Zelt.

David beim Präsidenten Saul

55 Saul hatte dabei zugesehen, wie David Goliat plattgemacht hatte. Er sagte
zum General Abner von seiner Armee: „Ich muss mehr über diesen Kerl
erfahren. Wissen Sie mehr?“ – „Herr Präsident, ich habe keine Ahnung!“
56 „Gut, dann kriegen Sie es raus!“, befahl Saul ihm. 57 Als David dann nach
seinem Sieg wieder zu Hause angekommen war, holte ihn Abner dort ab.
Beide zusammen gingen zum Präsidenten. David hatte die Tüte mit dem
Kopf vom Goliat einfach mitgenommen. 58 „Okay, mein Junge, sag mir doch
bitte mal deine Adresse und wie dein Vater heißt!“, fragte ihn Saul freund-
lich, nachdem sie sich eine Zeit unterhalten hatten. „Mein Vater heißt Isai,
und ich wohne in Bethlehem“, antwortete David.

18

David und Jonatan = beste Freunde

1 Sauls Sohn Jonatan war bei dem Treffen die ganze Zeit dabei gewesen. Er
hatte David beobachtet und fand ihn einfach total nett. Es entstand so eine
ganz feste Freundschaft zwischen den beiden. David war für Jonatan wie ein
Bruder. 2 Saul gab David einen Job in seinem Haus. Er wohnte ab dann bei
ihm und ging nicht wieder zurück zu seiner Familie. 3 Jonatan und David
wurden wirklich dicke Kumpel. Sie schlossen sogar einen Freundschaftsver-
trag miteinander. 4 Jonatan schenkte David seine Armeeklamotten inklusive
seines MG und dem Munitionsgürtel. 5 David diente ab dann in der Armee
vom Saul. Überall, wo Saul ihn einsetzte, gewann er. Bald wurde David
befördert und zum Kompaniechef ernannt. Alle Leute mochten David, er
war sehr beliebt.

Saul wird voll eifersüchtig auf David

6 Als die Armee von dem Feldzug gegen die Philister wieder nach Hause
kam, zogen die Frauen aus allen Städten ihnen entgegen, auch um den Prä-
sidenten der Israeliten zuzujubeln. David, der den stärksten Soldaten der
Philister erlegt hatte, war auch mit dabei. Die Frauen hatten eine PA auf dem
Platz aufgebaut und tanzten zur Housemusic. 7 Dabei gab es so einen Ruf,
den sie immer laut wiederholten: „Saul hat früher tausend Feinde erschla-
gen, aber bei David ging’s Zehntausenden an den Kragen!“ 8 Saul fand den
Spruch nicht so geil, er regte sich sogar tierisch da drüber auf. „Bei David
sind es gleich zehntausend und bei mir nur tausend? Als Nächstes wollen
die ihn auch noch zum Präsidenten machen!“ 9 Ab dann wurde Saul immer
neidischer auf David. 10 Am nächsten Tag sorgte Gott dafür, dass Saul mal

wieder ganz übel drauf kam. Saul wurde voll aggro, schrie in seinem Haus
laut rum, als wäre er total durchgeknallt. Wie immer holte David dann seine
Gitarre raus und spielte ein paar ruhige Songs, um Saul runterzubringen.
Diesmal holte Saul aber seine Kanone aus dem Schrank 11 und schoss zwei-
mal auf David, der den Schüssen aber ausweichen konnte. 12 Ab jetzt kriegte
Saul richtig Schiss vor David. Es war einfach ganz klar, dass Gott ihn verlas-
sen hatte und jetzt auf der Seite von David stand. 13 Darum hatte er auch
keinen Bock mehr da drauf, dass David die ganze Zeit in seiner Nähe war. Er
beförderte ihn zum General in seiner Armee. An der Spitze der Heerführung
musste David ab dann oft losziehen, um hier und da Krieg zu führen. 14 Jeder
Krieg, den er anzettelte, wurde ein Erfolg, weil Gott einfach in seiner Mann-
schaft spielte. 15 Saul bekam natürlich mit, dass alles, was David anpackte,
ein Megaerfolg wurde. Darum bekam er immer mehr Angst vor ihm. 16 David
wurde der neue Superstar, nicht nur in Juda, sondern in ganz Israel. Er stand
auf den Titelblättern der ganzen Magazine und hatte bald einen eigenen
Fanclub. Alle mochten ihn sehr und bewunderten ihn, weil er für die Leute
in den Krieg zog und immer mit einem Sieg wieder nach Hause kam.

Saul versucht David reinzulegen

17 Irgendwann sagte Saul zu David: „Ich möchte, dass du meine älteste
Tochter Merab heiratest und wir eine Familie werden. Wenn du einverstan-
den bist, musst du dafür an vorderster Front in den Kriegen mitmischen,
die Gott mir aufgetragen hat zu führen!“ Insgeheim dachte sich Saul aber:
„Ich will mir nicht die Hände an ihm schmutzig machen, dass sollen lieber
die Philister für mich erledigen, die sollen ihn töten.“ 18 David antwortete
aber: „Huch? Das passt doch irgendwie gar nicht. Ich komme aus einer
Arbeiterfamilie! Isai, mein Vater hat doch nichts Dickes in Israel gerissen.
Ich kann doch jetzt nicht so mal eben der Schwiegersohn vom Präsidenten
werden!“ Trotzdem war er einverstanden. 19 Als dann das Datum kam, an
dem die Hochzeit von David & Merab angesetzt worden war, hatten sich die
Pläne plötzlich geändert. Merab heiratete nicht David, sondern Adriel, der
aus Mehola stammte. 20 Michal, die jüngere Tochter von Saul, war aber
schon die ganze Zeit voll verknallt in David. Als Saul das mitbekam, fand er
das okay. 21 „Vielleicht kann ich mit ihr ja David eine Falle stellen“, sagte
er sich. „Könnte ja sein, dass er wegen ihr gegen die Philister verliert, und
die ihn dann umbringen.“ Also sagte er zu David: „Wenn du willst, kriegst
du heute noch mal die Gelegenheit, Teil meiner Familie zu werden!“ 22 Vor-
her hatte Saul einigen Leuten gesteckt, sie sollten David mal von der Seite
anquatschen nach dem Motto: „Der Präsident findet dich ganz toll, weißt
du das eigentlich? Alle mögen dich, auch seine Angestellten. Wäre doch
fast logisch, wenn du jetzt auch noch sein Schwiegersohn werden würdest,

oder?“ 23 Diese Leute redeten also auf die Art mit David, aber er sagte dann
immer: „Ihr glaubt doch nicht im Ernst, man kann so mal eben der Schwie-
gersohn vom Präsidenten werden? Ich komme aus einer Arbeiterfamlie, ich
bin eher schlicht drauf, hab keine gute Bildung und so was!“ 24 Als diese
Männer Saul erzählten, was David dazu gesagt hatte, 25 befahl er ihnen Fol-
gendes: „Ihr könnte ihm ja stecken, dass der Präsident kein Brautgeschenk
von ihm sehen will, und er bezahlt auch die ganze Hochzeit. Alles, was er
von ihm möchte, ist, dass er sich an seinen Feinden rächen soll. Er wünscht
sich als Hochzeitgeschenk von ihm die abgeschnittenen Vorhäute von hun-
dert Philisterpenissen!“ Saul hatte sich das nämlich so ausgerechnet, dass
David bei den Kämpfen mit den Philistern irgendwie getötet werden würde.
26–27 Als sie David davon erzählten, wurde der Sportsgeist in ihm geweckt.
Er konnte es sich durchaus vorstellen, auf diese Art Teil der Familie vom Prä-
sidenten zu werden. Noch bevor die Frist abgelaufen war, hatte er schon die
Vorhäute organisiert. Und er hatte nicht nur hundert, sondern sogar zwei-
hundert Philister kaltgemacht. Er legte alle zweihundert Stück in einer Tüte
dem Präsidenten auf seinen Schreibtisch. Saul gab dann das Einverständnis
zur Hochzeit von seiner Tochter Michal mit David. 28 Saul kriegte immer
mehr mit, dass Gott auf der Seite von David stand. Er bekam auch mit, dass
seine Tochter Michal voll in David verknallt war. 29 Das alles trug dazu bei,
dass er noch mehr Angst vor ihm hatte, als es eh schon der Fall war. David
wurde sogar zu seinem Todfeind. 30 Die Philister zogen immer wieder in den
Krieg gegen die Israeliten. Aber bei jedem Feldzug, bei dem David dabei war,
gewann er auch. Er hatte mehr Erfolg als alle anderen Generäle der ganzen
Armee. David wurde deswegen immer berühmter.

19

Saul hasst David volles Rohr

1 Saul erzählte seinem Sohn Jonatan und auch seinen Offizieren ganz offen,
dass er David am liebsten tot sehen möchte. Jonatan war aber mit David
sehr eng befreundet. 2 Er sagte zu David: „Mein Dad hat gesagt, dass er dich
killen wird! Pass auf dich auf! Am besten, du versteckst dich morgen früh
irgendwo. 3 Ich werde dann mit meinem Vater einen Spaziergang machen
und mit ihm ausführlich über dich reden. Ich check mal aus, wie er gerade
drauf ist, und geb dir dann Bescheid, okay?“ 4 Auf dem Spaziergang legte
Jonatan für David ein gutes Wort ein: „Du kannst David nicht umbringen,
Papa. Er hat dir doch gar nichts getan! Ganz im Gegenteil, alles was er
macht, ist voll gut für dich! 5 Er hat sein Leben für dich riskiert, schon als er
damals gegen diesen Riesen Goliat gekämpft hat. Gott hat durch ihn das
ganze Volk Israel nach vorne gebracht. Hast du doch selber gesehen, und
früher fandest du das auch voll gut. Warum willst du ihn denn jetzt töten

lassen, obwohl er nichts getan hat?“ 6 Diese Argumente hatten irgendwie
ihre Wirkung. Saul schwor Jonatan: „Pass auf, ich schwöre dir bei Gott:
David soll nicht getötet werden!“ 7 Kurze Zeit später traf sich Jonatan wieder
mit David und erzählte ihm alles. Danach gingen sie zusammen zum Saul,
und David bekam den gleichen Job, den er vorher auch gehabt hatte.

Saul will David immer noch töten

8 Dann gab es wieder mal Krieg gegen die Philister. David zog mit seiner
Armee gegen die aufs Schlachtfeld und brachte ihnen eine schwere Nieder-
lage bei. Die Philister flohen am Ende vor Davids Leuten. 9 Als er wieder
zu Hause war, kam Saul echt schräg drauf. Gott schickte ihm einen bösen
Geist. David musste wieder seine Gitarre nehmen und Saul mit der Musik
beruhigen. Saul saß die ganze Zeit mit einer Knarre in der Hand da, als
er David zuhörte. 10 Plötzlich kriegte Saul wieder einen Ausraster, er lud die
Knarre durch und schoss auf David, um ihn zu töten. Aber David konnte
dem Schuss ausweichen, und die Patrone durchschlug nur die Wand hinter
ihm. Er rannte erst mal aus dem Haus. Weil es schon dunkel geworden war,
11 befahl Saul voll Wut einigen Soldaten, das Haus von David die Nacht über
zu bewachen. Am nächsten Morgen sollten sie ihn dann laut Befehl erschie-
ßen. Michal, Davids Frau, hatte das Ganze aber mitbekommen und warnte
David: „Wenn du dich nicht bald in Sicherheit bringst, bist du morgen früh
ein toter Mann.“ 12 David kletterte vom Balkon ihres Fensters nach unten
und verdünnisierte sich schleunigst. 13 Michal legte dann in das Bett von
David einen großen Teddy, packte noch ein paar Kissen dazu und zog die
Decke drüber. 14 Als die Männer von Saul ankamen, um David zu holen,
zeigte sie ihnen das Bett und sagte: „Mein Mann hat Grippe!“ Darum gingen
sie wieder weg. 15 Aber Saul war das egal. Als die Männer ihm davon erzähl-
ten, sagte er: „Geht einfach in sein Zimmer, packt euch das ganze Bett
und bringt alles her, damit ich ihn endlich umbringen kann!“ 16 Die Männer
gingen also wieder hin, fanden aber im Bett nur den Teddy, sonst nichts.
17 Saul ging zu Michal und schrie sie an: „Warum hast du mich beschissen?
Warum hast du meinem Feind die Flucht ermöglicht?“ Sie antwortete: „Er
hat mich bedroht! Er hat gesagt, er würde mich umbringen, wenn ich ihn
nicht gehen lasse!“

Saul bei den Prophetentypen in Rama

18 David hatte sich versteckt, damit ihm nichts passieren konnte. Er ging
dann beim Propheten Samuel vorbei, der in Rama wohnte. Beim Mittages-
sen erzählte er ihm die ganze Geschichte, was Saul mit ihm angestellt hatte.
Schließlich gingen sie zusammen in die Siedlung, wo alle Propheten ihre
Wohnungen hatten. David nahm sich dort ein Zimmer. 19 Als Saul davon

hörte, dass David bei den Propheten in Rama wohnte, 20 befahl er einer
Abordnung von Soldaten, ihn dort festzunehmen. Als sie ankamen, war
gerade ein heftiger Gottesdienst am Start. Die Propheten tanzten und hüpf-
ten in dem Raum durcheinander und sangen dabei ganz laut. Außerdem
sagten sie die ganze Zeit prophetische Sachen, die direkt von Gott kamen.
Samuel leitete die ganze Veranstaltung. Plötzlich kam die Kraft von Gott
auch auf die Soldaten von Saul! Sie sprangen und hüpften genauso wild
rum, wie das die Propheten taten. 21 Saul bekam dann eine Mail rein, wo
ihm jemand von der Sache berichtete. Er schickte dann wieder einen neuen
Trupp los, aber auch die wurden dort voll von der Kraft Gottes angezappt
und pogten genauso rum, wie die Propheten es taten. Auch eine dritte
Abordnung erlebte das gleiche Ding wie die ersten zwei vor ihnen. 22 Also
packte Saul seine Sachen und nahm das Ding selber in die Hand. Als er in
Sechu bei Rama ankam, fragte er an einem Kiosk, wo man Samuel und
David jetzt am besten antreffen würde. „Die sind jetzt bestimmt in der Pro-
phetensiedlung, dort unten in Rama!“, antwortete man ihm. 23 Kaum betrat
Saul den Boden der Siedlung, wurde er auch schon von der Kraft Gottes
umgehauen. Er zuckte nur so rum und tanzte wie verrückt. Dieser Zustand
blieb die ganze Zeit, bis er im Zentrum der Siedlung Rama ankam. 24 Als er
dort war, flippte Saul erst richtig aus. Er strippte erst mal, riss sich die Kla-
motten vom Körper, schrie und tanzte wie durchgeknallt, bis er keine Puste
mehr hatte. Dann brach er splitternackt vor Samuel zusammen und lag dort
den ganzen Tag und die ganze Nacht, weil er einfach kaputt war. Seitdem
gibt es übrigens diesen Spruch: „Ist Saul jetzt etwa auch ein Prophetentyp?“

20

David und Jonatan

1 David packte seine Sachen und floh aus der Siedlung in Rama. Als er sich
mit seinem Freund Jonatan traf, fragte er ihn: „Sag mal, was hab ich eigent-
lich deinem Vater getan? Was hat der gegen mich, dass er mich unbedingt
töten will?“ 2 „Du wirst nicht getötet“, erwiderte Jonatan. „Mein Vater
bespricht eigentlich alles, was er tut, vorher mit mir, egal ob das wichtige
oder unwichtige Sachen sind. Sag mir nur einen Grund, warum er ausge-
rechnet das nicht einmal erwähnt haben sollte! Das ist totaler Quatsch,
glaub mir bitte!“ 3 „Hey, Mann, dein Vater hat schon lange kapiert, dass wir
beide gute Freunde sind. Darum erzählt er dir nichts davon, ist doch logo!“,
meinte David zu ihm. „Er sagt sich: ‚Jonatan darf das nicht mitkriegen,
damit er nicht traurig wird.‘ Aber ich bin mir echt hundertpro sicher, dass ich
schon mit einem Bein im Grab stehe!“. 4 „Hm, was denkst du denn, kann
ich dir irgendwie helfen?“, fragte Jonatan. 5 „Also morgen fängt der neue
Monat an. Ich bin an dem Tag eigentlich beim Präsidenten zum Essen ein-

geladen gewesen, hatten wir schon vor langer Zeit abgemacht. Aber wenn das für dich okay ist, werde ich mich lieber erst mal für eine Weile in den Untergrund begeben. 6 Falls dein Vater sich nach mir erkundigt, erzähl ihm, ich hätte bei dir angefragt, ob ich mal übers Wochenende nach Bethlehem verschwinden könnte. Dort ist ja mein Geburtsort, und meine ganze Familie feiert da jedes Jahr eine Party, bei der auch Opferrituale durchgezogen werden. 7 Wenn dein Vater dann sagt: „Ist doch in Ordnung“, dann bin ich in Sicherheit. Wenn er aber voll aggromäßig draufkommt, dann kannst du davon ausgehen, dass er was ganz Übles mit mir vorhat. 8 Bitte tu mir den Gefallen, ja? Mach es unserer Freundschaft wegen. Wir haben ja vor Gott so ne Art Freundschaftsvertrag miteinander geschlossen. Hey, wenn ich wirklich was ausgefressen habe, dann kannst du mich sofort töten, oder liefere mich am besten gleich deinem Vater aus!“ 9 „Bis du noch ganz dicht?“, antwortete Jonatan. „Wie kommst du denn zu so einer Aussage? Wenn ich wirklich merke, dass mein Vater bereits beschlossen hat, dich zu töten, dann bis du der Erste, der das von mir erfährt!“ 10 David fragte weiter: „Wie machen wir das denn jetzt? Wer soll mir denn Bescheid geben, wie dein Vater reagiert hat und ob er jetzt ausgerastet ist oder nicht?“ 11 „Lass uns mal spazieren gehen und draußen über die Sache weiterreden, okay?“, fragte ihn Jonatan. Als sie dann draußen unterwegs waren, 12 sagte Jonatan nach einer Zeit: „Also, mein Freund, ich schwöre dir hiermit, dass ich übermorgen meinen Vater testen werde. Ich bin mir eigentlich ganz sicher, dass du keine Angst haben musst, aber wenn es doch einen Grund dafür gibt, werde ich dich irgendwie darüber informieren. 13 Wenn ich es nicht schaffe, dich zu warnen, soll Gott mich dafür bestrafen! Wenn mein Vater wirklich vorhat, dich zu töten, kannst du von mir aus verschwinden, um dich in Sicherheit zu bringen. Gott soll dir dann auf die gleiche Art helfen, wie er meinem Vater früher auch schon geholfen hat. 14 Bitte sei immer so gut zu mir, wie Gott zu dir ist, und bring mich nicht um, wenn du mal Präsident bist! 15 Und sorg bitte dafür, dass meiner Familie nichts passiert, wenn Gott alle deine Feinde plattmachen wird.“ 16 Jonatan machte dann mit David einen Vertrag, dass Jonatans Familie nichts passiert, wenn Gott die Feinde von David bestrafen wird. 17 „Unterschreibst du das jetzt? Schwörst du mir, dass du das durchziehst? Wir sind doch beste Freunde, oder?“ David unterschrieb den Vertrag, denn er mochte Jonatan wirklich so sehr wie sein eigenes Leben. 18 „Morgen beim Essen werden alle nach dir fragen, wenn dein Stuhl leer ist. 19 Zwei Tage später kommst du an die Stelle, wo du dich schon mal versteckt hast. Dort hinter dem großen Stein. 20 Ich werde dann im Garten auf meine Torwand schießen und einen Schuss voll daneben ballern. 21 Pass auf: Wenn ich meinem Balljungen sage, er soll den Ball weiter vorne suchen, mehr in meine Richtung, dann ist das ein Zeichen für dich, das alles in Ordnung ist.

Du bist dann nicht in Gefahr, da bin ich mir total sicher, Gott ist dann mein
Zeuge. 22 Wenn ich dem Balljungen aber sage, er soll den Ball weiter weg
suchen, dann verschwinde von hier, so schnell es geht. Das ist dann so,
als würde dich Gott selbst wegschicken. 23 Vergiss die Sachen nicht, die wir
besprochen haben. Gott ist Zeuge, dass wir diesen Vertrag miteinander
geschlossen haben, und zwar für immer!"

David muss vor Saul fliehen

24–25 David versteckte sich also draußen auf dem Gelände, so wie die zwei
es besprochen hatten. Bei dem Essen, was an jedem Anfang des Monats
veranstaltet wurde, kam der Präsident Saul und setzte sich an seinen Spezi-
alplatz an der Wand, wo er sonst auch immer saß. Auf seiner linken Seite
saß der General Abner, auf der gegenüberliegenden Seite sein Sohn Jonatan.
Der Platz von David blieb dabei leer. 26 Saul regte sich erst mal nicht sonder-
lich da drüber auf, dass David nicht da war. „Der steckt bestimmt im Stau,
oder er hat vergessen, diese religöse Waschung für diese Woche zu machen.
Ja, der ist bestimmt dreckig und darf gerade nichts essen", sagte er zu sich
selbst. 27 Als der Platz aber am zweiten Tag immer noch leer war, fragte Saul
seinen Sohn Jonatan: „Warum ist dieser Spinner nicht da? Gibt es irgend-
einen Grund, warum der Junge von Isai gestern und heute meine Einladung
einfach ignoriert hat?" 28 „Ja", antwortete Jonatan. „Ich soll David entschul-
digen. Er musste ganz dringend nach Bethlehem. 29 Er hat mich echt ange-
bettelt. David meinte zu mir: ‚Bitte lass mich gehen! Ich muss zu einem
Familienfest nach Hause. Mein großer Bruder wollte unbedingt, dass ich da
hinkomme. Sei doch so nett und erlaube mir das, damit ich meine Verwand-
ten mal wieder besuchen kann.' Das ist der Grund, warum er heute nicht
hier am Tisch sitzt." 30 Saul rastete total aus: „Was bist du für ein Arsch! Ich
hab schon lange kapiert, dass du und dieser verdammte Pisser unter einer
Decke stecken! Das ist oberpeinlich, nicht nur für dich, sondern auch für
deine Mutter, weil sie dich geboren hat! 31 Solange dieser Typ noch lebt,
kannst du echt vergessen, dass du mal selber Präsident wirst! Ich erwarte
von dir, dass du sofort einen Trupp zusammenstellst und ihn festnehmen
lässt. David muss sterben!" 32 „Aber warum denn? Was hat er denn getan?",
fragte Jonatan. 33 Als er das sagte, zog Saul plötzlich seine Waffe und schoss
auf ihn. Spätestens jetzt war klar, dass sein Vater David wirklich umbringen
wollte. 34 Er stand wütend vom Esstisch auf und ging in sein Zimmer. Von
diesem zweiten Tag der Festtage an konnte Jonatan nichts mehr essen, weil
er sich solche Sorgen um David machte, denn sein Vater hatte ja den ganzen
Hass gegen David bei diesem Essen rausgelassen. 35 Am nächsten Morgen
ging Jonatan wie verabredet zu der Torwand. Er hatte einen Balljungen bei
sich, der ihm beim Fußball immer die Bälle holte. 36 Jonatan schoss und der

Ball flog weit an der Torwand vorbei. „Los jetzt, du musst den Ball wieder
holen, den ich gerade weggeschossen hab!“, sagte er dem Jungen. 37 Als der
Balljunge an der Stelle war, wo der Ball gelandet war, rief im Jonatan zu:
„Liegt der Ball nicht viel weiter weg von dir? 38 Los, mach hinne, und hol ihn
schnell!“ Der Junge hob den Ball auf und brachte ihn zurück zu Jonatan.
39 Er hatte keinen blassen Schimmer, dass das ein Zeichen war, nur David
und Jonatan wussten davon. 40 Dann sagte er zu seinem Balljungen: „Hier
hast du meinen Revolver. Bring den mal ins Waffengeschäft in der Stadt zum
Durchchecken!“ 41 Als er weg war, kam David aus seinem Versteck raus. Er
rannte zu Jonatan, kniete sich vor ihm auf den Boden und verbeugte sich
dreimal. Dann umarmten sich die beiden und weinten voll lange, besonders
David war am Flennen. 42 „Jetzt zieh ab!“, sagte Jonatan schließlich zu ihm.
„Und vergiss nicht unseren Vertrag, den wir vor Gott miteinander geschlos-
sen haben, ja? Gott war Zeuge, und das bleibt er auch: Dieser Vertrag gilt
zwischen uns und unseren Kindern, für immer.“

21

David auf der Flucht

1 David ging sofort nach Hause, packte seine Klamotten zusammen und fuhr
weg. Jonatan ging dann in die Stadt. 2 Auf der Flucht kam David in Nob vor-
bei, wo der Priester Ahimelech wohnte. Ahimelech ging David aufgeregt ent-
gegen und fragte ihn: „Guten Tag! Was machen Sie hier? Warum sind Sie
ganz alleine gekommen?“ 3 „Der Präsident hat mir einen Top-Secret-Job
erteilt, keiner darf davon wissen“, antwortete David. „Meine Männer treffe
ich an einem geheimen Ort. 4 Geben Sie mir bitte etwas Reiseproviant für
unterwegs? Vielleicht fünf Schnittchen auf die Hand oder ein paar Snickers?
Einfach irgendwas, was Sie im Haus liegen haben.“ 5 „Hm, ich hab nichts
Normales im Haus, nur diese besonderen Brote von Gott.“, antwortete der
Priester. „Das Zeug kann ich Ihnen aber nur geben, wenn Sie und Ihre Leute
in letzter Zeit keinen Sex hatten. Sie müssen sauber, also eben ‚rein‘, sein.
So ist die Regel.“ 6 „Also in den letzten zwei Tagen hat garantiert keiner
von uns eine Frau vernascht“, lachte David. „Und als wir losgegangen sind,
waren sogar die Waffen der Männer sauber, also ‚rein‘. Da drauf wurde
geachtet, obwohl wir eigentlich nur so unterwegs sind, ohne speziellen Auf-
trag von Gott. Also heute ist hier auf alle Fälle alles hundertprozentig sau-
ber!“ 7 Der Priester war einverstanden und rückte die besonderen Brote raus.
Es handelte sich dabei um die Ration, die gerade von dem Tisch für die
besonderen Brote weggeräumt wurde, um frisches Brot nachzulegen.
8 Zufällig war an dem Tag auch ein Soldat am Ort, der aus der Truppe von
Saul kam. Und zwar handelte es sich um Doeg, einen Edomiter. Er war der
Aufseher über die Hirten von Saul. 9 David fragte Ahimelech: „Sagen Sie,

gibt's hier irgendwo einen Waffenladen? Oder haben Sie noch eine Knarre
im Schrank hängen, die Sie mir vielleicht leihen könnten? Ich hab es nicht
mehr geschafft, meine Waffen zu holen, weil es sich um einen Eilauftrag
vom Präsidenten handelte." 10 „Klar, wir haben hier noch Ihre alten Waffen
liegen, die Sie dem Philister Goliat abgezogen haben, nachdem er im
Eichental von Ihnen getötet wurde. Sie liegen dahinten, in einen Mantel ein-
gewickelt. Wenn Sie wollen, können Sie die mitnehmen. Was anders haben
wir hier nicht." – „Ja, gerne! Gute Idee!", sagte David. „Bessere Waffen als
die werde ich bestimmt nirgends bekommen können."

Davids Trick mit dem Präsidenten der Philister

11 Davids Flucht vor Saul brachte ihn am selben Tag noch nach Gat. Dort
wollte er sich mit dem Präsidenten Achisch treffen. 12 Die Leute im Büro
erkannten David sofort, als er den Gang runterkam. „Da kommt dieser
David, der neue Präsident von Israel! Das ist der Typ aus dem Radio, über
den es dieses Lied gibt: „Saul hat früher tausend Feinde erschlagen, aber
bei David ging's Zehntausenden an den Kragen!" 13 David schnallte recht
schnell, was für eine Wirkung diese Worte hier hatten. Darum kriegte er
plötzlich voll Angst vor Präsident Achisch. 14 So kam er auf die Idee, einen
Vollpsycho zu spielen. Als einige Männer ihn festnehmen wollten, fing er
auf einmal an rumzuzucken, schlug mit den Händen wild um sich, lallte
irgendwelche dummen Sprüche runter und ließ ständig Sabber aus seinem
Mund laufen. Dabei kritzelte er auch noch mit einem Edding komische
Sachen an die Türen. 15 „Der Mann ist total irre, seht ihr das nicht!", rief
Achisch zu seinen Männern. „Warum habt ihr den überhaupt durchgelas-
sen? 16 Ich hab schon genug Vollpsychos im Haus. Der soll sich bitte in
irgendeiner Gummizelle austoben, aber nicht bei mir!"

22

David und seine Gang

1 David machte erst mal die Biege aus Gat. Er floh in einen alten Bunker,
der in der Nähe der Stadt Adullam lag. Seine Brüder und andere aus seiner
Familie bekamen davon Wind und besuchten ihn dort. 2 Es kamen aber
auch einige Leute zu ihm und schlossen sich seiner Truppe an. Männer, die
irgendwie Probleme mit der Polizei bekommen hatten, tätowierte Rocker,
Leute, die pleite oder viele Jahre im Knast waren. Insgesamt kamen 400
Männer zusammen. David wurde ihr Anführer. 3 Sie zogen zusammen von
da nach Mizpe, was im Land der Moabiter lag. Dort stellte David beim
Präsidenten einen Antrag auf Unterkunft für seine Eltern. „Bitte erlauben Sie
mir, meine Eltern hier unterzubringen, bis ich weiß, was Gott mit mir vor-
hat!" 4 Beide Eltern konnten dann dort wohnen. Sie bekamen ein Zimmer im

Präsidentenpalast, solange sich David in den Bergen versteckt hatte.
5 Irgendwann gab es ein Treffen zwischen David und dem Propheten Gad.
Der sagte zu ihm: „David, Sie können sich nicht für immer hier verstecken!
Gehen Sie doch an Ihren Geburtsort zurück, nach Juda!“ David fand das
eine gute Idee und zog erst mal weiter bis nach Jaar-Heret.

Saul rastet total aus und nietet die Priester von Nob um

6 Irgendwann kriegte Saul gesteckt, wo David und seine Männer sich ver-
schanzt hatten. Der Präsident saß da gerade auf einem kleinen Berg bei
Gibea unter einer Birke. In der rechten Hand hatte er sein MG. Sein Spezial-
trupp war auch dabei. 7 Saul sprang plötzlich auf und machte seine Leute
zur Sau: „Ihr Trottel glaubt doch bestimmt, dass dieser Typ vom Familien-
stamm Juda ausgerechnet euch Benjaminiter bevorzugen wird, wenn er mal
an der Macht ist, oder? Ihr glaubt im Ernst, er wird euch ganz viel Land und
Weinberge schenken und jeden von euch zu einem General befördern! Ha!
8 Ihr seid doch alle gegen mich! Ihr habt mir ja noch nicht mal von dem
Vertrag erzählt, die ausgerechnet mein eigener Sohn mit diesem Sohn vom
Isai gemacht hat. Keiner hat mir was erzählt, keiner! Dass mein eigener
Sohn meine Angestellten gegen mich aufhetzt, unglaublich! Und dass der
sogar Leute bezahlt, die mich ausspionieren, die mich verraten?! Das wird
mir alles jetzt erst klar!“ 9 Einer von seiner Truppe stand auf und sagte zu
Saul: „Ich hab David gesehen, als er beim Priester Ahimelech war. Ich meine
diesen Typen, der aus der Familie von Ahitub stammt. Der wohnt in Nob.
10 Der Priester hat mit Gott über ihn geredet, und Gott hat ihm auch gesagt,
wo es für David demnächst langgeht. Er hat dem auch noch was zu essen
gegeben. Am Ende ist David mit den Waffen vom Philister Goliat in der
Hand wieder weitergezogen.“ 11 Saul unterschrieb sofort einen Haftbefehl
gegen den Priester Ahimelech und alle seine Verwandten sowie alle Priester,
die in Nob arbeiteten. 12 Als die Priester im Knast waren, ging Saul zu Ahime-
lech. „Sag mal, tickst du noch ganz richtig?“, schrie Saul ihn an. – „Was wol-
len Sie von mir, Herr Präsident?“, antwortete Ahimelech. 13 „Warum disst
ihr mich? Warum arbeitet ihr gegen mich, du und dieser Sohn vom Isai?“,
rief Saul. „Du hast ihm was zu essen gegeben! Du hast ihn sogar mit Waffen
versorgt! Und am Ende hast du für ihn sogar noch Gott gefragt, was er
machen soll! Darum ist er jetzt gut vorbereitet, um einen Putsch gegen mich
zu versuchen und mir meinen Posten zu klauen!“ 14 „Aber werter Herr Prä-
sident, David ist der beste Mann in Ihrer Mannschaft“, antwortete Ahime-
lech höflich. „Er ist Ihnen treu ergeben. Außerdem ist er Ihr Schwiegersohn
und auch noch der Chef von Ihrer Elitetruppe. Alle Ihre Angestellten haben
Respekt vor ihm. 15 Hey, es war doch jetzt nicht das erste Mal, dass ich mit
Gott über David geredet hab. Ihr Verdacht ist total unbegründet. Ich hab von

alledem keinen blassen Schimmer gehabt!“ 16 Saul war aber voll aggromäßig drauf: „Du wirst mit deinem Leben dafür bezahlen, du und deine ganze Familie!“, schrie er ihn an. 17 Dann befahl er den Soldaten, die bei ihm waren: „Alle Priester an die Wand! Erschießt sie alle! Sie stecken mit David unter einer Decke! Sie wussten genau, dass er auf der Flucht vor mir war, und haben mich nicht informiert!“ Aber die Soldaten weigerten sich, den Befehl auszuführen, weil man Priester von Gott nicht mal so eben abknallen konnte, das geht gar nicht. 18 Saul ging zum Doeg und befahl ihm: „Los, mach du es. Erschieß die Bande!“ Doeg zog seine MP und ballerte alle Priester um. 85 Männer in ihren Priesterklamotten starben an dem Tag. 19 Dazu wurden auf Befehl von Saul alle Einwohner der Priesterstadt Nob erschossen. Alle Männer, Frauen und Kinder, sogar Babys wurden getötet. Dazu auch die Rinder, Pferde, Schafe und Ziegen. 20 Es gab nur einen Überlebenden, den Sohn von Ahimelech und Enkel von Ahitub, der Abjatar hieß. Er floh zu David 21 und erzählte ihm die ganze Story. Dass Saul alle Priester von Gott abgeschlachtet hatte und so. 22 David machte sich selbst große Vorwürfe. Er sagte zu Abjatar: „Als ich damals in Nob diesen Doeg getroffen hab, war mir schnell klar, dass er mich an Saul verraten würde. Ich bin schuld! Tut mir voll leid, ich hab Ihre ganze Familie auf dem Gewissen! 23 Sie können erst mal hier bei uns bleiben. Wir haben den gleichen Feind, der uns umbringen will. Bei mir sind Sie in Sicherheit!“

23

David rettet die Stadt Keila und ist weiter auf der Flucht

1 Irgendwann steckte man David, dass die Philister in Keila eingefallen waren und alle Nahrungsmittel aus der Stadt gezockt hatten. 2 David redete mit Gott über die Sache: „Was meinst du? Soll ich angreifen? Schaffen das meine Leute, die Philister dort wieder rauszuschmeißen?“ Gott antwortete: „Klar, das schaffst du! Mach die Philister platt und rette Keila!“ 3 Aber seine Leute waren von der Idee nicht so begeistert. „Wir schieben schon ständig Panik, dass wir angegriffen werden, obwohl wir nur hier in Juda sind. Und jetzt willst du mit uns nach Keila gehen und einen Angriffskrieg gegen die Philister führen?“ 4 David redete noch mal mit Gott über die Sache. „Ja, los jetzt! Geht nach Keila und mach die Philister fertig! Ich werde dafür sorgen, dass ihr gewinnt!“, antwortete er ihm. 5 Also marschierte David mit seinen Männern auf die Stadt zu. Er griff die Philister an, vertrieb sämtliche Kühe und Schafe und fügte ihnen eine herbe Niederlage zu. Auf diese Art befreite er die Leute, die dort wohnten, von den Philistern. 6 Keila war auch die Stadt, in der der Priester Abjatar ein Treffen mit David hatte, als er vor Saul geflohen war. Er hatte auch seine besonderen Lose mit am Start. 7 Saul kriegte Wind davon, dass David in Keila Station gemacht hatte. Er fand das gut, weil

er dachte, dass Gott David an ihn ausgeliefert hätte. Denn die Stadt mit
ihren Mauern ringsherum war ja wie eine Falle, aus der er nicht so schnell
fliehen konnte. 8 Saul trommelte die ganze Armee der Israeliten zusammen
und zog gegen Keila in den Krieg, um David und seine Leute dort zu umzin-
geln. 9 David kapierte natürlich, dass Saul vor allem hinter ihm her war. Er
fragte beim Priester Abjatar an, ob er mal mit der Tasche vorbeikommen
könnte, in der die besonderen Lose drin lagen. 10 Er fragte Gott: „Du bist der
Chef von Israel? Ich gehöre dir und tu, was du willst. Man hat mir aus siche-
rer Quelle gesteckt, dass Saul hierher unterwegs ist. Er will die ganze Stadt
plattmachen, nur weil ich hier bin. 11 Könnte gut sein, dass die Bewohner von
Keila mich an ihn ausliefern. Sind die Gerüchte jetzt wahr, die ich gehört
habe? Wird Saul kommen? Bitte, Gott, rede zu mir!“ Und Gott sprach durch
die Lose zu David. „Die Antwort ist: Ja, Saul wird kommen!“ 12 „Und wie ist
das, Gott? Würden die Bewohner mich an ihn ausliefern, mich und meine
Leute?“ – „Die Antwort ist: Ja, sie würden dich und deine Leute ausliefern.“
13 David packte seine Sachen und verließ mit allen Männern bei ihm, das
waren mittlerweile um die 600, die Stadt. Sie versteckten sich im ganzen
Land, sie gingen immer von einem Ort zum nächsten. Saul hörte davon,
dass David Keila verlassen hatte, und blies den Krieg gegen die Stadt des-
wegen wieder ab.

David wird verpetzt

14 David versteckte sich in den Bergen in einer ziemlich öden Gegend. Die
meiste Zeit hielt er sich in der Stadt Sif auf. Saul war ihm die ganze Zeit
dicht auf den Fersen, kriegte ihn aber nie zu fassen, weil Gott auf David auf-
passte. 15 David wusste davon, dass Saul hinter ihm her war und ihn töten
wollte. In der Zeit, als er in der Wüste Sif bei Horescha lagerte, 16 bekam er
Besuch von Sauls Sohn Jonatan. Jonatan wollte David ermutigen, weiter mit
der Hilfe von Gott zu rechnen. Und das baute David auch echt wieder auf.
17 Jonatan sagte zu David: „Hey, Mann, du brauchst keine Angst mehr zu
haben, mein Vater findet dich nie! Irgendwann bist du der Präsident von
Israel, und dann bin ich dein zweiter Mann, gleich nach dir. Mein Vater hat
auch schon lange geschnallt, dass das so passieren wird.“ 18 Die beiden
machten dann einen neuen Freundschaftsvertrag miteinander, mit Gott als
Zeugen. Danach ging Jonatan wieder zurück nach Hause. David blieb aber
in Horescha. 19 Ein paar Männer, die in Sif wohnten, verpetzten David beim
Saul: „Der Typ, den Sie suchen, versteckt sich bei uns in den Bergen, in der
Nähe der Stadt Horescha. Er lagert auf dem Berg Hachila, der südlich von
Jeschimon liegt. 20 Sie müssen nur schnell vorbeikommen, Herr Präsident,
dann sorgen wir dafür, dass er noch da ist und Sie ihn sich schnappen
können.“ 21 „Danke! Gott soll Ihnen dafür was schenken, dass Sie mir bei

meinem Problem helfen wollen!", antwortete Saul. 22 „Bitte gehen Sie wieder
zurück, und erkundigen Sie sich über seinen genauen Aufenthaltsort. Ich
möchte alles wissen, wer ihn zuletzt gesehen hat und so. Man hat mir
erzählt, dass er ziemlich schlau ist und ganz schöne Tricks auf Lager hat.
23 Spioniert für mich jede Ecke aus, in der er sich noch versteckt halten
könnte. Wenn ihr eure Informationen gesammelt habt, dann kommt zurück,
und wir gehen zusammen dort hin, solange er noch da ist. Ich werde ihn
dann finden, egal wo er sich versteckt, und wenn ich das ganze Land nach
ihm absuchen muss." 24 Die Männer gingen zurück nach Sif, und Saul kam
in einigem Abstand hinterher. In der Zeit waren David und seine Leute schon
weiter in der Wüste bei Maon. Dort lagerten sie in der Steppe, die südlich
von Jeschimon liegt. 25 David kriegte gesteckt, dass Saul und seine Leute auf
der Suche nach ihm waren. Darum wollte er sich in einer Höhle verstecken,
die auch noch in der Wüste Maon lag. Doch auch das wusste Saul bald und
jagte ihm dorthin hinterher. 26 Schließlich lag nur noch ein Berg zwischen
den beiden. Saul ging an der einen Seite entlang, David an der anderen.
David versuchte so schnell es ging weiterzukommen, aber Saul und seine
Männer holten ihn ein und wollten ihn und seine Leute gerade umzingeln.
27 Plötzlich kam eine SMS bei Saul rein. „Die Philister haben uns den Krieg
erklärt. Sie sind schon im Land und plündern alles. Hilfe! Kommen Sie
schnell!" 28 Saul brach sofort den Einsatz ab und fuhr mit seinen Männern
zurück, um gegen die Philister anzutreten. Der Fels, der die beiden (nur
noch) getrennt hatte, bekam dann später den Namen „Trennungsfelsen".

24

David hat Respekt vor Saul

1 David zog dann in ein anderes Versteck um, was in einem schwer zugäng-
lichen Bereich der Berge bei En-Gedi lag. 2 Nach einer Zeit hatte Saul die
Philister besiegt und ihre Armee noch lange verfolgt. Als er zurück nach
Hause kam, kriegte er die Meldung rein: „David hat sich in die Berge bei En-
Gedi verpisst!" 3 Sofort zog er 3000 Soldaten mit Spezialausbildung von den
Israeliten ein, um David und seine Truppe zu verfolgen. 4 Als er östlich der
Steinbockfelsen an den Schafsgehegen vorbeikam, musste er ganz dringend
pinkeln. Er ging deswegen in einen alten Bunker, der dort an dem Weg in
den Bergen war. Zufällig war das aber ausgerechnet der Bunker, in dem sich
David und seine Männer im hinteren Bereich versteckt hatten. 5 Davids
Leute flüsterten ihm zu: „Das ist die Gelegenheit! Gott hat heute beschlos-
sen, dir deinen Feind auszuliefern. Du kannst hier mit ihm machen, was du
willst!" David schlich sich von hinten an Saul ran und schnitt mit einem
Armeemesser ein Stück von seiner Jacke ab, ohne das der das mitbekam.
6 Gleich danach war es David voll peinlich, und er hatte echt ein schlechtes

Gewissen. 7 „Gott soll mich davor beschützen, dass ich meinem Präsidenten auch nur ne Schramme zufüge", flüsterte er seinen Leuten zu. „Er ist von Gott extra für diesen Job ausgesucht worden! Er ist immerhin der Präsident!"
8 David verbot seinen Männern, sich Saul vorzuknöpfen. Als Saul aus dem Bunker rauskam, um weiterzugehen, 9 rannte David ihm plötzlich hinterher. „Mein Präsident, mein Chef!", rief er ihm zu. Saul drehte sich um, aber David warf sich vor ihm platt auf den Boden. 10 „Bitte lassen Sie sich von nichts und niemandem erzählen, dass ich Sie kaputtmachen will", sprach er weiter, 11 „Ich kann Ihnen heute das Gegenteil beweisen. Gerade eben, hier in dem alten Bunker, hätte ich Sie töten können. Dafür hat bestimmt Gott gesorgt. Meine eigenen Leute haben mich angefeuert, Ihnen die Kehle durchzuschneiden. Aber ich hab es nicht gemacht, ich habe Sie verschont. Ich konnte es einfach nicht tun, weil mir klar ist, dass Sie mein Chef sind, Sie sind der von Gott eingesetzte Präsident! 12 Hier, als Beweis hab ich ein Stück von Ihrer Jacke abgeschnitten. Ich hätte Sie wirklich töten können, aber ich hab mir nur diesen Stofffetzen von Ihrer Jacke genommen. Jetzt müssen Sie doch kapieren, dass ich kein Verräter bin, ich bin kein Arschloch! Ich hab nichts gegen Sie getan, aber Sie sind hinter mir her und wollen mich töten.
13 Gott soll zwischen uns entscheiden. Er wird Sie bestrafen, aber ich werde das nicht tun, niemals! 14 Es gibt ja diesen Spruch: „Nur wer link ist, tut linke Dinge". Ich werde Ihnen auf keinen Fall was tun. 15 Ich meine, wer ist denn das, hinter dem Sie gerade her sind? Der Präsident von ganz Israel jagt ein Meerschweinchen, oder besser noch eine Fliege!? 16 Gott soll zwischen Ihnen und mir entscheiden, er soll das beurteilen. Gott soll mein Rechtsanwalt in dieser Sache sein und mir dabei helfen, mein Recht zu bekommen!"
17 Als David fertig war, fragte Saul: „David? Sag mal, bist das wirklich du?" Dann fing er voll an zu heulen. 18 Schließlich sagte Saul zu ihm: „Du hast total recht mit dem, was du sagst! Du hast mich immer gut behandelt im Gegensatz zu mir. 19 Heute hast du mal wieder bewiesen, dass du es gut meinst, weil du mich nicht getötet hast. Gott hatte dafür gesorgt, dass ich mich nicht hätte wehren können, trotzdem hast du die Situation nicht ausgenutzt, um mich zu töten. 20 Ich meine, wo hat man so was schon mal erlebt? Da hat einer die Möglichkeit, seinen Feind aus dem Weg zu räumen, aber lässt ihn trotzdem wieder laufen! Also, Gott wird dich dafür fett beschenken!
21 Mir ist schon klar, dass du mal der neue Präsident werden wirst. Unter deiner Regierung wird Israel gut weitergeführt werden. 22 Bitte versprich jetzt, mit Gott als Zeugen, dass du aus meiner Familie nicht alle umbringen wirst! Ich möchte, dass es immer noch ein paar Leute gibt, die an mich denken, wenn ich mal tot bin." 23 David versprach es ihm ganz fest. Dann ging Saul wieder zurück nach Hause. David und seine Männer zogen wieder zurück in die Berge.

25

David und Nabal

1 In der Zeit starb der Prophetentyp Samuel. Überall in Israel wurde deswe-
gen Staatstrauer angesetzt. Sie beerdigten ihn in der Stadt, wo er geboren
worden war, in Rama. David zog dann noch weiter nach Süden bis in die
Wüste Paran. 2 In dem Ort Maon lebte ein Millionär, der eine große Ranch
hatte. Dort standen gerade 3000 Schafe und 1000 Ziegen von ihm rum,
weil in der Zeit die Wolle von den Tieren abrasiert wurde. 3 Dieser Typ hieß
übrigens Nabal, und er kam aus dem Kaleb-Clan. Seine Frau hieß Abigajil,
und die war nicht nur unheimlich sexy, sondern dazu auch noch sehr schlau.
Nabal war allerdings eher so ein Prolltyp und ziemlich fies unterwegs.
4 David bekam davon Wind, dass Nabal in Karmel war, um seinen Schafen
die Wolle abrasieren zu lassen. 5 Darum schickte er zehn von seinen Män-
nern mit dem Auftrag los: „Geht mal nach Karmel und bestellt Nabal einen
schönen Gruß von mir und gebt ihm diesen Brief.“ 6 In dem Brief stand drin:
„Lieber Nabal. Ich wünsche Ihnen viel Glück und Segen! Für Sie, für Ihre
Familie und für alles, was Ihnen gehört! 7 Ich hab davon gehört, dass Sie Ihre
Tiere bei uns ganz in der Nähe weiden lassen. Wir haben sie in Ruhe gelas-
sen und in der Zeit, wo die in Karmel waren, ist nicht eins Ihrer Schafe
geklaut worden oder gestorben. 8 Sie können das gerne mal überprüfen, es
stimmt wirklich. Ich bitte Sie, dass Sie nett zu den Überbringern dieses Brie-
fes sind und sie gut behandeln. Heute ist doch ein besonderer Tag für Sie,
oder? Und seien Sie doch so nett, und geben Sie ihnen was zu essen mit,
irgendwas, was bei Ihnen übrig ist und Sie sowieso wegschmeißen würden.
Es ist für mich, für David, der alles für Sie tun würde. Freundliche Grüße, Ihr
David“ 9 Nachdem Nabal den Brief gelesen hatte, sagte er zu den Postboten:
10 „Hä? Was ist das denn für ein Typ? David? Aus was für einer Familie
kommt der? Vom Isai? Nie gehört! Heutzutage gibt es echt genug Hirnies,
die aus der Klapse geflohen sind und jetzt auf der Straße leben. 11 Die
Lebensmittel, die wir hier haben, sind für meine Angestellten, die die Schafe
abrasieren! Warum sollte ich davon etwas an Leute abgeben, von denen ich
noch nicht mal weiß, wo die herkommen?“ 12 Die Männer gingen zurück zu
David und erzählten ihm, wie Nabal auf den Brief reagiert hatte. 13 „Zu den
Waffen, Männer!“, rief David seinen Leute zu. Er schnappte sich seine MG
und zog mit 400 von seinen Leuten los, die restlichen 200 blieben aber dort,
um das Lager zu bewachen.

Die schlaue Frau von einem Mann, der immer assi drauf ist

14 Einer von den Angestellten vom Nabal besuchte dann die Abigajil und
erzählte ihr die ganze Geschichte. „Gerade waren ein paar Postboten vom

David da. Er hatte einen echt netten Brief geschrieben, aber Nabal war davon
nur total angepisst und hat rumgetobt. 15 Dabei waren die Leute von Davids
Truppe immer voll nett zu uns. Wir hatten nie Probleme mit denen, und in
der ganzen Zeit, wo sie da waren, hat man uns kein einziges Tier geklaut.
16 Solange die in unserer Nähe waren, wurden unsere Herden beschützt wie
durch eine Mauer. 17 Kapieren Sie, was das bedeutet? Bitte unternehmen
Sie was dagegen! Denn wenn nichts passiert, wird unser Chef bald tot sein,
und wir alle auch. Er ist immer so scheiße drauf, man kann überhaupt nicht
mit ihm reden! Er macht jeden nur zur Schnecke." 18 Abigajil ließ sofort ihren
Benz vorfahren und packte in den Kofferraum 200 Fladenbrote, zwei Kisten
Bier, fünf Spießbraten, eine Kiste mit Kartoffelchips, 100 Portionen Müsli
und 200 Gläser Erdbeermarmelade. 19 Sie befahl ihren Angestellten: „Fahrt
mit dem Wagen schon mal vor, ich komme gleich nach!" Ihrem Ehemann
erzählte sie aber nichts davon. 20 Als Abigajil mit ihrem Auto gerade um eine
Ecke bog, kam David ihr mit seiner Truppe entgegen. 21 David regte sich
gerade noch mal total über die Reaktion von Nabal auf. „Das war doch alles
für den Arsch! Ich hab die Schafe von dem Typen beschützt, obwohl die
noch nicht mal mir gehörten. Nicht eins von den Viechern ist ihm in der Zeit
geklaut worden! Und so wird einem das jetzt gedankt. 22 Ich schwör, bei
Gott: Keiner von denen soll morgen noch leben!" 23 Als Abigajil David er-
kannte, parkte sie ihr Auto, stieg aus und warf sich vor David auf den Boden.
24 Sie umfasste seine Füße und sagte leise: „Es ist alles meine Schuld! Bitte
hören Sie mir zu! Ich will alles erklären! 25 Nabal dürfen Sie echt nicht für voll
nehmen! Er ist genau das, was sein Name auch bedeutet: ein Trottel! Leider
war ich nicht da, als Ihre Leute den Brief überbracht haben. 26 Mann, ich
schwöre Ihnen, was ich jetzt sage, ist so wahr wie die Tatsache, dass Gott
lebt und dass Sie selbst leben: Das war doch garantiert kein Zufall, dass wir
uns getroffen haben! Gott hat das organisiert, damit Sie sich an Nabal nicht
rächen. Dann stände echt was zwischen Ihnen und Gott! Dieser Nabal wird
dafür später fett bestraft werden, und ich sag Ihnen: Alle Ihre Feinde, jeder,
der Sie dissen will, soll dasselbe durchmachen wie er. 27 Ich hab hier im Kof-
ferraum ein besonderes Geschenk für Sie, das können Sie unter Ihren Leu-
ten verteilen, wenn Sie wollen. 28 Ich tue alles, was Sie wollen. Bitte verzeihen
Sie mir, dass ich Sie überhaupt gestört habe. Ich bin mir total sicher, dass
Gott Sie eines Tages mal zum Präsidenten machen wird. Und wenn Sie an
der Macht sind, wird etwas entstehen, was nie mehr aufhören wird. Sie wer-
den die Kriege für Gott führen. Ich wünsche Ihnen, dass Sie für den Rest
Ihres Lebens eine reine Weste behalten. 29 Wenn irgendjemand hinter Ihnen
her ist und Sie töten will, wird Ihnen nichts Schlimmes passieren, weil Gott
Ihr Leben beschützt. Er passt auf Sie auf, wie man auf sein wertvolles iPhone
aufpasst oder auf seine Rolex. Aber Ihre Feinde werden kaputtgehen wie

ein alter Kassettenrekorder, und man wird sie auf den Schrotthaufen
schmeißen wie eine kaputte Glühbirne. 30 Gott wird Ihnen irgendwann den
Joystick in die Hand geben, Sie haben dann die Macht, das hat er verspro-
chen. 31 Dann werden Sie froh sein, dass Sie in dieser Sache ein gutes
Gewissen behalten und nicht auf eigene Faust Ihr Recht durchgesetzt
haben. Es wäre ja unschuldiges Blut geflossen, und das wäre nicht so toll.
Und bitte vergessen Sie mich nicht, wenn Gott Sie ganz nach oben gebracht
hat!" 32 „Wow, Gott ist der Größte! Der Gott Israels ist gigantisch!", rief
David laut. „Ich bin so froh, das er Sie gerade heute zu mir geschickt hat!
33 Sie sind auch noch superschlau, das ist ja genial, danke, Gott! Er soll
Ihnen das zurückzahlen, dass Sie mich heute davor bewahrt haben, richtig
Mist zu bauen. Ich hätte mich einfach gerächt und hätte damit etwas getan,
was zwischen mir und Gott gestanden hätte. 34 Hey, ich schwöre Ihnen bei
Gott: Wenn Sie mir nicht so schnell entgegengekommen wären, dann hätte
ich in einer Nacht alle Männer bei Nabal umgenietet, keiner wäre übrig
geblieben. Das ist so sicher wie das Amen in der Kirche." 35 David freute sich
über das Essen, was sie ihm mitgebracht hatte. Er sagte zu ihr: „Jetzt gehn
Sie mal entspannt nach Hause! Was Sie von mir wollten, haben Sie be-
kommen."

David heiratet Abigajil

36 Als Abigajil nach Hause kam, war Nabal mit seinen Leuten gerade schwer
am Feiern. Er hatte ein fette Party organisiert, war voll auf Drogen und mega-
breit. Darum redete sie erst mal nicht mit ihm. 37 Erst am nächsten Morgen,
als er wieder klar in der Birne war, erzählte sie ihm alles. Nachdem er die
ganze Geschichte gehört hatte, bekam er plötzlich einen Gehirnschlag und
war gelähmt. 38 Zehn Tage danach sorgte Gott dafür, dass er sterben musste.
39 Als David von der Sache hörte, war er echt froh: „Danke, Gott! Du hast
dafür gesorgt, dass alles gut geworden ist. Du hast Nabal dafür bestraft, weil
er so assig zu mir war. Er hat die gerechte Strafe bekommen." Dann schickte
er einen Mann zu Abigajil mit einem Heiratsantrag. 40 Als der Typ bei ihr in
Karmel ankam, sagte er zu ihr: „Ich soll Sie von David fragen, ob Sie ihn
nicht vielleicht heiraten wollen!" 41 Sie stand sofort auf, ging zu dem Mann
hin, kniete sich auf den Boden und sagte: „Ich werde alles tun, was er sagt.
Ich wär sogar bereit, die Drecksarbeit für ihn zu erledigen." 42 Sofort packte
sie ihre Sachen und setzte sich in den Bus. Ihre fünf Helferinnen kamen
alle mit. 43 Jetzt hatte David zwei Frauen, was damals normal war. Er hatte ja
vorher schon die Ahinoam geheiratet, die aus Jesreel kam. 44 Eigentlich war
David ja auch noch mit Sauls Tochter Michal verheiratet. Aber Saul hatte die
in der Zwischenzeit einfach mit Palti, einem Sohn von Lajisch aus Gallim,
verheiratet.

26

David lässt Saul zum zweiten Mal laufen

1 Einige Leute aus Sif kamen nach Gibea zu Saul, um David zu verpetzen. „Er
versteckt sich auf dem Hügel Hachila, gegenüber von Jeschimon“, steckten
sie ihm. 2 Saul befahl 3000 seiner besten Soldaten, sich bereitzumachen,
und marschierte mit denen in die Wüste Sif, um David zu suchen. 3 Als sie
dort waren, bauten sie erst mal ihr Lager auf. David war in der Zeit noch
in der Wüste unterwegs. Er hörte bald davon, dass Saul wieder hinter ihm
her war, 4 und schickte deswegen ein paar Spione los, um die Lage auszu-
checken. Die bestätigten ihm diese Information: Saul war tatsächlich wieder
unterwegs. 5 David wollte sich selbst auch noch mal schlaumachen und
schlich sich an das Lager vom Saul ran. Er konnte erkennen, dass die Zelte
in einem großen Kreis aufgebaut waren. In der Mitte von dem Kreis stand
das Zelt vom Präsidenten Saul. Der hatte sich dort gerade mit seinem Gene-
ral Abner in ihren Penntüten ne Runde aufs Ohr gehauen. 6 Bei David waren
noch Ahimelech (ein Hetiter) und Abischai (ein Sohn von Zeruja) dabei.
„Also, Leute: Ich werde jetzt versuchen, mich in das Lager von Saul reinzu-
schleichen. Wer kommt mit?“, fragte er die Männer. „Ich bin dabei!“, meinte
Abischai. 7 Nachdem es dunkel geworden war, schlichen sich die beiden in
das Lager. Vorbei an Abner und den anderen Soldaten schafften sie es, bis
zum Schlafplatz von Saul zu kommen, dessen Zelt im Zentrum des ganzen
Lagers war. Alle pennten seelenruhig, und auch der Präsident lag im Tief-
schlaf. Direkt an seinem Kopf steckte sein Armeemesser in der Erde. 8 „Jetzt
ist die Gelegenheit! Gott hat dafür gesorgt, dass du mit deinem Feind kurzen
Prozess machen kannst. Ha, ich werde ihm jetzt mit seinem eigenen Messer
die Kehle durchschneiden!“, flüstere Abischai zu David. „Ein Stich genügt,
und du bist ihn für immer los!“ 9 „Auf keinen Fall!“, sagte David. „Das
kannst du nicht bringen! Jeder, der etwas gegen einen Präsidenten tut, den
Gott extra ausgesucht hat, bekommt echt Probleme. Gott wird ihn dafür
bestrafen!“, sagte David leise. 10 „Ich bin mir ganz sicher, Gott höchstper-
sönlich wird den Präsidenten aus dem Verkehr ziehen. Er kann dafür sorgen,
dass er krank wird und stirbt, einen Autounfall hat oder im Krieg an der
Front erschossen wird. 11 Ich will auf keinen Fall den einen Präsidenten töten,
der von Gott ausgesucht und eingesetzt worden ist! Schnapp dir das Armee-
messer und seine Wasserflasche, und dann lass uns so schnell es geht von
hier verpissen!“ 12 Abischai holte die beiden Sachen und gab sie David. Dann
machten sie sich auf den Rückweg. Niemand bekam etwas von ihrem nächt-
lichen Besuch mit. Gott hatte dafür gesorgt, dass das ganze Lager in der
Nacht ganz tief am Pennen war. 13 David ging dann auf einen Hügel neben
dem Lager. Aus dieser sicheren Distanz holte er ein Megaphon raus und

14 weckte die ganze Truppe auf: „Huhu, Abner! Wo sind Sie?“ Abner wachte
auf und schrie zurück: „Hä? Wer sind Sie denn? Wie kommen Sie überhaupt
dazu, den Präsidenten aufzuwecken?“ 15 David rief zurück: „Sind Sie nicht
der Typ, vor dem alle Schiss haben? Was sind Sie überhaupt für einer?
Warum haben Sie es noch nicht mal gepackt, den Präsidenten anständig zu
beschützen? Gerade eben war jemand bei euch im Lager, der hätte ihn ganz
leicht umbringen können! 16 Ganz tolle Leistung, Abner! Ich sag Ihnen mal
was: Sie haben alle die Todesstrafe verdient! Sie haben es nicht gepackt,
Ihren Präsidenten anständig zu bewachen! Sie haben als Security-Leute ver-
sagt! Sie wollen einen Beweis? Dann suchen Sie doch mal das Armeemesser
vom Präsidenten oder die Wasserflasche. Ist beides nicht mehr da, oder?“
17 Saul hörte die ganze Zeit mit und erkannte plötzlich, dass es die Stimme
von David war. „David? Bist du das? Mein Sohn David!“ – „Ja, mein Chef!
Ich bin es, mein Präsident!“, rief David zurück. 18 „Warum sind Sie mit Ihren
Leuten hinter mir her? Was hab ich Ihnen getan? Was hab ich Schlimmes
verbrochen?“, sagte er weiter. 19 „Hören Sie mal, ich hab echt das Gefühl,
jemand hat Sie gegen mich aufgehetzt. Aber Sie sind doch mein Präsident
und mein Chef! Wenn Gott dahintersteckt, sollten wir vielleicht mal zusam-
men einen Gottesdienst organisieren und das Ding mit einem Opferritual
wieder klarkriegen. Wenn aber Menschen uns gegeneinander aufstacheln,
dann müssen die dafür bezahlen, sie sollten von Gott vom Platz gestellt
werden. Diese Leute wollen ja, dass ich für immer verschwinde aus Ihrem
Leben! Sie klauen mir meinen Anteil an dem Gebiet, was Gott mir verspro-
chen hat! Sie fordern mich dazu auf, abzuhauen und mit irgendwelchen
Plastikgöttern zu leben! 20 Das kann doch nicht in Ihrem Sinne sein!? Das
dürfen Sie nicht zulassen, dass ich irgendwo sterbe, wo Gott nicht ist!
Warum jagen Sie mich wie ein dummes Huhn, was weggelaufen ist? Hallo?
Der Präsident von Israel versucht eine Mücke einzufangen?!“ 21 Saul war
beeindruckt: „Puh, ich bin so ein Idiot, ich hab Mist gebaut!“, rief er laut.
„Bitte komm wieder zurück! David, du bist doch wie mein eigener Sohn!
Ich werde dir nie wieder etwas tun, versprochen! Du hast letzte Nacht mein
Leben verschont! Ich war wirklich total link zu dir!“ 22 „Wenn Sie wollen,
dann schicken Sie noch mal einen von Ihren Soldaten hoch, mein Präsident.
Der soll Ihr Armeemesser abholen!“, rief David zurück. 23 „Gott belohnt
jeden für das, was er macht. Jeder, der ihm treu ist und tut, was er sagt,
kriegt eine Belohnung von ihm. Er hat heute dafür gesorgt, dass Sie ausge-
liefert und wehrlos waren, ich hätte Sie töten können. Aber ich wollte das
nicht, weil Sie der von Gott ausgesuchte Präsident sind. 24 In der Art, wie ich
heute Respekt vor Ihrem Leben hatte, wird Gott auch Respekt vor meinen
Leben haben, es wird ihm nicht egal sein. Gott wird mir helfen, er wird mich
retten, wenn ich in einer Notsituation bin.“ 25 Saul sagte: „Okay! Gott soll

dich fett beschenken, er soll dich segnen! Alles, was du anfasst, soll ein
Megaerfolg werden, mein Sohn David!“ Damit war das Ding erledigt, und
beide zogen ab. David ging in seine Richtung, und Saul ging wieder zurück
nach Hause.

27

David flüchtet zu dem Volk, das Israel eigentlich nicht abkann

1 David überlegte hin und her: „Hm, Saul wird bestimmt weiterhin versu-
chen, mich zu töten. Aber ich kann ja nicht ewig vor ihm fliehen. Vermutlich
bin ich am sichersten, wenn ich mich so schnell wie möglich bei den Philis-
tern einquartiere. Da bin ich vor Saul sicher. Solange ich im Gebiet von Israel
bleibe, wird er die ganze Zeit hinter mir her sein. Überall werden Steckbriefe
von mir aushängen, da hab ich keine Ruhe vor dem.“ 2 David ging also mit
seinen 600 Mann über die Grenze in das Land, das den Philistern gehörte.
Er ging dann zu Achisch, dem Sohn von Maoch, der zu der Zeit Präsident
von Gat war. 3 Die Familien von Davids Männern waren alle mit dabei. Auch
David hatte seine beiden Frauen Ahinoam aus Jesreel und Abigajil aus Kar-
mel mitgenommen. Abigajil war die Witwe vom Nabal. Sie blieben dann alle
bei Präsident Achisch in Gat. 4 Als Saul davon Wind bekam, dass sich David
dort versteckt hatte, hörte er auf, ihn zu verfolgen. 5 Irgendwann gab es
dann mal ein Treffen zwischen David und dem Präsidenten Achisch: „Wenn
das okay für Sie ist, würde ich gerne mit meinen Leuten in einer von Ihren
Kleinstädten wohnen. Warum sollte ich die ganze Zeit in Ihrer Hauptstadt
wohnen bleiben? Aber ich tue alles, was Sie wollen!“ 6 Achisch beschloss
dann noch am selben Tag, David und seinen Leuten die Stadt Ziklag zur
Verfügung zu stellen. Das ist auch der Grund, warum diese Stadt lange zu
dem Gebiet von Juda dazugehört hat. 7 Insgesamt wohnte David ein Jahr
und vier Monate bei den Philistern.

David trickst den Präsidenten der Philister aus

8 David startete mit seinen Soldaten von dort aus immer wieder kleinere
Kriege gegen die umliegenden Städte und Dörfer. So kämpfte er gegen die
Geschuriter, die Geseriter und die Amalekiter. Die wohnten schon immer in
der Gegend von Schur bis an die Grenze von Ägypten. 9 Überall, wo David
Krieg führte, machte er alle Menschen platt, die dort lebten. Alles, was
wertvoll war, wurde von Davids Männern eingesackt. 10 Wenn sie wieder zu
Hause waren, fragte der Präsident Achisch immer: „Und? Waren Sie wieder
unterwegs und haben ein paar Städte ausgeraubt?“ – „Ja, waren wir“,
antwortet David dann. „Wir waren im Südland vom Israelitenstamm Juda.“
Oder er sagte: „Wir waren im Südland, in dem Gebiet der Jerachmeeliter.“
Oder er antwortete: „Ja, wir waren im Südland, wo die Keniter wohnen!“

[11] Wenn David unterwegs war, gab es keine Überlebenden. Er kam nie mit Gefangenen wieder nach Gat zurück, weil die bestimmt geplaudert hätten. Auf diese Tour zog David das die ganze Zeit durch, solange er bei den Philistern lebte. [12] Achisch dachte irgendwie, er könnte sich auf David verlassen, der würde ihn nie übers Ohr hauen. „Sein Volk ist so megastinkig auf den, der kann gar nicht anders, als für immer bei mir zu bleiben und für mich zu arbeiten."

28

Saul lässt sich von einer Hexe helfen, die Geister befragt

[1] Irgendwann planten die Philister mal wieder einen Krieg gegen die Israeli-
ten. Als sie ihre Truppen zusammenzogen, fragte Achisch bei David an: „Ist
doch wohl klar, dass Ihre Männer an meiner Seite kämpfen und mit mir in
den Krieg ziehen, oder?" [2] „Ja, logo, machen wir!", antwortete David. „Dann
haben Sie auch mal einen Beweis dafür, dass wir hundertpro auf Ihrer Seite
stehen." – „Okay, Sie haben dann für die ganze Zeit dieses Krieges den
Job, für meine Sicherheit zu sorgen!" [3] Zu der Zeit war der Prophet Samuel
gestorben, und man hatte seine Leiche in seiner Heimatstadt Rama beer-
digt. Überall in Israel war eine große Trauersession angesetzt worden. Saul
hatte übrigens alle Hexen, Okkultisten und Wahrsager aus dem Land rausge-
schmissen. [4] Die Philister sammelten ihre Truppen und rückten bis nach
Schunem vor. Saul zog mit der ganzen Armee der Israeliten auf das Gebirge
Gilboa und baute dort sein Lager auf. [5] Als Saul das erste Mal die ganze
Armee der Philister überblicken konnte, kriegte er echt Panik und fing voll an
zu zittern. [6] Er versuchte bei Gott anzuklingeln, was er zu der Sache zu
sagen hatte, aber bekam keine Antwort. Die Propheten hatten nichts von
Gott gehört. Saul hatte auch keinen Traum oder so was und noch nicht mal
mit den besonderen Losen bekam er eine Antwort. [7] Dann hatte Saul die
dumme Idee, so eine Hexe zu befragen, die mit toten Menschen reden
konnte. „Holen Sie mir mal so eine Hexe her! Ich muss das jetzt unbedingt
wissen!", sagte er zu seiner Sekretärin. „Soweit ich weiß, gibt es da eine Frau
in En-Dor, die so was machen kann", antwortete die. [8] Saul zog ein paar
einfache Klamotten über, klebte sich einen falschen Bart an und ging mit
zwei seiner Männer dorthin. Mitten in der Nacht klingelten sie bei der Frau.
„Sie müssen für mich mit jemandem sprechen, der schon tot ist!", sagte er
zu ihr. „Der soll mir nämlich sagen, was in der Zukunft abgeht. Ich werde
Ihnen genau sagen, mit wem Sie sprechen sollen." [9] „Aber entschuldigen
Sie, mein Herr", antwortete die Frau. „Sie wissen doch genauso gut wie ich,
dass auf Anordnung des Präsidenten Saul so was verboten ist! Er hat ange-
ordnet, dass alle Wahrsager, Hexen und Okkultisten aus dem Land ge-
schmissen oder getötet werden sollen. Ist das hier eine Falle, oder was?

Wollen Sie, dass ich auch sterbe?" [10] „Hey, nein, keine Sorge!", redete Saul
auf sie ein. „Ihnen wird nichts passieren, das schwöre ich!" [11] „Hm, um wen
geht es denn?", fragte die Frau. „Ich will mit Samuel sprechen!", antwortete
Saul. [12] Dann ging es los. Als die Frau mitten in der Session plötzlich Samuel
sah, kapierte sie auch, wer ihr da eigentlich gerade den Auftrag gegeben
hatte: „Sie haben mich betrogen, Sie sind es ja selbst, der Präsident", schrie
sie los. [13] „Ich sage es noch mal: Sie brauchen keine Angst vor mir zu haben!
Jetzt sagen Sie endlich, was Sie sehen!", redete Saul weiter. „Also, ich seh
da so einen Geist, der aus der Erde hochkommt!" antwortete sie. [14] „Und?
Wie sieht der aus?" „Es ist ein alter Mann, er hat einen langen Mantel an,
wie ihn Propheten normal immer tragen." Für Saul war jetzt klar: Es handelte
sich um Samuel. Sofort warf er sich auf die Erde. [15] Samuel sprach jetzt mit
ihm: „Hey, Mann, warum stören Sie mich? Warum musste ich zu Ihnen
kommen?" Saul antwortete: „Ich bin in Lebensgefahr! Die Philister haben
Stellung bezogen und wollen gegen uns in den Krieg ziehen. Gott hat mich
verlassen. Er redet nicht mehr mit mir! Sowohl durch die Propheten als
auch durch Träume kommt keine Nachricht mehr rein. Darum hab ich mal
bei Ihnen angeklingelt. Können Sie mir sagen, was ich jetzt machen soll?"

Gott zieht das Ding durch

[16] „Was fragen Sie mich noch? Haben Sie noch nicht kapiert, dass Gott nicht
mehr auf Ihrer Seite ist? Sie kämpfen jetzt auch gegen ihn, er ist Ihr Feind
geworden. [17] Er zieht das Ding gnadenlos durch, dass er mir schon vor eini-
ger Zeit gesagt hatte. Ich hab ja immer schon gesagt, dass Gott Ihnen Ihre
Präsidentschaft wegnehmen und sie dem David geben wird. [18] Sie haben
damals nicht das getan, was Gott von Ihnen wollte. Sie sollten alle Amaleki-
ter plattmachen, Sie sollten die Rote-Karte-Aktion dort durchziehen, aber das
haben Sie nicht getan. Darum hat Gott Ihnen heute nicht geholfen, darum
geht er so mit Ihnen um. [19] Gott wird alle Israeliten, alle Soldaten und auch
Sie an die Philister ausliefern. Morgen werden Sie und Ihre Söhne tot sein."
[20] Saul traf buchstäblich der Schlag. Wie ein nasser Sack fiel er der Länge
nach auf den Boden. Er hatte richtig krasse Angst, weil Samuel ihm diese
Sache angekündigt hatte. Außerdem war er sowieso schon sehr schwach auf
den Beinen, weil er den ganzen Tag nichts gegessen hatte. [21] Die Hexe hatte
auch schon kapiert, dass Saul voll kaputt war. Sie sagte zu ihm: „Ähh, mein
Präsident, ich hab jetzt alles getan, was Sie von mir wollten, oder? Dabei hab
ich sogar mein Leben riskiert. [22] Bitte essen Sie jetzt endlich was! Und wenn
es nur ein kleiner Happen ist. Sie müssen was zwischen die Kauleisten
kriegen, bevor Sie sich auf den Weg nach Hause machen, sonst brechen Sie
noch zusammen!" [23] Saul hatte aber kein Bock auf Essen. „Nein, ich will
jetzt nicht!" Aber die beiden Männer, die ihn begleitet hatten, und auch die

Frau redeten so lange auf ihn ein, bis er sich breitschlagen ließ. Er stand auf
und setzte sich an den Tisch. 24 Die Frau hatte noch ein Kalb im Stall stehen.
Das wurde jetzt schnell geschlachtet, in Stücke zerteilt und auf den Grill
gehauen. Dazu backte sie noch ein paar Fladenbrote im Ofen. 25 Sie deckte
den Tisch, und Saul und seine Begleiter nahmen Platz. Nach dem Essen
machten sie sich noch am selben Abend wieder auf den Rückweg.

29

David kommt um einen Kriegseinsatz gegen seine eigenen Leute rum

1 Und es war Krieg. Die Philister zogen ihr Heer bei Afek zusammen, wäh-
rend sich die Israeliten gegenüber, bei der Quelle vor der Stadt Jesreel, auf-
stellten. 2 Die Chefs der Philister organisierten einen großen Truppenauf-
marsch. Alle Soldaten zogen an dem Balkon vorbei, wo die Chefs drauf
saßen. Ganz zum Schluss kamen die Truppe von David und die von Achisch,
dem Präsidenten von Gat. Als die Chefs der Philister die Truppe von David
sahen, 3 fragten sie Achisch: „Was haben denn diese Israeliten da bei uns
verloren?“ – „Der da vorne, das ist David, ein Typ, der mal in der Truppe
vom Saul war, dem Präsidenten von Israel. Der hat eigentlich immer für
diesen Saul gekämpft, aber seitdem er zu meiner Truppe übergelaufen ist,
hat er immer einen sehr guten Job gemacht. Ich hatte nie was an ihm zu
meckern.“ 4 Die Chefetage der Philister war aber ziemlich sauer deswegen.
Sie forderten Achisch auf, David sofort aus dem Dienst zu entlassen. „Der
soll da hingehen, wo du ihn hast wohnen lassen. Er darf nie und nimmer an
unserer Seite kämpfen, das wäre nur ein Unsicherheitsfaktor in unseren
Reihen! Was ist, wenn der mitten im Krieg die Seiten wechselt? Für ihn wäre
das doch die Top-Gelegenheit, sich bei seinem Präsidenten Saul wieder ein-
zuschleimen, indem er ihm unsere Leichen vor die Füße knallt. 5 Außerdem
ist das doch genau der David von diesem Lied, was zurzeit auf jeder Party
läuft, oder? Dieses ‚Saul hat früher tausend Feinde erschlagen, aber bei
David ging’s Zehntausenden an den Kragen!‘“ 6 Achisch ging in sein Büro
und ließ David zu sich rufen. „Ich schwöre bei Gott, Sie sind immer eine
sehr zuverlässige Unterstützung gewesen. Ich bin froh, dass Sie mit mir in
den Krieg ziehen. Seitdem Sie Teil meiner Truppe sind, haben Sie alle Auf-
gaben zu meiner vollsten Zufriedenheit erledigt. Trotzdem muss ich leider
sagen, dass die anderen Chefs der Philister Ihnen nicht vertrauen. 7 Darum
wäre es besser, Sie wären heute bei unserem Einsatz nicht mit dabei. Gehen
Sie wieder nach Hause, damit Sie sich nicht bei uns unbeliebt machen.“
8 „Aber warum denn?“, sagte David. „Womit hab ich das verdient? Hab ich
schon mal irgendwas getan, was Sie nicht so toll fanden, seitdem ich für Sie
arbeite? Warum darf ich nicht mit in den Krieg ziehen, gegen Ihre Feinde, die
Feinde von meinem Präsidenten!“ 9 „Schon klar“, sagte Achisch. „Für mich

sind Sie der Beste, ich mach mir da überhaupt keine Sorgen. Aber wie
gesagt, sehen das die anderen Chefs der Philister nicht so. Deren Entschei-
dung war ganz klar, dass Sie auf keinen Fall mit uns in diesen Krieg ziehen
sollen. 10 Packen Sie also am besten schon mal Ihre Sachen, und ziehen Sie
morgen mit Ihren Männern ab, am besten ganz früh, gleich nach Sonnen-
aufgang!" 11 David und seine Leute zogen dann also am nächsten Morgen
ganz früh wieder zurück in das Land der Philister. Die Soldaten der Philister-
truppe starteten dann aber in Richtung Jesreel.

30

David siegt gegen die Amalekiter

1 Als David mit seiner Truppe zwei Tage später nach Ziklag zurückkam, lag
alles in Schutt und Asche. Die Amalekiter waren auf einem Feldzug durch das
Südland auch in seiner Wahlheimatstadt eingefallen und hatten alles platt-
gemacht. 2 Dabei war aber keiner umgebracht worden, die Männer waren ja
nicht da gewesen, und alle Frauen und Kinder aus der Stadt hatten sie gefan-
gen genommen und verschleppt. 3–4 David und seine Kollegen kriegten voll
den Heulflash, als sie kapierten, dass ihre Frauen und Kinder einfach geklaut
worden waren. Sie weinten so lange, bis sie total erschöpft waren. 5 Auch die
beiden Ehefrauen von David waren weg: Ahinoam aus Jesreel und Abigajil,
die Witwe von Nabal aus Karmel, beide waren von den Feinden gefangen
genommen worden. 6 David hatte jetzt ein echtes Problem am Hals, denn
seine Leute gaben ihm die Schuld dafür und wollten ihn am liebsten sofort
umbringen. Sie waren einfach megatraurig und stocksauer, weil ihre Frauen
und Kinder weg waren. David bekam dann aber neue Power von Gott. 7 Er
organisierte ein Treffen mit dem Priester Abjatar, der ein Sohn vom Ahime-
lech war. Die Tasche mit den besonderen Losen sollte auch mit am Start sein.
8 Dann fragte er Gott: „Was meinst du? Soll ich dem Feind hinterher oder
nicht? Werden wir schnell genug sein? Packen wir das, Gott?" Er zog die Lose,
und das Ergebnis war: „Ja, du wirst sie einholen, und du wirst eure Frauen
und Kinder befreien!" 9 Sofort wurde die ganze Truppe startklar gemacht, und
David rannte mit 600 Soldaten los. Am Bach Besor machten sie eine kurze
Pause. 10 Die ersten 200 Soldaten machten hier schlapp, sie waren zu fertig,
um über den Bach Besor zu ziehen. Also ging David nur noch mit 400 Mann
weiter. 11 Auf dem Weg trafen sie einen Ägypter, der erschöpft auf einem Feld
saß. Er wurde zu David gebracht und mit Brot und Wasser versorgt. 12 Er
bekam auch ein Stück Butterkuchen mit Sahne und zwei Brezeln. Nachdem
er das gegessen hatte, ging es ihm etwas besser. Drei Tage hatte er nämlich
nichts zu essen und zu trinken bekommen. 13 „Was bist du für einer? Wo ist
dein Zuhause?", wollte David von ihm wissen. „Ich bin noch ein Jugendlicher
und komme aus Ägypten. Ich habe für einen Amalekiter gearbeitet, aber

mein Chef hat mich rausgeschmissen, weil ich vor drei Tagen krank geworden bin. 14 Die Amalekiter führen gerade Krieg im Südland der Kreter, also gegen die Philister, und auch gegen den Kaleb-Clan vom Israelitenstamm Juda. Auf dem Weg haben sie auch Ziklag abgefackelt.“ 15 „Kannst du mir den Weg zeigen, wo ich diese Ganoven finden kann?“, fragte in David. Der Junge antwortete: „Nur wenn Sie mir bei Ihrem Gott schwören, dass Sie mich nicht umbringen werden! Und Sie müssen mir auch schwören, dass Sie mich nicht meinem alten Chef ausliefern! Wenn Sie das versprechen, führe ich Sie dorthin.“ 16 Sie machten den Deal perfekt, und als sie ankamen, wurde klar, dass sich die Amalekiter in Gruppen auf das ganze Gebiet aufgeteilt hatten. Überall war Party angesagt, sie feierten ihre fette Beute im Krieg gegen die Philister und gegen die Israeliten, weil sie dort eine Menge Sachen hatten mitgehen lassen. 17 Am nächsten Morgen startete David einen Angriff, gerade bei Sonnenaufgang. Der Kampf dauerte den ganzen Tag. Fast alle Feinde wurden getötet, nur 400 Männer konnten fliehen. 18 David befreite alle Gefangenen. Seine beiden Frauen waren auch dabei, es gab nicht einen Gefangenen, der nicht gefunden wurde. 19 Auch die Kinder waren alle gesund, und sogar die ganzen Sachen, die die Amalekiter abgezogen hatten, waren noch da, nichts war verloren gegangen. 20 David hatte sich dann noch die ganzen Nutztiere, also die Schafe, Ziegen und Kühe, die die Amalekiter dabeihatten, unter den Nagel gerissen. Man trieb sie vorneweg, und alle wussten: „Das ist die Beute von David.“ 21 Dann ging er wieder zurück zu den 200 Männern, die zu fertig für diesen Krieg gewesen waren. Die lagerten ja alle noch am Bach Besor. David begrüßte alle Männer freundlich. 22 Es gab aber unter seiner Truppe auch ein paar unkorrekte Typen. Sie meinten zu ihm: „Die sollten nichts von der Beute abkriegen. Sie waren ja nicht dabei, haben nicht mit uns mitgekämpft. Können froh sein, dass wir ihre Frauen und Kinder befreit haben. Die können sie von uns aus gerne mitnehmen, aber dann sollen die sich mal verpissen.“ 23 David fand aber, das wäre keine gute Idee. „Hey, Leute! Ohne Gott hätten wir doch gar nichts gebacken bekommen! Er hat uns beschützt, er hat dafür gesorgt, dass wir diesen Krieg gewinnen. Er hat uns den Sieg über diese Männer organisiert, die uns überfallen hatten. 24 Was wären das für ätzende Typen, die auf so einen Vorschlag eingehen würden? Einer für alle, alle für einen, ist doch das Motto. Wenn einer an der Front steht und die anderen im Hintergrund arbeiten, muss die Beute gerecht unter allen verteilt werden.“ 25 Seitdem David das gesagt hatte, wurde das bei den Israeliten für lange Zeit zu einer festen Regel.

David will sich beliebt machen

26 David schickte dann einen Teil der Sachen, die er aus der Stadt Ziklag gezockt hatte, an die Chefs vom Familienstamm Juda. Sie gehörten ja

irgendwie zu einer Familie, und er fühlte sich denen freundschaftlich ver-
bunden. Dazu kam ein Brief, wo drinstand: „Liebe Leute! Hier haben Sie ein
Geschenk von mir. Es kommt aus der Beute, die ich den Feinden von Gott
abgeknöpft habe! Freundliche Grüße, David.“ 27 Er packte noch mehr solcher
Geschenke ein und verschickte die nach Betuel, nach Ramot im Südland,
nach Jattir, 28 nach Aroer, Sifmot, Eschtemoa, 29 und Rachal. Dazu in die
Städte der Jerachmeeliter und Keniter, 30 nach Horma, Bor-Aschan, Atach,
31 Hebron und außerdem überall dorthin, wo er sich früher mal versteckt
hatte und wo man ihm auch geholfen hatte.

31

Israel fährt eine herbe Niederlage gegen die Philister ein

1 Es kam dann zum Krieg gegen die Philister. Die Soldaten von Israel packten
es aber nicht und mussten vor den Philistern fliehen. Auf der Flucht wurden
viele von ihnen auf dem Gebirge Gilboa getötet. 2 Saul und seine Söhne
Jonatan, Abinadab und Malkischua wurden von den Soldaten der Philister
verfolgt. Alle drei Söhne vom Saul starben in dieser Schlacht. 3 Um den Prä-
sidenten Saul gab es einen heftigen Kampf. Schließlich setzte der Feind ein
paar Scharfschützen auf Saul an, und die verletzten ihn schwer. Saul bekam
voll Schiss. 4 Er befahl einem seiner Soldaten: „Los, nehmen Sie Ihre Knarre,
und erschießen Sie mich! Sonst werden mich diese Schweine gefangen
nehmen, mich foltern und ihre Witze über mich machen!“ Aber der Soldat
wollte das nicht tun. Also nahm Saul seine Pistole selbst in die Hand und
schoss sich eine Kugel in den Kopf. 5 Der Soldat gab sich auch sofort die
Kugel, nachdem er das gesehen hatte. 6 Auf die Art starben Saul, seine drei
Söhne und seine Soldaten alle an diesem Tag. 7 Als die Nachricht bekannt
wurde, dass die Soldaten von Israel alle geflohen oder tot waren und auch
Saul und seine Söhne tot waren, kriegten es die Israeliten mit der Angst. Sie
packten schnell ihre Sachen und verließen die Städte und Dörfer, in denen
sie wohnten. Die Philister übernahmen dann diese Städte und machten
sich dort breit. 8 Einen Tag später wurden die ganzen Leichen, die auf dem
Schlachtfeld rumlagen, von den Philistern nach brauchbaren Dingen abge-
sucht. Dabei entdeckten sie auch Saul und seine drei Söhne, die auf dem
Gilboa-Gebirge lagen. 9 Von Saul sägten sie den Kopf ab und zogen ihm
seine Uniform aus. Beides wurde dann im ganzen Gebiet rumgezeigt. Das
war die Art der Philister, um deutlich zu machen, dass ihre Leute und ihre
Plastikgötter diesen Krieg gewonnen hatten. 10 Irgendwann legten sie die
Uniform in den Tempel von ihrer Göttin Astarte. Die Leiche von Saul wurde
an der Stadtmauer von Bet-Schean aufgehängt. 11 Die Bewohner von Jabesch
und Gilead hörten, was die Philister mit der Leiche vom Saul gemacht hat-
ten. 12 Man stellte sofort eine Spezialtruppe zusammen, und in einer Nacht-

und-Nebel-Aktion wurden die Leichen von Saul und seinen Söhnen geholt und nach Jabesch gebracht. 13 Dort erhielten sie ein anständiges Begräbnis auf dem Stadtfriedhof. In der Woche der Beerdigung wurde angeordnet, dass tagsüber nichts gegessen werden sollte und alle in schwarzen Klamotten rumlaufen mussten.

2. Buch Samuel

1

David kriegt die Nachricht rein, dass Saul und Jonatan tot sind
1 David hatte noch nicht davon gehört, dass Saul gestorben war. In der Zeit
war er selbst gerade schwer damit beschäftigt, einen Krieg gegen die Amale-
kiter zu führen. Nachdem er gegen die einen Sieg eingefahren hatte, ging
er wieder zurück nach Ziklag, wo er zwei Tage blieb. 2 Am dritten Tag kam ein
Soldat von Sauls Armee bei ihm angelaufen, der gerade vom Schlachtfeld
kam. Seine Klamotten waren total zerfetzt, er hatte überall Erde im Gesicht
und auf den Haaren. Das machte man damals, wenn etwas richtig Schlim-
mes passiert war. Als er bei David ankam, fiel er vor ihm auf die Erde.
3 „Was ist los? Woher kommen Sie?", fragte ihn David. Er antwortete: „Ich
konnte noch gerade so vom Schlachtfeld fliehen, wo wir gegen die Philister
gekämpft haben!" 4 „Und? Wie ist es gelaufen? Erzählen Sie!", fragte ihn
David. „Unser Heer ist komplett besiegt worden! Der Rest der Truppe ist auf
der Flucht. Viele sind gestorben, auch Saul und Jonatan sind tot!" 5 „Was?
Saul und Jonatan sind tot? Wer hat Ihnen das erzählt? Woher wissen Sie
das?" 6 Der Soldat antwortete: „Ich kam gerade beim Gilboa-Gebirge vorbei,
als ich zufällig mitbekam, wie Saul, der sich auf sein MG stützte, von den
Panzerwagen der Philister erreicht wurde. 7 Er drehte sich um, sah mich und
winkte mir zu, damit ich zu ihm komme. Als ich bei ihm war und fragte:
‚Was kann ich für Sie tun, Chef?', 8 fragte er mich: ‚Was sind Sie für einer?'
Ich antwortete: ‚Ich bin ein Amalekiter!' 9 Dann sagte er zu mir: ‚Kommen
Sie her, und geben Sie mir den Gnadenschuss! Ich kann zwar kaum noch
atmen, aber ich lebe immer noch.' 10 Ich habe seine Verletzungen überprüft
und kam zu dem Ergebnis, dass er nicht überleben würde. Darum hab ich
ihm den Gnadenschuss verpasst. Ich hab ihm seine Erkennungsmarke
und die Armbanduhr abgenommen. Hier sind die Sachen, ich dachte, die
wollen Sie bestimmt haben." 11 David war total fertig, und auch die Männer,
die das Ganze mit angehört hatten, waren das. 12 Sie beschlossen sofort, an
dem Tag nichts mehr zu essen, also zu fasten. Alle weinten um Saul und
um seinen Sohn Jonatan und auch um die gefallenen Soldaten, um alle
Männer Israels, die bei diesem Krieg gestorben waren. 13 David fragte den
Typen noch mal, der ihm die ganze Sache erzählt hatte: „Woher kommen
Sie noch mal? Aus was für einer Familie?" „Ich komme aus einer Ausländer-
familie, von den Amalekitern, die bei euch in Israel Asyl beantragt haben."
14 Plötzlich rastete David voll aus: „Wie konnten Sie nur so drauf sein, dass
Sie den besonderen Präsidenten, den Gott extra ausgesucht hatte, einfach
töten?" 15 Er befahl einem seiner Männer: „Los, mach ihn kalt!" Sofort wurde

der Typ abgeknallt. [16] „Ha, für Sie soll es niemanden geben, der Sie rächen könnte!", sagte David noch vorher zu ihm. „Sie haben Ihre Schuld damit eingestanden, als Sie gerade meinten, dass Sie den Präsidenten getötet haben!"

David ist voll traurig

[17] David fing an, über Saul und seinen Sohn Jonatan eine Rede für die Beerdigung zu schreiben. [18] Er schrieb einen Text, der auch in dem „Buch der Korrekten" steht. Die Überschrift war: „Bringt den Soldaten von Juda bei, wie man anständig schießen kann":
[19] „Tot, erschossen, liegen deine Soldaten, deine besten Leute, Israel, wurden erschlagen.
[20] Niemand soll erzählen von diesen Taten,
nicht in Gat und Aschkelon, darf man es sagen. Sonst freuen sich nur die Frauen der Philister,
die Töchter dieser gottlosen, miesen Geschwister.
[21] Die Berge von Gilboa kann man in die Tonne drücken,
dort soll es nicht mehr regnen, keine Ernte mehr pflücken,
denn da liegen die Helme von unseren Männern,
Sauls Helm ist auch dabei, verdreckt von den Pennern.
[22] Das MG von Jonatan war immer sehr zielgenau,
und wenn Saul auf etwas schoss, dann starb jede Sau.
Tausende Feinde haben die beiden niedergemacht,
[23] jeder hatte Respekt vor dem Duo, sie waren das Dreamteam, Tag und Nacht.
Jetzt sind sie auch zusammen gestorben.
Sie waren schneller wie Düsenjets, hatten mehr Kraft als zehn Horden.
[24] An alle Frauen aus Israel: Seid mal ganz Ohr,
weint über Saul, er war immer euer Sponsor,
hat euch mit den geilsten Klamotten versorgt,
mit schönstem Schmuck, geschenkt, nicht geborgt.
[25] Die mutigsten Soldaten sind im Kampf gestorben,
auch Jonatans Leiche liegt auf den Bergen dort oben.
[26] Mein Bruder Jonatan, mein allerbester Freund.
Ich bin traurig, mein Herz tut weh, wir sind nicht mehr vereint.
Deine Freundschaft war wichtiger für mich als die Liebe zu einer Frau.
[27] Die besten Soldaten sind tot, der Krieg ist gemein, er ist rauh."

2

David wird der Präsident von Juda

1 David redete mit Gott: „Sag mal, soll ich jetzt in eine der Städte vom
Familienstamm Juda umziehen, oder nicht?" Gott sagte ihm: „Ja, mach
mal!" – „Wohin genau soll ich denn gehen?", fragte David. „Nach Hebron",
meinte Gott. 2 Also zog David nach Hebron. Ahinoam und Abigajil, seine
beiden Frauen, nahm er mit. 3 Auch alle Männer von seiner Truppe gingen
mit David. Die zogen dann mit ihren Familien in die Vororte von Hebron.
4 Irgendwann kamen die Männer aus dem Familienstamm Juda alle zusam-
men zum David, um ihn zum Präsidenten zu ernennen. David hörte davon,
dass die Männer aus Jabesch Saul beerdigt hatten. 5 Darum schickte er einen
Brief an sie, wo Folgendes drinstand: „Sehr geehrte Herren von Jabesch,
Gott soll Sie richtig groß beschenken als Belohnung für das, was Sie da
getan haben. Sie haben Saul, Ihrem Präsidenten, die letzte Ehre erwiesen
und ihm ein anständiges Begräbnis spendiert. 6 Gott soll Ihnen immer zei-
gen, wie sehr er Sie liebt! Ich werde das auch tun, weil Sie das gebracht
haben. 7 Ich wünsche Ihnen, dass Sie immer mutig sind und Sie nichts so
schnell runterziehen kann. Saul, Ihr Chef und Präsident, ist jetzt tot. Inzwi-
schen bin ich beim Familienstamm Juda zum neuen Präsidenten erklärt
worden." 8 Abner, der General von der Armee vom Saul, hatte sich mit Isch-
Boschet nach Mahanajim zurückgezogen. Isch-Boschet war ein Sohn von
Saul. 9 Von dort aus erklärte er ihn eigenmächtig zum Präsidenten über die
anderen elf Familienstämme von Israel. Das Gebiet, in dem er das Sagen
haben sollte, ging von der Landschaft Gilead über Ascher, Jesreel und Efraim
bis nach Benjamin. 10 Isch-Boschet war 40 Jahre alt, als er der Präsident
über Israel wurde. Zwei Jahre lang regierte er dort. Aber der Familienstamm
Juda stand hinter David als neuem Präsidenten. 11 Insgesamt siebeneinhalb
Jahre regierte David von Hebron aus über Juda.

Auch das noch: Ein Kampf zwischen Israel und Juda

12 Irgendwann zog Abner (ein Sohn vom Ner) mit der Armee vom Isch-
Boschet von Mahanajim nach Gibeon. 13 Joab (ein Sohn von Zeruja) kam
mit der Armee vom Präsidenten David auch dorthin. Es gab ein Treffen beim
See von Gibeon zwischen den beiden Truppen. Die Soldaten von Davids
Mannschaft bauten ihre Zelte auf der einen Seite vom See auf, die Soldaten
von Isch-Boschet auf der anderen. 14 Abner hatte dann eine Idee. Er sagte
zu Joab: „Was halten Sie davon, wenn die Jugendlichen aus unseren Truppen
ein Fußballspiel gegeneinander machen?" – „Ja, guter Plan!", antwortete
Joab. 15 Elf junge Männer aus dem Familienstamm Benjamin bildeten ein
Team, was für Isch-Boschet spielte. Und elf Leute aus der Truppe vom David

bildeten die andere Mannschaft. [16] Die Teams foulten aber derart, mit Blutgrätsche und so, dass das Ganze in einer riesengroßen Schlägerei endete. Später hat man dem Fußballplatz dann den Namen Helkat-Hazzodim gegeben, was so viel bedeutet wie „Platz, wo sich zwei Mannschaften gejagt haben". [17] Nach Spielabbruch gingen die beiden Fankurven aufeinander los. Beide Truppen fingen einen harten Kampf gegeneinander an. Am Ende gewannen die Leute von David über die Truppe von Israel, die unter Abner stand. [18] Alle drei Söhne von der Zeruja waren voll dabei: Joab, Abischai und Asael. Asael, der olympiareif die hundert Meter laufen konnte, [19] jagte wie verrückt hinter Abner her, nichts konnte ihn von seinem Ziel ablenken. [20] Abner drehte sich im Laufen um und rief ihm zu: „Bist du dieser Asael?" – „Ja, der bin ich", antwortete der. [21] „Such dir jemand anderen! Du kannst zum Beispiel den Jugendlichen da drüben die Waffen klauen!" Aber Asael hatte da keinen Bock drauf, er war heiß drauf, den berühmten Abner in die Finger zu kriegen. [22] Abner warnte ihn aber noch mal: „Hey, hör auf damit! Sonst muss ich dich töten, und wenn ich dich töte, ist dein Bruder Joab super sauer auf mich!" [23] Aber Asael stoppte seine Verfolgungsjagd einfach nicht und rannte ihm weiter hinterher. Abner drehte sich um, zog seine Pumpgun aus dem Schaft und schoss Asael in den Bauch, wobei die Kugeln auf der anderen Seite wieder rauskamen. Asael stürzte zu Boden und war sofort tot. Viele Schaulustige kamen und blieben eine Zeit an der Stelle stehen, wo Asael gestorben war. [24] Joab und Abischai jagten dann Abner weiter hinterher. Als es dunkel wurde, kamen sie beim Hügel Amma vorbei, der östlich von Giach liegt, am Weg in der Steppe von Gibeon. [25] Die Truppe von Benjamin unterstützte den Abner. Sie bildeten mit ihren Männern einen dicht geschlossen Kreis um ihn herum, dort oben auf dem Hügel. [26] Abner rief zu Joab: „Soll denn das Töten nie aufhören? Sie wissen doch, wie solche Sachen immer zu Ende gehen! Jetzt sagen Sie endlich Ihren Leuten, dass sie aufhören sollen, ihre eigenen Brüder zu verfolgen!" [27] „Hey, ich schwöre Ihnen: Wenn Sie das schon heute Morgen gesagt hätten, dann hätte keiner meiner Männer euch bekämpft." [28] Joab ließ einen Funkspruch los und blies die ganze Verfolgungsjagd ab. Alle Kämpfe gegen die Soldaten von Israel wurden augenblicklich eingestellt. [29] Abner wanderte mit seinen Leuten die ganze Nacht durch. Dabei durchkreuzten sie auch die Gegend, wo der Jordanfluss ist. Dann überquerten sie den Fluss und gingen über die Schlucht des Jabboks zurück nach Mahanajim. [30] Joab kehrte von der Verfolgungsjagd um und sammelte alle seine Männer ein. Beim Durchzählen fiel auf, dass außer Asael noch 19 Mann von Davids Leuten fehlten. [31] Die Soldaten von Davids Truppe hatten insgesamt 360 Männer aus dem Familienstamm Benjamin und von den Männern von Abner getötet. [32] Die Leiche von Asael wurde abtransportiert und in Bethlehem in der Grabstätte von seiner Familie

beerdigt. Als das erledigt war, marschierten die Soldaten von Joab mit ihm
zusammen die ganze Nacht durch, bis sie beim Sonnenaufgang in Hebron
ankamen.

3

Eine Liste von den Ehefrauen und den Söhnen von David

1 Der Krieg zwischen Isch-Boschet, dem Sohn vom Saul, und David ging sehr
lange. Davids Truppen wurden aber immer stärker, während die Truppen von
der Familie vom Ex-Präsidenten Saul immer schwächer wurden. Auch ihre
Macht und ihre Connections im Land nahmen weiter ab. 2 In Hebron bekam
David mit seinen Frauen nacheinander folgende Söhne: Als ältester Sohn
kam der Amnon zur Welt, seine Mutter war die Ahinoam aus Jesreel. 3 Als
zweiter Sohn kam der Kilab, seine Mutter war die Abigajil, die Witwe Nabals,
der aus Karmel stammte. Als dritter Sohn kam der Abschalom, seine Mutter
war Maacha, die Tochter des Präsidenten Talmai, der in Geschur wohnte.
4 Als vierter Sohn kam der Adonija, seine Mutter war die Haggit. Als fünfter
Sohn kam der Schefatja zur Welt. Seine Mutter war die Abital. 5 Als sechster
Sohn kam der Jitream. Seine Mutter war Davids Frau Egla. Diese Söhne
bekam David durch seine Frauen, als er in Hebron wohnte.

Zoff zwischen Isch-Boschet und dem General Abner

6 Zwischen Isch-Boschet und David gab es ständig Krieg. Der General Abner
unterstützte dabei Isch-Boschet. 7 Saul hatte eine Frau gehabt, die Rizpa
hieß. Rizpa war eine Tochter von Aja. Irgendwann ging Isch-Boschet zu
Abner und sagte zu ihm: „Ich hab gehört, Sie haben mit der Frau von mei-
nem Vater gepennt! Warum haben Sie das gemacht?“ 8 Abner kam voll
aggromäßig drauf und schrie den Typen zusammen. „Bin ich ein Verräter
oder was? Glauben Sie in echt, ich würde mich auf die Seite von Juda schla-
gen? Ich reiß mir für die ganze Familie von Saul den Arsch auf, inklusive
aller seiner Freunde! Mir haben Sie es zu verdanken, dass David Sie bis jetzt
noch nicht in die Finger gekriegt hat. Und Sie machen jetzt hier so einen
Alarm wegen so einem Schwachsinn? 9 Hey, Gott soll mich bestrafen, wenn
das nicht stimmt, was ich jetzt sage: Ich werde dafür sorgen, dass genau
das passiert, was Gott David ganz fest versprochen hat! 10 Ich werde dafür
sorgen, dass der Familie vom Saul die Präsidentschaft genommen wird! Und
ich werde dafür kämpfen, dass David der neue Präsident von ganz Israel
wird! Über das ganze Gebiet von Dan bis nach Beerscheba soll er das Sagen
haben!“ 11 Isch-Boschet hatte so einen Respekt vor Abner, dass er kein Wort
rausbekam.

Abner nimmt Kontakt mit David auf

12 Abner schrieb dann eine Mail an David: „Hallo, David! Was denken Sie,
wer hat jetzt eher ein Recht darauf, dieses Land zu regieren? Ich mach Ihnen
einen Vorschlag: Wir schließen einen Vertrag miteinander. Wenn das für
Sie okay ist, werde ich alles tun, was ich kann, damit die ganze Macht über
Israel an Sie geht!" 13 David antwortete: „Okay! Ich werde mit Ihnen einen
Vertrag machen. Aber nur unter einer Bedingung: Kommen Sie mir nicht
unter die Augen, bevor Sie mir nicht meine Frau Michal gebracht haben, die
Tochter von Saul! 14 Rücken Sie sofort meine Frau Michal raus! Ich hab Ihrem
Vater dafür schließlich, wie es abgemacht war, alle einhundert Philister-Vor-
häute geliefert!" Gleichzeitig schickte er jemanden zu Isch-Boschet, der sie
gleich abholen sollte. 15 Isch-Boschet ließ Michal sofort von ihrem Mann
Paltiel wegholen. Paltiel war ein Sohn von Lajisch. 16 Ihr Ehemann fand das
nicht so toll, er heulte erst mal voll los. Dann verfolgte er den Trupp bis nach
Bahurim und weinte die ganze Zeit. Als Abner ihn zur Sau gemacht hatte,
kehrte er aber um. „Verpissen Sie sich, gehen Sie nach Hause!", hatte Abner
ihn angeschnauzt. 17 Abner hatte vorher schon ein Treffen mit den Chefs der
Familienstämme von Israel organisiert. Dort sagte er zu denen: „Ihr wolltet
doch schon seit einiger Zeit, dass David unser neuer Präsident wird, oder?
18 Dann kommt jetzt auch in die Puschen! Gott hat nämlich höchstpersön-
lich mit David gesprochen. Er meinte zu ihm: ‚Durch meinen David, der tut,
was ich sage, werde ich Israel aus der Kontrolle der Philister rausholen.
Ich werde sie vom Terror ihrer Feinde befreien.'" 19 Dann redete Abner auch
noch mit den Chefs vom Familienstamm Benjamin. Anschließend ging er
nach Hebron, um David die gute Nachricht zu bringen: „Alle Leute von
Israel, inklusive des ganzen Familienstamms Benjamin, wollen dich als
neuen Präsidenten haben!" 20 Als Abner mit zwanzig Soldaten in Begleitung
in Hebron ankam, startete David erst mal eine fette Party für alle Mann.
21 Am nächsten Morgen sagte Abner zu David: „Ich hau jetzt ab! Passen Sie
auf, ich werde dafür sorgen, dass alle Familienstämme von Israel Sie als
Ihren neuen Präsidenten haben wollen. Alle werden mit Ihnen Verträge
machen. Dann werden Sie der neue Präsident, so wie Sie es immer wollten.
Sie sind mein Chef!" David brachte Abner noch zur Tür und verabschiedete
sich von ihm. Die Beziehung der beiden war wieder voll locker.

Joab will Rache

22 Einige Zeit später war Joab wieder im Land. Er kam mit den Soldaten
von David von einem Streifzug nach Hause. Sie hatten viele coole Sachen
im Krieg abgezockt, die Koffer waren voll. Abner war gerade nicht mehr
bei David in Hebron. Er hatte sich, wie gesagt, bereits verabschiedet, alles
war zwischen den beiden okay. 23 Als Joab jetzt mit seiner Truppe dort ankam,

erzählte man ihm die Story: „Abner, der Sohn von Ner, war beim Präsidenten.
Zwischen denen scheint alles in Ordnung zu sein, David hat ihn einfach so
gehen lassen.“ [24] Joab ging sofort zu David ins Büro, nachdem er das gehört
hatte: „Was sollte das? Was hast du gemacht?“, schnauzte er ihn an. „Abner
war bei dir, und du hast ihn einfach wieder laufen lassen? [25] Du weißt doch,
wie der drauf ist! Der will dich nur abziehen! Abner wollte bestimmt nur raus-
kriegen, was du vorhast!“ [26] Joab knallte die Tür hinter sich zu und ging
wütend nach Hause. Dann befahl er einem Spezialtrupp, Abner zu verfolgen
und ihn festzunehmen. Die Männer schnappten Abner, als er in einer Kneipe
in Sira ein Bier trank. Von der ganzen Aktion wusste David aber nichts. [27] Sie
nahmen ihn fest und führten ihn ab ins Gefängnis nach Hebron. Dort
besuchte ihn Joab. Er hatte die Entlassungspapiere dabei, führte ihn aus dem
Knast raus, um ihm eine Straße weiter eine Knarre an den Kopf zu halten.
Dort erschoss Joab den Abner. Er wollte sich einfach an ihm rächen, denn
Abner hatte seinen Bruder Asael auf dem Gewissen.

David sagt: Was Joab gemacht hat, war höchst ungeil

[28] David hörte wenig später von der Geschichte. Er sagte sofort in einer Pres-
seerklärung: „Ich distanziere mich hiermit öffentlich von dem Mord an
Abner. Ich hab damit nichts zu tun! Das hat auch nichts damit zu tun, dass
ich der neue Präsident bin! [29] Der Einzige, der dafür geradestehen muss, ist
Joab. Er und seine Familie sind dafür verantwortlich. Ich will, dass es in
seiner Familie ab sofort immer fiese Krankheiten geben soll. Die müssen an
Aids oder ‚Aussatz‘, dieser ansteckenden Hautkrankheit, sterben. Sie werden
überall Eiterpickel bekommen, behindert sein, bei einem Autounfall sterben,
oder sie werden einfach ermordet oder verhungern!“ [30] Noch mal zur Erin-
nerung: Joab und Abischai wollten Abner ans Leder, weil der ihren Bruder
Asael im Krieg bei Gibeon getötet hatte. [31] Als das alles passiert war, sagte
David zu Joab und zu allen anderen Leuten, die gerade da waren: „Zieht
schwarze Sachen an, tragt Trauerkleidung, schminkt euch mit weißem Puder.
Ich möchte, dass ihr einen Trauerzug vor dem Sarg vom Abner macht.“ Der
Präsident selbst ging hinter dem Sarg her. [32] So wurde die Beerdigung von
Abner in Hebron durchgezogen. Der Präsident David weinte voll laut am
Grab, und die anderen weinten auch alle. [33] David hatte extra für das Begräb-
nis einen Emo-Song für Abner geschrieben. Der Text ging so:
„Abner, warum musstest du wie eine Null verrecken?
Obwohl weder deine Hände noch deine Füße in Ketten steckt’n.
Warum nur war dein Ende so beschissen?
Abner, von einem fiesen Typen aus’m Leben gerissen.“
Als die Leute diesen Song hörten, heulten sie noch mehr, als sie es sowieso
schon taten. [35] David wurde nach der Beerdigung zum Leichenschmaus in

die Halle eingeladen. Aber er hatte da keinen Bock drauf, solange es noch
hell war. Er sagte: „Leute, ich schwör euch: Ich werde keinen Bissen anrüh-
ren, solange es noch nicht richtig dunkel ist!“ 36 Ganz viele Leute bekamen
das mit. Alle hatten deswegen echt Respekt vor David. Überhaupt, alles, was
David anpackte, fanden die Leute sehr geil. 37 Jeder, der bei der Feier dabei
war, konnte ganz klar mitkriegen, dass der Präsident David mit dem Mord
an Abner nichts zu tun hatte. Überall in Israel machte das die Runde. 38 Zu
seinen Angestellten in der Präsidentenvilla sagte David: „Ihnen ist hoffent-
lich allen klar, dass heute ein total wichtiger und mächtiger Typ aus Israel
gestorben ist, ja? 39 Ich bin jetzt zwar zum neuen Präsidenten gemacht wor-
den, trotzdem konnte ich das nicht verhindern. Ich kann gegen diese Gang
von den Zerujas nichts unternehmen, das pack ich einfach nicht. Gott muss
das übernehmen, er muss die Leute bestrafen, die das getan haben. Er soll
es in der Form tun, wie sie es auch verdienen.“

4

Der Mord an Isch-Boschet

1 Als Isch-Boschet, der Sohn von Saul, davon hörte, dass Abner in Hebron
ermordet worden war, war er, wie alle in Israel, echt fertig. 2 Isch-Boschet
hatte zwei Generäle in seiner Truppe, die Brüder waren, Baana und Rechab.
Sie kamen aus der Familie von Rimmon, der aus Beerot stammte. Beide
gehörten zum Familienstamm Benjamin. Die Stadt Beerot lag auch in dem
Gebiet, wo dieser Familienstamm lebte. 3 Die ehemaligen Bewohner von
Beerot waren nach Gittajim geflohen und wohnten dort als Ausländer. 4 Übri-
gens lebte in der Zeit noch ein Enkel von Saul. Und zwar war das ein Sohn
von Jonatan, der Merib-Baal hieß. Dieser Junge war allerdings körperbehin-
dert, er konnte beide Beine nicht bewegen. Als er fünf war, waren sein Vater
und auch sein Opa gestorben. Als die Nachricht reinkam, dass Saul und
Jonatan gestorben waren, hatte ihn seine Pflegemutter schnell eingepackt
und war mit ihm abgehauen. Auf der Flucht ist sie irgendwie gestolpert, und
dabei fiel das Kind voll auf die Straße. Seitdem war der Junge behindert.
5 Rechab und Baana gingen zum Haus von Isch-Boschet. Als sie da waren,
knallte die Sonne gerade volle Kanne vom Himmel, es war sehr heiß. Isch-
Boschet hatte sich in der Mittagszeit aufs Ohr gehauen. 6 Auch die Haus-
haltshilfe, die an der Tür saß und Kartoffeln schälte, war glatt in der Sonne
eingepennt. Ohne dass jemand was mitkriegte, konnten sich die beiden
so in das Haus schleichen. 7 Sie kamen in das Schlafzimmer, in dem Isch-
Boschet auf seinem Bett lag und schnarchte. Dort erstachen sie ihn, schnit-
ten anschließend mit dem Messer seinen Kopf ab und packten den in eine
Plastiktüte. Mit dem Teil gingen sie nachts zu Fuß durch die Ebene vom Jor-
danfluss, 8 bis sie morgens in Hebron waren. Dort legten sie die Tüte dem

Präsidenten David auf den Schreibtisch. „Hier ist der Kopf von Isch-Boschet! Heute hat Gott dafür gesorgt, dass sich unser Präsident an Saul und seiner Familie rächen konnte!“
9 David antwortete den Männer aber nicht so, wie sie wohl gehofft hatten. „Auf sicher, und das schwör ich hier bei Gott, der mich schon aus vielen gefährlichen Situationen rausgeholt hat: Sie beide liegen hier völlig neben der Spur!
10 Der Typ, der mir die Nachricht gebracht hat, dass Saul tot ist, dachte auch, ich würde jetzt erst mal ne Party feiern. Ich hab ihn aber festnehmen lassen, und er wurde auf meinen Befehl hin erschossen. Das war die Bestrafung für seine ätzende Einstellung.
11 Umso mehr werde ich kurzen Prozess mit solchen Mördern machen, die einen Mann in seinem Haus eiskalt töten, der gerade am Pennen ist! Ich verurteile Sie hiermit für diesen Mord zur Todesstrafe! Sie dürfen nicht länger am Leben bleiben!“
12 David gab ein paar seiner Soldaten den Befehl, und die erschossen Rechab und Baana sofort. Ihre Hände und Füße wurden abgesägt. Die Leichen hängte man öffentlich an einem Pfeiler am Teich von Hebron auf. Der Kopf von Isch-Boschet wurde dann am Grab von Abner in Hebron beerdigt.

5

David wird der neue Präsident von ganz Israel

1 Irgendwann kam von jedem Familienstamm aus Israel ein Vertreter in Davids Büro nach Hebron. Sie meinten zu ihm: „David! Sie sind doch einer von uns, das gleiche Blut fließt in unseren Adern.
2 Damals, als Saul noch unser Präsident war, waren Sie ein erfolgreicher General in der Truppe von Israel. Schon in der Zeit hat doch Gott zu Ihnen gesagt: „Du bist der Typ, der in Zukunft in Israel das Sagen haben wird. Du sollst über die ganze Kiste bestimmen!“ Warum werden Sie nicht unser neuer Präsident?“
3 Das war die Anfrage der Familienchefs von Israel, mit der sie in Hebron beim David angekommen waren. Also schloss der neue Präsident David dort vor Gott in Hebron einen Vertrag mit ihnen. Anschließend rieben die Männer ihn mit dem besonderen Öl ein, beteten ne Runde für David und setzten ihn so für seinen Job ein.
4 David wurde mit 30 Jahren zum Präsidenten von ganz Israel gemacht. Insgesamt regierte er über 40 Jahre.
5 Siebeneinhalb Jahre davon tat er das von Hebron aus, als Präsident über Juda. 33 Jahre lang ging dann seine Regierungszeit über ganz Israel. In dieser Zeit war sein Regierungssitz in Jerusalem.

David gewinnt im Krieg gegen die Jebusiter und nimmt die Stadt Jerusalem ein

6 Als neuer Präsident von Israel zog David mit seiner Armee nach Jerusalem und erklärte den Jebusitern den Krieg. Die lebten nämlich zu der Zeit in der Gegend. Die Jebusiter lachten ihn aber aus: „Ha, hier wirst du nie reinkom-

men! Wir haben viel zu hohe Mauern und eine zu gute Abwehr. Jeder Idiot könnte die Stadt super verteidigen". Sie waren sich total sicher, dass David die Stadt nie einnehmen würde. [7] Aber David gewann den Krieg und eroberte Jerusalem, das man auch „Die Stadt Zion" nannte. Ab jetzt wohnte David auch dort. [8] An dem Tag soll David gesagt haben: „Wer die Jebusiter schlagen will, muss durch die Kanalisation! So kann man diese Idioten kaputt machen, die ich überhaupt nicht leiden kann." Daher kommt auch dieser Spruch: „Idioten kommen mir nicht ins Haus!" [9] David zog dann in die Stadt ein und wohnte da. Er gab der Stadt den Namen „Davidsstadt". Als Nächstes ließ er noch eine Sicherheitszone um die Stadt errichten. [10] David wurde immer mächtiger. Gott, der Chef vom ganzen Universum, spielte einfach in seiner Mannschaft. [11] Irgendwann schickte einmal Hiram, der Präsident von Tyrus, eine Lkw-Ladung Fichtenholz zu ihm. Damit sollte er seinen Präsidentenpalast ausbauen. Dabei waren auch noch ein paar Architekten und Bauarbeiter, die das Ganze ausführen sollten. [12] Für David war das voll ein Zeichen, dass Gott höchstpersönlich ihn zum Präsidenten über Israel gemacht hatte. Gott hatte auch für stabile Machtverhältnisse gesorgt, und das machte er alles, weil er seine Leute so sehr liebte.

Eine Liste von den Söhnen vom David

[13] Nachdem David von Hebron nach Jerusalem umgezogen war, heiratete er noch einige andere Frauen und Nebenfrauen. Das war damals so üblich. Er bekam auch einige Kinder von denen. [14] Seine Söhne, die in Jerusalem geboren worden waren, hießen: Schammua, Schobab, Natan, Salomo, [15] Jibhar, Elischua, Nefeg, Jafia, [16] Elischama, Eljada und Elifelet.

Die Philister greifen an, aber David schlägt zurück

[17] Als die Philister in den Nachrichten hörten, dass David zum neuen Präsidenten von Israel gemacht worden war, rückten sie mit ihrer ganzen Armee an, um David zu entführen. Er konnte aber rechtzeitig in einen Schutzbunker fliehen und war dort erst mal in Sicherheit. [18] Die Philister besetzten mit ihrer Armee die Ebene Refaim. [19] David redete mit Gott über die Sache: „Was meinst du? Soll ich angreifen? Wirst du dafür sorgen, dass wir diesen Krieg gewinnen?" Und Gott sagte zu ihm: „Ja, klaro, greif sie an! Ich werde garantiert dafür sorgen, dass ihr gegen die gewinnt!" [20] Also zog David mit seinem Heer gegen die Armee der Philister. Die Schlacht fand bei Baal-Perazim statt. Es wurde ein Sieg auf ganzer Linie. David sagte damals: „So wie eine Flutwelle einen Damm durchbricht, hat Gott die Reihen der Soldaten meiner Feinde einfach durchbrochen." Darum gab man später diesem Ort auch den Namen „Baal-Perazim", was so viel wie „Gott bricht durch" bedeutet. [21] Die Philister mussten so schnell aus ihren Häusern raus, dass sie sogar ihre

ganzen Plastikgötter dort vergaßen. David und seine Männer packten die einfach ein und nahmen sie mit.

Weitere Kriege gegen die Philister

22 Nach einiger Zeit zogen die Philister aber wieder los, um gegen Israel Krieg zu führen. Sie schafften es auch, die Ebene Refaim zu besetzen. 23 Wieder fragte David bei Gott an, was er machen sollte. Diesmal sagte Gott aber: „Greif nicht von vorne an. Umgehe ihre Stellungen und falle ihnen in den Rücken, dort, wo die ganzen Bäume stehen. 24 Wenn du so Raschelschritte hörst, als wenn jemand oben auf den Bäumen spaziert, dann legst du los. Das ist nämlich ein Zeichen von mir, dass ich vor dir her gehe. Dann werde ich vor dir in die Schlacht ziehen, damit wir die Philister plattmachen."
25 David machte alles genau so, wie Gott es gesagt hatte. Und er besiegte die Philister und trieb deren Armee von Geba bis nach Geser zurück.

6

David holt die besondere Kiste mit den Gesetzen

1 Jetzt stellte David eine Sondereinheit mit lauter jungen Elitesoldaten aus Israel zusammen. Es waren ungefähr 30 000 Mann. 2 Mit denen zog er nach Baala, in das Gebiet vom Familienstamm Juda. Sein Ziel war es, die besondere Kiste mit den Gesetzen von Gott nach Jerusalem zu holen. Diese Kiste war wirklich was ganz Besonderes, denn Gott selber war ja immer ganz krass über den beiden Engelsfiguren am Start, die oben auf dem Deckel angeschraubt waren. 3–4 Dafür wurde extra ein nagelneuer Hänger vorgefahren und die Kiste auf der Ladefläche verstaut. So wurde sie vom Haus Abinadabs, das auf einem kleinen Berg stand, wegtransportiert. Am Steuer saß Usa, während Achjo langsam vor dem Wagen herging. Beides waren übrigens Söhne von Abinadab. 5 David und viele andere Männer hatten ihre Gitarren und Trommeln dabei. Andere waren mit Tröten und Rasseln dazugekommen. 6 Als sie am Nachonsplatz waren, verwechselte Usa einmal aus Versehen, das Kupplungspedal mit der Bremse. Wegen dem starken Ruck hatte Usa danach Schiss, die Kiste würde von der Ladefläche runterrutschen. Deshalb stieg er aus, um die Gurte neu festzuziehen. Dabei berührte er auch die Kiste. 7 Gott wurde deswegen supersauer und tötete ihn. Usa hatte einfach nicht sein Gehirn eingeschaltet und völlig vergessen, dass man Respekt vor der besonderen Kiste mit den Gesetzen haben muss. Darum starb Usa gleich an der Stelle, direkt neben der Kiste. 8 Jetzt kriegte David voll die Paras, weil Gott Usa dort einfach so getötet hatte. Darum nannte man den Platz später auch „Perez-Usa", was so viel bedeut wie „Usa ist weg". So hieß der Platz dann auch ziemlich lange. 9 David bekam wegen der Sache echt Angst vor Gott. „War doch ne dumme Idee, die Kiste zu mir zu

holen“, sagte er sich. 10 Also änderte er seinen Pläne und brachte die Kiste in
das Haus von Obed-Edom, anstatt zu sich in die Davidsstadt. Obed-Edom
kam aus dem Gat-Clan. 11 Dort blieb sie erst mal drei Monate. In der Zeit, wo
sie dort stand, ging es Obed-Edom und seiner Familie voll gut, Gott segnete
sie. 12 Als David über ein paar Ecken davon hörte, dass es Obed-Edom
gerade richtig gut ging und Gott ihn kohletechnisch und auch sonst so echt
segnete, wollte er die Kiste doch wieder bei sich haben. Er organisierte ein
Auto und sorgte für eine feierliche Überführung vom Haus Obed-Edoms in
die Davidsstadt. 13 Nachdem der Wagen die ersten sechs Meter gerollt war,
wollte David, dass der Zug erst mal stoppte. Dann zog er eine kleine Opfer-
session durch und verbrannte eine Kuh und ein Kalb. Erst danach ging es
weiter. 14 David war völlig breit, weil er sich so sehr über Gott freute. Er pogte
vor der Kiste immer hin und her und war einfach total gut drauf. Dabei hatte
er nur einen Umhang an, den normal Priester tragen. Da drunter war er
nackig. Dadurch konnte jeder sein bestes Stück sehen. 15 Das Ganze wurde
zu einer richtigen Loveparade. David und die Männer aus Israel sangen
und tanzten die ganze Zeit, die Band spielte vom Wagen laut Musik, und so
ging der ganze Zug langsam Richtung Jerusalem.

Was David unter Respekt versteht

16 In der Zeit, wo die besondere Kiste nach Davidstadt transportiert wurde,
stand Michal, die Frau von David, oben auf dem Balkon. Michal war eine
Tochter von Saul. Sie fand es oberpeinlich, wie David als Präsident dort am
Rumhüpfen und Tanzen war. Sie hatte ab dem Zeitpunkt keinen Respekt
mehr vor ihm. 17 Die Kiste mit den Gesetzen wurde in eine Halle gebracht,
die David extra dafür gebaut hatte. Dort stellte man sie an einen speziellen
Platz. Der Präsident zog dann erst mal ein paar Dankopfer und Abfackel-
opfer für Gott durch. 18 Nachdem er gegessen hatte, betete er für das ganze
Volk, er segnete sie. Das tat er im Auftrag von Gott, dem Chef des ganzen
Universums. 19 Alle Israeliten, die dabei gewesen waren, bekamen am Ende
noch ein Fladenbrot in die Hand. Dazu gab es noch ein paar Müsliriegel für
den Heimweg. 20 Schließlich ging David auch nach Hause. Als er dort ankam
und seine Familie begrüßen wollte, kam ihm Michal schon im Flur entgegen.
„Ganz toll! Heute hat sich der Präsident aber von seiner besonders coolen
Seite gezeigt. Du warst ja so was von peinlich! Vor allen Ehefrauen von dei-
nen Männern hast du nackt rumgepogt. So was bringt ja noch nicht mal der
letzte Penner!“ 21 „Das hab ich nur getan, um Gott damit groß rauszubrin-
gen! Warum hat er ausgerechnet mich ausgesucht!? Er hat mich vorgezogen,
vor deinem Vater und auch seinen Söhnen! Gott hat mich zum obersten
Chef von allen Israeliten gemacht! Ich finde, das ist der beste Grund, den
es geben kann, um für ihn auch in Zukunft immer mal wieder rumzupogen

und zu tanzen. 22 Selbst wenn es noch peinlicher wird als heute, ist das
doch total egal! Ich will klarmachen, dass, so wie ich die Dinge sehe, ich
auch kein Stück besser bin als der letzte Penner. Dabei bin ich mir sicher,
dass die Frauen, von denen du gesprochen hast, meine Aktion verstehen
werden. Die werden Respekt davor haben." 23 Michal konnte ihr ganzes
Leben lang keine Kinder kriegen.

7

Gott verspricht David etwas

1 Eine ganze Zeitlang sorgte Gott dafür, dass David mit seinen Feinden
keine Probleme mehr hatte. Er wohnte in seinem Präsidentenpalast und
konnte sich da voll entspannen. 2 Irgendwann traf sich David mit dem Pro-
phetentypen Natan. „Also, ich wohne hier in einem fetten Palast, mit edlem
Holzfußboden und so, aber die Kiste mit den Gesetzen steht nur in einem
billigen Aldizelt. Das ist doch nicht okay, oder?" 3 Natan fand den Gedanken
richtig: „Das stimmt! Dann lassen Sie sich mal was einfallen. Gott ist dafür
und auf Ihrer Seite!" 4 In der Nacht kam bei Natan aber eine Message von
Gott rein. Er sagte zu ihm: 5 „Bitte geh mal zu meinem David und richte ihm
was von mir aus. Sag ihm Folgendes: ‚Das kommt jetzt von Gott: Sag mal,
DU willst MIR ein Haus bauen, wo ich dann wohnen soll, oder was? Hallo?
6 Ich hab mich noch nie auf ein Haus beschränken lassen, solange ich mit
euch unterwegs bin! Von der Zeit, als ich euch aus Ägypten rausgeholt und
in dieses neue Land gebracht habe, hab ich die ganzen Jahre nur in einem
Zelt bei euch gewohnt. 7 In der ganzen Zeit, in der ich mit den Israeliten
unterwegs war, hab ich mir nie auch nur eine kleine Hütte aus Fichtenholz
gewünscht, oder? Ich hab das von niemandem verlangt! Keiner, von dem
ich wollte, dass er der Chef von meinen Leuten ist, hat so eine Ansage von
mir bekommen.' 8 Außerdem hat Gott mir noch folgendes für dich gesagt:
‚Das sagt jetzt Gott zu dir, der Chef vom ganzen Universum: Ich habe dich
damals von einer Schafherde weggeholt und dich ganz nach oben gebracht.
Heute bist du der Chef von meinen Leuten, vom Volk Israel! 9 Egal, was du
gemacht hast, ich war immer bei dir und hab dir geholfen. Deine Feinde
wurden von mir plattgemacht. Ich hab dafür gesorgt, dass dein Foto auf den
Titelseiten im ganzen Land steht. Du gehörst schon jetzt zu den Top Ten der
wichtigsten Männer der Welt. 10 Ich habe meinen Leuten ein Zuhause gege-
ben, ein Stück Land, wo sie in Sicherheit sind. Hier brauchen sie keine Angst
vor irgendwelchen Heinis zu haben, die sie ausbeuten und fertigmachen
wollen, wie damals in Ägypten. 11 Seit der Zeit, in der ich diese Richtertypen
für euch an den Start gebracht hatte, ist das so. Ich habe auch dafür gesorgt,
dass du dich mal entspannen kannst, deine Feinde lassen dich jetzt in Ruhe.
David, ich sag dir heute mal was: Du wirst für mich kein Haus bauen, aber

ich werde für dich etwas machen! Ich werde dafür sorgen, dass aus deiner Familie immer wieder die Leute kommen, die in Israel das Sagen haben, deine Familie wird bleiben.
12 Wenn deine Zeit hier auf der Erde vorbei ist und du das Gras von unten siehst, werde ich dafür sorgen, dass einer aus deiner Familie nach dir zum neuen Präsidenten gemacht wird.
13 Und der wird dann tatsächlich ein Haus für mich bauen! Und ich werde dafür sorgen, dass seine Regierung auf stabilen Füßen steht und nie enden wird.
14 Wir werden eine ganz enge Beziehung haben. Ich werde sein Vater sein und er mein Sohn. Wenn er Mist baut, werde ich ihn so bestrafen, wie es ein normaler Papa auch mit seinem Sohn tun würde.
15 Aber ich werde ihn immer lieben, und das wird er auch spüren. Es wird bei dem nicht so laufen wie mit Saul, von dem ich mich entfernen musste. Ich hab ihn rausgeschmissen und dich an seiner Stelle zum Präsidenten gemacht.
16 Deine Familie wird es immer geben, David! Und dass aus deiner Familie immer wieder Präsidenten hervorgehen werden, das steht für mich fest. Dass jemand aus deiner Familie ganz oben steht und für immer das Sagen haben soll, ist beschlossene Sache.'"

David ist baff und bedankt sich bei Gott

17 Natan erzählte David also alles, was Gott ihm über sein Leben gesagt hatte.
18 David war echt baff. Er ging erst mal zu der besonderen Kiste mit den Gesetzen von Gott und kniete sich auf den Boden. Dann sagte er: „Gott, du bist so heftig! Du hast die Macht! Ich bin doch die letzte Wurst, es ist für mich kaum zu fassen, dass du meine Familie und mich so weit nach oben gebracht hast!
19 Aber das war wohl noch nicht genug für dich, oder? Gott, du heftiger Gott! Du hast mir gerade einige Sachen versprochen, die sogar noch für die Kinder der Kinder meiner Kinder gelten sollen!? Wie krass!
20 Was soll ich dir jetzt hier noch groß sagen, du weißt sowieso genau, was in mir vorgeht. Gott, du heftiger Gott!
21 Du hast Dinge versprochen und hast sie auch eingehalten. Weil du es so wolltest, hast du diese gigantischen, genialen Dinge getan. Du wolltest, dass ich merke, dass du es bist, der das tut.
22 Gott, du heftiger Gott, du bist einfach genial! Keiner kann dir das Wasser reichen. Alles, was wir bis heute von dir mitgekriegt haben, macht für uns ganz klar: Es gibt keinen anderen Gott! Du bist der Einzige, der diese Bezeichnung verdient hat.
23 Und deine Leute, das Volk Israel, haben echt eine Sonderstellung auf der Erde für dich. Keine andere Nation wurde von dir aus solchen Knebelverträgen befreit, keine wurde zu deinem persönlichen Eigentum erklärt, kein Volk wurde durch dich so berühmt, und für kein anderes Volk hast du so heftige Dinge getan, die anderen echt Angst machen würden. Du hast uns aus Ägypten rausgeholt! Du hast die anderen Völker und dazu gleich ihre ganzen Plastikgötter aus ihrem Land rausgeschmissen,

damit deine Leute dort wohnen können. 24 Du hast die Israeliten für immer
zu deinen Leuten erklärt, sie gehören zu deiner Familie. Und du wurdest
ihr Gott! 25 Bitte, Gott, mach doch, dass deine Versprechen, die du mir gege-
ben hast, für immer gültig sind! Sie sollen für immer und für meine ganze
Familie stimmen! 26 Dann wird man auch immer gut von dir reden. Die Men-
schen werden sagen: ‚Gott ist der Gott von Israel! Der Chef vom Universum
ist ihr Gott‘. Und dann wird es auch immer einen Präsidenten aus meiner
Familie geben, aus der Familie vom David. 27 Gott, du bist der Chef vom Uni-
versum, und du bist der Chef von Israel! Ich hab mich jetzt mal echt getraut,
so mit dir zu reden, weil du auch mal direkt zu mir gesprochen hast. Du
hast zu mir persönlich gesagt: ‚Ich will für dich ein Haus bauen.‘ 28 Also
Gott, du heftiger Gott, du bist der einzig echte Gott überhaupt! Auf dich
kann man sich immer hundertpro verlassen. Du hast mir diese vielen guten
Sachen einfach versprochen. 29 Darum trau ich mich, dich zu fragen, ob
du für immer mit meiner Familie sein kannst. Ich bitte dich, dass meine
Regierungszeit auf die Art nie aufhören wird. Es sollen immer wieder aus
meiner Familie die Präsidenten kommen, die das Sagen haben werden. Gott,
du bist ein heftiger Gott. Du hast das versprochen, und wenn du für mich
bist und mich beschenkst, dann wird es meiner Familie immer gutgehen,
sie werden von dir alles bekommen.“

8

David räumt in der Nachbarschaft auf

1 Etwas später startete David wieder einen Angriff gegen die Philister. Dies-
mal besiegte er sie aber richtig derbe. Ab dann hatten die Philister in dem
Gebiet von Israel nie mehr was zu sagen. 2 Als Nächstes gewann er den
Krieg gegen die Moabiter. Die Gefangenen sollten sich nach der Schlacht alle
auf die Erde legen. Jeder junge Mann, der über 1,50 groß war, musste ster-
ben. David sorgt dafür, dass die Moabiter alles tun mussten, was er wollte.
Er zwang sie auch dazu, regelmäßig Steuern an ihn abzudrücken. 3 Jetzt
besiegte David auch noch die Armee vom Präsidenten von Zoba, der Hadad-
Eser hieß. Hadad war ein Sohn von Rehob. Er war zu der Zeit gerade selbst
auf Kriegstour, um sich seine Macht im Gebiet vom oberen Eufratfluss wie-
der zurückzuholen. 4 David nahm von dessen Heer 1700 Panzerwagenfahrer
und 20 000 Fußsoldaten gefangen. Von den Panzern zerstörte er überall
die Ketten an den Rädern, damit sie nicht mehr richtig fahren konnten. Nur
hundert einsatzfähige Panzer blieben zurück. 5 Der Präsident Hader-Eser rief
bei den Syrern in Damaskus an, um sie um Hilfe zu bitten. Aber auch deren
Armee wurde von David plattgemacht. 22 000 Soldaten starben in dieser
Schlacht. 6 In den Städten wurden Besatzungstruppen von David stationiert,
die hier dafür sorgten, dass alle regelmäßig ihre Steuern bezahlten. Gott war

einfach die ganze Zeit voll auf Davids Seite. Alles, was er anfing, wurde ein voller Erfolg. 7 Er ließ auch die ganzen goldenen Medaillen und Orden mitgehen, die die hohen Offiziere von Hadad-Eser immer getragen hatten. Die Teile wurden auf seinen Befehl nach Jerusalem verfrachtet. 8 In den Städten Tebach und Berotai, die auch zu dem Gebiet gehörten, was Hadad-Eser unterstand, gab es auch noch große Bodenschätze zu holen. 9 Der Präsident von Hamat, der Toi hieß, hörte von dem großen Sieg, den David gegen die Armee von Hadad-Eser eingefahren hatte. 10 Darum schickte er seinen Sohn Hadoram zu David. Der hatte eine Nachricht in der Tasche, in der Toi einfach mal „Hallo" sagen und ihm zu seinem großen Sieg gratulieren wollte. Hadoram hatte auch noch ein paar wertvolle Geschenke dabei, um sich bei David einzuschleimen: Goldketten, ein paar Brillanten und anderen Schmuck. 11 David nahm die Geschenke an und legte sie alle zu der besonderen Kiste mit den Gesetzen von Gott. Das machte er mit allen Geschenken so, auch mit den Sachen, die von anderen Völkern reinkamen, die er besiegt hatte. 12 Zum Beispiel von den Edomitern, den Moabitern und Ammonitern, den Philistern und Amalekitern und eben auch von Hadad-Eser. 13 Als David dann sogar noch die Edomiter im Salztal besiegte, erählte man sich überall davon. Bald kannte jeder seinen Namen, und alle hatten Respekt vor ihm. Alleine in der Schlacht im Salztal starben 18 000 Männer. 14 In ganz Edom setzte David Verwalter ein, alle Bewohner mussten ihm Steuern bezahlen und tun, was er sagte. Gott war eindeutig auf der Seite von David. Alles, was er anpackte, wurde ein voller Erfolg.

Die Minister in Davids Regierungmannschaft

15 Als Präsident von ganz Israel war David immer korrekt. Er sorgte dafür, dass die Gesetze durchgezogen wurden und alles gerecht vor sich ging. 16 Joab wurde von ihm zum obersten General der Armee eingesetzt (der stammte übrigens aus der Familie vom Zeruja). Als Außenminister wurde Joschafat ernannt, der war ein Sohn von Ahilud. 17 Zadok, der Sohn von Ahitub, und Ahimelech, der Sohn von Abjatar, waren Priester. Und Seraja war Minister für Bildung und Soziales. 18 Benaja, der Sohn von Jojada, wurde der Chef von Davids Bodyguards. Die Söhne von David studierten alle Theologie und wurden Priester.

9

David kümmert sich um die Familie vom Saul

1 Später fragte David mal seinen Sekretär: „Gibt es eigentlich noch irgendeinen Überlebenden aus der Familie vom Saul? Ich würde ihnen gerne irgendwie helfen, wenn das möglich ist. Schon allein, weil Jonatan, ein Sohn von Saul, mein allerbester Freund war." 2 Nun gab es da so einen Manager, der

sich früher um alle wichtige Angelegenheiten von Saul gekümmert hatte.
Dieser Typ hieß Ziba. Er wurde zum Präsidenten David beordert: „Sie sind
also Ziba, ja?“, fragte ihn David. „Ja, der bin ich. Ich tue alles für Sie, Ihr
Wunsch ist mir Befehl!“, antwortete Ziba. 3 „Es geht um Folgendes: Wissen
Sie von irgendjemandem, der aus der Familie von Saul stammt und noch
lebt? Ich würde den gerne unterstützen, ihm helfen oder so. Ich denke, Gott
findet das auch gut.“ – „Ja“, antwortete Ziba. „Da gibt es noch einen Sohn
von Jonatan! Der ist an beiden Beinen gehbehindert.“ 4 „Haben Sie auch ne
Adresse?“, fragte David. „Die Adresse hab ich, der wohnt im Haus von
Machir, in der Stadt Lo-Dabar. Machir ist ein Sohn von Ammiel“, antwortete
Ziba. 5 Präsident David schickte ein paar seiner Leute nach Lo-Dabar, ließ
den Jungen abholen und zu sich bringen. 6 Der Junge hieß Merib-Baal. Als
dieser Sohn von Jonatan (also ein Enkel von Saul) dann in das Haus kam,
legte er sich vor David mit dem Gesicht nach unten auf den Fußboden. So
was war normal, wenn man jemandem zeigen wollte, dass man echt Respekt
vor ihm hat. Dann begrüßte ihn David: „Hallo, mein Junge! Du bist also
Merib-Baal?“ – „Ja, der bin ich! Ich bin bereit, alles für Sie zu tun!“, antwor-
tete Merib-Baal. 7 „Du brauchst keine Angst vor mir zu haben“, sagte David.
„Ich will dich nur beschenken, vor allem wegen deinem Vater Jonatan. Ich
werde organisieren, dass du jedes Stück Land zurückbekommst, was mal
deinem Opa Saul privat gehört hat. Und ab sofort kannst du jeden Tag kos-
tenlos bei uns Mittag essen, wenn du willst. Du hast für immer einen festen
Platz an meinem Esstisch.“ 8 Merib-Baal war total baff. Er machte eine ganz
tiefe Verbeugung und stammelte: „Äh, ich hab das echt nicht verdient, ich
komm doch aus einer viel tieferen Liga als Sie! Sie sind sozusagen aus der
Champions League, und ich komm nur aus der Kreisklasse!“ 9 Der Präsident
rief aber sofort bei Ziba an, der jahrelang für Saul gearbeitet hatte. „Ich
möchte, dass der ganze Privatbesitz von Saul und seiner Familie an Merib-
Baal überschrieben wird! Er ist schließlich ein Enkel vom altem Chef. 10 Ich
möchte auch, dass Sie, Ziba, ab sofort mit Ihrer ganzen Familie und Ihren
Angestellten für ihn arbeiten! Sie kümmern sich um seine Felder und brin-
gen die Ernte ein. Sie sorgen für einen angemessenen Lebensunterhalt!
Merib-Baal hat ab sofort einen Stammplatz an meinem Tisch!“ Ziba hatte
übrigens selbst fünfzehn Söhne und zwanzig Angestellte. 11 „Ich werde alles
erledigen, wie Sie es mir gesagt haben!“, antwortete er. Merib-Baal aß ab
dann jeden Tag mit David zusammen zu Mittag. Er hatte einen Platz am Ess-
tisch von ihm, genauso wie die Söhne vom Präsidenten. 12 Merib-Baal hatte
übrigens selbst auch einen kleinen Sohn, der Micha hieß. Die ganze Groß-
familie vom Ziba wurde ab jetzt automatisch zu seinen Angestellten. 13 Er
blieb also in Jerusalem und war jetzt ständiger Gast beim Präsidenten und

hatte es von da nicht mehr so weit. Wie gesagt, war er an beiden Beinen
behindert.

10

Der neue Präsident von den Ammonitern verarscht David

1 Irgendwann später starb Nahasch, der Präsident von den Ammonitern.
Dann wurde sein Sohn Hanun der neue Präsident. Es war damals üblich,
den Chefposten von einem Land an einen Sohn weiterzuvererben. 2 David
dachte, weil er sich mit Nahasch voll gut verstanden hatte, würde es mit sei-
nem Sohn Hanun auch keine Probleme geben. Um da gleich mal ein gutes
Zeichen zu setzen, wollte er ihm einen Grabkranz und einen Beileidsbrief
zur Beerdingung seines Vaters schicken. Dafür orderte er sogar zwei seiner
Leute, die die Sachen persönlich überbringen sollten. Als die zwei mit dem
Strauß in der Stadt ankamen, 3 sprach sich das ganz schnell rum. Einige
Männer, die dort was zu sagen hatten, trafen sich mit dem neuen Präsiden-
ten und erzählten ihm davon. „Sie glauben doch nicht im Ernst, David hat
diese Typen nur losgeschickt, um zu zeigen, dass er Respekt vor ihrem Vater
hatte! Der wollte auch bestimmt nicht deutlich machen, wie leid ihm der Tod
von Nahasch tut! Die zwei sind wahrscheinlich nur Spione mit dem Auftrag,
die Verteidigungsanlagen von unserer Hauptstadt auszukundschaften. Die
Israeliten wollen uns bestimmt bald angreifen!“ 4 Hanun hörte auf die Ratge-
ber und organisierte ein paar Schläger, die sich die Männer schnappten. Die
drehten ihnen den Arm auf den Rücken, rasierten ihnen einen Iro, schmink-
ten sie mit rotem Lippenstift und zogen ihnen Strapse an. Dann schickten
sie die beiden wieder zurück. 5 David bekam einen Anruf wegen der Sache.
Als Erstes ließ er die beiden abholen. Weil sie einfach so peinlich aussahen,
ließ er ihnen ausrichten: „Bleiben Sie erst mal für ein paar Tage in Jericho
und bringen Sie sich wieder in Ordnung. Gehen Sie zum Friseur und kaufen
Sie sich ein paar anständige Klamotten!“

Die Ammoniter und Syrer tun sich zusammen und werden von David besiegt

6 Schließlich kapierten die Ammoniter, dass sie David und seine Leute
übelst beleidigt hatten. Es war klar, dass die Sache in einem derben Krieg
enden würde, darum kauften sie sich Verstärkung aus einigen benachbarten
Völkern ein. 20 000 syrische Soldaten kamen aus Bet-Rehob und Zoba,
1000 Soldaten stellte der Präsident von Maacha zur Verfügung und
12 000 Mann waren dabei, die aus Tob kamen. 7 David erfuhr von den
Kriegsvorbereitungen und befahl daraufhin seinen erfahrensten Truppen,
die von General Joab angeführt wurden, sich bereitzumachen. 8 Die Ammo-
niter zogen ihre Truppen vor dem Tor ihrer Hauptstadt Rabba zusammen.
Die Syrer aus Zoba und Rehob und auch die Soldaten aus Tob und Maacha

hatten sich auf einem freien Feld zum Kampf aufgestellt. 9 Joab kapierte
sofort, dass man ihn mit dieser Aufstellung an zwei Fronten von vorne und
hinten angreifen wollte. Darum bildete er eine Spezialeinheit, die sich nur
gegen die Syrer stellen sollte. 10 Der Rest der israelitischen Armee musste
unter dem Befehl von seinem Bruder Abischai gegen die Ammoniter kämp-
fen. 11 „Wenn ich es gegen die Syrer nicht packen sollte, musst du mit deinen
Leuten kommen und uns helfen, klar?", sagte Joab zu Abischai. „Und wenn
die Ammoniter bei dir zu stark werden, dann machen wir es umgekehrt,
und ich komm mit meiner Truppe dir zu Hilfe! 12 Hey, das packen wir! Wir
brauchen keine Angst zu haben! Wir kämpfen für unsere Leute und für die
Städte, die Gott uns geschenkt hat! Gott wird dafür sorgen, dass das Ding
so laufen wird, wie er es gut findet!" 13 Joab startete mit seinen Soldaten
einen Angriff und schlug die Syrer in die Flucht. 14 Als die Ammoniter mitbe-
kamen, dass die Syrer vor lauter Schiss schon geflohen waren, kriegten sie
es auch mit der Angst zu tun. Sie flohen vor Abischai und seinen Männern
und verschanzten sich in ihrer Stadt. Nach diesem Sieg hatte Joab keinen
Bock mehr, gegen die Ammoniter zu kämpfen. Er sammelte seine Leute und
zog wieder zurück nach Jerusalem. 15 Die Syrer schoben jetzt voll den Hass-
film gegen die Israeliten, weil die gegen sie im Krieg einen klaren Sieg ein-
gefahren hatten. Darum zogen sie noch einmal ihre restlichen Truppen
zusammen. 16 Der Präsident Hadad-Eser forderte auch noch Truppenverstär-
kung von den Syrern an, die auf der anderen Seite vom Fluss Eufrat statio-
niert waren. Unter dem Befehl von General Schobach zog die ganze Armee
nach Helam. 17 David ließ sofort alle wehrfähigen Männer einberufen, über-
querte mit seiner Armee den Jordan und zog nach Helam. Dort kam es dann
zu einer großen Schlacht gegen die Syrer. 18 Die Soldaten von Israel schlugen
das Heer der Syrer in die Flucht. David und seine Leute zerstörten mit Pan-
zerfäusten 700 Panzer. 40 000 Fußsoldaten wurden im Kampf getötet. Der
General Schobach wurde angeschossen und starb, schwer verwundet, noch
dort auf dem Schlachtfeld. 19 Alle Präsidenten, die bis zu dem Zeitpunkt von
Hadad-Eser kontrolliert wurden, kapierten jetzt, dass sie von den Israeliten
besiegt worden waren. Sie drückten ab dann regelmäßig Steuern an sie ab.
Syrien traute sich seitdem nicht noch einmal, den Ammonitern zu helfen.

11

David baut Scheiße: die Geschichte mit Batseba

1 Zu der Zeit war es langsam normal, jedes Jahr im Frühjahr irgendwo einen Krieg zu führen. Im Frühjahr nach dieser letzten Schlacht, schickte David General Joab und seine Truppe mit der ganzen restlichen Armee von Israel wieder in den Krieg. Es wurde erneut recht erfolgreich gegen die Ammoniter gekämpft. Irgendwann belagerten sie sogar deren Hauptstadt Rabba. David

blieb aber diesmal zu Hause in Jerusalem. [2] An einem Tag, so gegen vier Uhr, war David gerade am Pool auf seiner Dachterasse oben auf seiner Präsidentenvilla. Mit seinem Fernglas schaute er sich so ein bisschen die Gegend an. Plötzlich sah er in einem Nachbarhaus durch ein Fenster eine voll sexy Braut, die gerade am Duschen war. [3] David rief sofort beim Geheimdienst an, um rauszukriegen, wer dort eigentlich wohnte. „... in der Hausnummer vier wohnt Frau Batseba. Sie ist die Tochter von Eliam und ist seit einiger Zeit mit Herrn Urija verheiratet. Herr Urija hat einen hetitischen Pass. Ihre Telefonnummer ist ..." sagte der Typ am anderen Ende. [4] Jetzt holte David einen seiner Angestellten zu sich: „Bitte gehen Sie mal zu meiner Nachbarin und klingeln da. Wenn die Ihnen dann öffnet, dann sagen Sie der, dass sie mal zu mir kommen soll!" Batseba kam dann zu David, und sie landeten noch am selben Abend im Bett. Batseba hatte da gerade die Zeit hinter sich, wo sie nach den religiösen Gesetzen keinen Sex haben durfte, weil sie ihre Tage hatte. Nach dem Sex zog sie sich an und ging wieder schnell zurück nach Hause. [5] Sie hatten aber nicht verhütet, und Batseba wurde von dem einen Mal auch gleich schwanger. „Ich hab einen Test gemacht, ich bin schwanger! Was nun?", schrieb sie David in einer SMS. [6] David hatte einen Plan. Als Oberbefehlshaber der Truppe befahl er dem General Joab, Urija von der Front holen zu lassen und zu ihm zu schicken. Joab führte den Befehl aus. [7] Als Urija zu ihm ins Büro kam, wollte David von ihm erst mal einen Bericht über die aktuellen Kampfhandlungen, den Zustand der Truppe und auch über Joab haben. [8] Dann sagte er zu Urija: „Gut, Soldat, dann gehen Sie mal nach Hause, und schlafen Sie sich erst mal aus!" Als Urija das Regierungsgebäude verließ, kam noch ein Botenjunge hinter ihm her, der ein fettes Geschenk, direkt vom Präsidenten, in der Hand hatte. [9] Urija wollte aber lieber mit den anderen Soldaten in der Kaserne pennen. [10] Als David davon Wind bekam, dass Urija nicht wie abgemacht nach Hause gegangen war, rief er bei ihm auf dem Handy an. „Sagen Sie mal, warum gehen Sie jetzt nicht nach Hause? Sie haben doch eine echt heftige Zeit hinter sich?" [11] „Sorry, aber das passte irgendwie nicht. Die Soldaten von Israel kämpfen gerade auf dem Schlachtfeld einen derben Krieg, die besondere Kiste mit den Gesetzen hat zurzeit auch nur ein Zelt, wo sie unterkommt, mein General Joab und seine Offiziere pennen mit einer Isomatte auf dem kalten Boden, aber ich soll mich jetzt in das frisch gemachte warme Bett zu Hause legen, was Leckeres essen und trinken und dann mit meiner Frau schlafen? Nee, tut mir leid, das geht einfach gar nicht!" [12] „Na gut, dann verlängere ich jetzt einfach Ihren Heimaturlaub! Bleiben Sie noch einen Tag, morgen werde ich Sie dann wieder ins Feld schicken." Also blieb Urija noch einen Tag in Jerusalem. David lud ihn für den nächsten Tag zum Essen bei sich zu Hause

ein. Er füllte Urija richtig ab, bis er voll besoffen war. Trotzdem ging er an
dem Abend nicht nach Hause, sondern übernachtete lieber in der Kaserne.

David sorgt dafür, dass Urija getötet wird

14 Als David am nächsten Morgen Urija noch mal traf, gab er ihm einen Brief
an seinen Befehlshaber, General Joab, mit. 15 In dem Brief stand: „Befehl:
Gefreiter Urija an vorderster Front einsetzen, dort, wo die Kampfhandlung
am härtesten ist. Dann einen plötzlichen Rückzug antreten. Urija soll bei
diesem Einsatz den Tod finden. Unterzeichnet, der Oberbefehlshaber der
Truppe, Präsident David". 16 Joab checkte dann die Taktik des Gegners genau
aus und setze Urija schließlich an der Stelle ein, wo die Scharfschützen des
Gegners am ehesten ihr Ziel trafen. 17 Als die Soldaten aus der umkämpften
Stadt plötzlich einen Angriff starteten, um gegen die Männer von Joab zu
kämpfen, wurden viele von Davids Soldaten erschossen. Auch Urija starb bei
dieser Angriffswelle. 18 Joab ließ den Verlauf des Gefechts sofort an David
melden. 19 Dabei sagte er dem Boten, der die schlechte Nachricht persönlich
überbringen sollte, Folgendes: „Wenn Sie den genauen Hergang der Schlacht
beschreiben, 20 wird der Präsident wohl sehr ärgerlich werden. Er wird ver-
mutlich fragen, warum wir so nahe an die Stadtgrenze herangerückt sind
und dass wir doch eigentlich wissen müssten, dass viele Scharfschützen an
der Stadtmauer postiert sind. 21 Vermutlich wird er auch fragen, ob wir ver-
gessen haben, was damals mit Abimelech, dem Sohn von Jerubbaal, vor der
Stadt Tebez passiert ist. Der wurde ja nur von einem Stein getroffen, den
eine Frau aus ihrem Fenster geworfen hatte, und er war sofort tot. ‚Warum
seid ihr nur so nahe an die Stadtmauer rangegangen?', wird er fragen. Dann
musst du ihm antworten: ‚Einer deiner Soldaten, der Urija heißt, ist auch
ums Leben gekommen!'" 22 Der Typ ging los und machte David die Mel-
dung, genau so, wie Joab es ihm befohlen hatte. 23 „Der Feind war uns über-
legen! Sie machten einen Ausfall und griffen uns auf dem offenen Feld an.
Wir konnten sie jedoch wieder bis kurz vor die Stadtgrenze zurückdrängen.
24 Plötzlich eröffneten die Scharfschützen von oberhalb der Stadtmauer das
Feuer auf uns. Dabei sind einige deiner Soldaten gefallen, unter anderem
auch der Gefreite Urija, ein Hetiter." 25 David befahl dem Boten: „Gehen Sie
zurück zum General Joab und richten ihm folgende Nachricht aus: ‚Nehmen
Sie sich diese Niederlage nicht so zu Herzen. Es kommen in jedem Krieg
Soldaten ums Leben, so ist das nun mal. Verlieren Sie nicht den Mut und
Einsatzwillen! Kämpfen Sie mit noch größerer Entschlossenheit gegen diese
Stadt, bis sie zerstört ist!'" Dann sagte er noch zu ihm: „Diese Worte sollen
den General aufbauen." 26 Die Frau von Urija bekam dann auch einen Brief
von der Heeresführung, wo ihr der Tod von Urija gemeldet wurde. Sie zog
sofort schwarze Trauerklamotten an. 27 Aber nach der gesetzlich angesagten

Trauerzeit holte David sie zu sich in seinen Präsidentenpalast und heiratete
sie. Einige Monate später bekam sie dann einen Sohn. Gott fand die ganze
Aktion von David aber total ätzend.

12

Natan sagt David: Du hast Mist gebaut!

1 Gott schickte dann den Prophetentypen Natan zu David, um mit ihm zu
reden. „David, ich muss Ihnen mal von einem Gerichtsurteil erzählen, mich
würde interessieren, was Sie dazu denken. Und zwar gab es da zwei Männer,
beide lebten in der gleichen Stadt, der eine hatte ein dickes Bankkonto,
während der andere von Hartz IV leben musste. 2 Der Typ mit der Kohle
hatte eine große Garage mit allen möglichen fetten Autos, einige Lamborghi-
nis und Ferraris waren auch dabei. 3 Der Hartz-IV-Empfänger hatte sich
gerade ein kleines Moped geleistet, um damit Zeitungen austragen zu kön-
nen. Jeden Tag putzte er das Teil, alles wurde geölt, die Maschine war tipp-
topp in Schuss, er liebte sein Moped über alles. 4 Irgendwann hatte der Rei-
cho mal Besuch von einem Freund, der in dem Ort Urlaub machen wollte.
Aber er hatte keinen Bock, diesem Freund für den Urlaub mal eins von sei-
nen hundert Autos auszuleihen. Stattdessen schlich er sich in der Nacht zu
der Wohnung von dem Hartz-IV-Empfänger und klaute dem sein Moped,
das er dann seinem Freund gab.“ 5 „Boaa, was ist das für ein fieser Arsch!“,
rief David voll sauer. „Ich schwöre bei Gott, dieser Bonze muss sofort verhaf-
tet werden! Auf so was gibt’s bei mir die Todesstrafe! 6 Und für das Moped
sollte er dem Armen vorher noch eine Harley oder einen Kleinwagen als
Ersatz abgeben! Das wäre eine gerechte Bestrafung, weil er diese miese Tour
abgezogen hat!“ 7 „Dieser Typ sind Sie, David!“, sagte Natan zu ihm. „Und
ich hab noch folgende Nachricht für Sie: ‚Das kommt jetzt von Gott, von
dem Chef von Israel: Ich hab dafür gesorgt, dass du der Präsident von
meinen Leuten wirst und hab dich für diesen Job extra eingesetzt. Ich hab
dich vor Saul beschützt, damit er dich nicht töten konnte. 8 Ich hab dir alles
geschenkt, was vorher deinem Chef gehört hatte. Ich habe dir seine Frauen
zur Verfügung gestellt. Ich habe dich zum Präsidenten über Juda und über
ganz Israel gemacht. Und wenn dir das nicht an Geschenken gereicht hätte,
dann hätte ich sogar noch einiges mehr draufgelegt. 9 Aber warum hast du
jetzt meine Gesetze gebrochen, David? Warum hast du Dinge getan, die ich
richtig ätzend finde? Du hast den Hetiter Urija getötet, auch wenn er durch
die Kugel eines Ammoniters im Krieg gefallen ist. Und dann hast du dir auch
noch seine Frau abgegriffen! 10 Ich sag dir eins: Ab sofort wird es in deiner
Familie immer wieder Leute geben, die getötet werden. Du hast Urija seine
Frau abgezogen. Und du hast überhaupt keinen Respekt vor mir!‘ 11 Gott
sagt Ihnen noch etwas“, meinte Natan dann noch. „‚Ich werde dafür sorgen,

dass du viel Ärger bekommen wirst mit Menschen, die aus deiner eigenen
Familie kommen. Einer davon wird sogar mit deinen eigenen Frauen schla-
fen. Der wird das noch nicht mal heimlich machen, sondern so, dass alle
das mitbekommen. 12 Du hast es heimlich gemacht, aber ich werde es so
tun, dass es am nächsten Morgen auf den Titelseiten der Zeitungen steht.‘“
13 David schrie sofort: „Natan, ich hab richtig großen Mist gebaut! Ich bin
schuldig! Ich hab Gott voll abgezogen! Das tut mir echt leid!“ Natan ant-
wortete: „Auch wenn Gott jetzt mal Ihre Schuld einfach ausblendet und Sie
nicht sterben müssen, dann 14 muss mindestens Ihr Sohn sterben, den Sie
mit Batseba bekommen haben. Sie haben Gott mit der ganzen Aktion ein-
fach total reingelegt!“ 15 Natan ging nach dem Gespräch wieder nach Hause.
Gott sorgte dafür, dass dieses Baby, was David mit der Frau vom Urija
bekommen hatte, schwer krank wurde. 16 David lag Gott voll in den Ohren,
dass dieses Kind am Leben bleibt. Er verzichtete einfach komplett auf Essen.
Wenn er vom Büro nach Hause kam, zog er sich in sein Zimmer zurück.
Dort lag der die ganze Nacht auf dem Boden und redete mit Gott. 17 Die
Angestellten, die sich um seine Villa kümmerten, kamen in sein Zimmer, um
ihn wenigstens mal eine Nacht in sein Bett zu bringen. Aber David wollte
das nicht, und er nahm auch nicht am gemeinsamen Essen teil. 18 Nach
einer Woche war das Kind tot. Keiner von den Angestellten traute sich, David
die Nachricht zu überbringen. Sie sagten sich: „Sogar als das Kind noch am
Leben war, war er superfertig, keiner von uns konnte ihn irgendwie aufbauen.
Wenn er jetzt die Nachricht bekommt, dass das Baby gestorben ist, rastet
er vielleicht völlig aus?!“ 19 David bekam mit, wie die Leute am Tuscheln
waren, darum war ihm klar, dass irgendwas passiert sein musste. „Ist das
Kind jetzt gestorben?“, fragte er. „Ja, herzliches Beileid!“, antworteten sie.
20 Als er das hörte, stand er sofort auf, ging duschen und zog sich einen
neuen Anzug an. Dann ging er in das Zelt, in der die besondere Kiste mit
den Gesetzen stand, legte sich flach vor Gott auf den Boden und redete mit
ihm. Nach einer Zeit ging er wieder zurück in seine Präsidentenvilla und
bestellte sich beim Hauskoch was zu essen. 21 Ein paar Angestellte kamen zu
ihm und fragten: „Hä? Das verstehen wir nicht so ganz. Als das Kind noch
lebte, haben Sie geweint und nichts gegessen. Und jetzt, wo das Kind tot ist,
stehen Sie auf und wollen wieder was essen?“ 22 „Ich hatte gehofft, Gott
würde noch mal nett zu mir sein und mein Kind am Leben lassen. Darum
hab ich nichts gegessen und war die ganze Zeit so traurig. 23 Aber jetzt
ist es tot. Warum soll ich jetzt noch länger aufs Essen verzichten? Damit
kann ich es auch nicht wieder lebendig machen! Ich werde meinem Baby
irgendwann folgen, wenn ich sterbe. Aber dass es wieder lebendig wird und
zu mir zurückkommt, ist wohl jetzt nicht mehr drin.“ 24 David ging dann
in das Zimmer von Batseba, nahm sie ganz fest in den Arm und tröstete sie.

Am selben Abend schlief er mit ihr, und sie wurde wieder schwanger. Der
Junge, der dann neun Monate später geboren wurde, bekam den Namen
Salomo. Und Gott liebte diesen Jungen wie verrückt. 25 Das wurde David
auch von Natan bestätigt. Natan gab ihm den Spitznamen Jedidja, was so
viel wie „Gottes Liebling“ bedeutet. Das hatte er nämlich so von Gott gehört.

David siegt gegen die Ammoniter

26 – 27 General Joab startete einen erneuten Angriff gegen Rabba, die Haupt-
stadt der Ammoniter, und eroberte den vorderen Stadtteil, der am Fluss lag.
Er schickte eine Nachricht an David, dass er jetzt einen Angriffskrieg gegen
die ganze Stadt Rabba starten will. „Ich habe die vorderen Stadtteile am
Fluss bereits eingenommen“, meldete er. 28 „Am besten, Sie kommen mit
dem übrigen Teil unserer Armee von Israel jetzt hierher und erledigen den
Rest, damit nicht ich, sondern Sie als Sieger über die Stadt groß rauskom-
mem!“ 29 David zog alle wehrfähigen Männer in Israel ein, marschierte mit
der Armee vor Rabba auf und griff die Stadt an. Das Ganze wurde ein großer
Erfolg. 30 Im Tempel von Milkom, dem Plastikgott der Ammoniter, klaute
er dessen Goldkrone. Das Teil wog alleine 35 Kilo und bestand nur aus Gold
und Diamanten! David nahm sie mit zu sich nach Hause. Die ganze Stadt
war echt reich, und viele wertvolle Sachen wurden auf Befehl von David von
der Armee mitgenommen. 31 Die Männer der Stadt wurden zur Zwangsarbeit
in der Müllverbrennungsanlage verdonnert. Außerdem mussten sie auf
dem Bau Steine schleppen und andere schwere Arbeiten verrichten. So zog
das David mit den anderen Städten der Ammoniter auch durch. Nachdem
alle Kriege zu Ende waren, kehrte David mit seinen Leuten wieder zurück
nach Jerusalem.

13

Amnon vergewaltigt Tamar

1 Danach passierte Folgendes: David hatte neben seinem Sohn Abschalom
auch eine Tochter, die Tamar hieß. Tamar hatte eine sexy Figur und sah ein-
fach sehr geil aus. Jetzt verknallte sich aber ein Halbbruder von ihr unsterb-
lich in sie. Amnon, so hieß der Kerl, war auch ein Sohn von David, der aber
von einer anderen Frau von ihm abstammte. 2 Amnon war so derbe in sie
verliebt, dass er an nichts anderes mehr denken konnte als an diese Frau.
Das Ganze machte ihn echt krank. Es gab aber einfach keine Möglichkeit für
Amnon, mit ihr zusammenzukommen. Tamar war noch Jungfrau. 3 Jetzt
hatte Amnon so einen schrägen Freund, der Jonadab hieß. Jonadab war ein
Sohn von einem Bruder von David, der Schimna hieß. Dieser Jonadab hatte
irgendwie immer abgefahrene Ideen, was man in schwierigen Situationen
machen könnte. 4 „Was ist los mit dir?“, fragte Jonadab ihn. „Jeden Morgen

ziehst du so eine Fresse! Erzähl doch mal, Alter, was geht denn da gerade
ab mit dir?" – „Ach, Mann, ich bin total verknallt in Tamar, ich krieg die Frau
einfach nicht mehr aus meinem Kopf! Du weißt doch, wen ich meine, die
Schwester von meinem Halbbruder Abschalom", antwortete er. 5 „Pass auf,
ich hab ne Idee, wie du an die Alte rankommst", grinste Jonadab. „Du legst
dich in dein Bett und machst einen auf krank, mit Fieber und so. Wenn dein
Vater vorbeikommt, sagst du ihm, dass du dir Tamar als Krankenschwester
wünschst. „Sie soll mir bitte ein paar Schnittchen schmieren, die mir ans
Bett bringen und mich füttern", musst du ihm sagen." 6 Amnon legte sich
also in sein Bett und machte einen auf krank. Als ihn David besuchte, sagte
er zu ihm: „Papa, ich wünsch mir, dass Tamar meine Krankenschwester
spielt. Sie soll mal vorbeikommen und mir ein paar Brote schmieren. Wenn
sie mich füttert, muss ich bestimmt nicht alles gleich wieder auskotzen!"
7 David rief dann bei Tamar an und sagte ihr: „Geh mal bitte ins Haus von
deinem Halbbruder Amnon und mach ihm was zu essen, ja?!" 8 Tamar ging
zu Amnon und besuchte ihn in seinem Zimmer. Er lag die ganze Zeit im
Bett. Sie ging in die Küche, schnitt ein paar Scheiben Brot und schmierte
ihm die Schnittchen. Amnon konnte ihr dabei die ganze Zeit durch die Tür
zusehen. 9 Als sie fertig war, legte sie die Brote auf einen großen Teller. Aber
Amnon wollte nichts davon essen, solange noch Menschen mit im Zimmer
waren. „Die sollen alle abhauen!", sagte er. Dann waren sie endlich alleine.
10 „Bitte bring mir die Sachen mal ins Schlafzimmer an mein Bett, ich mag
das nur essen, wenn du mich fütterst", sagte er zu Tamar. Sie nahm also
den Teller und brachte das Essen an das Bett von ihrem Halbbruder. 11 Als
sie ihm dann ein Stück Brot geben wollte, hielt er sie am Arm fest und sagte:
„Los Tamar, komm her, ich will mit dir schlafen!" 12 „Nein, was soll das, du
tust mir weh!", rief sie laut. „So was geht bei uns Israeliten überhaupt nicht!
So was Dreckiges darfst du echt nicht tun! 13 Was, denkst du denn, soll aus
mir werden, wenn du mich erst mal entjungfert hast, he? Und auch für dich
wäre das total ätzend. Jeder in Israel würde dich schräg angucken, so als
wärst du einer von den allerletzten Deppen. Rede doch mal mit dem Präsi-
denten und halte um meine Hand an. Der würde uns bestimmt verheiraten."
14 Aber Amnon war schon zu weit gegangen, er war einfach scharf und hatte
sich nicht mehr unter Kontrolle. Er hielt sie mit einem Arm fest, zog sie
aus und vergewaltigte sie. 15 Nach seinem Orgasmus drehten sich seine
Gefühl zu der Frau um 180 Grad. Er fand sie plötzlich total abstoßend. Es
war sogar so, dass er sie richtig zum Kotzen fand, seine Hassgefühle zu
ihr waren jetzt größer als seine Liebesgefühle davor. „Los, zieh dich an! Sieh
zu, dass du wegkommst!", schnauzte er sie an. 16 „Das kannst du nicht
mit mir machen!", sagte sie. „Schmeiß mich jetzt nicht einfach raus! Das
wäre noch schlimmer als das, was du schon mit mir gemacht hast!" Aber

Amnon war das jetzt egal. 17 Er rief einen Hausangestellten und befahl dem, Tamar rauszuschmeißen. „Bringen Sie sie zur Tür, und schließen Sie die wieder hinter ihr ab!", sagte er zu ihm. 18 Tamar hatte an dem Abend ein Kleid mit langen Ärmeln an. Das war normal für die Töchter vom Präsidenten und für die, die noch nicht verheiratet waren. Als die Angestellten sie rausgeschmissen hatten und die Tür hinter ihr ins Schloss fiel, 19 streute sie etwas Sand vom Fussboden auf ihre Haare, zerriss ihr Kleid, legte die Hand auf ihren Kopf und rannte weg. Dabei weinte sie die ganze Zeit voll laut. 20 Schließlich kam sie bei ihrem Bruder Abschalom vorbei, der wusste, wo sie vorher war. „Was ist los? Hat Amnon dir was angetan?", fragte er. „Du darfst auf keinen Fall da drüber reden, klar? Er ist schließlich dein Halbbruder!" Tamar blieb dann im Haus von Abschalom wohnen, sie hatte keine Freunde mehr, war abgekapselt von der Außenwelt und sehr einsam. 21 Der Präsident David hörte dann von der ganzen Geschichte. Er rastete richtig aus. Aber bestrafen konnte er Amnon nicht, weil er ihn einfach so sehr liebte, er war ja schließlich sein erster Sohn. 22 Abschalom redete ab dem Zeitpunkt aber kein Wort mehr mit Amnon. Er hasste ihn, weil er seine Schwester vergewaltigt hatte.

Payback-Zeit: Abschalom rächt sich an Amnon

23 Zwei Jahre später organisierte Abschalom eine fette Party in Baal-Hazor, gleich um die Ecke von der Stadt Efraim. Damals war es normal, immer wenn man den Schafen die Wolle abrasiert hatte, eine Party zu organisieren. Alle Söhne vom Präsidenten bekamen auch eine Einladung. 24 Abschalom ging dann auch mal beim Präsidenten David vorbei, um ihn auch persönlich einzuladen. „Papa, bei mir ist gerade wieder Zeit, den Schafen die Wolle abzurasieren. Darf ich dich, als den Präsidenten, und auch deine engsten Mitarbeiter einladen? Du bist der Chef und ich hab Respekt vor dir!" 25 „Nein, ich weiß nicht, mein Sohn", sagte David. „Die Party würde viel zu groß werden, wenn alle zusagen würden. Das wird doch viel zu teuer für dich!" Aber Abschalom ließ nicht locker. Er drängelte die ganze Zeit rum. Trotzdem hatte David keinen Bock drauf und schickte ihn irgendwann zur Tür raus, nachdem er noch mal kurz für ihn gebetet hatte. 26 Auf dem Weg nach draußen nervte Abschalom aber weiter rum. „Wenn ihr schon nicht alle kommt, könnte doch wenigstens Amnon kommen, oder? Ist ja schließlich mein Halbbruder!" „Aber warum ist dir das so wichtig?", fragte ihn David. 27 Abschalom blieb hartnäckig. Irgendwann hatte David den Hals voll und gab sein Okay, dass Amnon und alle seine anderen Söhne mit zur Party kommen durften. Auf der Feier sorgte Abschalom dann für ein Fünfsterneessen, es gab alles vom Feinsten, fast so, als wäre man zu einem Festbankett vom Präsidenten persönlich eingeladen worden. 28 Er hatte mit ein paar

von seinen Freunden aber vorher schon abgemacht, dass sie nur auf sein
Zeichen warten sollten, um Amnon auf die Schnauze zu hauen und ihn dann
zu töten. „Beobachtet ihn!“, meinte er. „Und sobald er genug getrunken
hat, macht ihr ihn kaputt! Ihr braucht keine Angst vor irgendwelchen Folgen
zu haben. Ich nehm das alleine auf meine Kappe. Zeigt, was ihr draufhabt,
macht ihn fertig!“ [29] Alles lief so wie geplant, und die Leute von Abschalom
töteten Amnon noch an diesem Abend. Die anderen Söhne von David krieg-
ten voll die Panik, als die Schlägerei losging, sie stiegen in ihre Autos und
fuhren mit quietschenden Reifen vom Parkplatz. [30] Als sie gerade auf der
Straße waren, kriegte David schon einen Anruf rein. „Abschalom hat alle
Söhne vom Präsidenten gekillt, keiner ist mehr am Leben“, war die Meldung.
Natürlich voll das Gerücht. [31] Aber David stand von seinem Schreibtisch
auf, schrie laut los und sackte auf den Boden zusammen. Auch die Ange-
stellten, die gerade dort waren, schmissen sich auf den Boden und waren
total fertig. [32] Jonadab, ein Sohn von Davids Bruder Schimna, sagte dann
aber: „Herr Präsident, das kann eigentlich nicht angehen, dass wirklich alle
Ihre Söhne umgebracht worden sind! Bestimmt ist nur Amnon ermordet
worden. Hat man doch gesehen, dass Abschalom voll den Hassfilm gegen
ihn geschoben hat seit der Vergewaltigung von Tamar. [33] Das ist bestimmt
nur ein Gerücht, beruhigen Sie sich etwas. Ihre anderen Söhne leben be-
stimmt noch alle, vermutlich ist nur Amnon tot.“ [34] Abschalom war übrigens
sofort nach der Tat geflohen. Dann sah einer der Typen, die bei David waren,
zufällig aus dem Fenster und konnte auf dem Weg, der aus Westen kam,
eine größere Gruppe von Menschen erkennen, die gerade den Berg runter-
gefahren kamen. [35] „Sehen Sie!“, meinte Jonadab. „Da kommen Ihre ande-
ren Söhne! Ich hab es doch gesagt, ist alles so, wie ich es vermutet habe!“
[36] Der Typ hatte gerade seinen Satz zu Ende gesprochen, da sprang auch
schon die Tür auf, und die anderen Söhne vom Präsidenten kamen herein.
Sie fingen voll laut an zu weinen, und auch David weinte, genauso wie seine
Angestellten am Heulen waren. [37] Abschalom floh in das Gebiet Talmai
und kam beim Präsidenten von Geschur unter, der ein Sohn von Ammihud
war. David trauerte sehr lange um seinen Sohn Amnon. [38] Abschalom blieb
dann drei Jahre in Geschur. [39] Irgendwann hatte David sich damit abgefun-
den, dass sein Sohn Amnon tot war. Und mit den Jahren verflog auch die
Wut auf Abschalom.

14

Abschalom kommt zurück, und alles ist wieder in Butter

[1] Irgendwann kriegte Joab mit, dass sein Präsident David langsam, aber
sicher wieder anfing, seinen Sohn Abschalom zu vermissen. [2] Schließlich rief
er bei der „Job-Agentur Tekoa“ an und bestellte eine arbeitslose Schauspie-

lerin zu sich nach Hause. „Hören Sie, ich möchte, dass Sie die Rolle einer
Frau spielen, die gerade richtig traurig ist. Ziehen Sie sich dazu schwarze
Trauerkleidung an, und schminken Sie sich dementsprechend, dass man
den Eindruck hat, Sie trauern schon einige Tag um jemanden, der gerade
gestorben ist. 3 Dann holen Sie sich einen Termin beim Präsidenten und tun
genau das, was ich Ihnen sagen werden." Joab gab ihr noch den Text mit,
den sie auswendig lernen sollte. 4 Nachdem die Frau das Büro vom Präsi-
denten David betreten hatte, legte Sie sich erst mal platt vor seinem Schreib-
tisch auf den Boden. „Sie müssen mir helfen, Herr Präsident", stöhnte sie
laut. 5 „Was ist los? Wo liegt das Problem?", fragte David. „Ich lebe zurzeit
von Hartz IV, mein Mann ist gerade gestorben. 6 Bis vor kurzem hatte ich
noch zwei Söhne. Die haben sich aber bei der Arbeit voll in die Wolle ge-
kriegt. Es war gerade keiner da, der sie stoppen konnte, die beiden sind voll
aufeinander losgegangen, haben sich brutalst verprügelt, und der eine ist
dann in der Notaufnahme gestorben. 7 Jetzt fordert plötzlich der Rest der
Familie von mir, dass ich den einen Sohn, der noch lebt, freiwillig rausrücken
soll. Sie wollen ihn wohl auch töten, weil er seinen Bruder umgebracht hat.
Aber dann hab ich ja gar keinen Sohn mehr! Keiner wird meine Familie
weiterführen. Damit nehmen die mir doch meine letzte Hoffnung! Wenn die
das wirklich durchziehen, hab ich keinen mehr, der in Zukunft unseren Fami-
liennamen weiter tragen wird, unsere Familie wäre ausgestorben!" 8 „Hm,
gehen Sie mal nach Hause, ich kümmere mich höchstpersönlich da drum!",
sagte der Präsident David. 9 „Aber wenn Sie jetzt was unternehmen, dann
werden die Leute am Ende doch wieder mir und meiner Familie die Schuld
dafür in die Schuhe schieben! Ihnen wird ja so was niemand vorwerfen, Sie
sind schließlich der Präsident!" 10 „Wenn irgendjemand ankommt und rum-
nervt, schicken Sie den einfach zu mir. Ich sorg dafür, dass der in Zukunft
sein Maul hält!" 11 „Könnten Sie das zu Papier bringen und unterschreiben?
Wenn Sie das machen, bin ich mir sicher, dass der Typ, der so einen Hals auf
uns hat, nicht noch üblere Sachen plant und mein anderer Sohn nicht auch
noch getötet wird!", meinte die Frau zu ihm. „Hey, ich schwöre Ihnen bei
Gott, Ihrem Sohn wird absolut nichts passieren!", antwortete David. 12 „Sie
sind mein Präsident, Sie sind der Chef. Aber darf ich vielleicht noch was
sagen?" – „Schießen Sie los!", lachte David. 13 „Also, was ich nicht verstehe,
ist Folgendes: Warum ziehen Sie mit jemandem von Gottes Leuten, den Israe-
liten, genau das Gleiche ab, was Sie gerade verurteilt haben? Wenn Sie das
so durchziehen, wie Sie es gerade gesagt haben, verurteilen Sie sich ja sel-
ber, wenn Sie Ihren eigenen Sohn nicht zurückkommen lassen. 14 Ich meine,
wir müssen doch alle mal sterben. Das ist so wie mit Wasser, das man auf
den Boden schüttet. Es versickert irgendwann und ist weg. Das Leben kann
man nicht wieder zurückholen, wenn es einmal ausgeschüttet worden ist.

Gott findet es aber nicht so toll, wenn noch mehr Leute sterben müssen. Darum will er auch, dass jemand, der mal verbannt und rausgeschmissen worden ist, eine zweite Chance bekommt! Er soll nicht für immer verbannt sein, denn dann wäre er ja auch immer aus seiner Nähe, aus der Nähe von Gott verbannt worden. [15] Mein Präsident, ich bin mit meiner Sache bei Ihnen gewesen, weil ich echt Panik vor meinen Verwandten hatte. Ich dachte, wenn ich dieses Anliegen meinem Präsidenten vortrage, könnte er mir vielleicht helfen. [16] ‚Der Präsident wird mich bestimmt vor diesem Typen retten, der meinen Sohn umbringen will. Er wird bestimmt auf meine Bitte eingehen', dachte ich so bei mir, ‚er hilft mir bei diesem Problem'. Immerhin will der Typ ja auch das ganze Erbe, was mal meinem Sohn gehören soll, von uns wegnehmen. [17] Ich war mir sicher, egal was mein Chef, mein Präsident, auch anstellen wird, anschließend hab ich meine Ruhe, und alles wird gut. Denn meinen Präsidenten kann man nicht bestechen, er ist so cool unterwegs wie ein direkter Angestellter von Gott. Man kann ihn nicht beeinflussen, er entscheidet immer gerecht. Gott soll Ihnen weiter zur Seite stehen und Ihnen immer helfen!" [18] „Okay", antwortete David. „Aber eine Frage müssen Sie mir noch beantworten." – „Ja, was denn?", antwortete die Frau. [19] „Der General Joab hat hier nicht seine Finger mit ihm Spiel, oder?" – „Wow, Sie merken aber auch alles, Herr Präsident, man kann Ihnen einfach nichts vormachen!", rief die Frau. „Das stimmt tatsächlich, der General Joab hat mir diesen Job vermittelt. Er hat mir genau erklärt, was ich sagen soll. [20] Er wollte hintenrum versuchen, Sie zu überzeugen, aber Sie haben es sofort kapiert. Sie haben wirklich den Durchblick, Sie sind so schlau wie der Chefengel von Gott. Der hat ja auch voll den Durchblick über alles, was auf der Erde so abgeht." [21] David rief dann bei seinem General Joab an und sagte ihm am Telefon: „Hallo, Joab! Ist okay, ich werde das tun, was Sie von mir möchten. Holen Sie mir den Jungen, meinen Abschalom, wieder zurück nach Hause!" [22] Joab war total begeistert: „Gott soll Sie deswegen fett beschenken, mein lieber Präsident David!", sagte er zu ihm. „Spätestens jetzt weiß ich, dass Sie mich wirklich mögen, weil Sie meinen Wunsch erfüllt haben!"

Abschalom schafft es, dass sein Vater ihm verzeiht

[23] Joab fuhr dann sofort nach Geschur, holte Abschalom ab und brachte ihn wieder zurück nach Jerusalem. [24] Der Präsident gab aber den Befehl raus: „Ich will ihn nicht sehen! Er darf wieder in sein eigenes Haus gehen, aber da soll er auch bleiben!" Abschalom zog also in seine alte Bude, aber zum Präsidenten hatte er keinen Zugang. [25] Dabei hatte Abschalom mittlerweile voll die Fangemeinde in Israel. Überall hingen Poster von ihm rum, keiner sah so stylisch und gut aus wie er. Sein Outfit, seine Haare, sein Körper, alles

war irgendwie perfekt. 26 Er hatte sehr volles und schönes Haar. Wenn er ein-
mal im Jahr zum Friseur ging, wog die Mähne, die man bei ihm abschnitt,
alleine jedes Mal zweieinhalb Kilo. 27 Er hatte drei Söhne und eine Tochter,
die Tamar hieß. Sie sah auch unheimlich geil aus. 28 Dann lebte Abschalom
zwei Jahre in Jerusalem, ohne auch nur einmal seinen Vater getroffen zu
haben. 29 Irgendwann versuchte er mal ein Treffen mit Joab zu organisieren,
um gemeinsam zu überlegen, wie man es doch noch hinbekommen könnte,
dass das Ding mit seinem Vater wieder in Ordnung kommen würde. Joab
sagte das Treffen aber ab. Abschalom startete einen zweiten Versuch, aber
auch dieses Mal wollte Joab nicht kommen. 30 Schließlich hatte er einen
Idee. Er sagte zu seinen Angestellten auf dem Hof, sie sollten mal das
Getreidefeld von Joab anzünden. Das lag nämlich direkt neben seinen Fel-
dern. Die Angestellten erledigten den Job und steckten das Feld in Brand.
31 Fünf Minuten später klingelte das Handy von Abschalom: „Was sollte das?
Warum haben Ihre Leute meine Felder angezündet?“ 32 „Das war der einzige
Weg, dass Sie sich endlich mal bei mir melden“, antwortete Abschalom.
„Ich wollte Sie bitten, ob Sie nicht beim Präsidenten noch mal ein gutes
Wort für mich einlegen könnten. Können Sie ihm nicht was von mir ausrich-
ten? Sagen Sie ihm bitte, dass ich mich echt frage, warum ich überhaupt
von Geschur wieder zurück nach Hause gekommen bin. Ich hätte mal bes-
ser da bleiben sollen. Ich will ihn endlich mal wiedersehen! Wenn er mich
aber immer noch anklagt und denkt, ich hätte die alleinige Schuld an der
ganzen Sache, dann soll er mich meinetwegen umbringen lassen.“ 33 Joab
ging dann zu David und erzählte ihm, was Abschalom gesagt hatte. David
ließ dann sofort Abschalom holen. Als der zur Tür reinkam, warf er sich erst
mal vor David auf den Fußboden, mit dem Gesicht zur Erde. Der Präsident
hob ihn aber auf und umarmte ihn ganz fest.

15

Die Abschalom-Revolte

1 Einige Monate später kaufte sich Abschalom einen weißen Mercedes
S-Klasse. Dazu stellte er eine Leibwache von 50 Leuten an, die auf Motor-
rädern in einer Kolonne vor und hinter ihm herfuhren. 2 Jeden Morgen stellte
er sich mit diesem Zug an der Straße beim Stadttor auf. Das war genau der
Weg, den die Leute gehen mussten, wenn sie zum Gericht wollten, um die
öffentlichen Verhandlungen zu verfolgen. Bei diesen Verhandlungen traf
dann ja immer der Präsident als Richter die letzten Entscheidungen. Immer
wenn die Leute an Abschaloms Auto vorbeikamen, fragte er: „Wo kommen
Sie her?“ Wenn der dann zum Beispiel antwortete: „Ich komm aus Stadt XY
und gehöre zum Familienstamm YZ“, 3 sagte er zu ihm: „Hey, Ihr Anliegen
ist bestimmt total richtig und wichtig! Aber bei dem Präsidenten werden Sie

damit auf Granit beißen. 4 Wenn ich hier das Sagen hätte, dann würde ich
garantiert anders entscheiden. Jeder würde zu seinem Recht kommen!“
5 Immer wenn die Leute dann voll Respekt hatten und sich vor ihm verbeu-
gen wollten, umarmte er sie ganz herzlich und schüttelte ihre Hände. 6 Das
zog Abschalom eine Zeitlang bei jedem durch, der irgendwie auf dem Weg
zum Gericht war. Auf die Art sorgte er dafür, dass David bald voll unbeliebt
wurde, aber Abschalom fanden alle ganz toll. 7 Nach vier Jahren schrieb
Abschalom eine Mail an den Präsidenten: „Lieber Papa, ich möchte nach
Hebron gehen, um dort das Versprechen einzulösen, was ich Gott mal gege-
ben hab. 8 Als ich noch in Geschur in Syrien gewohnt habe, hab ich Gott mal
was ganz fest versprochen. Ich hab ihm gesagt: ‚Wenn du mich wieder nach
Jerusalem bringst, dann werde ich für dich ein fettes Dankopfer abfackeln!‘
Darf ich? Ich tue alles, was du sagst! Dein Abschalom.“ 9 „Hallo, Abschalom,
ist total in Ordnung, geh ruhig!“, antwortete David. Abschalom ging also
nach Hebron. 10 Vorher schickte Abschalom jedoch an die Chefs von den
einzelnen Familienstämmen von Israel eine Rundmail. Dort stand drin:
„Dies ist eine Bekanntmachung: In dem Augenblick, wenn im ganzen Land
die Sirenen losheulen, ist das ein Zeichen, dass Abschalom in Hebron zum
neuen Präsidenten gemacht worden ist!“ 11 Zweihundert Männer aus Jerusa-
lem begleiteten Abschalom auf seinem Weg nach Hebron. Aber keiner hatte
eine Ahnung, wozu sie überhaupt eingeladen worden waren. Was Abscha-
lom in Wirklichkeit geplant hatte, wusste keiner. 12 Als die große Party mit
der Opfersession schon in vollem Gange war, ließ Abschalom Ahitofel, den
Manager von David, holen. Der wohnte zu der Zeit in Gilo. Die Macht von
Abschalom weitete sich immer weiter aus, immer mehr Leute fanden ihn
voll geil und wollten ihn als neuen Präsidenten haben.

David muss aus Jerusalem abhauen

13 An einem Morgen war ein großer Artikel in der Zeitung mit der Überschrift
„Hebron: Alle wollen Abschalom als neuen Präsidenten!“ Als David das las,
14 sagte er zu seinen Männern, die bei ihm in Jerusalem waren: „Wir müssen
uns schleunigst verpissen! Das ist die einzige Möglichkeit, um sich noch
vor Abschalom und seinen Männern zu retten. Schnell weg hier, bevor es zu
spät ist! Wenn er uns hier erwischt, wird es viele Tote geben.“ 15 Seine Män-
ner antworteten: „Sie sind der Chef, wir tun, was Sie sagen. Aber wir halten
auf alle Fälle immer zu Ihnen!“ 16 David packte seine Frauen und Kinder ein
und verließ die Stadt. Seine Angestellten kamen auch mit, nur zehn von sei-
nen Nebenfrauen sollten im Präsidentenpalast bleiben, um sich dort um
alles zu kümmern. Es war damals normal, mit vielen Frauen verheiratet zu
sein, wenn man es sich kohletechnisch leisten konnte. 17 Seine ganze Truppe,
die dort in der Stadt stationiert war, folgte ihm, ihrem alten Präsidenten.

David stoppte beim Ortsausgang [18] und ließ die ganze Armee an sich vorbei-
ziehen. Auch die Security-Leute und seine Bodyguards sowie die 600 Män-
ner aus Gat waren dort am Start. [19] David erkannte einen von deren Chefs,
der Ittai hieß, und rief ihm zu: „Moment mal! Warum sind Sie auch dabei?
Gehen Sie mal wieder zurück und dienen dem neuen Präsidenten! Sie sind
doch hier gelandet, weil Sie als Ausländer einen Asylantrag bei uns am
Laufen haben. [20] Gerade erst bei uns angekommen, und schon wollen Sie
gleich wieder fliehen? Ich kann ja für nichts garantieren! Keine Ahnung,
wo ich jetzt mit meinen Männern erst mal landen werde. Gehen Sie doch
ruhig wieder zurück in die Stadt, und nehmen Sie auch gleich Ihre Leute
mit. Danke, dass Sie so treu zu mir halten wollten! Gott wird Sie dafür fett
beschenken!“ [21] „Nee nee, das kommt nicht in die Tüte!“, sagte Ittai. „Ich
schwör bei Gott, solange Sie leben, werde ich immer genau da sein, wo auch
Sie sind! Sie sind mein Chef, und ich folge Ihnen, egal ob ich dabei drauf-
gehe oder nicht!“ [22] „Okay, dann sind Sie dabei!“, sagte David zufrieden. Ittai
und seine Leute zogen dann mit ihren Sachen auch am Präsidenten vorbei.
[23] Alle Leute, die dort am Weg standen, waren voll traurig und fingen an
loszuheulen, als David mit seinen Männern an ihnen vorbeizog. Die Truppe
zog dann über den Bach Kidron und marschierte in Richtung Wüste. [24] Auch
der Chefpriester Zadok wollte mitkommen und war mit allen Levi-Leuten im
Zug dabei. Dazu hatten sie die besondere Kiste mit den Gesetzen im Auto
mitgenommen! Sie packten die dort aus, und der Priester zog Abfackelopfer
durch, bis die ganze Truppe aus der Stadt draußen war und den Bach Kidron
überquert hatte. [25] David sagte zu Zadok: „Bringen Sie mal die Kiste wieder
zurück in die Stadt. Wenn Gott auf meiner Seite ist, werde ich schon irgend-
wann wieder an den Ort kommen können, wo die bis dahin gebunkert wur-
de. [26] Wenn Gott aber keinen Bock mehr auf mich hat, dann kann er sowieso
mit mir machen, was er will. [27] Bleiben Sie in der Stadt und beobachten Sie
die Lage. Gehen Sie mal ganz entspannt wieder zurück nach Jerusalem, ja?
Sie alle, Sie selbst, Ihr Sohn Ahimaaz und auch Abjatar mit seinem Sohn
Jonatan. [28] Ich bleib erst mal hier an der Grenze zur Wüste und warte auf
eine Nachricht von Ihnen, was in der Stadt gerade abgeht.“ [29] Also brachten
Zadok und Abjatar die Kiste mit den Gesetzen wieder zurück nach Jerusalem
und blieben erst mal dort. [30] David ging auf einem kleinen Berg spazieren,
wo viele Olivenbäume standen. Er hatte keine Schuhe an, hielt die Hände
vor sein Gesicht und war voll am Heulen. Die Leute, die mit ihm gegangen
waren, flennten auch voll rum. [31] Dann kam auch noch die Meldung rein,
dass Ahitofel sich auf die Seite von Abschalom geschlagen hatte. David
betete: „O Gott, ich bitte dich, dass aus dem schlauen Kopf von Ahitofel
ab sofort nur noch Schwachsinn rauskommt!“ [32] Schließlich war er auf der
höchsten Stelle des Berges angekommen. Auf einmal lief ihm sein alter

Freund Huschai entgegen. Huschai war ein Arkiter. Er hatte sein T-Shirt zer-
rissen und sich etwas Erde auf den Kopf gestreut. Das tat man damals, um
zu zeigen, dass gerade irgendwas Schlimmes passiert ist. 33 „Hey, Huschai,
bitte komm nicht mit mir! Im Moment kann ich dich hier nicht gebrauchen.
34 Du könntest aber mal wieder zurück in die Stadt gehen und versuchen,
dich bei Abschalom etwas einzuschleimen. Sag ihm, er wäre jetzt dein neuer
Präsident und du findest ihn ganz toll. Du kannst ihm auch sagen, dass du
ja früher alles für seinen Vater getan hast und würdest das jetzt auch für ihn
machen. Vielleicht könntest du für mich auch ausspioniern, was Ahitofel
plant? 35 Die Priester Zadok und Abjatar sind auch in der Stadt geblieben.
Sag ihnen alles, was du im Präsidentenpalast an Informationen sammeln
kannst. 36 Durch ihre Söhne Ahimaaz und Jonatan werden dann die Sachen
an mich weitergeleitet.“ 37 Davids Freund Huschai war gerade zu der Zeit
nach Jerusalem gekommen, als Abschalom in die Stadt einzog.

16

David auf der Flucht

1 Nachdem David über den kleinen Berg drüber war, kam ihm plötzlich Ziba
entgegen. Ziba war der Typ, der sich damals um alle Angelegenheiten von
Sauls Enkel Merib-Baal kümmern sollte. Das hatte David ja so eingefädelt,
nachdem er Präsident geworden war. Ziba hatte zwei Motorräder auf dem
Hänger, mit 200 Fladenbroten, 100 Portionen Müsli und Obst in den Seiten-
taschen. Dazu gab es sogar noch eine Kiste Iso-Drinks. 2 „Wofür sind die
ganzen Sachen da?“, fragte ihn der Präsident. „Die Motorräder hab ich für
die Familie vom Präsidenten mitgebracht. Das Essen ist für Ihre Männer,
und mit den Iso-Drinks sollen sich die Leute mal den Durst löschen, denen
auf dem Weg durch die Wüste zu warm geworden ist.“ 3 „Und wo haben
Sie den Merib-Baal gelassen, den Enkel von Saul?“, fragte ihn David. Ziba
sagte: „Der wollte in Jerusalem bleiben. Er war davon überzeugt, dass ihn
die Israeliten heute noch zum neuen Präsidenten erklären werden, weil er ja
der letzte Sohn vom Saul ist.“ 4 „Gut, dann soll ab sofort der ganze Besitz
von ihrem Ex-Chef an Sie übergehen!“, entschied David. „Sie sind der Beste,
vielen Dank!“, antwortete Ziba. „Ich werde alles tun, was Sie sagen. Ich wün-
sche mir, dass Sie weiter so nett mit mir umgehen. Sie sind mein Chef und
mein Präsident!“ 5 David kam dann mit seinen Leuten nach Bahurim. Als
sie noch vor dem Ortseingang waren, lief ihnen ein Mann entgegen. Der Typ
hieß Schimi, kam aus der Familie vom Gera und war auch ein Verwandter
vom Ex-Präsidenten Saul. Er lästerte laut über David ab, rotzte in seine Rich-
tung und schmiss sogar mit Steinen nach ihm. Schimi hatte null Respekt,
nicht mal vor den dreißig Kriegshelden, die als Bodyguards um David herum
gingen. 7 Er fluchte wie blöd, schrie gegen David solche Sachen wie: „Verpiss

dich! Du bist ein Mörder! Du Arsch! 8 Gott bestraft dich jetzt für das, was
du der Familie vom Saul angetan hast! So was kommt alles zurück! Gott hat
jetzt die Präsidentschaft an deinen Sohn Abschalom übergeben! Pech
gehabt! Ist richtig so, du scheiß Mörder!“ 9 Abischai, der Sohn von Zeruja,
sagte zu David: „Wie kommt so ein Hirni dazu, den Präsidenten derart
zu beschimpfen? Soll ich ihm den Kopf wegblasen?“ 10 „Das geht dich nichts
an, lass ihn in Ruhe!“, sagte David. „Ihr Leute aus der Familie vom Zeruja
habt damit doch nichts zu tun. Der beschimpft mich nur, weil Gott das von
ihm wollte, dafür kann man ihn nicht bestrafen!“ 11 Dann drehte sich David
zu dem Rest seiner Truppe um und meinte noch: „Leute, wenn sogar mein
eigener Sohn mich töten will, was kann man da von Männern erwarten,
die wie Saul aus dem Familienstamm Benjamin kommen? Lasst ihn ruhig
über mich ablästern, Gott will das sogar von ihm! 12 Ich muss da jetzt
durch. Vielleicht sieht Gott ja, wie scheiße man mit mir umspringt, und viel-
leicht wird er diese negativen Ätzsachen, die man mir heute an den Kopf
schmeißt, mal zu etwas Positivem umdrehen.“ 13 David zog also weiter mit
seinen Leuten auf der einen Straßenseite, während Schimi auf der anderen
Seite laut am Rumlästern war. Er beschmiss David weiter mit Steinen, rotzte
in seine Richtung und so. 14 Ziemlich fertig kam der Präsident dann mit
seine Leute am Jordan an. Dort machten sie erst mal eine Pause.

Abschalom macht sich ganz offiziell zum Präsidenten

15 Abschalom war in der Zeit mit seinen Männern in den Regierungspalast
in Jerusalem eingezogen. Auch Ahitofel war bei ihm. 16 Huschai, der Freund
und Berater von David, besuchte Abschalom und begrüßte ihn mit den
Worten: „Der Präsident soll leben, der Präsident soll leben!“ 17 „Na toll,
ich dachte, Sie sind ein Freund von David!? Warum sind Sie nicht mit ihm
weggegangen?“, sagte Abschalom zu ihm. 18 „Das geht gar nicht!“, rief
Huschai. „Ich arbeite immer nur für den Mann, der von Gott zum aktuellen
Präsidenten bestimmt wurde! Der Mann, der von allen Männern in Israel
zum Präsidenten gewählt wurde, ist auch mein Präsident! 19 Außerdem
sind Sie doch ein Sohn von David! So wie ich Ihrem Vater gedient habe,
werde ich auch Ihnen dienen!“ 20 Abschalom fragte Ahitofel, der auch mit
im Raum stand: „Was, denken Sie, soll ich jetzt machen? Geben Sie mir
mal einen Tipp!“ 21 Ahitofel meinte: „Ihr Vater hat doch noch ein paar von
seinen Nebenfrauen hiergelassen, oder? Die sollten sich ja weiter um das
Haus und so kümmern. Schlafen Sie mit denen! Wenn sich das in Israel
rumspricht, ist jedem klar, dass Ihr Vater ab sofort nicht mehr so gut auf
Sie zu sprechen sein wird … Er wird Sie dafür hassen! Dann gibt es kein
Zurück mehr. Alle, die zu Ihnen halten, werden dann erst recht zu Ihnen
stehen.“ 22 Oben auf dem Flachdach vom Palast wurde dann ein extra Zelt

aufgebaut. Vor den Augen der Stadt wurde eine Frau nach der nächsten in
das Zelt gebracht. Abschalom schlief in aller Öffentlichkeit mit jeder Neben-
frau seines Vaters. 23 Zu der Zeit war es so, dass die Tipps von Ahitofel
als fast so viel wert galten, als hätte Gott persönlich zu einem gesprochen.
Sein Rat war schon für David superwichtig gewesen, und auch Abschalom
hörte sehr auf ihn.

17

Abschalom hört auf den Rat von dem falschen Typen

1 Ahitofel machte Abschalom einen Vorschlag: „Hören Sie zu, stellen Sie
mir weitere Vollmachten aus, geben Sie mir noch 12 000 Soldaten dazu, und
ich werde noch heute Nacht losziehen und David verfolgen. 2 Ich hab jetzt
die Chance, ihn einzuholen, solange er noch down und frustriert ist. Wenn
ich auf ihn und seine Männer in diesem Zustand einen Überfall starte, ste-
hen die Chancen gut, dass seine Leute fliehen werden und ich David alleine
erwische und töten kann. 3 So könnte ich seine ganze Armee unter Ihren
Befehl stellen. Wenn der Star der Truppe tot ist, werden sie Ihnen alle aus
der Hand fressen. Den Rest der Männer brauchen Sie ja nicht gleich auch
noch umzubringen, oder?" 4 Abschalom hatte ein gutes Gefühl bei der Idee,
und auch die Chefs der Israeliten waren einverstanden. 5 Trotzdem wollte
er noch eine zweite Meinung hören. „Lassen Sie uns auch noch Huschai
einladen, den Arkiter. Mal sehen, was der sagt!" 6 Huschai kam dann vorbei,
und nachdem ihm Abschalom von der Idee von Ahitofel erzählt hatte,
fragte er ihn: „Was halten Sie von der Sache? Sollen wir das so machen, wie
Ahitofel es vorgeschlagen hat? Oder haben Sie noch eine bessere Idee?"
7 „Also diesmal hab ich das Gefühl, dass der Rat von Ahitofel nicht so gut
ist!", meinte Huschai. 8 „Sie kennen doch Ihren Vater! Sie wissen doch
auch, wie seine Männer drauf sind! Das sind alles kampferprobte Soldaten!
Zusätzlich sind die jetzt auch total heiß, sie sind voll aggressiv, so wie ein
Kickboxer, dem man seine Freundin ausgespannt hat. Ihr Vater kennt sich
mit Kämpfen gut aus, der wird seinen Leuten vermutlich kaum Schlaf
gegönnt haben. 9 Der hat sich garantiert oben in den Bergen in irgendeinem
alten Bunker verschanzt. Wenn jetzt Ihre Leute dort hochgehen und in eine
Falle tappen, werden Sie gleich am Anfang von Ihrer Regierungszeit die erste
Niederlage einfahren. Dann klopfen die Leute sofort solche Sprüche wie:
‚Abschaloms Männer haben gleich mal so richtig eins auf die Fresse bekom-
men.' 10 Wenn das passiert, hat die ganze Truppe vielleicht plötzlich keinen
Bock mehr. Auch der beste Soldat in Ihrer Truppe, der früher gekämpft hat
wie Rocky, wird nur noch Gummi in den Armen haben. Dass Ihr Vater der
beste General der Welt ist, wissen doch alle in Israel. Und auch von seiner
kriegserfahrenen Truppe spricht man überall. 11 Darum ist mein Tipp: Suchen

Sie die besten Soldaten zusammen, die Sie im ganzen Gebiet von Israel fin-
den können. Ziehen Sie Ihre Truppen von Dan im Norden bis nach Beer-
scheba im Süden zusammen. Ihre Armee kann nicht groß genug sein. Mit
so vielen Soldaten, wie es nur irgend geht, sollten Sie dann sofort gegen
David in den Krieg ziehen. 12 Dann werden Sie auch ganz sicher gewinnen.
Ihren Vater finden wir und bringen ihn um, das ist so sicher wie der Sonnen-
untergang. Keiner von seinen Leuten wird das Ganze überleben. 13 Wenn
er sich in einer Stadt versteckt, werden Ihre Soldaten die Stadt einfach mit
Bulldozern platt walzen, kein Stein wird mehr auf dem anderen stehen!"
14 Abschalom rief laut: „Yes! Huschai hat recht! Sein Tipp ist besser als der
von Ahitofel!" Auf die Art sorgte Gott dafür, dass der gute Rat von Ahitofel
nicht gehört wurde. Gott hatte nämlich schon lange beschlossen, dass
die Zeit von Abschalom bald ablaufen wird. 15 Huschai rief dann bei den
Priestern Zadok und Abjatar an, um ihnen von dem Tipp zu erzählen, den
Abschalom und die Chefs von Israel von Ahitofel bekommen hatten, und
davon, was er selber ihnen geraten hatte. 16 „Nehmen Sie so schnell es geht
mit David Kontakt auf", sagte er. „Sagen Sie ihm, er soll sofort diese Seite
vom Jordan verlassen. Am besten, er überquert den Fluss noch heute Nacht!
Sonst werden er und seine Leute bei dieser Aktion getötet werden." 17 Jona-
tan und Ahimaaz warteten an der Rogel-Quelle, weil es für sie viel zu gefähr-
lich gewesen wäre, sich in der Stadt blicken zu lassen. Dort trafen sie eine
Frau, die ihnen von der Sache erzählte mit der Bitte, das Ganze an David
weiterzugeben. 18 Leider wurden sie dabei von einem jungen Mann beobach-
tet, der das Ganze gleich an Abschaolom weiterpetzte. Jonatan und Ahimaaz
fuhren mit ihren Bikes so schnell es ging nach Bahurim, wo sie einen Mann
kannten, dem eine Kneipe gehörte. Dort versteckten sie sich erstmal im
Keller. 19 Vor die Tür vom Kellereingang schob seine Frau einen Schrank,
damit man den Eingang nicht sehen konnte. 20 Als die Männer von Abscha-
lom an der Haustür standen, fragten sie die Frau: „Sind hier Ahimaaz und
Jonatan vorbeigekommen?" „Ja", antwortete sie. „Die sind die Straße dahin-
ten runtergefahren." Die Männer durchsuchten den ganzen Block, aber
konnten niemanden dort finden. Also verschwanden sie wieder nach Jeru-
salem. 21 Sobald die Luft rein war, kamen die zwei aus dem Keller raus und
fuhren weiter zu David. Als sie bei ihm waren, berichteten sie ihm von dem
Tipp, den Ahitofel Abschalom gegeben hatte. „Wir müssen jetzt schnell über
den Fluss!", sagten sie zu ihm. 22 Sofort ließ David die Sachen packen und
marschierte mit seinen Leuten über den Jordan. Gegen 8.00 Uhr morgens
waren alle Männer auf der anderen Seite. 23 Als Ahitofel kapierte, dass
Abschalom seinen Tipp nicht befolgen würde, stieg er in sein Auto und fuhr
zurück nach Hause. Er gab seiner Familie noch die letzten Anweisungen,
nahm eine Packung Schlaftabletten und legte sich in die Badewanne. So

starb er und wurde eine Woche später in dem Grab beerdigt, wo auch sein
Vater begraben lag. 24 David war mittlerweile schon in Mahanajim ange-
kommen, als Abschalom mit der gesammten Armee von Israel den Jordan
überquerte. 25 Anstelle von Joab hatte Abschalom Amasa als neuen General
über das Heer eingesetzt. Amasa kam aus der Familie von Jeter, der ein
Ismaelit war. Seine Mutter hieß Abigal, die eine Tochter von Isai und eine
Schwester von Joabs Mutter Zeruja war. 26 Die Armee von Israel schlug unter
der Führung von Abschalom im Gebiet von Gilead ihr Lager auf.

David bekommt Hilfe in Mahanajim

27 Als David in Mahanajim ankam, warteten dort drei Typen auf ihn. Der
eine hieß Schobi, er war ein Sohn von Nahasch und kam aus Rabba, was
zum Gebiet der Ammoniter gehörte. Der andere war Machir, der ein Sohn
von Ammiel war und aus Lo-Dabar stammte. Der Dritte war Barsillai, und
der kam aus Roglim, was in Gilead liegt. 28–29 Die drei hatten geahnt, dass
die Männer von David mega Kohldampf schoben, nachdem sie durch die
Wüste marschiert waren. Darum hatten sie Brote, Obst, Käse, Bratwürste
und auch etwas Kaffee mitgebracht. Dazu einen Grill, Campinggeschirr,
Isomatten und solche Sachen.

18

Es geht um die Wurst

1 David musterte seine Männer und unterteilte die Truppe in unterschiedli-
che Abteilungen. Immer tausend Soldaten bildeten eine Abteilung, daraus
wiederum wurden Unterabteilungen zu je hundert Mann gemacht. 2 Dann
schickte er drei Gruppen los. Die erste Gruppe wurde von Joab angeführt,
die zweite von Joabs Bruder Abischai, und die dritte stand unter dem Befehl
von Ittai, der aus Gat stammte. David sagte zu seinen Männern: „Ich werde
auf jeden Fall mit euch zusammen in den Krieg ziehen!!“ 3 Die fanden aber,
dass wäre keine so gute Idee. „Sie dürfen auf keinen Fall mitkämpfen, David!
Wenn von uns Leute sterben, ist das nicht so schlimm. Selbst wenn wir
uns alle plötzlich verpissen müssen oder die Hälfte von unseren Männer
erschossen wird, kann man das irgendwie verkraften. Aber wenn Sie dabei
draufgehen, wäre das der Untergang! Sie sind so viel wert wie zehntausend
Soldaten aus unserer Truppe. Außerdem brauchen wir Sie bei einem Hinter-
halt, damit Sie, falls nötig, Verstärkung für uns aus der Stadt organisieren
können.“ 4 „Hm, okay“, willigte David ein. „Ich werde mich an das halten,
was ihr meint.“ Anschließend stellte er sich auf einen Platz am Ausgang der
Stadt auf eine kleine Bühne und ließ alle Soldaten in einzelnen Abteilungen
an sich vorbeiziehen. 5 Dabei kriegten viele mit, wie er zu Joab, Abischai
und Ittai, den drei Generälen seiner Armee, sagte: „Passen Sie aber auf

meinen Sohn Abschalom auf! Ihm soll nichts passieren!“ 6 Also zogen die
Truppen von David gegen die Truppen von Israel in den Krieg. Im Waldland
von Efraim gab es die große Schlacht. 7 Dabei fügten die Männer von David
dem Heer von Israel eine empfindliche Niederlage bei. 2000 Soldaten der
Armee von Israel starben. 8 Der Krieg weitete sich auf die ganze Gegend aus.
Weil es dort viele gefährliche Stellen wie Abhänge und Felsschluchten gab,
starben hier noch mehr Menschen als direkt in der Schlacht.

Abschalom ist tot

9 Irgendwann erblickten Davids Soldaten Abschalom, als er sich gerade auf
seiner Geländemaschine verpissen wollte. Als er durch einen Wald bretterte,
verfingen sich die langen Haare von Abschalom plötzlich in einem Ast von
einer Eiche. Die Maschine fuhr dabei einfach weiter, während er wie ein
Stück Obst an einem großen Ast mit seinen Haaren hängenblieb, ohne den
Boden zu berühren. 10 Einer von Davids Männern hatte das mitbekommen
und meldete es Joab: „Abschalom hängt dort drüben mit seinen Haaren
in einer Eiche fest!“ 11 „Wie jetzt?“, fragte Joab. „Der hing da einfach rum,
und sie haben ihm nicht den Kopf weggeschossen? Ich hätte euch sofort
1000 Euro Kopfgeld ausgezahlt und meinen Nietengürtel noch oben drauf-
gelegt!“ 12 „Auch für 10 000 Euro hätte ich das nicht gebracht“, erwiderte
der Typ. „Ich würde nie auf die Idee kommen, den Sohn des Präsidenten zu
töten. Alle haben doch gehört, was David zu Ihnen, Abischai und Ittai gesagt
hat: „Passen Sie auf mein Kind auf, keiner soll ihm weh tun!“ 13 Wenn ich
ihn einfach von hinten abgeknallt hätte, würden Sie mich doch auch nicht
vor David verteidigen, wenn er sauer ist, oder? Und der Präsident erfährt
sowieso alles.“ 14 „Lassen Sie mich durch!“, rief Joab. Er stieg auf seine
Maschine, fuhr zu dem Baum hin, wo Abschalom noch immer hing, und
schoss ihm in den Bauch. 15 Die zehn Soldaten, die er mitgenommen hatte,
stellten sich auch in einer Reihe vor Abschalom und schossen so lange auf
ihn, bis er tot war. 16 Joab sendete dann einen Funkspruch los, der einen
Befehl zum Rückzug der Truppen veranlasste. Er wollte die israelitische
Armee schonen. 17 Die Leiche von Abschalom wurde in eine Grube im Wald
geschmissen. Die Grube wurde mit Steinen zugeschüttet, bis ein großer
Haufen da drüber entstanden war. Dann löste sich das Heer auf, und alle
Soldaten gingen wieder nach Hause. 18 In der Zeit, als Abschalom noch
lebte, hatte er sich in Jerusalem im sogenannten Königstal ein Denkmal
bauen lassen. Damals meinte er: „Ich hab keinen Sohn, der den gleichen
Namen hat wie ich!“ Darum nannte er dieses Teil nach seinem Namen,
es heißt das „Abschalom-Denkmal“.

David erfährt: Abschalom ist tot
19 Ahimaaz, der Sohn von Zadok, wollte dem Präsidenten die Nachricht
gleich überbringen. „Ich werde ihm erzählen, dass Gott für einen Sieg über
die Feinde gesorgt hat!“ 20 Joab fand, das sei keine so gute Idee. „Heute
haben Sie auf jeden Fall keine gute Nachricht für ihn! Wenn es eine gute
Nachricht gibt, können Sie beim nächsten Mal gerne den Job haben. Ver-
gessen Sie nicht: Der Sohn vom Präsidenten ist tot!“ 21 Joab befahl dann
einem seiner Männer, einem äthiopischen Typen, der bei ihm angestellt war:
„Fahren Sie zum Präsidenten und melden ihm, was hier passiert ist!“ Der
Typ verabschiedete sich und fuhr gleich los. 22 „Egal, ich will trotzdem dabei
sein“, sagte Ahimaaz. „Warum sind Sie da so wild drauf?“, fragte ihn Joab.
„Für diese Nachricht werden Sie bestimmt keine Belohnung bekommen!“
23 „Ist mir egal“, wiederholte Ahimaaz. „Ich bin schon weg!“ – „Dann hauen
Sie ab!“, sagte Joab. Ahimaz nahm eine Abkürzung durch die Jordanebene
und war deswegen schneller bei David als der andere Typ. 24 David stand
schon die ganze Zeit im Büro und wartete auf einen Anruf. Oben vom Dach
aus hielt einer seiner Leute Ausschau. Der sah dann, wie ein einzelner Mann
mit seinem Motorrad recht schnell angefahren kam. 25 Das meldete er dem
Präsidenten. „Ist das nur einer? Dann ist das bestimmt eine gute Nach-
richt!“, sagte David. Bevor der Typ aber schon am Gartentor angekommen
war, 26 sah der Mann noch ein zweites Motorrad kommen. „Da ist noch ein
Mann, der auch alleine kommt“, machte er Meldung vom Dach. „Na, der
hat bestimmt auch eine gute Nachricht für mich!“, antwortete David. 27 Jetzt
sah der Mann vom Dach noch mal durch sein Fernglas und erkannte den
ersten Typen: „Das ist Ahimaaz, der Sohn vom Zadok!“, rief er runter. „Bin
ich mir recht sicher, ich erkenn das auch an dem Fahrstil!“ David sagte
dazu: „Das ist ein guter Soldat, der bestimmt auch mit guten Nachrichten
kommt!“ 28 Als Ahimaaz zur Tür reinkam, rief er schon: „Guten Tag, Herr
Präsident!“ Dann machte er eine tiefe Verbeugung vor ihm. „Gott ist gigan-
tisch! Danke, Gott! Gott hat alle Ihre Feinde plattgemacht! Jeder, der sich
gegen Sie gestellt hat, ist jetzt am Boden!“ 29 „Und was ist mit meinem
Sohn? Wie geht's Abschalom? Geht es ihm gut?“, fragte David. „Ich hab nur
gesehen, wie um ihn ein großer Kampf abging“, antwortete Ahimaaz. „Das
war, kurz bevor Joab uns beide losgeschickt hatte. Ich weiß nicht genau,
was da am Ende passiert ist.“ 30 „Stellen Sie sich hier neben mir auf!“, befahl
ihm David. 31 Jetzt war auch der andere Typ da und rief: „Ich habe eine gute
Nachricht für Sie, Herr Präsident. Gott hat dafür gesorgt, dass Ihre Leute
einen großen Sieg eingefahren haben. Alle Ihre Gegner sind tot!“ 32 „Und
was ist mit Abschalom, meinem Sohn? Geht es ihm gut?“, fragte David. Der
Typ antwortete: „Herr Präsident, was ihm passiert ist, müsste eigentlich

allen Ihren Feinden passieren. Jeder, der versucht, Sie abzulinken, hat das
verdient!"

19

Joab redet ein ernstes Wörtchen mit David

1 Der Präsident David war megafertig, als ihm klarwurde, was passiert war.
Er ging nach oben auf die Dachterrasse und weinte laut los: „Mein Sohn
ist tot! Mein Sohn Abschalom ist tot! Mein Sohn! O Mann, ich wäre lieber
selbst gestorben, damit mein Sohn noch leben könnte! Mein Sohn! Mein
Sohn ist tot!" 2 General Joab bekam dann eine Meldung rein: „Der Präsident
weint und trauert über den Tod von seinem Sohn Abschalom!" 3 Auch unter
den Soldaten machte das die Runde. „Schon gehört? Der Präsident trauert
um Abschalom!" Die Freude über den Sieg veränderte sich dann schnell in
Depristimmung. 4 Mit hängenden Köpfen schlichen die Soldaten durch die
Stadt, fast so wie Männer, die vor den Feinden weggelaufen waren. 5 Der Prä-
sident saß an seinem Schreibtisch, hatte die Hände über seinem Kopf und
weinte die ganze Zeit sehr laut: „Mein Sohn! Mein Abschalom! Abschalom,
mein Sohn ist tot!" 6 Joab ging dann zu David, um mal mit ihm ein ernstes
Wörtchen zu reden: „Das geht gar nicht, was Sie hier gerade abziehen! Ihre
Leute haben sich für Sie den Arsch aufgerissen! Sie haben heute Ihnen, Ihren
anderen Söhnen, Ihren Frauen und Nebenfrauen das Leben gerettet! Für
die muss das voll die Beleidigung sein, wenn Sie hier weiter so rumheulen.
7 Den Leuten, die Sie mögen, treten Sie in den Hintern, und die Leute, die
Sie hassen, lieben Sie? Wenn Sie so drauf sind, ist das ein Beweis für Ihre
Generäle und Ihre Soldaten, dass sie Ihnen eigentlich am Arsch vorbeige-
hen. Ist doch so, oder? Wenn Abschalom noch leben würde, aber wir alle tot
wären, dann wären Sie happy! Ganz toll! 8 Jetzt reißen Sie sich mal zusam-
men! Gehen Sie raus und reden Sie mit den Soldaten. Sagen Sie ihnen, dass
sie einen guten Job getan haben. Ich schwöre Ihnen: Wenn Sie das nicht
machen, werden noch heute Abend alle Männer bei mir die Kündigung ein-
reichen und gehen. Und das wird am Ende schlimmer für Sie sein als alles,
was Sie bisher in Ihrem Leben erlebt haben." 9 Irgendwie machte es da beim
Präsidenten „klick". Er stand auf und ging zu dem Stadttor. Schnell machte
das die Runde bei den Soldaten: „Der Präsident sitzt am Stadttor!" Also ver-
sammelten sie sich und zogen stolz, der Reihe nach, an dem Tor und dem
Präsidenten David vorbei.

David kommt zurück

10 Die Truppe, die gegen David gekämpft hatte, hatte sich aufgelöst, und alle
waren nach Hause zurückgekehrt. In allen Familienstämmen redete man
jetzt über die Sache mit David. Überall wurde diskutiert, und man sagte:

„Der Präsident hat uns vor den Philistern gerettet. Alle unsere Feinde hat er fertiggemacht. Und er musste wegen diesem Abschalom sogar aus unserem Land fliehen. 11 Jetzt ist dieser Abschalom endlich tot, der immerhin mit unserer Einwilligung zum neuen Präsidenten gemacht worden war. Worauf warten wir eigentlich noch? Lasst uns David zurückholen und ihm das Amt des Präsidenten wieder zurückgeben!" 12 David schickte dann eine Mail an die Priester Zadok und Abjatar: „... Organisieren Sie ein Treffen mit den Chefs vom Familienstamm Juda. Wenn alle da sind, müssen Sie denen Folgendes von mir ausrichten: „Wie ist es jetzt mit Ihnen? Alle in Israel wollen mich anscheinend wieder als ihren Präsident haben. Es gibt sogar ne Unterschriftenliste. Wollen Sie denn die Letzten sein, die unterschreiben? 13 Sie gehören doch zu meinem Familienstamm! In uns fließt dasselbe Blut. Wie kann das angehen, dass andere in dieser Frage schneller sind als Sie?" 14 Reden Sie auch mal mit Amasa. Dem können Sie Folgendes von mir ausrichten: ‚Amasa, wir sind ganz eng verwandt! Ich möchte dich am liebsten befördern. Wenn du willst, kannst du den Job als General meiner Armee haben. Das ist hiermit ganz fest versprochen, den Job hast du, auf sicher. Falls ich dieses Versprechen nicht einlöse, soll Gott mich dafür bestrafen. Bis dann, dein David'." 15 Mit dieser Aktion sorgte er dafür, dass alle wichtigen Männer aus dem Familienstamm Juda wieder voll auf seiner Seite standen. Sie schrieben einen Brief, wo schwarz auf weiß drinstand: „... Bitte kommen Sie zurück! Bringen Sie alle Soldaten mit!" 16 Also packte David seine Sachen und machte sich auf den Rückweg nach Jerusalem. Als er am Jordanfluss war, kamen ihm die Männer vom Familienstamm Juda aus Gilgal schon entgegen. Sie wollten ihn beim Übergang über den Fluss begleiten. 17 Mit dabei war auch Schimi, der aus dem Familienstamm Benjamin kam. Er war ein Sohn von Gera. Schimi war gekommen, um den Präsidenten zu begrüßen. 18 Er kam aber nicht alleine, sondern hatte noch tausend Soldaten mitgenommen, die alle aus dem Familienstamm Benjamin kamen. Auch Ziba, der Manager von Sauls Enkel Merib-Baal, war dabei. Er hatte seine fünfzehn Söhne und zwanzig Angestellten mitgebracht. Der ganze Trupp war sogar noch vor dem Präsidenten am Jordan angekommen. 19 Sie hatten sich an einer Brücke aufgestellt, um dem Präsidenten und seinen Angestellten beim Übergang über den Fluss behilflich zu sein, wo es nötig war. Als David gerade seinen ersten Schritt auf die Brücke setzte, um den Jordan zu überqueren, warf sich Schimi vor ihm platt auf den Boden. 20 „Bitte, mein Präsident, bestrafen Sie mich nicht für das, was ich Ihnen angetan habe, als Sie aus Jerusalem abgehauen sind! Bitte nicht mehr böse sein! 21 Mir ist schon klar, ich hab richtig Scheiße gebaut. Bitte! Ich war immerhin auch der Erste, der hier war, um meinen Präsidenten zu empfangen!" 22 David wollte gerade antworten, da schrie Abischai dazwischen: „Der Typ muss sterben! Er hat

über den besonderen Präsidenten von Gott abgelästert!“ 23 „Was geht dich
das an?“, rief David. „Mischt euch nicht in Sachen, die euch nichts angehen!
Ich mein jetzt euch Söhne von Zeruja. Habt ihr sie nicht mehr alle? An so
einem Tag wie heute wird hier niemand angeklagt! Heute bin ich endlich
wieder zum Präsidenten von Israel gemacht worden! An so einem guten Tag
wird hier niemand getötet. Ist das klar?“ 24 Dann beugte er sich zu Schimi
rüber und sagte ihm: „Sie müssen nicht sterben! Das verspreche ich Ihnen
hiermit.“ 25 Mit im Begrüßungskomitee war auch Merib-Baal, der Enkel
von Saul. Seit dem Tag, an dem David aus Jerusalem abhauen musste, hatte
er sich demonstrativ nicht geduscht, nicht rasiert, nie die Klamotten ge-
wechselt und war auch nicht zum Friseur gegangen. 26 Als er bei David
ankam, fragte ihn der Präsident: „Sag mal, warum bist du damals eigentlich
nicht mit mir gekommen?“ 27 Der Enkel von Saul antwortete: „Mein Chef,
mein Präsident! Ich wollte ja, aber mein Pflegepersonal ist schuld. Ich hatte
ihm gesagt, er sollte meinen elektrischen Rollstuhl klarmachen, damit ich
den Präsidenten begleiten kann. Sie wissen ja, dass ich seit Jahren an den
Beinen gelähmt bin und nicht gehen kann. 28 Aber dieser Typ war auf der
Seite vom Gegner und hat Sie belogen. Zum Glück kann man Sie nicht so
schnell bescheißen, Sie sind wie ein Engel von Gott. Ich gehöre Ihnen, Sie
können mit mir machen, was Sie wollen. 29 Alle aus der Familie von meinem
Vater mussten damit rechnen, von Ihnen getötet zu werden, auch ich. Aber
anstatt mich umzubringen, haben Sie mir sogar erlaubt, dass ich immer mit
Ihnen zu Mittag essen durfte. Ich hab nicht das Recht, Sie noch um irgend-
einen Gefallen zu bitten.“ 30 „Genug gelabert!“, sagte David. „Ab sofort sollst
du dir den Besitz von Saul mit Ziba teilen! Das ist jetzt Gesetz!“ 31 „Ist in
Ordnung, der kann von mir aus alles haben!“, antwortete Merib-Baal. „Ich
bin nur froh, dass Sie wieder zu Hause sind und dass es Ihnen gutgeht,
mein Präsident!“

Abschied von einem Typen, der immer voll zu David gestanden hatte

32 Barsillai war extra aus Roglim in Gilead gekommen, um David bis zum
Jordan zu begleiten und sich dort von ihm zu verabschieden. 33 Der Typ hatte
echt viel Kohle und hatte David immer mit Lebensmitteln unterstützt, als
er noch in Mahanajim gewohnt hatte. Barsillai war mit seinen 80 Jahren
schon lange Rentner. 34 David sagte zu ihm: „Was halten Sie von der Idee,
wenn Sie mit in meinem Haus in Jerusalem wohnen? Dort könnte ich mich
um Sie und Ihre Familie kümmern!“ 35 „Hm, nette Idee. Aber ich bin für so
einen Umzug langsam zu alt. Warum sollte ich nach Jerusalem ziehen?
36 Ich hab die 80 gerade überschritten, und langsam bin ich in dem Alter,
dass mir viele Sachen irgendwie unwichtig werden. Ich kann nichts mehr
schmecken, egal ob ich was esse oder trinke. Außerdem brauch ich ein Hör-

gerät und kann ohne das noch nicht mal ein Konzert richtig genießen. Ich
wäre doch nur eine Belastung für den Präsidenten ! 37 Außerdem hab ich so
eine Ehre echt nicht verdient! Ich wollte einfach nur die paar Meter mitgehen
und meinen Präsidenten ein Stück begleiten. 38 Ich möchte jetzt lieber wie-
der zurück nach Hause. Dann kann ich in Ruhe dort sterben, wo mein Vater
und meine Mutter auch begraben wurden. Wenn Sie wollen, kann ja mein
Sohn Kimham mit Ihnen gehen und Ihnen helfen. Er steht Ihnen hundert-
prozentig zur Verfügung!" 39 „Abgemacht!", sagte David. „Kimham soll mit-
kommen. Ich werde mich um ihn kümmern, so wie Sie es sich wünschen.
Und wenn Sie mal irgendwas brauchen oder so, dann sagen Sie bitte Be-
scheid, ja?" 40 Jetzt waren die letzten Sachen erledigt, und David zog mit
seinen Männern über den Jordanfluss. Bevor der Präsident selbst über die
Brücke ging, umarmte er noch mal Barsillai und betete für ihn. Barsillai ging
dann wieder nach Hause. 41 David zog aber weiter nach Gilgal. Alle Soldaten
von Juda, die Hälfte der Männer von Israel und auch Kimham waren mit
dem Präsidenten dabei.

Die Familienstämme von Israel zecken den Stamm Juda etwas an

42 Die Familienstämme von Israel kamen dann beim Präsidenten David in
Gilgal mit einer Beschwerde an. „Wie kann das angehen, dass die Leute aus
dem Familienstamm Juda sich einfach vorgedrängelt haben? Warum durften
die jetzt Sie und Ihre Familie über den Jordan begleiten und nicht wir?"
43 Die Männer von Juda antworteten auf diese Beschuldigung: „Hallo? Der
Präsident kommt immerhin aus unserer Familie! Was ist los mit euch! Was
macht ihr hier so einen Alarm? Haben wir euch jetzt den Präsidenten weg-
genommen oder was? Oder hat er uns jetzt irgendwelche Sachen erlaubt,
die ihr nicht dürft?" 44 Darauf antworteten die anderen Familienstämme von
Israel: „Also, über 90 Prozent vom Präsidenten gehören uns, das ist doch
wohl klar! Warum habt ihr keinen Respekt vor uns? Wir haben auch als Erste
gesagt, dass wir den Präsidenten abholen wollen, oder?" Die Diskussion
wurde immer heißer, und die Männer von Juda legten argumentationsmäßig
immer noch einen drauf.

20

Scheba probt den Aufstand

1 Zufällig wohnte in Gilgal noch so ein fieser Typ, der Scheba hieß. Er war
aus dem Familienstamm Benjamin und ein Sohn vom Bichri. Scheba ließ
überall Flyer verteilen, auf denen so ein Anti-David-Text draufstand: „Was
haben wir mit diesem David zu schaffen? Wir gehören doch nicht zum
gleichen Familienstamm wie dieser Sohn vom Isai! Geht alle wieder nach
Hause!" 2 Viele Israeliten ließen sich von ihm überzeugen. Sie verließen die

Armee von David und gingen zu Schebas Truppe. Nur die Soldaten aus
dem Familienstamm Juda blieben treu bei ihrem Präsidenten, sie begleiteten
ihn vom Jordan bis nach Jerusalem. 3 Als David nach Hause in seinen Präsi-
dentenpalast kam, war einer seiner ersten Befehle, die zehn Nebenfrauen,
die er dort zurückgelassen hatte und die sich um seinen Präsidentenpalast
gekümmert hatten, in ein anderes Gebäude bringen zu lassen. David schlief
nicht mehr mit ihnen, sie lebten für den Rest ihres Lebens total abgeschottet
von der Außenwelt, fast so wie Frauen, deren Mann gestorben war. 4 Irgend-
wann befahl er Amasa: „Zieh mal alle wehrfähigen Männer aus dem Fami-
lienstamm Juda ein! Übermorgen will ich sie hier mustern.“ 5 Amasa ging
sofort los und versuchte, diese Musterung so schnell es ging zu organisie-
ren, aber er schaffte es nicht, die Frist ganz einzuhalten. 6 In einer Bespre-
chung mit Abischai meinte David: „Scheba ist auf dem besten Weg, noch
gefährlicher für uns zu werden, als Abschalom es je gewesen war. Darum
ist mein Befehl, den jetzt so schnell es geht dingfest zu machen. Ruf meine
Truppe zusammen und verfolge ihn, bevor er noch die großen Städte im
Krieg einnimmt. Dann wären wir nämlich die Dummen.“ 7 Die Truppe von
Joab zog dann unter der Führung von General Abischai von Jerusalem aus
los, um Scheba und seine Leute zu verfolgen. Mit am Start waren sogar die
Spezial-Security-Einheit vom Präsidenten David und die sogenannten „drei-
ßig Helden“. 8 Als sie bei dem berühmten „Großen Felsen“ in Gibeon ange-
kommen waren, trafen sie auf Amasa, der kurz vorher dort auch eingetroffen
war. Joab hatte seine übliche Uniform an, versteckte aber unter seiner Jacke
eine abgesägte Schrotflinte. Sie war durch eine Spezialvorrichtung gesichert,
die sich bei einer bestimmten Bewegung automatisch entriegelte. 9 „Hey,
Amasa, alles klar bei dir?“, begrüßte ihn Joab. Er ging auf ihn zu und tat so,
als wollte er ihn umarmen. 10 Amasa schnallte nicht, dass Joab in der ande-
ren Hand eine abgesägte Schrotflinte unter dem Mantel versteckt hatte.
Als er nahe genug an ihm dran war, drückte er ab und schoss Amasa in den
Bauch. Es brauchte keinen zweiten Schuss, Amasa war sofort tot. Er sackte
auf der Stelle zusammen, und seine ganzen Eingeweide quollen aus seinem
Bauch raus. Joab und sein Bruder Abischai machten dann weiter Jagd auf
Scheba. 11 Einer von Joabs Leuten stellte sich neben die Leiche von Amasa
und rief laut: „Alle Männer, die für David sind: Folgt Joab hinterher!“ 12 Als er
mitbekam, dass einige der Soldaten aber von der blutenden Leiche von
Amasa derart abgelenkt wurden, zog er sie von der Straße in einen Seiten-
graben und warf eine Decke drüber. Seine Idee dabei war, dass jetzt nicht
mehr so viele Schaulustige stehenblieben und die Truppe von Joab zügig
weitermarschieren konnte. 13 Und es funktionierte. Sobald die Leiche
weg war, zog die Truppe ohne große Unterbrechung weiter, um sich Scheba
zu greifen. 14 Scheba zog durch ganz Israel bis nach Abel-Bet-Maacha.

Überall, wo er war, traf er auf Leute, die bei ihm mitmachen wollten. Viele
Männer kamen auf die Art zu seiner Truppe dazu. [15] Als Joab schließlich
mit seiner ganzen Armee bei der Stadt angekommen war, wo sich Scheba
versteckt hielt, bauten sie dort eine Angriffsrampe, um die vordere, erste
Schutzmauer damit zu überwinden. Nachdem das Ding fertig war, schafften
sie es, das erste Hindernis zu meistern, und standen jetzt direkt vor der
Hauptmauer. Der Plan war, als Nächstes diese Mauer mit Sprengladungen
zum Einsturz zu bringen. [16] Aber in der Stadt lebte zu der Zeit eine ältere
Frau, die echt Ahnung vom Leben hatte. Sie versuchte irgendwie, mit dem
Telefon den General Joab ans Handy zu kriegen. „Entschuldigen Sie, können
Sie mir mal den General Joab ans Telefon holen?“, fragte sie den Unteroffi-
zier, als sie schließlich durchgekommen war. [17] „Spreche ich mit General
Joab?“, fragte sie noch mal nach, als sie ihn am Hörer hatte. „Ja, das bin
ich!“, antwortete Joab. „Bitte hören Sie mir zu! Solange ich denken kann,
gibt es diesen Spruch: ‚In Abel gibt es immer einen guten Tipp, wenn man
den befolgt, wird alles gut!‘ [19] Unsere Stadt gehört zu den treusten Städten
in Israel, bei uns geht auch nie der Punk ab, wir sind immer sehr entspannt.
Wir haben sogar den ‚Mutter-in-Israel-Preis‘ letztes Jahr gewonnen. Aber
jetzt wollen Sie uns plattmachen? Warum wollen Sie denn das kaputt
machen, was eigentlich Gott selbst gehört?“ [20] „Nein, auf keinen Fall, das
hatte ich nie vor! Ich will Ihre Stadt nicht kaputt machen, [21] das ist eine
absolute Fehlinformation! Wir sind nur hinter einem Mann her, der aus den
Bergen von Efraim stammt und Scheba heißt. Er kommt aus der Familie
vom Bichri und hatte einen Aufstand gegen den Präsidenten David geplant.
Wenn Sie den rausrücken, ziehen wir wieder ab!“ „Ach so!“, antwortete die
Frau. „Gut, dann werden wir dafür sorgen, dass er gefasst wird, müssen
ihn töten und seinen Kopf über die Stadtmauer werfen.“ [22] Die Frau redete
dann mit den Leuten in der Stadt, die was zu sagen hatten, und weil sie sehr
gut labern konnte, waren alle schnell ihrer Meinung. Scheba wurde gepackt
und einen Kopf kürzer gemacht. Dann warfen sie seinen Kopf über die
Mauer. Joab ließ einen Funkspruch los, und die ganze Belagerung wurde
sofort abgebrochen. Die Soldaten von Juda gingen wieder nach Hause, und
Joab machte Meldung beim Präsidenten.

Noch ein paar Namen von oberen Beamten in der Regierungszeit von David

[23] Joab war oberster Befehlshaber über das ganze Heer von Israel. Benaja,
der Sohn von Jojada, befehligte Davids Leibwächter. [24] Adoniram war der
Arbeitsminister. Joschafat, der Sohn von Ahilud, war für die Öffentlichkeits-
arbeit zuständig. [25] Schewa war der Chef vom Verwaltungsamt. Zadok und
Abjatar waren Priester [26] und auch Ira aus Jair hatte einen Job als Priester
von David bekommen.

21

Noch ein paar Nachträge zu der Zeit, als David Präsident war

1 In der Zeit, als David der Präsident war, gab es einmal drei Jahre, wo es im
ganzen Land nichts zu essen gab. David ging dann zu der besonderen Kiste
mit den Gesetzen und redete mit Gott über die Sache. „Warum ist das so,
Gott?", fragte er ihn, und der antwortete David auch: „Der Grund ist, weil
Saul einmal in Gibeon viele unschuldige Bewohner abgeschlachtet hat. Das
Ding war total daneben und ist noch nicht beglichen worden." 2–3 Die Leute
aus Gibeon waren keine Israeliten, sie waren ein Rest von den Amoritern,
die dort früher gelebt hatten. Die Israeliten hatten ihnen damals ganz fest
versprochen, sie nicht komplett zu vernichten. Trotzdem hatte Saul sich
irgendwann nicht mehr an diese Abmachung gehalten und doch versucht,
alle Amoriter zu töten, weil er sich voll für Israel einsetzen wollte. Der Prä-
sident David organisierte dann mal ein Treffen mit den Chefs von Gibeon
und fragte sie: „Was kann ich für Sie tun, um das Ding wieder geradezubie-
gen? Ich möchte, dass Sie unseren Leuten Gutes wünschen und sie segnen!"
4 „Wir wollen keine Entschädigungszahlungen von Ihnen, und wir wollen
auch nicht, dass einer von den Israeliten getötet wird", antworteten sie.
„Was kann ich denn dann noch für euch machen?", fragte David weiter. 5 „Es
war ja Saul, der uns vernichten wollte. Sein Befehl war, dass es im ganzen
Gebiet von Israel keinen Ort mehr geben soll, wo wir noch leben können.
6 Wir wollen uns aber an sieben Männern rächen, die irgendwie aus seiner
Familie kommen. Es wäre eine gute Sache, wenn wir die in der Heimatstadt
vom Ex-Präsidenten Saul öffentlich erschießen lassen könnten. Gott soll
dabei unser Zeuge sein." David war einverstanden. 7 Allerdings wurde Merib-
Baal nicht an sie ausgeliefert. Der war ja ein Enkel vom Saul und ein Sohn
von Jonatan, mit dem David eng befreundet gewesen war. Er hatte Jonatan ja
auch ganz fest versprochen, aus seiner Familie niemanden zu töten. 8 David
nahm dafür Armoni und Mefi-Boschet, die beiden Söhne von Sauls Frau
Rizpa. Rizpa war eine Tochter von Aja. Dann kamen noch die fünf Söhne
dazu, die Sauls Tochter Merab ihrem Mann Adriel, dem Sohn von Barsillai
aus Mehola, geboren hatte. 9 Die wurden den Männern aus Gibeon über-
geben. Alle wurden gleichzeitig oben auf dem Berg öffentlich hingerichtet,
und Gott war Zeuge. Das passierte am Anfang der Zeit, wo die Gerste
gerade abgeerntet wurde. 10 Die Mutter Rizpa nahm sich ein schwarzes
Bettlaken, legte das über einen Felsen und setzte sich da drauf. Dort blieb
sie demonstrativ die ganze Zeit sitzen, vom Beginn der Ernte bis zum
ersten Regen. Sie bewachte die Leichen ihrer Söhne, damit kein Rabe oder
sonst ein wildes Tier sie anknabbern konnte. 11 Als David davon hörte, was
Rizpa für die Leichen von ihren Söhnen tat, hatte er eine Idee. 12 Er ließ

die Chefs der Stadt Jabesch in Gilead den Sarg von Saul und seinem Sohn
Jonatan holen. Die Männer aus Jabesch hatten die Leichen der beiden
damals von Bet-Schean weggebracht, als diese von den Philistern nach
ihrem Sieg auf dem Gilboa-Gebirge an einem Baum aufgehängt worden
waren. 13–14 Nachdem die Särge dort waren, tat man sie mit den Särgen der
sieben Männer, die hingerichtet worden waren, zusammen in das Familien-
grab von Sauls Vater Kisch. Alles wurde genau so durchgeführt, wie David
es angeordnet hatte. Als die Sache erledigt war, hörte Gott wieder auf die
Gebete von seinen Leuten, und die Zeit, wo es kein Essen mehr gab, war
schnell zu Ende.

Noch ein paar Infos zu den Kriegen gegen die Philister

15 Einmal gab es wieder einen Krieg gegen die Philister, die in das Land von
Israel eingefallen waren. David sammelte seine Armee und kämpfte gegen
sie. Irgendwann, als er gerade echt alle war, 16 kam so ein riesengroßer Typ
auf ihn zu, um ihn im Nahkampf zu töten. Dieser Soldat hieß übrigens
Jischbi-Benob. Er hatte eine Kalaschnikow dabei, die alleine 5 Kilo wog, und
eine schusssichere Weste hatte er auch an. 17 Abischai war gerade noch recht-
zeitig da und rettete David vor diesem Philister. Nach der Aktion redeten
seine Leute voll auf David ein. Sie wollten, dass er sich ab sofort aus allen
Kampfhandlungen raushalten sollte. „Wenn du tot bist, ist Israel am Ende!",
sagten sie zu ihm. 18 Einige Zeit später gab es dann wieder einen Krieg gegen
die Philister in der Nähe von Gob. Damals tötete Sibbechai, der aus Huscha
kam, den Sippai. Sippai war auch so einer von der Sorte Mensch mit Über-
größe. 19 Bei einem weiteren Gefecht in Gob tötete Elhanan den Philister
Goliat aus Gat. Elhanan stammte aus Bethlehem und war ein Sohn von Jair.
Der Lauf der Pumpgun von dem großen Philister Goliat war so dick wie der
Mast einer Straßenlaterne. 20 Bei einem anderen Kampf bei der Stadt Gat war
so ein Mutant bei den Gegnern, der sechs Finger an der Hand und sechs
Zehen an jedem Fuß hatte. Insgesamt hatte der Typ 12 Finger und 12 Fußze-
hen! 21 Er verarschte die Israeliten so lange, bis Jonatan, der Sohn von Davids
Bruder Schima, ankam und ihn umnietete. 22 In der Zeit gab es insgesamt
vier von diesen XXL-Typen in Überlänge, die aus Gat kamen und von Rafa
abstammten. Alle wurden von David und seinen Männern getötet.

22

David sagt Gott ein fettes Danke

1 Nachdem Gott David vor Saul und seinen anderen Feinden gerettet hatte,
schrieb David das Ganze noch mal in einem Rap auf:
2 „Gott ist stabil wie ein Betonboden, bei ihm bin ich so sicher wie in einem
Bunker, und er holt mich aus jedem Mist wieder raus.

[3] Bei ihm bin ich in Sicherheit, er beschützt mich wie ein Bodyguard, er ist
der beste Therapeut, passt immer auf mich auf.
[4] Wenn ich ihn brauche, ruf ich bei ihm an, und dann rettet er mich ganz
schnell vor meinen Feinden.
Ich wurde bedroht vom Tod, ätzende Sachen waren plötzlich überall,
ich war voll am Leiden.
[5] Das Wasser stand mir bis zum Hals, die Tsunamiwellen des Lebens
überfluteten mich, fast wäre ich abgesoffen.
[6] Die Dunkelheit hielt mich fest, mit Handschellen des Todes war ich
gefesselt, doch durch Gott konnte ich wieder hoffen.
[7] Ich konnte einfach nicht mehr, hab zu Gott geschrien, zu meinem Chef
und durch ihn bekam ich wieder Mut.
[8] Plötzlich gab es ein Erdbeben der Stärke sieben, einen Donner im Himmel,
und selbst die Wolken hatten Schiss vor seiner Wut.
[9] Wie ein Vulkan sieht er aus, wenn er sauer ist, dann kommt Rauch aus
seiner Nase und glühende Lava aus seinem Mund.
[10] Er kommt tief runter aus dem Himmel auf die Erde in dunklen Wolken,
es tut sich auf ein tiefer schwarzer Schlund.
[11] Er reitet auf der größten Boeing, er hat Riesenflügel, die sind wie die Böen
vom krassesten Sturm und Orkan.
[12] Er versteckt sich in der tiefsten Dunkelheit, in großen Meerestiefen, im
Schwarzen Loch oder auch im Ozean.
[13] Sein hellstes, krassestes Leuchten strahlt so viel Wärme aus wie die Sonne
mit ihren mehreren Millionen Grad.
[14] Dann hat er mal eben einen Donner organisiert, der aus dem Himmel
die Erde beschallt hat, das ist so seine Art.
[15] Er hat aus vollen Rohren geschossen, meine Feinde hatten totale Angst
und sind so schnell es ging geflohen.
[16] Man konnte plötzlich den Grund vom Meer sehen, bis zum Erdkern
gucken, keiner kam davon ungeschoren.
[17] Von oben kam eine Hand aus dem Himmel, er hat mich gepackt und
einfach aus der Scheiße rausgeholt.
[18] Er hat mich vor meinen Feinden gerettet, selbst mächtige Leute, die viel
stärker waren als ich, hat er nicht verschont.
[19] Als ich ganz unten war, wo ich wirklich im Dreck saß, da hat er, mein Gott,
mich vor diesen Typen bewahrt.
[20] Er hat alles um mich herum freigeschaufelt, alles aus dem Weg geräumt,
was dastand. Weil er mich liebt, war er immer da.
[21] Gott ist so mit mir umgegangen, weil ich okay für ihn gelebt hab, ich war
immer treu, darum war er immer gut zu mir.

22 Hab immer getan, was er mir gesagt hat, hab nie großen Mist gebaut,
da gab es nichts, was gestanden hätte zwischen ihm und mir.
23 Die Sachen, die Gott gesagt hatte, waren mir immer super wichtig,
und wenn er was von mir wollte, hab ich es schnell umgesetzt.
24 Wenn er was sagt, ich bin dabei. Um Sachen, die er nicht gut findet,
hab ich einen Bogen gemacht, sein Wille war für mich das Gesetz.
25 Mein Gott hat mir immer echt viel geholfen, weil ich treu zu ihm war,
und er weiß, dass ich keinen Mist verzapft habe.
26 Wer dir, Gott, treu ist, dem bist du auch treu, wer tut, was du sagst,
findet bei dir immer ein offenes Ohr, keine Frage.
27 Wer sauber lebt, erlebt dich auch sauber, doch die fiesen Typen werden
dich als ihren Feind zu spüren bekommen.
28 Die Leute, die fertiggemacht werden, bringst du groß raus, aber den
arroganten Deppen wird ihr Sieg weggenommen.
29 Gott, du bist mein Halogenstrahler, du machst alles vor mir hell, wegen
dir wird mich nichts vom Weg abbringen.
30 Mit dir schlage ich eine ganze Armee von Feinden in die Flucht, mit dir
kann ich über jede hohe Mauer springen!
31 Alles, was Gott macht, ist perfekt, was er sagt, stimmt einfach, und wenn
man flieht, findet man bei ihm sicheren Schutz.
32 Es gibt keinen anderen Gott, nur er ist Gott, und bei ihm ist man immer
in Sicherheit, bei ihm bröckelt nie der Putz.
33 Er gibt mir immer wieder Kraft, wenn ich alle bin, er hilft mir, den besten
und einfachsten Weg zu sehen.
34 Er sorgt dafür, dass ich einen guten Stand habe, er hilft mir, auf den
krassesten Gipfel zu gehen.
35 Er bringt mir bei, wie man sich wehrt, wie ich mit dem MG umgehen kann,
er lehrt mich das Schießen im Park,
36 Gott, du bist meine schusssichere Weste, du hilfst mir immer; wenn ich
weiß, dass du da bist, fühl ich mich stark.
37 Du hast den Weg, der vor mir war, freigeschaufelt. Jetzt kann ich, ohne zu
stolpern, schnell weiterkommen.
38 Ich habe meine Feinde verfolgt, hab sie alle vernichtet, war hartnäckig
hinter ihnen her, keiner konnte entkommen.
39 Ich hab sie niedergeschossen, hab sie festgenommen, sie konnten sich
am Ende nur noch vor mir verbeugen.
40 Die Kraft dafür hatte ich von dir, ich bekam von dir Power, konnte über sie
siegen, das werde ich nie leugnen.
41 Sie mussten alle schon vor mir fliehen, alle, die mich mal gehasst haben,
konnte ich irgendwie besiegen.

42 Sie riefen überall um Hilfe an, aber keiner hat ihnen geholfen, und du warst für sie auch nicht zu kriegen.
43 Ich hab sie komplett plattgemacht, sie wurden zu Staub, den der Wind wegpustet. Ich hab sie weggefegt wie Straßenmüll.
44 Du hast mich sogar vor meinen eigenen Leuten gerettet, als sie eine Demo gegen mich gestartet hatten mit lautem Gebrüll.
45 Regierungen von anderen Staaten kommen jetzt bei mir an, tun, was ich sag, würden mir am liebsten die Füße küssen.
46 Sie haben keine Kraft mehr, um mir zu widerstehen, sie kommen mit Riesenangst und sind kurz davor, sich in die Hose zu pissen.
47 Gott lebt! Und ich will ihm immer ‚danke' sagen. Er beschützt mich wie ein Bunker, keiner kann mir eins überbraten.
48 Er hat mir erlaubt, mich an meinen Feinden zu rächen, er hat mir den Sieg gegeben im Krieg über andere Staaten.
49 Gott, du hast mich gerettet, obwohl meine Feinde mich schon fast hatten. Ich war in ihrem Foltergefängnis, aber du hast mich befreit.
50 Darum will ich mich bei dir bedanken, dir Lieder singen. Egal wo ich bin, muss das jeder hören, egal zu welcher Zeit.
51 Du hast deinem Präsidenten geholfen, die fetten Siege einzufahren.
Du hast mir, deinem ausgesuchten Mann, deine Liebe gezeigt.
So bist du zu mir gewesen und auch zu meinen Söhnen, das wird auch immer so bleiben, es gilt für alle Generationen, zu jeder Zeit!"

23

Die letzten Worte von David

1 Hier kommen jetzt die letzten Sachen, die David gesagt hat und die ihm
total wichtig waren: „Hört mal alle zu, denn die Dinge, die jetzt gesagt wer-
den, kommen von mir, David. Ich bin nur ein Sohn von Isai, aber Gott hat
mich ganz nach oben gebracht. Der Gott von Jakob hat mich zum Präsiden-
ten von Israel gemacht, und meine Lieder kommen in Israel immer in die
Top Ten. 2 Gott hat durch mich geredet, seine Worte kamen aus meinem
Mund. 3 Der Gott von Israel, auf den man sich voll verlassen kann, hat zu
mir gesagt: ‚Einen Präsidenten, der über seine Leute gerecht regiert, der
Respekt vor Gott hat, der die Sachen tut, die er sagt, 4 den kann man gut mit
der Sonne vergleichen, wenn sie ganz früh morgens an einem wolkenlosen
Himmel aufgeht. Oder er ist so, wie wenn es nach dem Regen überall gut
riecht und das Gras anfängt zu wachsen.' 5 Ich und meine Familie, wir ste-
hen voll auf Gottes Seite. Er hat mit mir einen Vertrag gemacht, der für
immer gelten wird. Gott hat das so organisiert, und er achtet da drauf, dass
alles auch eingehalten wird. Ich kann mich immer hundertprozentig da
drauf verlassen, dass er mir hilft, wenn ich ihn brauche. Und wenn ich etwas

anfange, sorgt er dafür, dass es ein Erfolg wird. 6 Vergesst die ganzen
schrägen Vögel! Die sind wie gebrauchtes Klopapier, keiner würde die ohne
Handschuhe anfassen, um sie wegzuwerfen. 7 Mit alten Gummihandschu-
hen hebt man sie auf und schmeißt sie ins Klo. Deckel hoch, Klopapier rein,
runterspülen und weg damit."

Die Helden aus Davids Truppe

8 Jetzt kommen die Namen von den berühmten Helden aus der Truppe von
David: Als Erstes steht Jischbaal aus der Familie vom Hachmoni, er war der
Offizier der „dreißig Helden". Er kämpfte mit einer MP gegen 800 Soldaten
und erschoss sie alle in einem einzigen Kampf. 9 An zweiter Stelle kommt
Eleasar, der Sohn von Dodo aus Ahoach. Er war einer der drei Typen, die
David damals bei sich hatte, als die Israeliten den Philistern den Krieg erklär-
ten. Damals haben die Philister einen Überraschungsangriff gestartet, und
die Soldaten von Israel mussten sich zurückziehen. 10 Eleasar blieb aber in
seiner Stellung. Er kämpfte so lange gegen die Philister, bis er seinen Arm
nicht mehr hochheben und sein Gewehr nicht mehr halten konnte. Auf die
Art sorgte Gott dafür, dass die Israeliten damals einen fetten Sieg eingefah-
ren haben. Weil er so hart drauf war, folgten ihm die anderen Soldaten. Als
sie dann auf dem Schlachtfeld waren, konnten sie aber nur noch die Beute
einsammeln, der Gegner war schon von Eleasar ausgeschaltet. 11 Als dritter
Held soll hier noch der Schamma aus Harar erwähnt werden, der aus der
Familie vom Age kam. Die Philister kämpften damals auf einem Weizenfeld
bei Lehi gegen die Israeliten, und sie hatten wohl keine Chance und flohen.
12 Da stellte Schamma sich mitten auf das Feld und wehrte den Angriff der
Philister ab. Dadurch sorgte Gott für einen grandiosen Sieg für die Israeliten.

Drei Stars aus der Armee vom David

13 In der Erntezeit hatte einmal eine Abteilung vom Heer der Philister ihr
Lager in der Ebene Refaim aufgeschlagen. Drei von den Stars aus Davids
Spezialtruppe der „dreißig Helden" besuchten ihn dann, als er gerade im
Bunker Adullam war. 14 In dem Bunker hatte er seine Stellung aufgebaut.
Damals belagerte die Armee der Philister auch gerade Bethlehem. 15 Irgend-
wie hatte David plötzlich Bock auf eine Cola und sagte deswegen mehr
aus Spaß zu den Männern: „Ich hab voll Durst! Wer bringt mir eine Cola aus
dem Automaten, der in Bethlehem-City steht?" 16 Die drei zogen sofort los,
schlichen sich nachts durch das Lager der Philister und zogen für David eine
Cola aus dem Automaten, der in der Innenstadt stand. Die brachten sie
dann bei David vorbei. Aber das Ding war echt zu heftig für ihn, David wollte
die nicht so mal eben austrinken. Darum spendierte er das Teil Gott, er goss
die Cola auf die Erde und sagte dazu: 17 „Nein, Leute, die Cola ist mir zu

wertvoll geworden. Das wäre so, als wenn ich das Blut von meinen Männern
trinken würde. Sie haben ihr Leben dafür aufs Spiel gesetzt! Das wäre nicht
korrekt, wenn ich das tun würde." Er wollte sie einfach nicht trinken. Das war
zum Beispiel so eine Sache, die diese drei Helden gebracht haben. 18–19 Der
Anführer von den dreißig war Abischai, ein Bruder von Joab. Einmal brachte
er in einer Schlacht mit einer MP dreihundert Männer um. Von den berühm-
ten „dreißig Helden" war er schon ganz vorne dabei, er wurde irgendwann
sogar deren Anführer. Aber den „drei Stars" konnte er nicht das Wasser rei-
chen. 20 Benaja aus Kabzeel, ein Sohn vom heftigen Jojada, hatte auch krasse
Sachen gebracht. Er tötete zum Beispiel die beiden mächtigen Typen, die
als die „Pitbulls von Moab" berühmt geworden waren. Und der wurde ein-
mal in einem Keller von einem fiesen Kampfhund angefallen und hatte
den dann mit einem Fausthieb auf den Kopf getötet. 21 Er nietete auch einen
echt großen Ägypter im Nahkampf um, der mit einer Pumpgun bewaffnet
war. Dabei hatte er nur einen Stock in der Hand. Er sprang auf den Ägypter
zu, riss ihm die Knarre aus der Hand und erschoss ihn damit. 22 Weil er
solche Sachen gebracht hat, wurde Benaja genauso berühmt wie einer von
den „drei Stars". 23 Er hatte auch einen super Ruf unter den „dreißig Hel-
den", aber an die „drei Stars" kam er nicht ran. Er wurde von David zum
Chef seiner Bodyguardtruppe befördert. 24 Zu den „dreißig Helden" gehör-
ten: Asael, der Bruder von Joab, Elhanan, ein Sohn von Dodo, der aus Beth-
lehem stammte, 25 Schamma und Elika aus Harod, 26 Helez aus Bet-Pelet,
Ira, der Sohn von Ikkesch, aus Tekoa, 27 Abieser aus Anatot, Sabeni aus
Huscha, 28 Zalmon aus Ahoach, Mahrai aus Netofa, 29 Heled, der Sohn von
Baana, aus Netofa, Ittai, der Sohn von Ribai, aus Gibea (was im Gebiet vom
Familienstamm Benjamin liegt), 30 Benaja aus Piraton, Hiddai aus Nahale-
Gaasch, 31 Abialbon aus Bet-Araba, Asmawet aus Bahurim, 32 Eljachba aus
Schaalbon, Jaschen aus Gun, Jonatan, 33 der Sohn von Schamma (der aus
Harar war), Ahiam, der Sohn von Scharar (der aus Arar kam), 34 Elifelet, der
Sohn von Ahasbai, aus Maacha, Eliam, der Sohn von Ahitofel, aus Gilo,
35 Hezro aus Karmel, Paarai aus Arab, 36 Jigal, der Sohn von Natan, aus
Zoba, Bani aus Gad, 37 der Ammoniter Zelek, Nachrai aus Beerot (der sich
um die Waffen von Joab kümmerte), 38 Ira und Gareb aus Jattir 39 und
der Hetiter Urija. Insgesamt waren es siebenunddreißig Männer.

24

David will seine Leute zählen, aber Gott will das nicht

1 Es gab da noch so eine Geschichte, wo die Israeliten richtig Scheiße gebaut
haben und Gott ziemlich sauer auf sie war. Und zwar war das so, dass Gott
David mal austesten wollte, etwas zu tun, was für ihn und seine Leute total
ätzend enden musste. Gott fragte ihn: „Na, was hältst du von der Idee, mal

die Leute von ganz Israel zu zählen?!“ 2 David sagte dann seinem General
Joab, er sollte das für ihn organisieren. „Gehen Sie mal durch die ganzen
Familienstämme von Israel, und machen Sie eine Liste von allen wehrfähigen
Männern, die wir zum Bund einziehen könnten. Ich will wissen, wie viele
Männer wir zur Verfügung haben von Dan im Norden bis nach Beerscheba
im Süden!“ 3 Joab war nicht so begeistert. „Hey, Chef, mein Präsident, also,
ich bin ja auch dafür, dass Gott unser Heer noch hundertmal größer macht,
als es jetzt schon ist. Ich wünsche Ihnen auch von Herzen, dass Sie das noch
erleben werden. Aber warum jetzt die Soldaten zählen?“ 4 Aber David ließ
nicht locker, obwohl Joab und auch seine anderen Generäle die Idee nicht so
toll fanden. Also führten sie den Befehl aus und musterten alle wehrfähigen
Männer ab 18 Jahren. 5 Joab fing mit der Musterung auf der anderen Seite
vom Jordan an. Er zog mit den anderen Generälen in die Aroer-Gegend und
in die Stadt, die im Arnontal liegt, und trug die Namen der Männer in Listen
ein. Vom Gebiet des Familienstammes Gad ging es weiter in Richtung Jaser.
6 Als nächste Station kamen sie durch die Landschaft Gilead zum Gebiet der
Hetiter in der Gegend von Kadesch. Dann ging es weiter über Dan-Jaan bis in
die Gegend Sidon. 7 Schließlich gingen sie südwärts und kamen zu der Stadt
Tyrus, erfassten dort alle Männer in den Städten der Hiwiter und der Kanaani-
ter in dieser Gegend und zogen schließlich weiter durch das ganze Land bis
nach Beerscheba am südlichen Ende von Juda. 8 Die Zählung dauerte insge-
samt neun Monate und zwanzig Tage, dann hatten sie das ganze Land durch-
kämmt und zogen wieder zurück nach Jerusalem. 9 Joab machte dann beim
Präsidenten Meldung. Er präsentierte ihm die ganze Zahl der Männer, die alt
genug waren, um mit einer Waffe umgehen zu können. Insgesamt waren das:
800 000 im Gebiet von Israel und 500 000 im Gebiet von Juda.

Gott findet das nicht so toll

10 Plötzlich hatte David voll Gewissensbisse, weil er das gemacht hatte.
„Gott, ich glaub, ich hab gerade großen Mist gebaut! Bitte verzeih mir das!
Ich war zu verpeilt und hab nicht richtig nachgedacht!“ 11–12 Am nächsten
Morgen stand auf einmal der Prophetentyp Gad vor seiner Haustür. Er hatte
nämlich gestern eine Nachricht von Gott für David reinbekommen: „Geh
mal zu David und richte ihm Folgendes von mir aus: ‚Du kannst dir eine von
drei möglichen Bestrafungen aussuchen.‘ 13 Also ging der Prophetentyp
zum Präsidenten und brachte ihm die Nachricht. „Gott hat mich zu Ihnen
geschickt. Was ist Ihnen lieber? a) Sieben Jahre, wo es nichts zu essen gibt,
oder b) drei Monate Flucht vor Ihren Feinden, oder c) dass drei Tage lang
überall in Ihrem Land viele Leute plötzlich eine tödliche Krankheit kriegen.
Überlegen Sie es sich gut, und dann sagen Sie mir Ihre Antwort. Ich werde
die dann Gott ausrichten!“ 14 David war geschockt: „Da kann ich ja nur zwi-

schen Not und Elend wählen! Heftig! Wenn das so sein muss, dann ist es mir lieber, dass Gott die Kontrolle über mich hat als irgendjemand anders. Gott ist einfach liebevoller als die Menschen. Ich möchte nicht, dass irgendwelche Typen Macht über mich haben. Also wähle ich c).“ [15] Darum sorgte Gott dafür, dass in ganz Israel tierisch viele Leute eine ansteckende Krankheit bekamen. Die breitete sich wie verrückt aus, drei Tage lang, und zwar überall, von Dan bis Beerscheba. 70 000 Menschen starben an der Krankheit. [16] Als dann aber der Vollstrecker Gottes, so ein Engel, auch in Jerusalem losschlagen wollte, um dort viele Leute zu infizieren, tat es Gott auf einmal total leid. Er sagte zu ihm: „Stopp! Es reicht jetzt!“ Zu dem Zeitpunkt stand der Engel gerade auf dem Parkplatz des Jebusiters Arauna. [17] David kriegte das natürlich mit, wie dieser Vollstrecker die Leute mit dieser Krankheit ansteckte, und er sagte zu Gott: „Das versteh ich jetzt echt nicht! Ich bin doch derjenige, der Mist gebaut hat! Ich, der Präsident, hab mit meiner Entscheidung voll danebengelegen! Meine Leute sind unschuldig, die haben nichts ausgefressen! Wenn jemand bestraft werden muss, dann bin ich das, und meine Familie!“ [18] Abends kam der Prophetentyp Gad bei David an: „Gehen Sie mal nach oben, auf den Parkplatz von Arauna, diesem Jebusiter. Dort sollen Sie einen Opfertisch, so einen Altar, für Gott bauen!“ [19] David gehorchte sofort und zog diesen Befehl durch, den er von dem Propheten bekommen hatte. [20] Arauna war gerade bei der Arbeit. Als er den Präsidenten und seine Begleitung kommen sah, ging er ihm schnell entgegen. Dann warf er sich vor ihm platt auf den Boden, mit Gesicht nach unten. [21] „Mein Präsident! Mein Chef! Was kann ich für Sie tun? Warum sind Sie hier?“, fragte er. David antwortete: „Ich möchte Ihren Parkplatz kaufen und dort einen Altar für Gott drauf bauen, damit diese Seuche aufhört.“ [22] „Sie können alles haben, mein Präsident!“, sagte Arauna. „Sie können dort gerne auch ein Abfackelopfer durchziehen, so wie Sie es sich vorstellen. Sie können sich dafür auch gerne an meinen Rindern bedienen, und als Holz könnten Sie einfach diesen Zaun dort zerlegen und den Heuwagen von mir aus auch. [23] Gehört alles Ihnen, ist geschenkt!“ Dann sagte er noch: „Ich wünsche Ihnen, dass Gott Ihre Geschenke und Opfer akzeptiert und er sie richtig gut findet!“ [24] „Ich möchte aber den Platz von Ihnen abkaufen, und zwar für den ganz normalen Preis!“, meinte David. „Und ich will auch keine Opfer dort abfackeln, für die ich nichts blechen musste.“ Darum kaufte David den Platz und die Rinder für insgesamt 6400 Euro. [25] Dann ließ er dort einen Altar bauen. Auf dem Tisch schenkte er Gott Dankopfer und Abfackelopfer. Gott fand das cool, und er hörte auf die Gebete, die der Präsident David für sein Land und seine Leute gebetet hatte. Er beendete die Krankheit, durch die in Israel so viele Leute gestorben waren.

1. Buch über die Könige

1

Adonija will der neue Präsident werden

1 Mittlerweile hatte David schon Falten im Gesicht und war alt geworden.
Obwohl man ihm eine Heizdecke ins Bett packte, wurde ihm nicht mehr
richtig warm. 2 Sein Pflegepersonal sagte dann zu ihm: „Verehrter Herr
Präsident, wäre es nicht eine gute Idee, wenn Sie sich noch ein Mädchen
mit ins Bett holen, an die sie sich rankuscheln könnten, um warm zu wer-
den? Die könnte dann auf Sie aufpassen, Ihnen was zu essen holen und
Sie bedienen.“ 3 David war einverstanden. Jetzt suchten sie im ganzen Land
nach einer schönen jungen Frau, die vorher noch mit keinem Mann geschla-
fen hatte. Schließlich fanden sie Abischag, die aus Schunem stammte. Die
wurde dann zum Präsidenten gebracht. 4 Abischag sah noch schöner aus
als Germany's next Topmodel. Sie kümmerte sich ab dann um den Präsi-
denten und bediente ihn. Sie schliefen aber nicht miteinander. 5 Adonija,
einer der Söhne von David, machte inzwischen einen auf dicke Hose. „Ich
bin der nächste Präsident!“, gab er überall an. Er kaufte sich einen fetten
Rolls-Royce und fuhr mit einer Truppe von Bodyguards ständig in der
Gegend rum. 6 Sein Vater hatte ihn erziehungstechnisch nie hart rangenom-
men. Er durfte immer alles machen, was er wollte, ohne dass mal nachge-
fragt wurde. In der Reihenfolge der Geschwister kam er gleich nach Abscha-
lom. Außerdem sah er einfach sehr cool aus. 7 Adonija schaffte es, dass
der General Joab und der Priester Abjatar hinter ihm standen. 8 Der Priester
Zadok sowie Benaja (der Sohn von Jojada, er war der Chef von Davids
Security-Einheit) und der Prophetentyp Natan waren nicht für Adonija. Auch
Schimi, Rei und die Elitetruppe von Davids hatten keinen Bock auf ihn.
9 Irgendwann organisierte Adonija eine große Opfersession mit anschließen-
der Party beim Sohelet-Felsen, an der Rogel-Quelle. Er ließ Schafe, Rinder
und einige fette Kälber schlachten und grillte die. Eingeladen waren alle
seine Brüder, also die anderen Söhne vom Präsidenten, und alle Beamten,
die im Dienst von David standen. 10 Nicht eingeladen waren aber der Pro-
phet Natan, Benaja und die Elitetruppe von David, „Die dreißig Helden“.
Auch sein Bruder Salomo hatte keine Einladung bekommen. 11 Natan traf
sich dann mit Batseba, der Mutter von Salomo und redete mit ihr: „Sagen
Sie mal, haben Sie schon gehört, dass Adonija, der Sohn von Haggit, sich
zum neuen Präsidenten erklärt hat? Aber unser Chef David hat von der gan-
zen Aktion keine Ahnung! 12–13 Ist Ihnen klar, dass Ihr Leben in Gefahr ist,
wenn das passiert? Und das von Ihrem Sohn Salomo übrigens auch! An
Ihrer Stelle würde ich mal mit David reden. Ich würde ihm sagen: „Mein

Mann, mein Präsident, du hast mir doch mal ganz ganz fest versprochen,
dass mein Sohn Salomo der nächste Präsident werden wird! Er soll deine
Position übernehmen und die Macht bekommen! Wie kommt denn das jetzt
bitte, dass Adonija den Posten übernommen hat?“ 14 Während Sie noch am
Reden sind, komme ich dann einfach dazu und werde Ihnen helfen. Okay?“
15 Batseba ging sofort zu David. Der war gerade im Schlafzimmer von seiner
Präsidentenvilla. Abischag war auch gerade da und bediente ihn. 16 Batseba
ging also zum Präsidenten, kniete sich auf den Boden und küsste seine
Hand. „Was willst du von mir?“, frage, David. 17 „Mein Chef, mein Präsi-
dent!“, sagte sie. „Du hast mir vor einiger Zeit ganz fest versprochen, dass
unser Sohn Salomo der nächste Präsident wird. Niemand anderes sollte die
Macht haben, nur er. 18 Aber jetzt hat sich Adonija zum neuen Präsidenten
erklärt! Und du, als Chef von Israel, hast noch nicht mal davon gehört!?
19 Er hat schon ne große Party veranstaltet, und viele Rinder, Mastkälber und
Schafe liegen auf dem Grill. Alle wurden eingeladen, alle deine Söhne und
der Priester Abjatar, und der General Joab hat auch ne Einladung bekom-
men. Aber dein lieber Sohn Salomo steht noch nicht mal auf der Gästeliste!
20 Die ganze Bevölkerung aus Israel beobachtet dich jetzt! Alle warten auf
deinen nächsten Schritt. Alle wollen hören, wer von dir als neuer Präsident
eingesetzt wird. 21 Wenn du jetzt nicht aufpasst, werden sie mich und unse-
ren Sohn Salomo irgendwann wie Verbrecher behandeln, spätestens wenn
du tot bist!“ 22 Während sie noch am Reden waren, klingelte Natan an der
Tür. 23 „Der Prophet Natan ist da und möchte mit Ihnen reden!“, machte
einer der Angestellten Meldung. Dann kam Natan rein, verbeugte sich ganz
tief vor David und gab ihm dann die Hand. Batseba ging so lange vor die
Tür. 24 „Mein Chef, mein Präsident“, sagte er. „Ich hab gehört, dass Sie Ado-
nija zu Ihrem Nachfolger bestimmt haben. 25 Auf jeden Fall hat er heute eine
große Party gefeiert, viele Rinder- und Schafsteaks wurden dort gegrillt. Ihre
Söhne wurden alle eingeladen, die Generäle von Ihrer Truppe und auch
der Priester Abjatar sind da. In diesem Moment haben die gerade ein großes
Essen. Vermutlich gibt es sogar ein paar Sprechchöre nach dem Motto:
‚Lang lebe der neue Präsident Adonija!‘ 26 Ich wurde auf jeden Fall nicht ein-
geladen und der Priester Zadok, Benaja und Ihr Sohn Salomo auch nicht.
27 Ich wollte nur noch mal sichergehen, ob das alles mit Ihrem Einverständ-
nis passiert ist. Kann mir einfach nicht vorstellen, dass Sie einem Ihrer
treusten Leute nicht erzählt haben, wer jetzt der nächste Präsident sein soll!“

David sagt: Salomo ist der neue Präsident

28 „Holen Sie sofort Batseba rein!“, befahl David, nachdem Natan gegangen
war. Sie kam rein und setzte sich auf einen Stuhl vor ihn. 29–30 David setzte
sich an seinen Schreibtisch und schrieb dort eine Erklärung. Da stand drin:

„Hiermit bestimme ich, kraft meines Amtes als Präsident von Israel, Folgen-
des: Salomo soll mein Nachfolger werden. Das hatte ich Gott, meinem Chef,
dem Chef von ganz Israel, fest versprochen. Heute löse ich dieses Verspre-
chen ein. Gezeichnet, der Präsident David.“ 31 Batseba machte eine ganz
tiefe Verbeugung vor David und sagte: „Super! Danke, David! Hoch lebe
mein Chef, mein Präsident!“ 32 David sagte zu ihr: „Bring mir mal den Pries-
ter Zadok, den Propheten Natan und den Benaja rein!“ Als alle da waren,
33 gab er folgende Order raus: „Hiermit bestimme ich, dass mein Sohn
Salomo der nächste Präsident werden soll! Holen Sie mal den Benz Cabrio
aus der Garage, rufen Sie meine Bodyguards an und veranstalten Sie einen
Zug bis runter zur Gihon-Quelle. 34 Wenn alle da sind, sollen der Priester
Zadok und der Prophet Natan ihn öffentlich zum Präsidenten erklären. Sie
sollen sich Megaphone mitnehmen und überall raushauen: „Salomo ist
der neue Präsident!“ 35 Dann müssen Sie Salomo hierher zu mir bringen,
in mein Präsidentenzimmer, und an meinen Schreibtisch setzen. Ich will,
dass niemand anderes Präsident von Israel wird außer Salomo!“ 36 „Genau!
So passt es, Amen!“, sagte Benaja. „Gott will das so, der Chef von meinem
Chef! 37 Gott soll Salomo genauso helfen, wie er Ihnen, meinem Chef, gehol-
fen hat. Ich wünsch mir sogar, dass er noch viel heftigere Sachen reißen wird
als sein Vater!“ 38 Zadok, Natan und Benaja setzten Salomo in den Benz von
David. Dann ging der Zug los, in Begleitung der persönlichen Security-Leute
vom Präsidenten, bis zur Gihon-Quelle. 39 Der Priester Zadok hatte im Ruck-
sack das besondere Öl aus dem besonderen Zelt von Gott mitgebracht, was
man immer brauchte, um Leute in ihren Dienst einzusetzen. Das Öl strich
er Salomo auf den Kopf. Auf der PA-Anlage lief die Nationalhymne, und die
Leute riefen laut: „Lang lebe der Präsident Salomo, lang lebe der Präsident!“
40 Anschließend gingen alle wieder zurück nach Jerusalem. Die Leute freuten
sich wie verrückt, überall wurde getanzt. Die Mucke wurde so laut aufge-
dreht und die Bässe dröhnten dermaßen, dass in der Stadt überall der
Boden wackelte.

Adonija gibt auf

41 Die ganze Party war so laut, dass auch Adonija und seine Gäste den Lärm
hörten. Sie waren gerade mit dem Essen fertig. Joab meinte nur, als er die
Musik hörte: „Was ist denn da schon wieder für ein Lärm in der Stadt?“
42 Jonatan, der Sohn vom Priester Abjatar, kam auch gerade an. Adonija
winkte ihn zu sich. „Auf Sie kann man sich immer hunderprozentig verlas-
sen, oder? Ich hoffe, Sie haben eine gute Nachricht für mich!“ 43 „Schön
wär's!“, antwortete Jonatan. „Der Präsident hat soeben Salomo zum neuen
Präsidenten erklärt! 44 Er hat ihn in den Benz steigen lassen, und dann ist
er in Begleitung von Zadok, Natan und Benaja unter dem Schutz der Leib-

wache des Präsidenten zur Gihon-Quelle losgezuckelt. Dort wurde er von
Zadok und Natan zum neuen Präsidenten gemacht. Anschließend sind
sie wieder mit viel Applaus und La-Ola-Welle in Jerusalem eingezogen. Die
ganze Stadt macht Party. Daher kommt auch der Lärm, den Sie gehört
haben. 46 Salomo sitzt schon am Schreibtisch des Präsidenten. 47 Die Minis-
ter haben bereits alle ihre Gratulationen an David geschickt. Da standen so
Sachen wie: „Ihr Gott soll dafür sorgen, dass Salomo noch berühmter wird
als Sie!" und „Seine Macht soll noch größer werden als Ihre Macht!". David
hat im Bett gebetet, 48 er sagte: „Gott, der Chef von Israel, ist der Beste! Er
hat das alles so eingefädelt, dass heute ein Nachfolger an meinem Schreib-
tisch sitzt und die Macht bekommt, und ich durfte das noch miterleben!"
49 Als die Gäste von Adonija das hörten, sprangen sie geschockt von ihrem
Platz auf und gingen nach Hause. 50 Weil Adonija mega Angst davor hatte,
dass Salomo sauer auf ihn sein könnte, flüchtete er in das besondere Zelt
von Gott, und hielt sich an den Ecken vom Altar, vom Opfertisch, fest. Wenn
man am Altar von Gott war, durfte man nämlich nicht getötet werden.
51 Salomo bekam dann die Nachricht rein, dass Adonija Schiss vor ihm hatte.
„Er hält sich am Altar fest. Er sagt, dass er erst von dort wieder weggeht,
wenn der Präsident Salomo ihm schwört, dass er ihm nichts tun wird."
52 „Hm, also wenn er keine krummen Dinger dreht, wird ihm auch nichts
passieren. Aber wenn er irgendwie auf dumme Gedanken kommt und eine
Demo gegen mich anzettelt oder so was, dann muss er sterben!", sagte Salo-
mo. 53 Er schickte dann ein paar von seinen Männern zu Adonija, um ihn
vom Altar wegzuholen. Als er beim neuen Präsidenten war, verneigte er sich
ganz tief bis zum Boden. Salomo sagte aber nur: „Geh nach Hause, Mann!"

2

Was David zum Schluss noch mal sagen wollte

1 Irgendwann merkte David, dass er bald sterben würde. Darum sagte er
zu Salomo: 2 „Ich glaub, meine Uhr ist bald abgelaufen. Jetzt bist du dran,
Salomo! Zeig, was du draufhast! 3 Es ist total wichtig, dass du immer so
lebst, wie Gott es gut findet. Tu immer genau das, was er von dir will. Leb
nach den Gesetzen, die Mose für uns aufgeschrieben hat. Wenn du das tust,
wird alles klappen, was du anfängst. Wenn du etwas planst, wird es garan-
tiert ein Erfolg. 4 Und Gott wird sich immer an die Sachen halten, die er
mir versprochen hat. Er meinte ja zu mir: „Wenn deine Kinder das immer
radikal durchziehen, was ich ihnen sage, wenn sie mir treu sind, dann wird
auch immer einer aus deiner Familie in Israel das Sagen haben." 5 Du hast
ja selbst mitbekommen, was der General Joab mit mir gemacht hat, oder? Er
hat die beiden anderen Generäle von Israel, Abner und Amasa, umbringen
lassen. Mit diesem Mord hat er seine Ehre als Soldat beschmutzt. 6 Ich

möchte, dass du mal richtig gut nachdenkst und dir eine gerechte Strafe
für ihn überlegst. Auch wenn er jetzt schon im Rentenalter ist, darf er auf
keinen Fall im Altersheim eines natürlichen Todes sterben. [7] Dann möchte
ich aber, dass du mit den Söhnen von Barsillai, der aus Gilead stammt, nett
umgehst. Du musst auf sie aufpassen, sie sollen von uns immer genug zu
essen bekommen. Die haben mich nämlich in der Zeit mit Essen versorgt,
als ich vor deinem Bruder Abschalom fliehen musste. [8] Als Nächstes will
ich, dass du Schimi aus Bahurim, vom Familienstamm Benjamin, noch mal
eine Klatsche verpasst. Damals, als ich auf der Flucht in Mahanajim gelan-
det bin, hat er mich übelst beschimpft und mir richtig krasse Sachen an den
Hals gewünscht. Als ich zurückkam, war er dann plötzlich voll schleimig,
und es tat ihm alles ganz furchtbar leid… Wir hatten uns damals beim
Jordan getroffen, und ich hab dort geschworen, ihn erst mal nicht zu töten.
[9] Aber jetzt soll er sein Strafe abkriegen. Du hast genug Schnall vom Leben,
um rauszukriegen, was man mit dem am besten machen kann. Lass diesen
Opa bald mit seinen grauen Haaren in der Hölle schmoren!“ [10] Kurze Zeit
später starb David. Seine Beerdigung fand in Jerusalem statt, was ja die
Stadt von David war. [11] Ganze vierzig Jahre war er der Präsident über Israel.
Sieben Jahre davon lag sein Regierungssitz in Hebron und dreiundreißig
Jahre in Jerusalem. [12] Salomo wurde sein Nachfolger. Seine Macht wuchs mit
der Zeit immer mehr, und er hatte alles gut im Griff.

Salomo räumt erst mal ein paar Gegner aus dem Weg

[13] An einem Morgen kam Adonija zu Salomos Mutter Batseba. „Was willst
du von mir? Ist alles klar bei dir?“, fragte sie ihn. [14] „Ja, alles super. Ich hab
nur eine Frage an dich“, sagte Adonija. „Schieß los!“, antwortete Batseba.
[15] „Dir ist ja wohl klar, dass eigentlich ich der neue Präsident hätte werden
sollen, oder? Alle Leute in Israel hatten fest damit gerechnet, dass ich den
Job bekommen würde. Aber egal, es ist jetzt halt anders gelaufen, als ich
dachte! Dein Sohn ist der neue Präsident. Gott wollte das wohl so. [16] Trotz-
dem hab ich noch eine Anfrage an dich, und ich hoffe, du sagst ja.“ –
„Was willst du denn von mir?“ [17] „Ich möchte, dass du beim Präsidenten ein
gutes Wort für mich einlegst“, sagte Adonija. „Er soll bitte sein Einverständ-
nis dazu geben, dass ich Abischag aus Schunem heiraten darf. Wenn du ihn
fragst, macht er das bestimmt, bei dir kann er ja nie nein sagen.“ [18] „Hm“,
antwortete Batseba. „Ich will sehen, was ich für dich tun kann. Werd mal
mit ihm reden.“ [19] Also ging sie zu Salomo, um mit ihm über den Wunsch
von Adonija zu quatschen. Als sie in sein Büro reinkam, stand der Präsident
sofort auf und begrüßte sie freundlich und mit Respekt. Dann holte er noch
einen Stuhl für seine Mutter und setzte sich mit ihr an den Schreibtisch.
[20] „Salomo, ich hab eine kleine Bitte an dich und hoffe sehr, dass du mir die-

sen Wunsch auch erfüllst", sagte sie. „Was gibt's denn, Mama? Ich tue doch alles für dich!", antwortete Salomo. [21] „Es geht um deinen Bruder Adonija. Wäre es okay für dich, wenn er Abischag von Schunem heiraten würde? Wärst du damit einverstanden?" [22] „Hä, was ist das denn für eine Bitte?", fragte Salomo verwundert. „Wie kommst du dazu, für Adonija um Abischag zu bitten? Dann kannst du mich ja gleich fragen, ob ich ihm nicht das Präsidentenamt auf dem Tablett servieren möchte! Er ist ja schließlich mein älterer Bruder! General Joab und auch der Priester Abjatar würden vermutlich abgehen vor Freude, wenn ich das jetzt machen würde...!" [23] Dann drehte sich Salomo um und legte ein ganz festes Versprechen ab. „Ich schwöre, dass ich Adonija für diese Bitte umbringen lasse. Und Gott soll mit mir machen, was er will, wenn ich das nicht durchzieh! [24] Gott hat mich zum Nachfolger von meinem Vater David bestimmt. Gott hat sein Versprechen gehalten, er hat mir und meiner Familie das Präsidentenamt gegeben. Ich schwöre bei Gott, noch heute wird Adonija für dieses Ding bezahlen, er wird sterben!" [25] Salomo gab den Befehl an Benaja, den Sohn von Jojada, und der erschoss Adonija noch am selben Tag. [26] Später hatte er noch ein Treffen mit dem Priester Abjatar. Er sagte dann zu dem: „Gehen Sie sofort wieder zurück in Ihre Heimatstadt Anatot, und suchen Sie sich einen neuen Job! Eigentlich hätten Sie auch die Todesstrafe verdient, aber Sie haben sich in der Zeit, als mein Vater noch an der Macht war, um die besondere Kiste mit den Gesetzen gekümmert. Außerdem haben Sie auch meinen Vater getröstet, als es ihm beschissen ging." [27] Salomo entzog Abjatar also die Priesterlizenz. Damit wurde die Vorhersage wahr, die Gott damals dem Priester Eli in Schilo gegeben hatte. [28] Joab hörte von der Sache. Damals war er nicht zu Abschalom übergewechselt, aber diesmal war er der Familie von David untreu geworden, weil er sich auf die Seite von Adonija gestellt hatte. Er rannte also zum Altar im besonderen Zelt von Gott und hielt sich dort an den Ecken fest in der Hoffnung, sich so vor der Strafe schützen zu können. [29] Salomo hörte davon und schickte einen Angestellten, den Benaja, zu Joab, um ihn zu fragen, warum er zum Altar geflohen war. „Ich hatte Angst, dass sich Salomo an mir rächt und mich umnietet, darum versuche ich, mich hier bei Gott in Sicherheit zu bringen", antwortete Joab. Der Angestellte kam zurück und erzählte Salomo, was Joab gesagte hatte. Der Präsident Salomo gab Benaja den Befehl: „Gehen Sie noch mal zu ihm, und dann verpassen Sie Joab eine Kugel zwischen die Augen!" [30] Benaja fuhr zurück zum besonderen Zelt und sagte zu Joab: „Ich hab einen Befehl vom Präsidenten. Sie sollen sofort diesen Ort verlassen!" – „Nein, ich geh hier nicht weg!", antwortete Joab. „Ich will hier sterben!" Benaja ging wieder zum Präsidenten und erzählte ihm, wie Joab reagiert hatte. [31] „Ziehen Sie die Sache eben dort durch, genau so, wie er es gesagt hat! Erschießen Sie ihn, und

dann buddeln Sie ihm ein Grab. Wenn Sie das machen, kann ich davon
ausgehen, dass die Sache für mich und meine Familie abgehakt ist. 32 Er ist
selber schuld, und sein Problem muss er auch selbst ausbaden. Er hat
immerhin zwei unschuldige Männer gekillt, die wesentlich bessere und treu-
ere Soldaten waren als er. Abner war der General von der Armee der Israeli-
ten und Amasa der General von der Armee von Juda. Beide hat er hinter
dem Rücken von meinem Vater umgebracht. 33 Joab muss dafür bezahlen
und auch seine Familie und die Kinder seiner Kinder. Aber die Familie von
David und seine Kinder sollen immer von Gott beschützt werden, ihnen
darf nichts Übles passieren.“ 34 Benaja ging also zurück in das besondere
Zelt und nietete Joab am Altar um. Er wurde dann auf seinem eigenen Stück
Land in der Steppe unter die Erde gebracht. 35 Der neue Präsident Salomo
beförderte Benaja und gab ihm den Job von Joab, ab dann war er der neue
General von seiner Armee. Und der Priester Zadok bekam den Job von
Abjatar. 36 Schimi aus Bahurim war als Nächster dran. Der Präsident ließ ihn
zu sich holen. „Mein Befehl an Sie lautet: Sie bekommen hiermit ein Aus-
reiseverbot aus Jerusalem! Bauen Sie sich in der Stadt ein Haus, und bleiben
Sie dort. 37 Falls Sie diese Anordnung missachten und doch über die Stadt-
grenze, zum Beispiel über den Bach Kidron, gehen, werden Sie erschossen.
Dann sind Sie auch selbst schuld an Ihrem Tod. Keiner wird Ihren Tod
rächen. So ist das!“ 38 „Ich nehme dieses Urteil an!“, sagte Schimi. „Ich
werde alles befolgen, was mir der Präsident sagt! Sie sind der Chef!“ Er
wohnte dann viele Jahren in Jerusalem. 39 Drei Jahre später hauten zwei
Angestellte aus der Firma von Schimi einfach ab und verdünnisierten sich
nach Gat, um dort bei der Regierung Asyl zu beantragen. Der Bürgermeister
von Gat hieß Achisch, ein Sohn von Maacha. Schimi hörte von jemandem,
dass die beiden in Gat gesehen worden waren. 40 Er nahm sich den Auto-
schlüssel und fuhr über die Grenze, um sich dort beim Bürgermeister
persönlich zu beschweren und seine Angestellten wieder zurückzuholen.
41 Die Grenzbeamten meldeten dann an Salomo, dass Schimi die Stadt
verlassen hatte. „Er ist nach Gat gefahren, aber jetzt ist er wieder im Land.“
42 Präsident Salomo ließ Schimi zu sich ins Büro holen. „Ich hab Sie ein-
dringlich gewarnt! Die Ansage war, dass Sie, wenn Sie die Stadt verlassen,
sterben müssen! Sie haben damals geantwortet, dass Sie damit einverstan-
den sind und diese Anweisung befolgen werden. Ich hab Sie damals sogar
bei Gott schwören lassen, wir hatten einen Vertrag miteinander! 43 Warum
haben Sie diesen Vertrag gebrochen? War Ihnen wohl scheißegal, oder was?
44 Außerdem haben Sie ja bestimmt auch nicht vergessen, was Sie meinem
Vater David angetan hatten, oder? Dafür müssen Sie jetzt bezahlen! 45 Gott
soll immer für mich sein, er soll mich segnen. Der höchste Regierungspos-
ten im Land soll in Zukunft immer mit Leuten aus der Familie von David

besetzt werden!“ 46 Der Präsident befahl Benaja, gemeinsam mit Schimi das
Gebäude zu verlassen und ihn draußen zu erschießen. Damit war der letzte
Feind aus dem Weg geräumt, und die ganze Macht war sicher in der Hand
von Salomo.

3

Salomo darf sich was von Gott wünschen

1 Salomo heiratete dann die Tochter vom ägyptischen Präsidenten und
wurde so Teil seiner Familie. Dadurch verbesserten sich schon mal die politi-
schen Beziehungen zwischen Israel und Ägypten. Die Frau wohnte in einem
Haus, was in der City von Jerusalem lag. Später, als die neue Residenz von
Salomo fertig gebaut war, zog sie nach dorthin um. Der neue Präsidenten-
palast war eines seiner Bauprojekte neben dem Tempel, dem Haus von Gott,
und der Stadtmauer. 2 Zu der Zeit, als Salomo an die Macht kam, gab es
diesen Tempel noch nicht. Die Israeliten fackelten ihre Opfer überall an allen
möglichen Stellen im Land ab. Meistens irgendwo auf den Bergen. 3 Salomo
war echt verknallt in Gott, er lebte radikal nach seinen Gesetzen, genauso
wie sein Vater David. Aber wenn er Sachen für Gott abfackeln wollte, machte
er das auch immer auf diesen Bergen. 4 Irgendwann fuhr er mal nach
Gibeon, um dort auch ein paar Opfersessions zu starten. Gibeon war der
größte Opferplatz überhaupt, wo man Abfackelopfer für Gott durchziehen
konnte. Salomo ging in die Vollen und schenkte Gott tausend Tiere. 5 Er
pennte dann in der Nacht dort. Plötzlich hörte er im Traum eine Stimme:
„Hallo, Salomo! Du hast heute einen Wunsch frei! Wünsch dir, was du
willst!“ 6 „Gott! Du warst immer so treu zu mir!“, antwortete Salomo. „Auch
meinem Vater warst du immer treu, und er war dir auch treu. Er hat immer
alles getan, was du gesagt hast. Du hast bewiesen, wie treu du bist, auch
dadurch, dass er einen Sohn bekommen hat, der mal sein Amt übernehmen
sollte, nämlich mich. 7 Ich bin von dir zum neuen Präsidenten gemacht wor-
den! Ich hab die Stelle von meinem Vater übernommen. Und das, obwohl
ich noch total unreif und viel zu jung bin, eigentlich kann ich mir überhaupt
nicht vorstellen, wie ich diesen Job packen soll. 8 Trotzdem hast du mir deine
Leute, dein Volk, einfach anvertraut. Diese Leute hast du dir extra ausge-
sucht, und ich hab jetzt die Verantwortung für sie bekommen. Das sind so
viele Menschen, ich kann das gar nicht abschätzen, wie viele das sind!
9 Ich wünsch mir von dir einfach nur, dass du mir voll die Peilung gibst, dass
ich immer genau weiß, was du von mir willst. Wenn ich deine Worte hören
kann und weiß, was du von uns willst, dann bin ich auch in der Lage, deine
Leute zu führen, und bei Gerichtsurteilen werde ich immer gerecht sein.
Sonst ist kein Mensch in der Lage, dieses riesengroße Volk korrekt zu füh-
ren!“ 10 Gott fand diesen Wunsch voll gut. 11 „Du hättest dir jetzt wünschen

können, dass du nie krank und über 100 Jahre alt wirst. Oder auch 10 Millio-
nen Euro und ne fette Jacht in Monaco. Oder du hättest dir wünschen kön-
nen, dass alle deine Feinde verrecken. Aber stattdessen wolltest du, dass ich
dir die Fähigkeit schenke, gerechte Urteile zu fällen!? [12] Das finde ich sehr
krass! Ich werde deine Bitte erfüllen. Du wirst so einen Durchblick haben, du
wirst immer so korrekt sein und so viel Schnall von Dingen haben, dass kein
Mensch vor dir und kein Mensch nach dir da mithalten kann. [13] Ich werde
dir aber auch die anderen Sachen schenken, um die du mich nicht gebeten
hast. Ich werde dafür sorgen, dass du ein fettes Bankkonto bekommst, man
wird dir viele Auszeichungen verleihen und Orden umhängen. In der Zeit,
in der du lebst, wird es niemanden geben, der mit dir mithalten kann.
[14] Wenn du meine Gesetze wirklich durchziehst, so treu, wie es dein Vater
getan hat, dann werde ich auch dafür sorgen, dass du lange leben wirst."
[15] Dann wachte Salomo wieder auf. Er merkte sofort, dass Gott höchstper-
sönlich mit ihm gesprochen hatte. Am nächsten Morgen fuhr er nach Jerusa-
lem, ging in das besondere Zelt und stellte sich vor die Kiste mit den Geset-
zen. Dann zog er Abfackelopfer und Dankopfer durch. Viele Tiere wurden
geschlachtet, und am Ende feierte er mit allen seinen Mitarbeitern ein
großes Festessen.

Salomo hat voll den Durchblick

[16] Irgendwann gab es mal eine Gerichtsverhandlung, und Salomo, als Chef
der Regierung, war ja auch der oberste Richter. Und zwar kam da eine Hure
mit einem konkreten Problem bei ihm an. [17] „Verehrter Herr Präsident! Ich
habe folgende Klage vorzubringen: Diese Frau hier und ich wohnen in einer
WG zusammen. Als ich bei einer Hausgeburt meinen Sohn geboren hatte,
war sie auch mit im Zimmer. [18] Sie war auch hochschwanger und kriegte
zwei Tage nach mir ebenfalls einen Sohn. In der Zeit wohnte sonst niemand
bei uns. [19] Meine Mitbewohnerin hat ihr Baby immer mit ins Bett genom-
men, und in einer Nacht hat sie sich aus Versehen im Schlaf auf das Kind
draufgewälzt. Es ist dann erstickt und war tot. [20] Als sie nachts aufgewacht
ist und den Unfall bemerkt hatte, ist sie einfach in mein Zimmer gekommen
und hat die Babys ausgetauscht! Ich hab in der Zeit noch geschlafen. [21] Am
nächsten Morgen wollte ich mein Kind gerade stillen, aber es lag tot in
seinem Bettchen. Ich hab dann gemerkt, dass es gar nicht mein Kind war."
[22] „Schwachsinn, die lügt wie gedruckt!", rief die andere Frau dazwischen.
„Mein Baby ist das lebende. Das tote Baby gehört dir, du Schlampe!" Auf
die Art stritten sich die beiden vor Salomo. [23] Der Präsident unterbrach sie:
„Also, die Sachlage sieht folgendermaßen aus: Beide Seiten vertreten die
Position, dass das tote Kind dem anderen gehört und dass das lebende Kind
das eigene sein soll. Ist das richtig?" [24] Dann befahl Salomo einem Gerichts-

diener: „Bringen Sie mir mal eine Kettensäge her!" Der Typ ging los und
holte so eine Säge aus dem Keller. 25 Jetzt sagte der Präsident: „Zersägen Sie
das Baby in zwei Teile! Jede Frau soll eine Hälfte davon kriegen!" 26 Sofort
schrie die eine Frau, die wirklich die Mutter war, auf: „Nein! Tun Sie das
nicht! Mein Präsident, dann geben Sie lieber das Baby der anderen Frau!
Aber bitte töten Sie es nicht, ja?!" Sie liebte das Kind eben sehr, weil sie die
wirkliche Mutter war. Die andere sagte aber: „Guter Plan! Dann gehört es
keinem von uns. Schmeiß die Säge an!" 27 Als der Präsident das hörte, sagte
er: „Halt, töten Sie das Baby nicht, geben Sie es der ersten Frau, sie ist die
Mutter!" 28 Die Story machte in Israel die Runde, und alle bekamen voll den
Respekt vor dem Präsidenten. Jeder merkte sofort, dass Gott ihm Weisheit
und Schnall gegeben hatte, er durchschaute Sachen einfach voll gut und
konnte deswegen sehr korrekte Urteile fällen.

4

Die Leute, die bei Salomo in seiner Regierung angestellt waren

1 Salomo war jetzt der Präsident über ganz Israel. 2–6 Für die einzelnen Jobs
und Ämter in seiner Regierung suchte er folgende Leute aus: Als Ober-
priester nahm er Asarja, den Sohn von Zadok. Als Staatssekretäre wurden
Elihoref und Ahija eingesetzt, die beide Söhne von Schischa waren. Als
Ministerpräsidenten nahm er Joschafat, der ein Sohn von Ahilud war. Als
Verteidigungsminister wählte er Benaja aus, den Sohn von Jojada. Als Minis-
ter über die Provinzverwalter galt ab dann Asarja, der Sohn von Natan.
Den Job als Berater vom Präsidenten bekam der Priester Sabud, der auch ein
Sohn von Natan war. Der Palastverwalter war Ahischar. Als Arbeitsminister
wurde Adoniram gewählt, ein Sohn von Abda.

Die Namen der Verwalter von den zwölf Bundesländern

7 Salomo hatte das Gebiet Israels in zwölf Bundesländer eingeteilt, an deren
Spitze jeweils ein Ministerpräsident stand. Sie mussten einer nach dem
anderen jeweils einen Monat lang die Versorgung vom Präsidentenpalast
übernehmen. 8–19 Hier ist die Liste der Ministerpräsidenten und ihrer Bun-
desländer (Ministerpräsident: Bundesland): 1. Der Sohn von Hur: das Berg-
land von Efraim. 2. Der Sohn von Deker: das Gebiet der Städte Makaz,
Schaalbim, Bet-Schemesch, Ajalon und Bet-Hanan. 3. Der Sohn von Hesed:
das Gebiet der Stadt Arubbot, dazu das Gebiet von Socho und das ganze
Land Hefer. 4. Der Sohn von Abinadab (der war mit Salomos Tochter Tafat
verheiratet): das bergige Hinterland der Küstenstadt Dor. 5. Baana, der Sohn
von Ahilud: die ganze Jesreel-Ebene mit den Städten Taanach und Megiddo
bis über Jokneam hinaus, dazu das ganze Gebiet der Stadt Bet-Schean am
Jordan bis in die Gegend der Stadt Jesreel im Westen und im Süden in Rich-

tung Zaretan bis zur Stadt Abel-Mehola. 6. Der Sohn von Geber: der ganze
nördliche Teil von Gilead mit der Stadt Ramot und das Siedlungsgebiet vom
Jair (der kam aus dem Familienstamm Manasse) sowie das Gebiet von
Argob in Baschan mit 60 großen Städten. 7. Ahinadab, ein Sohn von Iddo:
der südliche Teil von Gilead mit der Stadt Mahanajim. 8. Ahimaaz, der mit
Salomos Tochter Basemat verheiratet war: das Gebiet vom Familienstamm
Naftali. 9. Baana, der ein Sohn von Huschai war: das Gebiet vom Familien-
stamm Ascher und das Gebiet von Alot. 10. Joschafat, der ein Sohn von
Paruach war: das Gebiet vom Familienstamm Issachar. 11. Schimi, der ein
Sohn von Ela war: das Gebiet vom Familienstamm Benjamin. 12. Geber, der
ein Sohn von Uri war: das Gebiet vom Familienstamm Gad, im ehemaligen
Gebiet von Sihon, dem Präsidenten der Amoriter, und vom Präsidenten
Og von Baschan. Über das Gebiet von Juda war nur ein einziger Minister-
präsident eingesetzt worden. 20 Die Leute aus ganz Israel waren so viele
Menschen, dass es unmöglich war, alle zu zählen. Und es ging ihnen voll
gut, sie hatten alle genug zu essen und zu trinken im Kühlschrank und
waren dabei echt glücklich.

5

Salomos Macht und sein Durchblick

1 Präsident Salomo hatte über alle Länder das Sagen, die vom Eufrat bis
zu dem Gebiet der Philister und bis zur Landesgrenze von Ägypten. Jeder
hatte Respekt vor seiner Macht und zahlte Steuern an seine Regierung. Das
war die ganze Zeit so, in der Salomo der Präsident war. 2 Salomo lebte
richtig fett. Für seinen Privathaushalt, die Villa, in der er wohnte, wurden
täglich drei Tonnen Maismehl und sechs Tonnen Ökomehl verbraucht.
3 Dazu kamen zehn Rinder aus der Massentierhaltung, zwanzig Rinder aus
der Freilandzucht und hundert Schafe. Dann kamen da noch Hirsche, Rehe
und Kaninchen dazu und obendrauf auch noch Geflügel. 4 Er hatte die
Macht über das ganze Gebiet, was westlich vom Eufrat lag. Alle Präsidenten,
die dort regierten, von der Stadt Tifsach bis nach Gaza, hörten auf seine
Ansagen. Und mit allen anderen Ländern, die um sein Gebiet herum waren,
hatte er Frieden. 5 In der ganzen Zeit, in der er regierte, ging es den Leuten
in Israel richtig gut. Von Dan im Norden bis nach Beerscheba im Süden
lebten alle in Sicherheit, und die Wirtschaft lief auf Hochtouren. Jeder konnte
in Ruhe seine Arbeit machen. 6 Salomo hatte alleine sechzig eigene Park-
häuser für seine 12 000 Motorräder, Crossmaschinen und die vielen Limou-
sinen, die er besaß! 7 Die Ministerpräsidenten der einzelnen Länder ver-
sorgten ihn mit allem, was er so an Lebensmitteln für sich und seine
Angestellten brauchte, und zwar reichlich. Das ging immer im Wechsel der
Reihe nach, jeden Monat war ein anderes Bundesland für die Versorgung

zuständig. 8 Dieses Land kümmerte sich dann auch um den Fuhrpark, be-
zahlte das Benzin und die Wagenpflege, alles nach Vorschrift. 9 Gott sorgte
dafür, dass Salomo weiter unheimlich viel Schnall von Dingen hatte. Er
schenkte ihm Weisheit und mehr Wissen, als man es bei Wikipedia finden
kann. 10 Er war sogar schlauer als die Nobelpreisträger aus ganz Arabien
und Ägypten! 11 Es gab keinen Menschen, der mehr wusste als er. Selbst Ein-
stein, Newton, Galileo und wie sie alle heißen, hätten ihm nicht das Wasser
reichen können. Er wurde voll berühmt, in allen Nachbarstaaten kannte
man seinen Namen. 12 In seiner Zeit schrieb er 3000 Tipps zum Leben, die
als Sprüche von Salomo bekannt geworden sind. Dazu verfasste er noch
1005 Songs. 13 Er schrieb auch mehrere wissenschaftliche Abhandlungen in
verschiedenen Fachgebieten, zum Beispiel über Pflanzen: Über die Libanon-
Zeder und über das Mauergewächs Ysop. Auch über Tiere verfasste er einige
Lexikonartikel, unter anderem über Landtiere, unterschiedliche Vogelarten,
Reptilien und über Fische. 14 Wenn er im Parlament seine Reden hielt, kamen
Leute aus der ganzen Welt angereist, um ihm zuzuhören. Alle Präsidenten,
die von seinem Wissen gehört hatten, schickten Leute hin, um von Salomo
zu lernen.

Salomo macht einen Vertrag mit dem Präsidenten Hiram

15 Der Präsident von Tyrus, der Hiram hieß, war immer ganz gut mit David
befreundet gewesen. Als die Nachricht bei ihm reinkam, dass jetzt sein Sohn
Salomo das Sagen in Israel hatte, schickte er einen Abgeordneten nach
Jerusalem. 16 Salomo schrieb dann mal einen Brief an Hiram. 17 „Lieber Prä-
sident Hiram, wie Sie vermutlich wissen, hatte mein Vater David seine Pläne
leider nicht umsetzen können, eine große Kirche, so einen Tempel für unse-
ren Gott, zu bauen. Er wurde immer wieder in Kriege mit Nachbarvölkern
verwickelt, so dass er nicht in der Lage war, diesen Plan in die Tat umzuset-
zen. Irgendwann hat er aber, mit Gottes Hilfe, an allen Fronten gesiegt.
18 Mir hat Gott jetzt Frieden geschenkt, es gibt zurzeit keine Kampfhandlun-
gen, in die mein Land verwickelt ist, und bis heute hat mir auch noch kein
Staat den Krieg erklärt. 19 Die Umstände sind also günstig, darum hab ich
mich entschlossen, für meinen Gott einen Tempel zu bauen. In diesem
Tempel soll unser Gott, mein Chef, dann wohnen. Das Ganze war eigentlich
Gottes Plan. Er hatte schon zu meinem Vater David gesagt, dass sein Sohn
das mal machen wird. Gott sagte zu ihm: „Dein Sohn, dem ich nach dir
die Macht geben werde, soll mir mal ein Haus bauen." 20 Darum hab ich
jetzt eine große Bitte an Sie: Erlauben Sie meinen Leuten, für den Bau Fich-
ten abzusägen, die auf Ihrem Libanon-Gebirge wachsen. Am besten wäre
es, meine Leute und Ihre Leute würden hier zusammenarbeiten. Ich werde
für die Bezahlung von Ihren Arbeitern selbstverständlich aufkommen, egal

was Sie an Stundenlohn ansetzen werden, das wird schon okay sein. Sie
wissen ja selbst, dass Ihre Leute die absoluten Spezialisten sind in Sachen
Bauholz organisieren. Keiner kann das so gut wie die Bewohner aus dem
Gebiet Sidon! Mit der Hoffnung auf baldige Antwort verbleibe ich, mit
freundlichen Grüßen, Ihr Präsident Salomo." [21] Als Hiram den Brief von
Salomo las, freute er sich voll. Er sagte: „Danke, Gott, dass du David einen
so fitten Sohn geschenkt hast! Er kann dieses große Volk wirklich gut füh-
ren!" [22] Dann schrieb er eine Antwort an Salomo: „Lieber Präsident Salomo,
vielen Dank für Ihren freundlichen Brief, den ich heute erhalten habe. Ich
bin gerne bereit, Ihren Wünschen nachzukommen und Ihnen das nötige
Bauholz zur Verfügung zu stellen. [23] Meine Arbeiter werden die Baum-
stämme vom Libanon runter zum Meer schaffen. Dann werden wir das Holz
in Container verladen und sie dorthin verschiffen, wo Sie die Ladung haben
wollen. Im Zielhafen werden meine Arbeiter die Container wieder leeren, und
Ihre Leute können das Holz von dort zur weiteren Verarbeitung abholen.
Als Gegenleistung wünsche ich mir nur eine Ladung Lebensmittel für mei-
nen Präsidentenpalast. Mit freundlichen Grüßen, Präsident Hiram." [24] So
bekam Salomo von Hiram alles Eichen- und Fichtenholz, das er für den Bau
brauchte. [25] Als Gegenleistung lieferte er ihm 3000 Tonnen Weizenmehl
und 6000 Liter bestes Bio-Olivenöl. [26] Gott hatte dafür gesorgt, dass Salomo
einfach sehr schlau war. Das hatte er ihm ja auch vorher so versprochen.
Darum gab es auch keinen Stress zwischen Hiram und Salomo, die beiden
schlossen sogar einen Friedensvertrag miteinander.

Die Vorbereitung für den Bau

[27] Präsident Salomo stellte für die Bauarbeiten 30 000 1-Euro-Jobber ein.
[28] Die wurden der Bauleitung vom Architekten Adoniram unterstellt.
Das Ganze wurde so organisiert, dass immer 10 000 Arbeiter gerade im
Libanon-Gebirge am Schuften waren. Die mussten dort einen Monat lang
arbeiten, und dann waren sie zwei Monate zu Hause. [29] Dazu arbeiteten
noch 80 000 Männer in einem Steinbruch in den Bergen, in dem die Steine
für den Tempel organisiert wurden. Für den Transport von Baumaterial
wurden alleine 70 000 Männer eingestellt. [30] 3300 Architekten und Bauleiter
kamen noch dazu. Sie unterstanden den Verwaltern der Provinzen von
Salomo und leiteten alle Arbeiten am Tempel. [31] Für das Fundament organi-
sierten sie riesige Felsbrocken aus bestem Material. Die wurden im Stein-
bruch vor dem Transport noch auf die richtige Größe zugehauen. [32] Die
Bauarbeiter von Salomos Truppe, die Männer von Hiram und noch einige
Leute aus der Stadt Byblos bearbeiteten das ganze Baumaterial. Sie
machten alles so weit fertig, wie es nachher für den Bau des Tempels
gebraucht wurde.

6

Salomo baut ein großes Haus für Gott

1 Inzwischen war es 480 Jahre her, seit die Israeliten aus Ägypten abgehauen
waren. Jetzt, in seinem vierten Amtsjahr, fing also der Präsident Salomo an,
ein fettes Haus für Gott zu bauen. Man nannte dieses Haus auch Tempel.
Der Baubeginn war im Mai. 2 Das Teil sollte dreißig Meter lang werden,
zehn Meter breit und fünfzehn Meter hoch. 3 Davor wurde eine Halle hoch-
gezogen, die genauso breit war wie das Haus selber, aber nur fünf Meter
lang. 4 In die Seitenwände ließ Salomo Fensterrahmen einbauen, mit Gittern
davor. 5 Drum herum und an der Rückseite wurde ein mehrstöckiger Anbau
aus Holz hingestellt, der nur an der Vorderseite unterbrochen wurde. 6 Die
Mauern wurden stufenweise nach oben immer etwas dicker, und die Balken
legte man dann in die Stufen, es war nicht nötig, ein extra Loch für sie in
die Wand zu hauen. Der Anbau wurde im untersten Stock zweieinhalb Meter
breit. Auf dem mittleren Stock war er drei und auf dem oberen dreieinhalb
Meter breit. 7 Die Außenwände von dem Haus waren aus den Steinen
gemauert, die direkt aus dem Steinbruch kamen und nicht weiter bearbeitet
wurden. Weder ein Akkuschrauber noch ein Schraubenzieher wurde auf der
ganzen Baustelle benutzt und auch kein anderes Werkzeug aus Eisen. 8 Der
Eingang vom Anbau lag auf der Südseite. Es gab ein kleines Treppenhaus
vom Erdgeschoss über das mittlere Stockwerk bis ganz nach oben. 9 Nach-
dem die Mauern fertig waren, wurden die Deckenbalken aus Kiefernholz
eingebaut. Danach wurde das Dach mit Brettern aus dem gleichen Material
über das Haus genagelt. 10 Der Anbau ging einmal um das ganze Haus
rum und wurde über Balken mit der Steinmauer verbunden. Jedes Stockwerk
war zweieinhalb Meter hoch. 11 Mitten in der Bauphase redete Gott noch
mal mit Salomo. Er sagte zu ihm: 12 „Also, was dieses Haus angeht, das du
gerade für mich baust, hab ich folgende Ansage für dich: Wenn du radikal
meine Gesetze durchziehst und dich an die Sachen hältst, die ich dir gesagt
habe und danach lebst, dann halte ich mich auch an meine Versprechen,
die ich deinem Vater David gegeben habe. 13 Ich werde immer bei den Israeli-
ten sein, ich werde meine Leute nicht im Stich lassen!“

Innenarchitektur: Wie das Haus ausgestattet wurde

14 Salomo machte erst mal den Rohbau fertig. 15 Danach wurde das Haus
von innen ausgebaut. Die Wände wurden mit Mahagoniholz vertäfelt. Der
Fußboden wurde mit feinstem Parkett aus Eichenholz ausgelegt. 16 Dann
wurde, zehn Meter vor dem hinteren Ende, eine Zwischenwand aus Nuss-
baumholz eingezogen. Dieser spezielle Ort war dafür gedacht, dass hier
Gott höchstpersönlich wohnen sollte. Der Bereich sollte der absolut derbste,

heiligste Ort überhaupt werden, eben die Wohnung von Gott. [17] Der restliche
Raum war dann immer noch zwanzig Meter lang. [18] Dieser Innenraum
wurde ebenfalls komplett mit Mahagoniholz getäfelt, an keiner Stelle konnte
man noch die Mauer durchsehen. In das Holz wurden vorher Bilder von Blu-
men und Früchten reingefräst. [19] Salomo wollte, dass in dem hinteren Teil
von dem Haus die Wohnung von Gott hinkommen sollte. Hier würde dann
auch die Kiste mit den Gesetzen stehen. [20] Diese Wohnung war zehn Meter
lang und zehn Meter hoch. Die Wände waren von innen voll vergoldet. Vor
die Wohnung ließ Salomo einen Opfertisch aus Kiefernholz, einen Altar für
die Räuchersachen, hinstellen. [21] Auch die anderen Wände wurden von innen
mit Gold überzogen. Vor dem hinteren Raum, der Wohnung von Gott, wur-
den massive Goldketten aufgehängt. [22] Überall überzog man das Haus
mit Gold. Auch der Altartisch, der vor dem hinteren Raum stand, wurde
komplett vergoldet. [23] Für den allerderbsten, heiligen Bereich ließ Salomo
zwei Engelsfiguren anfertigen, die aus Buchenholz geschnitzt wurden.
Beide waren fünf Meter hoch. [24] Beide Flügel von den Engeln waren zwei-
einhalb Meter breit, also waren die Figuren insgesamt fünf Meter breit.
[25–26] Beide Figuren waren genau gleich groß und sahen auch genau gleich
aus. [27] Salomo ließ sie nebeneinander in dem allerderbsten Bereich in der
Mitte aufstellen. Ihre Flügel waren nach vorne hin ausgebreitet und berühr-
ten sich in der Mitte vom Raum. Außen berührten sie mit den Flügeln die
Seitenwände. [28] Beide Engelsfiguren wurden auch komplett mit Gold über-
zogen. [29] Die Wände in beiden Räumen wurden mit Bildern geschmückt,
in denen Figuren zu sehen waren, die aus Holz geschnitzt wurden. Einige
davon stellten Engel dar, andere Blumen. [30] Auch der Fußboden wurde mit
Gold überzogen. [31] Für den Eingang zum allerderbsten, heiligen Bereich,
wurden zwei Flügeltüren aus Eichenholz gefertigt. Der Türrahmen hatte
Abstufungen nach innen, die fünf unterschiedliche Flächen hatten. [32] Auf
die beiden Türen wurden Figuren geklebt, die wie Engel, Palmen oder einfach
wie Blumen aussahen. Auch hier wurde alles mit Gold überzogen. [33] Im Ein-
gang zum Haus wurden die Türrahmen aus Kastanienholz gemacht, die in
vier Stufen unterteilt waren. [34] Dazwischen waren Flügeltüren aus Birkenholz
angebracht und dahinter die gleichen Türen noch mal. [35] Für die Türen wur-
den wieder ein paar Engels- und Palmenfiguren aus Holz geschnitzt und
mit Gold überzogen. [36] Salomo grenzte dann einen inneren Vorhof ab mit
einer Mauer, die aus unterschiedlichen Schichten bestand. Drei Lagen
bestanden aus Steinen und eine Lage aus Holzbalken. [37] Die Grundstein-
legung für den Tempel fand im Mai statt. Salomo war in der Zeit schon vier
Jahre lang Präsident. [38] Knapp sieben Jahre später, im November, war das
Teil dann fertig. So lange hatte es gebraucht, bis Salomo den Tempel zu
Ende gebaut hatte.

7

Salomo baut sich einen fetten Palast

1 Salomo ließ auch für sich selbst ein krasses Haus bauen. Dreizehn Jahre
dauerte es, bis das Teil fertig war. 2 Unter anderem baute er eine große Halle,
die „Libanonwaldhalle“ genannt wurde. Sie war 50 Meter lang, 25 Meter
breit und 15 Meter hoch. Die Deckenkonstruktion wurde von Holzsäulen aus
Kiefernholz getragen, die in vier Reihen aufgebaut waren. Auf den Säulen
waren oben Balken befestigt, die auch aus Kiefernholz bestanden. 3 Im ers-
ten Stock waren 45 Räume, die durch Wände aus Eichenholz getrennt waren,
immer 15 Stück in einer Reihe. 4 Die Fenster in der Halle waren in drei Rei-
hen parallel übereinander angebracht und standen sich immer von Wand zu
Wand genau gegenüber. 5 An den schmaleren Seiten waren drei aneinander-
liegende Türen, deren Rahmen vier Abstufungen hatten. 6 Dann baute
Salomo auch noch andere große Hallen mit vielen Säulen drin. Die Hallen
waren 25 Meter lang und 15 Meter breit. Diese Hallen hatten immer eine
Vorhalle, und die Dächer in diesen Hallen wurden auch von Säulen getragen.
7 Dazu baute er noch eine Halle vor seinem Regierungsgebäude, in der er
immer seine Gerichtsverhandlungen abhielt. Diese Halle war von oben bis
unten mit Eichenholzplatten getäfelt. 8 Das Haus, in dem Salomo wohnte,
lag dann hinter dieser Halle, in einem anderen Hof. Sein Haus war im
gleichen Stil gebaut worden, ebenso auch das Haus von der Tochter des
ägyptischen Präsidenten, die Salomo geheiratet hatte. 9 Diese Häuser
waren alle aus teuren Granitsteinen gebaut, die extra mit einer Steinsäge
zurechtgeschnitten waren. 10 Das Fundament wurde in Stahlbeton gegossen.
11 Auf dem Fundament wurden die Mauern gebaut und zwischen den Mauer-
steinen wurden die Holzbalken eingefügt. 12 Der große Hof um den Palast
vom Präsidenten wurde von einer Mauer umrandet. Die Mauer war immer
abwechselnd aus Steinen und einer Lage Kiefernholzbalken gebaut. Genauso
wurde auch die Mauer im inneren Vorhof vom Tempel gemacht, und auch
die Vorhalle wurde so errichtet.

Salomo sucht einen Metallbauer

13–14 Der Präsident Salomo ließ einen Schweißer extra aus Tyrus ankarren,
der den Namen Hiram hatte. Sein Vater war bereits gestorben. Seine Mutter
stammte aus Naftali, während der Vater ein Tyrer gewesen war. Hiram hatte
es kunsttechnisch voll drauf. Er konnte jeder Art von Metall bearbeiten und
Gegenstände herstellen. Als er von dem Auftrag von Salomo hörte, hatte
er richtig Bock drauf und übernahm die Leitung von allen Metallarbeiten am
Tempel. 15 Hiram schweißte zwei große Säulen aus Metall, die jeweils neun
Meter hoch waren. Ihr Umfang betrug dabei sechs Meter, wobei das Metall

eine Dicke von 20 cm hatte. 16 Auf den oberen Teil der Säulen kam ein Rah-
men mit vielen Verzierungen dran. Das Teil war alleine zweieinhalb Meter
hoch. 17 Auf diesen Rahmen waren kettenartige Bänder reingefräst, immer
sieben Stück an jedem Rahmen. 18–22 Um jeden von diesen Rahmen gingen
Bänder, auf denen kleine Äpfel aus Stahl geschweißt waren. Insgesamt
200 Stück pro Säule. Das Ganze sah dann aus wie die Blüte von einer
Blume. Nachdem Hiram mit der Herstellung fertig war, wurden die Säulen
vor der Eingangshalle vom Tempel aufgestellt. Beide bekamen auch einen
Namen, die rechte hieß Jachin, und die linke hieß Boas.

Ein großes Waschbecken aus Metall

23 Als Nächstes baute Hiram ein riesengroßes Waschbecken aus Bronze,
was man das „Meer“ nannte. „Das Meer“ hatte einen Durchmesser von
fünf Metern und eine Höhe von zweieinhalb Metern. 24 Am Rand waren
drum herum kleine Flaschenkürbisse in zwei Reihen abgebildet. Sie waren
nicht draufgeschraubt, sondern das ganze Becken wurde schon so gegos-
sen. Auf einer Länge von 50 cm kamen jeweils zehn kleine Kürbisfiguren.
25 Das ganze Becken wurde von zwölf Füßen getragen, die aussahen wie
Kühe. Die Kühe standen dabei in Dreiergruppen, wobei jede Gruppe in eine
andere Richtung schaute. Die eine schaute nach Osten, die andere nach
Westen usw., ihre Hinterteile zeigten alle nach innen. 26 Das Waschbecken
hatte einen breiten Rand, der geformt war wie der Rand von einer Tulpen-
blüte. Das Metall war dabei zehn Zentimeter dick. In das Becken gingen
über 40 000 Liter rein! 27 Außerdem baute Hiram noch zehn große Gestelle
aus Metall, so ähnlich wie Einkaufswägen. Jeder Wagen war zwei Meter
lang, zwei Meter breit und eineinhalb Meter hoch. 28 Alle vier Seiten bestan-
den aus einem Metallgitter. 29 Auf den mittleren Gitterstäben waren kleine
Löwen, Rinder und Engel abgebildet, die auf Blüten lagen, die aus gehäm-
mertem Stahl bestanden. 30 Diese Wagen hatten zwei Achsen und vier Räder,
die alle aus Bronze waren. An den vier Ecken waren Rohre verschweißt,
die mit der untersten verzierten Leiste verbunden waren. 31 Der ringförmige
Aufsatz (wo dann später ein Kessel drauf stand) war weit größer als das
Gestell. Dieser Aufsatz war auch verziert und lag auf dem viereckigen Rah-
men drauf. 32 Die vier Räder waren nicht ganz so groß, dass sie die vier
Leisten vom Rahmen berührten. Ihre Höhe betrug 75 cm. Die kurzen Achsen,
wo die Räder dran waren, wurden fest mit dem Gestell verschweißt. 33 Die
Räder waren aus demselben Stahl, wie er auch bei Panzern verwendet wird.
Alle Teile (also die Achse, die Felgen, die Speichen und die Radnaben)
bestanden aus Metall. 34 An den vier Rohren von dem Gestell waren Streben,
die mit dem übrigen Gestell aus einem Stück gemacht worden waren. 35 Der
ringförmige Aufsatz auf dem Gestell war 25 cm höher als der Rest. Er war

durch eine Halterung mit dem Gestell verbunden. Rahmen und Aufsatz waren fest miteinander verschweißt. [36] Auf dem Rahmen waren überall kleine Engelsfiguren, Löwen, Palmen und ringsherum kleine Kränze eingefräst. [37] Jedes von den zehn Gestellen sah exakt gleich aus. Sie wurden von Hiram nach der gleichen Zeichnung angefertigt und in die gleiche Form gegossen. [38] Als Nächstes baute er zehn Stahltöpfe. Jeder Topf hatte zwei Meter Durchmesser und fasste 840 Liter. [39] Fünf von diesen Gestellen wurden auf der Südseite vom Tempel aufgestellt. Die anderen fünf parkten auf der Nordseite. Das große Becken wurde an der Südostseite von dem inneren Vorhof aufgebaut.

Eine Liste von allen Werkzeugen und Geräten für das Haus von Gott

[40–45] Salomo gab bei Hiram viele Gegenstände für den Tempel in Auftrag. Die Teile waren alle aus Metall gegossen, und die Oberflächen wurde anschließend poliert und glatt gemacht. Hier jetzt mal eine Liste von allen Sachen: 2 Säulen, 2 verzierte Rahmen für die Säulen, 2 Gitter aus Stahlbändern für die Zierrahmen, 400 Äpfel aus Stahl, die alle über den Bändern von jedem Rahmen aufgehängt worden waren, 10 fahrbare große Gestelle wie Einkaufswagen, 10 Stahlkessel zum Einsetzen in die Gestelle, das große Becken und 12 Rinderfiguren als Untersatz des Beckens. Dazu noch Schalen zum Auffangen von dem Blut und Schaufeln und Haken für die Beseitigung der Asche. [46] Die Halle, wo der Präsident die ganzen Sachen anfertigen ließ, stand im Jordantal, zwischen Sukkot und Zaretan. [47] Es waren insgesamt so viele Teile, dass er keinen Bock drauf hatte, die alle auch noch zu wiegen, um das Gewicht aufzuschreiben. [48] Salomo erteilte auch einen anderen Auftrag zur Herstellung aller Geräte, die sonst noch im Haus von Gott gebraucht wurden. Und zwar waren das: Der große goldene Opfertisch, der Altar, auf dem die Sachen für Gott abgefackelt wurden. Dann noch der kleine goldene Tisch für die besonderen Brote. [49] Die Lampen gehörten auch dazu. Fünf davon wurden auf der rechten und fünf auf der linken Seite von dem Hinterraum aufgestellt. Sie bestanden aus edelstem Gold. Dann diese Figuren, die aussahen wie eine Blüte, die waren auch aus Gold. Und noch die anderen Lampen und das Feuerzeug, ebenfalls aus Gold. [50] Die Becken und die Schaber zur Reinigung der Becken, die Schalen, in denen das Blut aufgefangen wurde, die anderen Schalen, der Eimer für die glühenden Kohlen, die Scharniere an den Türen vom inneren Teil des Tempels (wo es zum allerderbsten, heiligen Bereich geht), die Scharniere von der Eingangstür, alle diese Sachen waren auch aus Gold gemacht worden. [51] Alles wurde genau so durchgezogen, wie Salomo es geplant hatte. Er brachte zum Schluss noch die ganzen Geschenke dort rein, die sein Vater David an Gott übergeben hatte. Das ganze Silber, Gold und alles, was sonst noch wertvoll

war, kam dann noch in den Tresor rein, der hinten im Tempel stand. Schließ-
lich war die ganze Arbeit am Haus für Gott fertig.

8

Gott im Tempel

1 Jetzt lud der Präsident Salomo die Chefs von allen Familienstämmen und
Clans aus Israel zu sich nach Jerusalem ein. Sie sollten gemeinsam die Kiste
mit den Gesetzen aus Jerusalem-City nach oben auf den Berg Zion bringen,
wo jetzt der neue Tempel stand, das Haus von Gott. 2 Alle Männer aus Israel
waren auch eingeladen. Sie kamen an dem Tag zum Präsidenten Salomo,
an dem das Fest der Blätterbuden gefeiert wurde (das war im Oktober).
3–4 Nachdem alle Chefs eingetroffen waren, steckten die Priester die Stan-
gen in die Ringe von der Kiste und trugen das Teil gemeinsam zum Tempel
hoch. Die anderen Priester und die Levi-Leute halfen beim Einpacken vom
besonderen Zelt und der ganzen Geräte, die dort drin lagerten. 5 Salomo und
die Leute, die bei der Feier dabei waren, opferten gemeinsam vor der Kiste
sehr viele Schafe und Rinder. Es waren so viele Tiere, dass man sie nicht
mehr zählen konnte. 6 Und danach transportierten die Priester die Kiste mit
den Gesetzen an den Ort, der extra dafür im Tempel vorgesehen war. Im
hintersten Zimmer, dem allerderbsten, heiligen Bereich, wurde sie aufge-
stellt. Und zwar wurde sie unter die beiden Flügel von den Engelsfiguren
geschoben, die man dort aufgestellt hatte. 7 Die Flügel der beiden Figuren
hingen über der kompletten Kiste. Bis zu den Tragestangen wurde das ganze
Ding von ihnen überdacht. 8 Die beiden Stangen waren so lang, dass man
die Enden noch sehen konnte, wenn man direkt vor dem Eingang vom
allerderbsten Bereich stand. Von außen konnte man aber nichts sehen. An
der Stelle waren sie noch eine ziemlich lange Zeit. 9 In der Kiste war nichts
weiter drin als die Stahlplatten mit den Gesetzen drauf, die Mose auf dem
Horeb-Berg von Gott bekommen hatte. Das war ja, als Gott mit den Israe-
liten einen Vertrag gemacht hatte, nachdem sie aus Ägypten abgehauen
waren. 10 Als die Priester aus dem Haus von Gott rausgingen, war im beson-
deren Bereich plötzlich eine leuchtende Wolke am Start! 11 Keiner konnte
mehr da drin weiterarbeiten, weil diese krasse Wolke da war! Gott höchst-
persönlich, mit seiner ganz heftigen Art, war auf einmal im ganzen Haus
anwesend. 12 Salomo redete mit ihm: „Hey, Gott! Chef, du hast gesagt, dass
du in einem dunklen Raum wohnen willst! 13 Darum hab ich dir jetzt dieses
große Haus gebaut! Hier kannst du immer bleiben, wenn du willst!“

Eine kleine Predigt von Salomo

14 Dann drehte sich Salomo zu den Israeliten, die mit dabei waren, und
rief zu Gott: 15 „Gott, du bist der Größte! Gott von Israel, wir danken dir

für alles!" Dann sagte er zu den Israeliten: „Gott hat sein Versprechen eingehalten, was er meinem Vater David gegeben hat. Er sagte damals zu ihm: [16] „Seitdem ich meine Leute aus Ägypten rausgeholt und in dieses Land gebracht habe, konnte ich mir bis jetzt keine Stadt aussuchen, um dort zu wohnen. Doch dich hab ich extra ausgesucht, du sollst der Präsident über meine Leute sein, über Israel." [17] Schon mein Vater David wollte für Gott, dem Gott von Israel, unbedingt ein Haus bauen. [18] Gott hat dann aber zu David gesagt: „Finde ich echt gut, dass du ein Haus für mich bauen willst. Das ist eine gute Idee, ich bin dafür! [19] Trotzdem wirst du das nicht selber machen können, dafür aber dein Sohn. Der ist bis jetzt noch nicht geboren worden, aber er soll dann für mich dieses Haus bauen." [20] Gott hat sein Versprechen gehalten. Ich, der Sohn von David, bin der neue Präsident geworden, und ich habe jetzt dieses Haus für Gott gebaut, eine Wohnung für den Chef von Israel. [21] Die Kiste mit den Gesetzen hat darin ein eigenes Zimmer bekommen. Die Gesetze gehören zum Vertrag, den Gott mit unserem Volk vor einiger Zeit gemacht hat, damals, als er unsere Leute aus Ägypten rausholte." [22] Vor den Augen von allen anwesenden Israeliten ging Salomo dann zum Opfertisch, dem Altar von Gott. Er streckte seine Arme aus Richtung Himmel und fing an zu beten: [23] „Gott, du bist der Chef von ganz Israel! Nirgendwo gibt es so einen Gott wie dich, nicht auf der Erde und auch nirgendwo im Universum! Und du bist treu, du stehst zu deinen Verträgen, und du bist immer sehr liebevoll und nett zu den Leuten, die radikal mit dir leben. [24] So bist du immer mit meinem Vater David umgegangen. Und dieser Tag heute ist ein Beweis dafür, dass du deine Versprechen immer einhältst. [25] Gott, Chef von Israel, ich bitte dich, dass du auch deine anderen Versprechen jetzt einlöst, die du meinem Vater gegeben hast. Ein Versprechen war, dass die Präsidenten in Israel immer aus der Familie von David kommen werden. Natürlich unter der Voraussetzung, dass sie dir genauso radikal und treu dienen, wie er es getan hat. [26] Also bitte lass auch die anderen Versprechen in Erfüllung gehen, die du meinem Vater gegeben hast, ja?! [27] Ich hab noch eine Frage an dich: Bist du nicht eigentlich viel zu groß und zu heftig, um bei uns kleinen Menschen zu wohnen? Ich meine, selbst das ganze große Weltall ist doch eigentlich zu klein für dich! Und dann dieses winzige Haus, was ich für dich gebaut habe, das passt doch eigentlich gar nicht! [28] Gott, bitte hör auf meine Gebete! Ich mach hier keinen auf dicke Hose, ich bin dein Diener! Bitte höre meine Gebete, die ich dir heute gesagt habe! [29] Pass auf uns auf! Tag und Nacht musst du dieses Haus bewachen. Verlier es nie aus dem Blick. Schließlich hast du gesagt: „Hier soll mein Name an der Tür stehen!" Also bitte höre auf meine Gebete!! [30] Und höre auch auf die Gebete von deinen Leuten, den Israeliten. Wenn wir zusammen vor diesem Haus zu dir beten, dann hör

uns, wenn du in deiner Wohnung im Himmel bist. Bitte höre unsere Gebete
und verzeih uns, wenn wir mal wieder Mist gebaut haben."

Beten beim Haus von Gott

31 Danach sagte Salomo zu Gott: „Wenn mal jemand bei einem anderen
Mist gebaut hat, und er wird dann hierher zu deinem Altar gebracht, und wir
wünschen ihm dann in deinem Namen die Krätze an den Hals und belegen
ihn mit einem Fluch, dann entscheide du das bitte und sorg dafür, dass alles
gerecht zugeht. Wir machen das nur, wenn er das nach unserem Wissen
auch verdient hat und schuldig geworden ist. 32 Bestrafe du ihn, wenn er
tatsächlich irgendwo danebenliegt. Die Sachen, die der verbockt hat, sollen
ihm dann selbst passieren, sie sollen auf ihn zurückfallen. Wenn er aber
nichts getan hat, pass auf ihn auf, dass er nicht auch noch unschuldig
bestraft wird. Alle sollen in dem Fall mitkriegen, dass er unschuldig ist.
33 Wenn deine Leute, die Israeliten, von anderen Völkern im Krieg besiegt
wurden, weil sie mal wieder Mist gebaut haben, und sie drehen sich dann
um und leben wieder mit dir, beten zu dir, sagen dir, wie toll du bist, und
bitten dich hier, an deinem Haus, dass du ihnen hilfst, 34 dann höre auf ihre
Bitte und hilf ihnen! Verzeih den Leuten, wenn sie Mist gebaut haben, und
dann bring sie wieder zurück in das Land, das du den Israeliten gegeben
hast. 35 Wenn es mal eine ganze Zeit nicht regnet, weil die Menschen nicht
das getan haben, was du von ihnen wolltest, und sie kapieren, dass du da-
hintersteckst, und sie sich dann wieder umdrehen und beten wieder zu dir
und sie kommen wieder zu deinem Haus, um dir danke zu sagen, 36 dann
höre auf ihre Gebete! Verzeih ihnen, wenn sie Mist gebaut haben, verzeih
deinen Leuten! Sag ihnen, was sie tun sollen, und dann lass es wieder reg-
nen auf das Land, das du deinen Leuten für immer geschenkt hast. 37 Und
wenn es im ganzen Land mal nichts zu essen gibt, wenn die Getreideernte
ausfällt, weil die Sonne alles verbrannt hat oder Läuse die Körner befallen
haben, oder wenn es wieder Krieg gibt und der Feind ins Land einmarschiert
oder überall die Leute krank werden, 38 dann bitte höre auf das Gebet, was
bei diesem Haus gebetet wird, auch wenn es nur ein einziger Typ ist. 39 Höre
auf die Gebete, die bei deiner Wohnung gesprochen werden, und verzeih
deinen Leuten, wo sie Mist gebaut haben. Hilf ihnen und sei nicht so streng,
mach es so, wie es jeder verdient hat. Du kennst die geheimsten Gedanken
von den Menschen, du siehst in das Herz. 40 Dann werden sie immer
Respekt vor dir haben, die ganze Zeit, in der sie in dem Land leben, was du
schon unseren Vorfahren gegeben hattest. 41 Auch die Ausländer bei uns
werden Respekt vor dir haben, also die Typen, die extra wegen dir aus der
ganzen Welt zu uns gekommen sind. 42 Sie werden von deiner genialen
Art hören, was du für gigantische Sachen bringst und wie du uns mit deiner

powervollen Hand geführt hast. Und dann werden sie, wenn sie dieses
Haus sehen, auch zu dir beten. 43 Wenn das passiert, höre bitte auf ihre
Gebete, von deiner Wohnung im Universum aus. Dann kapieren alle Men-
schen, egal aus welchem Land sie kommen, dass du der einzige, echte
Gott bist. Und dann werden sie dich auch krass finden, und sie werden dir
‚danke' sagen, so wie wir das ja auch tun. Auf jeden Fall werden sie dann
mitkriegen, dass du auch in diesem Haus wohnst, was ich für dich gebaut
habe, dass du hier eingezogen bist. 44–45 Und wenn deine Leute mal gegen
irgendeine Armee in den Krieg ziehen, weil du ihnen das gesagt hast, und
wenn sie dann dort, ganz weit weg von deinem Haus, zu dir beten, dann hör
auf die Gebete! Wenn sie beim Beten in die Richtung von deiner besonderen
Stadt sehen und in die Richtung von diesem Haus, das ich für dich gebaut
hab, dann sorg dafür, dass sie zu ihrem Recht kommen. 46 Nun kann es
ja sein, dass deine Leute wieder Mist bauen und Sachen tun, die du total
ätzend findest. Kommt ja vor, jeder Mensch tut das irgendwie. Wenn du
vielleicht richtig sauer auf sie bist und dafür sorgst, dass ihre Feinde alles
gewinnen und deine Leute als Kriegsgefangene in ein anderes Land ver-
schleppt werden, egal ob das weit weg ist oder gleich um die Ecke, 47 dann
könnte es ja sein, dass sie dort endlich peilen, dass sie Mist gebaut haben,
und vielleicht kommen sie dann wieder zu dir zurück und fangen wieder an
wie wild zu dir zu beten, auch wenn sie in dem Augenblick gerade in dem
Land ihrer Feinde sind. Sie würden dann vielleicht so beten: „Wir haben rich-
tig Scheiße gebaut! Wir haben nicht das getan, was du gesagt hast!" 48 Also,
wenn sie dann ihr Leben radikal verändern und dort, wo sie sind, wieder
leidenschaftlich zu dir beten und dabei immer ihr Land im Blick haben, was
du ihnen mal ganz fest versprochen hast, und auch dabei immer dieses
Haus im Blick haben, was ich in deinem Auftrag gebaut habe, 49 dann musst
du bitte auf ihre Gebete hören! Komm hierher, von dem Ort im Universum,
wo du wohnst, und sorg dafür, dass sie zu ihrem Recht kommen. 50 Verzeih
ihnen den ganzen Mist, den sie getan haben und wo sie keinen Bock auf
dich hatten. Hilf ihnen, sorg dafür, dass ihre Feinde Mitleid mit ihnen haben.
51 Deine Leute gehören doch dir! Sie sind dein Eigentum, du hast sie damals
aus dieser ätzenden Situation in Ägypten rausgeholt! 52 Bitte, Gott, bleib
auf meiner Seite, hör mir und deinen Leuten auch immer zu, wenn wir dich
brauchen und zu dir beten. 53 Du hast uns, die Israeliten, aus allen Nationen
der Welt extra ausgesucht. Du hast was vor mit uns, wir gehören nur dir.
Diese Sachen wissen wir von Mose, der von dir krasse Ansagen bekommen
hatte. Er hat dir radikal gedient, und du hast sie ihm gesagt, als du damals
unsere Leute aus Ägypten rausgeholt hast. Gott, du bist der fetteste Gott, du
bist Gott, du kannst alles, dir ist nichts unmöglich!" 54 Nachdem Salomo
dieses Gebet Gott gesagt hatte, stand er auf. Er hatte dabei nämlich vor dem

Altar gekniet und seine Arme zum Himmel gestreckt. 55 Dann drehte er
sich um und redete mit der ganzen Gemeinschaft der Israeliten. Er betete
für sie und rief dann allen zu: 56 „Leute! Wollt ihr jetzt mit mir zusammen
Gott danke sagen? Er hat uns dieses Land geschenkt, in dem wir jetzt in
Frieden und ganz entspannt leben können! Er hat das Versprechen einge-
halten, was er Mose gegeben hat. Jeden Punkt, jedes Komma hat er erfüllt,
nichts davon ist ausgeblieben. 57 Beten wir, dass er uns genauso hilft, wie
er unseren Familien geholfen hat, die vor uns gelebt haben. Er soll uns
nie mehr verlassen, er soll uns nie mehr wegkicken. 58 Und beten wir auch,
dass er uns immer so eine innere Einstellung gibt, dass wir alles genau
so durchziehen, wie er es uns gesagt hat. Er soll dafür sorgen, dass wir die
Gesetze von ihm radikal durchziehen, alle Sachen, die er schon den Leuten
vor uns gesagt hatte. 59 Ich wünsch mir, dass Gott sich 24 Stunden am
Tag an meine Gebete erinnert, dass er alles, was ich ihm heute sage, auch
tut. Ich wünsch mir, dass er immer auf meiner Seite bleibt und auf der
Seite von seinen Leuten, den Israeliten. Und ich wünsch mir, dass er dafür
sorgt, dass wir recht bekommen, immer dann, wenn wir es auch brauchen.
60 Wenn das passiert, werden alle Menschen mitbekommen, dass unser
Gott der einzige Gott ist und sonst keiner! 61 Leute, für euch gilt aber folgen-
des: Lebt radikal mit Gott! Nichts darf zwischen euch und Gott kommen!
Zieht seine Gesetze und Gebote immer radikal durch, so wie ihr es jetzt
auch tut.“

Die ersten Partys für Gott
bei seinem Haus

62 Der Präsident Salomo und die Israeliten starteten dann eine große Opfer-
party für Gott. 63 Salomo ließ 22 000 Rinder und 120 000 Schafe schlachten.
Auf diese Art wurde das Haus von Gott vom Präsidenten und von den Israe-
liten eingeweiht. 64 Weil der Tisch aus Bronze, der vor dem Haus von Gott
stand, zu klein für so viele Opfer war, ließ Salomo im gesamten Mittelteil
vom Vorhof die Tiere schlachten und Gott opfern. Dort zogen sie dann die
Abfackelopfer durch, die Essensopfer, und auch die Fettstücke vom Dank-
opfer wurden dort verbrannt. 65 Die ganze Einweihungsparty ging über
sieben Tage. Mega viele Leute aus ganz Israel waren da. Von Lebo-Hamat,
was ganz im Norden liegt, bis zu dem Tal im Süden, wo die Grenze zu
Ägypten ist, waren sie angereist. 66 Am achten Tag entließ der Präsident die
Leute. Sie verabschiedeten sich alle, wünschten ihm das Allerbeste und
gingen wieder nach Hause. Jeder war total happy über das, was Gott für
David und seine Leute getan hatte.

9

Salomo betet und Gott antwortet

1 Nachdem Salomo den Tempel, seinen Präsidentenpalast und auch die
anderen Bauvorhaben fertig gebaut hatte, 2 kam Gott plötzlich ein zweites
Mal bei Salomo vorbei, genauso, wie er es schon damals in Gibeon gemacht
hatte. 3 Er sagte zu ihm: „Salomo? Ich will dir nur sagen, dass ich deine
Gebete gehört habe, und ich werde alle Sachen tun, um die du mich gebeten hast. Ich hab dieses Haus, den Tempel, den du für mich gebaut hast, angenommen. Er ist jetzt mein Haus, wo mein Name an der Klingel steht. Und er wird auch immer mein Haus bleiben. Ich werde dieses Haus immer im
Blick haben, wenn ihr dort seid, bin ich auch da. 4 Wenn du mir immer treu
bleibst, so wie dein Vater, und wenn du immer das tust, was ich dir sage,
und meine Gesetze durchziehst, 5 dann werde ich dafür sorgen, dass deine
Familie immer in Israel das Sagen haben wird. Das hatte ich schon deinem Vater David versprochen. Ich hab damals zu ihm gesagt: „Es soll immer
einer aus deiner Familie der Chef über Israel sein." 6 Falls ihr jetzt aber
irgendwann plötzlich keinen Bock mehr auf mich habt und ihr oder eure Kinder nicht mehr das tun, was ich euch gesagt habe, oder wenn sie sogar
anfangen, mit Plastikgöttern rumzumachen und zu denen zu beten, 7 dann
schmeiß ich sie aus dem Land raus, was ich ihnen gegeben habe. Dieses Haus, in dem ich jetzt unter euch wohne, soll mir dann pupsegal sein. Israel wird für die Völker der Welt die Lachnummer werden, und man wird nur
Witze über euch machen. 8 Dieses Haus wird dann nur noch ein Trümmerhaufen sein. Leute, die da dran vorbeigehen, können da gar nicht hinsehen, weil es so übel aussieht. Und wenn jemand fragt, wie das passieren konnte,
warum Gott dafür gesorgt hat, dass hier alles plattgemacht wurde, 9 wird
man antworten: „Das ist, weil sie nichts mehr mit Gott durchgezogen haben. Er hat ihre Vorfahren aus Ägypten rausgeholt, aber sie hatten nichts Besseres zu tun, als sich auf solche Plastikgötter einzulassen, sie sind ihrem Gott fremdgegangen. Darum hat er dafür gesorgt, dass es ihnen jetzt so dreckig geht."

Salomo gibt ein paar Städte an Hiram ab

10 Insgesamt dauerte der Bau am Tempel und auch an Salomos eigenem
Palast zwanzig Jahre. 11 Das Eichen- und Fichtenholz kam vom Präsidenten Hiram, der in Tyrus das Sagen hatte. Auch das ganze Gold kam von dort. Als beide Bauten fertig waren, schenkte Salomo dem Hiram als Gegenleistung zwanzig Städte, die in Galiläa lagen. 12 Hiram kam dann von Tyrus
auf eine Besichtungstour angereist, fand die Städte aber nicht so geil.

[13] „Was willst du mir denn hier für einen Schrott andrehen, mein Freund“,
sagte er zu Salomo. Seitdem nennt man dieses Gebiet auch oft Kabul,
das bedeutet so viel wie „nichts wert“. [14] Immerhin hatte Hiram dem Salomo
120 Zentner Gold geschenkt, was umgerechnet ungefähr 118 Millionen Euro
sind!

Was Salomo sonst noch bauen ließ

[15] Salomo baute viele Gebäude, wofür er immer Billiglohnarbeiter aus
anderen Ländern anstellte. Mit diesen Leuten baute er in Jerusalem noch
andere Sachen auf, also außer dem Tempel und seinem Präsidentenpalast.
Zum Beispiel noch die Stadtmauern, einen Befestigungswall, der vor
Jerusalem lag, dann noch die Städte Hazor, Megiddo und Geser. [16] Gegen
die Stadt Geser war der Präsident der Ägypter in den Krieg gezogen, hatte
sie erobert und plattgemacht. Dabei wurden alle Bewohner getötet. Diese
Stadt gab er später als Hochzeitsgeschenk seiner Tochter mit, als sie Salomo
geheiratet hatte. [17] Salomo baute die Stadt wieder auf. Auch das untere
Bet-Horone wurde von ihm wieder hochgezogen. [18] Dazu kamen noch die
Städte Baala und Tamar, die in der Wüste von Juda lagen. [19] In diesen
Städten wurden riesengroße Kasernen gebaut, in denen die Panzergarnison
von Salomo ab dann stationiert war. Dort wurde dann auch das Lager ein-
gerichtet, in dem man alle nötigen Vorräte verstaute. Übrigens wurden
auch bei den anderen Projekten, die er in Jerusalem, im Libanon und in den
restlichen Gebieten, in denen er regierte, gebaut hatte, diese Billiglohn-
arbeiter eingesetzt. [20–21] Eigentlich wurden alle Völker, bei denen die Rote-
Karte-Aktion nicht komplett durchgezogen worden war, für diese Arbeiten
benutzt. Lange Zeit mussten die Amoriter, Hetiter, Perisiter, Hiwiter und
Jebusiter, die nicht gekillt worden waren, solche Arbeiten ausführen.
[22] Salomo wollte nicht, dass die Israeliten solche harten Arbeiten tun
müssen. Die Arbeitslosen wurden entweder in der Armee eingestellt oder
bekamen einen Job bei der Regierung. Einige schlugen sogar die Offiziers-
laufbahn ein oder machten einen Panzerführerschein und wurden Panzer-
fahrer. [23] Über 500 Beamte wurden von ihm eingestellt, die sich um die
Bauarbeiter kümmerten und sie beaufsichtigten. [24] Die Wälle vor den Städ-
ten wurden erst gebaut, nachdem die Tochter vom ägyptischen Präsidenten
von Jerusalem-City in das neue Haus umgezogen war, was er extra für sie
im Regierungsviertel gebaut hatte. [25] Dreimal im Jahr zog Salomo Abfa-
ckelopfer und Dankopfer auf dem großen Opfertisch vor dem Tempel durch
und ließ Räuchersachen auf dem Altar im Tempel verbrennen. [26] In der
Werft, Ezjon-Geber bei Elat, am Roten Meer, ließ der Präsident Salomo eine
neue Flotte für sich bauen. [27] Der Präsident Hiram stellte Salomo ein paar
erfahrene Seeleute zur Verfügung, die schon lange auf dem Meer unterwegs

waren und seine Männer auf der Fahrt begleiten sollten. 28 Sie fuhren bis
nach Ofir und lieferten Salomo von dort 420 Zentner Gold, das ungefähr
200 Millionen Euro entspricht.

10

Die Präsidentin von Saba

1 In der Zeit gab es eine Präsidentin, die über das Land Saba das Sagen
hatte. Sie hörte von dem guten Ruf von Salomo, darum kam sie mal bei ihm
vorbei. Sie wollte vor allem austesten, ob er wirklich so viele Sachen wusste
und so viel Schnall von Dingen hatte, wie man überall erzählte. 2 Die Präsi-
dentin kam also mit ihrer ganzen Mannschaft von Hausangestellten in
Jerusalem an. Die Gepäckablage und der Kofferraum waren voller Geschen-
ke: teurer Schmuck, Rolexuhren, auch Lagerfeld- und Armaniparfüms.
Beim ersten Treffen mit Salomo legte sie gleich mit einem Quiz los, um ihn
zu testen. 3 Aber Salomo war der Beste, er brauchte noch nicht mal einen
Joker und wusste sogar die Antwort auf die Eine-Million-Euro-Frage sofort.
4 Die Präsidentin war ganz hin und weg, weil Salomo so schlau war. Abends
gab es dann noch eine kostenlose Besichtigung von dem großen Palast,
den Salomo gebaut hatte. 5 Sie schaute sogar in die Speisekammer und
besichtigte den Speisesaal, in dem auch alle hochrangingen Minister gerade
am Essen waren. Sie sah die teuren Anzüge, die dort alle trugen, und war
auch bei den Abfackelopfern am Tempel dabei. Die Frau kriegte vor Staunen
den Mund nicht mehr zu. 6 „Die Leute haben echt nicht übertrieben, als
sie bei uns zu Hause von Ihrem Reichtum und Ihrem Wissen geschwärmt
haben. 7 Ich wollte es nicht glauben, aber es stimmt alles. Ich hab das jetzt
ja selbst erlebt, Ihr Wissen und Ihr Besitz übersteigen alles, was man mir
darüber erzählt hat. 8 Ihre Frauen müssen echt glücklich sein! Und auch Ihre
Minister in der Regierung, die jeden Tag Ihre Entscheidungen und schlauen
Reden hören, haben richtig Glück. 9 Ihr Gott, der Chef, ist echt der Größte!
Er hat Sie extra ausgesucht und Ihnen die Macht in Israel gegeben. Weil
er seine Leute so wahnsinnig lieb hat, wollte er Sie als Präsidenten einset-
zen. Sie sollten wohl dafür sorgen, dass es gerecht und fair zugeht!“ 10 Dann
überreichte sie Salomo als Geschenk Goldschmuck im Wert von über
750 000 Euro, dazu packte sie noch edle Bossanzüge und sehr viele gute
Parfüms. Es gab danach nie wieder so viele gute Parfüms in Jerusalem
wie damals. 11 Übrigens führte Hiram mit den Schiffsladungen, die eigentlich
nur zum Goldtransport aus Ofir gebucht worden waren, auch viele Edel-
hölzer und Edelsteine mit nach Israel ein. 12 Aus dem Holz ließ Salomo für
den Tempel und für seinen Palast schöne Figuren schnitzen. Dann wurden
da draus auch noch ein paar E-Gitarren gebaut für die Bands, die im Palast
die Musik machten. Bis heute gab es nie wieder so viel edles Holz in Jeru-

salem wie in dieser Zeit. 13 Salomo las der Präsidentin von Saba jeden
Wunsch von den Lippen ab. Alles, was sie haben wollte, bekam sie von ihm
und sogar noch mehr. Später fuhr sie dann aber mit ihren Leuten wieder
zurück nach Hause.

Salomo hat fett Kohle

14 Alleine in einem Jahr hatte Salomo ein Bruttoeinkommen von über
7,5 Millionen Euro. 15 Dazu kamen noch die Steuereinnahmen, die von den
Unternehmen gezahlt wurden, die Steuern, die jede Provinz zu zahlen
hatte, und die Einnahmen aus den Geschäften mit den arabischen Präsiden-
ten. 16 Salomo ließ sich 1400 Stahlhelme anfertigen, die mit purem Gold
überzogen wurden. 17 Dann ließ er sich noch 200 Gürtelschnallen aus Gold
machen, die er dann in dem „Libanonwald-Museum“ in der großen Halle
ausstellte. Das Museum stand gleich neben seinem Wohnsitz. 18 Er ließ sich
einen neuen Schreibtisch designen, aus massivem Mahagoniholz und
mit Goldplatten belegt. 19 Sein Chefsessel hatte eine runde Kopflehne und
zwei Armlehnen, die mit weißem Leder überzogen waren. Neben dem
Stuhl standen zwei große Figuren, die wie Löwen aussahen. Der Schreib-
tisch stand auf einem Podest, den man über sechs große Stufen erreichen
konnte. 20 Auf jeder der sechs Stufen standen rechts und links noch mal
zwei Löwenfiguren. So was hatte es bis zu dem Zeitpunkt noch nirgendwo
gegeben, in keinem Land der Welt. 21 Das ganze Geschirr, die Teller und
Tassen, alle Geräte aus der „Libanonwaldhalle“ waren aus Gold. In der Zeit
war Silber genauso wenig wert wie Plastik. 22 Der Präsident hatte eine gut
funktionierende Handelsflotte, die immer zusammen mit den Frachtern
und Containerschiffen von Hiram ausfuhren. Alle drei Monate kamen
die Schiffe wieder, und jedes Mal hatten sie sehr viel Gold, Silber, fetten
Schmuck und Luxusartikel an Bord. 23 Salomo war der reichste Mann der
Welt und dazu auch noch der schlauste. 24 Aus der ganzen Welt kamen
Menschen angereist, nur um eine Rede von ihm zu hören und einmal mit-
zukriegen, was er alles so draufhatte. Gott hatte ihm einfach echt Durch-
blick und Schnall von vielen Dingen gegeben. 25 Die Besucher hatten auch
immer Geschenke dabei: Geld, feine Anzüge, teure Parfüms, Waffen, Autos,
Motorräder. Das war jedes Jahr so. 26 Salomo rüstete auch seine Armee
auf. Er hatte 14 000 Kampfjets und 120 000 Panzer. Ein Teil davon war in
Jerusalem stationiert, der andere Teil war in den Städten, die er extra für die
Soldaten gebaut hatte. 27 In der Zeit, wo Salomo an der Macht war, konnte
man Silber auf dem Schrott finden, es war so viel wert wie ein Stück Schrott
aus der Müllpresse in Juda. 29–28 Sein Fuhrpark bestand aus Luxuskarossen,
die extra in Babylon und in Ägypten für ihn gebaut wurden. Seine Händler
bestellten die dort. Die Autos kosteten zusammen 2,5 Millionen Euro, die

Motoren dazu noch mal 500 000! Die Händler, von denen Salomo die
Karren bekam, belieferten auch die anderen Präsidenten von den Hetitern
und von den Syrern.

11

Salomo wird verführt, zu Plastikgöttern zu beten

1 Irgendwann schnappte Salomo etwas über. Außer der einen Tochter vom
ägyptischen Präsidenten heiratete Salomo noch viele andere ausländische
Frauen. Dabei waren auch Frauen von den Moabitern, Ammonitern,
Edomitern, Phöniziern und Hetitern. Es war damals möglich, mit mehreren
Frauen gleichzeitig verheiratet zu sein, wenn man sich das leisten konnte.
2 Allerdings hatte Gott allen Israeliten eindeutig verboten, sich auf Frauen
aus den anderen Völkern einzulassen. Seine Ansage war: „Ihr sollt nichts
mit denen zu tun haben! Ich will nicht, dass sie euch dazu verführen, zu
Plastikgöttern zu beten!“ Aber Salomo verliebte sich nun mal auch in diese
Ausländerinnen. 3 Alles zusammen hatte Salomo 700 Ehefrauen und dann
noch 300 Nebenfrauen geheiratet. Diese Frauen hatten alle einen großen
Einfluss auf ihn. 4–5 Je älter er wurde, desto mehr waren sie in der Lage, ihn
dazu zu bringen, auch mal zu Plastikgöttern zu beten. Er lebte irgendwann
nicht mehr radikal mit Gott, so wie es sein Vater David getan hatte. Als
er schon echt alt war, betete er zum Beispiel auch zu Astarte, der Göttin von
den Phöniziern, oder zu Milkom, der ein Gott von dem Ammonitern war.
6 Er brachte also auch Dinge, die Gott total ätzend findet. Anders als sein
Vater David war Salomo Gott nicht immer treu. 7 Dann ließ er sogar einen
Tempel für Kemosch bauen, den widerlichen Plastikgott der Moabiter, und
auch für diesen Milkom, der auch Moloch heißt, tat er das. 8 Seine auslän-
dischen Frauen durften ihre eigenen Tempel haben, in denen sie ihrem
Plastikgott Sachen schenken und Opferpartys abhalten konnten, wenn sie
das wollten. 9 Gott wurde langsam richtig sauer. Obwohl er zweimal bei
Salomo höchstpersönlich vorbeigekommen war, hatte sich der von ihm ent-
fernt und einfach das getan, was ihm gerade in den Kram passte. 10 Gott
hatte ihm gesagt, er sollte nichts mit diesen Plastikgöttern zu tun haben,
aber es ging ihm wohl am Arsch vorbei. 11 Schließlich sagte Gott: „Hör zu,
Salomo, du hast unseren Vertrag gebrochen! Du hast nicht das getan, was
ich dir gesagt hatte. Darum werde ich deiner Familie das Amt des Präsi-
denten wegnehmen und es einem deiner Leute geben. 12 Nur weil dein Vater
David so korrekt gelebt hat, werde ich damit warten, bis du tot bist. Aber
wenn einer deiner Söhne die Macht hat, zieh ich das durch. 13 Aber auch ihm
werde ich nicht für immer die Macht wegnehmen. Ein Familienstamm soll
noch bleiben, den er regieren soll. Das aber nur, weil ich David so geliebt
habe und weil Jerusalem einfach die geilste Stadt überhaupt ist!“

Gott sorgt für starke Gegner

[14] Gott holte dann einen Gegner an den Start, der kriegstechnisch stärker
war als die Armee von Salomo. Der Typ hieß Hadad, er war ein Sohn vom
Präsidenten der Edomiter. [15] Hadad war bei Davids Schlacht um Edom mit
einigen Freunden von seinem Vater nach Ägypten geflohen, als David alle
Männer dort töten ließ. General Joab war damals mit dem Heer von Israel
in Edom einmarschiert. Sie begruben die gefallenen Soldaten und töteten
alle Männer in Edom. [16] Sechs Monate war Joab mit der ganzen israelitischen
Armee dort, bis der letzte Mann unter der Erde war. [17] Hadad und einige
andere Männer, die für seinen Vater gearbeitet hatten, stellten einen Asyl-
antrag in Ägypten. Hadad war zu der Zeit noch ein Jugendlicher. [18] Er war
dann mit seinen Männern über die Grenze bei Midian in die Oase Paran
gekommen. Dort lernten sie ein paar Leute kennen, die sich ganz gut in der
Gegend auskannten. Die brachten sie bis zum Präsidenten nach Ägypten.
Der Präsident sorgte für Hadad, er stellte ihm ein Stück Land zur Verfügung
und zahlte für seinen Lebensunterhalt. [19] Anscheinend mochte er ihn richtig
doll, denn er organisierte für ihn sogar die Hochzeit von der Schwester
seiner Frau und ihm. Die Frau hieß übrigens Tachpenes. [20] Sie wurde dann
schwanger und kriegte einen Sohn, den sie Genubat nannten. Als das Kind
nicht mehr die Muttermilch trinken musste, organisierte Tachpenes eine
kleine Party in der Präsidentenresidenz. Von dem Zeitpunkt an hing Genubat
dort nur noch mit der Familie vom Präsidenten ab. [21] Später las Hadad
in der Zeitung, dass David gestorben war und auch sein General Joab nicht
mehr lebte. Er ging zum Präsidenten und fragte ihn: „Darf ich wieder in
mein Land zurückgehen?" [22] „Warum denn?", fragte der zurück. „Sie haben
hier doch alles, was Sie brauchen!" Hadad wollte aber unbedingt wieder
in sein Land zurück. [23] Jetzt sorgte Gott noch für einen zweiten Feind von
Salomo. Der Typ hieß Reson und kam aus der Familie von Eljada. Er war
früher ein Soldat in der Truppe von Hadad-Eser, dem Präsidenten von Zoba,
gewesen. Er war auch geflohen, [24] als David die syrischen Hilfstruppen von
Hadad-Eser plattgemacht hatte. Auf der Flucht gründete Reson eine kleine
Gang von ehemaligen Soldaten. Mit dieser Truppe zog er später dann sogar
nach Damaskus, führte Krieg gegen die Stadt und nahm sie ein. [25] Auf die
Art nahm Reson immer mehr Land ein und wurde schließlich der Präsident
von ganz Syrien. Reson hasste die Leute von Israel über alles. Genauso wie
Hadad zeckte er die ganze Zeit gegen Israel rum, während Salomo an der
Macht war. [26] Sogar einer der Beamten in Salomos Regierung stellte sich
gegen Salomo. Der Typ hieß Jerobeam und kam aus Zereda, was im Gebiet
vom Familienstamm Efraim lag. Sein Vater war bereits tot und seine Mutter
lebte in Zerua. [27] Und das ging folgendermaßen ab: Und zwar hatte Salomo
auf der Nordseite von Jerusalem einen Wall aufschütten lassen, der Jerusa-

lem-City vor Angreifern besser schützen sollte. [28] Jerobeam war in der Zeit als wehrpflichtiger Soldat eingezogen worden und hatte als Gefreiter an dem Wall mitgebaut. Salomo bekam mit, wie gut der Typ arbeiten konnte, und beförderte ihn zum obersten Chef über die Arbeiter aus den Familienstämmen Efraim und Manasse. [29] Während dieser Arbeiten verließ Jerobeam einmal Jerusalem. Draußen traf er den Prophetentypen Ahija, der in Schilo wohnte. Der trug einen nagelneuen Trenchcoat. Zu der Uhreit war kein Mensch mehr auf den Straßen, sie waren ganz alleine, keiner konnte die beiden beobachten. [30] Plötzlich zog Ahija seinen Mantel aus, packte ihn an den Enden und zerriss ihn in zwölf kleine Teile. [31] Dann sagte er zu Jerobeam: „Sie können sich zehn von diesen Teilen wegnehmen! Ich hab eine Nachricht von Gott, dem Chef von Israel, für Sie: „Ich werde Salomos Familie die Macht wieder wegnehmen. Zehn von den zwölf Familienstämmen von Israel wirst du regieren, weil ich das will. [32] Nur Juda und Benjamin, die jetzt ein Familienstamm sind, werden für Salomos Familie übrig bleiben, und das auch nur wegen David. Außerdem hab ich mir Jerusalem von allen Städten in Israel extra ausgesucht, sie soll mir gehören. [33] Auf diese Art werde ich Salomo bestrafen, weil er mich wie Luft behandelt hat. Er hat mit der Plastikgöttin Astarte von den Phöniziern rumgemacht, und auch mit dem moabitischen Gott Kemosch, und auch mit dem Gott der Ammoniter Milkom ist er mir fremdgegangen. Er hat nicht das getan, was ich von ihm wollte. Er hat richtig Mist gebaut. Er war anders als sein Vater David und hat sich nicht an die Gesetze gehalten, die ich gegeben hatte. [34] Aber wegen seinem Vater wird er selbst nicht dabei draufgehen, er wird weiter das Sagen haben in Israel. Solange er lebt, soll er der Chef von meinen Leuten bleiben. [35] Aber seinem Sohn werde ich die Macht wegnehmen. Und dann wirst du der neue Chef von den zehn Stämmen werden. [36] Wie gesagt, einen Familienstamm werde ich aber seinem Sohn lassen. Ich will nicht, dass die Familie von David ganz vom Erdboden verschwindet. Es soll immer einen aus seiner Familie geben, der in Jerusalem das Sagen hat. Ich habe diese Stadt extra für mich ausgesucht, ich will dort wohnen. [37] Ich werde dich dafür zum Präsidenten über alles das machen, was du willst. Du sollst der neue Präsident von Israel werden. [38] Eins kann ich dir versprechen: Wenn du alles tust, was ich dir sage, wenn du so lebst, wie ich es will, wenn du die Dinge tust, die ich in den Gesetzen und Regeln gesagt habe, wenn du so drauf kommst, wie David drauf war, dann werde ich immer bei dir sein. Ich werde dafür sorgen, dass immer einer aus deiner Familie an der Macht sein wird. Ich werde dir Israel zur Verfügung stellen. [39] Die Familie vom David will ich dadurch bestrafen. Aber nicht für immer.'" [40] Salomo wollte Jerobeam am liebsten töten lassen. Aber der floh zu Schischak, dem aktuellen Präsidenten von Ägypten. Dort wohnte er auch so lange, bis Salomo gestorben war.

Salomos Zeit als Präsident ist abgelaufen

41 Die anderen Geschichten, die man noch von Salomo erzählen könnte,
was er sonst noch so in der Zeit gemacht hat, als er der Präsident war, auch
über seinen Schnall vom Leben, das kann man in den Geschichtsbüchern
von Salomo nachlesen. 42 Vierzig Jahre lang hatte er von Jerusalem aus das
Sagen über Israel. 43 Als er gestorben war, wurde seine Leiche auf einem
Friedhof in Jerusalem begraben. Sein Sohn Rehabeam wurden zum nächsten
Präsidenten gemacht.

12

Der neue Präsident hat keinen Bock auf gute Tipps

1 Rehabeam fuhr dann nach Sichem, weil er dort zum neuen Präsidenten
vom ganzen Volk Israel eingesetzt werden sollte. 2 Jerobeam, der Sohn von
Nebat, war da noch in Ägypten, als er von der Sache hörte. Er war dorthin
geflohen, weil Salomo hinter ihm her gewesen war. Jetzt war die Luft rein,
und er kehrte ins Land zurück. 3 Die Chefs aus allen Familienstämmen von
Israel kamen dann mal mit Jerobeam bei Rehabeam vorbei und sagten
zu ihm: 4 „Ihr Vater hat uns ganz schön hart rangenommen, wissen Sie das?
Wir mussten echt hart für ihn schuften. Bitte erlassen Sie uns die harte
Arbeit, dann werden wir Sie auch als neuen Präsidenten voll unterstützen!“
5 „Ich überleg mir das, kommen Sie morgen noch mal vorbei“, antwortete
Rehabeam. Als sie wieder weg waren, 6 sprach er noch mal mit seinen Bera-
tern über die Sache. Das waren alles Männer, die schon für seinen Vater
Salomo gearbeitet hatten. „Was würden Sie mir raten? Wie soll ich mich ver-
halten?“ 7 „Seien Sie nett zu den Leuten“, war ihre Antwort. „Kommen Sie
ihnen entgegen! Wenn Sie jetzt einmal tun, was die von Ihnen wollen, wer-
den die Ihnen in Zukunft aus der Hand fressen!“ 8 Aber Rehabeam fand
den Tipp total beknackt. Er fragte darum auch noch seine jungen Freunde,
die mit ihm aufgewachsen waren, was er machen sollte. 9 „Was denkt ihr?
Wie soll ich mich verhalten? Die wollen von mir, dass ich es ihnen leichter
mache, dass sie nicht mehr so hart für mich arbeiten müssen!“ 10 Seine
Kumpels meinten zu ihm: „Also, wenn die bei dir ankommen und sich be-
schweren, dass dein Vater ihnen zu harte Arbeit aufgedrückt hat, und jetzt
wollen, dass du sie davon befreist, dann sag doch Folgendes zu denen:
‚Was mein Vater konnte, das kann ich schon lange! 11 Wenn mein Vater euch
harte Arbeit aufgedrückt hat, dann werde ich euch noch härtere Arbeit auf-
drücken. Wenn er euch am Fließband im Akkord arbeiten ließ, denn werde
ich das Fließband schneller machen und von euch unbezahlte Überstunden
verlangen.‘“ 12 Nach drei Tagen kamen Jerobeam und alle anderen Leute
wieder bei Rehabeam an. 13 Der neue Präsident Rehabeam erteilte ihnen aber
eine Abfuhr. Er folgte nicht dem guten Rat von den Männern, die schon mit

Salomo am Start waren und etwas mehr Peilung vom Leben hatten. 14 Er
hörte auf seine Freunde. „Mein Vater hat euch harte Arbeiten aufgedrückt,
richtig?“, sagte er zu Jerobeam und den anderen. „Ich werde euch noch här-
tere Arbeit aufdrücken! Mein Vater wollte von euch Akkordarbeit am Fließ-
band? Aber ich werde das Fließband schneller machen und unbezahlte Über-
stunden von euch verlangen.“ 15 Dem Präsidenten war es egal, was diese
Leute von ihm wollten. Gott hatte dafür gesorgt, weil er wollte, dass sich die
Vorhersagen durch den Prophetentypen Ahija erfüllen, die er in Schilo Jero-
beam gegenüber losgelassen hatte.

Israel spaltet sich: Nordstaat „Israel“ und Südstaat „Juda“

16 Als alle Israeliten mitkriegten, dass dem neuen Präsidenten ihre Wünsche
total egal waren, trafen sie sich, um über die Sache zu diskutieren. „Was
geht uns die Familie von David eigentlich an? Seit wann gehört der Isai, der
aus dem Familienstamm Juda kommt, überhaupt zu uns? Alle Männer von
Israel sollen mal nach Hause gehen! Die Leute vom Stamm Juda sollen doch
sehen, wie sie ohne uns klarkommen.“ So gingen sie wieder auseinander.
17 Die Familien von Israel, die in den Städten von Juda wohnten, akzeptierten
Rehabeam als Präsidenten, der Rest nicht. 18 Es war sogar so, dass Reha-
beam einmal versuchte, Adoniram als seinen Vertreter über die Familien-
stämme im Norden einzusetzen. Adoniram war der Arbeitsminister und
auch für die Asylanten in Israel zuständig. Aber als der ankam und aus dem
Auto ausgestiegen war, schmissen die Leute mit Steinen nach ihm, so lange,
bis er tot war. Der Präsident, der auch mit im Wagen saß, konnte sich so
gerade noch mal retten und floh nach Jerusalem. 19 Der Norden erklärte sich
für selbständig und verabschiedete sich von der Regierung, die von der
Familie vom David gestellt wurde. Deswegen waren sie lange Zeit voneinan-
der getrennt: Der Nordstaat nannte sich weiterhin „Israel“, während der
Südstaat „Juda“ genannt wurde. 20 Bei den Familien aus dem Norden sprach
sich das schnell rum, dass Jerobeam wieder da war. Es wurde ein Brief an
ihn geschrieben, in dem man Jerobeam zu einem Treffen einlud. Bei diesem
Treffen wurde er von allen zu ihrem neuen Präsidenten vom Nordstaat Israel
bestimmt. Keiner hielt mehr zur Familie von David, außer dem Familien-
stamm Juda.

Gott sagt nein zum Plan, Krieg gegen den Nordstaat Israel zu führen

21 Rehabeam kam dann zurück nach Jerusalem. Aus den Familienstämmen
Juda und Benjamin zog er alle Soldaten ein, so dass er am Ende ein Heer
von 180 000 Mann aufstellen konnte. Die Soldaten waren alles altgediente
Kämpfer. Der Plan war, einen Krieg gegen den Norden anzuzetteln und dann
das ganze Land wieder durch ihn selber, den Sohn von Salomo, weiter zu

führen. 22 Gott fand aber, das wäre keine so gute Idee. Er sagte zu dem
Prophetentypen Schemaja: 23 „Ich hab eine Nachricht, die du bitte Reha-
beam von mir ausrichten sollst. Rehabeam ist der Präsident von Juda und
ein Sohn von Salomo. Diese Nachricht gilt aber für alle Menschen aus
dem Familienstamm Juda und auch von Benjamin. Sag ihnen Folgendes:
24 ‚Diese Ansage kommt von Gott: Ihr sollt keinen Krieg gegen eure eigenen
Geschwister führen, versteht ihr? Geht nach Hause! Es ist alles okay so,
ich hab das geregelt.'" Als Rehabeam das hörte, gehorchte er Gott. Er kehrte
mit seinen Leuten um und ging nach Hause.

Jerobeam feiert mit Plastikgöttern

25 Jerobeam ließ die Stadt Sichem, die in den Bergen von Efraim lag, weiter
ausbauen, weil er von dort aus seinen Regierungsgeschäften nachgehen
wollte. Als er damit fertig war, machte er das Gleiche auch mit der Stadt
Pnuel. 26 Innerlich wurde er aber immer unruhiger. „Irgendwann wird man
mich von diesem Posten stürzen, und die Familie von David bekommt
wieder die ganze Macht. 27 Schließlich müssen die Leute ja regelmäßig nach
Jerusalem zum Tempel, dem Haus von Gott, wenn sie ein paar Opferrituale
durchziehen wollen. Vermutlich werden sie sich dort dann immer an ihren
alten Präsidenten erinnern, an die schöne Zeit damals, als der Präsident aus
dem Familienstamm Juda noch an der Macht war. Und dann sagen sie
plötzlich, Rehabeam ist der echte, neue Präsident! Sie werden bestimmt ver-
suchen, mich von meinem Posten zu stürzen und das Land wieder unter
die Regierung von einem Präsidenten zu bringen, der von Juda abstammt.
Und am Ende bringen sie mich noch um." 28 Dann hatte Jerobeam eine Idee,
was man dagegen tun könnte. Er ließ zwei große Kühe anfertigen, überzog
die mit purem Gold und gab dann die Nachricht raus: „An alle: Ab sofort
braucht man nicht mehr extra zum Tempel nach Jerusalem zu latschen! Die
Götter von Israel, die uns damals aus Ägypten rausgeholt haben, sind jetzt
hier!" 29 Die eine Kuh stellte er in Bet-El auf, die andere in Dan. 30 Damit
verführte er die Leute dazu, richtig Mist zu bauen. Bei dem Transport von
der einen Kuh nach Dan zogen die Männer von Israel vorneweg, bis sie in
Dan waren. 31 Dazu ließ er auch noch an anderen Stellen im Land Plätze
bauen, wo man Opfern konnte. Betreut wurden diese Opferplätze von
irgendwelchen Arbeitslosen, die nicht aus dem Familienstamm Levi kamen,
wie das bei Priestern sein musste. 32 Schließlich setzte er am 15. November
eine landesweite religiöse Feier an, die so eine Art schlechte Kopie vom
Fest der Blätterbuden war. Er stieg an dem Tag höchstpersönlich die Stufen
zum Altar hoch, den er in Bet-El aufgestellt hatte, und zog dort ein Opfer-
ritual vor diesem Plastikgott durch. Die Priester mussten ihm dabei sogar
helfen. 33 Wie gesagt, wurde dieser Feiertag nur auf Befehl von Jerobeam am

15. November festgesetzt, er hatte sich den selbst ausgedacht. An dem
Tag gab es dieses Fest in Bet-El. Alle Leute, die in Israel lebten, waren ein-
geladen, und er selbst opferte auf dem Altar Sachen für Gott.

13

Ein Prophetentyp sagt Jerobeam, wo der Hammer hängt

1 Gott beauftragte dann einen Prophetentypen aus Juda, mal in Bet-El vor-
beizuschauen. Als er ankam, war Jerobeam gerade dabei, wieder ein Opfer-
ritual am Altar für seinen tollen Plastikgott durchzuziehen. 2 Der Typ stellte
sich am Altar auf und fing an, Sachen zu sagen, die er direkt von Gott hatte.
Er sprach zuerst direkt in Richtung von dem Altar: „Hey, du Opfertisch, du
Altar! Hör zu, Gott hat dir was zu sagen: ‚Es wird bald einen jungen Mann
geben, der aus der Familie von David kommen wird. Sein Name ist Joschija.
Und der wird die Priester alle umnieten, die auf dir irgendwelche Sachen
geopfert haben. Ihre Leichen wird man auf deiner Oberfläche abfackeln!'"
3 Dann drehte er sich zu den Zuhörern um und sagte zu ihnen: „Gott wird
das bestätigen, er wird etwas tun, an dem alle sehen können, dass genau
das passieren wird, was ich gerade gesagt hab. Und zwar wird der Altar
explodieren, und die Asche wird voll aufwirbeln und sich überall im Raum
verteilen." 4 Jerobeam war voll angefressen. Er stand gerade auf den Stufen,
die vor dem Altar waren, als der Prophetentyp das alles gesagt hatte. Er
streckte seine Hand aus und befahl: „Nehmt den Mann fest!" Aber als er
seinen Arm ausgestreckt hatte, wurde der plötzlich total steif, er konnte
ihn nicht mehr bewegen! 5 Und dann explodierte der Tisch mit einem lauten
Knall, die Asche wurde überall auf dem Boden verteilt, alles passierte
genau so, wie der Prophetentyp es im Auftrag von Gott gesagt hatte. 6 Der
Präsident meinte sofort: „Ähh, hallo, könnten Sie nicht ein gutes Wort
für mich bei Gott einlegen? Könnten Sie Gott wieder etwas runterbringen?
Zumindest so, dass ich meinen Arm wieder bewegen kann?" Der Prophet
betete kurz zu Gott, und sofort war der Arm wieder so wie vorher. 7 Jetzt
fragte der Präsident: „Darf ich Sie vielleicht zu mir nach Hause zum Essen
einladen? Ich würde Ihnen gerne auch noch einen Scheck überreichen."
8 „Nee, nee, ich werde auf keinen Fall mit Ihnen mitkommen, und selbst
wenn Sie mir die Hälfte von Ihrem Bankkonto schenken würden. Ich
würde noch nicht mal einen Drink von Ihnen annehmen, geschweige denn
etwas zu essen. 9 Gott hat mir eindeutig gesagt, dass ich hier nichts essen
und auch nichts trinken darf. Außerdem soll ich eine andere Route für
meinen Rückweg nehmen." 10 Dann packte er seine Sachen und verließ
Bet-El. Er suchte sich einen anderen Rückweg aus, um nach Hause zurück-
zufahren.

Ein Prophetentyp lässt sich dazu verführen, etwas zu tun, was Gott nicht korrekt findet

11 In der Zeit lebte noch so ein älterer Prophetentyp in Bet-El. Seine Söhne
erzählten ihm von der Aktion, die der Prophet aus Juda gebracht und was er
zu dem Präsidenten gesagt hatte. 12 „Wisst ihr, auf welcher Route er wieder
nach Hause gefahren ist?“, fragte er seine Söhne. Weil sie den Typen ein
Stück verfolgt hatten, wussten sie die Strecke ungefähr. 13 „Okay, dann holt
mal meinen Wagen aus der Garage!“, befahl er. Er setzte sich in sein Auto,
14 und fuhr dem Propheten in Richtung Juda hinterher. Irgendwann hatte
er ihn eingeholt, als der gerade am Rastplatz auf einer Bank saß. Er ging zu
ihm hin und fragte: „Sind Sie dieser Prophet, ein Mann von Gott, der aus
Juda stammt?“ – „Ja, das bin ich“, antwortete der. 15 „Okay, ich würde Sie
gerne zu mir nach Hause zum Essen einladen! Kommen Sie mit?“ 16 „Tut
mir leid“, antwortete der Prophet aus Juda. „Das geht gegen die Abma-
chung: ich darf an diesem Ort mit niemandem etwas essen oder trinken.
17 Gott hat mir das verboten. Er hat mir auch gesagt, ich sollte unbedingt
eine andere Route nehmen, wenn ich wieder nach Hause fahre.“ 18 „Hey,
Mann, entspannen Sie sich! Ich bin auch ein Prophet, genau wie Sie!
Gott hat mir sogar durch einen Engel die Ansage gemacht, dass ich Sie mit
zu mir nach Hause zum Essen einladen soll!“ Das war natürlich totaler
Schwachsinn, er hatte ihn einfach angelogen. 19 Der Typ glaubte das aber
und ging mit ihm mit, und sie aßen zusammen bei ihm zu Mittag. 20 Plötz-
lich, noch während sie am Tisch saßen, redete Gott durch den älteren
Prophetentypen, der den anderen gerade zu sich nach Hause eingeladen
hatte. 21 Er machte seinen Mund auf und sagte zu seinem Gast: „Gott sagt
dir Folgendes: ‚Du hast nicht das getan, was ich, dein Gott, dir gesagt
hatte. 22 Du bist doch umgedreht und hast was gegessen und getrunken.
Und das, obwohl ich dir gesagt habe, dass du das nicht machen sollst. Das
ist jetzt der Grund, warum du nicht auf dem Friedhof beerdigt werden
kannst, wo der Rest deiner ganzen Familie liegt.‘“ 23 Nachdem sie zu Ende
gegessen hatten, ließ der Prophetentyp aus Juda seine Maschine noch mal
betanken 24 und machte sich auf den Heimweg. Auf der Landstraße stand
in der Kurve ganz plötzlich ein Stier mitten auf der Straße. Er versuchte noch
auszuweichen, aber bretterte frontal in das Teil rein. Er starb noch an der
Unfallstelle. 25 Einige Schaulustige kamen vorbei und sahen den Toten auf
der Straße liegen. Daneben lag das tote Tier. In der Stadt, in der auch der
alte Prophetentyp lebte, erzählten sie von der Geschichte. 26 Als er davon
hörte, sagte er: „Da kann man mal sehen, das ist auf jeden Fall dieser Typ,
der sich nicht an das gehalten hat, was Gott von ihm wollte. Darum hat
Gott ihm diesen Stier auf die Straße gestellt. Der hat dafür gesorgt, dass er
jetzt zerfetzt auf dem Asphalt liegt. Gott hatte das schon vorher so ange-

kündigt.“ 27 Er sagte dann zu seinen Söhnen, sie sollten ihm auch sein Auto
klarmachen, und 28 fuhr zu der Stelle hin, wo der Unfall war. Alles lag da
noch so, wie man ihm erzählt hatte. Das Motorrad lag noch auf dem Boden
und der Stier auch. Seine Leiche war auch noch nicht von Ratten angefres-
sen worden. 29 Der alte Prophetentyp legte die Leiche hinten ins Auto und
brachte sie zurück nach Bet-El, damit er dort eine anständige Trauerfeier
und Beerdigung für ihn organisieren konnte. 30 Er gab ihm sogar einen Platz
in seinem eigenen Familiengrab. Die Anwohner kamen alle zur Beerdigungs-
feier, weinten und riefen: „...wie schrecklich, einer von uns ist tot!“ 31 Nach
der Beerdigung sagte der alte Prophetentyp zu seinen Söhnen: „Wenn ich
mal tot bin, möchte ich auch hier beerdigt werden, im selben Grab wie die-
ser Mann Gottes. Mein Sarg soll neben seinem Sarg landen. 32 Denn seine
Ansagen, die er für Bet-El und für die ganzen Opferplätze im Nordstaat
Israel gemacht hat, die werden bestimmt auch genau so passieren. Er hat
das nämlich alles im Auftrag von Gott erzählt.“ 33 Jerobeam blieb aber stur
und lernte nichts aus diesen Vorfällen. Jeder Hanswurst, der sich bei ihm
bewarb, wurde zu einem Priester gemacht. Die durften dann auch überall
im Land Opferrituale durchziehen und so. 34 Er war damit so weit von dem
abgekommen, was Gott eigentlich wollte, dass irgendwann seine ganze
Familie und auch sein Amt als Präsident dabei draufgehen musste.

14

Ahija sagt, dass Gott Israel bestrafen wird

1 In der Zeit wurde Abija, ein Sohn von Jerobeam, plötzlich schwer krank.
2 Jerobeam sagte zu seiner Frau: „Schatz, bitte geh du doch mal nach Schilo
und besuch den Propheten Ahija. Er hatte ja früher mal die Ansage gemacht,
dass ich der neue Präsident werden sollte. Am besten du verkleidest dich
ein bisschen, damit niemand mitkriegt, dass du meine Ehefrau bist. 3 Back
ihm einen Apfelkuchen und nimm dazu noch zehn Brötchen und ein paar
Milchschnitten mit. Der Typ wird dir dann bestimmt sagen können, ob die
Krankheit bald weggeht oder schlimmer werden wird.“ 4 Seine Frau packte
die Sachen ein und fuhr nach Schilo, zu dem Haus, in dem der Prophetentyp
Ahija wohnte. Der Prophet war mittlerweile schon voll alt und konnte
auch nicht mehr richtig sehen. 5 Aber Gott hatte ihm schon vorher angekün-
digt, dass die Frau von Jerobeam zu ihm kommen würde. „Sie wird dich
fragen, wie es mit der Erkrankung von ihrem Sohn ausgehen wird. Dabei
wird sie sich aber verkleiden“, sagte er zu ihm. Und dann steckte ihm Gott
auch noch die Antwort, die er dieser Frau geben sollte. 6 Bevor sie noch
an der Tür klingelte, hörte Ahija schon ihre Schritte: „Kommen Sie doch rein,
junge Frau! Sie sind doch die Ehefrau von Jerobeam, lieg ich da richtig?
Warum verkleiden Sie sich denn? Also, ich hab wirklich üble Nachrichten

für Sie. 7 Gehen Sie mal nach Hause, und sagen Sie Jerobeam Folgendes von
mir: ‚Diese Ansage kommt von Gott, dem Chef von Israel: Ich hatte dich
extra ausgesucht und dir die Macht anvertraut über meine Leute. 8 Ich hatte
die Präsidentschaft über Israel der Familie von David wieder weggenommen
und an dich weitergegeben. Aber du hast nicht so gelebt wie David. Der
war immer gut drauf, hat radikal alles durchgezogen, was ich ihm gesagt
habe. Er hat nur Dinge getan, die ich voll gut finde. 9 Aber du hast es an
üblen Taten echt übertrieben, mehr als irgendein anderer vor dir. Du hast
mich wie Luft behandelt, hast dir deinen eigenen Gott gebastelt, aus Plastik,
Metall und Holz. Das war für mich, als hättest du mir mitten ins Gesicht
gerotzt. 10 Darum werde ich dafür sorgen, dass es deiner Familie voll
schlechtgeht. Jeder Sohn von dir muss sterben, die Kinder und auch die
Erwachsenen. Keiner soll übrig bleiben, ich werde sie auf die Müllkippe
schmeißen, so wie auch die Müllabfuhr den ganzen Dreck da hinkippt.
11 Wenn einer von ihnen in der Stadt ermordet wird, wird seine Leiche von
den Ratten gefressen werden, und wer auf einer Wiese umkommt, den
fressen die Raben auf.‘ Diese Ansage kam von Gott höchstpersönlich.“
12 „So, jetzt gehen Sie mal wieder nach Hause. Sobald Sie in der Stadt sind,
wird Ihr Sohn sterben“, redete Ahija weiter zu der Frau. 13 Dann sagte er
noch: „In Israel werden alle deswegen weinen. Er wird auf jeden Fall der Ein-
zige aus der Familie von Jerobeam sein, der auch ein anständiges Grab
bekommt. Er war auch der Einzige, der wenigstens eine einigermaßen gute
Beziehung zu Gott hatte. 14 Gott, der Chef, wird dann einen neuen Präsi-
denten über Israel organisieren, und der wird die ganze Familie von Jero-
beam an einem bestimmten Tag komplett auslöschen. 15 Gott wird Israel
einen herben Schlag auf die Zwölf verpassen. Sie werden fast umgenockt,
hin und her wanken, so wie ein Boxer kurz vor dem K.o. Gott wird die Israe-
liten wieder aus diesem guten Land rausschmeißen, wo er ihre Väter vor
langer Zeit mal hingebracht hatte. Er wird sie rauswerfen und in das Land
jagen, was auf der anderen Seite vom Eufratfluss liegt. Das ist die Strafe
dafür, dass sie überall Plastikgötter aufgestellt haben, denn die sind für Gott
wie ein Schlag ins Gesicht. 16 Gott wird die Israeliten ihren Feinden auslie-
fern, weil Jerobeam versucht hat, ihn zu bescheißen. Er hat sich von solchen
Plastikgöttern verführen lassen.“ 17 Die Ehefrau von Jerobeam ging dann
wieder nach Tirza zurück. In der Sekunde, in der sie durch die Haustür rein-
kam, starb ihr Sohn. 18 Als die Beerdigung war, weinten alle in Israel über
seinen Tod. Alles passierte genau so, wie Gott es durch seinen Angestellten,
den Propheten Ahija, vorhergesagt hatte. 19 Alles, was es sonst noch über
Jerobeam zu erzählen gibt, kann man in den Chroniken der Präsidenten von
Israel nachlesen. Dort werden auch alle seine Kriege erwähnt und wird von
seinen Entscheidungen berichtet, die er als Präsident getroffen hatte. 20 Ins-

gesamt 22 Jahre lang regierte er über Israel. Als er starb, wurde sein Sohn
Nadab der nächste Präsident.

Rehabeams Zeit als Präsident von Juda

21 Rehabeam, der Sohn von Salomo, war 41 Jahre alt, als er der neue Präsi-
dent von Juda wurde. Er regierte siebzehn Jahre lang von Jerusalem aus.
Jerusalem war eine ganz besondere Stadt, es war die Stadt, die Gott unter
allen anderen extra ausgesucht hatte, dort wollte er wohnen. Die Mutter von
Rehabeam war übrigens eine Ammoniterin und hieß Naama. 22 Aber die
Leute von Juda bauten wieder großen Mist. Sie taten Sachen, die Gott total
fies findet, schlimmer als ihre Vorfahren. Darum wurde Gott richtig sauer
auf sie, er hatte voll den Hals. 23 Sie brachten denselben Mist wie die Leute
von Israel. Sie bauten überall auf den Bergen oder unter großen Bäumen
so kleine Opferplätze für Plastikgötter auf. Viele Leute liefen mit Glücksbrin-
gern rum, und an jeder Straßenecke konnte man sein Tageshoroskop lesen.
24 Überall gab es Bordelle, wo Frauen und Männer anschaffen gingen. Die
Leute von Juda bauten genau denselben Mist, wie es die Völker getan hatten,
die vor ihnen dort gelebt hatten und deswegen von Gott rausgeschmissen
worden waren. 25 Im fünften Jahr, seitdem Rehabeam an der Macht war,
erklärte der ägyptische Präsident Schischak Juda den Krieg. Es kam zu einer
Schlacht in Jerusalem. 26 Schischak ließ dann den ganzen Goldschatz mit-
gehen, der im Tempel und im Präsidentenpalast war. Auch die goldenen
Helme, die Salomo extra angefertigt hatten, waren futsch. 27 Rehabeam
musste extra neue Helme für die Soldaten machen lassen, die den Tempel
bewachen sollten. Sie waren diesmal aber nur aus Stahl. Er gab sie dem
Offizier der Truppe, die am Eingang vom Präsidentenpalast Wache schob.
28 Immer wenn der Präsident in den Tempel gehen wollte, trugen die Wach-
soldaten diese Helme. Danach wurden sie in ihrer Kaserne in ihrem Spind
gelagert. 29 Alles, was man sonst noch über Rehabeam erzählen könnte,
steht in den amtlichen Chroniken der Präsidenten von Juda drin. 30 Aber
während der ganzen Zeit, wo er Chef der Regierung war, gab es zwischen
ihm und Jerobeam Krieg. 31 Nach seinem Tod wurde die Leiche von Reha-
beam in das Familiengrab gelegt, was in der Innenstadt von Jerusalem war.
Wie gesagt war seine Mutter eine Ammoniterin und hieß Naama. Als er
gestorben war, kam sein Sohn Abija an die Macht.

15

Über Abija, den Präsidenten von Juda

1 Im 18. Jahr der Regierungszeit von Jerobeam als Präsident von Israel
wurde Abija der neue Präsident von Juda. 2 Er regierte das Land drei Jahre
lang von Jerusalem aus. Seine Mutter hieß Maacha, die wiederum eine

Tochter von Abschalom war. 3 Abija war genauso übel drauf wie sein Vater.
Er lebte nicht radikal mit Gott, wie das David, sein Uropa, getan hatte.
4 Trotzdem war Gott so nett und sorgte dafür, dass er einen Sohn bekam,
der sein Nachfolger werden konnte. So starb die Folge der Familien im Präsi-
dentenamt von Juda nicht aus. Er passte auch da drauf auf, dass Jerusalem
nicht ganz plattgemacht wurde. Gott sorgte dafür, weil David damals so cool
unterwegs war. 5 Der hatte nämlich immer gemacht, was Gott gut findet.
David zog alles durch, was Gott von ihm wollte, mit nur einer Ausnahme,
und das war die Sache mit dem Hetiter Urija. 6 Zwischen Abija und Jero-
beam war immer Krieg angesagt, die ganze Zeit, in der sie lebten. 7 Was
man sonst noch so über Abija erzählen könnte, von den Dingen, die er so
gebracht hat, kann man in den amtlichen Chroniken im Kapitel über die
Präsidenten von Juda nachlesen. 8 Als Abija starb, wurde er in Jerusalem auf
dem Stadtfriedhof beerdigt. Als Nächstes wurde dann sein Sohn Asa zum
Präsidenten ernannt.

Noch ein Präsident: Asa

9 Im 20. Jahr, in dem Jerobeam der Präsident von Israel war, wurde Asa
der Präsident von Juda. 10 Er regierte 41 Jahre lang von Jerusalem aus das
Land. Seine Mutter war Maacha, eine Tochter von Abschalom. 11 Asa war gut
drauf, er lebte ähnlich wie David und zog die Sachen durch, die Gott gut
findet. 12 Er schmiss alle Esoteriker und okkulten Heinis aus dem Land raus
und warf die Plastikgötter in den Müll, die seine Vorgänger irgendwo auf-
gestellt hatten. 13 Asa traute sich sogar, seine eigene Mutter von ihrem Job
zu entlassen, weil sie so einen bescheuerten Plastikgott aufgestellt hatte,
nämlich diese Göttin Aschera. Er sorgte dafür, dass das Teil abtransportiert
wurde und im Kidrontal in die Müllverbrennungsanlage kam. 14 Leider war
er aber nicht ganz konsequent, weil er diese vielen kleinen Opferplätze, wo
man irgendwelchen Pseudogöttern Sachen opfern konnte, nicht alle voll-
ständig beseitigte. Aber ansonsten war er sehr radikal unterwegs und zog
alles durch, was Gott ihm gesagt hatte, sein ganzes Leben lang. 15 Die Geräte
aus Gold und Silber, die sein Vater einmal Gott geschenkt hatte, brachte er
wieder in das Haus von Gott zurück. Er schenkte Gott auch noch andere
Sachen aus demselben Material. 16 Präsident Asa und Bascha, der Präsident
von Israel, hatten aber die ganze Zeit Stunk miteinander und führten Krieg.
17 Bascha rückte zum Beispiel mit seiner Armee gegen Juda vor. Die ganze
Stadt Rama wurde von ihm fast wie zu einem Bunker ausgebaut, weil er von
dort aus die Grenzen nach Juda kontrollieren konnte. 18 Asa wollte sich das
nicht bieten lassen und schickte deswegen seinen Außenminister zu Ben-
Haddad, dem Präsidenten von Syrien. Ben-Haddad war ein Sohn von Tab-
rimmon und ein Enkel von Hesjon. Der Minister von Asa hatte einen fetten

Scheck in der Tasche. Auf dem Scheck stand der gesamte Wert von allen
Dingen, die noch im Tempel waren und was auf dem Konto der Regierung
war. [19] „Wir möchten mit Ihnen gerne einen ähnlichen Vertrag machen,
wie er schon zwischen Ihnen und unseren Vätern bestand. Ich gebe Ihnen
dieses Geld als ein Geschenk. Ich wünsche mir von Ihnen, dass Sie den
Vertrag mit dem Präsidenten von Israel aufkündigen und sein Land angrei-
fen. Dann muss er nämlich den Krieg an unserer Front erst mal aufgeben."
[20] Ben-Hadad war einverstanden. Er schickte seine Truppen in den Krieg
gegen Israel. Die machten die Städte Ijon, Dan und Abel-Bet-Maacha einfach
platt, auch das ganze Gebiet am See Genesaret. [21] Als Bascha das hörte,
brach er sofort den Ausbau der Stadt Rama ab und kehrte in die Hauptstadt
Tirza zurück. [22] Präsident Asa zog jetzt alle einsatzfähigen Männer aus Juda
ein, keiner wurde vom Baudienst freigestellt. Die Männer sollten alle Bau-
materialien transportieren, die Bascha für den Bau bereitgestellt hatte.
Mit dem ganzen Holz und den Fertigplatten ließ er die Städte Geba und
Mizpa weiter ausbauen, die im Gebiet vom Familienstamm Benjamin lagen.
[23] Alles, was man sonst noch über Asa erzählen könnte, über die Städte,
die er gebaut hatte, und die ganzen anderen Sachen, die er so gebracht hat,
das steht alles in den amtlichen Chroniken der Präsidenten von Juda. Viel-
leicht noch eine Sache: Asa litt im Alter an einer Fußkrankheit. [24] Nachdem
er tot war, wurde er in der Familiengruft seiner Vorfahren beerdigt, die in
Jerusalem war. Der nächste Präsident von Juda wurde dann sein Sohn
Joschafat.

Der Präsident Nadab von Israel

[25] Als Asa zwei Jahre in Juda an der Macht war, wurde Nadab der neue
Präsident von Israel. Nadab war ein Sohn von Jerobeam. [26] Nadab war link
unterwegs. Er baute nur Mist, genauso wie sein Vater, der ja auch schon
die Israeliten dazu verführt hatte, zu Plastikgöttern zu beten. [27] Dann gab es
eine kleine Revolte gegen ihn. Bascha, der Sohn von Ahija aus dem Familien-
stamm Issachar, tötete Nadab, als er mit dem Heer von Israel den Philister-
bunker in Gebbeton belagerte. [28] Nadab wurde von Bascha getötet, als Asa
gerade im dritten Jahr Präsident von Juda war. Dann wurde er selbst zum
neuen Präsidenten über Israel ernannt. [29] Nach seiner Ernennung löschte er
die ganze Familie von Jerobeam aus. Niemanden aus dieser Familie ließ er
am Leben. Auf die Art wurde das wahr, was Gott durch einen seiner Leute,
nämlich den Prophetentypen Ahija aus Schilo, vorher angesagt hatte. [30] Das
war die Bestrafung für die linke Tour von Jerobeam, die er die ganze Zeit
mit Gott durchgezogen hatte. Er hatte die Leute von Israel alle dazu verführt,
zu Plastikgöttern zu beten. Darum war Gott richtig sauer auf ihn. [31] Alle
Geschichten, die man sonst noch über Nadab erzählen könnte, stehen in

den amtlichen Chroniken der Präsidenten von Israel. 32 Asa und Bascha führ-
ten die ganze Zeit Krieg gegeneinander.

Zusammenfassung: Was mit Präsident Bascha von Israel so los war

33 Als Asa drei Jahre der Präsident von Juda war, gab es in Israel einen Regie-
rungswechsel, und Bascha, der Sohn von Ahija, kam dort an die Macht.
Von seinem Regierungssitz in Tirza hatte er 24 Jahre lang das Sagen im
Land. 34 Aber er lebte total unkorrekt, tat Sachen, die Gott sehr fies findet,
und lebte so weiter, wie es Jerobeam auch getan hatte. Der hatte ja alle Leute
in Israel dazu verführt, zu Plastikgöttern zu beten.

16

Das Ende von Bascha, dem Präsidenten von Israel

1 Plötzlich redete Gott zu dem Prophetentypen Jehu über die Situation in
Israel. Jehu war ein Sohn von Hanani. Er musste zum Präsidenten gehen
und ihm von Gott Folgendes ausrichten: 2 „Du warst die absolute Nullnum-
mer, bevor ich dich zum Präsidenten über meine Leute in Israel gemacht
habe. Aber du hattest nichts Besseres zu tun, als den gleichen Mist zu
bauen, wie es dein Vorgänger Jerobeam auch schon getan hatte. Du hast
meine Leute dazu verführt, zu Plastikgöttern zu beten und die auch noch
toll zu finden. Ich bin deswegen echt auf hundertachtzig! 3 Das ist der
Grund, warum deine Familie die gleichen Sachen durchmachen wird wie
die Familie vom Jerobeam. Ich werde dafür sorgen, dass keiner aus deiner
Familie überleben wird. 4 Deren Leichen werden von Pitbulls aufgefressen
werden, wenn sie in der Stadt liegen, oder von Ratten, wenn sie auf dem
Land gekillt werden." 5 Den Rest, der noch von Bascha erzählt werden
könnte, über das, was er getan hat, und wo er auch Erfolg hatte, kann man
in den amtlichen Chroniken der Präsidenten von Israel nachlesen. 6 Nach
seinem Tod wurde seine Leiche in Tirza bestattet. Als Nächstes kam sein
Sohn Ela an die Macht. 7 Um das noch mal zu betonen: Der Prophetentyp
Jehu hatte Bascha vorausgesagt, dass seine ganze Familie umgebracht
werden würde, weil er so viel Mist gebaut und Gott mit diesen dummen
Plastikgöttern echt beleidigt hatte. Darum sollte er die gleichen Sachen
durchmachen wie die Familie von Jerobeam. Außerdem hatte Bascha auch
noch die ganze Familie von Jerobeam ausgelöscht, was Gott auch nicht
korrekt fand.

Der nächste Präsident von Israel: Ela

8 Als Asa 26 Jahre die Macht in Juda hatte, wurde Ela der Präsident von
Israel. Ela war ein Sohn von Bascha. Ela regierte aber nur zwei Jahre lang von
Tirza aus das Land. 9 Und zwar wollte Simri, der General der Panzergarni-

son, Ela gewaltsam stürzen. Als der Präsident gerade auf einer Party vom Manager seiner Residenz in Tirza war und abends schon total breit rumhing,
[10] überfiel Simri mit seinen Leuten die Party und erschoss ihn. So kam im 27. Jahr, in dem Asa der Präsident von Juda war, Simri an die Macht.
[11] Nachdem er auch offiziell zum neuen Präsidenten erklärt worden war, war einer seiner ersten Amtshandlungen, alle männlichen Familienmitglieder von Bascha zu töten. Er übertrieb die Sache noch voll und ließ sogar alle Leute umbringen, die mit der Familie von Bascha nur befreundet waren.
[12] Aber so traf die Voraussage von dem Prophetentypen Jehu ein, die er gegen Bascha ausgesprochen hatte, denn es wurde ja tatsächlich seine ganze Familie ausgelöscht.
[13] Das war die Bestrafung für den Riesen-Mist, den Bascha und sein Sohn Ela die ganze Zeit verzapft hatten. Denn sie verführten alle in Israel dazu, Gott, den Chef von Israel, mit diesen peinlichen Plastikgöttern volle Kanne zu beleidigen.
[14] Was man sonst noch an Sachen über Ela erzählen könnte, was er alles gebracht hatte und so, kann man in den amtlichen Chroniken nachlesen, in dem Kapitel über die Präsidenten von Israel.

Gerangel um die Macht nach Baschas Tod

[15] Als Asa 27 Jahre in Juda das Sagen hatte, wurde Simri der Präsident von Israel. Sein Regierungssitz war in Tirza. Er war aber nur sieben Tage lang der Präsident. In der Zeit gab es gerade Krieg zwischen Israel und den Philistern. Das Heer von Israel belagerte die Bunkeranlagen bei Gibbeton.
[16] Die Soldaten in der Kaserne bekamen irgendwann mit, dass Simri eine Revolution angezettelt hatte und der Präsident Ela von ihm getötet worden war. Daraufhin wurde sofort Omri, der General des Heeres, zum neuen Präsidenten ernannt.
[17] Omri trommelte seine Truppen zusammen und zog mit allen Soldaten von Gibbeton vor die Hauptstadt Tirza.
[18] Als die Stadt in kürzester Zeit eingenommen wurde, ließ Simri im ganzen Haus Benzin ausschütten. Danach steckte er das Haus an, schloss sich in sein Büro ein und starb in den Flammen.
[19] Das war dann auch seine Bestrafung dafür, dass er die ganze Zeit so ätzend gelebt hatte. Er war dem schlechten Beispiel von Jerobeam gefolgt, hatte zu Plastikgöttern gebetet und damit Dinge getan, die Gott voll unkorrekt findet.
[20] Genauere Infos über die Revolution, die Simri angezettelt hatte, und alles über seine Zeit als Präsident kann man in den amtlichen Chroniken der Präsidenten von Israel nachlesen.
[21] Die Bevölkerung war sich nicht einig, nur ungefähr die Hälfte fand Omri gut, der andere Teil folgte ihm nicht nach. Dieser andere Teil wählte Tibni zum neuen Präsidenten. Tibni war ein Sohn von Ginat.
[22] Allerdings waren die Nachfolger von Omri zahlenmäßig mehr als die von Tibni. Als Tibni starb, wurde Omri dann Präsident über das Nordreich Israel.

Über den Präsidenten Omri von Israel

23 Als Asa im seinem 31. Regierungsjahr der Präsident von Juda war, wurde
Omri der Präsident von Israel. Er regierte zwölf Jahre lang, davon die ersten
sechs Jahre von der Stadt Tirza aus. 24 Er kaufte von einem gewissen Sche-
mer einen Berg für den Spottpreis von 1000 Euro ab und ließ darauf seine
neue Hauptstadt bauen. Omri nannte die Stadt dann Samaria, nach dem
ehemaligen Besitzer vom Berg, der Schemer hieß, weil das im Hebräischen
so ähnlich klingt. 25 Aber er tat auch die ganze Zeit üble Sachen, die Gott
voll fies findet. Er trieb es sogar noch schlimmer als alle seine Vorgänger.
26 Und Omri baute den gleichen Mist, wie es schon Jerobeam getan hatte.
Jerobeam hatte die Leute von Israel dazu verführt, Gott voll zu veräppeln,
indem sie lieber zu diesen selbstgebauten Plastikgöttern beteten anstatt zu
ihm. 27 Die Dinge, die Omri sonst noch so gebracht hat, kann man in den
amtlichen Chroniken der Präsidenten von Israel nachlesen. 28 Nach seinem
Tod wurde er in Samaria beerdigt. Als Nächstes war sein Sohn Ahab an
der Reihe.

Ahab ist der neue Präsident von Israel, und der große Prophetentyp Elija taucht auf

29 Nachdem Asa 38 Jahre lang der Präsident von Juda war, wurde Ahab
Präsident von Israel. Ahab war ein Sohn von Omri. Er regierte 22 Jahre lang
von Samaria aus das Land. 30 Aber er übertraf sogar noch seine Vorgänger
da drin, Dinge zu tun, die Gott richtig übel findet. 31 Dass er weiter solche
Opferplätze für irgendwelche Plastikgötter in Betrieb hatte, war dabei nur
das eine. Das hatte ja schon Jerobeam getan. Was noch viel übler kam, war,
dass er eine Tochter von Etbaal heiratete, die Isebel hieß. Isebel war eine
Tochter vom Präsidenten der Phönizier. So kam er auf den Trichter, ausge-
rechnet für diesen beknackten Plastikgott Baal zu opfern und zu dem zu
beten. 32 Er baute in Samaria sogar einen eigenen Tempel für Baal mit einem
Altar und allem Drum und Dran. 33 Dann ließ er auch noch ein Bild von
dieser Göttin Aschera aufstellen, damit man auch zu der beten konnte. Das
war für Gott wie ein nasser Lappen ins Gesicht. Durch diese Aktionen
beleidigte er den Gott von Israel aufs derbste, mehr als alle Präsidenten vor
ihm. 34 In der Zeit, in der er an der Macht war, baute ein gewisser Hiel die
Stadt Jericho wieder auf. Hiel stammte aus Bet-El. Gott fand das nicht so
toll, und als er die Fundamente gegossen hatte, starb sein ältester Sohn
Abiram. Und als er die Ortsschilder vor den Stadteingängen aufstellen ließ,
starb sein jüngster Sohn Segub. Auf die Art erfüllte sich die Ankündigung
von Josua, die er vor langer Zeit einmal von Gott bekommen und ausge-
sprochen hatte.

17

Der Prophetentyp Elija sagt: Bald wird es für lange Zeit nicht regnen

1 Der Prophetentyp Elija wohnte in der Zeit in dem Dorf Tischbe, was in der
Landschaft Gilead liegt. Irgendwann ging er mal zum neuen Präsidenten
Ahab und sagte zu ihm: „Eins ist so sicher wie das Amen in der Kirche: In
den nächsten Jahren wird hier alles total austrocknen! Es gibt keinen Regen,
keinen Nebel und keinen Tau so lange, bis ich sage, dass es wieder regnen
soll!“ 2 Später redete Gott mit Elija: 3 „Verzieh dich aus der Gegend! Ver-
schwinde über den Jordan in Richtung Osten, bis du am Bach Kerit bist.
Dort kannst du dich verstecken. 4 Von dem Wasser, das aus dem Bach
kommt, kannst du ruhig trinken. Außerdem hab ich ein paar Raben befoh-
len, dich mit Essen zu versorgen.“ 5 Elija gehorchte Gott und ging auf die
andere Seite vom Jordanfluss an den Bach Kerit und blieb dort. 6 Morgens
und abends kamen immer ein paar Raben vorbei, die im Schnabel Brot
und Frikadellen hatten. Wasser trank er aus dem Bach. 7 Aber dann regnete
es eine ganze Zeit nicht mehr, und der Bach trocknete aus.

Elija in Sarepta

8 Dann sagte Gott zu Elija: 9 „Hör zu: Geh mal in die Stadt Sarepta in Phö-
nizien und bleib da für ne Weile. Ich habe dort einer Frau, deren Ehemann
gestorben ist, gesagt, dass sie dich mit Essen und Getränken versorgen
soll.“ 10 Elija packte seine Sachen und ging nach Sarepta. Als er am Ortsein-
gangsschild vorbeikam, traf er dort eine Frau, deren Ehemann gestorben
war. Die Frau sammelte alte Pfandflaschen. Er fragte sie: „Entschuldigung,
haben Sie vielleicht einen Schluck Wasser für mich?“ 11 Sie drehte sich um
und wollte ihm eine Cola aus ihrem Haus holen. Er rief ihr noch hinterher:
„Ach, und können Sie mir auch noch ein Brötchen mitbringen?“ 12 Die Frau
antwortete: „Äh, hallo? Also ich hab selbst kaum noch was zu essen zu
Hause. Da ist noch ein kleiner Rest Mehl und ein paar Tropfen Öl in der
Küche, das ist alles. Ich versuche, hier mit den Pfandflaschen noch ein biss-
chen Geld für die offene Stromrechnung zu organisieren. Vermutlich werden
mein Sohn und ich heute aus den Resten noch ne kleine Pizza backen und
die essen, dann haben wir nichts mehr und müssen wohl verhungern.“
13 Elija antwortete: „Sie brauchen keine Angst zu haben! Gehen Sie nach
Hause, und machen Sie es so, wie Sie es sich gedacht hatten. Aber bitte
backen Sie mir zuerst ein paar Brötchen von dem Mehl, was noch übrig ist,
ja? Die bringen Sie mir dann bitte her. Den Rest können Sie dann für sich
und Ihren Sohn nehmen. 14 Gott hat mir gerade Folgendes ganz fest verspro-
chen: ‚Deine Mehlpackung wird nicht leer werden, und auch deine Ölvor-
räte werden nicht ausgehen, bis ich es wieder regnen lasse.‘“ 15 Die Frau

machte alles so, wie Elija ihr es gesagt hatte. Und es funktionierte tatsäch-
lich: Seit dem Tag hatten die drei jeden Tag genug zu essen. 16 Die Tüte, in
der das Mehl drin war, füllte sich immer von alleine wieder auf, und auch das
Öl in der Flasche wurde nicht alle. Alles passierte genau so, wie Gott es
Elija gesagt hatte.

Elija holt den toten Sohn wieder ins Leben zurück

17 Später passierte es, dass der Sohn von der Frau total krank wurde. Sein
Gesundheitszustand verschlimmerte sich täglich, bis er irgendwann starb.
18 Die Mutter dachte sofort, diese Katastrophe habe mit Elija zu tun. „Was
machen Sie überhaupt hier? Sind Sie nur zu mir nach Hause gekommen,
um Gott zu verpetzen, dass ich ständig Mist baue? Ist das der Grund,
warum mein Sohn jetzt sterben musste?“ 19 „Geben Sie mir mal den Jun-
gen!“, sagte Elija. Er nahm ihr das tote Kind ab und ging mit ihm nach oben
auf den Dachboden, auf dem er wohnte. Dann legte er ihn auf sein Bett.
20 Jetzt fing Elija an zu beten: „Gott! Mein Gott! Willst du das wirklich zulas-
sen? Willst du dieser Frau jede Zukunftsperspektive nehmen und nichts
dagegen unternehmen, dass ihr einziger Sohn gestorben ist? Sie war immer
sehr nett zu mir und auch sehr gastfreundlich!“ 21 Dreimal hintereinander
beugte er sich dann über das tote Kind. Dabei rief er immer: „Gott, mein
Gott, sorg dafür, dass er wieder lebendig wird!“ 22 Gott hörte auf das Gebet
von Elija. Plötzlich fing der Junge wieder an zu atmen! 23 Dann stand er sogar
auf, Elija nahm ihn an der Hand, und sie gingen gemeinsam die Treppe run-
ter zu der Mutter. „Es ist alles wieder in Butter, er lebt!“, sagte Elija. 24 Die
Frau war schwer beeindruckt. „Das ist voll der Beweis für mich, dass Sie ein
Mann von Gott sind! Wenn Sie eine Ansage von Gott weitergeben, kann
man sich hundertprozentig drauf verlassen, dass es auch passiert!“

18

Elija trifft sich mit dem Präsidenten Ahab

1 Mittlerweile waren schon über zwei Jahre rum, in denen es nicht geregnet
hatte. Plötzlich redete Gott wieder zu Elija. Er sagte zu ihm: „Ich möchte,
dass du dich mit dem Präsidenten Ahab triffst. Ich hab nämlich vor, es wie-
der richtig fett regnen zu lassen.“ 2 Elija zog sich seine Jacke an und ging
los, um Ahab zu treffen. Zu dieser Zeit waren in Samaria alle Lebensmittel-
vorräte aufgebraucht. 3 Ahab wollte in der Zeit unbedingt mal mit Obadja
über die Situation reden. Obadja war so was wie sein Manager. Er hatte
immer Respekt vor Gott gehabt und war ihm treu geblieben. 4 Als diese fiese
Königin Isebel damals viele von den Prophetentypen Gottes töten ließ, hatte
er Hunderte von ihnen versteckt. In Gruppen zu je fünfzig Mann ließ er
sie in Kellerräumen und Bunkern unterkommen und versorgte sie in der Zeit

mit Lebensmitteln. [5] Ahab sagte zu Obadja: „Ich finde, wir sollten jetzt überall im Land nach was Essbarem suchen. An allen Flüssen und ehemaligen Bächen sollten wir nach Gras suchen, damit wir wenigstens unsere Pferde und Esel am Leben erhalten können. Sonst müssen wir noch eine Notschlachtung durchführen." [6] Die beiden machten einen Plan, und jeder ging an einer anderen Stelle auf die Suche nach Gras. [7] Mitten auf Obadjas Tour durchs Land lief ihm Elija über den Weg. Obdaja erkannte den Propheten sofort und verneigte sich aus Respekt vor ihm. Dann sagte er: „Guten Tag, mein Herr! Sie sind doch dieser Elija, oder?" [8] „Ja, der bin ich tatsächlich. Und ich möchte von Ihnen, dass Sie sofort umdrehen und Ihrem Chef sagen, dass ich im Land bin!" [9] „O nein! Womit hab ich das verdient! Der Präsident wird supersauer auf mich sein und mich sofort erschießen lassen!", rief Obadja. [10] „Ich schwöre Ihnen bei Gott", sprach Obadja weiter, „Ahab sucht Sie mittlerweile überall im Land. Sondereinheiten der Polizei haben eine Großfahndung nach Ihnen eingeleitet. Und wenn ein Bürgermeister aus irgendeiner Stadt die Meldung gemacht hat, dass Sie nicht dort sind, musste er das mit einer eidesstattlichen Erklärung beglaubigen lassen. [11] Und jetzt soll ausgerechnet ich zu ihm hingehen und sagen: ‚Elija ist da!' [12] Davon mal ganz abgesehen, kann man bei Ihnen ja auch nie wissen. Kann ja jederzeit passieren, dass Gott mit seiner Kraft bei Ihnen vorbeikommt und Sie an irgendeinen, mir unbekannten Ort wegbeamt. Und was dann? Wenn Ahab Sie dann nicht findet, krieg ich den Arsch voll. Er wird mich umbringen! Das hab ich nicht verdient, ich hab, solange ich denken kann, immer das getan, was Gott wollte, und war ihm treu. [13] Hat Ihnen keiner von meiner Rettungsaktion erzählt? Als diese fiese Isebel alle Propheten im Land töten lassen wollte, hab ich Hunderte von ihnen in einem Keller versteckt. Ich hab sie in der Zeit sogar mit Lebensmitteln versorgt. [14] Aber Sie kommen jetzt auf die tolle Idee, dass ich zu Ahab hingehen und ihm melden soll, dass Elija da ist... Wenn ich das mache, bin ich ein toter Mann." [15] „Hey, entspannen Sie sich! Ich kann Ihnen nur folgende Sachen sagen, und da bin ich mir hunderpro sicher: Ich werde Ahab noch heute treffen! Das hat mir mein Gott gesagt, der Chef des Universums, für den ich lebe."

Elija organisiert den Showdown auf dem Berg Karmel

[16] Also ging Obadja doch zum Präsidenten Ahab und sagte ihm das, was er von Elija gesagt bekommen hatte. Der Präsident zog sich sofort einen Mantel über und kam Elija entgegen. [17] Als Ahab um die Ecke bog und Elija sah, sagte er: „Da sind Sie also! Der Mann, der dafür sorgen wird, dass Israel kaputtgeht!" [18] „Wer macht hier wen kaputt?", schrie Elija ihn an. „Das bin nicht ich, sondern Sie und Ihre Familie, die hier die ganze Zeit Scheiße

bauen!! Sie haben nicht das getan, was Gott wollte. Die Gesetze waren Ihnen
total egal! Und Sie beten ja sogar zu diesem Plastikgott Baal! [19] Jetzt gehen
Sie mal los und machen überall in Israel ordentlich Werbung. Ich möchte,
dass alle Männer aus Israel zusehen, wenn es bei mir auf dem Berg Karmel
zu einem großen Showdown kommt. Organisieren Sie alle 450 Priester,
die zu diesem Pseudogott Baal beten, und auch die 400 Priester von dieser
Aschera sollen kommen, die von Isebel versorgt werden!" [20] Ahab ließ
ordentlich Flyer und Poster drucken und lud die Priester von Isebel alle zum
großen „Show-Down" am Berg Karmel ein. [21] Als alle da waren, stellte sich
Elija vorne vor die Menschenmenge hin. „Was ist los mit euch, Leute?",
rief er zu der Menge. „Was seid ihr für Weicheier, wie lange wollt ihr noch
mit vielen Göttern gleichzeitig rummachen, he? Wenn Gott der einzige,
echte Gott ist, dann lebt mit ihm und tut, was er euch sagt! Wenn das aber
dieser Baal ist, dann lebt von mir aus so, wie er euch das vorschreibt!!"
Keiner der Zuhörer sagte auch nur einen Pieps. [22] Also redete Elija weiter:
„Ich bin der letzte Prophet von Gott, dem Chef. Auf der anderen Seite stehen
450 Priester, die für den Baal arbeiten. [23] Ich möchte, dass ihr jetzt sofort
zwei Kühe anschleppt! Die Priester von Baal können sich die schönere aus-
suchen und dann schlachten. Die Fleischstücke sollen sie auf einen großen
Holzhaufen legen. Aber noch nicht anzünden, klar? Ich werde das Gleiche
auch machen. [24] Der nächste Schritt wäre dann, dass sie mit ihrem Baal-Gott
mal reden und ihn bitten, das Fleisch von ganz alleine abfackeln zu lassen.
Und ich werde zu meinem Chef beten und ihn auch bitten, die Teile anzu-
zünden. Mal sehen, was passiert! Bei wem der Haufen zuerst brennt, hat
gewonnen! Das ist dann der einzige echte Gott! Alle einverstanden?" „Yeah!!!
Guter Plan! So machen wir es!", riefen die Leute zurück.

Welcher Gott ist echt?

[25] Elija ließ den Priestern vom Baal-Gott den Vortritt. „Ihr seid zuerst dran,
ihr seid ja auch in der Überzahl. Sucht euch ein Tier aus, macht euch fertig
für ein Opferritual und dann betet zu eurem Gott. Aber lasst eure Feuer-
zeuge bloß stecken …" [26] Also bereiteten sie das Opfer gut vor, und dann
fingen sie an, von morgens früh bis mittags, zu ihrem Gott zu beten: „Baal,
o Baal! Höre auf unsere Gebete!", riefen sie die ganze Zeit. Dabei pogten
sie wie blöd um den Altar rum, sprangen auf die Stufen und tanzten wie
verrückt. Es gab aber keine Antwort von oben, alles blieb so, wie es war.
[27] So gegen Mittag fing Elija an, die Priester lächerlich zu machen: „Ha, ihr
müsst bestimmt lauter rufen! Vielleicht ist euer Gott ja gerade auf dem Klo?
Oder er musste dringend mal auf Geschäftsreise und ist gerade nicht da?
Oder könnte es sein, das er gerade eingepennt ist? Dann müsst ihr lauter
schreien und ihn aufwecken!" [28] Sie schrien sich mittlerweile echt die Kehle

aus dem Hals und fingen auch an, sich mit Messern und Scheren in die
Arme zu ritzen, das Blut floss nur so an ihnen runter, sie hatten wohl die
Hoffnung, das würde Baal beeindrucken. 29 Als dann 12.00 Uhr um war,
wurden sie alle richtig psycho. Das Ganze ging so lange bis zu der Zeit,
wo man normalerweise das Essensopfer abfackelt. Aber es passierte einfach
nichts, Schweigen, keine Antwort von oben. 30 Jetzt war Elija an der Reihe.
Er rief den Leuten zu: „So, jetzt kommt mal zu mir!" Schließlich drängelten
sich alle um ihn herum. Als Erstes fing er an, den zerstörten Opfertisch,
den Altar, wieder aufzubauen, der mal für Gott dort hingestellt worden war.
31 Dafür nahm er zwölf Steine, für jeden Familienstamm von Israel einen.
Gott hatte ja mal zu Jakob gesagt, dass er Israel heißen sollte. 32 Er baute
also diesen Altar für Gott wieder auf. Als er fertig war, ließ er um den Altar
rum einen großen Graben ausbuddeln. Der Graben war so tief, dass man
da drin locker sechs Bierkästen hätte übereinanderstapeln können. 33 Jetzt
nahm er Holzstücke und legte die übereinander. Obendrauf kam der Stier,
den man vorher in kleine Stücke zersägt hatte. 34 Am Ende bat er die Leute
sogar noch, vier Eimer Wasser über das Ganze zu schütten. Diese Aktion
wurde dann noch zweimal wiederholt. 35 Der Altar, das Holz und das Fleisch
trieften nur so von Wasser. Das Wasser floss dann nach außen in den Gra-
ben ab, den ließ er dann auch bis oben hin füllen. 36 Als die Zeit gekommen
war, zu der man abends normal immer ein Essensopfer abfackelt, stellte sich
Elija vor dem Altar auf. Er rief laut: „Hallo, Gott! Du bist der Gott von Abra-
ham, Isaak und auch von Jakob. Heute sollen alle kapieren, dass du der Gott
von Israel bist. Und alle sollen auch mitkriegen, das ich bei dir angestellt
bin und hier alles genau so durchgezogen habe, wie du es mir gesagt hast.
37 Hallo, Gott? Hör auf mich, mache, worum ich dich gebeten habe! Diese
Leute sollen kapieren, dass du Gott bist und dass du der einzige Gott weit
und breit bist. Jeder soll raffen, dass du sie wieder zu dir zurückholen willst."
38 Und zwosch …!! Plötzlich ließ Gott eine riesengroße Flamme aus dem
Himmel schießen!! Das Feuer war so derbe, dass nicht nur das Fleisch von
dem Tier und das ganze Holz, sondern auch noch alle Steine und die Erde
in einer Sekunde pulverisiert wurden! Selbst das Wasser im Graben verduns-
tete sofort. 39 Alle Leute, die das sahen, warfen sich platt auf den Boden.
„Der Chef ist Gott, er ist der einzige Gott!", riefen sie durcheinander. 40 Elija
sagte zu ihnen: „Schnappt euch diese Baals-Priester, keiner darf entkom-
men!" Alle wurden festgenommen und zum Bach Kischon abgeführt. Dort
wurde einer nach dem anderen erschossen.

Es regnet wieder

41 Jetzt ging Elija zu Ahab und meinte zu ihm: „Gehen Sie mal wieder nach
Hause, und essen Sie was. Ich höre schon so ein heftiges Rauschen, ich

glaube, es wird bald fett regnen.“ 42 Ahab verschwand dann, um was zu fut-
tern. Elija ging aber auf die Spitze vom Berg Karmel, um dort mit Gott zu
reden. Er hockte sich auf den Boden und nahm dabei seinen Kopf zwischen
die Knie. 43 Dann sagte er zu seinem Mitarbeiter, dass er schon mal auf die
andere Seite vom Berg gehen solle, wo man das Meer sehen konnte, um
zu checken, ob schon ein paar Regenwolken in Sicht waren. Der Typ kam
dann aber zurück und meldete: „Da ist noch nichts!“ Nach einer Zeit sagte
Elija: „Jetzt geh noch mal hin!“ Der Helfer ging wieder und kam mit dersel-
ben Nachricht zurück. Das Ganze passierte siebenmal. 44 Beim siebten Mal
meldete er aber: „Elija! Ich hab da hinten so eine kleine Wolke gesehen. Die
ist etwa so groß wie die Hand von einem Mann.“ – „Okay“, antwortete Elija.
„Dann geh jetzt mal zum Ahab und sag ihm, er soll schon mal ins Auto
steigen und losfahren, damit er nicht nass wird!“ 45 Ahab befolgte den Rat,
stieg in seine Kiste und fuhr in Richtung Jesreel. Plötzlich wurde der Himmel
voll dunkel, der Wind blies schwarze Regenwolken über das Land, und es
fing heftig an zu regnen. 46 Elija war total froh, er krempelte seine Hosen
hoch und lief abgefüllt mit der Kraft von Gott mitten im Regen vor dem Auto
von Ahab her, bis sie in Jesreel waren.

19

Elija kann nicht mehr

1 Ahab erzählte Isebel die ganze Story. Alles, was Elija gebracht hatte, dass
er alle Priester von Baal hatte umbringen lassen und so, das sagte er ihr.
2 Isebel war voll angepisst. Sie schickte eine Mail an Elija, in der drinstand:
„Ich schwör dir, bei allen meinen Göttern, morgen um diese Zeit bist du
genauso tot wie meine Priester!“ 3 Elija bekam voll die Panik. Er packte seine
Sachen und versuchte, sich irgendwo zu verstecken, damit man ihn nicht
finden und töten könnte. Auf dem Weg kam er nach Beerscheba, das zu
Juda gehört, wo er erst mal seinen Mitarbeiter verstecken konnte. 4 Sein Weg
führte dann 35 Kilometer durch die Wüste, bis er zu einem Platz kam, an
dem er sich mal ausruhen konnte. Er pflanzte sich da unter eine Hecke und
schob dort voll den Depri. „Ich kann nicht mehr! Gott, lass mich hier ster-
ben! Ich bin doch genauso ein Idiot wie alle anderen aus meiner Familie
auch. Ich bin kein Stück besser“, heulte er rum. 5 Erschöpft legte sich Elija
in den Schatten von der Hecke und pennte ein. Plötzlich kam ein Engel
vorbei, ein Postbote von Gott. Der weckte ihn auf und sagte: „Los, komm,
jetzt iss mal was!“ 6 Elija sah sich um, und da standen tatsächlich neben
seinem Kopf eine Flasche Wasser und ein Tüte mit Brötchen. Er nahm sich
was davon, und als er fertig gegessen hatte, legte er sich wieder pennen.
7 Noch einmal weckte ihn dieser Engel auf. Er sagte: „Hey, los jetzt! Steh

auf und iss was! Du hast noch einen langen Fußmarsch vor dir!“ 8 Also
stand er auf, nahm sich noch was von dem Essen und ging dann weiter.
Durch dieses Essen hatte er so viel Kraft getankt, dass er in der Lage war,
vierzig Tage und vierzig Nächte durchzulaufen! Irgendwann war er am Berg
Horeb angekommen. 9 Dort fand er eine Höhle, in die er sich erst mal pen-
nen legen wollte. Plötzlich hörte er die Stimme von Gott: „Elija? Warum
bist du eigentlich hier?“ 10 „Mann, Gott, ich hab mich echt voll ins Zeug
gelegt für dich! Deine Leute haben den Vertrag mit dir gebrochen, sie haben
den Ort, wo man zu dir gebetet hat, abgerissen, und dann haben sie auch
noch deine Propheten abgeknallt. Ich bin der Einzige, der noch übrig geblie-
ben ist. Und jetzt sind sie auch hinter mir her!“ 11 „Pass auf, komm mal für
kurze Zeit vor die Höhle. Ich werde höchstpersönlich an dir vorbeigehen
und mich dir zeigen!“ Elija stellte sich vor die Höhle, und es kam plötzlich
voll der Sturm auf. Der Wind knallte gegen die Bergwand, Steine flogen
durch die Luft, aber Gott war nicht in diesem Sturm. Nachdem sich der
Wind gelegt hatte, wackelte plötzlich die ganze Erde, es gab ein Erdbeben
der Stärke acht, aber Gott war auch nicht in dem Erdbeben. 12 Dann war das
Erdbeben vorbei, und plötzlich kam eine riesengroße Feuerflamme auf den
Berg zu, aber Gott war auch nicht in dem Feuer. Als das Feuer dann wieder
weg war, kam plötzlich ein ganz leichter Wind auf. 13 Als Elija diesen Wind
spürte, zog er sich seinen Hut über das Gesicht und ging so vor den Ein-
gang von seiner Höhle. Dann hörte er eine Stimme, die ihn fragte: „Elija?
Was willst du denn jetzt hier?“ 14 Elija sagte Gott dann noch mal, was ihn
fertiggemacht hatte: „Für dich, den Gott von Israel, hab ich mich voll einge-
setzt. Deine Leute haben den Vertrag mit dir gebrochen, sie haben den
Ort, wo man zu dir betet, einfach abgerissen, und dann haben sie auch noch
deine Propheten abgeknallt. Ich bin der Einzige, der noch übrig geblieben
ist. Und jetzt sind sie auch hinter mir her!“ 15 Gott antwortete ihm: „Ich
möchte, dass du wieder den Weg zurückgehst, den du hierher gekommen
bist. Wenn du in Damaskus ankommst, musst du zu Hasael gehen und ihn
zum neuen Präsidenten von Syrien erklären. 16 Dann gehst du zu Jehu, der
ein Sohn von Nimschi ist. Den erklärst du dann zum neuen Präsidenten
von Israel. Und Elischa, ein Sohn von Schafat, soll dein Nachfolger sein. Er
kommt aus dem Dorf Abel-Mehola und soll von dir auch zu einem Prophe-
ten erklärt werden. 17 Es wird so laufen, dass die Männer, die es schaffen,
vor der Armee von Hasael zu fliehen, von Jehu geschnappt und getötet
werden. Und wer es schafft, sich vor Jehu in Sicherheit zu bringen, wird von
Elischa gekillt werden. 18 Trotzdem werde ich dafür sorgen, dass von den
Israeliten noch siebentausend Männer übrig bleiben. Das sind alles Leute,
die nie zu diesem Pseudogott Baal gebetet haben, die nie sein Bild geküsst
oder ihm Blumen hingestellt haben.“

Elija nimmt Elischa in die Ausbildung

[19] Als Elija vom Horeb-Berg zurückkam, traf er Elischa, den Sohn von
Schafat. Der war gerade auf dem Feld am Arbeiten. Elf von seinen Angestell-
ten waren an dem Tag auch mit ihren Traktoren am Start. Er selbst saß
auf dem zwölften Traktor. Elija ging an ihm vorbei und warf seinen langen
Trenchcoat über ihn rüber, wie ihn Propheten in dieser Zeit normal immer
getragen haben. [20] Sofort stieg Elischa vom Sitz runter und folgte Elija. Er
fragte ihn noch: „Kann ich mich noch von meinen Eltern richtig verabschie-
den? Dann komme ich mit dir!“ – „Ja, ist okay“, antwortete Elija. „Aber
vergiss in der Zwischenzeit nicht, dass ich dich gerade mit dem Mantel zum
Propheten gemacht habe!“ [21] Elischa holte sich erst mal zwei Kühe von der
Weide und schlachtete sie. Er zog ein paar Zaunpfähle raus, damit machte
er dann ein Feuer und kochte das Fleisch in einem Topf. Dann lud er seine
Leute alle ein und verabschiedete sich mit diesem Essen von ihnen. Danach
packte er seine Sachen und ging dann ab zu Elija in die Lehre.

20

Der Präsident von Syrien macht einen auf dicke Hose

[1] Der Präsident der Syrer, Ben Hadad, zog seine ganze Armee zusammen.
Zweiunddreißig Bürgermeister von kleineren Städten, die mit ihm gemein-
same Sache machten, hatten auch ihr ganzes Heer und die Panzergarni-
sonen dazu aufgerufen. Er wollte gegen die Stadt Samaria in den Krieg
ziehen, darum umzingelte er bereits deren Grenzen und steckte in den
letzten Vorbereitungen, um anzugreifen. [2] Dann schickte Ben Hadad einen
offiziellen Brief an Ahab, den Präsidenten von Israel, der in der Stadt
wohnte. [3] „Sehr geehrter Herr Ahab. Sie haben keine Chance gegen meine
Truppen! Ihr gesamtes Vermögen gehört jetzt schon mir. Auch Ihre Familien,
die Frauen und Ihre Söhne, hab ich schon so gut wie im Sack. Geben Sie
freiwillig auf! Mit freundlichen Grüßen, Ben Hadad, Präsident von Syrien.“
[4] Ahab antwortete: „... Ich bin mit Ihren Bedingungen einverstanden. Wir
werden alles tun, was Sie sagen. Sie sind ab jetzt der Boss, alles, was mir
bis jetzt unterstellt war, gehört nun Ihnen ...“ [5] Am nächsten Tag kam aber
noch ein Brief von Ben Hadad rein. „Sehr geehrter Herr Ahab! Ich hatte
Ihnen geschrieben, dass ich Anspruch auf Ihr gesamtes Vermögen habe, und
auch Ihre Frauen und Kinder ab sofort mir gehören sollten. [6] Ich lege jetzt
aber noch einen drauf. Morgen werde ich gegen 12.00 Uhr ein paar von
meinen Männern zu Ihnen schicken. Sie sollen freien Zugang zu allen Ihren
Privathäusern und zu den Häusern von Ihren Ministern haben. Diese Män-
ner werden alles mitnehmen, worauf sie Bock haben. Nur dass das klar
ist! Mit freundlichen Grüßen ... „[7] Jetzt organisierte Ahab, der Präsident von
Israel, ein Treffen mit allen Leuten, die im Land was zu sagen hatten. „Liebe

Anwesende! Sie haben alle davon gehört, was diese Syrer von uns verlangen.
Sie wollen uns auf jeden Fall ganz übel abziehen. Ich habe ihnen mein
ganzes Vermögen versprochen, sogar meine Frauen und meine Söhne hät-
ten sie mitnehmen können, aber das war denen wohl nicht genug. Sie
wollen mehr." 8 „Lassen Sie sich auf keinen Fall darauf ein!", riefen die Leute
ihm zu. 9 Also schrieb der Präsident einen Brief an Ben Hadad. „...Was
Sie zuerst von uns verlangt haben, hätten Sie sogar noch bekommen. Aber
diese neue Forderung ist zu hoch, da kann ich nicht mehr mitgehen ..."
10 Jetzt gab es einen dritten Brief an Ahab. Diesmal wurde Ben Hadad echt
sauer und schrieb Folgendes: „...Ihr Pisser, es gibt bei euch in Samaria ja
doch nur Schrott zu holen, mehr als ein Müllbeutel pro Mann kommt da
sowieso nicht bei rum ..." 11 Da rief Ahab bei ihm an: „Nun nehmen Sie mal
den Mund nicht zu voll! Wer Meister werden will, sollte nicht zu früh feiern,
sondern erst mal genug Spiele gewinnen!" 12 Ben Hadad war gerade mit
seinen Leuten in einer Kneipe am Abfeiern, als er diesen Anruf von Ahab
aufs Handy bekam. Er rief sofort den General seines Heeres an und befahl:
„Alle Panzer sofort in Position bringen!" Umgehend wurde die Panzer-
garnison vor der Stadt zum Angriff bereit gemacht.

Gott passt auf seine Leute auf

13 Mitten in dem ganzen Ding kam plötzlich ein Prophetentyp zum Präsiden-
ten Ahab ins Zimmer. Er sagte: „Ich hab eine Nachricht von Gott für Sie:
„Gott sagt: Siehst du dieses fette Heer von deinem Feind? Ich werde heute
dafür sorgen, dass du es kaputt machen wirst! Du sollst da dran erkennen,
dass ich der Chef bin, ich bin Gott!" 14 „Äh, wie soll das denn gehen? Wer
wird uns da helfen?", fragte der Präsident. „Gott sagt Ihnen Folgendes: ‚Die
Eliteeinheit der Ministerpräsidenten wird euch helfen, von denen wird der
entscheidende Schlag kommen.'" – „Und wer soll zuerst schießen?", fragte
Ahab. „Sie!" 15 Also ließ der Präsident Ahab die Eliteeinheit antreten. Es
waren insgesamt 232 Soldaten. Als nächster Trupp folgten die Männer der
restlichen Israeliten, das waren 7000 Mann. 16 Um 12 Uhr mittags zogen
sie in den Krieg. Ben Hadad war zu dieser Zeit mal wieder in der Kneipe und
kippte sich einen. Bei diesem Besäufnis waren auch die anderen 32 Bürger-
meister von kleineren Städten dabei, die ihm unterstellt waren. 17 Die Elite-
einheit zog als Erstes los. Die Späher meldeten Ben Hadad sofort: „Aus
Richtung Samaria gibt es eine Truppenbewegung." 18 „Egal, ob sie jetzt um
Frieden betteln wollen oder uns angreifen, schnappt sie euch! Aber ich
will sie lebendig haben!" 19 Die Eliteeinheit ging vorneweg, und hinter ihr
das ganze Heer von Israel. 20 So zogen sie also gegen die Truppe von Ben
Hadad in den Krieg. Im Nahkampf, Mann gegen Mann, machten sie jeden
Gegner einfach nieder. Die Syrer ergriffen die Flucht, während die Israeliten

sofort die Verfolgung aufnahmen. Ben Hadad konnte aber mit einem Kampf-
hubschrauber entkommen. 21 Jetzt zogen die Panzertruppen von Israel,
geführt durch ihren Präsidenten, gegen sie los und walzten deren Panzer-
einheit einfach nieder. So wurde den Syrern eine schwere Niederlage bei-
gebracht.

Hat Gott überall auf der Welt die Macht?

22 Später kam wieder mal ein Prophetentyp zum Präsidenten von Israel:
„Sie müssen echt aufpassen! Es kommt bald eine neue Angriffswelle. Nächs-
tes Frühjahr wird der Präsident von Syrien noch mal gegen Sie losschlagen!“
23 Die Berater von Ben Hadad sagten zu derselben Zeit zu ihm: „Der Gott
von den Israeliten ist in den Bergen zu Hause. Wenn wir gegen deren Armee
auf dem flachen Land kämpfen, sehen die keine Schnitte gegen uns. 24 Unser
Tipp ist: Erst mal setzen Sie die 32 Bürgermeister ab und ersetzen diese
durch Ministerpräsidenten. 25 Dann stellen Sie ein Heer zusammen, das
genauso groß ist wie das, was Sie verloren haben. Und auch an Panzern
sollten Sie nicht weniger als beim letzten Mal nehmen. Und dann soll noch
mal eine neue Schlacht gegen die stattfinden, auf dem flachen Land. Dort
werden Sie bestimmt gewinnen!“ Der Präsident hörte auf ihren Rat. 26 Im
nächsten Frühjahr zog er seine Soldaten ein und führte die Truppe nach
Afek. Dort wollte er gegen die Armee von Israel kämpfen. 27 Die Israeliten
musterten auch ihre Männer für den Kriegsdienst. Dann zogen sie gegen
die Syrer in die Schlacht. Vorher wurde ein Lager genau gegenüber von dem
Lager des Feindes aufgebaut. Im Vergleich mit der megagroßen Armee
der Syrer wirkten die Israeliten wie ein Fliegenschiss. 28 Der Prophet traf sich
dann noch mal mit dem Präsidenten von Israel zur Beratung. „Hören Sie
zu, ich hab eine Ansage von Gott für Sie, er sagt: ‚Diese Syrer haben mich
mit diesem Spruch krass beleidigt. Von wegen, ich wäre nur ein Gott der
Berge, und im flachen Land hätte ich nichts zu melden, und so … darum
werde ich diese ganze riesige Armee durch dich fertigmachen. Wenn das
passiert, werden sie kapieren, dass ich der Chef bin.‘“ 29 Sechs Tage lang
machten die beiden Heere nichts, man lag sich nur gegenüber. Aber am
siebten Tag kam es zur Schlacht. Die Israeliten machten die Syrer platt, an
dem Tag wurden 100 000 Soldaten von denen getötet. 30 Der Rest der Truppe
floh in die Stadt Afek. Unter Beschuss stürzte die ganze Stadt in sich zusam-
men und alle 27 000 Mann wurden in den Trümmern begraben. Ben Hadad
floh vor den Verfolgern und versteckte sich in irgendwelchen Kellern.

Ahab macht einen Vertrag mit dem Präsidenten von Syrien

31 Irgendwann traf sich Ben Hadad dann mit seinen Beratern. „Wir haben die
Information bekommen, dass die Präsidenten von Israel sich an die Abma-

chungen halten, die zwischen den Völkern gemacht worden sind", sagten
sie zu ihm. „Wir finden, es wäre die beste Idee, sich eine weiße Fahne zu
schnappen und damit zum Präsidenten von Israel zu gehen und um Frieden
zu betteln. Das könnte unsere letzte Chance sein, dass wir lebend aus dieser
Sache rauskommen!" 32 Die Berater setzten die Idee gleich in die Tat um.
Sie organisierten sich eine weiße Fahne und gingen zum Präsidenten von
Israel. Als der sie ins Büro gebeten hatte, sagten sie zu ihm: „Wir kommen
im Auftrag von unserem Präsidenten Ben Hadad. Er bittet Sie darum, sein
Leben zu verschonen und ihn nicht zu töten." – „Was, lebt er denn noch?",
fragte Ahab. „Der ist doch für mich wie ein Bruder!" 33 Die Berater hatten
das Gefühl, diese Reaktion sei eine gutes Vorzeichen. „Ja genau, Ben Hadad
ist sozusagen Ihr Bruder!", antworteten sie. – „Dann gehen Sie mal los und
bringen ihn her!", befahl der Präsident. Kurze Zeit später kam Ben Hadad
tatsächlich zum Präsidenten von Israel. Der lud ihn dann auf eine kleine
Tour mit seiner Limousine ein. 34 Als die beiden im Auto saßen, bot ihm Ben
Hadad an: „Ich könnte Ihnen alle Städte zurückgeben, die meine Vorfahren
Ihren Vorfahren weggenommen haben. Wenn Sie wollen, könnten Sie auch
in unserer Hauptstadt ein paar Kaufhäuser aufmachen, wie das meine
Vorfahren in Samaria auch gemacht haben." Der Präsident von Israel war
einverstanden. „Okay, wenn Sie mir das vertraglich zusichern, lasse ich
Sie laufen!" Also schlossen die beiden einen Vertrag miteinander. Dann
durfte er abziehen, ohne dass ihm was passiert war.

So eine Prophetenaktion: Warum der Präsident von Israel bluten muss

35 An einem Tag unterhielten sich zwei Propheten, die beide in einer Prophe-
ten-WG wohnten. Der eine sagte ganz plötzlich zum anderen: „Hau mir in
die Fresse!". Aber der Typ weigerte sich, er wollte ihn nicht schlagen. 36 Der
erste Prophet sagte dann: „Das war ein Befehl von Gott, und du hast ihn
nicht ausgeführt! Darum wirst du bei einem Autounfall ums Leben kommen,
sobald du von hier verschwindest!" Und tatsächlich: Der Typ ging nach
Hause, und auf dem Weg wurde er von einem Auto angefahren und starb
noch an der Unfallstelle. 37 Einige Zeit später traf der Prophet einen anderen
Typen. „Hau mir in die Fresse!", sagte er auch zu dem. Der Mann schlug
voll zu, so lange, bis der Prophet blutig am Boden lag. 38 Dann stellte der
Prophet sich auf die Straße, auf welcher der Präsident an diesem Tag vorbei-
kommen sollte. Er hatte sich einen Verband angelegt, so dass er nicht mehr
wie ein Prophet, sondern wie ein Soldat aus dem Krieg aussah. 39 Tatsächlich
fuhr der Präsident die Strecke entlang. Er hielt sein Auto an, als er den Typen
sah. Nachdem er die Scheibe runtergefahren hatte, sagte der Prophet zu
ihm: „Guten Tag, Herr Präsident! Ich war gerade in einem Kriegsgebiet. Mit-
ten auf dem Schlachtfeld kam ein Soldat vorbei und befahl mir, dass ich

auf einen Gefangenen aufpassen sollte. ‚Wenn der fliehen kann, kostet dich
das dein Leben, oder du zahlst mir hunderttausend Euro, bar auf die Kralle.
Ist das klar?‘, sagte er zu mir. 40 Ich war aber irgendwie zu verpeilt, und auf
einmal war der Gefangene weg.“ Der Präsident fragte: „Und? Was wollen Sie
mir damit jetzt sagen? Die Sache ist doch eindeutig! Sie haben das Urteil
ja schon von selbst gegen sich gefällt!“ 41 Jetzt nahm der Typ seinen Verband
ab, und der Präsident erkannte sofort, dass es sich um einen Propheten han-
delte. 42 Der Prophet sagte: „Diese Ansage kommt von Gott: ‚Du hast den
Mann freigelassen, dem ich die rote Karte gezeigt hatte. Ich hatte ihn abge-
schrieben, ich war fertig mit dem Typen. Darum werde ich stattdessen dafür
sorgen, dass du jetzt sterben musst. Und deine Leute werden dieselben
Sachen durchmachen, die seine Leute durchmachen mussten!‘“ 43 Total
angepisst fuhr der Präsident weiter nach Hause, in seine Präsidentenvilla
in Samaria.

21

Ahab baut Mist, und es tut ihm leid

1 Irgendwann später passierte noch so ne Sache. Und zwar hatte Ahab,
der Präsident von Israel, seine Präsidentenvilla in der Stadt Jesreel. Direkt in
seiner Nachbarschaft lag ein Weinberg, der Nabot, einem Bewohner von
Samaria, gehörte. 2 Ahab war scharf auf das Teil, weil er schon lange auf der
Suche nach einem guten Platz für seine Bio-Tomaten-Zucht war. „Können
wir einen Tausch machen?“, fragte er Nabot. „Sie kriegen dafür einen viel
besseren Weinberg. Oder, wenn Sie wollen, kauf ich Ihnen das Ganze für
einen guten Preis ab!“ 3 Nabot dachte aber gar nicht dran, sein Stück Land
zu verkaufen. „Niemals, davor soll mich Gott schützen, dass ich Ihnen
dieses Land verkaufe! Es ist ein Erbstück, hier hat schon mein Uropa Wein-
trauben geerntet!“ 4 Der Präsident war ziemlich angepisst von dieser Ant-
wort. Er ging nach Hause, legte sich in sein Bett und schmollte. Schließlich
wurde er sogar magersüchtig und wollte nichts mehr essen, nur deswegen!
5 Seine Ehefrau Isebel sagte dann zu ihm: „Was ist los? Warum bist du
so depri? Warum isst du nichts mehr?“ 6 „Ach“, antwortete Ahab. „Zigmal
hab ich jetzt versucht, Nabot zu bequatschen, ob er mir seinen schönen
Weinberg verkauft. „Ich bezahl Ihnen jeden Preis, oder ich geb Ihnen einen
anderen Weinberg dafür im Tausch“, hab ich zu ihm gesagt. Aber der Typ
schaltet auf stur. „Meinen Weinberg kriegen Sie nicht!“, sagt der Depp
immer nur zu mir…!“ 7 „Also hör mal! Du bist hier der Präsident im Land
und kriegst so was nicht gebacken?“, sagte seine Frau. „Jetzt komm mal in
die Hufe und fang wieder an zu leben! Und was die Sache mit Nabot angeht,
lass mich das mal regeln, okay?“ 8 Sie schrieb dann von Ahabs Notebook
aus ne Rundmail an alle Chefs der Familienstämme und auch an alle Män-

ner, die in der Stadt vom Nabot was zu sagen hatten. [9] In dem Brief stand
Folgendes: „Sehr geehrte Damen und Herren! Bitte setzen Sie einen Tag in
der Stadt an, an dem jeder zu einer zentralen Versammlung eingeladen wird.
Nabot soll bei dieser Veranstaltung ganz vorne mit dabei sein. [10] Dann
müssen Sie zwei schräge Vögel organisieren, die für Geld alles tun. Die sol-
len aufstehen und laut sagen: ‚Nabot hat was ganz Schlimmes über Gott
gesagt! Und auch dem Präsidenten hat er die Krätze an den Hals gewünscht,
er hat ihn verflucht!‘ Wenn die Stimmung dann voll aufgeheizt ist, schnap-
pen sie sich Nabot, schleppen ihn vor die Stadtgrenze auf die Mülldeponie
und verprügeln ihn mit Eisenrohren, bis er tot ist!“ [11] Die Chefs und die Män-
ner, die was zu sagen hatten, zogen alles genau so durch, wie Isebel es in
der Mail befohlen hatte. [12] Sie organisierten ein Treffen, zu dem alle Bewoh-
ner der Stadt zusammenkommen sollten. Nabot bekam einen reservierten
Platz, ganz vorne in der ersten Tischreihe. [13] Gegenüber von seinem Platz
saßen die beiden schrägen Typen. Mittendrin standen sie plötzlich auf und
brüllten: „Nabot hat gerade voll über Gott abgelästert! Und auch dem Präsi-
denten hat er die Krätze an den Hals gewünscht, er hat ihn verflucht!“ Tat-
sächlich kippte die Stimmung, alle waren auf einmal voll aggro gegen Nabot.
Sie packten ihn, schleppten ihn vor die Stadt und prügelten mit Eisenrohren
so lange auf ihn ein, bis er tot war. [14] Als die Chefs zurückkamen, meldeten
sie Isebel: „Nabot ist tot! Er wurde von einer Menschenmenge mit Eisen-
rohren erschlagen!“ [15] Isebel ging mit der Nachricht sofort zu Ahab. „Hey,
die Luft ist rein! Jetzt schnapp dir diesen Weinberg! Nabot kann sich nicht
länger weigern, dir das Teil zu verkaufen, er ist tot!“ [16] Nachdem Ahab klar
war, dass Nabot tatsächlich nicht mehr lebte, ging er sofort ins Rathaus und
ließ sich den Weinberg auf seinen Namen überschreiben.

Elija sagt: Ahab und Isebel müssen dafür bestraft werden!

[17] Nach dieser Aktion redete Gott mit Elija. Er sagte zu ihm: [18] „Los, geh mal
zum Präsidenten von Israel, geh zu Ahab. Er hat seinen Regierungssitz in
Samaria. Ahab hat gerade den Weinberg von Nabot abgezogen, er hat sich
den einfach unter den Nagel gerissen. [19] Richte ihm Folgendes von mir aus:
‚Was ist los mit Ihnen? Sie bringen Menschen um und zocken andere ein-
fach ab. Ich hab ne Ansage von Gott für Sie: ‚Da, wo die Ratten die Leiche
von Nabot angeknabbert haben, werden sie auch deine bald auffressen!“
[20] Elija ging dann zu Ahab. Als der ihn zur Tür reinkommen sah, meinte er
sofort: „Na, da ist ja mein Erzfeind Elija!“ – „Ja, da bin ich, und ich hab Sie
gerade auf frischer Tat ertappt! Sie haben sich dazu verführen lassen, Dinge
zu tun, die Gott total ätzend findet! [21] Darum hat er folgende Ansage für
Sie: ‚Ich werde dafür sorgen, dass deine Familie total den Bach runtergehen
wird. Alle Männer in deiner Familie müssen sterben, egal wie alt die sind!

Und du musst auch sterben! [22] Du hast mich gelinkt und hast die Israeliten
alle dazu verführt, zu Plastikgöttern zu beten! Darum werdet ihr, du und
deine Familie, die gleichen Sachen durchmachen müssen wie die Familien
von Jerobeam und Bascha!‘ [23] Für die Präsidentin Isebel hab ich folgende
Ansage von Gott: ‚Auf der Müllhalde von Jesreel werden die Ratten ihre Lei-
che auffressen. [24] Alle, die aus deiner Familie in der Stadt sterben, werden
von Ratten aufgefressen, und wer draußen auf einer Wiese stirbt, dessen
Leiche fressen die Raben.‘“ [25] Tatsächlich muss man mal festhalten, dass es
bis dahin keinen Menschen auf der Welt gab, der so leicht zu verführen war,
Scheiße gegenüber Gott zu bauen, wie Ahab. Seine Frau Isebel brachte ihn
ständig dazu, Dinge zu tun, die Gott nicht will. [26] Aber das übelste Ding,
das er gebracht hatte, war, dass er die Plastikgötter toll fand, die von den
Amoritern stammten, die ja vor den Israeliten in dem Land gelebt hatten. Er
betete sogar zu denen! [27] Nachdem Elija ihm diese harte Ansage gemacht
hatte, schlug Ahab in seinem Zimmer alles kurz und klein, weil er so wütend
auf sich selbst war. Völlig fertig ging er in seinem Zimmer auf und ab und
konnte auch nichts mehr essen. Dazu zog er sich schwarze Klamotten an, so
als wäre jemand gestorben. [28] Irgendwann redete Gott mit dem Propheten-
typen Elija noch mal über die Sache. [29] „Hast du auch mitbekommen, dass
Ahab das Ganze anscheinend voll leidtut? Weil das so ist, hab ich beschlos-
sen, doch nicht seine ganze Familie dafür zu bestrafen, solange er noch
lebt. Erst wenn sein Sohn an der Macht ist, wird das passieren!“

22

Findet Gott diesen Krieg toll oder nicht?

[1] Fast drei Jahre lang gab es keinen Krieg zwischen Syrien und Israel. [2] Nach
dieser Zeit fand ein Treffen zwischen Joschafat, dem Präsidenten vom
Südstaat Juda, und dem Präsidenten Ahab von Israel statt. Joschafat wurde
dabei nach Israel eingeladen. [3] Vorher hatte der Präsident von Israel mal ne
Umfrage unter seinen Leuten gestartet, ob sie eigentlich vergessen hätten,
dass die Stadt Ramot in Gilead ursprünglich zu Israel gehört hatte. „Warum
holen wir sie uns eigentlich nicht von den Syrern zurück?“, wollte er von
ihnen wissen. [4] Dann schickte er eine offizielle Anfrage an Joschafat, weil er
ihn um Unterstützung im Kriegsfall bitten wollte. „Sind Ihre Truppen dabei,
wenn wir Ramot angreifen?“ – „Ja, Sie können auf meine Männer zählen!
Auch unsere Panzer werden in Ihren Reihen für diese Sache kämpfen!“, war
seine Antwort. [5] „Allerdings“, schränkte Joschaft seine Zusage ein, „fänden
wir, dass es eine gute Idee wäre, wenn Sie erst mal Gott fragen, was er über
die Sache denkt!“ [6] Der Präsident von Israel war einverstanden und organi-
sierte ein Treffen mit allen Prophetentypen im Land. Vierhundert Männer
waren gekommen. Er fragte also: „Was sagen Sie, verehrte Propheten, sollen

wir die Stadt Ramot angreifen oder nicht?“ Alle sagten: „Ja, greifen Sie die
Stadt an! Gott wird für einen großen Sieg sorgen!“ 7 Joschafat war sich aber
noch nicht hunderprozentig sicher. „Hm, gibt es sonst noch irgendwo einen
Mann, der einen guten Draht zu Gott hat? Kennt jemand noch einen Prophe-
ten, durch den man sich die Meinung von Gott noch mal einholen könnte?“
8 „Ja, einen haben wir noch!“, antwortete der Präsident von Israel. „Es gibt
noch den Micha, den Sohn von Jimla. Aber ich kann den Typen echt nicht
ab, weil der mir immer nur übelste Sachen ankündigt, wenn ich ihn mal
befrage.“ Aber Joschafat stutzte ihn etwas zurecht: „Ich finde, so eine schwa-
che Aussage sollte nicht aus dem Mund von einem Präsidenten kommen!“
9 Also ließ der Präsident über seinen Sekretär an Micha ausrichten, ob er so
schnell wie möglich zu einem Treffen mit den anderen Propheten kommen
könnte.

Eine seltsame Propheten-Party

10 Das Treffen fand dann vor der Stadt Samaria statt. Vorne standen zwei
spezielle Stühle, auf denen die beiden Präsidenten drauf saßen. Die vier-
hundert Propheten flippten regelrecht aus. Sie waren vom vielen Beten, Sin-
gen und Meditieren irgendwie total breit und tanzten auf den Bänken rum.
11 Einer von ihnen, und zwar der Zidkija, ein Sohn von Kenaana, hatte sich
ein Trikot von Bayern München angezogen und schrie die ganze Zeit rum:
„Gott sagt Ihnen: ‚So wie Bayern München eine Meisterschaft nach der
anderen abräumt, werden Sie gegen die Syrer gewinnen! Sie werden die
komplett kaputtmachen!‘“ 12 Die anderen Propheten riefen Sachen, die alle
in eine ähnliche Richtung gingen. „Eine Kriegserklärung gegen Ramot ist
richtig! Sie werden gewinnen! Gott wird dafür sorgen, dass die ganze Stadt
bald Ihnen, dem Präsidenten gehört!“

Ein Prophet ist dagegen

13 Micha wurde extra von einem Fahrer zu dem Treffen gebracht. Bevor sie
da waren, erzählte der Typ von den Ansagen, die von den anderen Propheten
gekommen waren: „Alle sagen, es wird ein großer Sieg! Passen Sie bloß
auf, dass Sie in die gleiche Richtung gehen und nicht etwas anderes sagen!“
14 „Sorry, ich kann nur das weitersagen, was ich von Gott bekommen hab!“,
antwortete er. 15 Dann kam Micha beim Präsidenten an. „Also, was sagen
Sie? Soll ich Ramot angreifen oder nicht?“, fragte er Micha. „Null Problemo!
Greifen Sie ruhig an, Gott wird für einen großen Sieg sorgen!“ 16 Der Prä-
sident war aber noch nicht ganz zufrieden. „Hey, schwören Sie mir, dass das
die Wahrheit ist? Hat Gott das wirklich zu Ihnen so gesagt?“ 17 „Okay, in
Wirklichkeit hat mir Gott gezeigt, wie die Soldaten der Israeliten überall ver-
streut wurden. Das Ganze sah so aus wie eine Fußballmannschaft ohne

einen Trainer. Gott hat mir dann gesagt: „Sie haben keinen mehr, der ihnen
sagt, wo es langgeht. Der Krieg ist vorbei, sie sollen alle nach Hause gehen!“
18 Der Präsident von Israel drehte sich zu Joschafat um und sagte zu ihm:
„Sehen Sie? Hab ich doch schon vorher gesagt, dieser Typ sagt mir immer
nur, dass alles, was ich mache, in die Hose geht!“ 19 „Passen Sie gut auf, was
Gott Ihnen noch zu sagen hat!“, redete Micha weiter. „Ich habe auch gese-
hen, wie Gott an seinem Chefschreibtisch saß. Rechts und links von ihm
konnte ich das gesamte Heer aus dem Himmel sehen, sehr, sehr viele Engel
standen da. 20 Dann hörte ich, wie Gott fragte: „Und wer bringt Ahab dazu,
Ramot anzugreifen? Wer legt den Köder aus? Dann wird er in diesem Krieg
sterben!“ Dann diskutierten die Engel über diese Idee, einer hatte diesen
Vorschlag, jemand anderes einen anderen. 21 Schließlich kam einer der Engel
zu Gott und sagte zu ihm: „Ich hab eine Idee, wie ich ihn kriegen könnte!“ –
„Und? Wie willst du das anstellen?“, fragte Gott zurück. 22 „Ich werde ihn
einfach anlügen! Dafür benutze ich den Mund von seinen Propheten!“ –
„Okay“, antwortete Gott. „Das wird funktionieren. Dann geh mal los und
leg den Köder aus!“ 23 Verstehen Sie jetzt? Gott hat Ihre Propheten mit
Absicht lügen lassen! In Wirklichkeit hat er schon lange beschlossen, Sie
kaputtzumachen!“ 24 Der Prophet Zidkija war echt angefressen. Er ging auf
Micha zu und schallerte ihm eine ins Gesicht. „Was fällt Ihnen ein, so einen
Schwachsinn zu verbreiten? Sie behaupten, ich hätte keinen Draht mehr
zu Gott und er würde nicht mehr zu mir, sondern nur noch zu Ihnen reden,
oder was?“ 25 „Wir werden ja sehen, wer recht hat!“, grinste Micha. „Spä-
testens, wenn Sie sich im Keller von Ihrem Haus in einer Ecke verstecken
müssen, wird klar sein, wer die Wahrheit gesagt hat und wer nicht.“ 26 „Neh-
men Sie diesen Mann sofort in Gewahrsam“, befahl der Präsident seinen
Bodyguards, die mit im Raum waren. „Stecken Sie ihn in Untersuchungs-
haft, ins Stadtgefängnis, das dem Polizeipräsidenten Amon und meinem
Sohn Joasch unterstellt ist. 27 Richten Sie denen aus, dass auf meinen aus-
drücklichen Befehl dieser Mann so lange im Knast bleiben muss, bis ich
gesund und unversehrt aus dem Krieg zurückgekommen bin. Setzen Sie
ihn auf die niedrigste Essensration, die das Gefängnis hergibt!“ 28 „Okay“,
sagte Micha. „Wenn Sie tatsächlich gesund aus diesem Krieg wieder zurück-
kommen, hat Gott mit Sicherheit nicht durch mich gesprochen. Das kön-
nen ruhig alle Menschen auf der Erde hören!“

Was der Prophet Micha gesagt hat, passiert auch

29 Es kam dann also zum Krieg. Die Armee von Ahab, dem Präsidenten
von Israel, und die Truppen von Joschafat, dem Präsidenten von Juda, zogen
gemeinsam gegen die syrische Stadt Ramot. 30 Der Präsident von Israel
hatte noch die Idee, sich ein bisschen zu verkleiden, damit man ihn nicht

erkennen konnte. „Gehen Sie aber ruhig in Ihrer Präsidentenuniform!", sagte
er zu Joschafat. 31 Der Präsident von Syrien hatte seinen zweiunddreißig
Panzerkommandanten den Befehl erteilt, ihren Angriff nur auf den Präsi-
denten von Israel selbst zu konzentrieren. „Egal, wer vor euch steht, ihr
müsst den Präsidenten erwischen!", war die Annordnung. Diese Sache war
aber bis zum Präsidenten von Israel durchgesickert, und darum verkleidete
er sich, bevor der Krieg losging. 32 Als die Panzertruppen Joschafat, den
Präsidenten von Juda sahen, ging über Funk raus: „Dort ist der Präsident
von Israel!", und sie ballerten aus allen Rohren in seine Richtung. Joschafat
kriegte es mit der Angst und winkte wie wild mit den Armen. 33 Nachdem
klar war, dass es sich hier nicht um den Gesuchten handeln konnte, zielten
sie in eine andere Richtung und ließen ihn in Ruhe. 34 Allerdings schoss
ein Soldat mit seiner Panzerfaust einfach mal in die Menge rein und traf
zufällig genau den Panzer, in dem Ahab sich versteckte. Das Geschoss
schlug unter der Einstiegsluke ein, an einer kaum gepanzerten Stelle, und
explodierte dort. Den Präsidenten hatte es total erwischt, und er befahl dem
Fahrer: „Drehen Sie sofort um und bringen Sie mich ins Lazarett! Ich blute
wie ein Schwein!" 35 Die Schlacht wurde aber immer heftiger, an einen Rück-
zug war nicht zu denken, man musste unbedingt die Stellung halten. Der
Fahrer stützte den Präsidenten und hielt ihn so lang aufrecht, wie es ging,
während das Blut aus seiner Wunde in den ganzen Innenraum floss. Abends
war er dann tot. 36 Als es dunkel wurde, gab es den Befehl zum Rückzug und
dass jeder nach Hause gehen sollte. „Alle Männer zurück! 37 Der Präsident
Ahab ist tot!" Sie nahmen seine Leiche mit nach Samaria und beerdigten ihn
dort. 38 Als man seinen Panzer auf einem Platz in Samaria reinigen wollte,
leckten die Ratten vom Boden das Blut auf. Alles passierte genau so, wie
Gott es vorhergesagt hatte. 39 Die anderen Storys, die man von Ahab erzäh-
len kann, stehen alle im Buch von den Präsidenten von Israel. Über sein
Luxus-Regierungsgebäude, die vielen Städte, die er gebaut hatte und so,
kann man alles da drin lesen. 40 Als er gestorben war, wurde sein Sohn
Ahasja der nächste Präsident.

Der Präsident Joschafat von Juda

41 Zu der Zeit, als Ahab seit vier Jahren der Präsident von Israel war, wurde
Joschafat, der Sohn von Asa, der neue Präsident von Juda. 42 Joschafat war
35 Jahre alt, als er Präsident wurde. Er regierte 25 Jahre lang das Land von
Jerusalem aus. Seine Mutter hieß Asuba, eine Tochter vom Schilhi. 43 Er war
gut drauf, lebte so, wie sein Vater auch gelebt hatte, und tat nur Sachen, die
Gott cool findet. 44 Leider riss er aber nicht diese Opferplätze auf den Bergen
ab, wo die Leute zu den Plastikgöttern beteten. 45 Joschafat sorgte aber
dafür, dass es einen Friedensvertrag mit Israel gab. 46 Alle Sachen, die er

sonst noch so gebracht hat, über seine Kriege und seine Siege, kann man
in den amtlichen Chroniken der Präsidenten von Juda nachlesen. 47 Er
schmiss auch diese Tempelnutten aus dem Land raus, die bei seinem Vater
Asa noch eine Aufenthaltserlaubnis bekommen hatten. 48 In Edom gab es
zu dieser Zeit übrigens keinen Präsidenten, weil die Regierung dort von
einem Ministerpräsidenten geregelt wurde, der direkt vom Präsidenten von
Juda eingesetzt worden war. 49 Joschafat hatte in der Werft große Container-
schiffe bauen lassen, mit denen er die Goldtransporte aus Ofir organisierte.
Die Schiffe kamen aber nie zum Einsatz, weil die ganze Flotte vorher auf
hoher See, in der Nähe von Ezjon Geber, abgesoffen war. 50 Ahasja, der
Sohn von Ahab, meinte damals noch zu Joschafat: „Lassen Sie meine Leute
bitte bei Ihnen mitfahren!“ Aber Joschafat hatte da keinen Bock drauf.
51 Irgendwann starb Joschafat. Sein Grab wurde dort angelegt, wo auch sein
Vater und seine ganze Familie begraben lag, auf dem Friedhof in Jerusalem.
Als nächster Präsident war dann sein Sohn Joram an der Reihe.

Der nächste Präsident von Israel: Ahasja

52 Als Joschafat siebzehn Jahre lang der Präsident von Juda war, wurde
Ahasja der Präsident von Israel. Ahasja war ein Sohn von Ahab. Insgesamt
hatte er zwei Jahre lang die Macht in Samaria. 53 Aber er brachte nur Sachen,
die Gott total ätzend findet. Er lebte genauso daneben wie sein Vater, seine
Mutter und auch wie Jerobeam. Letzterer hatte ja sogar die Leute in Israel
dazu verführt, mit Plastikgöttern rumzumachen. 54 Er betete zum Beispiel zu
diesem Baalsding. Das war für Gott voll die krasse Beleidigung. Es war
genauso übel wie die Sachen, die sein Vater vorher auch getan hatte.

2. Buch über die Könige

1

Elija hat eine schlechte Nachricht für Ahasja

1 Nachdem der Präsident Ahab gestorben war, probten die Moabiter den
Aufstand gegen Israel. 2 In der Zeit regierte sein Nachfolger Ahasja das
Land. An einem Tag hatte der einen schweren Unfall. Er stürzte die Treppen
runter und verletzte sich dabei schwer. Irgendwie kam er auf die Idee, einen
von seinen Leuten zu dem Priester von diesem Plastikgott Baal-Sebub zu
schicken. Der hatte einen Tempel in der Stadt Ekron, die im Land der Philis-
ter lag. Seine Anfrage war, ob diese Baals-Priester mal von ihrem Pseudogott
rauskriegen könnten, ob seine Verletzung wieder heilen würde oder nicht.
3 Gott kriegte das natürlich mit und schickte sofort einen seiner Postboten,
so einen Engel, zu Elija, der in der Stadt Tischbe wohnte. Er befahl ihm:
„Geh sofort los und fang diesen Mann ab, der vom Präsidenten geschickt
wurde, um sich mit den Baals-Priestern zu treffen! Frag ihn: ‚Gibt es in Israel
keinen richtigen Gott? Muss man ins Ausland fahren, wenn man von Gott
eine Antwort braucht? Ist Baal-Sebub, der ›Gott‹ von Ekron, etwa die rich-
tige Anlaufstelle?‘ 4 Weil der Präsident so drauf ist, hat Gott folgende Ansage
für ihn: ‚Du wirst nicht wieder aus dem Bett hochkommen. Deine letzte
Stunde hat geschlagen!‘“ Elija ging sofort los. 5 Nachdem der Typ Elija ge-
troffen hatte, drehte der sich sofort um und ging wieder zurück zum Präsi-
denten. Als er in dessen Zimmer kam, fragte der sofort: „Was ist los? Warum
sind Sie schon so schnell wieder da?“ 6 „Ich habe auf dem Weg einen Mann
getroffen. Er sagte zu mir, ich sollte sofort zu Ihnen zurückgehen. Ich soll
Ihnen Folgendes ausrichten: ‚Gott hat Ihnen was zu sagen: Gibt es in Israel
keinen richtigen Gott? Muss man ins Ausland fahren, wenn man von Gott
eine Antwort braucht? Ist Baal-Sebub, der ›Gott‹ von Ekron, die richtige
Anlaufstelle?‘ Weil Sie so drauf sind, hat Gott folgende Ansage für Sie: ‚Du
wirst nicht wieder aus dem Bett hochkommen. Deine letzte Stunde hat
geschlagen!‘“ 7 Der Präsident fragte noch mal nach: „Wie sah der Typ denn
aus, der Ihnen das erzählt hat?“ 8 „Er hatte so einen schwarzen Trenchcoat
an, und einen weißen Gürtel mit einer großen Schnalle um“, war die
Antwort. „Typisch Prophetenstyle, das war bestimmt Elija!“, meinte der
Präsident.

Wer hat die Macht?

9 Ahasja rief dann sofort eine Spezialeinheit von fünfzig Mann zusammen,
die die Verfolgung Elijas aufnehmen sollten. Sie hatten Elija eingeholt, als er
sich gerade ganz oben auf einem Berg ausruhte. Der Chef der Einheit ging

auf Elija zu und sagte zu ihm: „Mit allem Respekt, Sie sind ein besonderer
Mann, durch den Gott spricht. Aber jetzt kommen Sie sofort mit! Auf Befehl
des Präsidenten sollen wir Sie abführen.“ 10 „Weil ich wirklich ein so beson-
derer Mann Gottes bin, soll auch ein ‚Mann-Gottes-Blitz‘ aus den Wolken
kommen und Sie und Ihre Truppe wegbrennen!“ Und, zwosch, es kam sofort
ein riesenfetter Blitz aus dem Himmel, der voll auf die ganze Truppe ein-
schlug. Alle waren augenblicklich tot und verkohlt. 11 Einige Zeit später schick-
te der Präsident einen zweiten Trupp mit fünfzig Mann los. Als die an dem
gleichen Berg waren, rief der Anführer zu Elija: „Mit allem Respekt, Sie sind
ein besonderer Mann, durch den Gott spricht. Aber jetzt kommen Sie sofort
mit! Auf Befehl des Präsidenten sollen wir Sie abführen!“ 12 Elija antwortete
wieder: „Weil ich wirklich ein so besonderer Mann Gottes bin, soll auch
ein ‚Mann-Gottes-Blitz‘ aus den Wolken kommen und Sie und Ihre Truppe
mit den 50 Mann einfach wegbrennen!“ Gott schickte wieder so einen hefti-
gen Blitz aus den Wolken, der alle 50 Mann vollständig verbrannte. 13 Und
dann passierte das Ganze sogar noch ein drittes Mal. Wieder schickte der
Präsident einen Truppenführer mit 50 Mann. Aber als der bei Elija angekom-
men war, bettelte der Truppenführer ihn nur an: „Bitte, bitte, mit allem Re-
spekt, verehrter Herr: Lassen Sie mich und meine Leute bitte am Leben! 14 Die
Blitze, die aus den Wolken kamen, haben ja schon die beiden Truppen vor
mir verbrannt. Bitte seien Sie nett zu mir! Ich will nicht genauso draufgehen,
wie die Männer vor mir!“ 15 Plötzlich hörte Elija eine Stimme. Ein Engel sagte
zu ihm: „Hey, Elija, geh ruhig mit den Leuten mit, du brauchst keine Angst
vor dem Präsidenten zu haben!“ Also stand Elija auf und ließ sich von der
Truppe zum Präsidenten führen. 16 Als sie da waren, sagte Elija zum Präsiden-
ten: „Passen Sie mal auf, was Gott Ihnen jetzt zu sagen hat: ‚Du hast dir
Hilfe von diesem Plastikgott Baal-Sebub holen wollen, dem Pseudogott von
Ekron! Wie bist du denn bitte drauf? Denkst du echt, es gibt keinen Gott in
Israel, den man mal fragen könnte? Ich sag dir eins: Du wirst aus deinem Bett
nie wieder aufstehen. Deine letzte Stunde hat geschlagen, bald bist du tot.‘“
17 Die Sachen, die Gott durch Elija gesagt hatte, passierten alle auch. Ahasja
starb, und weil er keinen Sohn hatte, wurde sein Bruder Joram der nächste
Präsident. In der Zeit war ein anderer Joram, der Sohn von Joschafat, gerade
im zweiten Jahr der Präsident von Juda. 18 Die Sachen, die man sonst noch
über Ahasja erzählen könnte, was er sonst noch so gebracht hat, stehen alle
in den amtlichen Chroniken der Präsidenten von Israel.

2

Elija wird weggebeamt

1 Gott hatte geplant, Elija mitten in einem Wirbelsturm zu sich in den
Himmel zu holen. Das sollte jetzt bald passieren. Elija packte seine Sachen

und wollte aus Gilgal weggehen. Als Elischa das merkte, wollte er unbedingt
mitgehen. [2] „Hey, das ist keine gute Idee! Bleib mal besser hier. Gott will
nur von mir, dass ich nach Bet-El gehe!“ – „Auf keinen Fall, never! Ich bleib
immer in deiner Nähe!“, rief Elischa. Also gingen sie zusammen in Richtung
Bet-El. [3] Die Bewohner der Propheten-WG in Bet-El sahen schon von wei-
tem, dass auch Elischa auf dem Weg zu ihrem Haus war. Sie kamen ihm auf
der Straße entgegen und fragten: „Dir ist klar, dass Gott heute deinen Meis-
ter wegbeamen wird? Er wird ihn zu sich holen!“ – „Ja, ja, ist schon klar!“,
stöhnte Elischa. „Bitte erinnert mich nicht da dran!“ [4] Elija machten ihm
dann wieder den Vorschlag: „Warum bleibst du nicht eine Weile hier? Gott
will, dass ich jetzt noch bis Jericho weiterwandere!“ Aber auch diesmal blieb
Elischa hartnäckig. „Hey, da kannst du dich drauf verlassen: Ich werde kei-
nen Zentimeter von deiner Seite weggehen!“ Später kamen dann beide
zusammen in Jericho an. [5] Als sie dort in einer Propheten-WG übernachten
wollten, kamen auch diese Bewohner abends alle bei Elischa an: „Dir ist
klar, dass Gott dir deinen Meister heute wegbeamen wird? Er wird ihn zu
sich holen?“ Und wieder stöhnte er: „Ja, ja, ist schon klar, bitte erinnert mich
nicht da dran!“ [6] Zum dritten Mal fragte ihn Elija: „Hey, willst du nicht lieber
hierbleiben? Gott will jetzt von mir, dass ich bis zum Jordan wandern soll!“
Von Elischa kam aber wieder die gleiche Antwort: „Ja, ja, ist schon klar! Aber
ich sag dir, bei Gott, ich werde keinen Zentimeter von deiner Seite weichen!“
Dann gingen sie also zusammen weiter. [7] Fünfzig von den Prophetentypen
folgten ihnen bis zum Jordan. Dann ließen sie die beiden vorgehen und
folgten ihnen in einer gewissen Entfernung. [8] Als sie am Wasser standen,
nahm Elija seinen Trenchcoat, rollte ihn zusammen und schlug damit einmal
auf das Wasser. Plötzlich wich das Wasser nach rechts und links aus, und
sie konnten einfach durch den Fluss durchgehen, ohne sich die Füße nass
zu machen! [9] Als sie drüben angekommen waren, fragte Elija Elischa: „Gibt
es noch irgendetwas, was ich für dich tun kann, bevor Gott mich zu sich
holt?“ – „Ja, ich möchte gerne von deiner Begabung doppelt so viel abhaben,
wie deine anderen Schüler. Ich möchte deinen Job weitermachen, so wie
du ihn getan hast!“ [10] „Das ist zu viel, so was kann ich gar nicht für dich
organisieren. Wenn Gott es dir erlaubt, mit deinen eigenen Augen zu sehen,
wie er mich von hier wegbeamt, dann wird er bestimmt auch deine Bitte
erfüllen. Wenn nicht, dann aber auch nicht.“ [11] Die beiden gingen nebenein-
ander auf dem Weg. Plötzlich kam ein riesengroßer Ferrari aus dem Him-
mel, der nur aus Feuerflammen bestand. Er holte Elija ab und trennte die
beiden voneinander. Elija bretterte mit quietschenden Reifen los, das Teil
hob ab wie in einem Wirbelsturm und flog in die Wolken. [12] Elischa rief ihm
noch hinterher: „Papa! Du warst mein Papa! Und du warst wie ein Panzer
für Israel und hast sie gut geführt!“ Als die Flammen nicht mehr zu sehen

waren, schmiss sich Elischa auf den Boden. 13 Nach einer Zeit stand er
auf, nahm den Trenchchoat von Elija und ging wieder zurück zum Jordan.
14 Wie Elija es ihm vorgemacht hatte, rollte er den Mantel zusammen und
schlug damit auf das Wasser. „Wo ist jetzt Gott, der Gott, zu dem auch Elija
gehört hat?“, sagte er dabei. Zwosch, das Wasser teilte sich wieder in zwei
Hälften, und er ging durch den Fluss, ohne einen Tropfen abzubekommen.
15 Die anderen Propheten standen in der Zeit am anderen Ufer und hatten
alles aus der Entfernung beobachtet. „Die Kraft von Elija ist jetzt in Elischa!“,
riefen sie laut. Dann rannten sie ihm entgegen und warfen sich vor Elischa
auf den Boden. 16 „Wir sind fünfzig Männer! Alle gut gebaut und fit. Sollen
wir nicht vielleicht noch mal einen Suchtrupp bilden und deinen Meister
suchen? Kann ja sein, dass er von der Kraft von Gott einfach irgendwo auf
einen Berg oder in eine Schlucht gepustet worden ist.“ Elischa lachte: „Nein,
das ist totaler Quatsch!“ 17 Aber die nervten so lange rum, bis er schließlich
sein Okay gab. Drei Tage lang suchten die fünfzig Propheten Elija überall,
aber sie konnten ihn nirgendwo finden. 18 Als sie anschließend Elischa in
Jericho besuchen kamen, sagte er zu ihnen: „Hab ich euch doch gleich
gesagt, dass es total beknackt ist, Elija zu suchen!“

Die ersten Wunder von Elischa

19 Die Bewohner von Jericho kamen dann mal bei Elischa an und sagten:
„Verehrter Herr Elischa, wir haben da ein echtes Problem. Unsere Stadt hat
eigentlich eine voll gute Lage. Nur die Wasserqualität ist mies, wir haben
in unserem Trinkwasser ohne Ende Bakterien und Krankheitserreger. Es ver-
ursacht Fehlgeburten bei Menschen und auch bei den Tieren. Kann man
da was machen?“ 20 „Bringen Sie mir mal einen ganz neuen Eimer her, und
füllen Sie den mit Salz!“ Nachdem die Leute ihm den Eimer gebracht hatten,
21 ging er damit vor die Stadt und schüttete das ganze Salz in die Wasser-
quelle. Dabei sagte er: „Diese Worte kommen jetzt von Gott: ‚Ich mache die-
ses Wasser wieder sauber und keimfrei. Ab sofort wird keiner mehr davon
sterben oder eine Fehlgeburt bekommen.‘“ 22 Seitdem ist das Wasser bis
heute tipptopp. Alles passierte genau so, wie Elischa es gesagt hatte. 23 Dann
verließ Elischa Jericho und ging weiter nach oben in das Bergland Richtung
Bet-El. Auf dem Weg in die Stadt kamen plötzlich ein paar Jugendliche von
hinten an und verarschten ihn. „Ey, du Penner, du hast ja keine Haare auf
dem Kopf!“, riefen sie die ganze Zeit. 24 Elischa drehte sich um, und als er
die Jugendlichen sah, wünschte er ihnen im Namen von Gott die Krätze an
den Hals, er verfluchte sie. Plötzlich bog ein Transporter um die Ecke und
hatte einen ziemlich derben Unfall mit den Jugendlichen. 42 von denen
starben noch an der Unfallstelle. 25 Weil er noch zum Berg Karmel wollte,
verließ Elischa Bet-El. Von dort ging er dann weiter nach Samaria.

3

Joram, der Präsident von Israel

1 Zu der Zeit, als Joschafat seit 18 Jahren der Präsident von Juda war, wurde
Joram der neue Präsident von Israel. Joram kam aus der Familie vom Ahab.
Von der Hauptstadt Samaria aus hatte er in Israel zwölf Jahre lang das
Sagen. 2 Aber er brachte nur Sachen, die Gott echt ätzend findet. Allerdings
übertrieb er es nicht so wie seine Eltern. Die hatten so eine Figur für diesen
Plastikgott Baal anfertigen lassen, und das Ding wanderte bei ihm gleich
auf den Müll. 3 Trotzdem betete er zu diesen anderen Plastikgöttern, die
Jerobeam auch ganz toll fand. Der hatte damals ja ganz Israel dazu verführt,
diesen Schwachsinn zu machen. 4 Es gab zu der Zeit einen Präsidenten von
den Moabitern, der Mescha hieß. Israel hatte sein Volk im Krieg geschlagen
und bekam von ihm jedes Jahr 100 000 Schafe und genauso viele einjährige
Schafböcke, sozusagen als Steuer. 5 Nachdem Ahab gestorben war, wollte
Mescha aber die neue Regierung nicht akzeptieren. Darum weigerte er sich
auch, diese Steuern weiterhin abzudrücken. 6 Joram organisierte eine Mus-
terung im ganzen Land. Er wollte alle wehrfähigen Männer in den Kriegs-
dienst holen, um gegen Mescha zu kämpfen. 7 Joram schickte auch einen
Brief zu Joschafat, dem Präsidenten von Juda. „Sehr geehrter Herr Präsident.
Der Präsident von Moab tanzt bei uns leider aus der Reihe und will nicht
mehr seine Steuern bezahlen. Darum habe ich beschlossen, ihm den Krieg
zu erklären. Machen Sie mit? Sind Sie mit Ihren Truppen dabei? Mit freundli-
chen Grüßen, Joram“ Der Präsident Joschafat antwortete sofort: „... ich bin
gerne bereit, Sie in diesem Anliegen zu unterstützen. Meine Truppen unter-
stehen Ihrem Befehl!“ 8 „Von welcher Seite aus sollen wir angreifen?“, fragte
Joram zurück. „... Nehmen wir die Strecke durch die Wüste von Edom!“,
antwortete Joschafat.

Elischa in Aktion

9 Also zogen die Armeen von Israel und von Juda gemeinsam in den Krieg.
Auch der Präsident von Edom war mit seiner Truppe dabei. Nachdem sie
über einen Umweg sieben Tage lang unterwegs waren, gingen die Wasser-
vorräte langsam aus. Es gab für die Soldaten nichts mehr zu trinken, und
auch das Benzin für die Fahrzeuge war alle. 10 Der Präsident von Israel
bekam die ersten Zweifel. „Das war eine total blöde Idee, dieser ganze Feld-
zug! Gott hat das bestimmt nur zugelassen, damit wir drei alle zusammen
von den Moabitern plattgemacht werden.“ 11 Joschafat wollte erst mal eine
Ansage von Gott hören. „Gibt es hier keinen Propheten in der Nähe, der uns
mal sagen kann, was Gott über die Sache denkt?“ Einer von den Offizieren
antwortete: „Doch, Elischa ist dabei! Er kommt aus der Familie von Schafat

und war bei dem berühmten Propheten Elija in der Lehre!“ 12 „Gut, dann
ist er vielleicht unser Mann! Er kann Gottes Stimme bestimmt ganz gut
hören.“ Also gingen die drei Präsidenten zu Elischa. 13 Nachdem Elischa die
Tür von seinem Wohnwagen aufgemacht hatte und den Präsidenten von
Israel sah, machte er ihn gleich erst mal an: „Was wollen Sie denn bitte hier?
Wenn Sie einen Rat von Gott brauchen, können Sie doch auch zu Ihren
tollen Pseudopropheten gehen, bei denen auch schon Ihre Eltern immer
waren!“ „... Die können uns nicht wirklich helfen!“, stammelte der Präsident.
„Wir haben das Gefühl, dass Gott höchstpersönlich uns drei hier zusam-
mengeholt hat. Er hat wohl vor, dass wir den Krieg gegen die Moabiter ver-
lieren sollen.“ 14 „Hey, ich schwöre Ihnen bei Gott, dem Chef von dieser
Welt, für den ich arbeite: Nur weil Joschafat dabei ist, schmeiß ich Sie nicht
sofort wieder raus! Normalerweise würde ich Sie nicht mal mit dem Arsch
angucken! 15 Okay, dann setzen Sie sich mal alle hin. Ich leg nur mal eben
eine House-Scheibe in den Player.“ Als die Musik aus den Boxen dröhnte,
kam plötzlich die Kraft von Gott, sein Geist, auf Elischa. 16 Er sagte: „Diese
Ansage kommt jetzt von Gott: ‚Buddelt hier in diesem Tal überall Gruben!
17 Auch wenn kein Wind aufkommen wird und kein Tropfen Regen vom
Himmel fällt, wird sich dieses Tal bald komplett mit Wasser füllen. Und
dann werdet ihr ein paar Fässer Sprit in einem Lagerhaus finden. Ihr werdet
genug zu trinken haben und auch genug Benzin für die Fahrzeuge. 18 Aber
das ist noch nicht alles. Gott wird auch noch dafür sorgen, dass ihr gegen
die Moabiter gewinnen werdet! 19 Ihr werdet die fettesten Städte von denen
erobern, ihre Obstplantagen plattmachen und die Wasserversorgung zer-
stören. Felder, wo man vorher gut was anbauen konnte, werden von euch
zu Schrottplätzen gewalzt werden.‘“ 20 Und tatsächlich: Am nächsten Mor-
gen, zu der Uhrzeit, wo normal immer gerade ein Essensopfer am Tempel
abgehalten wird, regnete es und vom Berg Edom kam so viel Wasser runter,
dass die ganze Gegend überschwemmt wurde.

Sieg gegen die Moabiter

21 In der Zwischenzeit hatten die Moabiter mitbekommen, dass die Präsiden-
ten von Israel, Juda und Edom ihre Truppen zusammengezogen hatten, um
gegen sie in den Krieg zu ziehen. Die ganze Armee wurde zusammenge-
trommelt, um an der Grenze das Land zu verteidigen. 22 Als die moabitischen
Truppen am frühen Morgen bei Sonnenaufgang weiterziehen wollten, sahen
sie das Wasser aus der Entfernung. Sie hatten das Gefühl, das ganze Meer
wäre zu Blut geworden, weil es total rot aussah. 23 „Das ist ja Blut! Bestimmt
haben sich die Armeen von den drei Präsidenten auf dem Weg in die Wolle
bekommen und sich gegenseitig abgeschlachtet!“, war das Gerücht. „Los
jetzt, schnappen wir uns die Beute!“, riefen sich die Moabiter gegenseitig zu.

24 Als sie mit ihren Truppen in die Nähe vom Lager kamen, starteten die Isra-
eliten einen Angriff und schlugen sie in die Flucht. Von dort zog die Armee
der Israeliten weiter in das Land der Moabiter ein. Der Gegner verlor an allen
Fronten und musste fliehen. 25 Die Städte wurden alle weggesprengt, und
den Bauschutt warfen sie auf die Felder. Alle Wasserquellen wurden zuge-
schüttet und die Obstbäume abgesägt. Nur die Stadt Kir-Heres konnte dem
Angriff eine Zeitlang standhalten, weil sie gute Verteidigungsanlagen hatte.
Aber nach einiger Zeit war auch sie komplett umzingelt und stand unter
Artilleriebeschuss. 26 Als der Präsident von Moab kapierte, dass die Stadt
bald verloren war, wollte er mit 700 Soldaten fliehen. Die schwerbewaffnete
Spezial-Einsatztruppe sollte den Belagerungsring an der Stelle durchbre-
chen, wo der Präsident von Edom mit seinen Leuten stand. 27 Bevor er die-
sen Plan umsetzte, nahm er seinen ältesten Sohn, der später mal sein Nach-
folger werden sollte, und schlachtete den vor den Augen der Israeliten auf
der Stadtmauer ab. Er wollte damit wohl den Plastikgott der Moabiter beein-
drucken. Die Israeliten waren davon so geschockt, dass sie den weiteren
Angriff einfach absagten und sich wieder zurückzogen.

4

Elischa hilft einer Frau, deren Mann gestorben ist

1 In der Zeit war ein Lehrling, der noch in der Prophetenausbildung war,
plötzlich gestorben. Seine Frau kam zu Elischa mit einer dringenden Bitte:
„Mein Mann ist tot! Sie wissen, dass er Gott immer treu war, er hat alles
getan, was Gott von ihm wollte. Jetzt stand gestern so ein Geldeintreiber
bei uns vor der Tür. Mein Mann hatte sich von dem etwas Kohle geliehen.
Weil ich das Geld aber nicht zurückbezahlen konnte, wollte dieser Typ
meine beiden Söhne mitnehmen und sie zur Zwangsarbeit einsetzen."
2 „Hm, wie kann ich Ihnen dabei helfen?", überlegte Elischa. „Sagen Sie mal,
was haben Sie denn noch an Wertgegenständen in Ihrer Bude stehen?" –
„Eigentlich nichts mehr. Wir haben höchsten noch einen halbvollen Benzin-
kanister in der Garage stehen." 3 „Okay, dann gehen Sie mal heute in der
ganzen Nachbarschaft rum, und leihen Sie sich von denen so viele leere
Kanister aus, wie Sie kriegen können! 4 Dann gehen Sie wieder nach Hause
und schließen die Tür hinter sich und Ihren Kindern zu. Danach nehmen
Sie den Benzinkanister und gießen den Rest Benzin in die anderen Kanister
um. Immer wenn ein Kanister voll ist, stellen Sie den beiseite und gehen
zum nächsten. Okay?" 5 Die Frau zog alles genau so durch, wie Elischa es
ihr gesagt hatte. Als sie zu Hause war, schloss sie die Tür hinter sich zu.
Die beiden Jungs gaben ihr einen Kanister nach dem anderen, die sie von
den Nachbarn eingesammelt hatten. Sie füllte das Benzin aus dem halb-
vollen Kanister langsam in die anderen Kanister rein. Es kam dabei immer

weiter Benzin aus dem ersten Kanister raus, ohne dass der leer wurde.
6 Schließlich waren alle bis zum Rand voll! „Gebt mir noch einen!“, meinte
sie zu einem ihrer Söhne. „Das waren alle!“, antwortete er. In dem Augen-
blick hörte diese Benzinvermehrung auch auf. 7 Voll begeistert rannte
die Frau zu Elischa und erzählte ihm, was sie gerade erlebt hatte. „Okay,
und jetzt verkaufen Sie mal das Benzin. Mit der Kohle können Sie locker
Ihre Schulden bezahlen. Und was übrig bleibt, müsste zum Einkaufen
für Ihre Familie ausreichen.“

Eine Frau kann keine Kinder kriegen, bis sie Elischa trifft
8 Irgendwann zog Elischa in den Ort Schunem um. Er kannte dort eine
schwerreiche Frau, die ihn zum Essen einladen wollte. Oft, wenn er spät-
abends noch unterwegs war, kam er dort vorbei, um noch bei ihr was zu
spachteln. 9 Irgendwann sagte die Frau zu ihrem Ehemann: „Dieser Typ,
der manchmal bei uns vorbeikommt – ich glaub, das ist ein echt heftiger,
besonderer Mann, der nur für Gott lebt. Er ist voll mit Gott unterwegs.
10 Was hältst du von der Idee, wenn wir unseren Dachboden ausbauen und
ihm dort eine Wohnung zur Verfügung stellen? Da könnte ein Schreibtisch
rein, eine Sitzecke und ein paar Lampen. Wenn er dann mal bei uns zu
Besuch ist, kann er sich da ausruhen, wenn er will.“ Der Mann war einver-
standen, und sie setzten den Plan in die Tat um. 11 Als Elischa dann mal
wieder in Schunem war und die beiden besuchte, ging er nach oben in sein
neues Zimmer. Er wollte sich für ein paar Minuten pennen legen. 12 Nach
seinem Mittagsschlaf bat er seinen Angestellten Gehasi, die Frau mal nach
oben zu holen. Die kam dann auch hoch, aber blieb erst mal draußen vor
der Tür stehen. 13 Elischa sagte dann zu Gehasi, er solle sie fragen, ob es
nicht irgendetwas gibt, was er für sie tun könnte. „Sie haben sich so viel
Mühe gemacht! Gibt es vielleicht irgendein spezielles Anliegen, was ich mit
meinem Einfluss bei den Behörden für Sie durchbringen kann?“ Die Antwort
der Frau war aber: „Nein, ist alles okay so weit, ich wohne hier ja mit meiner
Familie zusammen. Wir sorgen füreinander, ich habe echt keine Probleme!“
14 Elischa ließ über seinen Angestellten zurückfragen: „Gibt es sonst irgend-
etwas, was wir für Sie tun könnten?“ Gehasi meinte dann: „Ja, eine Sache
gibt es da: Sie hat keinen Sohn, und ihr Mann ist schon so alt, dass er wohl
bald sterben wird!“ 15 „Okay, dann hol sie bitte mal rein!“ Die Frau kam dann
in das Zimmer rein. 16 „Passen Sie auf, im nächsten Jahr um dieselbe Zeit
werden Sie einen Sohn im Arm halten!“, sagte Elischa. „Au ja, das wäre echt
total genial! Aber bitte machen Sie mir nicht irgendwelche Versprechungen,
die dann doch nichts werden, ja?“ 17 Aber die Frau wurde tatsächlich schwan-
ger. Ein Jahr später bekam sie einen Sohn, und zwar exakt zu der Zeit, die
Elischa vorhergesagt hatte.

Elischa macht einen toten Jungen wieder lebendig

18 Aus dem Baby wurde dann ein kleiner Junge. Eines Tages wollte der Kleine
mal seinen Vater auf der Arbeit besuchen. 19 Plötzlich hatte er totale Kopf-
schmerzen. Er schrie „Papa, mein Kopf tut so weh!“ und brach zusammen.
Der Vater holte ein Taxi und sagte dem Fahrer, er solle den Jungen nach
Hause zu seiner Mutter bringen, damit er sich dort ausruhen könne. 20 Zu
Hause saß der Junge noch bis zum Mittag auf dem Schoß von seiner Mut-
ter, dann starb er plötzlich. 21 Die Frau trug das tote Kind auf den Dachboden
und legte die Leiche auf das Bett von dem Propheten. Dann ging sie raus
und machte die Tür hinter sich zu. Anschließend ging sie zur Arbeitsstelle
von ihrem Mann. 22 „Organisier mir bitte einen Leihwagen! Ich muss so
schnell es geht diesen Propheten finden. Bin bald wieder da!“, sagte sie zu
ihm. 23 „Was willst du denn von dem? Warum ausgerechnet heute? Wir
haben doch heute noch nicht mal Sonntag oder irgendeinen anderen Feier-
tag!?“, fragte sie der Ehemann. „Ist egal jetzt, frag nicht länger“, bekam
er als knappe Antwort. 24–25 Dann holte sie selbst das Auto und fuhr los, in
Richtung des Berges Karmel. Der Prophet sah die Frau, als sie gerade auf
dem Parkplatz anhielt. Er sagte zu seinem Angestellten Gehasi: „Ach, das ist
doch die Frau aus Schunem! 26 Geh ihr schon mal entgegen und begrüße
sie. Frag nach ihrem Mann und ihrem Kind!“ Gehasi ging los, und als er sie
fragte, wie es so geht, log sie: „Ja, es geht mir ganz gut!“ 27 Als sie dann
aber oben auf dem Berg bei Elischa angekommen war, legte sie sich platt vor
ihm auf den Boden, fasste seine Füße an und wollte nicht mehr loslassen.
Gehasi fand das nicht so toll und versuchte, sie wegzuziehen. Elischa sagte
aber sofort: „Ist in Ordnung! Die Arme ist ja total fertig! Außerdem hat mir
Gott schon vorher gesagt, was bei ihr passiert ist!“ 28 „Mann, ich hab Sie
damals um einen Sohn gebeten, aber ich hab auch gesagt, Sie sollen mir
keine falschen Versprechungen machen, oder?“ 29 Elischa sah seinen Ange-
stellten an und sagte zu ihm: „Hör zu, du fährst so schnell du kannst, ohne
irgendwelche Zwischenstopps, nach Schunem, klar? Wenn dich zwischen-
durch irgendjemand vollquatschen will, dann antworte ihm nicht! Meinen
ganz speziellen Propheten-Gehstock nimmst du bitte mit. Wenn du bei dem
Jungen bist, legst du den auf sein Gesicht.“ 30 Die Frau war aber echt hart-
näckig. „Ich schwöre Ihnen, bei Gott, dass ich keinen Zentimeter von hier
weggehe, wenn Sie nicht mitkommen!“ Also packte Elischa seine Sachen
und kam mit nach Schunem. 31 Gehasi war schon vorgefahren und hatte
auch schon den Stock auf das Gesicht von dem Jungen gelegt. Leider aber
ohne Erfolg, der Junge war immer noch mausetot. Auf dem Rückweg traf er
Elischa und berichtete ihm davon. „Er ist nicht wieder lebendig geworden!“
32 Als Elischa dann beim Haus angekommen war, lag der Junge immer
noch tot auf seinem Bett. 33 Er ging in das Zimmer, schloss die Tür hinter

sich zu und redete mit Gott über die Sache. [34] Dann beugte er sich über
das Kind drüber, und zwar so, dass sein Mund über dem Mund und seine
Augen über den Augen von dem Kind waren. Nach einer Zeit fing das Herz
von dem Jungen wieder an zu schlagen, und er wurde warm. [35] Elischa stand
auf und ging einmal durch das Zimmer. Dann beugte er sich noch mal über
den Jungen. Diesmal fing der Kleine sogar an zu niesen und öffnete seine
Augen! [36] Dann rief Elischa seinen Angestellten Gehasi rein und sagte ihm,
er solle mal die Mutter herholen. Als sie da war, sagte er zu ihr: „Hier hast
du deinen Sohn wieder!“ [37] Die Frau war total baff. Sie legte sich vor Elischa
flach auf den Boden, weil sie so einen Respekt vor ihm hatte. Dann nahm
sie ihren Sohn und ging aus dem Zimmer.

Gammel-Gurke

[38] Später ging Elischa wieder zurück nach Gilgal. Irgendwann gab es im
ganzen Land plötzlich nichts mehr zu essen, und die Leute hatten überall
voll den Kohldampf. An einem Tag trafen sich die Männer aus der Prophe-
ten-WG mal mit Elischa im Gemeinschaftsraum. Elischa befahl dann einem
der Angestellten, er solle schon mal in der Küche einen großen Topf mit
Wasser aufsetzen. „Koch den Leuten mal was zu essen!“, sagte er zu ihm.
[39] Einer von den Männern ging raus in den Garten, um ein paar Kartoffeln zu
ernten. Aber alles, was er dort noch finden konnte, waren so kleine Gurken,
die an einer Schlingpflanze dran waren. Er sammelte davon eine Plastiktüte
voll. In der Küche zerschnitt er dann die Teile und warf sie in einen Topf.
Keiner hatte mitbekommen, dass diese „Gurken“ gar keine richtigen Gurken
waren, sondern eigentlich voll giftig. [40] Danach gab es Mittagessen, und alle
füllten sich die Teller voll. Mitten im Essen schrie einer plötzlich los: „Eli-
scha! Die Teile sind giftig!“ Dann kriegte natürlich keiner mehr einen Bissen
runter. [41] Elischa sagte aber nur: „Gebt mir mal etwas Mehl!“ Dann streute
er das Mehl in den Topf und sagte zu seinem Angestellten: „Jetzt teil das
Essen mal weiter aus!“ Und ab dem Zeitpunkt war der Gurkeneintopf lecker
und nicht mehr giftig.

Brot vermehrt sich

[42] Einmal kam so ein Typ zu Elischa, der in Baal-Schalischa wohnte. Er hatte
ein Spende für die Prophetentypen dabei, als Geschenk an Gott von der
ersten Ernte. Und zwar waren das zwanzig Fladenbrote und ein Beutel mit
Getreide. Elischa hatte die Idee, dass dieses Geschenk für seine Leute
sein sollte, damit die sich mal wieder richtig die Wampe vollhauen könnten.
[43] „Äh, aber wie soll das denn bitte für hundert Männer reichen?“, fragte
der Angestellte, der die Sachen verteilen sollte. „Verteilen Sie das einfach!
Gott hat mir gesagt, es wird dicke reichen, und wir werden sogar am Ende

noch Reste übrig haben!“ 44 Der Mann verteilte das Essen. Tatsächlich wurden alle satt, und es blieben sogar noch einige Reste übrig.

5

Ein Mann, der Elischa nicht abkann, braucht Hilfe

1 Naaman, der Oberbefehlshaber der syrischen Truppen, bekam eine fiese Krankheit, die man Aussatz nannte. Aussatz war so eine ansteckende Hautkrankheit, woran man sterben konnte. Der Typ war ein Kriegsheld, und der Präsident hatte fetten Respekt vor ihm, weil Gott durch ihn viele Siege für die Syrer geholt hatte. 2 Auf einem Kriegszug quer durch Israel hatte er mal ein junges Mädchen gekidnappt, was jetzt für seine Frau im Haushalt arbeitete. 3 Irgendwann meinte sie zu ihrer Chefin: „In Samaria wohnt übrigens so ein Prophet, der Ihren Mann bestimmt von der Krankheit heilen könnte! Warum geht er nicht zu dem?“ 4 Naama holte sich einen Termin beim Präsidenten und erzählte ihm von dem Tipp, den er von dem Mädchen hatte. 5 „Von mir aus, checken Sie den doch ruhig ab!“, antwortete der Präsident. „Ich werde ein Empfehlungsschreiben aufsetzen, das Sie dem Präsidenten von Israel vorlegen können!“ Also packte Naama seine Klamotten und fuhr los. Im Gepäck hatte er ein paar teure Anzüge und 100 000 Euro in Bargeld und dazu noch einen Scheck mit ebenfalls 100 000 Euro in der Tasche. 6 Als er in Israel ankam, gab er dem Präsidenten von Israel das Schreiben. Dort stand drin: „Sehr geehrter Herr Präsident, ich bitte Sie um freundliche Aufnahme meines Angestellten Naaman. Könnten Sie vielleicht dafür sorgen, dass er wieder gesund wird? Mit freundlichen Grüßen …
„7 Der Präsident bekam den Brief, las ihn und rastete erst mal pauschal aus. „Was will der Typ von mir? Bin ich etwa Gott? Nur Gott hat diese Macht! Er kann da drüber entscheiden, wer leben und wer sterben soll. Unfassbar, der Präsident von Syrien will von mir, dass ich jemanden von Aussatz heile! Der hat doch irgendwas vor! Bestimmt sucht der nur einen Grund, um gegen uns Krieg zu führen!“ 8 Elischa hörte von der Reaktion vom Präsidenten und schrieb ihm deswegen eine Mail. „Warum sind Sie so abgegangen, als Sie von der Sache gehört haben? Schicken Sie mir den Typen her! Wenn er kommt, wird er halt mal sehen können, dass es in Israel Propheten gibt und was die so draufhaben!“ 9 Naaman packte seine Sachen und stieg in seinen 12-Zylinder-Dienstmercedes. Als er bei Elischas Haus war, 10 kam ihm auf dem Parkplatz ein Typ entgegen, den der Prophet geschickt hatte: „Fahren Sie weiter bis zum Jordanfluss. Dort müssen Sie siebenmal untertauchen. Wenn Sie das gemacht haben, ist der Aussatz weg, und Sie sind wieder gesund!“ 11 Aber Naaman dachte, der Typ wolle ihn verarschen. „Ich hatte damit gerechnet, das der große Prophet jetzt rauskommt und sich vor mich hinstellt. Ich dachte, er würde einfach zu Gott beten und mir dabei

die Hände auflegen oder irgendwie über die kranken Stellen reiben. Na ja,
und dann würde ich eben geheilt werden. [12] Ich mein, wenn ich jetzt nur
baden muss, kann ich da nicht auch in den Abana- oder in den Parpafluss
springen? Die sind ja beide in der Nähe von meinem Zuhause bei Damaskus
und dazu viel sauberer als die Flüsse in Israel. Kann ich nicht da reinsprin-
gen, um geheilt zu werden?" Obergenervt zog er ab. [13] Seine Angestellten,
die mit dabei waren, redeten aber auf ihn ein. „Chef, überlegen Sie doch mal:
Wenn der Prophet von Ihnen verlangt hätte, dass sie 1000 Seilsprünge
rückwärts machen sollen, dann hätten Sie das doch bestimmt auch getan,
oder? Jetzt sagt er aber nur, dass Sie mal baden gehen sollen! Also, im Ernst,
warum machen Sie das nicht einfach?" [14] Nach einer kurzen Diskussion
fuhr Naaman dann doch zum Fluss. Er tauchte siebenmal in das Wasser,
genau so, wie der Prophet es gesagt hatte. Und plötzlich wurde seine Haut
wieder gesund, sie war so glatt wie ein Babypopo. Alles war supi. [15] Er drehte
mit seinen ganzen Angestellten, die alle mitgekommen waren, sofort um
und fuhr zu Elischa. Als der ihm die Tür aufgemacht hatte, rief er begeistert:
„Yes, ich kann das jetzt voll bestätigen: der Gott von Israel ist der einzige
Gott auf der ganzen Welt! Ich bin so happy, vielen Dank! Bitte nehmen Sie
dieses kleine Geschenk von mir an!" [16] Elischa wollte aber keine Bezahlung
für das Wunder annehmen. „Nein, bei Gott, ich will nichts dafür haben!"
Naaman versuchte ihn trotzdem zu belabern, aber Elischa blieb hart. [17] „Hm,
okay, wenn Sie kein Geschenk von mir annehmen wollen, dann hab ich
aber noch eine kleine Bitte: Erlauben Sie mir, dass ich einen Kofferraum voll
Erde aus Israel mitnehmen darf? Ich würde Ihrem Gott gerne bei uns zu
Hause einen Ort bauen, wo etwas von der Erde liegt, wo er wohnt. Und ich
will in Zukunft auch nur noch für Ihren Gott Sachen abfackeln und nicht
mehr irgendwelchen anderen Plastikgöttern was opfern. Nur noch für Gott,
den Chef! [18] Ich muss allerdings einen Kompromiss eingehen: Wenn mein
Präsident zu seinem Plastikgott Rimmon beten will, dann muss ich ihn
dabei immer etwas stützen, weil er das nicht mehr alleine schafft. Und dann
muss ich mich ja auch automatisch vor diesem Rimmon verbeugen, wenn
er sich vor dem verbeugt. Ich hoffe Gott versteht das!" [19] „Machen Sie sich
keinen Kopf! Gehen Sie hin und entspannen Sie sich!," antwortete Elischa.
Nachdem der Typ nun schon eine Weile unterwegs war, [20] hatte Gehasi eine
ziemlich abgefuckte Idee: „Hm, mein Chef hatte hier so einen fetten Typ
an der Angel, der so viel Kohle mitgebracht hat, dass man das gar nicht
mehr zählen konnte, und dann lässt er den einfach wieder abziehen, ohne
dass er auch nur einen Cent bekommen hat. Also, ich fahr dem jetzt noch
mal auf jeden Fall hinterher und knöpfe dem wenigstens noch das Bargeld
ab!" [21] Gehasi legte sich in die Kurven und holte Naaman bald ein. Als der
ihn schon kommen sah, bremste er sein Auto und stieg aus. „Na? Alles klar?

Ist was passiert?" 22 „Nein, nein, alles bestens!", antwortete Gehasi. „Es
kamen nur gerade, als Sie weg waren, ein paar Schüler aus der Propheten-
WG, die in den Bergen bei Efraim ist, zu uns. Zwei von den jungen Leuten
haben uns um eine Spende gebeten, und da dachten wir, Sie könnten uns
doch vielleicht die 100 000 Euro für die dalassen. Auch die Klamotten könn-
ten die gut gebrauchen. Was meinen Sie?" 23 „Ja, klaro! Hier nehmen Sie
das Geld! Ich bestehe da drauf!", sagte Naaman. Er steckte die Kohle in zwei
Koffer, legte die Kartons mit den Klamotten obendrauf und ließ sogar noch
zwei von seinen Leute als Begleitung mitkommen. 24 Kurz vor der Stadt-
grenze schickte Gehasi die zwei Männer wieder zurück. Im Dunkeln brachte
er dann heimlich die ganzen Sachen über den Hintereingang in Elischas
Haus in den Keller. 25 Als er dann in das Wohnzimmer von Elischa ging,
fragte der ihn: „Wo kommst du denn gerade her, Gehasi?" – „Äh, ich war
doch gar nicht draußen!", antwortete der. 26 „Gott hat mir gezeigt, wie der
Typ aus seinem Auto gestiegen ist und auf dich zu ging. Mann, das ist jetzt
echt nicht die Zeit, um Kohle einzustecken oder teure Klamotten zu bunkern!
Das passt auch gar nicht, sich davon fette Grundstücke, Tiere, Autos oder
Häuser zu kaufen! 27 Also, du wirst dich an derselben Krankheit anstecken,
die Naaman hatte. Deine ganze Familie wird krank sein, und ihr werdet die
Krankheit nie wieder los!" Als Gehasi dann von Elischa abzog, war plötzlich
seine ganze Haut weiß und schuppig.

6

Elischa bringt einen Hammer zum Schwimmen

1 Die Prophetenschüler aus der WG kamen dann mal mit einem Anliegen
zu Elischa. „Hey, wir finden, dass unser Wohnhaus viel zu klein geworden
ist! 2 Wir würden gern in den Baumarkt gehen und ein paar Sachen einkau-
fen, um damit einen neuen Raum an unser Haus zu bauen. Ist das okay?" –
„Ja, klar, super Idee, macht ruhig!", antwortete Elischa. 3 Einer von den Schü-
lern fragte Elischa, ob er nicht Bock hätte mitzukommen, und Elischa sagte
ja. 4 Also fuhren sie zusammen zum Baumarkt und kauften das Holz und
die Rigipsplatten ein. Beim Zusammenbauen vom Gerüst fiel aus Versehen
ein Hammer von einem der Schüler in eine Baugrube, die mit Wasser voll-
gelaufen war. „O nein! Was mach ich jetzt! Das Teil war nur geliehen!", rief
der Typ. 6 Elischa fragte: „Wo ist denn der Hammer reingefallen?" Der Typ
zeigte ihm die Grube. Elischa nahm sich einen Stock und schlug damit ein-
mal auf das Wasser, und „zack" schwamm an der Stelle der Hammer auf der
Wasseroberfläche. 7 „Nimm ihn dir!", lachte Elischa. Der Typ packte den
Hammer und steckte ihn in seine Tasche.

Elischa sorgt dafür, dass Syrien und Israel einen Friedensvertrag schließen

8 Der Präsident von Syrien hatte den Israeliten den Krieg erklärt. Mitten
in der Vorbereitung zu einem Angriff traf er sich mit seinen Generälen. Man
wollte eine Entscheidung fällen, von welcher Seite aus der Angriff gestartet
werden sollte. Ziel war, die Israeliten völlig zu überraschen. 9 Elischa hatte
aber von Gott von diesem Plan erfahren. Er schickte darum eine Mail zum
Präsidenten von Israel, in der er davon berichtete und sogar den Ort nannte,
der als Erster angegriffen werden sollte. „Passen Sie auf! Um die Stelle
müssen Sie einen Bogen machen, denn hier will man den Angriff starten!",
schrieb er. 10 Der Präsident hörte auf den Rat. Er ließ die Gegend gut ab-
checken und passte dort ganz besonders auf. Dass Elischa solche Tipps auf
Lager hatte, passierte schon mal öfter in der Zeit. 11 Das war für den Prä-
sidenten von Syrien ziemlich krass, er kriegte das irgendwie nicht so ganz
geschnallt. Seine Vermutung war, dass es in seinen Reihen irgendwo einen
Spion geben musste. Darum organisierte er ein Treffen mit den Generälen
und befragte die: „Haben Sie eine Ahnung, wer uns hier ständig verrät?"
12 „Wir haben keinen blassen Schimmer!", antworteten die Generäle. „Aber
vermutlich wissen die das von diesem Prophetentypen Elischa. Der weiß
einfach alles, er weiß sogar, wovon Sie träumen, und könnte Details davon
seinem Präsidenten verraten, wenn er das will!" 13 „Ich möchte diesen Typen
haben, tot oder lebendig! Kriegt seine Adresse raus!", befahl er seinen Leu-
ten. Später kam dann die Meldung, dass Elischa gerade in Dotan wohnen
würde. 14 Also schickte er eine große Abteilung von seinem Heer dorthin.
Mit am Start waren sogar noch ein paar Panzerfahrzeuge. Mitten in der
Nacht kamen sie in Dotan an und umzingelten die Stadt. 15 Morgens blickte
der Angestellte von Elischa aus dem Dachfenster und sah, dass die ganze
Stadt von feindlichen Truppen umstellt war. „Was machen wir jetzt nur?",
fragte er Elischa. 16 „Hey, keine Panik! Nur weil das so viele Soldaten sind,
müssen wir keine Angst haben! Auf unserer Seite kämpfen wesentlich
mehr!" 17 Elischa betete dann für seinen Angestellten: „Gott, bitte lass ihn
erkennen, wie die Sache wirklich aussieht!" Plötzlich konnte der Typ rings-
rum auf den Bergen Gottes Engelarmee sehen, die nur darauf brannte, für
Elischa zu kämpfen. 18 Dann rückten die feindlichen Armeen der Syrer vor.
Elischa betete zu Gott: „Mach doch, dass sie total verpeilt sind und nichts
mehr checken!" Und Gott erhörte das Gebet. 19 Elischa ging der Truppe zu
Fuß entgegen, und als er bei den ersten Soldaten angekommen war, sagte er
zu ihnen: „Ihr müsst irgendwie falsch abgebogen sein, oder? Das ist hier
gar nicht die Stadt, gegen die ihr kämpfen wollt! Ich werde euch zeigen, wel-
che Stadt eigentlich euer Feind ist. Mir nach!" Dann führte er die Truppen
nach Samaria, der Hauptstadt vom Nordreich Israel. 20 Als sie dort waren,

betete er: „Gott, jetzt mach, dass sie wieder normal sind!“ Und Gott sorgte
dafür, dass sie alles wieder so sehen konnten, wie es auch wirklich war.
Plötzlich merkten sie, dass sie mitten in Samaria standen! [21] Der Präsident
von Israel rief dann bei Elischa auf dem Handy an: „Elischa, was sagen Sie:
Sollen wir sie jetzt alle plattmachen, oder nicht?“ [22] „Nein, auf keinen Fall!“,
antwortete Elischa. „Sie würden doch auch nicht die Kriegsgefangenen töten.
Laden Sie die besser mal zum Essen ein, und geben Sie ihnen ein Bier aus.
Wenn die mit dem Essen fertig sind, sollen die wieder zurückgehen, zu
ihrem Präsidenten.“ [23] Der Präsident von Israel ließ also in der Stadthalle
ein fettes Essen auffahren. Alle Soldaten durften sich bedienen, und nach-
dem sie fertig waren, konnten sie als freie Männer wieder zurück nach Syrien
ziehen. Von dem Zeitpunkt an gab es lange keinen Krieg zwischen Syrien
und Israel.

In Samaria gibt's nichts zu futtern

[24] Ein paar Jahre später kam aber Ben-Hadad, der Präsident von Syrien,
auf die Idee, Israel anzugreifen. Er zog sein Heer zusammen, startete einen
Krieg und kam bis zur Stadt Samaria. [25] Während der Belagerung kamen
keine Lebensmittel in die Stadt, und die Bewohner mussten total hungern.
Am Ende wurde Essen so teuer, dass man für eine alte Mettwurst 50 Euro
hinblättern musste und für einen Keks 25 Euro. [26] Als der Präsident dann
mal mit ein paar Leuten checken wollte, ob die Stadtmauer noch in Ordnung
war, rief ihm eine Frau zu: „Hilfe, Hilfe! Helfen Sie mir, Herr Präsident!“
[27] „Wenn Gott Ihnen nicht hilft, kann ich Ihnen auch nicht helfen! Es gibt
einfach kein Brot mehr und auch kein Bier, alles ist alle. [28] Was wollen Sie
denn von mir?“ Die Frau rief zurück: „Diese Frau dort drüben hat heute
Mittag zu mir gesagt, dass sie meinen Sohn schlachten will! ‚Den essen wir
heute, und morgen essen wir meinen!‘, sagte sie zu mir. [29] Wir haben dann
also meinen Jungen getötet und das Fleisch gekocht und aufgegessen. Ein
paar Tage später hatte ich aber wieder Hunger. Da habe ich zu ihr gesagt,
dass wir jetzt ihren Sohn essen müssen. Aber sie hatte ihn einfach ver-
steckt!“ [30] Als der Präsident diese Story hörte, war er total fertig. Er schmiss
sich auf den Boden und heulte. Dabei fiel ihm eine Pillendose mit Antide-
pressiva aus der Jackentasche, so dass alle mitkriegten, wie sehr er unter der
Situation litt. [31] Schließlich sagte der Präsident vor allen Leuten: „Ich will auf
der Stelle tot umfallen, wenn ich es nicht schaffe, dem Elischa heute noch
den Kopf wegzuballern!“

Elischa sagt: Bald gibt es wieder was zu futtern

[32] Elischa hatte gerade ein Treffen mit den Chefs der Stadt bei sich zu Hause.
Der Präsident stieg in sein Auto und fuhr zu ihm hin. Allerdings war einer

seiner Angestellten schon mal vorgefahren, um den Besuch anzukündigen.
Aber bevor der Angestellte da war, sagte Elischa zu den Chefs: „Haben Sie
das auch schon gehört? Der Präsident hat einen seiner Angestellten bezahlt,
der hierherkommen soll, um mir den Kopf wegzuballern? Falls der Mann
gleich klingelt, schieben Sie bitte den Türriegel vor und lassen ihn nicht rein!
Der Präsident wird auch gleich nach ihm hierherkommen!“ 33 Er hatte seinen
Satz kaum zu Ende gesprochen, da stand schon der Präsident selbst in der
Tür. Der sagte: „Unsere Probleme hat Gott uns eingebrockt! Wie soll das
gehen, dass ich noch ewig da drauf warte, bis er jetzt endlich in die Puschen
kommt und uns da wieder raushilft? Er hat dafür gesorgt, dass wir hier so
Probleme haben!“

7

Elischa hat eine Ansage von Gott, und die Feinde sind weg

1 Jetzt sagte Elischa: „Es gibt etwas, das Gott Ihnen heute sagen will:
‚Morgen werden die Preise für Nahrungsmittel in den Keller gehen! Fünf
Kilo Bio-Mehl wird man im Supermarkt für 3 Euro kriegen, und zehn Kilo
normales Mehl kosten dann dasselbe.‘“ 2 Der Offizier, der den Präsidenten
begleitete, sagte dazu nur: „So ein Schwachsinn! Selbst wenn Gott höchst-
persönlich den Lieferservice übernehmen würde, ginge das nicht!“ – „Sie
werden das noch mitkriegen, aber Sie werden nichts davon essen können!“,
war Elischas Kommentar. 3 Im Stadtpark hingen ein paar Straßenpunks
und aidskranke Junkys rum, vier Typen. Sie hatten auch schon lange nichts
mehr zu essen gehabt und sagten zueinander: „Sollen wir hier sitzen bleiben
und einfach verhungern? 4 In der City gibt’s auch nichts, das ist auch für’n
Arsch, da würden wir auch verhungern. Wenn wir aber nichts tun und hier
bleiben, krepieren wir auch. Vielleicht versuchen wir, uns was aus dem
Armeelager der Syrer zu schnorren? Wenn die uns nicht gleich umbringen,
haben wir halt Glück gehabt. Und wenn sie uns erschießen, ist es auch egal,
weil wir so oder so vor Hunger bald sterben.“ 5 Als es dunkel geworden war,
schlichen sie sich an das Lager der syrischen Soldaten heran. Sie merkten
aber schnell, dass sich die Truppe anscheinend komplett verpisst hatte!
6 Und zwar hatte Gott den Soldaten irgendwie ein heftiges Geräusch vorge-
spielt, das so klang, als würde gerade eine riesengroße Panzergarnision
anrollen. Schnell ging das Gerücht im Lager rum, dass der Präsident von
Israel einen Angriffspakt mit den Hetitern und den Ägyptern geschlossen
hatte. „Die greifen uns jetzt von hinten an!“, schrien die Soldaten dann
überall. 7 So war voll die Panik im Lager ausgebrochen, und noch bevor
es hell wurde, rannten die Soldaten alle um ihr Leben. Die Zelte, die Panzer,
die Waffen, das ganze Lager ließen sie einfach zurück. 8 Die vier Typen
machten erst mal ne Runde und stopften sich mit Essen und Trinken voll,

bis sie pappsatt waren. Als Nächstes packten sie sich alle Geldbeutel und
den ganzen Goldschmuck, den sie finden konnten, in ihre Taschen. Und
zum Schluss sackten sie auch noch ein paar Jeans ein, die da rumlagen. Die
Sachen versteckten sie alle an einer Stelle, die außerhalb vom Lager war.
9 Aber irgendwie passte was nicht. „Es ist echt nicht okay, dass wir dem Prä-
sidenten nicht Bescheid geben!“, sagte der eine zu den anderen. „Heute ist
ein voll besonderer Tag für unsere Leute! Wenn wir noch bis morgen damit
warten, unserer Truppe davon zu erzählen, findet das Gott bestimmt total
ätzend von uns! Los kommt, lass uns zum Präsidenten gehen und ihm da-
von erzählen!“ 10 Sie gingen also zur Stadt und machten Meldung bei einer
Wachtruppe. „Wir waren gerade im Lager von den Syrern! Da ist kein Mensch
mehr, ist alles total leer! Die haben sich alle verpisst! Nur die Panzer und
ein paar andere Fahrzeuge stehen da noch rum. Die Zelte und Wohnwagen
sind alle noch tipptopp in Ordnung!“ 11 Die Wachsoldaten gaben die Nach-
richt sofort weiter, und es wurde dann dem Präsidenten gemeldet. 12 Der
Präsident war noch im Schlafanzug und stand erst mal auf, als man ihm die
Meldung machte. Dann rief er erst mal seine Offiziere zusammen. „Männer,
ich will euch nur klarmachen, was die Syrer mit uns anstellen könnten. Die
haben natürlich auch gecheckt, dass wir kaum noch Kraft haben, weil es so
lange bei uns nichts zu essen gab. Vermutlich haben sie sich irgendwo auf
dem offenen Gelände versteckt und warten nur darauf, dass wir unsere Bun-
ker in der Stadt verlassen. Sobald wir draußen sind, werden die bestimmt
losstürmen, unsere Stadt einnehmen und uns alle als Kriegsgefangene in
den Knast stecken!“ 13 „Wir sollten vielleicht ein paar von unsern Leuten los-
schicken, um die Lage mal zu überprüfen“, schlug einer der Soldaten vor.
„Ist eigentlich egal, ob die jetzt hierbleiben oder gehen, sterben müssen die
sowieso. Es sind ja jetzt schon ziemlich viele von uns tot.“ 14 Also schickte
der Präsident zwei Jeeps los mit dem Befehl rauszufinden, wo die Armee der
Syrer jetzt geblieben war. 15 Die Männer verfolgten die Spur bis zum Jordan.
Überall auf dem Weg lagen Klamotten und Waffen, die von den Syrern ein-
fach weggeworfen worden waren, damit sie schneller rennen konnten. Als
sie zurück waren, erstatten die Soldaten sofort Bericht beim Präsidenten.
16 Da stürmten die Männer das Lager der Feinde und nahmen alles mit, was
sie tragen konnten. Weil die Israeliten plötzlich so viel zu essen hatten, fielen
die Preise, so dass man fünf Kilo Bio-Mehl im Supermarkt für 3 Euro kriegen
konnte und zehn Kilo normales Mehl dasselbe kosteten. 17 Der Offizier,
der als Begleitung vom Präsidenten mit bei Elischa gewesen war, wurde zum
Stadtpark geschickt, weil er da für Ordnung sorgen sollte. Aber die Leute
waren alle so neben der Spur, dass sie ihn einfach niedertrampelten. Und
das hatte der Prophetentyp Elischa ja auch vorausgesagt. 18 Er hatte dem
Präsidenten gesagt: „Fünf Kilo Bio-Mehl wird man im Supermarkt für 3 Euro

kriegen, und zehn Kilo normales Mehl kosten dann dasselbe.“ 19 Der Offizier
hatte ihm da drauf geantwortet: „So ein Schwachsinn! Selbst wenn Gott
höchstpersönlich den Lieferservice übernehmen würde, ginge das gar nicht!“
Elischa hatte ihm da drauf hin geantwortet: „Sie werden das noch mitkrie-
gen, aber Sie werden nichts davon essen können!“ 20 Und genau so kam es
auch: Die Leute trampelten ihn im Stadtpark einfach platt.

8

Elischa hilft der Frau aus Schunem noch einmal

1 Elischa hatte damals zu der Frau gesagt, deren Sohn er wiederbelebt hatte,
dass sie aus der Gegend verschwinden sollte. „Es gibt hier bald nichts
mehr zu essen, Gott sorgt dafür, dass die Leute hier sieben Jahre lang hun-
gern müssen!“, meinte er zu ihr. 2 Also packte die Frau ihre Sachen und
zog um. Sieben Jahre wohnte sie im Land von den Philistern. 3 Danach ging
sie wieder zurück nach Israel. Als sie erneut in der Stadt angekommen war,
wollte sie zum Präsidenten gehen, um dort einen Antrag auf Rückgabe ihres
Hauses und des Grundstücks zu stellen. 4 An dem Tag redete der Präsident
gerade mit Gehasi, der ja lange für Elischa gearbeitet hatte. Sie waren gerade
am Schwärmen über die schöne alte Zeit und die abgefahrenen Wunder,
die Elischa getan hatte. „Erzählen Sie mir noch mal so eine Geschichte!“,
bettelte der Präsident. 5 Also erzählte Gehasi noch mal die Story, wo Elischa
einmal den toten Jungen einer Witwe wieder lebendig gemacht hatte. Plötz-
lich kam diese Frau an und wollte von ihm Unterstützung wegen einem
Haus und dem dazugehörigen Grundstück. „Moment mal!“, rief Gehasi.
„Das ist die Frau, von der ich gerade erzählt hab! Ihr Sohn wurde wieder
lebendig! Ach, das hier neben ihr muss der Junge sein!“ 6 Der Präsident
holte die Frau zu sich und hörte sich noch mal die ganze Geschichte aus-
führlich von vorne an. Anschließend rief er einen Beamten und sagte dem:
„Sorgen Sie dafür, dass diese Frau ihr gesamtes Eigentum zurückbekommt!
Außerdem soll sie für die Zeit, in der sie ihre Felder nicht abernten konnte,
den vollen Betrag als Schadensersatz erstattet bekommen!“

Elischa und Hasael aus Damaskus

7 Elischa ging dann nach Damaskus. In der Zeit war Ben-Hadad, der Prä-
sident von Syrien, schwer krank geworden. Er hörte davon, dass Elischa
gerade in der Stadt war. 8 „Packen Sie ein schönes Geschenk ein, und brin-
gen Sie das Elischa“, sagte der Präsident zu Hasael, einem seiner Angestell-
ten. „Fragen Sie ihn mal bitte, ob er sich vielleicht bei Gott erkundigen kann,
ob ich wieder gesund werde oder bald sterben muss!“ 9 Hasael packte einen
ganzen Lkw voller Geschenke ein, alles spezielle Artikel, die aus Damaskus
kamen. Damit ging er zu Elischa. „Guten Tag! Ich komme im Auftrag von

Ben-Hadad, dem Präsidenten von Syrien, der Ihnen beste Grüße ausrichten
lässt. Er würde gerne von Ihnen wissen, ob er wieder gesund werden wird
oder nicht." 10 „Sie können ihm ausrichten, dass er von dieser Krankheit wie-
der gesund werden wird. Aber Gott hat mir auch gesagt, dass er trotzdem
bald sterben muss!" 11 Elischa konnte dem Typen gar nicht in die Augen
sehen, weil ihm das voll Leid tat, so eine Ansage zu machen. Dann fing er
plötzlich an zu weinen. 12 „Warum weinen Sie denn jetzt?", fragte ihn Hasael.
Elischa antwortete: „Gott hat mir gerade gezeigt, was für ätzende Sachen
Sie bringen werden und wie sehr die Leute unter Ihnen zu leiden haben! Sie
machen aus allem Kleinholz, fackeln ganze Städte nieder, werden sogar
Jugendliche töten, Kinder abstechen und schwangeren Frauen mit einer
Rasierklinge den Bauch aufschlitzen." 13 „Aber, Moment mal, das geht doch
gar nicht!", rief Hasael. „Ich bin doch nur die letzte Wurst, wie soll ich bitte
mal so viel Macht haben, um solche Sachen zu bringen?!" – „Gott hat mir
gesagt, dass Sie der Präsident von Syrien sein werden", antwortete Elischa.
14 Nachdem Hasael wieder bei seinem Chef angekommen war, fragte der
ihn, wie es gelaufen war: „Und? Was hat er gesagt?" – „Er meinte, Sie wer-
den wieder gesund werden", sagte ihm Hasael. 15 Am nächsten Morgen ging
er in das Schlafzimmer vom Präsidenten und presste das Kopfkissen so
lange auf sein Gesicht, bis er erstickt war. Und dann übernahm er selbst die
Regierung über Syrien.

Der Präsident über Juda: Joram

16 Im fünften Jahr, in dem Joram, der Sohn von Ahab, in Israel an der Macht
war, wurde ein anderer Joram, der Sohn von Joschafat, Präsident von Juda.
Er führte die Regierungsgeschäfte zuerst gemeinsam mit seinem Vater
Joschafat. 17 Als er Präsident wurde, war Joram 32 Jahre alt und regierte ins-
gesamt acht Jahre von Jerusalem aus das Land. 18 Joram hatte eine Tochter
von Ahab geheiratet. Er baute auch den gleichen Mist, wie die Familie von
Ahab es vor ihm auch schon gemacht hatte. Joram brachte viele Sachen,
die Gott total ätzend fand. 19 Aber Gott wollte den Familienstamm Juda nicht
komplett kaputtmachen. Er hatte David ja versprochen, dass seine Leute
immer weiter existieren würden und dass es immer einen aus seiner Familie
gebe, der Präsident sein wird. 20 Die Edomiter hatten die ganze Zeit keinen
eigenen Präsidenten gehabt, sondern waren immer von Juda kontrolliert
worden. Aber als Joram an der Macht war, lösten sich die Edomiter von Juda
und wählten sich ihren eigenen Präsidenten. 21 Als das klar war, sammelte
Joram seine Panzergarnison und zog mit seiner Armee nach Edom, bis
er zur Stadt Zair kam. Die Panzer von den Edomitern umzingelten ihn dort
aber heimlich. Nachts starteten sie einen Befreiungsschlag und fügten der
Armee von Joram so eine krasse Niederlage bei, dass die restliche Truppe

wieder nach Hause floh. 22 Edom war seitdem von Juda unabhängig. In der
Zeit erklärte auch die Stadt Libna ihre Unabhängigkeit. 23 Alle Sachen, die
man sonst noch über Joram erzählen kann, stehen in den amtlichen Chroni-
ken der Präsidenten von Juda. 24 Joram wurde nach seinem Tod in das glei-
che Grab gelegt, in dem auch seine ganze Familie lag. Als Nachfolger wurde
sein Sohn Ahasja bestimmt.

Was der Präsident Ahasja so alles gebracht hat

25 Als Joram zwölf Jahre an der Macht in Israel war, wurde Ahasja der neue
Präsident von Juda. Er war ein Sohn vom alten Präsidenten Joram. 26 Ahasja
war 22 Jahre alt, als er in das Amt kam, aber er regierte auch nur ein Jahr
lang von Jerusalem aus. Seine Mutter hieß Atalja, eine Tochter von Omri
(der wiederum war auch mal ein Präsident von Israel). 27 Leider baute er den
gleichen Mist, wie die ganze Familie von Ahab es vor ihm auch getan hatte.
Mit dieser Familie war er über seine Frau auch verwandt. 28 Zusammen
mit Joram, dem Sohn von Ahab, führte Ahasja gemeinsam Krieg gegen
Syrien und ihren Präsidenten Hasael. In der Schlacht wurde Joram schwer
verwundet. 29 Man brachte ihn in das Krankenhaus von Jesreel, um da
wieder gesund zu werden. Dort bekam er dann mal Besuch von Ahasja.

9

Jehu wird zum neuen Präsidenten von Israel erklärt

1 Irgendwann rief Elischa einen seiner Prophetenschüler zu sich. „Lauf mal
mit dieser Flasche in die Stadt Ramot, die in Gilead liegt. In der Flasche
ist dieses ganz besondere Öl drin, was man braucht, um Leute in einen
Dienst einzusetzen. 2 Wenn du da bist, frag nach Jehu, der ist ein Sohn von
Joschafat und ein Enkel von Nimschi. Sobald du den gefunden hast, ver-
ziehst du dich mit ihm in eine Ecke, wo ihr ungestört quatschen könnt.
Schnapp ihn dir, auch wenn er gerade mit seinen Kollegen abhängt. 3 Und
dann, wenn ihr alleine seid, nimmst du das Öl und kippst es auf seinen
Kopf, klar? Dabei sagst du folgenden Spruch: ‚Gott spricht zu Ihnen: Hier-
mit bist du der neue Präsident von Israel!‘ Wenn du fertig bist, dreh dich
um und hau ab so schnell es geht!“ 4 Der Schüler von Elischa fuhr also nach
Ramot. 5 Als er da war, saßen gerade alle Offiziere zusammen an einem
Tisch. Er ging auf sie zu und sagte: „Herr Oberst, ich habe eine Nachricht
für Sie!“ Jehu fragte ihn: „Und für wen von uns ist diese Nachricht?“ – „An
Sie, Herr Oberst!“, antwortete der Prophetenschüler. 6 Jehu stand vom
Tisch auf und ging mit ihm ins Haus rein. Plötzlich packte der Schüler seine
Flasche aus, schüttete das Zeug über den Kopf von Jehu und sagte dabei:
„Diese Ansage kommt von Gott, dem Chef von Israel: ‚Hiermit setze ich
dich als neuen Präsidenten über Israel ein! 7 Dein erster Job ist, dass du die

ganze Familie von Ahab und alle seine Nachkommen umbringst. Ich will auf diese Art Isebel dafür bestrafen, dass sie meine Leute, die Propheten, getötet hat. Für alle meine Männer, die durch sie umgebracht worden sind, muss sie bezahlen.
8 Die ganze Verwandtschaft von Ahab muss sterben! Jedes seiner Kinder, die volljährigen sowie die Babys, dürfen nicht länger leben! Ihre Namen müssen endgültig und für immer aus allen Dateien gelöscht werden.
9 Ich werde mit dieser Familie genauso so umgehen wie mit der Familie von Jerobeam und der Familie von Bascha.
10 Die Leiche von Isebel soll zu Hackfleisch verarbeitet werden, die frei laufenden Hunde auf den Feldern von Jesreel sollen ihr Fleisch fressen. Sie darf kein eigenes Grab bekommen!'" Nachdem der Schüler seinen Spruch abgelassen hatte, schnappte er sich schnell seine Sachen und verdünnisierte sich.
11 Als Jehu dann wieder zu den anderen Offizieren nach draußen kam, wollten sie gleich wissen: „Und? Was wollte der Spinner von Ihnen? Alles in Butter?" – „Ach, nichts. Sie kennen doch solche Idioten, die nur Schwachsinn reden …"
12 „Los, erzählen Sie schon! Reden Sie nicht um den heißen Brei herum!", meinten sie hartnäckig. „Er meinte, dass Gott zu mir sagt: ‚Hiermit erkläre ich dich zum neuen Präsidenten über Israel!'"
13 Als die Offiziere das hörten, verbeugten sich alle sofort vor ihm. Dann setzten sie eine Presseerklärung auf, wo drinstand, dass Jehu jetzt der neue Präsident ist.

Wie es mit den Präsidenten Joram und Ahasja zu Ende ging

14 Gleich nachdem das passiert war, organisierte Jehu einen kleinen Regierungsputsch, um Joram von seiner Position zu stürzen. Joram war zu der Zeit gerade mit dem ganzen israelitischen Heer im Krieg. Es ging darum, die Stadt Ramot aus Gilead gegen den syrischen Präsidenten Hasael zu verteidigen.
15 Joram hatte im Kampf einen Streifschuss abbekommen und musste deswegen ins Krankenhaus nach Jesreel. Jehu organisierte ein heimliches Treffen mit den Offizieren in Ramot: „Niemand soll lebend die Stadt verlassen, damit keiner später in Jesreel erzählen kann, was hier abgegangen ist. Okay?"
16 Jehu fuhr dann mit einem Jeep nach Jesreel, weil dort Joram im Krankenhaus untergebracht war. Ahasja, der Präsident von Juda war zu der Zeit auch in Jesreel, um Joram zu besuchen.
17 Von einem Wachturm an der Stadtgrenze von Jesreel sah ein Soldat die Jeeps anrollen. Er machte eine Meldung beim Präsidenten. Der antwortete: „Schicken Sie sofort einen Soldaten los, der den beiden entgegenfährt. Ich möchte eine anständige Meldung über die Lage im Kriegsgebiet haben."
18 Der Soldat kam bei der Kolonne an und sagte zu Jehu: „Der Präsident möchte wissen, wie die Lage im Kriegsgebiet ist!" – „Das geht Sie einen Dreck an! Folgen Sie meiner Truppe!" Der Wachposten beobachtete das Ganze mit einem Fernglas und meldete, was er gesehen hatte: „Der Soldat hat den Trupp erreicht, aber

er kommt nicht wieder zurück!“ 19 Der Präsident schickte noch mal einen
zweiten Soldaten los. Als der auch bei Jehu ankam und fragte, ob alles okay
sei, antwortete der wieder: „Das geht Sie überhaupt nichts an. Folgen Sie
meiner Truppe!“ 20 Der Wachposten berichtete Joram, was passiert war. „Der
Soldat ist bis zu ihm gekommen, aber er kam nicht zurück.“ Dann sagte
er noch: „Und der Typ fährt wie ein Irrer! Das kann eigentlich nur Jehu sein!“
21 Joram sagte: „Fahren Sie meinen Jeep vor!“ Der Wagen von Ahasja wurde
auch gebracht, und beide Präsidenten, Joram von Israel und Ahsaja von
Juda, fuhren ihm entgegen. Als die beiden auf Jehu und seine Männer trafen,
waren sie gerade beim Grundstück von Nabot angekommen. 22 „Und, Jehu?
Alles okay?“, fragte ihn Joram, als er da war. Aber Jehu sagte: „Was ist das
bitte für eine bekackte Frage! Wie soll alles okay sein, wenn Ihre Mutter
Isebel auf diese fremden Plastikgötter abfährt und fiesen Zauberkrams
macht?“ 23 Der Präsident Joram legte den Rückwärtsgang ein und schrie
aus dem Auto: „Das ist eine Falle, Ahasja!“ Dann fuhr er mit quietschenden
Reifen davon. 24 Jehu legte sein Scharfschützengewehr an, zielte einmal
und schoss. Die Patrone durchschlug Jorams Schulterblätter von hinten und
traf genau ins Herz. Die Kugel kam sogar vorne wieder raus. Joram brach
in seinem Wagen zusammen und war sofort tot. 25 Jetzt befahl Jehu seinem
Offizier Bidkar: „Nehmen Sie seine Leiche, und werfen Sie die auf das
Grundstück von Nabot. Wissen Sie noch, als wir beide damals in unserem
Auto hinter dem Präsidenten hergefahren sind? Damals hatte Gott zu Ahab
Folgendes gesagt: 26 ‚Ich habe es mitgekriegt, wie Nabot und seine Söhne
gestern getötet worden sind! Hier, auf dem Grundstück von Nabot, werde
ich dich dafür bestrafen!‘ Nehmen Sie die Leiche, und schmeißen Sie die
dort hin! Dann geht genau das in Erfüllung, was Gott schon vorher gesagt
hatte!“ 27 Als Ahasja, der Präsident von Juda, mitkriegte, was da gerade
passiert war, floh er in die Richtung Bet-Gan. Jehu jagte ihm hinterher und
befahl seinen Leuten: „Ballert ihn ab!“ Die Männer knallten drauflos, und
als Ahasja gerade auf dem Weg bei Gur, in der Nähe von Jibleam, bergauf
fahren wollte, traf ihn ein Schuss von hinten. Er kam noch bis Megiddo,
wo er dann aber verreckte. 28 Seine Untergebenen holten die Leiche und
brachten sie in einem Wagen nach Jerusalem. Dort wurde er dann auf dem
Friedhof bei seinen Verwandten begraben. 29 Joram war Präsident von Juda
geworden, als Ahasja seit elf Jahren im Amt war.

Mit Isebel geht es zu Ende

30 Jehu ging wieder in die Stadt Jesreel zurück. Irgendwer erzählte das dann
Isebel. Sie stylte sich erst mal richtig, zog ihre Lackwäsche an und schminkte
sich die Augenränder schwarz. Dann stellte sie sich an das Fenster vom
Regierungssitz, in dem sie auch wohnte. 31 Als Jehu durch das Gartentor fuhr

und sie im Fenster stehen sah, rief sie ihm zu: „Na du, wie gehts dir? Du
hast schließlich gerade deinen Chef umgebracht, genau wie dieser Simri
damals!“ 32 Dann stellte Jehu sich unter ihr Fenster und rief: „Wer von den
Angestellten steht auf meiner Seite?“ Ein paar von den Arbeitern aus der
Residenz sahen auf ihn runter. 33 „Los, ihr da! Schnappt sie euch und werft
sie aus dem Fenster!“, befahl er. Die Männer packten Isebel und warfen sie
aus dem Fenster. Sie fiel und knallte aus dem vierten Stock auf den Beton-
boden. Ihr Blut spritzte an der Mauer hoch, und auch der Wagen bekam was
ab. Jehu fuhr dann einfach noch über ihre Leiche drüber. 34 Dann ging er in
das Regierungsgebäude und ließ sich ein fettes Essen auftischen. Nachdem
er fertig war, sagte er: „Jemand sollte mal die Leiche von der Isebel vom
Boden abkratzen. Diese Frau war bei Gott unten durch, sie war verflucht.
Begrabt sie trotzdem anständig, denn sie ist immerhin noch eine Tochter
von einem Präsidenten gewesen!“ 35 Die Männer, die sie dann begraben soll-
ten, konnten von der Leiche aber nur noch den Schädel, die Füße und die
Hände finden. 36 Als sie das Jehu erzählten, sagte er: „Dann ist also doch die
Vorhersage von Elija eingetroffen. Er hatte ja gesagt: ‚Vor der Stadt Jesreel
werden die wilden Hunde das Fleisch von Isebel auffressen. 37 Ihre Leiche
soll wie Dünger auf einem Acker verstreut werden. Niemand wird später mal
in der Lage sein zu sagen: Da liegt übrigens die Isebel.‘“

10

Jehu killt die ganze Familie vom Ahab

1 Siebzig Söhne von Ahab lebten in Samaria. Jehu schickte dann eine Rund-
mail an alle Männer in der Stadt, die dort was zu sagen hatten. Die Mail war
auch an die Erzieher von Ahabs Söhnen und die Chefs in der Stadt gerichtet.
Folgendes stand drin: 2 „Bei Ihnen befinden sich Familienmitglieder vom
Ex-Präsidenten Ahab. Sie haben Panzer, Jeeps, gute Ausrüstung und Waffen.
Ihre Stadt ist außerdem gut geschützt. 3 Suchen Sie sich den fittesten Sohn
vom Ex-Präsidenten aus, und machen Sie ihn zum neuen Chef. Setzen Sie
ihn an den Schreibtisch von seinem Vater, und kämpfen Sie ab dann für
seine Sache!“ 4 Die Männer hatten aber Schiss vor Jehu. „Der hat schon
zwei Präsidenten auf dem Gewissen, wie sollen wir da eine Chance gegen
ihn haben?“ 5 Also ließen die Leute, die am Ende die Entscheidung treffen
sollten, Jehu einfach nur eine schriftliche Antwort da. „Wir stehen zu Ihren
Diensten! Was Sie sagen, ist für uns wie ein Befehl! Wir haben kein Inter-
esse, hier jemanden zum neuen Präsidenten zu machen. Machen Sie, was
Sie wollen!“ 6 Jehu schrieb dann einen zweiten Brief an sie: „Gut, wenn alle
bereit dazu sind, meinen Befehlen zu gehorchen, dann kommen Sie morgen
Mittag zu mir nach Jesreel. Als Geschenk möchte ich, schön in einem gro-
ßen Paket verpackt, die Köpfe von den siebzig Söhnen von eurem Ex-Präsi-

denten sehen!“ Die Söhne wurden in der Zeit nämlich in einer besonderen
Eliteschule in Samaria erzogen. 7 Diese Männer ließen dann also tatsäch-
lich alle siebzig Söhne töten. Die Köpfe wurden abgesägt und nach Jesreel
gebracht. 8 Nachdem Jehu die Meldung bekam, dass die Köpfe alle ange-
kommen waren, gab er den Befehl, sie in zwei Haufen vor dem Stadteingang
aufzustapeln. Dort sollten sie einen Tag lang liegenbleiben. 9 Am nächsten
Morgen kam er selbst zu dem Platz, wo man die ganzen Köpfe hingelegt
hatte. Vor den Leuten, die dort rumstanden, machte er dann auf doof, als
hätte er von nichts ne Ahnung. „Ihr habt hier nichts verbockt, keine Sorge!
Ich habe diese kleine Revolution gegen den Präsidenten angezettelt, und
ich habe ihn auch erschießen lassen. Aber welcher Ganove hat jetzt diese
ganzen Kinder umgebracht? 10 Das ist auf jeden Fall der Beweis, dass alles,
was Gott der Familie von Ahab angedroht hat, auch passiert ist. Gott hat
genau das durchgezogen, was er durch Elija angekündigt hatte.“ 11 Als
Nächstes ließ Jehu auch noch alle Familienmitglieder von Ahab töten, die
gerade in Jesreel waren. Dazu killte er alle Priester, Beamten und Berater
von Ahab, keiner wurde am Leben gelassen. 12 Dann machte er sich auf den
Weg nach Samaria. Als er bei Bet-Eked-Haroim war, 13 lernte er ein paar
Verwandte vom Präsidenten Ahasja kennen. „Wo kommen Sie her, wer sind
Sie?“, fragte Jehu die Leute. „Wir sind alles Verwandte vom Präsidenten
Ahasja. Sind gerade auf dem Weg nach Jesreel, um die Familie mal wieder
zu besuchen! Wir freuen uns besonders auf die Söhne und die Mutter!“
14 Sofort befahl Jehu den Soldaten, die bei ihm waren: „Los, alle festneh-
men!“ Die ganze Familie wurde abgeführt. Beim Brunnen von Bet-Eked-
Haroim wurden dann alle per Genickschuss getötet. Von den 42 Mann über-
lebte keiner. 15 Jetzt zog Jehu weiter in Richtung Samaria. Auf dem Weg traf
er Jonadab, den Sohn von Rechab. Jehu begrüßte ihn und fragte: „Sagen
Sie, sind Sie korrekt drauf? Kann ich mich auf Sie verlassen, so wie Sie sich
auf mich verlassen können?“ – „Na sicher!“, antwortete Jonadab. „Okay,
dann geben Sie mir die Hand drauf!“ Jonadab reichte Jehu seine Hand und
stieg zu ihm in das Auto. 16 „Wollen Sie nicht noch mit zu mir nach Hause
kommen?“, fragte Jehu. „Ich würde Ihnen gerne zeigen, wie radikal ich mit
Gott lebe und was ich für ihn alles tue!“ Jonadab sagte ja und fuhr mit.
17 Als sie in Samaria angekommen waren, brachte Jehu alle Verwandten von
Ahab um, die noch am Leben waren. Die ganze Familie wurde konsequent
ausgelöscht. Alles, was Gott durch Elija angekündigt hatte, passierte auch.

Jehu nietet alle Baal-Fans im Land um

18 Jehu organisierte dann ein großes Treffen, bei dem alle Bewohner von
Samaria anwesend waren. „Der große Baal-Gott wurde von Ahab zu wenig
gefeiert! Das muss ab sofort anders werden! 19 Darum beschließe ich hier-

mit, dass wir eine riesengroße Opferparty für Baal feiern. Ich möchte, dass alle Priester und Prophetentypen vom Baal eingeladen werden. Jeder, der ihn klasse findet, muss unbedingt kommen! Das ist eine Pflichtveranstaltung, und wer nicht da ist, kriegt die Todestrafe!" Sein Plan war aber eigentlich, alle Baal-Fans auf einmal zu töten ... [20] Jehu organisierte also diese große Party. [21] Er schaltete überall in Israel Anzeigen, ließ ohne Ende Flyer drucken, und tatsächlich kamen sie alle. Es gab keinen, der nicht gekommen wäre. Die ganze Menschenmasse traf sich im Innenhof von dem Tempel, in dem immer zu Baal gebetet wurde. Der Platz war brechend voll. [22] Jehu sagte dann zu dem Mann, der die Aufsicht über die Tempel-Klamotten hatte: „Verteilen Sie mal alle Klamotten an die Fans von Baal!" Als die Sachen verteilt waren, [23] ging Jehu mit Jonadab in den Tempel rein. Dann rief er laut zu den anwesenden Leuten: „Ich möchte, dass hier wirklich nur Leute versammelt sind, die absolute Oberfans von Baal sind! Checkt das bitte mal! Leute, die den Gott von Israel toll finden, haben hier nichts zu suchen!" [24] Dann gingen Jehu und Jonadab zu dem Opfertisch rüber, dem Altar, um dort Dankopfer und Abfackelopfer für Baal vorzubereiten. Jehu hatte aber vor dem Tempel in einiger Entfernung bereits eine Truppe von 80 Soldaten in Position gebracht. Sein Befehl war: „Nietet sie alle um! Wer einen von diesen Baal-Fans lebend entwischen lässt, ist selber dran, er muss sterben!" [25] Nachdem sie die Opfersession beendet hatten, erteilte Jehu den Befehl über ein Funkgerät an seine Leibwache und die Offiziere der Truppe: „Jetzt schlagt los! Tötet sie alle! Keiner darf am Leben bleiben!" Sofort stürmten die Männer den Tempel und machten alle Besucher kalt. Die Leichen von den Baal-Fans schmissen sie nach draußen auf einen Haufen. Anschließend stürmten sie den inneren Bereich vom Baal-Tempel [26] und holten die Figuren von diesen Pseudogöttern und verbrannten sie. [27] Die Figur von diesem Baal-Gott wurde mit einem Presslufthammer zerstückelt. Und am Ende wurde der ganze Tempel gesprengt. Bis heute wird dieser Platz nur noch als öffentliches Klo benutzt. [28] Auf diese Art machte Jehu mit diesem Baal-Fan-Kult in Israel kurzen Prozess.

Noch ein paar Worte zur Regierungszeit von Jehu

[29] Leider spielte Jehu aber nebenbei auch mit den Plastikgöttern von Jerobeam rum. Der hatte ja ganz Israel dazu verführt, zu diesen Stierfiguren aus Gold zu beten, die in Bet-El und Dan standen. [30] Trotzdem sagte Gott zu Jehu: „Du warst gut drauf! Du hast Sachen gemacht, die ich gut finde! Die Sachen, die ich mit der Familie vom Ahab vorhatte, hast du alle durchgezogen. Darum werde ich dafür sorgen, dass deine Familie noch lange die Präsidenten von Israel stellen wird. Vier Generationen lang wird das so sein!" [31] Jehu zog die Gesetze von Gott aber nicht radikal genug durch. Er

baute auch Mist, genauso wie Jerobeam, der Israel dazu verführt hatte, zu
Plastikgöttern zu beten. 32–33 In der Zeit, in der Jehu an der Macht war, fing
Gott damit an, das Gebiet von den Israeliten zu verkleinern. Der syrische
Präsident Hasael eroberte zum Beispiel das ganze Gebiet, was östlich vom
Fluss Jordan lag. Von der Stadt Aroer am Arnonfluss bis nach oben in
die Berge von Gilead, dazu die Landschaften von Baschan (das gehörte alles
mal den Familienstämmen Gad, Ruben und Ost-Manasse) eroberte er.
34 Alle Sachen, die man sonst noch über Jehu erzählen könnte, stehen in den
amtlichen Chroniken der Präsidenten von Israel. 35 Nach seinem Tod wurde
er in Samaria beerdigt. Als nächster Präsident war sein Sohn Joahas an der
Reihe. 36 Insgesamt war Jehu 28 Jahre der Präsident von Israel gewesen.

11

Atalja versucht, die Präsidentenfamilie von David auszulöschen

1 Atalja, die Mutter von Ahasja, kriegte voll den Ausraster, als sie hörte, dass
ihr Sohn getötet worden war. Sofort organisierte sie einen Auftragskiller,
der dann die ganze Präsidentenfamilie umnietete. 2 Eine Tochter vom Ex-
Präsidenten Joram mit Namen Joscheba, also eine Schwester von Ahasja,
rettete den kleinen Joasch (den Sohn von Ahasja) mit seiner Pflegemutter.
Der sollte nämlich in seinem Kinderbett einfach getötet werden, wie die
anderen auch. Sie versteckte ihn vor Atalja, darum überlebte er dieses Atten-
tat. 3 Der Junge wurde sechs Jahre lang in einem Hinterzimmer vom Tempel
versteckt, in der ganzen Zeit, wo Atalja das Sagen in Israel hatte.

Revolution gegen Atalja

4 Als Atalja sieben Jahre im Amt war, organisierte der Priester Jojada ein
heimliches Treffen im Tempel. Eingeladen wurden die Offiziere der Feldjäger
vom Heer. Bei dem Treffen wurde ein Abkommen getroffen. Alle Anwesen-
den unterzeichneten einen Vertrag, der die bedingungslose Unterstützung
für den Sohn vom Ex-Präsidenten Ahasja garantierte. Dieses Papier zeigte
der Priester Jojada dem Joasch, diesem Sohn vom Ahasja. 5 Dann befahl er
den Offizieren: „Ein Drittel von ihren Männern, die nächsten Sonntag ihren
Dienst schieben, sollen als Wachposten am Regierungsgebäude postiert
werden. 6 Das zweite Drittel soll das Tor Sur bewachen. Und das dritte Drit-
tel muss am Eingang hinter dem Haus von der Wache stehen. Diese drei
Abteilungen sollen das Gelände abriegeln, damit keiner unbemerkt in den
Tempel kommen kann. 7 Aber die zwei Abteilungen, die am Sonntag mit
ihrer Schicht fertig sind, müssen sich in der Nähe vom Tempel aufhalten,
um den Präsidenten zu schützen! 8 Diese Abteilungen – jeder Einzelne
immer mit der Hand an der Waffe – sollen die ganze Zeit einen Kreis um
den Präsidenten bilden. Überall, wo er hingeht, müssen sie auch sein!

Wenn irgendjemand versucht, in den Kreis reinzugehen, wird er sofort erschossen!" 9 Die Offiziere machten alles genau so, wie Jojada es gesagt hatte. Die Truppe versammelte sich an einer Stelle. Das waren eben einmal die Soldaten, deren Dienst am Sonntag anfing, und dann die, welche ihn beendet hatten. Mit diesen Männern kamen sie zu Jojada. 10 Vom Priester bekamen sie die MPs und Kanonen, die noch aus der Zeit von David stammten und seitdem im Tempel aufbewahrt wurden. 11 Die Leibwächter stellten sich von rechts nach links im Halbkreis auf, jeder mit einer Waffe in der Hand, von der südlichen bis zur nördlichen Ecke. So sollte der Präsident von allen Seiten geschützt werden. 12 Irgendwann führte Jojada dann den Joasch, den Sohn vom Ex-Präsidenten, nach draußen, um ihn zum neuen Chef über das Land zu erklären. In einem feierlichen Akt unterschrieb der die Staatsurkunde und strichen sie ihm das besondere Öl über die Stirn, was man nimmt, um jemanden in sein Amt einzuführen, und machten ihn damit offiziell zum neuen Präsidenten. Am Ende klatschten alle ganz laut und riefen: „Lang lebe unser neuer Präsident!" 13 Atalja hörte die lauten Rufe von den Leibwächtern und den anderen Leuten, die dabei waren. Sie zog sich an und ging auch zum Tempel, um die Lage zu checken. 14 Als sie ankam, sah sie den neuen Präsidenten genau auf dem Platz stehen, auf dem normal Leute zum Präsidenten gemacht werden. Um ihn herum standen die Offiziere und ein paar Musiker. Die Leute machten voll Party, sie feierten wie verrückt, während die ganze Zeit eine Band laute Musik spielte. Aber Atalja rastete komplett aus. „Ihr habt mich beschissen! Das ist eine Revolution!" 15 Weil der Priester Jojada verhindern wollte, dass sie gleich hier, im Bereich des Tempels, von den Leuten getötet wurde, sagte er zu den Offizieren: „Führt sie ab! Stellt euch um die Frau und bringt sie sicher hier raus! Jeder, der hinter euch hergeht, um sie zu verfolgen, wird von euch sofort erschossen!" 16 Also wurde Atalja gepackt, und man schleppte sie über die Garageneinfahrt nach draußen. Dort, noch vor dem Palast vom Präsidenten, wurde sie dann aber einfach abgeknallt. 17 Jojada organisierte, dass der Präsident und alle Leute aus seinem Volk einen Vertrag mit Gott machen mussten. In dem Vertrag verpflichteten sie sich dazu, dass sie als die Leute, die zu Gott gehören, auch ihr Leben mit ihm radikal durchziehen werden. 18 Danach zogen die Männer zusammen zum Haus von diesem Plastikgott Baal. Mit einem Bulldozer wurde das ganze Teil abgerissen. Die Opfertische, wo man Baal Sachen drauf geschenkt hatte, die ganzen Bilder von Göttern, alles wurde verschrottet. Am Ende töteten sie dort auch noch Mattan, den Oberpriester von Baal. Schließlich beauftragte Jojada noch ein paar Soldaten, die vor dem Tempel Wache schieben sollten. 19 Danach holte er die ganze Truppe wieder zusammen. Die Offiziere, die Männer von der Leibwache und die Soldaten, die auf das Regierungsgebäude aufpassen sollten, waren auch dabei. Mit

allen zusammen zogen sie vom Tempel aus durch das Tor vom Regierungs-
bezirk bis zum Regierungsgebäude. Dort setzte sich der neue Präsident,
Joasch, dann erst mal feierlich in seinem Büro an den Schreibtisch. 20 Die
Leute von Juda waren begeistert, aber die Leute aus der Stadt selbst warte-
ten erst mal ab. Atalja war also mit einer MP in der Nähe vom Haus des
Königs erschossen worden.

12

Joasch, der neue Präsident von Juda

1 Joasch wurde schon mit sieben Jahren zum neuen Chef von Juda erklärt.
2 Als Jehu sieben Jahre lang an der Macht in Israel war, wurde Joasch auf den
Chefsessel gesetzt und regiert 40 Jahre lang von Jerusalem aus das Land.
Seine Mutter Zibja stammte aus Beerscheba. 3 Solange er lebte, machte er
nur Sachen, die Gott cool findet. Er lebte so, wie es ihm der Priester Jojada
beigebracht hatte. 4 Nur diese Opferplätze von den Plastikgöttern auf
den Bergen riss er leider nicht ab. So konnten die Leute da weiterhin Opfer
für die abfackeln. 5–6 Joasch sagte zu den Priestern: „Die ganzen Spenden
für Gott, aber auch alle Steuern und die Abgaben, die an den Tempel gezahlt
werden, müssen den Priestern gegeben werden. Die müssen dann dafür
sorgen, dass mit dem Geld alle Reparaturen am Tempel erledigt werden.
Auch die kaputten Teile sollen von der Kohle ersetzt werden können.“ 7 Nach
23 Jahren, in denen Joasch an der Macht war, hatten die das nämlich immer
noch nicht auf die Reihe bekommen. Die baufälligen Teile mussten drin-
gend erneuert werden. 8 Der Präsident orderte also den Priester Jojada und
die anderen Priester zu sich ins Büro. „Leute, was ist da los? Warum habt
ihr den Tempel immer noch nicht vollständig renoviert? Ab sofort setze ich
einen Kontrolletti bei euch ein, der das Geld in Empfang nimmt. Denn ihr
benutzt die Kohle anscheinend für was anderes und nicht dafür, um den
Tempel wieder in Schuss zu bringen!“ 9 Die Priester waren mit dem Vor-
schlag einverstanden. Ab sofort wurde das Geld nicht mehr direkt an die
Priester gespendet, dafür waren sie aber auch nicht mehr verantwortlich für
die Renovierungsarbeiten am Tempel. 10 Jojada ließ eine große Spardose
anfertigen und stellte sie rechts neben dem Opfertisch, dem Altar, auf, vor
dem Tempeleingang. In diese Spardose mussten die Priester, die am Ein-
gang die Aufsicht hatten, dann immer das Geld reinstecken, das die Leute
zum Tempel brachten, um es dort zu spenden. 11 Immer wenn das Teil
voll war, wurden der Kontrollbeamte und der Oberpriester gerufen. Wenn
alle da waren, wurde das Geld aus der Spardose geholt, gezählt und die
Summe notiert. 12 Dann überwies man die Kohle gleich an die Meister und
Architekten, die den Auftrag für die Renovierungsarbeiten bekommen hat-
ten. Die bezahlten dann die Bauarbeiter, Tischler, 13 Maurer und Schweißer.

Von dem Geld wurde auch das ganze Material gekauft, was man sonst noch für die Arbeit brauchte. 14 Allerdings wurden davon keine neuen Geräte für den Tempel selbst gekauft. Also keine neuen silbernen Schüsseln, Messer, Schalen oder solche Sachen, die man im Tempel sonst noch so brauchte. 15 Alles Geld wurde, wie gesagt, den Meistern überwiesen, die für die Renovierungsarbeiten am Tempel verantwortlich waren. 16 Die Arbeiter hatten keine Bauaufsicht zu befürchten, das bedeutet, dass keiner ihre Arbeit ständig kontrollierte. Man vertraute einfach den Leuten, dass sie ihren Job gut erledigen würden. 17 Die Einnahmen, die über die Opfer reinkamen, welche man machte, um Dinge wieder in Ordnung zu bringen, gehörten aber den Priestern. Sie wurden nicht für die Renovierungsarbeiten verwendet.

Joasch rettet Jerusalem

18 In der Zeit führte Hasael, der Präsident von Syrien, Krieg gegen die Stadt Gat. Nachdem er sie erobert hatte, wollte er sich auch noch Jerusalem abgreifen und war schon in den Vorbereitungen dafür. 19 Aber Joasch, der Präsident von Juda, sammelte sämtliche Kohle und alle wertvollen Sachen, die er aufbringen konnte, und schenkte alles Hasael. Dazu gehörten alle Sachen, die er von seinen Vorfahren geerbt hatte. Das waren Dinge, die die Präsidenten Joschafat, Joram und Ahasja an Gott geschenkt hatten. Außerdem schenkte er Hasael noch alle Goldreserven, die auf dem Tempelkonto lagen. Nachdem das ganze Geld da war, verzichtete Hasael auf seinen Plan, Jerusalem anzugreifen.

Joaschs Tod und sein Nachfolger

20 Alle Sachen, die Joasch noch so gebracht hat, kann man auch in den amtlichen Chroniken der Präsidenten von Juda nachlesen. 21–22 Irgendwann zettelten seine Angestellten im Regierungsgebäude eine kleine Revolution gegen ihn an. Joschar (ein Sohn von Schimat) und Josabad (ein Sohn von Schomer) ermordeten ihn, als er gerade in dem Haus an der Stadtmauer war. Das liegt an der Straße nach Silla. Joasch wurde auf dem Friedhof beerdigt, auf dem schon seine ganze Familie lag. Dann wurde sein Sohn Amazja der nächste Präsident von Juda.

13

Joahas, der Präsident über Israel

1 Als Joasch 23 Jahre in Juda an der Macht war, wurde Joahas der neue Präsident von Israel. Joahas kam aus der Familie von Jehu und regierte 17 Jahre lang in Samaria. 2 Aber er baute viel Mist und tat Sachen, die Gott echt ätzend findet. So wie Jerobeam hörte er nicht damit auf, zu Plastikgöttern zu beten und die toll zu finden. Jerobeam hatte ja auch viele Leute aus Israel

dazu verführt. 3 Gott war voll sauer auf die Israeliten. Er beschützte sie des-
wegen nicht vor den Angriffen durch Hasael, den Präsidenten von Syrien,
und dessen Sohn Ben-Hadad II. 4 Irgendwann bettelte Joahas aber so lange
bei Gott rum, bis der weich wurde. Gott kriegte es auch mit, wie hart der
Präsident von Syrien mit Israel umsprang. 5 Darum organisierte er einen
Helden, der Israel dabei half, die Syrer abzuschütteln, damit sie wieder in
Frieden leben konnten. 6 Trotzdem fanden sie weiter diese Plastikgötter toll
und beteten zu denen. Die Familie von Jerobeam hatte die Leute von Israel
dazu verführt. Sie machten einfach weiter damit. Sogar diese komische Plas-
tikgöttin Aschera wurde in Samaria verehrt. 7 Das Heer von Israel bestand
am Ende nur noch aus 10 Panzerwagen, 50 Jeeps und 10 000 Fußsoldaten.
Den Rest hatten die Syrer plattgemacht. Der Präsident von Syrien hatte sie
zu Kleinholz geraspelt. 8 Alles, was man sonst noch über Joahas erzählen
könnte, steht in den amtlichen Chroniken über die Präsidenten von Israel.
9 Seine Leiche wurde auf dem Friedhof in Samaria verbuddelt. Als Nächstes
war sein Sohn Joasch an der Reihe.

Was der Präsident Joasch von Israel so gebracht hat

10 In der Zeit, als Joasch 37 Jahre lang der Präsident über Juda war, wurde ein
anderer Joasch der Präsident über Israel. Dieser Joasch war ein Sohn von
Joahas und regierte 16 Jahre lang von Samaria aus das Land. 11 Leider baute
der Typ auch nur Mist. Er unterstützte die Leute dabei, zu Plastikgöttern
zu beten, genauso wie das Jerobeam auch getan hatte. Der hatte ja alle Isra-
eliten dazu verführt, so was zu machen. 12 Alles, was man sonst noch über
Joasch erzählen könnte, kann man in den amtlichen Chroniken über die Prä-
sidenten von Israel nachlesen. Dort steht zum Beispiel auch alles über den
Krieg gegen Amazja, der mal Präsident von Juda war. 13 Als Joasch dann das
Gras von unten sah, wurde Jerobeam II. der neue Präsident. Das Grab von
Joasch war auch in Samaria, wo die anderen Präsidenten von Israel beerdigt
waren.

Elischa ist totkrank

14 Elischa steckte sich irgendwann ganz fies mit einer üblen Krankheit an.
Es ging ihm echt schlecht, und man sah es ihm an, dass er es nicht mehr
lange machen würde. Zu der Zeit war Joasch noch in Israel an der Macht.
Joasch machte dann einen Krankenbesuch beim Propheten Elischa. Als der
an dessen Bett stand, fing Joasch voll an zu heulen: „Mein Vater, mein Vater!
Du bist für die Israeliten wie ein Schutzschild gewesen und hast die Leute
immer richtig geführt!“ 15 „Hol dir mal ein Frisbee!“, befahl Elischa dem
Präsidenten. Als der mit dem Teil wieder da war, 16–17 sagte er weiter: „So,
jetzt ziel mal durch das Fenster da, das nach Osten zeigt!“ Joasch machte

das. Jetzt legte Elischa seine Hände auf die Hände von Joasch und sagte
dann zu ihm: „Jetzt wirf das Teil!“ Das Frisbee flog im hohen Bogen in den
Himmel. „Das war jetzt so ein Zeichen dafür, woher deine Hilfe kommen
wird! Gott wird auf deiner Seite sein, er wird in euer Mannschaft spielen, er
wird im Krieg gegen Syrien an euer Seite kämpfen! Aus dem Grund wirst
du sie bei Afek fertigmachen!“ 18 Als Nächstes wollte Elischa vom Präsi-
denten Folgendes: „Jetzt nimm mal eine Kanone und schieß damit in die
Luft!“ Der Präsident nahm seine Pistole und schoss dreimal nach oben.
19 „O Mann, ist das alles, was du willst?“, rief Elischa leicht sauer. „Hättest
du fünf oder sechs Schüsse abgefeuert, dann hättest du die Syrer auch
komplett und für immer kaputt gemacht. Jetzt wirst du ihnen aber nur drei-
mal eine Niederlage beibringen.“

Die Leiche von Elischa hat noch genug Power, um einen Toten lebendig zu machen

20 Dann starb Elischa. Seine Leiche wurde auf einem Friedhof beerdigt. Ein
Jahr später kamen in der Gegend die Hells Angels an und machten das Land
unsicher. 21 Bei einer Beerdigung kam diese Motorradgang gerade mit ihren
Maschinen angefahren. Die Leute bekamen voll die Panik, rannten alle weg
und ließen den Sarg einfach fallen. Zufällig landete er auf dem Grab von
Elischa. Plötzlich sprang der Sargdeckel auf, der Tote wurde wieder lebendig
und spazierte aus dem Sarg raus!

Elischas prophetische Ansagen passieren auch nach seinem Tod

22 Hasael, der Präsident von Syrien, führte die ganze Zeit, in der Joahas an
der Macht war, einen Krieg mit Israel und machte ständig Probleme. 23 Gott
liebte Israel aber immer noch und half ihnen aus der Patsche. Das machte
er auch, weil er den Vertrag immer auf dem Schirm hatte, den er früher mit
Abrahm, Isaak und Jakob gemacht hatte. Er hatte nicht vor, sie komplett
auszulöschen, er hatte ihnen noch nicht vollständig den Rücken zugedreht.
24 Als Hasael tot war, wurde sein Sohn der neue Präsident von Syrien.
Dessen Name war Ben-Hadad II. 25 Joasch schaffte es, die Städte wieder
zurückzugewinnen, die sein Vater Joahas an Hasael verloren hatte. Er
besiegte ihn dreimal und eroberte die Städte von Israel wieder zurück.

14

Amazja, der Präsident von Juda

1–2 Als Joasch zwei Jahre in Israel an der Macht war, wurde Amazja der neue
Präsident von Juda. Er war ein Sohn vom Präsidenten Joasch. Damals war
es üblich, die Regierung immer an einen Sohn weiterzugeben. Amazja war
zu der Zeit 25 Jahre alt. Er regierte 29 Jahre lang von Jerusalem aus das

Land. Seine Mutter hieß Joaddan, und die stammte aus Jerusalem. 3 Amazja
war gut drauf. Er folgte dem Vorbild von seinem Vater Joasch und machte
viele Sachen, die Gott cool findet. Aber an David kam er nicht ran, der war
einfach total genial unterwegs gewesen. 4 Diese Plätze, auf denen man
irgendwelchen Pseudogöttern Sachen opfern konnte, gab es leider zu seiner
Zeit auch noch überall im Land verstreut. 5 Nachdem er seine Macht gefes-
tigt hatte, organisierte er Aufragskiller, die alle Männer erschossen, die am
Mord von seinem Vater Joasch beteiligt waren. 6 Deren Söhne ließ er aber
am Leben, weil er in den Gesetzen von Mose Folgendes gelesen hatte: „Die
Eltern sollen nicht für die Schuld ihrer Kinder bezahlen, und die Kinder nicht
für die Schuld ihrer Eltern. Jeder soll nur für das bestraft werden, was er
auch selbst verbockt hat.“ 7 Im Krieg schlug Amazja einmal die Edomiter. Sie
waren mit 10 000 Soldaten im Salztal angerückt, um gegen seine Armee zu
kämpfen. Er eroberte auch die Stadt Sela, die dann von ihm auf einen neuen
Namen getauft wurde. Und zwar nannte er sie ab dann Jokteel. Bis heute
heißt die Stadt so.

Die Leute von Juda kämpfen gegen die übrigen Israeliten

8 Schließlich schickte Amazja einen Brief an Joasch, den Präsidenten von
Israel. Zur Erinnerung: Joasch war ein Sohn von Joahas und ein Enkel von
Jehu. Er schrieb ihm: „Ich möchte mal unsere Armeen gegeneinander antre-
ten lassen. Mal sehen, wer gewinnt!“ 9 Präsident Joasch antwortete: „Der
Verein aus der Kreisklasse fordert den Champions-League-Gewinner? Unser
Sturm überrollt Ihre Abwehr in der ersten Halbzeit! 10 Nur weil Sie im Krieg
gegen die Edomiter gewonnen haben, brauchen Sie sich nicht so aufzu-
spielen! Freuen Sie sich über den Sieg, und feiern Sie den mal ordentlich! Sie
wollen doch nicht im Ernst Ihr ganzes Land in den Ruin stürzen?“ 11 Amazja
wollte es aber wissen. Er nervte bei Joasch so lange rum, bis es tatsächlich
zum Kampf kam. Bei Bet-Schemesch trafen die Armeen aufeinander. 12 Die
Truppe von Juda bekam ganz derbe eins auf die Fresse, sie liefen auseinander
und rannten schnell wieder nach Hause. 13 Amazja wurde bei Bet-Schemesch
von Joaschs Leuten festgenommen. Als Nächstes zogen die Truppen von
Joasch weiter nach Jerusalem. Dort wurde die Stadtmauer vom Efraimtor bis
zum Ecktor weggesprengt. 14 Alle wertvollen Sachen aus Gold und Silber,
die im Tempel lagen, zockte sich Joasch. Auch das ganze Geld von der Bank
des Präsidenten, das gesamte Staatseigentum, riss er sich unter den Nagel.
Dazu nahm er noch viele Geiseln und schleppte die mit nach Samaria.

Joasch stirbt

15 Alles, was man sonst noch über Joasch erzählen könnte, steht in den
amtlichen Chroniken der Präsidenten von Israel. Was er für gute Sachen

gebracht hat, seine Erfolge und auch über seinen Krieg gegen Amazja, den
Präsidenten von Juda, stehen dort drin. [16] Als er tot war, wurde seine Leiche
auf dem Friedhof in Samaria beerdigt. Er liegt dort, wo die anderen Präsiden-
ten von Israel auch begraben wurden. Der nächste Präsident wurde dann
sein Sohn Jerobeam II.

Amazja stirbt und Asarja wird der neue Präsident von Juda

[17] Amazja lebte nach Joaschs Tod noch 15 Jahre. [18] Was man sonst noch über
Amazja erzählen könnte, kann man in den amtlichen Chroniken der Prä-
sidenten von Juda nachlesen. [19] Es gab dann eine Revolution gegen ihn in
Jerusalem. Amazja versteckte sich in Lachisch, aber die Macher dieser
Revolte organisierten einen Auftragskiller, der ihn dort erschoss. [20] Er wurde
in einem Leichenwagen nach Jerusalem gebracht und dort in der Stadt von
seinem Verwandten David auf demselben Friedhof begraben. [21] Als nächster
Präsident wurde sein Sohn Asarja von allen Männern in Juda gewählt. Er
war gerade mal 16 Jahre alt. [22] Asarja schaffte es, nach dem Tod seines
Vaters, die Stadt Elat zurück zu erobern. Er baute die Stadt dann komplett
wieder auf.

Was man über den Präsidenten Jerobeam II. erzählen kann

[23] Als Amazja 15 Jahre als Präsident von Juda im Amt war, wurde Jerobeam II.
der neue Präsident von Israel. Jerobeam II. war ein Sohn von Joasch. 42 Jah-
re lang regierte er von der Hauptstadt Samaria aus das Land. [24] Aber er
baute, genau wie der frühere Präsident Jerobeam (der Sohn von Nebat), nur
Mist und machte Sachen, die Gott voll fies findet. Jerobeam hatte ja die
Leute, die im Gebiet von Israel lebten, dazu verführt, zu Plastikgöttern zu
beten. [25] Immerhin schaffte Jerobeam II. es aber, das ganze Land, was mal
zu Israel gehörte, zurückzuerobern. Von Lebo-Hamat bis runter zum Toten
Meer gehörte wieder alles ihnen. So passierte dieses Ding, was Gott durch
seinen Propheten Jona schon vorhergesagt hatte. Jona war übrigens ein
Sohn von Amittai und kam aus Gat-Hefer. [26] Gott hatte mitbekommen, dass
es den Israeliten voll dreckig ging. Alle waren total fertig, und es gab nie-
manden, der ihnen wirklich helfen konnte. [27] Aber er wollte die Israeliten
auch nicht komplett von der Festplatte löschen, darum half er ihnen durch
Jerobeam II. [28] Alles, was man sonst noch über Jerobeam II. erzählen kann,
steht in den amtlichen Chroniken der Präsidenten von Israel. Da steht auch,
wie er die Gebiete von Damaskus und Hamat für Israel zurückerobern
konnte. Die gehörten ja schon früher zu Israel, als der Präsident David noch
am Start war. [29] Dann starb Jerobeam II. und wurde auf dem Friedhof beer-
digt, auf dem die anderen Präsidenten von Israel auch liegen. Als Nachfolger
kam sein Sohn Secharja ins Amt.

15

Asarja, der neue Präsident von Juda

1 Als Jerobeam II. 27 Jahre im Amt als Präsident von Israel war, wurde
Asarja der neue Präsident von Juda. Asarja kam aus der Familie von Amazja.
2 Er kam mit 16 Jahren an die Macht und regierte 52 Jahre lang das Land
von Jerusalem aus. Die Familie seiner Mutter Jecholja kam auch aus Jerusa-
lem. 3 Asarja war gut drauf, er lebte so wie sein Vater und tat Sachen, die
Gott cool findet. 4 Mit der Ausnahme, dass er leider auch nicht diese Opfer-
plätze auf den Bergen abgerissen hat, in denen überall im Land zu Plastik-
göttern gebetet wurde. Also machten das die Leute weiter. 5 Gott sorgte
bei Asarja für ein ätzendes Problem, er bekam nämlich „Aussatz". Das war
eine fiese, ansteckende Hautkrankheit. Diese Krankheit hatte er dann sein
ganzes Leben lang. Er musste deswegen in einem Haus wohnen, was weiter
weg lag. Sein Sohn Jotam übernahm alle Geschäfte vom Vater, auch was
das Regieren anging. 6 Alles, was man sonst noch so über Asarja erzählen
kann, steht in den amtlichen Chroniken der Präsidenten von Juda. 7 Nach
seinem Tod wurde er in Jerusalem auf den Friedhof verbuddelt, wo der Rest
der Familie auch lag. Als nächster Präsident war sein Sohn Jotam an der
Reihe.

Der Präsident Secharja

8 Als Asarja 38 Jahre Präsident von Juda war, wurde Secharja (ein Sohn von
Jerobeam II.) der neue Präsident von Israel. Er war aber nur sechs Monate
lang in Samaria am Start. 9 Und Secharja war genauso unkorrekt unterwegs
wie die Präsidenten vor ihm. Er hörte nicht auf damit, zu den gleichen Plas-
tikgöttern zu beten, wie es Jerobeam vor langer Zeit auch getan hatte. Der
hatte ja auch die Leute in Israel dazu verführt. 10 Es gab dann eine kleine
Revolution gegen ihn, die von Schallum, dem Sohn von Jabesch, organisiert
wurde. Schallum erschoss ihn, als er gerade in Jibleam einkaufen war. So
wurde Schallum also sein Nachfolger. 11 Alles, was man sonst noch so über
Secharja erzählen könnte, steht in den amtlichen Chroniken der Präsiden-
ten von Israel. 12 So war jetzt auch das passiert, was Gott schon vorher
zu Jehu gesagt hatte. Er meinte ja zu ihm: „Bis zur vierten Generation wer-
den deine Söhne die Präsidenten von Israel stellen." Genau das ist auch
eingetroffen.

Ein neuer Präsident in Israel: Schallum

13 Als Asarja im 39. Jahr die Macht in Juda hatte, wurde Schallum der
neue Präsident von Israel. Er regierte aber nur einen Monat lang von Sama-
ria aus das Land. 14 Menahem, ein Sohn von Gadi, marschierte dann mit

seiner Armee aus der Stadt Tirza in das Land ein. Er überfiel Samaria,
erschoss Schallum und ließ sich zum neuen Präsidenten erklären. 15 Was
man sonst noch so über Schallum erzählen könnte, steht in den amtlichen
Chroniken der Präsidenten von Israel. Dort kann man auch etwas über seine
kleine Revolution nachlesen, die er angezettelt hatte. 16 In einem Kriegszug
rächte Menahem sich sehr heftig an der Stadt Tifsach, weil sie ihre Stadttore
für seine Truppen nicht öffnen wollte. Er marschierte von Tirza her mit
seinen Leuten in die Stadt ein und schlachtete die Bewohner regelrecht ab.
Allen Frauen die schwanger waren, wurde zum Beispiel der Bauch aufge-
schlitzt...

Der Präsident Menahem

17 Als Asarja 39 Jahre lang in Juda an der Macht war, wurde Menahem
der neue Präsident von Israel. Er kam aus der Familie von Gadi und regierte
zehn Jahre lang von Samaria aus das Land. 18 Er brachte nur Sachen, die
Gott richtig ätzend findet, betete weiter zu den Plastikgöttern und so was.
Dazu hatte ja Jerobeam die Leute in Israel das erste Mal verführt. 19 Dann
gab es mal so eine Aktion, wo der Präsident von den Assyrern, der hieß
Tiglat-Pileser, gegen Israel in den Krieg ziehen wollte. Menahem bestach ihn
mit einer halben Million Euro, damit er ihn als Präsident akzeptieren und
bestätigen würde. 20 Die Kohle kriegte er zusammen, indem er eine Steuer
von 6400 Euro pro Mann erhob, die aber nur Leute bezahlen mussten, die
ganz gut Kohle hatten. Nachdem Tiglat-Pileser das Geld auf seinem Konto
hatte, ging er mit seinen Soldaten wieder nach Hause. 21 Alles, was man
sonst noch von Menahem berichten könnte, steht in den amtlichen Chroni-
ken der Präsidenten von Israel. 22 Nach seinem Tod wurde sein Sohn
Pekachja der Nachfolger.

Pekachja, der neue Präsident von Israel

23 Als Asarja gerade 50 Jahre der Präsident von Juda war, wurde Pekachja
der neue Präsident von Israel. Pekachja war ein Sohn von Menahem. Er
war zwei Jahre an der Macht. 24 Pekachja machte auch nur Sachen, die Gott
total ätzend findet. Er hörte nicht auf damit, zu Plastikgöttern zu beten, wie
es Jerobeam den Israeliten vorgemacht hatte. 25 Einer seiner Offiziere, der
Typ hieß Pekach, zettelte eine kleine Revolution gegen ihn an. Pekach sam-
melte fünfzig Männer unter sich, die alle aus Gilead stammten. Mit denen
überfiel er den Präsidenten, als der gerade zu Hause in seinem Palast unter
der Dusche stand. Nachdem er ihn getötet und aus dem Weg geräumt
hatte, machte er sich selbst zum neuen Präsidenten. 26 Alles, was man sonst
noch über Pekachja erzählen könnte, steht in den amtlichen Chroniken der
Präsidenten von Israel.

Der Präsident Pekach

27 Als Asarja 52 Jahre in Juda im Amt war, wurde Pekach der neue Präsident
von Israel. Pekach kam aus der Familie vom Remalja. Er regierte 20 Jahre
von Samaria aus das Land. 28 Pekach brachte nur Sachen, die Gott voll übel
findet. Er machte auch mit den Plastikgöttern rum, so wie schon Jerobeam,
der die Leute in Israel als Erster dazu verführt hatte. 29 In der Zeit, in der
Pekach an der Macht war, überfiel Tiglat-Pileser mit seinen Truppen Israel.
Er eroberte die Städte Ijon, Abel-Bet-Maacha, Janoach, Kedesch und Hazar.
Dazu auch noch die Gegend Gilead und Galiläa und das ganze Gebiet von
dem Familienstamm Naftali. Er besetzte mit seinen Truppen das Land und
nahm viele Gefangene, die dann nach Assyrien verschleppt wurden. 30 Als
Jotam 20 Jahre im Amt als Präsident von Juda war, gab es eine Revolte gegen
Pekach. Das Ganze wurde von Hoschea, einem Sohn von Ela, organisiert.
Pekach wurde umgebracht, und Hoschea machte sich selbst zum neuen Prä-
sidenten. 31 Alle Sachen, die man sonst noch über Pekach erzählen könnte,
kann man in den amtlichen Chroniken der Präsidenten von Israel nachlesen.

Der Präsident Jotam von Juda

32 Als Pekach zwei Jahre in Israel an der Macht war, wurde Jotam der neue
Präsident von Juda. Jotam kam aus der Familie vom Asarja. 33 Er war 25 Jahre
alt, als er den Job bekam, und regierte 16 Jahre lang von Jerusalem aus das
Land. Seine Mutter hieß übrigens Jeruscha, sie war eine Tochter von Zadok.
34 Pekach war gut drauf und tat Dinge, die Gott echt cool findet. Er lebte
nach dem Vorbild von seinem Vater Asarja. 35 Leider sprengte er auch nicht
diese ganzen Opferplätze auf den Bergen, wo die Leute immer zu den
Plastikgöttern gebetet haben. Diese Plätze waren überall im Land verteilt. Er
war aber auch verantwortlich dafür, dass die obere Tür im Tempel, dem Haus
von Gott, gebaut wurde. 36 Alles, was man sonst noch über Jotam erzählen
könnte, steht in den amtlichen Chroniken der Präsidenten von Juda. 37 In der
Zeit, wo er an der Macht war, fingen Rezin, der Präsident von Syrien, und
Pekach, der Präsident von Israel, an, gegen Juda zu kämpfen. Gott hatte
das so organisiert. 38 Jotam starb und wurde auf dem Friedhof beerdigt, wo
auch seine Vorfahren liegen. Dieser Friedhof liegt in der Stadt von David.
Sein Sohn Ahas wurde dann der nächste Präsident.

16

Ahas, der Präsident von Juda

1 Als Pekach 17 Jahre in Israel an der Macht war, wurde Ahas der Präsident
von Juda. Ahas kam aus der Familie von Jotam. 2 Er wurde mit 20 Jahren der
neue Präsident und regierte 16 Jahre lang von Jerusalem aus das Land. Aber
er tat seinen Job nicht so, wie Gott es gut findet. Sein Ur-ur-ur-und-so-weiter-

Opa David war da echt anders gewesen. [3] Ahas lebte so, wie es die vielen
Präsidenten von Israel vor ihm auch gemacht hatten. Er verschenkte sogar
seinen eigenen Sohn an einen dieser Plastikgötter, indem er ihn verbrannte!
Diese abgefuckte Idee kam von den ursprünglichen Bewohnern des Landes,
die Gott rausgeschmissen hatte, um es den Israeliten zu schenken. [4] Er zog
solche Opferrituale immer an den Opferplätzen auf den Bergen und unter
grünen Bäumen durch.

Ahas holt sich Hilfe vom Präsidenten der Assyrer

[5] In der Zeit, in der Ahas an der Macht war, rückte die Armee der Syrer, unter
dem Befehl von ihrem Präsidenten Rezin, gegen Jerusalem vor. Der hatte
vorher einen Vertrag mit Pekach, dem Präsidenten von Israel, gemacht.
Beide zusammen belagerten Jerusalem. Es kam aber nie zu einem Angriff.
[6] Rezin schafft es aber, die Stadt Elat wieder zurückzuerobern und alle Leute
von Juda dort rauszuschmeißen. Die Edomiter zogen wieder in die Stadt
ein, und sie lebten dort erst mal. [7] In der Zeit schrieb Ahas einen Brief an
Tiglat-Pileser, den Präsidenten der Assyrer. Dort stand drin: „Sehr geehrter
Herr Tiglat-Pileser, ich möchte Ihnen hiermit mitteilen, dass wir bereit sind,
alles zu tun, was Sie sagen! Wir gehören Ihnen! Die Präsidenten von Syrien
und Israel haben einen Angriffspakt gegen mich geschlossen. Bitte helfen
Sie uns! Mit freundlichen Grüßen, Ahas, Präsident von Juda“ [8] Mit dem Brief
kam ein Scheck in der Höhe der gesamte Kohle, die man auf den Konten
vom Tempel und von denen der Regierung zusammengekratzt hatte. [9] Der
Präsident von Assyrien war einverstanden und zog seine Truppen gegen
Damaskus zusammen. Er eroberte die Stadt und schickte alle Bewohner zur
Zwangsarbeit nach Kir. Der Präsident von Syrien, Rezin, wurde getötet.

Ahas renoviert das Haus von Gott

[10] Irgendwann war der Präsident Ahas mal auf Besuch beim Präsidenten
Tiglat-Pileser von Assyrien. Bei einer Stadtbesichtigung sah er dort auch
einen Opfertisch, einen Altar, den er toll fand. Er machte sofort mit seinem
Handy ein Foto und schickte es per MMS an den Priester Urija, zusammen
mit einer genauen Beschreibung. [11–12] Urija baute nach diesen Vorgaben
in Jerusalem auch so einen Altar. Noch bevor Ahas von seiner Reise aus
Damaskus wieder nach Hause kam, war das Teil schon fertig. Er stieg die
Stufen zum Altar hoch [13] und zog dort erst mal ein Abfackelopfer, ein Essens-
opfer und ein Trinkopfer durch und goss das Blut von den Tieren, die als
Dankopfer geschlachtet worden waren, an die Wand von dem Altar. [14] Der
alte Altar aus Bronze wurde von ihm von der vorderen Seite weggeschoben
und nördlich vom neuen Altar aufgestellt. [15] Dann gab der Priester Urija
die Order raus, dass ab sofort alle regelmäßigen Opfer, die morgens und

abends dort abgefackelt wurden, nur noch auf dem neuen Tisch stattfinden
sollten. Das galt für den Präsidenten und auch für alle anderen Menschen.
„Auch das Blut, was bei den Opfern gesammelt wird, muss an diesen Tisch
gegossen werden. Was ich mit dem alten Altar mache, überlege ich mir
noch“, sagte er. 16 Priester Urija zog alles genau so durch, wie es der Präsi-
dent angeordnet hatte. 17 Ahas holte sogar die ganzen Töpfe, Zierleisten
und Waagen aus dem Tempel raus. Auch diese Rinderfiguren, auf denen das
große runde Becken stand, wurden ausgetauscht. Stattdessen bekam das
Becken eine Halterung aus Beton. 18 Die überdachte Gottesdiensthalle,
die mal für den Präsidenten an den Tempel gebaut worden war, ließ Ahas
abreißen und den Seiteneingang zumauern. Er tat das vor allem, um den
Tempeleingang ein bisschen zu verstecken, falls die Assyrer mal angreifen
würden.

Der Präsident Ahas stirbt

19 Alles, was man sonst noch über Ahas erzählen könnte, steht in den amt-
lichen Chroniken der Präsidenten von Juda. 20 Nach seinem Tod wurde er
auf dem Friedhof begraben, wo auch der Rest der Familie von David lag. Der
nächste Präsident war dann sein Sohn Hiskija.

17

Samaria geht verloren, und die Bewohner werden nach Assyrien geschleppt

1 Als der Präsident Ahas 12 Jahre lang in Juda an der Macht war, wurde
Hoschea der neue Präsident von Israel. Hoschea kam aus der Familie von
Ela. Er regierte neun Jahre lang von Samaria aus das Land. 2 Er machte
auch wieder Sachen, die Gott total ätzend findet, aber er war nicht so derb
unterwegs wie seine Vorgänger. 3 Irgendwann gab es mal einen Krieg gegen
Salmanassar, den Präsidenten von den Assyrern. Hoschea gab auf und
musste ab dann jedes Jahr fette Steuern an die Assyrer abdrücken. 4 Einmal
bekam Salmanassar von jemandem gesteckt, dass die Israeliten gerade
einen Plan aushecken würden, wie sie sich von ihm befreien könnten. Das
kam raus, weil auf einmal plötzlich die Steuerzahlungen nicht mehr über-
wiesen wurden. Zum anderen hatte Hoschea auch einen Agenten nach
Ägypten geschickt, um dort in der Stadt Sais bei dem ägyptischen Präsi-
denten ein heimliches Treffen klarzumachen. Darum wurde Hoschea auf
Salmanassars Befehl verhaftet und in den Knast gesteckt. 5 Der Präsident
von den Assyrern fiel dann mit seiner Armee ins Land Israel ein und bela-
gerte Samaria. Als diese Belagerung schon drei Jahre ging 6 (das war in dem
neunten Jahr, als Hoschea an der Macht war), schaffte es Salmanassar, die
Stadt einzunehmen. Alle Menschen, die in dem Gebiet von Israel lebten,
wurden von ihm verhaftet und nach Assyrien verschleppt. Sie wurden dort

zwangsangesiedelt in der Provinz Halach und am Haborfluss, in der Provinz Gosan, sowie in den Städten von Medien.

Israel ist am Ende, weil sie ständig Mist gebaut haben

7–8 Das passierte alles nur, weil den Leuten von Israel Gott total egal
gewesen war. Sie taten immer wieder Dinge, die er nicht okay findet. Gott
hatte sie aus Ägypten rausgeholt, er hatte sie aus der Hand von dem Regie-
rungschef befreit, den man dort auch Pharao nannte. Trotzdem taten sie
den gleichen Mist, wie es ihre Präsidenten ihnen vorgemacht hatten. Sie
beteten zu Plastikgöttern von den anderen Völkern und hatten Respekt vor
denen anstatt vor Gott. Sie lebten genauso wie die Völker, die sie eigentlich
aus dem Land rausschmeißen sollten, und passten sich deren Gewohnhei-
ten einfach an. 9–10 Sie kamen auf ganz komische Ideen, die Gott einfach
nicht okay findet. Sie bauten Opferplätze für diese falschen Götter, überall
wo sie sich niedergelassen hatten. Ob das jetzt irgendwo in einer großen
Stadt war oder auf dem Land, diese Teile wurden überall aufgestellt. Auf
jedem Berg und bei jedem großen Baum musste unbedingt etwas für diese
Plastikgöttin Aschera aufgebaut werden. 11 Sie opferten dort diesen Plastik-
göttern, und deswegen bekam Gott voll den Hals. Den gleichen Mist hatten
auch schon die Leute gebracht, die von ihnen dort rausgeworfen wurden.
12 Und sie beteten auch ständig zu den Bildern von diesen Göttern, obwohl
ihnen Gott ganz klar gesagt hatte, dass er das nicht will. 13 Dabei hatte er
sie immer gewarnt. Zum Beispiel waren bei den Leuten von Israel und von
Juda ständig irgendwelche Propheten am Start, die solche Ansagen mach-
ten: „Hört auf damit! Ändert euch! Ihr seid auf dem falschen Weg! Tut das,
was Gott euch gesagt hat! Lebt nach den Regeln und Gesetzen von Gott!
Diese Gesetze hat er zu euch schon vor Ewigkeiten durch seine Angestellten,
die Propheten, gegeben!“ 14 Doch sie hatten wohl keinen Bock drauf. Sie
hatten Watte in den Ohren, genauso wie ihre Vorfahren. Die hatten Gott ja
auch nie vertraut. 15 Seine Gesetze waren ihnen schnurzegal. Der Vertrag,
den die Leute früher mit Gott geschlossen hatten, ging den meisten am
Arsch vorbei. Sie standen plötzlich auf Pseudogötter und machten sich auf
die Art selbst kaputt. Sie lebten genauso ätzend wie die Völker, die vorher
in der Gegend gelebt hatten, und das, obwohl Gott ganz klar gesagt hat,
dass er das nicht will. 16 Dauernd übertraten sie die Gesetze von Gott. Sie
bastelten sich ihre eigenen Götter aus Plastik und Holz, bauten zwei Stier-
figuren, stellten irgendwelche komischen Bilder von der Göttin Aschera
auf, fanden Astrologie plötzlich ganz toll und beteten auch noch zu diesem
Baal-Gott. 17 Schließlich verbrannten sie auch noch ihre eigenen Kinder in
irgendwelchen Opferritualen für diese Plastikgötter! Sie gingen zu Wahr-
sagern und betrieben total derbe Okkultismus mit Tarotkarten, Horoskopen

und Handlesen. Mit anderen Worten: Sie bauten den totalen Bockmist und
beleidigten Gott ständig. 18 Schließlich wurde Gott so sauer, dass er die
Leute von Israel nicht mehr in seiner Nähe haben wollte und sie aus dem
Land rausschmiss, das er ihnen mal geschenkt hatte. Nur noch die Leute
vom Südstaat Juda blieben dort wohnen. 19 Aber die waren auch nicht viel
besser drauf. Sie hielten sich auch nicht an die Gesetze von ihrem Gott,
sie bauten den gleichen Mist wie die Leute vom Nordstaat Israel. 20 Darum
schmiss Gott alle irgendwann raus. Er sorgte dafür, dass andere Völker
ankamen und im Krieg gegen sie gewinnen konnten. Die plünderten ihre
Städte und sorgten für eine harte Zeit. Schließlich wurden sie alle abgeführt,
und Gott hatte ihre Faxen dicke und wollte nichts mehr mit ihnen zu tun
haben. 21 Die Leute von Israel hatten sich von der Präsidentenfamilie vom
David getrennt. Sie hatten damals ja Jerobeam zum neuen Präsidenten
gewählt, der aus der Familie von Nebat kam. Und dieser Jerobeam hatte sie
dann dazu verführt, ganz beknackte und üble Sachen zu machen. 22 Jero-
beam hatte es eingeführt, dass die Leute überall zu Plastikgöttern beten
sollten. Und sie taten das auch volle Kanne und wollten damit auch nicht
wieder aufhören. 23 Darum konnte Gott ihre Nähe nicht länger ertragen und
schmiss sie einfach raus. Das hatte er schon durch seine Propheten lange
vorher angesagt. Also wurden die Israeliten gefangen genommen und nach
Assyrien abgeführt. Dort mussten sie dann sehr lange Zeit leben.

Ausländer kommen nach Samaria und leben dort

24 In den frei gewordenen Häusern von Samaria, wo die Israeliten vor-
her gewohnt hatten, ließ der assyrische Präsident Ausländer einziehen.
Von Babylon, Kuta, Awa, Hamat und Sefarwajim ließ er Menschen kommen,
damit sie sich in Samaria eine Wohnung abgreifen konnten. Viele kamen
und übernahmen das ganze Land und die Städte. 25 In der ersten Zeit
hatten sie null Respekt vor Gott. Der schickte dann Pitbulls und so in die
Gegend, und viele Einwohner wurden von denen angefallen und zerfleischt.
26 Schließlich kam eine Meldung beim Präsidenten von Assyrien rein.
„Die Menschen, die von dir nach Samaria gebracht wurden, um dort zu
wohnen, haben Probleme! Sie wissen nicht, wie man zu diesem Gott betet,
der dort das Sagen hat! Der hat wildgewordene Tiere auf sie losgelassen,
und viele Menschen sind von denen schon getötet worden!" 27 „Holt einen
der Priester, der früher in der Gegend gearbeitet hat!", befahl der Präsident.
„Er soll da hinziehen und den Leuten beibringen, was dieser Gott dort
von ihnen verlangt." 28 Auf die Art kam einer von den Priester wieder zurück.
Er nahm sich ein Zimmer in Bet-El und brachte den Leuten dort bei, was
Gott gut findet. 29 Die Ausländer bastelten sich viele Plastikgötter und stell-
ten sie in den Städten auf, wo vorher die Israeliten ihrem Gott Sachen

geopfert hatten. Bei den neuen Bewohnern hatte ja jedes Volk auch seinen
eigenen Gott. 30 Zum Beispiel hatten die Leute aus Babylon Sukkot-Benot,
die Leute aus Kuta beteten zu Nergal und die Leute aus Hamat zu Aschima.
31 Die Leute aus Awa beteten zu Nibhas und Tartak. Sie stellten überall
Bilder von diesen Göttern auf und opferten denen. Die Leute aus Sefarwajim
waren ganz schräge drauf, die verbrannten sogar die eigenen Kinder für
ihre Götter Adrammelech und Anammelech! 32 Zusätzlich fanden sie auch
noch den Gott von Israel ganz okay. Sie wählten aus ihrem Volk ein paar
Priester, die an bestimmten Orten im Land Opfersessions veranstalten soll-
ten. 33 Sie arbeiteten gleichzeitig für den echten Gott und diese Plastikgötter.
Sie hatten einfach ihre alten Götter mitgebracht, zu denen sie normal auch
immer gebetet hatten, als sie noch zu Hause, ihn ihrem Land, gewohnt
hatten. 34 Das hatte sich auch lange Zeit nicht geändert. In Samaria gab es
noch ganz lange solche Feiern. Sie hatten vor dem echten Gott einfach
null Respekt, sie lebten nicht nach den Gesetzen und Regeln von Gott. Und
das, obwohl sie sich daran halten müssten, weil sie ja in seinem beson-
deren Land wohnten. Das Gesetz von Gott war ihnen pupsegal. Diese
Gesetze hatte Gott Jakob und allen seinen Nachkommen geschenkt, und
dann bekam Jakob auch von ihm den Namen Israel verpasst. 35 Gott hatte
mit der Familie von Jakob und allen seinen Kindern und Nachfahren einen
Vertrag gemacht. Er sagte ihnen: „Betet auf keinen Fall zu einem anderen
Gott! Findet solche Plastikgötter noch nicht mal toll, tut nichts für die und
schenkt denen auch nichts!“ 36 Ihr sollt nur das tun, was ich euch sage!
Ich habe euch gezeigt, was ich alles kann, als ich euch aus Ägypten rausge-
holt hab. Nur zu mir sollt ihr beten, nur vor mir sollt ihr Respekt haben, nur
für mich sollt ihr opfern! 37 Haltet euch an die ganzen Sachen, die ich euch
gesagt habe. Die Gesetze und Regeln, alles, was ich für euch aufgeschrieben
habe, soll bei euch superwichtig sein. Ihr müsst euch alle da dran halten
und dürft sie nicht vergessen! Und noch mal: Ich möchte, dass ihr keinen
Respekt vor irgendwelchen anderen Göttern habt! 38 Der Vertrag, den ich mit
euch geschlossen habe, darf auch nie vergessen werden. Zum dritten Mal:
Und ihr sollt keinen Respekt vor irgendwelchen Pseudogöttern haben, ist
das klar?! 39 Aber vor mir, eurem Gott, sollt ihr Respekt haben! Ich werde auf
euch aufpassen, ich werde euch retten, wenn die Feinde gegen euch kämp-
fen.“ 40 Leider hörten sie nicht auf Gott, und auch die Menschen aus den
anderen Völkern hörten nicht auf ihn. Sie machten einfach mit dem ganzen
Mist weiter, sie taten die übelsten Sachen, die sie vorher zu Hause auch
gemacht hatten, wo sie mal ursprünglich herkamen. 41 So beteten sie zu
Gott und zu den Plastikgöttern gleichzeitig. Und ihre Kinder und die Enkel-
kinder machten es ihnen nach, alle taten das, und sie haben das total lange
so gemacht.

18

Hiskija, der neue Präsident von Juda

1 Als Hoschea im seinem dritten Jahr Präsident in Israel war, wurde Hiskija
der Präsident von Juda. Hiskija kam aus der Familie vom Ahas. 2 Mit 25 Jah-
ren kam er an die Macht und regierte 29 Jahre lang von Jerusalem aus das
Land. Seine Mutter war die Abi, eine Tochter von Secharja. 3 Hiskija war gut
drauf, er lebte so, wie Gott es gut findet, ganz nach dem Vorbild von David.
4 Als er im Amt war, ließ er erst mal die Bulldozer anrollen, um alle Opfer-
plätze und diese Statuen von den Pseudogöttern überall im Land kaputt
zu machen. Auch die Figur von dieser Plastikgöttin Aschera wurde platt ge-
walzt. Dann zerstörte er auch die bronzene Schlange, die Mose mal gemacht
hatte. Vor dieser Schlange hatten die Israeliten die ganze Zeit Räucherstäb-
chen verbrannt und sie so fast wie einen Gott verehrt. Sie hatten dem Teil
sogar einen eigenen Namen gegeben: Nehuschtan. 5 Wenn es darum ging,
Gott hunderpro zu vertrauen, war Hiskija die Nummer eins. Keiner der Prä-
sidenten in Juda hatte so radikal an den einen Gott von Israel geglaubt wie
er. 6 Hiskija war Gott immer sehr treu und zog alle Gesetze voll durch, die
Gott durch Mose gegeben hatte. 7 Das war auch der Grund, warum Gott ihm
so krassen Erfolg gab in allen Sachen, die er anpackte. Zum Beispiel schaffte
es Hiskija, sich von der Besatzungsmacht durch den Präsidenten von Assy-
rien zu befreien. 8 Im Krieg besiegte er die Armee der Philister und verfolgte
ihre Truppen bis zum Gazastreifen. Alles, was im Weg stand, wurde von sei-
ner Truppe niedergewalzt, vom kleinsten Handymast bis zur größten Stadt.

Die Assyrer führen Krieg gegen Samaria und gewinnen

9 Als Hiskija vier Jahre lang an der Macht war (in Israel war Hoschea gerade
sieben Jahre dabei), waren die Truppen von Salmanassar, dem Präsidenten
der Assyrer, vor die Stadt Samaria gerückt. 10 Drei Jahre lang hatte er sie
belagert, bis er schließlich einmarschieren konnte. Das war, als Hiskija sechs
Jahre an der Macht war und Hoschea neun. 11 Salmanassar hatte alle wich-
tigen Männer in Israel gefangen genommen und sie zwangsumsiedeln
lassen. Sie mussten dann in der Provinz Halach und am Haborfluss in der
Provinz Gosan leben und arbeiten sowie in den Städten Mediens. 12 Das
musste so kommen, weil sie nicht auf das gehört hatten, was Gott ihnen
gesagt hatte. Sie brachen einfach den Vertrag mit Gott und lebten nicht nach
den Gesetzen, die Mose von Gott bekommen und ihnen weitergesagt hatte.

Kampf um Jerusalem

13 Als Hiskija 14 Jahre im Amt war, gab es Krieg. Sanherib, der nächste Prä-
sident von Assyrien, fiel mit seinen Truppen in Juda ein und eroberte alle

größeren Städte. [14] Kurz bevor Sanherib die Stadt Lachisch einnehmen
wollte, schickte Hiskija ihm eine Nachricht: „Sehr geehrter Herr Sanherib,
ich gebe hiermit zu, dass ich etwas Falsches getan habe. Bitte ziehen Sie
Ihre Truppen zurück, und blasen Sie den Angriff wieder ab! Ich werde jeden
Betrag bezahlen, den Sie von mir fordern! Mit freundlichen Grüßen, Ihr
Hiskija." Die Forderung von Sanherib lag bei 3 Millionen Euro in bar und
15 Millionen in Wertpapieren. [15] Hiskija musste das ganze Tempelkonto
und alle Staatskonten plündern, um die Kohle zusammenzukratzen. [16] Man
baute sogar die Goldverzierungen von der Tür im Tempel ab, um das für
die Assyrer zu verhökern. Diese Verzierung hatte Hiskija noch selbst in Auf-
trag gegeben. [17] Trotz der hohen Zahlungen schickte der Präsident von
Assyrien noch drei seiner Generäle und drei Minister, den Minister für die
Verteidigung, den Außenminister und den Innenminister, in Begleitung
einer großen Abteilung vom Heer, nach Jerusalem. Bevor sie in die Stadt
kamen, machten sie noch einen Zwischenstopp bei McDonald's auf der A14,
Ausfahrt Tuchmacherfeld, die direkt vor der Stadtmauer lag. [18] Die Männer
verlangten, dass Hiskija dort hinkommen und mit ihnen hier weiter auf dem
Parkplatz verhandeln sollte. Als sie da waren, schickte Hiskija seinen Innen-
minister Eljakim zu ihnen. Mit dabei waren auch Schebna, der Minister für
Arbeit und Soziales, und der Wirtschaftsminister Joach. [19] Der Minister vom
Auswärtigen Amt der Assyrer sagte: „Machen Sie eine Meldung bei Ihrem
Präsidenten Hiskija! Sagen Sie ihm, dass der Präsident von Assyrien fol-
gende Nachricht für ihn hat: ‚Wieso fühlen Sie sich in Ihrer Sache eigentlich
so sicher? [20] Denken Sie ernsthaft, dass man mit leeren Worten etwas gegen
meine gigantische Armee und meine Erfahrung in der Kriegsführung aus-
richten könnte? Worauf setzen Sie Ihr Vertrauen, dass Sie glauben, gegen
mich und meine Armee eine Chance zu haben? [21] Hoffen Sie vielleicht auf
militärische Unterstützung aus Ägypten? Dann könnten Sie auch gleich
Lotto spielen! Da ist die Chance auf sechs Richtige mit Zusatzzahl zigmal
größer, als dass der Präsident von Ägypten Ihnen helfen wird. [22] Wenn
jetzt von Ihnen so was kommt wie: ›Wir vertrauen auf unseren Gott‹, dann
kann ich nur die Frage stellen: Wie können Sie auf den denn noch hoffen,
wenn Sie, Herr Hiskija, gerade alle seine Opferplätze im Land weggesprengt
haben? Kam der Befehl nicht sogar direkt von Ihnen, dass man nur noch
in Jerusalem zu ihm beten und ihm Dinge opfern kann, sonst nirgendwo
mehr? [23] Ha, unser Präsident bietet Ihnen übrigens folgende Wette an: Sie
bekommen 2000 von seinen Panzern, wenn Sie auch 2000 Soldaten in
Ihrer Truppe mit einem Panzerführerschein finden, die die Teile überhaupt
fahren können. [24] So viele Soldaten haben Sie noch nicht mal mehr über,
Sie haben in jeder Beziehung keine Chance! Ihr einzige Hoffnung ist doch
nur die Panzergarnison aus Ägypten! [25] Falls Sie glauben, ich hätte den

ganzen Angriff gegen Ihre Stadt ohne Gott geplant, haben Sie sich ge-
schnitten. Er hat mir gesagt, dass ich dieses Land angreifen und komplett
plattmachen soll. ›Mach sie alle kaputt!‹, hat er gesagt.'"

Jerusalem soll aufgeben

26 Eljakom (der Sohn vom Hiskija), Schebna und Joach baten dann: „Wäre
es vielleicht möglich, wenn wir uns auf Aramäisch unterhalten könnten?
Die Sprachen verstehen wir drei auch ganz gut. Die Security-Leute auf der
Stadtmauer hören uns nämlich zu, und die können nur Hebräisch verstehen!
Die brauchen es ja nicht mitzukriegen." 27 Der Innenminister der Assyrer
war leicht angepisst. „Wie jetzt? War das jetzt nur eine Nachricht von Prä-
sident zu Präsident, oder geht das alle etwas was an? Ich denke jeder, auch
die Leute auf der Straße, sollten das hören. Das sind nämlich die Leute,
die bald vor Hunger ihre eigene Scheiße fressen werden und ihre eigene
Pisse trinken müssen, weil es kein Wasser mehr gibt!" 28 Der Innenminister
trat einen Schritt nach vorne und rief voll laut auf Hebräisch, damit es auch
die Leute auf der Stadtmauer hören konnten: „Haben das jetzt alle gehört,
was der Präsident von Assyrien euch zu sagen hat? Hallo? 29 Er sagt hier
allen Leuten: ‚Lasst euch nicht von eurem Präsidenten Hiskija verarschen! Er
wird euch nicht vor mir beschützen können! 30 Hiskija wird euch voll-
quatschen! Er wird euch sagen, dass Gott euch bestimmt helfen wird und
dass diese Stadt nie und nimmer an die Armee von Assyrien verloren geht!
31 Hört nicht auf Hiskija, hört auf mich! Der Präsident von Assyrien fordert
euch hiermit auf: Ergebt euch bedingungslos! Ihr werdet nicht soooo
Schlimmes durchmachen müssen. Jeder wird genug Geld haben, um sich
im Supermarkt die nötigsten Lebensmittel zu kaufen. 32 Ich werde euch dann
umsiedeln in ein neues Land, das genauso gut ist wie das, wo ihr jetzt
wohnt. Es gibt dort auch genug Nahrungsmittel zu kaufen, Brot, Mehl, Bier,
Eier, alles kein Problem. Wer sein Leben retten will, sollte das tun, was ich
sage. Hiskija ist ein Blender, der macht doch nur leere Versprechungen!
Er erzählt euch nur Dünnsinn, wenn er meint, Gott würde euch noch helfen!
33 Gab es denn bis jetzt auch nur ein Land, wo irgendein Gott die Menschen
vor meinen Truppen beschützen konnte? 34–35 Wo sind sie denn jetzt, diese
ganzen Götter? Was ist mit Hamat, Arpad, Sefarwajim, Hena, Awa und wie
sie alle heißen? Gab es irgendeinen anderen Gott bei euch im Nordreich,
der seine Leute vor mir retten konnte? Hä?'" 36 Die Security-Leute, die auf
der Stadtmauer standen, sagten kein Pieps, weil Hiskija ihnen das verboten
hatte. 37 Eljakim, Schebna und Joach waren voll sauer und echt fertig, als
sie dort weggingen. Sie berichteten Hiskija alles, was der Innenminister zu
ihnen gesagt hatte.

19

Jesaja tritt auf den Plan

1 Auch der Präsident Hiskija war voll fertig, als er vom Verlauf des Gesprächs
hörte. Er zog dann erst mal schwarze Trauerklamotten an und ging dann in
den Tempel, um mit Gott zu reden. 2 Danach schickte er den Innenminister
Eljakim, Schebna, den Minister für Arbeit und Soziales, und die wichtigsten
Priester zum Propheten Jesaja (Sohn von Amoz). Sie gingen in schwarzen
Anzügen zu ihm, die man normal zu einer Trauerfeier anzieht, wenn jemand
Wichtiges gestorben ist. 3 Sie sollten vom Präsidenten Folgendes ausrichten:
„Gott bestraft uns heute für den Mist, den wir in den letzten Jahren gebaut
haben! Wir haben ein fettes Problem, was total peinlich für uns werden
könnte. Uns geht es wie jemandem, der vergeblich versucht, beim Bankdrü-
cken in der Muckibude die 150-Kilo-Hantel zu stemmen, bis sie ihm schließ-
lich auf den Kopf fällt. 4 Der Präsident von den Assyrern hat seinen Innen-
minister bei uns vorbeigeschickt, um den einzig wahren Gott zu verarschen!
Soll Gott sich das anhören, wie diese Leute über ihn ablästern? Könnte er
sie nicht dafür bestrafen, dafür, dass die so übel über ihn gelästert haben?
Bitten Sie Gott da drum! Beten Sie zu ihm! Und beten Sie für die Leute, die
vom Volk noch übrig geblieben sind!“ 5 Die Minister trafen sich dann mit
Jesaja und gaben ihm diese Nachricht. 6 Als der das hörte, antwortete er:
„‚Keine Panik!‘, sagt Gott zu Ihnen! ‚Ihr braucht euch nicht vor den Ein-
schüchterungen fürchten, die ihr von diesen Ministern aus Assyrien gehört
habt. 7 Ich kümmere mich darum! Er wird seine Pläne aufgeben und sich
ganz schnell wieder nach Hause verpissen. Und wenn er dort ist, sorge ich
dafür, dass er sterben wird!‘“ 8 Sanherib, der Präsident von Assyrien, kämpfte
mit seiner Armee in der Zwischenzeit nicht mehr vor Lachisch, sondern
rückte schon gegen die Festung Libna vor. Sein Innenminister hatte davon
gehört und ging auch dort hin.

Sanherib macht einen auf dicke Hose, während Hiskija still mit Gott redet

9 Bei Sanherib, dem Präsidenten von Assyrien, kam die Nachricht rein, dass
der äthiopische Präsident Tirhaka ihnen soeben den Krieg erklärt hatte und
mit seinen Truppen bereits unterwegs war. Doch als wenn nichts gewesen
wäre, schickte er einen Brief zu Hiskija: 10 „Sie sollten sich Ihrer Sache mal
nicht zu sicher sein! Könnte ja sein, dass Ihr Gott Sie auch nur linkt! Sie
vertrauen ihm, aber er täuscht Sie vielleicht damit, wenn er sagt, dass ich
Jerusalem niemals kriegen werde. 11 Bei Ihnen sind doch wohl auch die
ganzen Horrornachrichten angekommen, was die Assyrer mit den Ländern
anstellen, die sie im Krieg geschlagen haben, oder? Aber ausgerechnet Sie
glauben, Ihnen würde das nicht passieren? Pah! 12 Welcher Gott hat es denn

bis jetzt geschafft, auch nur einen meiner Vorgänger daran zu hindern, eine
Stadt und ihre Einwohner komplett plattzumachen? Ich mein jetzt so was
wie die Städte Gosan, Haran, Rezef oder die Leuten von Eden, die in Telassar
gelebt haben. 13 Wo sind denn jetzt die Präsidenten, die in Hamat, Arpad,
Sefarwajim, Hena und Awa früher regiert haben, he? Denken Sie mal nach!"
14 Als Hiskija den Brief vom Postboten bekam und gelesen hatte, ging er
in den Tempel. Dort redete er mit Gott über die ganze Sache. 15 Er sagte:
„Hey, Gott! Du bist der Gott von Israel, du bist dort ganz oben und hast den
Überblick über alles! Du hast in Wirklichkeit die Macht über alle Regierungen
in der Welt! Du hast den Himmel und die Erde gemacht! 16 Jetzt komm bitte
und höre mir zu! Mach deine Augen auf und guck, was die hier vom Stapel
lassen! Dieser Sanherib verarscht dich die ganze Zeit! Dich, den einzigen,
heftigen Gott! 17 Gott, was die sagen, stimmt ja auch: die Assyrer haben
wirklich gegen alle anderen Völker gewonnen und haben sie plattgemacht.
18 Die Plastikgötter von diesen Völkern wurden auch allesamt in die Tonne
gekloppt. Das waren ja eben auch nur Götter aus Plastik, die Menschen
für sich selbst gebastelt hatten. Darum konnten sie auch verbrannt werden.
19 Jetzt komm, Gott, du bist unser Gott, rette uns vor diesem Typen! Dann
werden alle Regierungen in der Welt davon hören und endlich kapieren, dass
du der Chef vom Universum, dass du der einzige Gott bist!"

Gott macht den Präsidenten von Assyrien zum Affen

20 Die Antwort von Gott kam dann bei Jesaja rein, der sie dem Präsidenten
Hiskija ausrichten ließ. „Hören Sie zu, der Gott von Israel sagt Ihnen
Folgendes: ‚Du hast mich gefragt, ob ich dir bei deinem Problem mit dem
Präsident von Assyrien helfen kann, und ich werde dir helfen, versprochen.'
21 Gott sagte zu Sanherib: ‚Ich finde dich lächerlich, ich lache mich kaputt,
die ganze Stadt Zion, mein tolles Jerusalem, diese Stadt mit Mut, zeigt dir
den Stinkefinger, für immer. 22 Was denkst du denn, auf wen du dich da ein-
gelassen hast? Du hast gegen den einzigen Gott abgelästert, das liegt dir
zur Last. 23 Du hast allen von deiner so tollen, unschlagbaren Armee erzählt,
du hast ja bis ans Ende der Welt alle deine Feinde weggekegelt, und du
dachtest, das alleine zählt. 24 Aber ich habe das Wasser gemacht, ich habe
alle Flüsse installiert, und ich sorg für das Wasser, ich machte die ganze
Welt! 25 Du hast wohl noch nie was von mir gehört? Ist an dir vorbeigegan-
gen, hattest deine Ohren nicht auf Empfang gestellt, dass ich lange vor
dir da war und Sachen hab entstehen lassen, die vorher nicht mal da waren?
Und ich hab es zugelassen, dass du Städte einnimmst und sie kaputt machst,
dass du alle Menschen dort umbringst! Du hast das noch nicht gerafft!
26 Deine Feinde hatten plötzlich keinen Mumm mehr in den Knochen, hatten
Angst und Panik, kamen ganz klein angekrochen. Darum sind sie verbrannt

wie getrocknetes Gras, eben war es noch grün, jetzt nur noch das Gegenteil
von nass. 27 Ich fass dich an, und ich kenn dich ganz genau, und wenn du
aggro gegen mich bist, dann stehle ich dir die Schau. 28 Weil du wütend auf
mich warst und weil ich von deinem Ärger gegen mich gehört hab, werde ich
dich jetzt ganz straff lenken, so wie ein Radprofi sein Fahrrad, und ich werde
dich zurückbringen auf den Weg, von dem du kamst.'" 29 Gott hatte auch
noch eine Nachricht für Hiskija: „Als Beweis dafür, dass meine Vorhersagen
auch eintreffen, werde ich Folgendes passieren lassen: In den nächsten zwei
Jahren werdet ihr euch von den Dingen ernähren können, die auf den Fel-
dern einfach so wachsen. Aber im dritten Jahr müsst ihr wieder Körner aus-
säen und ernten. Das gilt auch für die Weinberge. 30 Die Menschen, die vom
Familienstamm Juda übrig geblieben sind, werden sich dort niederlassen
und wie zu Hause fühlen, dort arbeiten und von ihrer Arbeit leben. 31 Es wird
auf jeden Fall ein Rest von diesem Stamm in Jerusalem übrig bleiben, dort
auf dem Zionsberg. Ich werde dafür sorgen, weil ich meine Leute einfach
total liebhabe. 32 Und ich sag dir auch, was mit dem Präsidenten von den
Assyrern passieren wird: Er wird es nicht schaffen, diese Stadt zu erobern. Er
wird es noch nicht mal bis dahin schaffen, nicht einen Schuss wird er auf die
Stadt abfeuern. Keiner seiner Panzer wird die Schutzmauer zum Einstürzen
bringen, seine Soldaten werden sich auch nicht, mit ihrem Helmen auf dem
Kopf, gegen sie zum Angriff aufstellen. 33 Er wird auf demselben Weg, auf
dem er gekommen ist, wieder nach Hause fahren. Ich schwöre dir, er wird
nicht einen Fuß in die Stadt setzen, weil ich das jetzt sage! 34 Weil ich Res-
pekt sehen will – und auch wegen David –, werde ich dieser Stadt helfen und
sie retten!" Das war die Nachricht, die der Prophet Jesaja an Hiskija ausrich-
ten ließ. 35 In der Nacht passierte dann etwas total Heftiges. Ein Soldatenen-
gel von Gott kam in das Lager von der assyrischen Armee und tötete dort
185000 Mann! Als die Sonne aufging, lagen überall Leichen rum! 36 Als der
Präsident von den Assyrern davon erfuhr, blies er sofort den ganzen Angriff
ab. Seine ganzen Truppen kehrten um, und er selbst zog wieder zurück in
seine Heimat. Ab dann wohnte er in der Stadt Ninive. 37 Irgendwann ging
Sanherib, der assyrische Präsident, dort mal in den Tempel von seinem Plas-
tikgott Nisroch. Plötzlich kamen seine Söhne Adrammelech und Sarezer von
hinten und schnitten ihm die Kehle durch. Wegen diesem Mord mussten
sie sich dann erst mal verpissen und versteckten sich eine Zeitlang im Land
Ararat. Als nächster Präsident kam sein Sohn Asarhaddon an die Macht.

20

Hiskija wird doch noch geheilt

1 Später wurde Hiskija dann todkrank. Der Prophet Jesaja kam auf einen
Krankenbesuch vorbei und hatte auch ein Wort von Gott für ihn: „Machen

Sie sich schon mal für den Sarg fertig! Sie werden nicht wieder aus dem
Bett hochkommen!“ 2 Als Jesaja wieder weg war, dreht sich Hiskija in seinem
Bett zur Wand und redete mit Gott: 3 „Chef! Bitte vergiss nicht, dass ich dir
immer treu war! Ich hab immer radikal durchgezogen, was du von mir woll-
test, und hab immer so gelebt, wie du es geil findest, oder?“ Dann fing er
voll laut an zu weinen, die Tränen kullerten ihm nur so runter. 4 Jesaja war
noch nicht mal bis zur nächsten U-Bahn-Station gekommen, da redete Gott
plötzlich mit ihm. 5 „Geh noch mal zurück zu Hiskija! Er ist ja zurzeit der
Chef von meinen Leuten, und ich will ihm noch was sagen. Erzähl ihm:
‚Diese Ansage kommt jetzt von Gott, der Gott von deinem Ururgroßvater
David. Ich habe deine Gebete gehört, und ich hab auch gesehen, dass du
geweint hast. Pass auf, ich werde dich gesund machen. Heute in drei Tagen
wirst du wieder in mein Haus, in den Tempel, gehen können. 6 Ich werde
dein Leben noch mal um fünfzehn Jahre verlängern. Und ich werde dich und
auch Jerusalem vor den Assyrern beschützen. Weil ich Respekt haben will
und weil David so cool unterwegs war, werde ich auf Jerusalem aufpassen.‘“
7 Jesaja ging dann wieder zurück zu Hiskija und sagte ihm das. Dann
meinte er zu den Hausangestellten: „Organisieren Sie mal ein paar Äpfel,
und tuen Sie die in den Mixer. Den Brei legen Sie dann auf die entzündete
Stelle vom Präsidenten. Die wird dann abheilen, und der Präsident wird
wieder gesund.“ 8 „Krieg ich irgendwie noch einen Beweis von Gott, dass
diese Worte auch wirklich eintreffen werden?“, fragte Hiskija. „Gibt’s viel-
leicht noch ein Zeichen, dass ich übermorgen schon wieder in den Tempel
gehen kann?“ 9 „Ja, Gott wird Ihnen ein Zeichen geben. Das ist dann der
Beweis, dass er seine Versprechen immer einhält. Sie können sich aussu-
chen, was Ihnen lieber ist. Soll er die Uhren auf der ganzen Welt zehn Stun-
den zurück- oder zehn Stunden vordrehen?“, antwortete Jesaja. 10 „Hm, also,
dass man das Gefühl hat, die Zeit vergeht viel schneller als sonst, ist ja
nichts Besonderes. Aber wenn die Zeit zehn Stunden zurück gehen würde,
das wäre mal echt krass!“ 11 Jesaja redete mit Gott, und plötzlich drehten
sich alle Uhren zehn Stunden zurück!! Auch die große Uhr, die der Präsident
Ahas in der City vor einiger Zeit hatte aufstellen lassen, tat das sofort.

Verhandlungen mit Babylonien und Hiskijas Tod

12 Als der Präsident von Babylonien, Merodach-Baladan in der Zeitung las,
dass es Hiskija wieder besserging, schickte er ein paar seiner Männer mit
einem Geschenk zu ihm. Dabei lag noch ein Brief, in dem er ihm schrieb,
wie sehr er sich darüber freute, dass Hiskija wieder gesund geworden war.
13 Hiskija nahm das Geschenk und den Brief von diesen Männern entgegen
und machte mit ihnen anschließend eine Rundfahrt im Regierungsviertel.
Er zeigte denen alles, was ihm gehörte und worüber er das Sagen hatte. Das

Waffenarsenal, die Panzerfahrzeuge und Flugkörper, alle Lebensmittelvor-
räte und so. Am Ende ging er sogar noch mit denen in die Staatsbank, wo
er ihnen im Tresorraum sämtliche Goldreserven und das ganze Staatsver-
mögen zeigte. 14 Als sie dann wieder weg waren, kam Jesaja bei ihm vorbei
und fragte ihn: „Sagen Sie mal, was wollten denn diese Männer von Ihnen?
Woher kamen die?“ – „Die kamen aus dem Ausland, aus Babylon“, antwor-
tete Hiskija. 15 „Und? Was haben die sich denn bei uns angesehen? Was
haben Sie denen gezeigt?“, wollte Jesaja wissen. „Ach, eigentlich alles! Ich
hab ein bisschen angegeben und ihnen gezeigt, was wir so zu bieten haben.
Sogar unsere Kontoauszüge und die Goldreserven haben sie gesehen!“
16 „Hm, hören Sie zu, ich hab eine Nachricht von Gott für Sie!“, meinte da
draufhin Jesaja. 17 „Alle deine Goldreserven, dein ganzes Geld auf dem
Konto, was schon die Präsidenten vor dir angespart hatten, wird irgendwann
geklaut und nach Babylonien gekarrt werden. Nichts bleibt davon mehr
über. 18 Sogar einige von den Söhnen, die du noch bekommen wirst, wird
man nach Babylonien verschleppen. Sie werden dort als Kellner im Präsi-
dentenpalast arbeiten müssen.“ 19 „Wenn Gott das so will, dann nehme ich
diese Entscheidung von ihm an“, sagte Hiskija. „Aber einen Wunsch hab
ich trotzdem: Ich möchte, dass es keinen Krieg und keine Terroranschläge
mehr in Israel gibt, solange ich noch lebe!“ 20 Alles, was man sonst noch
über Hiskija erzählen könnte, was er alles an guten Sachen gebracht hat,
kann man in den amtlichen Chroniken der Präsidenten von Juda nachlesen.
Dort steht auch drin, dass er neue Wasserleitungen verlegt hat und das
Kabelnetz erweitert hatte. 21 Als Hiskija gestorben war, wurde er auf dem
Friedhof neben seiner Familie verbuddelt. Als nächster Präsident kam
dann sein Sohn Manasse an die Reihe.

21

Präsident Manasse von Juda übertreibt es völlig

1 Manasse war 12 Jahre, als er der neue Präsident von Juda wurde, und er
regierte 55 Jahre von Jerusalem aus das Land. Seine Mutter hieß Hefzi-Bah.
2 Er war total schräg drauf und tat lauter Sachen, auf die Gott überhaupt
keinen Bock hat. Er lebte und regierte nach dem Vorbild der ganzen Völker,
die Gott vorher aus dem Land der Israeliten rausgeschmissen hatte. 3 Er
hatte nichts Besseres zu tun, als diese Opferplätze auf den Bergen wieder
aufzubauen, wo man irgendwelchen Plastikgöttern Dinge opfern konnte.
Sein Vater Hiskija hatte die alle noch wegsprengen lassen, aber er baute sie
wieder auf. Sogar so ein Teil für diesen Gott Baal musste er haben, und auch
ein Bild von der Plastikgöttin Aschera ließ er sich machen. So einen Dünn-
sinn hatte ja schon Ahab fabriziert, als er Präsident von Israel war. Außer-
dem betete er auch noch ganz gerne mal zum Mond oder zu anderen Plane-

ten und ließ sich ständig sein Horoskop machen. 4 Gott hatte ja immer
gesagt, dass er in seinem Haus, dem Tempel in Jerusalem, wohnen wollte.
Und ausgerechnet dort baute Manasse auch noch ein paar Opfertische, so
Altäre für andere Götter! 5 Auf dem Vorplatz vom Tempel stellte er solche
Altäre hin, wo man zu allen Sternen im Himmel gleichzeitig beten konnte.
6 Aber das war noch nicht alles. Er ging ständig auf irgendwelche Eso-Tref-
fen, bestellte sich Wahrsager ins Haus und hing nachts auf Friedhöfen rum,
um mit den Toten zu reden und sich von denen beraten zu lassen. Einmal
ließ er sogar einen seiner eigenen Söhne in einem Opferritual für irgend so
einen Pseudogott verbrennen! Mit diesen ganzen Sachen kriegte er Gott auf
180, der war richtig sauer auf ihn. 7 Obwohl Gott zu David und auch zu sei-
nem Sohn Salomo gesagt hatte, dass im Tempel in Jerusalem nur er wohnen
sollte und sonst keiner, stellte Manasse dort auch ein Bild von dieser komi-
schen Aschera auf. 8 Gott hatte damals zu David gesagt: „Wenn meine Leute
tun, was ich sage, und nach den Gesetzen leben, die sie von Mose, meinem
treuen Angestellten, bekommen haben, dann werde ich dafür sorgen, dass
sie niemand mehr aus dem Land rausschmeißen kann, was ich ihnen vor
Ewigkeiten geschenkt hatte." 9 Aber die Leute aus dem Familienstamm Juda
behandelten Gott wie einen Volltrottel. Sie ließen sich von Manasse dazu
verführen, zu Plastikgöttern zu beten, und fuhren auch total auf die ab. Sie
trieben es dabei noch derber als die ganzen Völker, die Gott vorher aus der
Gegend durch die Israeliten komplett verjagt hatte. 10 Schließlich brachte
Gott durch die Propheten folgende Ansage: 11 „Was der Präsident Manasse
an üblen Sachen gebracht hat, ist sogar viel schlimmer als die Dinger der
Amoriter, die vorher dort gelebt haben. Dazu hat er auch noch die Leute von
Juda verführt, zu Plastikgöttern zu beten und die toll zu finden. 12 Gott, der
Chef von Israel, hat deswegen folgende Nachricht für euch: ‚Ich werde dafür
sorgen, dass es Juda und der Stadt Jerusalem richtig dreckig gehen wird.
Es wird euch so beschissen gehen, dass sogar die Leute, die nur davon
hören, Ohrenschmerzen bekommen. 13 Jerusalem hat keine Freikarte mehr,
es wird genauso beurteilt werden wie jede andere normale Stadt in der Welt
auch, wie zum Beispiel Samaria. Und seine Präsidenten werden genauso
verurteilt wie die Familie von Präsident Ahab. Ich werde Jerusalem aus-
löschen. Die Stadt wird so leer sein wie eine Chips-Tüte, die man umgedreht
und leer geschüttelt hat. 14 Ich werde die Reste von dem, was von meinen
Leuten übrig geblieben ist, auch noch rausschmeißen. Ich will mit ihnen
nichts mehr zu tun haben, ich liefere sie an ihre Feinde aus. Die werden mit
ihnen machen, wozu sie gerade lustig sind, sie werden ihnen alles, was
sie besitzen, wegnehmen und alle Bewohner gefangen nehmen. 15 Warum?
Die Israeliten tun echt nur Sachen, die ich nicht will, die nicht gut sind! Sie
haben mich ohne Ende provoziert, das fing schon damals an, als sie aus

Ägypten abgehauen sind, und es hat sich bis heute nicht geändert.'" 16 Manasse schlachtete auch viele Menschen ab, die gar nichts verbrochen hatten. In Jerusalem wurden überall sehr viele Leute einfach so getötet. Das kam noch zu seinem Fehler dazu, dass er die Leute von Juda dazu verführt hatte, Sachen zu tun, die Gott total beknackt findet. 17 Alles, was man sonst noch über Manasse sagen könnte, steht in den amtlichen Chroniken der Präsidenten von Juda. Auch wie er zu Plastikgöttern betete und was er sonst noch so getrieben hat, steht da drin. 18 Als er tot war, wurde seine Leiche nicht auf dem Friedhof, sondern in seinem eigenen Garten vor der Präsidentenvilla verbuddelt. Dieser Garten hatte früher auch einem gewissen Herrn Usa gehört. Als nächster Präsident war sein Sohn Amon an der Reihe.

Was der Präsident Amon von Juda so gebracht hat

19 Als Amon an die Macht kam, war er 22 Jahre alt. Er regierte zwei Jahre lang von Jerusalem aus das Land. Seine Mutter kam aus der Familie von Haruz, der aus Jotba stammte. Ihr Name war Meschullemet. 20 Amon war genauso drauf wie sein Vater und tat nur Dinge, die Gott total fies findet. 21 Er lebte genauso wie Manasse, opferte irgendwelchen Pseudogöttern und betete zu denen. 22 Gott, der Chef von seinen Vorfahren, ging ihm am Arsch vorbei, und auch seine Gesetze waren ihm total egal. 23 Einige seiner Angestellten taten sich heimlich zusammen und verübten ein Attentat auf ihn, als er gerade zu Hause war. 24 Die Leute verfolgten aber alle Attentäter und brachten sie um. Als das erledigt war, erklärten sie seinen Sohn Joschija zum nächsten Präsidenten. 25 Alles, was man sonst noch über Amon erzählen könnte, steht in den amtlichen Chroniken der Präsidenten von Juda. 26 Seine Leiche wurde auch in diesem Garten verbuddelt, der früher mal Usa gehört hatte. Als Nächstes kam sein Sohn Joschija an die Macht.

22

Man findet ein Buch, wo die Gesetze drinstehen

1 Als nächster Präsident von Juda kam Joschija an die Reihe. Er war erst acht Jahre alt, als er an die Macht kam, und er regierte 31 Jahre lang von Jerusalem aus das Land. Seine Mutter hieß Jedida, sie kam aus der Familie von Adaja aus Bozkat. 2 Aber Joschija war gut drauf, er lebte ungefähr so, wie es David auch schon getan hatte. Er brachte viele Sachen, die Gott voll gut findet, und er hielt sich radikal an die Gesetze und Regeln. 3 Als er 18 Jahre lang an der Macht war, hatte er einen Auftrag für Schafan. Er schickte ihn damit in den Tempel. Schafan kam übrigens aus der Familie von Azalja, er war ein Enkel von Meschullam. 4 „Gehen Sie zum obersten Priester, zu Hilkija, und bitten Sie, dass mal gecheckt werden soll, was an Spenden in den Dosen im Tempel gelandet ist. Alles, was von den Angestellten am Eingang gesammelt

wurde, und auch was durch die Touris reinkam, soll gezählt werden. 5–6 Die
Kohle muss dann an den zuständigen Architekten überwiesen werden, der
für die Renovierungsarbeiten am Tempel verantwortlich ist. Davon sollen
die Gehälter von den Bauarbeitern, Zimmermännern und Tischlern bezahlt
werden. Außerdem sollen mit dem Geld die Einkäufe im Baumarkt bezahlt
werden, wo die das Material einkaufen. 7 Die Leute brauchen über das Geld
keine genaue Buchhaltung führen, das läuft alles auf Vertrauensbasis, klar?“
8 Irgendwann kam der Oberpriester Hilkija ganz aufgeregt bei Schafan an:
„Stellen Sie sich vor, ich hab bei den Renovierungsarbeiten ein Buch von
Gott gefunden, wo alle Gesetze drinstehen!“ Schafan schnappte sich das
Buch, setzte sich in eine Ecke und fing an, es zu lesen. 9 Als er damit durch
war, ging er zum Präsidenten. „Ihre Priester haben die Spendendose im
Tempel geleert. Das Geld hab ich den Männer ausgehändigt, die für die
Renovierungsarbeiten verantwortlich sind.“ 10 Und dann erzählte er ihm
auch von dem Gesetzbuch, was er von dem Priester Hilkija bekommen
hatte. Schließlich las er dem Präsidenten da draus vor.

Joschija ist total fertig, als er von den Gesetzen hört

11 Als der Präsident von dem Inhalt hörte, der in diesen Gesetzen stand, war
er erst mal total geschockt und echt fertig. 12 Er trommelte sofort die folgen-
den wichtigen Personen zusammen: Hilkija, den Chef der Priester, Ahikam,
den Sohn von Schafan, Achbor, den Sohn von Micha, sowie den Minister für
Inneres, Schafan, und den persönlichen Sekretär vom Präsidenten, Asaja.
Sie bekamen folgenden Auftrag von ihm: 13 „Ich möchte, dass Sie sich alle
ganz viel Zeit zum Beten nehmen. Fragen Sie Gott, was wir jetzt mit diesen
Gesetzen machen sollen. Fragen Sie ihn für mich und auch für alle anderen
Leute, die zum Familienstamm Juda gehören. Mir ist ganz klar, dass Gott
supersauer auf uns sein muss. Schon die Menschen, die vor uns da waren,
haben nicht mehr nach diesen Gesetzen gelebt.“ 14 Die fünf Männer mach-
ten einen Termin bei der Prophetin Hulda, um ihre Einschätzung der Dinge
zu hören. Hulda war mit Schallum verheiratet, der aus der Familie vom
Tikwa kam und ein Enkel von Hasra war. Er arbeitete als Designer und ent-
warf die Anzüge des Präsidenten. 15 Hulda hatte ein Ansage von Gott zu dem
Thema bekommen. Sie sagte: „Diese Nachricht kommt jetzt von Gott, dem
Chef von Israel. Richten Sie dem Typen, der Sie zu mir geschickt hat, Fol-
gendes von Gott aus: 16 ‚Alle Warnungen, die ich in dieses Buch hab rein-
schreiben lassen, werden so auch passieren. Ich werde dafür sorgen, dass es
den Leuten in dieser Stadt bald total dreckig gehen wird. 17 Sie haben mich
abgezogen und haben angefangen, zu anderen Göttern zu beten. Weil sie
die ganze Zeit mit diesen Plastikgöttern rumgemacht haben, bin ich so lang-
sam echt auf 180. Ich bin total genervt von diesem Tempel und allem, was

hier so abgeht. Ich bin voll sauer, und man kann mich auch nicht mehr so
mal eben wieder beruhigen.‘ 18 Dem Präsidenten, in dessen Auftrag Sie ja
gekommen sind, können Sie Folgendes ausrichten. Er wollte ja eine Antwort
von Gott haben. Das kommt jetzt vom Chef, von Gott, dem Gott von Israel:
19 ‚Du hast diese Ansagen gehört, die ich gemacht habe. Sie waren für dich
und die Bewohner dieser Stadt bestimmt. Es wird so kommen, dass es bald
überall auf der Welt so einen Spruch geben wird. Wenn man jemanden die
Krätze an den Hals wünscht, wird man sagen: ›Dir soll das Gleiche passie-
ren wie Jerusalem!‹ Allerdings soll das alles erst passieren, wenn du schon
tot bist. Denn ich hab gesehen, dass es dir voll leidgetan hat und wie fertig
du warst, als man das Buch gefunden hat. Darum hab ich auch auf deine
Gebete gehört. 20 Das bedeutet, dass du diese Katastrophe nicht mehr mit-
erleben wirst, die über diese Stadt kommen wird. Ich sorge dafür, dass du
ganz friedlich sterben wirst, und man wird dich auf dem Friedhof beerdigen,
wo auch der Rest deiner Familie liegt.‘“ Die fünf Männer gingen dann wieder
zum Präsidenten und richteten ihm die Nachricht aus.

23

Präsident Joschija räumt auf

1 Jetzt organisierte Joschija ein Treffen in Jerusalem, wo alle Chefs von den
Familien aus Juda eingeladen wurden. 2 Schließlich wurde eine kleine Demo
veranstaltet, bei der jeder, der in Jerusalem wohnte, alle Priester und Pro-
pheten, und überhaupt alle Leute, die kommen konnten, gemeinsam zum
Tempel zogen. Als der ganze Trupp dort war, stellte sich einer an das Mikro
und las allen Leuten die Gesetze aus dem Buch vor, was man ja zufällig im
Tempel gefunden hatte. 3 Als der zu Ende gelesen hatte, stellte sich der
Präsident auf ein Rednerpult, was vor dem Tempel aufgebaut worden war.
Dort machte er einen neuen Vertrag zwischen Gott und seinen Leuten. Und
zwar musste das ganz Volk versprechen, dass sie radikal alle Gesetze und
Regeln, die in dem Buch standen, durchziehen wollten. Alle Leute sagten am
Ende laut: „Ja, das werden wir tun!“ Jeder verpflichtete sich, nach den Geset-
zen von Gott zu leben. 4 Jetzt gab der Präsident den Befehl raus, dass der
Oberpriester Hilkija mit allen seinen Angestellten im ganzen Tempel mal
„klar Schiff“ machen sollte. Alles, was mit diesen Plastikgöttern zu tun hatte,
sollte er aus dem Tempel rausschmeißen. Die ganzen Sachen, die benutzt
wurden, um zu diesem Baal-Gott oder zur Plastikgöttin Aschera zu beten,
wurden verschrottet. Auch die ganzen Esoterikbücher wurden eingesammelt.
Den ganzen Haufen, der dann zusammengekommen war, brachte man vor
die Stadt in die Müllverbrennungsanlage. Die Asche wurde gesammelt und
anschließend nach Bet-El geschickt, wo nun nicht mehr zu Gott gebetet wer-
den sollte. 5 Alle Pseudopriester, die sich um die Rituale für die Plastikgötter

gekümmert hatten, wurden fristlos entlassen. Die waren ja vom alten Präsi-
denten von Juda extra dafür eingestellt worden, um in den Städten und in
der Umgebung von Jerusalem für diesen Baal Gottesdienste zu veranstalten.
Dazu sollten sie aber auch noch Opfersessions für die Sonne, den Mond
und die Sterne oder irgendwelchen Astro-Schnickschnack veranstalten. 6 Das
Bild von dieser Aschera-Göttin wurde wieder aus dem Tempel von Gott
genommen und im Kidrontal verbrannt. Die Reste ließ er einsammeln und
in einen Schredder werfen. Anschließend wurde alles auf einem Friedhof
verstreut, damit war Aschera Geschichte. 7 Dann ließ er noch den Puff und
das Eroscenter abreißen, die im Tempelbezirk waren. Dort hatten außerdem
die Frauen gearbeitet, die immer für diese Aschera-Göttin Kleider genäht
hatten, die sie der Figur dann anzogen. 8 Die Opfertische, die Altäre, die vor
dem Joschua-Tor standen, wurden auch abgerissen. Die standen, wenn man
es von innen aus betrachtete, auf der linken Seite. Überall im Gebiet von
Juda, von Geba bis Beerscheba, sprengte er die Plätze weg, auf denen vorher
irgendwelchen Plastikgöttern Sachen geopfert wurden. Alle Priester sollten
wieder zurück nach Jerusalem kommen. 9 Dort hatten sie zwar keine Geneh-
migung, am Altar von Gott in Jerusalem zu opfern, aber sie bekamen immer-
hin ihren Anteil von den besonderen Broten. 10 Den Opferplatz in Tofet, wo
sogar mal Kinder für einen Plastikgott abgeschlachtet wurden, riss er auch
ab. Keiner sollte jemals dort wieder seinen Sohn oder seine Tochter für die-
sen Moloch-Gott, der auch Milkom heißt, verbrennen. 11 Auch diese komi-
schen Pferdefiguren mit ihren Wagen verschrottete er. Einige von den Präsi-
denten von Juda hatten die mal am Eingang vom Tempel auf dem Parwar-
Platz aufgestellt, gleich neben den Diensträumen von einem gewissen
Netan-Melech, um sich beim „Sonnengott" damit einzuschleimen. 12 Alle
Altäre, die auf dem Flachdach vom Regierungsgebäude aufgebaut worden
waren, kamen auf den Sperrmüll. Ahas hatte die damals auf das Oberge-
schoss draufbauen lassen. Das Gleiche passierte auch mit den Altären,
die Manasse in den beiden Innenhöfen vor dem Tempel aufgestellt hatte.
Beide wurden komplett weggesprengt und der Schutt ins Kidrontal gewor-
fen. 13 Über die Altäre, die für irgendwelche Plastikgötter im Osten von Jeru-
salem aufgebaut worden waren, ließ er Müll kippen, damit man sie nicht
mehr benutzen konnte. Diese Teile wurden schon damals vom Präsidenten
Salomo aufgestellt. Sie waren für diese Astarte-Göttin, den Gott der Moabi-
ter Kemosch und den ammonitischen Gott Milkom, der auch Moloch heißt,
gebaut worden. 14 Joschija ließ auch alle anderen Figuren, die irgendwelche
Götter darstellen sollten, umhauen. Um mit der Sache auch sicherzugehen,
ließ er überall, wo die Figuren vorher standen, ein paar Knochen drüber
legen. Damit war klar: Das Teil ist beerdigt und vorbei. 15 Als Nächstes war
Bet-El dran, wo Jerobeam einen Opferplatz gebaut hatte und damit alle

Israeliten dazu verführte, zu Plastikgöttern zu beten anstatt zu dem wirklichen, echten Gott. Der Altar wurde mit einem Presslufthammer kleingemacht und dann total zerbröselt. Auch diese Figuren von der Aschera, zu denen man gebetet hatte, wurden verbrannt. Anschließend sprengte man
den ganzen Platz einfach in die Luft. 16 Bevor Joschija das Teil wegsprengte,
verdreckte er das Ganze erst mal anständig und machte es damit unbrauchbar für irgendwelche Rituale. Und zwar hatte er bemerkt, dass am Berg dort ein paar Gräber waren. Er ließ einige Skelette einsammeln und verbrannte die dann auf dem Altar. Damit war das Teil verdreckt und unbrauchbar geworden. Übrigens hatte Gott das ja schon vor einiger Zeit alles durch
einen Propheten angekündigt. 17 Joschija sah dann noch einen Grabstein.
„Wessen Grab ist das da?", fragte er die Leute, die dort wohnten. „Das ist das Grab von einem Propheten, der mal vor einiger Zeit aus Jerusalem hierhergezogen ist. Er hat alles, was du jetzt mit dem Altar gemacht hast, schon
damals vorausgesehen!" 18 Joschija meinte: „Lasst ihn in Frieden! Keiner
soll seine Knochen wegschleppen!" Darum wurde sein Skelett nicht weggeschafft und auch das Skelett von dem anderen Propheten, der aus Samaria
kam, blieb dort liegen. 19 Was Joschija in Bet-El durchgezogen hatte, machte
er auch in den anderen Städten vom Nordstaat Israel. Alle Tempel für irgendwelche Plastikgötter, die von den Präsidenten von Israel dort irgendwann mal aufgebaut worden waren, wurden von ihm plattgemacht. Diese Tempel hatten ja auch dafür gesorgt, dass Gott voll sauer und enttäuscht
von den Israeliten war. 20 Viele Priester von diesen Pseudogöttern bekamen
bei ihm sogar die Todesstrafe. Sie wurden genau an dem Ort hingerichtet, wo sie diesen Göttern Sachen geopfert hatten, und ihre Leichen wurden auch dort verbrannt. Als er mit den Aufräumarbeiten fertig war, ging er zurück nach Jerusalem.

Die erste Passaparty nach langer Zeit wieder in Jerusalem

21 Kurze Zeit später gab Joschija den Befehl raus, dass diese Woche überall im Land die Passaparty gefeiert werden sollte. „Feiert für euren Gott, macht es genau so, wie es in den Gesetzen drinsteht! Auf diese Gesetze seid ihr
eingeschworen worden!" 22 So richtig war die Passaparty ewig nicht mehr
gefeiert worden. Es wurde schon in der Zeit nicht mehr gefeiert, als die Richter in Israel das Sagen hatten. Und auch als die Präsidenten das Land von
Israel und Juda regierten, hatte man es nicht gefeiert. 23 Nun, im 18. Jahr, wo
der Präsident Joschija an der Macht war, wurde die Passaparty in Jerusalem endlich wieder mal so richtig gefeiert.

Trotz großer Aufräumarbeiten: Die Katastrophe kommt

24 Hilkija zog alles genau so durch, wie es in dem Buch stand, was ein Pries-
ter zufällig in einer Ecke im Tempel gefunden hatte. Er schmiss alle Okkul-
tisten, Esos, Astrofans und Wahrsager hochkant aus Jerusalem raus. Auch
die kleinen Plastikgötter, die überall in den Häusern rumstanden, und auch
alle komischen Bilder, zu denen die Leute in Jerusalem gebetet hatten, wur-
den in die Tonne gedrückt. 25 Vor Joschija gab es keinen Präsidenten, der das
Steuer so rumgerissen hatte wie er. Hundertprozentig, radikal, mit allem,
was er hatte, lebte er mit Gott und richtete sich nach den Gesetzen von
Mose. Auch nach ihm gab es keinen, der das so radikal durchgezogen hatte
wie er. 26 Trotzdem reichte das nicht, um Gott wieder zu beruhigen. Manasse
hatte Gott deutlich zu krass einen reingedrückt durch den riesen Berg an
Mist, den er gebracht hatte. 27 Gott hatte es so beschlossen und ließ sich
auch nicht davon abbringen. „Den Leuten von Juda soll das Gleiche passie-
ren wie den Leuten von Israel. Ich werde zulassen, dass sie als Kriegsgefan-
gene in ein anderes Land verschleppt werden, damit ich sie nicht länger
vor Augen haben muss. Jerusalem ist mir mittlerweile total egal, ich will mit
der Stadt nichts mehr zu tun haben. Auch der Tempel ist mir egal, auch
wenn ich früher mal gesagt hatte, dass ich hier wohnen will."

Der Präsident Joschija stirbt

28 Alles, was man sonst noch über den Joschija erzählen könnte, steht in den
amtlichen Chroniken der Präsidenten von Juda. 29 Irgendwann zog der Prä-
sident von Ägypten, Pharao Necho, mit seiner Armee zum Eufratfluss, weil
er der assyrischen Armee in ihrem Feldzug helfen wollte. Bei Megiddo, in
der Nähe vom Eufrat, versuchte Joschija mit seiner Truppe ihn aufzuhalten.
Dort wurde er gleich zu Beginn der Kampfhandlung von einer Kugel tödlich
getroffen und starb. 30 Seine Männer brachten die Leiche in einem Wagen
von Megiddo nach Jerusalem. Dort wurde er dann in dem für ihn vorgesehe-
nen Grab beerdigt. Als nächster Präsident wurde Joahas, ein Sohn von
Joschija, von der Führungsriege aus Juda ausgerufen.

Joahas und Jojakim von Juda

31 Joahas war 23 Jahre alt, als er der neue Präsident wurde. Er hatte aber nur
drei Monate lang die Macht in Jerusalem. Seine Mutter hieß Hamatual. Sie
kam aus der Familie vom Jirmeja und war in Libna geboren und aufgewach-
sen. 32 Leider brachte er auch wieder nur Bockmist, genau wie die anderen
Präsidenten vor Joschija. 33 Der Präsident von Ägypten, Pharao Necho, nahm
ihn gefangen und setzte ihn im Knast bei Ribla fest. Das Gefängnis lag in
der Provinz Hamat. Die Israeliten mussten dann an den Pharoa jährlich
1,8 Millionen Euro Steuern bezahlen. 34 Joahas wurde von Necho einfach

abgesetzt. Stattdessen erklärte er Eljakim, einen anderen Sohn von Joschija,
zum neuen Präsidenten. Allerdings änderte er dessen Namen in Jojakim.
Joahas musste mit Necho nach Ägypten ziehen, wo er später starb. 35 Um
die 1,8 Millionen aufzubringen, musste Jojakim die Leute anbohren. Jeder
Einwohner wurde dazu verpflichtet, je nach Größe seines Vermögens eine
bestimmte Steuer abzudrücken. 36 Jojakim war 25 Jahre alt, als er zum neuen
Präsidenten gemacht wurde. Er regierte elf Jahre lang von Jersualem aus
das Land. Seine Mutter war übrigens Sebuda, eine Tochter von Pedaja. Sie
stammte ursprünglich aus der Stadt Ruma. 37 Aber er baute so ähnlichen
Bockmist wie viele der Präsidenten vor ihm auch und tat Sachen, die Gott
total ätzend findet.

24

Noch mehr Geschichten über Jojakim

1 In der Zeit, wo Jojakim an der Macht war, gab es mal einen Krieg gegen
Nebukadnezzar, den Präsidenten von Babylon. Der marschierte mit seinen
Truppen in Juda ein. Jojakim wedelte mit der weißen Fahne und gab auf.
Aber nach drei Jahren organisierte er eine Revolution gegen die Besatzer.
2 Gott sorgte dafür, dass einige Truppen von den Chaldäern, den Syrern, den
Moabitern und den Ammonitern gleichzeitig Jojakim angriffen, um Juda
plattzumachen. Das hatte er ja schon durch einen Propheten vor einiger
Zeit angekündigt. 3 Diese ganzen Probleme kamen eindeutig daher, weil Gott
das so organisiert hatte. Er hatte keinen Bock mehr auf Juda, die Leute
waren bei ihm komplett untendurch. Das war so, seitdem der Präsident
Manasse diese fiesen Feiern für die seltsamen Plastikgötter abgezogen und
Gott damit übelst beleidigt hatte. 4 Außerdem hatte er viele Menschen getö-
tet, die absolut nichts ausgefressen hatten. Gott war hart drauf, er wollte
diese Sachen nicht so mal eben durchgehen lassen. 5 Alles, was man sonst
noch über Jojakim erzählen könnte, was er so alles in seiner Dienstzeit ge-
bracht hat, kann man in den amtlichen Chroniken der Präsidenten von Juda
nachlesen. 6 Nach seinem Tod wurde sein Sohn Jojachin der nächste Prä-
sident. 7 In der Zeit hatte sich der Präsident von Babylon in der ganzen
Gegend ausgebreitet. Der Präsident von Ägypten traute sich gar nicht mehr
aus seinem eigenen Land raus, weil vom Eufratfluss bis zur ägyptischen
Grenze alles fest in babylonischer Hand war. Früher hatte der ägyptische
Präsident dort das Sagen gehabt, jetzt aber nicht mehr.

Nebukadnezzar marschiert in Jerusalem ein

8 Jojachin wurde mit 18 der neue Präsident von Juda, aber er regierte nur
drei Monate von Jerusalem aus das Land. Seine Mutter hieß Nehuschta und
kam aus der Familie von Elnatan, der aus Jerusalem stammte. 9 Er baute

denselben Scheiß wie sein Vater Jojakim. 10 In der Zeit zog die Armee von
Nebukadnezzar gegen die Stadt Jerusalem, um sie einzunehmen. 11 Mitten
in der Schlacht erschien der Präsident Nebukadnezzar höchstpersönlich an
der Front. 12 Jojachin kam dann mit einer weißen Fahne nach draußen und
ergab sich. Mit ihm kamen seine Mutter und alle seine Minister, Offiziere
und alle Angestellten. Er wurde dann gefangen genommen und in den Knast
gesteckt. Das passierte im achten Jahr, in dem Nebukadnezzar an der Macht
war. 13 Das gesamte Vermögen, was im Tempel lag, das ganze Gold und so,
wurde vom babylonischen Präsidenten beschlagnahmt. Gott hatte ja schon
vorhergesagt, dass so was passieren würde. Nebukadnezzar ließ alle wert-
vollen Sachen aus dem Tempel zerkloppen, die Salomo früher mal extra
hatte anfertigen lassen. 14 Alle aus der Bevölkerung, die was zu sagen hatten,
wurden in Jerusalem festgenommen und verschleppt. Insgesamt waren das
10 000 Männer, sozusagen die „oberen Zehntausend“. Dazu kamen noch
erfahrene Bauingenieure sowie die besten Wissenschaftler im Land. Die
Einzigen, die bleiben durften, waren die 1-Euro-Jobber und Hartz-IV-Emp-
fänger. 15 Selbst der Präsident mit seiner ganzen Familie und seinen Haus-
angestellten wurde nach Babylonien verschleppt. 16 7000 Geschäftsleute,
die alle sehr viel Kohle auf dem Konto hatten, wurden auch mitgenommen,
dazu noch 1000 gute Handwerker, besonders aus dem Bau- und Metallge-
werbe. Viele wehrfähige Männer kamen auch noch dazu. 17 Anstelle von Joja-
chin setzte Nebukadnezzar dessen Onkel Mattanja als neuen Präsidenten
ein. Der bekam von ihm aber einen neuen Namen aufgedrückt, er hieß jetzt
Zidkija. 18 Als der zum neuen Präsidenten gemacht wurde, war er 21 Jahre
alt. Er regierte elf Jahre von Jerusalem aus das Land. Seine Mutter kam aus
der Familie vom Jirmeja, war in Libna geboren und hieß Hamutal. 19 Leider
baute Zidkija auch wieder nur Bockmist. Er tat Sachen, die Gott voll fies fin-
det, genauso wie sein Neffe Jojakim es vor ihm auch gemacht hatte. 20 Jetzt
hatte Gott aber die Schnauze endgültig gestrichen voll. Er war so sauer auf
die Leute in Jerusalem und aus dem Gebiet von Juda, dass er sie einfach
nicht mehr sehen wollte. Was da jetzt passierte, war die Folge davon. Zidkija
zettelte dann eine kleine Revolution gegen Nebukadnezzar an.

25

Jerusalem wird im Krieg plattgemacht

1 Im neuen Jahr, als Zidkija an der Macht war, stellte sich Nebukadnezzar
mit seiner ganzen Armee rund um Jerusalem auf. Und zwar ging die Belage-
rung der Stadt am 10. Dezember los. Er ließ mehrere kleine Stellungen auf-
bauen und umzingelte die Stadt. 2 Zwei Jahre dauerte die ganze Aktion. 3 Am
Ende gab es in der ganzen Stadt nichts mehr zu beißen. Am 9. Juli, es war
das elfte Jahr, in dem Zidkija an der Macht war, 4 griff die babylonische

Armee die Stadt frontal an. Sie schafften es, an einer Stelle den Schutzwall
zu durchbrechen und in die Stadt einzufallen. Zidkija verdrückte sich in
der Dunkelheit mit ein paar Soldaten auf einem Schleichweg zwischen den
Mauern vom Garten des Präsidentenpalastes und der Stadt und schaffte es
so, unbemerkt zu entkommen. Sie verdünnisierten sich dann in Richtung
Osten, zur Jordanebene. 5 Als die Babylonier das mitkriegten, nahmen sie
sofort die Verfolgung auf. In der Ebene bei Jericho holten sie Zidkija und
seine Männer schließlich ein. Seine Truppen ließen ihn im Stich, 6 er wurde
ohne Gegenwehr gefangenen genommen und nach Ribla gebracht. Dort
machte man ihm in einem Kriegstribunal den Prozess, wobei Nebukadnez-
zar selbst als oberster Richter eingesetzt war. 7 Vor Zidkijas Augen wurden
seine Söhne alle erschossen. Am Ende stach ein Soldat mit einem Schrau-
benzieher Zidkija die Augen aus. Schwer verletzt wurde er mit Handschellen
gefesselt nach Babylonien gebracht. 8 Als Nebukadnezzar 19 Jahre an der
Macht war, kam Nebusaradan, der General der babylonischen Truppe und
einer der engsten Berater vom Präsidenten, in Jerusalem an. 9 Unter seinem
Befehl wurden der Tempel von Gott, das gesamte Regierungsgebäude sowie
alle Villenviertel in Jerusalem abgerissen und angezündet. Die ganze Stadt
brannte lichterloh. 10 Auch die Stadtmauern von Jerusalem wurden von
seinen Leuten plattgemacht. 11 General Nebusardan ließ die gesamte Bevöl-
kerung von Jerusalem abführen. Auch die übergelaufenen Soldaten wurden
verhaftet. 12 Es durften nur ein paar von den ärmeren Leuten dableiben,
die sich ein bisschen in der Landarbeit auskannten. Sie sollten sich um die
Weinberge und die Äcker kümmern. 13 Im Tempel wurde alles zerstört. Die
Säulen aus Bronze, die vor dem Tempel standen, wurden genauso umge-
hauen wie die Wagen und das große Waschbecken. Das Material wurde zur
Altmetallverwertung nach Babylon gebracht. 14 Die Töpfe, die Schaufeln,
die Messer, die Pfannen, einfach alles, was man im Tempel zum Opfern
brauchte, sackten sie ein. 15 Dazu kamen auch die Becken, in denen die
Holzkohle lag. Die Schalen, alles, was aus Gold und Silber gemacht worden
war, wurde von Nebusardan weggeschleppt. 16 Alleine für die beiden Säulen
und das große Waschbecken hatte Salomo damals voll viel Bronze verbra-
ten. 17 Neun Meter waren die beiden Säulen hoch! Jede Säule hatte oben
so einen verschnörkelten Rand, der jeweils eineinhalb Meter dick war. Dieser
Rand war mit so Bronzefiguren verziert, die aussahen wie geflochtene
Zweige und Äpfel. 18 General Nebusardan ließ auch den Oberpriester Seraja
und seinen Stellvertreter Zefanja festnehmen. Und die drei Wachposten
wurden genauso von ihm verhaftet. 19 In der Stadt wurden auch noch einige
Männer gefunden und festgenommen, die sich dort versteckt hatten. Dazu
gehörten: ein ranghoher Offizier, fünf enge Berater vom Präsidenten, der
Offizier, der für die Musterung von neuen Soldaten für das Heer zuständig

war, sowie sechzig weitere wichtige Männer aus Juda. [20] Sie wurden zum Präsidenten von Babylon abgeführt, der in der Zeit in Ribla, in der Provinz Hamat, seinen Hauptsitz hatte. [21] Alle Männer kamen dort vor das Kriegsgericht, wurden verurteilt und standrechtlich erschossen. So passierte es, dass die Leute von Juda aus ihrem Land rausgeschmissen und nach Babylon geschleppt wurden.

Unter den Leuten herrscht das Chaos

[22] Über die paar Menschen, die in Juda geblieben waren, setzte Nebukadnezzar einen General, der als Vertreter der Besatzungsmacht alles regelte, was es zu regeln gab. Den Job bekam Gedalja, ein Sohn von Ahikam und ein Enkel von Schafan. [23] Einige der Offiziere von Juda waren vor den Besatzern geflohen. Als sie nach einiger Zeit die neue Lage ausgecheckt hatten, baten sie alle um ein Treffen mit Gedalja. Das Treffen fand dann in Mizpa statt. Mit dabei waren: Jischmael, der Sohn von Netanja, Johanan, der Sohn von Kareach, Seraja, der Sohn von Tanhumet aus Netofa, und Jaasanja aus Maacha. [24] Nach der offiziellen Begrüßung sagte Gedalja zu den versammelten Männern: „Ich verspreche Ihnen hiermit, dass sie keinerlei Verfolgung und Ärger zu befürchten haben, wenn sie sich hundertprozentig dem Präsidenten von Babylon unterwerfen!“ Also blieben sie alle da. [25] Aber im Oktober kam Jischmael, ein Sohn von Netanja und ein Enkel von Elischma (ein Sohn von einem Präsidenten), mit zehn Soldaten nach Mizpa. Erst brachten sie Gedalja um, und dann töteten sie auch noch alle Leute aus Juda und aus Babylonien, die gerade bei ihm waren. [26] Weil sie Schiss hatten, die Babylonier würden sich an ihnen rächen, floh die ganze verbliebene Bevölkerung nach Ägypten. Jeder kam mit, vom einfachen Arbeiter bis zum Professor, auch die Offiziere waren mit dabei.

Jojachin wird freigelassen

[27] Dann gab es einen Regierungswechsel bei den Babyloniern. Ewil-Merodach kam an die Macht, und einer seiner ersten Taten war, dass Jojachin, der alte Präsident von Juda, freigelassen wurde. In der Zeit war der schon 37 Jahre im Knast. Der Tag der Freilassung war der 27. März. [28] Der neue Präsident war voll nett zu Jojachin. Er behandelte ihn mit Respekt, gab ihm sogar eine besondere Anstellung in seiner Regierung, die höher war als die von anderen Präsidenten, die Ewil-Merodach auch freigelassen hatte. [29] Er durfte seine Gefängnisklamotten abgeben und lief ganz normal rum. Dazu bekam er Essensmarken für die bessere Kantine, in der auch der Präsident selbst immer zu Mittag aß. [30] Auf Befehl vom Präsidenten wurde alles, was er zum Leben brauchte, direkt bei ihm angeliefert. Das ging dann sein ganzes Leben lang so.

1. Buch der Chronik

1

Wer von wem familienmäßig abstammt

1 Jetzt kommt eine Liste, die beim ersten Menschen Adam losgeht und bei
Abraham endet. Sie soll zeigen, wer von wem familienmäßig abstammt. Also
zuerst von Adam bis Noah: Das waren nacheinander: Adam, Set, Enosch,
2 Kenan, Mahalalel, Jered, 3 Henoch, Metuschelach, Lamech, 4 Noah. Noah
hatte drei Söhne, und zwar Sem, Ham und Japhet. 5 Die Söhne von Japhet
hießen: Gomer, Magog, Madai, Jawan, Tubal, Meschech und Tiras. 6 Von
Gomer stammen folgende Männer ab: Aschkenas, Rifat und Togarma. 7 Von
Jawan stammen Elischa, Tarschisch, die Kittäer und die Rodaniter ab.
8 Die Söhne von Ham waren: Kusch, Mizrajim, Put und Kanaan. 9 Von Kusch
stammen Seba, Hawila, Sabta, Ragma und Sabtecha ab. Von Ragma kamen
Saba und Dedan. 10 Kusch bekam auch den Nimrod als Sohn. Dieser Nim-
rod wurde der erste große Bringer auf der Erde, der sehr viel Macht hatte.
11 Mizrajim war der Gründer vom Familienstamm der Luditer, Anamiter,
Lehabiter, Naftuhiter, 12 Patrositer, Kasluhiter sowie der Kaftoriter, von denen
die Philister abstammen. 13 Die Kinder von Kanaan waren: Sidon (sein erster
Sohn) und Het. 14 Außerdem stammen aus seiner Familie die Jebusiter,
Amoriter, Girgaschiter, 15 Hiwiter, Arkiter, Siniter, 16 Arwaditer, Zemariter und
Hamatiter ab. 17 Die Söhne von Sem waren: Elam, Assur, Arpachschad, Lud,
Aram, Uz, Hul, Geter und Meschech. 18 Arpachschad bekam Schelach als
Sohn. Der Schelach bekam dann Eber. 19 Eber wurden zwei Söhne geboren.
Der eine hieß Peleg, denn zu seiner Zeit verteilten sich die Menschen überall
auf der Erde. Der andere hieß Joktan. 20 Joktans Kinder hießen: Almodad,
Schelef, Hazarmawet, Jerach, 21 Hadoram, Usal, Dikla, 22 Obal, Abimaël,
Saba, 23 Ofir, Hawila und Jobab. Das waren jetzt die Kinder von Joktan. 24 Die
Abstammungslinie von Sem bis Abraham sieht so aus: Sem, Arpachschad,
Schelach, 25 Eber, Peleg, Regu, 26 Serug, Nahor, Terach, 27 Abram, den man
später auch Abraham nannte.

Wer nach Abraham kam

28 Die Söhne von Abraham hießen Isaak und Ismael. 29 Jetzt mal eine Liste
von deren Kindern und den Familien, die da draus entstanden sind: Ismaels
erster Sohn hieß Nebajot. Dann kamen Kedar, Adbeel, Mibsam, 30 Mischma,
Duma, Massa, Hadad, Tema, 31 Jetur, Nafisch und Kedma. Das waren jetzt
mal die Söhne von Ismael. 32 Von seiner zweiten Frau Ketura hatte Abraham
auch ein paar Söhne bekommen. Es war damals normal mehrere Frauen
zu haben. Und zwar waren das: Simran, Jokschan, Medan, Midian, Jischbak

und Schuach. Die Söhne von Jokschan hießen: Saba und Dedan. [33] Midian
hatte auch mehrere Söhne, und zwar waren das Efa, Efer, Henoch, Abida
und Eldaga. Das waren jetzt mal die Söhne von Ketura. [34] Abrahams Sohn
Isaak hatte zwei Söhne: Esau und Jakob, der später dann Israel hieß.
[35] Esau bekam dann auch ein paar Söhne und zwar waren das: Elifas, Reguel,
Jeusch, Jalam und Korach. [36] Elifas Söhne hießen dann Teman, Omar, Zefo,
Gatam, Kenas, Timna und Amalek. [37] Die Söhne von Reguel bekamen die
Namen Nahat, Serach, Schamma und Misa. [38] Seirs Söhne waren: Lotan,
Schobal, Zibon, Ana, Dischon, Ezer und Dischan. [39] Lotan bekam dann auch
zwei Jungs, die folgendermaßen hießen: Hori und Hemam. Lotan hatte
eine Schwester, die Timna genannt wurde. [40] Die Söhne von Schobal hießen:
Alwan, Manahat, Ebal, Schefi und Onam. Die Söhne von Zibon hießen: Aja
und Ana. [41] Der Sohn von Seirs Sohn Ana bekam den Namen Dischon. Die
Söhne von Seirs Sohn Dischan hießen: Hemdan, Eschban, Jitran und Keran.
[42] Die Söhne von Ezer hießen: Bilhan, Saawan und Akan. Die Söhne von
Dischan hießen: Uz und Aran.

Die Präsidenten von Edom

[43–50] Bevor man in Israel einen Präsidenten hatte, gab es in Edom folgende
Präsidenten, die der Reihe nach hier aufgelistet werden: Bela, aus der Familie
vom Beor, mit Regierungssitz in der Stadt Dinhaba. Jobab, ein Sohn von
Serach, mit Regierungssitz in der Stadt Bozra. Huscham, aus dem Gebiet
vom Familienstamm Teman. Hadad, ein Sohn von Bedad, mit Regierungs-
sitz in Awit (der besiegte die Midianiter in einer Schlacht auf dem Gebiet von
den Moabitern). Samla, mit Regierungssitz in Masreka. Schaul, mit Regie-
rungssitz in Rehobot am Fluss. Baal-Hanan, der Sohn von Achbor. Hadad,
mit Regierungssitz in Pagu (seine Frau Mehetabel war eine Tochter von
Matred und eine Enkelin von Me-Sahab). [51] Nachdem Hadad gestorben war,
hatten die Clanchefs der einzelnen Familien die Macht. Das waren die Chefs
der Familien Timna, Alwa, Jetet, [52] Oholibama, Ela, Pinon, [53] Kenas, Teman,
Mibzar, [54] Magdiel und Iram.

2

Die Söhne von Jakob, auch Israel genannt

[1] Die Söhne von Israel waren: Ruben, Simeon, Levi, Juda, Issachar, Sebulon,
[2] Dan, Josef, Benjamin, Naftali, Gad und Ascher.

Die Söhne von Juda

[3] Die Söhne von Juda waren: Er, Onan und Schela. Diese drei Jungs hatte
Juda von der Tochter von Schua bekommen. Sie war eine Kanaaniterin. Sein
ältester Sohn tat ständig Sachen, die Gott ätzend findet. Darum ließ Gott

ihn sterben. 4 Judas Schwiegertochter Tamar, bekam dann von ihm noch zwei Söhne: Perez und Serach. Insgesamt hatte Juda fünf Söhne. 5 Die Söhne von Perez waren: Hezron und Hamul. 6 Die Söhne von Serach waren: Simri, Etan, Heman, Kalkol und Darda. 7 Simri hatte einen Sohn, der den Namen Karmi bekam. Der kriegte dann auch einen Sohn, den er Achan nannte. Achan sorgte für eine derbe Katastrophe bei den Israeliten, weil er Gott abgezogen hatte. Er zockte sich etwas von der Beute, die eigentlich ganz Gott gehören sollte. 8 Etan hatte einen Sohn, den er Asarja nannte. 9 Die Söhne, die Hezron von seiner Frau bekam, waren Jerachmeel, Ram und Kaleb. 10 Ram bekam dann Amminadab, und Amminadab bekam Nachschon. Nachschon wurde später der Chef vom Familienstamm Juda. 11 Nachschon bekam Salmon, Salmon bekam Boas, 12 Boas bekam Obed, und Obed bekam Isai als Sohn. 13 Isai kriegte als ersten Sohn den Eliab. Dann kamen noch der Abinadab, dann als dritter der Schima, 14 als vierter der Netanel, als fünfter der Raddai, 15 als sechster der Ozem und als siebter der David. 16 Die sieben Söhne hatten auch zwei Schwestern, und zwar Zeruja und Abigal. Zeruja bekam drei Söhne: Abischai, Joab und Asael. 17 Abigal bekam den Sohn Amasa (sein Vater war der Jeter, ein Ismaeliter).

Kaleb und seine Familie

18 Kaleb, der Sohn von Hezron, hatte aus seiner ersten Ehe mit Asuba eine Tochter, die Jeriot hieß. Die Jungs aus dieser Beziehung waren Jescher, Schobab und Ardon. 19 Nachdem Asuba gestorben war, heiratete Kaleb die Efrata. Sie bekam den Sohn Hur. Hur heiratete auch und bekam Uri als Sohn. Und Uri bekam dann mit seiner Frau zusammen den Bezalel. 21 Später heiratete Kalebs Vater Hezron noch einmal. Da war er schon 60 Jahre alt. Mit dieser Frau (das war übrigens eine Tochter von Machir, dem Gründer von der Familie Gilead) bekam er den Sohn Segub. 22 Segub bekam später Jair. Ihm gehörten 23 Städte, die alle im Land Gilead lagen. 23 Die Geschuriter und Syrer klauten ihm dann aber die meisten Städte wieder. Auch die Stadt Kenat mit den dazugehörenden Dörfern zockten sie ihm. Insgesamt waren es 60 Orte, die alle den Nachkommen Machirs gehört hatten. 24 Nachdem Hezron gestorben war (seine Frau hieß Abija), schlief Kaleb mit Efrata. Sie wurde schwanger und bekam Aschhur, der später der Gründer von der Familie Tekoa wurde.

Die Familien, die von Jerachmeel abstammen

25 Jerachmeel, der erste Sohn von Hezron, hatte folgende Söhne: Als Erster kam Ram, danach Buna, Oren, Ozem und Ahija. 26 Jerachmeel hatte noch eine zweite Frau, die Atara hieß. Sie war die Mutter von seinem Sohn Onam. 27 Sein erster Sohn Ram bekam dann auch drei Söhne, und zwar Maaz,

Jamin und Eker. 28 Die Söhne von Onam heißen: Schammai und Jada.
Schammais Söhne hießen Nadab und Abischur. 29 Die Frau von Abischur
hieß übrigens Abihajil. Von der bekam er die Söhne Achban und Molid.
30 Nadab bekam folgende Söhne: Seled und Appajim. Seled starb kinderlos.
31 Der Sohn von Appajim war Jischi, der Sohn von Jischi war Scheschan,
und der Sohn von Scheschan war Achlai. 32 Jada, der Bruder von Schammai,
bekam zwei Söhne: Jeter und Jonatan. Jeter bekam auch keine Kinder.
33 Jonatans Söhne waren: Pelet und Sasa. Das waren jetzt die Nachkommen
von Jerachmeel. 34 Scheschan hatte übrigens keine Söhne, sondern nur Töch-
ter. 35 Eine von ihnen verheiratete er mit Jarha, seinem Angestellten aus
Ägypten. Sie kriegten dann einen Sohn, den sie Attai nannten. 36–41 Attai
bekam Natan, Natan bekam Sabad, Sabad den Eflal. Weiter folgten in direk-
ter Linie: Obed, Jehu, Asarja, Helez, Elasa, Sismai, Schallum, Jekamja und
Elischama.

**Noch ein paar Listen von der Familie,
die aus Kaleb entstanden ist**

42 Die Söhne von Kaleb (ein Bruder von Jerachmeel) waren: Mescha (der
erste Sohn von der Familie, die später die Stadt Sif gegründet hat) und
als zweiter Marescha (aus der Familie, die später die Stadt Hebron gegrün-
det hat). 43 Die Familien, die in der Stadt Hebron lebten, waren: Korach, Tap-
puach, Rekem und Schema. 44 Schema bekam dann Raham, den Gründer
von der Stadt Jorkoam. Rekem bekam Schammai, 45 dessen Sohn war Maon,
der Gründer von der Stadt Bet-Zur. 46 Kaleb hatte noch eine zweite Frau,
die Efa. Von der bekam er die Söhne Haran, Moza und Gases. Haran bekam
den Sohn Jahdai. 47 Dessen Söhne waren: Regem, Jotam, Geschan, Pelet,
Efa und Schaaf. 48 Maacha, eine andere Frau von Kaleb, bekam die Söhne
Scheber und Tirhana von ihm. 49 Später bekam sie auch noch den Schaaf,
der der Gründer von der Familie Madmanna wurde. Dazu auch noch
Schewa, von dem die Familie Machbena abstammte, der dann in der Stadt
Gibea lebte. Kaleb hatte auch eine Tochter, die Achsa hieß. 50 Das ist jetzt
mal eine Liste der Nachkommen von Kaleb: Die Söhne von Hur (der älteste
Sohn von Kalebs Frau Efrata) waren Schobal, der Gründer von der Stadt
Kirjat-Jearim, 51 Salmon, der Gründer von der Stadt Bethlehem, und Haref, der
Gründer von der Stadt Bet-Gader. 52 Aus der Familie von Schobal, dem Grün-
der von der Stadt Kirjat-Jearim, kamen Reaja und die Hälfte der Bewohner
von der Stadt Manahat. 53 In Kirjat-Jearim wohnten die Familien der Jeteriter,
Putiter, Schumatiter und Mischraiter. Aus ihren Familien kommen auch die
Bewohner von Zora und Eschtaol. 54 Aus der Familie vom Salmon kamen die
Bewohner von Bethlehem, Netofa und Atrot-Bet-Joab, sowie die andere
Hälfte der Bewohner von Manahat und Zora. 55 In Jabez wohnten die Tirati-

ter, Schimatiter und Suchatiter. Diese Familien stammten ursprünglich aus
Sofer und gehörten zu den Kenitern (die von Hammat abstammen, dem
Gründer von Bet-Rechab).

3

Die Familie von David: eine Liste

1 David bekam folgende Söhne, die alle in Hebron geboren wurden: Sein
ältester Sohn war Amnon, die Mutter dazu hieß Ahinoam, die aus Jesreel
stammte. Der zweite Sohn hieß Daniel, seine Mutter war Abigajil aus Kar-
mel. 2 Sein dritter Sohn war der Abschalom, den er mit seiner Frau Maacha
zusammen hatte. Maacha war eine Tochter vom Präsidenten Talmai aus
Geschur. Davids vierter Sohn war Adonija, den er mit seiner Frau Haggit
bekam. 3 Nummer fünf hieß Schefatja, seine Mutter war die Abital. Sein
sechster Sohn war Jitream, dessen Mutter war Davids Frau Egla. 4 Das waren
jetzt die sechs Söhne, die Davids Frauen in Hebron bekamen. Dort regierte
er siebeneinhalb Jahre lang. Anschließend regierte David 33 Jahre von der
Hauptstadt Jerusalem aus das Land. 5 In dieser Zeit wurden ihm weitere
Söhne geboren. Vier Söhne bekam er von Batseba, der Tochter von Ammiel.
Und zwar waren das Schammua, Schobab, Natan und Salomo. 6 Neun
weitere Söhne bekam er von anderen Frauen. Diese Söhne waren Jibhar,
Elischua, Elifelet, 7 Nogah, Nefeg, Jafia, 8 Elischama, Eljada und Elifelet.
9 Alle diese Jungs und das Mädchen Tamar hatte David von seinen Haupt-
frauen. Es war damals normal, viele Frauen zu heiraten, wenn man sich
das finanziell leisten konnte. Aber die Jungs der Nebenfrauen sind hier nicht
extra aufgezählt. 10 Die Nachfahren vom Präsidenten Salomo, die alle auch
das Recht hatten, Präsident zu werden, waren: Rehabeam, Abija, Asa,
Joschafat, 11 Joram, Ahasja, Joasch, 12 Amazja, Asarja, Jotam, 13 Ahas, Hiskija,
Manasse, 14 Amon und Joschija. 15 Die Söhne von Joschija waren: Johanan
(der älteste Sohn), Jojakim, Zidkija, Schallum. 16 Die Söhne von Jojakim
waren: Jojachin und Zidkija. 17 Die Söhne von Jojachin (der als Kriegsgefan-
gener im Knast saß): Schealtiel, 18 Malkiram, Pedaja, Schenazzar, Jekamja,
Hoschama und Nedabja. 19 Die Söhne von Pedaja waren: Serubbabel und
Schimi. Die Söhne von Serubbabel waren: Meschullam und Hananja. Eine
ihrer Schwestern hieß Schelomit. 20 Dann gab es noch fünf weitere Söhne
von ihm: Haschuba, Ohel, Berechja, Hasadja und Juschab-Hesed.
21 Hananja hatte folgende Söhne: Pelatja, Jeschaja, Refaja, Arnan, Obadja
und Schechanja. 22 Jetzt noch die sechs Söhne von Schechanja: Schemaja
Hattusch, Jigal, Bariach, Nearja und Schafat. 23 Nearja hatte drei Söhne:
Eljoenai, Hiskija und Asrikam. 24 Und schließlich gab es noch sieben Söhne
von Eljoenai: Hodawja, Eljaschib, Pelaja, Akkub, Johanan, Delaja und
Anani.

4

Der Familienstamm Juda: eine Liste

1 Die Nachkommen vom Perez (der Sohn vom Juda) waren: Hezron, Karmi,
Hur, Schobal, 2 Reaja und Jahat. Die Söhne von Jahat waren: Ahumai und
Lahad. Von ihnen stammten die Familien ab, die später in Zora wohnten.
3 Die Gründer der Familien von Etam waren: Jesreel, Jischma und Jidbasch.
Die Bekannteste von ihren Schwestern war die Hazlelponi. 4 Pnuel war der
Gründer der Familie Gedor. Eser war der Gründer von der Familie Huscha.
Beide kamen aus der Familie von Hur, dem ersten Sohn von Kaleb, den
er mit seiner Frau Efrata bekam. Kaleb war der Gründer von der Stadt Beth-
lehem. 5 Aschhur, der Gründer von der Familie Tekoa, hatte zwei Frauen:
Hela und Naara. 6 Naara bekam die Söhne Ahusam, Hefer, Temni und
Ahaschtari. 7 Die Söhne von Hela hießen: Zeret, Zohar und Etnan. 8 Von
Koz stammten Anub und Zobeba ab. Die Familien von Aharhel, einem Sohn
von Harum, kamen auch von ihm. 9 Es gab in der Zeit dort einen Typen,
der Jabez genannt wurde. Jabez hatte voll den guten Ruf, besser als alle
seine Brüder. Er hieß übrigens so, weil seine Mutter nach der Geburt gesagt
hatte: „Ich hatte voll die Schmerzen!“ Und Jabez klingt so ähnlich wie das
Wort Schmerz in Hebräisch. 10 Jabez hatte mal mit Gott so geredet: „Gott,
bitte hilf mir immer! Bitte sorg dafür, dass ich Erfolg habe! Vergrößere mei-
nen Einfluss und mein Land! Bleib bei mir und beschütze mich vor irgend-
welchem Ärger!“ Gott hat dieses Gebet erhört. 11 Kelub, ein Bruder von
Schuha, bekam Mehir als Sohn. Mehir wurde später der Vater von Eschton.
12 Dessen Söhne waren: Bet-Rafa, Paseach und Tehinna. Letzterer gründete
die Stadt Ir-Nahasch. Ihre Familien wohnten in Recha. 13 Die Söhne von
Kenas waren: Otniel und Seraja. Die Söhne Otniels hießen: Hatat und Meo-
notai. 14 Der Sohn von Meonotai bekam den Namen Ofra. Der Sohn von
Seraja hieß Joab. Joab gründete dann später die Stadt, die man „Tal der
Zimmerleute“ nannte. Es wurde so genannt, weil alle Bewohner in der Stadt
Zimmerleute waren. 15 Die Söhne von Kaleb (einem Sohn von Jefunne)
waren: Iru, Ela und Naam. Der Sohn von Ela hieß Kenas. 16 Die Söhne von
Jehallelel waren: Sif, Sifa, Tirja und Asarel. 17–18 Die Söhne von Esra hießen:
Jeter, Mered, Efer und Jalon. Mered hatte eine Ägypterin geheiratet. Die hieß
Bitja und war eine Tochter vom ägyptischen Präsidenten. Von ihr bekam er
Mirjam, Schammai und Jischbach. Letzterer gründete die Stadt Eschtemoa.
Seine andere Frau aus dem Familienstamm Juda bekam von ihm die Söhne
Jered (der wurde dann der Vorfahr vom Gedor-Clan), Heber (der Vorfahr
vom späterem Socho-Clan) und Jekutiel (der Vorfahr vom späteren Sanoach-
Clan). 19 Hodija heiratete eine Schwester von Naham. Aus dieser Ehe kam
Hagarmi (der Vorfahr von den späteren Keila- und Eschtemoa-Clans). 20 Die

Söhne von Schimon waren: Amnon, Rinna, Ben-Hanan und Tilon. Der Sohn
von Jischi war Sohet. Der hatte dann auch einen Sohn. 21 Von Schela, dem
Sohn von Juda, stammen folgende Männer ab: Er (der Gründer von der
Familie Lecha) und Lada (der Gründer von der Familie Marescha). Dazu
kommen noch die Familien, die in Aschbea wohnten. Sie arbeiteten alle in
der Textilbranche und stellten ganz edlen Jeansstoff her. 22 Zu den Nachkom-
men von Schela gehörten auch Jokim und die Bewohner von Koseba. Dann
kamen da auch noch Joasch und Saraf zu, die beide eine Zeitlang in Moab
gewohnt hatten. Beide sind dann aber wieder nach Bethlehem zurückgekom-
men. 23 Ihre Familien lebten in Netaim und Gedera und arbeiteten dort am
Fließband in einer Fabrik, die dem Präsidenten gehörte.

Der Familienstamm Simeon

24 Die Söhne von Simeon hießen Jemuel, Jamin, Jarib, Serach und Schaul.
25 Schaul hatte einen Sohn, der Schallum genannt wurde. In dieser Linie gab
es dann weitere Söhne, und zwar: Mibsam, Mischma, 26 Hammuel, Sakkur
und Schimi. 27 Schimi hatte sechzehn Söhne und sechs Töchter. Aber seine
Brüder bekamen nicht so viele Kinder. Generell gab es beim Familienstamm
Simeon nicht so starken Nachwuchs wie bei Juda. 28 Die Familien, die auf
Simeon zurückgingen, wohnten in Beerscheba, Molada, Hazar-Schual,
29 Baala, Ezem, Eltolad, 30 Betuel, Horma, Ziklag, 31 Bet-Markabot, Hazar-
Susim, Bet-Biri und Schaarajim. In diesen Städten und den dazugehörenden
Orten wohnten sie, bis David der neue Präsident von Israel wurde. 32 Die
Städte Etam, Ajin, Rimmon, Tochen und Aschan gehörten auch ihnen, 33 mit
allen dazugehörenden Orten bis runter nach Baal. Das kann man auch
alles in den Listen nachlesen, wo die Familien und ihre Wohnorte aufgeführt
werden. 34 Die Clanchefs der Familien waren: Meschobab, Jamlech, Joscha,
der Sohn von Amazja, 35 Joel, Jehu, der Sohn von Joschibja (und auch ein
Enkel von Seraja und Urenkel von Asiel), 36 dann noch Eljoenai, Jaakoba,
Jeschohaja, Asaja, Adiel, Jesimiel, Benaja 37 und Sisa. Sisa war ein Sohn von
Schifi, der ein Sohn von Allon, der ein Sohn von Jedaja, der ein Sohn von
Schimri und der ein Sohn von Schemaja war. 38 Diese Familien wurden übri-
gens sehr schnell immer größer, weil sie viele Kinder bekamen. 39 Weil sie
bald neue Weideplätze für ihre Schafherden brauchten, zogen sie nach
Gedor um, in den östlichen Teil des Tales. 40 Dort fanden sie gutes, leckeres
Gras zum Weiden ihrer Herden. Das Gebiet war riesig und dehnte sich nach
allen Seiten aus. Außerdem war es dort recht sicher und ruhig. Die Leute,
die dort vorher gelebt hatten, kamen aus dem Familienstamm von Noahs
Sohn Ham. 41 Aber als Hiskija in Juda an der Macht war, überfielen die Fami-
lien von Ham die kleineren Orte. Auch die Meuniter, die dort wohnten,
wurden überfallen. Sie machten dort erst mal alles nieder und siedelten sich

dann mit ihren Familien da an. Ab dann wohnten die ne ziemlich lange Zeit
in der Gegend. 42 Eine andere Gruppe aus dem Familienstamm Simeon zog
in das Land um den Berg Seir. Es waren ca. 500 Männer, die von Pelatja,
Nearja, Refaja und Usiel angeführt wurden. Alles übrigens Söhne von Jischi.
43 Sie killten den Rest der Amalekiter, der noch übrig war und sich dorthin
gerettet hatte. Dann ließen sie sich da nieder, bauten Häuser und so was.
Diese Leute lebten dort auch ne lange Zeit.

5

Der Familienstamm Ruben

1 Ruben war der erste Sohn, den Israel (der ja auch Jakob hieß) bekam. Weil
Ruben aber Sex mit einer Nebenfrau von seinem Vater hatte, wurden die
Sonderrechte, die man als ältester Sohn normal hat, auf die beiden Söhne
von seinem Bruder Josef übertragen. In dem Verzeichnis der Familien-
stämme wurde Josef aber nicht an die erste Stelle gesetzt. 2 Und das, obwohl
ihm dieses Recht von seinem Vater zugesprochen wurde. Der Familien-
stamm, der am meisten zu sagen hatte, war Juda. Das war auch der Grund,
warum aus dem Familienstamm Juda immer der Präsident von Israel gestellt
wurde. 3 Die Söhne vom ersten Sohn von Israel, von Ruben, waren: Henoch,
Pallu, Hezron und Karmi. 4 Von einem anderen Sohn von Ruben, der Joel
hieß, stammte Schemaja ab. Nach dem kamen in direkter Nachfolge: Gog,
Schimi, 5 Micha, Reaja, Baal 6 und Beera. Beera war der Typ, der von dem
Präsidenten der Assyrer, Tiglat-Pileser, verhaftet wurde. Er war damals der
Chef vom Familienstamm Ruben gewesen. 7 Dann waren in den Verzeichnis-
sen des Familienstamms Ruben noch folgende Männer mit ihren Familien
aufgeschrieben: Als Chef der Jeiel, dann Secharja 8 und Bela, der Sohn von
Asa und Enkel von Schema aus der Familie Joel. Der Familienstamm Ruben
wohnte in dem Gebiet von Aroer bis Nebo und Baal-Meon9 und im Osten
bis an den Rand der Wüste, die beim Eufratfluss losging und sich von dort
weiter ausdehnte. Der Familienstamm Ruben hatte immer große Schafher-
den in ganz Gilead. 10 In der Zeit, als Saul an der Macht war, führten sie
Krieg gegen die Hagariter. Sie besiegten die und besetzten ihr Gebiet, was
am östlichen Rand von Gilead lag.

Der Familienstamm Gad

11 Der Familienstamm Gad wohnte immer Seite an Seite mit dem Familien-
stamm Ruben in der Landschaft Baschan bis runter nach Salcha. 12 Ihr Chef
war Joel, sein Stellvertreter war Schafam. Dann folgten Janai und Schafat.
Diese Familien wohnten alle in Baschan. 13 Dann kamen noch sieben weitere
Männer inklusive ihrer Familien dazu: Michael, Meschullam, Scheba, Jorai,
Jakan, Sia und Eber. 14 Die kamen alle aus der Familie vom Abihajil, einem

Sohn von Huri. Abihajil hatte noch mehr Vorfahren, die jüngsten zuerst auf-
gezählt: Jaroach, Gilead, Michael, Jeschischai, Jachdo und Bus. 15 Der Chef
von dieser Gruppe war Ahi (ein Sohn von Abdiel und ein Enkel von Guni).
16 Sie wohnten in Gilead, Baschan und in den Städten, die zu dieser Gegend
gehörten. Dann lebten sie auch noch überall auf den riesengroßen Wiesen
in der Landschaft Scharon. 17 Man trug sie in die Listen vom Familienstamm
Gad ein, als der Präsident Jotam in Juda und Jerobeam in Israel an der
Macht war. 18 Das Heer von den Familienstämmen Ruben, Gad und vom
halben Stamm Manasse (alle wohnten in der Zeit im Ostjordanland)
bestand aus 44 760 Soldaten. Sie waren mit schusssicheren Westen, MGs
und MPs ausgestattet. 19 Sie kämpften im Krieg gegen die hagaritischen
Stämme Jetur, Nafisch und Nodab. 20 Dabei vertrauten sie voll auf Gott und
baten ihn um Hilfe. Und Gott hörte auf ihre Gebete und half ihnen in dieser
Schlacht. So konnten sie die Hagariter und ihre Verbündeten besiegen.
21 Dabei erbeuteten sie 50 000 Motorräder sowie 250 000 Kühe und
2000 Autos. Dazu nahmen sie 100 000 Mann gefangen. 22 Viele von den
Gegnern waren im Krieg krepiert, weil Gott den Israeliten geholfen hatte.
Sie blieben in diesem Gebiet wohnen, bis sie später selbst in die Kriegs-
gefangenschaft weggeführt wurden.

Der Familienstamm Manasse, der östlich vom Jordan lebte

23 Eine Hälfte vom Familienstamm Manasse lebte in dem Gebiet von
Baschan bis Baal-Hermon und auf der anderen Seite bis zum Senirgebirge
und dem Berg Hermon. Es waren sehr viele Menschen in diesem Stamm.
24 Die Chefs der einzelnen Familien waren: Efer, Jischi, Eliel, Asriel, Jirmeja,
Hodawja und Jachdiel. Die Männer in diesen Familien waren alles gute
Männer und mutige Soldaten im Krieg gewesen, darum hatten alle anderen
echt Respekt vor ihnen. 25–26 Diese andere Hälfte vom Familienstamm
Manasse wurde aber Gott untreu. Sie machten mit den Göttern von den
Leute rum, die vor ihnen dort gelebt hatten. Gott hatte diese Völker ja durch
sie von dort rausgeschmissen. Auch die Familienstämme Ruben und Gad
fanden plötzlich diese Plastikgötter ganz toll. Also organisierte Gott einen
Gegner, und zwar den Präsidenten von Assyrien, der Tiglat-Pileser hieß und
manchmal auch Pul genannt wurde. Nachdem der Typ sie im Krieg geschla-
gen hatte, wurden die Leute alle in Kriegsgefangenschaft gebracht, entweder
nach Halach an den Haborfluss oder nach Hara oder ins Tal von Godan.
Und da lebten sie dann erst mal.

Die Priesterfamilie von Aaron aus dem Familienstamm Levi

27 Levi hatte drei Söhne: Gerschon, Kehat und Merari. 28 Kehat hatte vier
Söhne: Amram, Jizhar, Hebron und Usiel. 29 Amram hatte zwei Söhne und

eine Tochter. Die Söhne hießen Aaron und Mose und die Tochter Mirjam.
Aarons Söhne waren: Nadab und Abihu, Eleasar und Itamar. 30–40 Jetzt
kommt eine Liste von den Kindern und Enkelkindern von Aaron und wer von
denen den Job als Priester übernommen hatte: Eleasar bekam als Sohn den
Pinhas, Pinhas bekam als Sohn den Abischua, Abischua bekam als Sohn
den Bukki, Bukki bekam als Sohn den Usi, Usi bekam als Sohn den Serachja,
Serachja bekam als Sohn den Merajot, Merajot bekam als Sohn den Amarja,
Amarja bekam als Sohn den Ahitub, Ahitub bekam als Sohn den Zadok,
Zadok bekam als Sohn den Ahimaaz, Ahimaaz bekam als Sohn den Asarja,
Asarja bekam als Sohn den Johanan, Johanan bekam als Sohn den Asarja.
Dieser Asarja war dann der erste Priester, der in dem allerersten Tempel
Dienst schob, den Salomo in Jerusalem gebaut hatte. Asarja bekam als Sohn
den Amarja, Amarja bekam als Sohn den Ahitub, Ahitub bekam als Sohn
den Zadok, Zadok bekam als Sohn den Schallum, Schallum bekam als Sohn
den Hilkija, Hilkija bekam als Sohn den Asarja, Asarja bekam als Sohn den
Seraja, Seraja bekam als Sohn den Jozadak. 41 Jozadak musste mit in Kriegs-
gefangenschaft, als Gott alle Leute von Juda und Jerusalem durch Nebu-
kadnezzar verhaften und abführen ließ.

6

Die Familien vom Stamm Levi

1 Die Söhne von Levi hießen: Gerschon, Kehat und Merari. 2 Die Söhne Ger-
schons hießen: Libni und Schimi. 3 Die Söhne Kehats hießen: Amram, Jizhar,
Hebron und Usiel. 4 Die Söhne von Merari hießen: Machli und Moschi. Jetzt
kommen die Namen von den Clanchefs der Levi-Leute. 5 Der Clan Gerschon:
Auf Gerschon folgten der Reihe nach Libni, Jahat, Simma, 6 Joach, Iddo,
Serach und Jeotrai. 7 Der Clan Kehat: Auf Kehat folgten der Reihe nach
Amminadab, Korach, Assir, 8 Elkana, Abiasaf, Assir, 9 Tahat, Uriel, Usija und
Schaul. 10 Die Söhne von Elkana waren: Amasai, Ahimot 11 und Elkana. Auf
Elkana folgten der Reihe nach: Zuf, Nahat, 12 Eliab, Jeroham, Elkana und
Samuel. 13 Die Söhne von Samuel waren: der älteste Joel und der zweite
Abija. 14 Der Clan Merari: Auf Merari folgten der Reihe nach Machli, Libni,
Schimi, Usa, 15 Schima, Haggija und Asaja.

Die Tempelangestellten vom Familienstamm Levi

16 David hatte einem Teil der Levi-Leute extra den Job gegeben, sich nur
um die Musik im Tempel zu kümmern, nachdem die Kiste mit den Gesetzen
dort drin stand. Sie stellten einen Gospelchor und die Band zusammen.
17 Diesen Job hatten sie schon übernommen, als es den Tempel noch nicht
gab und die Gottesdienste immer vor dem besonderen Zelt stattfanden.
Dabei veranstalteten sie alles genau nach Vorschrift. 18 Die Levi-Leute, die

diesen Job bekamen, waren: Der Dirigent und Chorleiter war Heman aus
dem Kehat-Clan. Er war ein Sohn von Joel und ein Enkel von Samuel.
19 Seine weiteren Vorfahren waren: Elkana, Jeroham, Eliël, Tohu, 20 Zuf,
Elkana, Mahat, Amasai, 21 Elkana, Joël, Asarja, Zefanja, 22 Tahat, Assir, Abia-
saf, Korach, 23 Jizhar und Kehat, der Sohn von Levi und Enkel von Israel.
24 Rechts neben Heman stand Asaf aus dem Gerschon-Clan. Er war der Lei-
ter vom zweiten Chor. Asaf war der Sohn von Berechja und der Enkel von
Schima. 25 Seine weiteren Vorfahren waren: Michael, Maaseja, Malkija,
26 Etni, Serach, Adaja, 27 Etan, Simma, Schimi, 28 Jahat und Gerschon, einer
der Söhne vom Levi. 29 Links neben Heman stand Etan, der aus dem Merari-
Clan stammte. Er war der Leiter vom dritten Chor. Etan war der Sohn von
Kischi und ein Enkel von Abdi. Seine weiteren Vorfahren waren: Malluch,
30 Haschabja, Amazja, Hilkija, 31 Amzi, Bani, Schemer, 32 Machli, Moschi und
Merari, ein Sohn von Levi. 33 Auch die anderen Levi-Leute waren am Tempel
angestellt. 34 Den eigentlichen Priesterjob, wie zum Beispiel Gottesdienste
leiten, durften aber nur die direkten Nachkommen von Aaron machen. Wer
da gerade dran war, verbrannte die Opfersachen auf dem dafür vorgesehe-
nen Opfertisch, dem Altar. Und auch die Räucherstäbchen wurden nur von
ihm auf dem entsprechenden Tisch abgebrannt. Das waren die Einzigen,
die mit den besonders krassen, heiligen Dingen in Berührung kommen
durften. Und nur die durften auch die Opfer durchziehen, um den Mist,
den die Israeliten gebaut haben, wieder in Ordnung zu bringen. Das hatte
Mose, der angesagte Typ von Gott, so beschlossen. 35 Jetzt kommt noch
mal eine Liste der Priester, die aus der Familie von Aaron kamen, hübsch
der Reihe nach, unter Nennung der jeweiligen Nachfolger: Eleasar, Pinhas,
Abischua, 36 Bukki, Usi, Serachja, 37 Merajot, Amarja, Ahitub, 38 Zadok
und Ahimaaz.

Wo die Levi-Leute gewohnt haben

39 Die Orte mit den Wiesen für ihre Herden wurden den Leuten vom Fami-
lienstamm Levi von den übrigen Familienstämmen durch ein Losverfahren
zugeteilt. Das erste Los fiel auf die Priester, die aus der Familie von Aaron
kamen. Sie zählten auch zu den Nachkommen von Kehat. 40 Sie bekamen im
Gebiet vom Familienstamm Juda die Stadt Hebron mit den ganzen Wiesen
drum herum. 41 Die Felder, auf denen man Sachen anbauen konnte und die
um die Stadt herum lagen, bekam dagegen Kaleb, der Sohn von Jefunne.
Auch die umliegenden Dörfer gehörten dazu. 42–45 Hebron war zu einer von
diesen Asylstädten bestimmt worden, in die die Leute fliehen konnten, wenn
sie aus Versehen jemanden gekillt hatten. Dazu bekamen die Priester, die
in dem Gebiet von Juda lebten, noch die Städte Libna, Jattir, Eschtemoa,
Hilen, Debir, Aschan und Bet-Schemesch. Dazu noch folgende Städte aus

dem Gebiet vom Familienstamm Benjamin: Geba, Alemet und Anatot. Ins-
gesamt waren das dreizehn Städte, jeweils mit den dazugehörenden Wiesen,
wo die Kühe und Schafe drauf weiden konnten. 46 Die anderen Familien
aus dem Kehat-Clan bekamen durch ein Losverfahren noch zehn Städte, die
in der westlichen Hälfte vom Gebiet vom Familienstamm Manasse lagen.
47 Die verschiedenen Familien vom Gerschon-Clan bekamen dreizehn Städte
zugeteilt, die alle im Gebiet der Familienstämme Issachar, Ascher und
Naftali lagen. Dazu kamen noch die Gebiete von der östlichen Hälfte von
Manasse, die in Baschan waren. 48 Der Merari-Clan bekam durch das Los
zwölf Städte aus dem Gebiet der Familienstämme Ruben, Gad und Sebulon
zugeteilt. 49 Die Israeliten gaben also den Nachkommen vom Levi diese
Städte. Dazu kam immer noch das Weideland, was drum herum lag. 50 Die
Levi-Leute erhielten durch das Los die bereits genannten Städte im Gebiet
der Familienstämme Juda, Simeon und Benjamin. 51–55 Die anderen Familien
vom Kehat-Clan bekamen folgende Städte: Im Gebiet vom Familienstamm
Efraim: die Asylstadt Sichem, die im Bergland Efraim lag. Dazu kamen noch
Geser, Kibzajim, Bet-Horon, Ajalon und Gat-Rimmon. Und dann kamen wie
immer auch noch die Wiesen drum herum dazu. Aus dem Gebiet vom Fami-
lienstamm West-Manasse erhielten sie Aner und Jibleam. 56–61 Die Familien
vom Gerschon-Clan bekamen auch ein paar Städte zugeteilt. Aus dem Ge-
biet vom Familienstamm Ost-Manasse: Golan (was in Baschan lag) und
Aschtarot; aus dem Gebiet von Familienstamm Issachar: Kedesch, Daberat,
Ramot und Anem; aus dem Gebiet vom Familienstamm Ascher: Mischal,
Abdon, Hukok und Rehob; aus dem Gebiet vom Familienstamm Naftali:
Kedesch (was in Galiläa lag), Hammon und Kirjatajim. 62–66 Der Merari-Clan
bekam auch Städte mit den dazugehörenden Wiesen zugeteilt. Aus dem
Gebiet vom Familienstamm Sebulon: Rimmon und Tabor; aus dem Gebiet
vom Familienstamm Ruben (die von der Ostseite vom Jordan): die Stadt
Bezer, die gegenüber von Jericho lag, dazu Jahaz, Kedemot und Mefaat; aus
dem Gebiet vom Familienstamm Gad bekamen sie: Ramot (was in Gilead
lag), Mahanajim, Heschbon und Jaser.

7

Listen von den Familienstämmen Issachar, Benjamin, Naftali, Manasse, Efraim und Ascher

1 Die Söhne von Issachar hießen: Tola, Puwa, Jaschub und Schimron. 2 Die
Söhne von Tola hießen: Usi, Refaja, Jeriel, Jachmai, Jibsam und Schemuel.
Das waren die Chefs von ihren Familien, alles echt gute Soldaten. Als David
noch an der Macht war, gab es alleine in der Familie von Tola 22 600 Män-
ner. 3 Usi hatte nur einen Sohn, der Jisrachja hieß. Jisrachja und seine vier
Söhne Michael, Obadja, Joel und Jischija wurden alle auch Chefs in ihren

Familienclans. 4 Sie hatten so viele Frauen und Kinder, dass ihre Familien
locker 36 000 Soldaten für das Heer stellen konnten. 5 Ihre Brüder aus den
anderen Familien vom Familienstamm Issachar waren auch alles gute
Soldaten und konnten 87 000 Mann für das Heer aufbringen.

Die Familien von den Stämmen Benjamin und Naftali

6 Benjamin hatte drei Söhne: Bela, Becher und Jediael. 7 Die Söhne von
Bela waren: Ezbon, Usi, Usiel, Jerimot und Ir. Alle fünf waren auch voll gute
Soldaten und führten ihre Familien gut an. Laut Liste kamen bei denen
22 034 Soldaten zusammen. 8 Jetzt zu den Söhnen von Becher. Sie hießen:
Semira, Joasch, Elieser, Eljoenai, Omri, Jeremot, Abija, Anatot und Alemet.
9 In der Liste von ihrer Familie waren 20 200 Männer verzeichnet, die alle
kriegsdiensttauglich waren. 10 Jediael hatte einen Sohn, der Bilhan hieß.
Seine Söhne waren wiederum: Jeusch, Benjamin, Ehud, Kenaana, Setan,
Tarschisch und Ahischahar. 11 Das wurden auch die Chefs in ihren Familien-
clans. Alles sehr gute Soldaten übrigens. Im Ernstfall konnten sie für das
Heer 17 200 Mann stellen. 12 Ir hatte zwei Söhne, Huppim und Schuppim.
Aher hatte nur einen Sohn, den Huschim. 13 Die Söhne von Naftali hießen:
Jachzeel, Guni, Jezer und Schallum. Die waren ja auch alles Nachkommen
von Naftalis Mutter Bilha.

Die Familien von dem Stamm Manasse

14 Manasse hatte einen Sohn der Asriel hieß. Von einer zweiten Ehefrau
bekam er einen Sohn, den sie Machir nannten. Machir wurde zum Gründer
der Gileads. 15 Machir heiratete eine Schwester von Huppim und Schuppim.
Sie hieß Maacha. Sein zweiter Sohn war der Zelofhad. Zelofhad bekam
keine Söhne, sondern nur Töchter. 16 Maacha bekam zwei Söhne. Den einen
nannten sie Peresch, den anderen Scheresch. Scheresch bekam später zwei
Söhne mit den Namen Ulam und Rekem. 17 Ulam hatte einen Sohn, den
er Bedan nannte. So, das war jetzt eine Liste von der Familie von Gilead. Zur
Erinnerung: Gilead war ein Sohn von Machir und ein Enkel von Manasse.
18 Seine Schwester Molechet bekam die Söhne Ischhod, Abieser und Machla.
19 Die Söhne von Schemida waren: Achjan, Schechem, Likhi und Aniam.

Die Familien vom Stamm Efraim

20 Efraim hatte einen Sohn, der Schutelach hieß. Dessen Sohn war Bered.
Aus dieser Familie kamen dann noch Tahat und dessen Sohn Elada und des-
sen Sohn Tahata 21 und dessen Sohn Sabad. Neben Schutelach hatte Efraim
noch zwei andere Söhne, Eser und Elad. Sie gingen irgendwann mal nach
Gat, um von den Bewohnern, die dort lebten, die Tierherden zu zocken.
Dabei wurden sie erwischt und getötet. 22 Efraim, ihr Vater, war deswegen

voll lange traurig. Seine Verwandten besuchten ihn, um ihn wieder gut drauf-
zubringen. 23 Schließlich schlief er wieder mit seiner Frau, und sie wurde
schwanger. Die kriegte dann einen Sohn, den er Beria nannte. Beria heißt so
viel wie „im Frust“, denn er hatte diesen Jungen bekommen, als er gerade
total frustriert und traurig war. 24 Efraim hatte auch eine Tochter, die Scheera
hieß. Scheera arbeitete später für die Städteplanung und war am Aufbau
vom oberen Bet-Horon sowie Usen-Scheera beteiligt. 25 Weitere Söhne von
Efraim waren Refach und Reschef. Reschef hatte einen Sohn, der Telach
hieß. Der hatte wiederum einen Sohn, der Tahan hieß, 26 der wiederum einen
Sohn, der Ladan hieß, der einen Sohn, der Ammihud hieß, der einen Sohn,
der Elischama hieß, 27 und der einen Sohn, der Nun hieß, und dessen Sohn
war Josua. 28 Das Land, in dem die Familien von Efraim wohnten, ging von
Bet-El, mit den umliegenden Dörfern, über nach Naara (nach Osten), in
westlicher Richtung nach Geser und im Norden bis nach Sichem und Aja.
Alle Städte mit den umliegenden Dörfern gehörten dazu. 29 Die Familien von
Manasse wohnten in den Städten Bet-Schean, Taanach, Megiddo und Dor,
mit den umliegenden Dörfern. In diesen Orten lebten also die Familien aus
dem Familienstamm Josef, der ein Sohn von Israel war.

Die Familien vom Stamm Ascher

30 Die Söhne von Ascher hießen Jimna, Jischwa, Jischwi und Beria. Einer
seiner Töchter hieß Serach. 31 Die zwei Söhne von Beria hießen: Heber und
Malkiel. Er wurde der Gründer vom Birsajit-Clan. 32 Heber bekam folgende
Söhne: Jaflet, Schemer und Hotam sowie eine Tochter, die Schua hieß. 33 Die
Söhne von Jaflet hießen: Pasach, Bimhal und Aschwat. 34 Die Söhne von
Schemer hießen: Ahi, Rohga, Hubba und Aram. 35 Und die Söhne von sei-
nem Bruder Hotam hießen: Zofach, Jimna, Schelesch und Amal. 36 Die
Söhne von Zofach hießen: Suach, Harnefer, Schual, Beri, Jimra, 37 Bezer,
Hod, Schamma, Schilscha, Jitran und Beera. 38 Die Söhne von Jitran hießen:
Jefunne, Pispa und Ara. 39 Die Söhne von Ulla hießen: Arach, Hanniel und
Rizja. 40 Das waren jetzt die Kinder und Familien, die aus Ascher entstanden
sind. Alles übrigens sehr gute Clanchefs und sehr fitte Soldaten. Sie stellten
an wehrfähigen Männern für die Armee 26 000 Mann.

8

Noch eine Liste vom Familienstamm Benjamin

1–2 Benjamin hatte fünf Söhne. Der erste Sohn hieß Bela, der zweite Aschbel,
der dritte Achrach, der vierte Noha und der fünfte Rafa. 3 Die Söhne von Bela
hießen: Ard, Gera, Abihud, 4 Abischua, Naaman, Ahoach, 5 Gera, Schefufan
und Huram. 6 Die Söhne von Ehud waren die Chefs von den Familien, die in
Geba wohnten. Irgendwann wurden sie dort gefangen genommen und nach

Manahat entführt. 7 Das passierte Naaman, Ahija und Gera. Ein anderer
Gera war es, der sie dorthin entführt hatte. Die Söhne von Belas Sohn Gera
hießen Usa und Ahihud. 8–9 Schaharajim wohnte in den Bergen von Moab.
Er hatte sich von seinen ersten beiden Frauen Huschim und Baara scheiden
lassen. Dann heiratete er die Hodesch. Von ihr bekam er die Söhne Jobab,
Zibja, Mescha, Malkam, 10 Jeuz, Sacheja und Mirma. Jeder Sohn wurde der
Chef von einem eigenen Familienclan. 11 Von Huschim, einer seiner früheren
Frauen, stammten die Söhne Abitub und Elpaal ab. 12 Die Söhne von Elpaal
hießen: Eber, Mischam und Schemed. Schemed baute die Städte Ono und
Lod mit den umliegenden Orten auf. 13 Die Brüder Beria und Schema waren
die Chefs der Famlienclans, die in Ajalon lebten. Die hatten vorher die Ein-
wohner von Gat dort rausgeschmissen. 14 Die anderen Brüder von den bei-
den hießen: Elpaal, Schaschak und Jeroham. 15–16 Beria hatte auch Söhne,
die folgende Namen hatten: Sebadja, Arad, Eder, Michael, Jischpa und Joha.
17–18 Elpaals Söhne hießen: Sebadja, Meschullam, Hiski, Heber, Jischmerai,
Jislia und Jobab. 19–21 Und die Söhne von Schimi waren: Jakim, Sichri, Sabdi,
Elienai, Zilletai, Eliel, Adaja, Beraja und Schimrat. 22–25 Schaschak hatte
folgende Söhne bekommen: Jischpan, Eber, Eliel, Abdon, Sichri, Hanan,
Hananja, Elam, Antotija, Jifdeja und Pnuel. 26–27 Und die Söhne von Jero-
ham hießen: Schamscherai, Scheharja, Atalja, Jaareschja, Elija und Sichri.
28 Das wurden alles die Chefs von ihren Familienclans. Alle oben genannten
wohnten übrigens in Jerusalem. 29 Jeiel wohnte in Gideon, der diese Stadt
auch gegründete hatte. Er war mit der Maacha verheiratet. 30 Jeiel erster
Sohn hieß Abdon. Die weiteren Söhne hatten folgende Namen: Zur, Kisch,
Baal, Ner, Nadab, 31 Gedor, Achjo, Secher und Miklot. Miklot hatte einen
Sohn, der den Namen Schima bekam. 32 Die suchten sich auch alle eine
Bude in Jerusalem, wie ihre anderen Brüder. 33 Der Sohn von Ner war der
Abner. Und Kischs Sohn war der berühmte Präsident Saul. Saul bekam dann
auch Söhne, die folgende Namen hatten: Jonatan, Malkischua, Abinadab
und Eschbaal, der auch Isch-Boschet genannt wurde. 34 Jonatan hatte dann
einen Sohn, der Merib-Baal hieß. Und Merib-Baal bekam einen Sohn, der
den Namen Micha kriegte. 35 Michas Söhne hießen dann: Piton, Melech,
Tachrea und Ahas. 36 Ahas bekam den Sohn Joadda, Joadda bekam die
Söhne Alemet, Asmawet und Simri. Und Simri bekam den Sohn Moza.
37 Moza bekam den Sohn Bina, Bina bekam den Sohn Rafa, Rafa bekam
den Sohn Elasa, und Elasa bekam den Sohn Azel. 38 Azel hatte sechs Söhne:
Asrikam, Bochru, Jischmael, Schearja, Obadja und Hanan. 39 Die Söhne
von Azels Bruder Eschek hatten folgende Namen: Der älteste Sohn hieß
Ulam, der zweite Jeusch und der dritte Elifelet. 40 Ulams Söhne waren alles
sehr mutige Soldaten, die mit ihren MGs voll genau schießen konnten. Sie
bekamen sehr viele Söhne und Enkel, zusammengerechnet kamen sie auf

150 Mann! Die Familien und ihre Clans, die oben aufgezählt wurden, gehör-
ten alle zum Familienstamm Benjamin.

9

Alle Leute, die in Jerusalem leben, kommen in Kriegsgefangenschaft

1 So wurden also alle Leute registriert, die in Israel lebten, und in einer Datei
gespeichert. Das stand dann alles in dem Ordner mit dem Namen „Amtli-
ches Verzeichnis der Präsidenten von Israel". Die Leute, die zu Juda gehör-
ten, hatten Gott ja total vergessen. Deswegen kamen die alle in Kriegsgefan-
genschaft und wurden nach Babylon abgeführt. 2 Nach einer gewissen Zeit
wurden aber die Ersten wieder freigelassen. Sie siedelten sich in ihrem alten
Gebiet von Juda an. Es waren einige normale Leute und auch viele Priester,
Tempelangestellte und Leute, die am Tempel die Drecksarbeit erledigten.
3 Aus den Familienstämmen Juda, Benjamin, Efraim und Manasse zogen
einige wieder nach Jerusalem. Folgende Männer kamen als Erstes zurück:
4 Vom Familienstamm Juda: Utai, der Sohn von Ammihud, der ein Sohn
war von Omri, der ein Sohn war von Imri, der ein Sohn war von Bani, der
ein Sohn war von Perez, der ein Sohn war von Juda. 5 Die Familie von Judas
Sohn Schela sah so aus: Asaja war der älteste Sohn, der wiederum auch
Söhne hatte, die hier jetzt nicht aufgelistet werden. 6 Judas Sohn Serach
hatte den Sohn Jeuel. Insgesamt waren es hier mit allen Brüdern 690 Mann.
7 Aus dem Familienstamm Benjamin kamen folgende Leute: erst mal Sallu,
der ein Sohn von Meschullam war. Meschullam war wiederum ein Sohn von
Hodwawjas, der war ein Sohn von Senuas, 8 der war ein Sohn von Jibneja,
der war ein Sohn von Jeroham. Dann noch Ela, der war ein Sohn von Usi
und ein Enkel von Michri. Meschullam, ein Sohn von Schefatja, der war
ein Sohn von Reguel und Jibnija. 9 Insgesamt gab es unter allen Brüdern,
nach ihren Familien sortiert, 956 Clanchefs. 10 Von den Priestern kamen fol-
gende zurück: Jedaja, Jojarib, Jachin und 11 Asarja (der Sohn von Hilkija, der
früher der Chef vom Tempel war). Er kam aus folgender Abstammungslinie:
Asarja war ein Sohn von Hilkija, der war ein Sohn von Meschullam, der
war ein Sohn von Zadok, der war ein Sohn von Merajot, der war ein Sohn
von Ahitub. Ahitub war eine Zeitlang der Chef im Tempel. 12 Weiter ging
die Abstammungslinie so: Adaja, der ein Sohn von Jeroham war, der war
ein Sohn von Paschhur, der war ein Sohn von Malkija und Masai. Masai war
ein Sohn von Adiel, der war ein Sohn von Jachsera, der war ein Sohn von
Meschullam, der war ein Sohn von Meschillemot, der war ein Sohn von
Immer. 13 Insgesamt waren es mit ihren Brüdern 1760 Clanchefs, die alle
eine Lizenz dafür hatten, am Tempel den Opferdienst zu schieben. 14 Von
den Tempelangestellten kamen folgende zurück: Schemaja vom Merari-
Clan (seine Vorfahren waren Haschub, Asrikam und Haschabja), 15 Bakbakar,

Heresch, Galal und Mattanja. Mattanja war ein Sohn von Micha und Enkel
von Sichri, aus der Familie vom Asaf. 16 Abda, ein Sohn von Schammua und
ein Enkel von Galal, aus der Familie von Jedutun. Berechja, ein Sohn von Asa
und ein Enkel von Elkana, der früher in den Siedlungen von Netofa gewohnt
hatte. 17 Die Security-Leute vom Tor: Schallum, Akkub, Talmon und Ahiman.
Ihr Chef war der Schallum. 18 Seine Familie stellte noch lange die Security-
Einheit vor dem Eingangstor des Hauses vom Präsidenten, was auf der Ost-
seite der Stadt lag. Ihre Vorfahren haben schon auf dem Weg durch die
Wüste als Security-Leute im Lager von den Levi-Leuten gearbeitet. 19 Schal-
lum und die Männer aus seiner Familie kontrollierten auch als Sicherheits-
dienst den Eingang vom besonderen Zelt von Gott. Schallum kam aus der
Familie Korach, sein Vater war Kore, und dessen Vater war Abiasaf, und
dessen Vater war Korach. Ihre Vorfahren hatten schon immer den Eingang
vom Zeltlager bewacht, auch, als sie noch in der Wüste rumgezogen waren.
20 Pinhas, der Sohn von Priester Eleasar, war damals ihr Anführer. Der war
übrigens echt krass mit Gott unterwegs gewesen. 21 Secharja, der Sohn von
Meschelemja, arbeitete als Security-Mann am Eingang vom besonderen Zelt.
22 Insgesamt waren 212 Security-Männer ausgesucht worden. Ihre Namen
wurden in ihren Dörfern in das Familienverzeichnis eingetragen. Für diesen
Job wurden sie damals durch David und den Propheten Samuel eingesetzt.
23 Sie schoben am Eingang zum besonderen Zelt im Schichtwechsel die
Wache. Später haben sie dann den gleichen Job beim Tempel von Gott über-
nommen. 24 Die Security-Leute waren in vier Richtungen aufgestellt, einer
nach Osten, einer nach Westen, einer nach Norden und einer nach Süden.
25 In ihrer Freizeit konnten die Männer immer nach Hause fahren und dort
pennen. Nur wenn sie im Dienst waren, mussten sie sieben Tage lang ihre
Schichten schieben. 26 Die vier obersten Chefs der Security-Einheit, alles
Levi-Leute, hatten die 24-Stunden-Nonstop-Schicht. Ihr Job bestand darin,
auf die Vorratsräume und den Tresorraum vom Tempel aufzupassen. 27 Sie
pennten im Anbau vom Tempel, weil sie auch nachts alles bewachen und
morgens die Haupttür aufschließen mussten. 28–29 Wieder andere Levi-
Typen hatten den Job, die ganzen Geräte in Schuss zu halten, die für die
Gottesdienste gebraucht wurden. Jedes Gerät wurde in einer Liste eingetra-
gen, bevor es in den Tempel kam, und auf der Liste durchgestrichen, wenn
man es wieder nach draußen brachte. Einige Leute waren dafür da, um sich
um das ganze Material zu kümmern, was man im Tempel brauchte. Zum
Beispiel das Mehl, den Wein, das Olivenöl, die Räucherkerzen oder das Par-
füm für das besondere Öl. 30 Dieses Öl (was man braucht, um Leute in einen
besonderen Job einzusetzen) durfte aber nur von den obersten Priestern
zusammengemischt werden. 31 Der Tempelangestellte Mattitja (der erste
Sohn von Schallum aus der Korach-Familie) war dafür verantwortlich, dass

immer genug Fladenbrot für die Essensopfer da war. 32 Die Brüder aus dem
Kehat-Clan waren dafür zuständig, dass am Sonntag immer genug von
den besonderen Broten vorhanden war. 33 Die Tempelangestellten, die immer
die Band und den Chor für den Tempel gestellt hatten, wohnten in kleinen
Wohnungen, die direkt nebenan lagen. Sie waren von allen anderen Diensten
befreit, weil sie auch 24 Stunden Dienst schieben mussten. 34 Das waren
jetzt die Clanchefs der Tempelangestellten vom Stamm Levi, in der Reihen-
folge, wie sie geboren wurden. Sie wohnten alle in Jerusalem.

Die Leute aus der Familie von Saul, die vor und nach ihm gelebt haben

35 Jeiel, der Gründer von der Stadt Gibeon, wohnte früher auch dort. Seine
Frau hieß Maacha, 36 sein erster Sohn hieß Abdon, die anderen Söhne hie-
ßen: Zur, Kisch, Baal, Ner, Nadab, 37 Gedor, Achjo, Secher und Miklot. 38 Mik-
lot hatte einen Sohn, der Schima genannt wurde. Auch sie ließen sich in
Jerusalem nieder und wohnten dort, wie die anderen von ihrer Familie. 39 Der
Sohn von Ner war Abner, der Sohn von Kisch war dann der Saul. Saul
bekam folgende Söhne: Jonatan, Malkischua, Abinadab und Eschbaal, der
auch Isch-Boschet genannt wurde. 40 Jonatan hatte einen Sohn, der Merib-
Baal genannt wurde. Merib-Baal hatte einen Sohn, der Micha hieß. 41 Die
Söhne von Micha waren: Piton, Melech, Tachrea und Ahas. 42 Ahas bekam
einen Sohn der Joadda hieß. Joadda hatte dann auch Söhne, die folgende
Namen bekamen: Alemet, Asmawet und Simri. Der Sohn von Simri wurde
Moza genannt. 43 Moza bekam als Sohn Bina, Bina bekam als Sohn Refaja,
Refaja bekam als Sohn Elasa, Elasa bekam als Sohn Azel. 44 Azel hatte
sechs Söhne: Asrikam, Bochru, Jischmael, Schearja, Obadja und Hanan.

10

Rückblick: Sauls letzter Kampf und sein Tod

1 Und zwar war das so: Es gab damals im Gilboa-Gebirge einen Krieg zwi-
schen Israel und den Philistern. Israel musste vor den Philistern abhauen,
weil die einfach stärker waren. Viele Soldaten von der israelitischen Armee
wurden auf der Flucht im Gilboa-Gebirge erschossen. 2 Die Philister ver-
folgten auch den israelitischen Präsidenten Saul und seine Söhne Jonatan,
Abinadab und Malkischua. Alle drei Söhne wurden dabei getötet. 3 Um den
Präsidenten Saul gab es einen voll heftigen Kampf. Schließlich setzte der
Feind ein paar Scharfschützen auf Saul an. Saul wurde verwundet und bekam
voll Schiss. 4 Er befahl einem seiner Soldaten: „Los, nehmen Sie Ihre Knarre
und erschießen Sie mich! Sonst werden mich diese Schweine gefangenen
nehmen, mich foltern und ihre Witze über mich machen!“ Aber der Soldat
wollte das nicht tun. Also nahm Saul seine Pistole selbst in die Hand und
schoss sich eine Kugel in den Kopf. 5 Der Soldat gab sich auch sofort die

Kugel, nachdem er das gesehen hatte. 6 So starben Saul und seine drei
Söhne. Damit war es vorbei mit seiner Macht, und auch seine Familie war
jetzt am Ende. 7 Als alle Leute in Israel davon erfuhren, dass Saul und seine
Söhne tot waren und die ganze Armee auf der Flucht war, packten sie schnell
ihre Koffer und verpissten sich aus ihren Städten. Die Armee der Philister
kam in ihr Land und übernahm einfach alle Städte. 8 Einen Tag nach der
Schlacht durchsuchten die Philister die Leichen von den israelitischen Solda-
ten nach wertvollen Sachen. Sie fanden dabei auch Saul und seine Söhne auf
dem Gebirge Gilboa. 9 Von Saul sägten sie den Kopf ab und zogen ihm seine
Uniform aus. Beides wurde dann im ganzen Gebiet rumgezeigt. Das war die
Art der Philister, um deutlich zu machen, dass ihre Leute und ihre Plastikgöt-
ter diesen Krieg gewonnen hatten. 10 Später wurde die Uniform von Saul in
einen Tempel von einem ihrer Plastikgötter gelegt. Seinen Kopf brachten sie
in den Tempel von ihrem Gott Dagon und nagelten ihn dort an die Wand.
11 Die Männer aus Jabesch (das liegt in Gilead) hörten, was die Philister mit
der Leiche von Saul angestellt hatten. 12 Man stellte sofort eine Spezialtruppe
zusammen, und in einer Nacht-und-Nebel-Aktion wurden die Leichen von
Saul und seinen Söhnen geholt und nach Jabesch gebracht. Dort erhielten sie
ein anständiges Begräbnis auf dem Stadtfriedhof. In der Woche der Beerdi-
gung wurde angeordnet, dass tagsüber nichts gegessen werden durfte und
alle in schwarzen Klamotten rumlaufen mussten. 13 Der Grund, warum Saul
sterben musste, war klar: Er war Gott untreu geworden. Saul hatte nicht das
getan, was Gott von ihm wollte, er war sogar bei einer Hexe gewesen, die für
ihn mit einem Toten Verbindung aufgenommen hatte. 14 Er war nicht zu Gott
gegangen, um sich einen Tipp geben zu lassen. Darum ließ der ihn sterben
und setzte David als nächsten Präsidenten ein. David war ein Sohn von Isai.

11

Rückblick: Wie David der neue Präsident wurde

1 Irgendwann kamen voll viele Leute aus Israel bei David an, als er noch in
Hebron wohnte. „David! Sie sind doch einer von uns! Das gleiche Blut ist
in unseren Adern. 2 Schon damals, als Saul noch unser Präsident war, haben
Sie uns im Krieg immer rausgehauen! Sie haben die Armee angeführt! Und
dann hatte Gott zu Ihnen gesprochen, dass Sie auch alle seine Leute anfüh-
ren und beschützen sollen. ‚Du sollst der Chef von Israel sein!', meinte
Gott damals." 3 Alle Chefs und Führer von Israel sagten das zu David, dafür
waren sie extra nach Hebron gekommen. Schließlich machten sie Verträge,
und Gott war als Zeuge mit dabei. Sie beteten zusammen für David und
machten ihn dann ganz offiziell zum neuen Präsidenten von Israel. Samuel,
der Prophetentyp, hatte das alles so organisiert, wie Gott es ihm vorher
gesagt hatte. 4 Dann zog David mit allen Männern von Israel nach Jerusa-

lem. Damals nannte man Jerusalem noch Jebus, weil dort die Jebusiter
wohnten. 5 Die Jebusiter hatten gelacht: „Ha, du wirst hier nie und nimmer
reinkommen!“ Aber David schaffte es trotzdem und eroberte die Stadt mit
allen Stellungen und Bunkern. Zion, so nannte man diese Stadt auch, wurde
dann zur Davidsstadt. 6 David hatte vorher einen kleinen Wettbewerb gestar-
tet. Er sagte zu seinen Soldaten: „Wer den ersten Jebusiter erschießt, wird
befördert!“ Joab rannte sofort los und war als Erster in der Stadt am Kämp-
fen. Er wurde dann der oberste General vom Heer. 7 David zog dann in die
Stadt und wohnte dort. Darum nannte man sie auch die Davidsstadt. 8 Als
Nächstes ließ er überall neue Wohnungen und Häuser bauen. Von der Stadt-
mauer aus ließ er ringsrum neue Gebäude errichten. Joab war verantwortlich
für die Renovierung der Altstadt. 9 David bekam mit der Zeit immer mehr
Macht und Einfluss im Land. Gott, der Chef des ganzen Universums, stand
eindeutig auf seiner Seite.

Die besten Leute von David, seine Stars und Helden

10 Jetzt kommt etwas über die absoluten Helden aus der Armee von David.
Alles treue Soldaten, die sich für ihn oft den Arsch aufgerissen hatten,
gemeinsam mit der ganzen Truppe von Israel. Sie waren es, die ihm dabei
halfen, Präsident in Israel zu werden, weil Gott das so wollte. 11 Jetzt kom-
men ihre Namen: Jischbaal kam aus der Familie Hachmoni. Er war der
Anführer von Davids Elitetruppe. Das war voll der wilde Kämpfer, der hat im
Nahkampf einmal mit einem Armeemesser dreihundert Männer abgesto-
chen. 12 Als Nächstes soll hier Eleasar genannt werden, der aus der Familie
von Dodo kam und aus Ahoach stammte. Er war einer von den berühmten
„drei Stars“. 13 Eleasar war auch mit bei David dabei, als die Armee der
Philister in Pas-Dammim gegen Israel angetreten war. Auf dem Gelände
gab es ein großes Maisfeld, und als sie am Verlieren waren, flohen die
Israeliten in das Feld rein. 14 Aber die Truppe um Eleasar stellte sich mitten-
drin auf, erkämpfte sich das Gebiet zurück und schlug die Philister. Auf die
Art sorgte Gott für einen großen Sieg. 15 Bei einer anderen Aktion hatte das
Heer der Philister in der Ebene Refaim gelagert. Drei von den „dreißig Hel-
den“ besuchten abends David, als er gerade im Bunker bei Adullam war.
16 In der Zeit, in der David dort war, rückte eine Abteilung von den Philistern
gegen Bethlehem vor. 17 Irgendwie hatte David gerade Bock auf eine Cola
und sagte deswegen mehr aus Spaß zu den Männern: „Ich hab voll Durst!
Wer bringt mir eine Cola aus dem Automaten, der in Bethlehem-City steht?“
18 Die drei zogen sofort los, schlichen sich nachts durch das Lager der Phi-
lister und zogen für David eine Cola aus dem Automaten, der in der Innen-
stadt stand. Die brachten sie dann bei David vorbei. Aber das Ding war
echt zu heftig für ihn, David wollte die nicht so mal eben austrinken. Darum

spendierte er das Teil Gott, er goss die Cola auf die Erde und sagte dazu:
19 „Nein, Leute, die Cola ist mir zu wertvoll geworden. Das wäre so, als wenn
ich das Blut von meinen Männern trinken würde. Sie haben ihr Leben dafür
aufs Spiel gesetzt! Das wäre nicht korrekt, wenn ich das tun würde." Er
wollte sie einfach nicht trinken. Das war zum Beispiel so eine Sache, die
diese drei Helden gebracht haben. 20 – 21 Der Anführer von den Dreißig war
Abischai, ein Bruder von Joab. Einmal brachte er in einer Schlacht mit einer
MP dreihundert Männer um. Bei den berühmten „dreißig Helden" war er
schon ganz vorne dabei, er wurde irgendwann sogar deren Anführer. Aber
den „drei Stars" konnte er nicht das Wasser reichen. 22 Dann war da noch
der Benaja aus Kabzeel. Er kam aus der Familie vom Jojada und hatte auch
einige heftigen Sachen gebracht. Zum Beispiel tötete er die zwei berüchtig-
ten Soldaten, die auch als „Pitbulls von Moab" bekannt geworden waren.
Er war auch einmal in einem Keller von einem fiesen Kampfhund angefallen
worden und hatte den dann mit einem Fausthieb auf den Kopf getötet.
23 Außerdem hat er mal einen Ägypter umgenietet, der zweieinhalb Meter
groß war. Der Ägypter hatte eine Pumpgun in der Hand, die so dick war,
wie der Mast einer Straßenlaterne. Dabei hatte Benaja nur einen Stock in der
Hand gehabt. Er sprang auf den Ägypter zu, riss ihm die Knarre aus der
Hand und erschoss ihn damit. 24 Das waren so Dinger, die Benaja gebracht
hatte, dadurch wurde er sehr berühmt. 25 Er hatte einen besseren Ruf als die
„dreißig Helden", aber er war nicht so angesagt wie die berühmten „drei
Stars". Später machte ihn David zum Chef von seiner privaten Security-Ein-
heit. 26 Jetzt mal die Namen von Davids Kämpfern: Asael, der Bruder von
Joab; Elhanan, der Sohn von Dodo, aus Betlehem; 27 Schammot aus Harod;
Helez aus Pelon; 28 Ira, der Sohn von Ikkesch, aus Tekoa; Abieser aus Anatot;
29 Sibbechai aus Huscha; Ilai aus Ahoach; 30 Mahrai aus Netofa; Heled,
der Sohn von Baana, aus Netofa; 31 Ittai, der Sohn von Ribai, aus Gibea (was
im Gebiet von Benjamin liegt); Benaja aus Piraton; 32 Hiddai aus Nahale-
Gaasch; Abiel aus Bet-Araba; 33 Asmawet aus Bahurim; Eljachba aus Schaal-
bim; 34 Haschem aus Gison; Jonatan, der Sohn von Schage, aus Harar;
35 Ahiam, der Sohn von Sachar, ebenfalls aus Harar; Elifal, der Sohn von Urs;
36 Hefer aus Mechera; Ahija aus Pelon; 37 Hezro aus Karmel; Naarai, der
Sohn von Esbai; 38 Joel, der Bruder Natans; Mibhar, der Sohn von Hagri;
39 Zelek, der Ammoniter; Nachrai aus Beerot (der sich immer um die Waffen
von Joab gekümmert hatte); 40 Ira aus Jattir; Gareb aus Jattir; 41 Urija, der
Hetiter; Sabad, der Sohn von Achlaia; 42 Adina, der Sohn von Schisa (das
war einer der einflussreichsten Männer vom Familienstamm Ruben, er hatte
dreißig Männer unter sich); 43 Hanan, der Sohn von Maacha; Joschafat
aus Meten; 44 Usija aus Aschtarot; Schama und Jeiel, die Söhne von Hotam,
der aus Aroer stammte; 45 Jediael, der Sohn von Schimri; sein Bruder Joha

aus Tiz; 46 Eliel aus Mahanajim; Jeribai und Joschawja, die Söhne von
Elnaam; Jitma, ein Moabiter; 47 Eliel; Obed und Jaasiel aus Zoba.

12

Davids Leute, als Saul an der Macht war

1 Es gab schon viele Männer in Davids Gruppe, als der noch in Ziklag
wohnte. Sie waren schon länger Mitglieder von seiner Truppe und kämpften
an seiner Seite. In Ziklag musste er sich ja vor dem Präsidenten Saul ver-
stecken. 2 Diese Männer waren alle mit einer MP bewaffnet und konnten im
Stehen und Liegen supergut schießen. Sogar vom Familienstamm Benjamin
waren ein paar Leute dabei, obwohl die aus dem gleichen Stamm wie Saul
kamen. Ihre Namen waren: 3 Ahieser (das war der Anführer), Joasch,
die Söhne von Schemaa aus Gibea, Jesiel, Pelet, die Söhne von Asmawet,
Beracha und Jehu aus Anatot, 4 Jischmaja aus Gibeon (das war einer von
den „dreißig Helden" und ihr Anführer), 5 Jirmeja, Jahasiel, Johanan und
Josabad aus Gedera, 6 Elusai, Jerimot, Bealja, Schemarja und Schefatja aus
Haruf, 7 Elkana, Jischija, Asarel, Joeser und Jaschobam von den Nachkom-
men Korachs, 8 Joela und Sebadja, die Söhne von Jeroham aus Gedor. 9 Vom
Familienstamm Gad gab es auch einige Soldaten, die bei David mitmachen
wollten, alles kampferprobte Männer. Sie kamen bei ihm an, als er gerade
in seinem Bunker in der Wüste von Juda wohnte. Alle hatten eine schuss-
sichere Weste und waren mit einem MG bewaffnet. Diese Soldaten waren
alle sehr gute und schnelle Einzelkämpfer, sie hatten alle eine Nahkampf-
ausbildung und den schwarzen Gürtel in Karate. 10–14 Es waren: der Anfüh-
rer: Eser, der Zweite: Obadja, der Dritte: Eliab, der Vierte: Mischmanna,
der Fünfte: Jirmeja, der Sechste: Attai, der Siebte: Eliël, der Achte: Johanan,
der Neunte: Elsabad, der Zehnte: Jirmeja, der Elfte: Machbannai. 15 Alle
Männer hatten einen Offiziersdienstgrad in der Armee. Die waren so heftig
unterwegs, dass selbst der Schwächste von denen es mit hundert Gegnern
auf einmal aufnehmen konnte und der Stärkste sogar mit tausend. 16 Bei
schlimmstem Hochwasser schafften sie es, im April den Jordan zu über-
queren, obwohl alle Täler im Osten und im Westen nicht passierbar waren.
17 Dann gab es noch ein paar Leute, die aus den Familienstämmen Benjamin
und Juda zu Davids Bunker kamen. 18 David kam vor den Eingang und sagte
zu ihnen: „Seid ihr meine Freunde oder meine Feinde? Warum seid ihr hier?
Als Freunde seid ihr bei mir auf jeden Fall gerne gesehen. Aber wenn ihr
gegen mich seid und mich an meine Feinde verraten wollt, dann wird euch
unser Gott dafür ganz krass bestrafen. Ich habe nämlich bis heute immer
korrekt gehandelt und niemanden abgezogen." 19 Plötzlich kam die Kraft von
Gott auf Amasai, und der sagte laut: „David, wir gehören zu Ihnen! Wir wol-
len, dass Sie alles abräumen, Sie sollen gewinnen, Sie sollen es packen und

auch alle, die Ihnen dabei helfen! Gott spielt in Ihrer Mannschaft!“ David
nahm sie in seine Truppe auf und gab ihnen Führungspositionen in seiner
Armee. Amsai wurde später sogar der Chef von der Elitetruppe vom David.
20 Dann liefen irgendwann auch noch ein paar Männer vom Familienstamm
Manasse zu Davids Truppe über. Das war, als David bei den Philistern mit-
machte und dann gegen Saul in den Krieg ziehen sollte. Allerdings musste
er dann ja doch nicht gegen Saul kämpfen, weil die Generäle vom Heer der
Philister Schiss davor hatten, er könnte während der Schlacht plötzlich die
Seiten wechseln und zu Saul überlaufen. Dann wären sie vermutlich gekillt
worden. 21 Als David wieder nach Ziklag gezogen war, liefen folgende Män-
ner zu seiner Truppe über: Adnach, Josabad, Jediael, Michael, Josabad, Elihu
und Zilletai. Das waren alles Soldaten mit dem Dienstgrad eines Oberleut-
nants. 22 Es waren alles gute Soldaten, die ab dann David im Krieg unter-
stützten. Sie halfen ihm gegen die Banden von den Amalekitern. Sie beka-
men den Dienstgard Oberleutnant in seinem Heer. 23 Jeden Tag kamen neue
Leute dazu, die freiwillig in Davids Truppe mitmachen wollten. Irgendwann
hatte er eine richtig große Armee unter sich.

Davids Armee in Hebron

24 Nachdem Saul gestorben war, kamen viele Männer aus allen Familien-
stämmen nach Hebron, um David dort zu besuchen. Sie wollten ihn zum
neuen Präsidenten machen, weil Gott das so gesagt hatte. 25 Jetzt kommt
eine Auflistung der Leute, die alle dabei waren. Vom Familienstamm Juda:
6800 Mann, mit schusssicherer Weste und MG ausgerüstet. 26 Vom Fami-
lienstamm Simeon: 7100 mutige Soldaten. 27 Vom Familienstamm Levi:
4600 Mann. 28 Unter ihnen war auch der Priester Jojada, der Chef von der
Familie vom Aaron, mit 3700 Mann. 29 Zadok war auch dabei. Damals war
der noch echt jung, aber trotzdem ein sehr mutiger Soldat. Er kam mit sei-
ner ganzen Familie, dabei auch 22 Obersten. 30 Vom Familienstamm Benja-
min: 3000 Mann. Die kamen ja aus demselben Stamm wie Saul, darum war
das besonders heftig. Der größere Teil des Stammes hielt damals aber
noch zur Familie von Saul. 31 Vom Familienstamm Efraim: 20 800 Soldaten,
alles Männer mit echt gutem Ruf. 32 Vom Familienstamm West-Manasse:
18 000 Soldaten. Jeder von denen hatte höchstpersönlich den Auftrag
bekommen, nach Hebron zu gehen, um David dort zum neuen Präsidenten
zu machen. 33 Vom Familienstamm Issachar: 200 Obersten mit ihren Män-
nern. Sie kamen, weil sie sich gut informiert hatten und einfach wussten,
dass sich in Israel bald was verändern musste. 34 Vom Familienstamm Sebu-
lon: 50 000 Soldaten, kriegsmäßig gut ausgerüstet und kampfbereit. Die
waren ganz wild da drauf, David zu helfen. 35 Vom Familienstamm Naftali:
1000 Obersten und 37 000 Soldaten, alle ausgerüstet mit schusssicherer

Weste und MG. 36 Vom Familienstamm Dan: 28 600 Mann, alle kampfbereit.
37 Vom Familienstamm Ascher: 40 000 Mann, alle einsatzfähig und kampf-
bereit. 38 Von den Familienstämmen Ruben, Gad und Ost-Manasse, die von
der anderen Seite vom Jordan stammten: 120 000 Mann, mit allem bewaff-
net, was man im Krieg braucht. 39 Diese ganzen Soldaten kamen in ihren
Abteilungen nach Hebron marschiert mit nur einem Ziel in der Birne: David
zum neuen Präsidenten zu machen. In der Zeit wollte das einfach jeder in
Israel, dadrin war man sich einig. 40 Der Besuch bei David in Hebron dauerte
drei Tage. Essen und Trinken organisierten die Leute, die dort wohnten.
41 Aber auch die Bewohner aus der Umgebung sorgten für die Truppe von
David mit Lebensmitteln. Sogar aus dem Gebiet, wo die Familienstämme
Issachar, Sebulon und Naftali zu Hause waren, kamen die Leute angefahren.
Sie brachten in ihren Jeeps und Lkws Ladungen von Mehl, Eiern, Obst, Öl,
Wasser und Bier vorbei. Dazu auch sehr viele Rinder und Schafe. Alle waren
voll aufgeregt und freuten sich.

13

David will die Kiste mit den Gesetzen nach Jerusalem holen

1 Irgendwann hatte David eine Idee. Er organisierte ein Treffen mit den Chefs
von Israel und allen Offizieren der Armee. 2 Dann hielt er eine Rede vor
der Versammlung: „Liebe Leute und Kameraden! Mir kam neulich folgender
Gedanke: Vorausgesetzt, ihr findet die Idee auch gut und Gott hat auch
nichts dagegen, dann sollten wir erst mal ein großes Treffen veranstalten.
Alle Leute von unserem Volk sollen angemailt werden und eine Einladung
bekommen. Auch die Geschwister aus unseren Familienstämmen, die zu
Hause geblieben sind, und alle Priester und die anderen Levi-Leute, die Zelt-
angestellten, jeder soll versuchen hierherzukommen. 3 Und dann machen
wir gemeinsam eine ganz große Sache: Wir holen die Kiste mit den Geset-
zen von Gott nach Jerusalem! Die ganze Zeit, in der Saul an der Macht war,
haben wir ja so gut wie gar nichts mit ihr am Hut gehabt und sie irgendwo
links liegenlassen.“ 4 Alle Leute, die anwesend waren, fanden den Vorschlag
geil. Sie beschlossen, es genau so durchzuziehen. 5 David schickte also
Einladungen überallhin, von der ägyptischen Grenze, die im Süden lag, bis
nach Lebo-Hamat im Norden. Alle sollten nach Kirjat-Jearim kommen, um
gemeinsam die Kiste abzuholen. 6 Dort stand die nämlich schon seit einiger
Zeit. Es war die Kiste, in der die Gesetze aufbewahrt wurden, die Gott durch
Mose gegeben hatte. Auf die Kiste waren zwei große Engelsfiguren geschraubt,
und bei diesen Figuren war Gott immer mit am Start. Vor dieser Kiste hatte
man in der Vergangenheit ganz oft mit Gott direkt sprechen können. David
ging also mit der ganzen Versammlung nach Baala (das war ein anderer
Namen für Kirjat-Jearim) zum Haus von Abinadab. 7 Sie packten die Kiste

auf die Ladefläche von einem funkelnagelneuen Truck, der bis zu dem Zeit-
punkt noch nie gefahren worden war. Usa und sein Bruder Achjo saßen in
der Fahrerkabine. 8 Auf dem Weg dahin folgte eine riesen Menschenmenge
dem Wagen. Alle tanzten und jubelten um das Teil rum. Aber sie taten das
nicht, weil es besonders cool aussehen sollte, sondern sie machten das für
Gott. Dazu sangen sie ein paar Lieder, die von einer Band begleitet wurden,
die ebenfalls auf einem Hänger mitfuhr. E-Gitarre, Bass und Drumcomputer,
alles, was ging, wurde aufgefahren. 9 Als sie am Kidonsplatz waren, verwech-
selte Usa aus Versehen das Kupplungspedal mit der Bremse. Danach hatte
Usa Schiss, die Kiste würde von der Ladefläche runterrutschen. Deshalb stieg
er aus, um sie neu zu befestigen. Dabei berührte er die Kiste. 10 Gott fand das
überhaupt nicht toll. Er ließ ihn dort auf der Stelle sterben. 11 David bekam
voll die Panik. Ab dem Zeitpunkt nannte man diesen Platz „Usa-Riss", weil
Usa dort aus dem Leben gerissen wurde. 12 Wegen dieser Sache kriegte David
fetten Respekt vor Gott. „Ob das wirklich so eine gute Idee ist, die Kiste zu
uns nach Hause zu holen?", fragte er sich. 13 Das war der Grund, warum er
sie dann doch nicht zu sich nach Jerusalem holte. Stattdessen wurde das
Teil in das Haus von Obed-Edom gebracht. Obed-Edom stammte aus Gad.
14 Die Kiste blieb dann für drei Monate dort stehen. In der Zeit ging es Obed-
Edom voll gut, Gott beschenkte ihn, und er bekam immer noch mehr.

14

David in Jerusalem

1 Irgendwann hatte Hiram, der Präsident von Tyrus, die Idee, Holz und ande-
res Material an David zu schicken, damit er sich davon ein eigenes großes
Haus bauen konnte. Dazu lieferte er auch noch die Bauarbeiter und Archi-
tekten. 2 Für David war das ein weiteres Zeichen von Gott, dass er ihn zum
Präsidenten von Israel gemacht hatte und dass seine neue Macht von ihm
kam. Und Gott tat das nur, weil er selbst seine Leute so wahnsinnig liebte.
3 Nachdem David nach Jerusalem umgezogen war, heiratete er noch ein paar
mehr Frauen und bekam von denen viele Söhne und Töchter. Wie früher
schon mal erwähnt, war es damals normal, mehrere Frauen zu heiraten,
wenn man das wollte und es sich leisten konnte. 4 Die Söhne, die in Jerusa-
lem geborenen wurden, bekamen folgende Namen: Schammua, Schobab,
Natan, Salomo, 5 Jibhar, Elischua, Elpelet, 6 Nogah, Nefeg, Jafia, 7 Elischama,
Beeljada und Elifelet.

Die Philister greifen an

8 Als die Philister mitkriegten, dass David der neue Präsident in Israel ge-
worden war, sammelten sie ihre Truppen, um gegen David und seine Armee
zu kämpfen. David bekam aber rechtzeitig einen Tipp und kam ihnen mit

seinen eigenen Truppen entgegen. 9 Die Armee der Philister lagerte dann in
der Ebene von Refaim. 10 David redete dann erst mal mit Gott über die Sache.
„Was meinst du? Soll ich angreifen oder besser nicht? Hilfst du mir? Wirst
du dafür sorgen, dass wir diesen Krieg gewinnen?“ Und Gott sagte: „Kein
Problem, hau sie weg! Ich werde dafür sorgen, dass du gegen sie gewinnen
wirst!“ 11 Also griff David die Philister an und besiegte sie. Das Ganze pas-
sierte in Baal-Perazim. Anschließend meinte David dazu: „So wie eine Flut-
welle einen Damm durchbricht, hat Gott die Reihen der Soldaten meiner
Feinde einfach durchbrochen.“ Aus dem Grund hat man später diesem Platz
den Namen „Baal-Perazim“ gegeben. Das bedeutet so viel wie „Der Chef
bricht durch“. 12 Die Philister mussten so schnell fliehen, dass sie noch nicht
mal ihre Plastikgötter mitnehmen konnten. David befahl seinen Leuten,
die Teile alle zu verbrennen. 13 Später versuchten es die Philister noch ein-
mal, gegen David einen Krieg zu gewinnen. Sie besetzten wieder die Ebene
Refaim. 14 Wieder quatschte David erst mal mit Gott über die Sache. Der
sagte zu ihm: „Mach diesmal keinen Frontalangriff! Schlag einen Bogen
um die Truppen, bis du zu diesem Wald dort kommst. Aus dieser Richtung
musst du dann einen Angriff starten! 15 Ich werde dir ein Zeichen geben,
wenn du losschlagen sollst. Sobald du ein Rascheln in den Bäumen hörst,
so als würde jemand in den Bäumen rumklettern, dann musst du loslegen!
Das soll ein Zeichen für dich sein, dass ich am Start bin. Ich werde dann
sozusagen vor deiner Truppe hergehen, weil ich die Philister besiegen wer-
de.“ 16 David zog alles genau so durch, wie Gott es gesagt hatte. Und er
besiegte wieder die Philister, er vertrieb die Soldaten sogar von Gibeon bis
nach Geser. 17 Durch solche Geschichten wurde David voll berühmt. Alle
Völker in der Gegend bekamen totalen Respekt vor ihm.

15

Die Kiste mit den Gesetzen wird nach Jerusalem gekarrt

1 Neben den vielen Häusern, die sich David in Jerusalem bauen ließ, plante
er auch, einen ganz speziellen Platz einzurichten, wo die Kiste mit den
Gesetzen hinkommen sollte. Er ließ dafür ein extra Zelt bauen. 2 Er gab auch
den Befehl raus, dass nur die Leute vom Stamm Levi die Kiste mit den
Gesetzen tragen dürfen. „Gott hat sie dafür extra ausgesucht, diese Männer
werden immer für Gott am Start sein!“, meinte er. 3 David ließ dann eine
Rundmail an alle Leute in Israel rausschicken, dass jeder, der kann, nach
Jerusalem kommen sollte, damit alle am Start sind, wenn die Kiste an den
Ort gebracht wird, der von ihm extra dafür vorbereitet worden war. 4 Für
den Familienstamm Levi war das natürlich eine Pflichtveranstaltung. Die
Priester aus der Familie vom Aaron und die anderen Levi-Leute, die Zeltan-
gestellten, bekamen eine Extraeinladung. 5 Die ganze Chefetage der Levi-

Leute kam also zu dem Treffen. Die Liste geht folgendermaßen: 6–10 Aus
dem Kehat-Clan kam Uriel mit 120 Mann; aus dem Merari-Clan kam Asaja
mit 220 Mann; aus dem Gerschon-Clan kam Joel mit 130 Mann; aus dem
Elizafan-Clan kam Schemaja mit 200 Mann; aus dem Hebron-Clan kam Eliel
mit 80 Mann; aus dem Usiel-Clan kam Amminadab mit 112 Mann. 11 Die
Priester Zadok, Abjatar und sechs von den Clan-Chefs der Levi-Leute ließ
David zu sich ins Büro kommen. 12 Dort sagte er zu ihnen: „Liebe Leute! Sie
alle sind die Chefs in dem Familienstamm Levi. Gemeinsam mit den ande-
ren Männern aus Ihrer ganzen Familie müssen Sie sich jetzt vorbereiten.
Bald müssen Sie nämlich voll in Ordnung und sauber für Gott sein, verstan-
den?! Sie haben nämlich den Job, die Kiste mit den Gesetzen von Gott,
unserem Chef, auf den Platz zu bringen, den ich dafür klargemacht habe.
13 Beim letzten Versuch waren Sie nicht sauber und gottmäßig genug drauf.
Darum hat Gott uns auch eins übergebraten. Wir hatten es einfach total
vergessen, ihn überhaupt erst mal vorher zu fragen, wie man so was am
besten machen sollte.“ 14 Die Priester und die Zeltangestellten gingen dann
erst mal duschen und machten sich auch gottmäßig sauber. 15 Als sie fertig
waren, gingen ein paar von den Zeltangestellten los, holten die Stangen,
schoben sie in die Halterung an der Kiste und packten das ganze Teil auf
ihre Schultern. Alles wurde genau so durchgezogen, wie Mose es mal gesagt
hatte. 16 Die Chefs der Levi-Leute bekamen von David den Befehl, sich mal
ein paar besonders hippe Musiker aus ihrem Familienstamm zu suchen.
Die sollten dann bei dem Zug die Musik machen und ein paar nette Lieder
spielen. Mit Schlagzeug, Bass und Gitarrenbegleitung sollte das Ganze dann
losgehen. 17 Also wurde eine Band zusammengestellt, die aus folgenden
Leuten bestand: Heman, einem Sohn von Joel, sowie Asaf, dem Sohn von
Berechja, und Etan, dem Sohn von Kuschaja, der zum Merari-Clan gehörte.
18 Dazu kamen noch ein paar Levi-Leute, die eine nicht ganz so hohe Stel-
lung hatten: Secharja, Jaasiel, Schemiramot, Jehiel, Unni, Eliab, Benaja, Maa-
seja, Mattitja, Elifelehu, Mikneja, Obed-Edom und Jeiel. 19 Der Solosänger
war Heman. Asaf und Etan bedienten den Drumcomputer. 20 Secharja, Jaa-
siel, Schemiramot, Jehiel, Unni, Eliab, Maaseja und Benaja waren mit der
E-Gitarre dabei. 21 Mattitja, Elifelehu, Mikneja, Obed-Edom, Jeiel und Asasja
spielten abwechselnd den Bass. Die Band war vor allem zur Gesangsbe-
gleitung gedacht. 22 Für den gesamten Transport war Kenanja verantwortlich.
Er war total gut im Organisieren und hatte schon Erfahrung damit, wie man
das mit der Kiste am besten hinkriegt. 23 Berechja und Elkana gingen als
Security-Leute voraus. 24 Direkt vor der Kiste gingen die Levi-Leute Sche-
banja, Joschafat, Netanel, Amasai, Secharja, Benanja und Elieser. Dabei blie-
sen sie die ganze Zeit auf ihren Trillerpfeifen. Dahinter kamen Obed-Edom
und Jehija, die auch als Security-Kräfte dabei waren.

Jetzt geht's los

25 Die Chefs von Israel mit David vorneweg und die Generäle und Offiziere
der einzelnen Truppenverbände waren alle bei dem Zug dabei, als die Kiste
mit den Gesetzen aus dem Haus von Obed-Edom abgeholt wurde. Alle
waren voll gut drauf und freuten sich total über die ganze Aktion. 26 Gott half
diesmal den Levi-Leuten, damit sie die Kiste tragen konnten, ohne dass
ihnen was passierte. Allein schon deswegen wurden für Gott sieben Stiere
und zwei männliche Schafe abgefackelt, um sich bei ihm zu bedanken.
27 David hatte seinen besten Anzug an, Spezialanfertigung von Armani aus
reiner Seide. Die Levi-Leute, die die Kiste trugen, die Band, der Chor und
auch Kenanja, der den ganzen Transport organisiert hatte, alle hatten sich
besonders schick gemacht. David hatte sich so einen besonderen Umhang
angezogen, den eigentlich normal nur Priester anhaben. 28 Als der Zug los-
ging, jubelten alle Israeliten total laut. Alle sangen die ganzen Lieder mit, die
die Band spielte. Auf die Art wurde die Kiste mit den Gesetzen zu ihrem
neuen Aufbewahrungsort gebracht. 29 Michal, die Tochter von Saul und eine
Frau von David, beobachtete das Ganze von einem Fenster aus. Sie fand das
total dämlich, wie David dort vor der Kiste abtanzte. Für Michal war das zu
peinlich für einen Präsidenten, sich so zu benehmen. „... Das ist echt soooo
uncool!", dachte sie.

16

Party, weil die Kiste mit den Gesetzen wieder da ist

1 Man brachte die Kiste in die Mitte von dem Zelt, was David dafür extra
gebaut hatte. Als Nächstes wurde erst mal eine kleine Opfersession durch-
gezogen, mit Abfackelopfern und Dankopfern. 2 Nachdem das erledigt
war, stellte sich David vor die Israeliten und betete für alle. 3 Nach der Veran-
staltung bekam jeder Teilnehmer noch ne Tüte Chips, ein Paket Müsliriegel
und einen Sechserpack Hanuta mit auf dem Weg. 4 David war so begeistert
von einigen der Levi-Leuten, die bei der Band und im Chor mitgemacht hat-
ten, dass er ihnen sofort einen Plattenvertrag vermitteln wollte. Außerdem
sollten sie auch den gleichen Job in dem Raum machen, in dem die Kiste
stand. Dort durften sie für den Gott von Israel Musik spielen und Lieder sin-
gen. 5 Asaf wurde als Chef und Secharja als sein Stellvertreter eingesetzt.
Dazu wählte er noch Musiker aus: Jaasiel, Schemiramot, Jehiel, Mattitja,
Eliab, Benaja, Obed-Edom und Jeiel. Sie alle sollten den Chor mit E-Gitarren
und Bass begleiten, während Asaf für den Drumcomputer zuständig war.
6 Die Priester Benaja und Jahasiel bekamen den Job, 24 Stunden jeden Tag
vor der Kiste mit den Gesetzen Saxophon zu spielen.

Ein Song von David, mit dem er sich bei Gott bedankt
7 An dem Tag ließ David die Band das erste Mal einen Song spielen, den
er extra für Gott geschrieben hatte. Der Text ging so:
8 „Dankt Gott, alle Menschen müssen von ihm hören,
erzählt von ihm überall, was er getan hat, um uns zu betören.
9 Singt für ihn, spielt gute Songs, um ihn groß rauszubringen,
erinnert euch an seine genialen Taten, er lässt alles gelingen.
10 Seid stolz drauf, dass ihr diesen krassen Gott kennt,
geht ab vor Freude, jeder, dessen Namen er nennt.
11 Redet mit Gott, ihm ist nichts unmöglich,
sucht seine Nähe, immer, ständig, täglich.
12 Erinnert euch an alle coolen Sachen, die er getan hat,
an seine Wunder, wie korrekt und richtig war seine Tat.
13 Das geht euch alle an, die ihr zu Israel dazugehört,
alle aus der Familie von Jakob, habt ihr das kapiert?
14 Er ist unser Gott, er ist der Chef, er hat die Macht,
er ist überall auf dieser Welt, er hat die Erde mal gemacht.
15 Vergesst nie den Vertrag, den wir mit ihm haben,
sein Versprechen gilt für uns, auch noch in tausend Jahren.
16 Das hat er vor langer Zeit Abraham versprochen, und auch mit Isaak
wurde der Vertrag nicht gebrochen.
17 Auch Jakob wurde von ihm radikal erwählt,
es gab einen Vertrag auf immer, für ganz Israel.
18 Gott hatte gesagt: ‚Ich gebe euch Kanaan,
das könnt ihr jetzt behalten, mit allem Drum und Dran.‘
19 Es waren damals nur ein paar Leute, von denen wir hier reden,
vielleicht ne Handvoll, die konnte man leicht zählen.
20 Sie zogen umher, von einen Land zum nächsten,
sie waren immer am Wandern in dieser Gegend.
21 Gott passte auf sie auf, keiner durfte sie fertigmachen,
wegen ihnen verging so manchem Präsidenten das Lachen.
22 ‚Finger weg von meinen Leuten, sie gehören mir,
tut keinem meiner Männer was und behandelt sie nie unfair.‘
23 Alle Leute auf der ganzen Erde sollen für Gott singen,
erzählt überall, dass er gut ist, hilft bei allen Dingen.
24 Erzählt allen Menschen von seiner gigantischen Art,
schreibt Bücher, klebt Plakate, erzählt allen, was er tat.
25 Gott kann alles, nichts kann er nicht tun, wie fett!
Kein Plastikgott kann das behaupten, nur Gott verdient Respekt.
26 Diese Plastikgötter der anderen Völker sind nur schwach,
aber unser Gott ist stark, hat das ganze Universum gemacht.

27 Schönheit und krasses Licht ist um ihn herum,
er hat das Sagen über alles, Freude ist in seiner Wohnung.
28 Los, geht alle zu ihm, gebt ihm die Macht über euer Leben,
werft euch vor ihm hin, gebt ihm Respekt, lebt nicht daneben.
29 Gebt ihm den Respekt, unserm Gott, der niemanden disst.
Schenkt ihm Sachen, betet zu ihm, weil er der Größte ist.
30 Alle Menschen sollen Mörderrespekt vor ihm haben;
wenn er nicht wäre, könnte man kein neues Programm für sein Leben runterladen.
31 Das Universum soll Party machen, die Erde hat's nicht verpennt.
Alle Menschen sollten sagen: ‚Gott ist der einzig echte Präsident!'
32 Auch das Meer und alle Tiere sollen sich voll freuen,
der Boden, auf dem Sachen wachsen, keiner wird's bereuen.
33 Die Bäume im Wald sollen anfangen zu singen,
weil Gott kommt, und er wird Gerechtigkeit bringen.
34 Bedankt euch bei Gott, weil er gut zu uns ist,
er liebt uns immer weiter, dass ihr das bloß niemals vergesst.
35 Betet zu ihm und sagt ihm, dass er uns retten soll.
Gott, du hast uns immer rausgehauen, das war immer toll.
36 Weil du das tust, werden wir uns bei dir bedanken,
wir werden dich mit Lob und Dankliedern betanken."
Als David diesen Song zu Ende gesungen hatte, klatschten die Leute wie verrückt. „Yeahhh, genau so soll es sein! Gott ist der Größte! Danke, Gott!", riefen sie durcheinander.

Der Job von den Priestern

37 Weil David das so wollte, blieben Asaf und die anderen Männer von
seiner Familie bei der Kiste mit den Gesetzen. Dort erledigten sie den Job,
der jeden Tag gemacht werden musste. 38 Obed-Edom, aus der Familie von
Jedutun, nahm mit seiner Familie den Job der Security am Tor auf. Hosea
war auch einer von ihnen, insgesamt bestand das Team aus 68 Männern.
39 Zadok und seine Verwandten taten den Priesterjob weiter in dem beson-
deren Zelt, weil David das so wollte. Dieses Zelt stand ja in Gibeon auf
einem besondern Berg. 40 Sie hatten den Auftrag, dort weiterhin jeden Mor-
gen und Abend auf dem Opfertisch, dem Altar, ein Abfackelopfer für Gott
zu verbrennen. Alles, was in den Gesetzen von Gott drinstand, sollte dort
durchgezogen werden. 41 Von der Band und dem Chor blieben Heman und
Jedutun und ein paar andere, die dazu speziell ausgesucht wurden, auch in
Gibeon. Dort sollten sie weiter Lieder für Gott singen, so im Stil von dem
Song „Gott liebt ohne Ende!". 42 Die Lieder, die dort nur für Gott gespielt
wurden, mussten alle von einer Band begleitet werden. Schlagzeug, Keybord,

Bass, das ganze Programm. Als Security waren dort die Söhne von Jedutun
angestellt. 43 Als alles so lief, wie es laufen sollte, gingen die Leute wieder
dorthin zurück, wo sie herkamen. David ging auch nach Hause, um mit
seiner Familie abzuhängen.

17

Gott verspricht: Einer aus Davids Familie wird immer das Sagen haben

1 Irgendwann verabredete sich David mit dem Prophetentypen Natan. Im
Gespräch meinte er zu Natan: „Also, ich wohn hier in dem fettesten Palast,
mit edlem Holzfußboden und allem Drum und Dran, aber die Kiste mit
den Gesetzen steht nur in einem billigen Aldizelt. Das ist doch nicht okay,
oder?“ 2 Natan fand den Gedanken richtig: „Das stimmt! Dann lassen Sie
sich mal was einfallen. Gott ist dafür und auf Ihrer Seite!“ 3 In der Nacht kam
bei Natan aber eine Nachricht von Gott rein. Er sagte zu ihm: 4 „Bitte geh
mal zu meinem David und richte ihm was von mir aus. Sag ihm Folgendes:
‚Das kommt jetzt von Gott: Hör mal zu, DU willst MIR ein Haus bauen,
wo ich dann wohnen soll, oder was? 5 Ich hab mich noch nie auf ein festes
Haus beschränken lassen, solange ich mit euch unterwegs war! Von der
Zeit an, als ich euch aus Ägypten rausgeholt und in dieses neue Land
gebracht habe, hab ich die ganzen Jahre nur in einem Zelt gewohnt. 6 Auch
die Zeit, wo ich mit den Israeliten von einem Ort zum nächsten gezogen
bin, hab ich doch nie von euch verlangt, mir ein ganzes Haus aus Holz oder
Beton zu bauen, oder? Ich hab das von niemanden verlangt! Keiner, von
dem ich wollte, dass er eine Führungsposition bei meinen Leuten über-
nimmt, hat so eine Ansage von mir gehört.‘ 7 Hör zu, ich will, dass du zu
David gehst und ihm Folgendes von mir ausrichtest: ‚Das sagt jetzt Gott
zu dir, der Chef vom ganzen Universum: Ich habe dich damals von einer
Schafherde weggeholt und dich ganz nach oben gebracht. Heute bist du der
Chef von meinen Leuten, vom Volk Israel! 8 Egal, was du gemacht hast, ich
war immer bei dir und hab dir geholfen. Alle deine Feinde wurden von mir
plattgemacht. Ich hab dafür gesorgt, dass dein Foto auf den Titelseiten von
allen Zeitungen im ganzen Land steht. Du gehörst schon jetzt zu den Top
Ten der wichtigsten Männer der Welt. 9 Ich habe meinen Leuten ein Zuhause
gegeben, ein Stück Land, wo sie in Sicherheit sind. Hier brauchen sie keine
Angst vor irgendwelchen Heinis zu haben, die sie ausbeuten und fertig-
machen wollen, so wie damals in Ägypten. 10 Seit der Zeit, in der ich diese
Heldentypen, diese Richtertypen, für euch an den Start gebracht habe, ist
das so. Ich habe auch dafür gesorgt, dass du dich mal entspannen kannst,
deine Feinde lassen dich jetzt in Ruhe. David, ich mach dir heute mal eine
Ansage: Du wirst für mich kein Haus bauen, aber ich werde für dich etwas

machen! Ich werde dafür sorgen, dass aus deiner Familie immer wieder
die Leute kommen, die in Israel das Sagen haben, deine Familie wird blei-
ben. 11 Wenn deine Zeit hier auf der Erde vorbei ist und du das Gras von
unten siehst, werde ich dafür sorgen, dass einer aus deiner Familie nach dir
zum Präsidenten gemacht wird, 12 und der wird dann tatsächlich ein Haus
für mich bauen! Und ich werde dafür sorgen, dass seine Regierung auf
stabilen Füßen steht und nie enden wird. 13 Ich will mit dem eine ganz enge
Beziehung haben. Ich werde so was wie sein Vater sein, und er ist dann
mein Sohn. Ich werde immer für ihn sein, egal was passiert, es wird nicht
so laufen wie bei deinen Vorgängern. 14 Und wenn der an der Macht ist, wird
er dort auch für immer bleiben, für immer. Dafür werde ich sorgen, und ich
werde auch allen Leuten klarmachen, dass ich voll hinter ihm stehe.'"

David ist baff und bedankt sich bei Gott

15 Natan erzählte David alles, was Gott ihm über sein Leben und die
Zukunft seiner Familie gesagt hatte. 16 David war echt baff. Er ging erst
mal in das Zelt zu der Kiste mit den Gesetzen und kniete sich auf den
Boden. Dann sagte er: „Gott, du bist so heftig! Du hast die Macht! Ich bin
doch die letzte Wurst, es ist für mich kaum zu fassen, dass du meine
Familie und mich so weit nach oben gebracht hast! 17 Aber das war wohl
noch nicht genug für dich, oder? Gott, du heftiger Gott! Du bist mit mir
gerade so umgegangen, als wäre ich was Besonderes. Wie krass! Was du
mir gerade versprochen hast, betrifft ja sogar noch meine Ur-ur-ur-und-
so-weiter-Enkelkinder! 18 Was soll ich dir jetzt hier noch groß sagen? Du
weißt sowieso genau, was in mir vorgeht. Gott, du heftiger Gott! Ich bin
echt sprachlos nach diesem gigagroßen Versprechen, das ich da gerade
bekommen hab! 19 Ich glaube, das tust du nur, um mir zu zeigen, dass
du mich liebst, und weil du wolltest, dass ich deinen Plan erkenne, der
dahintersteckt. Und du wolltest auch, dass alle von den genialen Sachen
erfahren, die du tust. 20 Gott, du heftiger Gott, du bist einfach genial!
Keiner kann dir das Wasser reichen. Alles, was wir bis heute von dir mitge-
kriegt haben, macht für uns ganz klar: Es gibt keinen anderen Gott, du
bist der einzige, der diese Bezeichnung wirklich verdient hat! 21 Und deine
Leute, das Volk Israel, haben auf der Erde echt eine Sonderstellung für
dich. Keine andere Nation wurde von dir aus solchen Knebelverträgen
befreit, keine wurde zu deinem persönlichen Eigentum erklärt, kein Volk
wurde durch dich so berühmt, und für kein anderes Volk hast du so heftige
Dinge getan, die anderen Menschen echt Angst machen. Du hast uns aus
Ägypten rausgeholt! Du hast die anderen Völker für uns einfach dort raus-
geschmissen, wo wir anschließend wohnen sollten! 22 Du hast Israel für
immer zu deinen Leuten, zu deinem Volk erklärt. Du bist ihr Gott! 23 Ich

bitte dich: Mach doch, dass deine Versprechen, die du mir gegeben hast,
für immer gültig sind! Sie sollen für immer und für meine ganze Familie
passen! 24 Dann wird man auch für immer gut von dir reden. Die Menschen
werden sagen: ‚Gott ist der Gott von Israel! Der Chef vom Universum ist
ihr Gott! Da drauf kann man sich verlassen!' Und dann wird es auch immer
einen Präsidenten aus meiner Familie geben, aus der Familie von David.
25 Gott, nur du bist mein Gott! Ich hab mich jetzt mal echt getraut, so
mit dir zu reden, weil du auch direkt zu mir gesprochen hast. Du hast zu
mir persönlich gesagt: ‚Ich will für dich ein Haus bauen.' 26 Also, Gott,
du heftiger Gott, du bist der einzig echte Gott weit und breit! Du hast mir
diese vielen genialen Sachen einfach so versprochen. 27 Du hast das klar-
gemacht, dass meine Zeit als Präsident und auch meine Familie von dir
unterstützt werden. Du bist für mich und segnest mich und meine Familie.
Und weil du das getan hast, wird das auch immer so bleiben, meine Familie
wird von dir gefördert werden, du stehst hinter uns und segnest uns, für
immer."

18

David räumt in der Nachbarschaft auf

1 Etwas später startete David wieder einen Angriff gegen die Philister. Dies-
mal besiegte er sie aber richtig krass. Er nahm ihnen dabei die Stadt Gat und
die umliegenden Dörfer ab. 2 Als Nächstes gewann er den Krieg gegen die
Moabiter. David sorgte dafür, dass die Moabiter alles tun mussten, was er
wollte. Er zwang sie dazu, regelmäßig Steuern an ihn abzudrücken. 3 Schließ-
lich besiegte David auch noch die Armee von Hadad-Eser, dem Präsidenten
von Zoba. Zoba liegt in der Gegend von Hamat. Hadad-Eser war zu der Zeit
gerade selbst auch auf Kriegstour, um seine Macht im Gebiet vom oberen
Eufratfluss weiter auszubauen. 4 Davids Truppe nahm 1000 Panzerwagen-
fahrer, 7000 Soldaten in Jeeps, sowie 20 000 Fußsoldaten gefangen. Von
deren Panzern zerstörte er überall die Ketten an den Rädern, damit sie nicht
mehr fahren konnten. Nur hundert einsatzfähige Panzer ließ er ganz und
benutzte sie selbst. 5 Präsident Hadad-Eser forderte bei den Syrern in
Damaskus Hilfe an. Aber auch deren Armee wurde von David plattgemacht.
22 000 Soldaten starben in dieser Schlacht. 6 In deren Städte wurden Besat-
zungstruppen stationiert, die auch hier dafür sorgten, dass alle regelmäßig
ihre Steuern an Daivd abdrückten. Gott war einfach die ganze Zeit voll auf
seiner Seite. Alles, was er anfing, wurde ein voller Erfolg. 7 David zockte auch
die ganzen goldenen Medaillen, die die hohen Offiziere von Hadad-Eser
immer getragen hatten. Die Teile wurden auf seinen Befehl hin nach Jerusa-
lem verfrachtet. 8 In den Städten Tibhat und Kun, die auch zu dem Gebiet
gehörten, wo Hadad-Eser das Sagen hatte, gab es auch noch viele Boden-

schätze für sie zu holen. Vor allem Bronze gab es dort. Aus den Vorräten ließ
Salomo später die beiden Säulen bauen und die ganzen anderen Sachen,
die im Tempel aus Bronze waren. Später nannte man diesen Teil im Tempel
auch „das Meer aus Bronze“. 9 Der Präsident von Hamat, der Toi hieß,
hörte von dem großen Sieg, den David gegen die Armee von Hadad-Eser
eingefahren hatte. Darum schickte er seinen Sohn Hadoram zu ihm. Der
hatte eine Nachricht in der Tasche, in der Toi einfach mal „Hallo“ sagen
wollte und ihm zu seinem gigantischen Sieg gratulierte. Hadad-Eser hatte
nämlich auch schon oft probiert, den Toi in einem Krieg zu schlagen, aber
immer ohne Erfolg. 10 Hadoram hatte auch noch ein paar Geschenke in der
Tasche, um sich bei David einzuschleimen: Goldketten, ein paar Brillanten
und anderen Schmuck. 11 David nahm die Geschenke an und legte sie alle zu
der besonderen Kiste mit den Gesetzen von Gott. Das machte er mit allen
Geschenken so, auch mit den Sachen, die von anderen Völkern reinkamen,
die er besiegt hatte (zum Beispiel den Edomitern, den Moabitern und
Ammonitern, den Philistern und Amalekitern). 12 Abischai, ein Sohn von
Zeruja, besiegte dann sogar noch die Edomiter im Salztal. Alleine in dieser
Schlacht starben 18 000 Männer. 14 Überall in Edom setzte David Verwalter
ein, alle Bewohner mussten ihm ab dann Steuern bezahlen und tun, was
er sagte. Gott war eindeutig auf der Seite von David. Auch hier stimmt der
Satz: Alles, was David anpackte, wurde ein voller Erfolg.

Die Minister in Davids Regierungmannschaft

14 Als Präsident von ganz Israel war David immer korrekt. Er sorgte dafür,
dass die Gesetze durchgezogen wurden und alles gerecht zuging. 16 Joab,
der Sohn von Zeruja, wurde von ihm als Verteidigungsminister ernannt. Als
Außenminister wurde Joschafat von ihm eingesetzt. Joschafat kam aus der
Familie von Ahilud. 17 Zadok, der Sohn von Ahitub, und Ahimelech, der Sohn
von Abjatar, waren Priester. Und Seraja war Minister für Bildung und Sozia-
les. Benaja, der Sohn von Jojada, wurde der Chef von Davids Bodyguards.
Die Söhne von David bekamen alle eine Führungsposition in der Regierung,
gleich neben ihrem Vater.

19

Der neue Präsident von den Ammonitern verarscht David

1 Irgendwann später starb Nahasch, der Präsident von den Ammonitern.
Danach wurde sein Sohn Hanun der neue Präsident. Es war damals üblich,
den neuen Chefposten von einem Land an seinen Sohn weiterzuvererben.
2 David dachte, weil er sich mit Nahasch voll gut verstanden hatte, würde
es mit seinem Sohn Hanun auch keine Probleme geben. Um da gleich mal
ein gutes Zeichen zu setzen, schickte er ihm einen netten Grabkranz zur

Beerdigung von seinem Vater. Dafür beauftragte er sogar extra zwei seiner Leute, die die Sachen persönlich vorbeibringen sollten. Als die zwei mit dem Kranz in der Hauptstadt der Ammoniter ankamen,
3 sprach sich das ganz schnell rum. Einige Männer, die dort was zu sagen hatten, trafen sich mit dem neuen Präsidenten und erzählten ihm davon. „Sie glauben doch nicht im Ernst, dass David diese Typen losgeschickt hat, nur um zu zeigen, dass er Respekt vor Ihrem Vater hatte! Der will garantiert auch nicht damit klarmachen, wie leid ihm der Tod von Nahasch tut! Diese Männer sind bestimmt nur Spione, die unsere Verteidigungsanlangen abchecken sollen. Israel will uns bestimmt bald angreifen!“
4 Hanun hörte auf die Leute, organisierte ein paar Hooligans, die sich die Männer mal vorknöpfen sollten. Die überfielen die Männer und fesselten sie. Dann rasierten sie den beiden einen Iro, zogen ihnen die Klamotten komplett aus und legten ihnen stattdessen Strapse an, was total schwul aussah. So angezogen, wurden die dann wieder zurückgeschickt.
5 David bekam dann eine Nachricht von dem Vorfall. Als Erstes schickte er einen Kleinbus los und holte die beiden ab. Weil sie einfach so peinlich aussahen und man die so schlimm zugerichtet und echt gedisst hatte, ließ er ihnen ausrichten: „Bleiben Sie erst mal eine Zeitlang in Jericho und bringen Sie sich wieder in Ordnung. Gehen Sie zum Friseur und kaufen sich schnell noch ein paar anständige Klamotten!“

Die Ammoniter und Syrer tun sich zusammen und werden von David besiegt

6 Schließlich kapierten die Ammoniter, dass sie David und seine Leute übelst beleidigt hatten. Es war klar, dass die Sache in einem derben Krieg enden würde, darum brauchten die Ammoniter dringend Verstärkung von einigen benachbarten Völkern. Mit Schecks im Gesamtwert von 3,8 Milliarden Euro in der Tasche schickte er ein paar Unterhändler nach Mesopotamien, nach Maacha in Syrien und nach Zoba. Ziel war es, so viele Panzer wie möglich zur Unterstützung im Krieg von den anderen Ländern zu kaufen.
7 Insgesamt kam auf die Art ein Heer mit 3200 Panzern zusammen. Mit dem Präsidenten von Maacha machten sie Bündnisverträge. Maachas Armee rückte vor bis zur Stadt Medeba. Dazu kam dann die Armee der Ammoniter, um bei diesem Krieg mitzumischen.
8 David erfuhr von den Kriegsvorbereitungen und ließ daraufhin seine besten Truppen klarmachen, die von General Joab angeführt wurden.
9 Die Armee der Ammoniter zog ihre Männer vor dem Tor ihrer Hauptstadt Rabba zusammen. Die anderen Truppenverbände, die gekommen waren, um Israel zu helfen, blieben erst mal in einiger Entfernung vom Schlachtfeld stehen, um sich dort auf den Kampf vorzubereiten.
10 Joab kapierte sofort, dass man ihn mit dieser Aufstellung an zwei Fronten angreifen wollte, von vorne und von hinten. Darum organisierte er eine

Spezialeinheit, die sich nur gegen die Syrer stellen sollte. 11 Der Rest der israe-
litischen Armee sollte unter dem Befehl von seinem Bruder Abischai gegen
die Ammoniter kämpfen. 12 „Wenn ich es gegen die Syrer nicht packen sollte,
musst du mit deinen Leuten kommen und uns helfen, klar?“, sagte Joab zu
Abischai. „Und wenn die Ammoniter bei dir zu stark werden, dann machen
wir es umgekehrt, und ich komm mit meiner Truppe dir zu Hilfe! 13 Hey,
das packen wir! Wir brauchen keine Angst zu haben! Wir kämpfen für unsere
Leute und für die Städte, die Gott uns geschenkt hat! Gott wird dafür sorgen,
dass das Ding so laufen wird, wie er es gut findet!“ 14 Joab startete also mit
seinen Soldaten einen Angriff und schlug die Syrer in die Flucht. 15 Als die
Ammoniter mitbekamen, dass die Syrer vor Schiss schon geflohen waren,
kriegten sie auch die Panik. Sie flohen vor Abischai und seinen Männern und
verschanzten sich in ihrer Stadt. Nach diesem Sieg hatte Joab keinen Bock
mehr, noch weiter gegen die Ammoniter zu kämpfen. Er sammelte seine
Leute und zog wieder zurück nach Jerusalem. 16 Den Syrern, unter Führung
von Machaa, war klar, dass sie gerade von den Israeliten geschlagen wurden.
Sofort schickten sie ein paar E-Mails an die anderen Familienstämme der
Syrer, die nördlich vom Eufratfluss wohnten. Auf diesen Hilferuf hin kam
eine ganze Truppe, die von General Schobach angeführt wurde. 17 David ließ
sofort alle wehrfähigen Männer einberufen, überquerte mit seiner Armee
den Jordan und zog der syrischen Armee entgegen. Nachdem er seine
Truppe in Position gebracht hatte, kam es zu einer großen Schlacht. 18 Die
Soldaten von Israel schlugen das Heer der Syrer in die Flucht. David und
seine Leute zerstörten mit Panzerfäusten 700 Panzer, inklusive der Besat-
zung. 40 000 Fußsoldaten wurden im Kampf getötet. Unter den Toten war
auch der General Schobach. 19 Alle Minister der Staaten, die bis zu dem
Zeitpunkt von Hadad-Eser kontrolliert wurden, kapierten bald, dass sie jetzt
auch von den Israeliten besiegt worden waren. Also gaben sie auf und unter-
schrieben einen Friedensvertrag mit David. Ab dem Zeitpunkt trauten sich
die Syrer nicht mehr, den Ammonitern im Krieg zu helfen.

20

Joab erobert Rabba

1 Zu der Zeit war es langsam normal, jedes Jahr im Frühjahr irgendwo einen
Krieg zu führen. In diesem Frühjahr schickte David General Joab und seine
Truppen in den Krieg gegen die Ammoniter. Und die israelitische Armee
machte das ganze Land platt. Sie kamen sogar bis zur Hauptstadt Rabba
und belagerten die. Schließlich eroberte Joab die Stadt und zerstörte sie
völlig. David blieb aber erst mal zu Hause in Jerusalem. 2 Er kam dann spä-
ter nach und schnappte sich von Milkom, dem Plastikgott der Ammoniter,
die goldene Krone. Das Teil wog alleine 35 Kilo und bestand aus Gold und

Diamanten. David nahm sie mit zu sich nach Hause. Die ganze Stadt war
echt reich, und viele wertvolle Sachen wurden von der Armee auf Befehl
von David mitgenommen. 3 Die Bewohner wurden zu Zwangsarbeit in der
Müllverbrennungsanlage verdonnert. Außerdem mussten sie auf dem Bau
Steine schleppen und andere schwere Arbeiten machen. Das zog David
auch mit anderen Städten der Ammoniter durch. Nachdem alle Kriege zu
Ende waren, kehrte er mit seinen Leuten wieder zurück nach Jerusalem.

Weitere Kriege gegen die Philister

4 Einige Zeit später gab es dann doch wieder einen Krieg gegen die Philister
in der Nähe von Geser. Damals tötete Sibbechai, der aus Huscha kam, den
Sippai. Sippai kam aus einem Volk, wo die Menschen größer als normale
Leute werden konnten, man nannte die auch Riesen. Auch dieser Krieg
wurde gewonnen. 5 Bei einem weiteren Krieg tötete Elhanan den Philister
Lachim aus Gat. Lachim war ein Bruder von Goliat. Goliat war auch ein sehr
großer Philister, der hatte immer eine Pumpgun dabei, die so dick war wie
der Mast einer Straßenlaterne. 6 Bei einem anderen Kampf bei der Stadt
Gat war so ein Mutant bei den Gegnern, der sechs Finger an der Hand und
sechs Zehen an jedem Fuß hatte. Insgesamt hatte der Typ also 12 Finger und
12 Fußzehen! 7 Er verarschte die Israeliten so lange, bis Jonatan ankam, der
Sohn von Davids Bruder Schima, und ihn tötete. 8 Diese Typen in Überlänge
kamen eigentlich alle aus Gat und stammten von Rafa ab. Sie wurden alle
von David und seinen Männer getötet.

21

David will seine Leute zählen, aber Gott will das nicht

1 Es gab da noch so eine Geschichte, wo die Israeliten richtig Scheiße bauten
und Gott richtig sauer auf sie war. Und zwar war das so, dass der Satan
David mal richtig austesten durfte. Er verführte ihn dazu, die Israeliten mal
zu zählen und alle Leute in einer Datei zu speichern (obwohl Gott das ver-
boten hatte). 2 David sagte dann seinem General Joab, er solle das für ihn
organisieren. „Gehen Sie mal durch die ganzen Familienstämme von Israel
und machen Sie eine Liste von allen Männern, die wir zur Truppe einziehen
könnten. Ich will wissen, wie viele Männer wir zur Verfügung haben von Dan
im Norden bis nach Beerscheba im Süden!" 3 Joab war nicht so begeistert.
„Hey, mein Chef, mein Präsident, also, ich bin ja auch dafür, dass Gott unser
Volk noch hundertmal größer macht. Die stehen alle auch hunderprozentig
hinter Ihnen. Aber warum jetzt die Menschen zählen? Gott will das doch
nicht!" 4 Aber David ließ nicht locker, obwohl Joab nicht so begeistert von
der Idee war. Also führte er den Befehl aus. 5 Als er fertig war, meldete er
David das Ergebnis. Es gab 110 000 Männer in Israel, die man zum Bund

einziehen konnte, und in Juda 470 000 . [6] Dabei hatte er die Stämme Levi und Benjamin nicht mitgezählt, weil er da keinen Bock mehr hatte. Den ganzen Befehl von David fand er völlig daneben.

Gott findet das nicht so toll

[7] Gott fand das auch nicht so toll, was David da gemacht hatte. Und darum
wurden die Israeliten auch gleich bestraft. [8] Plötzlich hatte David voll Gewis-
sensbisse: „Gott, ich glaub, ich hab gerade großen Mist gebaut! Bitte verzeih
mir das! Ich war zu verpeilt und hab nicht richtig nachgedacht!" [9] Gott sagte
dann dem Prophetentypen Gad: [10] „Geh mal zu David und richte ihm Fol-
gendes von mir aus: ‚Du kannst dir eine von drei möglichen Bestrafungen
aussuchen.'" [11] Also ging der Prophetentyp zum Präsidenten und brachte
ihm die Nachricht. „Gott hat mich geschickt. Was ist Ihnen lieber? [12] a) Drei
Jahre, wo es nichts zu essen gibt, oder b) drei Monate Flucht vor Ihren
Feinden, die Sie mit ihren MPs verfolgen, oder c) dass drei Tage überall in
Ihrem Land viele Leute plötzlich eine tödliche Krankheit bekommen und
überall im Land der Tod umgeht und die Menschen reihenweise verrecken.
Überlegen Sie es sich gut, und dann sagen Sie mir Ihre Antwort. Ich werde
die dann Gott ausrichten!" [13] David war geschockt: „Da kann ich ja nur zwi-
schen Not und Elend wählen. Heftig! Wenn das so sein muss, dann ist es
mir lieber, dass Gott die Kontrolle über mich hat als irgendein Mensch. Es
ist besser, wenn unser Gott das regelt, ich möchte nicht, dass irgendwelche
Typen Macht über mich haben." [14] Also sorgte Gott dafür, dass überall in
Israel tierisch viele Leute krank wurden. 70 000 Menschen starben in kurzer
Zeit. [15] Er schickte die tödliche Krankheit auch nach Jerusalem, um die Stadt
kaputt zu machen. Aber als Gott die Leute leiden sah, sagte er laut „Stopp",
weil es ihm so leid tat. Zu dem Zeitpunkt stand der Vollstrecker Gottes,
so ein Engeltyp, gerade vor dem Parkplatz vom Jebusiter Arauna. [16] David
kriegte das mit, wie dieser Todesengel die Leute mit dieser Krankheit
ansteckte. Er sah ihn, wie der über Jerusalem hin und her flog mit einem
Laserschwert in der Hand. Die Chefs der Stadt und David zogen sich sofort
Trauerklamotten an und legten sich platt auf den Boden. [17] David sagte zu
Gott: „Das versteh ich jetzt aber echt nicht! Ich bin doch derjenige, der Mist
gebaut hat, die Idee mit der Zählung kam von mir! Ich, der Präsident, hab
mit meiner Entscheidung voll danebengelegen! Meine Leute sind unschul-
dig, die sind alle ganz lieb, die haben doch nichts ausgefressen! Wenn
jemand bestraft werden muss, dann bin das ich und meine Familie! Aber
bitte lass meine Leute in Ruhe!"

David kauft ein Stück Land, wo später der Tempel hinkommt

18 Später kriegte der Prophetentyp Gad von Gott eine Nachricht rein. Er sollte David sagen, dass der mal zum Parkplatz von dem Jebusiter Arauna gehen soll. Dort sollst du einen Opfertisch, so einen Altar, für Gott bauen!"
19 David gehorchte sofort und zog diesen Befehl durch, den er von dem Prophetentypen bekommen hatte.
20 Arauna war gerade bei der Arbeit. Als er den Präsidenten und seinen Begleitung kommen sah, war da plötzlich ein krasser Engel vor ihm, so ein Postbote von Gott. Seine Söhne kriegten voll die Panik und liefen weg.
21 David ging auf den Arauna zu, und der stand auf, als er David erkannte, und kam ihm vom Parkplatz aus entgegen. Er machte aus Respekt gleich eine tiefe Verbeugung.
22 „Guten Tag!", begrüßte ihn David. „Ich möchte gerne Ihren Parkplatz kaufen und dort einen Altar für Gott drauf bauen, damit diese Krankheit aufhört. Ich zahle auch einen guten Preis."
23 „Sie können alles haben, mein Präsident!", sagte Arauna. „Machen Sie damit, was Sie wollen! Ich schenke Ihnen das Teil gerne! Ziehen Sie dort gerne auch ein paar Abfackelopfer durch, so wie Sie es für richtig halten. Sie können sich dafür auch gerne an meinen Rindern bedienen, und als Holz könnten Sie einfach diesen Zaun dort zerlegen und den Heuwagen von mir aus auch."
24 „Ne, passt schon!", antwortete der Präsident. „Ich möchte den Platz von Ihnen für den normalen Kaufpreis kaufen! Ich will Sie nicht abziehen. Und ich will auch keine Opfer dort abfackeln, für die ich nichts blechen müsste."
25 Darum kaufte David den Platz und die Rinder für insgesamt 6400 Euro.
26 Dann ließ er dort einen Altar bauen mit allem Drum und Dran. Auf dem Tisch schenkte er Gott dann Dankopfer und Abfackelopfer. Gott fand das cool und zeigte das, indem er einen fetten Blitz vom Himmel kommen ließ, genau auf das Opfer drauf. Davon fing das Tier sofort an zu brennen.
27 Diesem Engeltyp, dem Vollstrecker Gottes, befahl Gott damit aufzuhören, Leute anzustecken.
28 David kriegte dadurch mit, dass Gott seine Gebete erhört hatte, als er Opfer für ihn auf dem Parkplatz von diesem Jebusiter Arauna abgefackelt hatte.
29 Das besondere Zelt, wo sich Mose immer mit Gott getroffen hatte, und auch der dazugehörige Altar standen zu der Zeit noch immer auf dem Berg in Gibeon.
30 David hatte ab dann aber echt Schiss, sich dort noch mal blicken zu lassen, nachdem er diesen Vollstreckerengel von Gott in Aktion gesehen hatte.

22

Der Tempel für Gott

1 David hatte dann die Idee, ein Haus zu bauen, wo Gott drin wohnen sollte. „Dieses Haus soll nur ihm gehören", meinte er. „Und hier drin soll auch sein Opfertisch, der Altar, stehen. Auf dem können dann die Israeliten die Opfer für Gott abfackeln!"
2 Also ließ David erst mal sehr viele Gastarbeiter von

überall aus Israel ankarren, die er als Maurer für den Tempel anstellte. Sie
mussten auch die großen Ziegelsteine herstellen und verarbeiten, aus denen
das Haus von Gott gebaut werden sollte. 3 Dann ließ er sich aus dem Bau-
markt ohne Ende Schrauben und Nägel organisieren, die für die großen
Türen gebraucht wurden. Dazu auch Stahlklammern für die Mauern und
auch noch anderes Baumaterial aus Bronze. Das Ganze war so schwer, dass
es keine Waage im Land gab, die die Mengen richtig abmessen konnte! 4 Aus
Sidon und Tyrus wurde David mit Mengen von Kiefernholz beliefert. Auch
das war zu viel, um es wirklich zählen zu können. 5 Er fing mit den Vorberei-
tungen schon an, weil er sich dachte: „Salomo ist einfach noch zu jung, der
kriegt das alleine nicht gebacken. Das Haus von Gott muss aber richtig
fett werden! Ich will, dass das Teil so krass aussieht, dass man in der ganzen
Welt davon spricht und alle den Tempel genial finden! Darum fang ich
schon mal mit den Vorbereitungen an.“ Also kaufte er das ganze Material
ein, bevor er starb, und stellte die Sachen für Salomo bereit. 6–7 Als alles
zusammen war, traf er sich mit Salomo in seinem Büro: „Mein lieber Sohn
Salomo! Du weißt ja, dass ich mir immer vorgenommen hatte, dieses Haus
für den Chef, meinen Gott, zu bauen, oder? 8 Gott hat dann aber irgendwann
zu mir gesagt, dass ich einfach zu viel Blut an den Händen kleben habe,
wegen den vielen Kriegen und so. „Du hast immer irgendwelche Leute im
Krieg abgemurkst, von dir möchte ich nicht so gerne ein Haus gebaut
bekommen“, meinte Gott zu mir. 9 „Aber du hast doch einen Sohn, den
Salomo. Er wird ein entspannteres Leben führen können als du, dafür sorge
ich. Wenn er an der Macht ist, wird es eine ganze Zeitlang keinen Krieg
geben, niemand wird euch angreifen. 10 Salomo soll das Haus für mich
bauen, okay? Ich werde mit ihm eine ganz enge Beziehung haben, ich bin
sein Vater, und er ist mein Sohn. Und dass jemand aus seiner Familie das
Sagen in Israel hat, das wird nie aufhören.“ 11 Also, dieses Projekt, von dem
ich dir gerade erzählt habe, kann jetzt losgehen! Gott steht auf deiner Seite!
Er soll dir helfen, dass das ganze Bauprojekt funktioniert. Er hat das ja auch
versprochen! 12 Ich bete auch dafür, dass Gott dir die Schlauheit gibt, die du
für diesen Job brauchst. Es war seine Idee, dass du der neue Präsident von
Israel wirst. Und er will von dir, dass du seine Gesetze radikal durchziehst.
13 Wenn du das machst, wirst du alles schaffen, was du dir vornimmst. Wenn
du dich an die Gesetze hältst, die Gott dem Mose für seine Leute gegeben
hat, dann klappt alles. Zieh das Ding radikal durch! Hab keine Angst, lass
dich nicht unterkriegen, du schaffst das! 14 Vielleicht kann dich ja die Tatsa-
che ermutigen, dass ich trotz der ganzen Probleme immerhin fast 3,5 Mil-
lionen Kilo Gold und 35 Millionen Kilo Silber zusammengesammelt habe!
Ganz zu schweigen von den anderen Metallen wie Eisen und Bronze, das
war so viel, dass man es nicht mal mehr wiegen konnte. Auch die ganzen

Steine, das Holz, den Zement, das hab ich alles organisiert. Vermutlich wirst
du aber noch mehr Kram besorgen müssen. 15 Ich hab für dich eine große
Truppe von Bauarbeitern angestellt. Maurer, Klempner, Elektriker und Zim-
merleute. Dazu auch noch einige Kunsthandwerker, 16 die sich um die
ganzen Arbeiten aus Gold, Silber, Eisen und Bronze kümmern sollen. Also,
jetzt geh das Projekt mal an! Gott wird dich dabei auf jeden Fall unterstüt-
zen!" 17 Dann schrieb David noch Briefe an die führenden Politiker, Wirt-
schaftsbosse und Manager im Land, dass sie alle dieses Bauprojekt von sei-
nem Sohn Salomo unterstützen sollen. 18 Er schrieb ihnen: „Vergessen Sie
niemals, dass Gott dafür gesorgt hat, dass wir zurzeit keine Kriege mehr
haben. Alle Völker um uns herum haben Respekt vor uns. Die Menschen, die
vor uns dort gelebt haben, konnte ich alle besiegen, da hat Gott für gesorgt.
Es gehört jetzt alles Gott und uns. 19 Es ist total wichtig, dass Sie sich immer
voll auf Gott einstellen! Seien Sie gottmäßig drauf, leben Sie so, wie er es
will. Und jetzt legen Sie los, und bauen Sie für ihn diesen ganz besonderen
Tempel auf. Denn hier soll die Kiste mit den Gesetzen dann rein und auch
die ganzen besonderen, heiligen Geräte. Dieses Haus wird nur für Gott
gebaut werden!"

23

Der alte David lässt noch mal die Levi-Typen zählen

1 David war mittlerweile schon ein alter Opa. Er hatte ein krasses Leben
gehabt und war damit voll zufrieden. Weil er aber keinen Bock mehr auf
Regieren hatte, setzte er seinen Sohn Salomo als neuen Präsidenten über
Israel ein. 2 Um das Ganze mit einer netten Feier durchzuziehen, lud er alle
Leute, die in Israel was zu sagen hatten, und auch alle Priester und andere
Leute dazu ein. 3 David hatte vorher mal alle Levi-Leute durchzählen lassen,
die älter als dreißig waren. Da kam man auf insgesamt 38 000 Levi-Typen
in Israel. 4 Er ließ 24 000 von denen für die Aufsicht über den Tempelbau ab-
stellen. Weitere 6000 bekamen einen Job in der Behörde und beim Gericht
als Richter. 5 Weitere 5000 arbeiteten in der Security. 4000 waren hauptberuf-
liche Musiker und Sänger im Gospelchor. Für die Band hatte David ja extra
Instrumente anfertigen lassen. 6 Die Levi-Typen wurden von David in drei
Gruppen eingeteilt, jeweils nach ihrem Familienclan. Die drei Söhne von Levi
waren ja Gerschon, Kehat und Merari gewesen. 7 Die Gruppe von Gerschon
hatte wieder folgende Untergruppen, die ihre Namen von ihren Söhnen
abkriegten: Ladan und Schimi. 8 Ladan hatte drei Söhne. Jehiel war der
älteste, danach kamen Setam und Joel. 9 Schimi hatte drei Söhne, und zwar
den Schelomit, Hasiel und Haran. Alle waren die Chefs von ihren Groß-
familien, die von Ladan abstammten. 10 Schimi hatte vier Söhne: Jahat, Sisa,
Jeusch und Beria. 11 Der Chef war Jahat, an zweiter Stelle kam Sisa. Jeusch

und Beria hatten nur wenige Kinder bekommen. Darum wurden ihre Familien zu einer Gruppe zusammengefasst, die auch nur in einer Schicht arbeiten mussten. [12] Bei der Gruppe von Kehat war das anders. Die war nach Kehats Söhnen Amram, Jizhar, Hebron und Usiel unterteilt. [13] Amram hatte zwei Söhne: Aaron und Mose. Aaron und seine Familie waren für immer für den Job als Priester ausgewählt. Die Sachen, die sie machen mussten, waren superheftig und heilig. Nur sie durften die Opferrituale am Altar für Gott durchziehen. Sie konnten für die Israeliten auch besonders beten und sie segnen. [14] Die Leute aus der Familie von Mose, der so krass mit Gott unterwegs war, gehörten auch immer zum Familienstamm Levi. [15] Mose hatte zwei Söhne: Gerschom und Elieser. [16] Einer von den Söhnen von seinem Ältesten, Gerschom, wurde der oberste Macker, nämlich Schubael. [17] Elieser hatte nur einen Sohn, der Rehabja hieß. Rehabja hatte dann sehr viele Söhne. [18] Von den Söhnen von Jizhar wurde Schelomit der oberste Don. [19] Hebron bekam folgende Söhne: Der älteste war Jerija, der zweite Amarja, der dritte Jahasiel und der vierte Jekamam. [20] Von den Söhnen von Usiel war der älteste Micha und der zweite Jischija. [21] Bei der Gruppe von Merari war das folgendermaßen: Sie bestand aus den Söhnen von Meraris Söhnen Machli und Moschi. Machli hatte dann zwei Söhne: Eleasar und Kisch. [22] Als er starb, hinterließ Eleasar keine Söhne, sondern nur Töchter. Diese verheirateten sich mit ihren Vettern, den Söhnen von Kisch. [23] Moschi hatte drei Söhne: Machli, Eder und Jeremot. [24] Das waren jetzt alle Chefs in den Familien, die von Levi abstammten. Sie bekamen den Job, am Tempel von Gott Dienst zu schieben. Bei der Aufzählung, wer da mitmachen sollte, wurden nur die Männer ab zwanzig gezählt. Alle Namen wurden in einer Datei gespeichert. [25] David hatte Folgendes gesagt: „Der Gott von Israel hat dafür gesorgt, dass unsere Leute friedlich leben können, ohne ständig Kriege führen zu müssen. Er hat das auch gemacht, damit er hier immer bleiben und in Jerusalem wohnen kann. [26] Das ist auch der Grund, warum die Levi-Leute nicht mehr das Zelt von Gott und die ganzen Geräte, die dazugehören, überall mit rumschleppen müssen.“ [27] So wie David das kurz vor seinem Tod noch mal gesagt hatte, wurden alle Levi-Leute und ihre Familien gezählt, die über zwanzig Jahre alt waren. [28] Davids Befehl sah so aus: „Die Levi-Leute haben den Job, die Priester künftig als Tempelangestellte bei ihrer Arbeit im Tempel zu unterstützen. Das bedeutet, sie sollen den Hof vom Tempel putzen und dort auf alles aufpassen. Dann sollen sie auch noch die ganz besonderen Geräte sauber halten und alle anderen Jobs machen, die sonst noch so am Tempel anliegen. [29] Zum Beispiel sollen sie dafür sorgen, dass immer genug von dem besonderen Brot, Mehl für das Essensopfer und Fladenbrote da sind. Dazu müssen sie auch immer mal wieder checken, ob die Waage noch richtig funktioniert. [30] Zu ihren Aufgaben gehört es, jeden

Morgen auf der Matte zu stehen, um für Gott Lieder zu singen. Abends soll
das auch noch mal passieren. 31 An den Tagen, wo wir Gott extra Abfackel-
opfer schenken, sollen alle zum Tempel kommen, die dort nach Vorschrift
hinkommen müssen (das sind so Tage wie der Sonntag, der erste Tag im
Monat und die anderen besonderen Feste).“ 32 Die Priester schoben im
besonderen Zelt Dienst. Die Levi-Leute unterstützten sie dabei.

24

Die unterschiedlichen Gruppen, in denen die Priester ihren Dienst schoben

1 Auch die Priester (alle aus der Familie von Aaron) wurden in unterschied-
liche Gruppen aufgeteilt, um ihre Dienste zu schieben. Aaron hatte insge-
samt vier Söhne, die folgende Namen hatten: Nadab und Abihu, Eleasar und
Itamar. 2 Nadab und Abihu starben schon, als Aaron noch lebte. Sie hatten
leider keine Söhne. Das war der Grund, warum ab dann nur noch Eleasar
und Itamar den Priesterjob machten. 3 David teilte die Priester in unter-
schiedliche Dienstgruppen ein, wobei ihm Zadok (der kam aus dem Clan
Eleasar) und Ahimelech (der kam aus dem Clan Itamar) halfen. 4 Er merkte,
dass Eleasar wesentlich mehr Kinder und Enkelkinder bekommen hatte als
Itamar. Darum bekamen die Chefs in den Familien aus der Linie von Eleasar
doppelt so viele Schichten (16) wie die von Itamar (nur 8). 5 Die einzelnen
Schichten wurden per Losverfahren ausgewählt. Beide Gruppen waren näm-
lich total gleichberechtigt, was den Job im ganz besonderen Zelt (und später
dann im Tempel) anging. Die Priester, welche die Gruppen anführten
(sowohl vom Clan Eleasar als auch vom Clan Itamar), waren für die Vertei-
lung verantwortlich. 6 Bei dem Treffen, wo das alles vereinbart wurde, hatte
Schemja aus der Familie Netanel die Aufgabe, Protokoll zu führen. Laut
Anwesenheitsliste waren da: der Präsident, die führenden Männer von den
Israeliten, die Priester Zadok und Abjatar, der Sohn von Ahimelech. Dazu
waren auch noch die Clanchefs der Priester und deren Angestellte, die ande-
ren Levi-Leute, anwesend. Abwechselnd wurden zwei Familien aus dem
Clan Eleasar und eine Familie aus dem Clan Itamar gezogen. 7–18 Folgende
24 Dienstgruppen wurden dann durch das Losverfahren bestimmt: Jojarib,
Jedaja, Harim, Seorim, Malkija, Mijamin, Koz, Abija, Jeschua, Schechanja,
Eljaschib, Jakim, Huppa, Jeschebab, Bilga, Immer, Hesir, Pizzez, Petachja,
Jeheskel, Jachin, Gamul, Delaja, Maasja. 19 Der Schichtdienst im Haus von
Gott wurde durch diese Verteilung der Aufgaben und Schichten geregelt.
Jede Schicht musste sich radikal an die Sachen halten, die Aaron direkt von
Gott, dem Chef von Israel, mal bekommen hatte.

Eine Liste von Tempelangestellten

20 Jetzt kommt noch mal eine Liste von den Angestellten, die im neuen
Tempel arbeiten sollten, alles Levi-Leute. Aus der Familie Amram kam: Schu-
bael. Von den Söhnen von Schubael kam: Jechdeja. 21 Von den Söhnen von
Rehabja: Jischija, der den Chefposten bekam. 22 Von den Söhnen von Jizhar:
Schelomit. Von den Söhnen Schelomits: Jahat 23 Von den Söhnen Hebrons:
Jerija (der Älteste), Amarja (der Zweite), Jahasiel (Nummer drei) und
Jekamam (der Jüngste). 24 Von den Söhnen von Usiel: Micha. Von den Söh-
nen von Micha: Schamir. 25 Von den Söhnen von Jischija (übrigens: ein Bru-
der von Micha): Secharja. 26 Aus der Familie von Merari stammen Machli,
Moschi und Jischija. 27 Noch ein paar Männer, die von Merari abstammen,
nämlich die Söhne von Jischija: Schoham, Sakkur und Ibri. 28 Die Söhne von
Machli hießen: Eleasar (der konnte keine Kinder kriegen) 29 und Kisch. Der
Sohn von Kisch war Jerachmeel. 30 Die Söhne von Moschi hießen: Machli,
Eder und Jerimot. Das waren jetzt die Familien von den Levi-Typen. 31 Die
Reihenfolge wurde ausgelost, und als Zeugen waren auch der Präsident
David da sowie Zadok und Ahimelech, dazu die Clanchefs aller Priester und
deren Angestellte, die anderen Levi-Leute. Alle wurden dabei gleichberechtigt
behandelt, egal ob man jetzt aus einer Familie von den Clanchefs oder nur
von einer jüngeren Familie abstammte.

25

Tempelangestellte: Die Bands und der Gospelchor im Tempel

1 David suchte sich dann zusammen mit ein paar Offizieren ein paar Levi-
Leute als Tempelangestellte aus, die die Bands und den Chor für den Tempel
stellen sollten. Den Job bekamen die Söhne von Asaf, Heman und Jedutun.
Sie sollten mit E-Gitarre, Bass, Keyboard und Schlagzeug die Mucke im Tem-
pel machen. Es war ausdrücklich erwünscht, dass sie dabei total mit und
für Gott abgehen sollten. Die Männer, die dazu ausgesucht wurden, waren:
2 von den Söhnen von Asaf: Sakkur, Josef, Netanja und Asarela. Sie standen
unter der Leitung ihres Vaters, der Gott heftig danken sollte. Der Präsident
hatte das so angeordnet. Dabei konnte er auch ruhig total abgehen, wie das
auch Propheten manchmal machen. 3 Von den Söhnen von Jedutun: Gedalja,
Zeri, Jeschaja, Schimi, Haschabja und Mattitja, insgesamt waren sie zu
sechst. Sie sollten mit der E-Gitarre oft einfach nur Solos spielen und sich
dabei von Gott voll inspirieren lassen. Ihr Vater leitete dabei die ganze
Aktion. 4 Von den Söhnen von Heman waren dabei: Bukkija, Mattanja, Usiel,
Schubael, Jerimot, Hananja, Hanani, Eliata, Giddalti, Romamti-Eser, Josch-
bekascha, Malloti, Hotir und Mahasiot. 5 Heman, einer der ganz speziellen
Prophetentypen vom Präsidenten, hatte sehr viele Söhne bekommen. Gott
hatte ihm mal versprochen, dafür zu sorgen, dass er richtig Kariere machen

könne. Darum bekam er voll viele Kinder, insgesamt vierzehn Söhne und
drei Töchter. 6 Es war so vom Präsidenten festgelegt, dass diese Leute unter
der Leitung ihrer Väter Asaf, Jedutun und Heman die Musik im Tempel
machen sollten. 7 Insgesamt kamen zahlenmäßig, inklusive Chor und der
Bands, 288 Männer zusammen, alles voll gute Musiker. 8 Bei denen wurden
auch die einzelnen Schichten untereinander ausgelost. Alle hatten die glei-
chen Chancen, egal ob man jetzt zu den Älteren oder Jüngeren gehörte,
sogar die Ausbilder hatten nicht mehr Rechte. 9–31 Es wurden 24 Dienstgrup-
pen ausgelost, und jede bestand aus 12 Männern. Folgende Leute bildeten
mit ihren Söhnen und Verwandten je eine Gruppe: 1. Josef (aus der Familie
von Asaf); 2. Gedalja; 3. Sakkur; 4. Zeri; 5. Netanja; 6. Bukkija; 7. Asarela;
8. Jesaja; 9. Mattanja; 10. Schimi; 11. Asarel; 12. Haschabja; 13. Schubael;
14. Mattitja; 15. Jeremot; 16. Hananja; 17. Joschbekascha; 18. Hanani;
19. Malloti; 20. Eliata; 21. Hotir; 22. Giddalti; 23. Mahasiot; 24. Romamti-Eser.

26

Tempelangestellte: Die Security-Abteilung

1 Auch die Security-Abteilung, die als Türsteher vom Tempel arbeitete, war
in unterschiedliche Gruppen unterteilt. Aus dem Korach-Clan kam zum Bei-
spiel Meschelemja. Er war ein Sohn von Kore und ein Enkel von Abiasaf.
2 Seine Söhne hießen folgendermaßen: Der älteste Sohn war Secharja, der
zweite Jediael, der dritte Sebadja, der vierte Jatniel, 3 der fünfte Elam, der
sechste Johanan und der siebte Eljoenai. 4 Obed-Edom war auch bei der
Security dabei. Seine Söhne hießen folgendermaßen: Der älteste Schemaja,
der zweite Josabad, der dritte Joach, der vierte Sachar, der fünfte Netanel,
5 der sechste Ammiel, der siebte Issachar und der achte Peulletai. Gott hatte
ihn mit total vielen Söhnen beschenkt. 6 Die Söhne von Obed-Edoms Sohn
Schemaja kamen alle in Führungspositionen in ihren Familien, weil sie alle
ziemlich beliebt waren. 7 Die Namen von denen waren: Otni, Refael, Obed
und Elsabad sowie ihre Brüder Elihu und Semachja, die beide auch eine
Menge draufhatten. 8 Diese Männer kamen alle aus der Familie von Obed-
Edom, und sie waren alle voll fit für diesen Job. Insgesamt kamen von
Obed-Edom 62 Leute. 9 Von Meschelemja und seinen Verwandten kamen
18 Männer dazu, die auch alle richtig fit waren. 10–11 Hosa kam aus dem
Merari-Clan. Er hatte vier Söhne, und zwar den Schimri, Hilkija, Tebalja und
Secharja. Schimri war zwar nicht der älteste Sohn, wurde aber trotzdem
so behandelt, weil der Älteste schon gestorben war. Zu der ganzen Familie
von Hosa gehörten insgesamt dreizehn Söhne und Verwandte. 12 Die Chefs
der Security-Einheiten sowie die anderen erwachsenen Männer mussten
alle im Tempel von Gott Dienste übernehmen. 13 Mit einem Losverfahren
wurde ausgewählt, welche Familie welches Tor bewachen sollte. Dabei hatten

alle die gleichen Chancen, egal wie groß oder wie klein jemand war. 14 Das
Tor im Osten bekam Meschelemja zugelost. Das Tor im Norden bekam sein
Sohn Secharja. Secharja war bekannt dafür, dass er richtig schlau war und
Leute gut beraten konnte. 15 Das Tor im Süden bekam Obed-Edom, und um
die Lagerhallen mussten sich seine Söhne kümmern. 16 Das Tor im Westen
und das Schallechet-Tor an der Straße, die so steil bergauf ging, bekamen
Schuppim und Hosa, eine Abteilung hinter der anderen. 17 An der Ostseite
mussten jeden Tag sechs Männer Wache stehen. An der Nordseite und
Südseite sollten jeweils vier Leute arbeiten. Und dann standen noch zwei
Männer am Lagerhaus, 18 und im Westen an der Straße und beim Parkplatz
auch noch mal vier. 19 Das war jetzt mal eine Liste von den einzelnen
Security-Einheiten. Sie kamen alle aus den Clans Korach und Merari.

Tempelangestellte: Die Security vom Tresorraum und andere Mitarbeiter

20 Andere Levi-Leute passten auf die Wertgegenstände und die ganzen
besonderen Sachen auf, die man extra für den Tempel gespendet hatte.
21 Mit dabei waren die Söhne von Ladan, der aus dem Gerschon-Clan
stammte. Sie waren alle die Chefs in ihren Familien. Dabei waren Jehiel
22 und seine Söhne Setam und Joel. Die bewachten vor allem den Tresor.
23 Außer ihnen hatten auch noch die Kinder von Amram, Jizhar, Hebron und
Usiel diesen Job zu erledigen. 24 Schubael war früher mal der oberste Auf-
seher über die wertvollen Sachen, die im besonderen Zelt rumlagen. Schu-
bael war ein Nachkomme von Gerschom, der wiederum einer von den zwei
Söhnen von dem berühmten Mose war. 25 Von dessen anderen Sohn Elieser
stammte Rehabja ab. Dessen Sohn war wiederum Jeschaja. Weitere Söhne
aus dieser Linie waren Joram, Sichri und Schelomit. 26–27 Schelomit hatte ab
dann den Job, zusammen mit seinen Brüdern, auf die besonderen Sachen
aufzupassen, die man alle radikal Gott geschenkt hatte. Dazu gehörten die
Dinge, die der Präsident David mit seinen Generälen und den Chefs aus den
Familien mal im Krieg aus anderen Ländern hatten mitgehen lassen. Die
Sachen waren dafür bestimmt, den Tempel von innen zu stylen. 28 Vor David
hatten auch schon andere Männer dafür gesammelt. Zum Beispiel Samuel,
der Prophet. Aber auch Saul, der Sohn von Kisch, Abner, der Sohn von Ner,
und Joab, der Sohn der Zeruja, hatten das getan. Diese Spenden wurden von
Schelomit und seinen Brüdern verwaltet. Wenn jemand so ein Geschenk
vorbeibrachte, musste er damit immer zu denen gehen.

Büroarbeiten der Levi-Leute

29 Kenanja und seine Söhne (aus der Familie von Jihar) hatten überall in
Israel Büros angemietet. Von dort waren sie als Richter tätig oder arbeiteten
für die Behörden. 30 Aus dem Hebron-Clan waren Haschabja und seine

Familie für den Westen eingesetzt. Sie sollten vom Büro aus Verwaltungsaufgaben übernehmen, einmal für den Tempel, aber auch für den Präsidenten. Insgesamt waren in dieser Abteilung 1700 Männer, alles sehr fitte Leute.
31 Der Chef vom Hebron-Clan war Jerija. Damals, als David gerade 40 Jahre
im Amt war, wurden gute Männer für so einen Job überall gesucht, bis man
in Jaser im Land Gilead fündig wurde. 32 Zusammen mit Jerija bekamen sie
von David die obersten Jobs in den Behörden, die das ganze Gebiet verwalteten, wo die Familienstämme Ruben, Gad und der halbe Stamm Manasse wohnten. Sie mussten dort Verwaltungsaufgaben für Gottes Sache und auch für den Präsidenten regeln. Insgesamt kamen hier 2700 Männer zusammen, die alle Chefs in ihren Familiengruppen waren.

27

Wie die Armee von Israel organisiert war

1 Jetzt kommt eine Auflistung der Abteilungen vom Heer von Israel. Diese Abteilungen wurden jeden Monat ausgewechselt, jede bestand aus jeweils 24000 Soldaten. Für die Organisation waren die Clanchefs, die Obersten, die Hauptleute und die Beamten aus der Verwaltung verantwortlich, die
in der Behörde vom Präsidenten angestellt waren. 2–15 Jetzt kommt eine Liste
von den Chefs in den Abteilungen vom Heer im jeweiligen Monat: 1. Monat: Jaschobam, der Sohn von Sabdiel aus dem Perez-Clan. Er war der Befehlshaber über alle Offiziere, die in seiner Abteilung dienten; 2. Monat: Dodai aus Ahoach. Der höchste Offizier von seiner Abteilung war Miklot; 3. Monat: Benaja, der Sohn des Oberpriesters Jojada. Er gehörte übrigens zu diesen berühmten „dreißig Helden“. Als er zum Anführer von den „dreißig Helden“ befördert wurde, übernahm sein Sohn Ammisabad den Befehl über seine Abteilung; 4. Monat: Asael, der Bruder Joabs; später erledigte sein Sohn Sebadja den Job; 5. Monat: Schamhut vom Serach-Clan; 6. Monat: Ira, der Sohn von Ikkesch, aus Tekoa; 7. Monat: Helez aus Pelon vom Stamm Efraim; 8. Monat: Sibbechai vom Serach-Clan aus Huscha; 9. Monat: Abieser aus Anatot vom Stamm Benjamin; 10. Monat: Mahrai vom Serach-Clan aus Netofa; 11. Monat: Benaja aus Piraton vom Stamm Efraim; 12. Monat: Heldai
vom Otniel-Clan aus Netofa; 16–22 Die Führungsspitze der Familienstämme
bestand zu der Zeit aus folgenden Männern: Ruben: Elieser, der Sohn von Sichri; Simeon: Schefatja, der Sohn von Maacha; Levi: Haschabja, der Sohn von Kemuel; Aarons Nachkommen: Zadok; Juda: Elihu, ein Bruder Davids; Issachar: Omri, der Sohn von Michael; Sebulon: Jischmaja, der Sohn von Obadja; Naftali: Jerimot, der Sohn von Asriel; Efraim: Hoschea, der Sohn von Asasja; West-Manasse: Joel, der Sohn von Pedaja; Ost-Manasse: Jiddo, der Sohn von Secharja; Benjamin: Jaasiel, der Sohn von Abner; Dan: Asarel, der Sohn von Jeroham. Dies waren jetzt alle Familienstämme von Israel.

[23] David hatte übrigens keine komplette Zählung von allen Männern in Israel
durchgezogen, zumindest nicht bei den Jugendlichen unter 20. Er hatte
sich dazu entschieden, weil Gott ihm gesagt hatte, er würde sowieso dafür
sorgen, dass sie sich so krass vermehren, dass man die irgendwann nicht
mehr zählen könnte. [24] Joab (aus der Familie von Zeruja) hatte schon damit
angefangen, die Männer aufzulisten, die in Israel lebten. Aber dann bemerk-
te er, dass Gott voll sauer über diese Aktion war und brach sie deshalb ab.
Darum kann man da drüber auch keine Liste finden, in diesem Buch der
Chroniken von David.

Eine Liste der Leute, die sich um die Sachen vom Präsidenten kümmern sollten

[25] Asmawet, der Sohn von Adiel, musste sich um die Finanzen von dem
jeweiligen Präsidenten kümmern, der in Jerusalem gerade am Start war.
Jonatan, der Sohn von Usija, verwaltete die Lagerhäuser in den Dörfern, auf
dem Land, in den Städten und in den Bunkern. [26] Esri, der Sohn Kelubs, war
zuständig für die Menschen, die in der Landwirtschaft arbeiteten. [27] Schimi
aus Rama musste sich um die Weinberge kümmern. Sabdi aus Schefam war
zuständig für die Weinvorräte in den Weinbergen. [28] Baal-Hanan aus Bet-
Gader überwachte die Obstbäume im Hügelland. Joasch war zuständig für
die Benzin- und Ölvorräte. [29] Schitrai aus der Scharonebene war dort für
die Traktoren verantwortlich. Schafat, der Sohn von Adlai, musste sich um
alle Verwaltungsaufgaben kümmern, die bei der Wartung der Traktoren so
anfielen. [30] Der Ismaeliter Obil war verantwortlich für die Autos im Fuhrpark.
Jechdeja aus Meronot war verantwortlich für die ganzen Transporter. [31] Der
Hagariter Jasis war verantwortlich für die Motorräder. Das war jetzt eine
Liste von den Verwaltern, die sich um die Sachen vom Präsidenten kümmern
mussten.

Der Beraterkreis um David

[32] David hatten einen Onkel, der Jonatan hieß. Der war voll schlau und hatte
von vielen Dingen echt Ahnung. Diesen Typen fragte er oft, wenn er mal
einen Rat brauchte. Dann war da auch noch Jehiel, der Sohn von Hachmoni.
Er war der Erzieher von den Söhnen des Präsidenten. [33] Ahitofel war auch
noch ein Berater. Huschai, ein Arkiter, war ein enger Freund vom Präsiden-
ten. [34] Nachdem Ahitofel gestorben war, übernahmen Jojada (ein Sohn von
Benaja) und Abjatar den Job. Und Joab war der General vom Heer, das dem
Präsidenten unterstellt war.

28

David hält eine Rede vor den Chefs von Israel: Salomo soll den Tempel bauen

1 Irgendwann organisierte David ein großes Treffen, wo alle Männer eingela-
den wurden, die in Israel was zu sagen hatten. Die Chefs von den Familien-
stämmen, die Generäle der Armee, alle Offiziere, die Verwalter von dem
Landbesitz und den Viehherden von der Familie des Präsidenten, die Ange-
stellten, die am Präsidentenpalast arbeiteten, alle Soldaten mit Auszeichnun-
gen und überhaupt alle irgendwie wichtigen Leute aus Israel mussten kom-
men. 2 Als alle da waren, erhob David das Glas und hielt eine Rede. „Liebe
Leute, meine Männer, meine Brüder, hört mir mal gut zu! Was ich euch jetzt
sagen will, ist superwichtig! Einige von euch wissen es ja: Ich hatte immer
schon diesen Plan im Kopf, ein extra Haus zu bauen für die Kiste mit den
Gesetzen drin. Diese Kiste ist so was wie unser heißer Draht zu Gott. Ich
hatte auch schon damit angefangen, das ganze Material zu sammeln, das
wir für diesen großen Bau brauchen. 3 Dann meinte aber Gott zu mir, dass
ich nicht der richtige Mann für diese Aufgabe sei. ‚Du hast zu viel Blut an
deinen Händen kleben durch die vielen Kriege, die du geführt hast!‘, sagte er
zu mir. 4 Trotzdem hat Gott mich aus der großen Familie von meinem Vater
extra dafür ausgesucht, dass ich in Israel Präsident sein soll. Und das wird
mit meinen Kinderen und deren Kindern immer weitergehen. Das bedeutet
doch auch, dass er aus den ganzen Familienstämmen von Israel mit dem
Stamm Juda was Besonderes vorhat. Und von den Familien aus Juda hat er
meinen Vater ausgesucht, und von allen Söhnen, die mein Vater hatte, gefiel
ich ihm wohl am besten. Darum wurde ich von Gott zum neuen Präsiden-
ten von Israel gemacht. 5 Jetzt hab ich ja auch sehr viele Söhne geschenkt
bekommen, aber als mein Nachfolger kam für Gott nur Salomo in Frage. Er
soll in das Büro vom Präsidenten einziehen und von dort aus Israel regieren.
6 Und dann meinte Gott noch zu mir: ‚Mein Haus und das ganze Drum-
herum sollen von deinem Sohn Salomo gebaut werden. Ich hab ihn dafür
extra bestimmt, wir werden eine ganz enge Beziehung haben, so Vater-Sohn-
mäßig. 7 Ich werde mich an seine Seite stellen und dafür sorgen, dass einer
aus seiner Familie immer das Sagen haben wird in Israel. Aber das gilt nur,
wenn er sich weiter an meine Gesetze und Regeln hält, wie er das ja jetzt
schon macht.‘ 8 Leute, das ist mir total ernst, was ich jetzt hier vor Zeugen
sage. Gott hört auch zu! Also: Zieht die Gesetze von Gott radikal durch!
Nur dann werdet ihr in diesem schönen Land bleiben können, und nur dann
werdet ihr dieses Land auch an eure Kinder weitervererben. 9 Und, Salomo?
Was echt total wichtig ist: Lerne Gott immer besser kennen! Zieh radikal
durch, egal was Gott auch zu dir sagt. Mach das fröhlich, radikal, leiden-

schaftlich. Gott weiß alles, und er sieht auch alles. Selbst, was du gerade
eben gedacht hast, hat Gott mitbekommen, er kann unsere Gedanken lesen.
Wenn du ihn brauchst und dich auf die Suche nach ihm machst, dann ver-
steckt er sich nicht, du wirst ihn treffen können. Aber wenn du keinen Bock
mehr auf ihn hast und lieber dein eigenes Ding durchziehst, dann hat er
keinen Bock mehr auf dich, für immer. 10 Vergiss niemals, dass Gott nur dich
extra dafür ausgesucht hat, für ihn ein ganz besonderes Haus zu bauen.
Also, jetzt leg mal los und zieh das durch!"

Baupläne vom Tempel

11 Als David mit seiner Rede fertig war, übergab er die Baupläne für den Tem-
pel an seinen Sohn Salomo. Die Zeichnungen waren auch für die Vorhalle,
den Hauptraum, den Tresorraum, den Raum, wo die Kiste mit den Gesetzen
drinstehen sollte, die Hausmeisterwohnung und die Räume im Inneren vom
Tempel. 12 Auch der Vorplatz und die Hallen drum herum waren dort einge-
zeichnet. Die Baupläne hatte David so anfertigen lassen, wie es Gott ihm
gesagt hatte. Dazu hatte David auch einen genauen Plan gemacht, was mit
den Konten und den Sachen im Tresor und allen anderen Spenden passieren
sollte, die man Gott geschenkt hatte. 13 Auch die Einteilung der Schichten
von den Priestern und den Tempelangestellten. Zum Beispiel, wie man
mit den ganzen Geräten umgehen sollte, alles war in dem Papier geregelt.
14 Dort stand genau drin, wie viel Gramm Gold oder Silber für die Herstel-
lung der einzelnen Geräte verwendet werden sollte. 15 Auch die nötige Menge
an Material, das zur Herstellung der Kerzenleuchter oder der Halogenlam-
pen benötigt wurde, mit den dazugehörigen Leuchtmitteln, wurde dort
genau aufgelistet. Dabei gab es auch Unterschiede, je nach dem, wofür die
gebraucht wurden. 16 Die Menge an Gold, die man braucht für die Tische,
wo die besonderen Brote drauf gelegt werden sollten, war genauso festge-
setzt wie die Mengen an Silber für die anderen Tische. 17 Er machte dort eine
genau Aufstellung vom Material für die Gabeln, die Teller, die Kannen, die
alle auch aus purem Gold gemacht wurden. Was man an Silber oder Gold
für die einzelnen Becher brauchte, war dort auch alles beschrieben. 18 Wie
viel von dem ganz edlen Gold für den Kerzenständer gebraucht wurde, wo
man die Räucherkerzen reinstecken konnte, bestimmte er auch. Salomo
bekam von ihm auch einen Bauplan für den Wagen, wo die Kiste mit den
Gesetzen draufstehen sollte. Und natürlich war auch die Menge an Gold auf-
geschrieben, die für die beiden Engelsfiguren benötigt wurde, die mit ihren
ausgebreiteten Flügeln über der Kiste an beiden Seiten angeschraubt werden
sollten. 19 David sagte: „Ihr müsst wissen, dass ich für alles, was hier am
Bau gemacht werden muss, von Gott ein Handbuch aus dem Himmel
bekommen habe." 20 Er ermutigte Salomo noch mal voll und meinte zu ihm:

„Hey, mein Sohn, du braucht echt keine Angst zu haben! Wenn dich irgend-
jemand runterziehen will, dann lass das nicht zu! Gott, der Chef, dein Gott,
ist auf deiner Seite. Er wird dich immer unterstützen, er gibt dich nie auf und
haut auch nicht plötzlich ab. Gott wird dir helfen, bis alle Arbeiten am Tem-
pel erledigt sind. 21 Die Priester und die Levi-Leute stehen schon in den Start-
löchern und werden in ihren Schichten dafür arbeiten. Du hast für jeden Job
einen guten Mann am Start, und alle Männer, die in Israel was zu sagen
haben, werden dich unterstützen!“

29

Spenden, die für den Tempel reingekommen sind

1 Schließlich drehte sich der Präsident David um und sagte noch Folgendes
zu allen Anwesenden: „Liebe Leute aus Israel, ich habe eine echt große Bitte
an euch. Mein Sohn Salomo ist der Einzige, der von Gott ausgesucht wurde,
dieses gigantische Bauvorhaben anzupacken. Salomo ist aber noch echt
jung und hat von solchen Sachen auch noch nicht so viel Ahnung. Außer-
dem ist das ganze Ding sowieso viel zu groß für ihn. Ich mein, dieser riesen
Bau, den er jetzt an den Hacken hat, soll ja am Ende nicht eine Luxuswoh-
nung für irgendeinen Menschen sein, sondern für Gott! Unser gigantischer
Chef höchstpersönlich soll da drin wohnen! 2 Ich habe echt alles gegeben,
um für das Haus von meinem Gott genug Material ranzukarren. Wir haben
jetzt Unmengen von Gold, Silber, Bronze, Eisen und Holz im Lager gesam-
melt. Aus dem ganzen Zeug sollen die Geräte gemacht werden, die wir für
das Haus brauchen. Auch die Edelsteine, Halbedelsteine und so weiter, in
unterschiedlichen Farben, sind dafür bestimmt. Genauso auch die weißen
Marmorplatten. 3 Für mich ist dieser Bau vom Tempel eine superwichtige
Sache. Darum hab ich aus meinem Privatbesitz 4 noch mal über 100 000 Kilo
bestes Gold sowie 350 000 Kilo bestes Silber gespendet. Ein Teil davon soll
verwendet werden, um damit die Platten herzustellen, mit denen die Wände
von innen getäfelt werden sollen. 5 Der Rest wird von den Künstlern für die
Dinge verbraten, die aus Silber oder Gold im Tempel gebraucht werden. Jetzt
bleibt mir nur noch, jedem von euch eine Frage zu stellen: Wer ist dabei?
Wer macht mit und gibt heute eine fette Spende für Gott, damit wir die
ganze Kohle zusammenkriegen?“ 6 Nach dieser Rede zeigten die Israeliten,
wie spendenbereit sie tatsächlich waren. Die Clanchefs, also die Chefs von
den Familienstämmen, die Generäle und Offiziere von der Armee und andere
Beamte 7 legten ihre ganze Kohle auf den Tisch. Insgesamt wurden in dieser
Veranstaltung für den Bau vom Tempel 5000 Zentner Gold, 10 000 Zentner
Silber, 18 000 Zenter Bronze und 100 000 Zentner Eisen, sowie 12 Millionen
Euro gespendet. 8 Wenn irgendjemand noch einen Edelstein irgendwo rum-
liegen hatte, wurde selbst der für den Tresorraum vom Tempel geschenkt,

der von Jehiel verwaltet wurde. Jehiel kam aus der Familie von Gerschon.
9 Alle in Israel waren total von den Socken, weil anscheinend jeder so richtig
gerne Gott sein Geld schenken wollte. Aber am meisten freute sich der
Präsident David darüber.

David sagt Gott danke

10 Vor allen Leuten dankte David in einem heftigen Gebet Gott für das, was
da gerade passiert war. „Du bist einfach gigantisch! Du bist schon immer
unser Gott gewesen, du warst auch der Gott von dem Gründer unseres
Stammes Israel. Du warst immer unser Gott, und das wirst du auch für
immer bleiben! 11 Gott, du bist der absolute Maßstab für das, was man
schön nennt! Du bist einfach heftig, genial, krass, gigantisch, weil du alles
gemacht hast, was es auf der Erde oder im ganzen Universum gibt! Und
darum gehört dir auch alles, und du bist der Chef von allem, was es gibt!
12 Wenn du willst, kannst du jedem X-Beliebigen ganz viel Geld, eine fette
Karriere und den nächsten Oscar organisieren. Wenn du jemanden unter-
stützt, bekommt er von dir alle Kraft, die er braucht. Du bist der absolute
Chef, keiner ist wie du. 13 Gott, wir wollen dich so richtig feiern, wir wollen dir
danken und richtig krassen Applaus geben. 14 Ich bin der letzte Idiot, und
auch meine Leute bringen es nicht. Aus eigener Kraft wären wir nie und
nimmer in der Lage gewesen, dir solche fetten Geschenke zu machen. Also
kommen auch diese ganzen Dinge eigentlich von dir, wir haben sie von dir
geschenkt bekommen. 15 Im Grunde hat sich die Situation im Gegensatz zu
unseren Vorfahren kaum verändert: Wir sind auch nur Ausländer in einem
fremden Land, was du uns geschenkt hast. Jedes Leben auf dieser Erde geht
irgendwann mal kaputt, keine Chance, es läuft ab wie das Guthaben auf
einer Prepaidkarte. 16 Auch das ganze Geld, das Gold und so, was wir hier
jetzt zusammen gesammelt haben, kommt eigentlich von dir. Wir wollen
damit für dich, den ganz besonderen, krassen Gott, ein Haus bauen. 17 Ich
hab kapiert, dass man dich nicht mit irgendwelchen Äußerlichkeiten beein-
drucken kann, du kannst ins Innere von Menschen sehen. Du freust dich,
wenn jemand korrekt drauf ist. Ich hab versucht, mit einer korrekten Einstel-
lung mein Geld zu spenden, und ich hab mich total da drüber gefreut, dass
meine Leute auch sehr viel gespendet haben, die jetzt auch alle hier sind
und mir zuhören! 18 Ich bitte dich, Gott, dass deine Leute diese Einstellung
nie verlieren, dass sie immer radikal auf dich abfahren. Du bist immer schon
der Gott von unseren Leuten gewesen. Das war bei Abraham, Issak und
auch Israel schon so. 19 Bitte hilf meinem Sohn Salomo dabei, dass er deine
Gesetze und Regeln radikal durchzieht. Ich hab jetzt alles für den Bau vor-
bereitet, aber bitte sorg dafür, dass er diesen Tempel auch wirklich fertig-
bekommt.“ 20 Jetzt feuerte David alle Leute an, die da waren: „Los, Leute,

lasst uns zusammen Gott feiern und ihm danke sagen!“ Sofort jubelten die
Israeliten voll laut los. Sie feierten ihren Gott, der schon immer der Gott
von Israel gewesen ist. Einige machten eine La-Ola-Welle, andere klatschten
laut, und noch andere schmissen sich flach auf den Boden. [21] Und am
nächsten Tag starteten sie eine fette Opfersession. Tausend Stiere, Schafe
und Lämmer wurden geschlachet und als Abfackelopfer verbrannt. Die
gesetzlich vorgeschriebenen Trink- und Essensopfer, wo alle Leute mitmach-
ten, wurde auch durchgezogen. [22] Das Ganze endete mit einer großen Grill-
party, es gab viel zu essen und zu trinken, und Gott war die ganze Zeit dabei.
Alle waren happy. Dann wurde Salomo noch einmal offiziell zum neuen
Präsidenten erklärt, er sollte ab dann die Israeliten führen. Zadok wurde bei
der Feier zum neuen Oberpriester ernannt. [23] Salomo setzte sich dann das
erste Mal im Präsidentenbüro an den Schreibtisch von seinem Vater. Alle in
Israel standen hunderprozentig hinter ihm. [24] Auch die Manager in Füh-
rungspositionen, die Generäle und Offiziere der Armee und seine Brüder
akzeptierten Salomo als neuen Präsidenten und folgten ab da seinen Befeh-
len. [25] Und Gott sorgte dafür, dass Salomo in der Öffentlichkeit immer
beliebter wurde. Er wurde mit Abstand der erfolgreichste und mächtigste
Präsident von Israel.

Rückblick: Was David als Präsident alles gebracht hat

[26] David kam aus der Familie von Isai, und er wurde der Präsident von ganz
Israel. [27] Er regierte vierzig Jahre lang das Land. Sieben Jahre war sein
Regierungssitz in Hebron und dreiundreißig in Jerusalem. [28] Als er starb,
war er schon richtig alt und hatte ein intensives und langes Leben hinter
sich. David hatte alles erreicht, was man an Geld und Ruhm erreichen
konnte. Dann wurde sein Sohn Salomo der neue Präsident. [29] Die Sachen,
die David in seiner Amtszeit gebracht hat, kann man auch noch in den
Berichten der Propheten Samuel, Natan und Gad nachlesen. [30] Die drei
haben sein ganzes Leben aufgeschrieben, alle Siege, die er im Krieg
erkämpft hat, und überhaupt alles, was er selbst und seine Leute und auch
die anderen Völker in der Zeit so gebracht haben.

2. Buch der Chronik

1

Salomo bittet Gott, dass er ihm Schnall fürs Leben gibt
1 Salomos Macht wurde immer größer. Gott war einfach auf seiner Seite
und sorgte dafür, dass er überall voll den Einfluss hatte. 2 An einem
Wochenende organisierte er ein Treffen mit allen Männern aus ganz Israel,
die irgendwie was zu sagen hatten. Die gesamte Führungsebene, alle
Richter und die Generäle der Armee waren da. 3 Er ging dann mit den Män-
nern nach Gibeon, wo auch immer Opfersessions für Gott veranstaltet
wurden. Dort stand ja das besondere Zelt, das Mose damals noch in der
Wüste hatte bauen lassen. Mose hatte immer alles getan, was Gott gesagt
hatte. Er hatte seine Macht von Gott bekommen. 4 Für die Kiste mit den
Gesetzen drin hatte David in Jerusalem ein anderes Zelt aufbauen lassen
und die dann von Kirjat-Jearim dorthin geholt. 5 Der Ausflug hatte also
Gibeon als Ziel. Dort stand auch der Tisch aus Bronze, den Bezalel damals
gebaut hatte. Bezalel kam aus der Familie von Uri und war ein Enkel von
Hur. 6 Als sie dort waren, wurden auf dem Tisch vor dem besonders krassen
Zelt erst mal tausend Tiere als Abfackelopfer verbrannt. 7 In der Nacht da
drauf kam Gott bei Salomo im Traum vorbei. Er sagte: „Ich finde voll cool,
was du machst, darum hast du jetzt einen Wunsch frei. Kannst dir was
aussuchen, egal was!“ 8 „Gott! Du warst immer so treu zu mir!“, antwortete
er. „Auch meinem Vater warst du immer treu, und jetzt hast du auch noch
dafür gesorgt, dass ich nach ihm Präsident geworden bin! 9 Mein Wunsch
ist, dass du das Versprechen, was du meinen Vater gegeben hast, jetzt
erfüllst. Du hast mich zum Präsidenten über dieses riesige Volk gemacht.
10 Ich wünsch mir von dir einfach nur, dass du mir voll die Peilung gibst,
dass ich immer genau weiß, was du von mir willst. Wenn ich deine Ansagen
hören kann, bin ich auch in der Lage, deine Leute zu führen, und bei Ge-
richtsurteilen werde ich immer gerecht sein. Sonst ist kein Mensch in der
Lage, dieses riesengroße Volk korrekt zu führen!“ 11 Gott fand diesen Wunsch
voll gut: „Du hättest dir jetzt sonst was wünschen können, dass du nie krank
wirst und über 100 Jahre alt wirst zum Beispiel, oder auch 10 Millionen Euro
und eine Jacht in Monaco. Oder du hättest dir wünschen können, dass
deine Feinde alle verrecken sollen. Aber stattdessen wolltest du, dass ich dir
die Gabe schenke, gerechte Urteile zu fällen, damit du in der Lage bist,
dieses riesengroße Volk zu führen! 12 Das finde ich echt mal cool! Ich werde
deine Bitte erfüllen! Du wirst ab sofort voll den Durchblick haben! Du wirst
immer so korrekt sein und so viel Peilung von allen Dingen bekommen,
dass kein Mensch vor dir und keiner nach dir da mithalten kann. Ich werde

dir aber auch die anderen Sachen schenken, um die du nicht gebeten hast.
Ich werde dafür sorgen, dass du ein fettes Bankkonto bekommst, und man
wird dir viele Auszeichungen verleihen und Orden umhängen. In der Zeit,
wo du lebst, wird es keinen geben, der mit dir mithalten kann." [13] Salomo
ging dann vom ganz besonderen Zelt zurück nach Jerusalem und regierte
von dort aus über Israel. [14] Salomo hatte insgesamt ungefähr 1400 Motor-
räder und 12 000 Autos. Die kamen alle in seine große Privatgarage in
Jerusalem. [15] Präsident Salomo schaffte es, dass es in Jerusalem am Ende
so viel Gold wie Steine gab. [16] Seine Limousinen und Motorräder bestellte
Salomo übrigens in Ägypten und Babylonien, wo sie seine Privathändler
für ihn einkauften. [17] Die behielt er allerdings nicht alle selbst, sondern ver-
kaufte einen Teil davon weiter nach Syrien und an den Präsident der Hetitier.
[18] Dann erteilte Salomo offiziell den Auftrag zum Bau des Tempels. Er baute
den, um allen Menschen zu zeigen, wie gigantisch groß Gott ist. Für sich
selbst ließ er auch einen Regierungssitz bauen.

2

Letzte Vorbereitungen zum Bau

[1] Salomo ließ 80 000 1-Euro-Jobber in der Materialverarbeitung in den
Bergen von Juda arbeiten. 70 000 Mann wurden für ein Transportunterneh-
men eingestellt, die für den Transport von Ziegeln und Zement zuständig
waren. 3600 Männer waren als Vorarbeiter und Ingenieure eingestellt.
[2] Irgendwann schickte er eine Mail an Hiram, den Präsidenten von Tyrus:
„Sehr geehrter Herr Präsident Hiram, wir hatten schon vor einiger Zeit mal
Kontakt. Damals ging es um eine Holzlieferung für die Residenz meines
Vaters David. Vielen Dank noch mal, dass Sie damals diese Lieferung ausge-
führt haben. [3] Heute komme ich mit einem neuen Anliegen zu Ihnen. Ich
stecke gerade in den letzten Vorbereitungen, um für den Chef, meinen Gott,
ein Haus zu bauen. Wir haben vor, in diesem Haus ständig Räucherkerzen
für Gott abzubrennen, und so besondere Brote sollen dort auch die ganze
Zeit rumliegen. Dort sollten morgens und abends, an jedem Sonntag, am
Ersten jeden Monats und auch an allen anderen Feiertagen Abfackelopfer
für unseren Gott verbrannt werden. Für uns Israeliten ist das normal, das
müssen wir machen, solange es uns gibt. [4] Das Haus, was ich für unseren
Gott bauen will, muss richtig krass werden, weil unser Gott einfach viel kras-
ser ist als jeder Plastikgott. [5] Eigentlich kann das gar nicht gehen, für ihn
ein Haus zu bauen. Er ist nämlich so gigantisch groß, dass selbst das riesen-
große Universum für ihn zu klein ist. Wie soll ich ihm da ein Haus hinstel-
len, das groß genug für ihn ist? Aber ich kann ihm zumindest ein ganz
besonderes Haus bauen, eine Art Kirche, einen Tempel, wo man ihm Sachen
schenken kann. [6] Ich hab jetzt eine große Bitte an Sie: Wäre es eventuell

möglich, dass Sie mir einen Ihrer besten Künstler ausleihen würden? Er sollte gut Metalle wie Gold, Silber, Bronze und Eisen bearbeiten können. Es wäre auch gut, wenn er sich mit Stoffen und Holzarbeiten gut auskennen würde. Dieser Künstler wird in einem Team von Künstlern aus Jerusalem und ganz Juda arbeiten. Diese Künstlergruppe hatte schon für meinen Vater gearbeitet, und sie stehen mir zur freien Verfügung. 7 Ich bitte auch um die Zusendung von Eichen- und Buchenholz, sowie Mahagoni und andere edle Hölzer. Mir ist bekannt, dass Sie eine sehr gute Holzfällertruppe haben. Meine Leute sollen aber überall mit anpacken. 8 Wir brauchen sehr viel Holz für den Bau, weil der Tempel einfach gigantisch groß werden muss. 9 Für die Verpflegung der Arbeiter werden von mir unterschiedliche Cateringfirmen beauftragt, die für reichlich Schnittchen, Suppe, Kaffee und Bier sorgen werden. Ich hab bereits 4000 Brötchen, 4000 Brote und 4000 Fässer Pils bestellt.“ 10 Hiram ließ über seine Sekretärin eine Antwort an Salomo schreiben. „Sehr geehrter Herr Präsident Salomo! Gott muss seine Leute echt sehr lieben, wenn er so einen coolen Präsidenten für die an den Start gebracht hat! 11 Der Gott von Israel ist der Beste! Er hat das ganze Universum und die Erde gemacht! Und er hat dafür gesorgt, dass der alte Präsident David einen wirklich schlauen Sohn bekommen hat. Ich finde, es ist eine sehr coole Idee, für Gott so einen Tempel zu bauen. Und sich selbst ein Haus zu bauen finde ich auch okay. 12 Also, ich werde gerne für dieses Bauvorhaben einen echt krassen Künstler zur Verfügung stellen. Ich dachte da an einen Meister, der auch Hiram heißt. 13 Seine Mutter stammt aus dem Familienstamm Dan, und sein Vater ist hier in Tyrus geboren worden. Er hat es wirklich drauf, was solche Kunsthandwerksachen angeht. Mit Gold, Silber, Bronze, Eisen, Stein, Holz und auch mit der Verarbeitung von roter und blauer Wolle und Leinen kennt er sich voll gut aus. Er kann auch sehr gut Muster in Holz schnitzen. Dazu ist er auch einer der besten Designer, und er kann auch gut im Team arbeiten. Also, er würde sicher auch bestens mit den Künstlern von Ihrem Vater David arbeiten können, vor dem ich echt Respekt hatte. 14 Seien Sie bitte so freundlich, und bezahlen Sie die Ware (in Nahrungsmitteln) schon mal im Voraus. 15 Ich werde in der Zeit sofort ein paar Leute losschicken, die schon mal das Holz, das Sie brauchen, aus dem Libanon-Gebirge organisieren. Ich werde das Zeug dann in Containerschiffe laden und alles runter bis nach Jafo bringen lassen. Da könnten Ihre Leute das Ganze dann abholen und weiter nach Jerusalem transportieren.“
16 Salomo ließ dann in Israel erst mal alle Gastarbeiter zählen, die einen Antrag auf ein Arbeitsvisum gestellt hatten. Sein Vater David hatte das auch schon mal gemacht. Es kam raus, dass insgesamt 153 600 Gastarbeiter in Israel lebten. 17 Salomo stellte 80 000 davon in den Fabriken an, die den Zement und die Steine herstellen sollten. 70 000 kamen in der Transport-

firma unter, die für das Baumaterial verantwortlich war. 3600 bekamen einen
Job als Schichtführer am Bau.

3

Salomo baut ein Haus für Gott

1 Mitten auf dem Berg Morija in Jerusalem baute Salomo jetzt das Haus für
Gott. An genau der Stelle hatte sein Vater David vor vielen Jahren mal ein Tref-
fen mit Gott gehabt, darum hatte er diesen Ort dafür ausgesucht. Es war mal
der große Parkplatz, der dem Jebusiter Arauna gehört hatte. 2 Salomo fing mit
dem Bauvorhaben an, als er bereits vier Jahre und zwei Monate im Amt war.
3 Der ganze Tempel war 30 Meter lang und zehn Meter breit. 4 Vorne lag eine
große Vorhalle, die zehn Meter breit und fünfzehn Meter hoch war. Damit
war sie genau so breit wie der Hauptbau. Von innen wurden alle Wände dieser
Halle mit Gold überzogen. 5 Der Hauptraum wurde mit Mahagoniholz ver-
täfelt und dann mit feinen Goldplatten überzogen. Auf das Gold wurden dann
noch so kleine Figuren angeschraubt, Palmen und so Zöpfe, die auch mit
Gold angemalt waren. 6 Überall in dem Haus waren unterschiedliche Glas-
und Edelsteine an die Wände geklebt. Das Gold, was man für den Tempelbau
benutzte, kam aus Parwajim. 7 Das ganze Teil wurde von innen überall mit
Gold überzogen. Balken, Treppen, Wände, Türen, einfach alles. In die Holz-
wände hatten die Künstler noch überall so Engelsfiguren reingeschnitzt.
8 Dann gab es dort noch den ganz besonderen, allerderbsten Bereich. Salomo
hatte für diesen Bereich, einen Raum von zehn mal zehn Metern abgeteilt. Er
war also so breit wie das ganze Haus. Dieses Zimmer wurde von innen auch
komplett vergoldet. Alleine dafür wurden über 20 000 Kilo davon verbraten!
9 Auch alle Schrauben und Nägel wurden vergoldet, wofür auch noch mal
650 Gramm draufgingen. 10 Salomo ließ für den allerderbsten, heiligen Bereich
zwei große Engel aus Holz anfertigen und ließ die Teile auch mit Gold über-
ziehen. 11–12 Jeder Engel hatte zwei große, ausgestreckte Flügel mit einer
Spannweite von über fünf Metern. Dabei waren sie so aufgestellt, dass jeder
Engel mit seinem Flügel an der einen Seite die Wand berührte und vorne, mit
der Spitze, den Flügel von dem anderen Engel, der ihm gegenüberstand. 13 So
waren die Flügel fast wie ein Dach über den ganzen Raum von zehn Meter
Breite ausgespannt. Beide Engel standen sich aufrecht gegenüber, mit dem
Gesicht zur Eingangstür. 14 Der Vorhang, der vor diesem allerderbsten Bereich
hing, wurde aus besonderem Leinenstoff gemacht. Auf ihm waren mit roter,
blauer und gelber Wolle Bilder von Engeln draufgestickt worden.

Zwei Säulen aus Bronze

15 Vor dem Tempel ließ Salomo noch zwei große Säulen aus Bronze aufstel-
len. Beide waren siebeneinhalb Meter hoch. Oben und unten hatten sie eine

Abstufung mit verzierten Enden dran, die alleine zweieinhalb Meter breit
waren. 16 Die Säulen waren mit geflochtenen Streifen verziert, die oben ein-
mal ringsrum angeklebt wurden. Dazu war noch eine Kordel um die Säule
gelegt, wo Hunderte kleiner Äpfel drangepinnt worden waren. 17 Diese Säu-
len wurden von Salomo, wie gesagt, vor dem Haupteingang aufgestellt, eine
auf der rechten und die andere auf der linken Seite. Beide bekamen von ihm
einen Namen, und zwar nannte er die rechte „Jachin", was so viel bedeutet
wie „Gott macht dich wieder gerade", und die andere hieß „Boas", was so
viel bedeutet wie „Gott hat viel Power".

4

Was in dem Tempel alles drin war

1 Salomo ließ einen Tisch aus Bronze aufstellen. Er war fünf Meter hoch,
hatte eine Länge von zehn und eine Breite von fünf Metern. 2 Dazu ließ
er ein riesiges Waschbecken aus Metall bauen, was man „das Meer"
nannte. „Das Meer" hatte einen Durchmesser von fünf Metern und eine
Höhe von zweieinhalb Metern. 3 Am Rand waren drum herum kleine Kühe
in zwei Reihen. Sie waren nicht draufgeschraubt, sondern das ganze
Becken war aus einem Guss. Auf 50 cm Länge kamen jeweils zehn kleine
Kühe. 4 Das ganze Becken wurde von zwölf Figuren getragen, die aus-
sahen wie Kühe. Die Kühe standen dabei in Dreiergruppen, wobei jede
Gruppe in eine andere Richtung schaute. Die eine schaute nach Osten,
die andere nach Westen usw. 5 Das Waschbecken hatte einen dicken Rand,
wie so eine Blüte. Das Metall war dabei zehn Zentimeter dick. In das
Becken gingen über 40 000 Liter rein! 6 Außerdem baute Hiram noch
zehn große Waschbecken aus Metall. Es wurden auf jeder Seite je fünf
davon aufgestellt. In dem Waschbecken wurden die Tiere gewaschen,
bevor man sie auf dem Opfertisch, dem Altar, als Abfackelopfer verbrannte,
aber in dem anderen, großen Becken war nur das Wasser drin, was für
die Priester zum Waschen bestimmt war. 7 Dann wurden von Salomo auch
noch zehn Lampen aus Gold in Auftrag gegeben, genau so, wie Gott es
gesagt hatte. Fünf von den Lampen wurden an der rechten Seite im
Hauptraum aufgestellt, die anderen fünf auf der linken Seite. 8 Genauso
wurden auch noch zehn Tische für den Raum gemacht, fünf für jede Seite.
Und dazu wurden noch hundert Schüsseln aus Gold geliefert. 9 Er ließ
einen Vorhof bauen, wo nur die Priester reingehen durften. Dann wurde
auch noch der große Vorhof aufgebaut, der außerhalb vom Tempel lag.
Für diesen Hof wurden extra Türen angefertigt, die mit Bronze überzogen
waren. 10 Vom Eingang aus gesehen wurde auf der rechten Seite das
große Waschbecken aufgestellt. Es stand dort in der einen Ecke, im Süd-
osten von dem Gebäude.

Eine Liste der Sachen, die für den Tempel gemacht worden waren

11 Alle Geräte, die man im Tempel brauchte, die Töpfe und Gabeln, alle
Becher, wurden von dem Künstler Hiram designt und angefertigt. Er erle-
digte diesen Auftrag als Teil vom ganzen Projekt, das Salomo organisierte
hatte. 12–16 Im Auftrag vom Präsidenten Salomo baute der Künstler Hiram
für das Haus von Gott viele Gegenstände. Die Teile waren alle aus Metall
gegossen, und die Oberflächen wurden anschließend poliert und glatt
gemacht. Hier jetzt mal eine Liste von allen Sachen: 2 Säulen, 2 verzierte
Rahmen für die Säulen, 2 Gitter aus Stahlbändern für die Zierrahmen,
400 Äpfel aus Stahl, die alle über den Bändern von jedem Rahmen in zwei
Reihen zu je hundert Stück aufgehängt worden waren, fahrbare große
Gestelle wie Einkaufswagen, die Stahlkessel zum Einsetzen in die Gestelle,
das große Waschbecken und 12 Rinderfiguren als Untersatz für das Becken.
Dazu noch Schaufeln und Haken, um die Asche wegzumachen. 17 Die
Fabrik, wo diese Sachen hergestellt wurden, lag im Jordantal, zwischen
Sukkot und Zaretan. Dort wurden dann Formen aus Lehm gemacht, in die
das Metall gegossen wurde, um es zu formen. 18 Salomo ließ dort so viele
Stücke anfertigen, dass man nicht so genau wusste, wie viele es eigentlich
waren. 19–22 Alle besonderen Geräte aus Metall, die für das Haus von Gott
sonst noch gebraucht wurden, ließ er dort auch herstellen. Das waren der
Tisch für die Räucherkerzen, der Tisch, wo die besonderen Brote drauf lagen,
die Halterungen von den Kerzenleuchtern, die Lampen, die Schalter für
die Lampen, die Schüsseln, Gabeln und Löffel, der untere Teil vom Holz-
kohlegrill, die Türen vor dem allerderbsten Bereich und die Haupttüren vom
Tempel. Diese eben genannten Sachen wurden alle komplett aus Gold
gemacht.

5

Der Tempel wird eingeweiht

1 Irgendwann stand der Bau, und der Tempel war komplett fertig. Salomo,
der das Teil ja in Auftrag gegeben hatte, brachte dann die ganz besonderen
Dinge dort rein, die sein Vater David für Gott gemacht hatte. Das ganze
Geld, das Gold und alle Geräte kamen in den Tresor vom Tempel. 2 Der
Präsident Salomo beorderte dann alle Chefs von den Familienstämmen
sowie die anderen führenden Leute und Manager aus Israel nach Jerusalem.
Die Idee war, dass sie alle zusammen die Kiste mit den Gesetzen von Gott
aus der Davidsstadt nach oben auf den Berg Zion bringen sollten, wo der
Tempel stand. 3 Alle Männer aus Israel kamen darum zum „Fest der Blätter-
buden“ im Oktober beim Präsidenten vorbei. 4–5 Als auch alle Chefs der
Familienstämme von den Israeliten da waren, nahmen die Levi-Leute die
langen Tragestangen in die Hand, stemmten sie auf die Schultern und tru-

gen damit gemeinsam die Kiste mit den Gesetzen nach oben zum Tempel.
Dann wurde gemeinsam das besondere Zelt abgebaut und auch dorthin
geschleppt. Alle Priester und Tempelangestellte packten mit an. Die ganzen
Geräte nahmen sie auch mit. 6 Vor der Kiste startete Salomo mit allen Anwe-
senden jetzt eine richtig krasse Opfersession. Es wurden dabei so viel Schafe
und Rinder geschlachtet, dass man mit dem Zählen irgendwann aufhörte.
7 Schließlich wurde die besondere Kiste an den dafür vorgesehenen Platz
gebracht im hintersten Raum vom Tempel. Dieser Raum war das Aller-
derbste, Heiligste vom ganzen Haus. Die Kiste wurde unter die Flügel von
den zwei großen Engelsfiguren gestellt. 8 Die Flügel von diesen Figuren
wirkten dabei wie ein Dach, weil sie ganz über die Kiste und auch über die
Stangen rübergingen. 9 Die Tragestangen waren dabei so lang, dass die
Enden rausguckten, wenn man direkt vor der Tür zu diesem Bereich stand.
Von außen waren sie aber nicht zu sehen. Genauso standen sie dort für
ne lange Zeit. 10 In der Kiste waren nur die beiden Stahlplatten drin, die
Mose am Horeb-Berg von Gott bekommen und dort reingelegt hatte. Auf
den Platten standen die Gesetze drauf, mit denen der Vertrag zwischen
Gott und den Israeliten geschlossen wurde, nachdem sie aus Ägypten abge-
hauen waren. 11 Als sie das Teil dort abgestellt hatten, gingen die Priester
wieder nach draußen. Vorher hatten sie sich sehr gut auf die Aktion vorberei-
tet. Alle waren total sauber. Sie hatten sich nicht mit irgendwelchen Sachen
dreckig gemacht. Das galt sogar für die Priester, die an dem Tag eigentlich
frei hatten. 12 Der Chor von den Tempelangestellten war auch da, Asaf,
Heman und Jedutun und alle ihre Söhne und Verwandten. Jeder hatte sich
voll schick gemacht, sie trugen alle einen schwarzen Boss-Anzug und stan-
den mit ihren Instrumenten an der Ostseite vom Altar. Auf dieser Seite
waren hundertzwanzig Priester, die alle Trompete spielten. 13 Auf ein Zeichen
fingen die Sänger und die Band gleichzeitig an zu spielen. Das Ganze war
voll gut einstudiert, man hatte beim Chor fast das Gefühl, sie würden wie
aus einem Mund singen. Der Text ging ungefähr so: „Gott geht total gut mit
uns um, er liebt uns immer, und das hört auch nie auf!“ Plötzlich kam eine
fette Wolke auf den Tempel, und überall war ganz weißer, leuchtender Rauch!
Gott war da! 14 Die Priester mussten mit ihrer Arbeit aufhören, weil die Wolke
so krass war, dass sie nicht weitermachen konnten. Gottes geniale, heftige
Art war plötzlich überall in das Haus reingekommen.

6

Salomo hält eine Rede

1 Als das passierte, fing Salomo sofort an zu beten: „Gott, du hast mal ge-
sagt, dass du auch im Dunkeln ganz krass anwesend bist. 2 Ich hab dieses
Haus für dich gebaut, sogar mit einem ganz dunklen Raum. Hier kannst du

für immer wohnen, wenn du willst!“ 3 Dann drehte er sich um zu der ganzen
Gemeinschaft der Israeliten und hielt eine lange Rede. Erst mal begrüßte
er die Leute, die alle da waren. Dann sagte er: 4 „Gott ist der Größte, unser
Gott, der Gott von Israel! Er hat sein Versprechen gehalten, was er meinem
Vater David gegeben hat! Er sagte damals zu ihm: 5 ‚Ich bin schon ne ganze
Zeit mit meinen Leuten unterwegs. Ich hab sie aus Ägypten rausgeholt und
sie hierhergebracht. Dabei hatte ich mir in diesem Land keine Stadt aus-
gesucht. Es gab keinen Ort, den ich bevorzugt hätte. Ich hab auch von mir
aus nicht gewollt, dass ihr euch einen Präsidenten aussucht, der über
meine Leute regiert. 6 Aber jetzt hab ich mich doch für Jerusalem entschie-
den. Hier will ich wohnen, hier soll mein Namensschild an der Tür hängen.
Und David hab ich mir ausgesucht als den Präsidenten über meine Leute,
über Israel.‘ 7 Die Idee, ein Haus für den Gott von Israel zu bauen, hatte
schon mein Vater gehabt. 8 Gott sagte dann aber zu ihm, dass er sich zwar
über die Idee freut, aber 9 dass er dieses Haus nicht von David gebaut haben
möchte. Stattdessen soll aber Davids Sohn für ihn dieses Haus bauen.
10 Gott hat sein Versprechen gehalten! Ich bin der Sohn vom Präsidenten
David, und ich hab dieses Haus für Gott, den Gott von Israel, gebaut. 11 Ich
hab jetzt auch die Kiste mit den Gesetzen dort drin gelagert. Darauf beruht
ja der Vertrag, den Gott mit uns, seinen Leuten, geschlossen hat.“ 12 Als
Salomo mit seiner Predigt fertig war, ging er vor allen Leuten zum Opfer-
tisch von Gott, dem Altar. Dort stellte er sich mit ausgebreiteten Armen hin.
13 Dazu hatte er sich extra eine kleine Bühne aus Bronze bauen lassen und
das Teil mitten in den Vorhof gestellt. Die Bühne war zweieinhalb Meter
lang, genauso breit und eineinhalb Meter hoch. Als er oben war, breitete er
noch mal seine Arme aus 14 und sagte: „Gott, du bist der Gott von Israel!
Nirgendwo im ganzen Universum gibt es noch mal so einen Gott wie dich!
Wenn du etwas versprichst, dann hältst du es auch, deine Verträge ziehst
du durch. Und du gehst immer total liebevoll mit den Leuten um, die dir
radikal nachfolgen. 15 Meinem Vater gegenüber hast du immer alles gehalten,
was du versprochen hast. Was du sagst, ziehst du auch durch, da kann
man sich voll drauf verlassen. Was hier heute passiert, ist der Beweis dafür,
dass das auf jeden Fall stimmt. 16 Ich bitte dich, Gott, dass du jetzt auch
die anderen Versprechen erfüllst, die du meinem Vater David gegeben hast.
Du hattest ihm gesagt, dass immer einer aus seiner Familie der Präsident
in Israel sein wird. Voraussetzung war aber, dass sie alles genau so durch-
ziehen, wie du es von ihnen willst. Also dass sie treu sind und nach deinen
Gesetzen leben. 17 Ich bitte dich, Gott, sorg doch dafür, dass dieses Ver
sprechen jetzt auch wirklich passiert. 18 Oft denke ich, dass du, Gott, eigent-
lich viel zu groß bist, um hier bei uns mickrigen Menschen zu wohnen,
weißt du? Ich mein, selbst das ganze Universum ist doch eigentlich zu klein

für dich. Dann ist dieses Haus, was ich dir jetzt gebaut habe, auf jeden Fall viel zu winzig geworden. 19 Trotzdem bitte ich dich, dass du auf meine Gebete hörst und sie erfüllst. 20 Bitte, Gott, verliere dieses Haus nie aus den Augen! Du hast gesagt, dass du hier wohnen willst, dein Name soll vorne an der Türklingel stehen. Und du hast mir auch ganz fest versprochen, dass du auf meine Gebete hörst. 21 Gott? Bitte höre mich und höre auch die Gebete von deinen Leute hier! Wenn wir von hieraus mit dir reden, dann mach bitte, dass wir einen heißen Draht direkt zu dir bekommen, dorthin, wo du im Universum bist. Höre auf unsere Gebete und vergib uns, wenn wir wieder Mist gebaut haben!“

Am Haus von Gott soll man beten

22 „Gott, und ich bitte dich, wenn irgendjemand einen anderen abgezogen hat, aber keiner kann das beweisen, dann musst du dafür sorgen, dass ein gerechtes Urteil getroffen werden kann. Wir werden das dann so regeln, dass man den herbringt, und dann wird er verflucht, man wünscht ihm die Krätze an den Hals. 23 Wenn er jetzt tatsächlich Mist gebaut hat, dann muss der Fluch auch wirken, er muss für seine Aktion dementsprechend bestraft werden. Wenn er aber keinen Mist gebaut hat, dann darf ihm nichts passieren, und seine Ehre muss auch öffentlich wiederhergestellt werden. 24 Wenn deine Leute von irgendwelchen Feinden niedergemacht werden, weil sie nicht das getan haben, was du wolltest, gib ihnen noch eine Chance. In dem Augenblick, wo es ihnen leidtut und sie sich ändern und wieder anfangen zu dir zu beten und dich toll zu finden, 25 dann komm und hilf ihnen. Vergib ihnen, wo sie Mist gebaut haben, und bring sie wieder zurück in das Land, was du ihnen vor Ewigkeiten schon lange versprochen hattest. 26 Wenn es länger nicht regnet und so alles vertrocknet, liegt das vielleicht daran, dass die Leute, die dort wohnen, nicht getan haben, was du wolltest. Wenn sie nun peilen, dass das der Grund ist, warum es gerade nicht regnet, und wenn sie sich dann ändern und wieder anfangen mit dir zu reden, wenn sie dann wieder hier beim Tempel beten und dich wieder toll finden, 27 dann höre ihre Gebete von dem Ort aus, wo du bist! Verzeih ihnen, wenn sie Mist gebaut haben! Verzeihe auch den Präsidenten und sag ihnen auch ganz konkret, was sie machen sollen, damit es wieder in dem Land regnet, was du ihnen für immer geschenkt hast. 28 Und wenn es mal für längere Zeit nichts zu essen gibt und alle voll Hunger kriegen, wenn die Sonne nur so vom Himmel knallt, so dass alles Getreide vertrocknet, wenn durch Parasiten und Bakterien die Ernte flöten geht, wenn plötzlich überall die Leute voll krank werden oder wenn eine feindliche Armee in das Land einfällt, 29 dann höre bitte auf die Gebete von deinen Leuten, egal ob das jetzt nur ein einziger Mensch ist oder alle zusammen. Falls es jemanden richtig dreckig geht und

er voller Verzweiflung seine Hände in die Richtung von diesem Tempel aus-
streckt und zu dir betet, 30 dann hör auf seine Gebete von dort aus, wo du
bist. Verzeihe ihm, wenn er Mist gebaut hat. Aber geh mit den Leuten immer
so um, wie sie es verdient haben. Vor dir kann es keine Geheimnisse geben,
du kannst ja Gedanken lesen und kennst jedes Gefühl, was wir fühlen. 31 Wir
werden dann immer Respekt vor dir haben. Wir werden tun, was du sagst,
für immer! Das gilt für die Leute, die hier in dem Land leben, was du schon
vor langer Zeit unseren Leuten geschenkt hast. 32 Ich wünsch mir auch
noch was von dir. Vielleicht kommt ja mal ein Ausländer von irgendwoher
zu diesem Tempel, weil er von jemandem gehört hat, was für krasse Sachen
du tust, wie powervoll du bist. Wenn er dann mit seiner Bitte hierher zu dir
gekommen ist, 33 dann tue das bitte auch und erhöre seine Gebete. Wenn
du so was bringst, werden alle Völker auf der ganzen Erde Respekt vor dir
haben. Sie werden kapieren, dass du der einzige, echte Gott bist, und sie
werden vor dir genauso Respekt haben wie wir, deine Leute. Und sie werden
auch kapieren, dass dieses Haus, was ich für dich gebaut habe, dir gehört,
dass du hier wirklich wohnst. 34 Und wenn deine Leute mal wegen einem
Krieg im Ausland sind, weil du das von ihnen wolltest, und wenn sie dann in
die Richtung von deiner Stadt sehen und in die Richtung von diesem Tem-
pel, den ich dir gebaut habe, und dabei zu dir beten, 35 dann höre bitte auf
ihre Gebete und sorg dafür, dass sie gewinnen. 36 Könnte ja auch passieren,
dass die Israeliten plötzlich keinen Bock mehr auf dich haben, kann ja mal
passieren, jeder baut mal Mist, und dann bist du total sauer auf sie und
willst sie nicht mehr beschützen, und dann werden die Feinde den Krieg
gewinnen und sie als Krieggefangene verschleppen, egal ob gleich um die
Ecke oder voll weit weg. 37 Aber vielleicht kapieren sie dann dort im Knast,
dass sie Mist gebaut haben. Vielleicht kümmern sie sich dann wieder um
dich und sagen: ‚Ja, wir haben echt Mist gebaut, wir haben nicht getan,
was du wolltest.‘ 38 Wenn sie sich dann wirklich radikal zu dir umdrehen und
ihr Leben ändern, wenn sie dort wieder anfangen zu beten und dabei in die
Richtung von diesem Land beten, was du ihren Familien vor Ewigkeiten
versprochen hast, wenn sie dann auch in die Richtung von diesem Tempel
beten, den ich für dich gebaut habe, 39 dann höre bitte auf ihre Gebete, wo
auch immer du dann gerade bist! Sorg dafür, dass alles in Ordnung kommt,
verzeih ihnen, wenn sie etwas gegen dich getan haben. 40 Gott, bitte liebe
die Leute, die hier zu dir beten, und erhöre ihre Gebete! 41 So, jetzt komm
vorbei und sei ganz nahe bei der Kiste mit den Gesetzen, zeig dort, was du
draufhast! Sie ist wie ein Beweis für deine Macht! Komm zu diesem Platz
und entspann dich dort! Sorg dafür, dass deine Priester genug Kraft haben,
um uns zu zeigen, wie du uns helfen kannst. Bring die Menschen, die dir
treu sind, gut drauf. 42 Und was den Präsidenten angeht, den du eingesetzt

hast: Bitte schick mich nicht weg, wenn ich zu dir komme. Vergiss nicht, was du David mal versprochen hast, er hat immer alles getan, was du von ihm wolltest!"

7

Der erste Gottesdienst im neuen Tempel

1 Als Salomo zu Ende gesprochen hatte, passierte etwas total Heftiges:
Wie ein großer Flammenwerfer kam ein Feuer aus den Wolken direkt in den
Tempel rein! Die Flammen schlugen auf den Tisch auf und verbrannten
alle Sachen, die dort drauf waren. Und dann war plötzlich Gott höchstper-
sönlich mit seiner ganzen Kraft da, jeder konnte das spüren. 2 Das war
so heftig, dass die Priester nicht mehr in den Tempel gehen konnten! 3 Die
Leute von Israel sahen, wie die Feuerflammen aus dem Himmel auf den
Tempel schlugen, und sie sahen auch Gottes ganz besondere, krasse Art
über dem Haus. Alle warfen sich sofort hin, mit dem Gesicht zum Boden.
Sie beteten zu Gott, dankten ihm und sagten so was wie: „Gott ist echt gut
zu uns! Er liebt uns für immer, seine Liebe hört nie auf!" 4 Jetzt fing der Prä-
sident Salomo an mit allen Leuten gemeinsam die ersten Tiere für Gott zu
schlachten. 5 22 000 Rinder und 120 000 Schafe wurden Gott geschenkt.
Mit dieser Aktion wurde das Haus von Gott, zusammen mit allen Leuten
und dem Präsidenten, eingeweiht. 6 Die Priester nahmen ihre Position ein,
und auch die Tempelangestellten aus der Band kamen mit ihren Instrumen-
ten an, die David extra für den Gebrauch im Gottesdienst hatte machen
lassen. Die Band fing an Mucke zu spielen und begleitete damit die Lieder,
die David geschrieben hatte. Die Leute standen draußen und hörten zu. Ein
Hit, der immer wieder gespielt wurde, war das Lied: „Gott liebt ohne Ende!"
7 Für die Menge an Fleisch, die bei diesem ersten Opfer gegrillt werden
sollte, war der Tisch einfach zu klein. Darum öffnete Salomo den ganzen
Mittelteil vom Vorhof und ließ dort auch andere Opfer duchziehen. Zum
Beispiel das Abfackelopfer, oder die Fettstücke vom Fleisch vom Dankopfer
wurden dort verbrannt. 8 Nach dieser Einweihungsparty vom Tempel setzte
Salomo eine Woche lang das Fest der Blätterbuden in Israel an. Alle Leute,
die jetzt dazugehörten, feierten das. Aus dem ganzen Land kamen viele
Menschen. Von der Stadt Lebo-Hamat aus dem Norden bis zu dem Tal, das
die Grenze nach Ägypten im Süden darstellte, waren alle gekommen. 9 Erst
wurde sieben Tage lang die Einweihung gefeiert, dann noch mal sieben
Tage das Fest der Blätterbuden. Am fünfzehnten Tag war dann eine fette
Abschlussparty geplant. 10 Es war dann am 23. Oktober, als Salomo die Leute
nach Hause schickte und die Feier damit beendete. Alle waren total gut
drauf, weil jeder sehen konnte, dass Gott David, seinen Sohn Salomo und
auch generell alle seine Leute fett beschenkt hatte.

Gott redet mit Salomo

11 Salomo hatte also das Ding wirklich durchgezogen. Das Haus für Gott
und sein eigenes Haus waren fertig geworden. Alles, was er auf seiner
To-do-Liste hatte, war jetzt erledigt. 12 Plötzlich kam Gott in einer Nacht bei
ihm vorbei. „Ich habe deine Gebete gehört“, sagte er zu ihm. „Und ich
hab mir diesen Ort dazu ausgesucht, dass ihr mir dort Sachen opfert. 13 Es
könnte ja mal wieder passieren, dass ich dafür sorgen muss, dass es nicht
mehr regnet, weil ihr wieder Mist baut und es einfach nicht kapiert. Oder
es könnte sein, dass es wieder eine Plage gibt, dass überall Heuschrecken
kommen und alles ratzekahl leer fressen. Oder ich muss für irgendwelche
üblen Krankheiten sorgen, dass meine Leute eine tödliche Grippe bekom-
men und dann endlich aufwachen. 14 Aber wenn dann meine Leute mit
mir reden und zu mir beten, wenn sie ihren Kopf wieder klar kriegen und ihr
Leben ändern, dann will ich ihre Gebete erhören. Ich werde es verzeihen,
wenn sie Mist gebaut haben, und ich werde sogar dafür sorgen, dass der
Schaden im Land wieder beseitigt wird. 15 Ich werde offen und nett mit den
Leuten umgehen, die mit mir reden, und ich werde ihre Bitten erfüllen.
16 Diesen Tempel hab ich mir ausgesucht, er soll etwas ganz Besonderes
sein. Hier will ich wohnen, mein Name soll praktisch vorne an der Tür ste-
hen, für immer. Ich werde dieses Haus nie aus dem Blick verlieren, meine
ganze Aufmerksamkeit und meine ganze Liebe gelten diesem Ort. 17 Wenn
du so drauf bist, wie dein Vater David und alle Gesetze befolgst, 18 dann
werde ich dafür sorgen, dass deine Regierungszeit sehr erfolgreich sein
wird. Du und die Leute aus deiner Familie werden dann immer das Sagen
in Israel haben. Ich und dein Vater hatten einen Vertrag gemacht. Dort
hatte ich ihm versprochen, dass immer einer aus seiner Familie in Israel an
der Macht sein wird. 19 Falls ihr aber irgendwann keinen Bock mehr auf
mich habt und euch die Gesetze egal sind, wenn ihr irgendwann anfangt zu
Plastikgöttern zu beten, 20 dann schmeiß ich euch aus diesem Land, was
ich euch geschenkt habe, einfach raus. Auch der Tempel, mein Haus,
wird mir dann egal sein. Überall in der Welt wird man über dieses Haus
ablästern und es einfach lächerlich finden, wenn das passiert. 21 Leute, die
früher noch mit Respekt auf dieses große Haus gesehen haben, werden
dann auf einen Haufen Schrott blicken. „Was ist denn hier passiert?“, wird
man dann fragen. „Warum hat Gott das zugelassen, dass dieses Land
und dieses Haus derart kaputt gemacht wurden?“ 22 „Tja, das liegt da dran,
weil sie Gott wie einen alten Mann behandelt haben“, wird man dann
antworten. „Er hatte sie zwar aus Ägypten rausgeholt, aber sie hatten nichts
Besseres zu tun, als zu Plastikgöttern zu beten und denen sogar Sachen
zu opfern. Darum hat Gott dafür gesorgt, dass es ihnen jetzt so dreckig
geht.“

8

Was Salomo sonst noch so gemacht hat
1 Die Bauzeit vom Tempel und vom eigenen Haus von Salomo betrug ins-
gesamt 20 Jahre. 2 Als er damit fertig war, wurden als Nächstes die Städte
ausgebaut, die er von Hiram bekommen hatte. Wegen seiner Order zogen
dort dann auch viele von den Israeliten hin. 3 Dann war dieses Projekt auch
erledigt, und als Nächstes zettelte Salomo einen Krieg gegen die Stadt
Hamat-Zoba an, den er auch gewann. 4 Er baute dann noch ein paar Städte
auf, zum Beispiel Tadmor, was in der Wüste lag. Aber auch die Städte aus
dem Gebiet von Hamat wurden von ihm vergrößert und ausgebaut. Hier
stellte er auch ein paar neue Lagerhallen hin. 5 Die Stadt Bet-Horon wurde
von Salomo zu einem Militärstützpunkt umgebaut, mit Stacheldrahtzäunen,
bewachten Eingängen und so. 6 Auch die Stadt Baalat wurde vergrößert,
wie alle anderen Städte auch, wo er eine Panzergarnison stationiert hatte
und Lagerhallen mit Lebensmitteln waren. Alle Bauvorhaben in Jerusalem,
im Gebiet vom Libanon-Gebirge und auch anderswo im Land zog er durch.
7–8 Die Bauarbeiten wurden dabei von Billiglohnarbeitern und Männern
mit Knebelverträgen ausgeführt. Besonders die Leute aus den Familien von
den Ureinwohnern des Landes, die vor den Israeliten dort gewohnt hatten
und nicht komplett plattgemacht worden waren, mussten hier arbeiten. Der
ganze Rest von den Hetitern, Amoritern, Perisitern, Hiwitern und Jebusitern
musste solche Arbeiten noch lange für die Israeliten erledigen. 9 Die Söhne
von den Israeliten mussten aber nicht am Bau arbeiten, sie waren vor allem
für den Wehrdienst vorgesehen. Die bekamen eine Soldatenausbildung
und schlugen eine Laufbahn im Heer oder in der Panzergarnison ein.
10 Salomo hatte 250 Leute eingestellt, die die Aufsicht über die Arbeiter
hatten. 11 Er hatte ja auch eine Tochter vom ägyptischen Präsidenten gehei-
ratet. Sie bekam von ihm eine extra Villa gebaut, damit sie aus Jerusalem
dorthin umziehen konnte. Sein Gedanke dabei war: „Ist bestimmt keine so
gute Idee, wenn meine Ehefrau in dem gleichen Haus wohnt, wo mein Vater
David früher gelebt hat. Die Kiste mit den Gesetzen war hier ganz in der
Nähe, und dadurch ist bestimmt alles, wo diese Kiste war, extrem besonders
geworden, es ist heilig!“ 12 Als der Tempel fertig war, zog Salomo regelmä-
ßig Abfackelopfer auf dem Tisch durch, der vor der Vorhalle vom Tempel
stand. 13 Das Ganze hatte Gott ja dem Mose so vorgeschrieben. Er hatte
gesagt, dass am Sonntag, am Neujahrstag und an den anderen drei großen
Festen im Jahr dort gefeiert werden sollte. Diese großen Feste sind das
Fest der Fladenbrote, der Sieben-Wochen-Rave und das Fest der Blätter-
buden. 14 Salomo organisierte auf die Art, wie David es ihm erklärt hatte,
verschiedene Gruppen von Priestern. Jeder Priester hatte seine Schicht, und

die Tempelangestellten halfen ihnen dabei. Sie organisierten auch die Musik
im Tempel, die dort jeden Tag gespielt werden sollte. Die Security-Leute
wurden auch in Schichten für jeden Tag eingeteilt, alles nach dem Plan, der
von David gemacht worden war. 15 Alles, was mit den Priestern zu tun hatte,
wurde ganz genau so durchgezogen, wie David es gesagt hatte. Auch die
Vorgaben, die den Tresor betrafen, wo das ganze Geld drin lagerte, wurden
eins zu eins umgesetzt. 16 Irgendwann war dann alles fertig. Alles, was
Salomo sich vorgenommen hatte, war auch passiert. Von dem Tag an, wo
die Bauzeichnung fertig war und das Gelände vermessen wurde, bis zu dem
Tag der Fertigstellung, wo der Bau komplett war. 17 Mal so nebenbei: In der
Zeit kam Salomo auf der Durchreise auch mal in Ezjon-Geber und Elat vor-
bei. Das lag an der Küste vom Roten Meer im Land Edom. 18 Dort lagen ein
paar Containerschiffe, die von Präsident Hiram kamen. An Bord war eine
erfahrene Crew, die mit einigen Männern von Salomos Truppe gemeinsam in
das Land Ofir schipperten, um für Salomo dort 420 Zentner Gold abzuholen.

9

Die Präsidentin aus Saba testet Salomos Wissen

1 Salomo wurde voll berühmt, überall in der Welt redete man von ihm. Auch
in Saba hörte die dortige Präsidentin von Salomo und wollte ihn deswegen
unbedingt mal kennenlernen. Sie kam also auf Besuch in Jerusalem vorbei.
Vor allem wollte sie austesten, ob es stimmte, dass Salomo so megaschlau
war, wie man ihr erzählt hatte. Sie kam also mit ihrem ganzen Personal
an Hausangestellten in einer Wagenkolonne dort an. Im Gepäck hatte sie
sehr viel Geld und auch ganz teure Parfüms dabei. Dann gab es das erste
Treffen. Im Laufe des Gespräches stellte sie Salomo ganz schwere Fragen,
die sie sich extra ausgedacht hatte. 2 Aber Salomo blieb die ganze Zeit
locker. Jede Frage, egal wie schwer die auch war, konnte er leicht beantwor-
ten. Sogar bei der Eine-Million-Euro-Frage hatte er keine Probleme. 3 Die
Präsidentin bekam echt Respekt vor Salomo, weil er so schlau war. Abends
machte er dann mit ihr noch einen Rundgang durch die Präsidentenvilla.
4 Sie war sogar bei einem Essen der Staatsminister dabei. Hier kriegte sie
auch mit, wie das ganze Essen serviert wurde. Alle Minister saßen geordnet
nach ihren Aufgaben an einem langen Tisch. Die Servicekräfte hatten alle
einen teuren Armani-Anzug an. Sie konnte Samuel auch zusehen, wie er im
Tempel ein Abfackelopfer durchzog. Die Frau kriegte ihren Mund vor lauter
Staunen nicht mehr zu. 5–6 „Also, ich muss ja sagen, dass die ganzen Sto-
rys, die ich über Sie gehört hatte, wirklich nicht übertrieben waren“, sagte
sie zu ihm. Ich hab es zwar echt nicht glauben können, aber alles, was von
Ihnen erzählt wird, stimmt wirklich. Ich hab den Beweis dafür jetzt ja mit
meinen eigenen Augen gesehen. Was Sie alles draufhaben, ist viel mehr, als

man mir vorher erzählt hatte. Nicht einmal die Hälfte von dem, was ich hier
erleben konnte, hatte man mir gesagt. 7 Die Menschen, die täglich um Sie
herum sind, müssen echt glücklich sein. Ihre Minister und die anderen,
die Ihnen immer zuhören können, wenn Sie so schlaue Sachen sagen, haben
es echt gut! 8 Ihr Gott ist einfach genial! Er hatte wohl Spaß da dran, Ihnen
die Macht in seinem Land zu geben. Er wollte wohl, dass Sie als Präsident
seine Sache vertreten. Und Ihr Gott scheint seine Leute echt sehr zu lieben.
Er sorgt für sie, damit sie nie aussterben. Das war bestimmt auch ein Grund,
warum er Sie als Präsidenten haben wollte. Und Sie sollten dafür sorgen,
dass in Ihrem Land alles gerecht und richtig zugeht.“ 9 Sie schenkte Salomo
dann noch 4000 Kilo Gold, einige wertvolle Parfüms und ein paar Diaman-
ten, die sie dabeihatte. Die Parfüms von der Präsidentin von Saba waren
so krass teuer, dass man so was Edles seitdem nie wieder in Israel gesehen
hat. 10 Mal so nebenbei erzählt, bekam Salomo von den Leuten aus Hiram,
die den Import von Gold aus dem Land Ofir übernommen hatten, auch Edel-
holz und Diamanten geliefert. 11 Aus dem Holz ließ sich Salomo die Treppen
bauen, die für den Tempel und für seine Residenz gebraucht wurden. Dann
wurden da draus auch noch einige E-Gitarren gemacht, die für die Musiker
am Tempel vorgesehen waren. So krasses Holz hatte es bis zu dem Zeit-
punkt in ganz Juda noch nie gegeben. 12 Salomo las der Präsidentin von
Saba jeden Wunsch von den Lippen ab. Er schenkte ihr alles, was man sich
nur vorstellen konnte. Das war im Endeffekt sogar mehr, als sie ihm ge-
schenkt hatte. Irgendwann packte sie ihre Sachen dann wieder ein und fuhr
mit ihren Angestellten zurück nach Hause.

Wirtschaftswachstum unter Salomo

13 Salomo machte so viel Umsatz, dass er in nur einem Jahr über 7,5 Millio-
nen Euro einahm. 14 Außerdem kam noch das Geld dazu, was er von den
Handelsunternehmen an Steuern einkassierte. Und natürlich auch noch die
Steuereinnahmen von seinen Provinzen in Arabien. 15 Salomo kaufte sich so
mal eben 200 teure Gemälde, die jeweils 150 000 Euro wert waren. 16 Dazu
kamen noch andere wertvolle Kunstgegenstände, die insgesamt auch noch
mal 11 Millionen Euro kosteten. Die Sachen wurden alle in seine private
Kunsthalle gestellt, die man auch den „Libanonwald“ nannte. Sie lag direkt
neben seiner Präsidentenvilla. 17 Er ließ sich eine Spezialanfertigung von
einem Schreibtischstuhl machen, wobei der Sitz aus feinstem Leder war und
die Beine und Armlehnen komplett aus Gold bestanden. 18–19 Um in seinem
riesengroßen Büro direkt an den Schreibtisch zu kommen, musste man
erst mal sechs Stufen hochgehen. Auf jeder Stufe stand rechts und links eine
Figur, die wie ein Löwe aussah. Neben seinem Stuhl hatte er auch noch
mal zwei solcher Figuren in Groß stehen. Der Schreibtisch selbst stand noch

auf einem Podest, der nur aus Gold bestand. Es gab zu der Zeit keinen Prä-
sidenten auf der ganzen Welt, der so ein krasses Büro hatte wie er. 20 Alle
Tassen und Teller, die in der großen Kunsthalle „Libanonwald“ im Regal
standen, waren aus reinem Gold. Silber war zu der Zeit, wo Salomo am Start
war, so wertlos wie Plastiktüten. 21 Dazu hatte er auch ein sehr gutes Trans-
portsystem aufgebaut. Das meiste lief über Schiffe, die mit den Leuten von
Hiram bis nach Tarschisch fuhren. Alle drei Monate kamen die Schiffe wie-
der zurück und hatten immer wieder neues Gold, Autos, Klamotten und
Elektroartikel geladen. 22 Salomo war einfach der beste Präsident auf der
ganzen Erde, keiner war so reich und gleichzeitig so schlau wie er. 23 Die
Präsidenten kamen aus der ganzen Welt bei ihm an, um mal eine gute Rede
von Salomo live zu hören. Sein Schnall vom Leben und seine Schlauheit
hatte er ja von Gott bekommen. 24 Wenn Leute zu Besuch waren, brachten
sie immer total viele Geschenke mit. Teures Porzellan, Rolexuhren, teure
Parfüms, Rolls-Royce und Harleys waren dabei keine Seltenheit. So ging das
jahrelang. 25 Salomo hatte eine gigantisch große Garage, wo 4000 Stell-
plätze nur für seine privaten Autos drin waren. Er hatte eine eigene Security-
Truppe von 12 000 Mann. Ein Teil davon war in Jerusalem stationiert, der
andere Teil wohnte in den anderen Städten, die Salomo ausgebaut hatte.
26 Er hatte voll den Einfluss auf alle Präsidenten in der ganzen Gegend vom
Eufratfluss, dem Gebiet, wo die Philister und Ägypter lebten. 27 In der Zeit,
in der Salomo in Jerusalem regierte, war Silber wie gesagt nicht viel wert.
Es war so normal wie der Sand am Meer oder wie das Gras auf den Wiesen
von Ostfriesland. 28 Die Autos importierte Salomo aus Europa und auch
von anderen Kontinenten.

Wie es mit Salomo zu Ende ging

29 Alles, was man sonst noch so über Salomo erzählen könnte, kann man
in dem Bericht vom Propheten Natan lesen. Dann stehen noch ein paar
Sachen in den Artikeln von Ahija aus Schilo über ihn drin. Der Prophet Jedo
hat auch was aufgeschrieben, als er ein paar Sachen von Gott zum Thema
„Jerobeam“ gesagt bekommen hatte. 30 Salomo regierte 40 Jahre lang von
Jerusalem aus das Land. 31 Als er dann gestorben war, beerdigte man ihn auf
dem Staatsfriedhof von Jerusalem. Als nächster Präsident kam sein Sohn
Rehabeam an die Macht.

10

Die Israeliten teilen sich in zwei Lager

1 Rehabeam fuhr nach dem Tod seines Vaters nach Sichem, weil er dort von
allen Israeliten zum neuen Präsidenten gewählt werden sollte. 2 Als Jero-
beam, ein Sohn aus der Familie Nebat, davon hörte, packte er seine Sachen

und kam zurück nach Israel. Er hatte die ganze Zeit in Ägypten gewohnt,
weil er vor Salomo fliehen musste. 3 Die Chefs der einzelnen Familien-
stämme organisierten ein Treffen, wo er auch eingeladen werden sollte.
Rehabeam kam da dann auch hin. Die Männer sagten zu ihm: 4 „Hören Sie
mal, Ihr Vater hat uns ziemlich heftige Steuern aufgedrückt. Einige von
unseren Männern mussten sehr hart für ihn arbeiten. Wenn Sie uns jetzt
aber versprechen, dass wir von Ihnen nicht so stark mit Arbeit und Steuern
belastet werden, dann gehören unsere Stimmen Ihnen!“ 5 „Hm, ich werde
mir das durch den Kopf gehen lassen. Wie wäre es mit einem weiteren
Treffen übermorgen?“, antwortete Rehabeam. Als sie weg waren, 6 disku-
tierte er die Sache mit einigen erfahrenen Beratern, die schon lange für sei-
nen Vater Salomo gearbeitet hatten. „Was meinen Sie? Wie soll ich mich
verhalten?“ 7 Die Männer sagten einstimmig: „Gehen Sie freundlich mit die-
sen Leuten um. Seien Sie nett zu ihnen. Wenn die das merken, fressen die
Ihnen bestimmt bald aus der Hand.“ 8 Aber Rehabeam fand diesen Tipp
total beknackt. Er fragte darum auch noch mal ein paar alte Freunde, die mit
ihm aufgewachsen waren und jetzt bei ihm arbeiteten. 9 „Was denkt ihr?
Wie soll ich mich jetzt verhalten? Die wollen von mir, dass ich es ihnen
leichter mache und dass sie nicht mehr so hart für mich arbeiten müssen.“
10 Die jungen Männer meinten zu ihm: „Also, wenn die bei dir ankommen
und sich beschweren, dass dein Vater ihnen zu harte Arbeit aufgedrückt hat,
und wollen, dass du sie davon befreist, dann sag doch einfach: ‚Was mein
Vater konnte, das kann ich erst recht! 11 Wenn mein Vater Ihnen harte Arbeit
aufgedrückt hat, dann werde ich Ihnen noch härtere Arbeit aufdrücken!
Wenn er Sie am Fließband im Akkord arbeiten ließ, denn werde ich das
Fließband schneller machen und von Ihnen unbezahlte Überstunden for-
dern.‘“ 12 Nach drei Tagen kamen Jerobeam und alle Leute bei Rehabeam
an. 13 Der Präsident gab ihnen eine Abfuhr, er folgte nicht dem Rat von den
Männern, die schon mit Salomo am Start waren und etwas mehr Peilung
von Politik hatten. 14 Er hörte auf seine Freunde. „Mein Vater hat Ihnen harte
Arbeiten aufgedrückt, richtig?“, sagte er zu den Leuten. „Ich werde Ihnen
noch härtere Arbeit aufdrücken! Mein Vater wollte von Ihnen Akkordarbeit
am Fließband? Aber ich werde das Fließband schneller machen und unbe-
zahlte Überstunden von Ihnen verlangen.“ 15 Dem Präsidenten war es egal,
was diese Leute von ihm wollten. Gott hatte dafür gesorgt, dass sich die
Vorhersagen erfüllten. Die hatte er dem Propheten Ahija gesagt, der sie in
Schilo Jerobeam mitgeteilt hatte.

Das Volk spaltet sich in Nord- und Südreich

16 Als der Nordteil des Volkes mitkriegte, dass dem neuen Präsidenten ihre
Wünsche piepsegal waren, trafen sie sich, um über die Sache zu diskutieren.

„Was geht uns die Familie von David an? Seit wann gehört der Mann, der
aus dem Familienstamm von Isai (also Juda) kommt, überhaupt zu uns? Alle
Männer von Israel, lasst uns nach Hause gehen! Die Familie von David soll
sehen, wie sie alleine klarkommt!" Schließlich gingen sie wieder zurück nach
Hause und gründeten ihren eigenen Staat, das Nordreich „Israel". 17 Die
Familien vom Südteil, die in den Städten von Juda wohnten, akzeptierten
Rehabeam als Präsidenten, der Rest aber nicht. Sie nannten ihren eigenen
Staat, das Südreich, einfach „Juda". 18 Einmal startete Rehabeam noch einen
Versuch, um sich mit den Männern zu einigen. Er schickte Adoniram zu
den Familien im Norden. Adoniram war der Arbeitsminister und auch für die
Asylanten in Israel zuständig. Als der aber ankam und aus dem Auto aus-
gestiegen war, schmissen die Leute mit Steinen nach ihm, so lange, bis er
tot war. Der Präsident, der auch mit im Wagen saß, konnte sich so gerade
noch mal eben retten und floh nach Jerusalem. 19 Der Norden erklärte seine
Selbständigkeit und verabschiedete sich von der Regierung, die aus der
Familie von David gestellt wurde. Deswegen waren sie ab dann voneinander
getrennt.

11

Gott sagt nein zum Plan, Krieg gegen Israel zu führen

1 Rehabeam kam irgendwann zurück nach Jerusalem. Aus den Familienstäm-
men Juda und Benjamin zog er einige Soldaten ein, so dass er am Ende ein
Heer von 180 000 Mann aufstellen konnte. Die Soldaten waren alles altge-
diente Kämpfer. Der Plan war, einen Krieg gegen das Nordreich Israel zu füh-
ren und dann das ganze Volk unter seiner Herrschaft, dem Sohn aus der
Familie von Salomo, weiter zu regieren. 2 Gott fand das aber keine so gute
Idee. Er sagte zu dem Prophetentypen Schemaja: 3 „Ich hab eine Nachricht,
die du bitte Rehabeam von mir ausrichten sollst. Rehabeam ist der Präsident
von Juda und ein Sohn von Salomo. Diese Nachricht gilt aber für alle Men-
schen aus dem Familienstamm Juda und auch für die Leute aus dem Fami-
lienstamm Benjamin. Sag ihnen Folgendes: 4 „Diese Ansage kommt von
Gott: ‚Ihr sollt keinen Krieg gegen eure eigenen Geschwister führen, hört ihr,
Leute? Geht nach Hause! Es ist alles okay so, ich hab das geregelt.'" Als
Rehabeam das hörte, gehorchte er Gott. Er kehrte mit seinen Leuten um und
ging nach Hause. 5–10 Rehabeams Hauptstadt, von wo aus er regierte, war
Jerusalem. Im Gebiet von Juda und Benjamin baute er um einige Städte
große Schutzmauern auf. Das waren die Städte Bethlehem, Etam, Tekoa,
Bet-Zur, Socho, Adullam, Gat, Marescha, Sif, Adorajim, Lachisch, Aseka,
Zora, Ajalon und Hebron. 11 Rehabeam ließ ein Minenfeld und Stacheldrah-
zaun um die Städte aufbauen. Dann setzte er für jede Stadt einen General
ein. In den Städten wurden große Hallen gebaut, wo Lebensmittel, Bier und

Wein gelagert wurden. 12 Dann sorgte er auch noch für große Waffenlager,
wo MGs, Helme und schusssichere Westen drin waren. So konnten die
Städte gut verteidigt werden. Auf die Art sicherte Rehabeam seine Macht in
Juda und Benjamin.

Die Priester und die Tempelangestellten laufen zu Rehabeam über

13 Alle Priester und die Tempelangestellten, die in Israel lebten, stellten sich
auf die Seite von Rehabeam. 14 Denn sie hatten von Jerobeam und seinen
Nachfolgern ein Arbeitsverbot bekommen. Also verließen sie ihren kom-
pletten Besitz und zogen alle um ins Südreich Juda bzw. nach Jerusalem.
15 Jerobeam hatte für Ersatz gesorgt, indem er einfach irgendwelche Leute
als Priester angestellt hatte, obwohl die gar keine Ausbildung dafür hatten.
Die sollten dann die Opferrituale für ihn im Land durchziehen. Wobei es
hier um Rituale für irgendwelche Statuen und andere Plastikgötter ging, die
aussahen wie Stiere oder Ziegen. Er hatte die extra dafür anfertigen lassen.
16 Aber die Levi-Leute blieben ihrem Gott, dem Gott von Israel, treu. Ihnen
folgten auch viele andere Israeliten. Sie kamen alle immer wieder nach
Jerusalem, um dort dem Gott ein Opfer zu schenken, an den schon ihre
Väter und die Väter von ihren Vätern geglaubt hatten. Das hatte man früher
auch immer so gemacht. 17 Sie unterstützten außerdem die Regierung in
Juda und stärkten Rehabeam so den Rücken. Das ging über drei Jahre. In
der Zeit hielten sich die Leute an die Sachen, die David und Salomo immer
gesagt hatten.

Die Familie von Rehabeam

18 Rehabeam heiratete Mahalat. Ihr Vater war Jerimot, ein Sohn von David.
Ihre Mutter war Abihajil, eine Tochter von Davids Bruder Eliab. Sie war also
eine Enkelin von Isai. 19 Mahalat bekam mit Rehabeam drei Söhne, die sie
Jeusch, Schemarja und Saham nannten. 20 Danach heiratete Rehabeam
auch noch Maacha, eine Tochter von Abischalom. Von ihr bekam er die
Söhne Abija, Attai, Sisa und Schelomit. 21 Insgesamt hatte Rehabeam acht-
zehn Ehefrauen und sechzig Nebenfrauen. Es war damals möglich, öfter
zu heiraten, wenn man sich das finanziell leisten konnte, wobei Ehefrauen
mehr Rechte hatten als Nebenfrauen. Diese vielen Frauen bekamen von ihm
28 Söhne und sechzig Töchter. Maacha war aber eindeutig seine Lieblings-
frau. 22 Das war auch der Grund, warum er Abija als nächsten Präsidenten
bestimmte, denn der kam aus der Beziehung mit Maacha. Abija wurde sei-
nen anderen Brüdern immer vorgezogen. 23 Die anderen Söhne wurden von
ihm aber auch geschickt in bestimmte Jobs eingesetzt. Er verteilte nämlich
an alle ein Stück Land in Juda und Benjamin, was sie verwalten sollten. Dazu
bekamen sie den Bürgermeisterposten in den Großstädten im Land. Jeder

Sohn bekam ein spitzen Managergehalt. Und er sorgte auch dafür, dass
jeder von seinen Söhnen genug Frauen am Start hatte.

12

Die Ägypter greifen an

1 Nachdem Rehabeam voll im Geschäft war und keiner ihm seine Macht in
Juda mehr nehmen konnte, gingen ihm irgendwann Gott und seine Gesetze
am Arsch vorbei. Den Menschen in ganz Juda ging es genauso. 2 In seinem
fünften Jahr als Präsident gab es dann Krieg gegen Schischak, den Präsi-
denten von Ägytpen. Das war Gottes Strafe, weil Rehabeam ihn wie Luft
behandelt hatte. 3 Schischak kam mit 1200 Panzern und über 6000 anderen
Kampffahrzeugen an, die sein Heer in die Schlacht begleiteten. Dazu kamen
noch total viele Soldaten aus Libyen, Sukkihit und Äthiopien, die als Hilfs-
truppen mit dabei waren. 4 Als Erstes nahm er die großen Städte von Juda
ein. Dann rückte er gegen Jerusalem vor. 5 Der Prophet Schemaja klingelte in
der Zeit mal beim Rehabeam an und wollte sich mit ihm und den anderen
führenden Männern von Juda treffen. Die hatten sich vor den Truppen von
Schischak alle nach Jerusalem zurückgezogen. Bei dem Treffen sagte er dann
zu ihnen: „Ich hab eine Ansage von Gott für Sie: ‚Weil ihr mich wie Luft
behandelt habt und ich euch egal war, seid ihr mir jetzt auch egal. Ich werde
dafür sorgen, dass Schischak diesen Krieg gegen euch gewinnt.'" 6 Die Chefs
von Juda und auch der Präsident mussten zugeben: „Gott hat recht! Wir
haben Mist gebaut!" 7 Gott bekam mit, dass sie ihre Fehler zugaben. Darum
sagte er zu Schemaja: „Die haben anscheinend kapiert, dass sie richtig
Mist gebaut haben. Ich werde deswegen nicht zulassen, dass alle in diesem
Krieg sterben. Ich bin jetzt nicht so sauer, dass ich Schischak deswegen Jeru-
salem komplett plattmachen lasse. Bald rette ich die Israeliten. 8 Trotzdem
müssen sie erst mal eine Niederlage hinnehmen und eine Zeitlang für Schi-
schak arbeiten. Sie sollen einfach mal den Unterschied mitkriegen, was es
bedeutet, das zu tun, was ich von ihnen will, oder das zu tun, was andere
Präsidenten von ihnen wollen. 9 Schischak kämpfte also gegen Jerusalem
und gewann diesen Krieg. Er nahm die Stadt ein und zockte aus dem Tempel
alles, was irgendwie wertvoll war. Auch den Tresor von der Präsidentenvilla
knackte er und die ganzen teuren Gemälde und Kunstschätze ließ er auch
mitgehen, die alle noch von Salomo stammten. Auch die goldenen Helme,
die Salomo extra hatte anfertigen lassen, waren futsch. 10 Rehabeam musste
extra neue Helme für die Soldaten machen lassen, die das Haus von Gott
bewachen sollten. Sie waren diesmal aber nur aus Stahl. Er gab sie dem
Oberst der Einheit, die am Eingang von der Residenz Wache schob. 11 Immer
wenn der Präsident in das Haus von Gott gehen wollte, trugen die Wachsol-
daten diese Helme. Danach wurden sie in ihrer Kaserne im Spind gelagert.

[12] Weil Rehabeam aber schnell kapierte, dass er Mist gebaut hatte, war Gott nicht so lange sauer auf ihn und machte ihn nicht völlig kaputt. In der Zeit war nämlich nicht alles daneben, was in Juda so abging.

Die Zeit von Rehabeam ist vorbei

[13] Rehabeam konnte mit der Zeit seine Macht wieder etwas ausbauen. Er war übrigens 41 Jahre alt, als er Präsident wurde, und regierte 17 Jahre von Jerusalem aus das Land. Jerusalem war eine Stadt, die Gott extra ausgesucht hatte, er wollte hier unter seinen Leuten wohnen. Die Mutter von Rehabeam war übrigens eine Ammoniterin und hieß Naama. [14] Alles in allem lebte er nicht so, wie Gott es gut findet, weil es ihm irgendwie egal war, was der von ihm wollte. [15] Die ganzen Geschichten aus der Zeit, als Rehabeam an der Macht war, kann man auch noch mal in den Berichten von den Propheten Schemaja und Iddo nachlesen. Dort gibt es auch eine Liste, wo die einzelnen Familienstämme aufgeschrieben sind. Solange er an der Macht war, gab es die ganze Zeit Krieg mit Jerobeam. [16] Seine Leiche wurde dann in Jerusalem, der Stadt von David, auf dem Friedhof beerdigt. Als nächster Präsident war dann sein Sohn Abija an der Reihe.

13

Abija wird der Präsident von Juda

[1] Im 18. Regierungsjahr von Jerobeam als Präsident von Israel wurde Abija Präsident in Juda. [2] Er regierte drei Jahre lang von Jerusalem aus das Land. Seine Mutter hieß Michaja, die wiederum eine Tochter von Uriel war, der aus Gibea stammte. Auch zwischen Abija und Jerobeam gab es Krieg. [3] Er stellte sein Heer mit 400 000 guten Soldaten zusammen, um gegen das Heer von Jerobeam mit 800 000 guten Männern zu kämpfen. [4] Während sich die Armeen so gegenüberstanden, griff sich Abija das Megaphon und stellte sich auf einen Hügel, der Zermarajim genannt wurde. Das Ganze passierte in den Bergen von Efraim. Er schrie in das Megaphon: „Jerobeam und alle anderen Männer: Hört mir zu! [5] Ihr könnt doch unmöglich vergessen haben, dass der Gott von Israel mit David einen Vertrag gemacht hatte, der immer noch gilt. In diesem Vertrag hat er David und seiner Familie versprochen, dass sie für immer die Macht in Israel haben sollen. [6] Jerobeam hatte da aber keinen Bock drauf. Er hat sich gegen einen der Söhne von David gestellt und eine kleine Revolution angezettelt. [7] Mit einer Gruppe von Gangstern hat er es geschafft, Rehabeam die Macht abzuknöpfen. Rehabeam war ein Sohn vom Salomo und kam aus der Familie vom David. Zu der Zeit war er aber noch viel zu jung, er konnte sich nicht wirklich dagegen wehren. [8] Und jetzt glaubt ihr im Ernst, ihr könnt gegen den Präsidenten aus der Familie vom David gewinnen? Gott selbst hat die Familie vom David dafür bestimmt! Nur weil

ihr so viele seid, glaubt ihr, dass dieser Krieg schon so gut wie gewonnen ist, oder? Oder glaubt ihr etwa, diese Plastikgötter, die Jerobeam für euch hat anfertigen lassen, werden euch helfen? [9] Ihr habt alle Priester von Gott einfach rausgeschmissen, die aus der Familie von Aaron stammten. Auch die übrigen Levi-Leute habt ihr einfach rausgekickt. Stattdessen wurden dann solche Pseudopriester eingestellt, die die anderen Länder auch haben. Bei euch kann ja jeder Trottel ein Priester werden, er braucht nur einen Stier und sieben Schafe mitbringen, zack, gleich ist er befördert. Dabei ist er dann der Priester von so einem Pseudogott, der in Wirklichkeit gar kein echter Gott ist! [10] Wir bleiben auf jeden Fall unserem Gott treu! Wir leben weiter mit ihm und ziehen ihn nicht ab. Bei uns ist es normal, dass die Männer aus der Familie von Aaron als Priester arbeiten, und die anderen Levi-Leute machen auch ihren Job als Tempelangestellte. [11] Zum Beispiel ziehen sie jeden Morgen und jeden Abend ein Abfackelopfer durch und das Opfer mit den Räucherstäbchen. Sie legen auch immer die besonderen Brote auf den Tisch und machen jeden Abend die Kerzen am goldenen Leuchter an. Alles, was wir hier arbeiten, geht streng nach Vorschrift, so wie Gott es gesagt hat. Ganz im Gegenteil zu euch, ihr habt Gott wie einen Volltrottel behandelt! [12] Vergesst eine Sache niemals: Gott kämpft auf unserer Seite! Er führt unsere Armee höchstpersönlich an! Die ganze Band und der Chor von den Priestern sind sofort da, wenn der Angriff losgeht, und werden das Zeichen zum Angriff geben. Männer von Israel, macht keinen Fehler! Kämpft nicht gegen Gott! Da könnt ihr nur verlieren!" [13–14] Während Abija noch am Reden war, hatte sich das Heer von Jerobeam in zwei Gruppen aufgeteilt. Er hatte eine Truppe heimlich einmal um das Schlachtfeld geschickt, so dass sie Juda von zwei Seiten angreifen konnten. Als die Soldaten das mitbekamen, kriegten sie voll die Panik und riefen zu Gott. Jetzt drehte die Priesterband ihre Verstärker voll auf und machte erst mal laut Musik. [15] Dann fing die ganze Armee wie blöd an zu schreien. In dem Augenblick übernahm Gott die Sache, er selbst schlug die Armee von Jerobeam in die Flucht. [16] Die Soldaten rannten wie wild gewordene Ameisen auseinander, und so war es für die Armee von Juda ein leichtes Spiel, sie so zu besiegen. Gott hatte dafür gesorgt, dass es so passierte. [17] Abijas Armee verpasste dem Gegner eine sehr heftige Niederlage, von den Soldaten aus Israel starben alleine 500 000 Mann. [18] In dieser Schlacht kriegten die Leute aus Israel richtig eins auf die Mütze. Die Männer von Juda gewannen diesen Krieg, weil sie an den Gott geglaubt hatten, dem schon die Leute vor ihnen immer vertraut hatten. [19] Jerobeam wurde von Abija noch an anderer Stelle geschlagen. Er eroberte die Städte Bet-El, Jeschana und Efron mit den umliegenden Dörfern. [20] Von diesem Schlag erholte sich Jerobeam nie mehr. Schließlich sorgte Gott dafür, dass er den Löffel abgeben musste. [21] Abija wurde immer stärker. Er heiratete übrigens insgesamt 14 Frauen, die zwei-

undzwanzig Söhne und sechzehn Töchter von ihm bekamen. 22 Alles, was
man sonst noch über Abija erzählen könnte, was er so gebracht und gesagt
hat, kann man in dem Bericht vom Propheten Iddo lesen. 23 Nach seinem
Tod wurde er in der Stadt von David auf dem Friedhof beerdigt. Als nächster
Präsident kam dann sein Sohn Asa an die Reihe. In der Zeit, wo Asa das
Sagen hatte, gab es mal zehn Jahre lang keinen Krieg.

14

Noch ein Präsident: Asa

1 Asa war gut drauf, er zog die Sachen durch, die Gott gut findet. 2 Er warf
alle Plastikgötter in den Müll, sprengte die Tempel von den Göttern der
anderen Völker und ließ alle Zaubersachen verschrotten. 3 Asa forderte die
Leute von Juda auf, radikal mit Gott zu leben, an den ihre Familien schon
immer geglaubt hatten. Sie sollten nach seinen Gesetzen leben und alles
tun, was dort drinsteht. 4 Auch in den anderen Städten in Juda, wo diese
Opferplätze von irgendwelchen komischen Plastikgöttern aufgebaut waren,
räumte er radikal auf. Alles kam in den Müll, auch die Altäre, wo man immer
Räucherkerzen für diese Götter angezündet hatte. 5 Gott sorgte dafür,
dass in der Zeit, wo Asa in der Regierung saß, keiner Juda angreifen wollte.
Darum konnte er die Zeit dazu nutzen, einige der Städte in Juda besser
auszubauen und auch vor Angriffen zu schützen. 6 Sein Befehl lautete so:
„Die Städte brauchen alle eine Schutzmauer, Stacheldrahtzäune und Wach-
türme drum herum. Dazu muss es gesicherte Eingänge mit Schranken ge-
ben. Zurzeit können wir solche Projekte in Ruhe realisieren. Weil wir immer
getan haben, was Gott von uns wollte, hat er dafür gesorgt, dass es zurzeit
keinen Krieg gibt. Unsere Grenzen sind sicher." Also fing der Bautrupp an
loszulegen und alle Arbeiten wurden auch rechtzeitig beendet. 7 Die Armee
von Asa bestand aus 300 000 Soldaten, die vom Familienstamm Juda
kamen. Alle waren mit einer MG bewaffnet und hatten schusssichere Westen
an. Dann gab es noch 280 000 Soldaten von Familienstamm Benjamin, die
ähnlich bewaffnet waren. Übrigens alles gut ausgebildete, mutige Soldaten.
8 Einmal drang Serach, ein Typ aus Äthopien, mit seiner Armee, eine Million
Mann stark und mit dreihundert Panzerwagen, bis nach Merescha vor, um
gegen Juda zu kämpfen. 9 Asa zog mit seinen Leuten auf das Schlachtfeld
bei Marescha im Zefata-Tal, wo sich dann beide Truppen gegenüberstanden.
10 Als er die megagroße Armee sah, betete Asa zu Gott: „Gott, mein Chef,
nur du kannst helfen, wenn man in so einer Verliererposition ist wie wir
gerade. Es gibt echt niemanden außer dir, der uns hier raushauen könnte.
Bitte Gott, hau uns da raus! Wir verlassen uns nur auf dich! Nur weil wir
an dich glauben, haben wir eine Chance gegen diese Übermacht. Du bist
der Chef, du bist unser Gott. Und wer kann es schon mit dir aufnehmen?"

[11] Gott übernahm dann die Sache für Asa und die Männer von Juda. Er
schlug die Äthiopier im Kampf zurück, so dass sie fliehen mussten. [12] Sie
wurden von Asas Männer bis nach Gerar verfolgt. Auf der Flucht wurden so
viele Soldaten von ihrer Armee niedergeschossen, dass Serach nicht mehr
genug Männer für einen Gegenschlag zusammenbekam. Gott hatte dafür
gesorgt, dass er eine heftige Niederlage beigepult bekam. Die Soldaten von
Juda sammelten dann noch sehr viele coole Sachen ein, die die Armee vom
Feind zurückgelassen hatte. [13] In einem Streich konnten sie dann auch noch
die ganzen Vororte von Gerar einnehmen. Gott hatte dafür gesorgt, dass
die Bewohner so krasse Angst vor den Leuten aus Juda hatten, dass sie sich
wirklich nicht wehren konnten. Auch diese Orte wurden ausgeraubt, dort
gab es eine Menge Sachen zu holen, die man gut gebrauchen konnte. [14] Die
ganzen Ziegen und Kuhherden und auch viele Pferde konnten sie von den
Hirten abziehen, die dort gerade am Lagern waren. Die Beute war gigantisch
groß. Als alles erledigt war, gingen sie wieder zurück nach Jerusalem.

15

Asa erneuert den Vertrag mit Gott

[1–2] Irgendwann gab es ein Treffen zwischen dem Propheten Asarja, einem
Sohn vom Oded, und Asa. Die Kraft von Gott kam da auf Asarja runter, er
ging zu Asa und sagte ihm: „Herr Präsident Asa, hören Sie mir bitte mal
gut zu! Das gilt auch für alle anderen Leute von Juda und aus dem Familien-
stamm Benjamin. Gott hält zu euch, solange ihr zu ihm haltet. Wann immer
ihr ihn braucht, wird er für euch da sein. Wenn ihr aber keinen Bock auf
ihn habt, dann hat er auch keinen Bock mehr auf euch. [3] Die Israeliten waren
eine lange Zeit so drauf gewesen, dass sie ohne den einzigen Gott, den es
gibt, gelebt haben. Es gab noch nicht mal irgendwelche Priester, die ihnen
was von Gott erzählen konnten. Und die Gesetze hatte man auch vergessen.
[4] Immer wenn es ihnen dann wieder beschissen ging, fiel ihnen Gott wieder
ein, und sie kamen dann wieder bei ihm angedackelt. Sie wollten wieder
zurück zu Gott, und er sorgte dafür, dass man ihn auch finden konnte. [5] In
der Zeit war es sogar total gefährlich, zu trampen oder sonst wo hin zu rei-
sen, weil es überall Kriege gab, totales Durcheinander und Chaos. [6] Die ein-
zelnen Völker hatten sich gegenseitig den Krieg erklärt, und auch die Städte
kämpften gegeneinander. Gott hatte alles total durcheinandergebracht,
indem überall irgendwelche Katastrophen am Start waren. [7] Ich fordere euch
hiermit auf, nicht länger nur schlaff rumzuhängen! Gott wird euch belohnen,
wenn ihr jetzt in die Hufe kommt und die Plastikgötter zerschrottet!" [8] Diese
Worte schlugen bei Asa ein wie eine Bombe. Sofort gab er die Order raus,
überall, wo die Familienstämme Juda und Benjamin wohnten, die ganzen
ätzenden Plastikgötter zu verschrotten. Das Ganze wurde auch in den Städ-

ten durchgezogen, die er in den Bergen von Efraim eroberte hatte. Dann
beschloss er noch umfangreiche Renovierungsmaßnahmen an der Vorhalle
vom Tempel durchzuführen. 9 Als alles fertig war, organisierte er ein Treffen,
wo die Männer aus Juda und Benjamin zusammenkamen. Die Männer aus
den Familienstämmen Efraim, Manasse und Simeon, die sich gerade in
der Gegend aufhielten, waren auch eingeladen. Es waren nämlich sehr viele
Männer zur Armee von Asa übergelaufen, als sie mitbekommen hatten,
dass Gott bei ihm echt voll am Start war und in seinem Team mitspielte.
10 Es war gerade das 15. Jahr, in dem Asa in Jerusalem an der Macht war, als
sie sich alle dort trafen. 11 Zusammen wurde erst mal eine große Opferses-
sion durchgezogen. 700 Rinder und 7000 Schafe wurden für Gott geschlach-
tet. Die kamen alle aus der Beute vom letzten Kriegszug. 12 Der Vertrag, den
Gott mit ihren Vorfahren geschlossen hatte, wurde noch mal erneuert. Alle
beschlossen, ab sofort nur noch ganz krass das zu tun, was Gott von ihnen
wollte. Mit allem, was geht, wollten sie radikal Gott folgen. 13 Wenn irgendje-
mand von den Leuten da nicht mitmachen wollte, sollte er sogar die Todes-
strafe kriegen! Und das galt für jeden, egal ob das ein Professor war oder
die Frau beim Aldi an der Kasse, es war also auch egal, ob Mann oder Frau.
14–15 „Das versprechen wir dir, hundertprozentig!“, jubelten sie dann alle
los. Plötzlich fing die Band spontan an ein paar Songs zu spielen. Alle in
Juda waren total begeistert. Dieses Versprechen, was sie Gott gemacht hat-
ten, kam nämlich voll aus dem Herzen. Und weil alle so radikal mit Gott
unterwegs sein wollten, kam er ihnen auch wieder ganz nahe. An allen Gren-
zen von Juda gab es ab dann keinen Krieg mehr. 16 Der Präsident Asa ver-
klagte sogar seine eigene Mutter Maacha, weil die so eine ätzende Statue
von dieser Plastikgöttin Aschera hatte aufstellen lassen. Das Teil ließ er weg-
sprengen und die Holzreste auf den Schrottplatz im Kidrontal verbrennen.
17 Leider verschrottete er aber nicht alle Opferplätze in Israel, wo für irgend-
welche Plastikgötter geopfert wurde. In allen anderen Dingen zog Asa aber
die Sachen durch, die Gott von ihm wollte, und er lebte immer radikal mit
ihm. 18 Die Geräte aus Silber und Gold, die sein Vater Gott mal geschenkt
hatte, holte er alle wieder zurück in den Tempel. Er schenkte Gott auch noch
mehr solche Sachen aus Gold und Silber. 19 In den ersten 35 Jahren, wo Asa
an der Macht war, gab es keinen Krieg mehr.

16

Asa führt Krieg gegen Israel

1 Als Asa 36 Jahre regierte, erklärte ihm Bascha, der Präsident von Israel,
plötzlich den Krieg. Er zog seine Truppen zusammen und baute die Stadt
Rama als Stützpunkt für seine Soldaten aus. Er wollte von dort aus die
Straßen von und nach Juda kontrollieren. 2 Asa versuchte sofort, einen Ver-

bündeten mit ins Boot zu holen. Er schickte ein paar seiner Leute nach
Damaskus zu Ben-Hadad, dem Präsidenten von Syrien. Im Gepäck hatten
sie einen Koffer mit dem Bargeld, was noch auf den Staatskonten und dem
Konto vom Tempel drauf war. Mit dabei lag ein Brief, in dem stand: [3] „Sehr
geehrter Herr Präsident Ben-Hadad. Ich möchte Ihnen hiermit einen Vertrag
anbieten. So etwas Ähnliches hat es ja schon mal zwischen unseren Vätern
gegeben. Ich werde Ihnen richtig viel Geld bezahlen, wenn Sie dafür Ihren
Nichtangriffspakt mit Bascha, dem Präsidenten von Israel, aufkündigen.
Wenn Sie ihn angreifen würden, müsste er seine Truppen von meiner Grenze
wieder abziehen. Über eine positive Antwort würde ich mich sehr freuen. Mit
freundlichen Grüßen, Präsident Asa." [4] Ben-Hadad ging auf den Deal ein.
Er schickte seine Truppen gegen Israel, sie griffen das Land an und machten
die Städte Ijon, Dan und Abel-Mijam platt. Dazu wurden auch alle Lagerhäu-
ser der Städte im Gebiet vom Familienstamm Naftali ausgeraubt. [5] Bascha
musste darum erst mal damit aufhören, Rama weiter auszubauen. [6] Jetzt
rief Asa sämtliche Männer von Juda zusammen und schickte sie auf die
Baustelle in Rama. Sie transportierten die Betonmischer, das Holz und alles
Material weg, was Bascha dort zum Ausbau von seinem Stützpunkt gelagert
hatte. Mit dem Zeug ließ er dann die Schutzmauer der Städte Geba und
Mizpa ausbauen.

Hanani, ein neuer Prophet

[7] In der Zeit gab es so einen Prophetentypen, der Hanani hieß. Der kam
dann bei Asa mit einer Nachricht von Gott vorbei. „Warum hast du den Prä-
sidenten von Syrien um Hilfe gebeten, anstatt erst mal bei Gott, dem Chef,
anzufragen? Jetzt hast du die Chance versiebt, auch noch die Armee von
Syrien zu besiegen. [8] Kannst du dich noch an den Krieg gegen die Kuschiter
und Libyer erinnern? Die hatten auch so eine megagroße Armee mit fetten
Panzern und allem Drum und Dran. Damals hast du dich auf Gott verlassen,
und er hat dafür gesorgt, dass sie von dir besiegt wurden. [9] Gott hat den
Überblick, er sieht die ganze Erde gleichzeitig. Und er achtet da drauf, wem
er helfen kann, wenn Leute radikal mit ihm leben. Aber diesmal hast du so
getan, als hättest du einfach gar nichts kapiert! Das ist der Grund, warum
du ab jetzt einen Krieg nach dem anderen haben wirst." [10] Asa wurde voll
sauer auf den Propheten und ließ ihn sofort festnehmen und in den Knast
stecken. In der Zeit war er generell gegen einige Leute aus dem Volk ziemlich
aggromäßig unterwegs.

Wie es mit Asa zu Ende ging

[11] Alles, was man sonst noch so über Asas ganze Regierungszeit erzählen
könnte, steht im Buch über die Präsidenten von Juda und Israel. [12] Als er

39 Jahre an der Macht war, bekam er eine echt fiese Krankheit an den Füßen.
Diese Krankheit war sehr ernst, trotzdem ließ er nie dafür um Heilung beten.
Anstatt zu Gott ging er immer nur zu den Ärzten. 13 In seinem 41. Jahr als
Präsident starb Asa. 14 Er wurde in dem Grab beerdigt, was er extra für sich
selbst auf dem Jerusalemer Friedhof hatte bauen lassen. Dort legte man ihn
in einen Sarg, der von innen mit gut riechenden Parfüms und Salben einge-
schmiert worden war. Die Sachen wurden von Leuten ausgesucht, die Ahnung
von so was hatten. Bei seiner Beerdigung machte man ein riesengroßes
Lagerfeuer, weil man damit zeigen wollte, dass er Respekt verdient hatte.

17

Joschafat, ein guter Präsident

1 Nachdem Asa tot war, wurde sein Sohn Joschafat zum neuen Präsidenten
ernannt. Joschafat wurde ein sehr starker und mächtiger Mann. 2 Er baute
in den größeren Städten von Juda Kasernen, stationierte seine Streitkräfte im
ganzen Land, auch in den Städten im Gebiet Efraim, die sein Vater früher
mal erobert hatte. 3 Gott war auf der Seite von Joschafat, weil er so lebte, wie
David es auch getan hatte. Er hatte keinen Bock auf diese Baal-Plastikgötter
4 und blieb nur dem einen Gott treu, an den auch sein Vater immer geglaubt
hatte. Er zog die Gesetze alle durch – ganz im Gegensatz zu dem Präsiden-
ten aus Israel, der das nicht tat. 5 Darum sorgte Gott dafür, das Joschafat
immer fest im Sattel saß und keiner ihm seine Macht streitig machen konn-
te. In Juda hatten alle Leute Respekt vor ihm. Er wurde auch sehr reich, und
viele Leute fanden ihn voll gut. 6 Weil er genau das durchzog, was Gott ihm
sagte, wurde er auch immer mutiger. So ließ er alle Plätze wegsprengen,
wo man Plastikgöttern Sachen schenken konnte. Auch diese Figuren von der
Plastikgöttin Aschera, die überall in Juda rumstanden, ließ er verschrotten.
7 Als Joschafat drei Jahre an der Macht war, setzte er „Reliunterricht für alle"
in sämtlichen Städten an. So sollte den Leute aus Juda beigebracht werden,
was alles in den Gesetzen steht. Als Relilehrer wurden einige seiner Beamten
eingestellt. Das waren Ben-Hajil, Obadja, Secharja, Netanel und Michaja,
8 dazu die Levi-Leute Schemaja, Netanja, Sebadja, Asael, Schemiramot,
Jonatan, Adonija, Tobija und Tob-Adonija sowie die Priester Elischama und
Joram. 9 Sie zogen von Stadt zu Stadt und hielten überall öffentliche Reli-
stunden. Mit dem Buch unterm Arm, wo die Gesetze drinstanden, unter-
richteten sie die Leute im Land. Der Präsident hatte das so befohlen. 10 Alle
angrenzenden Staaten hatten totalen Respekt vor Juda, Gott hatte dafür
gesorgt, dass das so war. Keiner traute sich, Joschafat anzugreifen. 11 Die
Philister zahlten Steuern an ihn und brachten ständig irgendwelche Werbe-
geschenke vorbei. Die Araber lieferten 7700 männliche Schafe und 7700
männliche Ziegen. 12 So wurde die Macht von Joschafat im Laufe der Zeit

immer größer. In Juda baute er viele neue Kasernen und große Lagerhallen für Lebensmittel. 13 Solche Lagerhallen legte er auch in den anderen Städten von Juda an. Die Elitetruppen vom Heer waren direkt in Jerusalem stationiert. 14 Die Einteilung, wer wann Dienst hatte, war nach den Familien geregelt. Die Generäle der Truppe von Juda waren so: Adna, Oberst und Befehlshaber über 300 000 gute Soldaten; 15 Johanan, Oberst und Befehlshaber über 280 000 Mann; 16 Amasja, der Sohn von Sichri, Befehlshaber über 200 000 Mann (er hatte sich freiwillig zur Armee von Gott gemeldet). 17 Die Truppenführer des Stammes Benjamin waren: Eljada, auch ein guter Soldat, Befehlshaber über 200 000 Mann, die mit MGs bewaffnet waren (die hatten auch jeder eine schusssichere Weste dabei); 18 Josabad, Befehlshaber über 180 000 gut ausgerüstete Soldaten. 19 Diese Männer standen alle dem Präsidenten zur Verfügung, wenn es mal wieder Krieg geben sollte. Dazu natürlich auch noch die ganzen Truppen, die aus Zeitsoldaten bestanden und ständig in den Bunkern und Wehranlagen in Juda stationiert waren.

18

Es gibt einen Vertrag zwischen den Präsidenten von Israel und Juda

1 Irgendwann hatte Joschafat eine Menge Kohle auf seinem Konto. Außerdem hatte er einen sehr guten Ruf. Sein Sohn heiratete dann eine Tochter vom Präsidenten Ahab. 2 Nach ein paar Jahren besuchte er mal Ahab, den Präsidenten von Israel, in dessen Hauptstadt Samaria. Als er da war, veranstaltete der erst mal eine große Grillparty, wo viele Schafe und Rinder geschlachtet wurden. Abends bequatschte Ahab ihn dann zu einem gemeinsamen Krieg gegen die Stadt Ramot, die in Gilead lag. 3 „Wie sieht's aus? Sind Sie dabei, wenn ich Ramot angreife?", fragte ihn Ahab. „Hm, okay, bin dabei!", antwortete Joschafat. „Sie können sich auf meine Leute verlassen, die werden so kämpfen, als würden sie zu Ihrer Armee gehören!" 4 „Aber wäre es nicht noch eine gute Idee, vorher noch mal Gott zu fragen, was er da drüber denkt?", warf Joschafat dann noch ein. 5 Ahab organisierte sofort eine Prophetenkonferenz. Etwa 400 Propheten waren dort. Er fragte die Versammlung: „Liebe Propheten, ich hab eine wichtige Frage: Sollen wir die Stadt Ramot angreifen oder nicht?" – „Klar, hauen Sie sie weg!", riefen die Propheten. „Gott hat sie Ihnen jetzt schon geschenkt!" 6 Joschafat war sich aber noch nicht hundertprozentig sicher. „Hm, gibt es sonst noch irgendwo einen Mann, der einen guten Draht zu Gott hat? Kennt jemand noch einen Propheten, durch den man sich die Meinung von Gott einholen könnte?", fragte er Ahab. 7 „Ja, einen haben wir noch!", antwortete der Präsident von Israel. „Es gibt noch Micha, den Sohn von Jimla. Aber ich kann den Typen nicht leiden, weil der mir immer nur die übelsten Sachen ankündigt, wenn ich ihn mal befrage." Aber Joschafat stutzte ihn etwas zurecht:

„Ich finde, so eine schwache Aussage sollte ein Präsident nicht bringen!"
8 Also ließ der Präsident dann über seinen Sekretär bei Micha anfragen, ob
er so schnell wie möglich zu einem Treffen mit den Propheten kommen
könnte.

Ein seltsamer Propheten-Treff

9 Das Treffen fand dann auf einem Platz statt, der vor der Stadt Samaria
lag. Vorne standen zwei spezielle Stühle, wo die beiden Präsidenten drauf
saßen. Die vierhundert Propheten tanzten dabei die ganze Zeit rum. Sie
waren vom vielen Meditieren und Beten irgendwie total breit und tanzten
immer im Kreis. 10 Einer von ihnen, und zwar Zidkija, der Sohn von Kenaana,
hatte sich ein Trikot von Bayern München angezogen und schrie die ganze
Zeit rum: „Ha, ha! So wie Bayern München eine Meisterschaft nach der
nächsten abräumt, werden Sie gegen die Syrer gewinnen! Sie werden die
komplett plattmachen!" 11 Die anderen Propheten riefen Sachen, die in die
gleiche Richtung gingen. „Eine Kriegserklärung gegen Ramot ist richtig!
Wir werden gewinnen! Gott wird dafür sorgen, dass die ganze Stadt bald
dem Präsidenten gehört!"

Ein Prophet ist dagegen

12 Bevor sie am Ort waren, erzählte der Sekretär, der Micha extra abgeholt
hatte, von der Ansage, die von den anderen Propheten gekommen war: „Alle
Propheten sagen, es wird ein großer Sieg! Passen Sie bloß auf, dass Sie in
die gleiche Richtung sprechen und nicht etwas anderes sagen!" 13 „Sorry, ich
kann nur das weitersagen, was ich von Gott bekommen hab!", antwortete
er. 14 Als Micha beim Präsidenten ankam, fragte der Micha. „Also, was sagen
Sie? Soll ich Ramot angreifen oder nicht?" – „Null Problemo! Greifen Sie
ruhig an, Gott wird für einen großen Sieg sorgen!" 15 Der Präsident war aber
noch nicht ganz zufrieden. „Hey, schwören Sie mir, dass das die Wahrheit
ist? Hat Gott das wirklich so zu Ihnen gesagt?" 16 „Okay, in Wirklichkeit hat
mir Gott gezeigt, wie die Soldaten der Israeliten überall verstreut wurden.
Das Ganze sah so aus wie eine Fußballmannschaft ohne Trainer, die chao-
tisch durcheinanderläuft. Gott hat mir dann gesagt: ‚Sie haben keinen
mehr, der ihnen sagt, wo es langgeht. Der Krieg ist vorbei, sie sollen alle mal
nach Hause gehen!'" 17 Der Präsident von Israel drehte sich zu Joschafat
um und sagte zu ihm: „Sehen Sie? Hab ich doch schon vorher gesagt, dieser
Typ sagt mir immer nur voraus, dass alles, was ich anfange, in die Hose
geht!" 18 „Passen Sie gut auf, was Gott Ihnen zu sagen hat!", redete Micha
weiter. „Ich habe weiter gesehen, wie Gott an seinem Chefschreibtisch saß.
Rechts und links von ihm konnte ich das gesamte Heer aus dem Himmel
sehen, sehr, sehr viele Engel standen dort bei ihm. 19 Dann hörte ich, wie

Gott fragte: ‚Und wer bringt Ahab dazu, Ramot anzugreifen, wer legt den
Köder aus? Dann wird er in diesem Krieg sterben!‘ Dann diskutierten die
Engel über diese Idee, einer hatte diesen Vorschlag, ein anderer jenen.
20 Schließlich kam einer der Engel zu Gott und sagte zu ihm: ‚Ich hab eine
Idee, wie wir ihn kriegen könnten!‘ – ‚Und? Wie willst du das anstellen?‘,
fragte Gott zurück. 21 ‚Ich werde ihn einfach anlügen! Dafür benutze ich den
Mund von seinen Propheten!‘ – ‚Okay‘, antwortete Gott. ‚Das wird funk-
tionieren. Dann geh mal los und leg den Köder aus!‘ 22 Verstehen Sie jetzt?
Gott hat Ihre Propheten lügen lassen! In Wirklichkeit hat er schon lange
beschlossen, Sie kaputtzumachen!“ 23 Der Prophet Zidkija war echt ange-
fressen. Er ging auf Micha zu und schallerte ihm eine ins Gesicht. „Was fällt
Ihnen ein, so einen Schwachsinn zu verbreiten? Sie behaupten, ich hätte
keinen Draht mehr zu Gott und er würde nicht mehr zu mir, sondern nur
noch zu Ihnen reden, oder was?“ 24 „Wir werden ja sehen, wer Recht hat!“,
lachte Micha. „Spätestens, wenn Sie sich im Keller von Ihrem Haus in einer
Ecke verstecken müssen, wird das klar sein.“ 25 „Nehmen Sie den Mann
sofort in Gewahrsam“, befahl der Präsident seiner Wachpolizei, die mit im
Raum stand. „Führen Sie ihn in Untersuchungshaft, in das Staatsgefängnis,
was dem Polizeipräsidenten Amon und meinem Sohn Joasch unterstellt ist.
26 Richtet denen aus, dass dieser Mann, auf meinen ausdrücklichen Befehl
hin, so lange im Knast bleiben muss, bis ich gesund und unversehrt aus
dem Krieg zurückgekommen bin. Setzen Sie ihn auf die niedrigste Essens-
ration, die das Gefängnis hergibt!“ 27 „Okay“, sagte Micha. „Wenn Sie tat-
sächlich gesund aus diesem Krieg wieder zurückkommen, hat Gott mit
Sicherheit nicht durch mich gesprochen. Das können ruhig alle Menschen
auf der Erde hören!“

Was der Prophet Micha gesagt hat, passiert auch

28 Es kam dann also zum Krieg. Die Armee vom Präsidenten von Israel,
Ahab, und die Truppen von Joschafat (dem Präsidenten von Juda) zogen
gemeinsam gegen die syrische Stadt Ramot. 29 Der Präsident von Israel
hatte noch die Idee, sich ein bisschen zu verkleiden, damit man ihn nicht
erkennen konnte. „Sie können ruhig ihre Präsidentenuniform anbehalten,
ich werde das nicht tun!“, sagte er dabei zu Joschafat. 30 Der Präsident von
Syrien hatte seinen Kommandanten den Befehl erteilt, ihren Angriff nur auf
den Präsidenten von Israel zu konzentrieren. „Egal, wer vor euch steht und
was für einen Dienstgrad der hat, kümmert euch nicht um die. Ihr müsst
den Präsidenten wegballern!“, war die Anordnung. Diese Sache war aber bis
zum Präsidenten von Israel durchgedrungen, und darum verkleidete er sich,
bevor der Krieg losging. 31 Als die Panzertruppen Joschafat sahen, ging über
Funk raus: „Dort ist der Präsident von Israel!“ Und sie schossen aus allen

Rohren in seine Richtung. Joschafat kriegte es mit der Angst und schrie wie
wild zu Gott. Gott half ihm und sorgte dafür, dass die Kugeln alle an ihm
vorbeiflogen. 32 Nachdem klar war, dass es sich hier nicht um den Gesuchten
handeln konnte, zielten sie in eine andere Richtung und ließen ihn in Ruhe.
33 Allerdings schoss ein normaler Soldat mit seiner Panzerfaust einfach
mal in die Menge rein und traf zufällig genau den Panzer, in dem Ahab
sich versteckte. Das Geschoss schlug unter der Einstiegsluke ein, an einer
schwach gepanzerte Stelle, und explodierte dort. Den Präsidenten hatte es
total erwischt, und er befahl dem Fahrer: „Drehen Sie sofort um, und brin-
gen Sie mich ins Lazarett! Ich blute wie die Sau!“ 34 Die Schlacht wurde aber
immer heftiger, an einen Rückzug war nicht zu denken, man musste unbe-
dingt die Stellung halten. Der Fahrer stützte den Präsidenten und hielt ihn so
lang aufrecht, wie es ging, während das Blut aus seiner Wunde in den gan-
zen Innenraum floss. Abends war er dann tot.

19

Joschafat organisiert die Gerichte neu

1 Präsident Joschafat kam nach der Schlacht aber voll gut drauf wieder in
Jerusalem an. 2 Vor seiner Haustür bog plötzlich der Prophetentyp Jehu um
die Ecke. Jehu kam aus der Familie von Hanani. Er sagte zu ihm: „Seit wann
ist es okay, Leuten zu helfen, die ohne Gott leben? Ist das jetzt plötzlich bei
Ihnen angesagt, sich mit Menschen anzufreunden, die Gott hassen? Gott
ist deswegen voll sauer auf Sie! 3 Aber Sie haben auf der anderen Seite auch
diese Plastikgötter im Land verschrotten lassen, und Sie versuchen ja auch
das zu tun, was Gott von Ihnen will.“ 4 Joschafat blieb dann erst mal in Jeru-
salem. Er ging von dort aus ständig auf Predigttour, bereiste das ganze Land
und kam so von Beerscheba bis in die Berge nach Efraim. Sein Ziel war es,
die Leute aus Juda wieder zurück zu Gott zu bringen, zu dem Gott, an den
schon die Menschen vor ihnen immer geglaubt hatten. 5–6 In allen größeren
Städten installierte er ein Gericht, wo dann Richter eingestellt wurden, um
für Recht und Ordnung zu sorgen. Im Bewerbungsgespräch sagte er zu
denen: „Bitte vergessen Sie nicht, was das für eine krasse Aufgabe ist, die
Sie dort haben. Sie sollen ja nicht im Auftrag von Menschen handeln, son-
dern im Auftrag von Gott! 7 Sie müssen Respekt vor Gott haben und Ihren
Job anständig erledigen. Gott lässt so was nicht lange durchgehen, wenn
hier versucht werden sollte, irgendjemanden abzuziehen. Auch Bestechungs-
versuche wird er nicht durchgehen lassen.“ 8 In der Hauptstadt Jerusalem
wurde ein Bundesgericht eingesetzt. Als Richter wurden Männer berufen, die
vorher einen Job als Priester oder Levi-Leute hatten oder aber den obersten
Posten in einem Familienclan besetzten. Diese Gruppe von Richtern ent-
schied im Auftrag von Gott über bestimmte Dinge, die das ganze Land

betrafen. Außerdem mussten sie aber auch noch bei normalen Streitsachen
von den Bewohnern aus Jerusalem entscheiden. 9 Joschafats Ansage für
diese Richter war folgendermaßen: „Sie müssen ihren Job so erledigen, dass
Sie immer auf Linie mit den Gesetzen von Gott sind. Sie sollen dabei treu
und radikal mit Gott leben. 10 Wenn Richter und Leute, die im Gericht arbei-
ten, aus anderen Städten zu Ihnen kommen, weil sie eine Frage haben, dann
müssen Sie versuchen, die Fragen zu beantworten. Dann sollten Sie die
auch immer davor warnen, Mist zu bauen. Das könnten so Fragen sein, wo
es um Mord, Totschlag oder andere Gesetze, Ordnungen oder Vorschriften
geht. Wenn Sie das nicht tun, steht das zwischen Ihnen und Gott, und er
könnte deswegen sauer auf Sie werden. 11 Rechtsfälle, wo es um die Gesetze
von Gott geht, werden letztendlich vom Oberpriester Amarja entschieden.
Wenn es um Gesetze vom Staat geht, soll Sebadja das letzte Wort haben.
Sebadja kommt aus der Familie von Jischmael, dem Chef vom Familien-
stamm Juda. Die Levi-Leute sollen für Sie als Sekretäre arbeiten. Ziehen Sie
Ihren Job voll durch! Gott wird Ihnen dabei helfen!“

20

Joschafat gewinnt einen Krieg gegen die Ammoniter

1 Kurze Zeit später kam eine Kriegserklärung von einem Zusammenschluss
der Moabiter und Ammoniter rein, die durch einige Truppenverbände von
den Meunitern unterstützt wurden. 2 Eine Gruppe von Spähern kam bei
Joschafat an und sagte ihm: „Eine riesengroße Armee kommt von der ande-
ren Seite des Toten Meeres aus Edom hierher, um gegen Sie zu kämpfen.
Sie sind jetzt schon bei Hazezon-Tamar!“ Diese Stadt, um die es hier geht,
wurde auch En-Gedi genannt. 3 Joschafat bekam voll Schiss. Sofort ging er
auf die Knie und verbrachte viel Zeit mit Beten. Dazu setzte er überall in
Juda einen Tag an, wo die Leute auf Essen verzichten und stattdessen ganz
viel beten sollten. 4 Von überall kamen die Leute nach Jerusalem zum Tem-
pel angefahren, weil sie Gott um Hilfe bitten wollten. 5 Im Hof vor dem Tem-
pel kamen viele Menschen aus der Stadt spontan zusammen. Schließlich
kam Joschafat dazu und fing an, laut und für alle hörbar zu Gott zu beten:
6 „Chef! Du bist schon immer der Gott von unseren Leuten gewesen! Du bist
der Gott des Universums, du bist der Chef über alle Regierungen in dieser
Welt! Du hast eine unvorstellbare Kraft, du hast die Macht, und keiner kann
dir das Wasser reichen! 7 Wir wissen, dass du schon früher die Menschen,
die hier gelebt haben, einfach rausgeschmissen hast. Dann hast du uns die-
ses Land für immer geschenkt, uns, die wir aus der Familie von Abraham
stammen, und der war dir ja immer total treu gewesen. 8 Die Leute, die vor
uns hier gelebt haben, bauten nur für dich diesen ganz besonderen Ort.
Damals haben sie gesagt: 9 ‚Falls mal etwas ganz Übles passiert, wenn es

Krieg gibt oder wir nichts mehr zu essen haben oder ganz viele Leute solche
fiesen Krankheiten wie Aids oder eine schwere Grippe kriegen, dann sollten
wir hierher zu diesem Haus kommen. Wir sollten dich hier treffen, denn
du wohnst hier. Und wenn wir das tun, dann kommst du und hilfst uns!‘
10 Genau das ist jetzt unsere Lage, Gott! Die Ammoniter, die Moabiter und
die Leute aus dem Bergland von Seir wollen uns angreifen! Als die Israeliten
damals aus Ägypten abgehauen sind, hattest du gesagt, sie sollten einen
Bogen um diese Leute machen. Das haben sie auch getan, es wurde kein
Krieg gegen sie geführt, keins von diesen Völkern wurde von uns plattge-
macht. 11 Aber jetzt bezahlen sie unsere Nettigkeit damit, indem sie uns
angreifen! Dazu wollen sie uns ausgerechnet aus dem Land wieder raus-
schmeißen, was du uns geschenkt hast! 12 Gott, willst du das wirklich so mal
eben zulassen? Willst du nicht dazwischengehen? Wir haben nicht genug
Soldaten, um gegen diese Armee etwas auszurichten! Im Moment sind wir
echt planlos. Das Einzige, was wir jetzt noch tun können, ist, uns an dich zu
wenden und auf dich zu hoffen!“ 13 Alle Leute aus Juda, inklusive der Frauen
und Kinder, standen jetzt vor dem Tempel. 14 Plötzlich griff Gott ein. Er kam
mit seiner Kraft auf einen Typen von den Levi-Leuten, der Jahasiel hieß. Jaha-
siel war der Sohn von Secharja, der wiederum ein Sohn von Benaja, der wie-
derum ein Sohn von Jeiel und Mattanja war, alle aus der Familie Asaf. 15 Er
schrie: „Hört mir mal gut zu! Ich mein jetzt alle Leute aus Juda, Jerusalem
und wo ihr sonst noch herkommt. Ganz besonders soll mir auch unser
Präsident Joschafat zuhören! Gott hat folgende Ansage für euch: ‚Ihr braucht
keine Angst vor dieser fetten Armee zu haben! Keine Panik Leute! Dieser
Krieg ist meine Sache, ich habe ihn zur Chefsache erklärt! 16 Sammelt eure
Truppen und zieht damit morgen in Richtung Ziz, von wo aus euch die
Feinde entgegenziehen werden. Die Schlacht wird am Ende vom Tal stattfin-
den, wo die Wüste von Jeruel anfängt. 17 Dabei werdet ihr selbst gar nicht
wirklich kämpfen müssen. Bleibt locker und seht einfach zu, wie ich, euer
Gott, die Sache für euch schaukeln werde.‘ Das war es, was ich euch ausrich-
ten sollte. Leute aus Jerusalem, Leute von Juda, keine Panik, okay? Zieht
morgen mit euren Truppen dem Feind entgegen, Gott wird an eurer Seite
für euch kämpfen!“ 18 Als Joschafat diese Worte gehört hatte, kniete er sich
auf den Boden. Alle Leute von Juda und die Bewohner von Jerusalem, die
da waren, machten es ihm nach. Alle beteten zu Gott und dankten ihm.
19 Schließlich fingen die Levi-Leute aus dem Korach-Clan an, ein paar krasse
Lieder zu singen, mit denen man dem Gott von Israel für alles dankte.
20 Am nächsten Morgen traf man sich ganz früh, bevor die Truppen in die
Schlacht bei der Wüste von Tekota zogen. Joschafat trat noch mal vor alle
Soldaten und hielt eine kleine Rede. „Hört mal alle her! Männer von Juda
und Jerusalem, vertraut dem Chef, eurem Gott! Wenn ihr so drauf seid, wird

euch das ganz viel Kraft geben. Vertraut auch seinen Propheten, dann werdet
ihr einen genialen Sieg einfahren!“ [21] Nach einer kurzen Besprechung mit
seinen Männern stellte er die Band und den Chor vom Tempel ganz vorne
beim Heer auf. Die hatten für ihren Auftritt eine extra Uniform angezogen.
Von dort sollten sie einen der Hits von Juda spielen, und zwar das Lied
„Danke für diesen guten Morgen“. [22–23] Kaum hatte die Band angefangen,
dieses Lied zu spielen, brach bei den Feinden ganz plötzlich das totale
Chaos aus! Zuerst taten sich die Ammoniter mit den Moabitern zusammen
und kämpften gegen die Truppen aus dem Bergen von Seir. Als sie die alle
kaputt gemacht hatten, fingen sie auch noch an, sich gegenseitig umzunie-
ten. [24] Die Männer von Juda gingen auf einen Aussichtspunkt, von dem man
auf die Wüste sehen konnte. Dort sahen sie überall die Leichen auf der Erde
rumliegen, anscheinend war keiner entkommen. [25] Die Truppe von Joschafat
musste nur noch auf das Schlachtfeld gehen und die liegengebliebenen
Wertgegenstände einsammeln. Sie fanden sehr viele Sachen, die man noch
gut gebrauchen konnte: iPods, Fotohandys, teure Klamotten und sonst noch
einiges wertvolles Zeug. Es war so viel, dass man drei Tage brauchte, um
alles einzusacken, was noch irgendwie wertvoll war. [26] Am vierten Tag wurde
ein Gottesdienst im Tal Beracha angesetzt, in dem man Gott für diesen
genialen Sieg danken wollte. Seitdem nennt man diese Gegend nur noch
das „Danke-Tal“. [27] Mit Joschafat vorneweg kamen die Truppen wieder in
Jerusalem an. Alle waren voll happy, weil Gott ihnen in diesem Krieg so krass
geholfen hatte. [28] Die Band spielte voll laute Musik, überall konnte man die
E-Gitarren, den Bass und das Schlagzeug hören. Gemeinsam zogen sie in
Jerusalem zum Tempel von Gott. [29] Die ganze Geschichte war überall in den
Nachrichten. Alle anderen Länder bekamen totalen Respekt vor Juda, als sie
hörten, wie Gott höchstpersönlich diesen Sieg für Juda klargemacht hatte.
[30] Die nächsten Jahre hatte Joschafat erst mal seine Ruhe. Gott sorgte dafür,
dass es keine Kriege mehr mit den angrenzenden Völkern gab.

Wie die Regierungszeit von Joschafat zu Ende ging

[31] Joschafat war also in der Zeit der Präsident von Juda. Er wurde mit 35 Prä-
sident und behielt über 25 Jahre diesen Job in Jerusalem. Seine Mutter hieß
übrigens Asuba und war eine Tochter von Schilhi. [32] Er war gut drauf, lebte
so, wie sein Vater auch gelebt hatte, und tat nur Sachen, die Gott richtig
gut findet. [33] Leider riss er aber nicht diese Opferplätze ab, wo die Leute zu
den Plastikgöttern beteten. Die Leute waren einfach nicht wirklich hundert
Prozent auf den einen Gott eingestellt, an den die Menschen vor ihnen
schon immer geglaubt hatten. [34] Alles, was man sonst noch über Joschafat
erzählen könnte, kann man in dem Bericht von Jehu nachlesen. Wie sein
ganzes Leben war, von Anfang bis Ende, hat er in das Buch der Präsidenten

von Israel aufgeschrieben. Joschafat kam aus der Familie von Jehu. 35 Joscha-
fat zog einmal einen Deal mit dem Präsidenten Ahasja von Israel durch,
obwohl der einen voll ätzenden Lebensstil hatte. 36 Die Idee war, dass beide
Parteien gemeinsam ein paar Schiffe bauen sollten, um damit nach Tar-
schisch zu fahren. Die Werft dafür lag in Ezjon-Geber. 37 Als die beiden ge-
meinsame Sache machten, kam der Prophet Elieser mal bei Joschafat vorbei.
Elieser kam aus der Familie Dodawa und wohnte in der Stadt Merescha.
Er sagte zu ihm: „Gott wird Ihre ganze Flotte kaputt machen, weil Sie mit
Ahasja gemeinsame Sache gemacht haben.“ Kurze Zeit später sanken alle
Schiffe in einem heftigen Sturm, keins kam jemals in Tarschisch an.

21

Der Präsident Joram

1 Als Joschafat gestorben war, wurde er in dem Familiengrab in Jerusalem
beigesetzt. Der nächste Präsident wurde sein Sohn Joram. 2 Joram hatte
mehrere Brüder: Asarja, Jehiel, Secharja, Asarja, Michael und Schefatja. Das
waren alles Söhne vom Präsidenten Joschafat. 3 Von ihrem Vater bekam jeder
ein fettes Bankkonto und Kreditkarten ohne Limit. Sie kriegten den Verwal-
tungsposten über einige große Städte in Juda. Als Präsident setzte er aber
nur Joram ein, weil er der älteste Sohn war. 4 Kaum hatte der den Posten von
seinem Vater bekommen und alle Machtverhältnisse in der Regierung gere-
gelt, organisierte er einen Auftragskiller, der alle seine Brüder und ein paar
von den führenden Männern im Land umnieten sollte. 5 Mit 32 Jahren wurde
Joram Präsident, und er regierte acht Jahre von Jerusalem aus das Land.
6 Joram tat lauter Sachen, die Gott echt ätzend findet. Er lebte nach dem
schlechten Vorbild der Präsidenten in Israel. Vor allem machte er dem Präsi-
denten Ahab alles nach, weil Joram auch mit einer seiner Töchter verheiratet
war. 7 Trotzdem hatte Gott die Nase von der Familie vom David noch nicht
endgültig voll. Er hatte mit David einen Vertrag gemacht und ihm ganz fest
versprochen, dass es immer einen Mann aus seiner Familie geben wird, der
Präsident von Jerusalem sein sollte. 8 Die Edomiter hatten die ganze Zeit
keinen eigenen Präsidenten gehabt, sondern waren immer von Juda kontrol-
liert worden. Aber als Joram an der Macht war, lösten sich die Edomiter von
Juda und wählten sich ihren eigenen Präsidenten. 9 Joram erklärte denen
sofort den Krieg und zog mit seinen Generälen und der Panzergarnison nach
Edom. Die Armee der Edomiter schaffte es zwar, die Garnison zu umzingeln,
aber im Dunkeln setzte Joram zum Gegenangriff an und besiegte sie. 10 Den-
noch ist Edom seitdem von Juda unabhängig. In der Zeit seilte sich auch
die Stadt Libna von der Herrschaft von Juda ab. Das konnte alles nur passie-
ren, weil Joram ohne den Gott lebte, dem die Leute vor ihm immer vertraut
hatten. 11 Er baute sogar in den Bergen von Juda ein paar kleine Opferplätze

für Plastikgötter auf. Dadurch verführte er die Menschen aus Jerusalem und Juda dazu, Gott abzuziehen. [12] In der Zeit schrieb der Prophet Elija einen Brief an Joram, wo Folgendes drinstand: „Präsident Joram, ich habe eine Nachricht von Gott für Sie: ‚Du hast nicht so gelebt, wie es dir dein Vater Joschafat und dein Opa Asa vorgemacht haben. [13] Stattdessen hast du den gleichen Dünnsinn fabriziert, den der Präsident von Israel auch gebracht hat. Du hast mich voll abgezogen, und auch die Leute von Juda und Jerusalem hast du dazu gebracht, mich zu betrügen. Und deine eigenen Brüder, die wesentlich besser drauf waren als du, hast du auch noch alle abknallen lassen! [14] Pass auf, ich werde dir ganz hart eins auf die Nuss geben. Deine Leute, deine Söhne, deine Frauen und alles, was dir gehört, wird es treffen. [15] Du wirst eine ganz heftige Krankheit bekommen, die sehr lange dauern wird, und am Ende musst du jeden Tag so lange kotzen, bis dein Magen rauskommt.'" [16] Gott brachte dann die Philister und die Araber, die neben den Kuschitern wohnten, auf die Idee, Joram anzugreifen. [17] Die Armeen rückten gegen Juda vor, maschierten in das Land ein und eroberten alles. Die Sachen, die in der Residenz vom Präsidenten waren, wurden alle gezockt. Auch alle Frauen und Söhne von Joram wurden entführt, nur der jüngste Sohn Joahas konnte sich verstecken. [18–19] Schließlich wurde der Präsident selbst auch todkrank, Gott sorgte dafür. Es war so eine Art Darmkrebs, der zwei Jahre ganz fiese Schmerzen verursachte, bis er schließlich die eigenen Eingeweide auskotzen musste. Normalerweise gab es immer eine große Trauerfeier, wenn ein Präsident gestorben war, mit einem Trauerfeuer und so, aber bei ihm kam keiner auf die Idee, so was zu machen. [20] Joram war damals 32 Jahre alt, als er der neue Präsident wurde, und er regierte acht Jahre lang von Jerusalem aus das Land. Wie gesagt, weinte ihm niemand eine Träne nach, als er tot war. Man beerdigte ihn auch in Jerusalem, aber sein Grab war nicht auf dem Teil vom Friedhof, wo die anderen Präsidenten lagen.

22

Der Präsident Ahasja

[1] Das Wahlergebnis in Jerusalem ergab dann, dass Ahasja der neue Präsidenten wurde. Er war der jüngste Sohn vom Präsidenten Joram. Seine anderen Söhne waren von den Arabern und ihren Komplizen entführt und getötet worden. Und zwar wurden die beim Überfall auf eine Kaserne von einer Gruppe Rocker getötet. [2] Als Ahasja an die Macht kam, war er 20 Jahre alt. Er regierte nur ein Jahr von Jerusalem aus das Land. Seine Mutter war eine Tochter vom Präsidenten von Israel, Omri, sie hieß Atalja. [3] In seiner Zeit als Präsident baute er den gleichen Mist, wie die Männer aus der Familie Ahab es vor ihm auch schon gemacht hatten. Seine Mutter bequatschte

ihn dazu, Dinge zu tun, die Gott richtig ätzend findet. 4 Er lebte so, wie Gott
es nicht will, genauso wie die anderen Männer aus der Familie Ahab. Er hatte
sich von denen auch schlecht beraten lassen, als sein Vater gestorben war.
Das kostete ihm letztendlich den Hals. 5 Zum Beispiel brachten ihn seine
Berater dazu, mit dem Präsidenten von Israel, Joram (dem Sohn vom Ahab),
zusammen einen Krieg gegen Syrien anzuzetteln. Syriens Präsident war zu
der Zeit Hasael. Die Schlacht fand bei Ramot statt, und Joram wurde im
Kampf schwer verwundet. 6 Er versteckte sich in Jesreel in einem Kranken-
haus, um erst mal wieder gesund zu werden. Ahasja, der Präsident von Juda,
besuchte ihn dort. 7 Für Ahasja brachte dieser Besuch den Tod, das hatte
Gott so eingefädelt. Als er nämlich gerade bei Joram weg war, kriegte er
einen Anruf von Jehu, einem Enkel von Nimschi, dass er auch gleich da sei.
Ahasja stieg zusammen mit Joram ins Auto, um ihm schon mal entgegenzu-
fahren. Jehu war aber von Gott dafür ausgesucht worden, der nächste Präsi-
dent zu werden. Sein Auftrag war darum, jetzt alle Männer aus der Familie
Ahab kaputt zu machen. 8 Bei dieser Strafaktion, die Jehu bei der Präsiden-
tenfamilie Ahab durchzog, gab es zufällig auch ein Zusammentreffen mit
den Truppenführern aus Juda und den Neffen von Ahasja. Die wurden von
ihm auch getötet. 9 Er war auch hinter Ahasja her und fand ihn schließlich in
einem Versteck in Samaria. Ahasja wurde festgenommen, abgeführt und
hingerichtet. Seine Leiche wurden dann aber doch anständig auf einem
Friedhof bestattet. Sie meinten nämlich, dass er immerhin ein Nachfahre
vom Joschafat war, und der hatte sein ganzes Leben radikal mit Gott gelebt.
Von der Familie von Ahasja gab es jetzt niemanden mehr, der alt genug war,
um Präsident zu werden.

Die Präsidentin Atalja

10 Atalja, die Mutter von Ahasja, kriegte voll den Ausraster, als sie hörte, dass
ihr Sohn getötet worden war. Sofort organisierte sie einen Auftragskiller,
der die ganze Präsidentenfamilie von Juda umnietete. 11 Eine Tochter vom
Ex-Präsidenten Joram mit Namen Joscheba, die also eine Schwester von
Ahasja war, rettete den kleinen Joasch (den Sohn von Ahasja) mit seiner
Pflegemutter. Der sollte nämlich in seinem Kinderbett einfach getötet wer-
den wie die anderen auch. Sie versteckte ihn aber vor Atalja, darum über-
lebte er dieses Attentat und wurde nicht mit den anderen Söhnen vom
Präsidenten umgebracht. Joscheba war übrigens mit dem Priester Jojada
verheiratet. 12 Der Junge wurde sechs Jahre lang, in der Zeit, wo Atalja das
Sagen in Israel hatte, im Tempel versteckt.

23

Revolution gegen Atalja, die Familie von David
soll wieder den Präsidenten stellen

[1] Als Atalja sieben Jahre im Amt war, organisierte der Priester Jojada zusam-
men mit einigen Offizieren eine Verschwörung gegen sie. Mit dabei waren
Asarja (der Sohn von Jeroham), Jischmael (der Sohn von Johanan), Asarja
(der Sohn von Obed), Maaseja (der Sohn von Adaja) und Elischafat (der
Sohn von Sichri). [2] Dann zogen sie durch alle Städte in Juda, holten mit
einem Shuttleservice alle Priester, Tempelangestellten und die Clanchefs
von Israel ab und brachten sie nach Jerusalem. [3] Bei dem Treffen im Tempel
wurde der Pakt unterzeichnet. Jojada sagte zu allen Männern: „Der Sohn
vom alten Präsidenten soll anstelle von Atalja der neue Präsident werden.
Das hatte Gott auch so versprochen, dass immer einer aus der Familie von
David in Jerusalem der Präsident sein soll. [4] Der Plan sieht jetzt so aus: Ein
Drittel von den Priestern und Tempelangestellten, die am Samstag sowieso
im Tempel Dienst schieben werden, sollen die Eingänge vom Tempel bewa-
chen. [5] Das zweite Drittel passt auf den Palast vom Präsidenten auf, und
der Rest stellt sich am Eingang der Stadt hin. Die normalen Leute sollen sich
vorne vor dem Tempel versammeln. [6] In das Haus von Gott darf niemand
rein, nur die Priester und Tempelangestellten dürfen das, wenn sie gerade
Schicht haben. Alle müssen dieses Gesetz respektieren. [7] Die Tempelange-
stellten bilden dann einen dichten Kreis um den neuen Präsidenten. Sie sind
alle bewaffnet und folgen ihm ganz eng. Und wer versucht, in das Haus von
Gott, den Tempel, reinzulaufen, der wird sofort erschossen!" [8] Diese Ansage
wurde von den Männern und den Tempelangestellten, die dabei waren, ganz
genau so durchgezogen. Jeder rief seine Leute zu sich. Alle, auch die, die an
dem Tag keinen Dienst, sondern eigentlich freihatten, waren da. Jojada hatte
noch keinen ins Wochenende entlassen. [9] Von ihm bekamen sie auch die
MPs und Kanonen, die noch aus der Zeit von David stammten und seitdem
im Tempel aufbewahrt wurden. [10] Jeder Mann bekam eine Waffe in die Hand.
Als Nächstes wurden sie alle von Jojada vor dem Tempel in einem Halbkreis
aufgestellt, von der Ecke im Süden am Opfertisch, dem Altar, vorbei bis zur
Ecke im Norden. Dort sollten sie dann den neuen Präsidenten beschützen,
wenn der reinkam. [11] Jetzt holte Jojada mit seinen Söhnen den neuen Präsi-
denten raus, damit er dort in sein Amt eingesetzt werden konnte. Er bekam
einen Orden und die Präsidentenurkunde. [12] Die Leute aus Israel veranstal-
teten ein Straßenfest und grölten überall laut los. Atalja hörte den Lärm und
ging auch zum Tempel, um zu checken, was da los war. [13] Dann sah sie
Joasch am Eingang auf dem Platz stehen, wo normalerweise immer die
Präsidenten standen. Um ihn herum standen die Generäle, die Band vom

Tempel und der Chor. Die Musiker spielten gerade ein paar Lieder, wo alle
Leute mitsingen konnten. Als Atalja das alles sah, ging sie vor Wut voll ab.
„Beschiss! Ich bin verarscht worden! Gemeinheit!“, schrie sie rum. 14 Weil
der Priester Jojada verhindern wollte, dass sie gleich hier, im Bereich des
Tempels, von den Leuten umgebracht würde, sagte er zu den Offizieren:
„Führt sie ab! Stellt euch um die Frau und bringt sie sicher hier raus! Jeder,
der hinter euch hergeht, um sie zu verfolgen, wird von euch sofort erschos-
sen!“ 15 Also wurde Atalja gepackt, und man schleppte sie über die Garagen-
einfahrt nach draußen. Dort, noch vor dem Palast vom Präsidenten, wurde
sie dann aber einfach abgeknallt. 16 Jojada organisierte, dass der Präsident
und alle Leute aus seinem Volk einen Vertrag mit Gott machen mussten.
In dem Vertrag verpflichteten sie sich dazu, dass sie alle ganz Gott gehören
und auch ihr Leben mit ihm radikal durchziehen werden. 17 Danach zogen
die Männer zusammen zum Tempel von diesem Plastikgott Baal. Mit einem
Bulldozer wurde das ganze Teil abgerissen. Die Opfertische, wo drauf man
Baal Sachen geschenkt hatte, die ganzen Bilder, wo irgendwelche Götter
drauf gemalt waren, alles wurde verschrottet. Am Ende töteten sie dort auch
noch Mattan, den Oberpriester vom Baal. 18 Schließlich beauftragte Jojada
noch ein paar Tempelangestellte, dass die vor dem Tempel Wache schieben
sollten. David hatte die Familie damals in unterschiedliche Gruppen unter-
teilt, damit sie dort die Abfackelopfer so durchziehen konnten, wie es im
Gesetz von Mose steht. Wenn sie Dienst im Tempel schoben, sollte dabei
immer schöner Gesang im Hintergrund laufen. Das hatte David damals so
gesagt. 19 Am Eingang stellte Jojada eine Security-Einheit auf. Die mussten
den Tempel bewachen und dafür sorgen, dass kein Mensch, der irgendwie
dreckig oder unrein war, hineinging. 20 Jetzt holte Jojada die Offiziere, die
angesagtesten mächtigen Männer von Israel und sonst noch alle anderen
Menschen, die gerade da waren. Mit diesen Leuten begleitete er dann den
Präsidenten vom Tempel runter durch das obere Tor bis zur Residenz. Als
sie angekommen waren, wurde der Präsident zu seinem Büro begleitet und
auf seinen Bürostuhl am Schreibtisch gesetzt. 21 Alle Leute, die in Israel auf
dem Land wohnten, freuten sich voll über die Aktion. Aber die Leute in
der Stadt selbst blieben etwas gelassener. Atalja wurde ja per Genickschuss
hingerichtet.

24

Präsident Joasch lässt den Tempel renovieren

1 Joasch wurde schon mit sieben Jahren zum neuen Chef von Juda erklärt.
Er war vierzig Jahre in Jerusalem an der Macht. Seine Mutter kam aus Beer-
scheba und hieß Zibja. 2 Joasch war gut drauf. Er lebte so, wie Gott es cool
findet, zumindest solange der Priester Jojada dabei war. 3 Jojada suchte ihm

zwei Frauen aus, die er auch beide heiratete. Es war damals möglich, mehrere Frauen zu heiraten. Aus diesen Ehen kamen mehrere Söhne und Töchter.
4 Nachdem er einige Zeit an der Macht war, hatte er plötzlich die Idee,
mal das Haus von Gott komplett zu renovieren.
5 Er organisierte ein Treffen,
zu dem alle Priester und die Tempelangestellten eingeladen waren. „Führen Sie in allen Städten in Juda eine Spendenaktion für die Renovierungsarbeiten am Tempel durch. Es muss so viel Kohle zusammenkommen, dass wir jedes Jahr die nötigen Arbeiten am Haus von Gott durchführen können. So und jetzt los!“ Die Tempelangestellten ließen das Ganze aber sehr entspannt angehen.
6 Als der Präsident das mitbekam, holte er sich den Oberpriester
ins Büro. „Sagen Sie mal, wie kann das angehen? Es war schon immer so, dass die Israeliten regelmäßig Kirchensteuer bezahlen mussten. Warum haben Sie nicht dafür gesorgt, dass die Tempelangestellten diese Steuer auch in Juda und Jerusalem durchgedrückt haben?
7 Diese verdammte Atalja
ist schuld! Die alte Schlampe hat ja mit lauter Plastikgöttern rumgemacht. Ihre Anhänger haben sich nicht mehr um den Tempel gekümmert und alles vergammeln lassen. Und die Sachen, die dort Gott allein geschenkt worden sind, wurden für diese Plastikgöttern wie Baal und so verbraten!“
8 Der Präsident bestimmte dann, dass am Eingang vom Tempel so ein Spendenkasten aufgestellt wurde.
9 Als alles fertig war, wurden Anzeigen in die Zeitungen
gesetzt. Dort stand drin, dass jeder den Betrag an Geld aufbringen sollte, den Mose damals in der Wüste festgelegt hatte. Mose war ein ganz besonders heftiger Mann von Gott gewesen.
10 Die Anzeige stieß auf große Bereitschaft bei den führenden Männern der Israeliten. Aber auch alle anderen freuten sich voll über diese Aktion. Jeder kam vorbei und steckte ein paar Euros in den Kasten, bis er voll war.
11 Der Kasten wurde jeden Tag von den
Tempelangestellten gecheckt, so hatte es der Präsident angeordnet. Wenn viel Kohle in dem Teil drin war, kamen ein Typ vom Finanzamt und ein Angestellter vom Oberpriester, um gemeinsam den Kasten zu entleeren. Anschließend wurde das Teil wieder dort hingestellt. Auf die Art kam eine Menge Kohle zusammen.
12 Der Präsident und Jojada gaben das Geld an
die Architekten weiter, die für die Baurbeiten am Tempel verantwortlich waren. Von der Kohle wurden dann die Gehälter der Maurer, Maler und Elektriker bezahlt, die an den Renovierungsarbeiten vom Tempel beteiligt waren.
13 Sie legten gemeinsam los und kamen gut voran. Der ganze Tempel
wurde wieder in den Zustand gebracht, wie er früher mal war.
14 Nachdem
alle Arbeiten beendet waren, wurden die Gelder, die nicht verbraucht wurden, wieder auf das Konto von Jojada eingezahlt. Von dem Geld ließ Jojada die Geräte bauen, alle Schalen und die anderen goldenen und silbernen Schüsseln, die man für den Gottesdienst brauchte. In der Zeit, wo Jojada am Leben war, gab es am Tempel regelmäßig die Abfackelopfer.
15 Er wurde dann

richtig alt und starb erst mit 130 Jahren. Er hatte insgesamt gesehen ein rei-
ches, erfülltes und langes Leben gehabt. 16 Beerdigt wurde der Oberpriester
Jojada in Jerusalem (der Stadt von David) auf dem Friedhof, wo sonst nur
Präsidenten lagen. Das war auch ein Zeichen von Respekt für die ganzen
Sachen, die er in Israel für Gott und auch für seinen Tempel gebracht hatte.

Präsident Joasch baut Mist

17 Nachdem Jojada gestorben war, kamen irgendwann die Männer, die im
Familienstamm Juda was zu sagen hatten, zu einem Treffen beim Präsiden-
ten. Sie erklärten ihm alle, dass sie voll Respekt vor ihm hätten. Ab dann
ließ sich der Präsident ab und zu auch mal auf die Tipps von denen ein.
18 Die Leute von Juda kamen dann irgendwie so drauf, dass sie nicht mehr
in den Tempel gingen, um zu dem Gott zu beten, der schon immer bei
ihnen am Start gewesen war. Sie fingen an zu komischen Pseudogöttern und
sogar zu Statuen von irgendwelchen Plastikgöttern zu beten. Das fand Gott
total daneben, er wurde richtig sauer auf Juda und auf die Leute in Jerusa-
lem. 19 Er organisierte ein paar Prophetentypen, um ihnen mal den Kopf
zu waschen, aber sie wollten einfach nicht hören. 20 Schließlich kam die Kraft
von Gott auf Secharja, so dass er voll die Peilung von Gott hatte. Secharja
war ein Sohn vom Priester Jojada. Er stellte sich auf den Marktplatz und
brüllte: „Gott hat euch Folgendes zu sagen: ‚Warum brecht ihr meine Ge-
setze? So werdet ihr es nie zu was bringen! Weil ich euch total egal gewor-
den bin, seid ihr mir jetzt auch total egal!‘“ 21 Als die Feinde von Secharja
von dem Spruch hörten, gründeten sie den Verein „Secharja muss sterben
e. V.“. Sie ergriffen ihn, schleppten Secharja vor den Tempel und bewarfen
ihn dort so lange mit Ziegelsteinen, bis er tot war. 22 Der Präsident Joasch
hatte da schon lange wieder vergessen, was der Vater von Secharja, Jojada,
alles für ihn getan hatten. Kurz vor seinem Tod schrie Secharja noch: „Gott
sieht zu, und er wird mich rächen!“ 23 Um Neujahr rum gab es dann einen
Krieg, die Armee der Syrer rückte gegen Joasch an. Sie drangen in Juda und
Jerusalem ein und erschossen alle Männer, die irgendwie was zu sagen hat-
ten. Die Häuser wurden ausgeraubt und alle Wertgegenstände nach Damas-
kus gebracht, zum Präsidenten von Syrien. 24 Obwohl die Truppen der Syrer
viel kleiner waren als die von Juda, besiegten sie deren Armee. Gott hatte
dafür gesorgt, weil sie ihn, den Gott von ihren Vorfahren, wie einen alten
Mann behandelt hatten, er war ihnen egal. Also haben sozusagen die Syrer
eine Bestrafung von Gott an Joasch durchgezogen. 25 Als die Schlacht vorbei
war, ließen sie Joasch schwer verwundet mitten auf dem Feld liegen. Sogar
seine Angestellten waren mittlerweile nicht mehr auf seiner Seite, weil er den
Sohn vom Priester Jojada umgebracht hatte. Sie besuchten Joasch später
im Krankenhaus, um ihn dort im Bett zu erschießen. Seine Leiche wurde in

Jerusalem beerdigt, aber er bekam keinen Platz auf dem Friedhof, wo alle
anderen Präsidenten alle lagen. [26] Angezettelt wurde diese Revolution von
Josachar (seine Mutter war die Ammoniterin Schimat) und Josabad (seine
Mutter war die Moabiterin Schomer). [27] Was für Söhne er hatte, die vielen
Warnungen und Worte von Propheten, die gegen ihn gesprochen wurden,
und den Bericht über die Renovierungsarbeiten am Tempel, kann man in
dem Buch von den Präsidenten lesen, dem Buch der Könige. Als Nächster
kam sein Sohn Amazja an die Macht.

25

Der neue Präsident von Juda: Amazja

[1] Amazja war 25 Jahre alt, als er der neue Präsident von Juda wurde. Er
regierte 29 Jahre lang von Jerusalem aus das Land. Seine Mutter kam auch
aus Jerusalem und hieß Joaddan. [2] Er lebte ganz okay und hielt sich zwar
grob an die Sachen, aber innerlich war er nicht radikal mit Gott unterwegs.
[3] Als keiner im Land mehr etwas gegen ihn sagen konnte, befahl er, alle frü-
heren Mitarbeiter von seinem Vater umzunieten, die bei dessen Ermordung
mitgemischt hatten. [4] Deren Söhne ließ er aber in Ruhe, weil in den Geset-
zen von Mose drinsteht, dass Kinder nicht für die Schulden ihrer Väter
bezahlen sollen und Väter nicht für die Schulden ihrer Söhne. Jeder soll für
seinen eigenen Mist geradestehen und nur dafür bestraft werden.

Amazja zettelt einen Krieg gegen Edom an

[5] Amazja ließ dann eine landesweite Musterung von den Familienstämmen
Juda und Benjamin durchführen. Jeder Mann musste sich nach seiner Fami-
lienzugehörigkeit aufstellen und wurde so in eine Gruppen eingeteilt. Jede
Gruppe bekam einen Hauptmann und einen Offizier. Nachdem man die
Musterung aller Männer über zwanzig durchgeführt hatte, kam man auf
300 000 wehrfähige Soldaten. Alle wurden mit einer MG und einer schuss-
sicheren Weste ausgestattet. [6] Aus dem Nordreich Israel wurden für eine
Million Euro noch 100 000 Männer angeworben, die als Berufssoldaten in
der Armee mitkämpfen sollten. [7] Ein Prophetentyp kam schließlich bei
Amazja an, um ihn zu warnen. „Herr Präsident, Sie sollten die eingekauften
Berufssoldaten aus Israel nicht mitnehmen. Gott steht zurzeit nicht hinter
den Männern aus dem Familienstamm Efraim. [8] Wenn Sie sich dadurch eine
Stärkung der Truppen erhoffen, dann wird Gott dafür sorgen, dass Sie die
Schlacht verlieren. Gott kann das, er hat die Macht, einem zu helfen oder
einen kaputt zu machen.“ [9] „Und was ist mit der ganzen Kohle, die ich schon
in die Truppen aus Israel investiert habe?“, fragte ihn Amazja. „Gott ist in
der Lage, dir zehnmal so viel wiederzugeben, wenn er will!“, antwortete er.
[10] Amazja hörte auf den Typen und schickte die Söldnertruppen aus Efraim

wieder nach Hause. Die waren deswegen voll sauer und gingen wütend
wieder weg. 11 Weil er nun richtig drauf war, zog Amazja mit seinen eigenen
Leuten in den Kampf. Im Salztal kam es dann zur Schlacht, und sie schafften
es, die Edomiter zu besiegen, und es wurden dort 10 000 Soldaten gekillt.
12 Noch mal 10 000 wurden gefangen genommen und von den Soldaten aus
Juda auf eine sehr hohe Klippe gebracht. Von dort stießen sie die Männer
einfach runter, so dass die ewig weit runterfielen und auf dem Boden auf-
klatschten. 13 Die Söldnertruppen aus Efraim, die Amazja zurückgeschickt
hatte, hatten auf ihrem Rückweg ein paar Städte von Juda überfallen. Von
Samaria bis Bet-Horon machten sie dabei 3000 Männer kalt und zockten
sich eine Menge Sachen. 14 Als Amazja von seinem Sieg zurückkam, hatte er
die ganz tolle Idee, sich noch ein paar Plastikgötter von den besiegten Fein-
den abzugreifen. Die Teile stellte er dann bei sich auf, verbeugte sich vor
denen und verbrannte für die auch ein paar Räucherkerzen. 15 Das fand Gott
total ätzend. Er schickt einen Prophetentypen zu ihm: „Was soll das? Warum
beten Sie zu diesen ausländischen Pseudogöttern, die noch nicht mal in der
Lage sind, ihre eigenen Leute zu beschützen?“ 16 „Halt’s Maul!“, unterbrach
ihn Amazja. „Hab ich Sie was gefragt, oder wie? Wollen Sie was auf die
Fresse?“ Der Prophet drehte sich um und sagte den Rest seiner Nachricht
nicht mehr. Beim Weggehen meinte er nur noch: „Ich hab jetzt kapiert,
dass Gott schon lange beschlossen hat, Sie kaputt zu machen, weil Sie zu
diesen Plastikgöttern beten und nicht auf meinen Rat hören wollen.“ 17 Präsi-
dent Amazja bequatschte sich dann mit seinen Angestellten und schickte
anschließend einen Brief an Joasch, den Präsidenten von Israel, mit eine
Kampfansage. „Was halten Sie von einem Krieg Juda gegen Israel? Wollen
wir doch mal sehen, wer von uns stärker ist!“ 18 Präsident Joasch antwortete:
„Der Verein aus der Kreisklasse fordert den Champions-League-Gewinner
heraus? Unser Sturm wird Ihre Abwehr bereits in der ersten Halbzeit total
überrollt haben. 19 Nur weil Sie im Krieg gegen die Edomiter gewonnen
haben, brauchen Sie hier nicht anfangen den Obermacker zu markieren!
Freuen Sie sich über den Sieg und feiern Sie ordentlich! Sie wollen doch
nicht im Ernst Ihr ganzes Land in den Ruin stürzen?“ 20 Amazja wollte es
aber echt wissen. Gott hatte es so eingefädelt, denn er wollte, dass die Leute
aus Juda von Israel besiegt werden, weil sie sich auf irgendwelche Pseudo-
götter eingelassen hatten. 21 Joasch ließ sich auf den Krieg ein. In der Nähe
von Bet-Schemesch im Gebiet von Juda trafen die beiden Armeen aufeinan-
der. 22 Die Männer von Juda verloren diesen Kampf. Am Ende rannten sie
auseinander und liefen nach Hause. 23 Amazja wurde auf der Flucht bei Bet-
Schemesch festgenommen und nach Jerusalem abgeführt. Joasch ließ dann
die Mauer um die Stadt, vom Efraimtor bis zum Ecktor, auf einer Länge von
200 Metern wegsprengen. 24 Er klaute das ganze Gold und Silber aus dem

Tempel. Obed-Edom war zu der Zeit der Verwalter im Tempel, er musste
sich aber auch um die ganzen Tresore kümmern, die in der Residenz vom
Präsidenten waren. Zusätzlich nahm Joasch noch ein paar Geiseln, die mit
nach Samaria verschleppt wurden. [25] Präsident Amazja von Juda lebte noch
fünfzehn Jahre, als der Präsident von Israel, Joasch, schon gestorben war.
[26] Alles, was man sonst noch von Amazja erzählen könnte, steht in dem
Buch über die Präsidenten von Juda und Israel. [27] Von der Zeit an, wo er
keinen Bock mehr da drauf hatte, das zu tun, was Gott wollte, bildete sich
eine Gruppe von Männern, die ihn verfolgten und umbringen wollten.
Irgendwann versuchte er, sich in Lachisch zu verstecken, wurde aber bald
von denen entdeckt und kaltgemacht. [28] Mit einem Leichenwagen holte man
seinen toten Körper in die Hauptstadt und beerdigte ihn dort. Er bekam ein
Grab auf dem Friedhof, wo schon seine ganze Familie lag.

26

Usija, der Präsident von Juda

[1] Usija wurde von allen Männern in Juda zum neuen Präsidenten bestimmt.
Er wurde der Nachfolger von seinem Vater Amazja, wie es damals so üblich
war. Zu der Zeit war Usija erst sechzehn Jahre alt. [2] Nachdem sein Vater
gestorben war, führte Usija einen Krieg gegen die Stadt Elat und eroberte sie
zurück. Dann zog er dicke Betonmauern um die Stadt und baute sie zu einer
Festung aus. [3] Wie gesagt, war er sechzehn Jahre alt, als er der neue Präsi-
dent wurde, und er regierte 53 Jahre lang von Jerusalem aus das Land. Seine
Mutter hieß Jecholja und stammte aus Jerusalem. [4] Usija war gut drauf, er
lebte so ungefähr wie sein Vater, aber vor allem lebte er auch so, wie Gott es
gut findet. [5] Der Prophet Secharja ermutigte ihn immer dazu, radikal das zu
tun, was Gott will. Und solange er das tat, klappte alles super, und er hatte
viel Erfolg. [6] Zum Beispiel führte er einen Krieg gegen die Philister. Dabei
konnte er die Mauern von den Städten Gat, Jabne und Aschdod wegspren-
gen. Und außerdem konnte er einige seiner eigenen Städte im Gebiet von
Aschdod und bei den Philistern mit neuen Sicherheitsanlagen gut schützen.
[7] Gott half ihm im Krieg gegen die Philister, gegen die Meuniter und gegen
die Araberstämme, die in der Gegend von Gur-Baal lebten. [8] Von den Meuni-
tern bekam er jedes Jahr Steuerzahlungen. Usija hatte so einen krassen
Ruf, dass man seinen Namen sogar in Ägypten kannte. [9] An der Stadtmauer
von Jerusalem ließ er Wachtürme am Ecktor, am Taltor und am sogenannten
Winkel aufbauen. Dadurch war die Stadt wesentlich besser geschützt. [10] In
dem Gebiet, wo sonst nur Wüste war, baute er ein paar Wachtürme auf.
Außerdem ließ er dort noch einige Brunnen bohren, weil er große Herden
besaß, die in den Bergen und in der Ebene grasten und Wasser brauchten.
Er hatte sehr viele Angestellte, die in den Bergen und auf Feldern für ihn

arbeiteten. Landwirtschaft fand er total wichtig. [11] Die Armee von Usija war auch fit. Sie bestand aus einem riesigen Heer, das in verschiedene Truppen aufgeteilt war. Jeiel und Maaseja hatten den Job bekommen, alle Männer die zum Wehrdienst eingezogen wurden, in Listen aufzuschreiben. Als Aufsicht war Hananja eingesetzt, der einen ganz hohen Posten in der Behörde vom Präsidenten hatte. [12] Die 2600 Chefs in den Familien waren gleichzeitig auch die Chefs in der Armee über ihre Leute. [13] Insgesamt gab es 307 500 Soldaten in der Armee! Die Truppe war so gut geführt und stark, dass Usija es mit jedem aufnehmen konnte. [14] Seine Soldaten waren top ausgerüstet, mit schusssicheren Westen, Helmen, MGs, MPs, Handgranaten, Panzerfäusten und allem Drum und Dran. [15] Er ließ Flugkörper bauen, mit denen man auch über große Distanz mächtig viel kaputt machen konnte. Sie wurden auf den Wachtürmen in der Stadtmauer von Jerusalem aufgestellt.

Usija baut Mist und wird Gott untreu

[16] Gott half Usija dabei, immer mächtiger zu werden. Leider wurde der deswegen irgendwann ziemlich arrogant und fing an, ziemlich viel Mist zu bauen. Damit schadete er sich im Endeffekt aber nur selber, weil Gott da echt keinen Bock drauf hatte. Irgendwann ging er in den Tempel, weil er sich in den Kopf gesetzt hatte, auf eigene Faust ein paar Räucherkerzen für Gott anzuzünden. [17] Der Chefpriester Asarja und noch 80 andere mutige Priester liefen ihm hinterher, um ihn zu stoppen. [18] Sie stellten sich Usija in den Weg und sagten: „Das dürfen Sie nicht tun! Präsident Usija, Sie dürfen hier für Gott keine Räucherkerzen anzünden! Das dürfen nur die Priester, die aus der Familie von Aaron kommen und dafür extra ausgesucht wurden. Hauen Sie bloß ganz schnell ab! Sie haben jetzt schon richtig Mist gegen Gott gebaut. So können Sie bei Gott keinen Blumentopf gewinnen!" [19] Usija stand da gerade mit ein paar Räucherkerzen in der Hand neben dem Altar, wo die immer angezündet wurden, als Asarja in den Tempel stürmte, um ihn zu stoppen. Usija regte sich voll auf und wollte gerade den Priester richtig zur Sau machen, als er ganz plötzlich einen fiesen Hautauschlag mitten auf der Stirn bekam! [20] Asarja und die anderen Priester sahen das sofort und versuchten panisch, ihn aus den Tempel rauszuschmeißen. Er rannte so schnell es ging nach draußen, weil auch ihm plötzlich klarwurde, dass das nur eine Bestrafung von Gott sein konnte. [21] Diese Hautkrankheit wurde er bis zu seinem Tod nicht mehr los. Der Präsident Usija musste in einem abgeschlossenen Bereich in seinem Haus wohnen und durfte nie wieder in den Tempel. Sein Sohn Jotam erledigte in der Zeit die Geschäfte und regierte anstelle seines Vaters das Land. [22] Alles, was man sonst noch über das ganze Leben von Usija erzählen könnte, hat der Prophet Jesaja in seinem Buch aufgeschrieben. Jesaja kam aus der Familie von Amoz. [23] Usija wurde

nach seinem Tod auf einer Wiese neben dem Gelände verbuddelt, wo die Gräber der Präsidenten lagen. Das machte man vor allem wegen seiner fiesen Hautkrankheit. Als nächster Präsident kam sein Sohn Jotam an die Macht.

27

Der Präsident Jotam

1 Als Jotam 25 Jahre alt war, wurde er der neue Präsident von Juda. Er regierte
16 Jahre von Jerusalem aus das Land. Seine Mutter hieß Jeruscha, sie war
eine Tochter von Zadok. 2 Jotam war gut drauf, er machte es so wie sein
Vater Usija und lebte, wie Gott es gut findet. Und er kam nicht auf die gleiche dumme Idee, einfach in den Tempel reinzuspazieren. Die Leute von Juda
bauten aber weiter ständig Mist. 3 Er ließ das Tor am Tempel von Gott bauen
und verbreiterte die Sicherheitsmauer im Stadtteil Ofel an vielen Stellen.
4 Dazu vergrößterte er auch einige Städte, die in den Bergen von Juda lagen.
Dann ließ er auch noch ein paar Bunkeranlagen und Wachtürme in den
Wäldern von Juda aufbauen. 5 Im Krieg gegen die Ammoniter fuhr er einen
Sieg ein. Anschließend mussten die ihm für drei Jahre Steuern zahlen:
500 000 Euro plus Lebensmittel, nämlich 1500 Tonnen Mais und Weizen.
6 Weil er immer genau das tat, was sein Gott von ihm wollte, wurde Jotam
sehr mächtig. 7 Alles, was man sonst noch über Jotam erzählen könnte, steht
in dem Buch der Präsidenten von Israel und Juda. Auch alle seine Kriege
und was er sonst noch so gemacht hatte, wurde dort aufgeschrieben. 8 Er
wurde mit 25 Jahren Präsident und regierte 16 Jahre von Jerusalem aus das
Land. 9 Nach seinem Tod wurde er auch in der Stadt von David, in Jerusalem, begraben. Als nächster Präsident war sein Sohn Ahas an der Reihe.

28

Ahas, der Präsident von Juda

1 Ahas wurde mit zwanzig der neue Präsident und regierte sechzehn Jahre
lang von Jerusalem aus das Land. Er lebte nicht so, wie das David vor Jahren
allen vorgemacht hatte. 2 Stattdessen baute er den gleichen Mist, wie es die
Präsidenten von Israel auch machten. Er ließ sich ein paar Plastikfiguren
von diesem Baal machen 3 und zündete für den im Hinnom-Tal ständig Räucherkerzen an. Er kam sogar so schräge drauf, dass er einen seiner eigenen Söhne für einen Plastikgott verbrennen ließ. Das war so ein voll beknacktes Ritual, was schon die Völker gebracht hatten, die früher in der Gegend gewohnt hatten, bevor sie von den Israeliten dort rausgeschmissen wurden.
4 Auf den Opferplätzen von diesen Plastikgöttern (auf den Bergen und unter
ganz besonderen Bäumen, die man für „heilig“ erklärt hatte) wurden Räuchersachen für die abgefackelt und Dankopfer veranstaltet. 5 Weil er diesen
ganzen Scheiß baute, wollte Gott ihn nicht mehr beschützen. Er sorgte

dafür, dass der Präsident von Syrien ihn im Krieg besiegte. Viele Männer
aus Juda wurden dann als Kriegsgefangene nach Damaskus verschleppt.
Dann sorgte Gott auch noch für eine Niederlage an der Kriegsfront mit
Israel. Präsident Pekach, der Sohn von Remalja, brachte ihm eine schwere
Schlappe bei. 6 An nur einem Tag starben 120 000 superfitte Soldaten! Das
war die Strafe, weil die Männer aus Juda nicht mehr mit dem Gott, an den
ihre Vorfahren schon immer geglaubt hatten, leben wollten. 7 Dann brachte
Sichri noch den Sohn vom Präsidenten Maaseja um. Auch den Innenminis-
ter Asrikam und den Vizepräsidenten Elkana ließ er töten. 8 Die Soldaten
der israelitischen Armee nahmen dazu noch 200 000 Frauen und Kinder aus
Juda gefangen, obwohl sie ja eigentlich alle aus der gleichen Familie kamen.
Schließlich zockten sie sich noch richtig viele Sachen von dort und kamen
vollbepackt wieder nach Samaria zurück.

Die Gefangenen werden freigelassen

9 Es gab in der Zeit einen Propheten von Gott, der Oded hieß. Oded lebte
in Samaria, und als das Heer dort vorbeikam, ging er aus seinem Haus und
sprach zu allen Soldaten. „Männer! Es ist ein klarer Fall, dass der Gott, an
den eure Leute schon immer geglaubt haben, richtig sauer auf die Menschen
von Juda ist. Das ist der Grund, warum ihr diesen Krieg gewonnen habt. Und
ihr habt voll zugeschlagen, bis das Blut zum Himmel gespritzt ist! 10 Aber
jetzt wollt ihr auch noch alle Gefangenen mit nach Hause nehmen, damit sie
für euch arbeiten? Reicht es nicht langsam, Leute? Habt ihr nicht auch schon
einige Male Mist gebaut und Sachen getan, die Gott nicht so toll findet?
11 Also, Männer, hört mal gut zu! Diese Gefangenen gehören alle irgendwie
zu eurer Familie! Es sind eure Schwestern und eure Brüder! Lasst sie laufen
und nach Hause gehen! Wenn ihr das aber nicht macht, wird Gott auf euch
sehr sauer sein!“ 12 Jetzt kamen noch ein paar Männer dazu, die aus dem
Familienstamm Efraim stammten und dort was zu sagen hatten. Das waren
Asarja, der Sohn von Johanan, Berechja, der Sohn von Meschillemot, Jehis-
kija, der Sohn von Schallum, und Amasa, der Sohn von Hadlai. 13 „Das ist
nicht in Ordnung, wenn ihr die Gefangenen hierherbringt!“, riefen sie den
Soldaten zu. „Auf unserer Schuldenliste von Gott stehen schon genug
Sachen drauf. Gott ist ja von uns zurzeit sowieso nicht so begeistert. Wollt
ihr das Ganze jetzt noch schlimmer machen, als es eh schon ist?“ 14 Als
sie diese Ansagen gehört hatten, beschlossen die Generäle, alle Gefangenen
sofort freizulassen. Sie gaben ihnen sogar die Sachen zurück, die sie ihnen
abgenommen hatten. 15 Ein paar Männer wurden ausgesucht, dass sie sich
um die Gefangenen kümmern sollten. Es wurden sogar Hosen und Schuhe
zurückgegeben, die man vorher auch noch von ihnen gezockt hatte. Ein
Party-Service wurde beauftragt und alle bekamen genug zu essen und zu

trinken. Sie kümmerten sich auch um die Verwundeten. Wer zum Gehen zu schwach war, wurde in einen Bus gesetzt und bis nach Jericho gefahren. Von dort war es nicht mehr so weit bis nach Hause. Nachdem sie die Leute nach Jericho gebracht hatten, gingen die Israeliten wieder zurück nach Samaria.

Ahas bittet um Hilfe, aber bekommt sie nicht

16 In der Zeit schrieb der Präsident Ahas einen Brief an den Präsidenten von
Assyrien, weil er ihn um Hilfe bitten wollte. 17 Die Edomiter waren nämlich
wieder in das Land eingefallen, hatten die Armee von Juda besiegt und viele
Gefangene mitgenommen. 18 Auch die Philister hatten mittlerweile einen
Krieg gegen Juda angezettelt und waren in das Hügelland und in das Süd-
land eingefallen. Die Städte Bet-Schemesch, Ajalon, Gederot, Socho, Timna
und Gimso, mit den dazugehörigen Dörfern, waren in ihrer Gewalt. 19 Das
war die Strafe von Gott wegen dem Mist, den der Präsident Ahas die ganze
Zeit gebaut hatte. Ahas war Gott fremdgegangen und hatte es auch zuge-
lassen, dass die Leute überall machten, was sie wollten. 20 Der Präsident von
Assyrien, Tiglat-Pileser, kam dann schließlich mit seinen Truppen angerückt.
Er unterstützte ihn aber nicht, sondern griff ihn auch noch an. 21 Ahas hatte
ihm schon das ganze Geld überwiesen, was auf dem Tempelkonto war. Auch
die Goldschätze und sogar die wertvollen Sachen aus der Präsidentenresi-
denz hatte er ihm geschenkt. Trotzdem half der ihm nicht so, wie er gedacht
hatte. 22 Obwohl Ahas jetzt echt Muffen hatte, tat er immer noch nicht das,
was Gott von ihm wollte. Er legte sogar noch einen drauf! 23 Ahas opferte
dann nämlich sogar Sachen für die Plastikgötter von Damaskus. Und das,
obwohl ihn deren Armee früher schon mal geschlagen hatte. Seine Idee war
nämlich folgende: „Diese Götter haben den Syrern auch geholfen. Wenn ich
diesen Göttern jetzt mal was schenke, werden sie mir bestimmt auch hel-
fen“, sagte er sich. Das war aber totaler Schwachsinn, und damit ritt er sich
und sein Volk nur immer weiter in die Scheiße. 24 Dann ließ Ahas auch
noch alle Geräte im Tempel zusammenholen und kaputt machen. Das Tor
wurde auf seinen Befehl hin zugenagelt. Stattdessen ließ er überall in Jerusa-
lem kleine Opfertische für Plastikgötter aufstellen. 25 Das zog er dann auch
in anderen Städten in Juda durch, damit man dort den Plastikgöttern von
irgendwelchen Ausländern was opfern konnte, wenn man wollte. Diese gan-
zen Aktionen brachten Gott auf 180. Er hatte voll den Hals. 26 Alles, was man
sonst noch über Ahas erzählen könnte, kann man in dem Buch der Präsiden-
ten und Könige von Juda und Israel nachlesen. Was er so alles gebracht hat,
von Anfang bis Ende, steht dort drin. 27 Als Ahas tot war, wurde er in Jerusa-
lem begraben. Allerdings bekam er keinen Platz auf dem Friedhof, wo auch
die anderen Präsidenten liegen. Sein Nachfolger wurde sein Sohn Hiskija.

29

Der Präsident Hiskija räumt im Tempel auf

1 Als Hiskija der neue Präsident wurde, war er 25 Jahre alt. Er regierte
29 Jahre lang von Jerusalem aus das Land. Seine Mutter hieß Abi, sie kam
aus dem Secharja-Clan. 2 Hiskija war gut drauf, er lebte so, wie Gott es cool
findet, genau wie David damals. 3 Eine der ersten Aktionen, die er gleich
im ersten Jahr brachte, war, die Türen vom Tempel wieder in Ordnung zu
bringen. 4 Dann organisierte er ein Treffen von allen Priestern und Tempelan-
gestellten auf dem Platz im Osten. 5 Dort sagte er zu ihnen: „Liebe Leute aus
dem Familienstamm Levi! Ich möchte, dass ihr den Tempel von Gott einmal
anständig aufräumt und sauber macht. Er gehört schließlich unserem Gott,
der schon immer unser Gott war. Schmeißt alle Sachen auf den Müll, die
den Tempel total verdreckt und unrein und ätzend für Gott gemacht haben.
6 Die Leute, die vor uns lebten, haben Gott abgezogen und Sachen getan,
die er zum Kotzen findet. Sie haben ihn links liegen lassen, und auch sein
Haus war ihnen egal. 7 Sie haben sogar die Türen der Vorhalle zugenagelt
und alle Lampen abgeschraubt. Es wurden schon ewig lange keine Räucher-
kerzen mehr für Gott angezündet und ihm auch lange Zeit kein Abfackelop-
fer mehr geschenkt. 8 Das ist auch der Grund, warum Gott so sauer auf Juda
und Jerusalem geworden ist. Wir sind zurzeit das Antibeispiel für alle. Wenn
man gruselige Geschichten erzählen will, erzählt man von uns. Wenn die
Leute von uns hören, kriegen alle voll den Horror. Das könnt ihr alles bestäti-
gen, denke ich. 9 Darum sind die Soldaten im Krieg, wo unsere Väter mitge-
kämpft haben, auch getötet worden, und die Frauen und Kinder kamen in
Kriegsgefangenschaft. 10 Ich hab mir jetzt folgende Sache ganz fest vorge-
nommen: Ich möchte mit Gott einen neuen Vertrag schließen! Was ich mir
davon erhoffe? Ich will, dass er einfach nicht mehr sauer auf uns ist! 11 Also,
Leute, jetzt fangt mal an, den Tempel anständig zu putzen! Ihr seid von
Gott schon immer dafür ausgesucht worden, in seiner Nähe zu sein und
ihm Sachen zu schenken.“ 12–14 Dem Aufruf folgten sofort einige von den
Levi-Leuten. Das waren aus dem Clan Kehat: Mahat, der Sohn von Amasai,
und Joel, der Sohn von Asarja; aus dem Clan Merari: Kisch, der Sohn von
Abdi, und Asarja, der Sohn von Jehallelel; aus dem Clan Gerschon: Joach,
der Sohn von Simma, und Eden, der Sohn von Joach; aus dem Clan Elizafan:
Schimri und Jeiel; aus dem Clan Asaf: Secharja und Mattanja; aus dem
Clan Heman: Jehiel und Schimi; aus dem Clan Jedutun: Schemaja und Usiel.
15 Die holten ihre Verwandten dazu und machten sich für die Arbeit im Tem-
pel erst mal richtig sauber. Als Nächstes putzten sie den ganzen Tempel,
sie brachten alles wieder in Ordnung, so wie der Präsident es ihnen gesagt
hatte, und der hatte die Idee dazu von Gott bekommen. 16 Die Priester gin-

gen in den Innenraum, um dort erst mal den Boden zu wischen. Alle Sachen,
die nicht in Ordnung und unrein waren, wurden auf einen Haufen im Vorhof
geschmissen. Von dort kamen sie dann auf einen Hänger und wurden zur
Müllverbrennungsanlage außerhalb der Stadt, ins Kidrontal gebracht. 17 Die
Reinigungsarbeiten fingen am 1. April an. In der ersten Woche kamen sie
bis zur Vorhalle. In den folgenden acht Tagen wurde die Vorhalle geschrubbt
und gereinigt. Nach 16 Tagen waren sie mit der ganzen Reinigung fertig.
18 Stolz kamen sie beim Präsidenten Hiskija an und meldeten ihm: „Das
war's! Wir haben den ganzen Tempel sauber gemacht! Auch der große
Opfertisch, der Altar, sieht wieder aus wie neu. Und der Tisch, wo die beson-
deren Brote drauf liegen, und die ganzen Geräte, die dazugehören, haben
wir auch sauber gekriegt. 19 Alle Geräte, die von Präsident Ahas in seiner
Regierungszeit verdreckt wurden, haben wir wieder in Ordnung gebracht
und können nun für Gott wieder benutzt werden. Alles ist voll einsatzbereit
und an seinem Platz!"

Wiedereröffnung vom Tempel

20 Am nächsten Morgen stand der Präsident ganz früh auf. Er rief alle Män-
ner, die im Land was zu sagen hatten, zu einem Treffen in die Stadt. Dann
gingen sie zusammen zum Tempel von Gott. 21 Mit dabei hatten sie sieben
Stiere, sieben Schafe und sieben Lämmer, die für Abfackelopfer gebraucht
wurden. Dann gab es noch sieben Ziegenböcke für dieses Opfer, das man
macht, wenn man aus Versehen Mist gebaut hat. Das war für den Mist,
den die Präsidentenfamilien und alle Leute von Juda gebaut hatten. Auch
der Schrott, der im Tempel passiert ist, wurde damit wieder in Ordnung
gebracht. 22 Nacheinander wurden zuerst die Stiere, dann die Schafe und
die Lämmer geschlachtet. Das Blut wurde von den Priestern aufgefangen,
damit sie etwas davon an den Altar schmieren konnten. 23 Am Ende wurden
die Tiere gebracht, die man für das Opfer brauchte, das man macht, wenn
man aus Versehen Mist gebaut hat. Man stellte sie vor den Präsidenten und
die versammelten Israeliten, die dann ihre Hände auf den Kopf der Tiere
legten. 24 Dann wurde das Tier von einem Priester getötet und das Blut an
den Opfertisch, den Altar, geschmiert. Damit wurde alles wiedergutgemacht,
was sie verbockt hatten. Der Präsident hatte dieses Opfer nämlich organi-
siert, damit es die Schuld von allen Israeliten in Ordnung brachte. 25 Die
Band von den Levi-Leuten war auch mit am Start. Sie hatten ihre Instru-
mente mitgebracht und machten so Musik, wie es der Präsident David
damals angeordnet hatte. Die Idee kam von Gott, der das durch den Berater
Gad und den Propheten Natan damals dem David gesagt hatte. 26 Die Pries-
ter und Tempelangestellten stellten sich mit ihren Instrumenten auf, alles
Spezialanfertigungen, die von David früher mal in Auftrag gegeben worden

waren. 27 Nachdem Hiskija laut den Befehl gegeben hatte, das erste Opfer
(ein Abfackelopfer) zu starten, fing die Band an auf den Instrumenten von
David zu spielen. Einige Priester starteten damit, laut ein paar Lieder zu
singen, während die anderen mit ihren Saxophonen und Trompeten die
Songs begleiteten. 28 Alle Israeliten, die da waren, schmissen sich auf den
Boden und beteten zu Gott. Der Priesterchor sang weiter Lieder, und die
Band spielte im Hintergrund, bis die Opfersession zu Ende war. 29 Am Ende
schmissen sich der Präsident Hiskija und die ganzen anderen Männer
gemeinsam noch mal auf den Boden, um zu Gott zu beten. 30 Schließlich
machte Hiskija mit den Chefs eine Ansage zu allen Priestern, dass sie Gott
mit den Liedern von David und vom Propheten Asaf noch mal danke sagen
sollten. Alle fingen sofort an, diese Songs zu singen, und sie hatten voll
Spaß dabei. Am Ende warfen sie sich wieder alle auf den Boden und beteten
mit Respekt zu Gott. 31 Schließlich machte Hiskija noch einen kleinen Spen-
denaufruf: „Liebe Leute! Keiner von euch ist hier mit leeren Taschen gekom-
men. Jetzt habt ihr die Möglichkeit, Gott etwas zu schenken, was man essen
kann oder womit ihr ihm einfach danken wollt. Bringt alles zum Tempel!“
Sofort gingen die Leute los und brachten ihre Geschenke. Die besonders viel
geben wollten, schenkten zusätzlich Tiere für ein Abfackelopfer. 32 So kamen
für das Abfackelopfer 70 Rinder, 100 männliche Schafe und 200 Lämmer
zusammen. 33 Für alle anderen Opfer waren es 600 Rinder und 3000 Schafe.
34 Es waren viel zu wenig Priester da, um die ganzen Opfer auch anständig
vorzubereiten und den Tieren das Fell abzuziehen. Die Tempelangestellten
mussten alle mit anpacken, bis alles fertig war. In der Zwischenzeit konnten
sich dann die Priester für den Job vorbereiten. Die Tempelangestellten waren
beim Sich-Reinigen gründlicher als die Priester. 35 Es waren an dem Tag
einfach zu viele Tiere, die als Abfackelopfer verbrannt werden mussten.
Dazu kam ja auch noch die Arbeit mit den Fettstücken von dem Dankopfer,
die verbrannt werden mussten, ganz zu schweigen von den Trinkopfern,
die zum Abfackelopfer einfach dazugehörten. Mit dieser Aktion war der Tem-
pel wieder in Schuss, ab dann konnte man dort regelmäßig wieder Gottes-
dienste feiern. 36 Der Präsident und die Leute freuten sich alle voll da drüber!
Gott hatte dafür gesorgt, dass alles wieder gut wird und das sogar viel
schneller, als man es erwartet hatte.

30

Hiskija feiert die Passaparty und das Fest der Fladenbrote

1 Hiskija machte eine Anzeige in der Tageszeitung und schrieb ein paar
Rundmails an alle Leute, die im Gebiet von Israel und Juda lebten. Auch die
Familienstämme Efraim und Manasse waren eingeladen. Alle sollten zum
Tempel nach Jerusalem kommen, dem Haus von Gott, damit man dort

gemeinsam für Gott eine Passaparty feiern könnte. 2 Bevor die Einladung
rausging, gab es noch ein Treffen mit den Chefs und der ganzen Gemein-
schaft in Jerusalem. Dort wurde beraten, ob man die Passaparty erst im Mai
veranstalten sollte. 3 Normal wurde die nämlich immer im April gemacht,
aber das ging diesmal nicht, weil bis dahin noch nicht genügend Priester
sauber waren. Die mussten sich für den Dienst ja erst noch vorbereiten und
für Gott in Ordnung sein. Außerdem hätten die Leute es auch reisetechnisch
nicht alle so schnell geschafft, in Jerusalem zu sein. 4 Der Präsident und
die Versammlung hatten dieser Verschiebung zugestimmt. 5 Dort wurde auch
noch mal beschlossen, dass alle in Israel zu dem Fest eingeladen werden
sollten. Von Beerscheba bis Dan, vom Süden bis zum Norden, alle sollten
nach Jerusalem kommen! Das hatte es auch echt lange nicht mehr gegeben,
dass alle Familienstämme die Passaparty zusammen feierten. 6 Überall
wurden Anzeigen geschaltet und auch Plakate aufgehängt. Der Text, der da
draufstand, ging so: „An alle Israeliten! Kommt wieder zurück zu eurem
Gott! Kommt wieder zu dem Gott, an den Abraham, Isaak und Israel ge-
glaubt haben! Wenn ihr das tut, dann wird er auch zu euch zurückkommen!
Er wird euch helfen, allen die nicht von den Assyrern entführt und wegge-
schleppt worden sind. 7 Baut nicht den gleichen Mist wie so viele Leute, die
vor euch lebten. Sie haben Gott wie einen alten Mann behandelt und ihn
abgezogen. Das war der Grund, warum er dafür gesorgt hat, dass sie heute
wie in einem schlechten Film leben, den echt keiner sehen will. Das habt
ihr doch alle mitbekommen, oder? 8 Jetzt seid nicht so daneben wie die
Leute, die vor euch gelebt haben! Schlagt bei Gott ein, gebt ihm die Hand!
Alle sollen zum Tempel kommen, er hat diesen Ort extra ausgesucht, er
sollte etwas ganz Besonderes sein, er ist heilig. Tut das, was Gott sagt, und
dann wird er auch nicht mehr sauer auf euch sein. 9 Wenn ihr wieder mit
Gott lebt, dann werden eure Geschwister und eure Kinder von den Assyrern
plötzlich besser behandelt werden. Die Assyrer werden die einfach abhauen
lassen, damit sie wieder zurück nach Hause kommen können. Gott, der
Chef, liebt euch ohne Ende! Er wird sich nicht vor euch verstecken, wenn ihr
zu ihm zurückkommen wollt!“ 10 In jeder Stadt lief diese Ansage sogar im
Radio. Vom Stamm Efraim über Manasse bis nach Sebulon hörte man
davon. Die Leute lachten sich aber darüber kaputt, fast alle nahmen diese
Nachricht nicht ernst. 11 Nur ein paar Leute aus dem Familienstämmen
Ascher, Manasse und Sebulon kamen zu dem Treffen nach Jerusalem. 12 Von
Juda waren allerdings alle Männer dabei. Sie folgten dem Aufruf vom Prä-
sidenten und von den Chefs vom Volk. Diese Ansage war auch voll auf der
Linie von Gott. 13 Im Mai war es dann so weit. Mega viele Leute trafen sich in
Jerusalem bei der Passaparty und direkt danach zum Fest der Fladenbrote.
Es waren wirklich sehr, sehr viele Menschen gekommen. 14 Als Erstes wurden

mal wieder alle Plastikgötter und die Tische, wo man denen Räucherkerzen
und so was ansteckte, auf den Schrottplatz im Kidrontal geworfen. [15] Am
14. Mai wurden die Passalämmer geschlachtet. Weil es für die Priester und
die Tempelangestellten peinlich war, dass sie beim letzten Mal nicht alle
richtig sauber dafür gewesen waren, hatten sie sich diesmal alle voll Mühe
gegeben und waren okay, sauber und richtig vorbereitet für diesen Job.
[16] Jeder ging auf seinen Platz, genau so, wie Mose es in den Gesetzen vorge-
schrieben hatte. Die Priester nahmen von den Tempelangestellten das Blut,
was von den Tieren kam, die man vorher Gott geschenkt hatte. Das Blut
wurde dann überall an den Opfertisch, den Altar, gespritzt. [17] Weil einige der
Teilnehmer nicht richtig sauber und rein waren, besorgten die Tempelange-
stellten das Schlachten der Passalämmer. Auf die Art waren die dann auch
okay für Gott. [18] Einige von den Leuten, zum Beispiel von den Familienstäm-
men Efraim, Manasse, Issachar und Sebulon, hatten sich nicht gut auf das
Ganze vorbereitet. Sie hatten einfach mit dem Essen angefangen, ohne die
richtigen Reinigungsrituale dafür vorher gemacht zu haben. Aber Hiskija legt
ein gutes Wort bei Gott für sie ein. „Du bist der liebevollste Gott, den es gibt,
bitte sei nicht sauer auf die Leute, [19] die sich nicht richtig auf das Ganze vor-
bereitet haben, wie man das normal für so eine besondere Party macht! Sie
sind auf jeden Fall voll dabei und wollen echt nur das tun, was du sagst! Ehr-
lich!“ [20] Gott hörte auf Hiskija und bestrafte niemanden. [21] Die Leute feierten
in Jerusalem die Passaparty und danach eine Woche lang die Party mit den
Fladenbroten. Alle freuten sich voll. Die Priester und die Tempelangestellten
sangen die ganze Zeit Lieder und dankten Gott. Dazu spielten auch die
Jungs von der Band mit ihren Instrumenten Musik. [22] Hiskija war voll begeis-
tert von den Levi-Leuten, weil sie diesen Job für Gott super machten. Die
ganze Party ging über eine Woche. Sie aßen miteinander das Dankopfer und
waren die ganze Zeit dabei, Gott für alles zu danken. Irgendwann war dann
die Party vorbei. [23] Weil es aber so cool war, beschloss die ganze Gemein-
schaft, die Feier noch mal um eine Woche zu verlängern. Und auch diese
zweite Woche waren alle total gut drauf. [24] Präsident Hiskija hatte für diese
Party 1000 Rinder und 7000 Schafe gespendet. Die Führungsriege von Juda
hatte auch noch mal 1000 Rinder und 10 000 Schafe draufgelegt. Unheim-
liche viele Priester meldeten sich für diesen Job. [25] Es war eine voll gute
Stimmung unter allen Anwesenden. Die Leute von Juda, die Priester und
die Tempelangestellten vom Familienstamm Levi, alle Leute, die aus den
anderen Familienstämmen von Israel, und auch alle Ausländer, die aus Israel
mitgekommen waren oder dort in Juda wohnten, machten mit. [26] In Jerusa-
lem steppte der Bär, die ganze Stadt war in Partystimmung. So was hatte
es lange nicht mehr gegeben. Das letzte Mal hatte es ein Fest in der Größen-
ordnung gegeben, als noch Salomo, der Sohn von David, der Präsident

von Israel war. 27 Am Ende stellten sich die Priester alle vorne hin. Dann
beteten sie für die Leute, sie segneten sie. Dieses Gebet kam bei Gott an,
er hörte es.

31

Das Land wird anständig sauber gemacht

1 Als die Party vorbei war, machten die Israeliten erst mal einen Zug durch
die anderen Städte im Gebiet Juda. In jeder Stadt zertrümmerten sie die
Figuren von den Plastikgöttern. Sie rissen alle Opfertische und Minitempel
ab, wo irgendwelchen Pseudogöttern Sachen drauf geopfert wurden, sie
machten alles platt, bis nichts mehr davon übrig war. Das wurde nicht nur in
Juda, sondern auch im Gebiet von den Familienstämmen Benjamin, Efraim
und Manasse radikal durchgezogen. Erst danach gingen alle wieder in die
Orte zurück, wo sie herkamen. 2 Hiskija organisierte die ganzen Dienstpläne
der Priester und der Tempelangestellten. Jeder bekam eine Schicht ent-
sprechend seinem Job, sowohl die Priester als auch die Tempelangestellten.
Damit war geregelt, wer wann wie das Abfackelopfer und das Dankopfer
duchzuziehen hatte. Auch die musikalische Begleitung, um Gott mit Mucke
danke zu sagen, wurde in dem Plan geregelt. 3 Einen Anteil für das Abfa-
ckelopfer stellte der Präsident aus seinem Privatbesitz zur Verfügung. Das
wurde für die Teile gebraucht, die jeden Morgen, jeden Abend, am Sonntag,
am Ersten jeden Monats und an allen Festen gebraucht wurden. 4 Er ordnete
auch an, dass die Priester und die Tempelangestellten von den Leuten, die in
Jerusalem wohnten, regelmäßig Kirchensteuer und Lebensmittel geschenkt
bekommen sollten. Denn nur so konnten die sich voll auf ihren Job konzen-
trieren, der in den Gesetzen von Gott genau beschrieben ist. 5 Nachdem sich
das rumgesprochen hatte, brachten die Israeliten sehr viele Lebensmittel
vorbei. Wein, Bier, Butter, Obst und Gemüse, Süßes, alles, was man so zum
Leben braucht. Dabei hielten sie sich an die Zehn-Prozent Regel, das heißt,
dass zehn Prozent von der Ernte und den Sachen, die sonst so reinkamen,
immer an Gott geschenkt werden musste. 6 Die Menschen aus anderen
Städten vom Gebiet Judas und die Leute aus Nordisrael brachten zehn Pro-
zent von ihren Rindern, Schafen und andere Sachen, die sie ihrem Gott, dem
Chef, geschenkt hatten. Alle Geschenke wurden nebeneinander auf einem
Platz gesammelt. 7 Die ganze Spendenaktion fing im Juni an und war erst
im Oktober zu Ende. 8 Hiskija und die Chefs der Gemeinschaft besichtigten
den Platz und waren total begeistert, als sie den großen Haufen sahen, der
sich dort in der Zeit angesammelt hatte. Sie dankten Gott dafür und auch
den Israeliten, die das alles zusammengetragen hatten. 9 Hiskija wollte dann
noch mal von den Priestern und den Tempelangestellten wissen, wie der
ganze Kram überhaupt hergekommen war. 10 Asarja, der Chefpriester aus der

Familie von Zadok, meinte: „Seitdem die Leute angefangen haben, ihre
Spenden zum Tempel zu bringen, haben wir fett zu essen, alle sind immer
satt geworden, und wir konnten sogar einiges davon noch für schlechte
Zeiten bunkern. Gott hat seine Leute anscheinend wirklich voll beschenkt,
dass so viel davon übrig ist und wir deswegen so viele Spenden bekommen
haben.“ 11 Hiskija hatte dann die Idee, einige Räume im Tempel als Lager-
räume zu benutzen. Nachdem die Halle fertig war, 12 wurden die Lebensmit-
tel dort ordentlich gelagert. Alle Abgaben, die zehn Prozent der Ernte und
die anderen Geschenke, wurden dort reingestellt. Die Aufsicht bekam der
Levi-Typ Konanja, sein Stellvertreter wurde Schimi. 13 Als weitere Aufseher
unterstanden den beiden folgende Männer: Jehiel, Asasja, Nahat, Asael, Jeri-
mot, Josabad, Eliel, Jismachja, Mahat und Benaja. Diese Order kam direkt
vom Präsidenten Hiskija und vom Chefpriester Asarja, der auch die Aufsicht
über den Tempel hatte. 14 Die freiwilligen Spenden wurden von dem Levi-Typ
Kore verwaltet. Kore war ein Sohn von Jimna, dem die Security-Einheit am
Osttor unterstand. Kore sollte auch die Geschenke, die man für Gott zum
Tempel brachte, an die Priester weiterverteilen. Das betraf auch die besonde-
ren Teile von den Opfern, die sowieso nur von Priestern gegessen werden
durften. 15 Unter seiner Leitung standen Eden, Minjamin, Jeschua, Schemaja,
Amarja und Schechanja. Die arbeiteten auch in den Wohnsiedlungen der
Priester und waren dafür zuständig, dass alle Priester aus den verschiedenen
Schichten immer einen korrekten Anteil bekamen, egal wie alt oder jung
sie waren. 16 Es wurden Dienstpläne geschrieben, in denen geregelt wurde,
wer in Jerusalem im Tempel die Arbeit tat, die jeden Tag gemacht werden
musste. In den Dienstplänen war auch eine Liste, wo alle männlichen Ein-
wohner ab drei Jahren erfasst wurden. 17 Die Schicht ging der Reihe nach, je
nach Familienzugehörigkeit. Alle Priester und Tempelangestellten ab zwan-
zig Jahren wurden in einer Liste erfasst, wo sie nach ihren Aufgabengebieten
drinstanden. 18 In der Liste wurden auch die Frauen, Kinder und alten Leute
aufgeführt. Weil die Männer die ganze Zeit jobmäßig direkt für Gott arbeite-
ten, bekam auch die ganze Familie einen besonderen Status. 19 Die Männer
aus der Familie von Aaron, also die Priester, die nicht in den Städten wohn-
ten, wurden auch alle versorgt. In jeder Stadt wurde ein Mann ausgesucht,
der dafür sorgen musste, dass an alle Priester und Tempelangestellten die
Anteile von den Spenden ausgeliefert wurden. 20 So also organisierte Hiskija
die Dinge in Juda. Hiskija war gut drauf, er lebte so, wie Gott es gut findet,
und er war Gott immer treu. 21 Alles, was er für Gott, für sein Haus und für
seine Gesetze tat, machte er sehr leidenschaftlich und mit vollem Einsatz.
Darum hatte er auch so viel Erfolg.

32

Die Assyrer greifen an

1 Nach der Zeit, in der Hiskija Gott gezeigt hatte, dass er ihm treu sein würde,
erklärte Sanherib, der Präsident von Assyrien, Juda plötzlich den Krieg. Er
zog mit seinen Truppen in Juda ein und belagerte die größeren Städte, weil er
sie einnehmen wollte. 2 Hiskija peilte sofort, dass Sanherib vor allem scharf
auf Jerusalem war. 3 Darum hatte er eine Idee. Und zwar wollte Hiskija die
Wasserwerke der Stadt lahmlegen. Er traf sich mit seinen Ministern und den
Offizieren, um das mit denen zu besprechen, und alle waren damit einver-
standen. 4 „Gute Idee, wenn die Armee kommt und Jerusalem belagert, soll-
ten sie hier kein Trinkwasser mehr kriegen können!“, sagten sie. Also wurden
einige Leute organisiert, die alle Wasserwerke lahmlegen sollten. Auch die
Rohre zu den Wasserhähnen, die unterirdisch durch die Stadt gingen, wurden
gekappt. 5 Die Schutzmauer um die Stadt wurde auch von Hiskijas Leuten
an den Stellen ausgebessert, wo sie am Bröseln oder einfach kaputt war. Die
Wachtürme bekamen noch ein Stockwerk obendrauf, und um die Schutz-
mauer wurde sogar noch eine zweite Mauer gezogen. Dann wurde an der
Verteidigungsanlage, dem sogenannten Millo, im Norden von Jerusalem
auch noch mal die Sicherheitszone verstärkt. Die Schutzanlagen wurden auch
noch mit Flak-Geschützen und Stahlpanzerung ausgestattet. 6 Alle wehr-
fähigen Männer bekamen von Hiskija einen Truppenführer zugeteilt, der bei
einem Angriff die Befehle geben sollte. Als alle Vorbereitungen fertig waren,
rief er die Soldaten auf den Platz am Stadttor zusammen und hielt eine lei-
denschaftliche Rede. 7 „Soldaten, Männer! Habt keine Angst! Ihr seid die Bes-
ten! Wir brauchen keinen Schiss vor der Armee von den Assyrern zu haben!
Bei uns kämpft jemand mit, der tausendmal stärker ist als diese kleinen Assy-
rerfuzzis da drüben. 8 Der Präsident von denen baut seine Macht auf etwas,
was aus der Welt kommt. Wir haben aber den Chef, unseren Gott, auf unser
Seite! Gott wird uns helfen, er wird uns in diesem Krieg helfen!“ Diese Rede
von Hiskija schlug bei den Leuten von Juda voll ein. 9 Präsident Sanherib
von Assyrien kämpfte zu der Zeit mit seinem ganzen Heer gegen die Stadt
Lachisch. Dann schickte er ein paar Männer nach Jerusalem. Diese stellten
sich mit einem Megaphon vor der Stadt auf, und einer brüllte voll in das Teil
rein, damit Hiskija und alle anderen in der Stadt es hören konnten. 10 „Das
hier ist eine Nachricht von unserem Präsidenten Sanherib für euch: ‚Warum
seid ihr eigentlich so positiv drauf, woher nehmt ihr eure Hoffnung? Warum
gebt ihr Jerusalem nicht auf, obwohl die Stadt belagert wird? 11 Hiskija, euer
Präsident, ist doch total durchgeknallt! Er versucht euch einzureden, dass
euer Gott euch schon retten wird, wenn ich mit meinen Truppen anmar-
schiere. Er wird schuld an eurem Tod sein, wenn ihr alle verhungert oder ver-

durstet seid! 12 Der hat doch dafür gesorgt, dass die ganzen Plätze wegge-
sprengt wurden, wo man vorher noch überall in Juda Sachen für Gott opfern
konnte. Stattdessen will er jetzt von euch, dass man zu Gott nur noch von
einer einzigen Stelle aus beten kann? Es soll nur noch okay sein, wenn man
ihm von dort aus etwas schenkt? Ha! 13 Ihr müsst doch auch Nachrichten
gehört haben, oder? Habt ihr mitbekommen, was ich überall mit den Men-
schen anstelle, wenn ich dort eingefallen bin und die besiegt habe? Und
haben deren Götter ihnen irgendwie geholfen? 14 Nein, kein Gott konnte uns
aufhalten! Es gibt nicht eine Nation, die von mir und meinen Vorgängern
nicht plattgemacht wurde, da gab es keinen Gott, der sie retten konnte! Und
jetzt soll das ausgerechnet bei eurem Gott anders sein? Ha, ich mach mir vor
Lachen in die Hose. 15 Lasst euch von diesem Hiskija bloß nicht verarschen!
Der Typ spinnt! Es gibt keinen Gott, egal von welcher Nation oder welcher
Regierung, der gegen meine Truppen oder gegen die Truppen von den Präsi-
denten vor mir gewinnen konnte. Und bei eurem Gott klappt das erst recht
nicht!‘“ 16 Das Ganze ging in dem Ton so weiter. Der Typ lästerte die ganze
Zeit über Gott, den einzigen Gott weit und breit, und auch über Hiskija.
17 Immer wieder schrie er, dass die Götter aus den anderen Ländern auch
nichts gegen ihre Truppen ausrichten konnten und dass der Gott von Hiskija
seine Leute auch nicht vor ihrer Übermacht retten wird. 18 Das Ganze wurde
in hebräischer Sprache durchgesagt, und alle Bewohner von Jerusalem, die
auf der Stadtmauer standen, hörten zu. Die Idee dahinter war, allen erst mal
ordentlich Angst einzujagen, um dann im Krieg die Stadt leichter erobern zu
können. 19 Sanheribs Boten redeten dabei von Gott, als stünde er auf der glei-
chen Stufe mit den ganzen anderen Plastikgöttern, die von Menschen selbst
gebastelt wurden. 20 Hiskija und der Prophetentyp Jesaja fingen wie blöd an
zu Gott zu beten. 21 Und Gott legte los. Er schickte einen Todesengel in das
Lager der Assyrer. Alle Soldaten, die Offiziere und Unteroffiziere starben in
einer Nacht! Der Präsident von Assyrien erlitt die peinlichste Niederlage über-
haupt, und er musste wie ein geprügelter Hund wieder in sein Land zurück-
gehen. Später, als er dann mal in den Tempel von seinem Plastikgott ging,
wurde Sanherib von hinten durch einen seiner Söhne erschossen. 22 Auf die
Art rettete Gott Hiskija und alle Bewohner von Jerusalem vor Sanherib, dem
Präsidenten von Assyrien. Von dem Zeitpunkt an gab es für eine lange Zeit an
allen Grenzen Frieden. 23 Aus der ganzen Welt kamen in Jerusalem bei Hiskija
Geschenke für Gott rein. Seit dieser Aktion bekam er sehr viel Respekt von
allen anderen Ländern und Regierungen.

Das Ende von Hiskija

24 Irgendwann wurde Hiskija einmal schwer krank. Dann redete er mit Gott,
und der sagte ihm, dass er bald wieder gesund werden würde. Dieses Ver-

sprechen wurde sogar mit einem krassen Wunder bestätigt. [25] Leider wurde
Hiskija aber echt arrogant, und anstatt sich dafür zu bedanken, tat er so,
als wäre das selbstverständlich. Gott wurde deswegen richtig sauer auf ihn.
Auch auf Juda und Jerusalem war er nicht mehr gut zu sprechen. [26] Hiskija
merkte schnell, dass er Mist gebaut hatte, und auch den Bewohnern von
Jerusalem tat das voll leid. Sie baten alle Gott um Verzeihung, und darum
bestrafte er sie nicht. [27] Solange Hiskija lebte, hatten alle Leute Respekt
vor ihm. Er hatte auch immer genug Geld auf dem Konto und musste sich
einige Tresore kaufen, um sein ganzes Gold, das Silber, die Diamanten
und Kunstschätze dort zu lagern. [28] In seiner Regierungszeit baute er große
Lagerhallen für Lebensmittel, wie Getreide, Wein, Öl usw. Dazu ließ er
noch viele Ställe für die Rinderzucht im Land aufbauen. [29] Um seine großen
Rinder und Schafherden zu beschützen, ließ er einige Grenzposten bauen.
Sein ganzer Reichtum kam eindeutig von Gott. [30] Er ließ eine Unterwasser-
leitung von der Gishon-Quelle bauen, die unterhalb von Jerusalem lag, die
das Wasser vom Westen nach Jerusalem-City reinpumpte. Alle Sachen, die
Hiskija anpackte, klappten supergut. [31] Einmal kamen ein paar Politiker
aus Babylon zu Besuch. Die wollten dieses heftige Wunder, dass Hiskija
plötzlich so reich und erfolgreich war, mit eigenen Augen sehen. Gott ließ
Hiskija in dieser Sache selbst entscheiden, ob er damit protzen wollte. Gott
wollte ihn testen, wie er charaktermäßig drauf war. [32] Alles, was man sonst
noch über Hiskija erzählen könnte, was er alles so gebracht hat und wie
treu er Gott gegenüber war, kann man auch noch in dem Buch von Jesaja
nachlesen. Jesaja ist ein Sohn von Amoz. Auch in dem Buch über die Prä-
sidenten von Israel und Juda steht einiges von ihm drin. [33] Hiskijas Leiche
wurde nach seinem Tod auf demselben Friedhof beerdigt, wo alle aus der
Familie von David begraben waren. Er bekam aber einen Spezialplatz. Alle
Leute aus Juda und Jerusalem zeigten ihren Respekt, als Hiskija gestorben
war. Als nächster Präsident war sein Sohn Manasse an der Reihe.

33

Der Präsident Manasse

[1] Manasse war erst 12 Jahre alt, als er der neue Präsident von Juda wurde.
Er regierte 55 Jahre lang von Jerusalem aus das Land. [2] Er baute nur Mist,
tat Sachen, die Gott total ätzend findet, ganz im Stil der anderen Völker, die
nicht mit Gott lebten. Die hatte Gott ja vorher aus dem Land rausgeschmis-
sen, in dem die Israeliten jetzt wohnten. [3] Zum Beispiel baute er die Opfer-
plätze von den Plastikgöttern wieder auf, die sein Vater alle extra hatte abrei-
ßen lassen. Er stellte überall Opfertische, so Altäre, auf für diese komischen
Pseudogötter Baal und Aschera. Außerdem betete er zu den Sternen und
opferte sogar Sachen für die. [4] Im Tempel von Jerusalem stellte er noch ein

paar Altäre für andere Götter auf, obwohl Gott immer gesagt hatte: „In Jeru-
salem will ich allein wohnen, und zwar für immer!“ 5 Im Vorhof vom Tempel
wurden sogar Altäre für irgendwelche Sterne und Götter aufgestellt. 6 Er
ließ sogar seinen eigenen Sohn im Hinnontal im Rahmen einer Opferses-
sion für den Pseudogott Moloch verbrennen! Aber damit nicht genug, er
hing den ganzen Tag auf irgendwelchen Eso-Messen rum, war Mitglied im
Satanistenclub und bezahlte Wahrsager dafür, mit den Toten zu reden und
die Zukunft vorauszusagen. Weil er so lebte, war Gott voll sauer auf ihn.
7 Manasse ließ sich sogar ein paar eigene neue Plastikgötter machen und
stellte die Teile dann auch noch im Haus von Gott auf. Und das, obwohl
Gott schon zu David und auch zu seinem Sohn Salomo immer gesagt hatte,
dass in diesem Haus nur er wohnen will, und zwar für immer. Dieses Haus
hatte Gott sich extra ausgesucht, genauso, wie er sich das Volk Israel extra
ausgesucht hatte. 8 „Wenn sie so leben, wie ich es ihnen gesagt habe, und
alle meine Regeln und Gesetze durchziehen, dann werde ich dafür sorgen,
dass sie niemand mehr aus dem Land rausschmeißen kann, was ich ihnen
versprochen hab!“, meinte Gott damals zu ihnen. 9 Aber Manasse verführte
die Bewohner von Jerusalem und die Leute von Juda dazu, es noch übler
zu treiben, als es die Leute tun, denen Gott total egal ist. Die Sorte Leute
hatte Gott ja durch die Israeliten eigentlich alle kaputt gemacht. 10 Gott sagte
zwar Manasse und seinen Leuten, dass sie gerade voll danebenlagen, aber
die hörten einfach weg. 11 Also ließ er die Offiziere der Assyrer mit ihren
Truppen gegen Juda kämpfen und gewinnen. Manasse wurde festgenom-
men, ein Soldat schlug einen Fleischerhaken durch seinen Kiefer und dann
wurde er an einer Kette zu Fuß nach Babylon geschleift.

Manasse erinnert sich an Gott

12 Manasse ging es also echt beschissen, und weil er nicht mehr weiter-
wusste, fing er an, wieder mit Gott zu reden. Er betete zu dem Gott, zu dem
schon die Leute vor ihm immer gebetet hatten, gab seinen ganzen Mist
zu und schmiss sich Gott vor die Füße. 13 Er bettelte bei Gott um Hilfe. Und
Gott erhörte dieses Gebet. Manasse wurde nach einiger Zeit wieder freige-
lassen und kam zurück nach Jerusalem. Dort bekam er sogar seinen Posten
als Präsident zurück. Weil das alles so passierte, war für Manasse ganz klar,
wer der einzige echte Gott ist. 14 Nachdem er wieder in Jerusalem gelandet
war, ließ er erst mal eine ganz hohe Mauer um die Stadt bauen, mit Stachel-
draht und so. Die Mauer ging von der Gihon-Quelle über den Abhang vom
Kidrontal, von dort in Richtung Fischtor und um den Ofel rum. Dann setzte
er Generäle ein, die ab sofort das Kommando in den größeren Städten von
Juda übernehmen sollten. 15 Dann räumte er auch im Tempel auf, schmiss
die ganzen Bilder und Figuren von fremden Plastikgöttern auf den Müllplatz

vor der Stadt. Auch die große Figur aus Stein, die er dort früher mal auf-
gestellt hatte, musste weg. 16 Der Altar von Gott wurde komplett renoviert.
Dort zog er ab dann die Dankopfer durch. Und er ordnete an, dass alle Leute
von Juda ab sofort nur noch zu dem echten Gott, dem Gott von Israel, beten
sollten. 17 Zwar wurden immer noch auch anderswo im Land Opfersessions
gemacht, aber jetzt waren die nur noch für den echten Gott, ihren Gott,
bestimmt. 18 Alles, was man sonst noch über Manasse erzählen könnte,
über sein spezielles Gebet, und auch was die Propheten in seiner Zeit so zu
sagen hatten, kann man im Buch über die Könige und Präsidenten von Israel
lesen. 19 Dieses spezielle Gebet zu Gott und wie Gott dieses Gebet erhört
hat, kann man dazu noch in dem Buch von den Propheten finden. Aber auch
die vielen üblen Sachen, die er gebracht hat, und sogar eine Liste von den
Orten, wo er Tempel, Bilder und Figuren von irgendwelchen Pseudogöttern
aufgestellt hatte, stehen dort drin. Diese Sachen brachte er aber nur in der
Zeit, bevor er radikal mit Gott lebte. 20 Nach seinem Tod wurde Manasse in
einem Grab im Garten hinter seinem Haus beerdigt. Als nächster Präsident
war sein Sohn Amon an der Reihe.

Der Präsident Amon

21 Als Amon an die Macht kam, war er 22 Jahre alt. Er regierte zwei Jahre
lang von Jerusalem aus das Land. 22 Amon war genauso drauf wie sein Vater
am Anfang auch und tat nur Dinge, die Gott total ätzend findet. Er betete
zu irgendwelchen Plastikgöttern, die sein Vater hatte basteln lassen, und zog
für die sogar Opfersessions durch. 23 Aber im Gegensatz zu seinem Vater
bemerkte er nicht, was für einen Schwachsinn er tat, und kam nicht wieder
zu Gott zurück. Seine Schuld gegenüber Gott wurde immer größer. 24 Irgend-
wann gab es dann eine kleine Revolution gegen ihn. Einige seiner Mitarbei-
ter planten ein Attentat gegen Amon. Dann wurde er in seinem eigenen
Haus umgebracht. 25 Die Chefs aus den Städten verfolgten alle Attentäter,
die an dem Attentat gegen Amon beteiligt waren, und brachten sie um.
Als das erledigt war, erklärten sie seinen Sohn Joschija zum nächsten Präsi-
denten.

34

Präsident Joschija räumt mit den Plastikgöttern auf

1 Joschija wurde schon mit 8 Jahren zum neuen Präsidenten ernannt. Er
regierte 31 Jahre von Jerusalem aus das Land. 2 Joschija war gut drauf und
lebte so, wie sein Vorbild David es auch gemacht hatte, indem er so lebte,
wie Gott es gut findet. Er hielt sich ganz radikal an die Gesetze und Regeln
von Gott. 3 Als er acht Jahre lang an der Macht war (da war er echt noch
ziemlich jung), fragte er sich ernsthaft, was es mit diesem Gott auf sich hat,

zu dem auch sein Vorfahr David schon immer gebetet hatte. In seinem
zwölften Jahr als Präsident räumte er in Juda und Jerusalem auf. Alle Plätze,
wo irgendwelchen Götter geopfert wurde, selbstgemachte Plastikfiguren, zu
denen die Leute beteten, alle Astrologiebücher und so weiter, wurden von
ihm komplett verschrottet. 4 Er beauftragte auch ein Abrissunternehmen,
das die Opferplätze von diesem Plastikgott Baal wegsprengen sollte. Die
Opfertische, wo für Baal Räucherkerzen geopfert wurden, ließ er mit Press-
lufthämmern zu Kleinholz verarbeiten. Die Figuren von diesen Plastikgöttern
ließ er durch einen Schredder jagen und die Brösel, die unten rauskamen,
wurden auf die Gräber von den Leuten gestreut, die zu diesen Teilen gebetet
hatten. 5 Die Leichen von den Priestern, die auf den Opfertischen diesen
Pseudogöttern Sachen geopfert hatten, wurden auf den gleichen Opfer-
tischen verbrannt. Auf die Art macht Joschija Juda und Jerusalem wieder
sauber. 6 Das Ganze zog er auch im Nordreich Israel in den Städten von
Manasse, Efraim, Simeon und Naftali durch. Er ordnete sogar Hausdurch-
suchungen an! 7 Bei allen Familienstämmen im Norden ließ er die Opfer-
tische kaputt hauen, Plastikgötter wegsprengen und Tische, wo Räucherker-
zen für Plastikgötter abgebrannt wurden, in Stücke hauen. Als der Job
erledigt war, kam er wieder zurück nach Jerusalem.

Renovierungsarbeiten am Tempel

8 Als Joschija 18 Jahre lang an der Macht war, startete er mit umfang-
reichen Renovierungsarbeiten am Tempel. Nebenbei war er selbst ja auch
noch dabei, im Land überall aufzuräumen. Für die Renovierung stellte er
drei Männer ein: Schafan (ein Sohn von Azalja), Maaseja (der Bürgermeister
der Stadt) und Joach (ein Sohn von Joahas, der auch noch die öffentliche
Vertretung vom Präsidenten übernommen hatte). 9 Die stellten dann einen
Antrag beim Oberpriester Hilkija und bekamen von ihm das Geld ausge-
händigt, was für die Renovierung vom Tempel gespendet worden war. Der
Betrag war durch die Sammeldosen reingekommen, die von dem Security-
Personal am Eingang vor dem Tempel aufgestellt worden waren. Alle
Mitglieder von den Familienstämmen Manasse, Efraim und den anderen
Stämmen aus dem Norden wie auch Juda, Benjamin und die Bewohner
von Jerusalem hatten dort ihre Kohle reingeschmissen. 10 Das Geld wurde
an die Architekten weitergeleitet, die den Auftrag für die Arbeiten bekom-
men hatten. 11 Davon wurde dann das Gehalt von den Handwerkern und
Bauarbeitern bezahlt. Auch das Material, was für die Renovierung gebraucht
wurde, wurde davon gekauft. Das betraf das Holz, die Rigipsplatten und
die Dachbalken, die dringend erneuert werden mussten. Joschija wollte den
Tempel von seinem Gott wieder richtig schön machen. Denn bei Joschijas
Vorgängern war der echt vernachlässigt worden und deswegen total herun-

tergekommen. [12] Die Bauarbeiter arbeiteten alle sehr genau und pingelig. Die Priester Jahat und Obadja (aus der Familie von Merari) sowie Secharja und Meschullam (aus der Familie von Kehat) beaufsichtigten die Arbeit. Einige Tempelangestellte legten im Tempel die ganze Zeit Musik auf, [13] damit zu den Beats die Arbeit der Leute schneller ging und mehr Spaß machte. Andere Tempelangestellte halfen mit, indem sie zum Beispiel an der Buchführung arbeiteten oder bei der Security aushalfen, wo sie gerade gebraucht wurden.

Man findet zufällig ein altes Buch, wo die Gesetze drinstehen

[14] Irgendwann, als man das Geld aus den Spendendosen holen wollte, entdeckte der Priester Hilkija zufällig das Buch, wo die Gesetze von Gott drinstanden, die er Mose damals gesagt hatte. [15] Er ging damit zum Bildungsminister Schafan und sagte zu ihm: „Ich hab beim Aufräumen im Haus ein Buch von Gott gefunden, wo die Gesetze drinstehen, die Gott Mose gegeben hatte!" Nachdem er Schafan das Buch in die Hand gedrückt hatte, [16] brachte der das Teil dem Präsidenten. „Herr Präsident, wir haben alles so gemacht, wie Sie es befohlen haben! [17] Auch die Spenden aus den Dosen wurden an die Architekten und Bauarbeiter ausbezahlt. [18] Der Priester Hilkija hat jetzt beim Saubermachen zufällig ein Buch gefunden, wo die Gesetze von Gott drinstehen!" Schließlich saßen die zwei am Tisch, und Hilkija las dem Präsidenten aus dem Buch vor.

Präsident Joschija ist mit den Nerven fertig

[19] Als der Präsident von dem Inhalt hörte, der in diesen Gesetzen stand, war er erst mal geschockt und echt fertig. [20] Sofort stellte er eine Gruppe von Leuten zusammen, die sich um die Angelegenheit kümmern sollten. Mit dabei waren: der Priester Hilkija, Ahikam, der Sohn von Schafan, Achbor, der Sohn von Micha, der Kanzler Schafan und Asaja, der Ratgeber vom Präsident. [21] Die Leute bekamen von ihm folgenden Auftrag: „Reden Sie mal alle mit Gott über die Sache! Fragen Sie ihn, was wir jetzt mit diesen Aussagen anstellen sollen, die in dem Buch drinstehen. Tun Sie das stellvertretend für mich und alle anderen aus Juda und Israel, die noch übrig geblieben sind. Gott ist garantiert total sauer auf uns, weil wir und die Menschen, die vor uns gelebt haben, nicht nach seinen Ansagen unterwegs waren. Wir haben ja fast nix von dem getan, was in diesem Buch drinsteht!" [22] Hilkija ging dann mal mit den anderen Männern, die der Präsident dafür ausgesucht hatte, bei der Prophetin Hulda vorbei. Die wohnte in der Jerusalemer Neustadt. Schallum, ihr Mann, arbeitete mit ihrem Sohn Tokhat und dem Enkel Hasra in einem Klamottenladen. [23] Sie sagte zu den Männern: „Ihr könnt dem Präsidenten folgende Ansage von mir ausrichten: Alle ange-

drohten Strafen, die in diesem Buch stehen, wenn man die Gesetze nicht
befolgt, werden passieren. Gott sagt, dass er diese Stadt und die Leute, die
da drin wohnen, kaputt machen wird. Er meint wörtlich: [25] ‚Sie waren mir
untreu, haben mich die ganze Zeit abziehen wollen. Irgendwelche Plastik-
götter, die sie sich auch noch selber gebastelt haben, waren ihnen wichtiger
als ich. Zu denen haben sie gebetet anstatt zu mir. Das hat mich echt sauer
gemacht, ich bin gerade so aggro drauf, dass mich keiner mehr so schnell
davon runterholen kann.‘ [26] Speziell für den Präsidenten, der euch herge-
schickt hat, um eine Antwort von Gott zu bekommen, hab ich noch folgende
Nachricht von Gott: ‚Du hast die Ansagen gehört, [27] die ich über diese Stadt
und die Leute, die dort wohnen, gemacht habe. Und dir war das nicht egal,
dich hat es echt betroffen gemacht. Du hast gezeigt, dass es dir wirklich irre
leidtut, und hast sogar geweint deswegen. Das ist der Grund warum ich
auf dein Gebet gehört habe. [28] Diese Katastrophe, die ich in dieser Stadt und
mit den Leuten, die dort wohnen, passieren lassen werde, wirst du nicht
mehr mitkriegen. Du wirst nämlich vorher noch ganz alt werden und in aller
Ruhe sterben. Man wird dich auf demselben Friedhof begraben, wo alle
Leute aus deiner Familie liegen!‘“ Die Männer gingen dann wieder zum Prä-
sidenten und erzählten ihm, was Hulda gesagt hatte.

Joschija schwört die Leute neu auf die Gesetze ein

[29] Nachdem die Männer weg waren, holte sich der Präsident alle Familien-
chefs von Juda und Jerusalem in sein Büro. [30] Nach dem Treffen organisierte
er einen Umzug von allen Männern aus Juda, allen Bewohnern aus Jeru-
salem, allen Priestern und Tempelangestellten, die gemeinsam hoch zum
Tempel gehen sollten. Jeder war mit dabei, von den Bonzen bis zum ein-
fachen Arbeiter. Als alle da waren, musste einer mit einem Megaphon in der
Hand die ganzen Gesetze vorlesen, die man im Tempel gefunden hatte.
[31] Danach ging der Präsident an den Platz vor dem Tempel (wo er sonst auch
immer bei Gottesdiensten stand), um von dort einen neuen Vertrag mit Gott
klarzumachen. Alle Leute mussten ganz fest versprechen, ab sofort radikal
mit Gott zu leben und volles Rohr nur noch das zu tun, was in den Geset-
zen steht und was er sonst noch so will. Die Sachen, die in dem Buch drin-
standen, sollten ab jetzt auch getan werden. [32] Er wollte, dass alle diesen
Vertrag unterzeichnen, die aus Jerusalem oder aus dem Gebiet vom Fami-
lienstamm Benjamin anwesend waren. Die Bewohner von Jerusalem unter-
schrieben diesen Vertrag, sie wollten ab dann radikal mit Gott leben, dem
Gott, an den schon die Leute vor ihnen immer geglaubt haben. [33] Joschija
ließ die Abrissbirne auch in allen anderen Gebieten von Israel kreisen,
wo irgendwelche Figuren von Plastikgöttern aufgestellt worden waren. Er
befahl den Menschen, die dort wohnten, nur noch für ihren Gott, den

Chef, zu leben. In der Zeit, wo Joschija regierte, waren sie auch alle Gott treu, dem Gott, an den schon die Menschen vor ihnen immer geglaubt hatten.

35

Joschija feiert eine Passaparty

1 Joschija feierte am 14. April in Jerusalem die Passaparty für Gott. Dazu
wurden extra die besonderen Lämmer geschlachtet, das Passalamm. 2 Er
hatte vorher alle Priester noch mal ganz neu auf ihren Job im Tempel heißgemacht und daran erinnert, was man als Priester alles machen sollte. 3 Zu
den Levi-Leuten, die überall in Israel den Reli-Unterich machten und auch die Lizenz hatten, für Gott am Tempel zu arbeiten, sagte er: „Ihr braucht ja nicht mehr wie früher die Kiste mit den Gesetzen die ganze Zeit rumschleppen. Die ist jetzt im Tempel gelandet, den Salomo, der Präsident von Israel, gebaut hat. Salomo war ja ein Sohn von David. Ihr könnt also ab sofort nur noch hier im Tempel für Gott den Oberchef und für seine Leute arbeiten.
4 Macht euch schon mal bereit. Stellt euch nach den Familien und Dienstgruppen auf, nach der Ordnung, die David und sein Sohn Salomo aufgeschrieben haben. 5 Sortiert euch im Tempel gruppenweise, je nach Familie.
6 Dann macht euch mal anständig sauber, für die nächste Schicht. Als Nächstes sollt ihr dann für die Leute aus dem Volk ein paar Passalämmer grillen. Alles soll genau so durchgezogen werden, wie Mose es gesagt hat!“
7 Joschija spendierte für die Leute 30 000 Schafe und Ziegen aus seinem Privatbesitz, um die bei der Passafeier Gott zu schenken. Dazu kamen noch
3000 Rinder. 8 Die Minister seiner Regierung spendeten freiwillig für die normalen Leute, für die Priester und für die Tempelangestellten auch noch Sachen dazu. Die Oberpriester vom Tempel, Hilkija, Secharja und Jehiel, spendeten allen Priestern noch mal 2600 Tiere für das Passaopfer und dazu
auch noch 300 Rinder. 9 Die Chefs der Levi-Leute (wie zum Beispiel Konanja, Haschabja, Jeiel und Josabad) spendeten an die Tempelangestellten 5000
Tiere für das Passaopfer und packten noch 500 Rinder dazu. 10 So wurde die
ganze Veranstaltung geregelt. Nach dem Befehl vom Präsidenten stellten sich die einzelnen Priester dann an ihrem Platz auf. Dazu kamen die Tempelangestellten in ihren Dienstgruppen. 11 Die Tempelangestellten schlachte-
ten die Passalämmer, gaben das Blut an die Priester weiter, die es dann an den Tisch spritzten. Dann wurde den Tieren von den Tempelangestellten
noch das Fell abgezogen. 12 Die Teile, die als Abfackelopfer verbrannt werden
sollten, legten sie auf die Seite. Die sollten später an die einzelnen Familien verteilt werden, damit die Teile später auf genau die Art Gott geschenkt werden konnten, wie es in den Gesetzen drinstand. Mit den Rindern machte
man es genauso. 13 Genau nach Vorschrift wurden dann die Passalämmer

über der Feuerstelle gegrillt. Das Fleisch von den Rindern, das für das Opferessen bestimmt war, wurde in großen Töpfen gekocht. Alles wurde dann, so schnell es ging, an die Leute verteilt. 14 Anschließend machten sie für sich selbst und die Priester das Essen. Die Arbeit mit dem Verbrennen von den Abfackelopfern und den Fettstücken vom Dankopfer auf dem Altar hatte nämlich fast die ganze Nacht gedauert. 15 Der Chor, der aus der Familie vom Asaf bestand, blieb dabei die ganze Zeit an seinem Platz stehen. So war es ja von David und seinem Prophetenteam (Asaf, Heman und Jedutun) vorgeschrieben worden. Auch die Security-Einheit verließ nicht ihren Posten an den Eingängen. Die brauchten sich auch nicht von ihrem Dienst zu entfernen, weil ja die anderen Tempelangestellten für sie das Passa-Essen zubereiteten. 16 Auf die Art lief an diesem Tag der Gottesdienst ab. Das Passa-Essen und die Opfersession auf dem Opfertisch von Gott, dem Altar, wurde genauso durchgezogen, wie Joschija es gesagt hatte. 17 Nachdem die Passaparty zu Ende war, feierten die Israeliten noch sieben Tage lang das Fest der Fladenbrote. 18 So eine fette Passaparty hatte es in Israel schon ewig nicht mehr gegeben. Nur zu der Zeit, als der Prophet Samuel noch gelebt hatte, war es ähnlich abgegangen. Auf die Art, wie das Joschija jetzt feierte, hatte es bis jetzt kein Präsident gemacht. Es waren ja diesmal auch noch alle Priester, die anderen Levi-Leute, alle Leute, die in Juda und Israel wohnten, und alle Einwohner von Jerusalem dazu eingeladen worden. 19 Diese Feier passierte im 18. Jahr, in dem Joschija an der Macht war.

Die Zeit von Joschija ist abgelaufen

20 Nachdem die Renovierungsarbeiten am Tempel beendet waren, die Joschija in Auftrag gegeben hatte, gab es plötzlich wieder Krieg. Necho, der Präsident aus Ägypten, zog mit seinen Truppen gerade vom Eufratfluss in Richtung Karkemisch. Joschija versuchte, ihn auf dem Weg dorthin abzufangen. 21 Necho schickte ihm sofort eine Mail, als er davon erfuhr. „Betreff: Ihre Truppenbewegung in Richtung Karkemisch. Sehr geehrter Herr Präsident Joschija, wie mir zu Ohren gekommen ist, marschieren Sie mit Ihren Truppen gerade in Richtung Ägypten. Was soll das? Warum kümmern Sie sich um meine Angelegenheiten? Mein Krieg gilt nur der Regierung von Babylon, mit Ihnen will ich keinen Ärger haben. Ich habe diesen Krieg mit Gott abgesprochen, und er hat mir gesagt, ich soll mich damit beeilen. Er kämpft auf meiner Seite, darum sollten Sie sich nicht gegen mich stellen, weil Sie sonst von ihm plattgemacht werden könnten. Mit freundlichen Grüßen, Präsident Necho.“ 22 Joschija war es aber egal, was Necho ihm zu sagen hatte. Obwohl Gott selbst dadurch zu ihm reden wollte, zog er seine Truppen nicht zurück. Er selbst verkleidete sich, setzte sich eine Perücke auf und zog dann mit seiner Armee in den Kampf. Die Schlacht fand in der

Ebene von Megiddo statt. 23 Im Kampf wurde er von einem Scharfschützen
der Ägypter schwer getroffen. „Schnell, ich bin verwundet! Bringen Sie mich
hier weg!“, befahl er einem seiner Soldaten. 24 Er wurde dann aus seinem
Jeep in einen anderen Wagen gesetzt und ins Jerusalemer Militärkranken-
haus gefahren. Dort erlag er wenig später seinen Verletzungen. Seine Leiche
wurden im Familiengrab beerdigt. In ganz Juda und Jerusalem wurden die
Flaggen auf Halbmast gesetzt, man trauerte überall wegen ihm. 25 Jeremia,
ein Prophetentyp, schrieb sogar einen Song über Joschija. Dieses Lied wurde
seitdem von allen möglichen Musikern gecovert. Dass man Lieder schreibt,
wenn jemand gestorben ist, kam ab dann in Israel schwer in Mode. Viele
von diesen Songs stehen in dem Buch „Trauerlieder“ drin. 26–27 Alles, was
man sonst noch so über Joschija erzählen könnte, kann man auch in dem
Buch von den Präsidenten und Königen von Juda und Israel lesen. Alles, was
er so gebracht hat, wie er immer radikal die Gesetze durchziehen wollte,
von seiner Geburt bis zu seinem Tod, kann man dort drin finden.

36

Drei Präsidenten: Joahas, Jojakim und Jojachin

1–2 Die Männer von Juda wählten Joahas als nächsten Präsidenten von Juda.
Joahas war ein Sohn von Joschija. Er war 23 Jahre alt, als er der neue Prä-
sident wurde, und regierte nur drei Monate von Jerusalem aus das Land.
3 Necho, Präsident von Ägypten, der Juda zu dem Zeitpunkt unter seiner
Kontrolle hatte, setzte Joahas dann einfach ab. Juda musste 1,8 Millionen
Steuern pro Jahr an Ägypten abdrücken. 4 Necho setzte Eljakim, den Bruder
von Joahas, als neuen Präsidenten von Juda und Jerusalem ein. Allerdings
musste er sich in Jojakim umbenennen. Seinen Bruder Joahas, den ehema-
ligen Präsidenten, nahm Necho fest und führte ihn nach Ägypten ab. 5 Joja-
kim war 25 Jahre alt, als er der neue Präsident wurde. Er regierte 11 Jahre
von Jerusalem aus das Land. Er war richtig mies drauf und tat nur Sachen,
die Gott total ätzend findet. 6 Der Präsident von Babylonien, der hieß Nebu-
kadnezzar, besiegte ihn dann in einem Krieg und nahm Jojakim gefangen.
Er wurde in Handschellen nach Babylon abgeführt. 7 Einen Teil von den wert-
vollen Sachen aus dem Tempel zockte Nebukadnezzar und hängte die in
seinem Wohnzimmer in Babylonien an die Wand. 8 Alles, was man sonst
noch über Jojakim erzählen könnte, steht auch in dem Buch von den Präsi-
denten und Königen von Israel und Juda drin. Was er für ätzende Sachen
gebracht hat und was aus ihm geworden ist, kann man dort nachlesen. Als
nächster Präsident war sein Sohn Jojachin an der Reihe. 9 Der war 18 Jahre
alt, als er der neue Präsident wurde. Er regierte drei Monate und zehn Tage
von Jerusalem aus das Land. Jojachin lebte auch so, wie Gott es nicht will.
10 Anfang des Jahres wurde auch er von Nebukadnezzar nach Babylon

abgeführt. Wieder wurden viele wertvolle Sachen aus dem Tempel mit nach Babylonien genommen. Als nächsten Präsidenten setzte Nebukadnezzar Zidkaja ein, der mit Jojakim verwandt war.

Juda ist fertig: der Präsident Zidkija

11 Mit 21 Jahren wurde Zidkija der neue Präsident, und er regierte elf Jahre
lang von Jerusalem aus das Land. 12 Er lebte auch nicht so, wie Gott es
will, und er änderte sich auch nicht, obwohl Gott ihn durch den Propheten
Jeremia gewarnt hatte. 13 Zidkija versuchte, eine kleine Revolution gegen
Nebukadnezzar anzuzetteln. Das tat er, obwohl er ihm in einem Vertrag ganz
fest versprochen hatte, treu zu ihm zu stehen. Dabei hatte er sich auf Gott
berufen und gesagt, dass der sein Zeuge ist. Total stur und knallhart zog
er seinen falschen Weg durch, ohne wieder zu Gott zurück zu kommen,
dem Gott von Israel. 14 Alle Männer in Führungspositionen, sowohl bei den
Priestern als auch beim Rest der Leute, trieben es immer derber. Sie ließen
Gott die ganze Zeit links liegen und lebten so, wie die anderen Völker ohne
Gott es auch taten. Dazu verdreckten sie auch noch den Tempel in Jerusa-
lem, obwohl der eigentlich immer nur radikal ihrem Gott gehören sollte.
15 Gott gab immer wieder ein paar Warnschüsse durch ein paar Propheten
ab. Das tat er vor allem, weil er mit seinen Leuten voll Mitleid hatte, und
um den Tempel tat es ihm auch leid. 16 Aber die Leute stellten sich taub.
Was die Propheten sagten, war ihnen piepegal. Das ging so lange, bis Gott
irgendwann die Nase voll hatte. Ab dann gab es keine Möglichkeit mehr,
dass alles wieder gut werden könnte. 17 Also tat Gott diesmal nichts dage-
gen, als Nebukadnezzar aus Babylonien gegen Juda anrückte. Jetzt wurde
auch der Rest von den Soldaten von Juda getötet, als sie in der letzten
Schlacht um den Tempel kämpften. Nebukadnezzar machte kurzen Prozess.
Sogar die jungen Mädchen, die Omas und Opas und auch die Behinderten
wurden von ihm niedergemetzelt. Gott hatte sie aufgegeben. 18 Nebukadnez-
zar zockte dann auch noch die letzten wertvollen Gegenstände aus dem
Tempel. Egal wie groß oder klein die Geräte waren, alles wurde nach Babylo-
nien abtransportiert. Die ganzen goldenen und silbernen Sachen und natür-
lich sämtliche Kohle vom Tempelkonto, alles Wertvolle vom Präsidenten
und was die Chefs der Familien noch so hatten, riss er sich unter den Nagel.
19 Die babylonische Armee warf am Ende noch ein paar Molotow-Cocktails
in den Tempel, bis das ganze Haus von Gott verbrannt war. Die Stadtmauern
von Jerusalem wurden weggesprengt und die größeren Häuser vernichtet,
wo die Reichos wohnten. Auf die Art wurde alles in Jerusalem plattgemacht,
was irgendwie wertvoll war. 20 Der Rest von den Leuten, die noch übrig ge-
blieben waren, wurde von Nebukadnezzar verhaftet und nach Babylonien in
Kriegsgefangenschaft geführt. In Babylonien mussten sie, und später auch

noch ihre Kinder, unter Knebelverträgen für die Bewohner dort schuften. Das ging so lange, bis die Perser in Babylonien an die Macht kamen.
[21] So passierte, was der Prophet Jeremia früher mal gesagt hatte: „Siebzig Jahre lang soll in diesem Land nichts mehr los sein. Es soll nicht mehr bearbeitet werden, und niemand wird in der Zeit etwas ernten."

Endlich frei

[22] Später, als Kyrus, der Präsident von Persien, ein Jahr an der Macht war, passierte der zweite Teil von dem, was der Prophet Jeremia früher schon gesagt hatte. Nach siebzig Jahren sorgte Gott dafür, dass dieser Präsident folgende Anzeige in den Zeitungen im ganzen Land schalten ließ:
[23] „Bekanntmachung. Der Gott, der dieses Universum gemacht hat, gab mir die Macht über alle Länder und Regierungen, die es auf der Erde gibt. Er hat mir jetzt gesagt, dass ich für ihn den Tempel in Jerusalem wiederaufbauen soll. Darum befehle ich hiermit, dass alle Menschen, die zu seinen Leuten gehören, ab sofort wieder nach Hause gehen können. Gott soll sie auf dem Weg beschützen! Gezeichnet: Präsident Kyrus."

Das Buch Esra

1

Die Israeliten dürfen wieder nach Hause
1 In dem ersten Jahr, als Kyrus Präsident von Persien war, passierten die
Sachen, die durch den Propheten Jeremia schon vorher angekündigt wurden.
Gott sorgte plötzlich dafür, dass Kyrus auf die Idee kam, überall Spots im
Radio und Fernsehen laufen zu lassen. 2 Der Inhalt war so: „Hiermit gebe ich,
Kyrus, der Präsident von Persien, Folgendes bekannt: Ich habe von dem
höchsten Gott, der über das ganze Universum das Sagen hat, einen Auftrag
bekommen. Er will, dass ich für ihn in Jerusalem einen Tempel baue. Dieser
Gott hat auch dafür gesorgt, dass ich der mächtigste Mann der ganzen Welt
geworden bin. Alle Länder sind in meiner Gewalt! Darum ordne ich Folgendes
an: 3 Jeder Mensch aus dem Volk, das zu diesem Gott gehört, kann ab sofort
wieder nach Juda und Jerusalem zurückgehen. Dort sollen sie das Haus von
Gott wieder aufbauen. Denn es ist der Gott von den Israeliten, der dort in
Jerusalem wohnt. Gott soll euch auf eurem Weg beschützen. 4 Alle Leute von
diesem Volk, die jetzt irgendwo verstreut leben, sollen für ihre geplante Reise
von den Nachbarn vor Ort unterstützt werden. Es geht um Geldspenden,
Essen, Tiere und was man sonst noch so brauchen kann. Auch alle Sachen,
die sie für die Renovierung vom Haus von Gott, dem Tempel in Jerusalem,
benötigen, sollten wir ihnen mitgeben.“ 5 Gott überzeugte dann einige Leute,
mit nach Jerusalem zu kommen, um an seinem Haus mitzubauen. Mit dabei
waren die Clanchefs der Familienstämme von Juda und Benjamin inklusive
ihrer Familien. Die Priester und die Tempelangestellten vom Familienstamm
Levi waren auch alle mit am Start und viele andere auch. 6 Die Nachbarn
unterstützten sie mit Geldspenden, Werkzeug, Proviant und vielen anderen
Dingen, die sie gut gebrauchen konnten. Auf die Art kam einiges an Spenden
für den Tempel rein. 7 Der Präsident Kyrus rückte sogar die ganz besonderen
Geräte raus, die Nebukadnezzar damals aus dem Jerusalemer Tempel gezockt
hatte. Die Sachen wurden damals von ihm in den Tresorraum des Tempels
von seinem Plastikgott gebracht. 8 Alles wurde damals ordentlich dem Finanz-
verwalter Mitredat übergeben. Der ließ eine schriftliche Aufstellung der Geräte
anfertigen. Diese Liste hatte übrigens auch der Befehlshaber der Besatzungs-
macht von Juda, Scheschbazzar, angefordert. 9–10 In dieser Liste standen unter
anderem folgende Gegenstände drin: goldene Schalen: 30, silberne Schalen:
1000, ausgebesserte silberne Schalen: 29, Becher aus Gold: 30, Becher aus
Silber, kaputt: 410, andere Geräte: 1000. 11 Aus Gold und Silber waren das ins-
gesamt 5400 Geräte. Diese ganzen Sachen nahm Scheschbazzar mit. Gemein-
sam mit seinen Leuten zog er von Babylon wieder nach Jerusalem.

2

Eine Liste der Leute, die aus Babylonien wieder zurück nach Hause kamen
1 Jetzt kommt eine Liste von den Leuten, die früher mal in dem Gebiet Juda
gelebt hatten. Sie wurden vom Präsidenten Nebukadnezzar nach Babylonien
verschleppt, was später von Persien besiegt worden war. Die kamen jetzt
alle wieder zurück nach Jerusalem und Juda. Man nannte diese Leute ab jetzt
auch „Juden“. 2–35 Ihre Clanchefs hießen: Serubbabel, Jeschua, Nehemja,
Seraja, Reelaja, Mordochai, Bilschan, Misperet, Bigwai, Rehum und Baana.
Nun eine Liste der israelitischen Männer und Familien, in Klammern die
Anzahl der Leute, die dabei waren. Parosch (2172), Schefatja (372), Arach
(775), Pahat-Moab, die Nachkommen von Jeschua und Joab (2812), Elam
(1254), Sattu (945), Sakkai (760), Bani (642), Bebai (623), Asgad (1222),
Adonikam (666), Bigwai (2056), Adin (454), Ater, die Nachkommen von Hiskija (98), Bezai (323), Jora (112), Haschum (223), Gibbar (95), aus Betlehem
(123), aus Netofa (56), aus Anatot (128), aus Asmawet (42), aus Kirjat-Jearim, Kefira und Beerot (743), aus Rama und Geba (621), aus Michmas (122),
aus Bet-El und Ai (223), aus Nebo (52), Magbisch (156), Elam – ein
anderer (1254), Harim (320), aus Lod, Hadid und Ono (725), die Männer aus
Jericho (345), Senaa (3630). 36–39 Von den Priestern gingen folgende wieder
nach Hause zurück: Jedaja, die Nachkommen von Jeschua (973), Immer
(1052), Paschhur (1247), Harim (1017). 40 Von den Tempelangestellten: die
Familie Jeschua, die Nachkommen von Kadmiel, Binnui und Hodawja (74).
41 Der Tempelchor: die Nachkommen von Asaf (128). 42 Und die Security-
Leute im Tempel: die Familien Schallum, Ater, Talmon, Akkub, Hatita und
Schobai (139). 43–54 Von den Männern, die im Tempel die Drecksarbeit
machten, gingen folgende Familien wieder zurück: Ziha, Hasufa, Tabbaot,
Keros, Sia, Padon, Lebana, Hagaba, Akkub, Hagab, Salmai, Hanan, Giddel,
Gahar, Reaja, Rezin, Nekoda, Gasam, Usa, Paseach, Besai, Asna, die Meuniter und die Nefusiter, Bakbuk, Hakufa, Harhur, Bazlut, Mehida, Harscha,
Barkos, Sisera, Temach, Neziach, Hatifa. 55–57 Von den Familien der Leute,
die schon beim Präsidenten Salomo fest angestellt waren, kamen folgende
zurück: Sotai, Soferet, Peruda, Jaala, Darkon, Giddel, Schefatja, Hattil,
Pocheret-Zebajim, Ami. 58 Insgesamt kamen von den Männern, die im Tempel die Drecksarbeit machten, und den Männern, die seit Salomo für die
Präsidenten fest angestellt waren, 392 Leute zurück. 59–60 Aus Tel-Melach,
Tel-Harscha, Kerub-Addon und Immer waren folgende Familien dabei
(die hatten leider ihre Ausweise verloren und konnten deswegen nicht beweisen, dass sie wirklich Israeliten waren): Delaja, Tobija und Nekoda: 652.
61–62 Auch bei den Priestern gab es ein paar Männer, die ihre Pässe nicht
finden konnten. Dazu zählten die Familien von Habaja, Koz und Barsillai.

Der Ururgroßvater dieser Familie hatte eine Tochter von Barsillai aus
Gilead geheiratet und dann dessen Namen angenommen. Weil diese drei
Familien ihre priesterliche Identität nicht beweisen konnten, verloren sie
ihre Priesterlizenz und wurden vom Dienst ausgeschlossen. 63 Der Befehls-
haber der Besatzungsmacht verbot ihnen so lange, an dem Essen teilzuneh-
men, bei dem die ganz besonderen Sachen gegessen wurden, bis es wieder
einen Oberpriester gab. Der sollte sich dann um ihre Probleme kümmern.
64–67 Insgesamt kamen 42 360 Israeliten wieder zurück nach Hause. Dazu
kamen noch: Angestellte und Gastarbeiter von außerhalb (7337) und der
Chor: 200. An Material konnten mitgenommen werden: Pkws (736), Trans-
porter (245), Motorräder (435), Fahrräder (6720). 70 Alle gingen wieder
zurück an die Orte, in denen sie früher mal gewohnt hatten. Das betraf die
Priester und die Tempelangestellten, den Chor, die Männer von der Security
vom Tempel und die Leute, die im Tempel die Drecksarbeit machten, aber
auch alle anderen Israeliten.

3

Die ersten Opfer und ne fette Party

1 Nachdem alle Israeliten wieder dort wohnten, wo sie ursprünglich mal
herkamen, gab es Anfang Oktober ein großes Treffen in Jerusalem. 2 Als
Erstes wurde dieser Opfertisch, der Altar, wiederaufgebaut, auf dem immer
Sachen für Gott verbrannt werden. Das erledigten Jeschua (der Sohn von
Jozadak) mit seinen Brüdern (die waren Priester) und Serubbabel (der Sohn
von Schealtiel) mit seinen Brüdern. An der Stelle sollten ab sofort wieder die
Abfackelopfer für Gott durchgezogen werden, und zwar genau auf die Art,
wie es in den Gesetzen von Mose drinsteht, der so krass mit Gott unterwegs
gewesen war. 3 Der Tisch wurde genau an der gleichen Stelle aufgestellt, wo
er früher immer gestanden hatte. Einige Nachbarstaaten waren zwar dage-
gen, aber sie machten es trotzdem. Ab sofort wurden dort wieder morgens
und abends Abfackelopfer für Gott verbrannt. 4 Das „Fest der Blätterbuden“
wurde auch wieder gefeiert, genau so, wie es vorgeschrieben war. Also jeden
Tag ein Abfackelopfer, eine Woche lang. 5 Ab dann wurden also wieder
regelmäßig, jeden Morgen und Abend, diese Opfer durchgezogen. Das galt
auch für die Opfer am Neujahrstag und an allen anderen Feiertagen, und
natürlich auch für die Sachen, die einfach so Gott geschenkt wurden. 6 Das
Ganze startete am 1. Oktober, ab dem Tag ging das wieder mit den Opfer-
sessions los. In der Zeit war aber beim Wiederaufbau vom Tempel noch
nicht wirklich viel passiert. 7 Einige Bauarbeiter und Fliesenleger bekamen
einen Zeitvertrag. Aus Sidon und Tyrus wurden ein paar Gastarbeiter einge-
flogen, die bei dem Transport von Holzlieferungen aus dem Libanon halfen.
Das Holz kam über den Meerweg und wurde im Hafen von Jafo abgeliefert.

Die Bezahlung lief in Form von Naturalien ab, wie z. B. Wein oder Benzin. Der Präsident Kyrus hatte das ja alles genehmigt.

Es wird ein Fundament für den neuen Tempel gegossen
8 Im Mai, zwei Jahre nachdem man wieder nach Israel zurückgekehrt war, begannen die Arbeiten am neuen Tempel in Jerusalem. Serubbabel, Jeschua und ihre Brüder, die Priester und Tempelangestellten, die aus der Kriegsgefangenschaft zurückgekommen waren, arbeiteten mit. Die Levi-Leute, die schon zwanzig Jahre alt oder älter waren, hatten die Bauaufsicht.
9 Jeschua nahm alle Arbeiter in die Lehre, die auf der Baustelle am Schuften waren. Auch seine Söhne und Brüder taten das, dazu noch Kadmiel und seine Söhne und die Kinder von Hodawja. Zu den Chefs am Bau gehörten auch noch die Priester der Familie von Henadad.
10 Nachdem das Betonfundament fertig war, kamen die Priester in ihren Priesterklamotten an. Dazu kam auch die Band der Tempelangestellten aus der Familie Asaf mit ihren E-Gitarren und Verstärkern. Sie hatten auch einen Drumcomputer mitgebracht. Alle wollten zusammen Gott auf die Art und Weise, wie David es angeordnet hatte, danken.
11 Und zwar dankten sie Gott mit einem Song, der immer im Wechsel gesungen wurde. Die einen sangen „Gott ist so super gut zu uns!", dann wiederholten es die anderen „Ja, unser Gott, der ist super gut!" – „Er liebt uns immer, das macht Mut!", und die anderen wiederholten „Er liebt uns immer, das macht Mut!". Nachdem die Priester mit dem Lied angefangen hatten, stimmte das ganze Volk mit ein. Und dann klatschten sie alle voll laut und jubelten los, weil das Fundament vom Haus für Gott endlich fertig war.
12 Die Älteren unter ihnen, vor allem die Priester und Clanchefs, hatten ja noch den ersten Tempel in Erinnerung. Als sie nun mit eigenen Augen sehen konnten, dass das Fundament vom neuen Tempel fertig war, fingen sie vor Freude voll an zu weinen. Einige gingen dabei aber auch total ab und fingen laut an zu schreien.
13 Der Lärm, den die Leute dabei machten, war so laut, dass man das Schreien vor Freude von dem Weinen kaum noch unterscheiden konnte. Den Lärm hörte man auch noch einige Kilometer weiter weg.

4

Die Leute aus Samaria dürfen nicht mitbauen
1 Es gab im Land der Israeliten einige Gruppen, die sich gegenseitig nicht so gut abkonnten. Da waren auf der einen Seite die Samariter. Sie wohnten im ehemaligen Nordreich, mit Samaria als Hauptstadt. Dort hatten sich Einheimische mit Ausländern vermischt. Auf der anderen Seite waren die Juden, das sind die Familienstämme Juda und Benjamin. Vielen von ihnen waren gerade aus der Kriegsgefangenschaft nach Hause gekommen. Als jetzt die

Samariter mitbekamen, dass die Juden den Tempel wiederaufbauen wollen,
wollten sie unbedingt auch mitmachen. 2 Darum machten sie Serubbabel,
Jeshua und den Clanchefs einen Vorschlag: „Warum können wir nicht mit
anpacken? Wir glauben schließlich an den gleichen Gott wie ihr! Seitdem
Asarhaddon, der Präsident von den Assyrern, uns hierhergeschickt hat,
machen wir für Gott regelmäßig Opfersessions.“ 3 Serubbabel, Jeschua und
die andern Clanchefs von Israel waren aber nicht so begeistert von dieser
Idee. „Was haben wir mit euch zu tun? Das ist gar nicht eure Baustelle, nur
wir dürfen dem Gott von Israel ein Haus bauen. Das hat Kyrus, der Präsident
von Persien, so festgelegt!“ 4 Nach dieser Ansage waren die anderen ziem-
lich sauer. Ab dann versuchten sie den Leuten von Juda, die man seit einiger
Zeit auch Juden nannte, nur noch Steine in den Weg zu legen, um den Bau
irgendwie zu verhindern. Sie taten alles, damit die Juden keinen Bock mehr
hatten, den Tempel fertigzubauen. 5 Man versuchte sogar, mit Bestechungs-
geldern die Minister vom Präsidenten dazu zu bringen, den ganzen Bau zu
stoppen. Diese Anti-Tempel-Politik wurde von der Zeit an, in der Präsident
Kyrus an der Macht war, bis in die Zeit von Präsident Darius gnadenlos
durchgezogen.

Eine Anzeige gegen die Juden beim Präsidenten von Persien, um den Bau zu verhindern

6 Gleich nachdem der neue Präsident von Persien, Xerxes, an die Macht
kam, reichte die „Protestbewegung gegen den Tempelbau“ eine schriftliche
Anklage gegen die Leute aus Juda und Jerusalem ein. 7 Als die abgeschmet-
tert wurde, dauerte es eine Weile, bis die nächste Initiative an den Start kam.
Bischlam, Mitredat, Tabeel und ihre Kollegen schrieben dann erst einen
neuen Beschwerdebrief, als der nächste Präsident von Persien, Artaxerxes,
an der Macht war. Der Brief war in der Sprache Aramäisch verfasst, die
damals in den Behörden gesprochen wurde. 8 Der oberste Befehlshaber der
Besatzungstruppen von Samarien, General Rehum, schrieb gemeinsam mit
seinem Sekretär Schimschai auch einen Brief an den Präsidenten Artaxerxes.
In diesem Brief schilderte er den Stress, der bei ihnen gerade abging. Als
Absender stand auf dem Umschlag: 9 „Oberbefehlshaber Rehum, Sekretär
Schimschai, alle Amtskollegen, Richter, Verwaltungsbeamte, Schreibkräfte,
die Bewohner von Erech, Babylon, Susa 10 und alle Vertreter der andern Völ-
ker, die der berühmte Präsident Assurbanipal in der Stadt Samaria und an
anderen Orten in der Gegend, westlich vom Eufrat, angesiedelt hat.“ 11–12 In
dem Brief stand Folgendes: „Sehr geehrter Herr Präsident Artaxerxes! Wir,
die Menschen aus dem von Ihren Truppen besetzten Gebiet im Westen der
Provinz, haben eine Anfrage an Sie: Die Juden sind nach einer langen Kriegs-
gefangenschaft wieder nach Jerusalem zurückgekommen. Jetzt wollen sie

diese schlimme Stadt wiederaufbauen, obwohl von hier immer ganz üble Revolutionen ausgegangen sind. Es wurde bereits damit begonnen, die Stadtmauern wieder hochzuziehen. Einige Fundamente sind auch bereits gegossen worden. [13] Wir wollen Sie nur darauf aufmerksam machen, dass, wenn diese Mauer erst mal wieder steht, die Bewohner garantiert keine Steuern mehr an Sie abdrücken wollen. Das würde Ihre Einnahmen um einiges verkleinern. [14] Wir sehen es nicht ein, dass wir einfach nur dabei zusehen und nichts dagegen tun können. Wir sind Ihnen gegenüber immer treu gewesen, darum wollen wir Sie mit diesem Brief über alles, was da gerade passiert, in Kenntnis setzen. [15] Wenn Sie mal in den Geschichtsbüchern nachschauen, wäre es leicht zu beweisen, dass von dieser Stadt immer revolutionäre Kräfte ausgegangen sind, die der Politik große Probleme bereitet haben. Menschen von dort haben fast immer aufgemuckt und finden es anscheinend gut, immer Ärger zu machen. Das ist auch der Grund, warum die Stadt vor einiger Zeit überhaupt komplett kaputt gemacht worden ist. [16] Und noch was sollte man bedenken: Wenn die Stadt wieder steht und die Mauern hochgezogen wurden, könnte das ganze Gebiet westlich vom Eufrat wieder eigenständig werden. Und dann könnten Sie es abschreiben, es wäre für Sie verloren." [17] Die Antwort vom Präsidenten sah so aus: „An den General Rehum, seinen Sekretär Schimschai und ihre Kollegen in Samaria und der Westprovinz. Sehr geehrte Herren, [18] freundlich bestätige ich dem Empfang Ihres Schreibens. [19] Ich habe umgehend die Geschichtsbücher gewälzt und musste feststellen, dass Ihre Angaben überall bestätigt wurden. Solange es diese Stadt gibt, gingen von ihr immer Revolutionen aus, die sich gegen die Regierung gewandt haben. Sie war ein Nest von gewaltbereiten Anarchos. [20] Es gab immer mal wieder Bürgermeister und Präsidenten in Jerusalem, die das Sagen über die ganze Gegend westlich vom Eufratfluss hatten. An sie wurden immer die Steuern und Zolleinahmen bezahlt. [21] Kurzum, dies ist meine Anordnung an Sie: Die Bauarbeiten sind sofort zu stoppen. Diese Stadt sollte erst wiederaufgebaut werden, wenn ich mein O.k. dazu gegeben habe. [22] Bitte sorgen Sie umgehend dafür, dass diese Anordnung befolgt wird. Sonst könnte dieses Unternehmen unserem Land schaden. Mit freundlichen Grüßen, Ihr Präsident Artaxerxes." [23] Nachdem Rehum, Schimschai und ihre Kollegen den Brief gelesen hatten, wurden sofort Truppen nach Jerusalem geschickt, die alle weiteren Arbeiten in der Stadt stoppten. [24] Dieser Baustopp betraf auch den Tempel von Gott in Jerusalem. Bis zum zweiten Regierungsjahr des nächsten Präsidenten von Persien, Darius, passierte erst mal nichts mehr.

5

Proteste beim zweiten Versuch, den Tempel wiederaufzubauen
[1] Zu der Zeit waren in Israel zwei Propheten am Start. Der eine hieß Haggai
und der andere Sacharja. Sacharja kam aus der Familie Iddo. Die beiden
sagten im Auftrag von Gott viele nette Sachen zu den Juden, die in Juda und
Jerusalem lebten, und ermutigten sie dadurch. [2] Daraufhin nahmen Serub-
babel und Jeschua die Arbeit an der Baustellen vom Tempel in Jerusalem
wieder auf. Die Propheten fanden die Idee gut und unterstützten das Ganze.
[3] Kurze Zeit später kam Tattenai, der von der Besatzungsmacht für die ganze
Provinz westlich vom Eufratfluss eingesetzt war, mit Schetar-Bosnai und
einigen Beratern nach Juda. Sie fragten die Leute: „Wer hat Ihnen eigentlich
die offizielle Erlaubnis erteilt, den Tempel wiederaufzubauen? [4] Wer ist für
diesen Bau verantwortlich?“ [5] Gott hatte aber die Situation im Griff und
passte auf die Juden auf. Er sorgte dafür, dass sie weiter am Tempel arbeiten
konnten, bis der Brief von Darius da war. [6] Folgendes stand in dem Brief,
der damals an den Präsidenten Darius geschickt wurde. Geschrieben wurde
er von Tattenai, Schetar-Bosnai und seinen Beratern, die für das Land im
Beamtendienst tätig waren. [7] Sie schrieben an den Präsidenten einen Be-
richt: „Sehr geehrter Herr Präsident Darius, [8] wir würden Ihnen gerne von
einer Sache im Bezirk Juda berichten. Dort konnten wir beobachten, dass
die Leute wieder an einem Tempel für ihren Gott bauen. Es werden bereits
Betonfundamente gegossen und Gerüste aufgebaut. Sie arbeiten schnell,
supergenau, und die Arbeit geht megaschnell voran. [9] Wir gingen zu den
Chefs der Stadt und fragten sie, von wem sie überhaupt die Genehmigung
hätten, den Tempel wieder hochzuziehen. [10] Dann haben wir auch noch
versucht ein paar Namen und eine Liste von den Verantwortlichen zu
bekommen. [11] Sie gaben uns folgende Antwort: „Wir leben für den Gott, der
das Universum und auch diese Erde gemacht hat. Wir bauen den Tempel
wieder auf, der lang an dieser Stelle gestanden hat. Ein großer Präsident von
Israel hatte den mal hier gebaut. [12] Leider haben die Menschen, die vor uns
lebten, diesen Gott richtig gelinkt. Darum hat er sie an Nebukadnezzar
ausgeliefert, den Präsidenten von Babylonien. Der hat übrigens auch diesen
Tempel plattgemacht. Alle Juden wurden von ihm nach Babylonien entführt.
[13] Als dann aber Kyrus, der Präsident von Persien, die Macht in Babylonien
übernommen hatte, entschied er sich schon im ersten Jahr, dass dieser
Tempel wiederaufgebaut werden sollte. [14] Präsident Kyrus rückte sogar alle
Geräte aus Silber und Gold wieder raus, die Nebukadnezzar vorher aus
dem Haus von Gott gezockt und in den Tempel von seinem Gott nach
Babylonien gebracht hatte. Diese wertvollen Sachen wurden in mehrere
Geldtransporter geräumt und Scheschbazzar, dem neuen Verwalter von

Juda, übergeben. 15 Kyrus gab ihm den Auftrag, alle Geräte zusammenzu-
packen und in den neuen Tempel nach Jerusalem zu verfrachten. „Passen
Sie auf, dass der Tempel wieder an genau dem Platz hochgezogen wird,
wo er vorher schon gestanden hatte', sagte er zu ihm. 16 Schließlich kam
Scheschbazzar höchstpersönlich nach Jerusalem und legte den Grundstein
für das Fundament vom Tempel. Seitdem wird da dran gebaut, aber der
Tempel ist bis jetzt noch nicht fertig.' 17 Wir bitten darum, einmal in den
Akten in Babylonien nachsehen zu dürfen, ob es so einen Befehl vom Präsi-
dent Kyrus auch tatsächlich gegeben hat. Soll der Tempel, das Haus von die-
sem Gott, wirklich wiederaufgebaut werden? Es wäre gut, wenn wir ganz
bald von Ihnen hören könnten, wie Sie sich in der Sache entschieden haben.
Mit freundlichen Grüßen, Tattenai, Schetar-Bosnai und einige Berater aus
der Provinz im Westen."

6

Der Tempel darf doch gebaut werden

1 Daraufhin ließ der Präsident Darius zuerst einmal alle Aktenordner durch-
forsten. 2 Schließlich fand man eine Notiz in einem Ordner, der in der
Ferienwohnung des Präsidenten im Schrank stand. Diese Wohnung lag in
der Provinz Medien. Auf dem Papier stand Folgendes: 3 „Dieser Brief wird
im ersten Jahr geschrieben, in dem der Präsident Kyrus an der Macht ist.
Kyrus ordnete hiermit Folgendes in der Sache „Tempel in Jerusalem" an:
Dieses Haus von Gott soll wieder ganz neu aufgebaut werden! Es soll dafür
da sein, um da Opfer abzufackeln. Der Tempel soll dreißig Meter hoch und
dreißig Meter breit werden. 4 Nach jeder dritten Lage von Steinen wird ein
Balken eingezogen. Die Kosten für den Bau trägt der Staat. 5 Alle Geräte
aus Gold und Silber, die Nebukadnezzar aus dem alten Tempel hat mitgehen
gelassen, sollen wieder zurückgegeben werden. Alles soll an seinen alten
Platz kommen, an dem es vorher auch schon gestanden hat. Gezeichnet,
Präsident Kyrus". 6 Deswegen schrieb der neue Präsident schnell eine Mail
an Tattenai und Schetar-Bosnai und auch an alle Beamten: „Sehr geehrte
Damen und Herren, lassen Sie die Männer bitte in Ruhe arbeiten! 7 Stören
Sie die Juden nicht dabei, ihren Tempel wiederaufzubauen. Es ist voll okay,
dass die Chefs von diesem Volk das Haus von Gott wieder an der Stelle
aufbauen, wo es früher mal gestanden hat. 8 Ich möchte, dass Sie die bei
der Arbeit unterstützen! Das ist ein Befehl! Alle Gelder, die für den Bau vom
Haus Gottes gebraucht werden, sind durch die Steuereinnahmen aus der
Provinz im Westen zu bezahlen. Die Überweisungen müssen pünktlich
laufen, damit der Bau weitergehen kann. 9 Die ganzen Dinge, die man
braucht, um ein Abfackelopfer für Gott durchzuziehen, sollten auch von
euch täglich angeliefert werden. Dieser Lieferservice betrifft alles: Stiere,

Schafböcke, junge Schafe, das Weizenmehl, Salz, Bier, Wein und Öl. Diese
Dinge sollen den Priestern in Jerusalem gebracht werden. Alles muss genau
so ablaufen, wie die es gerade brauchen. 10 Ich möchte, dass die Juden dem
Gott dieses Universums ständig Räucherstäbchen anzünden, und sie sollen
für mich, den Präsidenten, und für meine Familie beten. 11 Damit das auch
alles so durchgezogen wird, gilt folgender Befehl: Falls jemand das nicht
tut, was ich gerade gesagt habe, soll man bei ihm zu Hause einen Stützbal-
ken aus dem Dach rausreißen. Der Balken wird auf dem Grundstück in den
Boden gerammt, und der Hausbesitzer wird da drangetackert. Das Haus
muss anschließend von Bulldozern abgerissen werden. 12 Der Gott, der sich
diesen Tempel ausgesucht hat, um da drin zu wohnen, wird jeden Präsiden-
ten plattmachen und jede Nation auslöschen, die sich an diese Sachen,
die ich gerade gesagt habe, nicht hält. Das gilt auch für jeden, der den Tem-
pel in Jerusalem wieder kaputt machen will. Dieser Befehl kommt von mir,
dem Präsidenten Darius, und er muss Punkt für Punkt umgesetzt werden!"

Der neue Tempel ist fertig

13 Ab dem Zeitpunkt zogen Tattenai, der Oberbürgermeister der Provinz
im Westen, Schetar-Bosnai und seine Mitarbeiter radikal alle diese Befehle
durch, die vom Präsidenten kamen. 14 Die Chefs der Juden konnten also
weiterbauen, und man kam ganz gut voran. Das lag vor allem auch da dran,
weil die Prophetentypen Haggai und Sacharja es immer schafften, jeden
wieder gut draufzubringen. Gott hatte seinen Leuten durch die beiden näm-
lich immer wieder Mut zum Tempelbau gemacht. Das ganze Projekt wurde
also zu Ende gebracht, und zwar so, wie es der Gott von Israel befohlen
und die Präsidenten von Persien, Kyrus, Darius und Artaxerxes, gesagt hat-
ten. 15 Am 18. März, im dritten Jahr, wo Präsident Darius an der Macht war,
war der Tempel endlich fertig. 16 Alle Israeliten, inklusive Priester und
Tempelangestellten, die aus der Kriegsgefangenschaft wieder nach Hause
gekommen waren, feierten bei der Wiedereröffnungsparty vom Tempel wie
verrückt. 17 Zur Eröffnungsparty spendierten sie 100 Stiere, 200 männliche
Schafe und 400 junge Schafe, die alle abgefackelt wurden. Dazu gab es
noch zwölf männliche Ziegen, für jeden Familienstamm einen. 18 Es gab
dann auch wieder neue Dienstpläne, in denen die einzelnen Priester für
ihre Schichten eingeteilt wurden. Alles passierte genau so, wie es in den
Gesetzen von Mose drinstand.

Die Passaparty

19 Am 14. April stieg dann das große „Nach-Hause-kommen-Fest" im Rah-
men einer Passaparty. 20 Die Priester und die Tempelangestellten hatten sich
dafür schon sauber gemacht, alle waren total rein. Als Erstes wurden die

Passalämmer geschlachtet, einmal für die Leute, die zurückgekommen
waren, dann aber auch für alle anderen und auch für sich selbst. 21 Alle nah-
men am Passa-Festessen teil: die Leute, die wieder nach Hause gekommen
waren, und auch die Leute, die in der Gegend schon länger wohnten (die
aber bei dem ganzen Mist, den die anderen Menschen dort gebaut hatten,
nie wirklich dabei gewesen waren). Sie sollten mit den Israeliten zusammen
feiern und zu Gott, dem Gott von Israel, beten. 22 Die Party ging über eine
Woche. Man feierte das Fest der Fladenbrote, und alle waren voll gut drauf.
Für das „Gutdraufsein" hatte Gott selbst gesorgt. Schließlich hatte er den
Präsidenten von Persien (der übrigens auch Chef von Assyrien war) dazu
gebracht, nett mit ihnen umzugehen. Und Gott hatte sich auf die Art auch
da drum gekümmert, dass der Tempel, das Haus vom Gott von Israel,
wiederaufgebaut werden konnte.

7

Esra bekommt einen Spezialauftrag

1–5 In der Zeit, in der Artaxerxes als Präsident von Persien an der Macht war,
wohnte in Babylon ein Typ, der Esra hieß. Sein Familienstammbaum ging
bis zum allerersten Priester Aaron zurück. Und zwar war das so: Sein Vater
hieß Seraja. Die anderen Vorfahren hießen Asarja, Hilkija, Schallum, Zadok,
Ahitub, Amarja, Asarja, Merajot, Serachja, Usi, Bukki, Abischua, Pinhas
und Eleasar, und der war ein Sohn von Aaron. 6 Esra zog aus Babylonien weg
und nahm sich ein Zimmer in Jerusalem. Er arbeitete als Reli-Lehrer, weil er
sich voll gut mit den Gesetzen von Mose auskannte. Gott war ganz krass bei
ihm am Start, vermutlich hatte er deswegen beim Präsidenten einen Stein
im Brett. Der tat nämlich immer alles, was Esra von ihm wollte. 7 In der Zeit,
in der Präsident Artaxerxes im siebten Jahr im Amt war, wanderten sehr viele
Israeliten, Priester, Tempelangestellte, Musiker, Leute von der Security-Ein-
heit und Leute, die im Tempel immer die Drecksarbeit machten, zum Tempel
nach Jerusalem. 8 Im Mai kamen sie in Jerusalem an. 9 Esra hatte vorher mal
die Idee gehabt, dass sie am 1. April losgehen und am 1. Mai ankommen
sollten. Gott war mit am Start, und so erreichten sie Jerusalem genau zur
richtigen Zeit. 10 Für Esra waren die Gesetze immer superwichtig gewesen.
Er hatte sie sich reingezogen, sie auswendig gelernt und versucht, alles
genau so umzusetzen, wie es dort drinstand. Außerdem versuchte er auch,
den Israeliten alles, was er über die Gesetze und Regeln wusste, beizubrin-
gen, damit sie sich an die Sachen, die dort drinstanden, halten konnten.
11 Präsident Artaxerxes schrieb dann irgendwann mal einen Brief an Esra, in
dem er einige Ansagen machte, die für alle Israeliten gelten sollten. Der Brief
ging folgendermaßen: 12 „Absender: Artaxerxes, der oberste Präsident der
ganzen Welt. An: Esra, Priester und Religionslehrer von den Gesetzen, die

vom Gott des ganzen Universums kommen. Sehr geehrter Esra, [13] hiermit ordne ich Folgendes an: Jeder Mensch, der in meinem Land wohnt und zu den Israeliten gehört, also auch die Priester und die Tempelangestellten, darf, wenn er will, von mir aus mit Ihnen nach Jerusalem abhauen. [14] Außerdem würden ich und meine sieben Minister gerne von Ihnen erfahren, ob es in Jerusalem und in ganz Juda jetzt wirklich so abgeht, wie es in den Gesetzen von Gott drinsteht. Sie kennen sich da ja sehr gut aus. [15] Außerdem bitten wir Sie, das ganze Geld, was wir für den Gott von Israel und den Bau von seinem Haus in Jerusalem gespendet haben, dort auf das richtige Konto einzuzahlen. [16] Nehmen Sie bitte auch noch das ganze Silber und Gold mit, was aus Babylonien noch reinkommt. Dazu sollten Sie auch ein Spendenkonto einrichten, damit die Leute und auch die Priester, die Bock da drauf haben, dort Geld für den Tempelbau in Jerusalem einzahlen könnten. [17] Sie bekommen diese Spenden, weil davon ganz viele Stiere, Widder, junge Schafe und auch die anderen Essens- und Trinkopfer gekauft werden können. Die sollten dann alle auf dem Opfertisch, dem Altar im Haus von Gott in Jerusalem, abgefackelt werden. [18] Falls von der Kohle noch was übrig ist, können Sie damit machen, was Sie wollen. [19] Alle Geräte, die für die Arbeit im Haus von Gott gebraucht werden, sollen Ihrem Gott in Jerusalem geschenkt werden. [20] Wenn es jetzt noch ein paar Sachen gibt, die noch zusätzlich gekauft werden müssen, können wir die Rechnung aus der Staatskasse bezahlen.
[21] Ich habe meinen Finanzministern in den Provinzen im Westen gesagt, dass Sie alles, was Sie brauchen, auch bekommen sollen. Ich sagte denen: ‚Was dieser Priester und Religionslehrer braucht, soll ihm sofort geliefert werden! Das betrifft eine Menge, die bis zu 350 Kilo Silber geht, 5 Tonnen Weizen, 500 Liter Wein und genauso viel Öl. Salz und so was kann er so viel haben, wie er braucht. [23] Alles, was der Gott des Universums für den Dienst im Tempel nötig hat, soll zu seiner vollsten Zufriedenheit erledigt werden. Wir wollen auf keinen Fall, dass er sauer auf uns, auf unser Land und die Familie vom Präsidenten wird. [24] Außerdem gilt ab sofort folgendes Gesetz: Keiner darf von folgenden Berufsgruppen Steuern nehmen: Priestern, Tempelangestellten, Sängern im Tempel, Leuten von der Security und Leuten, die im Tempel die Drecksarbeit machen.‘ [25] Ich möchte von Ihnen sehen, lieber Esra, dass Sie sofort ein Gericht im Land organisieren, das für Recht und Ordnung sorgt. Außerdem sollen Sie Religionslehrer einstellen, die viel über die Gesetze wissen und das an die Leute weitergeben können. Überall in der Provinz im Westen sollen die ab sofort auch Gerichtsverhandlungen führen und Urteile sprechen, wenn es Probleme gibt. Und die Leute, die das Gesetz noch nicht kennen, denen soll es beigebracht werden. [26] Alle Leute, die sich nicht da dran halten wollen, müssen vor Gericht. Dort sollen sie dann verurteilt werden, je nachdem, was sie verbockt haben. Das kann vom Raus-

schmiss aus der Gemeinschaft über eine Geldstrafe oder Gefängnis bis zur
Todesstrafe gehen.“ 27 Später fing Esra dann an, voll laut zu Gott zu beten,
weil er sich so über die coole Entwicklung freute. Er sagte: „Gott, du bist ein-
fach genial! Du bist der Gott, an den unsere Leute schon immer geglaubt
haben. Du hast dem Präsidenten überhaupt erst die Idee gegeben, dass wir
den Tempel wieder hochziehen dürfen. So bekommen die Leute wieder Re-
spekt vor deinem Haus in Jerusalem! 28 Du hast dafür gesorgt, dass ich beim
Präsidenten einen Stein im Brett habe, dass er mich irgendwie mag, und
auch seine Berater und die hohen Beamten finden mich wohl ganz nett. Du
hast mich unterstützt und mir die Kraft dazu gegeben, du hast mich super
in diese ganze Aufgabe reingeführt. Nur so hab ich es geschafft, einige Clan-
chefs davon zu überzeugen, dass es richtig ist, wieder hierher nach Hause
zu kommen.“

8

Eine Liste von den Clanchefs

1 Esra schreibt: „Jetzt kommt eine Liste von den Clanchefs und den anderen
Männern, die mit mir von Babylon nach Jerusalem gefahren sind. Das pas-
sierte in der Zeit, als Präsident Artaxerxes an der Macht war. 2–3 Von der
Familie Pinhas: Gerschom; von der Familie Itamar: Daniel; von der Familie
David: Hattusch, der Sohn von Schechanja; von der Familie Parosch: Se-
charja und mit ihm 150 Männer, die in einer Liste standen. 4 Aus der Familie
Pahat-Moab: Eljoenai, der Sohn von Serachja, und außer ihm noch 200
andere Männer; 5 von der Familie Sattu: Schechanja, der Sohn von Jahasiel,
und außer ihm noch 300 andere Männer; 6 von der Familie Adin: Ebed,
der Sohn von Jonatan, und außer ihm noch 50 andere Männer; 7 von der
Familie Elam: Jeschaja, der Sohn von Atalja, und außer ihm noch 70 andere
Männer; 8 von der Familie Schefatja: Sebadja, der Sohn von Michael, und
außer ihm noch 80 andere Männer; 9 von der Familie Joab: Obadja, der Sohn
von Jehiel, und außer ihm noch 218 andere Männer; 10 von der Familie Bani:
Schelomit, der Sohn von Josifja, und außer ihm noch 160 andere Männer;
11 von der Familie Bebai: Secharja, der Sohn von Bebai, und außer ihm noch
28 andere Männer; 12 von der Familie Asgad: Johanan, der Sohn von Katan,
und außer ihm noch 110 andere Männer; 13 von der Familie Adonikam auch
noch die letzten Mitglieder: Elifelet, Jeiel und Schemaja und außer ihnen
noch 60 andere Männer; 14 von der Sippe Bigwai: Utai und Sabbud und
außer ihnen noch 70 andere Männer. So, das war es.

Esra trommelt die Priester und Tempelangestellten zusammen

15 Dann ließ ich die ganze Gruppe bei dem Wasserkanal antreten, der in die
Stadt runter in Richtung Ahawa führt. Das Treffen ging über drei Tage. Plötz-

lich bemerkte ich, dass zwar irre viele normale Leute und Priester am Start
waren, aber keiner von den Tempelangestellten dabei war. 16 Ich rief also bei
ein paar Clanchefs an, und wir trafen uns bei mir im Büro. Eingeladen waren
Elieser, Ariel, Schemaja, Jonatan, Jarib, Elnatan, Natan, Secharja, Meschul-
lam sowie Jojarib und Elnatan, die beide eine Menge auf dem Kasten hatten.
17 Nach dem Treffen sollten sie mal bei Iddo reinschneien. Er war der Chef
von Kadifja, einem Dorf, wo nur Levi-Leute lebten. Sie sollten ihm und sei-
nen Brüdern ein paar Takte von mir ausrichten, damit sie auch mal einige
Leute von ihrer Familie dafür abstellen, im Tempel von Gott ein paar Jobs zu
übernehmen. 18 Vermutlich, weil Gott mal wieder nett zu uns ist, kriegten wir
Kontakt mit einem Typen, der echt locker drauf war. Er gehörte zu den Levi-
Typen von der Merari-Sippe und hatte auch seine Söhne und Brüder gleich
mitgenommen. Insgesamt waren das 18 Leute. 19 Dazu kamen auch noch
Haschabja und Jeschaja, die auch aus der Familie Merari waren. Sie brach-
ten ihre Söhne mit, und die Brüder von Haschabja waren auch dabei. So
kamen noch mal 20 Männer dazu. 20 Und dann gab es da noch eine Liste
mit 220 Männern, die im Tempel immer die Drecksarbeit machten. Deren
Familien waren noch aus der Zeit, als David und die damaligen Chefs sie
für die Arbeit im Tempel freigestellt hatten, damit sie den Levi-Leuten bei der
Arbeit helfen konnten.

Vorbereitung auf eine lange Reise

21 Als wir da am Ahawa-Kanal unser Lager aufgeschlagen hatten, setzte ich
erst mal einen Tag an, wo jeder auf Essen verzichten musste und dafür mehr
beten sollte. Es ging mir da drum, dass sich jeder noch mal ganz klarmacht,
wie sehr wir Gott brauchen. Wir wollten Gott auch da drum bitten, dass die
Reise gut läuft und dass unsere Familien und die ganzen Klamotten gut
zu Hause ankommen würden. 22 Mir war es zu peinlich, jetzt noch mal den
Präsidenten um eine extra Schutztruppe anzuhauen. Die hätten wir eigent-
lich ganz gut gebrauchen können, damit wir unterwegs nicht überfallen
werden. Aber die jetzt um Hilfe zu bitten wäre auch etwas blöd gekommen,
denn wir sind ja schließlich mit der Ansage dort abgehauen: ‚Unser Gott
ist so stark, er beschützt alle, die ihr Leben auf ihn gesetzt haben und tun,
was er sagt. Sauer ist er nur auf die Leute, die keinen Bock auf ihn haben!‘
23 Also beteten wir ne Runde und fragten Gott, ob er uns bitte beschützen
könnte. Das tat er dann auch. 24 Später schnappte ich mir die leitenden
Priester, dazu noch Scherebja und Haschabja und noch zehn Tempelange-
stellte. 25 Sie waren dann Augenzeugen, als ich die ganze Kohle gezählt hab,
das Gold und Silber und die wertvollen Sachen, die wir bekommen hatten.
Das Ganze war ja von dem Präsidenten, seinen Ministern und Mitarbeitern
sowie den Israeliten, die dabei waren, für den Tempel gespendet worden.

26 – 27 Schließlich überreichte ich ihnen alles, was zusammengekommen war. Insgesamt waren das: 455 Zentner Silber, 100 Geräte aus Silber, die alle zusammen einige Zentner schwer waren, 100 Zentner Gold, 1,2 Millionen Euro in Bar, 2 sehr schöne Schalen aus polierter Bronze, die genauso teuer waren, als wären die Teile aus Gold. 28 Dann meinte ich zu ihnen: „Männer, ihr gehört ganz radikal Gott und diese Gegenstände hier auch. Das ganze Geld und die Sachen aus Gold und Silber wurden freiwillig an Gott gespendet, den Gott, an den unsere Leute schon immer geglaubt haben. 29 Ihr müsst auf diese Sachen unbedingt aufpassen, ist das klar? Bis alles im Tempel gelandet ist, darf davon nichts wegkommen. Wenn ihr da seid, soll alles in den Nebenzimmern im Tempel noch mal durchgezählt und gewogen werden. Dann müssen die Sachen an die Chef-Priester, die obersten Tempelangestellten und die anderen Clanchefs übergeben werden." 30 Der Transport dieser wertvollen Waren wurde dann von den Priestern und den Tempelangestellten übernommen. Sie brachten alles nach Jerusalem in den Tempel von Gott.

Großes Kino in Jerusalem

31 Die Reise ging am 12. April los. Vom Startpunkt Ahawa-Kanal ging es Richtung Jerusalem. Weil Gott uns liebt, beschützte er uns vor Überfällen von irgendwelchen Gangs auf dem Weg dorthin. 32 Als wir dann in Jerusalem ankamen, waren wir so platt von der Reise, dass wir erst mal drei Tage Ruhe brauchten. 33 Danach brachten wir das ganze Material und auch das Geld in das Haus von Gott. Alles wurde dort noch mal gewogen und nachgezählt, bevor es dann dem Priester Meremot übergeben wurde. Meremot kam aus der Familie Urija. Als wir bei ihm ankamen, waren Eleasar, der Sohn von Pinhas, und Josabad, der Sohn von Jeschua, und Noadja, der Sohn von Binnui, (alles Levi-Leute) auch da. 34 Nachdem alles noch mal gezählt und gewogen war, wurde das Ergebnis in ein Buch eingetragen. 35 Jetzt gab es eine große Opfersession. Alle Leute, die aus der Kriegsgefangenschaft wieder nach Hause gekommen waren, machten mit. Für jeden Familienstamm wurde ein Stier als Abfackelopfer verbrannt, also insgesamt 12 Stück. Dazu kamen noch 96 männliche Schafe und 72 junge Schafe. 12 Ziegen wurden auf die Art geopfert, wie man es macht, wenn einer aus Versehen Mist gebaut hat. Die Tiere wurden verbrannt, um Gott zu sagen, dass wir Respekt vor ihm haben. 36 Schließlich gab man den Ministerpräsidenten von der Provinz westlich vom Eufratfluss noch einen Brief vom Präsidenten mit. Der Brief machte die Unterstützung für die Israeliten und ihre Tempel-Baustelle klar."

9

Einige Israeliten machen mit Frauen von Nachbarvölkern rum
1 Esras Bericht geht weiter: „Irgendwann kamen ein paar Männer aus der
Führungsetage zu mir: ‚Esra, es gibt einige Männer bei unseren Leuten,
sowohl von den Priestern als auch von den Tempelangestellten, die richtig
Mist gebaut haben! Die konnten nicht die Finger von den Frauen aus der
Gegend hier lassen! Wir meinen damit Frauen von den Völkern, die hier
schon früher gewohnt haben und immer noch zu irgendwelchen Plastikgöt-
tern beten. Also von den Kanaanitern, Hetitern, Perisitern, Jebusitern,
Ammonitern, Moabitern, Ägyptern und Amoritern. 2 Einige von den jüdi-
schen Männern haben diese Frauen sogar geheiratet! Auf die Art wurden
unsere Familien mit fremden Völkern vermischt, obwohl das eigentlich ver-
boten ist. Es sind auch einige Männer aus Leitungspositionen dabei und
auch Politiker, die das den anderen Leuten sogar noch vorgemacht haben!‘
3 Als man mir das erzählt hatte, war ich erst mal völlig fertig und zerriss vor
Wut mein Hemd in zwei Teile. Das war wie ein Schlag in die Magengrube,
ich musste mich erst mal vor dem Tempel auf den Boden setzen und in
Ruhe überlegen. Was war das denn bitte für eine Riesenkatastrophe?! 4 Nach
und nach kamen immer mehr Leute zu mir. Die hatten alle richtig Panik, weil
jedem klar war, dass Gott die Aktion völlig ätzend findet und uns deswegen
bestrafen müsste. Viele von den zurückgekommenen Kriegsgefangenen hat-
ten einfach ihren Gott verraten. 5 Schließlich wurde es Abend. Ich rappelte
mich vom Boden auf und kniete mich mit meinem kaputten Hemd hin, hob
die Hände zum Himmel und redete mit Gott: 6 ‚Das ist mir alles total pein-
lich, Gott! Ich schäme mich echt, ich kann dir gar nicht in die Augen sehen.
Wir haben so viel Kacke gebaut, dass wir da dran fast ersticken. Unser Mist-
haufen ist echt riesig und stinkt bis zum Himmel. 7 Du weißt ja, solange es
uns gibt, bauen wir immer wieder Scheiße. Darum wurden unsere Präsiden-
ten und Priester von anderen Ländern besiegt und verhaftet. Wir wurden im
Krieg abgeschlachtet, als Gefangene verschleppt, ausgeraubt und wie Dreck
behandelt. Das ist bis heute noch so. 8 Nach so langer Zeit war jetzt doch
endlich mal wieder etwas Land in Sicht. Du, unser Gott, hast die restlichen
Leute, die noch übrig waren, an diesen ganz besonderen Ort gebracht, hier
sind wir in Sicherheit. Wir hatten plötzlich wieder Hoffnung, du hast dafür
gesorgt, dass wir durchatmen konnten, und hast uns aus der Kriegsgefan-
genschaft befreit. 9 Wir gehören immer noch radikal zu dir! Du hast uns
nicht verlassen. Du hast dafür gesorgt, dass der Präsident von Persien uns
mag und wir deinen kaputten Tempel wieder aufbauen dürfen. Du hast uns
in Juda und Jerusalem die Wohnungen und Häuser organisiert, wo wir uns
vor Angreifern schützen können. 10 Aber jetzt bin ich echt sprachlos. Was

kann man dazu noch sagen? Wir haben etwas getan, was eindeutig gegen
deine Gesetze verstößt. [11] Du hattest diese Ansage durch die Propheten
immer wieder klargemacht. Sie sollten uns immer sagen: ›Das Land, was
ihr bekommen werdet, ist sehr verdreckt, es ist unrein. Das liegt da dran,
weil die Leute die dort wohnen, die ganze Zeit mit Plastikgöttern rumge-
macht haben. Die haben das Land derbe versifft. [12] Darum sollt ihr euch
nicht auf die Frauen oder Männer von denen einlassen! Eure Töchter dürfen
mit keinem Typen ausgehen, der aus der Gegend kommt. Und auch eure
Jungs sollen die Finger von den Frauen lassen, die dort herkommen. Ihr sollt
euch auch nicht mit denen anfreunden oder Verträge mit denen machen.
Das gilt für immer. Ich möchte, dass ihr aus eigenen Kräften stark werdet.
Ihr sollt von den leckeren Sachen leben, die ihr dort erntet. Und das Stück
Land, was euch jetzt gehört, soll auch euren Kindern für immer gehören.‹
[13] Unsere Leute haben nicht auf dich gehört, darum haben sie diesen Fehler
überhaupt erst begangen. Trotzdem hast du uns nicht komplett plattge-
macht, du hast uns nicht so hart bestraft, wie wir es eigentlich verdient hät-
ten. Darum sind einige von uns noch übrig geblieben. [14] Wie konnten wir
nur so blöd sein? Warum haben wir Idioten uns bloß auf Menschen einge-
lassen, die zu Plastikgöttern beten? Es wäre normal, wenn du jetzt so sauer
auf uns wärst, dass du uns komplett von der Weltkarte löschst. Eigentlich
ist ja jetzt alles zu spät, wir können nicht mehr gerettet werden. [15] Gott, Chef
von Israel, aus irgendwelchen Gründen hast du uns aber dort rausgeholt!
Wir sind der kleine Rest, der noch von deinen Leuten übrig geblieben ist.
Dass wir heute noch hier sind, bestätigt das. Wir stehen jetzt hier, mit dem
ganzen Mist vor unserer Nase. Uns ist schon klar, dass wir so, wie wir
gerade sind, vor dir sofort wieder einpacken könnten!'"

10

Mischmaschehen zwischen Juden und den anderen Völkern werden rückgängig gemacht

[1] Während Esra vor dem Tempel auf dem Boden kniete und mit Gott redete,
weinte er dabei die ganze Zeit voll laut. Er bat ihn um Verzeihung für den
Mist, den die Leute gebaut hatten. Nach einer Weile kamen sehr viele Män-
ner, Frauen und Kinder, der Platz wurde immer voller. Alle fingen heftig an zu
weinen. [2] Schechanja, der Sohn von Jerhiel (der kam aus der Familie Elam),
meinte zu Esra: „Okay, wir haben Gott echt verarscht! Wir haben uns auf
Frauen von den Leuten eingelassen, die vorher hier gewohnt haben! Trotz-
dem haben wir noch eine Chance! [3] Wir machen mit Gott einfach einen Ver-
trag. Wir verpflichten uns, alle Frauen und Kinder rauszuschmeißen, die
nicht von uns abstammen. Das war ja auch dein Tipp, und jeder, der Respekt
vor den Gesetzen hat, findet die Idee bestimmt gut. Was die Gesetze sagen,

ist total wichtig, das hat immer Vorfahrt. 4 Jetzt komm hoch! Du musst das wieder in Ordnung bringen. Du brauchst keinen Schiss zu haben, wir stehen alle voll hinter dir!“ 5 Schließlich stand Esra auf. Alle Chefs von den Priestern und Tempelangestellten und die anderen Chefs der Israeliten ließ er sofort antreten. Und dann musste jeder schwören, dass er die Idee von Schechanja durchziehen würde. Alle machten das. 6 Esra verschwand dann vom Platz, der vor dem Haus von Gott lag. Er pennte die Nacht bei Johanan im Zimmer. Er konnte den ganzen nächsten Tag nichts essen oder trinken, weil er so traurig darüber war, dass die zurückgekommenen Kriegsgefangenen Gott so derb verarscht hatten. 7 Am nächsten Tag veranstaltete Esra dann ein großes Treffen in Juda. Die Leute, die aus der Gefangenschaft wieder zurückgekommen waren, sollten sich in Jerusalem treffen. 8 Das Ding war eine absolute Pflichtveranstaltung für jeden. Die Führungsetage hatte beschlossen: Wer mehr als drei Stunden unentschuldigt zu spät kommt, soll aus der Gemeinschaft rausfliegen. Sein ganzer Besitz würde dann eingesackt werden. 9 Am 20. Dezember waren also alle Männer der Familienstämme Juda und Benjamin pünktlich in Jerusalem. Das Treffen fand auf dem Platz vor dem Tempel statt. Die Männer setzten sich auf den Boden. Viele zitterten wie verrückt, weil sie Schiss vor dem Treffen hatten – und auch, weil es wie blöd anfing zu regnen. 10 Schließlich stand Esra auf: „Männer! Weil ihr Frauen von anderen Völkern unbedingt heiraten musstet, habt ihr Gott verarscht. Der Berg von dem Mist, den wir verbockt haben und der deshalb zwischen Gott und uns steht, ist riesig! 11 Es gibt jetzt nur eine Chance: Gebt offen zu, dass ihr Mist gebaut habt! Und dann macht das, was Gott von euch will. Schmeißt alles raus, was zu den anderen Völkern gehört, trennt euch von den Frauen der Völker, die schon früher in dieser Gegend gelebt haben! Sofort!“ 12 Die Männer riefen laut durch einandern: „Ja, genau! Das müssen wir machen! Richtig! Was du sagst, stimmt!“ 13 Dann meinten aber einige: „Wir sind eigentlich viel zu viele hier, um das gut über die Bühne zu kriegen! Außerdem schüttet es wie aus Eimern. Wir können hier nicht mehr lange draußen rumstehen, sonst holen wir uns alle eine Erkältung. So was kann man auch nicht mal eben an einem Tag regeln, so was braucht Zeit. Es sind ja nicht nur ein paar Leute, sondern total viele, die das gemacht haben! 14 Vielleicht sollten das die Chefs miteinander besprechen, wie man das Ganze am besten geregelt kriegen könnte. Die sollten dann Sprechstunden einrichten, und jeder von uns, der eine fremde Frau geheiratet hat, soll zu den Öffnungszeiten dort erscheinen. Am besten immer in Begleitung von dem Bürgermeister und einem Richter aus dem Ort, wo er herkommt. Wir wollen ja, dass das ganze Ding wieder in Ordnung kommt, damit Gott nicht mehr total sauer auf uns ist.“ 15 Die Mehrheit, bis auf Jonatan (ein Sohn von Asael) und Jachseja (ein Sohn von Tikwa), war einverstanden.

Die beiden wurden allerdings noch von den Tempelangestellten Schabbetai
und Meschullam unterstützt. 16 Das Ding war dann beschlossene Sache.
Esra rief jeden einzelnen Chef von den Familien zu sich ins Büro. Die beka-
men dann von ihm die Verantwortung, das Ganze in ihrer Familie zu organi-
sieren. Ende Dezember gab es ein Treffen, bei dem die Vorgehensweise noch
mal besprochen wurde. 17 Jeder Mann, der eine fremde Frau geheiratet hatte,
musste dort angedackelt kommen. Nach zwei Monaten war die Sache durch.

Eine Liste der Männer, die Frauen geheiratet hatten, die keine Juden waren

18 Übrigens gab es auch einige Priester, die ausländische Frauen geheiratet
hatten. Das waren aus der Familie von Jeschua (ein Sohn von Jozadak) und
aus den Familien von seinen Brüdern: Maaseja, Elieser, Jarib und Gedalja.
19 Die versprachen hoch und heilig, dass sie sich von ihren Frauen trennen
und die nach Haus schicken würden. Zusätzlich wurde noch ein männliches
Schaf fällig, was abgefackelt werden musste. 20 Aus der Familie Immer waren
das: Hanani und Sebadja. 21 Aus der Familie Harim: Maaseja, Elija, Sche-
maja, Jehiël und Usija. 22 Aus der Familie Paschhur: Eljoënai, Maaseja, Jisch-
maël, Netanel, Josabad und Elasa: Das waren jetzt alle Priester. 23 Bei den
Tempelangestellten betraf das folgende Männer: Josabad, Schimi, Kelaja, der
auch Kelita genannt wurde, Petachja, Juda und Elieser. 24 Aus dem Chor
war das nur Eljaschib. Von der Security-Einheit vom Tempel waren Schallum,
Telem und Uri betroffen. 25 Der Rest waren ganz normale Israeliten. Und
zwar: aus der Familie Parosch: Ramja, Jisija, Malkija, Mijamin, Eleasar, Mal-
kija und Benaja; 26 aus der Familie Elam: Mattanja, Secharja, Jehiel, Abdi,
Jeremot und Elija; 27 aus der Familie Sattu: Eljoënai, Eljaschib, Mattanja, Jere-
mot, Sabad und Asisa; 28 aus der Familie Bebai: Johanan, Hananja, Sabbai
und Atlai; 29 aus der Familie Bani: Meschullam, Malluch, Adaja, Jaschub,
Scheal und Jeremot; 30 aus der Familie Pahat-Moab: Adna, Kelal, Benaja,
Maaseja, Mattanja, Bezalel, Binnui und Manasse; 31 aus der Familie Harim:
Elieser, Jischija, Malkija, Schemaja, Simeon, 32 Benjamin, Malluch und Sche-
marja; 33 aus der Familie Haschum: Mattenai, Mattatta, Sabad, Elifelet,
Jeremai, Manasse und Schimi; 34 aus der Familie Bani: Maadai, Amram, Uel,
35 Benaja, Bedja, Keluhi, 36 Wanja, Meremot, Eljaschib, 37 Mattanja, Mattenai,
Jaasai, 38 Bani, Binnui, Schimi, 39 Schelemja, Natan, Adaja, 40 Machnadbai,
Schaschai, Scharai, 41 Asarel, Schelemja, Schemarja, 42 Schallum, Amarja
und Josef; 43 aus der Familie Nebo: Jeiel, Mattitja, Sabad, Sebina, Jaddai,
Jool und Benaja. 44 Diese Männer hatten alle nichtjüdische Frauen geheira-
tet. Einige von denen hatten sogar ein paar Kinder von denen bekommen.

Das Buch Nehemia

1

Nehemias Bericht

1 Diese Geschichte, die jetzt kommt, hat Nehemia aufgeschrieben. Nehemia
kam aus der Familie Hachalja. Und zwar schreibt er Folgendes: „Das Ganze
passierte im 20. Jahr, in dem Artaxerxes an der Macht war. Artaxerxes war
der Präsident der Perser. Es war gerade Dezember. Ich wohnte in der Zeit in
einem Gästezimmer in der Präsidentenvilla in Susa. 2 Irgendwann bekam
ich Besuch von Hanani, einem Bruder von mir, der mit einigen Männern aus
Juda zufällig reinschneite. Ich fragte ihn gleich erst mal ein paar Löcher in
den Bauch: ‚Wie geht es den Juden dort? Was machen die Leute, die nicht
entführt worden sind? Wie sieht Jerusalem jetzt aus?‘, wollte ich von ihm
wissen. 3 ‚Den Menschen in Juda geht's echt beschissen! Die Leute, die
wieder aus der Kriegsgefangenschaft zurückgekommen sind, leben in ganz
miesen Verhältnissen. Jerusalem hat keine Schutzmauern mehr, die sind
überall weggesprengt worden. Auch die Stadttore und Grenzanlagen sind
kaputt.‘ 4–5 Die Nachricht zog mir echt den Boden unter den Füßen weg.
Tagelang heulte ich nur rum und redete viel mit Gott über die Sache. Ich
sagte ihm: ‚Mann, Gott, du bist der Chef vom ganzen Universum. Auf dich
kann man sich immer hundertprozentig verlassen, du bist treu! Du stehst
auch immer zu den Verträgen, die du mit den Leuten abschließt, die dich
lieben und denen deine Gesetze wichtig sind. 6 Jetzt hör mir mal zu, Gott!
Bitte hör meine Gebete! Ich rede jetzt schon nonstop 24 Stunden mit dir
und bitte dich die ganze Zeit für die Menschen, die tun, was du sagst, für
deine Leute, für Israel! Ich gebe es ja zu, wir haben richtig Mist gebaut! Wir
Israeliten haben Sachen getan, die richtig daneben waren. Auch ich und
meine Verwandten haben da mitgemacht. 7 Wir haben dich total verarscht.
Deine Gesetze und Regeln, die wir von Mose bekommen haben, waren uns
egal. 8 Gott? Du hast doch mal zu Mose gesagt, wenn wir dir untreu werden,
dann wirst du dafür sorgen, dass wir überall verstreut leben müssen. 9 Aber
du hast auch gesagt, wenn wir wieder zu dir zurückkommen und alles wie-
der radikal mit dir durchziehen, dann wird alles gut. Du meintest, wenn wir
wieder so leben, wie es in den Gesetzen steht, dann wirst du uns alle zurück-
holen, egal wie weit wir auseinanderwohnen. ›Ich will sie nach Hause brin-
gen, zurück zu dem Ort, den ich extra für sie ausgesucht hab, damit ich dort
wohnen kann!‹, hast du gesagt! 10 Hey, Gott, ich meine, das sind ja immer
noch deine Leute! Sie gehören zu dir! Du hast sie früher mal aus Ägypten
rausgeholt und hast ihnen gezeigt, was du alles draufhast! 11 Gott, bitte hör
auf das, was ich dir jetzt gesagt habe, ja?! Bitte, Gott, mach das, worum die

Leute dich bitten, die Respekt vor dir haben und tun, was du willst! Mach
das noch heute, bitte hilf mir dabei, wenn ich mit dem Präsidenten rede!‘
Ich arbeitete zu der Zeit übrigens als Privatkellner für den Präsidenten.

2

Nehemia darf nach Jerusalem reisen

1 Was ich jetzt erzähle, passierte im 20. Jahr, in dem Präsident Artaxerxes
an der Macht war. Wir hatten gerade April, und der Präsident war in seiner
Bar. Das Bierfass war kühl gestellt, und ich zapfte ihm gerade ein kühles
Blondes. Der Präsident hatte mich bis zu dem Zeitpunkt noch nie wirklich so
richtig fertig erlebt. 2 Irgendwann sagt er zu mir: ‚Sagen Sie mal, was ist
denn heute mit Ihnen los? Warum ziehen Sie so eine Fresse? Sind Sie krank?
Haben Sie gerade eine totale Depriphase, oder was ist los?‘ Ich war erst mal
echt geschockt, weil er mir das angesehen hatte. 3 ‚Sie sind der beste Präsi-
dent, wirklich! Aber wie kann ich denn zurzeit gut drauf sein? Die Stadt,
aus der meine Familie ursprünglich herkommt, ist total kaputt! Die Eingänge
und Mauern sind weggesprengt worden, alles dort ist nur noch Schrott!‘
4 ‚Kann ich irgendwas für Sie tun?‘, fragte mich der Präsident. Ich schickte
in Gedanken eine Gebets-SMS zu Gott und 5 antwortete ihm: ‚Also, wenn
Sie mich wirklich mögen und mir vertrauen, dann wäre es wirklich sehr nett,
wenn Sie mir erlauben würden, nach Juda zu reisen. Ich würde wirklich gerne
die Stadt, in der auch meine Familie begraben liegt, wieder aufbauen!‘ 6 ‚Hm,
was meinen Sie, wie lange braucht das Ganze? Wann könnten Sie wieder
hier sein?‘, fragte der Präsident. Seine Frau war auch gerade da und saß
neben ihm. Ich sagte ihm, wie viel Zeit wir ungefähr brauchen. Und schließ-
lich bekam ich geilerweise sein Okay! 7 ‚Ich bräuchte dann noch irgendeinen
Wisch von Ihnen, damit sie mich an den Grenzen überhaupt durchlassen‘,
rief ich ganz happy. ‚Und irgendwie einen besonderen Pass oder so was, mit
einem Stempel von Ihnen drin! 8 Dann wäre es auch noch richtig cool, wenn
Sie mir einen Einkaufsgutschein für den Baumarkt geben könnten. Den
würde ich dann Asaf geben, der davon das Material für die Grenzschranken,
die Verteidigungsanlagen und für die Stadtmauer besorgen könnte. Außer-
dem brauch ich auch noch ein Zimmer, wo ich in der Zeit wohnen kann.‘ Der
Präsident war mit allem einverstanden. Gott war einfach auf meiner Seite
und half mir. 9 Ich bekam sogar von ihm ein paar Bodyguards gestellt, die
mich auf der Reise begleiten sollten. Dann machte ich einen Termin in der
‚Verwaltungsbehörde für die besetzten Gebiete in der Westprovinz‘ klar. Ich
übergab dem höchsten Beamten dort den Brief, den ich vom Präsidenten
bekommen hatte. 10 Die Typen am Amt flippten erst mal total aus. Es waren
Sanballat (ein Horoniter) und sein Stellvertreter Tobija (ein Ammoniter), die
dort das Sagen hatten. Die Idee, dass jemand den Israeliten helfen wollte,

passte den beiden gar nicht. [11] In Jerusalem angekommen, wartete ich erst
mal drei Tage ab. [12] Dann fuhr ich in einer Nacht mal durch die City und sah
mich ein bisschen um. Auf diese Tour nahm ich ein paar von den Männern
mit, die mit mir gekommen waren. Bis zu dem Zeitpunkt hatte ich noch
niemandem erzählt, was Gott mit mir in dieser Stadt geplant hatte. Außer
meinem eigenen Fahrrad nahm ich sonst nichts mit. [13] Ich fuhr damit also
nachts durch das ‚Taltor' und von dort weiter in Richtung Drachenquelle und
Misttor. Ich checkte die ganze Mauer ab, um zu sehen, an welchen Stellen
genau die jetzt eingerissen und wo die Eingänge zerstört worden waren.
[14] Ich fuhr weiter Richtung Norden zum ‚Quelltor' und zum ‚Präsidentensee'.
Die Straße dort war leider nicht mehr befahrbar, [15] darum fuhr ich noch
weiter ins Tal runter. Ich wollte mal sehen, wie gut die Mauer dort noch in
Schuss war. Dann kam ich wieder an den Ausgangspunkt zum ‚Taltor'
zurück. [16] Die politische Führungsriege hatte noch nichts davon mitbekom-
men, wo ich unterwegs gewesen war und was ich vorhatte. Ich hatte bis zu
dem Zeitpunkt keinem Juden von meinen Plänen erzählt, auch keinem Pries-
ter oder irgendeinem von den Reichen oder sonst irgendeinem Menschen,
der an der Sache mitarbeiten sollte. [17] Jetzt änderte sich das aber. Ich ging
zu denen hin und redete mit ihnen ganz offen. ‚Leute, ihr habt doch auch
mitgekriegt, wie übel das hier aussieht! Jerusalem ist ja ein riesengroßer
Schrottplatz! Sogar die Grenzanlagen sind kaputt. Lasst uns doch wenigs-
tens die Mauer wieder zusammen hochziehen! Dann kann uns auch keiner
mehr so leicht verarschen, weil wir ohne Mauer dastehen!' [18] Ich erzählte
auch allen, wie Gott mir die ganze Zeit geholfen hatte, und auch, was ich
vom Präsidenten an Zusagen bekommen hatte. Schließlich konnte ich sie für
das Projekt begeistern. ‚Yes! Los, wir packen das! Lasst uns das Teil wieder
aufbauen!', riefen sie. Wir trafen uns ab dann öfter und erledigten die gan-
zen Vorbereitungen, um dieses wichtige Projekt gemeinsam anzupacken.
[19] Als Sanballat, Tobija und Geschem (der Araber) von unserem Treffen hör-
ten, verarschten sie uns nur. ‚Is' klar! Das ist ja genau euer Ding…! Und am
Ende wollt ihr noch eine Revolution gegen den Präsidenten anzetteln, oder
was?' [20] Meine Antwort da drauf war: ‚Der Gott, der dieses Universum voll
im Griff hat, wird uns dabei helfen! Wir gehören ihm und tun das, was er
sagt. Wir werden diese Mauer hochziehen! Jerusalem kann euch doch egal
sein! Ihr seid hier nicht aufgewachsen, kein Grundstück in der Stadt gehört
euch! Ihr habt hier nichts verloren, ihr gehört hier gar nicht hin!'

3

Eine Liste der Bauarbeiter, die die Mauer wieder hochgezogen haben

[1] Der Oberpriester Eljaschib baute mit seinen Brüdern (auch alles Priester)
das sogenannte Schafstor wieder auf. Als die Türpfosten standen, gab es

erst mal eine Einweihungsparty. Dann kam die Tür rein. Dasselbe zogen sie
auch bei der Mauer durch, die an den ‚Turm von den Hundert' vorbei bis
zum ‚Hananel-Turm' ging. 2 Ein paar Männer aus Jericho packten bei dem
Mauerabschnitt daneben mit an. Der nächste Teil wurde dann von Sakkur
übernommen, der aus der Familie Imri stammte. 3 Die Familie Senaa küm-
merte sich um das sogenannte Fischtor. Sie bauten den Rahmen zusammen
und setzten die zwei großen Türen rein. Am Ende kamen noch ein fettes
Schloss und einen Sicherheitsriegel ran. Dazu wurden noch ein paar Über-
wachungskameras und eine Alarmanlage installiert. 4 Der nächste Mauerab-
schnitt war dann für Meremot, der einiges ausbessern musste. Meremot war
ein Sohn von Urija und ein Enkel von Hakkoz. Der Teil, der dann drankam,
wurde von Meschullam repariert. Meschulallam war ein Sohn von Berechja
und ein Enkel von Meschesabel. Ab da arbeitete Zadok weiter. Zadok war ein
Sohn von Baana. 5 Die Leute aus Tekoa besserten den nächsten Abschnitt
aus. Blöderweise machten die Promis nicht mit, denn die wollten sich nicht
die Finger schmutzig machen bei dieser Arbeit, die ja für Gott war. 6 Das
Jeschana-Tor wurde dann von Jojada, einem Sohn von Paseach, und Meschul-
lam, einem Sohn von Besodja, in Ordnung gebracht. Sie stellten den Rah-
men für das Tor auf, setzten die Türen rein und bauten ein Schloss und
einen Sicherheitsriegel an die Tür. Auch hier wurden zusätzlich noch Über-
wachungskameras und eine Alarmanlage installiert. 7 Am nächsten Abschnitt
der Mauer arbeiteten Melatja (der stammte aus Gibeon) und Jadon (der
kam aus Meronot). Außerdem ein paar Männer aus Gibeon und Mizpa.
Deren Chef war der Oberbürgermeister für die Provinz westlich vom Eufrat-
fluss. 8 Usiel, ein Goldschmied aus der Familie Harhaja, kümmerte sich um
den nächsten Abschnitt. Der nächste Part war für Hananja, von Beruf ein
Apotheker. Insgesamt bauten die den ganzen Abschnitt bis zur breiten
Mauer. 9 Ab hier war Refaja am Start. Refaja kam aus der Familie Hur und
hatte den Bürgermeisterposten von der einen Hälfte von Jerusalem. Er repa-
rierte die Mauer ab dieser Stelle weiter. 10 Jetzt kam Jedaja dran, ein Sohn
von Harumaf. Er arbeitete an der Stelle, wo auch sein Haus gegenüberlag.
Im nächsten Abschnitt war Hattusch dabei, der Sohn von Haschabneja.
11 Maljija (ein Sohn von Harim) besserte mit Haschub (ein Sohn von Pahat-
Moab) den nächsten Teil der Mauer aus. Dieser Part ging bis zum Ofenturm.
12 Schallum war dann mit seinen zwei Töchtern am Bauen. Er war ein Sohn
von Lohesch und der Oberbürgermeister vom zweiten Teil in Jerusalem.
13 Hanun und die Bewohner von Sanoach bauten das Taltor wieder auf. Alle
Türen wurden repariert und auch ein paar neue Schlösser eingesetzt. Dazu
arbeiteten sie auch noch an dem Mauerstück von dort bis zum Misttor.
Dieser Teil war ungefähr 500 Meter lang. 14 Das Misttor wurde von Malkija
hochgezogen. Malkija war ein Sohn von Rechab und arbeitete als Bürger-

meister vom Bezirk Bet-Kerem. Er baute auch die zwei Türen an der Stelle
wieder ein und schraubte die Schlösser vorne dran. 15 Das Quelltor wurde
von Schallun repariert. Schallun war ein Stadtrat im Bezirk Mizpa und ein
Sohn von Kolhose. Zusätzlich kümmerte er sich auch noch um die Mauer
am Teich, wo die Wasserleitungen im Garten vom Präsidentenpalast lang-
gingen. Dieses Mauerstück ging bis zu den Stufen, die aus der City von
Jerusalem raus gingen. 16 Am nächsten Teil schuftete Nehemja. Der war ein
Sohn von Asbuks und der Bürgermeister der einen Hälfte vom Bezirk Bet-
Zur. Sein Part ging auf der anderen Seite vom Friedhof los, wo David und die
anderen Präsidenten lagen, und endete an der Kaserne der ‚dreißig Helden'.
17 Ab jetzt waren ein paar Männer von den Tempelangestellten unter der
Leitung von Rehum (ein Sohn von Bani) dran. Der nächste Abschnitt war
dann für Haschabja bestimmt, der den Job als Bürgermeister vom Bezirk
Keila hatte. Er machte das für seinen Bezirk. 18 An dem nächsten Teil arbei-
teten deren Brüder unter der Leitung von Binnui. Der war ein Sohn von
Henadad und Bürgermeister der anderen Hälfte vom Bezirk Keila. 19 Jetzt
war Eser dran, der Sohn von Jeschua. Eser war auch ein Stadtrat von Mizpa.
Sein Abschnitt war auf der anderen Seite von der Treppe, die zur Waffen-
kammer führte, bei dem sogenannten Winkel. 20 Zwischen dem ‚Winkel'
und dem Eingang zum Haus von Oberpriester Eljaschib arbeitete Baruch
volles Rohr. Er war ein Sohn von Sabbai. 21 Meromot besserte den nächsten
Abschnitt aus, der vom Hauseingang von Eljaschib bis zum Ende des Hau-
ses ging. Meromot war ein Sohn von Urija, sein Opa war Koz. 22 Was dann
kam, wurde von den Priestern erledigt, die in der Umgebung von Jersualem
lebten. 23 Benjamin und Haschub schufteten an dem Teil, der gegenüber
von ihrem Haus lag. Ab da arbeitete Asarja (der Sohn von Maaseja und der
Enkel von Ananeja) an der Mauer weiter. 24 Nach ihm werkelte Binnui weiter.
Seine Strecke ging vom Haus Asarjas über den ‚Winkel' bis weiter zur so-
genannten Ecke. Binnui kam aus der Familie Henadad. 25 Gegenüber vom
‚Winkel' war Palal am Bauen. Dazu machte er noch den hohen Turm, der
an der Präsidentenresidenz vorspringt, gleich um die Ecke vom Wachthof.
Palal war ein Sohn von Usai. 26 Pedaja, der Sohn von Parosch, arbeitete dann
weiter. Sein Teil ging bis zum Wassertor auf der Ostseite und zu dem einen
Turm, der etwas weiter vorne stand. Die Tempelangestellten wohnten
damals auf einem Hügel im Süden von Jerusalem, den man Ofel nannte.
27 Von dem Turm bis zur Mauer am Ofel machten die Leute aus Tekoa weiter.
28 Der Part beim Rosstor wurde von den Priestern repariert, jeder machte
das Stück, was gegenüber von seinem Haus lag. 29 Nach ihnen war Zadok,
der Sohn von Immer, dran. Der arbeitete auch gegenüber von seinem Haus.
Was danach kam, wurde von Schemaja erledigt. Schemaja war ein Sohn von
Schechanja, der in der Security-Einheit vom Osttor arbeitete. 30 Der nächste

Teil wurde von Hananja erledigt, der aus der Familie Schelemja stammte.
Mit dabei war Hanun, der sechste Sohn von Zalaf. An dem Abschnitt gegen-
über seiner Wohnung baute Meschullam weiter. 31 Nach ihm war Malkija
dran. Er hatte einen Job als Goldschmied. Sein Part ging bis zum Haus, wo
die Leute, die im Tempel die Drecksarbeit machten, und die Händler lebten.
Das lag gegenüber vom Wachttor und ging bis zum Anfang der Nordost-
Ecke. 32 Der letzte Abschnitt von dort bis zum Schafstor wurde dann von
den Goldschmieden und den Händlern wieder in Schuss gebracht.

Die Mauer wird hochgezogen, obwohl die Feinde rumnerven

33 Als Sanballat mitbekam, dass wir jetzt tatsächlich die Mauer wieder hoch-
zogen, wurde er richtig sauer. Er verarschte uns Juden in einer Tour, 34 mach-
te ständig dumme Sprüche, wenn er mit seinen Freunden unterwegs war
oder vor den Soldaten sprach. ‚Wie sind die denn bitte drauf, diese peinli-
chen Juden? Pah, die glauben doch nicht im Ernst, dass sie das zu Ende
kriegen! Denken die echt, dass ihre komischen Opferrituale Gott beeindru-
cken würden? So eine Mauer baut man nicht eben mal zwischendurch …
Oder wollen sie die kaputten Mauern einfach hochzaubern?‘ 35 ‚Lass sie doch
machen!‘, rief Tobija, ein Ammoniter, der bei ihm war. ‚Pass auf, wenn dann
später ein Dackel an ihre Mauer pinkelt, stürzt das ganze Ding in sich
zusammen!‘ 36 Ich fing dann an, mit Gott über die Sache zu reden: ‚Jetzt zieh
dir das mal rein, wie die Leute dumme Sprüche über uns reißen! Ich bitte
dich, sorg dafür, dass sie an ihren fiesen Worten ersticken! Sorg dafür, dass
sie bald im Krieg besiegt und verhaftet werden. Sie sollen mal am eigenen
Körper spüren, wie das ist, wenn man verarscht wird! 37 Wenn sie dich um
Verzeihung bitten, hör nicht hin! Zahle es diesen Leuten heim! Sie haben
sich über deine Leute lustig gemacht. Alle, die gerade an der Mauer bauen,
haben das gehört!‘ 38 Obwohl wir von allen Seiten angezeckt wurden, haben
wir einfach weitergebaut! Die Mauer stand wieder auf der ganzen Strecke
und war schon halb so hoch wie geplant. Jeder hatte mit angepackt und alles
gegeben, damit das Teil fertig werden würde.

4

Störaktionen gegen den Bau

1 Irgendwann kriegten Sanballat, Tobija, die Araber, die Ammoniter und die
Bewohner von Aschod mit, dass wir mit der Mauer bald fertig sein würden.
Das fanden die gar nicht so toll und wurden richtig aggro deswegen. 2 Sie
taten sich zusammen und zogen mit einigen von ihren Truppen nach Jeru-
salem. Ihr Ziel war es erst mal, die Arbeiter auf der Baustelle zu verwirren.
3 Darum starteten wir zwei Maßnahmen. Zum einen wurde eine heftige
Gebetssession angesetzt, und zum anderen wurde eine Security-Einheit

zusammengestellt, die dann 24 Stunden durchgehend an der Baustelle
Wache schob. 4 In der Zeit gab es einen Spruch bei uns Juden, der auch ein
Gebet war. Der ging ungefähr so: ‚Wir haben bald keine Kraft mehr, an der
Baustelle geht es drunter und drüber, wir können schon ganz bald nicht
mehr die Mauer bauen. Gott, bitte hilf uns!‘ 5 Die Feinde von der anderen
Seite hatten sich das so ausgerechnet: ‚Bevor die Juden was bemerkt haben,
sind wir schon in der Stadt, hauen alles kurz und klein, und dann hat die
Sache mit dem Bau der Schutzmauer ein Ende.‘ 6 Womit sie wohl nicht
gerechnet hatten, war, dass die Juden, die in der Umgebung wohnten, uns
kurz vor dem Angriff Bescheid gaben, aus welcher Richtung die Truppen
angreifen wollten. 7 So konnte ich alle Männer, die gut mit einer Waffen
umgehen können, rechtzeitig an den Stellen postieren, wo die Mauer noch
Lücken hatte. Die Truppen waren nach ihren Familienverbänden gegliedert.
Jeder hatte ein Armeemesser, ein MG und einige Handgranaten dabei.
8 Als ich mitkriegte, dass einige etwas Schiss vor dem Angriff hatten, stellte
ich mich auf einen Bierkasten und hielt eine kleine Rede: ‚Ihr braucht wirk-
lich keine Angst vor denen zu haben! Denkt an Gott, er kann alles, er hat die
Macht! Kämpft für eure Familien! Kämpft für eure Söhne und Töchter und für
eure Frauen! Und kämpft für alles, was euch gehört!‘ 9 Schließlich bekamen
unsere Feinde gesteckt, dass wir auf einen Angriff vorbereitet waren. Gott
hatte ihnen einen Strich durch die Rechnung gemacht. Also konnte jeder von
uns wieder zurück an seinen Platz und mit dem Bau der Schutzmauer wei-
termachen. 10 Ab dem Zeitpunkt unterteilten wir die Arbeiter in zwei Grup-
pen. Die eine Hälfte war mit dem Bau beschäftigt, während die andere
Hälfte Wache schob. Dabei war die Wachschicht immer mit voller Ausrüs-
tung am Start, also mit schusssicherer Weste, MG, Armeemesser usw. Die
stellten sich dann immer zum Schutz auf für die Männer, 11 die am Bau aktiv
beteiligt waren. Die Leute, die das Material ranschafften, hatten auch immer
eine Knarre dabei. 12 Auch die Bauarbeiter trugen die ganze Zeit ihre Waffen
mit sich rum. Und ich hatte immer ein Handy dabei. 13 ‚Die Baustelle ist ein-
fach riesig,‘ sagte ich zu den Leuten. ‚Wir müssen uns irgendwie über die
ganze Mauer verteilen. Allerdings werden so unsere Truppen auch weit aus-
einandergerissen. 14 Wenn ihr jetzt übers Handy eine Ansage bekommt, dass
an der und der Stelle gerade angegriffen wird, müsst ihr sofort vorbeikom-
men. Gott kämpft auf unserer Seite!‘ 15 So arbeiteten wir von ganz früh, wenn
es hell wurde, bis spät in die Nacht. Dabei war, wie gesagt, die Hälfte der
Männer immer voll bewaffnet. Nämlich die, die gerade Wache hatten. 16 Ich
hatte den Befehl rausgegeben, dass die Helfer von außerhalb auch nachts
in Jerusalem pennen sollten. So konnten die tagsüber arbeiten und nachts
abwechselnd ihre Wache schieben. 17 In der ganzen Zeit haben weder ich
noch einer von meinen Freunden oder Verwandten einmal duschen können,

geschweige denn die Klamotten gewechselt. Das betraf auch meine Bodyguards, die immer bei mir waren und auf mich aufpassten. Jeder lief dabei mit seiner Waffe im Anschlag rum.

5

Die ersten Beschwerden von den eigenen Leuten kommen rein

1 Langsam wurden aber einige ungeduldig und fingen an rumzunerven. Zum
Beispiel beschwerten sich ein paar Frauen und Männer bei mir, auch über
ihre eigenen Leute. 2 Einige meckerten rum, weil sie zu wenig Essen hatten,
um ihre Familien zu versorgen. 3 Andere waren unzufrieden, weil sie so
arm dran waren, dass sie ihre Häuser und Felder verkaufen mussten, sonst
wären sie verhungert. 4 Eine dritte Gruppe war sauer, weil sie ihre Felder und
Weinberge verkaufen mussten, um die Steuern bezahlen zu können. 5 ,Wir
kommen doch letztendlich alle aus derselben Familie!', sagten sie. ,Warum
müssen unsere Söhne und Töchter unter miesesten Bedingungen arbeiten?
Warum wurden einige von unseren Töchtern sogar schon vergewaltigt, und
wir können uns nicht mal dagegen wehren? Und die Felder und Weinberge,
auf denen wir wie blöd schuften, gehören uns noch nicht mal selbst!' 6 Die
Infos waren für mich neu. Als ich von dieser Ungerechtigkeit hörte, wurde
ich richtig sauer. 7 Man musste sofort irgendwas dagegen unternehmen,
aber wie stellt man das an? Nachdem ich lange überlegt hatte, organisierte
ich ein Treffen mit der Chefetage der Juden. Bei diesem Treffen sagte ich
allen ganz direkt meine Meinung: ,Wie können Sie nur so was bringen?
Eine absolute Notsituation von ihren eigenen Leuten derart schamlos auszunutzen, das ist wirklich allerunterste Schublade!' Schließlich gab es eine
Versammlung, bei der alle anwesend waren. 8 Vor allen Leuten machte ich
die Schuldigen richtig zur Sau: ,Wir alle haben teuer dafür bezahlt, dass
die Leute aus unserer eigenen großen Familie wieder bei uns sein können.
So viele wie möglich haben wir damals aus der Gefangenschaft freigekauft.
Habt ihr jetzt wirklich vor, dass sie sich wieder in Schulden stürzen müssen, damit man sie noch einmal freikaufen muss?' Keiner sagte auch nur
einen Pieps, weil niemand eine gute Antwort dazu geben konnte. 9 ,Was ihr
da macht, ist nicht in Ordnung, Leute! Ihr solltet mehr Respekt vor Gott
haben! Wenn ihr so drauf seid, lachen uns die anderen Völker nur aus, und
unsere Feinde werden uns nur noch verarschen. 10 Ich bin mit gutem Beispiel vorangegangen und habe Geld und Nahrungsmittel verliehen, so viel
ich nur konnte. Meine Geschwister, Verwandten und Freunde haben es auch
so gemacht. Lasst uns doch auf die Kohle verzichten, die uns die anderen
noch schulden! 11 Gebt den Leuten ihr Land zurück! Auch die Weinberge,
Obstplantagen, Häuser und all das soll an den ursprünglichen Besitzer
zurückgegeben werden. Erlasst jedem seine Schulden, egal ob das jetzt

Geld, Getreide, Bier, Öl, Benzin oder sonst was gewesen ist!‘ [12] Die Rede schlug ein wie eine Bombe. ‚Okay, wir verzichten auf unsere Forderungen!‘, riefen die Leute durcheinander. ‚Du hast recht, wir geben alles wieder zurück und ziehen das so durch, wie du es gerade gesagt hast!‘ Ich rief sofort einen Notar an, der gleich vorbeikam, um dieses Versprechen schriftlich aufzunehmen und unterschreiben zu lassen. [13] Vor allen Leuten zog ich einen Schuh von mir aus und schüttete den darin angesammelten Sand auf den Boden. Dann sagte ich: ‚Jeder, der sich an dieses Versprechen nicht hält, soll von Gott genauso aus seiner Familie und seiner Gegend rausgeschüttet werden. Und so leer wie dieser Schuh jetzt ist, soll er dann auch leer sein.‘ Alle, die da waren, riefen ganz laut ‚Yes, so soll es laufen! Wir sind dafür!‘ Und dann dankten alle Gott für diese klare Ansage. Jeder der dabei war, hielt sich auch an diese Absprache. [14] Ich selbst verzichtete auf alle Gehaltszahlungen, die mir als Ministerpräsident der Provinz Juda zugestanden hätten. Alle aus meiner Familie taten das Gleiche, und zwar über die gesamte Dauer von zwölf Jahren. Das war genau die Zeitspanne vom 20. bis zum 32. Jahr, in dem der Präsident Artaxerxes an der Macht war. [15] Die Ministerpräsidenten vor mir hatten von den Leuten heftige Steuerzahlungen verlangt. Neben Nahrungsmitteln mussten sie auch noch 1500 Euro Steuern im Monat aufbringen, die die Typen dann nur für ihren Luxus ausgegeben hatten. Und die von den Ministerpräsidenten angestellten Beamten gingen auch total übel mit den Leuten um. Ich hatte Respekt vor Gott, und darum kam so was bei mir nicht in die Tüte. [16] Ich steckte meine ganze Energie in den Bau der Schutzmauer, und meine Freunde haben mir dabei sehr geholfen. In der Zeit hat sich keiner von uns ein Grundstück gekauft, weil wir die ganze Kohle in das Projekt gesteckt haben. [17] Ich musste mich um genügend Essen für 150 Beamte, kümmern, die in der jüdischen Bezirksverwaltung arbeiteten. Auch die Gäste aus der Umgebung mussten versorgt werden. [18] In der Kantine wurden jeden Tag eine Kuh, sechs Schafe (beste Qualität) und dazu noch einiges an Hühnern zu Essen verarbeitet. Alle zehn Tage kam eine neue große Wein- und Bierlieferung mit unterschiedlichsten Sorten an. Ich habe trotz der vielen Arbeit auf mein Gehalt verzichtet, was mir als Ministerpräsident eigentlich zugestanden hätte. Die Leute hatten schon genug Belastungen durch den Bau der Schutzmauer zu tragen. [19] Ich bitte dich, Gott, dass du das nicht vergisst! Vergiss nicht, was ich für deine Leute getan habe!

6

Die Feinde von Nehemia machen den Lauten

[1] Irgendwann hatte sich die Nachricht bis zu unseren Feinden rumgesprochen, dass die Schutzmauer schon fast fertig war. Sanballat, Tobija, der Araber Geschem und die anderen bekamen aber auch gesteckt, dass wir

die großen Türen noch nicht in die Mauer eingesetzt hatten. 2 Ich kriegte in
der Zeit einen Brief von Sanballat und Geschem, in dem sie mich zu einem
Treffen nach Kefirim, im Ono-Tal, einluden. Mir war klar, dass die nur ver-
suchen wollten, mich irgendwie abzuziehen, 3 darum schrieb ich zurück:
‚… Leider hab ich zurzeit zu viel zu tun und kann Ihre Einladung nicht
annehmen. Es würde zu viel Arbeit liegen bleiben, wenn ich mir jetzt die Zeit
für ein Treffen rausnehmen würde.‘ 4 Ganz dreist bekam ich die Einladung
noch viermal hintereinander geschickt, und jedes Mal kam von mir die
gleiche Antwort zurück. 5 Sanballat war echt hartnäckig. Im fünften Brief,
der dann kam, stand Folgendes: 6 ‚Mir ist zu Ohren gekommen, und Herr
Geschem hat dies auch bestätigt, dass sie gerade mit Ihren Juden einen
Krieg gegen uns vorbereiten. Das sei auch der Grund, warum Sie die Mauer
wieder hochziehen, hat man mir erzählt. Ihr Ziel ist es, der neue Präsident
zu werden. 7 Sie sollen Propheten dafür bezahlt haben, dass sie zu einem
bestimmten Zeitpunkt überall erzählen, dass es in Juda wieder einen neuen
Präsidenten gibt. Diese Gerüchte werden bestimmt auch bald beim jetzigen
Präsidenten landen, darum ist es vielleicht eine gute Idee, wenn wir beide
einmal miteinander reden würden.‘ 8 Meine Antwort sah so aus: ‚Was Sie
da erzählen, ist absoluter Schwachsinn. Die ganze Geschichte haben Sie
sich gerade selbst ausgedacht. 9 Sie wollen uns nur schocken, damit wir
unsere Arbeit nicht zu Ende bringen. So was motiviert mich eher, das Ganze
jetzt erst recht bis zum Ende durchzuziehen!‘ 10 An einem anderen Tag
ging ich zu Schemaja, der aus der Familie Delaja kam und ein Enkel von
Mehetabel war. Er hatte es nicht geschafft, zu mir zu kommen, darum ging
ich zu ihm. ‚Komm, lass uns in den Tempel gehen‘, meinte er plötzlich zu
mir. ‚Wir schließen uns dort ein, damit sie dich nicht umbringen können.
Ich hab gehört, dass sie heute Nacht ein Attentat auf dich geplant haben!‘
11 ‚Quatsch, ein Mann in meiner Position versteckt sich nicht! Außerdem hab
ich nichts im Tempel zu suchen, das ist verboten! Wenn ich das tun würde,
hätte ich die Todesstrafe verdient. Auf keinen Fall werde ich das machen!‘,
antwortete ich. 12 Mir war klargeworden, dass diese Idee von Schemaja und
unmöglich von Gott kommen konnte. Er kam zwar wie ein Prophet rüber,
aber tatsächlich hatte er nur Bestechungsgelder von Tobija und Sanballat
bekommen, um mich mit einem Trick in den Tempel zu locken. 13 Ihre Idee
dahinter war, ihn letztendlich zu benutzen, um mir Angst einzujagen. Wenn
ich den Rat befolgt hätte, hätte ich großen Mist gebaut. So wäre es für sie
eine Spitzengelegenheit gewesen, mich vor allen Leute fertigzumachen.
Mein Ruf wäre ruiniert gewesen, und meine eigenen Leute hätten keinen
Respekt mehr vor mir gehabt. 14 Gott? Vergiss bitte nicht, was Tobija und
Sanballat mit mir vorhatten! Und vergiss auch nicht, wie die Prophetin
Noadja und die anderen Propheten mich einschüchtern wollten.

Die Mauer ist endlich fertig

[15] Trotzdem konnte die Mauer fertiggestellt werden. Am 25. September,
nach 52 Tagen, hatten wir es endlich geschafft. [16] Unsere Feinde hörten das
in den Nachrichten und bekamen richtig Schiss vor uns. Keiner konnte mehr
arrogant auf uns runtersehen, es war klar, dass Gott voll hinter der Sache
stand. [17] In der Zeit gab es recht viel Mail- und Briefverkehr zwischen Tobija
und einigen Familien von Juda. [18] Viele der Juden hatten nämlich Verträge
mit ihm, weil er ein entfernter Verwandter von Schechanja war, einem Sohn
von Arach. Außerdem hatte sein Sohn die Tochter von Meschullam geheiratet, der aus der Familie Berechja kam. [19] Die waren echt so drauf, dass
sie immer, wenn ich da war, von den tollen Sachen erzählten, die Tobija
angeblich gebracht haben sollte. Und dann verpetzten sie auch jeden Pups,
den ich zu irgendeiner Gelegenheit irgendwo gesagt haben sollte. Tobija
hörte nicht auf damit, mir die ganze Zeit in irgendwelchen Briefen zu drohen. Er wollte mir einfach Angst machen, weiter nichts.

7

Security und Wachdienste für Jerusalem

[1] Nachdem wir die Mauer wieder hochgezogen hatten, wurden die großen
Türen eingesetzt. Ab dem Zeitpunkt schoben die Security-Leute wieder ihre
Schichten. Auch im Tempel probten ab dann wieder regelmäßig die Band
und der Chor, und auch die anderen Tempelangestellten nahmen ihre Arbeit
wieder auf. [2] Die Verteidigung von Jerusalem übergab ich an meinen Bruder
Hanani und an Hanaja, der auch der Kommandant der Bunkeranlage war.
Hananja war wirklich gut drauf, man konnte sich immer hundertprozentig
auf ihn verlassen, und er hatte mehr Respekt vor Gott als viele andere. [3] Ich
meinte zu ihm: ‚Die Türen werden erst aufgemacht, wenn die Sonne voll da
ist. Abends, wenn die meisten Leute noch wach sind, werden sie aber dicht
gemacht und abgeschlossen. Organisieren Sie einen Wachplan, in den sich
alle Männer der Stadt eintragen müssen. Wir brauchen Wachen an den
Schwachstellen der Mauer. Die restlichen Männer sollen auf ihre eigenen
Häuser aufpassen.‘

Eine Liste der Leute, die zurückgekommen waren

[4] Jerusalem war eine riesengroße Stadt, die sich nach allen Seiten ausgedehnt hatte. Die Leute, die jetzt dort wohnten, waren aber nicht so viele, und
es gab auch noch reichlich ungenutztes Bauland. [5] Ich hatte dann von Gott
eine gute Idee. Und zwar sollten sich die Männer der obersten Familien, die
Stadträte und alle anderen Bewohner, in eine Datei eintragen. In der Planungsphase fand ich auf dem Rechner noch eine alte Datei, in der die
Namen der ersten Leute drinstanden, die damals wieder nach Hause ge-

kommen waren. Dort drin stand Folgendes: 6 ‚Das ist eine Liste der Einwoh-
ner von der Provinz Juda. Sie kamen aus der Kriegsgefangenschaft raus,
in die sie von Nebukadnezzar, dem Präsidenten von Babylonien, verschleppt
worden waren. Sie kamen alle wieder zurück nach Jerusalem und Juda.
7–38 Ihre Chefs waren: Serubbabel, Jeschua, Nehemja, Asarja, Raamja, Naha-
mani, Mordochai, Bilschan, Misperet, Bigwai, Rehum und Baana. Jetzt
kommen die Namen der anderen Familien aus Israel und jeweils die Anzahl
der Leute: Parosch 2172, Schefatja 372, Arach 652; Pahat-Moab (die Nach-
kommen von Jeschua und Joab) 2818, Elam 1254, Sattu 845, Sakkai 760,
Bani 648, Bebai 628, Asgad 2322, Adonikam 667, Bigwai 2067, Adin 655,
Ater (die Nachkommen von Hiskija) 98, Haschum 328, Bezai 324, Harif 112,
Gibeon 95, Netofa aus Betlehem 188, aus Anatot 128, aus Bet-Asmawet 42,
aus Kirjat-Jearim, Kefira und Beerot 743, aus Rama und Geba 621, aus Mich-
mas 122, aus Bet-El und Ai 123, Nebo 52, Elam 254, Harim 320, aus Jericho
345, aus Lod, Hadid und Ono 721, Senaa 3930. 39–42 Von den Familien der
Priester kamen folgende wieder nach Hause: Jedaja, von der Familie Jeschua,
973, Immer 1052, Paschhur 1247, Harim 1017. 43 Tempelangestellte: die Fami-
lie Jeschua, die Nachkommen von Kadmiel, Binnui und Hodawja 74. 44 Vom
Tempelchor: die Nachkommen von Asaf 148. 45 Von der Security-Einheit
vom Tempel: die Familien Schallum, Ater, Talmon, Akkub, Hatita und Scho-
bai 138. 46–56 Von den Leuten, die im Tempel die Drecksarbeit machten,
kamen folgende Familien wieder nach Hause: Ziha, Hasufa, Tabbaot, Keros,
Sia, Padon, Lebana, Hagaba, Salmai, Hanan, Giddel, Gahar, Reaja, Rezin,
Nekoda, Gasam, Usa, Paseach, Besai, die Meuniter, die Nefusiter, Bakbuk,
Hakufa, Harhur, Bazlut, Mehida, Harscha, Barkos, Sisera, Temach, Neziach,
Hatifa. 57–59 Von den Angestellten, die schon unter Präsident Salomo gear-
beitet hatten, kamen folgende mit: Sotai, Soferet, Peruda, Jaala, Darkon, Gid-
del, Schefatja, Hattil, Pocheret-Zebajim, Amon. 60 Die Gesamtzahl der Leute,
die im Tempel die Drecksarbeit machten, und der Familien, die noch unter
Salomo gearbeitet hatten, betrug 392. 61–62 Aus Tel-Melach, Tel-Harscha,
Kerub-Addon und Immer kamen folgende Familien mit (die konnten aller-
dings nie beweisen, dass sie israelitischer Abstammung waren, weil sie ihre
Pässe verloren hatten): Delaja, Tobija und Nekoda 642. 63–64 Bei den Pries-
tern gab es auch ein paar Männer, die ihren Pass nicht finden konnten. Und
zwar waren das Männer aus der Familie von Habaja, Koz und Barsillai. Der
Opa der Familie von Barsillai hatte sich in eine Tochter vom Barsillai aus
Gilead verliebt, die geheiratet und ihren Namen angenommen. Leider konn-
ten sie nicht mehr beweisen, dass sie aus einer Priesterfamilie kamen, und
wurden deshalb nicht zum Priesterdienst zugelassen. 65 Der Bürgermeister
von Jerusalem verbot ihnen, bei den Dankopfern mitzuessen. Dieses Verbot
galt so lange, bis ein Oberpriester für sie die besonderen Lose gezogen

hatte. 66–68 Die gesamte Zahl der Leute, die wieder zurückgekommen waren,
betrug: 42 360. Dazu kamen noch: Die Billiglohnarbeiter (7337) sowie Män-
ner und Frauen vom Chor (245). Es wurden insgesamt noch 435 Motorräder
und 6720 Fahrräder mit in die Stadt gebracht. 69–71 Viele Leute spendeten
was für den Bau der Mauer und für den Tempel: der Oberbürgermeister:
1,2 Millionen Euro, 50 Opferschalen, 530 Arbeitsklamotten für die Priester.
Ein Teil der Clanchefs spendete: 2,4 Millionen Euro und 342 000 Euro in
Aktien. Durch die restlichen Leute kamen folgende Spenden rein: 2,4 Millio-
nen Euro, 375 000 Euro in Aktien und 67 Priesteranzüge. 72 Alle Israeliten
zogen wieder an den Ort, aus dem sie ursprünglich herkamen. Auch die
Priester, die Tempelangestellten, die Leute, die im Tempel immer die Drecks-
arbeit machten, die Security-Leute und der Chor vom Tempel, die Angestell-
ten vom Tempel und alle anderen auch. Anfang Oktober wohnten dann die
meisten Israeliten wieder in ihren alten Städten.“ Das ist das Ende von
Nehemias Bericht.

8

Das Fest der Blätterbuden und eine Lesung aus den Gesetzen

1 Wirklich alle Bewohner trafen sich dann auf dem Platz vor dem Wassertor.
Plötzlich meinten ein paar Leute zu Esra: „Hol doch mal das Buch her, wo
die Gesetze drinstehen, die Gott durch Mose den Israeliten gesagt hatte!“
2 Er zog dann los, holte das Teil und las daraus vor. Alle Männer, Frauen und
auch die Kinder, die das verstehen konnten, waren da. Die Lesung war dann
am ersten Oktober, 3 von ganz früh morgens bis zum Mittagessen. Esra saß
auf dem Platz vor dem Wassertor auf einem Barhocker und las die ganze
Zeit aus den Gesetzen vor. Der ganze Platz war voll, und alle hörten ihm
gespannt zu. 4 Man hatte dafür dort extra eine kleine Bühne aufgebaut. Hin-
ter ihm standen auf der rechten Seite Mattitja, Schema, Anaja, Urija, Hilkija
und Maaseja, auf der linken Pedaja, Mischael, Malkija, Haschum, Haschbad-
dana, Secharja und Meschullam. 5 Esra legte das Buch auf das Lesepult und
öffnete es auf der ersten Seite. Weil er durch die Bühne etwas höher stand
als alle anderen, konnten ihn auch die Leute sehen, die ganz hinten standen.
6 Als Erstes dankte Esra Gott. Er sagte, dass Gott einfach gigantisch ist. Alle
streckten ihre Hände zum Himmel und riefen laut: „Yeah, so passt es,
Amen!“ Dann knieten sie sich auf den Boden und verbeugten sich so tief,
dass sie mit dem Kopf auf den Boden kamen. Das war in der Zeit so üblich,
um Gott damit zu zeigen, dass man totalen Respekt vor ihm hat. 7 Die Tem-
pelangestellten Jeschua, Bani, Scherebja, Jamin, Akkub, Schabbetai, Hodija,
Maaseja, Kelita, Asarja, Josabad, Hanan und Pelaja gingen zu den Leuten
hin und erklärten ihnen die Sachen, die gerade vorgelesen wurden. 8 Sie
übersetzten den Leuten volxbibelmäßig, was in den Gesetzen steht, so dass

jeder kapieren konnte, was damit gemeint war. 9 Als die Leute diese heftigen
Sachen hörten, die in den Gesetzen drinstanden, fingen sie voll an zu wei-
nen. Der Oberbürgermeister Nehemia, der Priester und Theologe Esra und
die Tempelangestellten mussten sie erst einmal alle etwas beruhigen. „Hey,
Leute, hört auf zu flennen! Heute ist ein voll besonderer Tag, heute wollen
wir Gott feiern, unseren Gott!" 10 „Jetzt geht erst mal schön essen und auch
was trinken!", meinte Esra schließlich. „Gönnt euch was richtig Gutes! Und
gebt auch was an die Leute ab, die gerade pleite sind. Heute ist ein ganz
besonderer Tag, wo wir alle Party für Gott machen sollten. Macht euch keine
Sorgen! Sich an Gott zu freuen ist wie eine Impfung gegen Frust!" 11 Die
Tempelangestellten versuchten auch die Leute zu beruhigen. „Keine Panik,
heute sollten wir erst mal nur feiern! Ihr braucht euch echt keine Sorgen zu
machen!" 12 Also gingen dann alle nach Hause und feierten in ihren Party-
kellern. Überall gab es was Leckeres zu essen und zu trinken. Wer nichts
hatte, bekam von den Nachbarn etwas ab. Denn sie hatten kapiert, was man
ihnen vorgelesen hatte.

Die Leute feiern die Blätterbudenparty

13 Einen Tag später kamen die Clanchefs, die Priester und die Tempelange-
stellten alle beim Priester Esra an. Sie wollten eine genaue Einführung über
die Gesetze von ihm bekommen. 14 Schließlich kam man in dem Buch an
die Stelle, an der Mose den Befehl von Gott über das Fest der Blätterbuden
aufgeschrieben hatte. Dort stand, dass die Israeliten im Oktober in solchen
Hütten wohnen sollten, die aus Zweigen mit ganz vielen Blättern dran-
gemacht werden. 15 Sie sollten in allen Städten, besonders in Jerusalem, da-
für sorgen, dass alle sich in den Parks und im Wald mit Zweigen eindecken
sollen. Also Zweige von Birken, Eichen, Kastanien, Buchen, eben von Bäu-
men mit vielen Blättern dran. Aus denen sollten dann die Blätterbuden
gemacht werden, so wie es früher mal aufgeschrieben wurde. 16 Also ging
jeder los, sammelte im Park ein paar Zweige und baute sich damit eine
kleine Bude im Garten. Wer keinen Garten hatte, stellte sich so ein Teil auf
den Balkon oder die Dachterrasse. Und wer in einer Siedlung wohnte, baute
sich seine Blätterbude auf der Wiese im Park, auf irgendeinem freien Platz,
oder zur Not auch direkt vor dem Tempel, oder am Efraimtor, auf. 17 Jeder,
der aus der Kriegsgefangenschaft wieder nach Hause gekommen war, baute
sich so eine Hütte. Alle nahmen ihre Penntüten dort mit rein und wohnten
da drinnen für ein paar Tage. Das war jetzt das erste Mal seit Ewigkeiten,
dass sie das wieder gemacht hatten. Alle waren voll happy und freuten
sich über die ganze Aktion. 18 Parallel wurde eine 24-Stunden-Lesung ange-
setzt, bei der die ganze Zeit jemand aus den Gesetzen vorlas, Tag und
Nacht. Diese ganze Party ging sieben Tage lang, bis dann am achten Tag

die Abschlussparty des Festes veranstaltet wurde, die so auch in den Geset-
zen vorgeschrieben war.

9

Die Israeliten geben es zu: Wir haben Mist gebaut!

1 Am 24. Tag von diesem Monat kamen die Israeliten noch mal zusammen.
Alle hatten sich schwarze Trauerkleidung angezogen, so als ob man zu
einer Beerdigung gehen würde. 2 Die Ausländer wurden für diesen Tag nach
Hause geschickt, denn das ging jetzt nur die Israeliten etwas an. In diesem
Gottesdienst gaben dann alle offen zu, dass sie und die Leute, die vor ihnen
gelebt hatten, ständig Mist gebaut hatten. 3 Jeder stand von seinem Platz
auf, und dann wurde drei Stunden lang aus den Gesetzen von Gott vorgele-
sen. Schließlich schmissen sich die Leute alle auf den Boden und sagten
Gott ganz offen, wo sie in ihrem Leben danebengelegen und Mist gebaut
hatten. Auch das ging über drei Stunden. 4 Die Tempelangestellten Jeschua,
Bani, Kadmiel, Schebanja, Bunni, Scherebja, Bani und Kenani, alle vom
Familienstamm Levi, stellten sich auf die Bühne und schrien ganz laut zu
Gott, dem Chef über alles. 5 Jeschua, Kadmiel, Bani, Haschabneja, Scherebja,
Hodija, Schebanja und Petachja forderten dann die Leute alle auf: „Bedankt
euch bei Gott! Sagt ihm jetzt, wie genial er ist! Applaudiert ihm und macht
ne La-Ola-Welle für Gott! Hört nicht auf damit! Er ist der absolut Größte!"
6 Die Levi-Leute machten das den Leuten vor. Sie riefen: „Gott! Du bist der
absolute Chef! Du bist der King, keiner kann dich so sehr loben, dass es
reicht! Du bist der einzige Gott überhaupt! Du hast das ganze Universum
gebastelt! Den Himmel hast du gemacht und die Erde, das Meer, alles, was
lebendig ist, das kommt von dir! Das ganze Universum, jeder Stern und alle
Planeten müssen zugeben, wie genial du eigentlich bist. 7 Gott, du hast dir
ausgerechnet Abram ausgesucht. Du hast ihn aus der Stadt Ur rausgeholt,
die in Chaldäa liegt. Und dann hast du ihm einen neuen Namen gegeben, ab
dann hieß er Abraham. 8 Du weißt, dass er dich nie gelinkt hat, dass er dir
treu war und immer das radikal durchgezogen hat, was du von ihm wolltest.
Darum hast du mit ihm einen Vertrag abgeschlossen. Du hast ihm verspro-
chen, dass du ihm und seiner Familie für immer das Land schenken willst,
in dem zu diesem Zeitpunkt noch andere Leute wohnten. Das Gebiet von
den Kanaanitern, Hetitern, Amoritern, Perisitern, Jebusitern und Girgaschi-
tern hast du ihm geschenkt. Und du hast deine Seite des Vertrages erfüllt,
du ziehst deine Sachen immer durch, auf dich kann man sich hundertpro
verlassen, du bist cool drauf. 9 Ganz früher wurden unsere Leute in Ägypten
noch fertiggemacht, sie arbeiteten unter Knebelverträgen und hatten nichts
zu lachen. Aber du hast das gesehen, es war dir nicht egal. Als sie dann auf
der Flucht bei diesem Schilfmeer gelandet waren, da hatten sie echt ein Pro-

blem und haben dich um Hilfe gebeten. Du hast die Gebete erhört, warst
sofort da und hast sie gerettet. 10 Der Regierungschef von den Ägyptern,
dieser Pharao, aber auch seine Minister und alle anderen Ägypter sind mit
unseren Leuten damals voll arrogant umgesprungen. Dann hast du ihnen
aber gezeigt, wo der Hammer hängt! Du hast deine Muskeln spielen lassen
und echt heftige Sachen gebracht. Auf die Art wurdest du auch berühmt, und
bis heute wissen alle von dir. 11 Dann hast du das Meer in zwei Teile aufge-
teilt, und unsere Leute konnten mittendurch gehen, ohne nasse Füße zu
kriegen. Und dann kamen die Feinde hinterher, und du hast das Wasser
plötzlich zurückkommen lassen. Die sind dann alle wie fette Sandsäcke im
Meer untergegangen und ersoffen. 12 Unsere Leute wurden dann von dir
durch die Wüste geführt. Tagsüber gab es immer eine Säule aus Wolken vor
ihnen. Und nachts war da diese Säule aus Feuer, mit der du den Weg ausge-
leuchtet hast. 13 Ja und dann bist du auf den Berg Sinai runtergekommen
und hast mit deinen Leuten gesprochen. Man konnte eine Stimme aus dem
Himmel hören, die ihnen ganz klar gesagt hat, was du von ihnen willst. Du
hast ihnen einfache Gesetze gegeben, etwas, nach dem man sich richten
kann, gute Regeln für das Leben. Du hast sie Mose erzählt, und er hat den
Israeliten deine Gesetze ausgerichtet. 15 Irgendwann hatten alle ganz derben
Hunger, und du hast Essen für alle organisiert. Es gab dann so eine Art Brot,
was plötzlich da war. Das nannte man dann Manna. Und auch zu trinken
gab es genug. Deine nächste Ansage war, dass sie das Land erobern sollen.
Dieses Land hattest du ihnen ganz fest versprochen, du hast geschworen,
dass du ihnen das schenken wirst. 16 Aber irgendwann sind die Leute, die vor
uns gelebt haben, irgendwie übergeschnappt. Sie machten einen auf dicke
Hose, deine Gesetze waren ihnen egal. 17 Sie hatten keinen Bock auf das,
was du gesagt hast. Und die ganzen krassen Wunder, mit denen du ihnen
geholfen hattest, hatten sie auch ganz schnell wieder vergessen. Plötzlich
wollten sie unbedingt wieder zurück nach Ägypten, wollten wieder unter Kne-
belverträgen für die Ägypter arbeiten und so. Aber zum Glück bist du ein
netter Gott, du liebst die Menschen und verzeihst, wenn man fies zu dir war.
Du hast total viel Geduld mit deinen Leuten, und du hast sie nicht im Stich
gelassen. 18 Und dann haben sie sich sogar noch so einen Plastikgott gebaut,
der aussah wie ein Stier. Sie fingen an, zu dem zu beten, und meinten, dass
dieses Ding ihnen aus Ägypten rausgeholfen habe. Was für eine krasse Belei-
digung war das denn bitte?! 19 Trotzdem hast du sie geliebt und hast sie
nicht in der Wüste alleine gelassen. Deine Wolkensäule war immer noch da,
und sie blieb tagsüber weiterhin bei ihnen. Auch die Feuersäule war nachts
da und hat den Weg weiter ausgeleuchtet. 20 Du warst mit deiner Power
immer bei ihnen und hast so dafür gesorgt, dass sie wissen, wo es langgeht.
Deine Essensversorgung war auch immer am Start, du hast ihnen weiter

dieses Brot und auch Wasser gegeben, keiner musste verdursten. 21 Insge-
samt waren sie vierzig Jahre unterwegs, und trotzdem hatten sie die ganze
Zeit genug zu essen. Auch ihre Klamotten gingen nicht kaputt, und sie beka-
men auch keine Blasen an den Füßen. 22 Du hast dafür gesorgt, dass sie
einige Kriege gewonnen haben, viele Präsidenten und Völker wurden besiegt.
Zum Beispiel das Land, das man Heschbon nannte und was vom Präsiden-
ten Sihon regiert wurde. Und auch das Land Baschan, wo der Präsident Og
regierte, haben sie sich gegriffen. 23 Sie bekamen so viele Kinder, dass man
sie nicht mehr zählen konnte. Es waren so viele, wie es Sand am Meer gibt.
Erst diese Kinder wurden von dir in das Land gebracht, was die eigentlich
schon früher haben sollten. So hattest du es mal gesagt. 24 Jetzt waren die
dort einmarschiert und hatten das Land eingenommen. Die Leute, die dort
vorher gelebt hatten, die Kanaaniter, wurden von dir plattgemacht. Du hast
deinen Leuten die Kontrolle über sie gegeben inklusive aller ihrer Präsiden-
ten. Die anderen Völker, die dort vorher lebten, konnten nichts gegen dich
ausrichten. 25 Auch die größeren Städte, mit Schutzmauern und so, haben
sie eingenommen. Felder, auf denen man gut Sachen drauf anbauen konnte,
Häuser von irgendwelchen Promis, Fabriken, Wasserquellen, Brauereien,
Supermarktketten, alles konnten sie sich dort abgreifen. Es ging ihnen voll
gut, sie hatten immer fett zu essen und konnten die vielen Sachen, die sie
hatten, auch echt genießen. 26 Irgendwann kamen sie aber schräg drauf. Sie
hatten keine Lust mehr auf dich und auf das, was du wolltest. Sie ermorde-
ten deine Propheten, weil die ihnen immer sagten, dass sie gerade richtig
Mist bauten. Dabei wollten die Propheten sie eigentlich alle nur wieder zu
dir zurückbringen. Das war richtig übel für dich, und sie haben dich damit
auch ganz schön verletzt. 27 Das war der Grund, warum du sie dann nicht
mehr vor ihren Feinden beschützt hast. Die Feinde kamen von überall und
haben deine Leute echt fertiggemacht. Trotzdem war es immer so, dass,
wenn sie nicht mehr weiterwussten und anfingen, laut um Hilfe zu schreien,
du dann da warst. Du liebst deine Leute einfach und hast deswegen immer
einen großen Helden vorbeigeschickt, der sie aus der Scheiße rausholte.
28 Aber sobald es ihnen etwas besserging und sie sich mal ein bisschen ent-
spannen konnten, bauten sie schon wieder Mist. Wieder hast du dann dafür
gesorgt, dass die Feinde sie richtig gegen das Schienbein getreten haben.
Dann schrien sie ganz schnell nach Hilfe, und du hast geholfen. Du hast
einfach bewiesen, dass du sie liebst, kamst immer wieder von oben aus dem
Himmel bei ihnen vorbei und hast eingegriffen. 29 Du hast ihnen ins Gewis-
sen geredet, hast gesagt, sie sollten unbedingt wieder so leben, wie es in den
Gesetzen steht. Aber ihnen ging es wohl zu gut, deine Gesetze waren nicht
mehr so wichtig. Und das, obwohl du gesagt hast: ‚Wer sich da dran hält,
dem wird es gutgehen.‘ Sie zeigten dir den Stinkefinger, behandelten dich

wie einen Volltrottel und weigerten sich, das zu tun, was du von ihnen
wolltest. 30 Trotzdem bist du nicht gleich ausgerastet, du hattest viele Jahre
Geduld. Immer wieder hast du sie durch die Propheten gewarnt, mit denen
du vorher gesprochen hattest. Aber ihnen war das egal, sie saßen irgend-
wie auf ihren Ohren. Darum hast du schließlich dafür gesorgt, dass andere
Völker gegen sie im Krieg gewonnen haben. 31 Trotzdem hast du sie weiter
geliebt, deine Liebe hört nicht mal so eben auf. Du hast das ganze Ding mit
ihnen nicht beendet, du hast sie nicht verlassen, weil du einfach so liebevoll
und gut bist. 32 Gott, bitte nimm das ernst, den ganzen Ärger, den wir jetzt
haben! Du bist ein gigantischer, großer Gott, jeder muss dich respektieren!
Und du hast mit uns einen Vertrag gemacht, und auf dich kann man sich
immer hundertprozentig verlassen. Unsere Präsidenten haben üble Sachen
durchgemacht, auch unsere Priester und Propheten, eigentlich alle Leute
haben das, seitdem wir in Kriegsgefangenschaft waren. 33 Ist schon klar,
Gott, du hattest keine Schuld da dran! Wir haben Mist gebaut, wir waren dir
untreu. 34 Angefangen bei unseren Präsidenten, über die gesamte Führungs-
riege, die Priester bis hin zu jedem normalen Typen, keiner hat das getan,
was in den Gesetzen steht. Alle Warnungen waren uns egal, wir haben sie
nicht beachtet. 35 Du hattest deinen Leuten ein eigenes Stück Land gegeben.
Du hast sie ohne Ende beschenkt. Das Land, was du ihnen gegeben hast,
war richtig fett. Trotzdem hatten sie keinen Bock drauf, das zu tun, was du
wolltest. Sie haben nicht aufgehört, ständig Mist zu bauen. 36 Darum sind
wir jetzt wie Gefangene in unserem eigenen Land. Dieses Land hast du
schon unseren Vorfahren geschenkt. Du wolltest, dass es ihnen gutgeht und
sie die Sachen genießen können, die hier wachsen. Aber jetzt sitzen wir hier
sozusagen in unserem eigenen Knast fest. 37 Was wir erwirtschaften, bekom-
men fremde Präsidenten, die über uns herrschen. Du hast dafür gesorgt,
dass sie uns besiegt haben, das war die Strafe. Sie sind die Chefs und haben
das Sagen über uns und unsere Tiere. Sie können mit uns machen, was sie
wollen. Darum geht es uns so beschissen!"

10

Die Leute versprechen alle ganz fest, ab sofort die Gesetze einzuhalten

1 Die Priester sagten nach diesem langen Gebet zu allen Leuten, die da
waren: „Weil das so ist, wie ihr es gerade gehört habt, wollen wir jetzt einen
radikalen Vertrag abschließen. Die Chefs von unseren Leuten, alle Priester
und die Tempelangestellten werden diesen Vertrag unterschreiben. Der wird
dann in eine Folie eingepackt und verschweißt. 2 Die folgenden Männer wer-
den ihren Namen da drunter setzen: Der Oberbürgermeister Nehemia, der
Sohn von Hachalja, danach die Priester: Zidkija, 3–9 Seraja, Asarja, Jirmeja,
Paschhur, Amarja, Malkija, Hattusch, Schebanja, Malluch, Harim, Meremot,

Obadja, Daniel, Ginneton, Baruch, Meschullam, Abija, Mijamin, Maasja,
Bilga und Schemaja. 10–14 Danach die Tempelangestellten: Jeschua, der Sohn
von Asanja, Binnui aus der Familie Henadad und Kadmiel. Dazu ihre Brüder
Schebanja, Hodija, Kelita, Pelaja, Hanan, Micha, Rehob, Haschabja, Sakkur,
Scherebja, Schebanja, Hodija, Bani und Beninu. 15–28 Dann auch noch fol-
gende Männer aus der Führungsebene: Parosch, Pahat-Moab, Elam, Sattu,
Bani, Bunni, Asgad, Bebai, Adonija, Bigwai, Adin, Ater, Hiskija, Asur, Hodija,
Haschum, Bezai, Harif, Anatot, Nebai, Magpiasch, Meschullam, Hesir,
Meschesabel, Zadok, Jaddua, Pelatja, Hanan, Anaja, Hoschea, Hananja,
Haschub, Lohesch, Pilha, Schobek, Rehum, Haschabna, Maaseja, Ahija,
Hanan, Anan, Malluch, Harim und Baana. 29 Alle anderen schließen sich
diesen Männern an. Das sind die restlichen Priester und die Tempelange-
stellten, die Leute von der Security, der Chor und die Band vom Tempel und
die Leute, die im Tempel immer die Drecksarbeit machen. Es ist auch klar,
dass sie sich damit von den anderen Völkern radikal abgrenzen wollen, eben-
so ihre Frauen und Kinder, vorausgesetzt, die haben kapiert, um was es
geht. 30 Die versprechen alle ganz fest, dass sie sich ab sofort an die Gesetze
halten werden! Die Gesetze, die wir durch Mose von Gott bekommen haben.
Alle Regeln, Anweisungen und Gesetze von Gott werden wir tun!"

Worum es bei dem Versprechen geht

31 „Wir versprechen ganz konkret Folgendes: Unsere Töchter werden nicht an
Ausländer verheiratet, und wir suchen uns auch keine Frauen von Auslän-
dern für unsere Söhne. 32 Wir gehen am Sonntag oder einem anderen Feier-
tag nirgendwo einkaufen, auch wenn die Läden von den Ausländern offen
haben. Alle sieben Jahre werden die Schulden von allen Leuten erlassen. In
dem Jahr wird auch nichts angepflanzt, die Felder bleiben einfach so, wie sie
sind. 33 Wir zahlen jeder 50 Euro Kirchensteuer im Jahr, damit die laufenden
Kosten vom Tempel davon bezahlt werden können. 34 Davon werden fol-
gende Dinge bezahlt: die besonderen Brote, die regelmäßigen Essensopfer,
die Abfackelopfer, das Sonntagsopfer und das Opfer am Anfang des Monats
und die Opfer, die an allen anderen Feiertagen durchgezogen werden. Auch
die Opfer, wenn man Gott etwas schenken will, und das Opfer, was den
Mist, den Israel baut, wiedergutmacht, und auch alle anderen Jobs im Tem-
pel werden damit finanziert. 35 Mit dem Priester und den Tempelangestellten
wird jedes Jahr ausgelost, welche Familie nach Dienstplan neues Öl und
Holz für den Tempel organisieren muss. Das wird für die Opfersessions ge-
braucht, wo Dinge für Gott auf dem Altar verbrannt werden. Alles soll genau
so abgehen, wie es in den Gesetzen steht. 36 Wir werden auf jeden Fall jedes
Jahr die ersten Sachen, die wir an Obst und so ernten, in den Tempel brin-
gen und Gott schenken. 37 Wir versprechen, dass wir unsere ältesten Söhne,

die ersten Kühe und die ersten Schafe, die bei uns geboren werden, alle zum
Tempel bringen. Dort stellen wir sie den Priestern zur Verfügung, die im
Tempel gerade Dienst für Gott haben. 38 Der Teig, den wir vom ersten Ge-
treide machen, soll jedes Jahr zu den Priestern gebracht werden. Auch die
leckersten Früchte von unseren Obstbäumen, den ersten Wein, das erste
Bier und das erste Gemüse sollen sie bekommen. Diese Sachen werden wir
alle zum Lagerraum vom Tempel bringen. Zehn Prozent von dem, was
unsere Felder hergeben, werden wir den Levi-Leuten spenden. 39 Das Ganze
wird von einem Priester kontrolliert, wenn die Tempelangestellten diese zehn
Prozent einsammeln. Zehn Prozent von diesen zehn Prozent sollen die
Angestellten gleich beim Tempel abliefern. Dort muss es in den Lagerraum,
der dafür vorgesehen ist. 40 In diese Räume sollen alle Sachen rein, die von
den Leuten von Israel und den Tempelangestellten gebracht werden. Das
ganze Getreide, der Wein und das Bier, das erste Gemüse, das Olivenöl,
alles das soll dort gelagert werden. In diesem Raum werden auch die ande-
ren Geräte aufbewahrt, die die Priester für ihren Job im Tempel brauchen.
Und das ist auch der Aufenthalts- und Backstage-Raum von den Priestern,
dem Chor, der Band und der Security vom Tempel. Wir versprechen hiermit,
dass wir das Haus von Gott nicht runterkommen lassen werden, wir werden
uns da drum kümmern!"

11

Die neuen Bewohner von Jerusalem

1 Die Chefetage von Israel wohnte schon länger in Jerusalem. Wer sonst
noch dort einziehen sollte, wurde mit einem Losverfahren bestimmt. Jede
zehnte Familie sollte in Jerusalem wohnen. Der Rest konnte in den kleineren
Städten und Dörfern bleiben, die außerhalb der Stadt lagen. 2 Es war zu der
Zeit nämlich nicht so angesagt, in Jerusalem zu wohnen. Deshalb bekamen
die Familien auch viel Respekt von den anderen, wenn sie freiwillig eine
Wohnung oder ein Haus in Jerusalem gekauft hatten. 3 Jetzt kommt eine
Liste der Clanchefs aus der Provinz Juda, die in Jerusalem und in den Städ-
ten in Juda wohnten. Das Land, auf dem sie lebten, hatten sie geerbt. Die
Liste besteht aus den Juden, den Priestern, den Tempelangestellten, den
Leuten, die im Tempel die Drecksarbeit machten, und den Kindern, die aus
den Familien kamen, wo die Väter noch als Billiglohnarbeiter von Salomo
angestellt waren. 4 Aus dem Familienstamm Juda: Ataja, der Sohn von Usija
(er stammte über Secharja, Amarja, Schefatja und Mahalalel von Judas
Sohn Perez ab). 5 Maaseja, der Sohn von Baruch (er stammte über Kolhose,
Hasaja, Adaja, Jojarib und Secharja von Judas Sohn Schela ab). 6 Insgesamt
wohnten 468 Leute aus der Familie Perez in Jerusalem. Das waren übrigens
alles sehr fitte Soldaten. 7 Aus dem Familienstamm Benjamin: Sallu, der

Sohn von Meschullam. Seine weiteren Vorfahren waren Joed, Pedaja, Kolaja,
Maaseja, Itiel und Jeschaja. 8 Dann noch Gabbai und Sallai. Insgesamt
waren es 928. 9 Ihr Anführer war Joel, ein Sohn von Sichri. Zu ihnen gehörte
auch Juda (ein Sohn von Senua, der zweite Bürgermeister). 10 Von der Pries-
terfamilie: Jedaja, Jojarib und Jachin. 11 Seraja (der Sohn von Hilkija, der
Verwaltungschef vom Tempel). Seine weiteren Vorfahren waren Meschullam,
Zadok, Merajot und Ahitub. 12 Alle zusammengerechnet, gehörten zu diesen
Familien insgesamt 822 Männer, die einen Job als Priester im Tempel hatten.
Dann noch Adaja, der Sohn von Jeroham. Seine weiteren Vorfahren waren
Pelalja, Amzi, Secharja, Paschhur und Malkija. 13 Zusammen mit seinen Ver-
wandten waren es 242 Clanchefs. Jetzt kommt Amaschsai, der Sohn von
Asarel. Seine weiteren Vorfahren waren Achsai, Meschillemot und Immer.
14 Zusammen mit ihren Verwandten kam man auf 128 fitte Soldaten. Ihr Chef
war der Sabdiel, ein Sohn von Haggedolim. 15 Von den Tempelangestellten:
Schemaja, der Sohn von Haschub. Seine weiteren Vorfahren waren Asrikam,
Haschabja und Bunni. 16 Schabbetai und Josabad, beides Clanchefs, die Ver-
waltungsaufgaben am Tempel zu erledigen hatten. 17 Mattanja, der Sohn von
Micha und Enkel von Sabdi. Er kam aus der Familie Asaf. Mattanja leitete
den Tempelchor und fing beim Gebet immer als Erster an zu singen. Dann
kam noch Bakbukja dazu. Er war einer seiner Verwandten und sein Stellver-
treter. Abda, der Sohn von Schammua und Enkel von Galal, aus der Familie
Jedutun. 18 Insgesamt wohnten 284 Tempelangestellte in der ganz beson-
deren Stadt. 19 Die Security-Leute vom Eingangstor: Akkub und Talmon und
ihre Verwandten, die an dem Tempeltor Wache schoben, waren insgesamt
172 Männer. 20 Die übrigen Israeliten, einschließlich der Priester und der
Tempelangestellten aus dem Familienstamm Levi, wohnten alle auf ihrem
Stück Land, das in den Städten und Dörfern vom Gebiet Juda lag. 21 Die
Leute, die im Tempel immer die Drecksarbeit machten, wohnten in Jerusa-
lem auf dem Ofelhügel. Sie erledigten ihren Job unter der Aufsicht von Ziha
und Gischpa. 22 Der Chef von den Tempelangestellten, die in Jerusalem leb-
ten, war Usi, der Sohn von Bani. Seine Familie hatte folgende Vorfahren:
Haschabja, Mattanja und Micha. Der kam wiederum aus der Familie Asaf,
die beim Gottesdienst im Tempel für die Band und für den Chor zuständig
war. 23 Der Präsident hatte genau geregelt, wie der Dienstplan der Tempel-
angestellten aussehen sollte. 24 Petachja (ein Sohn von Meschesabel, der
aus der Familie Serach kam, der wiederum ein Sohn von Juda war) beriet
den Präsidenten in allen möglichen Fragen, wenn es um die Leute ging.

Eine Liste der Orte, die außerhalb der Stadt lagen

25 Die Leute aus dem Familienstamm Juda wohnten auch noch auf Bauern-
höfen in der ganzen Umgebung verstreut. Und zwar waren das folgende

Orte und Dörfer: Kirjat-Arba mit den dazugehörigen Dörfern, Dibon mit den
dazugehörigen Dörfern, Kabzeel mit den dazugehörigen Bauernhöfen,
26 Jeschua, Molada, Bet-Pelet, 27 Hazar-Schual, Beerscheba mit den dazu-
gehörigen Dörfern, 28 Ziklag, Mechona mit den Dörfern, die dort drum
herum lagen, 29 En-Rimmon, Zora und Jarmut. 30 Dann noch Sanoach und
Adullam mit den dazugehörigen Bauernhöfen, Lachisch und das dazuge-
hörige Gebiet sowie Aseka und die Dörfer, die dazugehörten. Das ganze
Gebiet, in dem sich der Familienstamm Juda angesiedelt hatte, reichte von
Beerscheba, ganz im Süden, bis runter zum Hinnom-Tal. 31 Die Orte, in
denen die Leute von Familienstamm Benjamin lebten, waren: Geba, Mich-
mas, Aja, Bet-El (inklusive der Dörfer, die dazugehörten), 32 Anatot, Nob,
Ananeja, 33 Hazor, Rama, Gittajim, 34 Hadid, Zeboim, Neballat, 35 Lod, Ono
und dann noch der Ort, wo die ganzen Handwerker wohnten. 36 Einige der
Levi-Leute, die aus dem Gebiet von Juda kamen, zogen in das Gebiet vom
Familienstamm Benjamin.

12

Eine Liste von den Priestern und den Tempelangestellten

1 Jetzt kommt eine Liste der Priester und der Tempelangestellten aus dem
Familienstamm Levi, die mit Serubbabel aus der Kriegsgefangenschaft
befreit wurden und wieder nach Hause gekommen sind. Serubbabel war ein
Sohn von Schealtiel. Die Priester: Seraja, Jirmeja, Esra, 2 Amarja, Malluch,
Hattusch, 3 Schechanja, Harim, Meremot, 4 Iddo, Ginneton, Abija, 5 Mijamin,
Maadja, Bilga, 6 Schemaja, Jojarib, Jedaja, 7 Sallu, Amok, Hilkija und Jedaja.
Das waren jetzt die Priester in Leitungspositionen und ihre Brüder in der
Zeit, als Jeschua an der Macht war. 8 Von den Tempelangestellten: Jeschua,
Binnui, Kadmiel, Scherebja, Juda und Mattanja. Diese Männer mussten
sich um den Chor kümmern, der im Gottesdienst Lieder für Gott sang.
9 Bakbukja und Unni und ihre Verwandten, die den Teil vom Chor übernom-
men hatten, welcher den Wechselgesang machte. 10 Jeschua bekam den
Sohn Jojakim. Jojakim bekam den Sohn Eljaschib. Eljaschib bekam den Sohn
Jojada, 11 Jojada bekam den Sohn Jonatan. Jonatan bekam den Sohn Jaddua.

Die Clanchefs bei den Priestern und den anderen Levi-Leuten

12–21 In der Zeit als Jojakim an der Macht war, gab es folgende Priester, die
auch die Clanchefs in ihren Familien waren: In der Familie Seraja: Meraja, in
der Familie Jirmeja: Hananja, in der Familie Esra: Meschullam, in der Familie
Amarja: Johanan, in der Familie Malluch: Jonatan, in der Familie Schebanja:
Josef, in der Familie Harim: Adna, in der Familie Meremot: Helkai, in der
Familie Iddo: Secharja, in der Familie Ginneton: Meschullam, in der Familie
Abija: Sichri, in der Familie Mijamin: unbekannt, in der Familie Maadja:

Piltai, in der Familie Bilga: Schammua, in der Familie Schemaja: Jonatan, in
der Familie Jojarib: Mattenai, in der Familie Jedaja: Usi, in der Familie Sallu:
Kallai, in der Familie Amok: Eber, in der Familie Hilkija: Haschabja, in der
Familie Jedaja: Netanel. 22 In der Zeit, wo Elijaschib, Jojada, Johanan und
Jaddu im Amt waren, wurden die Levi-Leute, die was zu sagen hatten, in eine
Liste eingetragen. Auch mit den Clanchefs der Priester machte man das, als
Darius, der Präsident von Persien, an der Macht war. 23 Die Clanchefs vom
Familienstamm Levi, die bis zur Amtszeit von Johanan gelebt hatten, stehen
in den amtlichen Chroniken. Johanan kam aus der Familie von Eljaschib.
24 – 25 Ihre Clanchefs hießen: Haschabja, Scherebja und Jeschua, der ein Sohn
von Kadmiel war. Sie und ihre Verwandten Mattanja, Bakbukja und Obadja
standen einander in zwei Chören immer gegenüber. Mit ihren Songs dank-
ten sie Gott, wobei jeder Chor nacheinander im Wechsel singen konnte. Die
Idee kam ja damals von David, übrigens ein angesagter Mann von Gott.
Meschullam, Talmon und Akkub gehörten zur Security vom Tor. Außerdem
bewachten sie die Vorratsräume, die hinter der Tür im Tempel lagen. 26 Diese
Leute lebten alle in der Zeit, in der der Priester Jojakim am Start war. Jojakim
war ein Sohn von Jeschua und ein Enkel von Jozadak. Er lebte in der Zeit,
als Nehemia der Oberbürgermeister war und Esra ein Priester und Lehrer
im Unterrichtsfach „Die Gesetze“.

Die Schutzmauer wird eingeweiht

27 Jetzt kommt noch mal ein Teil aus Nehemias Bericht: „Für die Einwei-
hungsparty von der neuen Stadtmauer wurden die Priester von überallher
nach Jerusalem eingeladen. Die sollten mit ihrem Chor und der Band ordent-
lich Party machen. Mit Keyboard, E-Gitarren und Drumcomputer sollten ihre
Lieder begleitet werden. 28 – 29 Die Sänger vom Chor kamen aus den Orten,
die ringsherum von Jerusalem lagen. Ein paar kamen sogar aus Siedlungen
in Netofa, Bet-Gilgal und aus der Gegend von Geba und Asmawet. 30 Mit
diesem speziellen Wasser, was einen gottmäßig sauber machen sollte, be-
sprenkelten sie sich erst mal selbst und danach auch die anderen Leute. Zum
Schluss wurden so auch noch die Mauer und die Türen gereinigt. 31 Ich, Ne-
hemia, hab dann noch alle Chefs aus Juda nach oben auf die Mauer geholt.
Dann kamen auch noch zwei Gospelchöre dazu. Ein Chor ging dann auf der
Mauer rechts rum, Richtung Misttor. 32 Und hinter dem Chor zuckelte Ho-
schaja mit der einen Hälfte der Gruppe der Chefs von Israel los. 33 – 35 Dahin-
ter kamen die Priester Asarja, Esra, Meschullam, Juda, Benjamin, Schemaja
und Jirmeja, die die ganze Zeit in ein paar Trillerpfeifen bliesen. Dahinter
liefen die Tempelangestellten aus dem Familienstamm Levi: Secharja, der
über Jonatan, Schemaja, Mattanja, Michaja und Sakkur von Asaf abstammte.
36 Dann auch noch seine Brüder Schemaja, Asarel, Milalai, Gilalai, Maai,

Netanel, Juda und Hanani. Sie trugen genau solche Gitarren, wie sie früher
schon der Präsident David immer gespielt hatte. David war immer krass mit
Gott unterwegs gewesen. Vorneweg ging Esra, der alles über die Gesetze
wusste. 37 Der Umzug ging weiter bis zum Quelltor. Dort stieg man auf die
Mauer, die nach oben in die Davidsstadt, nach Jerusalem City, führte. Die
Strecke ging an der ehemaligen Präsidentenresidenz von David vorbei, bis
man oben zum Wassertor kam. Das lag ganz im Osten der Stadt. 38 Und der
zweite Chor zog genau in die entgegengesetzte Richtung. Hinter ihm ging
die zweite Gruppe der Chefs. Ich bin mit dieser Gruppe mitgegangen, die
dann Richtung Ofentor und zur ‚Breiten Mauer' ging. 39 Von dort über das
Ephraimtor, das Jeschanator, das Fischtor, weiter am Hananeel-Turm und
am „Turm der Hundert" und Schafstor vorbei, bis wir am Wachtor stehen-
blieben. 40 Jetzt stellten sich die beiden Chöre auf dem Vorplatz vom Tempel
auf, und die eine Hälfte von den Chefs der Stadt, bei denen ich auch dabei
war, stellten sich dazu. Neben uns waren noch die Priester Eljakim, Maaseja,
Mijamin, Michaja, Eljoenai, Secharja und Hannanja, die alle Trillerpfeifen
dabeihatten. 42 Auf der anderen Ecke standen dort Maaseja, Schemaja, Elea-
sar, Usi, Johanan, Malkija, Elam und Eser. Unter der Leitung von Jisrachja
fingen die Sänger damit an, Lieder zu singen, in denen es darum ging, wie
gut und genial Gott ist. 43 Jetzt wurden auch noch ein paar Tiere für das
Opferessen geschlachtet. Die Leute waren alle voll gut drauf, weil Gott dafür
gesorgt hatte, dass alles super über die Bühne lief. Die Frauen und die Kin-
der machten auch mit bei der Party. Die Party und die Musik konnte man
noch weit über Jerusalem hinaus mitkriegen." Hier endet Nehemias Bericht
wieder.

Wie die Priester und die Tempelangestellten ihr Essen bekamen

44 An diesem Tag wurden auch ein paar Männer eingestellt, die als Aufsichts-
personal in den Lagerräumen arbeiten sollten. In diesem Lager wurden die
Vorräte aufbewahrt und auch die Sachen, die von den Leuten als Kirchen-
steuer am Tempel abgegeben wurden. Das betraf auch die erste Ernte und
zehn Prozent von allem, was im Jahr so reinkam. Auch von den Sachen, die
von den Feldern geerntet wurden, die rings um die Stadt lagen, musste der
gesetzlich geregelte Anteil dort abgeliefert werden. Davon lebten dann näm-
lich die Priester und die Tempelangestellten. Alle Juden machten das freiwil-
lig, weil sie die Priester voll gut fanden und auch mit der Arbeit der Tempel-
angestellten sehr zufrieden waren. 45 Alleine wie sie die ganzen Opfer immer
für alle durchzogen und auch diese Saubermachaktionen – das kam gut bei
den Leuten an. Auch der Chor und die Security-Einheit vom Tempel erledig-
ten ihren Job so, wie es David und sein Sohn Salomo immer gesagt hatten.
46 In der Zeit, als David noch lebte, war ja noch Asaf der Chef vom Gospel-

chor, der mit seinen Songs Gott immer dankte. 47 In der Zeit, in der Serub-
babel an der Macht war, und auch in der Zeit, in der Nehemia lebte, gaben
wirklich alle Israeliten ihre Steuern und Geschenke freiwillig ab. Davon leb-
ten die Leute von der Band und dem Gospelchor genauso wie die Security-
Einheit vom Tempel. Die Bevölkerung übergab ihre Sach- und Geldspenden
für Gott an den zuständigen Typen von den Tempelangestellten, und die
verteilten den vorgeschriebenen Anteil weiter an die Priester.

13

Alles, was nicht von Israel abstammt, muss raus

1 Nehemia berichtet dann weiter: „Irgendwann in der Zeit gab es mal eine
öffentliche Lesung aus dem Buch, in dem Mose alle Gesetze aufgeschrieben
hatte. Dabei kam man an die Stelle, in der stand, dass Völker wie die Ammo-
niter und die Moabiter nicht zur Gemeinschaft der Leute von Gott dazuge-
hören sollen. 2 Weiter stand dort, ‚... Diese Menschen hatten damals keinen
Bock darauf, den Leuten aus Israel was zu essen oder zu trinken zu geben,
als sie auf dem Weg aus Ägypten bei ihnen vorbeikamen. Der Präsident von
Moab hatte sogar versucht, den Prophetentypen Bileam mit Geld zu beste-
chen, damit der einen bösen Zauberspruch loslassen sollte. Gott hat das
aber verhindert und was total Gutes draus gemacht...‘ 3 Nachdem die Leute
das gehört hatten, wurden sofort alle Ausländer, die sich unter sie gemischt
hatten, aus der Gemeinde rausgeschmissen.

Der Tempel muss richtig sauber gemacht werden

4 Vorher war aber noch was anderes passiert. Der Priester Eljaschib, der ver-
antwortlich für die Nebenräume vom Tempel war, 5 hatte seinem Verwandten
Tobija einen großen Raum als Lager zur Verfügung gestellt. In diesem Raum
wurden normalerweise das Mehl für die Essensopfer, die Räucherstäbchen,
die Getreidespenden, der Wein und das Olivenöl reingestellt, was für die
Priester, die Tempelangestellten, den Chor und die Security-Einheit bestimmt
war. 6 Als das passierte, war ich gerade nicht in Jerusalem. In dem 32. Jahr,
als Präsident Artaxerxes an der Macht war, bin ich nämlich von da weggezo-
gen und hatte einen Job im Regierungsviertel in Babylon angenommen. Ich
stellte also beim Präsidenten einen Urlaubsantrag, um wieder nach Jerusa-
lem gehen zu können. 7 Der wurde genehmigt, und als ich dann dort war, fiel
mir sofort auf, was Eljaschib gerade für einen Mist gebaut hatte. Er hatte
Tobija bevorzugt behandelt und ihm diesen Lagerraum im Vorhof vom Tem-
pel zur Verfügung gestellt. 8 Ich fand das höchst ungeil und schmiss die
ganzen Sachen von Tobija erst mal auf den Sperrmüll. 9 Dann ließ ich den
Raum und alle angrenzenden Zimmer anständig sauber machen. Danach

haben wir die Geräte aus dem Tempel, das Mehl, die Räucherkerzen und das
Essensopferzeug dort wieder reingestellt.

Um die Levi-Leute muss man sich kümmern

10 Als Nächstes bekam ich auch noch mit, dass die Steuern und Spenden,
von denen die Levi-Leute lebten, oft nicht bezahlt und abgegeben wurden.
Das war der Grund, warum einige von denen sich einen Nebenjob suchen
mussten und z. B. Zeitungen ausgetragen haben. 11 Ich ging sofort in die
Behörde und sprach mit dem zuständigen Mann dort: ‚Wie kann das ange-
hen, dass der Tempel, das Haus von Gott, für euch so was von unwichtig
geworden ist?' Ich holte die Levi-Leute wieder zurück an ihre Arbeit. 12 Jetzt
fingen die Juden auch wieder an regelmäßig ihre Steuern und Spenden abzu-
drücken. Zehn Prozent von ihrer Ernte, dem Getreide, Wein, Olivenöl und
so, kam dann wieder in die Lagerräume im Tempel. 13 Als Chef über das
Lager und die Vorräte setzte ich den Priester Schelemja, den Buchhalter
Zadok und den Tempelangestellten Pedaja ein. Dazu wurde noch Hanan als
Hilfskraft eingestellt. Hanan kam aus der Familie Sakkur, sein Opa war Mat-
tanja. Auf die konnte man sich immer hundertprozentig verlassen, darum
sollten sie ab jetzt die Lebensmittel an ihre Leute verteilen. 14 Gott? Bitte ver-
giss mich nicht! Vergiss auch nicht, was ich hier für dich gerissen hab, für
dich und für deinen Tempel. Vergiss nicht, was ich alles für dich erledigt
habe, ja?!

Der Sonntag ist superwichtig

15 Irgendwann konnte ich Leute beobachten, die tatsächlich sonntags am
Arbeiten waren! Der eine war beim Schweißen in der Autowerkstatt, ein
anderer hing in seinem Büro am Schreibtisch und ein Dritter hatte in der
Fussgängerzone seinen Obststand aufgebaut. Ich bin zu den Leuten hinge-
gangen und hab sie echt gewarnt, denn so was war im Gesetz ja ganz klar
verboten worden. 16 Es gab auch ein paar Leute aus Tyrus, die bei uns als
Gastarbeiter lebten. Die hatten einen Stand aufgebaut, wo man Hot Dogs
und Pizza kaufen konnte. Die Leute aus Juda und Jerusalem taten das auch.
17 Ich habe mir sofort die obersten Chefs von Israel vorgenommen. ‚Sagen
Sie mal, sind Sie noch ganz dicht? Sie ziehen damit den Sonntag, unseren
gesetzlichen Ruhetag, total in den Dreck! 18 Die Leute haben früher so was
schon mal gebracht, und dann musste Gott sie ganz hart bestrafen. Der
ganzen Stadt wurde dadurch geschadet! Wenn Sie so was bringen und Ihnen
der Sonntag egal ist, wird Gott richtig sauer!' 19 Ich gab den Befehl raus,
dass am Abend vorm Sonntag die Stadttore verschlossen werden sollen.
Und zwar, sobald es dunkel wurde, sollten die Teile zugemacht werden, und
erst, wenn der Feiertag rum war, sollte man sie wieder aufmachen. Dann

organisierte ich noch ein paar von meinen Männern, die an dem Tag aufpassen sollten, dass kein Lkw mit Waren in die Stadt fährt. [20] Jetzt übernachteten allerdings einige der Händler und Lkw-Fahrer für ein bis zwei Tage auf einem Parkplatz vor Jerusalem. [21] Ich bin mal raus und hab die verwarnt. ‚Was soll das? Warum pennen Sie hier auf dem Parkplatz?', meinte ich zu ihnen. ‚Wenn das noch mal vorkommt, werde ich Sie alle verhaften lassen!' Ab dann war Ruhe, keiner kam mehr am Sonntag mit seiner Ladung in Jerusalem an. [22] Den Tempelangestellten sagte ich, dass sie sich schon mal gottmäßig sauber machen sollten. Als sie fertig waren, mussten sie sich dann an den großen Türen von der Mauer aufstellen und die bewachen. Keiner darf am Sonntag dort rein- oder rausgehen, dieser Tag muss respektiert werden. Gott, ich bitte dich: Vergiss die ganzen Sachen nicht, die ich für dich gebracht habe! Liebe mich mit deiner gigantischen Liebe!

Was gegen die Ehen zwischen Juden und Nichtjuden getan wurde

[23] In der Zeit bekam ich mit, dass es einige Juden gab, die Frauen von ausländischen Völkern geheiratet hatten. Einige hatten sich Frauen aus Aschod geschnappt, andere von den Ammonitern oder Moabitern und die geheiratet. [24] Die Kinder waren nicht zweisprachig aufgewachsen und konnten oft nur die ausländische Sprache, zum Beispiel die von Aschod. Hebräisch, die Sprache der Israeliten, konnten sie aber weder sprechen noch schreiben. [25] Ich hab mir die Männer dann mal vorgeknöpft. Einigen hab ich echt die Krätze an den Hals gewünscht, anderen hab ich richtig eine geballert. Ich hab die echt zusammengeschissen: ‚Sind Sie noch ganz dicht? Sie dürfen doch nicht Ihre Töchter mit einen von diesen Männern verheiraten! Und auch Ihre Söhne dürfen sich nicht eine Frau von denen abgreifen! [26] Wegen so einer Sache hat schon Präsident Salomo derart Mist gebaut! Salomo war der angesagteste Präsident in seiner Zeit. Keiner konnte es mit ihm aufnehmen. Gott hatte ihn total lieb und hat ihn zum Präsidenten über ganz Israel gemacht. Und sogar der ist von ausländischen Frauen verführt worden und wurde Gott dadurch untreu. [27] Das kann doch nicht angehen, dass Sie den gleichen Mist wie er noch mal bringen? Sie können doch nicht unseren Gott verarschen und ausländische Frauen heiraten!' [28] Sogar einer von den obersten Priestersöhnen, Jojada, der aus der Familie Eljaschib kam, war mit einer ausländischen Frau verheiratet. Die kam aus der Familie vom Horoniter Sanballat. Ich schmiss den Typen im hohen Bogen raus und erteilte ihm ein Stadtverbot auf Lebenszeit. [29] Gott, ich bitte dich: Vergiss das nicht, wie diese Leute den Beruf des Priesters in den Dreck gezogen haben! Sie haben den Vertrag mit dir gebrochen, den du mit den Priestern und den anderen Levi-Leuten geschlossen hattest.

Schlussworte

30 Auf diese Art hab ich unsere Leute wieder sauber und gottmäßig draufgebracht. Alle negativen Einflüsse von Ausländern wurden beseitigt. Ich stellte einen Dienstplan für die Priester und die Tempelangestellten auf. Jeder bekam eine genaue Jobbeschreibung von mir. 31 Die einzelnen Vereinbarungen (zum Beispiel für die Lieferung von Heizöl oder die Steuerzahlung sowie die Abgabe von den ersten Früchten der Ernte) wurden von mir auch geregelt. Gott, ich bitte dich: Vergiss die ganzen Sachen nicht, die ich für dich getan habe! Bitte denk an mich und lass mich nicht leer ausgehen."

Das Buch Ester

1

Der Präsident von Persien hat viel Kohle
1 Was hier jetzt erzählt wird, ist in der Zeit passiert, als der Präsident Xerxes
in Persien an der Macht war. Sein Gebiet, über das er regierte, reichte von
Indien bis ganz nach Äthiopien und bestand aus 127 Provinzen. 2 Sein Regie-
rungssitz war in der Stadt Susa. 3 Als er drei Jahre an der Macht war, organi-
sierte Xerxes eine große Promi-Party, wo alle Männer aus Führungspositio-
nen im gesamten Land eingeladen waren. Generäle aus Persien und Medien,
viele „Richtig-wichtig-Leute“ und auch einige Bürgermeister der einzelnen
Provinzen waren da. 4 Die Party wurde zu einem 24-Stunden-Dauerrave. Die
ganze Geschichte ging 180 Tage lang. Dabei sollte vor allem jeder Gast mit-
kriegen, wie gigantisch reich der Präsident war. 5 Danach gab es gleich die
nächste Privatparty im Garten von seiner Villa, für alle Leute, die im Regie-
rungsbezirk wohnten. Wobei die Promis genauso eingeladen worden waren
wie die Toilettenfrauen vom Hauptbahnhof. Die ganze Feier ging über sie-
ben Tage. 6 Für diese Party hatte er extra einen Innenarchitekten kommen
lassen, der den Raum ganz krass designt hatte. Überall hingen lange Samt-
vorhänge in blauer oder weißer Farbe. Die waren mit weißen und roten
Bändern, die durch silberne Ringe geführt wurden, an die Wände gehängt.
Überall standen coole Sofas mit goldenen und silbernen Füßen rum. Der
Fußboden war auch schweineteuer, er bestand aus echten Marmorplatten in
unterschiedlichen Farben. 7 Die Getränke wurden aus echten Kristallgläsern
getrunken, wobei jedes Glas eine Einzelanfertigung war. Edlen Wein und
gutes Bier gab es an der Bar ohne Ende, und der Champagner floss in Strö-
men, „Flatrate-Saufen“ sozusagen. 8 Die Kellner hatten vom Präsidenten die
Anweisung bekommen, dass jeder so viel trinken konnte, wie er wollte. Es
sollte aber auch keiner zwangsweise einfach abgefüllt werden, das war ihm
auch wichtig.

Die Ehefrau vom Präsidenten spielt nicht mit
9 Die Frau vom Präsidenten, sie hieß übrigens Waschti, hatte zur gleichen
Zeit eine kleine Privatfeier mit ihren Freundinnen am Laufen, die im selben
Haus in der oberen Etage stattfand. 10 Als die Party schon eine Woche ging,
rief der Präsident das Team von seinen Privatkellnern mal zu sich, insge-
samt sieben Männer. Ihre Namen waren: Mehuman, Biseta, Harbona, Bigta,
Abagta, Setar und Karkas. Weil er zu dem Zeitpunkt schon ganz gut was
intus hatte, 11 kam er plötzlich auf die Idee, dass seine Frau sofort in ihrem
hautengen Designerkleid zur Party kommen sollte. Er wollte nämlich ein

bisschen mit ihr vor seinen hohen Gästen angeben, weil sie voll modelmä-
ßig aussah und eine spitzen Figur hatte.
12 Seine Frau hatte aber keinen Bock
zu kommen und weigerte sich einfach. Da rastete der Präsident völlig aus.
13 Er rief sofort ein paar von seinen Beratern zu sich an den Tisch. Das waren
alles schlaue Leute, die sich in Psychologie, Jura und Mathe voll gut aus-
kannten.
14 Die Namen dieser Berater waren Karschena, Schetar, Admata,
Tarschisch, Meres, Marsena und Memuchan. Diese Leute hatten alle einen
besonders guten Job in der Regierungsmannschaft und kamen im Grunde
gleich nach dem Präsidenten. Sie waren alle gut miteinander befreundet und
konnten jederzeit beim Präsidenten ins Büro, auch wenn sie keinen Termin
hatten.
15 „Hey, Freunde, wisst ihr, was gerade passiert ist? Ich hab meiner
Frau durch einen Hausangestellten befohlen, sich hier mal blicken zu lassen,
aber die Alte wollte einfach nicht kommen! Was soll ich jetzt mit ihr machen?
Was sagen unsere Gesetze zu so einem Fall?“
16 Memuchan war der Erste,
der antwortete: „Also, ich finde, das ist absolut daneben! So was geht gar
nicht! Sie hat damit nicht nur den Präsidenten verarscht, sondern eigentlich
alle Leute, die in unserem Land leben!
17 Denn das, was sie gerade gebracht
hat, wird sich schnell rumsprechen. Dann werden uns alle Frauen in Zukunft
auf der Nase rumtanzen. Sie werden sagen: „Selbst die Frau vom Präsiden-
ten macht nicht das, was ihr Mann sagt! Dann brauchen wir das schon
gar nicht!“
18 Von der Geschichte werden bald alle Frauen im Land Wind be-
kommen. Vermutlich geht das schon heute los, dass die nicht mehr auf
ihre Männer hören. Warte nur, am Ende wird das für uns alle eine ganz üble
Kiste.
19 Wenn es für dich klargeht, solltest du deine Frau sofort rausschmei-
ßen! Du musst das sofort regeln, indem du ein neues Gesetz erlässt. Dann
solltest du dir schleunigst eine neue Frau suchen und die heiraten. Aber
bitte eine Frau, die gut genug ist, an deiner Seite zu sein.
20 Das Ganze
würde sich dann bestimmt überall schnell rumsprechen. Und ab dann hät-
ten die Frauen, egal ob sie jetzt zur High Society oder zu den Normalos
gehören, auf jeden Fall Respekt vor ihren Ehemännern und würden sich so
ein Verhalten nicht mehr leisten können.“
21 Der Präsident und seine ganze
Regierungsmannschaft fanden die Idee gut. Also wurde der Vorschlag von
Memuchan umgesetzt
22 und ein neues Gesetz erlassen. Dieses Gesetz
wurde in allen Zeitungen im Land abgedruckt und auch in unterschiedliche
Sprachen übersetzt. Er wollte letztendlich damit erreichen, dass jeder Mann
in seinem Haus der Chef ist.

2

Es wird eine neue Frau für den Präsidenten gesucht

1 Als der Präsident sich langsam wieder beruhigte, dachte er immer öfter
daran, was Waschti gemacht und wie er darauf reagiert hatte. Er wurde dabei

voll traurig. [2] Seine Hausangestellten kriegten das mit und unterhielten sich
da drüber. „Der Präsident braucht schleunigst wieder eine Braut! Am besten
eine ganz junge, die noch nie mit einem Mann im Bett war. [3] Vielleicht könnte
er sich ja mal in seinen Provinzen umschauen, ob es da noch ein paar schöne
Mädchen gibt, auf die beides zutrifft. Die müsste man dann alle zu ihm nach
Hause bringen. Dort könnten sie in der Hotelanlage in Susa wohnen, wo
die anderen Frauen vom Präsidenten auch untergebracht sind. Hegai, der
Modedesigner, soll sich dann mal um die kümmern, sie gut schminken und
richtig schön stylen. [4] Die Frau, die der Präsident am geilsten findet, soll dann
seine neue Ehefrau werden und Waschti ablösen!" Es war damals übrigens
normal, mehrere Ehefrauen zu haben, wenn man es sich leisten konnte. Der
Präsident fand die Idee sehr gut und leitete alles in die Wege.

Eine von den Bewerberinnen ist eine Jüdin

[5] Im Regierungsbezirk von Susa wohnte ein Typ, der Mordechai hieß. Er kam
aus der Familie Jair und war ein Jude. Er gehörte zum Familienstamm Ben-
jamin. Sein Opa hieß Schimi, und sein Uropa hieß Kisch. [6] In der Zeit, als
der Präsident von Babylonien Israel im Krieg plattgemacht hatte, waren
einige Juden, unter anderem auch der Präsident Jojachin, aus Jerusalem
verschleppt worden. Zu den Kriegsgefangenen gehörte auch die Familie von
Mordechai. [7] Mordechai hatte eine Cousine, die Hadassa oder auch Ester
genannt wurde. Ester war voll hübsch, sie hätte bei jeder Supermodel-Wahl
den ersten Preis gewonnen. Leider waren ihre beiden Eltern früh gestorben,
weshalb sie von Mordechai adoptiert worden war. [8] Nun war ja das Bewer-
bungsverfahren am Laufen, und die Mädels kamen alle nach Susa, um dort
von Hegai gestylt zu werden. Ester gehörte auch dazu. Sie wurden in die
Hotelanlage, die zum Regierungsbezirk gehörte, gebracht und dort Hegai
übergeben. [9] Hegai mochte sie gleich an von Anfang an sehr gut leiden. Er
sorgte dafür, dass sie sofort zum Visagisten gehen konnte, sie bekam einen
ganz speziellen Ernährungsplan, Bauch/Beine/Po-Training und so weiter. Sie
kriegte von ihm sogar eine eigene Suite im Hotel, er stellte ihr die schönsten
Blumen aufs Zimmer und stellte ihr ein paar Servicekräfte zur freien Verfü-
gung, die sie rund um die Uhr bedienen sollten. [10] Ester hatte niemanden
davon erzählt, dass sie eigentlich Jüdin war, weil Mordechai ihr dazu geraten
hatte. [11] Mordechai besuchte sie jeden Tag und hing ständig dort in dem
Haus rum, wo die anderen Mädchen auch wohnten. Er wollte auch immer
gut informiert sein, wie es ihr ging und was gerade los war. [12] Normalerweise
wurde jede Frau ein Jahr trainiert und fit gemacht, bevor sie das erste Mal
mit dem Präsidenten zusammenkommen durfte. Alleine sechs Monate
wurde sie jeden Tag mit besonderen Hautcremes am ganzen Körper einge-
cremt! Dann kamen noch mal sechs Monate, wo andere Cremes und Haut-

öle angewandt wurden. Erst dann konnte das Mädchen zum Präsidenten
gebracht werden. 13 Jedes Mal, wenn ein neues Mädchen in das Haus vom
Präsidenten umzog, durfte die sich vorher alles aussuchen, was sie an
Schmuck und Kleidern haben wollte. 14 Abends wurde sie schließlich zum
Präsidenten gebracht, und am nächsten Morgen zog sie in das zweite Haus,
wo die anderen Ehefrauen wohnten. Dieses Haus war für die Nebenfrauen
vom Präsidenten und wurde von einem Typen betreut, der Schaaschgas
hieß. Keine Frau durfte zweimal mit dem Präsidenten schlafen, es sei denn,
er fand sie ganz besonders sexy. Dann wurde sie noch mal angerufen und
durfte ihn für eine weitere Nacht besuchen.

Ester wird die neue Frau vom Präsidenten

15 Irgendwann war auch Ester an der Reihe. Zur Erinnerung: Ester war eine
Tochter von Abihajil, der ein Onkel von Mordechai war, und der hatte sie
adoptiert, als ihr Vater gestorben war. 16 Auf die Art kam Ester beim Prä-
sidenten in seiner Residenz an. Das Ganze passierte Mitte Dezember, als
Xerxes schon sieben Jahre an der Macht war. 17 Der Präsident verknallte
sich voll in Ester, er fand, sie war mit Abstand die schönste Frau, die er je
gesehen hatte. Schließlich wollte er, dass Ester für immer an seiner Seite
blieb. Darum heiratete er sie, so dass sie anstelle von Waschti seine neue
Hauptfrau wurde. 18 Präsident Xerxes veranstaltete für sie eine Riesenfeier,
zu der alle führenden Männer aus seinem Gebiet eingeladen wurden. Vor
lauter Freude erließ er sogar den einzelnen Provinzen in dem Jahr ihre
Steuern und verschickte überallhin größere Geschenke.

Esters Pflegevater rettet den Präsidenten

19–20 Irgendwann wurden wieder ein paar neue Mädchen für den Präsiden-
ten gesucht. Da hatte Ester noch nicht erzählt, dass sie eine Jüdin war. Die-
ser Rat kam ja von Mordechai. Ester hörte immer noch sehr auf das, was er
ihr sagte, sie war ja auch von ihm adoptiert und erzogen worden. Mordechai
hatte inzwischen eine Anstellung bei der Stadt und saß jeden Tag in einem
Büro in der Torhalle im Regierungsviertel. 21 In der Zeit gab es eine kleine
Terrorgruppe, die von Bigtan und Teresch angeführt wurde. Beide arbeiteten
in der staatlichen Security, die die Tore bewachen sollte. Sie waren gegen
die Politik vom Präsidenten und planten ein Attentat gegen ihn. Mordechai,
der ja auch in der Security arbeitete, 22 bekam das von jemandem gesteckt
und informierte Ester. Mordechai beauftragte Ester, und die ging sofort zum
Präsidenten und erzählte ihm davon. 23 Der Geheimdienst untersuchte den
Fall, beide Männer wurden schließlich verhaftet, kamen vors Gericht und
wurden zum Tod verurteilt. Der Präsident sorgte dafür, dass diese Sache in
den Akten offiziell aufgeführt wurde.

3

Der Innenminister hat ein Problem mit dem Juden Mordechai

[1] Einige Zeit danach beförderte Präsident Xerxes den Haman zu seinem offi-
ziellen Stellvertreter und gab ihm auch den Job des Innenministers. Haman
war ein Sohn von Hammedata und kam aus der Familie Agag. [2] Alle Beam-
ten, die für den Präsidenten arbeiteten, mussten zu einem Treffen kommen,
und dort musste sich jeder einzeln dem Haman vor die Füße werfen. Das
hatte der Präsident so angeordnet. Mordechai kam auch, aber er weigerte
sich und blieb vor dem Typen einfach stehen. [3] Die anderen Beamten fragten
ihn, warum er das nicht machen wollte. [4] „Weil ich ein Jude bin und mich
nur vor Gott auf den Boden werfe!“, antwortete er. Ab dem Tag kamen täg-
lich einige Männer bei Mordechai an, um ihn zu überreden, sich doch vor
Haman auf den Boden zu werfen. Aber er wollte einfach nicht. Schließlich
steckte man Haman auch den Grund, warum Mordechai sich nicht vor seine
Füßen werfen wollte. [5] Haman war stocksauer, als er mitbekam, dass sich
Mordechai nicht vor ihm auf den Boden werfen wollte. [6] Da Haman erfah-
ren hatte, von welchen Leuten Mordechai abstammte, war es ihm zu wenig,
ihn allein kaputt zu machen. Er beschloss, ab sofort sein ganzes Volk, also
alle Juden, die in Persien lebten, zu töten. [7] Es war mittlerweile das zwölfte
Jahr, in dem Präsident Xerxes das Sagen hatte. Anfang April beschloss
Haman, jeden Tag in diesem Jahr die Horoskopseite in den Zeitungen zu
lesen, weil er herausbekommen wollte, wann der beste Zeitpunkt sei, um
alle Juden zu töten. [8] An einem Abend traf er sich mit dem Präsidenten und
sagte beim Essen zu ihm: „Sagen Sie mal, es gibt in Ihrem Land ein Volk,
das überall verstreut lebt. Sie machen ganz seltsame Rituale, haben auch
ganz andere Gesetze wie wir. Die Gesetze, die hier üblich sind, beachten sie
gar nicht. Ich finde, dass sich ein Präsident von Ihrem Kaliber so was nicht
gefallen lassen kann. [9] Wenn Sie damit einverstanden sind, würde ich sofort
organisieren, dass die Leute alle eingesammelt und sofort erschossen wer-
den. Wir könnten dann deren Besitz für den Staat beschlagnahmen, das
könnten so um die 100 Millionen Euro sein. [10] Der Präsident zückte seinen
Kugelschreiber und unterschrieb den Befehl, den der Judenfeind Haman
schon ausgestellt hatte. [11] „Das Geld können Sie beschlagnahmen und ver-
walten. Machen Sie mit den Juden, was Sie für richtig halten!“ [12] Am 13. April
ließ Haman ein Schreiben aufsetzen, in dem der Befehl drinstand. Dieser
Befehl ging an alle Bürgermeister, die Polizeipräsidenten der Provinzen und
an die Chefs der einzelnen Völker. Jedes Papier wurde in die jeweilige Lan-
desprache übersetzt. Der Befehl war zwar kopiert, aber hatte die Original-
Unterschrift vom Präsidenten drauf. [13] Das Ganze sollte auf ein Plakat ge-
druckt und dann von einem Kurierdienst in die einzelnen Provinzen gebracht

werden. Der Text ging folgendermaßen: „... alle Juden, egal ob Männer,
Frauen und Kinder, sollen am 13. März getötet werden. Ihren Besitz kann
sich jeder abgreifen, der will!" 14 Dieses Teil sollte man in allen Provinzen
aufhängen. Ziel war es, dass sich jeder auf den Tag schon mal vorbereiten
konnte. 15 Der Kurierdienst zog dann auf Befehl vom Präsidenten los. Überall
im Land wurden die Plakate aufgehängt. Auch in dem Stadtteil Susa, wo
die Residenz vom Präsidenten lag, hingen ein paar davon an den Bushalte-
stellen. An dem Tag wurde abends noch eine große Party veranstaltet, wo
sich der Präsident und Haman volllaufen ließen. In der Stadt waren aber
alle wegen der Sache echt entsetzt.

4

Mordechai plant durch Ester, die Juden zu retten

1 Als Mordechai davon hörte, war er echt total fertig. Er zog sich eine kaputte
schwarze Hose an, machte sich weißes Puder ins Haar, schminkte sich die
Augen schwarz und schnitt sich ein paar Löcher in sein T-Shirt. So ging er
durch die ganz Stadt und weinte dabei laut vor sich hin. 2 Er ging bis vor den
Regierungsbezirk, kam aber wegen seinen Klamotten nicht bei der Security
durch. 3 In allen Provinzen, in denen Juden wohnten, bekamen die Leute
natürlich den Horror, als sie dieses komische Plakat gelesen hatten. Schließ-
lich wurde eine Zeit für alle Juden angesetzt, wo man aufs Essen verzichten
und stattdessen intensiv beten sollte. Viele weinten auch wegen dieser
Sache, einige hingen depressiv in der Ecke rum und vergaßen dabei sogar,
sich zu duschen. 4 Die Angestellten von Ester erzählten ihr, dass Mordechai
so abgewrackt rumlaufen würde. Sie war ziemlich erschrocken deswegen
und schickte ihm sofort einen neuen Anzug, damit er wieder in den Bezirk
reinkam und sie besuchen konnte. Er wollte seine alten Klamotten aber
nicht ausziehen. 5 Ester schickte Hatach, einen von den Angestellten vom
Präsidenten, zu Mordechai, um ihn zu fragen, was mit ihm los ist. 6 Hatach
traf Mordechai, als der gerade auf dem großen Platz war, der vor dem
Regierungsbezirk lag. 7 Die beiden unterhielten sich lange, und Mordechai
erzählte ihm die ganze Geschichte, wie viel Kohle Haman dem Präsidenten
für die Staatskasse versprochen hatte, wenn er alle Juden töten dürfte, usw.
8 Er gab ihm auch eine Kopie von dem neuen Gesetz, was die totale Vernich-
tung aller Juden anordnete. Er bat Hatach, dieses Papier mal Ester zu zeigen
und ihr die ganze Sache zu erzählen. Sie sollte dann unbedingt mit dem
Präsidenten reden und ihn dringendst bitten, nicht alle Juden umbringen zu
lassen. 9 Hatach sprach mit Ester und erzählte ihr alles, was ihm Mordechai
gesagt hatte. 10 Ester wollte dann, dass Hatach wieder zur Mordechai ging,
um ihm Folgendes auszurichten: 11 „Es gibt ein Gesetz, und das kennt hier
jeder: Keiner, der für den Präsidenten arbeitet, keiner von seinen Leuten, egal

wo der herkommt, darf in seinen Privatbereich! Wer das trotzdem tut, wird
sofort erschossen. Auf keinen Fall darf man in den Palastteil gehen, wo der
Präsident wohnt, das geht einfach nicht! Es sei denn, er zeigt den Daumen
nach oben, wenn man ihn fragt, dann passiert nichts. Ich selbst war schon
die letzten dreißig Tage nicht mehr bei ihm.“ 12–13 Mordechais Antwort war:
„Liebe Ester, du bist dir hoffentlich da drüber im Klaren, dass du die Sache
auch nicht überleben wirst, nur weil du in der Präsidentenvilla wohnst. Wenn
schon alle anderen Juden umgebracht werden, dann bist du auch dran!
14 Du musst dich jetzt zu deinen Leuten stellen! Wenn du den Juden jetzt
nicht hilfst, werden es andere tun. Aber dann sind du und deine Familie am
Ende. Ihr werdet alle ganz übel sterben. Hey, und es könnte doch echt gut
sein, dass das jetzt genau der Grund ist, warum du die neue Braut vom
Präsidenten bist!“ 15–16 Ester schrieb dann eine Antwort, die folgendermaßen
ging: „Lieber Mordechai, ich hab folgende Idee: Alle Juden in Susa sollen
für mich drei Tage lang auf Essen und Trinken verzichten und dafür viel für
mich beten. Ich werde das hier mit meinen Angestellten auch tun. Danach
geh ich zum Präsidenten und rede mit ihm. Ist mir egal, ob ich damit gegen
das Gesetz verstoße oder nicht. Wenn ich getötet werde, ist das eben so!“
17 Mordechai erledigte alles genau so, wie es Ester ihm gesagt hatte.

5

Ester beim Präsidenten

1 Am dritten Tag war es dann so weit. Ester zog sich ihr hautenges Gucci-
Kleid an und spazierte in den Privatbereich vom Präsidenten. Der Präsident
saß gerade am Schreibtisch und hatte seine Bürotür offen gelassen. 2 Plötz-
lich stand Ester in der Tür. Zum Glück war er gerade gut drauf. Er streckte
den Daumen nach oben, was so viel bedeutet wie: „Es ist okay, dass du da
bist!“ Sie kam in das Büro rein und schloss die Tür hinter sich. Dann machte
Ester erst mal eine höfliche Verbeugung. 3 Der Präsident fragte sie: „Warum
bist du hier? Was willst du von mir, meine Prinzessin! Du hast einen Wunsch
frei, ich will dir ein richtig fettes Geschenk machen, wenn du willst, sogar
die Hälfte von allem, was mir gehört!“ 4 „Ach, mein lieber Präsident!“, ant-
wortete Ester. „Wenn du nichts dagegen hast, dann würde ich dich heute
furchtbar gerne zum Essen einladen. Innenminister Haman kann gerne auch
kommen. Ich habe uns schon ein total schönes Restaurant ausgesucht!“
5 „Klar, ruf Haman von mir aus gleich mal an!“, antwortete er. „Ich bin sehr
gerne dabei!“ Also gingen der Präsident, Ester und Haman zusammen
essen. 6 „Also, was willst du denn jetzt von mir?“, fragte der Präsident bei
einem Glas Wein. „Ich mach alles, was du willst, echt jetzt! Bis zur Hälfte
von dem, was ich besitze, kannst du alles haben!“ 7 „Ich hab aber eine wirk-
lich ganz große Bitte an dich“, sagte sie. 8 „Wenn du mich wirklich magst

und ich mir echt was von dir wünschen darf, dann komme doch bitte mor-
gen mit Haman noch mal zu mir. Ich würde dir gerne was total Leckeres
kochen. Und dann sag ich dir auch, was ich mir wirklich wünsche. Okay?"

Haman will Mordechai um die Ecke bringen

9 Haman ging an dem Tag richtig gut gelaunt von dem Essen wieder nach
Hause. Er traf an dem Eingangstor zur Präsidentenresidenz zufällig Morde-
chai. Aber der sah ihn nicht mal mit dem Hintern an, geschweige denn,
dass er irgendwie Respekt oder sogar Angst vor ihm zeigte. Haman war kurz
davor, total abzudrehen, 10 konnte sich aber gerade noch unter Kontrolle
bringen. Als er zu Hause war, schnappt er sich das Telefon und rief bei
seinen Freunden und auch bei seiner Frau Seresch an. 11 Erst mal machte er
einen auf dicke Hose, erzählte von seinem aktuellen Kontostand, von seiner
großen Familie und wie toll seine Söhne alle geraten waren und so. Und
dann erzählte er auch ganz stolz, wie der Präsident ihn gelobt hatte, und von
seiner Beförderung und dass er jetzt über allen Ministern und Bürgermeis-
tern im ganzen Land stehe. 12 „Und stellt euch vor", erzählte er zum Schluss:
„Die Frau vom Präsidenten, Ester, will nur mich und den Präsidenten mor-
gen bei sich zu Hause bekochen! Ist das fett, oder was? 13 Aber ganz ehrlich,
so richtig freuen kann ich mich erst, wenn dieser Jude Mordechai endlich
weg ist und ich ihn nicht mehr ständig am Eingang von dem Bezirk, wo
der Präsident wohnt, treffen muss!" 14 Seine Frau und auch seine Freunde
hatten dann die Idee: „Hey, lass eine Hinrichtung organisieren! Wir bauen
im Keller einen elektrischen Stuhl auf und übertragen das ganze weltweit
mit einer Webcam im Internet. Wir müssen uns nur noch irgendwie die
Erlaubnis vom Präsidenten holen. Wenn der Typ endlich weg ist, kannst du
ganz entspannt mit dem Chef essen gehen!" Haman fand die Idee super!
Sofort rief er bei ein paar Leuten an und ließ schon mal den Stuhl im Keller
aufstellen.

6

Haman muss öffentlich zeigen, dass er Respekt vor Mordechai hat

1 In dieser Nacht konnte der Präsident Xerxes nicht richtig einschlafen.
Nachdem er sich hin und her gewälzt hatte, stand er auf und setzte sich an
seinen PC. Er öffnete die ganzen alten Dateien, in denen die Geschichten
und Chroniken von den einzelnen Präsidenten drin aufgeschrieben waren.
Als er anfing, die Teile zu lesen, 2 kam er schließlich an eine interessante
Stelle. Dort stand, dass es Mordechai gewesen war, der die geplante Revo-
lution von den Security-Leuten Bigtan und Teresch verhindert hatte. Damit
hatte er ja ihm, dem Präsidenten Xerxes selbst, das Leben gerettet. 3 Er
versuchte dann herauszufinden, wie hoch die Belohnung gewesen war, oder

ob Mordechai zumindest einen Orden dafür bekommen hatte. Das war
aber nicht der Fall. [4] Am nächsten Morgen klingelte es an der Tür. Er fragte
einen seiner Sicherheitsleute: „Wer ist da draußen?“. Es war Haman, der
sich vom Präsidenten die Unterschrift holen wollte, um Mordechai öffent-
lich hinrichten zu lassen. [5] Der Mann antwortete ihm: „Haman steht drau-
ßen!“ – „Lassen Sie ihn rein!“, befahl Xerxes. [6] Nachdem sie sich begrüßt
hatten, fragte ihn der Präsident: „Sagen Sie mal, haben Sie eine gute Idee,
was man für jemanden tun kann, der sich besonders verdient gemacht
hat? Was kann man so jemandem schenken, wie kann man ihm zeigen,
dass man Respekt vor ihm hat?“ Haman dachte sofort, dass er und nie-
mand sonst damit gemeint sein könnte … [7] „Also, wenn einer etwas beson-
ders Krasses für den Präsidenten getan hat, [8] dann wäre es voll angesagt,
wenn man ihm einen sechsstelligen Scheck ausstellen, einen Boss- oder
Armani-Anzug und dazu vielleicht noch einen Porsche Carrera aus der
Oldtimer-Sammlung vom Präsidenten schenken würde. [9] Alles sollte von
einem Minister höchstpersönlich übergeben werden. Der müsste ihn
dann am besten von zu Hause abholen und mit ihm anschließend in einer
Autokolonne mit dem Porsche bis zu dem Platz vor dem Rathaus fahren.
Vorne und hinten sollten möglichst noch zwei Wagen mit großen Boxen
drauf sein, wo einer durch ein Mikrophon immer einen Spruch bringt. So
etwas nach dem Motto: ‚Seht, was der Präsident mit jemandem macht,
der für ihn ne Spitzenleistung gebracht hat!‘“ [10] „Okay, gute Idee!“, ant-
wortete der Präsident Haman. „Das ist jetzt Ihr Job: Kaufen Sie den Anzug,
und holen Sie den Wagen aus meiner Garage! Bringen Sie das Ganze
zum Juden Mordechai. Der sitzt gerade vor dem Haupteingang vom Regie-
rungsviertel. Ich möchte, dass Sie alles genauso durchziehen, wie Sie es
gerade vorgeschlagen haben!“ [11] Haman war ziemlich angefressen, aber
führte den Befehl vom Präsidenten aus. Er organisierte die Anzüge, holte
das Auto und fuhr Mordechai damit zum Platz vor dem Rathaus. Aus
den Boxen, die auf den Autos im Konvoi montiert waren, hörte man den
Spruch: „Seht, was der Präsident mit jemandem macht, der ihm ne
Spitzenleistung gebracht hat!“ [12] Nach der Aktion wurde Mordechai wieder
zu seinem Arbeitsplatz am Tor vom Regierungsviertel zurückgefahren.
Haman ging aber völlig deprimiert wieder nach Hause. [13] Er erzählte seiner
Frau und allen seinen Freunden, was gerade passiert war. Die hatten dann
nur den einen Rat für ihn übrig: „Hey, auf eins kannst du wetten: Weil
Mordechai, mit dem das ja grade passiert ist, ein Jude ist, kannst du jetzt
schon mal einpacken. Deine Zeit ist abgelaufen!“ [14] Die hatten gerade
den Satz zu Ende gesprochen, da kamen schon ein paar Angestellte vom
Präsidenten ins Zimmer. Sie wollten Haman abholen und zu dem Essen
bringen, was Ester organisiert hatte.

7

Ester sagt dem Präsidenten, dass sie auch eine Jüdin ist
1 Schließlich waren alle Gäste zu dem Essen gekommen. Sowohl der Präsi-
dent als auch Haman saßen am Tisch. 2 Beim Verdauungsschnaps nach
dem Essen fragte der Präsident Ester noch einmal dieselbe Frage, die er
einen Tag vorher auch schon gestellt hatte: „Also, was kann ich denn jetzt
für dich tun? Was für einen Wunsch hast du, liebe Ester? Sag, was du willst,
ich werde es dir erfüllen! Du kannst alles haben, sogar die Hälfte von dem,
was mir gehört!“ 3 „Also, wenn du mich wirklich magst und du mir wirklich
etwas Großes schenken willst, dann bitte ich dich da drum, mir mein Leben
zu schenken und auch das Leben von meinen Leuten! 4 Wir wurden verraten
und abgezogen, man will uns alle umbringen, kaputt machen, töten. Wenn
es jetzt nur so wäre, dass wir alle mit fiesen Knebelverträgen für euch arbei-
ten müssten, wäre das ja noch okay. Ich hätte auf jeden Fall nichts gesagt
und wäre dir mit diesem Anliegen nicht auf die Nerven gegangen. Aber jetzt
plant man, uns alle komplett auszulöschen!“ 5 Xerxes war leicht irritiert:
„Was? Wer plant denn so was? Welcher Mann ist dafür verantwortlich?“
6 „Unser schlimmster Feind sitzt gerade neben dir: Haman!“ Haman blickte
leicht geschockt den Präsidenten und dann dessen Ehefrau an. 7 Der Präsi-
dent sprang von seinem Stuhl auf und ging megawütend nach draußen auf
die Terrasse, um erst mal eine zu rauchen. Haman kniete sich vor Ester hin
und bettelte rum, dass sie eine Todesstrafe gegen ihn verhindern sollte. Ihm
war schon klar, dass ihm das jetzt wohl blühen würde. 8 Als der Präsident
wieder reinkam, kniete Haman gerade vor Ester. „Jetzt begrabscht der Typ
auch noch meine Frau, ich glaub ich spinne. Und das sogar in meinen vier
Wänden!“, brüllte der Präsident. Von dem Geschrei alarmiert, kamen zwei
Männer von der Security in den Raum reingelaufen, die Haman sofort Hand-
schellen anlegten. 9 Einer von ihnen, Harbona, sagte: „Da steht übrigens
noch der elektrische Stuhl im Keller, den Haman für Mordechai dort aufge-
baut hat. Und das, obwohl Mordechai doch den Präsidenten mal vor einem
Anschlag gerettet hatte! Der Stuhl steht auf einem Podest und die Kameras
sind auch schon alle installiert und fertig!“ – „Okay, dann tötet Haman dort
sofort!“, befahl der Präsident. 10 So wurde Haman auf dem Stuhl hingerich-
tet, den er eigentlich für Mordechai vorbereitet hatte. Nach der Hinrichtung
entspannte sich der Präsident langsam wieder etwas.

8

Mordechai wird befördert
1 Am gleichen Tag schenkte der Präsident seiner Frau Ester alles, was vorher
diesem Haman gehört hatte, der die Juden so übel gehasst hatte. Präsident

Xerxes holte Mordechai zu sich ins Büro, weil Ester ihm gesteckt hatte, dass
der eigentlich ihr Pflegevater war. 2 Der Präsident übergab Mordechai alle
Vollmachten, die vorher Haman gehabt hatte. Ester stellte Mordechai dann
noch als Verwalter über alle Sachen ein, die früher Haman gehört hatten.
3 Schließlich redeten Ester und Mordechai noch mal mit dem Präsidenten,
wegen diesem Befehl, der jetzt ja überall im Land bekannt war. Sie kamen in
sein Büro, knieten sich vor ihm hin und baten ihn, dieses Verbrechen an
den Juden zu verhindern, was sich Haman ausgedacht hatte. 4 Der Präsident
streckte seinen Daumen nach oben als Zeichen, dass er ihr Anliegen richtig
fand und das Verbrechen auf jeden Fall verhindern wollte. 5 Ester sagte zu
ihm: „Wenn du mich echt magst, du mich liebst und ich nach deiner Mei-
nung keinen Quatsch vorschlage, dann mach diesen gemeinen Befehl bitte
rückgängig! Diese Idee kam von Haman! Der wollte dafür sorgen, dass alle
Juden in deinem Land komplett ausgelöscht werden. 6 Ich kann nicht mit
ansehen, dass meine eigenen Leute kaputtgehen!" 7 Xerxes antwortete: „Ich
hab Ester das ganze Vermögen von Haman übertragen. Er wurde auf den
elektrischen Stuhl hingerichtet, weil er alle Juden umbringen wollte. 8 Ihr
könnt jetzt einen Befehl formulieren, so wie ihr es für richtig haltet. Den
unterschreibe ich euch. Der Wisch soll dann bestimmen, dass alle Juden
gerettet werden müssen. Und einen Befehl, den ich unterschrieben habe,
den kann man nicht mehr rückgängig machen." 9 Mordechai holte dann die
Sekretärin vom Präsidenten ins Büro und diktierte ihr einen neuen Befehl.
Dieses Papier ging an alle Bürgermeister und Ministerpräsidenten im Land.
An jede der 127 Provinzen, von Indien bis Äthiopien, jeweils in der Lan-
desprache. Auch an alle Juden wurde eine Kopie verschickt. Das Ganze pas-
sierte am 30. Mai. 10 Der Befehl wurde vom Präsidenten unterschrieben und
von einem Notar beglaubigt. Ein Kurierdienst wurde beauftragt, den in alle
Provinzen zu bringen. Der Text ging folgendermaßen: 11 „Hiermit wird allen
Juden die Erlaubnis erteilt, sich in den Städten in unserem Land öffentlich
zu treffen und bewaffnete Schutzeinheiten zu bilden, um sich vor eventuel-
len Angriffen zu schützen. Diese Einheiten haben die Erlaubnis, jeden zu
töten, der ihre Frauen und Kinder bedroht hat. Das gilt in allen Provinzen
und überall, wo das sonst noch vorkommen sollte. Alles, was die Feinde der
Juden besitzen, kann sich jeder abgreifen. 12 Diese Sache passt nur für einen
Tag, und zwar am 13. März, überall im Land." 13 Der Befehl sollte dann auch
auf Plakaten überall aufgehängt werden. Die Juden hatten die Möglichkeit,
sich auf diesen Tag gut vorzubereiten, damit man sich an allen Leute rächen
konnte, die ätzend mit ihnen umgegangen waren. 14 Die Kurierfahrer düsten
sofort mit diesem Papier los, hängten die Plakate überall auf und verteilten
die passenden Flyer im ganzen Land. Auch im Regierungsbezirk von Susa
wurde das bekanntgemacht. 15 Als das Ding gerade überall hing, spazierte

Mordechai aus dem Regierungsbezirk. Er hatte eine Ausgehuniform ange-
zogen, die seiner Stellung im Staat entsprach. Die Uniform war in Marine-
blau mit silbernen Bändern. Dazu hatte er einen schwarzen Mantel an und
einen roten Schal um den Hals. An seinen Mantel hatte er ein paar fette
Orden drangehängt. 16 Die Juden waren alle richtig gut drauf, weil sie plötz-
lich so viel Respekt von überallher bekamen. 17 In jeder Provinz und in jeder
Stadt, wo der Befehl vom Präsidenten hing, gingen die Juden voll ab. Im
ganzen Land wurden fette Partys veranstaltet, man lud sich gegenseitig zum
Essen ein und feierte gemeinsam. Die Menschen, die keine Juden waren,
bekamen zum Teil richtig Angst. Teilweise liefen sie sogar zum jüdischen
Glauben über, weil die Juden so krass drauf waren.

9

Rache an den Feinden der Juden

1 Und dann war er da, der 13. März, an dem dieser Befehl vom Präsidenten
ausgeführt werden sollte. Eigentlich hatten die Feinde der Juden damit
gerechnet, dass sie an diesen Tag feiern könnten. Aber jetzt war es genau
umgekehrt passiert, die Juden feierten, weil ihre Feinde im Arsch waren.
2 Die Juden organisierten sich in den einzelnen Städten im Land von Präsi-
dent Xerxes. Jeder, der was gegen sie hatte, bekam seine Strafe ab. Es gab
niemanden, der sich gegen sie wehren konnte. Alle hatten Megaangst vor
den Juden. 3 Die Ministerpräsidenten der Provinzen, alle hohen Beamten,
die Oberbürgermeister und sogar der Finanzminister schleimten sich jetzt
bei den Juden ein. 4 Sie hatten nämlich davon gehört, was für eine Position
Mordechai mittlerweile in der Regierung bekommen hatte und dass seine
Macht weiter zunahm. 5 Die Juden machten mit ihren Feinden kurzen Pro-
zess. Jeder, der was gegen sie hatte und sie kaputt machen wollte, kriegte
eins übergebraten oder wurde getötet. 6 Alleine in Susa wurden 500 Männer
umgenietet. 7–10 Auch die zehn Kinder vom Judenhasser Haman wurden
getötet. Das waren: Parschandata, Dalfon, Aspata, Porata, Adalja, Aridata,
Parmaschta, Arisai, Aridai und Wajesata. Aber die Sachen, die denen gehör-
ten, zockten sie sich nicht. 11 Abends wurde dem Präsidenten die Zahl der
Leute gemeldet, die allein in Susa getötet worden waren. 12 Er ging dann zu
Ester und erzählte ihr: „Du, alleine in Susa haben deine Juden 500 Männer
umgebracht. Auch die Kinder von Haman wurden alle getötet. Und das ist
erst der Anfang, wenn man bedenkt, dass so was überall im Land heute pas-
siert ist. Gibt es sonst noch etwas, was ich für dich tun kann?“ 13 „Ja, ich hab
noch eine Bitte“, antwortete Ester. „Wenn es okay für dich ist, möchte ich,
dass die Juden morgen in Susa noch damit weitermachen dürfen, was man
ihnen heute erlaubt hat. Und ich möchte, dass Fotos von den Leichen der
zehn Söhne von Haman ins Internet gestellt werden.“ 14 Der Präsident war

einverstanden und leitete die Sache in Susa in die Wege. Die Leichen von den Söhnen von Haman wurden fotografiert und die Bilder ins Internet gestellt. [15] Die Juden, die in Susa lebten, organisierten auch an diesem Tag ein paar Schlägertrupps. Die erledigten noch mal 300 Männer. Aber was diesen Männern gehörte, ließen sie in Ruhe, es wurde nichts angerührt. [16] Auch die Juden, die anderswo im Land lebten, hatten sich organisiert, um gegen ihre Feinde vorzugehen. Insgesamt wurden 75 000 Männer getötet, die alles bekennende Judenhasser waren. Die Sachen, die denen gehörten, rührten sie aber nicht an. [17] Das alles passierte am 13. März. Ab dem 14. wurde niemand mehr getötet. Stattdessen feierten sie eine fette Party. [18–19] Seitdem gab es bei den Juden in dieser Gegend einen neuen Feiertag, der am 13. März gefeiert wurde. An dem Tag wurde ein großes Essen aufgetischt, und abends wurde auch ordentlich einer gehoben. Die Juden in Susa feierten das aber erst einen Tag später, weil sie ja einen Tag länger, nämlich zwei Tage, gegen ihre Feinde vorgehen konnten.

Ein neues Fest: die Purim-Fete

[20] Mordechai schrieb alles auf, was in diesen Tagen passierte, und schickte den Bericht an alle Juden, die in den Provinzen von Präsident Xerxes lebten, egal wie weit weg die wohnten. [21] In diesem Brief setzte er einen neuen Feiertag an, der am 13. und 14. März gefeiert werden sollte. [22] An diesem Datum sollten sie sich immer da dran erinnern, wie ihre Feinde an dem Tag nichts mehr gegen sie machen konnten. Hier wurde aus Angst Freude und aus Weinen wurde Lachen. Der Tag sollte immer mit einem fetten Essen und viel Bier und Wein gefeiert werden. Außerdem sollten die Juden, die nur von Hartz IV lebten, Geschenke von den anderen bekommen. [23] Dieser Befehl von Mordechai wurde ab dann jedes Jahr durchgeführt, an diesem Tag wurde immer die Rettung gefeiert, die damals passiert war. [24] Denn Haman, der Feind von den Juden, hatte geplant, sie alle töten zu lassen. Er hatte sogar ausgewürfelt, an welchem Tag das passieren sollte, um sie unter Druck zu setzen und durcheinanderzubringen. [25] Als der Präsident davon Wind bekam, beschloss er, dass dieser fiese Anschlag, den Haman gegen die Juden geplant hatte, Haman selbst den Kopf kosten sollte. Er wurde auf dem elektrischen Stuhl hingerichtet. [26] Darum wurde dieser Tag „Pur" genannt, denn Pur bedeutet so viel wie „Los" oder „Würfel". Weil das alles passiert war, was in dem Brief stand, und auch weil sie alle mitbekommen hatten, was da draus am Ende geworden war, [27] wurde dieser Tag zu einem gesetzlichen Feiertag ernannt. Dieser Tag wird jedes Jahr immer nach den gleichen Regeln gefeiert, er wurde zu einer Pflichtsache für alle Juden. Auch für die Kinder und die Enkelkinder, sogar für die Leute, die keine Juden, aber Teil ihrer Gemeinschaft waren, wurde dieser Tag festgesetzt. [28] Diesen Feiertag

sollte es ab dann immer geben, um sich da dran zu erinnern, was damals passiert war. Jede jüdische Familie sollte den feiern, egal wo sie in der Welt lebten. Das sollte nie mehr vergessen werden. 29 Ester, die Frau vom Präsidenten, veröffentlichte mit Mordechai zusammen noch einen kleinen Prospekt, in dem alles über das Purim-Fest drinstand. Diese Anweisungen waren ab dann für alle Juden Pflicht. 30 Der Prospekt war für alle gedacht, die in den 127 Provinzen lebten, über die der Präsident Xerxes das Sagen hatte. Der erste Satz war aber erst mal eine freundliche Begrüßung. 31 Durch dieses Papier sollten die Regeln von Mordechai und Ester überall bekannt werden und ab dann verpflichtend für alle gelten. Die Regeln vom Purim-Fest legen auch fest, dass man eine Zeitlang nichts essen darf und schwarze Kleidung tragen muss, bevor die Party losgeht. 32 Dieser Prospekt von Ester wurde dann zu einer festen Vorschrift, an die sich alle halten mussten. Der Text wurde auch noch mal in ein Buch geschrieben und gedruckt.

10

Mordechai passt auf die Juden auf

1 Präsident Xerxes verlangte von seiner ganzen Bevölkerung, bis in die letzten Ecken des Landes, regelmäßige Steuerzahlungen. 2 Alles, was er sonst noch so an coolen Sachen gebracht hat, auch seine heftigen Aktionen, die allen gezeigt haben, wo der Hammer hängt, kann man in den amtlichen Chroniken der Präsidenten von Medien und Persien nachlesen. Dort kann man auch noch mal genauere Informationen finden, was für einen Hammer-Job der Mordechai gemacht hatte. 3 Mordechai, der Jude, war die rechte Hand vom Präsidenten. Alle hatten fett Respekt vor ihm, und er war sehr beliebt, weil er sich um die Anliegen seiner Leute kümmerte. Es war Mordechai immer total wichtig, dass es allen gutging.

Die „Synonymeseite" oder wie die Begriffe in der Volxbibel zustande kommen

In der Volxbibel sind einige Wörter und Ausdrücke drin, die du vielleicht zum ersten Mal hörst. Das sind meistens Übersetzungen von anderen Begriffen aus der Bibel, die man normalerweise ohne eine Erklärung nicht gut verstehen kann. Wir haben deshalb versucht, für diese Begriffe neue Wörter zu finden, die der eigentlichen Bedeutung nahe kommen. Hier hast du nun eine Liste dieser Wörter und eine genauere Erklärung, was damit gemeint ist. Manche dieser Begriffe hast du vielleicht schon mal irgendwo gelesen, hier kannst du auch nachschlagen, wie sie in der Volxbibel übersetzt worden sind.
Die **fettgedruckten** Wörter sind die Übertragungen der Volxbibel, und die Begriffe, die *schräg* gedruckt sind, sind die Fachbegriffe, die in anderen Bibeln dafür gebraucht werden.

Allerderbster Bereich: *Allerheiligstes:* Das war ein ganz besonderer Bereich, der zuerst im besonderen Zelt und später im Tempel, im Haus von Gott, lag. Diesen Bereich durfte nur der Oberpriester einmal im Jahr betreten. Dort war auch die Kiste mit den Gesetzen drin.
Altar: siehe „Tisch/Opfertisch"
Amen: Das ist ein hebräisches Wort, das auf Deutsch so viel wie „So ist es!" bedeutet. Das sagt man immer am Ende von einem Gebet, um das Ganze noch mal zu bestätigen. In der Volxbibel haben wir dafür oft „So passt es! [Amen]" oder so was in der Art genommen.
Arche: siehe „Kasten"
Aussatz: Das ist eine ziemlich üble Krankheit an der Haut, die auch noch ansteckend ist. Wahrscheinlich handelt es sich um die bei uns eher seltene Krankheit Lepra. Man kann daran sterben.

Bann: siehe „Rote-Karte-Aktion"
Baal: Das war ein Plastikgott, zu dem viele Völker in unterschiedlichen Formen gebetet haben. Allerdings waren die Israeliten auch oft so schräg drauf und schenkten dem auch Opfer.

besonders / ganz besonders (krass): *heilig:* Etwas ist „heilig", wenn es etwas total Besonderes ist und praktisch Gott gehört. Zum Beispiel sind die Geräte im Haus von Gott heilig, weil die sozusagen Gott gehören und nur für ihn da sind. „Heilig" heißt auch, dass es anders ist als das Normale, es ist gottmäßig, so wie Gott, der ja auch heilig ist.
besonderes Öl: *Salböl:* Dieses Öl wurde benutzt, um Leute für einen ganz speziellen Dienst einzusetzen, z. B. wenn jemand Präsident wurde. Mit diesem Öl wurde der Präsident sozusagen dafür ausgesucht und gleichzeitig auch dafür klargemacht, den Job zu tun.
besonderes Zelt: *heiliges Zelt / Stiftshütte:* Das war das Zelt, das die Israeliten in der Wüste immer überall rumgetragen hatten. Das war in der Zeit sozusagen die Wohnung von Gott. Darin wurden auch immer sowohl die Partys für Gott als auch die Opfer durchgezogen.
Bund: siehe „Vertrag"
Bundeslade: siehe „Kiste mit den Gesetzen"

Engel: siehe „Postbote von Gott"
auf Essen verzichten (und ganz viel beten): *Fasten*
Exil: siehe „Kriegsgefangenschaft"

Fasten: siehe „auf Essen verzichten (und ganz viel beten)"
Fest der Blätterbuden: *Laubhüttenfest:* Dieses Fest sollte die Israeliten immer daran erinnern, dass sie mal ne ganze Zeitlang nur in Zelten gelebt haben, nämlich in der Zeit, als sie von Ägypten abgehauen sind und dann so lange in der Wüste rumhingen. Es wurde dort mit ganz viel Zweigen von unterschiedlichen Bäumen so eine kleine Hütte gebaut, daher der Name.

ganz besonders: siehe „besonders"
Götzen: siehe „Plastikgötter"

Haus von Gott: *Tempel:* Das war ein Riesengebäude, das von Salomo für Gott gebaut wurde. Es war ab dann der Ort gewesen, wo immer für Gott geopfert und zu ihm gebetet wurde. Der Tempel wurde allerdings durch Nebukadnezzar zerstört, als er Juda im Krieg einnahm. Später wurde der Tempel aber wiederaufgebaut und dann wiederum im Jahre 70 n. Chr. von den Römern zerstört.
heilig: siehe „besonders"

heilige Lose: *besondere Lose, Lose ziehen:* Manchmal brauchten die Leute von Gott eine Hilfe, wenn sie Entscheidungen treffen mussten und kein Prophet was dazu sagen konnte. Man glaubte, dass Gott diese Lose lenkt und so zu den Menschen redet.
heiliges Zelt: siehe „besonderes Zelt"

Kasten: *Arche:* In der Story mit Noah hatte Gott dem ja gesagt, dass er mal ein großes Schiff, ebendiesen Kasten, bauen sollte, damit er nicht in der Sintflut draufgeht. Und „Arche" bedeutet übersetzt etwa so viel wie „Kasten".
Kiste mit den Gesetzen: *Bundeslade:* Das war eine ganz besondere Kiste, in der die Gesetze von Gott aufbewahrt wurden.
Kleider zerreißen: Das wurde in der Volxbibel unterschiedlich übersetzt. Z. B. auch mit Ausdrücken wie „er schlug vor Wut alles kurz und klein". Seine Kleider zu zerreißen war damals etwas gewesen, womit man ausdrücken konnte, dass man total sauer oder total traurig war.
König: siehe „Präsident"
Krätze an den Hals wünschen: *Fluch:* Das hat man gemacht, wenn man jemanden überhaupt nicht leiden konnte und wollte, dass es ihm total dreckig geht.
Kraft von Gott: wurde oft mit „Geist von Gott" übersetzt.
Kriegsgefangenschaft: *Exil:* Als die Leute aus Juda von den Leuten aus Babylonien besiegt wurden, wurden sie von denen gefangen genommen und aus ihrem Land weggebracht. Später durften sie jedoch wieder zurück in ihr Gebiet.

Laubhüttenfest: siehe „Fest der Blätterbuden"
Leviten: Leviten waren alle Leute aus dem Familienstamm Levi (Levi-Leute). Der war ja ein Sohn von Jakob gewesen. Dieser Stamm wurde von Gott extra dazu rausgesucht, um für ihn Opfer durchzuziehen und sich um das Haus von Gott zu kümmern. Dabei gab es allerdings noch mal eine Unterscheidung. Nur die, die aus der Familie von Aaron (dem Bruder vom Mose) kommen, sind wirklich „Priester". Die anderen Levi-Leute sind eher so was wie Gehilfen. In der Volxbibel haben wir dafür „Angestellte vom besonderen Zelt" oder „Tempelangestellte" genommen.

Manna: Während die Israeliten in der Wüste unterwegs waren, wurden sie von Gott versorgt. Jeden Morgen war auf der Wiese vor ihren Zelten so ein mehlähnliches Zeug, wovon sich die Israeliten ernähren konnten. Die Leute waren so überrascht, dass sie alle „Nanu? Was ist das denn?" sagten.

Manna kommt von Man-hu, was übersetzt so viel heißt wie „Hä, was ist das?“.
Ministerpräsident: siehe „Statthalter“

Oberbürgermeister: der oberste Chef einer Stadt. Wenn es sich um ein größeres Gebiet handelt, siehe „Statthalter“
Opfertisch: siehe „Tisch/Opfertisch“

Passaparty: *Passa:* Dieses Fest findet einmal im Jahr statt. Es erinnert daran, dass die Israeliten aus Ägypten abgehauen sind, als Gott die Ägypter ganz übel bestraft hat, weil sie die Israeliten gefangen gehalten hatten.
Plastikgötter/Pseudogötter: *Götzen:* Früher hatte jedes Land seine eigenen Götter, zu denen die Leute dann beteten. Allerdings waren das eben alles keine richtigen Götter, sondern nur Statuen aus Gold, Stahl oder so. Allerdings gab es auch immer wieder Israeliten, die so übel drauf waren, dass sie zu den Plastikgöttern beteten statt zu dem echten Gott.
Postbote von Gott: *Engel:* Dafür steht auch in der Volxbibel oft „Engel“. Engel sind Boten von Gott. Gott schickt die z. B. zu den Menschen, damit sie für ihn Nachrichten an die Menschen überbringen. Aber manchmal kämpfen die Engel auch, z. B. bei der Story, als die Assyrer plattgemacht werden.
Präsident: *König:* Das war damals der Chef von einem Land. Er musste das Land regieren wie bei uns heute eben der Bundeskanzler, aber er hatte damals ziemlich viele Rechte. Zum Beispiel hätte er sich alles nehmen können, was er gerade so wollte.
Priester: siehe „Leviten“
Prophetentyp: *Prophet:* Das waren ganz spezielle Leute. Die wurden von Gott extra ausgesucht für diesen Job. Die bekamen immer Nachrichten von Gott rein. Entweder sprach Gott zu ihnen, oder er schickte ihnen Träume oder so. Oft gingen die Leute auch zu den Propheten und fragten sie, was sie machen sollten, was Gott gut fände.

Rote-Karte-Aktion: *Bann:* Das war eine Aktion, die oft in Kriegen durchgezogen wurde. Dabei wurde in einer Stadt alles plattgemacht. Alle Bewohner wurden getötet.

Salböl: siehe „besonderes Öl“
Sieben-Wochen-Rave: *Wochenfest*
Sklaven: Das waren Leute, die ohne oder mit nur wenig Lohn für jemand anderen arbeiten mussten. In der Volxbibel steht dafür oft „Leute, die unter Knebelverträgen schuften mussten“ oder „1-Euro-Jobber“.

Tempel: Das wurde auch in der Volxbibel meist mit Tempel wiedergegeben. Das waren Häuser, in denen Partys für Götter abgingen oder Opfer für die durchgezogen wurden. Es gab aber auch den speziellen Tempel für Gott, siehe dazu „Haus von Gott“.
Tempelangestellte: siehe „Leviten“
Tisch/Opfertisch: *Altar:* Das waren Tische, auf denen für Gott Opfer durchgezogen wurden.

Vertrag: *Bund:* Damit ist der Vertrag gemeint, den Gott mit den Menschen geschlossen hat. Er hat ihnen garantiert, dass es ihnen immer gutgehen wird, wenn sie seine Gesetze befolgen.
Verbannung: Normalerweise heißt das, dass man aus seinem Heimatland rausgeschmissen wurde. Für die Verbannung der Israeliten siehe „Kriegsgefangenschaft“

Wochenfest: siehe „Sieben-Wochen-Rave“

Nachwort

Das war er also, der erste Band von den alten Verträgen, von der Volxbibel Altes Testament.
Wenn du wissen willst, wie es weitergeht, musst du dir den zweiten Band auch noch organisieren. Dort kannst du die 150 Raps von David lesen, die spannenden Sachen, die die Prophetentypen mit Gott erlebt haben, und wie diese Typen schon lange vorher von Jesus wussten, dem Zentrum des Universums, um den sich alles dreht.

Danke

Mein Dank für dieses Buch geht zuallererst an Jesus selbst. Gott, wo wäre ich ohne Dich? Ich bin der letzte Spacken, nur durch Deine Liebe kann ich atmen, nur weil Du in mein Leben gekommen bist, gehöre ich zu den Siegern und nicht mehr zu den Loosern.

Danke an meine geliebte Frau Rahel. Du hast meine Aufmerksamkeit viele Stunden mit dem PC teilen müssen. Dass du in mein Leben gekommen bist, hat mich gerettet. Ich liebe dich, und ich werde dir immer treu sein, bis der Tod uns trennt.

Auch bei meiner tollen Literaturagentin Bettina Querfurth möchte ich mich an dieser Stelle mal bedanken.

Danke an Cedric Weber für das geniale AT Wiki, was du mir ins Netz gestellt hast, und auch fettes Danke an Simon Brüchner für die Programmierung von dem Exporttool!

Ein ganz besonderer Dank muss hier an die AT-Wikiuser ausgesprochen werden. Ihr habt über Stunden im Internet an den Texten gearbeitet, leidenschaftlich diskutiert, verbessert, ergänzt, gestrichen, neu formuliert. Jeder von euch hätte einen Orden verdient, ihr seid einfach genial!
Stephan Achtermann, „Achti“: Der Diplom-Theologe mit genialer Sprachbegabung und gutem Herz. Dein Fachwissen und deine Vermittlung haben die Volxbibel zu einer scharfen Waffe geschliffen.
Benedict Röser, „el gato“: War der erste Jugendliche, der täglich über Stunden unermüdlich im AT Wiki geniale Einfälle zu Texten hatte. Danke, dass du dabei bist, danke für deine gute Arbeit!
Bernd von Bentheim, „Bento“: Jugendbetreuer und Individualpädagoge aus Portugal mit alter Technik, aber neuem Geist am Start! Vater vom Volxbibel-Glaubensführerschein, Gott hat uns zusammengeführt.
Daniel Degen, „Daniel“: Theologe und Germanist. Wenn alle dachten, „der Text ist fertig“, hast du noch auf deine geniale Art Ungenauigkeiten entdeckt und sie hartnäckig bekämpft.
Gudrun Bornkamm, „Gudi“: Kam dazu, als das halbe Buch schon fast fertig war. Aber hat dann so viel geleistet, sich so krass eingefunden, als wäre sie die ganze Zeit voll dabei gewesen.

Das ist das Hardcoreteam, das die Texte gemeinsam durchgearbeitet hat.

Dazu kommen noch User, die streckenweise aktiv dabei waren: Alain, Bertram (aus Paraguay), Chris, Christian „Crenz“, Daniel Renz, Hartmut (danke für dein Input zum Thema Judentum), Jott, Martin L, Marwin, Peter Scharnbacher, Raphael, Robin, Schlunki, Simon und Thomas.